지방세 쟁점별 실무해설

박천수 · 이윤기 · 채종성 공저

개정증보판

SAMIL | 삼일인포마인

머리말

우리나라의 지방자치제도가 발전되면서 지방자치단체의 재원이 되는 지방세의 규모는 1995년 15조 원에서 2022년 113조 원으로 괄목할 만한 성장을 보여 우리나라 전체 조세수입 중 지방세의 비중은 1995년 18%에서 점점 증가하여 2022년 25%로 그 규모가 커졌다.

그 제도 또한 지방세법 단일법 체계에서 2011년도 지방세기본법, 지방세특례제한법으로 분법, 2014년도부터는 소득세와 법인세의 부가세 형태로 과세되던 지방소득세가 독립세로 전환, 2017년도부터는 지방세기본법을 분법하여 지방세징수법을 제정하는 등을 통해 법령도 다양화 되었다.

이러한 지방세 규모의 성장, 법령의 다양화 및 사회경제환경의 복잡·다양화 등으로 지방세 불복건수가 증가하여 지방세 심판청구건이 2010년 959건에서 2022년 3,511건으로 기하급수적으로 증가하였고, 전체 조세심판 청구건 중 지방세 비중이 2010년 15.1%에서 2020년 23.7%로 급격하게 증가한 것에서 알 수 있듯이 지방세법령을 해석하는 과세관청과 납세자 사이 해석의 차이로 발생하는 지방세 쟁점도 점점 늘고 있는 추세이다.

이 책은 방대한 지방세 환경 중 최근 지방세의 쟁점이 되는 25개 주제를 선정하였고, 그 선정된 주제에 대해 기본 개념부터 주요 쟁점까지 깊이 있게 언급하였다. 특히, 그 주요 쟁점에 관해서는 대법원, 조세심판원, 행정안전부의 해석 등을 상호 비교하는 형식으로 구성하여 독자들이 최근 지방세 쟁점에 쉽게 접근할 수 있고, 현실적인 도움을 받을 수 있도록 하였다.

특히, 금번 개정판에는 2023년도부터 시행된 취득세의 과세표준 변경 등을 추가하였고, 최근 프로젝트금융투자회사가 부동산을 취득한 후 의무보유기간내 매각한 경우 등이 추징사유 등에 해당되는지 등 납세자의 혼선이 가중되고 있는 18개의 쟁점을 추가로 수록하였다.

아무쪼록 이 책이 독자 여러분의 법률소양을 제고하고 급격하게 변화되는 지방세 환경 등에서 자신의 권리를 보호하는 데 도움이 되길 기대한다.

이 책이 발간되는데 아낌없이 성원해 주신 삼일인포마인 이희태 대표이사님과 도움을 주신 관계 직원분들께 고마운 마음을 전한다.

2023. 8.

박천수, 이윤기, 채종성 일동

차 례

Contents

Contents

제 **1** 장

취득세 정의 및 납세의무자

1 과세요건

① 취득세 과세요건 검토

과세대상 ＋ 취득시기 ＋ 납세의무자 ＋ 과세표준 ＋ 세율

취득세를 부과하기 위해서는 과세요건을 충족하는지 여부를 가장 먼저 확인해 봐야 한다. 「지방세법」에서 정하는 취득세의 과세요건은 과세대상, 취득시기, 납세의무자, 과세표준, 세율이며 이는 취득물건(과세대상)을 언제(취득시기) 누가(납세의무자) 얼마(과세표준)에 어떻게(세율, 취득원인) 취득했는가를 고려하여야 한다.

과세대상은 「지방세법」 제6조(정의)에서 열거하는 취득세 과세대상과 구조변경·과점주주 등의 간주취득이며, 취득시기는 그 취득이 완성되기 위한 가장 중요한 요건으로 개인의 유상승계 취득의 경우에는 그 계약상의 잔금지급일(계약상 잔금지급일 명시되지 아니한 경우에는 계약일부터 60일이 경과한 날)을 취득의 시기로 보고 있으나, 법인의 유상승계취득의 경우 개인과 달리 사실상 취득의 요건을 정의하기 때문에 잔금의 지급 등과 같은 취득의 시기를 완성하는 중요한 요건이 결여되었다면 그 자체로서 과세를 할 수 없다.

납세의무자는 「지방세법」에서 가지는 의미가 매우 큰 바, 신탁재산에 대한 납세의무자는 지목변경 당시 토지소유자(수탁자)라는 대법원의 판결이 나오는 등 소득에 대해 부과하는 국세와 달리 취득행위 자체에 부과하는 개별 행위세로서 법령에서 정의하는 납세의무자를 매우 중시하며, 과세표준에 있어 과세물건의 취득을 위해 얼마의 대가를 지불·투입하여 취득하였는가에 따라 취득가격이 달라지고, 취득의 원인(유상/무상 등) 및 물건(농지/농지외 등)의 성격에 따라 세율이 달리 적용되므로 부과 시에는 이 다섯 개 요건에 대해 충분히 검토해야 한다.

사례 이설배관이 위치한 바다에서의 행정구역 경계에 관한 명시적인 법령상의 규정이 존재하지 않는 경우 지방자치단체에 과세권이 있는지 여부

이 사건 이설배관에 대하여 위 지방세의 과세권을 가지는지 여부에 관하여 보건대, 지금까지 우리 법체계에서는 위 이설배관이 위치한 바다에서의 행정구역 경계에 관한 명시적인 법령상의 규정이 존재한 바 없고, 그에 관한 불문법이 존재한다는 사정도 찾을 수 없다. 그러나 앞서 든 증거들 및 인정사실들과 변론 전체의 취지에 의하

면, 이 사건 이설배관 및 해저운송배관이 시작되는 육상지점은 울주군에 위치해 있고, ○○○○시 남구로부터는 5km 가량, 부산광역시 기장군으로부터는 10km 가량 떨어져 있는 점, 위 이설배관 및 해저운송배관은 별지 2 도면에서 보는 바와 같이 동해-1, 동해-2 가스전을 향하여 정동 방향으로 설치되어 있고, 울주군과 울산 남구 내지 부산광역시 기장군의 각 육상경계에서 정동 방향으로 그은 가상의 경계선과 맞닿지 않는 점, 피고 이외에 위 이설배관 및 해저운송배관에 대한 과세권을 주장하는 인접 지방자치단체는 없는 점을 알 수 있다. 이러한 사정들을 앞서 본 법리에 비추어 보면, 피고가 울주군 앞바다에 위치한 위 이설배관에 대한 취득세 및 농어촌특별세의 과세권을 가진다고 봄이 타당함(대법 2020.4.29. 2020두30832 판결).

> **사례** 과세예고통지를 생략한 이 건 등록면허세 부과처분의 당부

처분청이 지방세 업무에 대한 감사나 지도·점검에 따라 이 건 부과처분을 한 이상 「지방세기본법」 제88조 제2항 각 호에서 규정하는 사유 외에는 부과처분에 앞서 세무조사결과통지 또는 과세예고통지 등을 하여야 한다고 해석되고, 처분청도 2017.7.7. 이 건 취득세에 대하여는 청구법인에게 과세예고통지를 한 점, 과세예고통지를 하지 아니한 사유가 「지방세기본법」 제88조 제2항 제1호의 수시 부과의 사유라는 점을 처분청이 입증하지 못하고 있는 점 등에 비추어 처분청은 청구법인에게 과세전적부심사의 기회를 주지 아니한 채 이 건 등록면허세 등을 부과·고지하여 납세고지 전 권리구제제도인 위 규정을 위반한 만큼 과세예고통지를 하지 아니하고 이 건 등록면허세 등을 부과한 처분은 잘못이 있는 것으로 판단됨(조심 2018지1259, 2020.1.23.).

② 취득세 과세대상(부동산, 기계장비, 선박 등)

「지방세법」 제6조(정의) 취득세에서 사용하는 용어의 뜻은 다음 각 호와 같다. 취득세에서 사용하는 용어의 뜻은 다음 각 호와 같다.취득세에서 사용하는 용어의 뜻은 다음 각 호와 같다.

1. "취득"이란 매매, 교환, 상속, 증여, 기부, 법인에 대한 현물출자, 건축, 개수(改修), 공유수면의 매립, 간척에 의한 토지의 조성 등과 그 밖에 이와 유사한 취득으로서 원시취득(수용재결로 취득한 경우 등 과세대상이 이미 존재하는 상태에서 취득하는 경우는 제외한다), 승계취득 또는 유상·무상의 모든 취득을 말한다.
2. "부동산"이란 토지 및 건축물을 말한다.
3. "토지"란 「공간정보의 구축 및 관리 등에 관한 법률」에 따라 지적공부(地籍公簿)의 등록대상이 되는 토지와 그 밖에 사용되고 있는 사실상의 토지를 말한다.
4. "건축물"이란 「건축법」 제2조 제1항 제2호에 따른 건축물(이와 유사한 형태의 건축물을 포함한다)과 토지에 정착하거나 지하 또는 다른 구조물에 설치하는 레저시설, 저장시설, 도크(dock)시설, 접안시설, 도관시설, 급수·배수시설, 에너지 공급시설 및 그 밖에 이와 유사한 시설(이에 딸린 시설을 포함한다)로서 대통령령으로 정하는 것을 말한다.
5. "건축"이란 「건축법」 제2조 제1항 제8호에 따른 건축을 말한다.
6. "개수"란 다음 각 목의 어느 하나에 해당하는 것을 말한다.
   가. 「건축법」 제2조 제1항 제9호에 따른 대수선
   나. 건축물 중 레저시설, 저장시설, 도크(dock)시설, 접안시설, 도관시설, 급수·배수시설, 에너지 공급시설 및 그 밖에 이와 유사한 시설(이에 딸린 시설을 포함한다)로서 대통령령으로 정하는 것을 수선하는 것
   다. 건축물에 딸린 시설물 중 대통령령으로 정하는 시설물을 한 종류 이상 설치하거나 수선하는 것
7. "차량"이란 원동기를 장치한 모든 차량과 피견인차 및 궤도로 승객 또는 화물을 운반하는 모든 기구를 말한다.
8. "기계장비"란 건설공사용, 화물하역용 및 광업용으로 사용되는 기계장비로서 「건설기계관리법」에서 규정한 건설기계 및 이와 유사한 기계장비 중 행정안전부령으로 정하는 것을 말한다.
9. "항공기"란 사람이 탑승·조종하여 항공에 사용하는 비행기, 비행선, 활공기(滑空機), 회전익(回轉翼) 항공기 및 그 밖에 이와 유사한 비행기구로서 대통령령으로 정하는 것을 말한다.
10. "선박"이란 기선, 범선, 부선(艀船) 및 그 밖에 명칭에 관계없이 모든 배를 말한다.
11. "입목"이란 지상의 과수, 임목과 죽목(竹木)을 말한다.
12. "광업권"이란 「광업법」에 따른 광업권을 말한다.

13. "어업권"이란 「수산업법」 또는 「내수면어업법」에 따른 어업권을 말한다.

14. "골프회원권"이란 「체육시설의 설치·이용에 관한 법률」에 따른 회원제 골프장의 회원으로서 골프장을 이용할 수 있는 권리를 말한다.

15. "승마회원권"이란 「체육시설의 설치·이용에 관한 법률」에 따른 회원제 승마장의 회원으로서 승마장을 이용할 수 있는 권리를 말한다.

16. "콘도미니엄 회원권"이란 「관광진흥법」에 따른 콘도미니엄과 이와 유사한 휴양시설로서 대통령령으로 정하는 시설을 이용할 수 있는 권리를 말한다.

17. "종합체육시설 이용회원권"이란 「체육시설의 설치·이용에 관한 법률」에 따른 회원제 종합 체육시설업에서 그 시설을 이용할 수 있는 회원의 권리를 말한다.

18. "요트회원권"이란 「체육시설의 설치·이용에 관한 법률」에 따른 회원제 요트장의 회원으로서 요트장을 이용할 수 있는 권리를 말한다.

19. "중과기준세율"이란 제11조 및 제12조에 따른 세율에 가감하거나 제15조 제2항에 따른 세율의 특례 적용기준이 되는 세율로서 1천분의 20을 말한다.

20. "연부(年賦)"란 매매계약서상 연부계약 형식을 갖추고 일시에 완납할 수 없는 대금을 2년 이상에 걸쳐 일정액씩 분할하여 지급하는 것을 말한다.

「**지방세법 시행령**」 **제5조(시설의 범위)** ① 법 제6조 제4호 및 같은 조 제6호 나목에 따른 레저시설, 저장시설, 독(dock)시설, 접안시설, 도관시설, 급수·배수시설 및 에너지 공급시설은 다음 각 호에서 정하는 시설로 한다.

1. 레저시설: 수영장, 스케이트장, 골프연습장(「체육시설의 설치·이용에 관한 법률」에 따라 골프연습장업으로 신고된 20타석 이상의 골프연습장만 해당한다), 전망대, 옥외스탠드, 유원지의 옥외오락시설(유원지의 옥외오락시설과 비슷한 오락시설로서 건물 안 또는 옥상에 설치하여 사용하는 것을 포함한다)

2. 저장시설: 수조, 저유조, 저장창고, 저장조(저장용량이 1톤 이하인 액화석유가스 저장조는 제외한다) 등의 옥외저장시설(다른 시설과 유기적으로 관련되어 있고 일시적으로 저장기능을 하는 시설을 포함한다)

3. 독(dock)시설 및 접안시설: 도크, 조선대(造船臺)

4. 도관시설(연결시설을 포함한다): 송유관, 가스관, 열수송관

5. 급수·배수시설: 송수관(연결시설을 포함한다), 급수·배수시설, 복개설비

6. 에너지 공급시설: 주유시설, 가스충전시설, 환경친화적 자동차 충전시설, 송전철탑(전압 20만 볼트 미만을 송전하는 것과 주민들의 요구로 「전기사업법」 제72조에 따라 이전·설치하는 것은 제외한다)

② 법 제6조 제4호 및 같은 조 제6호 나목에서 "대통령령으로 정하는 것"이란 각각 잔교(棧橋)(이와 유사한 구조물을 포함한다), 기계식 또는 철골조립식 주차장, 차량 또는 기계장비 등을 자동으로 세차 또는 세척하는 시설, 방송중계탑(「방송법」 제54조 제1항 제5호에 따라 국가가 필요로 하는 대외방송 및 사회교육방송 중계탑은 제외한다) 및 무선통신기지국용 철탑을 말한다.

제6조(시설물의 종류와 범위) 법 제6조 제6호 다목에서 "대통령령으로 정하는 시설물"이란 다음 각 호의 어느 하나에 해당하는 시설물을 말한다.

1. 승강기(엘리베이터, 에스컬레이터, 그 밖의 승강시설)
2. 시간당 20킬로와트 이상의 발전시설
3. 난방용·욕탕용 온수 및 열 공급시설
4. 시간당 7천560킬로칼로리급 이상의 에어컨(중앙조절식만 해당한다)
5. 부착된 금고
6. 교환시설
7. 건물의 냉난방, 급수·배수, 방화, 방범 등의 자동관리를 위하여 설치하는 인텔리전트 빌딩시스템 시설
8. 구내의 변전·배전시설

제7조(원동기를 장치한 차량의 범위) ① 법 제6조 제7호에서 "원동기를 장치한 모든 차량"이란 원동기로 육상을 이동할 목적으로 제작된 모든 용구(총 배기량 50시시 미만이거나 최고정격출력 4킬로와트 이하인 이륜자동차는 제외한다)를 말한다.
② 법 제6조 제7호에서 "궤도"란 「궤도운송법」 제2조 제1호에 따른 궤도를 말한다.

제8조(콘도미니엄과 유사한 휴양시설의 범위) 법 제6조 제16호에서 "대통령령으로 정하는 시설"이란 「관광진흥법 시행령」 제23조 제1항에 따라 휴양·피서·위락·관광 등의 용도로 사용되는 것으로서 회원제로 운영하는 시설을 말한다.

(1) 일반적 취득의 정의

■ 「지방세법」에서 취득이라 함은 매매, 교환, 상속, 증여, 기부, 법인에 대한 현물출자, 건축, 개수, 공유수면의 매립, 간척에 의한 토지의 조성 등과 그 밖에 이와 유사한 취득으로서 원시취득(수용재결로 취득한 경우 등 과세대상이 이미 존재하는 상태에서 취득하는 경우는 제외한다. 이 경우는 토지구획정리사업으로 인하여 지분취득을 하거나 체비지·보류지를 취득하는 경우에는 기존의 토지를 취득하는 것이지 원시취득이 아니라는 것이다), 승계취득 또는 유상·무상을 불문한 일체의 취득을 말한다.
그리고 소유권의 이전이나 건축 등에 의하여 취득하는 것이 아니라도 토지의 지목변경, 차량·기계장비·선박 등의 종류변경, 과점주주의 주식취득 등도 취득으로 간주하여 취득세의 과세대상으로 하고 있다.

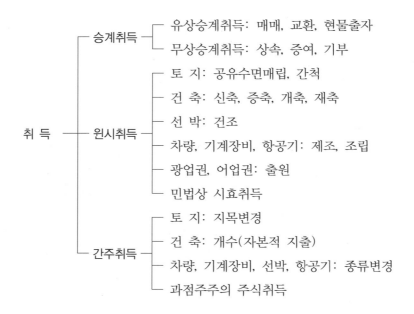

취득 ─┬─ 승계취득 ─┬─ 유상승계취득: 매매, 교환, 현물출자
      │   └─ 무상승계취득: 상속, 증여, 기부
      │
      ├─ 원시취득 ─┬─ 토 지: 공유수면매립, 간척
      │   ├─ 건 축: 신축, 증축, 개축, 재축
      │   ├─ 선 박: 건조
      │   ├─ 차량, 기계장비, 항공기: 제조, 조립
      │   ├─ 광업권, 어업권: 출원
      │   └─ 민법상 시효취득
      │
      └─ 간주취득 ─┬─ 토 지: 지목변경
                   ├─ 건 축: 개수(자본적 지출)
                   ├─ 차량, 기계장비, 선박, 항공기: 종류변경
                   └─ 과점주주의 주식취득

- 부동산등의 취득은 「민법」, 「자동차관리법」, 「건설기계관리법」, 「항공안전법」, 「선박법」, 「입목에 관한 법률」, 「광업법」 또는 「수산업법」 등 관계 법령에 따른 등기·등록 등을 하지 아니한 경우라도 사실상 취득하면 각각 취득한 것으로 보고 해당 취득물건의 소유자 또는 양수인을 각각 취득자로 한다.

  ⇒ 「신탁법」 제10조에 따라 신탁재산의 위탁자 지위이전이 있는 경우에는 새로운 위탁자가 해당 신탁재산을 취득한 것으로 본다. 다만, 위탁자 지위이전에도 불구하고 신탁재산에 대한 실질적인 소유권 변동이 있다고 보기 어려운 「자본시장과 금융투자에 관한 법률」에 따른 부동산집합투자기구의 집합투자업자가 그 위탁자의 지위를 다른 집합투자업자에게 이전하는 경우 등과 경우에는 취득으로 보지 않는다.

- 부동산등의 취득에 대한 납세의무자는 부동산을 사실상 취득한 자인데, 여기서 사실상 취득이란 당해 부동산의 배타적인 사용수익권, 즉 소유권을 취득하는 것을 의미하고, 공부상의 등기·등록 여부와는 관계가 없다.

  ⇒ 사실상의 취득행위가 있어야 하므로 당초의 취득행위가 조건부인 때 그 조건이 성취되지 못하여 원상회복 되든지 또는 사기 등 부정한 방법에 의한 취득행위가 사후에 확인됨으로써 원상회복 되는 경우에는 그 등기 여부에 불구하고, 사실상의 취득행위가 있었다고 볼 수 없으므로 취득세를 과세할 수 없다.

- 「지방세법」에서 정한 취득시기가 도래하여 취득과정이 완료되어야만 취득행위가 유효하게 성립된 것으로 보아야 하므로 취득을 위한 매매계약 또는 건축이 있었다 할지라도 취득시기 도래 전에 제3자에게 당해 부동산을 이전했을 경우에는 취득세 납세의무자로 볼 수 없다.

■ 부동산 취득세는 재화의 이전이라는 사실 자체에 대한 일종의 유통세로서 그 사용, 수익 등 이익에 따라 부과하는 것이 아닌 바, 이미 유효하게 성립한 취득(취득일 이후 60일) 이후에는 상호합의에 의하여 매매계약을 해제하더라도 성립한 취득세에는 영향이 없다.

> **사례** ▷ '사실상 취득'이라 함은 일반적으로 등기와 같은 소유권취득의 형식적 요건을 갖추지는 못하였으나 대금의 지급과 같은 소유권 취득의 실질적 요건을 갖춘 경우

구 「지방세법」 제105조 제2항에서 규정한 '사실상의 취득'이라 함은 일반적으로 등기와 같은 소유권 취득의 형식적 요건을 갖추지는 못하였으나 대금의 지급과 같은 소유권 취득의 실질적 요건을 갖춘 경우를 말한다고 할 것임(대법원 05두13360, 2007.5.11., 대법원 11두10416, 2011.8.18. 등).

> **사례** ▷ ① 매도인이 비록 그 원상회복의 방법으로 소유권이전등기의 방식을 취하였다 하더라도 이는 취득세 과세대상이 되는 부동산 취득에 해당하는지 여부
> ② 위 ①의 경우 수익자에게 회복되는 경우 새로운 부동산 취득에 해당하는지 여부

① 해제권의 행사에 따라 부동산매매계약이 적법하게 해제되면 그 계약의 이행으로 변동되었던 물권은 당연히 그 계약이 없었던 상태로 복귀하는 것이므로 매도인이 비록 그 원상회복의 방법으로 소유권이전등기의 방식을 취하였다 하더라도 특별한 사정이 없는 이상 이는 매매등과 유사한 새로운 취득으로 볼 수 없어 취득세 과세대상이 되는 부동산 취득에 해당하지 않음.
② 원심은 그 판시와 같은 이유를 들어, 형식적으로 신탁재산인 부동산을 수탁자로부터 수익자에게 이전하는 모든 경우에 취득세 과세대상이 된다고는 볼 수 없고, 그 소유권 이전의 실질에 비추어 해제로 인한 원상회복의 방법으로 이루어진 경우에는 취득세 과세대상이 된다고 볼 수 없다는 법리를 전제한 다음, 원고가 이 사건 토지의 소유권을 이전받은 것은 그 실질이 이 사건 각 토지 매매계약의 해제에 따른 원상회복이므로 취득세 과세대상이 되는 부동산 취득에 해당하지 않음(대법원 2020.1.30. 선고 2018두32927 판결).

> **사례** ▷ 사실상 취득으로 보는 잔금의 범위는?

본 계약은 연부형식의 계약으로 총 매매대금 중 85.1%에 해당하는 금액을 계약일에 납입하고 선납할인의 형식으로 할부이자인 10.2%를 차감 받는 과정에서 45,156,000,000원이 남게 되었고, 동 금액은 사회통념상 무시하여도 좋을 정도의 미미한 금액이라고 판단하기는 어렵다는 점에서 사회통념상 대금의 거의 전부가 지급되어 사실상의 취득이 이루어졌다고 보기는 어렵다고 할 것이므로, 연부취득 중인 과세물건을 마지막 연부금 지급일 전에 계약을 해제한 때에는 이미 납부한 취득세는 환급하여야 하는 바, 이 건의 경우에도 연부취득 중 마지막 잔금을 지급하기 전에 계약해지청구권에

의해 매매계약이 해지된 것으로 볼 수 있으므로 기 납부한 취득세는 환급하는 것이 타당하다고 할 것임(행자부 지방세운영과-2788, 2015.9.2.).

➡️ 잔금이란 사회통념상 대금을 거의 전부가 지급되었다고 볼 만한 정도의 대금지급이 이행되었음을 뜻하며, 단순히 잔금의 비율뿐만 아니라, 잔금의 크기, 잔금이 남게 된 경위 등 제반 사정을 종합적으로 고려하여야 한다.

사례 ▷ 사실상 취득에 해당되는지 여부

- 표준대차대조표와 연간 계정별원장(토지) 내역에 취득한 사실이 반영되어 있지 아니하고, 특정기간에 보통예금 거래내역서에 취득신고일에 입·출금(이 건 취득세 등이 납부된 것으로 보인다)된 사실 외에 계약금이나 잔금 지급과 관련한 내역이 나타나지 않는 등의 경우는 원소유자로부터 사실상 취득한 것이라고 단정하기 어려움(조심 2018지3259, 2019.6.26.).
- 잔금지급자가 소유권이전등기를 하는 통상의 사례에 비추어 청구인이 매도인에게 잔금을 지급하였다고 보기 어려운 점 등에 비추어 청구인이 쟁점아파트를 사실상 취득하였다고 보기는 어려움(조심 2018지1094, 2019.5.29.).
- 법원으로부터 "○○○ 명의로 등기되어 있는 이 건 토지의 소유권을 명의신탁 해지를 원인으로 하여 청구인에게 이전등기하라"는 판결을 받고 이 건 토지 일부의 소유권을 청구인 명의로 이전등기하였으나 청구인 명의로 이전등기하지 못한 사실이 등기사항전부증명서 등에 의하여 확인되는 점, 청구인이 쟁점토지의 전소유자에게 취득대금을 지급한 사실이 나타나지 아니하는 점 등에 비추어, 청구인이 쟁점토지를 사실상 또는 형식상 취득한 것으로 보기는 어려움(조심 2018지3218, 2019.9.25.).

사례 ▷ 매도인의 각종 채무를 승계하는 방법으로 매매계약시 사실상 취득 여부

「지방세기본법」 제34조 제1항 제1호는 취득세는 취득세 과세물건을 취득하는 때에 그 납세의무가 성립한다고 규정하고, 「지방세법」 제7조 제2항은 부동산의 취득에 있어서는 「민법」 등 관계 법령의 규정에 의한 등기 등을 이행하지 아니한 경우라도 사실상으로 취득한 때에는 취득한 것으로 본다고 규정하고 있으며, 여기에서 사실상의 취득이라 함은 일반적으로 등기와 같은 소유권취득의 형식적 요건을 갖추지는 못하였으나 대금의 지급과 같은 소유권취득의 실질적 요건을 갖춘 경우를 말한다. 매매대금 중 일부는 매도인들의 ○○협동조합에 대한 담보대출채무를 승계하는 방법으로 지급하기로 한 것은 이행인수로 볼 것인데(대법원 2009.5.14. 선고 2009다5193 판결 참조), 매도인들은 매매계약을 체결하고 소유권이전등기 신청에 필요한 매도용 인감증명서를 교부하였으므로 매매 계약서와 매도용 인감증명서 등을 이용하여 언제든지 소유권이전등기를 마칠 수 있었고 매도인들은 잔금을 매도인들의 ○○종합건설에 대한 미지급 공사대금채무의 지급에 갈음하기로 합의하였으므로 매매 계약일에 매매대금을 모두 지

급받았다고 할 것으로 취득세 납부여부에 소유권 이전 효력과는 무관하므로 해당 부동산의 소유권을 사실상 취득하였다고 봄이 타당함(대법 2018두64221, 2019.3.14.).

사례 **지적재조사 사업에 따른 지적공부 변경시 과세여부 질의 회신**

취득세는 취득을 과세요건으로 하는 행위세이고 그 납세의무는 취득시 발생하는 것인데(대법원 2010.12.23. 선고 2009두12150 판결참조), 지적재조사 사업에 따라 토지면적이 증가하는 것은, 공부와 현황상의 일치 작업의 결과이며 이미 취득이 완료된 토지에 대하여 공부상 면적만 증가할 뿐, 소유 토지의 면적이 실질적으로 증가하는 등의 '취득'이 발생하지 않는 점, 공부상 면적이 증가함에 따라 지급하는 조정금은 거래 상대방에 지급하는 것이 아니고 지적소관청(특별자치시·시·군·구청장)에 지급하는 것이므로 취득 행위에 따른 대가로 보기 어려운 점, 「지적재조사에 관한 특별법」 제25조에서 지적재조사 사업완료 공고에 따른 지적 공부 작성시, 지체 없이 관할등기소에 등기를 촉탁하도록 규정하면서, 이 경우 국가가 자기를 위하여 하는 등기로 보도록 규정하고 있는 점 등을 종합해볼 때, 취득세 과세대상 취득으로 볼 수 없음(부동산세제과-1335호, 2020.6.15.).

사례 **대수선허가를 안받고, 시설을 수선하거나 시설물을 설치하거나 수선하는 공사가 아닌 경우 개수에 해당되는지 여부**

청구법인은 쟁점2차공사와 달리 쟁점1차공사를 위하여 대수선허가를 받은 사실이 없는 점, 쟁점1차공사는 「지방세법」 제6조 제6호 나목 및 다목에 규정된 시설들을 설치하거나 수선하는 공사가 아니어서 개수로 보기도 어려워 보이는 점 등에 비추어 처분청이 쟁점1차공사를 취득세 과세대상에 해당하는 "「건축법」 제2조 제1항 제9호에 따른 대수선"에 해당하는 것으로 보아, 청구법인에게 쟁점1차공사에 소요된 비용을 과세표준으로 하여 취득세 등을 과세한 처분은 잘못이 있는 것으로 판단됨(조심 2021지1982, 2022.7.11.).

(2) 부동산: 토지 + 건축물

■ **토지**

「공간정보의 구축 및 관리 등에 관한 법률」(舊지적법)에 따라 지적공부의 등록 대상이 되는 토지 및 사실상의 토지를 말한다.

- 토지의 지목에는 전, 답, 과수원, 목장용지, 임야, 광천지, 염전, 대, 공장용지, 학교용지, 주차장, 주유소용지, 창고용지, 도로, 철도용지, 제방, 하천, 구거, 유지, 양어장, 수도용지, 공원, 체육용지, 유원지, 종교용지, 사적지, 묘지, 잡종지가 있다.

■ 건축물: 건물 + 시설 + 시설물

「건축법」 제2조 제1항 제2호의 규정에 의한 건축물(이와 유사한 형태의 건축물을 포함)과 토지에 정착하거나 지하 또는 다른 구조물에 설치하는 레저시설, 저장시설, 도크시설, 접안시설, 도관시설, 급·배수시설, 에너지 공급시설 그 밖에 이와 유사한 시설(이에 부수되는 시설을 포함)을 말한다.

(가) 시설

    1) 레저시설: 수영장, 스케이트장, 골프연습장(「체육시설의 설치·이용에 관한 법률」에 따라 골프연습장업으로 신고된 20타석 이상의 골프연습장만 해당한다), 전망대, 옥외스탠드, 유원지의 옥외오락시설(유원지의 옥외오락시설과 비슷한 오락시설로서 건물 안 또는 옥상에 설치하여 사용하는 것을 포함한다)

    2) 저장시설: 수조, 저유조, 저장창고, 저장조(저장용량이 1톤 이하인 액화석유가스 저장조는 제외한다) 등의 옥외저장시설(다른 시설과 유기적으로 관련되어 있고 일시적으로 저장기능을 하는 시설을 포함한다)

    3) 독(dock)시설 및 접안시설: 도크, 조선대(造船臺)

    4) 도관시설(연결시설을 포함한다): 송유관, 가스관, 열수송관

    5) 급수·배수시설: 송수관(연결시설을 포함한다), 급수·배수시설, 복개설비

    6) 에너지 공급시설: 주유시설, 가스충전시설, 환경친화적 자동차 충전시설, 송전철탑(전압 20만 볼트 미만을 송전하는 것과 주민들의 요구로 「전기사업법」 제72조에 따라 이전·설치하는 것은 제외한다)

    7) 그 밖의 시설: 잔교(棧橋)(이와 유사한 구조물을 포함한다), 기계식 또는 철골조립식 주차장, 차량 또는 기계장비 등을 자동으로 세차 또는 세척하는 시설, 방송중계탑(「방송법」 제54조 제1항 제5호에 따라 국가가 필요로 하는 대외방송 및 사회교육방송 중계탑은 제외한다) 및 무선통신기지국용 철탑을 말한다.

(나) 시설물

    1) 승강기(엘리베이터, 에스컬레이터, 그 밖의 승강시설)

    2) 시간당 20킬로와트 이상의 발전시설

    3) 난방용·욕탕용 온수 및 열 공급시설

    4) 시간당 7천 560킬로칼로리급 이상의 에어컨(중앙조절식만 해당한다)

    5) 부착된 금고

    6) 교환시설

    7) 건물의 냉난방, 급수·배수, 방화, 방범 등의 자동관리를 위하여 설치하는 인

텔리전트 빌딩시스템 시설

　8) 구내의 변전·배전시설

※ 친환경차량 충전시설 취득세 과세 명확화(영 §5①)
□ 개정개요

개정 전	개정 후
□ 취득세 과세 대상 시설 　○ 에너지공급시설: 주유시설, 가스충전시설, 송전철탑 　－ 전기자동차 등의 충전시설 미포함 　　(유권해석으로 운영: 과세)	□ 취득세 과세대상 시설 추가 　○ 에너지공급시설: 주유시설, 가스충전시설, 송전철탑, 친환경차량충전시설 　　ex) 전기차, 수소차 등

□ 개정내용
　○ 환경친화적 자동차 충전시설을 과세 대상으로 명시

□ 적용요령
　○ 종전규정을 명확히 한 사항이므로 종전과 동일하게 적용

사례 일시적으로 이용되는 유기적인 관련시설의 과세대상 여부

살펴건대, 1999.12.31. 대통령령 제16673호로 개정되기 전의 지방세법 시행령의 관계 규정에 의하면, "수조, 저유조, 싸이로, 저장조 등의 옥외저장시설"을 구축물의 하나로 규정하여 취득세를 부과하도록 하였는데, 대법(대법 99두5023, 1999.6.11.) 선고 판결 등에서 액화천연가스탱크에 대하여 다른 생산설비와 유기적인 관련을 가진 생산과정의 일부로서 일시 저장하는 기능은 물론 다른 기능까지 하고 있다는 이유로 위 옥외저장시설에 해당하지 않는다고 판시하였다. 그런데 1999.12.31. 대통령령 제16673호 지방세법 시행령의 개정으로 위 옥외저장시설에 "(다른 시설과 유기적인 관련을 가지고 일시적으로 저장기능을 하는 시설을 포함한다)"는 괄호 규정이 부가되었고, 위 개정령은 2000.1.1.부터 시행되고 있다.

앞서 본 관계규정의 개정 경위와 내용 및 위 인정사실에 비추어 보면, 이 사건 축열조는 원고의 열공급시설과 유기적인 관련을 가지고 열 내지 난방수의 저장기능을 하는 시설 즉, 위 괄호규정 소정의 옥외저장시설에 해당한다고 할 것이므로, 이와 같은 전제에선 피고의 이 사건 처분은 적법하다고 할 것이다(대법 2007두26032, 2008.3.13.).

사례 건축물(공장) 신축시 별도로 설치한 쟁점클린룸 설치비용이 건축물 취득세 과세표준에 포함되는지 여부

쟁점클린룸은 건축물과 일체가 되어 건축물의 효용가치를 증대시키는 시설이 아니라 이 건 건축물의 내부에 설치된 봉합사 생산설비로 보는 것이 그 기능에 부합한다

고 보이는 점 등에 비추어 쟁점클린룸은 이 건 건축물의 부대시설에 해당한다고 볼 수 없다 하겠다(조심 2017지1158, 2018.9.28. 등 다수 같은 뜻임)할 것으로 건축물(공장) 신축시 별도로 설치한 쟁점클린룸 설치비용이 건축물 취득세 과세표준에 포함되지 않음(조심 2020지534, 2020.10.26.).

사례 ▶ 주택건설사업계획 승인조건으로 설치한 아파트단지 외부의 방음벽 설치비용은 아파트 취득세 과세표준에서 제외하여야 한다는 청구주장의 당부

이 건 방음벽은 아파트단지의 신축과 관련성이 있지만, 아파트단지 외부의 고속도로상에 설치된 시설물로서 직접적으로 아파트단지 내부에 설치되어 아파트와 일체를 이루는 부대시설에 해당되지 아니하고, 이 건 방음벽이 별도의 취득세 과세대상이 되는 건축물에도 해당되지 아니한다 할 것이므로 주택건설사업계획승인조건에 따라 설치한 시설물이라는 사유만으로 이러한 방음벽 설치비용을 이 건 아파트의 취득비용에 해당된다고 보기는 어렵다고 판단됨(조심 2019지2308, 2020.1.16.).

사례 ▶ 도시가스 인입배관 설치에 따라 사업자가 50%의 부담하고 있는 공사비를 취득세 과세표준에 포함할 수 있는지 여부

취득세의 과세표준을 산정함에 있어서도 원고들이 취득하는 인입배관의 취득가격에서 도시가스 사용자가 부담하는 비용을 공제하는 것이 취득세 과세가격에 관하여 규정하고 있는 구 법인세법 시행령 제18조의 입법 취지 및 세법의 통일적·체계적 해석에 부합하고, 재산세의 과세표준처럼 사업자가 보유하는 인입배관의 가액을 그대로 취득세의 과세표준으로 보는 것은 유통세의 일종인 취득세의 과세표준(취득가격)으로 적절하지 않다고 보인다.

따라서 도시가스 공급규정에 의하여 원고들이 부담하는 인입배관 공사비의 50% 상당액(도시가스 공급규정에 따르면 도시가스업자의 공사비 50%는 지원금이고, 공사가 완공되면 인입배관의 취득자는 도시가스사용자가 됨)이라고 할 것이기 때문에 도시가스 사용자가 시공자에게 지급한 인입배관 공사비 분담금은 원고들의 인입배관 취득가격에 포함된다고 할 수 없다(대법 2015두39828, 2015.7.10.).

사례 ▶ 이 사건 이설배관 및 해저운송배관이 지방세법상 취득세 과세대상 가스관에 해당되는지 여부

지방세법상 취득세의 과세대상인 위 '가스관'의 정의에 관한 규정은 없으나, 위 규정들의 내용과 취지에 비추어 보면, 위 '가스관'이란 구조, 형태, 용도, 기능 등을 전체적으로 고려할 때 토지에 정착하거나 지하 또는 다른 구조물에 설치되어 기체상태의 물질인 가스를 운반하는 데에 사용되는 관을 의미한다 할 것이다. 위 규정들에 비추어 살피건대, 앞서 든 증거들 및 인정사실들과 을나 7, 8호증의 각 기재에 변론 전체의 취지를 더하면, 이 사건 이설배관 및 해저운송배관은 이 사건 생산시설에 연결되어 있고, 위 이설배관 및 해저운송배관을 통하여 위 생산시설 사이에 운반되는 물질은 동해-1, 동해-2 가스전에서 채굴된 유가스로서 대부분의 천연가스와 10% 미만의 컨덴세이트 등으로 이루어진 혼합물임을 알 수 있는바, 위 이설배관 및 해저운송배관을 통하여 운반되는 주된 물질이 가스인 이상, 그것이 판매 가능한 상태로 가공되지 않았다거나 가스가 아닌 물질이 일부 혼합되어 있다하더라도, 위 이설배관은 지방세법상 취득세 과세대상인 가스관에 해당한다고 봄이 타당함(대법원 2020.4.29. 선고 2020두30832 판결).

> **사례** 건축물의 대수선이 아닌 단순 리모델링 공사 시 급수·배수시설 및 열공급 시설물과 연결하여 쓰이는 각종 배관을 함께 교체하는 경우, 건축물에 부합된 배관이 과세대상에 포함되는지 여부

※ 교체 배관의 종류: 오배수배관, 냉난방배관, 급수·급탕배관, 우배수관 등
「지방세법」 제6조 제1호에서 "개수"를 취득의 하나로 규정하고 있고, 같은 조 제6호 나목 및 같은 법 시행령 제5조 제1항 제5호에 따르면, 송수관(연결시설 포함), 급수·배수시설, 복개설비를 수선하는 것을 개수로 규정하고 있습니다. 따라서, 급수·배수시설을 수선하는 경우, 개수로서 취득세의 과세대상에 해당합니다.
다만, 건축물 내부에 있는 배관은 건축물의 필수 불가결한 시설일 뿐 「지방세법 시행령」 제5조 제1항 제5호에서 규정하고 있는 급수·배수시설에 해당되지 않는다고 보는 것이 합리적이므로(조세심판원 2019지2003, 2019.6.26. 결정 참조) 쟁점 배관 등을 교체하는 것이 건물내 기존 급수·배수관의 교체공사로서, 「건축법」 상 대수선에 해당하지 않는다면, 개수로 인한 취득세 과세대상으로 볼 수 없다고 판단(지방세정팀-837, 2006.2.28. 참조)됨(부동산세제과-1123호, 2020.5.19.).

> **사례** 선박하역용 이동식 로딩암(Loading Arm)이 취득세 과세대상해당 여부

선박하역용 이동식 로딩암(Loading Arm)은 고정적으로 부착되어 있는 것이 아니라 배가 들어올 때 하역장소로 견인되어 도관시설과 연결을 통해 하역 기능을 수행하고 있는 점에서 주된 건축물(도관시설 또는 저장시설)에 부수되는 시설로 볼 수 없어 취득세 과세대상으로 볼 수 없음(부동산세제과-686, 2022.3.11.).

> **사례** 송전철탑의 범위 및 취득시기 등

1. 과세대상물건의 범위

송전선로는 송전철탑, 애자, 전선으로 구성되고, 애자는 전선을 지지하기 위하여 사용되는 사기, 유리, 합성수지 등으로 만들어진 절연물로서 송전철탑에 설치되어 송전철탑과 함께 전선을 연결·지지하는 역할을 하는 사실로 인정할 수 있다.
위 인정사실 및 관련규정 등에 비추어 보면, 과세물건으로서의 송전철탑이라 함은

주유시설, 가스충전시설과의 균형상 송전철탑과 일체가 되어 에너지를 공급하는 역할을 하는 시설 일체를 의미하는 것으로 해석되고, 송전철탑에 설치되어 전선을 연결·지지하고 송전철탑과 함께 전력을 공급하는 역할을 하는 애자는 송전철탑과 일체가 된 에너지 공급시설이라 할 것이므로, 애자 또한 과세물건으로서의 송전철탑에 포함된다고 봄이 상당하다.

2. 과세대상물건의 취득 시기

위 인정사실 및 관계법령에 비추어 보면, 이 사건 철탑도 송전선로의 일부로서 전기사업법에 의한 인가를 받아 건축하는 이상 지방세법 시행령 제73조 제4항의 '건축허가를 받아 건축하는 건축물'에 준하는 것으로 볼 수 있으므로, 이 사건 철탑의 취득일은 임시사용승인일인 2005.11.16.로 봄이 상당하다 할 것이다.

3. 취득가격의 범위

① 여기서 말하는 '취득가격'에는 과세대상물건의 취득 시기 이전에 거래상대방 또는 제3자에게 지급원인이 발생 또는 확정된 것으로서 당해 물건 자체의 가격은 물론 그 이외에 실제로 당해 물건 자체의 가격으로 지급되었다고 볼 수 있거나 그에 준하는 취득절차비용도 간접비용으로서 이에 포함된다고 할 것이다(대법 95누4155, 1996.1.26. 선고 판결 등 참조).

② 물적범위: 이 사건 철탑공사가 산지에서 이루어졌으므로 공사장 진입도로, 삭도장, 헬기장 등은 그 공사를 위해 반드시 설치해야 할 필요성이 있었고 실제로 위 공사가 마무리 된 후 복구되어 현재는 남아 있지 않는 점, 철탑주변개설 및 복구비용, 대체산림조성비 등도 이 사건 철탑공사를 하기 위해 반드시 지출이 요구되는 비용인 점 등에 비추어 보면, 진입도로 공사비 등은 이 사건 철탑을 취득하기 위하여 지급된 간접비용에 해당한다고 할 것이므로, 이 사건 철탑의 취득가격에 포함된다고 할 것이다.

③ 시적범위: 이 사건 과세대상물건인 철탑의 취득 시기인 2005.11.16. 이후에 지출한 비용이기는 하나 이미 이 사건 철탑공사의 수급인에게 지급원인이 발생된 것이므로, 이는 취득가격에 포함된다고 볼 수 있고, 결국 이 사건 철탑의 취득시기를 전후하여 지출된 비용 전체가 과세표준이 된다고 할 것이다.

4. 신의성실·신뢰보호의 원칙 등 위배 여부

① 일반적으로 조세법률관계에서 과세관청의 행위에 대하여 신의칙 내지 비과세관행이 성립되었다고 하려면 그 의사표시가 납세자의 추상적인 질의에 대한 일반론적인 견해표명에 불과한 경우에는 위 원칙의 적용을 부정하여야 한다(대법 90누10384, 1993.7.27. 선고 판결).

② 위 인정사실 및 관계법령인 행정안전부와 그 소속기관 직제(2005.12.9. 대통령령 제19167호로 개정되기 전의 것) 제14조 제3항 제36호, 제37호 등에 비추어 보면, 지방세에

관한 질의 회신 등의 업무와 지방세 과세표준의 적정 운영을 위한 제도의 개발·개선 및 표준지침을 시달하는 업무를 관장하는 행정안전부장관이 2003.7.18. 원고에게 진입도로 공사비가 취득가격에 포함되지 않는다고 회신한 것은 과세관청의 공적인 견해표명으로 봄이 상당하고, 위와 같은 회신을 믿은 데 원고에게 어떠한 귀책사유가 있다고 볼 수 없으므로, 원고의 신뢰에 반하여 진입도로 공사비를 취득세 과세표준에 포함시켜 부과한 이 사건 처분은 신뢰보호의 원칙에 위배된다고 할 것이다.

③ 삭도장, 헬기장, 철탑주변개설 및 복구비용, 대체산림조성비 등
원고가 행정안전부에 진입도로 공사비가 송전철탑의 취득가격에 포함되는지에 관하여 질의하여 행정안전부장관으로부터 이에 대한 회신을 받은 사실은 앞서 본 바와 같으나, 원고가 행정안전부에 삭도장, 헬기장, 철탑주변 개설 및 복구비용, 대체 산림조성비 등이 송전철탑의 취득가격에 포함되는지에 관하여 질의하여 행정안전부로부터 이에 대한 회신을 받았거나 행정안전부가 위 비용이 송전철탑의 과세표준에 포함되지 않는다는 취지의 공적인 견해를 표명한 사실을 인정할 증거가 없다.

따라서 행정안전부의 공적인 견해표명이 있었거나 새로운 해석 또는 관행에 의하여 소급과세되었음을 전제로 한 원고의 이 부분 주장은 나아가 살펴볼 필요 없이 이유 없다.

5. 가산세 부과처분에 관하여

① 가산세 부과의 범위
이 사건에서 보건대, 앞서 본 바와 같이 원고는 이 사건 철탑을 취득한 2005.11.16.로부터 30일 이내에 과세표준 및 세액을 전혀 신고·납부한 바 없으므로(원고가 2006.2.8. 일부 과세표준 및 세액을 신고하고 2006.3.8. 이를 납부하였으며, 2006.12.27. 일부 과세표준 및 세액을 신고·납부한 바 있으나, 이는 위 규정에 의한 신고·납부라고 할 수 없다.), 이 사건 철탑에 대한 취득세 전액이 가산세의 대상이 된다.

② 정당한 사유의 존재 여부
납세의무자는 과세물건을 취득한 날로부터 30일 이내에 그때까지 지출한 것으로 입증되는 취득가격을 기준으로 하여 과세표준 및 세액을 신고·납부하여야 하고, 그 신고·납부의무를 이행한 납세의무자의 경우 위 취득일 이후에 지출되는 비용으로 신고·납부할 당시 확정할 수 없는 부분에 대하여는 기업회계기준에 따라 장부에 기장한 날로부터 60일 이내에 과세표준 및 세액을 수정신고·납부하여야 함은 법문상 명백하다.

결국, 원고가 2005.11.16.경 이 사건 철탑공사가 완료되지 않아 정확한 과세표준 및 세액을 산출할 수 없었고 2006.2.8. 과세표준 및 세액을 신고하면서 2006.6. 말경 모든 공사가 마무리될 것을 전제로 2006.7.경 정확한 공사비 정산 후 과세표준 및 세액을 추가신고할 예정임을 밝혔다는 사정만으로 지방세법에 의한 신고·납부의무의 해태를 탓할 수 없는 정당한 사유가 있는 경우에 해당한다고 볼 수 없다.

(대법 2009두8960, 2009.9.10., 대법 2009두5350, 2009.9.10., 대법 2009두9567, 2009.9.10., 대법 2009두9567, 2009.9.24., 대법 2009두8717, 2009.9.24.)

사례 잔교의 의미

원심은, 원고가 이 사건 시멘트 유통기지를 조성하면서 시멘트 운송선박을 계류시키고 선박으로부터 시멘트 유통기지로 시멘트를 운반하기 위한 설비를 구축함에 있어 그 지역의 조수간만의 차로 인하여 육상에서 바로 연결되는 다리 형태의 잔교를 건설하지 못하고 해상에 선박 접안시설인 이 사건 해상구조물을 설치하고 여기에 이 사건 운송시설을 연결하여 이 사건 해상구조물에 계류한 선박으로부터 육상으로의 시멘트 운송·하역작업을 수행하고 있는 사실, 이 사건 해상구조물은 시멘트 운송선박을 부두에 직접 접안하지 아니하고 해상에 정박한 상태로 하역하기 위하여 부두로부터 약 52m 떨어져 있는 해상에 설치한 것으로서, 하저에 쇠말뚝(pile)을 박고 그 위에 콘크리트로 견고한 상부시설을 한 돌핀스판 7기로 구성되어 있으며, 그 돌핀스판 7기는 하역작업을 위한 작업대 1기, 정박한 선박을 옆에서 받쳐 주는 접안대 2기, 정박한 선박의 유동을 막기 위하여 선두와 선미를 줄로 매어두는 정박대 4기로 구성되어 있는 사실, 운반선의 선원이나 원고 회사의 직원이 시멘트 운송선박의 입·출항 시에 각 구조물을 고정시키는 장치에 줄을 매거나풀기 위하여 이동하도록 위 각 구조물 사이에 철판가교를 설치하여 놓은 사실을 인정한 다음, 이 사건 해상구조물은 그 구조·용도 및 기능 등을 전체적으로 살펴볼 때 선박을 접근시켜 화물의 하역이 편리하도록 해상에 설치한 구조물로서 구 지방세법 시행령 제75조의2 제2호 소정의 '잔교'에 해당한다고 판단하였다(대법 2000두5739, 2002.5.17., 대법 2000두5135, 2002.5.31.).

사례 이 건 시설이 취득세 과세대상 잔교에 해당되는지 여부

각 기재 또는 영상, 이 법원의 해양수산부에 대한 사실조회결과에 변론 전체의 취지를 종합하면, ① 이 사건 구조물은 해수면 아래에 위치한 토지에 강관으로 기둥을 박고 그 위에 콘크리트나 철판 등으로 상부시설을 설치한 것으로서 배와 육지를 연결하여 사람이나 물건이 이동할 수 있도록 설계된 사실, ② 이 사건 구조물은 기둥과 콘크리트를 연결하는 부분에 롤러를 설치하여 조위변동에 관계없이 선박이 계류할 수 있도록 만들어진 특징이 있는 외에는 그 형태나 기능, 목적에 있어서 잔교와 별다른 차이가 없는 사실, ③ 피고 외에 거제시장, 통영시장 등 다른 지방자치단체장 또한 이 사건 구조물과 유사한 구조물에 대하여 취득세를 부과한 사실이 인정된다. 위 인정사실에 의하면 이 사건 구조물은 토지에 정착한 시설로서 잔교의 기능을 하는 잔교와 유사한 구조물에 해당한다고 봄이 타당하고, 원고가 주장하는 바와 같이 이 사건 구조물에 대한 비과세 관행이 존재한다는 점을 인정할 증거는 없음(대법원 2020.4.29. 선고 2020두31521 판례).

(3) 자동차, 기계장비

■ 자동차

차량이라 함은 원동기를 장치한 모든 차량과 피견인차 및 궤도로 승객 또는 화물을 반송하는 모든 기구를 말한다. 이 경우 "원동기를 장치한 모든 차량"이란 원동기로 육상을 이용할 목적으로 제작된 모든 용구(총 배기량 50시시 미만의 이륜자동차는 제외한다)를 말한다. 그리고 "궤도"란 궤도운송법 제2조 제1호에 따른 궤도를 말한다. 이 경우 궤도는 사람이나 화물을 운송하는 데에 필요한 궤도시설과 궤도차량 및 이와 관련된 운영·지원체계가 유기적으로 구성된 운송체계를 말하며, 삭도(索道)를 포함한다.

■ 기계장비

건설공사용·화물하역용·광업용으로 사용되는 기계장비로서 건설기계관리법에서 규정한 건설기계 및 이와 유사한 기계장비 중 「지방세법 시행규칙」 [별표 1]에 규정된 것을 말한다.

| 과세대상 기계장비의 범위(지방세법 시행규칙 별표 1) |

건설기계명	범 위
1. 불도저	무한궤도 또는 타이어식인 것
2. 굴삭기	무한궤도 또는 타이어식으로 굴삭장치를 가진 것
3. 로더	무한궤도 또는 타이어식으로 적재장치를 가진 것
4. 지게차	들어올림장치를 가진 모든 것
5. 스크레이퍼	흙, 모래의 굴삭 및 운반장치를 가진 자주식인 것
6. 덤프트럭	적재용량 12톤 이상인 것. 다만, 적재용량 12톤 이상 20톤 미만의 것으로 화물운송에 사용하기 위하여 자동차관리법에 따라 자동차로 등록된 것은 제외한다.
7. 기중기	강재의 지주 및 상하좌우로 이동하거나 선회하는 장치를 가진 모든 것
8. 모터그레이더	정지장치를 가진 자주식인 것
9. 롤러	① 전압장치를 가진 자주식인 것 ② 피견인 진동식인 것
10. 노상안정기	노상안전장치를 가진 자주식인 것
11. 콘크리트뱃칭플랜트	골재저장통·계량장치 및 혼합장치를 가진 모든 것으로서 이동식인 것
12. 콘크리트 피니셔	정리 및 사상장치를 가진 것
13. 콘크리트 살포기	정리장치를 가진 것으로 원동기를 가진 것
14. 콘크리트 믹서트럭	혼합장치를 가진 자주식인 것(재료의 투입, 배출을 위한 보조장치가 부착된 것을 포함한다.)

건설기계명	범 위
15. 콘크리트 펌프	콘크리트 배송능력이 시간당 5세제곱미터 이상으로 원동기를 가진 이동식과 트럭 적재식인 것
16. 아스팔트 믹싱프랜트	골재공급장치·건조가열장치·혼합장치·아스팔트 공급장치를 가진 것으로 원동기를 가진 이동식인 것
17. 아스팔트 피니셔	정리 및 사상장치를 가진 것으로 원동기를 가진 것
18. 아스팔트 살포기	아스팔트 살포장치를 가진 자주식인 것
19. 골재 살포기	골재 살포장치를 가진 자주식인 것
20. 쇄석기	20킬로와트 이상의 원동기를 가진 것
21. 공기압축기	공기토출량이 분당 2.84세제곱미터(제곱센티미터당 7킬로그램 기준) 이상인 것
22. 천공기	크로라식 또는 굴진식으로서 천공장치를 가진 것
23. 항타 및 항발기	원동기를 가진 것으로서 해머 또는 뽑는 장치의 중량이 0.5톤 이상인 것
24. 자갈채취기	자갈채취장치를 가진 것으로 원동기를 가진 것
25. 준설선	펌프식·바켓식·딧퍼식 또는 그래브식으로 비자항식인 것
26. 노면측정장비	노면측정장치를 가진 자주식인 것
27. 도로보수트럭	도로보수장치를 가진 자주식인 것
28. 노면파쇄기	파쇄장치를 가진 자주식인 것
29. 선별기	골재 선별장치를 가진 것으로 원동기가 장치된 모든 것
30. 타워크레인	수직타워의 상부에 위치한 지브(jib)를 선회시켜 중량물을 상하·전후 또는 좌우로 이동시킬 수 있는 정격하중 3톤 이상의 것으로서 원동기 또는 전동기를 가진 것
31. 그 밖의 건설기계	제1호부터 제30호까지의 기계장비와 유사한 구조 및 기능을 가진 기계류로서 행정안전부장관 또는 국토교통부장관이 따로 정하는 것

사례 ▶ **색도 선별기가 취득세 과세대상에 해당하는지 여부**

골재가 「골재채취법」 제2조 제1항(하천, 산림, 공유수면이나 그 밖의 지상·지하 등 자연상태에 부존하는 쇄석용 암석, 모래, 자갈로서 콘크리트 및 아스팔트콘크리트의 재료 또는 그 밖에 건설공사의 기초재료로 쓰이는 것)에 따른 것만이 해당 하는지에 대해서 살펴보면, 기계장비의 범위에 광업용을 포함하고 있으며, 「광업법」 제3조 제2 호에서 "광업"이란 광물의 탐사(探査) 및 채굴과 이에 따르는 선광(選鑛)·제련 또는 그 밖의 사업을 말한다고 규정하고 있는 바, 크기뿐만 아니라 색도의 선별작업도 일련의 광업의 범위에 포함된다고 보는 것이 합리적인 점, 「지방세법 시행규칙」 별표1에서 선별기는 골재 선별장치를 가진 것으로 원동기가 장치된 모든 것을 규정하고 있을 뿐, 골재 선별기에 대해 「골재채취법」 규정에 의한 골재만을 한정하고 있지 않은 점 등을 종합적으로 감안할 때, 취득세 과세대상이 되는 선별기에는 광업용으로 사용하는 색도를 분류하는 선별기도 포함된다고 보아야 할 것으로 판단됨(행자부 지방세운영과-2041, 2015.7.9.).

⇒ 광산에서 석회석을 채굴하여 색도별로 분류하여 이를 공장에서 가공한 후 국내외 고객에 원부재료로 제조 판매하는 회사로서 석회석 원석을 쇄석하지 않고 원석 그대로 색도에 따라 선별 하는 광학선별기는 취득세 과세대상 선별기에 포함된다.

사례 쟁점크레인이 취득세 과세대상에 해당되는지 여부

생산과정에서 쟁점크레인은 필수적인 역할을 하는 것으로 보이고, 처분청도 청구법인이 쟁점크레인을 이용하여 제품을 제조한다는 사실을 인정하고 있는 점, 쟁점크레인이 화물하역에 필수적이라는 사정 등에 대하여 구체적으로 입증한 바 없는 반면, 청구법인이 쟁점크레인 외에 원재료 하역에 사용할 수 있는 2대의 지게차를 보유하고 있고, 정기적으로 외부 장비를 임대하여 제품 하역 등에 사용하고 있는 것으로 보이는 점, 청구법인의 제조과정 전반에 걸쳐 쟁점크레인이 필수적으로 사용된다는 사실이 인정되는 이상 쟁점크레인의 주된 용도는 화물하역용이 아닌 제품제조용으로 봄이 타당한 점 등을 볼 때 화물하역용 기중기에 해당하지 않음(조심 2019지2316, 2019.10.23.).

사례 제조업자가 쇄석기를 취득한 경우 취득세 과세대상 여부

비록 사업주체가 제조업을 영위한다 하더라도 암석이나 흙을 구입 후 쇄석기를 이용하여 골재 등을 생산·판매하는 경우, 해당 쇄석기는 취득세 과세대상 기계장비로 보는 것이 타당함(부동산세제과-687, 2022.3.11.).

(4) 선박

기선, 범선, 부선 및 그 밖에 명칭에 관계없이 모든 배를 말한다.

※ 행정안전부 지방세법 기본통칙 6-7(선박의 범위)에서 선박에는 해저관광 또는 학술연구를 위한 잠수 캡슐의 모선으로 이용하는 부선과 석유시추선도 포함한다.

사례 국적취득조건부 나용선계약의 연부취득 해당 여부

국적취득조건부 나용선계약을 연부로 취득하였으나 마지막 연부금 지급일 전에 해제되었다는 내용의 반환확인서 및 사업계획변경신고서 등 원고의 증거가 제출되었다고 하더라도, 제반정황에 비추어볼 때 각 선박을 반환한 것이 연부금을 완납 후 각 선박의 소유권을 취득한 다음 이를 제3자에게 매각하였는지를 알 수 없고 나아가 각 선박의 매각대금으로 보이는 대금을 국내 은행의 외국지점에 입금한 정황까지 보이므로 연부금 지급일 전에 연부계약이 해제되었다는 사실을 인정하기 어렵고, 원심이 이 사건 해제 및 반선사실을 인정한 것에는 논리와 경험칙에 위배되는 추인을 하거나 증거없이 사실인정을 함으로써 자유심증주의의 한계를 일탈하여 판결에 영향을 미친 위법이 있다(대법 2008두10591, 2011.4.14.).

사례 바다에서 선박을 만들 수 있도록 고안된 반잠수식 선박건조 야외작업장으로서, 선박을 건조할 때에는 물 위에 떠 있다가 선박이 건조되면 이를 적재하여 바다로 이동하는 플로팅 독을 취득세 과세대상 선박으로 보아 과세할 수 있는지 여부

① 취득세의 과세대상인 선박에 해당하기 위하여 자력으로 항행할 것까지 요구되지는 않는 것으로 보이는 점, ② 이 사건 플로팅 독(Floating Dock, 이하 '플로팅 독'이라 한다)은 바다에서 선박을 만들 수 있도록 고안된 반잠수식 선박건조 야외작업장으로서, 선박을 건조할 때에는 물 위에 떠 있다가 선박이 건조되면 이를 적재하여 예인선에 끌리거나 밀려 수심이 깊은 바다로 나아간 다음 잠수함의 원리를 이용하여 가라앉는 방법으로 선박을 진수하므로 부양성, 적재성 및 이동성을 갖추고 있는 점, ③ 이 사건 플로팅 독에 대한 건조계약서에도 '근해구역 항해능력을 갖춘 선박'을 건조하는 내용 등이 담겨 있고, 이 사건 플로팅 독에 관하여 선박의 종류를 '부선'으로 하는 선박건조증명서와 선박총톤수 측정증명서가 작성된 후 선박등록 및 소유권보존등기까지 마쳐진 점, ④ 이 사건 플로팅 독은 바다에 떠 있는 상태에서 계선줄에 의하여 부두와 연결되어 있을 뿐 토지에 정착하거나 지하 또는 다른 구조물에 설치되어 있지 아니한 점 등을 종합하면, 이 사건 플로팅 독을 구 지방세법 제104조 제5호의 '선박'에 해당한다(대법 2014두3945, 2014.6.26.).

(5) 항공기

항공기란 사람이 탑승·조종하여 항공에 사용하는 비행기, 비행선, 활공기(滑空機), 회전익(回轉翼) 항공기 및 그 밖에 이와 유사한 비행기구로서 별도로 정하는 것을 말한다.

(6) 입목

입목이란 지상의 과수, 임목과 죽목(竹木)을 말하고, 지상의 과수라 함은 지상에 생립하고 있는 과수목을 말하기 때문에 과수가 집단적으로 생립하고 있는 과수원의 경우가 아니라도 개개 과수목의 취득이 과세객체가 될 수 있으며, 지상의 임목이라 함은 수목이 일정한 장소에 집단적으로 지상에 생립하고 있는 수목의 집단을 말하므로 개개의 지상수목을 취득한 경우에는 과세객체가 될 수 없으며, 지상의 죽목이라 함은 지상의 과수의 경우와 같이 지상에 생립하고 있는 죽목을 말하기 때문에 개개의 죽목이 과세객체가 될 수 있다.

사례 계약목적물이 취득세 과세대상인 입목에 해당하는지 여부

계약의 목적물이 '입목'인지 여부는 법률행위 해석의 문제로서 그 거래의 내용과 당사자의 의사를 기초로 하여 판단하여야 할 것이지만, 실질과세의 원칙상 단순히 당해 계약서의 내용이나 형식에만 의존할 것이 아니라, 당사자의 의사와 계약체결의

경위, 대금의 결정방법, 거래의 경과 등 거래의 전체과정을 실질적으로 파악하여 판단하여야 한다(대법 2008두19628, 2010.10.28.).

사례 ▶ 입목을 실수요자에게 인도하는 경우 취득이 아닌 중개행위로 볼 수 있는지

이 사건 입목의 거래에서 중개수수료 약정 등 중개행위의 실질을 인정할 만한 사정이 없는 점 등을 종합하여 관련 법리에 비추어 보면, 원고는 이 사건 매매계약에 따라 이 사건 입목을 양수한 자로서 잔금지급일인 2015.3.20.경 이 사건 입목을 사실상 취득한 것으로 판단된다. 원고가 이 사건 입목을 산지(産地)에서 바로 실수요자가 지정한 곳으로 인도할 예정이었다고 하여 달리 볼 수 없고, 그 거래의 실질은 원고가 이 사건 입목을 취득한 후 실수요자에게 다시 전매하는 것이라고 봄이 타당하다(대법 2017두56165, 2017.1.25.).

사례 ▶ 벌채를 전제로 취득한 수목이 취득세 과세대상인 입목에 해당되는지 여부

이 사건 계약에 의하여 실질적으로 취득한 목적물은 지방세법상 취득세의 과세대상으로 열거되어 있는 입목이 아니라 원목이라고 봄이 상당하므로, 피고가 이와 다른 전제에서 원고에 대하여 한 이 사건 처분은 원고의 나머지 주장에 대하여 더 나아가 볼 필요 없이 위법하다(대법 2017두43999, 2017.8.23.).

사례 ▶ 쟁점수목이 「지방세법」 제6조 제11호에 따른 취득세 과세대상인 입목에 해당하지 않는다는 청구주장의 당부

임목매매계약서 등의 내용에 의하면 입목의 벌채 및 원목의 반출을 전제로 한 명시적인 약정을 인정할 수 있으므로, 청구법인이 이 건 임목매매계약에 따라 실제로 취득하는 목적물은 벌채된 원목이므로 청구법인이 취득한 목적물을 「지방세법」상 취득세 과세대상으로 열거되어 있는 입목이라고 보아 취득세를 부과한 이 건 처분은 잘못이 있다고 판단됨(조심 2020지135, 2020.6.9.).

(7) 광업권

광업권이란 광업법에 따른 광업권을 말한다. 광업권이란 광업법 제3조 제3호에서 탐사권과 채굴권을 말한다고 규정하고 "탐사권"은 등록을 한 일정한 토지의 구역에서 등록을 한 광물과 이와 같은 광상에 묻혀있는 다른 광물을 탐사하는 권리를 말하고, 채굴권은 광구에서 등록을 한 이와 같은 광상에 묻혀있는 다른 광물을 채굴하고 취득하는 권리를 말한다.

(8) 어업권

어업권이란 수산업법 또는 내수면어업법에 따른 어업권을 말한다. 이 경우 어업권은 수산업법 또는 내수면어업법의 규정에 의한 면허어업만 취득세의 과세대상이 된다.

(9) 골프회원권

체육시설의 설치·이용에 관한 법률에 따른 회원제 골프장의 회원으로서 골프장을 이용할 수 있는 권리를 말한다.

(10) 승마회원권

체육시설의 설치·이용에 관한 법률에 따라 회원제 승마장의 회원으로서 승마장을 이용할 수 있는 권리를 말한다.

(11) 콘도미니엄회원권

관광진흥법에 따른 콘도미니엄과 이와 유사한 휴양시설로서 대통령령이 정하는 시설을 이용할 수 있는 권리를 말한다. 위 규정에서 "대통령령이 정하는 시설"이란 관광진흥법시행령 제23조 제1항에 따라 휴양·피서·위락·관광 등의 용도로 사용되는 것으로서 회원제로 운영하는 시설을 말한다(영 §8). 그러므로 콘도미니엄과 유사한 휴양시설로서 회원제로 운영되는 것이면 그 회원권은 모두 취득세과세대상이 되므로 세법 적용에 있어 콘도미니엄과 유사한 휴양시설인지 여부와 회원제 여부를 확인하여 과세대상 여부를 정확히 판단해야 한다.

(12) 종합체육시설이용회원권

체육시설의 설치·이용에 관한 법률에 따른 회원제 종합체육시설업에서 그 시설을 이용 할 수 있는 회원의 권리를 말한다.

(13) 요트회원권

체육시설의 설치·이용에 관한 법률에 따른 회원제 요트장의 회원으로서 요트장을 이용할 수 있는 회원의 권리를 말한다.

③ 취득세 취득시기

「지방세법 시행령」 제20조(취득의 시기 등) ① 무상승계취득의 경우에는 그 계약일(상속 또는 유증으로 인한 취득의 경우에는 상속 또는 유증 개시일을 말한다)에 취득한 것으로 본다. 다만, 해당 취득물건을 등기 · 등록하지 아니하고 다음 각 호의 어느 하나에 해당하는 서류에 의하여 계약이 해제된 사실이 입증되는 경우에는 취득한 것으로 보지 아니한다.

1. 화해조서 · 인낙조서(해당 조서에서 취득일부터 60일 이내에 계약이 해제된 사실이 입증되는 경우만 해당한다)
2. 공정증서(공증인이 인증한 사서증서를 포함하되, 취득일부터 60일 이내에 공증받은 것만 해당한다)
3. 행정안전부령으로 정하는 계약해제신고서(취득일부터 60일 이내에 제출된 것만 해당한다)

② 유상승계취득의 경우에는 다음 각 호에서 정하는 날에 취득한 것으로 본다.

1. 법 제10조 제5항 제1호부터 제4호까지의 규정 중 어느 하나에 해당하는 유상승계취득의 경우에는 그 사실상의 잔금지급일
2. 제1호에 해당하지 아니하는 유상승계취득의 경우에는 그 계약상의 잔금지급일(계약상 잔금지급일이 명시되지 아니한 경우에는 계약일부터 60일이 경과한 날을 말한다). 다만, 해당 취득물건을 등기 · 등록하지 아니하고 다음 각 목의 어느 하나에 해당하는 서류에 의하여 계약이 해제된 사실이 입증되는 경우에는 취득한 것으로 보지 아니한다.

   가. 화해조서 · 인낙조서(해당 조서에서 취득일부터 60일 이내에 계약이 해제된 사실이 입증되는 경우만 해당한다)
   나. 공정증서(공증인이 인증한 사서증서를 포함하되, 취득일부터 60일 이내에 공증받은 것만 해당한다)
   다. 행정안전부령으로 정하는 계약해제신고서(취득일부터 60일 이내에 제출된 것만 해당한다)
   라. 부동산 거래신고 관련 법령에 따른 부동산거래계약 해제등 신고서(취득일부터 60일 이내에 등록관청에 제출한 경우만 해당한다)

③ 차량 · 기계장비 · 항공기 및 선박(이하 이 조에서 "차량등"이라 한다)을 제조 · 조립 · 건조하는 경우에는 다음 각 호에 따른 날을 최초의 취득일로 본다.

1. 주문을 받거나 판매하기 위하여 차량등을 제조 · 조립 · 건조하는 경우: 실수요자가 차량등을 인도받는 날과 계약서 상의 잔금지급일 중 빠른 날
2. 차량등을 제조 · 조립 · 건조하는 자가 그 차량등을 직접 사용하는 경우: 차량등의 등기 또는 등록일과 사실상의 사용일 중 빠른 날

④ 수입에 따른 취득은 해당 물건을 우리나라에 반입하는 날(보세구역을 경유하는 것은 수입신고필증 교부일을 말한다)을 취득일로 본다. 다만, 차량등의 실수요자가 따로 있는 경우에는 실수요자가 차량등을 인도받는 날과 계

약상의 잔금지급일 중 빠른 날을 승계취득일로 보며, 취득자의 편의에 따라 수입물건을 우리나라에 반입하지 않거나 보세구역을 경유하지 않고 외국에서 직접 사용하는 경우에는 그 수입물건의 등기 또는 등록일을 취득일로 본다.

⑤ 연부로 취득하는 것(취득가액의 총액이 법 제17조의 적용을 받는 것은 제외한다)은 그 사실상의 연부금 지급일을 취득일로 본다.

⑥ 건축물을 건축 또는 개수하여 취득하는 경우에는 사용승인서(「도시개발법」 제51조 제1항에 따른 준공검사 증명서, 「도시 및 주거환경정비법 시행령」 제74조에 따른 준공인가증 및 그 밖에 건축 관계 법령에 따른 사용승인서에 준하는 서류를 포함한다. 이하 이 항에서 같다)를 내주는 날(사용승인서를 내주기 전에 임시사용승인을 받은 경우에는 그 임시사용승인일을 말하고, 사용승인서 또는 임시사용승인서를 받을 수 없는 건축물의 경우에는 사실상 사용이 가능한 날을 말한다)과 사실상의 사용일 중 빠른 날을 취득일로 본다.

⑦ 「주택법」 제11조에 따른 주택조합이 주택건설사업을 하면서 조합원으로부터 취득하는 토지 중 조합원에게 귀속되지 아니하는 토지를 취득하는 경우에는 「주택법」 제49조에 따른 사용검사를 받은 날에 그 토지를 취득한 것으로 보고, 「도시 및 주거환경정비법」 제35조 제3항에 따른 재건축조합이 재건축사업을 하거나 「빈집 및 소규모주택 정비에 관한 특례법」 제23조 제2항에 따른 소규모재건축조합이 소규모재건축사업을 하면서 조합원으로부터 취득하는 토지 중 조합원에게 귀속되지 아니하는 토지를 취득하는 경우에는 「도시 및 주거환경정비법」 제86조 제2항 또는 「빈집 및 소규모주택 정비에 관한 특례법」 제40조 제2항에 따른 소유권이전 고시일의 다음 날에 그 토지를 취득한 것으로 본다.

⑧ 관계 법령에 따라 매립·간척 등으로 토지를 원시취득하는 경우에는 공사준공인가일을 취득일로 본다. 다만, 공사준공인가일 전에 사용승낙·허가를 받거나 사실상 사용하는 경우에는 사용승낙일·허가일 또는 사실상 사용일 중 빠른 날을 취득일로 본다.

⑨ 차량·기계장비 또는 선박의 종류변경에 따른 취득은 사실상 변경한 날과 공부상 변경한 날 중 빠른 날을 취득일로 본다.

⑩ 토지의 지목변경에 따른 취득은 토지의 지목이 사실상 변경된 날과 공부상 변경된 날 중 빠른 날을 취득일로 본다. 다만, 토지의 지목변경일 이전에 사용하는 부분에 대해서는 그 사실상의 사용일을 취득일로 본다.

⑪ 삭제〈2017. 12. 29.〉

⑫ 「민법」 제245조 및 제247조에 따른 점유로 인한 취득의 경우에는 취득물건의 등기일 또는 등록일을 취득일로 본다.

⑬ 「민법」 제839조의2 및 제843조에 따른 재산분할로 인한 취득의 경우에는 취득물건의 등기일 또는 등록일을 취득일로 본다.

⑭ 제1항, 제2항 및 제5항에 따른 취득일 전에 등기 또는 등록을 한 경우에는 그 등기일 또는 등록일에 취득한 것으로 본다.

일반적인 취득의 시기는 「지방세법 시행령」 제20조에서 규정하고 있고 골프장 등 중과세대상 신고·납부 기산일은 각 개별규정에서 정의하고 있다. 법인장부로써 취득이 증명되는 경우(이하 '법인의 취득'이라 함) 개인에 대해 적용되는 취득시기와 같으나 유상승계취득은 취득시기를 달리 적용하고 있으며, 법인의 취득이라 할지라도 「지방세법 시행령」 제20조 제1항(무상승계취득), 제2항(유상승계취득) 및 제5항(연부취득)의 경우 취득일 전에 등기 또는 등록을 한 경우에는 그 등기일 또는 등록일에 취득한 것으로 보는 것이므로 이에 유의하여야 한다.

또한, 2022년부터는 점유취득의 시기를 법문에 명확화하여 점유로 인한 취득의 경우에는 취득물건의 등기일 또는 등록일을 취득일로 보도록 개정하였다.

※ 점유시효 취득에 따른 취득시기 명확화(2022.1.1. 등기분부터 적용)

---

① 개정개요

개정 전	개정 후
□ 점유시효취득 시기 규정 없음 ※ 대법, 행안부, 조심 결정사례 취득시기 상이 - 대법, 행안부: 시효완성일 - 조심: 판결확정일, 등기일	□ 점유시효취득 시기를 명문화 ○ 소유권이전 등기일 또는 등록일로 규정 ※ 납세자 가산세 부담 완화 및 과세권확보

② 개정내용

○ 점유에 의한 시효취득시 취득시기에 대하여 법원 판결 및 조심 결정이 각각 상이하여 과세실무 및 납세자의 혼선 초래

※ 시효완성일(대법원 2003두13342, 2004.11.25. 등 / 우리부), 판결확정일(조심 2010지0534, 2011.3.10. 등), 소유권이전등기일(조심 2008지601, 2009.3.17. 등)

○ 통상 점유취득은 시효완성 요건이 충족된 후 소송 등 장기간이 소요되므로 시효완성자는 수년이 지나 취득신고하는 경우가 일반적
- 이에, 납세자는 가산세를 부담하거나 과세권자는 제척기간이 경과하는 문제 발생
⇒ 점유시효취득의 경우 '소유권이전등기일' 또는 '등록일'을 취득시기로 규정

---

(1) 무상승계취득

■ 무상승계 취득의 시기는 그 계약일(상속 또는 유증으로 인한 취득의 경우에는 상속 또는 유증 개시일을 말한다)을 말한다. 다만, 그 계약일 전 취득물건을 등기·등록하면 그 등기·등록일이 취득일이 된다.

- 계약 후 60일 이내에 아래 「지방세법 시행령」 제20조 제1항 각 호에 따른 화해조서 등으로 계약해제가 입증된 경우에는 취득한 것으로 보지 않는다.
  1. 화해조서·인낙조서(해당 조서에서 취득일부터 60일 이내에 계약이 해제된 사실이 입증되는 경우만 해당한다)
  2. 공정증서(공증인이 인증한 사서증서를 포함하되, 취득일부터 60일 이내에 공증받은 것만 해당한다)
  3. 행정안전부령으로 정하는 계약해제신고서(취득일부터 60일 이내에 제출된 것만 해당한다)

> **사례** 부부간 유상거래 불인정으로 증여취득 의제시 취득세 과세 여부
>
> 부부간 유상거래로 취득신고하였으나, 대가지급 사실 등 유상거래임을 입증하지 못하여 증여취득으로 적용시, 취득세 과세표준은 신고가액과 시가표준액 중 높은 것을 기준으로 함(부동산세제과-1430호, 2020.6.24.).

(2) 유상승계취득

- 개인의 유상승계 취득시기는 계약서상 잔금지급일이고, 법인의 유상승계 취득시기는 사실상의 잔금지급일(=계약서상 잔금을 실제 지급한 날)을 말한다. 다만, 그 사실상 잔금지급일 전 취득물건을 등기·등록하면 그 등기·등록일이 취득일이 된다.

개인		법인
계약서상 잔금지급일 취득시기, 과표 증명의 객관성↓	↔	사실상 잔금지급일 (=계약서상 잔금을 실제 지급한 날) 취득시기, 과표 증명의 객관성↑

  - 계약서상 잔금을 포함한 매매 대금을 실제로 지급하였는지, 언제 지급하였는지를 장부를 통해 파악하는 것이 중요하다.
- 법인은 잔금지급 후 거래계약 해제 시에도 납세의무가 있으나, 개인의 경우는 취득한 후 취득물건을 등기·등록하지 아니한 경우에는 「지방세법 시행령」 제20조 제2항 제2호에 따른 화해조서 등으로 계약해제가 입증된 경우에는 취득한 것으로 보지 않으나, 법 제10조 제5항 제1호부터 제4호까지의 법인 등거래 등의 경우에는 계약해제가 입증된 경우에는 취득한 것으로 본다.

사례 잔금지급 및 전매 이후 원시취득이 도래한 경우 취득세 납세의무성립 여부

아파트를 분양받은 자가 원시취득일 전에 잔금지급 및 분양권을 전매한 경우, 사용승인 등의 사유로 원시취득이 이루어지기 전에는 잔금지급의 대상은 아파트가 아닌 분양권에 해당하는 점 「지방세법」 제7조 제1항에서 취득세의 과세대상을 부동산, 차량, 기계장비, 항공기, 선박 등을 취득한 자로 열거하여 한정하고 있는 바, 분양권은 취득세 과세대상이 아니라는 점 등을 감안할 때 사실상 취득이 성립되지 아니한다고 판단되나, 이에 해당하는 지는 과세권자가 최초분양자 및 승계자의 소유권 이전 등기 사항, 주택건설사업자의 원시취득시기, 기타 계약관계 등을 면밀히 검토하여 판단할 사항임(행자부 지방세운영과-2359, 2015.7.31.).

➡ 아파트를 분양받은 자가 분양대금을 모두 치렀다고 할지라도 분양회사의 원시취득일 전에 전매한 경우라면, 본 대금은 분양권에 대한 납입금이며 분양권은 취득세 과세대상이 되지 아니하므로 납세의무가 없다.

사례 매매계약서상 잔금지급일이 아닌 매매계약 특약사항에서 정한 방법으로 잔금을 지급하는 경우의 취득시기

청구인은 쟁점부동산을 매매계약서상 잔금지급일이 아닌 매매계약 특약사항에서 정한 방법으로 잔금을 지급하여 취득한 것으로 보는 것이 타당하므로, 이 건 취득세 등의 부과처분은 감면 유예기간이 경과하지 아니하여 추징요건이 완성되지 아니한 때에 한 처분으로서 잘못이 있다고 판단됨(조심 2019지2005, 2020.1.7.).

사례 대물변제 여부 및 취득시기

대여금채권을 회수하기 위하여 분양계약을 체결하여 그 채권을 상계한 경우 대물변제가 아닌 사실상 취득에 해당하고, 그 후 판결에 따라 소유권을 인정받았더라도 그 취득시기는 사실상 취득일임(대법 2017두56032, 2021.5.27.).

사례 개인이 법인으로 분양받은 주택의 취득시기

개인이 법인으로부터 아파트를 분양받는 경우의 사실상 취득가액에는 "할부 또는 연부 계약에 따른 이자 상당액 및 연체료"가 포함되지 않음. 따라서 후불제 이자는 취득가액에 포함되지 않으므로 후불제 이자의 납부시기는 취득시기가 될 수는 없음(대법 2022두42778, 2022.8.25.).

(3) 원시취득

■ 건축물을 건축 또는 개수하여 취득하는 경우에는 사용승인서(임시사용승인을 포함한다)를 내주는 날을 취득일로 본다. 다만, 사용승인서를 내주기 전에 사실상 사용하는 경우에는 사실상 사용일을 취득일로 본다.

■ 관계 법령에 따라 매립, 간척 등으로 토지를 원시취득하는 경우에는 공사준공인가일을 취득일로 본다. 다만, 공사준공인가일 전에 사용승낙·허가를 받거나 사실상 사용하는 경우에는 사용승낙일·허가일 또는 사실상 사용일 중 빠른날을 취득일로 본다.

(4) 간주취득

■ 과점주주 성립시기는 주주명부 명의개서일
  - 「상법」 제396조(정관 등의 비치, 공시의무) 제1항에 따라 정관, 주주총회의 의사록, 주주 명부, 사채원부를 본점에 비치하도록 규정하고 있다.
  - 「상법」 제337조(주식의 이전의 대항요건)에서는 취득자의 성명과 주소를 주주명부에 기재 하여야 회사에 대항할 수 있도록 규정하고 있다.
    ※ 과점주주성립일은 회사가 발행한 주권의 소유자가 본인의 주권행사를 위해 명의를 개서한 「주주명부의 명의 개서일」이다.

■ 토지의 지목변경에 따른 취득은 토지의 지목이 사실상 변경된 날과 공부상 변경된 날 중 빠른 날을 취득일로 본다. 다만, 지목변경일 이전에 사용하는 부분에 대해서는 그 사실상의 사용일을 취득일로 본다.

■ 차량·기계장비 또는 선박의 종류변경에 따른 취득은 사실상 변경한 날과 공부상 변경한 날 중 빠른 날을 취득일로 본다.

> **사례** 지목변경 취득시기

개발사업에 따른 지목변경 취득시기는 토지의 현황이 물리적으로 변경된 것 이외 관련 상하수도, 도시가스 등 기반시설이 모두 준공된 때로 보는 것이 타당함(서울행법 2019구합73383, 2020.6.12.: 대법확정).

> **사례** 사실상 지목변경에도 불구하고 공부상 지목변경이 불가한 경우 취득세 납세의무 여부

관계법령에 따라 공부상 지목변경이 불가한 경우라도 사실상 지목이 변경되어 그 가액이 증가된 경우라면 지목변경 취득세 납세의무가 있다고 할 것임(부동산세제과-872, 2021.3.26.).

(5) 연부취득

- 연부취득의 경우 사실상 잔금지급일에 취득하게 되는 일반 취득세의 규정과는 달리 매년 또는 매회 납부하는 연부금액에 대한 조세채권의 확보를 위하여 연부금을 지급할 때마다 취득세를 부과하기 위한 목적에서 취득시기를 사실상 연부금지급일로 규정하고 있다. 다만, 이러한 연부금지급이 계속되고 있는 도중에 취득물건을 등기·등록하면 그 등기·등록일에 일시취득하는 것으로 본다.
- 연부취득 중인 과세물건을 마지막 연부금지급일 전에 계약을 해제한 때에는 이미 납부한 취득세는 환급해야 한다.

사례 ▷ 연부취득 완료 전에 매수인 지분 이전시 취득세 과세 여부

연부계약의 변경없이 매수인을 단독명의(甲)에서 공동명의(甲+乙)로만 변경하더라도, 당초 계약을 해지한 것으로 볼 수 없고 권리의무를 일부승계한 것일 뿐이므로 계약이 변경된 이후 '甲'과 '乙'의 지분율에 따라 취득세를 납부하는 것이 타당함(부동산세제과-519호, 2020.3.9.).

사례 ▷ 계약서상 명확하지 않더라도 잔금 지급기한이 2년 이상이 예상되는 경우 연부취득으로 볼 수 있는지 여부

계약서상 잔금지급일(소유권 이전 관련 서류 교부일)을 특정하지 않았더라도 잔금지급까지 2년이 경과할 것을 예상할 수 있는 경우라면 연부취득에 해당함(수원고법 2020누12663, 2021.5.21.: 대법확정).

사례 ▷ 매도자의 취득 전 연부 계약시 취득세 납세의무 여부

B법인이 A법인으로부터 토지를 연부계약 방식으로 취득하기로 하였더라도, 공사대금을 대물변제로 받기로 한 해당 토지에 대한 A법인의 취득시기가 도래하지 아니한 이상 B법인은 연부취득에 따른 납세의무가 발생하였다고 볼 수 없음(부동산세제과-2194, 2021.8.13.).

사례 ▷ 연부중 계약이 취소된 경우 기 납부한 취득세 환급대상 여부

연부금 납부 중 계약이 취소된 경우, 완전한 취득이 아닌 상태에서 납부한 것으로 보아 기 납부한 취득세는 취소 가능함(부동산세제과-3558, 2022.11.11., 지방세운영과-2788, 2015.9.2., 지방세운영과-869, 2019.4.2.).

❹ 취득세 납세의무

「**지방세법**」 제7조(납세의무자 등) ① 취득세는 부동산, 차량, 기계장비, 항공기, 선박, 입목, 광업권, 어업권, 골프회원권, 승마회원권, 콘도미니엄 회원권, 종합체육시설 이용회원권 또는 요트회원권(이하 이 장에서 "부동산등"이라 한다)을 취득한 자에게 부과한다.

② 부동산등의 취득은 「민법」, 「자동차관리법」, 「건설기계관리법」, 「항공안전법」, 「선박법」, 「입목에 관한 법률」, 「광업법」 또는 「수산업법」 등 관계 법령에 따른 등기·등록 등을 하지 아니한 경우라도 사실상 취득하면 각각 취득한 것으로 보고 해당 취득물건의 소유자 또는 양수인을 각각 취득자로 한다. 다만, 차량, 기계장비, 항공기 및 주문을 받아 건조하는 선박은 승계취득인 경우에만 해당한다.

③ 건축물 중 조작(造作) 설비, 그 밖의 부대설비에 속하는 부분으로서 그 주체구조부(主體構造部)와 하나가 되어 건축물로서의 효용가치를 이루고 있는 것에 대하여는 주체구조부 취득자 외의 자가 가설(加設)한 경우에도 주체구조부의 취득자가 함께 취득한 것으로 본다.

④ 선박, 차량과 기계장비의 종류를 변경하거나 토지의 지목을 사실상 변경함으로써 그 가액이 증가한 경우에는 취득으로 본다. <u>이 경우 「도시개발법」에 따른 도시개발사업(환지방식만 해당한다)의 시행으로 토지의 지목이 사실상 변경된 때에는 그 환지계획에 따라 공급되는 환지는 조합원이, 체비지 또는 보류지는 사업시행자가 각각 취득한 것으로 본다.</u>

⑤ 법인의 주식 또는 지분을 취득함으로써 「지방세기본법」 제46조 제2호에 따른 과점주주(이하 "과점주주"라 한다)가 되었을 때에는 그 과점주주가 해당 법인의 부동산등(법인이 「신탁법」에 따라 신탁한 재산으로서 수탁자 명의로 등기·등록이 되어 있는 부동산등을 포함한다)을 취득(법인설립 시에 발행하는 주식 또는 지분을 취득함으로써 과점주주가 된 경우에는 취득으로 보지 아니한다)한 것으로 본다. 이 경우 과점주주의 연대납세의무에 관하여는 「지방세기본법」 제44조를 준용한다.

⑥ 외국인 소유의 취득세 과세대상 물건(차량, 기계장비, 항공기 및 선박만 해당한다)을 직접 사용하거나 국내의 대여시설 이용자에게 대여하기 위하여 임차하여 수입하는 경우에는 수입하는 자가 취득한 것으로 본다.

⑦ 상속(피상속인이 상속인에게 한 유증 및 포괄유증과 신탁재산의 상속을 포함한다. 이하 이 장과 제3장에서 같다)으로 인하여 취득하는 경우에는 상속인 각자가 상속받는 취득물건(지분을 취득하는 경우에는 그 지분에 해당하는 취득물건을 말한다)을 취득한 것으로 본다. 이 경우 상속인의 납부의무에 관하여는 「지방세기본법」 제44조 제1항 및 제5항을 준용한다.

⑧ 「주택법」 제11조에 따른 주택조합과 「도시 및 주거환경정비법」 제35조 제3항 및 「빈집 및 소규모주택 정비에 관한 특례법」 제23조에 따른 재건축조합 및 소규모재건축조합(이하 이 장에서 "주택조합등"이라 한다)이 해당 조합원용으로 취득하는 조합주택용 부

동산(공동주택과 부대시설·복리시설 및 그 부속토지를 말한다)은 그 조합원이 취득한 것으로 본다. 다만, 조합원에게 귀속되지 아니하는 부동산(이하 이 장에서 "비조합원용 부동산"이라 한다)은 제외한다.

⑨ 「여신전문금융업법」에 따른 시설대여업자가 건설기계나 차량의 시설대여를 하는 경우로서 같은 법 제33조 제1항에 따라 대여시설이용자의 명의로 등록하는 경우라도 그 건설기계나 차량은 시설대여업자가 취득한 것으로 본다.

⑩ 기계장비나 차량을 기계장비대여업체 또는 운수업체의 명의로 등록하는 경우(영업용으로 등록하는 경우로 한정한다)라도 해당 기계장비나 차량의 구매계약서, 세금계산서, 차주대장(車主臺帳) 등에 비추어 기계장비나 차량의 취득대금을 지급한 자가 따로 있음이 입증되는 경우 그 기계장비나 차량은 취득대금을 지급한 자가 취득한 것으로 본다.

⑪ 배우자 또는 직계존비속의 부동산등을 취득하는 경우에는 증여로 취득한 것으로 본다. 다만, 다음 각 호의 어느 하나에 해당하는 경우에는 유상으로 취득한 것으로 본다.

1. 공매(경매를 포함한다. 이하 같다)를 통하여 부동산등을 취득한 경우

2. 파산선고로 인하여 처분되는 부동산등을 취득한 경우

3. 권리의 이전이나 행사에 등기 또는 등록이 필요한 부동산등을 서로 교환한 경우

4. 해당 부동산등의 취득을 위하여 그 대가를 지급한 사실이 다음 각 목의 어느 하나에 의하여 증명되는 경우

　가. 그 대가를 지급하기 위한 취득자의 소득이 증명되는 경우

　나. 소유재산을 처분 또는 담보한 금액으로 해당 부동산을 취득한 경우

　다. 이미 상속세 또는 증여세를 과세(비과세 또는 감면받은 경우를 포함한다) 받았거나 신고한 경우로서 그 상속 또는 수증 재산의 가액으로 그 대가를 지급한 경우

　라. 가목부터 다목까지에 준하는 것으로서 취득자의 재산으로 그 대가를 지급한 사실이 입증되는 경우

⑫ 증여자의 채무를 인수하는 부담부(負擔附) 증여의 경우에는 그 채무액에 상당하는 부분은 부동산등을 유상으로 취득하는 것으로 본다. 다만, 배우자 또는 직계존비속으로부터의 부동산등의 부담부 증여의 경우에는 제11항을 적용한다.

⑬ 상속개시 후 상속재산에 대하여 등기·등록·명의개서(名義改書) 등(이하 "등기등"이라 한다)에 의하여 각 상속인의 상속분이 확정되어 등기등이 된 후, 그 상속재산에 대하여 공동상속인이 협의하여 재분할한 결과 특정 상속인이 당초 상속분을 초과하여 취득하게 되는 재산가액은 그 재분할에 의하여 상속분이 감소한 상속인으로부터 증여받아 취득한 것으로 본다. 다만, 다음 각 호의 어느 하나에 해당하는 경우에는 그러하지 아니하다.

1. 제20조 제1항에 따른 신고·납부기한 내에 재분할에 의한 취득과 등기등을 모두 마친 경우

2. 상속회복청구의 소에 의한 법원의 확정판결에 의하여 상속인 및 상속재산에 변동이 있는 경우

3. 「민법」 제404조에 따른 채권자대위권의 행사에 의하여 공동상속인들의 법정상속분대로 등기등이 된 상속재산을 상속인사이의 협의분할에 의하여 재분할하는 경우

⑭ 「공간정보의 구축 및 관리 등에 관한 법률」제67조에 따른 대(垈) 중 「국토의 계획 및 이용에 관한 법률」등 관계 법령에 따른 택지공사가 준공된 토지에 정원 또는 부속시설물 등을 조성·설치하는 경우에는 그 정원 또는 부속시설물 등은 토지에 포함되는 것으로서 토지의 지목을 사실상 변경하는 것으로 보아 토지의 소유자가 취득한 것으로 본다. 다만, 건축물을 건축하면서 그 건축물에 부수되는 정원 또는 부속시설물 등을 조성·설치하는 경우에는 그 정원 또는 부속시설물 등은 건축물에 포함되는 것으로 보아 건축물을 취득하는 자가 취득한 것으로 본다.

⑮ 「신탁법」제10조에 따라 신탁재산의 위탁자 지위의 이전이 있는 경우에는 새로운 위탁자가 해당 신탁재산을 취득한 것으로 본다. 다만, 위탁자 지위의 이전에도 불구하고 신탁재산에 대한 실질적인 소유권 변동이 있다고 보기 어려운 경우로서 대통령령으로 정하는 경우에는 그러하지 아니하다.

⑯ 「도시개발법」에 따른 도시개발사업과 「도시 및 주거환경정비법」에 따른 정비사업의 시행으로 해당 사업의 대상이 되는 부동산의 소유자(상속인을 포함한다)가 환지계획 또는 관리처분계획에 따라 공급받거나 토지상환채권으로 상환받는 건축물은 그 소유자가 원시취득한 것으로 보며, 토지의 경우에는 그 소유자가 승계취득한 것으로 본다. 이 경우 토지는 당초 소유한 토지 면적을 초과하는 경우로서 그 초과한 면적에 해당하는 부분에 한하여 취득한 것으로 본다.

「지방세법 시행령」 제10조(재산세 과세대장에의 등재) 법 제7조 제4항에 따라 토지의 지목 변경에 대하여 취득세를 과세한 시장·군수·구청장은 재산세 과세대장에 지목변경 내용을 등재하고 관계인에게 통지하여야 한다.

제11조(과점주주의 취득 등) ① 법인의 과점주주(「지방세기본법」제46조 제2호에 따른 과점주주를 말한다. 이하 같다)가 아닌 주주 또는 유한책임사원이 다른 주주 또는 유한책임사원의 주식 또는 지분(이하 "주식등"이라 한다)을 취득하거나 증자 등으로 최초로 과점주주가 된 경우에는 최초로 과점주주가 된 날 현재 해당 과점주주가 소유하고 있는 법인의 주식등을 모두 취득한 것으로 보아 법 제7조 제5항에 따라 취득세를 부과한다.

② 이미 과점주주가 된 주주 또는 유한책임사원이 해당 법인의 주식등을 취득하여 해당 법인의 주식등의 총액에 대한 과점주주가 가진 주식등의 비율(이하 이 조에서 "주식등의 비율"이라 한다)이 증가된 경우에는 그 증가분을 취득으로 보아 법 제7조 제5항에 따라 취득세를 부과한다. 다만, 증가된 후의 주식등의 비율이 해당 과점주주가 이전에 가지고 있던 주식등의 최고비율보다 증가되지 아니한 경우에는 취득세를 부과하지 아니한다.

③ 과점주주였으나 주식등의 양도, 해당 법인의 증자 등으로 과점주주에 해당되지 아니하는 주주 또는 유한책임사원이 된 자가 해당 법인의 주식등을 취득하여 다시 과점주주가 된 경우에는 다시 과점주주가 된 당시의 주식등의 비율이 그 이전에 과점주주가 된 당시의 주식등의 비율보다 증가된 경우에만 그 증가분만을 취득으로 보아 제2항의 예에 따라 취득세를 부과한다.

④ 법 제7조 제5항에 따른 과점주주의 취득세 과세자료를 확인한 시장·군수·구청장은

그 과점주주에게 과세할 과세물건이 다른 특별자치시·특별자치도·시·군 또는 구(자치구를 말한다. 이하 "시·군·구"라 한다)에 있을 경우에는 지체 없이 그 과세물건을 관할하는 시장·군수·구청장에게 과점주주의 주식등의 비율, 과세물건, 가격명세 및 그 밖에 취득세 부과에 필요한 자료를 통보하여야 한다.

제11조의3(소유권 변동이 없는 위탁자 지위의 이전 범위) 법 제7조 제15항 단서에서 "대통령령으로 정하는 경우"란 다음 각 호의 어느 하나에 해당하는 경우를 말한다.
1. 「자본시장과 금융투자업에 관한 법률」에 따른 부동산집합투자기구의 집합투자업자가 그 위탁자의 지위를 다른 집합투자업자에게 이전하는 경우

납세의무자는 일반적인 취득의 경우 「지방세법」 제7조 및 중과세대상의 경우 「지방세법」 제13조 제5항에서 규정하고 있다. 납세의무에 있어 주요 이슈는 사실상 취득시 납세의무(명의신탁 등), 지목변경시 납세의무, 주체구조부의 취득에 따른 납세의무, 과점주주의 납세의무, 재건축조합의 비조합원용 부속토지에 대한 납세의무 등이 있으며, 과점주주와 재건축조합의 납세의무 등은 절을 달리하여 살펴본다.

(1) 사실상 취득자

```
┌─ 등기·등록 자산                          : 등기·등록을 한 자
│  법령에 따른 등기·등록을 하지 아니하였    : 취득물건의 소유자 또는 양수인
│  으나 사실상 취득한 경우                    (사실상 취득자)
└─ 등기·등록대상 자산이 아닌 경우          : 그 자산을 취득한 자
```

■ 사실상 취득의 가장 흔한 유형은 명의신탁으로서 3자간의 계약관계, 선의·악의 구분에 따라 사실상 취득자에 대한 추가적인 납세의무성립여부가 달라진다.

명의신탁과 취득세

❑ **명의신탁 개요**
• (종류) 일반적으로 명의신탁약정*은 계약명의신탁과 3자간 등기명의신탁으로 구분(대법원 2010다52799, 2010.10.28 등 다수)

  * 부동산에 관한 소유권 등을 보유한 자 또는 사실상 취득하거나 취득하려고 하는 자(실권리자)가 타인과의 사이에서 대내적으로는 실권리자가 물권을 보유하거나 보유하기로 하고 등기는 그 타인의 명의로 하는 것(「부동산실명법」 제2조 제1호)

  – (계약명의신탁 주요 유형) 명의신탁자와 명의수탁자가 명의신탁약정을 맺고 명의수탁자가 당사자가 되어 매도자와 매매계약 체결

- (3자간 등기명의신탁 주요 유형) 명의신탁자와 명의수탁자가 명의신탁약정을 맺고 명의신탁자가 당사자가 되어 매도자와 매매계약 체결

계약명의신탁	3자간 등기명의신탁

- (효과) 명의신탁약정으로 인한 물권변동은 무효이나 명의수탁자가 계약당사자이고 매도자가 명의신탁약정을 몰랐다면(선의) 유효

  ※ 명의신탁약정과 이로 인한 등기로 이루어진 부동산에 관한 물권변동은 무효로 하되, 명의수탁자가 어느 한쪽 당사자가 되고 상대방 당사자는 명의신탁약정이 있다는 사실을 알지 못한 경우에는 그러하지 아니하다(「부동산실명법」 제4조 제1항 및 제2항).

☐ 명의신탁 취득세 과세

- 대법원 판례 등에 따르면, 「부동산실명법」 위반시 명의신탁자에 대해서는 명의신탁 유형에 따라 취득세 납세의무가 결정된다.

  (계약명의신탁) 매도자가 선의(명의신탁약정 미인지)인 경우와 악의(명의신탁약정 인지)인 경우로 구분

- (선의) 물권변동이 유효하므로 명의수탁자는 완전히 소유권을 취득하며(대법원 98도 4347, 2000.3.23), 명의신탁자는 명의신탁약정 무효를 원인으로 명의수탁자에게 소유권이전등기청구를 할 수 없고 매도자와 관계가 없으므로 어떠한 청구도 불가

  ⇒ 명의신탁자에게 취득세 납세의무 미발생(대법원 2012두14804, 2012.10.25.)

- (악의) 명의수탁자로의 소유권이전등기는 무효(「부동산실명법」 제4조 제2항)이므로 소유권자는 여전히 매도자이며, 명의신탁자는 매도자와 관계가 없으므로 매도자에게 어떠한 청구도 불가

  ⇒ 명의신탁자에게 취득세 납세의무 미발생(대법원 2012두14804, 2012.10.25.)

  (3자간 등기명의신탁) 매도자와 명의신탁자간의 매매계약이 유효하므로 명의신탁자는 매도자에게 소유권이전등기를 청구하거나 이에 대한 보전을 위해 매도자를 대위하여 명의수탁자에게 무효인 명의의 등기말소 청구 가능

  ⇒ 명의신탁자는 사실상 취득자에 해당하므로 취득세 납세의무 발생(감심 2012-154, 2012.10.18. 등)

  > ◈ 계약명의신탁: 매도자의 선의·악의를 불문하고 <u>명의신탁자에게는 취득세 납세의무 미발생</u>
  > ◈ 3자간 등기명의신탁: <u>명의신탁자는 사실상 취득자에 해당하므로 취득세 납세의무 발생</u>

- 명의수탁자는 소유권 등기시 취득세 납부(**사실상 취득 등으로 환급 불가**)

※ 사실상 취득[감심 2012-93(2012.6.21.)] 및 형식상 취득[조심 2009지920(2010.8.23.)] 법리 등
  - 원인무효 등으로 환급신청시 명의신탁 해당 여부 검토 후 결정

❑ **명의신탁 취득세 요약**

구 분	3자간 등기명의신탁	계약명의신탁
유형	명의신탁자와 명의수탁자가 명의신탁약정을 맺고 명의신탁자가 부동산매매계약의 당사자가 되어 부동산 매도자와 매매계약체결하고 부동산에 대한 소유권이전등기는 명의수탁자에게 하는 경우 (예: 법인과 매도자가 계약을 체결했으나 토지거래허가제 등으로 대표자명의로 소유권이전등기를 하는 경우)	명의신탁자와 명의수탁자간에 명의신탁계약을 맺고 명의수탁자가 부동산 매도자와 매매계약의 당사자가 되어 매도인에게 부동산매매대금 지급하고 명의수탁자 앞으로 소유권이전등기를 하는 경우 ※ 다만, 명의신탁자에게 계약에 따른 법률 효과를 직접 귀속시킬 의도로 계약을 체결한 사정이 인정되는 경우 '3자간등기명의신탁'으로 보아야 함 (대법 2010다52799, 2010.10.28.).
법률효과	매도인과 명의신탁자의 매매계약은 유효하므로 명의신탁자는 매도인에게 소유권이전등기를 청구하거나 이에 대한 보전을 위해 매도인을 대위하여 명의수탁자에게 무효인 명의 등기말소 청구 가능	• 매도인이 '선의'인 경우 명의수탁자로의 물권변동은 유효하므로 완전히 소유권을 취득하며, 명의신탁자는 명의신탁 약정무효를 원인으로 명의수탁자에게 소유권이전등기 청구를 할 수 없고 매도인에게도 어떠한 청구 불가 • 매도인이 '악의'인 경우 명의수탁자로의 소유권이전등기는 무효(부동산실명법 제4조 제2항)이므로 소유권자는 여전히 매도인이며, 명의신탁자는 매도인과 관계가 없으므로 매도인에게 어떠한 청구도 불가
결론	명의신탁자는 취득세 납세의무 성립	명의신탁자는 취득세 납세의무 없음

(2) 주체구조부 취득자

건축물의 부대설비를 시설하는 자와 건축물의 소유자가 다른 경우에는 각종 부대설비의 시설자가 자기 비용으로 설치하였다고 하더라도 주체구조부의 소유자인 건축물 소유자가 취득한 것으로 본다(건축물의 부대설비는 당해 건축물의 종물이거나 부합물로서 주물의 처분에 따라 처분되는 점을 감안).

사례 〉 이 사건 건물의 과세표준에서 이 사건 건물에 설치된 방송기반시설 및 조명시설(이하 '이 사건 시설'이라 한다)에 관하여 이 사건 건물의 사용승인일 전까지 발생한 공사비용이 취득세 과세표준에 포함되는지 여부

① 이 사건 시설은 이 사건 건물 중 방송촬영을 하기 위하여 마련된 공간인 스튜디오 등에 구축된 조명과 방송설비로서, 이는 방송프로그램 제작을 위하여 필수적인 부대

시설에 해당하여 방송용 스튜디오로 설계된 이 사건 건물 자체의 효용을 증가시키는 시설인 점, ② 이 사건 시설은 설계·제작 단계부터 설치될 공간의 구조와 너비에 맞추어 시설물의 규격과 수량이 정해졌고, 이 사건 건물의 내·외벽, 천장, 바닥 등을 관통하는 슬리브와 배관을 설치하고, 전원케이블, 단자함 등을 연결하는 방법으로 설치된 것이므로, 이를 이 사건 건물과 분리하는 것이 용이하지 아니하고, 이 사건 건물에서 분리되어서는 효용을 다할 수 없는 것으로 보이는 점, ③ 일부 조명시설의 경우 조명 자체의 탈·부착은 가능하다고 볼 여지가 있으나, 이 또한 이 사건 건물의 벽체 등에 매립된 배선으로 연결되어 있어 이를 해체한 후 다시 사용하기 위해서는 전기배선공사 등의 작업을 다시 거쳐야 하는 것으로 보이고, 그 규모나 설치형태에 비추어 이를 자유롭게 이동하여 사용할 수 있다고 보기는 어려운 점 등을 종합하면 이 사건 시설은 구 지방세법 제7조 제3항에 따른 건축물의 부대설비에 속하는 부분으로서 그 주체구조부와 하나가 되어 건축물로서의 효용가치를 이루고 있다고 봄이 상당하다. 따라서 이 사건 시설의 설치비용은 이 사건 건물의 신축비용으로 취득세 등의 과세표준에 포함되어야 함(대법원 2020.10.15. 선고 2020두41832 판결).

사례 ▷ 처분청이 이 사건 처분을 하면서 근거로 제출한 일부 계약서들에 공사범위, 공사예정일정표, 계약내역서 등의 서류나 도면이 첨부되지 않아 구체적 공사내역을 파악을 할 수 없는 경우 그 처분의 당부

과세처분의 위법을 이유로 그 취소를 구하는 행정소송에 있어서 과세원인, 과세표준 등 과세요건이 되는 사실의 존재에 대하여는 원칙적으로 과세관청에 그 입증책임이 있고(대법원 1988.2.23. 선고 86누626 판결 등 참조). 과세처분 취소소송에서 처분의 적법 여부는 정당한 세액을 초과하느냐의 여부에 따라 판단하는 것으로서, 당사자는 사실심 변론종결 시까지 객관적인 과세표준과 세액을 뒷받침하는 주장과 자료를 제출할 수 있고, 이러한 자료에 의하여 적법하게 부과될 정당한 세액이 산출되는 때에는 그 정당한 세액을 초과하는 부분만 취소하여야 할 것이지만, 그렇지 아니한 경우에는 과세처분 전부를 취소할 수밖에 없으며, 그 경우 법원이 직권에 의하여 적극적으로 부과할 정당한 세액을 계산할 의무까지 지는 것은 아닌(대법원 1995.4.28. 선고 94누13527 판결, 대법원 2015.9.10. 선고 2015두622 판결 등 참조) 점, 이 사건에 관하여 본다. 이 사건 공사에 의하여 설치된 시설물 중 이 사건 부동산의 주체구조부와 일체를 이루어 건축물 자체의 효용가치 증대에 기여하는 부분을 특정할 수 없는 점, 원고는 이 법원에서 1공구 공사비 중 641,300,000원, 2공구 공사비 중 154,800,000원, 5공구 공사비 중 34,708,624원, 6공구 공사비 중 407,000,000원, 7공구 공사비 중 73,334,880원, 9공구 공사비 중 436,230원, 인테리어 용역비 중 242,995,900원, 기계 공사비 중 300,000,000원, 전기 공사비 중 73,400,000원, 통신설비 공사비 중 217,000,000원 합계 2,404,975,634원은 이 사건 처분의 과세표준에 포함되는 것을 수긍할 수 있다는 뜻을 밝혔다. 그러나 한편, 피고는 이 법원에서 위와 같은 원고의 과세표준 계산을 받아들

일 수 없다는 뜻을 표시하였고 달리 객관적인 과세표준과 정당한 세액을 뒷받침할 수 있는 충분한 자료를 제출하지 못하고 있는 점 등에 의하여 이 사건 처분은 전부 취소되어야 함(대법원 2020.6.25. 선고 2020두36908 판결)

> **사례** 건축물의 종물인지 별도의 생산시설인지 여부

쟁점클린룸은 건축물과 일체가 되어 건축물의 효용가치를 증대시키는 시설이 아니라 이 건 건축물의 내부에 설치된 봉합사 생산설비로 보는 것이 그 기능에 부합한다고 보이는 점 등을 고려시, 건축물(공장) 신축시 별도로 설치한 쟁점클린룸 설치비용을 건축물(공장) 과세표준에 포함하는 것은 잘못임(조심 2020지534, 2020.10.26.).

(3) 구조변경 · 지목변경 납세의무자

■ 간주취득의 납세의무자는 사실상 가액이 증가된 때의 공부상 소유자이다. 구조변경 · 지목변경 등은 간주취득으로서 「지방세법」에서 그 납세의무자를 명확히 규정하지 않아 신탁물건의 지목변경 시 납세의무자에 대해서는 다툼이 발생한다.

   ※ 2012년 대법원 판결 이후 '사실상 가액이 증가된 때의 공부상 소유자'로 정리되었다.

■ 2016.1.1. 「지방세법」 개정이후 택지를 분양받아 건축물 신축시 공부상으로는 대 → 대로 변경이 없더라도 지가 상승분(법인의 경우 조경비 등 투입된 비용)에 과세하고 있다.

「**공간정보의 구축 및 관리 등에 관한 법률**」 제67조(지목의 종류) ① 전 · 답 · 과수원 · 목장용지 · 임야 · 광천지 · 염전 · 대(垈) · 공장용지 · 학교용지 · 주차장 · 주유소용지 · 창고용지 · 도로 · 철도용지 · 제방(堤防) · 하천 · 구거(溝渠) · 유지(溜池) · 양어장 · 수도용지 · 공원 · 체육용지 · 유원지 · 종교용지 · 사적지 · 묘지 · 잡종지로 구분하여 정한다. ② 제1항에 따른 지목의 구분 및 설정방법 등에 필요한 사항은 대통령령으로 정한다.

「**공간정보의 구축 및 관리 등에 관한 법률 시행령**」 제58조(지목의 구분) 법 제67조 제1항에 따른 지목의 구분은 다음 각 호의 기준에 따른다.
8. 대
   가. 영구적 건축물 중 주거 · 사무실 · 점포와 박물관 · 극장 · 미술관 등 문화시설과 이에 접속된 정원 및 부속시설물의 부지
   나. 「국토의 계획 및 이용에 관한 법률」 등 관계 법령에 따른 택지조성공사가 준공된 토지

> **사례** 경매로 자기 부동산을 낙찰받은 경우 취득세 납세의무 성립 여부

자기 소유의 부동산에 대해 경락자의 지위에서 경락대금을 납부하였다 하더라도 이는

소유자의 변동이 없어 취득으로 볼 수 없으므로(조심 11지0053, 2011.11.9.), 취득세 납세의무는 없다고 할 것이나, 등록행위가 있다면 등록면허세 납세의무[「지방세법」 제28조 제1항 제1호 나목1)의 세율 적용]는 있음(행정안전부 지방세운영과-669, 2019.3.18.).

사례 ▶ 법인의 농지취득이 불가능하여 대표이사 개인명의로 농지를 취득한 경우 법인이 사실상 취득한 것임

법인명의의 농지취득이 불가능하여 대표이사 개인명의로 농지를 취득하면서 그 매매대금은 법인의 자금으로 지급하고 대표이사 개인명의로 명의신탁에 따른 소유권이전등기를 경료 한 경우라면 법인명의로 소유권이전등기가 이루어지지 않았다 하더라도 당해법인이 부동산에 대한 매매잔대금 지급일에 부동산을 사실상으로 취득하였다고 보아야 할 것이며, 법인의 취득행위는 매매계약의 체결 및 이에 따른 매매대금을 지급함으로써 발생한 것이고 명의수탁자들의 취득행위는 명의신탁약정이라는 별개의 법률원인에 기하여 소유권이전등기를 경료함으로서 발생한 것으로 두 개의 취득행위가 존재함(행정안전부 지방세정팀-1890, 2008.10.21.).

사례 ▶ 농지취득자격증명을 발급받지 못하였다는 사유로 당초 매매계약을 해제한 경우 취득세 납세의무가 성립함

「지방세법」 제7조 제2항에서 규정하고 있는 "사실상의 취득"이라 함은 일반적으로 등기와 같은 소유권 취득의 형식적 요건을 갖추지는 못하였으나 대금의 지급과 같은 소유권 취득의 실질적 요건을 갖춘 경우를 말하는 것이라 하겠고, 부동산 취득세는 그 취득행위라는 과세요건사실이 존재함으로써 당연히 발생하는 것이라 할 것이며, 「농지법」 제8조 제1항에서 말하는 "농지취득자격증명"은 농지를 취득하는 자가 그 소유권에 관한 등기를 신청할 때에 첨부하여야 할 서류로서 농지를 취득하는 자에게 농지취득의 자격이 있다는 것을 증명하는 것일 뿐이므로 농지취득자격증명이 없다고 하더라도 농지를 적법하게 취득한 이상 농지 취득이 이루어진 것으로 보아야 하고, 그 후 농지취득자격증명을 발급받지 아니하였다 하더라도 매매계약이 무효로 되는 것은 아니라 할 것인 바 쟁점토지를 사실상 취득하고, 이후 농지취득자격증명을 발급받지 못한 사정으로 매매계약을 합의해제하였다 하더라도 이미 성립한 납세의무에 영향을 줄 수 없음(조심 16지0035, 2016.3.15.).

사례 ▶ 건축주와 대금지급자가 다를 경우 취득세 납세의무자는?

건축허가서는 허가된 건물에 관한 실체적 권리의 득실변경의 공시방법이 아니며 추정력도 없어 건축물 대장상 건축주로 기재된 자가 건물의 소유권을 취득하는 것이 아니므로, 자기의 비용과 노력으로 건축물을 신축한 자가 건축허가 명의와 관계없이 소유권을 원시적으로 취득하는 점(대법원 00다16350, 2002.4.26. 등), 편의상 제3자 명의로 건축허가와 준공검사를 받았다고 하더라도 건축자금을 제공한 자가 원시취득에 따른 취득세 납세의무를 지게 되는 점(대법원 93누18839, 1994.6.24. 등)등을 종합적으로 고려해 볼 때, 처음부터 종교용 건축물을 종교단체로 귀속시킬 목적이었고 종교단체가 건축자금을 제공하였다면 종교단체를 해당 건축물의 원시 취득자로 보는 것이 타당하고, 건축편의상 종교단체 대표자 개인명의로 건축허가 및 사용승인을 받았다고 하더라도 개인명의로 등기가 이루어지지 아니한 이상 개인에게는 취득세 납세의무가 성립되지 않는다고 보는 것이 타당하다고 할 것임(행자부 지방세운영과-811, 2015.3.11.).

➡ 종교시설용 건축물을 취득하는 과정에서 건축비용은 종교단체가 국고보조금을 지원 받아 제공하였으나, 건축편의상 종교단체의 대표자 개인명의로 건축허가 및 준공을 받은 경우 해당 건축물에 대한 원시취득에 따른 취득세 납세의무자는 종교단체로 보아야 한다.

종전 ▶ 대지 이외의 토지(전, 잡종지 등)에 신축 공동주택 단지 등을 조성 할 경우에는, 그 토지에 조경 및 도로포장 공사 등에 따라 토지의 실질적 가액이 상승한 것으로 보아 지목변경 간주 취득세를 과세

- 택지(대)를 분양 받아 그 지상에 공동주택 단지를 조성하기 위한 조경 및 도로포장 공사 등을 할 경우에는, 「지적법」상 지목변경이 수반되지 않는 것(대→대)으로 보아 지목변경에 따른 간주취득세 과세대상이 아니다(구 「지방세법」 제7조 ④).
  * 구 「지적법시행령」(제58조)에서 건축물이 있는 토지뿐만 아니라 건축물이 없는 택지조성 공사가 준공된 토지(이하 '택지')도 동일하게 "대"로 구분하고 있기 때문이다.

- 택지(대) 위에 조경 및 도로포장 공사 등을 하는 경우에는 토지의 실질적 가액이 상승함에도, 형식상 지목변경을 수반하지 않아 간주 취득세를 과세하지 못해 납세자간 조세 불형평 발생되어 개선 필요하다.
  * 지목변경을 수반하지 않는 경우라면 조경공사비 및 토목공사비 과세제외(지방세운영과-1700, 2010.4.26)

개선 ▶ 택지조성공사가 준공된 토지(택지)를 분양 받아 건축물을 신축하는 경우에도 지목변경 간주취득세를 부과할 수 있도록 개선

택지 지목변경시 수반되는 조경공사비, 도로공사비 등을 간주취득세 과세대상에 포함한다.

- (적용시기) 이 법 시행 후 납세의무가 성립되는 분부터 적용(2016.1.1.)
- (적용방법)
  - (지목변경 납세의무 성립시기) 토지 상에 주택 등 건축물이 완공된 시점을 지목변경 취득세 납세의무 성립시기로 적용
  - 토지 위에 주택을 완공함으로 인하여 비로소 사실상 대지로 지목변경이 이루어졌다고 봄이 상당함.
  - (과표산정 방법) 과표의 산정은 「지방세법」 제10조 제3항 및 같은 법 시행령

제17조 토지의 지목변경에 따른 과표산정 기준에 따라 계산

- 대(택지) → 대(건축물 등 부속토지)로의 지목변경에 따른 사실상의 취득가격이 법인장부 등에 의하여 입증되는 경우 그 사실상의 취득가격을 지목변경 취득세 과표로 적용

※ 건축물 취득세 과세표준에 조경비용 포함(2020.1.1. 납세의무성립분부터 적용)

> ❏ **개정전 현황**
> 건축물 건축 시 조경 · 도로포장 등의 공사비는 모두 토지 지목변경 비용에 포함하여 지목변경 취득세율 2% 적용
>
> ❏ **개정내용**
> 정원, 조형물 설치 등 조경공사와 도로포장공사 등 건축과정에서 발생되는 비용은 건축물의 건축비용에 포함하여 과세하고, 택지 조성 등 지목변경을 수반하는 경우로서 건축물의 부속토지로 사용되지 않는 토지에 설치되는 조경공사비 등은 지목변경 비용에 포함 과세
>
> | 공사목적 | 건축이 수반되는 경우 | 건축이 수반되지 않는 경우(지목변경) |
> |---|---|---|
> | 과세방법 | 건축물 취득에 포함하여 과세 | 토지 지목변경에 따른 간주취득으로 과세 |
> | 납세의무자 | 건축물 소유자 | 토지 소유자 |
> | 과세표준 | 건축비 + 조경공사비 등 | 토지 지목변경 공사비 + 조경공사비 등 |
> | 세 율 | 2.8% | 2% |
> | 사 례 | 건물 부속토지 內 도로포장 | 건물 부속토지 이외 부지 內 도로포장 등 |

사례 이 건 조경공사 등이 지목변경 간주취득세 과세대상에 해당 여부

- 이 건 조경공사로 인하여 이 건 아파트 등 건축물 부분의 그 고유한 기능 및 효용이 증가한 것으로 보기보다는 종전 토지 부분의 지목변경으로 인한 가액이 증가한 것으로 보는 것이 타당하다 하겠으므로 이 건 조경공사비가 이 건 아파트의 신축가격에 포함된다는 처분청 의견은 받아들이기 어렵다 하겠음(조심 2019지2515, 2020.5.26.).

- 쟁점토지는 택지공사만 준공되었을 뿐, 건축물과 그 건축물에 접속된 정원 및 부속시설물의 부지로 사실상 변경된 것이 아니라 하겠으므로 제7조 제14항을 적용할 여지가 없고, 쟁점토지는 택지조성공사 이전부터 지목이 대지인 상태에서 다른 토지와 함께 택지조성이 이루어졌을 뿐이므로, 토지의 지목이 사실상 변경된 것으로 보아 지목변경 취득세를 과세하기 어려움(조심 2019지1752, 2020.2.25.).

사례 지목변경을 수반하여 이 건 아파트 신축공사를 하면서 단지 내 지하주차장의 상부에 조성한 이 건 조경공사의 비용을 이 건 아파트의 신축가격에 포함하는 것으로 보아 이 건 처분을 한 것이 정당한지 여부

이 건 조경공사로 인하여 이 건 아파트 등 건축물 부분의 그 고유한 기능 및 효용이 증가한 것으로 보기 보다는 종전 토지 부분의 지목변경으로 인한 가액이 증가한 것으로 보는 것이 타당하다 하겠으므로 이 건 조경공사비가 이 건 아파트의 신축가격에 포함된다는 처분청 의견은 받아들이기 어렵다 하겠음(조심 2019지2515, 2020.5.26.).

사례 지목변경 취득세 과세대상에 종전 지목이 대지인 쟁점토지를 제외하여야 한다는 청구주장의 당부

쟁점토지는 택지공사만 준공되었을 뿐, 건축물과 그 건축물에 접속된 정원 및 부속시설물의 부지로 사실상 변경된 것이 아니라 하겠으므로 위 제14항을 적용할 여지가 없다 하겠고, 따라서 같은 조 제4항에 해당하는지를 보면, 쟁점토지는 택지조성공사 이전부터 지목이 대지인 상태에서 다른 토지와 함께 택지조성이 이루어졌을 뿐이고, 토지의 지목이 사실상 변경된 것으로 볼 수 없다 하겠으므로 지목변경 취득세 과세대상으로 보기는 어려움(조심 2019지1752, 2020.2.25.).

사례 소유권이전 등기 후 합의해제하여 전 소유자에게 환원시에는 취득세 납세의무 는 없고, 등록면허세 적용세율은 그 밖의 세율 적용 대상임

- 잔금지급 후 등기 행위까지 종료된 상태에서 합의해제로 부동산 소유권이 전 소유자에게 소급하여 환원된 경우 적용될 등록면허세의 세율적용 대상이고, 전 소유자에게 취득세는 과세되지 않음(지방세운영과-2043, 2015.7.8.).
- 취득이 수반되지 않은 부동산 등기 중 소유권보존, 소유권이전, 물권과 임차권의 설정 및 이전 등에 해당하지 않는 그 밖의 등기인 경우 정액의 등록면허세율(건당 6,000원)을 적용대상이므로(「지방세법」 §28 ① 1.마목) 취득 행위없이 등기부상 소유권을 되돌리는 행위에 불과하므로 기타세율(6,000원) 적용대상임(지방세운영과-669, 2019.3.18.).

사례 취득가액 신고 후 명의신탁을 이유로 무상취득 주장시 인정 여부

구 「지방세법」 제10조 제1항, 제2항에서는 "취득세의 과세표준은 취득 당시의 가액으로 하고, 위 취득 당시의 가액은 취득자가 신고한 가액으로 한다. 다만, 신고 또는 신고가액의 표시가 없거나 그 신고가액이 제4조에서 정하는 시가표준액보다 적을 때에는 그 시가표준액으로 한다"고 규정하고 있고, 같은 조 제5항 제3, 5호에서는 "법인장부 중 대통령령으로 정하는 것에 따라 취득가격이 증명되는 취득, 공인중개사의 업무 및 부동산 거래신고에 관한 법률 제27조에 따른 신고서를 제출하여 같은 법 제

28조에 따라 검증이 이루어진 취득에 대하여는 제2항 단서에도 불구하고 사실상의 취득가격을 과세표준으로 한다"고 규정하고 있으므로 토지분 취득세를 신고하면서 매매대금이 기재되어 있는 매매계약서, 법인장부(계정별원장)를 첨부하여 제출하였고, 부동산거래계약신고필증에도 거래가격이 당초 신고가액으로 기재되어 있어 취득세 과세표준액은 법인장부(계정별원장)와 부동산거래계약신고필증에 기재된 취득가격이므로 과세표준 산정은 정당하다. 설령 명의수탁자로부터 해당 토지를 취득하였다고 하더라도, 그 취득이 매매에 의한 것인 이상 무상취득이라고 볼 수 없고, 이를 인정할 근거도 없다 할 것임(대법 2019두40833, 2019.8.14.).

사례 ▶ 종중토지에 대하여 체결한 매매계약이 원인무효이므로 소유권이전등기를 말소하라는 판결에 따라 말소되었으므로 취득세 납세의무가 소급하여 소멸하고, 등록면허세 납세의무가 성립되는지 여부

취득 원인이 원인무효인 경우에는 취득세 납세의무가 없다고 보아야 할 것으로서, 이 건의 경우에도 대법원에서 종중과 청구인간에 체결한 매매계약이 무효인 것으로 판결함에 따라 소유권 이전등기가 말소된 이상 취득세 납세의무가 없다 할 것이고, 매매계약이 원인무효로 된 귀책사유가 청구인에게 있다는 사유는 이로 인한 민·형사상의 책임이 발생할 수 있다는 문제일 뿐이고 취득세 납세의무를 판단함에 있어서 영향을 미칠 수는 없다고 판단됨. 또한 대법원 판결(2018.4.10. 선고 2017두35684 판결)에서 취득세와 등록세가 통합된 이후에는 「지방세법」 제6조 제1호에서 정한 취득이라면 취득세의 과세 여부만 문제될 뿐 등록면허세의 과세대상은 아니라고 할 것이고, 그 취득을 원인으로 등기가 이루어진 후 등기의 원인이 무효로 밝혀져 취득세 과세대상에 해당하지 않더라도 등록면허세 납세의무가 새롭게 성립하는 것은 아니라고 봄이 타당하다고 판결하였으므로, 등록면허세에 관한 처분청의 주장도 인정하기 어렵다 할 것임(조심 2019지2531, 2020.3.12.).

사례 ▶ 3자간 명의신탁관계로 부동산을 취득하면서 명의수탁자 명의로 취득세를 납부한 후, 명의신탁자로 소유권을 이전하면서 취득세 등을 부과하는 것이 이중과세에 해당하는지 여부

원고는 3자간 등기명의신탁의 명의신탁자로서 이 사건 제2토지의 매도인들에게 매매대금을 지급하고 그 후 토지거래허가구역 지정이 해제됨으로써 그 매매계약이 소급하여 유효하게 되어 그 잔금 지급일에 이를 사실상 취득하였다고 할 것이고(대법원 2012.12.27. 선고 2012두19229 판결 참조), 이 사건 제2토지에 관하여 명의수탁자인 이건남 등 명의로 납부한 취득세 등 및 이 사건 제2토지 중 41필지에 관하여 명의수탁자로부터 원고 명의로 소유권을 이전하면서 납부한 취득세 등의 경우 그 각각의 단계에서 구 지방세법 제105조 제1항의 부동산의 '취득' 또는 같은 조 제2항의 부동산의 '사실상의 취득'에 해당하여 별도의 취득세 등 납세의무가 성립하는지 여부를 판단하

여야 하는 것일 뿐이므로, 위 이건남 등 명의로 납부한 취득세 등과 위 원고 명의로 납부한 취득세 등이 이 사건 처분 중 이 사건 제2토지에 관한 부분과 그 경제적인 실질이 중복되는 면이 있다고 하여 시기적으로 나중에 이루어진 이 사건 처분 중 이 사건 제2토지에 관한 부분이 당연히 이중과세에 해당되어 위법한 것은 아님(대법원 2020.9.24. 선고 2017두497 판결)

➡ 종전 3자간등기명의신탁 판례와 비교

사례 ▶ "종합체육시설 이용회원권" 납세의무 여부 판단기준

사업자가 종합체육시설업으로 신고를 하지 않은 경우라도 회원모집 경위, 회원권 회원가입 신청 및 이용약관, 회원들의 수영·골프연습장 등 체육시설 이용 현황 등을 고려하여 취득세 과세대상 "종합체육시설 이용회원권"에 해당할 수 있음(부동산세제과-1240, 2021.5.7.).

사례 ▶ 공동사업용 토지에 대한 취득세 납세의무 성립 여부

A법인은 자신이 소유한 토지를 출자하고, B법인은 노무 및 사업비를 출자하여 공동사업을 수행할 경우, A법인과 B법인 간 매매계약 및 사실상 잔금 지급과 같은 취득행위가 확인되지 않으며, B법인 명의로 해당 토지에 대한 등기가 이행되지 않는 점 등을 고려, B법인에게 취득세 납세의무가 성립한다고 보기 어려움(부동산세제과-682, 2022.3.11.).

사례 ▶ 장기 미준공 건축물의 건축주 변경에 따른 취득세 납세의무 여부

착공 후 장기 미준공인 상태에서 사실상 사용이 개시되어 취득세가 부과된 이후에 건축주 및 면적이 변경(증가)하여 사용승인된 경우, 변경된 건축주에게는 사실상 사용 당시 과세부분(최초 취득 면적분)에 대하여 승계취득(증여)에 대한 납세의무가 성립하고, 증가된 면적에 대해서는 원시취득(증축)에 따른 납세의무가 성립됨(부동산세제과-2709, 2022.8.22.).

⑤ 최근 쟁점

사례〉〉 개인거래에서 계약서상 잔금지급이 도래하였으나, 사실상 잔금지급이 확인되지 않는 경우 사실상 취득으로 볼 수 있는지 여부

• 납세자가 부동산 매매계약을 체결하고 과세관청에 취득세 등을 신고하였다면 사실상 취득가격이 입증되지 아니하는 유상승계취득의 경우에는 계약서상의 잔금지급일을 그 취득일로 보는 것이기는 하나 매매대금이 지급되지 아니하여 사실상 취득이 이루어지지 아니한 경우까지 그 계약서상의 잔금지급일에 취득한 것으로 보는 것은 아닌 점(조심 2018지491, 2018.7.5. 같은 뜻임), ○○○는 2017.5.30. 청구인에게 2017.6.15.까지 이 건 부동산의 잔금을 지급하지 아니하면 매매계약을 해제한다는 취지의 내용증명을 발송하였고 청구인이 위 잔금을 2017.6.15.까지 지급하지 않음에 따라 위의 매매계약은 해제된 것으로 보이는 점, 이 건 부동산의 소유권은 심판청구일 현재까지 ○○○ 명의로 등기되어 있고, 청구인은 이 건 부동산을 자신의 명의로 소유권이전 등기한 사실이 없는 점, ○○○법원 2019.4.26. 선고 2018가합59792 판결에서 청구인이 잔금을 지급하지 않은 상태에서 이 건 부동산의 매매계약이 해제되었다는 사실이 나타나고 있는 점, 「지방세법 시행령」 제20조 제2항 제2호의 단서의 입법 취지가 계약상 잔금지급일에 실제로 잔금이 지급되지 않은 상태에서 계약이 해제되어 사실상 취득하였다고 보기 어려운 경우까지 계약상 잔금지급일에 취득한 것으로 보아 취득세를 과세하게 되는 불합리한 점을 보완하는데 있는 것(대법원 2006.2.9. 선고 2005두4212 판결, 같은 뜻임)인 점 등에 비추어 청구인은 이 건 부동산에 대한 매매계약만 체결하였을 뿐 잔금을 지급하지 않아 이를 사실상 취득하였다고 보기 어려우므로 처분청이 이 건 취득세 등의 경정청구를 거부한 처분은 잘못이 있음(조심 2019지1531, 2019.8.6.).

• 부동산에 관하여 신탁자가 수탁자와 명의신탁약정을 맺고, 신탁자가 매매계약의 당사자가 되어 매도인과 매매계약 체결 및 매매대금을 지급하고 등기를 매도인으로부터 수탁자 명의로 이전한 경우 신탁자는 수탁자의 취득행위와는 별개로 매도인에게 실질적으로 매매대금을 지급한 때 부동산을 사실상으로 취득한 것이므로 취득세 납세의무가 성립되는 것(같은 취지의 대법원판례 2005두13360, 2007.5.11 참조)이라 하겠고, 취득의 시기는 매매계약서상의 잔금지급일(또는 소유권이전등기일)로 보는 것이 타당하다고 판단됨(지방세운영과-1375, 2009.4.3.).

사례〉〉 이 건 토지를 지목변경한 것으로 보아 쟁점비용을 과세표준으로 하여 이 건 취득세 등을 부과한 처분의 당부

처분청은 청구법인이 이 건 토지를 사실상 지목변경하였고, 쟁점비용이 이 건 지목변경에 따른 취득세 과세표준에 포함된다는 의견이나, 「공간정보관리법」 및 「항만법」

등에서 항만시설의 부지는 창고를 포함하여 잡종지라고 규정하고 있고, 종전 임차법인 및 임차법인이 모두 해양수산부장관이 항만시설의 부지로 지정·고시한 이 건 토지를 그 용도만 다를 뿐 항만시설 부지인 잡종지 상태로 유지하고 있으므로 이 건 토지를 창고용지로 사용하고 있다 하더라도 공부상·사실상 지목변경이 된 것으로 보기 어렵다 하겠으며, 처분청(지적부서)에서 「개발이익환수에 관한 법률」에 따라 개발부담금부과대상이라고 보았다고 하더라도, 「지방세법」에서 토지의 지목을 사실상 변경함으로써 그 가액이 증가한 경우 간주취득세 납세의무가 성립된다고 규정하고 있어 간주취득세 납세의무가 성립되었다고 보기 어려운 점, 청구법인이 임차법인과 임대차계약(2020.4.6.)을 체결하기 전에 오염토양 정화조치는 이미 완료(2018.3.15.)된 상태로 그 임대차계약서의 조건에 선 오염토양 정화조치 내용이 없었고, 이 건 건축물을 신축하기 위한 건축허가(2019.2.27.) 등의 조건에도 선 오염토양 정화조치내용이 없어 이 건 건축물의 신축과 오염토양 정화조치내용은 견련성이 없어 보이는 점 등에 비추어 청구법인의 쟁점비용이 이 건 지목변경과 관련되지 않음은 물론 사실상 지목변경이 되었다고도 보기가 어려우므로 처분청이 이 건 취득세 등을 청구법인에게 부과한 처분은 잘못이 있다고 판단됨(조심 2022지162, 2022.11.29. 결정).

사례 ▷ 청구법인 등이 시공법인에게 지급한 쟁점금액을 이 건 건축물의 신축비용으로 보아 청구법인 등의 경정청구를 거부한 처분의 당부

- 「지방세법」제10조 제5항에서 다음 각 호의 취득에 대하여는 제2항 단서 및 제3항 후단에도 불구하고 사실상의 취득가격 또는 연부금액을 과세표준으로 한다고 규정하면서 그 제3호에서 판결문·법인장부 중 대통령령으로 정하는 것에 따라 취득가격이 증명되는 취득이라고 규정하고 있고, 같은 법 시행령 제18조 제1항에서 법 제10조 제5항 각 호에 따른 취득가격 또는 연부금액은 취득시기를 기준으로 그 이전에 해당 물건을 취득하기 위하여 거래 상대방 또는 제3자에게 지급하였거나 지급하여야 할 직접비용과 다음 각 호의 어느 하나에 해당하는 간접비용의 합계액으로 한다고 규정하고 있음.
- 위 규정에서 말하는 "취득가격"에는 과세대상 물건의 취득 시기 이전에 거래상대방 또는 제3자에게 지급원인이 발생 또는 확정된 것으로서 당해 물건 자체의 가격(직접비용)은 물론 그 이외에 실제로 당해 물건 자체의 가격으로 지급되었다고 볼 수 있거나(취득자금이자, 설계비 등) 그에 준하는 취득절차비용(소개수수료, 준공검사비용 등)도 간접비용으로서 이에 포함된다고 할 것이나, 그것이 취득의 대상이 아닌 물건이나 권리에 관한 것이어서 당해 물건 자체의 가격이라고 볼 수 없는 것이라면 과세대상 물건을 취득하기 위하여 당해 물건의 취득시기 이전에 그 지급원인이 발생 또는 확정된 것이라도 이를 당해 물건의 취득가격에 포함된다고 보아 취득세 과세표준으로 삼을 수 없다고 할 것(조심 2021지2321, 2022.5.26. 결정 등 다수, 같은 뜻임)임.

- 처분청은 청구법인 등이 시공법인에게 지급한 쟁점금액을 이 건 건축물의 신축비용에 포함하여야 한다는 의견이나, 청구법인과 시공법인이 2016.2.16. 이 건 건축물 신축을 위하여 체결한 쟁점계약에서 그 계약체결 당시 약정 분양가 보다 분양가가 상승할 경우 청구법인 등과 시공법인이 공사대금과 구분하여 이익분배금으로 분배하도록 계약을 체결한 점, 청구법인이 2021.1.10. 처분청에 이 건 취득세 등을 신고할 당시에 처분청에 제출한 비용산정 내역에서 쟁점금액을 분양원가 항목이 아닌 판매관리비 항목의 "분양가상승에 따른 이익분배금"으로 기재한 사실이 확인되는 점, 제2차 변경계약(2021.1.15.)은 청구법인이 이 건 건축물을 취득(2020.11.30.)한 후 시공법인의 요청에 따라 쟁점금액이 사실상 이익분배금임에도 총 계약금액에 합산하는 것 등을 안건으로 하여 청구법인의 총회(2020.12.26.)의 승인에 따라 체결한 것이 총회안건 등의 자료에서 확인되는 점 등에 비추어 볼 때 쟁점금액은 청구법인과 시공법인의 이 건 건축물 신축을 위한 공사대금이라기 보다는 일분분양가 상승에 따른 이익분배금으로서 이 건 건축물 자체의 가격은 물론 이 건 건축물 취득을 위한 간접비용이라고도 보기 어렵다 하겠음(조심 2023지835, 2023.4.3. 결정).

제 **2** 장

취득세 과세표준, 세율 및 비과세

① 취득세 과세표준

「**지방세법**」 제4조(부동산 등의 시가표준액) ① 이 법에서 적용하는 토지 및 주택에 대한 시가표준액은 「부동산 가격공시에 관한 법률」에 따라 공시된 가액(價額)으로 한다. 다만, 개별공시지가 또는 개별주택가격이 공시되지 아니한 경우에는 특별자치시장·특별자치도지사·시장·군수 또는 구청장(자치구의 구청장을 말한다. 이하 같다)이 같은 법에 따라 국토교통부장관이 제공한 토지가격비준표 또는 주택가격비준표를 사용하여 산정한 가액으로 하고, 공동주택가격이 공시되지 아니한 경우에는 대통령령으로 정하는 기준에 따라 특별자치시장·특별자치도지사·시장·군수 또는 구청장이 산정한 가액으로 한다.

② 제1항 외의 건축물(새로 건축하여 건축 당시 개별주택가격 또는 공동주택가격이 공시되지 아니한 주택으로서 토지부분을 제외한 건축물을 포함한다), 선박, 항공기 및 그 밖의 과세대상에 대한 시가표준액은 거래가격, 수입가격, 신축·건조·제조가격 등을 고려하여 정한 기준가격에 종류, 구조, 용도, 경과연수 등 과세대상별 특성을 고려하여 대통령령으로 정하는 기준에 따라 지방자치단체의 장이 결정한 가액으로 한다.

③ 행정안전부장관은 제2항에 따른 시가표준액의 적정한 기준을 산정하기 위하여 조사·연구가 필요하다고 인정하는 경우에는 대통령령으로 정하는 관련 전문기관에 의뢰하여 이를 수행하게 할 수 있다.

④ 제1항과 제2항에 따른 시가표준액의 결정은 「지방세기본법」 제147조에 따른 지방세심의위원회에서 심의한다.

제10조(과세표준의 기준) 취득세의 과세표준은 취득 당시의 가액으로 한다. 다만, 연부로 취득하는 경우 취득세의 과세표준은 연부금액(매회 사실상 지급되는 금액을 말하며, 취득금액에 포함되는 계약보증금을 포함한다. 이하 이 장에서 같다)으로 한다.

제10조의2(무상취득의 경우 과세표준) ① 부동산등을 무상취득하는 경우 제10조에 따른 취득 당시의 가액(이하 "취득당시가액"이라 한다)은 취득시기 현재 불특정 다수인 사이에 자유롭게 거래가 이루어지는 경우 통상적으로 성립된다고 인정되는 가액(매매사례가액, 감정가액, 공매가액 등 대통령령으로 정하는 바에 따라 시가로 인정되는 가액을 말하며, 이하 "시가인정액"이라 한다)으로 한다.

② 제1항에도 불구하고 다음 각 호의 경우에는 해당 호에서 정하는 가액을 취득당시가액으로 한다.

1. 상속에 따른 무상취득의 경우: 제4조에 따른 시가표준액

2. 대통령령으로 정하는 가액 이하의 부동산등을 무상취득(제1호의 경우는 제외한다)하는 경우: 시가인정액과 제4조에 따른 시가표준액 중에서 납세자가 정하는 가액

3. 제1호 및 제2호에 해당하지 아니하는 경우: 시가인정액으로 하되, 시가인정액을 산정

하기 어려운 경우에는 제4조에 따른 시가표준액

③ 납세자가 제20조 제1항에 따른 신고를 할 때 과세표준으로 제1항에 따른 감정가액을 신고하려는 경우에는 대통령령으로 정하는 바에 따라 둘 이상의 감정기관(대통령령으로 정하는 가액 이하의 부동산 등의 경우에는 하나의 감정기관으로 한다)에 감정을 의뢰하고 그 결과를 첨부하여야 한다.

④ 제3항에 따른 신고를 받은 지방자치단체의 장은 감정기관이 평가한 감정가액이 다른 감정기관이 평가한 감정가액의 100분의 80에 미달하는 등 대통령령으로 정하는 사유에 해당하는 경우에는 1년의 범위에서 기간을 정하여 해당 감정기관을 시가불인정 감정기관으로 지정할 수 있다.

⑤ 제4항에 따라 시가불인정 감정기관으로 지정된 감정기관이 평가한 감정가액은 그 지정된 기간 동안 시가인정액으로 보지 아니한다.

⑥ 제7조 제11항 및 제12항에 따라 증여자의 채무를 인수하는 부담부 증여의 경우 유상으로 취득한 것으로 보는 채무액에 상당하는 부분(이하 이 조에서 "채무부담액"이라 한다)에 대해서는 제10조의3에서 정하는 유상승계취득에서의 과세표준을 적용하고, 취득물건의 시가인정액에서 채무부담액을 뺀 잔액에 대해서는 이 조에서 정하는 무상취득에서의 과세표준을 적용한다.

⑦ 제4항에 따른 시가불인정 감정기관의 지정기간·지정절차와 제6항에 따라 유상승계취득에서의 과세표준을 적용하는 채무부담액의 범위, 유상승계취득에서 과세표준이 되는 가액과 그 적용 등에 관하여 필요한 사항은 대통령령으로 정한다.

제10조의3(유상승계취득의 경우 과세표준) ① 부동산등을 유상거래(매매 또는 교환 등 취득에 대한 대가를 지급하는 거래를 말한다. 이하 이 장에서 같다)로 승계취득하는 경우 취득당시가액은 취득시기 이전에 해당 물건을 취득하기 위하여 거래 상대방이나 제3자에게 지급하였거나 지급하여야 할 일체의 비용으로서 대통령령으로 정하는 사실상의 취득가격(이하 "사실상취득가격"이라 한다)으로 한다.

② 지방자치단체의 장은 특수관계인 간의 거래로 그 취득에 대한 조세부담을 부당하게 감소시키는 행위 또는 계산을 한 것으로 인정되는 경우(이하 이 장에서 "부당행위계산"이라 한다)에는 제1항에도 불구하고 시가인정액을 취득당시가액으로 결정할 수 있다.

③ 부당행위계산의 유형은 대통령령으로 정한다.

제10조의4(원시취득의 경우 과세표준) ① 부동산등을 원시취득하는 경우 취득당시가액은 사실상취득가격으로 한다.

② 제1항에도 불구하고 법인이 아닌 자가 건축물을 건축하여 취득하는 경우로서 사실상취득가격을 확인할 수 없는 경우의 취득당시가액은 제4조에 따른 시가표준액으로 한다.

제10조의5(무상취득·유상승계취득·원시취득의 경우 과세표준에 대한 특례) ① 제10조의2 및 제10조의3에도 불구하고 차량 또는 기계장비를 취득하는 경우 취득당시가액은 다음 각 호의 구분에 따른 가격 또는 가액으로 한다.

1. 차량 또는 기계장비를 무상취득하는 경우: 제4조 제2항에 따른 시가표준액
2. 차량 또는 기계장비를 유상승계취득하는 경우: 사실상취득가격. 다만, 사실상취득가격에 대한 신고 또는 신고가액의 표시가 없거나 그 신고가액이 제4조 제2항에 따른 시가표준액보다 적은 경우 취득당시가액은 같은 항에 따른 시가표준액으로 한다.
3. 차량 제조회사가 생산한 차량을 직접 사용하는 경우: 사실상취득가격

② 제1항에도 불구하고 천재지변으로 피해를 입은 차량 또는 기계장비를 취득하여 그 사실상취득가격이 제4조 제2항에 따른 시가표준액보다 낮은 경우 등 대통령령으로 정하는 경우 그 차량 또는 기계장비의 취득당시가액은 대통령령으로 정하는 바에 따라 달리 산정할 수 있다.

③ 제10조의2부터 제10조의4까지의 규정에도 불구하고 다음 각 호의 경우 취득당시가액의 산정 및 적용 등은 대통령령으로 정한다.
1. 대물변제, 교환, 양도담보 등 유상거래를 원인으로 취득하는 경우
2. 법인의 합병·분할 및 조직변경을 원인으로 취득하는 경우
3. 「도시 및 주거환경정비법」 제2조 제8호의 사업시행자, 「빈집 및 소규모주택 정비에 관한 특례법」 제2조 제1항 제5호의 사업시행자 및 「주택법」 제2조 제11호의 주택조합이 취득하는 경우
4. 그 밖에 제1호부터 제3호까지의 규정에 준하는 경우로서 대통령령으로 정하는 취득에 해당하는 경우

제10조의6(취득으로 보는 경우의 과세표준) ① 다음 각 호의 경우 취득 당시가액은 그 변경으로 증가한 가액에 해당하는 사실상취득가격으로 한다.
1. 토지의 지목을 사실상 변경한 경우
2. 선박, 차량 또는 기계장비의 용도 등 대통령령으로 정하는 사항을 변경한 경우

② 제1항에도 불구하고 법인이 아닌 자가 제1항 각 호의 어느 하나에 해당하는 경우로서 사실상취득가격을 확인할 수 없는 경우 취득당시가액은 제4조에 따른 시가표준액을 대통령령으로 정하는 방법에 따라 계산한 가액으로 한다.

③ 건축물을 개수하는 경우 취득당시가액은 제10조의4에 따른다.

④ 제7조 제5항 전단에 따라 과점주주가 취득한 것으로 보는 해당 법인의 부동산등의 취득당시가액은 해당 법인의 결산서와 그 밖의 장부 등에 따른 그 부동산등의 총가액을 그 법인의 주식 또는 출자의 총수로 나눈 가액에 과점주주가 취득한 주식 또는 출자의 수를 곱한 금액으로 한다. 이 경우 과점주주는 조례로 정하는 바에 따라 취득당시가액과 그 밖에 필요한 사항을 신고하여야 한다.

제10조의7(취득의 시기) 제10조의2부터 제10조의6까지의 규정을 적용하는 경우 취득물건의 취득유형별 취득시기 등에 관하여 필요한 사항은 대통령령으로 정한다.

「지방세법 시행령」 제4조(건축물 등의 시가표준액 산정기준) ① 법 제4조 제2항에서 "대통령령으로 정하는 기준"이란 매년 1월 1일 현재를 기준으로 과세대상별 구체적 특성을 고

려하여 다음 각 호의 방식에 따라 행정안전부장관이 정하는 기준을 말한다.

1. 오피스텔: 행정안전부장관이 고시하는 표준가격기준액에 다음 각 목의 사항을 적용한다.

    가. 오피스텔의 용도별·층별 지수

    나. 오피스텔의 규모·형태·특수한 부대설비 등의 유무 및 그 밖의 여건에 따른 가감산율(加減算率)

1의2. 제1호 외의 건축물: 건설원가 등을 고려하여 행정안전부장관이 산정·고시하는 건물신축가격기준액에 다음 각 목의 사항을 적용한다.

    가. 건물의 구조별·용도별·위치별 지수

    나. 건물의 경과연수별 잔존가치율

    다. 건물의 규모·형태·특수한 부대설비 등의 유무 및 그 밖의 여건에 따른 가감산율

2. 선박: 선박의 종류·용도 및 건조가격을 고려하여 톤수 간에 차등을 둔 단계별 기준가격에 해당 톤수를 차례대로 적용하여 산출한 가액의 합계액에 다음 각 목의 사항을 적용한다.

    가. 선박의 경과연수별 잔존가치율

    나. 급랭시설 등의 유무에 따른 가감산율

3. 차량: 차량의 종류별·승차정원별·최대적재량별·제조연도별 제조가격(수입하는 경우에는 수입가격을 말한다) 및 거래가격 등을 고려하여 정한 기준가격에 차량의 경과연수별 잔존가치율을 적용한다.

4. 기계장비: 기계장비의 종류별·톤수별·형식별·제조연도별 제조가격(수입하는 경우에는 수입가격을 말한다) 및 거래가격 등을 고려하여 정한 기준가격에 기계장비의 경과연수별 잔존가치율을 적용한다.

5. 입목(立木): 입목의 종류별·수령별 거래가격 등을 고려하여 정한 기준가격에 입목의 목재 부피, 그루 수 등을 적용한다.

6. 항공기: 항공기의 종류별·형식별·제작회사별·정원별·최대이륙중량별·제조연도별 제조가격 및 거래가격(수입하는 경우에는 수입가격을 말한다)을 고려하여 정한 기준가격에 항공기의 경과연수별 잔존가치율을 적용한다.

7. 광업권: 광구의 광물매장량, 광물의 톤당 순 수입가격, 광업권 설정비, 광산시설비 및 인근 광구의 거래가격 등을 고려하여 정한 기준가격에서 해당 광산의 기계 및 시설취득비, 기계설비이전비 등을 뺀다.

8. 어업권·양식업권: 인근 같은 종류의 어장·양식장의 거래가격과 어구 설치비 등을 고려하여 정한 기준가격에 어업·양식업의 종류, 어장·양식장의 위치, 어구 또는 장치, 어업·양식업의 방법, 채취물 또는 양식물 및 면허의 유효기간 등을 고려한다.

9. 골프회원권, 승마회원권, 콘도미니엄 회원권, 종합체육시설 이용회원권 및 요트회원권: 분양 및 거래가격을 고려하여 정한 기준가격에 「소득세법」에 따른 기준시가 등을 고려한다.

10. 토지에 정착하거나 지하 또는 다른 구조물에 설치하는 시설: 종류별 신축가격 등을 고려하여 정한 기준가격에 시설의 용도·구조 및 규모 등을 고려하여 가액을 산출한

후, 그 가액에 다시 시설의 경과연수별 잔존가치율을 적용한다.

11. 건축물에 딸린 시설물: 종류별 제조가격(수입하는 경우에는 수입가격을 말한다), 거래가격 및 설치가격 등을 고려하여 정한 기준가격에 시설물의 용도·형태·성능 및 규모 등을 고려하여 가액을 산출한 후, 그 가액에 다시 시설물의 경과연수별 잔존가치율을 적용한다.

② 제1항 제11호에 따른 건축물에 딸린 시설물(이하 이 항에서 "시설물"이라 한다)의 시가표준액을 적용할 때 그 시설물이 주거와 주거 외의 용도로 함께 쓰이고 있는 건축물의 시설물인 경우에는 그 건축물의 연면적 중 주거와 주거 외의 용도 부분의 점유비율에 따라 제1항 제11호에 따른 시가표준액을 나누어 적용한다.

제4조의3(건축물 외 물건의 시가표준액 결정 절차 등) ① 시장·군수·구청장은 제4조 제1항 제2호부터 제11호까지에서 규정한 방식에 따라 건축물 외 물건의 시가표준액을 산정하여 결정·고시해야 한다.

② 시장·군수·구청장은 해당 연도 1월 1일 이후 제4조 제1항 각 호에서 규정한 사항 외에 신규 물건이 발생하거나 같은 조 제1항 제2호부터 제11호까지에서 규정한 시가표준액 산정방식에 변경이 필요하다고 인정되는 경우에는 행정안전부장관에게 시가표준액 산정기준의 신설 또는 변경을 요청할 수 있다.

③ 행정안전부장관은 제2항에 따른 요청이 있는 경우 시가표준액 산정기준의 신설 또는 변경 필요성을 검토한 후 검토결과에 따라 제4조 제1항 제2호부터 제11호까지에서 규정한 시가표준액의 산정방식을 신설하거나 변경할 수 있다.

④ 행정안전부장관은 제3항에 따라 시가표준액의 산정기준을 신설하거나 변경하려는 경우에는 미리 관계 전문가의 의견을 들어야 한다.

⑤ 시장·군수·구청장은 제3항에 따라 변경 산정한 시가표준액을 변경 결정·고시해야 한다.

⑥ 시장·군수·구청장(특별자치시장 및 특별자치도지사는 제외한다)은 제1항 또는 제5항에 따라 결정하거나 변경 결정한 시가표준액을 시·도지사에게 제출해야 한다.

⑦ 특별자치시장, 특별자치도지사나 시·도지사는 제1항 또는 제5항에 따라 결정하거나 변경 결정한 시가표준액이나 제6항에 따라 제출받은 시가표준액을 관할 지방법원장에게 통보해야 한다.

제4조의4(시가표준액 조사·연구 전문기관) 법 제4조 제3항에서 "대통령령으로 정하는 관련 전문기관"이란 다음 각 호의 기관을 말한다.

1. 「지방세기본법」 제151조 제1항에 따른 지방세연구원
2. 그 밖에 시가표준액의 기준 산정에 관한 전문성이 있는 것으로 행정안전부장관이 인정하여 고시하는 기관

제4조의5(시가표준액심의위원회의 설치 등) ① 다음 각 호의 사항을 심의하기 위하여 행정안전부장관 소속으로 시가표준액심의위원회(이하 "시가표준액심의위원회"라 한다)를

둔다.

1. 제4조 제1항 각 호의 시가표준액 산정방식
2. 제4조의2 제4항에 따른 건축물의 시가표준액 변경 협의
3. 제4조의3 제3항에 따른 시가표준액 산정기준의 신설
4. 그 밖에 시가표준액의 산정기준 마련과 관련하여 시가표준액심의위원회의 심의가 필요하다고 행정안전부장관이 인정하는 사항

② 시가표준액심의위원회는 위원장 1명과 부위원장 1명을 포함하여 10명 이내의 위원으로 구성한다.

③ 시가표준액심의위원회의 위원장은 행정안전부에서 지방세 관련 업무를 담당하는 고위공무원단에 속하는 일반직공무원 중에서 행정안전부장관이 지명한다.

④ 시가표준액심의위원회의 위원은 다음 각 호의 사람 중에서 행정안전부장관이 임명하거나 위촉한다.

1. 행정안전부 소속 4급 이상 공무원 또는 고위공무원단에 속하는 공무원
2. 변호사, 공인회계사, 세무사 또는 감정평가사의 직(職)에 5년 이상 종사한 사람
3. 「고등교육법」에 따른 대학에서 법률·회계·조세·부동산 등을 가르치는 부교수 이상으로 재직하고 있거나 재직했던 사람
4. 그 밖에 지방세에 관하여 전문지식과 경험이 풍부한 사람

⑤ 제4항 제2호부터 제4호까지의 규정에 따른 위원의 임기는 2년으로 한다.

⑥ 시가표준액심의위원회 회의는 재적위원 과반수 출석으로 개의(開議)하고, 출석위원 과반수 찬성으로 의결한다.

⑦ 제1항부터 제6항까지에서 규정한 사항 외에 시가표준액심의위원회의 구성 및 운영에 필요한 사항은 행정안전부장관이 정한다.

제14조(시가인정액의 산정 및 평가기간의 판단 등) ① 법 제10조의2 제1항에서 "매매사례가액, 감정가액, 공매가액 등 대통령령으로 정하는 바에 따라 시가로 인정되는 가액"(이하 "시가인정액"이라 한다)이란 취득일 전 6개월부터 취득일 후 3개월 이내의 기간(이하 이 절에서 "평가기간"이라 한다)에 취득 대상이 된 법 제7조 제1항에 따른 부동산 등(이하 이 장에서 "부동산등"이라 한다)에 대하여 매매, 감정, 경매(「민사집행법」에 따른 경매를 말한다. 이하 이 장에서 같다) 또는 공매(이하 이 조에서 "매매등"이라 한다)한 사실이 있는 경우의 가액으로서 다음 각 호의 구분에 따라 해당 호에서 정하는 가액을 말한다.

1. 취득한 부동산등의 매매사실이 있는 경우: 그 거래가액. 다만, 「소득세법」 제101조 제1항 또는 「법인세법」에 따른 특수관계인(이하 "특수관계인"이라 한다)과의 거래 등으로 그 거래가액이 객관적으로 부당하다고 인정되는 경우는 제외한다.
2. 취득한 부동산등에 대하여 둘 이상의 감정기관(행정안전부령으로 정하는 공신력 있는 감정기관을 말한다. 이하 같다)이 평가한 감정가액이 있는 경우: 그 감정가액의 평균액. 다만, 다음 각 목의 가액은 제외하며, 해당 감정가액이 법 제4조에 따른 시가표준액과 제5항에 따른 시가인정액의 100분의 90에 해당하는 가액 중 적은 금액(이하 이 호에

서 "기준금액"이라 한다)에 미달하는 경우나 기준금액 이상인 경우에도 「지방세기본법」 제147조 제1항에 따른 지방세심의위원회(이하 "지방세심의위원회"라 한다)의 심의를 거쳐 감정평가 목적 등을 고려하여 해당 감정가액이 부적정하다고 인정되는 경우에는 지방자치단체의 장이 다른 감정기관에 의뢰하여 감정한 가액으로 하며, 그 가액이 납세자가 제시한 감정가액보다 낮은 경우에는 납세자가 제시한 감정가액으로 한다.

　가. 일정한 조건이 충족될 것을 전제로 해당 부동산등을 평가하는 등 취득세의 납부 목적에 적합하지 않은 감정가액

　나. 취득일 현재 해당 부동산등의 원형대로 감정하지 않은 경우 그 감정가액

3. 취득한 부동산등의 경매 또는 공매 사실이 있는 경우: 그 경매가액 또는 공매가액

② 제1항 각 호의 가액이 평가기간 이내의 가액인지에 대한 판단은 다음 각 호의 구분에 따른 날을 기준으로 하며, 시가인정액이 둘 이상인 경우에는 취득일 전후로 가장 가까운 날의 가액(그 가액이 둘 이상인 경우에는 평균액을 말한다)을 적용한다.

1. 제1항 제1호의 경우: 매매계약일

2. 제1항 제2호의 경우: 가격산정기준일과 감정가액평가서 작성일

3. 제1항 제3호의 경우: 경매가액 또는 공매가액이 결정된 날

③ 제1항에도 불구하고 납세자 또는 지방자치단체의 장은 취득일 전 2년 이내의 기간 중 평가기간에 해당하지 않는 기간에 매매등이 있거나 평가기간이 지난 후에도 법 제20조 제1항에 따른 신고·납부기한의 만료일부터 6개월 이내의 기간 중에 매매등이 있는 경우에는 행정안전부령으로 정하는 바에 따라 지방세심의위원회에 해당 매매등의 가액을 제1항 각 호의 가액으로 인정하여 줄 것을 심의요청할 수 있다.

④ 제3항에 따른 심의요청을 받은 지방세심의위원회는 취득일부터 제2항 각 호의 날까지의 기간 중에 시간의 경과와 주위환경의 변화 등을 고려할 때 가격변동의 특별한 사정이 없다고 인정하는 경우에는 제3항에 따른 기간 중의 매매등의 가액을 제1항 각 호의 가액으로 심의·의결할 수 있다.

⑤ 제1항부터 제4항까지의 규정에 따라 시가인정액으로 인정된 가액이 없는 경우에는 취득한 부동산등의 면적, 위치 및 용도와 법 제4조에 따른 시가표준액이 동일하거나 유사하다고 인정되는 다른 부동산등에 대한 시가인정액(법 제20조에 따라 취득세를 신고한 경우에는 평가기간 이내의 가액 중 신고일까지의 시가인정액으로 한정한다)을 해당 부동산등의 시가인정액으로 본다.

⑥ 제5항에 따른 동일하거나 유사하다고 인정되는 다른 부동산등에 대한 판단기준은 행정안전부령으로 정한다.

⑦ 시가인정액을 산정할 때 제2항 각 호의 날이 부동산등의 취득일 전인 경우로서 같은 항 같은 호의 날부터 취득일까지 해당 부동산등에 대한 자본적 지출액(「소득세법 시행령」 제163조 제3항에 따른 자본적 지출액을 말한다. 이하 이 조에서 같다)이 확인되는 경우에는 그 자본적 지출액을 제1항 각 호의 가액에 더할 수 있다.

제14조의2(시가인정액 적용 예외 부동산등) 법 제10조의2 제2항 제2호에서 "대통령령으로

정하는 가액 이하의 부동산등"이란 취득물건에 대한 시가표준액이 1억 원 이하인 부동산등을 말한다.

제14조의3(시가불인정 감정기관의 지정절차 등) ① 법 제10조의2 제3항에서 "대통령령으로 정하는 가액 이하의 부동산 등"이란 다음 각 호의 부동산등을 말한다.
1. 시가표준액이 10억 원 이하인 부동산등
2. 법 제10조의5 제3항 제2호의 법인 합병·분할 및 조직 변경을 원인으로 취득하는 부동산등
② 법 제10조의2 제4항에서 "감정기관이 평가한 감정가액이 다른 감정기관이 평가한 감정가액의 100분의 80에 미달하는 등 대통령령으로 정하는 사유에 해당하는 경우"란 납세자가 제시한 감정가액(이하 이 조에서 "원감정가액"이라 한다)이 지방자치단체의 장이 다른 감정기관에 의뢰하여 평가한 감정가액(이하 이 조에서 "재감정가액"이라 한다)의 100분의 80에 미달하는 경우를 말한다.
③ 지방자치단체의 장은 감정가액이 제2항의 사유에 해당하는 경우에는 부실감정의 고의성과 원감정가액이 재감정가액에 미달하는 정도 등을 고려하여 1년의 범위에서 행정안전부령으로 정하는 기간 동안 원감정가액을 평가한 감정기관을 법 제10조의2 제4항에 따른 시가불인정 감정기관(이하 이 장에서 "시가불인정감정기관"이라 한다)으로 지정할 수 있다. 이 경우 지방세심의위원회의 심의를 거쳐야 한다.
④ 제3항에 따른 지정 기간은 지방자치단체의 장으로부터 시가불인정감정기관 지정 결과를 통지받은 날부터 기산한다.
⑤ 지방자치단체의 장은 제3항 후단에 따라 지방세심의위원회의 회의를 개최하기 전에 다음 각 호의 내용을 해당 감정기관에 통지하고, 의견을 청취해야 한다.
1. 시가불인정감정기관 지정 내용 및 법적 근거
2. 제1호에 대하여 의견을 제출할 수 있다는 뜻과 의견을 제출하지 않는 경우의 처리 방법
3. 의견제출기한
4. 그 밖에 의견제출에 필요한 사항
⑥ 법 제10조의2 제7항에 따라 지방자치단체의 장은 시가불인정감정기관을 지정하는 경우에는 다음 각 호의 사항을 행정안전부령으로 정하는 바에 따라 지방세통합정보통신망에 게재해야 한다.
1. 시가불인정감정기관의 명칭(상호), 성명(법인인 경우 대표자 성명과 법인등록번호) 및 사업자등록번호
2. 시가불인정감정기관 지정 기간
3. 시가불인정감정기관 지정 사유
4. 시가불인정감정기관 지정 처분이 해제된 경우 그 해제 사실
⑦ 제3항부터 제6항까지에서 규정한 사항 외에 시가불인정감정기관의 지정 및 통지 등에 필요한 사항은 행정안전부령으로 정한다.

제14조의4(부담부증여시 취득가격) ① 법 제10조의2 제6항에 따른 부담부증여의 경우 유상으로 취득한 것으로 보는 채무액에 상당하는 부분(이하 이 조에서 "채무부담액"이라 한다)의 범위는 시가인정액을 그 한도로 한다.

② 채무부담액은 취득자가 부동산등의 취득일이 속하는 달의 말일부터 3개월 이내에 인수한 것을 입증한 채무액으로서 다음 각 호의 금액으로 한다.

1. 등기부 등본으로 확인되는 부동산등에 대한 저당권, 가압류, 가처분 등에 따른 채무부담액

2. 금융기관이 발급한 채무자 변경 확인서 등으로 확인되는 금융기관의 금융채무액

3. 임대차계약서 등으로 확인되는 부동산등에 대한 임대보증금액

4. 그 밖에 판결문, 공정증서 등 객관적 입증자료로 확인되는 취득자의 채무부담액

제18조(사실상취득가격의 범위 등) ① 법 제10조의3 제1항에서 "대통령령으로 정하는 사실상의 취득가격"(이하 "사실상취득가격"이라 한다)이란 해당 물건을 취득하기 위하여 거래 상대방 또는 제3자에게 지급했거나 지급해야 할 직접비용과 다음 각 호의 어느 하나에 해당하는 간접비용의 합계액을 말한다. 다만, 취득대금을 일시급 등으로 지급하여 일정액을 할인받은 경우에는 그 할인된 금액으로 하고, 법인이 아닌 자가 취득한 경우에는 제1호, 제2호 또는 제7호의 금액을 제외한 금액으로 한다.

1. 건설자금에 충당한 차입금의 이자 또는 이와 유사한 금융비용

2. 할부 또는 연부(年賦) 계약에 따른 이자 상당액 및 연체료

3. 「농지법」에 따른 농지보전부담금, 「문화예술진흥법」 제9조 제3항에 따른 미술작품의 설치 또는 문화예술진흥기금에 출연하는 금액, 「산지관리법」에 따른 대체산림자원조성비 등 관계 법령에 따라 의무적으로 부담하는 비용

4. 취득에 필요한 용역을 제공받은 대가로 지급하는 용역비·수수료(건축 및 토지조성공사로 수탁자가 취득하는 경우 위탁자가 수탁자에게 지급하는 신탁수수료를 포함한다)

5. 취득대금 외에 당사자의 약정에 따른 취득자 조건 부담액과 채무인수액

6. 부동산을 취득하는 경우 「주택도시기금법」 제8조에 따라 매입한 국민주택채권을 해당 부동산의 취득 이전에 양도함으로써 발생하는 매각차손. 이 경우 행정안전부령으로 정하는 금융회사 등(이하 이 조에서 "금융회사등"이라 한다) 외의 자에게 양도한 경우에는 동일한 날에 금융회사등에 양도하였을 경우 발생하는 매각차손을 한도로 한다.

7. 「공인중개사법」에 따른 공인중개사에게 지급한 중개보수

8. 붙박이 가구·가전제품 등 건축물에 부착되거나 일체를 이루면서 건축물의 효용을 유지 또는 증대시키기 위한 설비·시설 등의 설치비용

9. 정원 또는 부속시설물 등을 조성·설치하는 비용

10. 제1호부터 제9호까지의 비용에 준하는 비용

② 제1항에도 불구하고 다음 각 호의 어느 하나에 해당하는 비용은 사실상취득가격에 포함하지 않는다.

1. 취득하는 물건의 판매를 위한 광고선전비 등의 판매비용과 그와 관련한 부대비용

2. 「전기사업법」, 「도시가스사업법」, 「집단에너지사업법」, 그 밖의 법률에 따라 전기·가스·열 등을 이용하는 자가 분담하는 비용
3. 이주비, 지장물 보상금 등 취득물건과는 별개의 권리에 관한 보상 성격으로 지급되는 비용
4. 부가가치세
5. 제1호부터 제4호까지의 비용에 준하는 비용
③ 삭제 〈2021. 12. 31.〉
④ 삭제 〈2021. 12. 31.〉
⑤ 삭제 〈2021. 12. 31.〉

제18조의2(부당행위계산의 유형) 법 제10조의3 제2항에 따른 부당행위계산은 특수관계인으로부터 시가인정액보다 낮은 가격으로 부동산을 취득한 경우로서 시가인정액과 사실상취득가격의 차액이 3억 원 이상이거나 시가인정액의 100분의 5에 상당하는 금액 이상인 경우로 한다.

제18조의3(차량 등의 취득가격) ① 법 제10조의5 제2항에서 "천재지변으로 피해를 입은 차량 또는 기계장비를 취득하여 그 사실상취득가격이 제4조 제2항에 따른 시가표준액보다 낮은 경우 등 대통령령으로 정하는 경우"란 다음 각 호의 어느 하나에 해당하는 경우를 말한다.
1. 천재지변, 화재, 교통사고 등으로 중고 차량이나 중고 기계장비의 가액이 시가표준액보다 낮은 것으로 시장·군수·구청장이 인정하는 경우
2. 국가, 지방자치단체 또는 지방자치단체조합으로부터 취득하는 경우
3. 수입으로 취득하는 경우
4. 민사소송 및 행정소송의 확정 판결(화해·포기·인낙 또는 자백간주에 의한 것은 제외한다)에 따라 취득가격이 증명되는 경우
5. 법인장부(금융회사의 금융거래 내역서 또는 「감정평가 및 감정평가사에 관한 법률」 제6조에 따른 감정평가서 등 객관적 증거서류에 따라 법인이 작성한 원장·보조장·출납전표 또는 결산서를 말한다)에 따라 취득가격이 증명되는 경우
6. 경매 또는 공매로 취득하는 경우
② 차량 또는 기계장비의 취득이 제1항에 해당하는 경우 법 제10조에 따른 취득 당시의 가액(이하 "취득당시가액"이라 한다)은 사실상취득가액으로 한다. 다만, 제1항 제5호에 따른 중고 차량 또는 중고 기계장비로서 그 취득가격이 시가표준액보다 낮은 경우(제1호의 경우는 제외한다)에는 해당 시가표준액을 취득당시가액으로 한다.

제18조의4(유상·무상·원시취득의 경우 과세표준에 대한 특례) ① 법 제10조의5 제3항 각 호에 따른 취득의 경우 취득당시가액은 다음 각 호의 구분에 따른 가액으로 한다.
1. 법 제10조의5 제3항 제1호의 경우: 다음 각 목의 구분에 따른 가액. 다만, 특수관계인으로부터 부동산등을 취득하는 경우로서 법 제10조의3 제2항에 따른 부당행위계산을 한 것으로 인정되는 경우 취득당시가액은 시가인정액으로 한다.

가. 대물변제: 대물변제액(대물변제액 외에 추가로 지급한 금액이 있는 경우에는 그 금액을 포함한다). 다만, 대물변제액이 시가인정액을 초과하는 경우 취득당시가액은 시가인정액으로 한다.

나. 교환: 교환을 원인으로 이전받는 부동산등의 시가인정액과 이전하는 부동산등의 시가인정액(상대방에게 추가로 지급하는 금액과 상대방으로부터 승계받는 채무액이 있는 경우 그 금액을 더하고, 상대방으로부터 추가로 지급받는 금액과 상대방에게 승계하는 채무액이 있는 경우 그 금액을 차감한다) 중 높은 가액

다. 양도담보: 양도담보에 따른 채무액(채무액 외에 추가로 지급한 금액이 있는 경우 그 금액을 포함한다). 다만, 그 채무액이 시가인정액을 초과하는 경우 취득당시가액은 시가인정액으로 한다.

2. 법 제10조의5 제3항 제2호의 경우: 시가인정액. 다만, 시가인정액을 산정하기 어려운 경우 취득당시가액은 시가표준액으로 한다.

3. 법 제10조의5 제3항 제3호에 따른 사업시행자 또는 주택조합이 법 제7조 제8항 단서에 따른 비조합원용 부동산 또는 체비지·보류지를 취득한 경우: 다음 계산식에 따라 산출한 가액

> 가액 = A × 〔B − (C × B / D)〕
>
> A: 해당 토지의 제곱미터당 분양가액
> B: 해당 토지의 면적
> C: 사업시행자 또는 주택조합이 해당 사업진행 중 취득한 토지면적(조합원으로부터 신탁받은 토지는 제외한다)
> D: 해당 사업 대상 토지의 전체 면적

4. 법 제10조의5 제3항 제4호의 경우: 다음 각 목의 구분에 따른 가액

가. 제2항 제1호에 해당하는 경우: 다음 계산식에 따라 산출한 가액

> 가액 = A × 〔B − (C × B / D)〕 − E
>
> A: 해당 토지의 제곱미터당 분양가액
> B: 해당 토지의 면적
> C: 사업시행자가 해당 사업 진행 중 취득한 토지면적
> D: 해당 사업 대상 토지의 전체 면적
> E: 법 제7조 제4항 후단에 따른 토지의 지목 변경에 따른 취득가액

나. 제2항 제2호에 해당하는 경우: 다음 계산식에 따라 산출한 가액

> 가액 = (A × B) − C
>
> A: 해당 토지의 제곱미터당 분양가액
> B: 해당 토지의 면적
> C: 법 제7조 제4항 후단에 따른 토지의 지목 변경에 따른 취득가액

② 법 제10조의5 제3항 제4호에서 "대통령령으로 정하는 취득"이란 다음 각 호의 취득을

말한다.

1. 「도시개발법」에 따른 도시개발사업의 시행으로 인한 사업시행자의 체비지 또는 보류지의 취득

2. 법 제7조 제16항 후단에 따른 조합원의 토지 취득

제18조의5(선박·차량 등의 종류 변경) 법 제10조의6 제1항 제2호에서 "선박, 차량 또는 기계장비의 용도 등 대통령령으로 정하는 사항"이란 선박의 선질(船質)·용도·기관·정원 또는 최대적재량이나 차량 또는 기계장비의 원동기·승차정원·최대적재량·차체를 말한다.

제18조의6(취득으로 보는 경우의 과세표준) 법 제10조의6 제1항 각 호의 어느 하나에 해당하는 경우로서 사실상취득가격을 확인할 수 없는 경우의 취득당시가액은 다음 각 호의 구분에 따른 가액으로 한다.

1. 법 제10조의6 제1항 제1호의 경우: 토지의 지목이 사실상 변경된 때를 기준으로 가목의 가액에서 나목의 가액을 뺀 가액

   가. 지목변경 이후의 토지에 대한 시가표준액(해당 토지에 대한 개별공시지가의 공시기준일이 지목변경으로 인한 취득일 전인 경우에는 인근 유사토지의 가액을 기준으로 「부동산 가격공시에 관한 법률」에 따라 국토교통부장관이 제공한 토지가격비준표를 사용하여 시장·군수·구청장이 산정한 가액을 말한다)

   나. 지목변경 전의 토지에 대한 시가표준액(지목변경으로 인한 취득일 현재 해당 토지의 변경 전 지목에 대한 개별공시지가를 말한다. 다만, 변경 전 지목에 대한 개별공시지가가 없는 경우에는 인근 유사토지의 가액을 기준으로 「부동산 가격공시에 관한 법률」에 따라 국토교통부장관이 제공한 토지가격비준표를 사용하여 시장·군수·구청장이 산정한 가액을 말한다)

2. 법 제10조의6 제1항 제2호의 경우: 법 제4조 제2항에 따른 시가표준액

제19조(부동산등의 일괄취득) ① 부동산등을 한꺼번에 취득하여 각 과세물건의 취득 당시의 가액이 구분되지 않는 경우에는 한꺼번에 취득한 가격을 각 과세물건별 시가표준액 비율로 나눈 금액을 각각의 취득 당시의 가액으로 한다.

② 제1항에도 불구하고 주택, 건축물과 그 부속토지를 한꺼번에 취득한 경우에는 다음 각 호의 계산식에 따라 주택 부분과 주택 외 부분의 취득 당시의 가액을 구분하여 산정한다.

1. 주택 부분:

$$\text{전체 취득 당시의 가액} \times \frac{\begin{array}{c}[\text{건축물 중 주택 부분의 시가표준액(법 제4조 제2항에 따른 시가표준액을 말한다. 이하 이 항에서 같다})] + [\text{부속토지 중 주택 부분의 시가표준액(법 제4조 제1항에 따른 토지 시가표준액을 말한다. 이하 이 항에서 같다})]\end{array}}{\text{건축물과 부속토지 전체의 시가표준액}}$$

2. 주택 외 부분:

$$\text{전체 취득}\atop\text{당시의 가액} \times \frac{\text{건축물 중 주택 외 부분의 시가표준액}}{\substack{+ \ (\text{부속토지 중 주택 외 부분의 시가표준액}) \\ \text{건축물과 부속토지 전체의 시가표준액}}}$$

③ 제1항 및 제2항에도 불구하고 신축 또는 증축으로 주택과 주택 외의 건축물을 한꺼번에 취득한 경우에는 다음 각 호의 계산식에 따라 주택 부분과 주택 외 부분의 취득 당시의 가액을 구분하여 산정한다.

1. 주택 부분:

$$\text{전체 취득}\atop\text{당시의 가액} \times \frac{\text{건축물 중 주택 부분의 연면적}}{\text{건축물 전체의 연면적}}$$

2. 주택 외 부분:

$$\text{전체 취득}\atop\text{당시의 가액} \times \frac{\text{건축물 중 주택 외 부분의 연면적}}{\text{건축물 전체의 연면적}}$$

④ 제1항의 경우에 시가표준액이 없는 과세물건이 포함되어 있으면 부동산등의 감정가액 등을 고려하여 시장·군수·구청장이 결정한 비율로 나눈 금액을 각각의 취득 당시의 가액으로 한다.

「지방세법 시행규칙」 제4조의3(시가인정액의 산정 기준 및 절차 등) ① 영 제14조 제1항 제2호 각 목 외의 부분 본문에서 "행정안전부령으로 정하는 공신력 있는 감정기관"이란 「감정평가 및 감정평가사에 관한 법률」에 따른 감정평가법인등을 말한다.
② 납세자 또는 지방자치단체의 장은 영 제14조 제3항에 따라 「지방세기본법」 제147조 제1항에 따른 지방세심의위원회(이하 "지방세심의위원회"라 한다)에 시가인정액(법 제10조의2 제1항에 따른 시가인정액을 말한다. 이하 같다)에 대해 심의요청하는 경우 다음 각 호의 구분에 따른기한까지 심의요청해야 한다.
1. 취득일 전 2년 이내의 기간 중 평가기간(영 제14조 제1항 각 호 외의 부분에 따른 평가기간을 말한다. 이하 같다)에 해당하지 않는 기간 동안의 매매, 감정, 경매 또는 공매(이하 이 조에서 "매매등"이라 한다)의 가액에 대해 심의요청하는 경우: 법 제20조 제1항의 무상취득에 따른 취득세 신고·납부기한 만료일 전 70일까지
2. 평가기간이 지난 후로서 법 제20조 제1항에 따른 신고·납부기한의 만료일부터 6개월 이내의 기간 중의 매매등의 가액에 대해 심의요청하는 경우: 해당 매매등이 있은 날부터 6개월 이내
③ 지방세심의위원회는 영 제14조 제3항에 따라 시가인정액에 대해 심의요청을 받은 경우 다음 각 호의 구분에 따른 기한까지 그 심의 결과를 서면으로 통지해야 한다.

1. 제2항 제1호에 따른 심의요청의 경우: 심의요청을 받은 날부터 50일 이내
2. 제2항 제2호에 따른 심의요청의 경우: 심의요청을 받은 날부터 3개월 이내

④ 영 제14조 제5항에 따라 법 제4조에 따른 시가표준액이 동일하거나 유사하다고 인정되는 다른 부동산등에 대한 판단기준은 다음 각 호의 구분에 따른다.

1. 「부동산 가격공시에 관한 법률」에 따른 공동주택가격(새로운 공동주택가격이 고시되기 전에는 직전의 공동주택가격을 말한다. 이하 이 항에서 같다)이 있는 공동주택의 경우: 다음 각 목의 요건을 모두 충족하는 다른 공동주택. 다만, 다음 각 목의 요건을 모두 충족하는 다른 공동주택이 둘 이상인 경우에는 산정대상 공동주택과 공동주택가격 차이가 가장 적은 다른 공동주택으로 한다.

   가. 산정대상 공동주택과 동일한 공동주택단지(「공동주택관리법」에 따른 공동주택단지를 말한다) 내에 있을 것
   나. 산정대상 공동주택과의 주거전용면적(「주택법」에 따른 주거전용면적을 말한다. 이하 이 항에서 같다) 차이가 산정대상 공동주택의 주거전용면적을 기준으로 100분의 5 이내일 것
   다. 산정대상 공동주택과의 공동주택가격 차이가 산정대상 공동주택의 공동주택가격을 기준으로 100분의 5 이내일 것

2. 제1호에 따른 공동주택 외의 부동산등의 경우: 다음 각 목의 요건을 모두 충족하는 다른 부동산등

   가. 산정대상 부동산등과 면적·위치·용도가 동일 또는 유사할 것
   나. 산정대상 부동산등과의 시가표준액 차이가 산정대상 부동산등의 시가표준액을 기준으로 100분의 5 이내일 것

⑤ 제1항부터 제4항까지에서 규정한 사항 외에 시가인정액의 산정 기준 및 절차 등에 필요한 세부사항은 행정안전부장관이 정하여 고시한다.

제4조의4(시가불인정 감정기관의 지정 기간 등) ① 영 제14조의3 제3항 전단에서 "행정안전부령으로 정하는 기간"이란 다음 각 호의 구분에 따른 기간을 말한다. 이 경우 감정기관이 제1호 및 제2호에 모두 해당할 때에는 해당 기간 중 가장 긴 기간으로 한다.

1. 고의 또는 중대한 과실로 다음 각 목의 어느 하나에 해당하는 부실감정을 한 경우: 1년

   가. 산정대상 부동산의 위치·지형·이용상황·주변환경 등 객관적 가치에 영향을 미치는 요인을 사실과 다르게 조사한 경우
   나. 「감정평가 및 감정평가사에 관한 법률」 제2조 및 제25조 제2항을 위반한 경우
   다. 납세자와 담합하여 취득세를 부당하게 감소시킬 목적으로 감정가액을 평가한 경우

2. 납세자가 제시한 감정가액이 지방자치단체의 장이 다른 감정기관에 의뢰하여 평가한 감정가액과 비교해서 다음 각 목의 수준으로 미달하는 경우: 해당 각 목에서 정하는 기간

   가. 100분의 70 이상 100분의 80 미만인 경우: 6개월

나. 100분의 60 이상 100분의 70 미만인 경우: 9개월

　　다. 100분의 60 미만인 경우: 1년

② 지방자치단체의 장은 영 제14조의3 제6항에 따라 시가불인정 감정기관의 지정에 관한 사항을 지방세통합정보통신망에 지체 없이 게재해야 한다.

③ 제1항 및 제2항에서 규정한 사항 외에 시가불인정감정기관의 지정 절차 및 방법 등에 필요한 세부 사항은 행정안전부장관이 정하여 고시한다.

제4조의5(금융회사 등) 영 제18조 제1항 제6호 후단에서 "행정안전부령으로 정하는 금융회사 등"이란 「자본시장과 금융투자업에 관한 법률」에 따른 투자매매업자 또는 투자중개업자 및 「은행법」에 따른 인가를 받아 설립된 은행을 말한다.

가. 「지방세법」상 취득세의 과세표준(2023년 이전 납세의무 성립분)

(1) 「지방세법」상 취득세의 과세표준 적용원칙

■ 제1원칙은 취득당시의 가액이고, 취득당시의 가액은 취득자가 신고한 가액이다(「지방세법」 §16 ①② 본문).

■ 제2원칙은 신고한 가액이 없거나 신고한 가액이 시가표준액보다 적은 때는 시가표준액이다(「지방세법」 §16 ② 단서).

■ 제3원칙은 국가·지방자치단체 또는 지방자치단체조합으로 부터의 취득, 외국으로 부터의 수입에 의한 취득, 판결문·법인장부 등 대통령령으로 정하는 것에 따라 취득가액이 증명되는 취득, 공매방법에 의한 취득 및 「부동산 거래신고에 관한 법률」 제3조에 따른 신고서를 제출하여 같은 법 제6조에 따라 검증이 이루어진 취득에 따라 사실상 취득가격이 입증되는 경우에는 제2원칙에도 불구하고 그 신고가액이다(사실상 취득가격).

　➡ 시가표준액이 사실상 취득가격보다 높고 낮음에 관계없이 사실상 취득가격이다(「지방세법」 §10 ⑤ 1~5호).

※ 허위신고 취득세 과표개선(2020.1.1. 납세의무성립분부터 적용)

> ❑ **개정전 현황**
> 「부동산 거래신고 등에 관한 법률」 제3조에 따른 신고서를 제출하여 같은 법 제5조에 따라 검증이 이루어진 취득금액을 사실상 취득가격으로 하여 과세
>
> ❑ **개정내용**
> 부동산실거래 허위(과소)신고의 경우 지자체 조사결과 및 국세청 통보자료에 의해 확인된 가액을 기준으로 취득세를 과세(부족세액 추징)할 수 있도록 개선

■ 제4원칙은 증여·기부, 그 밖의 무상취득 및 「소득세법」 제101조 제1항 또는 「법인세법」 제52조 제1항에 따른 특수관계인간 거래로 조세부담을 부당히 감소시키는 경우에는 제3원칙을 인정하지 않고(「지방세법」 §10 ⑤ 본문괄호), 제1원칙과 제2원칙에 따라 신고한 가액과 시가표준액 중 높은 가액을 적용한다.

1) 법인장부가 인정취지

법인장부는 객관화된 조직체로서, 거래가액을 조작할 염려가 적은 법인의 장부가액은 기업회계기준 등에 의하여 체계적으로 기재되어 있기 때문이다.

2) 법인장부가 인정범위

특별히 가액을 조작하였다고 인정되어 신빙성에 문제가 있는 경우 외에는 인정한다.

```
┌ 신뢰성 ○                          : 법인 장부가액
│                      ┌ 신고가액 有 : 시가표준액 VS 신고가액 중 큰 것
└ 신뢰성 × or 조작 ○ ┤
                      └ 신고가액 無 : 시가표준액
```

※ 법인의 취득신고한 경우에는 법인이 「지방세법 시행령」 제18조 【취득가격의 범위 등】 제3항 제2호에서 정하는 법인장부 해당 여부를 검증하여 신고를 수리하여야 하고 세무조사 시에도 객관적으로 작성된 법인장부에서 사실상 취득가격이 입증되는지의 여부를 확인한다. 즉 원장에 계상된 각종 항목의 비용이 취득물건의 실제 취득가격과 부합하는지의 여부에 관하여 살펴본다.

3) 도급가액이 변경되었지만 아직 장부에 반영되지 아니한 경우

실무상 정산합의가 이루어진 후 장부나 판결문 등 객관적으로 도급금액의 변경이 있는 경우에 한하여 변경가액을 취득가격으로 인정한다(행정자치부 세정-3604, 2005.11.4.).

> **사례** ▷ 수분양자 비용을 지불한 발코니 공사비용을 시행사인 원시취득자가 취득하는 취득원가에 포함할 수 있는지 여부
>
> 「지방세법」 제7조 제3항은 '건축물 중 조작 설비, 그 밖의 부대설비에 속하는 부분으로서 그 주체구조부와 하나가 되어 건축물의 효용가치를 이루고 있는 것에 대하여는 주체구조부 취득자 외의 자가 가설한 경우에도 주체구조부의 취득자가 함께 취득한 것으로 본다.'라고 규정하고 있으므로 수분양자가 발코니 공사비용을 지불하여 발코니의 용도가 거실 등으로 변경되었어도 사용승인일 이전에 그와 같은 상태의 아파트를 취득한 이상 그 비용은 주체구조부 취득자인 원시취득자의 취득가격에 포함되어야 함(대법원 15두59877, 2016.3.14.).

사례 「지방세법」제10조 제5항에 열거된 사유는 사실상의 취득가격에 의할 수 있는 제한적, 한정적 요건

구「지방세법」제111조 제5항에 열거된 사유는 사실상의 취득가격에 의할 수 있는 제한적, 한정적 요건에 해당하며, 그에 열거된 요건을 갖추지 못한 경우에는 당사자가 주장하는 사실상의 취득가격을 과세표준으로 삼을 수는 없다고 보아야 하므로, 과세관청은 구「지방세법」제111조 제5항의 요건에 해당하지 아니하는 이상 계약서 등에 의하여 사실상의 취득가격을 입증하는 방법으로 취득세 및 등록세 등의 조세를 부과할 수 없다고 할 것임(대법원 05두11128, 2006.7.6.).

사례 법인장부는 객관화된 조직체로서 거래가액을 조작할 염려가 적은 법인의 장부가액은 기업회계기준 등에 의하여 체계적으로 기재되고 있어 특별히 취득가액을 조작하였다고 인정되지 않는 한 원칙적으로 실제의 취득가격에 부합

법인의 장부가액을 사실상의 취득가액으로 보고 이를 과세표준으로 한 취지는 객관화된 조직체로서 거래가액을 조작할 염려가 적은 법인의 장부가액은 특별히 취득가액을 조작하였다고 인정되지 않는 한 원칙적으로 실제의 취득가격에 부합하는 것으로 볼 수 있는 신빙성이 있음을 전제로 하는 것이지, 법인의 장부가액이 사실상의 취득가격에 부합되는지 여부에 관계없이 무조건 법인의 장부가액을 취득세와 등록세의 과세표준으로 하여야 한다는 것이 아님(대법원 92누15895, 1993.4.27.).

사례 법인장부 중 대통령령이 정하는 것에 의하여 입증되는 가격이라고 하더라도 그것이 당해물건에 관한 '사실상의 취득가격'에 해당하지 아니하는 경우에는 이를 취득세의 과세표준으로 삼을 수 없음

판결문·법인장부 중 대통령령이 정하는 것에 의하여 입증되는 가격이라고 하더라도 그것이 당해 물건에 관한 '사실상의 취득가격'에 해당하지 아니하는 경우에는 이를 취득세의 과세표준으로 삼을 수 없다. 그리고 취득의 원인이 되는 거래가 교환인 경우에는 교환대상 목적물에 대한 시가감정을 하여 그 감정가액의 차액에 대한 정산 절차를 수반하는 등으로 목적물의 객관적인 금전가치를 표준으로 하는 가치적 교환을 한 경우에는 사실상의 취득가격을 확인할 수 있다고 겠지만, 위와 같은 과정 없이 당사자 사이의 합의에 의하여 교환대상 목적물의 가액 차이만을 결정하여 그 차액을 지급하는 방식으로 단순교환을 한 경우에는 사실상의 취득가격을 확인할 수 있는 경우로 볼 수 없음(대법원 89누3960, 1989.10.10., 대법원 10두27592, 2012.2.9.).

사례 당초 기재된 가액이 세무조사 후 수정된 가액보다 실제 취득가액에 더 부합, 당초 기재된 가액의 조작 또는 신빙성이 낮다고 보기 어려움

가족주주들만으로 구성된 회사로서 외부주주가 없었던 관계로 법인장부의 작성을

소홀히 취급하는 바람에 법인장부에 위 토지의 취득가액을 잘못 기재하였고 세무조사 무렵 위와 같이 이 사건 토지의 취득가액이 잘못 기재된 것을 확인하여 이를 정정하는 내용의 법인세과세표준 및 세액 수정신고를 하였으므로, 이 사건 처분은 신빙성이 없는 법인장부의 기재에 근거한 것으로서 위법하다 주장하나, 계정별원장에 취득세 등의 신고·납부일에 토지의 취득가액이 기재되어 있고, 미지급금 계정 및 회계연도 결산서의 토지계정에도 이와 동일한 취득가액이 기재되어 있는 사실, 법인의 법인장부상의 취득가액이 과대계상되어 있다는 이유로 신고금액을 수정하고 위 수정사항을 신고하기는 하였으나 이는 세무조사 후 추가과세예고 통지를 할 무렵 비로소 세무사에게 수정 의뢰를 하였던 것일 뿐인 사실을 인정할 수 있는 바, 그렇다면, 원고의 법인장부 중 위 취득가액에 관한 당초의 기재 부분이 수정된 기재 부분보다 취득 당시의 실제 취득가액에 더 부합하는 것으로 봄이 상당하고, 당초의 기재 부분이 조작되었다거나 실제 취득가액과 다른 기재라고 보기에 부족하며, 달리 그와 같이 볼 만한 증거도 없으므로, 원고의 법인장부에 기재된 이 사건 토지의 취득가액을 과세표준으로 삼은 것이 잘못된 것임(대법원 08두22204, 2009.2.12.)

사례 단순 업무처리 미숙 또는 과실로써 작성된 장부라고 주장해도 명백한 증거 없으면 장부가대로 과세

공인회계사 사무소 직원이 업무처리 미숙 또는 과실로 법인이 신고한 차량의 취득가격과 다르게 양도인의 법인장부상 취득가액을 아무런 가감도 없이 원고의 법인장부에 그대로 이기하는 등 장부기장이 잘못되었다고 주장하나, 법인의 대차대조표 및 차량운반구 계정별 원장에 의한 장부가액이 차량에 대한 사실상의 취득가격에 부합하는 것으로 볼 수 있으므로, 위 장부가액을 취득세 및 등록세의 과세표준으로 한 이 사건 처분은 적법하다고 할 것임(대법원 12두6346, 2012.6.28.).

사례 사실상의 장부가액이 오류 등으로 수정되었다면 이를 인정하여야 할 범위는 정정사실이 객관적으로 확인되는 경우에 한정

(주)○○건설이 대물변제로 인한 취득을 할 당시에 장부기장 상 오류된 금액으로 취득세를 신고납부하였더라도 2005년도 회계에서 실제 대물변제가액으로 정정 처리한 것이 서울지방법원 판사의 승인서 및 장부로 볼 수 있는 원장 등에서 입증된다면 이를 정당한 취득세 과세표준으로 봄.

사실상의 장부가액이 오류 등으로 수정되었다면 이를 인정하여야 할 범위는 정정사실이 객관적으로 확인되는 경우에 한정하여 판단하여야 할 것임(행정자치부 세정-3604, 2005.11.4.).

사례 법인장부상 가액이 조작된 것으로 주장할 경우 취득가액 경정 여부

법인의 취득세 과세표준은 장부에 의하여 취득가액이 입증되는 경우에는 그 장부상 가액을 사실상의 취득가격으로 보아야 하는데, 법인의 경우에 개인과는 달리 장부상 가액에 의하도록 규정한 것은 법인은 객관화된 조직체로서 일반적으로 거래가액을 조작할 염려가 없어 그 장부상 가액의 신빙성이 인정된다는 이유에서인바, 현물출자의 경우에는 그 현물출자재산의 가액에 대응하는 주식이 그 출자자에게 주어지므로 그 재산을 정당한 가액에 의하여 평가하도록 제도적으로 규율하고 있으며 자산 매수의 경우 장부상 매수가액을 현실로 지급하여야 할 것이어서 정당한 매수가액을 장부상에 기재하지 아니할 수 없다 할 것이다. 해당 부동산의 법인장부상 가액이 시가표준액보다 약 11배, 감정평가액보다 약 6.7배 높다는 사정만으로 법인장부상 취득가액이 실제 거래가액과 달리 조작된 것이라고 볼 수 없고, 달리 이를 인정할 증거가 없으며 오히려 현물출자계약을 통해 해당 부동산의 신고가액에 대응하는 주식을 부여하기로 약정한 사실이 인정되어 법인장부에 기재된 취득가액이 조작된 것임을 주장은 이유없다. 또한, 취득세 과세표준은 취득 당시의 가액으로 규정하고 있어 법인장부상의 취득가액을 과세표준으로 하여 1회에 한하여 취득세를 부과하는 것이고, 그 후 자산 재평가 등 방법에 의하여 장부가액이 증감된다고 하여 취득세를 추징하거나 환부하는 문제가 생기는 것은 아님(대법원 1993.4.27. 선고 92누15895 판결 참조 : 대법 2019두37714, 2019.6.27.)

사례 특수관계인 간 저가 매매계약 체결시 부당행위계산 부인대상 적용 기준

구 지방세법 제10조 제5항이 '다음 각 호의 취득(증여·기부, 그 밖의 무상취득 및 「소득세법」 제101조 제1항 또는 「법인세법」 제52조 제1항에 따른 거래로 인한 취득은 제외한다)에 대하여는 제2항 단서 및 제3항 후단에도 불구하고 사실상의 취득가격 또는 연부금액을 과세표준으로 한다'며, 소득세법 및 법인세법의 특정 규정을 지방세법상 사실상의 취득가격 또는 연부금액을 과세표준으로 삼을 수 있는 '취득'에서 배제하는 판단의 기준으로 정하고 있는 것은 특수관계인 간의 부당거래를 이용하여 조세의 부담을 부당하게 감소시킴으로써 지방세를 탈루하는 것을 방지하기 위함으로 상기 부당행위계산 부인의 대상이 되는 거래는 양도인에게는 '저가양도'로, 그 거래의 상대방이 되는 양수인에게는 '저가양수'로 나타나는 바, 구 지방세법 제10조 제5항은 그 적용이 배제되는 경우로서 문언적으로도 "소득세법 제101조 제1항 또는 법인세법 제52조 제1항에 따른 거래로 '인한' 취득"이라고만 표현하고 있을 뿐인 데다가, 자산을 저가양도한 거주자나 법인이 부담하게 되는 소득세 또는 법인세와 저가양수한 해당 거래의 상대방이 부담하는 취득세는 납세의무자나 과세주체 및 과세요건을 달리하는 각 독립적인 세금이고, 취득세의 경우 취득가액을 적게 신고하여야 조세부담이 감소된다는 점을 고려하면 매수인의 부당한 저가 양수행위는 지방세법으로 규제할 필요성이 크며,

부당행위계산 부인의 대상이 되는 거래의 상대방인 양수인도 오히려 그 적용 대상에 포함하고 있는 것으로 보아야 함(대법 2018두60694, 2019.2.14.).

사례 청구법인이 취득한 건축중인 이 건 건축물의 사실상 취득가액의 적정성 여부

이 건 건축물의 전 소유자가 현물출자를 위해 건축중인 이 건 건축물을 감정평가한 금액은 ○○억 원이고, 청구법인이 법인설립 후 건축중인 이 건 건축물에 대한 자산가액을 ○○억 원으로 기재하고 있는 점, 취득가액이 조작되었다는 등의 특별한 사정이 인정되지 아니하는 한 법인장부가격이 사실상의 취득가액이 되고, 처분청에서 이 건 건축물의 가액이 조작되었다는 등의 특별한 사유를 제시하지 못하고 있는 점, 현물출자 금액은 자산총액에서 부채총액을 차감한 금액이고, 그 차액에 따라 청구법인의 주식을 부여 받는 이 건 건축물 전 소유자가 청구법인의 대표이사로 이 건 건축물의 감정평가액을 낮출 필요가 없는 점 등에 비추어 청구법인이 이 건 건축물의 사실상 취득가액이 부정하다고 보지 않는 것이 타당하므로 처분청이 이 건 취득세 등 부과처분은 잘못이 있다고 판단됨(조심 2019지2330, 2020.3.24.).

사례 최근 시가가 없는 것으로 보아 감정평가액으로 취득세 등을 신고한 것이 부당행위계산부인대상에 해당되는지 여부

이 건 임야는 계속적으로 거래된 가격이라거나 또는 제3자간에 일반적으로 거래된 가격이 없는 상황에서 감정평가법인이 평가한 이 건 감정평가액을 기초로 하여 신고한 이 건 신고가액은 「지방세법」 제10조 제5항에 따른 부당행위계산 부인대상에 해당하지 않는 것으로 보는 것이 타당하므로 처분청이 이 건 취득세 등을 부과한 처분은 잘못이 있다고 판단됨(조심 2021지805, 2022.12.13.).

(2) 취득가격에 포함되는 비용

■ 건설자금이자
 - 관련법령:「지방세법 시행령」 제18조(취득가격의 범위 등) 제1항 제1호
■ 할부 또는 연부(年賦) 계약에 따른 이자 상당액 및 연체료
 - 관련법령:「지방세법 시행령」 제18조(취득가격의 범위 등) 제1항 제2호
■ 관계 법령에 따라 의무적으로 부담하는 비용
 - 관련법령:「지방세법 시행령」 제18조(취득가격의 범위 등) 제1항 제3호
■ 취득에 필요한 용역을 제공받은 대가로 지급하는 용역비·수수료
 - 관련법령:「지방세법 시행령」 제18조(취득가격의 범위 등) 제1항 제4호
■ 약정에 따른 취득자 조건 부담액과 채무인수액
 - 관련법령:「지방세법 시행령」 제18조(취득가격의 범위 등) 제1항 제5호

- 국민주택채권 매각차손
  - 관련법령:「지방세법 시행령」제18조(취득가격의 범위 등) 제1항 제6호
- 취득가격에 준하는 비용

  ※ 2020년 법령개정으로 취득 간접비용 대상명확화 대상

  > • 「문화예술진흥법」제9조 제3항에 따른 미술작품의 설치 또는 문화예술진흥기금에 출현하는 금액
  > • 붙박이 가구·가전제품 등 건축물에 부착되거나 일체를 이루면서 건축물의 효용을 유지 또는 증대시키기 위한 설비·시설 등의 설치비용
  > • 정원 또는 부속시설물 등을 조성·설치하는 비용

(3) 취득가격에 포함되지 않는 비용

- 판매비용과 그 부대비용
  - 관련법령:「지방세법 시행령」제18조(취득가격의 범위 등) 제2항 제1호
- 전기·도시가스·에너지 관련 부담금
  - 관련법령:「지방세법 시행령」제18조(취득가격의 범위 등) 제2항 제2호
- 이주비, 보상금 등 별도의 권리에 대한 보상성격 비용
  - 관련법령:「지방세법 시행령」제18조(취득가격의 범위 등) 제2항 제3호
- 부가가치세
  - 관련법령:「지방세법 시행령」제18조(취득가격의 범위 등) 제2항 제4호

  ※ 부가가치세 관련 도해

건축주	공사비 1,100지급 - 공급가액 1,000 - VAT 100(제외) →	도급법인 (건축공사담당)	공사비 110지급 - 공급가액 100 - VAT 10 (제외아님) →	하도급법인 (미장공사)

- 이외 취득 과표에 포함되지 않는 비용
  - 관련법령:「지방세법 시행령」제18조(취득가격의 범위 등) 제2항 제5호

(4) 경우에 따라 취득가격 포함 여부가 달라지는 비용

- 하자보수충당금, 퇴직급여충당금, 퇴직공제부금
- 조경공사비, 단지 내 포장공사비
- 견본주택(모델하우스) 관련비용 등

구 분		참고사례	토지	건물	지목변경	기타
가설공사(흙막이공사, 파일공사 등)		대법원 98두6364, 1999.12.10.	–	○	–	–
감정평가수수료		행자부 세정13407-1161, 2000.10.4. 조심 15지298, 2015.6.10.	○	○	–	–
건설자금이자		행자부 지방세운영-2627, 2009.6.30. 행자부 도세-295, 2008.4.2. 행자부 세정-577, 2008.2.13. 행자부 세정-4474, 2007.10.30. 조심 15지1860, 2016.12.6. 조심 15지0762, 2016.10.6. 조심 13지594, 2013.12.10. 대법원 13두5517, 2013.9.12.	○	○	○	○
견본주택	견본주택 취득 (1년 이상)	행자부 세정13407-706, 2000.6.7.	–	○ (별도)	–	–
	견본주택 승계취득 (1년 이상)	행자부 세정13407-993, 1998.11.25. 행자부 세정13407-763, 2000.6.15. 행자부 세정-411, 2003.7.9. 조심 10지57, 2010.11.9.	–	○ (별도)	–	–
	견본주택 대수선	행자부 지방세운영-2503, 2008.12.12.	–	○ (별도)	–	–
	견본주택 신탁	행자부 지방세운영-366, 2008.7.24. 조심 08지22, 2008.6.25.	–	○ (별도)	–	–
	취득일이후 발생, 견본주택 유지비용	조심 12지580, 2012.12.10.	–	×	–	–
	토지임차료	행자부 세정13407-388, 1997.4.24.	–	×	–	–
교통영향평가 재해영향평가 에너지절약계획 사전환경성영향 지구단위계획 도시계획변경 등과 관련한 용역비용		대법원 95누4155, 1996.1.26.	–	○	–	–
국민주택채권, 국민주택채권 매각차손		행자부 지방세운영과-2656, 2011.6.9. 행자부 지방세운영과-5018, 2009.11.27.	○	○	–	–
냉동고 설치비용		조심 11지300, 2012.2.9.	–	○	–	–

구 분		참고사례	토지	건물	지목변경	기타
명도비		행자부 세정 – 98, 2005.12.15. 대법원 10두24586, 2011.2.24.	×	×	–	–
문화재발굴비용		조심 12지0553, 2012.12.10.	–	○	–	–
미술 장식품	조형물, 이전전시 可	행자부 세정 – 3885, 2005.11.21.	–	×	–	–
	이전전시 不	행자부 지방세운영과 – 792, 2014.3.7.	–	○	–	–
바닥포장공사, 우물파기공사		대법원 98두6364, 1999.12.10.	–	×	–	–
부가 가치세	건축주가 도급법인에 지급	행자부 지방세심사2005 – 80, 2005.4.6.	–	×	–	–
	도급법인이 하도급법인에 지급	행자부 세정 – 4279, 2004.11.25. 행자부 세정 – 2509, 2005.9.6.	–	○	–	–
부담금	광역교통시 설부담금	행자부 세정 – 4102, 2005.12.6. 조심 11지891, 2012.3.30. 대법원 11두29472, 2012.1.16	–	○	–	–
	개발부담금 개발부담금 산정비용	행자부 세정13407 – 1664, 1997.12.23. 행자부 세정 – 3885, 2005.11.21.	–	×	–	–
	급수공사 부담금 전기공사 부담금 도시가스시 설 부담금	행자부 지방세운영 – 2657, 2008.12.23.	–	×	–	–
	기반시설 부담금	조심 11지623, 2012.7.10.	–	○	–	–
	농지전용 부담금 산림전용 부담금	행자부 지방세운영 – 902, 2008.7.10.	–	×	○	–
	도로원인자 부담금 (도시가스 사업자)	조심 13지268, 2013.12.23.	–		–	○

구 분		참고사례	토지	건물	지목변경	기타
부담금	상수도원인자 부담금	행자부 지방세운영 – 2146, 2010.5.20. * 상수도인입공사비는 제외	–	○	–	–
	자연하천 정비공사 부담금	행자부 세정 – 3257, 2006.7.25.	–	×	–	–
	하수도원인자 부담금	행자부 세정 – 2007, 2006.5.18.	–	○	–	–
	학교용지 부담금	행자부 세정 – 429, 2005.1.26.	–	×		
		행자부 지방세운영과 – 3861, 2015.12.11.		○		
분양 관련	분양보증 수수료	대법원 10두672, 2010.12.23.	–	×	–	–
	광고선전비, 분양대행 수수료	행자부 도세 – 5, 2008.3.13.	–	×	–	–
	법인이 대납한 중도금 대출이자	지방세심사 2007 – 459, 2007.8.27. 행자부 세정 – 143, 2007.2.8.	–	×	–	–
사업권 양수비	과세	감심 2011 – 165, 2011.8.29. 행자부 지방세심사 2007 – 26, 2007.1.29. 행자부 지방세심사 2005 – 510, 2005.12.26.	○	○	–	–
	제외	행자부 세정 – 139, 2005.12.20. 행자부 세정 – 35, 2005.12.13. 행자부 세정 – 2512, 2007.7.2. 조심 08지1076, 2009.9.8. 대법원 13두3641, 2013.6.27.	×	×	–	–
상수도인입비 (시설공사비)		조심 13지715, 2013.11.26. 조심 11지408, 2012.3.23.	–	×	–	–
시행사 발생 비용		행자부 지방세운영 – 1845, 2016.7.14.	–	○	–	–
약정에 따른 취득자 조건 부담액과 채무인수액		조심 14지1146, 2014.8.29. 조심 14지637, 2014.10.27.	○	○	–	–

구 분		참고사례	토지	건물	지목 변경	기타
옵션공사비 − ① 계약관계 불문하고 포함(시공자−수분양자) ② 건물에 고정·접합하지 아니하였거나, 이동성이 있는 가전제품 등은 제외 ③ 취득일 현재 완료되지 아니한 부대공사		행자부 지방세운영−1876, 2008.10.21. 조심 12지697, 2012.11.28. 조심 11지156, 2012.3.30. 대법원 09두2511, 2009.4.23. 대법원 13두7681, 2013.9.12.	−	○	−	−
연체료		대법원 14두41640, 2014.12.24.	○	○	−	−
이주비, 보상금 및 유사비용		대법원 95누4155, 1996.1.26. 수원지법 06구합867, 2006.7.20. 행자부 세정−5508, 2006.11.8.	×	×	−	−
조경공사 단지내 포장공사	지목 변경 수반시	조심 08지483, 2008.12.9. 행자부 세정 13407−1189, 2002.12.17.	−	×	○	−
	지목 변경 미수반시	행자부 심사 2007−459, 2007.8.27. 행자부 세정 13407−112, 1999.1.21.	−	×	×	−
	택지(대→ 대)일 경우	법제7조 제14항신설, 간주취득세부과			○	
	옥상조경	조심 08지610, 2009.4.7.	−	○	−	−
조형물공사비		대법원 00두6404, 2002.6.14.	−	×	−	−
철거비		행자부 지방세운영과−1552, 2016.6.17.	○	○	−	−
출장비		행자부 지방세운영−111, 2009.1.8.	○	○	−	−
컨설팅수수료		대법원 09두22034, 2011.1.13. 행자부 세정13407−151, 2002.2.8.	○	○	−	−
하자보수 충당금 퇴직급여 충당금 퇴직공제 부금	건축주 직접공사시	행자부 세정13407−1235, 2000.10.24.	−	×	−	−
	건축주 도급공사시	대법원 07두17373, 2010.2.11.	−	○	−	−
할부이자		행정자치부 세정−1773, 2006.5.2.	○	○	−	−
현장관련비용		행자부 지방세운영−480, 2008.6.18.	−	○	−	−

- 법인이 토지에 대한 매매계약을 체결한 후 은행융자를 받아 잔금을 지급하고 1년 이 경과한 후 소유권 이전등기 시 취득이후 발생된 이자비용은 등록세 과세표준에 포함되지 않음(행자부 지방세운영-2627, 2009.6.30.).

- 토지취득 이후에 발생된 건설자금이자를 기업회계기준에 따라 장부에 계상되었다 하더라도 건축물 신축을 위하여 충당한 이자가 아니라면 건축물 신축에 따른 취득세 과세표준에 포함할 수 없음(행자부 도세-295, 2008.4.2.).

- 토지를 취득하면서 금융기관으로부터 차입하여 토지취득 비용에 충당한 경우 건설자금에 충당한 이자는 토지의 취득 시점까지 발생한 이자만을 포함하는 것임(행자부 세정-577, 2008.2.13.).

- 건설자금이자는 건설자금의 이자로 계상한 금액뿐만 아니라 부동산의 취득과 관련하여 기간비용으로 회계처리 한 금융비용도 회계처리방법의 차이에 상관없이 과세대상물건의 취득비용에 해당할 경우에는 취득세의 과세표준에 포함됨(행자부 세정-4474, 2007.10.30.).

- 건설자금에 충당하는 이자 중 과세대상 물건의 취득시점을 기준으로 그 이전에 발생된 분은 취득세 과세표준에 포함되는 것이나 그 후에 발생한 분은 그러하지 아니한다 할 것인 바(조심 13지715, 2013.11.26.), 쟁점건설자금이자가 청구법인이 쟁점 전매 토지를 취득하는 과정에서 발생한 차입금의 이자임을 다투지 아니하는 이상 이를 취득세 등의 과세표준에 포함하는 것이 타당함(조심 15지1860, 2016.12.6.).

- 취득세 과세대상 물건의 취득에 소요되었음이 확인되는 특정차입금이 아닌 일반차입금의 경우에는 전체 건설자금이자를 전체 취득가액에서 취득세 과세대상 물건 취득에 지출된 금액과 그 외의 물건 취득에 지출된 금액의 비율에 따라 안분하여 취득세과세대상 물건 취득에 대응하는 건설자금이자만을 과세표준에 산입하는 것이 타당하다 할 것임(조심 15지0762, 2016.10.6.).

- 법인세법이 건설자금이자를 손금에 산입 하지 않도록 규정하는 것은 수익비용대응의 원칙 등을 이론적 근거로 하고 있으나(대법원 95누3121, 1995.8.11.), 구 「지방세법」이 건설자금이자를 취득세의 과세표준에 포함하도록 규정하는 것은 그것이 취득을 위하여 간접적으로 소요된 금액임을 근거로 하며(대법원 09두17179, 2010.4.29.), 또한 법인세법상 손금불산입 대상인 건설자금이자는 사업용 고정자산에 관한 것에 국한되나 구 「지방세법」상 취득세의 과세표준에 산입되는 건설자금이자는 이에 한정되지 않는다. … (중략) … 따라서 구 「지방세법」상 취득세의 과세표준에 산입되는 건설자금이자는 법인세법상 손금불산입 대상인 건설자금이자와 마찬가지로 특정차입금의 차입일부터 해당 자산의 취득일 등까지 발생한 이자에서 특정차입금의 일시예금에서 생기는 수입이자를 차감하는 방법으로 산정하여야 하고, 설령 특정차입금을 실제로 사용하기 전에 미리 차입을 하였다고 하더라도 그에 관한 이자는 여

전히 해당 자산의 취득에 소요된 비용에 해당하므로 이를 취득세의 과세표준에서 제외할 것은 아님(대법원 09두17179, 2010.4.29. ; 대법원 13두5517, 2013.9.12.).

- 토지 취득일 당시 지급한 선급이자의 취득세 과세표준에 포함 여부 관련하여 대출약정서상 청구법인이 이 건 부동산 취득을 위한 이 건 대출금을 대출받으면서 이 건 선급이자를 선지급하기로 약정하였고, 청구법인은 이 건 대출금의 차입일인 2015.9.24. 이 건 부동산을 취득하였으며, 회계처리 또한 이 건 부동산의 취득일에 지급한 쟁점선급이자를 자산으로 처리하였다가 나중에 이자비용으로 대체한 점 등에 비추어 이 건 부동산의 취득일 당일인 1일에 해당하는 이자만 취득과 관련된 건설자금이자로 보아야 할 것이므로 쟁점선급이자 중 1일분의 이자에 해당하는 금액만을 과세표준에 포함하고 나머지는 제외하는 것으로 하여 이 건 취득세 등의 과세표준 및 세액을 경정하는 것이 타당하다고 판단됨(조심 17지454, 2017.9.19.).

사례 〉 **비용계정으로 처리한 건설자금이자에 대한 과세표준 산입 여부**

자산을 건설 등에 의하여 취득하는 데에 사용할 목적으로 직접 차입한 자금의 경우 그 지급이자는 취득에 소요되는 비용으로서 취득세의 과세표준에 포함되지만, 그 밖의 목적으로 차입한 자금의 지급이자는 납세의무자가 자본화하여 취득가격에 적정하게 반영하는 등의 특별한 사정이 없는 한 그 차입한 자금이 과세물건의 취득을 위하여 간접적으로 소요되어 실질적으로 투자된 것으로 볼 수 있어야 취득세의 과세표준에 합산할 수 있다고 할 것이고, 과세요건사실의 존재 및 과세표준에 대한 증명책임은 과세관청에게 있으므로, 그 밖의 목적으로 차입한 자금의 지급이자가 과세물건의 취득을 위하여 소요되었다는 점에 관하여도 원칙적으로 과세관청이 그 증명책임을 부담한다고 보아야 하므로 지급이자를 비용계정으로 회계처리를 하였을 뿐 이를 자본화하여 부동산의 취득가격에 반영한 바가 없고, 차입한 자금들이 해당 부동산의 취득에 사용할 목적으로 직접 차입한 것이라거나 간접적으로 소요되어 실질적으로 투자되었다는 점이 충분히 증명되었다고 보기도 어려우며, 행정자치부장관은 2006.1.23.자 심사결정을 통하여 건설자금이자에 대하여 기업의 회계처리방법의 차이에 상관없이 취득세 등의 과세표준에 산입되어야 한다고 대내외적으로 명확하게 표명함에 따라 이후에는 비과세관행은 소멸하였다고 봄이 타당하나 차입한 자금들의 성격과 그 사용내역 등을 통해 지급이자를 취득세 과세표준에 합산할 수 있는지와 산정 방식의 적법 여부는 추가로 판단하여야 함(대법 2019두30294, 2019.4.25.).

사례 〉 **취득가격에 포함되는 할부(연부)이자 및 연체료**

- 법인이 차량을 자동차판매회사로부터 10,000,000원에 취득하면서 자동차판매회사에 2,000,000원만을 지급하고 나머지 금액(8,000,000원)은 할부금융업자가 대신 지급하여 주면서 당해 차입금(8,000,000원)과 이자(1,000,000원)를 할부금융업자에

게 분할상환 하는 경우, 당해 차입금 이자(할부이자)는 취득세 과세표준에 포함하는 것이 타당함(행자부 세정-1773, 2006.5.2.).

- '할부 또는 연부 계약에 따른 이자 상당액 및 연체료'라는 규정은 당초의 '할부이자'를 '할부 또는 연부 계약에 따른 이자 상당액'으로 그 내용을 명확히 하고, '할부이자'는 '연체료'와 '법인이 아닌 자가 취득하는 경우에는 취득가격에서 제외한다.'는 특성을 같이 하기 때문에 입법기술상 '연체료'와 같은 호에서 규정한 결과 이와 같이 개정된 것이지, 개정전 시행령의 '연체료'의 범위를 '할부 또는 연부 계약에 따른' 연체료에 한정하고자 하는 의미로 이와 같이 개정된 것으로 보이지는 않음(서울고법 13누51680, 2014.8.22.(상고심 대법원 14두41640, 2014.12.24)).

사례 취득가격에 포함되는 부담금

1. 광역교통시설부담금

- 대도시권광역교통관리에관한특별법에 의거 광역교통시설 등의 건설 및 개량을 위하여 일정요건의 건축물 사업자에게 부담시키는 광역교통시설부담금은 건축물 취득에 소요된 직·간접비용으로 보아 취득세 과세표준에 포함시키는 것이 타당함(행자부 세정-4102, 2005.12.6.).

- 교통시설부담금은 사업의 승인 또는 인가 등을 받은 날부터 60일 이내에 부과되므로 과세대상 물건인 쟁점아파트를 취득하기 이전에 이미 지급원인이 발생 또는 확정된 비용이고, 쟁점아파트를 취득하지 않은 경우에는 지출할 필요가 없는 비용으로서 토지의 효용가치를 증가시키기 위한 비용이라기보다는 쟁점아파트의 취득을 위해 지출한 비용으로 그 지출이 필수적으로 요구되는 법정비용이므로 취득세 과세표준에 포함(조심 11지891, 2012.3.30.).

- 피고가 이 사건 채권매입비, 교통시설부담금, 행정용역비, 철거비, 금융비용을 이 사건 처분의 취득세 등의 과세표준에 포함시킨 것은 모두 적법함(대법원 11두29472, 2012.1.16.).

2. 기반시설부담금

기반시설부담금은 건축허가를 받은 날을 기준으로 부과되는 것으로서 건축물을 취득하기 이전에 지급원인이 발생 및 확정된 비용이고, 건축물의 취득에 필수적으로 요구되는 법정비용에 해당한다 할 것이므로 이를 건축물의 신축 비용에 포함됨(조심 11지623, 2012.7.10.).

3. 농지·산지전용부담금

개발행위허가에 따른 농지전용부담금, 대체산림자원조성비, 대체초지조성비는 농지조성비, 산림전용부담금, 대체조림비, 허가관련 면허세는 지목변경을 수반한 경우라면 지목변경에 따른 취득세 과세표준에 포함되는 것임(행자부 지방세운영－902, 2008.7.10.).

4. 도로원인자부담금(가스사업자)

청구법인이 가스관을 매설하기 위하여 지급한 도로사용료 및 도로원인자 부담금은 가스관을 취득하기 위해서는 반드시 수반되는 비용으로서 가스관 취득에 따른 간접비용이므로 가스관의 취득세 과세표준에 포함된다고 보는 것이 타당하고, 인입배관은 가스본관으로부터 사용자 소유의 토지 경계까지의 가스배관으로 가스공급자가 부담한 인입배관 공사비가 청구법인의 장부에 계상되고 있고, 인입배관은 가스사용자 토지 밖에 설치되며, 인입배관은 청구법인의 소유인 가스본관과 연결되어 경제적 일체를 이루고 있고, 가스사용자들이 인입배관 공사비의 일부를 부담한다 하더라도 인입배관 공사는 청구법인이 행한다고 보여지는 점 등에 비추어 볼 때 비록 인입배관의 공사비의 50%를 가스사용자가 부담하였다 하더라도 인입배관은 가스공급회사인 청구법인이 취득한 것으로 보는 것이 타당하고, 인입배관의 취득세 과세표준은 인입배관의 설치를 위하여 소요된 직·간접 비용의 일체가 되는 것이며, 청구법인은 인입배관을 설치하기 위하여 가스사용자로부터 징수된 인입배관 공사비의 50%와 청구법인이 부담한 공사비 50%를 합한 금액으로 인입배관을 취득하였음이 확인되므로 가스사용자가 부담한 인입배관 공사비는 인입배관의 취득을 위하여 사용된 금액에 포함되어 인입배관의 취득세 과세표준에 포함된다고 보는 것이 타당함(조심 13 지268, 2013.12.23.).

5. 상·하수도원인자부담금

• 건축물을 신축하면서 부담한 상수도원인자부담금은 수도공사를 하는 데에 비용 발생의 원인을 제공한 자(주택단지·산업시설 등 수돗물을 많이 쓰는 시설을 설치하여 수도 시설의 신설이나 증설 등의 원인을 제공한 자를 포함한다) 또는 수도시설을 손괴하는 사업이나 행위를 한 자에게 부담하게 하는 비용(수도법 제71조)으로서, 건축물 신축행위를 위하여 필요불가결하게 발생되는 간접비용이므로 관계법령에 따라 의무적으로 부담하여야하는 비용(「지방세법 시행령」 제82조의2 제1항 제3호)에 해당되어 취득세 등 과세표준에 포함하는 것이 타당하다고 판단됨(행자부 지방세운영－2146, 2010.5.20.).

* 상수도인입공사비는 취득과표에 포함되지 않음

• 하수도원인자부담금 중에서 "하수도법 제32조 제4항" 규정에 의거 신축 건물 취득자가 당해 건물 사용에 필요한 오수처리시설을 설치하지 아니하는 대신 하수종말처리시설 설치부담금을 납부하는 경우의 당해 하수도원인자부담금은 취득세 등 과세표준에 포함하는 것임(행정자치부 심사결정 제2004－249, 2004.8. : 행자부 세정－2007, 2006.5.18.).

지목변경 취득가격에 상·하수도원인자부담금 등의 포함 여부매수자 변경계약시 당초 매수자 부담액의 취득가액 포함 여부

구 「지방세법 시행령」 제17조에서는 '지목변경에 든 비용'이 입증되는 경우에는 그 비용으로 한다고 규정하여 법인장부 등으로 증명되는 사실상의 취득가격을 과세표준으로 하는 경우에 있어서도 지목변경과 관련한 비용만이 이에 해당하는 것으로 한정하고 있으므로 토지의 지목변경으로 인한 간주취득세의 과세표준에 해당하는 비용은 지목변경과 관련이 있거나, 토지 자체의 가치 증가와 관련된 비용만을 의미하는 것으로 봄이 상당하므로, 설령 지목을 변경하는 절차에서 소요된 비용이라 할지라도 이와 관련이 없는 비용은 과세표준에 해당한다고 볼 수 없음.

「수도법」 제71조에 따른 상수도원인자부담금, 하수도법 제61조에 따른 하수도원인자부담금, 폐기물시설촉진법 제6조에 따른 폐기물처리시설부담금 및 폐수처리시설부담금을 납부하기는 하였으나, 어떠한 비용이 토지의 지목변경에 든 것인지 여부는 비용의 성격에 따라 결정되어야 할 것으로서, 비용의 부담주체 또는 해당 비용을 납부한 당사자가 누구인지에 따라 결정되는 것은 아니라 할 것이므로, 상·하수도원인자부담금이나 폐기물처리시설부담금은 그 자체로 상·하수도나 폐수처리시설 등의 신설 또는 증설 원인을 제공한 자가 부담하는 공공비용의 성격을 갖고 있는 것으로 해당 부담금은 산업단지나 택지로 조성된 토지 지상에 건축될 건축물을 신축하기 위한 준비행위 또는 수반행위에 필수적으로 소요된 비용에 해당하는 것으로 봄이 상당하므로, 비록 해당 사업을 시행하는 과정에서 부담금을 지출하였다 하더라도 결국 건축물의 취득가격에 포함되어야 할 것임(대법 2019두36193, 2019.6.13.).

6. 문화재발굴비용

청구법인은 문화재 발굴비용은 이 건 건축물을 취득하기 이전에 이미 지급원인이 발생된 비용이고, 건축물을 취득하지 않는 경우에는 지급할 필요가 없는 비용으로서 토지의 효용가치를 증가시키기 위한 비용도 아니고 그 지출이 이 건 건축물의 신축에 필수적으로 요구되는 사실상의 법정비용이므로 이 건 건축물의 취득가액에 포함하는 것이 타당하다고 할 것임(조심 12지0553, 2012.12.10.).

7. 학교용지부담금

「지방세법 시행령」 제18조 제1항에서 법 제10조 제5항 제1호부터 제4호까지의 규정에 따른 취득가격은 취득시기를 기준으로 그 이전에 해당 물건을 취득하기 위하여 거래 상대방 또는 제3자에게 지급하였거나 지급하여야 할 직접비용과 다음 각 호의 어느 하나에 해당하는 간접비용의 합계액으로 한다고 규정하면서, 그 제3호에서 「농지법」에 따른 농지보전부담금, 「산지관리법」에 따른 대체산림자원조성비 등 관계 법령에 따라 의무적으로 부담하는 비용을 규정하고 있고 또한, 해당 비용이 과세대상

건축물 등을 취득하지 않을 경우 지출이 필요 없는 것이고, 건축물을 취득하기 위해 관계법령에 따라 의무적으로 부담하는 성격이라면, 취득세 과세표준에 포함된다고 할 것(대법원 11두29472, 2012.1.16.)인 바, 「지방세법 시행령」 개정(대통령령 제21975호, 2010.1.1.)으로 관계법령에 따라 의무적으로 부담하는 비용이 취득가격의 간접비용에 해당하는 것으로 규정되어 있는 점, 학교용지부담금의 경우 개발사업지역에서 단독 주택을 건축하기 위한 토지를 개발하여 분양하거나 공동주택을 분양하는 자에게 부과·징수하는 것으로 「학교용지 확보 등에 관한 특례법」에 따라 의무적으로 부담해야 하는 비용에 해당하는 점, 학교용지부담금의 경우 취득세 과세대상 단독 또는 공동주택을 취득하지 않을 경우 지출이 필요 없는 비용에 해당하는 점 등을 감안할 때, 학교용지부담금을 취득세 과세표준에 포함하는 것이 타당하다고 할 것이고, 이 외 다른 부담금도 취득시기 이전에 지급원인이 발생·확정되고 관계법령에 따라 의무적으로 부담하는 경우에 해당한다면 취득세 과세표준이 되는 취득가격의 범위에 포함된다고 할 것이고 한편, 「학교용지 확보 등에 관한 특례법」(제5조 제4항 제1호 등)에 따라 학교 용지를 취득하여 기부채납함으로써 학교용지부담금을 면제받는다고 하더라도, 해당 기부채납 비용(학교용지 취득 비용)은 본 건물의 취득을 위하여 '의무적으로 부담하는 비용'에 해당하므로 취득세 과세표준이 되는 취득가격에 포함하여야 할 것임(행자부 지방세운영과-3861, 2015.12. 11.).

사례 ▶ 취득가격에 포함되는 용역비·수수료

- 부동산의 취득시기를 기준으로 하여 그 이전에 지급하였거나 지급하여야 할 비용(취득당시 매입에 따른 부대비용(컨설팅 비용, 간판설치공사비용 등)이 미확정(건설중인자산계정)된 상태) 등은 취득세 과세표준에 포함됨(행자부 세정13407-151, 2002.2.8.).
- 이 사건 컨설팅 용역비는 ○○○이 원고에게 이 사건 건축물의 인·허가 및 금융자문, 엠디 및 분양성 검토의 컨설팅 용역을 제공하는 대가로 지급받기로 하였다는 것인 바, 앞서 본 각 규정 및 법리에 비추어 볼 때, ○○○이 원고에게 제공한 용역이 이 사건 건축물의 신축에 필요한 인·허가나 이 사건 건축물의 신축을 위한 자금의 대출에 관한 자문이거나, 또는 단순히 분양과 관련된 것이 아니라 이 사건 건축물의 신축 여부를 결정하기 위한 전제로서의 사업성 검토 등을 포함하고 있다면, 이러한 컨설팅 용역비는 이 사건 건축물의 신축에 필요불가결한 준비행위로서 건축물의 취득 전에 이루어진 직·간접적인 부대비용에 해당한다고 볼 여지가 있다고 할 것임(대법원 09두22034, 2011.1.13.).
- 총회비용 및 감정평가수수료는 '취득에 필요한 용역을 제공받은 대가로 지급하는 용역비'로서 취득가격에 포함됨(대법원 2022두45944, 2022.9.29.).

사례 취득가격에 포함되는 국민주택채권 매각차손

취득시기를 기준으로 취득 전 채권매입비용은 전액 과세표준에 포함하되, 취득 전에 채권을 매각하는 경우에는 그 매각차손에 대해서만 과세(행안부 지방세운영과-2656, 2011.6.9. : 국민주택채권 매입비용 취득세 운영 요령 시달).

* 1종의 경우 건축허가 관련만 포함(취득 후 등기를 위한 주택채권매입비용은 제외)

법인이 토지를 취득하면서 주택법 등 관계법령에 따라 국민주택채권을 매입하고 만기 이전에 매각함으로써 매각차손이 발생하는 경우, 토지취득에 따른 취득세 과세표준에 는 취득을 위하여 실질적으로 지출한 비용인 매각차손만을 포함하는 것이 타당하다고 판단됨(구 행정자치부 지방세정팀-5637, 2007.12.31. : 감심 제2007-168호, 2007.12.20. : 행안 부 지방세운영과-5018, 2009.11.27.).

사례 취득가격에 준하는 비용

1. 가설공사(흙막이, 파일공사 등)

건축공사가 도급계약에 의한 경우에는 그 도급계약상 공사대금으로 함이 원칙이나 이 경우에도 과세목적물의 취득을 위한 것이 아닌 금액은 과세표준액에서 제외되어 야 할 것임. 원심이 이 사건 파일공사 및 흙막이공사를 부지조성공사의 일환으로 보 아 그 공사비는 이 사건 건물의 신축에 필요·불가결한 준비행위에 소요된 것이므로 이 사건 건물의 취득가액에 포함된다고 본 것은 앞서 본 법리에 따른 것으로서 정당 하다 할 것임(대법원 98두6364, 1999.12.10.).

2. 감정평가수수료

• 공공사업시행을 위해 토지를 취득함에 있어 토지매수를 위하여 직원에게 지급한 출장여비와 지장물보상금 및 이주비 등 보상금은 토지취득가격에 포함되지 않는 것이지만, 당해 사업용 고정자산의 매입·제작·건설에 소요되는 차입금에 대한 지급 이자, 감정평가수수료는 「지방세법 시행령」 제82조의3 제1항 규정에 의하여 취득세 과세표준에 포함함(행자부 세정 13407-1161, 2000.10.4.).

• 청구법인이 지급한 대출취급수수료 및 감정평가수수료의 경우 쟁점부동산에 대한 잔금지급을 목적으로 대출을 실행하기 위하여 지급한 비용임이 대체전표 및 투자 부동산 계정별 원장에 나타나므로 쟁점부동산의 취득 과정에서 발생한 간접비용 에 해당하고, 법률자문수수료의 경우 청구법인은 쟁점부동산의 매각 또는 임대관 련 법률자문비용이라고 주장만 할 뿐 법률자문내용에 대한 구체적인 증빙을 제시 하지 못하고 있으며, 법률자문수수료에 대한 세금계산서 발행시기 및 쟁점부동산 양도시기로 보아 법률자문수수료는 쟁점부동산의 매각 또는 임대관련 비용이라기 보다는 취득관련 비용으로 봄이 타당한 것으로 보임(조심 15지298, 2015.6.10.).

- 청구법인이 지급한 신탁수수료, PM 용역비, 법률자문 및 감정평가수수료 ○○○ 은 현재 이 건 토지에 신축 중인 건축물의 취득가격으로 보는 것이 타당하다고 판단됨(조심 15지375, 2015.5.14.).

3. 냉동고 설치비용

처분청 담당공무원이 쟁점건물에 현지출장 후 작성한 출장보고서에 의하면 건축물 신축 시 설치한 냉동고는 건축물대장이나 등기부등본에는 기재되지 않는 가설건축물로서 쟁점건물 신축과 동시에 신축되었으며 쟁점건물과 일체가 되어 건축물의 효용을 증진시키는 건축물인 사실이 확인되고 있으므로 취득세 과세대상에 해당함(조심 11지300, 2012.2.9.).

4. 시행사 발생 비용

- 시행사가 시공사에 신축 공사 관련 일괄도급을 위임하였다고 하더라도, 시행사에서 발생한 비용이 해당 부동산 취득과 관련성이 있다면(신축건물의 판매와 관련된 비용은 제외), 취득시기까지 발생한 비용은 취득세 과세표준에 포함된다고 할 것임. 다만, 관련성 여부는 사업의 규모 및 업무분장 등 사업 관련성뿐만 아니라, 비목별로 출장목적, 접대비 지출 사유 등 해당 취득물건과의 관련성도 함께 고려하여 과세권자가 구체적인 사실관계를 면밀히 검토하여 판단할 사항임(행자부 지방세운영과 -1845, 2016.7.14.).
- 조합의 사업경비로 처리하는 조합원 이주비 대출이자는 '취득대금 외에 당사자의 약정에 따른 취득자 조건 부담액'으로서 취득가격에 포함됨(대법원 2022두45944, 2022.9.29.).

5. 옵션공사비

- ♀ 계약관계불문하고, 취득일 현재 완료되지 아니한 부대공사에 관한 비용이며 건물에 고정·접합하지 아니하였거나, 이동성이 있는 전자제품 등은 제외
- 신규아파트를 취득하면서 아파트 취득시기(준공일) 이전에 발코니 확장공사를 완료하고 그에 대한 비용을 지급하였다면 발코니확장한 부분도 아파트에 연결되거나 부착하는 방법으로 설치되어 아파트와 일체로 유상 취득하는 경우이므로 당해 아파트 취득가격에 포함되는 것이며, 발코니 확장공사를 다른 사업자와 별도계약 방식에 의하여 설치하였다 하더라도 주체구조부와 일체가 되어 건축물로서 효용가치를 이루고 있는 경우에는 당해 아파트의 취득자가 취득한 것으로 간주하는 것이므로 취득세 및 등록세 과세표준에 포함하여 신고납부하여야 함(행자부 지방세운영과-1876, 2008.10.21.).
- 쟁점비용이 쟁점공동주택의 수분양자들이 쟁점법인이 시공한 발코니 확장공사 등의 대가로 쟁점법인에게 지급한 것이라 하더라도, 동 비용은 청구법인이 쟁점공동주택

을 취득하기 이전에 발생된 비용이고, 쟁점공동주택의 발코니 확장공사 등이 쟁점공동주택의 주체구조부와 일체가 되어 건축물로서의 효용가치를 이루고 있으므로 쟁점공동주택의 주체구조부의 취득자인 청구법인이 함께 취득한 것으로 간주하여 쟁점공동주택의 취득세 과세표준에 포함한 것은 잘못이 없음(조심 12지697, 2012.11.28.).

- 청구법인은 이 건 건축물의 사용승인 이전에 건축물을 임대하되, 인테리어 비용은 임차인이 부담하기로 하는 계약을 체결하였고, 인테리어 공사는 이 건 건축물에 대한 사용승인을 받기 이전에 이 건 건축물의 창호공사, 전기공사, 바닥·벽의 마감공사 등 이 건 건축물에 고정·접합되어 건물의 효용과 기능을 높이기 위한 공사인 것으로 확인되고 있으므로, 인테리어 공사비 등은 그 비용을 비록 임차인이 부담하였다 하더라도 이 건 건축물 사용승인 이전에 이 건 건축물을 취득하기 위하여 지급된 비용으로 이 건 건축물의 취득세 과세표준에 포함되는 것으로 보는 것이 타당함. 다만, 이 건 인테리어 비용에는 각실 이동가구 등 이 건 건축물과 고정·접합되지 아니하여 건축물의 취득비용으로 볼 수 없는 비용도 일부 포함되어 있으므로 이동가구 등의 비용은 이 건 건축물의 취득세 과세표준에서 제외되어야 할 것임(조심 11지156, 2012.3.30.).

- 「지방세법」 제7조 제3항은 '건축물 중 조작 설비, 그 밖의 부대설비에 속하는 부분으로서 그 주체구조부와 하나가 되어 건축물의 효용가치를 이루고 있는 것에 대하여는 주체구조부 취득자 외의 자가 가설한 경우에도 주체구조부의 취득자가 함께 취득한 것으로 본다.'라고 규정하고 있으므로 수분양자들이 비용을 지급하여 발코니의 용도가 거실 등으로 변경되었어도 사용승인일 이전에 원고가 그와 같은 상태의 아파트를 취득한 이상 그 비용은 취득가격에 포함되어야 함(대법원 15두59877, 2016.3.24.).

- 건축물 부대설비에 대한 건축공사 도급계약의 체결이나 공사대금 지급의 약정이 이루어진 경우 취득시기 이전에 지급원인이 발생 또는 확정된 비용은 건축공사 도급계약의 체결이나 공사대금 지급의 약정 이행시기가 도래하였다는 것 또는 그때까지 이미 지급한 공사대금 금액을 의미하는 것이 아니라 취득시기까지 실제 공사가 완료된 부분의 기성고 금액을 뜻한다고 보아야 한다. 따라서 건물 일부의 수분양자 등이 주체구조부와 일체가 되고 건축물의 효용가치를 증대시키는 부대설비 등의 가설공사를 하였으나 당해 건축물의 임시사용승인일 등 그 취득일까지 가설을 완료하지 못한 경우에는 그때까지의 기성고 비율에 따른 공사비 상당만을 취득세의 과세표준에 포함시킬 수 있을 뿐이고, 취득일 이전에 그에 관한 공사도급계약을 체결하였다거나 기성고를 초과하는 공사대금을 미리 지급하였다고 하더라도 그 도급계약금액이나 기성고를 초과하는 공사대금은 이를 취득세의 과세표준에 포함시킬 수 없다. 취득일 이후의 공사로 인한 부분은 독립적으로 취득세의 과세대상이 되는 경우에 한하여 주체구조부 소유자 또는 수분양자 등에게 별도로 취득세를 부과할 수 있을 뿐임(대법원 13두7681, 2013.9.12.).

- 먼저 이 사건 붙박이 가구, 홈오토메이션 및 세탁기에 대하여 보면, 위에서 인정되

는 사실 내지 사정, 즉 원래 빌트8 품은 아파트 분양가의 자율화에 따라 시행·시공사가 주거환경개선과 아파트 품질의 고급화 추세에 맞추기 위하여 아파트의 시공단계에서부터 생활에 필수적인 가구 내지 가전제품을 가장 효율적으로 사용할수 있도록 싱크대에 내장시키는 등의 방법으로 배치하고 일괄구매·시공하는 것인 점, 이 사건 붙박이 가구, 홈오토메이션 및 세탁기는 이 사건 오피스텔이 주거용으로서의 그 기능과 효용을 하기 위하여 분양 당시부터 그 설치가 예정되어 있어 분양계약자들에게 그 설치여부 및 설치품목에 대한 선택권이 없었던 점, 이 사건 오피스텔에 붙박이 내지 맞춤형으로 부착되어 있어 오피스텔에서 이 사건 붙박이 가구, 홈오토메이션 및 세탁기를 분리하는 것이 거의 불가능하거나 상당히 어렵고, 이를 분리하는 경우 주거용인 이 사건 오피스텔의 효용을 크게 손상시킬 것으로 보이는 점 등을 종합하면, 이 사건 붙박이 가구, 홈오토메이션 및 세탁기는 이 사건 오피스텔에 부합되어 이 사건 오피스텔이 주거용으로서의 기능을 다하게 하는데 필수적인 시설이라고 할 것이므로, 그 각 제품가격 및 그 설치 소요 비용은 이 사건 건물에 대한 취득세의 과세표준에 포함시키는 것이 상당하다.

다음으로 이 사건 냉장고, 에어컨에 대하여 보면, 이 사건 냉장고, 에어컨이 위와 같은 경위로 이 사건 오피스텔 내에 설치되었다 하더라도, 그 설치형태가 탈부착이 가능하거나 이동이 가능하여 이 사건 오피스텔의 부수시설이라 할 수 없으므로, 위 각 제품가액 가액 및 소요 비용을 이 사건 건물에 대한 취득세의 과세표준에 산입하는 것은 위법함(대법원 09두2511, 2009.4.23.).

사례 ▶ 시스템에어컨, 광파오븐 등 이 사건 부대시설 등 설치비용을 원고 이 건 건축물 등 신축을 위한 간접취득비용으로 볼 수 있는지 여부

① 이 사건 부대시설에 대하여는 수분양자들에게 설치 여부와 설치 품목에 대한 선택권이 있었기에, 관리신탁회사인 원고가 이 사건 아파트를 취득할 당시부터 이 사건 부대시설의 설치가 당연히 예정되어 있었다고 볼 수 없는 점, ② 지방세법 제7조 제3항은 "건축물 중 조작 설비, 그 밖의 부대설비에 속하는 부분으로서 그 주체구조부와 하나가 되어 건축물로서의 효용가치를 이루고 있는 것에 대하여는 주체구조부 취득자 외의 자가 가설한 경우에도 주체구조부의 취득자가 함께 취득한 것으로 본다"고 규정하므로, 취득세의 과세대상인 부대설비인지 여부는 단지 분리가 어렵다거나 분리하면 효용을 해한다는 등에 의해서가 아니라 '건축물의 주체구조부와 하나가 되어 건축물로서의 효용가치를 이루었는지' 여부에 따라 판단되어야 하는바, 이 사건 부대시설이 이 사건 아파트의 거실, 침실 등의 일부분으로서 물리적 구조, 용도와 기능면에서 이 사건 아파트와 분리할 수 없을 정도로 부착·합체되어 일체로서 효용가치를 이루고 있다고는 보기 어려운 점, ③ 이 사건 아파트 입주자모집공고에 "이 사건 부대시설은 시공상의 문제로 일정시점 이후에는 추가품목 선택의 계약 및 취소가 불가능하고 그 설치 위치를 임의로 지정할 수 없다"고 되어 있으나, 이는 대규모 아

파트 건축공사의 특성상 일정시점 이후에는 각 입주자의 사정을 반영하여 이미 시공이 마쳐진 부분을 개별적으로 취소하거나 변경하기가 어렵기 때문이지 이 사건 부대시설의 분리나 위치 변경이 물리적 또는 기능적으로 불가능하기 때문은 아닌 점 등을 종합하여 보면, 이 사건 부대시설비용은 이 사건 아파트에 대한 취득세 과세표준에 포함되지 않는다고 봄이 타당함(대법원 2020.5.14. 선고 2020두32937 판결).

6. 절차비용

☝ 교통영향 · 재해영향 · 사전환경성영향평가 · 에너지절약계획 · 지구단위계획 · 도시계획변경 등의 비용

'취득가액'에는 과세대상물건의 취득시기 이전에 거래상대방 또는 제3자에게 지급원인이 발생 또는 확정된 것으로서 당해 물건 자체의 가격(직접비용)은 물론 그 이외에 실제로 당해 물건 자체의 가격으로 지급되었다고 볼 수 있거나(취득자금이자, 설계비 등) 그에 준하는 취득절차비용(소개수수료, 준공검사비용 등)도 간접비용으로서 이에 포함된다 할 것이나, 그것이 취득의 대상이 아닌 물건이나 권리에 관한 것이어서 당해 물건 자체의 가격이라고 볼 수 없는 것이라면 과세대상물건을 취득하기 위하여 당해 물건의 취득시기 이전에 그 지급원인이 발생 또는 확정된 것이라도 이를 당해 물건의 취득가격에 포함된다고 보아 취득세 과세표준으로 삼을 수 없다고 할 것임(대법원 95누4155, 1996.1.26.).

7. 출장비

법인이 토지를 취득하면서 토지보상협의 및 물건조사 등 당해 토지의 취득과 관련된 출장여비를 지급한 경우라면 동 토지의 취득과정에 소요된 비용으로서 취득세 등 과세표준에 포함되어야 할 것으로 판단됨(행자부 지방세운영과-111, 2009.1.8.).

8. 철거비

기존 건축물 철거비용은 건축물 신축공사의 특성상 지출이 필수적으로 요구되는 비용으로서, 건축물을 취득하기 위하여 필요 · 불가결한 준비행위 또는 그 수반행위에 소요된 것으로, 위 건축물의 취득비용에 포함된다고 할 것임(서울고법 11누8484, 2011.10.27. : 행자부 지방세운영과-1552, 2016.6.17.).

9. 현장관련비용

건축물 신축공사 현장에 직접 참여하는 종업원, 노무자, 작업현장시공을 보조하는 현장소장, 현장공무자등에 대하여 건축주가 부담하는 국민건강보험료, 산재보험료, 국민연금, 고용보험료 및 건설공사 현장 종업원등의 산업재해 및 건강장해 예방을 위하여 지출하는 안전관리비와 환경관리비는 공사현장에서 당해 건설공사와 관련하여 지출되는 건설경비이므로 건축물 신축에 소요되는 직 · 간접비용으로 보아 취득세

과세표준에 포함하는 것이 타당하다고 판단됨(행자부 지방세운영과－480, 2008.6.18.).

취득가격에 포함되지 않는 판매비용과 그 부대비용

1. 분양보증수수료

주택분양보증수수료는 사업주체가 분양자에 대한 분양계약의 이행을 담보하기 위한 목적에서 대한주택보증 주식회사와 체결한 보증계약의 이행으로 지급하는 수수료인 점, 사업주체가 일정한 비용을 들여 아파트를 신축하였다면 분양보증계약을 체결하고 선분양한 경우나 분양보증계약을 체결하지 아니하고 후분양한 경우에 있어 아파트의 신축에 지출된 비용은 동일하여야 할 것인데, 주택분양보증수수료를 아파트의 사실상 취득가격에 포함시킬 경우 아파트의 분양시기에 따라 아파트 신축비용이 달라지는 문제가 생기는 점 등을 고려하면, 비록 주택분양보증수수료가 신축아파트의 완공 이전에 대한주택보증 주식회사에게 지출되고, 아파트 신축공사가 정상적으로 완료된 경우라도 주택분양보증수수료가 반환되지 않는다는 사정을 감안하더라도, 사업주체가 아파트를 취득하기 위한 목적으로 지출하는 비용에 주택분양보증수수료가 포함된다고 보기는 어렵다는 이유 등을 들어, 이와 다른 전제에 선 피고의 이 사건 각 처분은 위법함(대법원 10두672, 2010.12.23.).
행안부 지방세운영과－323(2011.1.18.) 취득세 취득가격 관련 운영지침 통보에 따라 대법원 결정 이후 새로운 납세의무성립분부터 적용

2. 광고선전비ㆍ분양대행수수료

• 신축건물의 과세표준에는 분양을 위한 선전광고비 등은 제외하고 건축물의 주체 구조부와 일체가 된 것은 과세표준으로 포함하여야 할 것으로, 귀문의 경우 갑법인이 을법인과 건축물 시공, 광고, 분양대행 업무를 포함한 일괄도급계약을 체결하면서 건축물 분양을 위한 광고비 및 분양대행수수료 비용이 도급공사금액에 포함되었다 하더라도 이는 건축물 신축을 위한 필수적인 건축공사부대비용이 아니라 건축물의 분양을 원활하게 하기 위한 판매관리비용으로 보아야 할 것이므로 신축건물의 과세표준에서 제외되어야 할 것으로 판단됨(행자부 도세－5, 2008.3.13.).
• 조합운영비는 '취득하는 물건의 판매를 위한 광고선전비 등의 판매비용과 그와 관련한 부대비용' 또는 '그에 준하는 비용'으로서 취득가격에 포함되지 않음(대법원 2022두45944, 2022.9.29.).

3. 법인이 대납한 중도금 대출이자

• 중도금 대납이자는 건축공사비의 일부로 지급한 것이라기보다는 분양을 촉진하기 위하여 청구인이 그 일부를 부담한 금액으로서, 건축공사와 분양활동은 각각 자산의 취득행위와 판매 및 자금조달행위로서 그 성격을 달리하는 별개의 행위라고 보

아야 할 것이며, 실질상으로도 해당 주택을 할인 판매하는 것과 유사한 것으로서 이러한 비용을 취득세 과세표준에 포함하는 것은 불합리하다 할 것(행정자치부 심사결정 제2007-344호, 2007.6.25)으로 청구인의 경우 건설자금이자 258,886,386원 중 이 사건 공동주택의 중도금 대납이자로 158,503,965원을 지급한 사실이 00시지부장이 발행한 사실확인서 및 분양중도금 이자조회 내역서에서 입증되는 이상 이 사건 취득세 등의 과세표준에 제외되어야 할 것임(행자부 지방세심사2007-459, 2007.8.27.).

- 재건축조합이 아파트를 신축하는 경우 그 취득가격은 아파트를 신축하기 위하여 취득시기를 기준으로 거래 상대방 또는 제3자에게 지급하였거나 지급하여야 할 전체 공사원가가 되는 것이고, 매입부가가치세와 조합원 개인이 대출받은 이주비에 대하여 조합원 개인이 납부한 이자는 건물 신축비용이 아니므로 아파트 취득가격에 포함되지 아니함(행자부 세정-143, 2007.2.8.).

사례 취득가격에 포함되지 않는 부가가치세

1. 건축주가 도급법인에 지급

청구인이 신축한 이 사건 아파트는 국민주택규모 이하의 주택으로서 조세특례제한법 제106조 제1항 제4호의 규정에서 이러한 주택의 건설용역과 공급에 대하여는 부가가치세를 면세하도록 규정하고 있으므로, 공사 시공자인 청구외 ㈜○○종합건설은 공사시공과 관련하여 청구인에게 공급대금을 지급받으면서 주택과 관련 없는 상가 부분을 제외한 아파트에 대하여는 부가가치세를 징수할 의무가 없었으므로, 청구인이 지급한 공사대금 중 매입세로 표시된 부분은 공사 시공자가 원재료의 매입과 관련하여 제3자에게 지급한 부가가치세가 면세거래로 인하여 공급가액에 포함되어 청구인에게 전가됨에 따라 이를 공사도급금액에 포함한 것으로 보여지며, 「지방세법 시행령」 제82조의3 제1항에서 취득세의 과세표준에서 부가가치세를 제외하도록 규정하고 있으나, 이는 납세의무자가 당해 과세물건의 취득과 관련하여 당해 거래단계에서 지급한 부가가치세를 제외하는 것으로서, 당해 거래단계 이전의 거래단계에서 납세의무자가 아닌 자가 지급한 부가가치세까지 이를 전가로 인하여 실질적으로 취득자가 부담하였다하여 취득세과세표준에서 당해 금액을 제외할 수는 없다 하겠음(행자부 지방세심사2005-80, 2005.4.6.).

2. 도급법인이 하도급법인에 지급

- 행정자치부 심사결정에서 「지방세법 시행령」 제82조의3 제1항에서 취득세의 과세표준에서 부가가치세를 제외하고 있는 것은 납세의무자가 당해 과세물건의 취득과 관련하여 당해 거래단계에서 지급한 부가가치세를 제외하는 것으로, 당해 거래단계 이전의 거래단계에서 납세의무자가 아닌 자가 지급한 부가가치세까지 이를 전가로 인하여 실질적으로 취득자가 부담하였다 하여 취득세 과세표준에서 제외

되는 것은 아니라고 하고 있으므로(행심2005-80, 2005.4.6.) 도급가액에 포함되어 있는 수급자인 B가 지급한 매입부가가치세는 A의 취득세 과세표준에 포함되는 것이며, 위 심사결정 이전에도 동일한 내용으로 운영되었음(행자부 세정-2509, 2005.9.6.).

- 건축주(A)의 건물 취득시 취득세의 과세표준이 되는 취득가격은 동 건물을 취득하기 위하여 거래상대방 또는 제3자에게 지급하였거나 지급하여야 할 일체의 비용으로 하되 부가가치세를 제외하지만 시공자(B)의 공사원가계산서상 직접재료비에 대한 매입부가가치세는 동 건물의 취득에 대한 취득세 과세표준에 포함되는 것임(행자부 세정-4279, 2004.11.25.).

사례 취득가격에 포함되지 않는 비용

1. 개발부담금 · 개발부담금 산정비용

지법 운영예규 10-1【과세표준】
　3. 사실상 취득가격의 범위에는 지목변경에 수반되는 농지전용부담금, 대체농지조성비, 대체산림조림비는 과세표준에 포함되지만, 취득일 이후 발생하는 「개발이익 환수에 관한 법률」에 따른 개발부담금(공사가 완료되어 발생하는 수익을 전제로 부담함)은 제외한다.

- 개발부담금은 개발이익환수에 관한 법률 제14조 규정에 의하여 취득시기 이후에 부과되는 부담금이므로 취득세 과세표준에서 제외됨(행자부 세정13407-1664, 1997.12.23.).
- 취득이후 발생한 개발부담금 산정을 위한 용역비는 건축물 신축과 관련된 비용으로 볼 수 없어 취득세 과세표준에 포함하지 않는 것이 타당하다고 판단되나, 구체적인 사실관계는 과세권자가 확인하여 판단할 사항임(행자부 세정-3885, 2005. 11.21.).

2. 부담금 - 자연하천정비공사부담금

아파트 신축공사와 직접적인 관련이 없는 자연하천정비공사부담금은 아파트를 취득하는데 발생한 비용이 아니라 지방자치단체가 부담하여야 할 홍수예방 관련 공사비의 일부를 분담한 것이므로 신축 아파트의 취득세 과세표준에서 제외함(행자부 세정-3257, 2006.7.25.).

3. 명도비

- 부동산 취득 후 발생한 명도비는 이주비 보상금과 같은 것으로서 당해 부동산의 가격이라고 볼 수 없으므로 취득세 과세표준에 포함하지 아니함(행자부 세정-98, 2005.12.15.).

- 이 사건 명도비용은 이 사건 부동산을 취득하기 위하여 지급한 것이 아니라 이 사건 건물을 조속히 명도받아 건물 신축사업을 조속히 실행하기 위하여 임차인들에게 임차권·영업권 등에 대한 보상금 명목 등으로 지급된 것으로 봄이 상당하므로, 이 사건 부동산의 취득가격에 포함된다고 할 수 없고, 원고가 이 사건 부동산의 매매계약을 체결할 때 이를 활용하기 위해서는 어느 정도의 명도 비용이 든다는 것을 예상할 수 있었다거나, 그 매매계약 체결 전에 이 사건 부동산의 임차인들에게 일정한 보상금 등을 지급하기로 약정한 상황이었다고 하더라도, 달리 볼 것은 아님(대법원 10두24586, 2011.2.24.).

사례 ▶ 경제자유구역 개발사업 시행자로 지정되어 개발사업 구역 내에 있는 철거예정 이 사건 토지 소유자들에게 그 지상의 건축물에 대한 대가로 지급한 지장물보상금, 감정평가수수료, 지적측량비가 취득세 과세대상에 포함되는지 여부

구 경제자유구역법 제13조는 개발사업시행자는 개발사업을 시행하기 위하여 필요한 경우에는 사업구역 내의 토지를 수용하거나 사용할 수 있고, 토지 등의 수용 또는 사용에 관하여 특별한 규정이 있는 경우를 제외하고는 공익사업을 위한 토지 등의 취득 및 보상에 관한 법률을 준용하도록 규정하고 있고, 구 공익사업을 위한 토지 등의 취득 및 보상에 관한 법률(2015.1.6. 법률 제12972호로 개정되기 전의 것, 이하 '구 토지보상법'이라 한다) 제75조 제1항 본문 및 각 호는 건축물, 입목, 공작물과 그 밖에 토지에 정착한 물건에 대하여는 이전비로 보상하되, 건축물 등을 이전하기 어렵거나 그 이전으로 인하여 건축물 등을 종래 목적대로 사용할 수 없게 되는 경우 및 건축물 등의 이전비가 그 물건의 가격을 넘는 경우에는 해당 물건의 가격으로 보상하도록 규정하고 있다.

살피건대, 원고가 이 사건 건물의 소유자들과 매매계약을 체결하고 위 건물에 대한 손실보상금을 지급하였음은 앞서 본 바와 같으므로, 사업시행자인 원고가 위 건물의 소유자에게 건물의 취득대가로서 건물 가격 상당의 손실보상금을 지급함으로써 위 건물은 사업시행자인 원고에게 유상으로 사실상 이전되었다고 봄이 상당하고, 원고가 주장하는 바와 같이 이 사건 건물이 철거될 운명에 있다고 하더라도 달리 볼 수 없다. 따라서 원고는 이 사건 건물을 사실상 취득한 자로서 이 사건 건물 취득에 관한 취득세의 납세의무자가 된다고 봄이 상당함(원고가 소장에서 언급한 대법원 1996.1.26. 선고 95누4155 판결은 협의취득에 따른 지장물보상금을 과세대상물건인 토지에 대한 취득세의 과세표준에 포함하여 부과한 토지의 취득세 부과처분에 관한 사안으로, 이 사건에 원용하기에 적절하지 아니하다)(대법원 2020.8.27. 선고 2020두39044 판결).

➡ 기존사례 등과 비교

사례 ▶ 종중재산의 매매대금 외에 지급받은 손해배상금의 취득가액 포함 여부

해당 종중 토지의 매매대금으로 00억 원을 지급하고, 종중원 중 엄○○ 1인에 대해

형사고소, 민사소송을 당하여 고통을 입은 점과 직계존속 묘소가 굴이되어 방치되어 심적·물적 피해를 입은 점에 대한 보상차원과 분묘이장을 위한 비용, 증여세를 포함하여 별도로 00억 원을 엄○○에게 지급할 의향을 제안하였고, 종중이 위 제안을 받아들여 약정이 체결되었으므로 토지 취득가격에 별도 지급된 금액를 포함한 과세처분은 위법하다 할 것이다. 또한, 관련 약정증서에 따르면 제0조 제0항에 종중 토지의 매매대금 지급대상자를 00억 원은 종중, 20억 원은 엄○○으로 각각 나누어 명시하고 있고, 그 명목에 관하여도 00억 원의 경우는 "토지 매매대금", 00억 원의 경우는 "형사고소, 민사소송에 대한 보상차원과 분묘 굴이·방치로 인한 엄○○의 피해보상, 분묘 이장비용, 증여세"라고 각각 나누어 명시하고 있어 쟁점 금액 중 00억 원은 토지의 취득가격에 포함된다고 볼 수 없음(대법 2018두62836, 2019.2.18.).

1. 미술장식품

미술장식품의 경우 천장과 벽면 등에 고정·부착되어 있더라도 이전 전시가 용이하고 독립적인 가치가 있어 별도의 거래대상이 될 수 있다면 건축물의 취득가격에 포함시키기는 어려울 것이나, 본 건 쟁점시설 중 와이어월 미술작품은 본 건 건축물 구조에 적합하게 설치되어 이전 전시가 사실상 불가능하고 설사 이전 전시되더라도 미술품으로서의 가치가 상당부분 감소될 것으로 예상되며, 벽면부착 미술작품의 경우에도 벽체 일체에 고정되어 있어 이전 전시가 용이하지 않을 것으로 보이는 바, 본 건 쟁점시설 중 미술작품들도 건축물과 일체를 이루면서 그 효용 및 가치를 증가시키는 것으로 보아 그 설치비용을 건축물의 취득가격에 포함시키는 것이 합리적일 것으로 판단됨(행자부 지방세운영과-792, 2014.3.7.).

2. 바닥포장공사, 우물공사

건축공사가 도급계약에 의한 경우에는 그 도급계약상 공사대금으로 함이 원칙이나 이 경우에도 과세목적물의 취득을 위한 것이 아닌 금액은 과세표준액에서 제외되어야 할 것이다.

바닥포장 등 공사 및 우물파기공사는 이 사건 건물의 신축에 필요·불가결한 준비행위로 이루어지는 공사라고 단정하기 어렵고, 다른 특별한 사정이 없는 한 위 두 공사의 결과물은 토지의 정착물로서 토지의 구성부분이 됨으로써 이 사건 건물의 취득비용에는 포함될 수 없어 그 각 공사비가 이 사건 건물에 관한 등록세 포함될 수 없다 할 것이고, 따라서 이와 결론을 달리한 원심판결 중 바닥포장 등 공사 및 우물파기공사에 관한 판단 부분에는 등록세의 과세표준에 관한 법리오해 또는 이로 인한 심리미진으로 판결결과에 영향을 미친 위법이 있다고 할 것임(대법원 98두6364, 1999.12.10.).

3. 상수도인입비(시설공사비)

- 상수도부담금, 전기인입비, 상수도인입비, 하수도원인자부담금 등 공급시설로부터

당해 건축물까지 인입하는데 소요되는 비용으로서 건축물 구외(건축물이 아파트인 경우에는 단지 구외를 말한다)의 시설물 공사비를 부담한 것에 해당하는 경우라면 건축물의 취득가액에서 제외하는 것이 타당하다고 할 것인 바, 이 건 상수도 시설부담금 중 시설공사비는 상수도 공급시설로부터 이 건 건축물까지 인입하는데 소요되는 비용으로서 서울특별시 ○○○에서 시행한 이 건 건축물구외(단지외)의 상수도 인입배관 설치에 따른 공사비를 청구법인이 부담한 비용인 이상, 이 건 건축물의 취득가액에는 포함되지 아니한다고 판단됨(조심 13지715, 2013.11.26.).

- ○○○이 발행한 신설공사비 및 분담금 고지서 등에 의하면 청구법인은 신설공사비 등 ○○○을 납부하였고, 이 신설공사비는 ○○○ 수도급수조례 제11조의 규정에 의한 급수공사비인 것이 확인되는 점, 위 금원은 이 건 골프장 외부에 있는 상수도시설 건설비용이며, 이에 따라 건설된 상수도 시설은 ○○○ 수도급수조례 제11조등의 규정에 의거 처분청 소유로 귀속되도록 되어 있는 점, 등을 종합하여 볼 때 청구법인이 납부한 쟁점부담금은 이 건 골프장 외부의 상수도 시설 건설을 위한 비용을 청구법인이 부담한 것으로 취득의 대상이 아닌 물건의 취득을 위한 비용이므로 이 건 토지의 지목변경을 위하여 소요된 비용이 아니라 지목변경 취득세 과세대상과 별개의 취득세 과세대상인 이 건 골프장 외부의 상수도 시설을 취득하기 위한 비용으로 보는 것이 타당하다고 판단됨(조심 11지408, 2012.3.23.).

4. 조형물공사비

호텔 주변의 조경은 호텔 건축물의 부대설비가 되는 것이 아니라 토지의 구성부분이되는데 불과하고, 조형물 또한 호텔 외부 토지에 설치되어 거래상 독립한 권리의 객체성을 유지하고 있으며, 이들 모두 취득세의 과세대상인 건물, 구축물 및 특수한 부대설비에 해당한다고 볼 수 없으므로, 조경공사비 및 조형물제작비는 호텔 건축물의 과세표준에 포함시킬 수 없음(대법원 00두6404 2002.6.14.).

사례 ▶ 경우에 따라 포함 여부 달라지는 조경공사비와 단지내 포장공사비

1. 지목변경 수반 시

- 공부상 지목이 '전'인 이 건 토지를 2005.1.27.과 2005.2.11. 취득한 후 2006.6.5. 토지대장상 지목을 '전'에서 '공장용지'로 변경하였으며, 「지방세법」 제111조 제5항 제3호 및 「지방세법 시행령」 제82조의2 제1항 제2호의 규정에 의하여 법인이 작성한 원장·보조장·출납전표·결산서 등의 법인장부에서 지목변경을 위한 토목공사, 석축공사 등의 제비용으로 지불한 사실이 입증되고 있는 이상, 처분청에서 이 건 토지의 지목변경에 대하여 법인장부에 의하여 입증된 가액을 과세표준으로 하여 산출한 취득세 등을 부과한 처분은 적법한 것으로 판단됨(조심 08지483, 2008.12.9.).
- 공동주택 신축공사시 토지의 지목변경을 수반하는 공동주택 단지내 조경공사비와

포장공사비는 '토지의 지목변경에 소요된 비용'으로서 취득세 과세표준에 포함됨
(행자부 세정13407-1189, 2002.12.17.).

2. 지목변경 미수반 시

단지 내 포장공사 등에 소요된 47,847,294원은 토지의 지목변경을 수반하지 아니하였기 때문에 이 또한 이 사건 취득세 등의 과세표준에서 제외되어야 하고, 마지막으로, 외주비 단지 내 포장공사 및 조경공사 제경비 35,451,031원 중 14,201,395원(제경비 중 조경공사 및 단지 내 포장공사에 소요된 비용을 안분하여 산출)은 과세대상에서 제외한 조경공사 및 단지 내 포장공사 등에 지급된 제반비용이므로 이 또한 이 사건 취득세 과세표준에서 제외하여야 할 것(지방세심사 2007-459, 2007.8.27.).

※ 택지(대지)에 건축물 신축시 간주취득세 과세 (법 제7조 제14항)

개정 전	개정 후
제7조(납세의무자등) 〈신 설〉	제7조(납세의무자등) ⑭「공간정보의 구축 및 관리 등에 관한 법률」 제67조에 따른 대(垈) 중「국토의 계획 및 이용에관한 법률」 등 관계법령에 따른 택지공사가 준공된 토지의 지목을 건축물과 그 건축물에 접속된 정원 및 부속시설물의 부지로 사실상 변경함으로써 그 가액이 증가한 경우에는 취득으로 본다.

2016.1.1. 택지를 분양받아 건축물 신축시 공부상으로는 대 → 대로 변경이 없더라도 지가 상승분(법인의 경우 조경비 등 투입된 조경공사비, 도로공사비 등)에 과세

※ 건축물 취득세 과세표준에 조경비용 포함(2020.1.1. 납세의무성립분부터 적용)

> ❏ 개정 전 현황
> 건축물 건축 시 조경·도로포장 등의 공사비는 모두 토지 지목변경 비용에 포함하여 지목변경 취득세율 2% 적용
>
> ❏ 개정내용
> 정원, 조형물 설치 등 조경공사와 도로포장공사 등 건축과정에서 발생되는 비용은 건축물의 건축비용에 포함하여 과세하고, 택지 조성 등 지목변경을 수반하는 경우로서 건축물의 부속토지로 사용되지 않는 토지에 설치되는 조경공사비 등은 지목변경 비용에 포함 과세

공사목적	건축이 수반되는 경우	건축이 수반되지 않는 경우(지목변경)
과세방법	건축물 취득에 포함하여 과세	토지 지목변경에 따른 간주취득으로 과세
납세의무자	건축물 소유자	토지 소유자
과세표준	건축비 + 조경공사비 등	토지 지목변경 공사비 + 조경공사비 등
세율	2.8%	2%
사례	건물 부속토지 內 도로포장	건물 부속토지 이외 부지 內 도로포장 등

3. 지목변경 혼합시

아파트 건설 사업을 위해 사업부지를 취득하면서 대지가 50%, 임야·전·답이 50% 인 토지상에 아파트를 신축하여 임야·전·답에 대한 공부상 지목변경을 이행하는 경우 임야·전·답인 토지부분이 대지로 변경됨으로써 사실상으로 지목변경이 수반된 경우 지목변경을 하지 않은 대지부분에 소요된 조경공사비 및 토목공사비는 지목변경 비용으로 볼 수 없는 것이라 하겠으므로 지목이 사실상으로 변경된 토지에 소요된 비용을 지목변경에 따른 취득세 과세표준으로 하여야 할 것으로 사료됨(행자부 지방세운영과-1439, 2008.9.25.).

4. 옥상조경

건축물중 판매시설용 건축물의 옥상에 관리실과 조경수, 분수, 놀이터, 정자, 조깅장 등의 공원이 조성되어 있으며, 아파트동과 연결되어 있는 구조로 되어 있다. 여기서 말하는 일체의 비용이라 함은 취득세 과세대상 물건 자체의 취득가격뿐만 아니라 취득과 관련된 취득절차비용을 모두 포함하는 의미라고 할 것으로서, 옥상 조경설비의 경우 옥외의 조경설비와는 달리 건축물의 옥상의 이용가치를 증진시키기 위하여 공사를 시행한 것으로 보아야 할 것으로서, 이러한 조경설비는 그 자체로서의 가치보다는 건축물과 일체를 이루어 건축물의 효용을 증대시키는 데 목적이 있는 것이므로 건축물에 부합된 부합물에 해당된다고 보여짐(조심 08지610, 2009.4.7.).

사례 ▷ 경우에 따라 포함 여부 달라지는 견본주택 관련비용

1. 견본주택 신축 및 승계취득

• 공동주택 신축의 경우, 모델하우스등 가설건축물은 독립적인 과세객체로서 존속기간 1년 초과여부에 따라 취득세 과세대상 여부가 결정됨(행자부 세정13407-706,

2000.6.7.).

- 가설건축물의 존속기간 계산 기산점은 그 축조신고서상 존치기간의 시기(그 이전 사용시는 사실상 사용일)이고, 신고없는 경우는 사실상 사용일이며, 존속기간 1년 초과하는 가설건축물을 승계 취득하는 경우는 취득 후 잔여존속기간과 관계없이 취득세 과세됨(행자부 세정13407 - 아993, 1998.11.25.).

- 모델하우스를 신축 취득한 매도자가 존치기간이 1년 미만인 상태에서 매각하였다 면 매도자는 취득세 납세의무 없으며, 동 모델하우스를 매수한 자가 취득과 동시 에 존치기간을 1년 초과하여 연장신고하였다면 취득일로부터 30일 이내에 취득세 를 자진 납부하여야 하고, 존치기간 연장신고 없이 1년이 초과되었다면 존치기간 의 1년이 경과된 날부터 30일 이내에 취득세를 자진납부 함이 타당함(행자부 세정 13407 - 763, 2000.6.15.).

- 존속기간이 1년을 초과한 임시용 건축물을 승계취득하는 경우에는 그 취득시점에 서 납세의무가 발생하는 것이며 그 과세표준은 당해 임시용 건축물의 사실상 취득 가액(법인장부가액)이 되는 것임(행자부 세정 - 411, 2003.7.9.).

- 존속기간이 1년 미만의 가설건축물을 승계취득한 후 철거하지 않은 채 새로이 존 속기간을 1년 이하로 축조신고한 경우, 종전 건축주의 취득시(축조신고서상 존치 기간의 시기(始期)와 사실상 사용일 중 빠른 날)부터 철거 등으로 사실상 사용이 불가능하게 되는 날까지의 기간이 1년을 초과하는 경우라면, 승계취득일을 취득일 로 보아 취득세를 신고납부하여야 할 것임(행자부 지방세운영과 - 3159, 2016.12.19.).

- 법인이 임시건축물을 축조신고하고 1년 이상 사용하여 취득세를 신고납부한 후 동 일 임시건축물을 해체하고 다른 지역에서 조립하여 1년 이상 사용하는 경우 이전 이 용이하지 않은 건축물의 특성상 기존 건축물에 사용되었던 동일한 건축자재를 사용하였다 하더라도 다른 토지에 새롭게 정착하여 사용하였다면 새롭게 취득세 납세의무가 성립된 것으로 보아야 하고, 기존 건축물에 사용된 자재비용은 기존 건축물의 과세표준에 포함되어 취득세를 납부하였으므로, 법인장부로 입증되는 기 존 자재이외의 자재비용·설치비용에 한하여 과세표준으로 적용하여야 함(행자부 지방세운영과 - 669, 2019.3.18).

2. 견본주택 대수선 또는 신탁

- 1년을 초과하여 존치하는 모델하우스(견본주택)에 개보수 등 공사를 한 경우 당해 공사가 건축법 제2조 제1항 제10호의 규정에 따른 대수선에 해당된다면 개수에 따 른 취득세 납세의무가 있는 것이라 하겠고, 당해 건축물 공사비용에 대수선이 아 닌 단순한 수선공사비용이 포함되어 있는 경우라 하더라도 그 공사가 대수선 공사 와 그 기능과 공정에 있어서 불가분하게 일체로써 이루어짐으로써 대수선공사라 고 볼 수 있다면 취득비용에 포함하여야 할 것임(감심 제2007 - 87, 2007.8.16. ; 행자부 지방세운영과 - 2503, 2008.12.12.).

- 대법원 판례에 의하면(대법원 88누919, 1988.4.25.) 취득이라 함은 부동산의 취득자가 실질적으로 완전한 내용의 소유권을 획득하였는가의 여부에는 관계없이 소유권 이전의 형식에 의한 부동산 취득의 모든 경우를 포함한다고 하고 있으므로 귀문의 경우 시행사가 취득한 임시용 건축물(모델하우스)을 신탁자인 시공사로 명의 변경하는 경우라면 신탁법에 의한 신탁등기가 병행되지 않는 경우에는 형식적인 소유권의 취득에 대한 비과세에 해당되지 아니하며, 존속기간이 1년을 초과하는 임시용 건축물은 유·무상을 불문하고 그 승계취득시점에서 취득세의 납세의무가 성립된다 할 것임(행자부 지방세운영과-366, 2008.7.24.).

- 청구인이 제출한 가설건축물축조신고필증 및 가설건축물존치기간연장신고필증에 의하면, 이 건 건축물은 2004.8.24. 축조하는 것으로 신고하고, 존치기간을 연장한 사실을 알 수 있으나, 이 건 건축물은 건축허가를 받지 아니하고 건축하는 경우로서 그 사실상의 사용일이 취득일이 된다 할 것이므로 이 건 건축물은 건축허가를 받지 아니하고 건축하는 경우로서 그 사실상의 사용일이 취득일이 되고, 그 사실상 사용일에 취득세 납세의무가 성립한다 할 것이므로 청구 외 주식회사 ○○○이 납세의무가 있는지 여부는 별론으로 하고, 처분청이 제출한 이 건 건축물에 대한 모델하우스공사 승계계약서 및 신탁회계전표에 의하면, 청구인은 2004.9.15. 이 건 건축물에 대하여 청구외 (주)○○○ 관리인 구○○○과 계약금액을 935,000,000원으로 하여 모델하우스 승계계약을 체결하고, 2004.10.29. 현금 935,000,000원을 이 건 건축물을 시공한 청구외 (주)○○○에 지급한 사실이 있으므로 청구인은2004.10.29. 완성된 이 건 건축물을 취득한 것으로 보아야 할 것이고, 청구인이 이건 건축물을 취득한 이상, 청구 외 주식회사 ○○○이 이 건 건축물에 대한 취득세 등을 신고 납부하였다 하더라도 청구인의 이 건 건축물의 취득에 따른 취득세 납세의무 성립에는 영향을 미치지 않는 것으로 보는 것이 타당하다 할 것이다.

다음은 등기 또는 등록을 할 수 없는 부동산을 신탁계약에 의하여 취득한 경우에는 「지방세법」 제110조 제1호의 비과세대상에 해당된다는 주장에 대하여 보면, 구 「지방세법」 제110조 제1호에서는 신탁재산을 취득하는 경우 신탁법에 의한 신탁으로서 신탁등기가 병행되는 것에 한하여 위탁자로부터 수탁자에게 신탁재산을 이전하는 경우의 취득에 대하여 취득세를 비과세하는 것으로 규정하고 있으므로 등기 또는 등록을 할 수 없는 부동산을 취득하는 경우에는 위 규정은 적용될 여지가 없다 할 것이고, 청구인은 이 건 건축물은 신탁계약에 의하여 취득한 것이 아니라고 주장하고 있을 뿐만 아니라, 청구인이 제출한 분양형 토지신탁계약서에 의하여도 이 건 건축물에 대한 신탁계약을 한 사실을 발견할 수 없고, 처분청이 제출한 청구인과 청구외 (주)○○○ 관리인 구○○○ 사이에 체결한 모델하우스공사 승계계약서에 의하여도 이 건 건축물을 신탁법에 의한 신탁으로 볼 수 있는 사실을 발견할 수 없으므로 이 건 건축물의 취득은 신탁계약을 원인으로 취득한 것으로 보기 어려울 뿐만 아니라 등기 또는 등록을 한 사실도 없으므로 이 건 건축물에 대한 취득은 신탁으로 인한 취득에 해당되지 아니하므로 구 지방세 법 제110조 제

1호에서 규정하고 있는 취득세의 비과세대상에 해당된다는 청구인의 주장은 받아들이기 어렵다 하겠음(조심 08지22, 2008.6.25.).

3. 취득일 이후 발생한 견본주택 유지비용

견본주택은 이 건 건축물과 별개의 취득세 과세대상으로서 사용 개시일(가설건축물 존치 허가일)까지 발생한 건축비용을 과세표준으로 하여 그 사용개시일부터 30일 이내에 취득세를 신고 납부하여야 하며, 사용개시일(취득일) 이후 발생한 비용은 그것이 지방세법령에서 규정한 시설물의 설치나 개수에 해당되지 않는 이상 그 가액은 견본주택의 취득가액에 해당되지 않는다고 할 것임(조심 12지580, 2012.12. 10.).

4. 토지임차료

주택건설사업을 영위하는 법인이 아파트 모델하우스 건축물을 신축하기 위하여 토지를 임차한 경우 그 토지임차료는 취득세 과세표준이 되는 모델하우스 건축물 건축비에서 제외되며, 아파트 건축비에도 포함되지 않음(행자부 세정13407－388, 1997.4.24.).

나. 「지방세법」상 취득세의 과세표준(2023년 이후 납세의무성립분)

※ 실질가치 반영 강화를 위한 취득세 과표 개선(2023.1.1. 납세의무성립분부터 적용)

❑ 개정요약

개정 전	개정 후
❑ 취득세 과세표준 ○ 과세표준을 "신고한 가액" 적용 　－ 신고가액이 없거나, 시가표준액보다신고가액이 적은 경우: 시가표준액 　－ 유상취득: 사실상 취득가격 일부인정 　－ 무상취득: 시가표준액(시가 불인정)	❑ 취득세 과세표준 체계 개선 ○ 취득원인별로 조문체계를 명확히 함 　－ 무상·유상·원시·과세특례·간주취득 順 ○ 실제거래가액 신고 인정 및 무상취득시 시가* 도입 적용 * 매매사례가액, 감정가액, 경·공매가격 등

❑ 개정내용
○ (개정방향) 취득원인별로 납세자가 과세표준을 이해하기 쉽도록 과표기준, 무상·유상·원시·과세특례*·간주취득 順으로 구분 재편
○ (과세표준) 개인·법인 모두 유상취득과 원시취득은 실제거래가액 즉 "사실상 취득가격"으로 하고, 무상취득은 "시가인정액"을 적용
○ (시가인정액 제도 도입) 증여 취득에 대한 취득세 과세표준은 종전에는 시가표준액을 적용하였으나, '23년부터 공평과세 실현과 실질가치 반영 강화, 국세(증여세)와의 정합성 등 제고를 위하여 부동산을 증여 취득하는 경우 시가를 반영한 시가인정액을 과세표준으로 적용('21년 말 개정, 1년 유예)

(1) 과세표준의 기준

취득세의 과세표준은 '취득 당시의 가액', 즉 사실상의 취득(매매, 교환, 상속, 증여, 기부, 현물출자, 건축, 개수, 공유수면의 매립, 간척에 의한 토지 조성 등)행위 당시의 가액을 말한다.

다만, 연부로 취득하는 경우에는 연부금액(매회 사실상 지급되는 금액을 말하며, 취득금액에 포함되는 계약보증금을 포함한다.)으로 한다.

그리고, 부동산, 차량, 기계장비 또는 항공기는 해당 물건을 취득하였을 때의 사실상의 현황에 따라 부과하며 사실상의 현황이 분명하지 아니한 경우에는 공부상의 등재 현황에 따라 부과한다.

(2) 무상취득

증여 취득의 과표는 원칙적으로 시가인정액을 적용하되, 당해 부동산에 대한 매매등 시가인정액이 없는 경우에는 유사 부동산의 매매등 가액을 시가인정액으로 보며, 시가인정액을 알 수 없는 경우에는 보충적으로 시가표준액을 적용한다.

(가) 원칙: 시가인정액 적용

1) 시가인정액 정의

'시가인정액'이란 취득시기 현재 불특정 다수인 사이에 자유롭게 거래가 이루어지는 경우 통상적으로 성립된다고 인정되는 가액으로 해당 물건의 매매사례가액, 감정가액, 경·공매가액 등 대통령령으로 정하는 바에 따라 시가(時價)로 인정되는 가액(영 §14 ①)을 말한다(여기서 '매매등'이란 매매, 감정, 경·공매를 말함).

2) 평가기간 적용

- 증여취득 시가인정액의 "평가기간"은 취득일 전 6개월부터 취득일 후 3개월 이내의 기간을, 평가기간 외의 기간(이하 "확장된 평가기간")은 취득일 전 2년부터 취득세 신고납부기한의 만료일부터 6개월을 의미
- 매매등 가액이 평가기간에 해당하는지를 판단하기 위한 기준일은 다음과 같음(영 §14 ②).
- ※ 유형별 판단기준일이 평가기간 또는 확장된 평가기간에 있어야 함.

| 매매등 가액별 평가기간 내 판단기준일 |

구 분		기준일	비고
해당부동산	매매가액	매매계약일	특수관계인간 저가로 거래한 가격은 적용되지 않음
	감정가액	가격산정기준일 & 평가서 작성일	둘 이상의 감정기관의 평가액 – 단 10억 이하 부동산 및 법인의 합병·분할은 1개의 평가액 인정
	경·공매가액	경·공매가액 결정일	※ 상증세와 달리 "수용가액" 불인정
유사사례가액		위의 원인별 기준일	해당부동산에 대한 매매등의 가액이 있는 경우 적용 않됨

3) 시가인정액 적용순서(법 §10 - 2 ①~②, 영 §14 ①~⑥)

① (평가기간 내) 취득일 전 6개월부터 취득일 후 3개월 내에 매매사례가액, 감정가액, 경·공매가액

　– 평가기간 중 시가인정액으로 보는 가액이 둘 이상인 경우에는 취득일을 전후하여 가장 가까운 날에 해당하는 가액을 적용

② (확장된 평가기간) 지방세심의위원회에서 심의·의결된 '매매등 시가인정액'

　– 납세자 및 지방자치단체의 장은 지방세심의위원회에 확장된 평가기간 매매등 가액을 시가인정액으로 심의요청 할 수 있음(영 §14 ③).

※ 심의요청을 받은 지방세심의위원회는 취득일로부터 평가기간까지의 기간 중에 시간의 경과와 주위환경의 변화 등을 고려할 때 가격변동의 특별한 사정이 없다고 인정하는 경우에는 매매등의 가액을 시가인정액으로 심의·의결할 수 있음.

③ (평가기간 내) 유사 부동산의 매매등 가액 중 취득일에 가까운 가액을 시가인정액으로 봄(평가기간 이내의 가액 중 신고일*까지로 한정).

　* 납세자의 예측가능성을 보호하기 위한 취지

④ (확장된 평가기간) 유사 부동산의 매매등의 가액도 지방세심의위원회에서 심의를 거쳐 시가인정액이 될 수 있음(확장된 평가기간 이내의 가액 중 신고일*까지로 한정).

1. 매매등 시가인정액의 평가기간

확장된 평가기간 ② · 평가기간 ① · 확장된 평가기간 ②

취득일 전 2년 · 취득일 전 6개월 · 취득일 · 취득일 후 3개월* · 취득 신고납부기한의 만료일부터 6개월

* 무상취득의 신고납부기한은 취득일이 속하는 달의 말일부터 3개월인 점과 비교

2. '유사 부동산'의 매매등 시가인정액의 평가기간

확장된 평가기간 ④ · 평가기간 ③

취득일 전 2년 · 취득일 전 6개월 · 취득일 · 신고일

※ 해당 재산의 매매등 시가인정액이 확인되는 경우, 취득일을 기준으로 더 가까운 날에 유사 부동산의 매매등 시가인정액이 있더라도 해당 재산의 매매등 시가인정액을 우선으로 적용

(나) 예외: 시가표준액 적용

1) 상속: 시가표준액
2) 시가표준액 1억 원 이하 부동산등: 시가인정액과 시가표준액 중 납세자가 정하는 가액
3) 1) 및 2)에 해당하지 않으며, 시가인정액을 산정하기 어려운 경우: 시가표준액

(다) 매매등 시가인정액의 유형

1) 매매사례가액(영 §14 ① 1)

- 취득한 부동산 등에 대해 매매사실이 있는 경우에는 그 거래가액을 시가인정액으로 보며, 다만, 「소득세법」 제101조 제1항 또는 「법인세법」에 따른 특수관계인간의 거래로 취득에 대한 조세부담을 부당하게 감소시키는 경우(부당행위계산)는 제외한다.

▶ **지방세법시행령(§10조의3 ②), 지방세법 시행령(§18의2)**
- 특수관계인으로부터 시가인정액보다 낮은 가격으로 부동산을 취득한 경우로서,
- 시가인정액과 사실상취득가격의 차액이 3억 원 또는 시가인정액의 5% 이상인 경우

- 평가기간 내의 가액 판단기준일: 매매계약일(영 §14 ②)

2) 감정가액

① 감정가액의 시가인정액 적용(영 §14-3 ①)

- 납세자가 둘 이상의 감정기관에 감정을 의뢰하고 감정가액을 과세표준으로 신고하는 경우에는 그 감정가액(평균액)을 시가인정액으로 보며, 취득 물건의 시가표준액 10억 원 이하인 경우 및 법인의 합병·분할, 조직변경을 원인으로 취득하는 경우에는 하나의 감정기관이 평가한 감정가액을 시가인정액으로 봄.
- 평가기간 내의 가액 판단기준일: 가격산정 기준일(감정가액평가서 작성일도 평가기간 이내*에 있어야 함(영 §14 ②)).

② 공신력 있는 감정기관감정기관이 평가한 가액일 것(영 §14 ① 2, 규칙 §4-5 ①)

- 감정기관이 평가한 감정가액을 시가인정액으로 보는 경우, 이때의 감정기관은 공신력 있는 감정기관이라야 하며, 여기서 "공신력 있는 감정기관"이란 「감정평가 및 감정평가사에 관한 법률」 제2조 제4호의 감정평가법인등을 말한다.

③ 납세자가 신고한 감정가액을 시가인정액으로 보지 않는 경우

- 공신력 있는 감정기관이 평가한 감정가액이라 하더라도(영 §14 ① 2) 일정한 조건이 충족될 것을 전제로 해당 부동산 등을 평가하는 등 취득세 납부목적에 적합하지 않은 감정가액, 원형대로 감정하지 않은 경우, 감정가액이 기준금액에 미달하거나 그 이상인 경우 그 감정가액은 제외함.
- 시가불인정 감정기관으로 지정된 감정기관이 평가한 감정가액은 그 지정된 기간 동안에 시가인정액으로 보지 않음(법 §10-2 ⑤).

④ 납세자가 신고한 감정가액과 기준금액 비교(영 §14 ① 2)

- 감정가액이 기준금액 등에 미달하는 경우에는 지자체 장이 다른 감정기관에 의뢰하여 감정한 가액으로 하며, 여기서 기준금액이란 감정가액이 '시가표준액'과 '유사 부동산의 매매등 시가인정액의 90%'에 해당하는 가액 중 적은 금

액에 미달하는 경우를 말한다. 이 경우 그 가액이 납세자가 제시한 감정가액보다 낮은 경우에는 납세자가 제시한 감정가액으로 한다.

- 감정가액이 기준금액 등에 이상인 경우에는 지방세심의위원회의 심의를 거쳐 감정평가 목적 등을 고려하여 해당 감정가액이 부적당하다고 인정되는 경우에는 지자체 장이 다른 감정기관에 의뢰하여 감정한 가액으로 하며, 이 경우 그 가액이 납세자가 제시한 감정가액보다 낮은 경우에는 납세자가 제시한 감정가액으로 한다.

3) 경매·공매가액

- 취득한 부동산 등의 경매 또는 공매 사실이 있는 경우 그 경매가액 또는 공매가액을 시가인정액으로 봄(영 §14 ① 3).
- 평가기간 내의 가액 판단기준일: 경·공매가액이 결정된 날

4) 자본적 지출액 반영

- 매매등의 시가인정액 판단기준일이 취득일 전인 경우로서 판단기준일부터 취득일까지 취득 부동산에 대한 자본적 지출액이 확인되는 경우, 그 자본적 지출액을 매매등 시가인정액에 더할 수 있음.

※ 소득세법시행령 §163 ③에 따른 자본적 지출액을 말하며, 소득세집행기준(2014) 33-67-2 참고

구분	자본적 지출	수익적 지출
구분기준	감가상각의 내용연수를 연장시키거나 해당자산의 가치를 현실적으로 증가시키기 위해 지출한 수선비	감가상각자산의 원상을 회복시키거나 능률 유지를 위해 지출한 수선비
예시	1. 본래의 용도를 변경하기 위한 개조 2. 엘리베이터 또는 냉난방장치의 설치 3. 빌딩 등의 피난시설등의 설치 4. 재해 등으로 인하여 건물·기계·설비 등이 멸실 또는 훼손되어 해당 자산의 본래 용도로의 이용가치가 없는 것의 복구 5. 기타 개량·확장·증설 등 제1호부터 제4호까지와 유사한 성질의 것	1. 건물 또는 벽의 도장 2. 파손된 유리나 기와의 대체 3. 기계의 소모된 부속물 또는 벨트의 대체 4. 자동차 타이어의 대체 5. 재해를 입은 자산에 대해 외장의 복구·도장 및 유리의 삽입 6. 기타 조업가능한 상태의 유지 등 제1호부터 제5호까지와 유사한 성질의 것

(라) 유사 부동산의 매매등 시가인정액의 적용

취득한 부동산등의 면적, 위치 및 용도와 시가표준액이 동일하거나 유사하다고 인정되는 다른 부동산에 대한 시가인정액이 있는 경우 해당 가액을 시가인정액으로 봄(영 §14 ⑤, ⑥).

※ 당해 물건에 대한 매매등 시가인정액이 있으면 유사 부동산의 매매등 시가인정액은 적용하지 않음.

| 유사 부동산의 범위 |

> ▶ **지방세법시행규칙(§4조의3 ④)**
> - 공동주택가격이 있는 공동주택의 경우: 평가대상 주택과 동일한 공동주택단지(「공동주택관리법」에 따른 공동주택단지)로 평가대상 주택과 주거전용면적의 차이 5% 및 공동주택가격의 차이 5% 이내의 조건을 모두 충족하여야 하며, 해당 주택이 둘 이상인 경우에는 평가대상 주택과 공동주택가격 차이가 가장 작은 주택
> - 공동주택가격이 없는 공동주택 및 그 외의 재산: 평가대상 재산과 면적·위치·용도 및 법 제4조에 따른 시가표준액이 동일하거나 유사한 다른 재산의 5% 이내 조건 모두 충족

(마) 부담부증여

채무부담액에 대해서는 유상승계취득에서의 과세표준인 '사실상취득가격'을 적용하고, 취득물건의 시가인정액에서 채무부담액을 뺀 잔액에 대해서는 무상취득에서의 과세표준인 '시가인정액'을 적용

1) 채무부담액의 범위: 시가인정액을 그 한도로 함.
2) 채무부담액의 종류
   취득일이 속하는 달의 말일부터 3개월 이내에 인수한 것을 입증한 채무액
   가) 등기부 등본으로 확인되는 부동산등에 대한 저당권, 가압류, 가처분 등에 따른 채무부담액
   나) 금융기관이 발급한 채무자 변경 확인서 등으로 확인되는 금융기관의 금융채무액
   다) 임대차계약서 등으로 확인되는 부동산등에 대한 임대보증금액
   라) 그 밖에 판결문, 공정증서 등 객관적 입증자료로 확인되는 취득자의 채무부담액

(바) 시가불인정 감정기관 지정

1) 시가불인정 감정기관 심의대상

납세자가 평가기간 내 감정가액을 시가인정액으로 신고한 경우 지자체 장은 감정기관(원감정기관)이 평가한 감정가액이 다른 감정기관이 평가한 감정가액(재감정가액)의 80%에 미달하는 경우 지방세심의위원회 심의를 거쳐 해당 감정기관을 시가불인정 감정기관으로 지정할 수 있음(법 §10-2 ④, 영 §14-3).

2) 시가불인정 감정기관의 지정절차

지방자치단체의 장은 지방세심의위원회 회의를 개최하기 전에 다음 내용을 해당 감정기관에 통지하고 의견을 청취해야 함(영 §14-3 ⑤).

☐ 시가불인정감정기관 지정 내용 및 법적근거, 이과 관련하여 의견을 제출할 수 있다는 뜻과 의견을 제출하지 않을 경우의 처리방법
☐ 의견 제출기한
☐ 그 밖에 의견제출에 필요한 사항

지방자치단체의 장이 시가불인정감정기관을 지정하는 경우에는 다음 사항을 지방세통합통신망에 게재

☐ 시가불인정감정기간의 명칭(상호), 성명(법인인 경우 대표자 성명과 법인등록번호) 및 사업자등록번호
☐ 시가불인정감정기관 지정 기간, 사유
☐ 시가불인정감정기관 지정 처분이 해제된 경우 그 해제 사실

3) 시가불인정 감정기관의 지정 기간 설정

부실감정의 고의성 및 원감정가액이 재감정가액에 미달하는 정도에 따라 1년의 범위에서 행정안전부령으로 정하는 기간 동안 시가 불인정감정기관으로 지정
 - 고의 또는 중대한 과실로 부실감정을 한 경우: 1년

☐ 평가대상 재산의 위치·지형·이용상황·주변환경 등 객관적 가치에 영향을 미치는 요인을 사실과 다르게 조사한 경우
☐ 감정평가법(§2, §25 ②)을 위반한 경우(자신 또는 친족소유 부동산 등)
☐ 납세자와 담합하여 취득세를 부당하게 감소시킬 목적으로 평가

– 원감정가액이 재감정가액에 미달하는 경우 재감정가액에 대한 원감정가액의 비율에 따른 지정 기간

※ 70%~80%인 경우 6월, 60%~70% 9월, 60% 미만 1년

– 모두 해당하는 경우 해당 기간 중 긴 기간 동안 불인정감정기관으로 지정

(3) 유상승계취득

유상승계취득의 과세표준은 '사실상취득가격'을 적용하되, 특수관계인 간의 거래로 조세부담을 부당하게 감소시킨 것으로 인정되는 경우(부당행위계산) 시가인정액을 적용 가능

(가) 원 칙: 사실상취득가격 적용

'사실상취득가격'이란 해당 물건을 취득하기 위하여 거래 상대방이나 제3자에게 지급하였거나 지급해야 할 직접비용과 아래의 간접비용의 합계액을 말한다. 다만, 취득대금을 일시급 등으로 지급하여 일정액을 할인받은 경우에는 그 할인된 금액으로 하고, 법인이 아닌 자가 취득한 경우에는 아래의 간접비용 중 ①, ②, ⑦의 금액을 제외한 금액으로 한다.

1) 사실상취득가격에 포함되는 간접비용

① 건설자금에 충당한 차입금의 이자 또는 이와 유사한 금융비용

② 할부 또는 연부(年賦) 계약에 따른 이자 상당액 및 연체료

③ 「농지법」에 따른 농지보전부담금, 「문화예술진흥법」 제9조 제3항에 따른 미술작품의 설치 또는 문화예술진흥기금에 출연하는 금액, 「산지관리법」에 따른 대체산림자원조성비 등 관계 법령에 따라 의무적으로 부담하는 비용

④ 취득에 필요한 용역을 제공받은 대가로 지급하는 용역비·수수료(건축 및 토지조성공사로 수탁자가 취득하는 경우 위탁자가 수탁자에게 지급하는 신탁수수료를 포함한다)

⑤ 취득대금 외에 당사자의 약정에 따른 취득자 조건 부담액과 채무인수액

⑥ 부동산을 취득하면서 매입한 국민주택채권을 해당 부동산의 취득 이전에 양도함으로써 발생하는 매각차손

⑦ 「공인중개사법」에 따른 공인중개사에게 지급한 중개보수

⑧ 붙박이 가구·가전제품 등 건축물에 부착되거나 일체를 이루면서 건축물의 효용을 유지 또는 증대시키기 위한 설비·시설 등의 설치비용

⑨ 정원 또는 부속시설물 등을 조성·설치하는 비용

- 건축물의 건축에 수반되는 비용: 건축물 취득가격에 포함
- 지목변경이 수반되는 비용: 지목변경 취득가격에 포함

⑩ 제1호부터 제9호까지의 비용에 준하는 비용

2) 사실상취득가격에 포함되지 않는 비용

① 취득하는 물건의 판매를 위한 광고선전비 등의 판매비용과 그와 관련한 부대비용
② 「전기사업법」, 「도시가스사업법」, 「집단에너지사업법」, 그 밖의 법률에 따라 전기·가스·열 등을 이용하는 자가 분담하는 비용
③ 이주비, 지장물 보상금 등 취득물건과는 별개의 권리에 관한 보상 성격으로 지급되는 비용
④ 부가가치세
⑤ 제1호부터 제4호까지의 비용에 준하는 비용

(나) 예외: 시가인정액 적용

특수관계인간 거래로 조세부담을 부당하게 감소시킨 것으로 인정되는 경우(부당행위계산)에는 시가인정액을 취득당시가액으로 결정할 수 있다.

'부당행위계산'은 특수관계인으로부터 시가인정액보다 낮은 가격으로 부동산을 취득한 경우로서 시가인정액과 사실상취득가격의 차액이 3억 원 이상이거나 시가인정액의 100분의 5에 상당하는 금액 이상인 경우

> ※ 소득세법 제101조 제1항(부당행위계산의 부인)
> 납세지 관할세무서장 또는 지방국세청장은 양도소득이 있는 거주자의 행위 또는 계산이 그 거주자와 특수관계인과의 거래로 인하여 그 소득에 대한 조세의 부담을 부당하게 감소시킨 것으로 인정되는 경우에는 그 거주자의 행위 또는 계산에 관계없이 해당 과세기간의 소득금액을 계산할 수 있다.

> ※ 법인세법 제52조 제1항(부당행위계산의 부인)
> 납세지 관할세무서장 또는 관할지방국세청장은 내국법인의 행위 또는 소득금액의 계산이 대통령령이 정하는 특수관계인(이하 "특수관계인"이라 한다)과의 거래로 인하여 그 법인의 소득에 대한 조세의 부담을 부당하게 감소시킨 것으로 인정되는 경우에는 그 법인의 행위 또는 소득금액의 계산(이하 "부당행위계산"이라 한다)에 관계없이 그 법인의 각 사업연도의 소득금액을 계산할 수 있다.

(4) 원시취득

가. 원 칙: 사실상취득가격 적용

나. 예 외: 시가표준액 적용

법인이 아닌 자가 취득하는 경우로서 사실상취득가격을 확인할 수 없는 경우

(5) 과세표준액에 대한 특례

가. 차량ㆍ기계장비

1) 무상취득의 경우: 시가표준액

2) 유상승계취득의 경우: 사실상 취득가격. 다만, 사실상취득가격에 대한 신고 또는 신고가액의 표시가 없거나 그 신고가액이 시가표준액보다 적은 경우 시가표준액 적용

3) 차량 제조회사가 생산한 차량을 직접 사용하는 경우: 사실상취득가격

4) 천재지변 등으로 가액이 시가표준액보다 하락한 경우: 천재지변ㆍ화재ㆍ교통사고 등으로 중고 차량ㆍ기계장비의 가액이 시가표준액보다 하락한 것으로 시장ㆍ군수ㆍ구청장이 인정하는 경우 사실상취득가격 적용

나. 대물변제ㆍ교환ㆍ양도담보 등 유상거래

특수관계인 간 부당행위계산으로 인정되는 경우 시가인정액을 적용

1) 대물변제: 대물변제액(대물변제액 외에 추가로 지급한 금액이 있는 경우에는 그 금액을 포함한다). 다만, 대물변제액이 시가인정액을 초과하는 경우 취득당시가액은 시가인정액

2) 교환: 교환을 원인으로 이전받는 부동산등의 시가인정액과 이전하는 부동산등의 시가인정액(상대방에게 추가로 지급하는 금액과 상대방으로부터 승계받는 채무액이 있는 경우 그 금액을 더하고, 상대방으로부터 추가로 지급받는 금액과 상대방에게 승계하는 채무액이 있는 경우 그 금액을 차감한다) 중 높은 가액

3) 양도담보: 양도담보에 따른 채무액(채무액 외에 추가로 지급한 금액이 있는 경우 그 금액을 포함한다). 다만, 그 채무액이 시가인정액을 초과하는 경우 취득당시가액은 시가인정액

다. 법인의 합병ㆍ분할ㆍ조직변경을 원인으로 하는 취득 시가인정액. 다만, 시가인정액을 산정하기 어려운 경우 시가표준액

라. 「도시 및 주거환경정비법」제2조 제8호의 사업시행자, 「빈집 및 소규모주택 정비에 관한 특례법」제2조 제1항 제5호의 사업시행자 및 「주택법」제2조 제11호의 주택조합이 법 제7조 제8항 단서에 따른 비조합원용 부동산 또는 체비지·보류지를 취득한 경우

다음 계산식에 따라 산출한 가액

$$가액 = A \times [B - (C \times B / D)]$$

A: 해당 토지의 제곱미터당 분양가액
B: 해당 토지의 면적
C: 사업시행자 또는 주택조합이 해당 사업진행 중 취득한 토지면적(조합원으로부터 신탁받은 토지는 제외한다)
D: 해당 사업 대상 토지의 전체 면적

마. 「도시개발법」에 따른 도시개발사업의 시행으로 인한 사업시행자의 체비지 또는 보류지를 취득하는 경우

$$가액 = A \times [B - (C \times B / D)] - E$$

A: 해당 토지의 제곱미터당 분양가액
B: 해당 토지의 면적
C: 사업시행자 또는 주택조합이 해당 사업진행 중 취득한 토지면적(조합원으로부터 신탁받은 토지는 제외한다)
D: 해당 사업 대상 토지의 전체 면적
E: 법 제7조 제4항 후단에 따른 토지의 지목 변경에 따른 취득가액

바. 「도시개발법」에 따른 도시개발사업과 「도시및주거환경정비법」에 따른 정비사업의 시행으로 해당사업의 대상이 되는 부동산의 소유자(상속인을 포함한다)가 환지계획 또는 관리처분계획에 따라 공급받는 토지로서 당초 소유한 토지 면적을 초과하는 경우

$$가액 = (A \times B) - C$$

A: 해당 토지의 제곱미터당 분양가액
B: 해당 토지의 면적
C: 법 제7조 제4항 후단에 따른 토지의 지목 변경에 따른 취득가액

(6) 간주취득

(가) 지목변경 · 구조변경 · 개수

1) 원칙: 사실상취득가격 적용

지목변경, 선박·차량·기계장비의 종류 변경(선박의 선질(船質)·용도·기관·정원 또는 최대적재량이나 차량 또는 기계장비의 원동기·승차정원·최대적재량·차체 변경)및 건축물을 개수하는 경우의 취득 당시가액은 그 변경으로 증가한 가액에 해당하는 사실상취득가격으로 한다.

2) 예외: 시가표준액 적용

법인이 아닌 자가 취득하는 경우로서 사실상취득가격을 확인할 수 없는 경우
① 지목변경: 토지의 지목이 사실상 변경된 때를 기준으로 지목변경 이후의 시가표준액(인근 유사토지 가액을 기준으로 토지가격비준표를 사용하여 산정한 가액)에서 지목변경 전의 시가표준액(지목변경 공사착공일 현재 공시된 시가표준액)을 뺀 가액
② 구조변경·개수: 시가표준액

(나) 과점주주의 취득

과점주주가 취득한 것으로 보는 해당 법인의 부동산, 차량, 기계장비, 항공기, 선박, 입목, 광업권, 어업권, 골프회원권, 승마회원권, 콘도미니엄 회원권, 종합체육시설 이용회원권 또는 요트회원권에 대한 과세표준은 그 부동산 등의 총가액을 그 법인의 주식 또는 출자의 총수로 나눈 가액에 과점주주가 취득한 주식 또는 출자의 수를 곱한 금액으로 한다.

이 경우 과점주주는 조례로 정하는 바에 따라 과세표준 및 그 밖에 필요한 사항을 신고하여야 한다. 신고 또는 신고가액의 표시가 없거나 신고가액이 과세표준보다 적을 때에는 지방자치단체의 장이 해당 법인의 결산서 및 그 밖의 장부 등에 따른 취득세 과세대상 자산총액을 기초로 전단의 계산방법으로 산출한 금액을 과세표준으로 한다.

| 과세표준 적용요약 |

취득구분		과세표준(취득 당시의 가액)
무상취득	원칙	시가인정액 (취득일 전 6개월부터 취득일 후 3개월 이내의 기간에 매매, 감정, 경매, 공매한 사실이 있는 경우 그 가액)
	상속	시가표준액

취득구분		과세표준(취득 당시의 가액)
	시가표준액 1억 원 이하인 부동산등	시가인정액과 시가표준액 중 납세자가 정하는 가액
	부담부 증여(채무부담액을 뺀 잔액)	시가인정액
	상속 및 시가표준액 1억 원 이하 부동산등에 해당하지 않으며, 시가인정액을 산정하기 어려운 경우	시가표준액
유상 취득	원칙	사실상취득가격 (취득시기 이전에 거래 상대방 또는 제3자에게 지급하였거나 지급하여야 할 일체의 비용)
	연부	사실상 연부금 지급액
	부담부 증여 중 채무부담액	사실상취득가격
	부당행위계산 인정 시	시가인정액
원시 취득	원칙	사실상취득가격
	법인이 아닌 자가 취득하는 경우로서 사실상취득가격을 확인할 수 없는 경우	시가표준액
차량·기계장비	무상취득	시가표준액
	유상승계취득	사실상취득가격. 다만, 신고 또는 신고가액의 표시가 없거나 그 신고가액이 시가표준액보다 적은 경우 시가표준액
	차량 제조회사 생산 차량 직접사용	사실상취득가격
	천재지변 등으로 가액이 시가표준액보다 하락한 것으로 인정되는 경우	사실상취득가격
대물변제	min(대물변제액, 시가인정액)	
교환	max(ⓐ 이전받는 부동산등의 시가인정액, ⓑ 이전하는 부동산등의 시가인정액)	
양도담보	min(양도담보에 따른 채무액, 시가인정액)	
법인의 합병·분할·조직변경		시가인정액. 다만, 시가인정액 산정이 어려운 경우 시가표준액
정비사업시행자, 빈집정비사업·소규모주택정비사업 시행자, 주택조합이 취득하는 비조합원용 토지 또는 체비지·보류지		㎡당 분양가액 × 과세면적

취득구분		과세표준(취득 당시의 가액)
도시개발사업 시행자의 체비지·보류지 취득		㎡당 분양가액 × 과세면적 − 지목변경 취득가액
도시개발사업과 정비사업의 조합원의 초과 취득 토지면적		㎡당 분양가액 × 취득면적 − 지목변경 취득가액
지목변경·구조변경·개수	원칙	사실상취득가격(그 변경으로 증가한 가액)
	사실상취득가격을 확인할 수 없는 경우	시가표준액
과점주주	법인장부에 따른 부동산등의 총가액 × 과점주주 주식·출자비율	

 취득세 세율(법인의 주택 취득 등 포함)

「**지방세법**」 제11조(부동산 취득의 세율) ① 부동산에 대한 취득세는 제10조의 과세표준에 다음 각 호에 해당하는 표준세율을 적용하여 계산한 금액을 그 세액으로 한다.

1. 상속으로 인한 취득
   가. 농지: 1천분의 23
   나. 농지 외의 것: 1천분의 28
2. 제1호 외의 무상취득: 1천분의 35. 다만, 대통령령으로 정하는 비영리사업자의 취득은 1천분의 28로 한다.
3. 원시취득: 1천분의 28
4. 삭제 〈2014.1.1.〉
5. 공유물의 분할 또는 「부동산 실권리자명의 등기에 관한 법률」 제2조 제1호 나목에서 규정하고 있는 부동산의 공유권 해소를 위한 지분이전으로 인한 취득(등기부등본상 본인 지분을 초과하는 부분의 경우에는 제외한다): 1천분의 23
6. 합유물 및 총유물의 분할로 인한 취득: 1천분의 23
7. 그 밖의 원인으로 인한 취득
   가. 농지: 1천분의 30
   나. 농지 외의 것: 1천분의 40
8. 제7호 나목에도 불구하고 유상거래를 원인으로 주택[「주택법」 제2조 제1호에 따른 주택으로서 「건축법」에 따른 건축물대장·사용승인서·임시사용승인서 또는 「부동산등기법」에 따른 등기부에 주택으로 기재{「건축법」(법률 제7696호로 개정되기 전의 것을 말한다)에 따라 건축허가 또는 건축신고 없이 건축이 가능하였던 주택(법률 제7696호 건축법 일부개정법률 부칙 제3조에 따라 건축허가를 받거나 건축신고가 있는 것으로

보는 경우를 포함한다)으로서 건축물대장에 기재되어 있지 아니한 주택의 경우에도 건축물대장에 주택으로 기재된 것으로 본다)된 주거용 건축물과 그 부속토지를 말한다. 이하 이 조에서 같다]을 취득하는 경우에는 다음 각 목의 구분에 따른 세율을 적용한다. 이 경우 지분으로 취득한 주택의 제10조에 따른 취득 당시의 가액(이하 이 호에서 "취득당시가액"이라 한다)은 다음 계산식에 따라 산출한 전체 주택의 취득당시가액으로 한다.

$$\text{전체 주택의 취득당시의 가액} = \text{취득 지분의 취득 당시의 가액} \times \frac{\text{전체 주택의 시간표준액}}{\text{취득 지분의 시간표준액}}$$

가. 취득당시가액이 6억 원 이하인 주택: 1천분의 10
나. 취득당시가액이 6억 원을 초과하고 9억 원 이하인 주택: 다음 계산식에 따라 산출한 세율. 이 경우 소수점이하 다섯째자리에서 반올림하여 소수점 넷째자리까지 계산한다.

$$\left(\text{해당 주택의 취득당시가액} \times \frac{2}{3\text{억 원}} - 3 \right) \times \frac{1}{100}$$

다. 취득당시가액이 9억 원을 초과하는 주택: 1천분의 30
② 제1항 제1호·제2호·제7호 및 제8호의 부동산이 공유물일 때에는 그 취득지분의 가액을 과세표준으로 하여 각각의 세율을 적용한다.
③ 제10조 제3항에 따라 건축(신축과 재축은 제외한다) 또는 개수로 인하여 건축물 면적이 증가할 때에는 그 증가된 부분에 대하여 원시취득으로 보아 제1항 제3호의 세율을 적용한다.
④ 주택을 신축 또는 증축한 이후 해당 주거용 건축물의 소유자(배우자 및 직계존비속을 포함한다)가 해당 주택의 부속토지를 취득하는 경우에는 제1항 제8호를 적용하지 아니한다.
⑤ 법인이 합병 또는 분할에 따라 부동산을 취득하는 경우에는 제1항 제7호의 세율을 적용한다.

제12조(부동산 외 취득의 세율) ① 다음 각 호에 해당하는 부동산등에 대한 취득세는 제10조의 과세표준에 다음 각 호의 표준세율을 적용하여 계산한 금액을 그 세액으로 한다.
1. 선박
  가. 등기·등록 대상인 선박(나목에 따른 소형선박은 제외한다)
    1) 상속으로 인한 취득: 1천분의 25
    2) 상속으로 인한 취득 외의 무상취득: 1천분의 30
    3) 원시취득: 1천분의 20.2
    4) 수입에 의한 취득 및 주문 건조에 의한 취득: 1천분의 20.2

5) 삭제 〈2014.1.1.〉

6) 그 밖의 원인으로 인한 취득: 1천분의 30

나. 소형선박

1) 「선박법」 제1조의2 제2항에 따른 소형선박: 1천분의 20.2

2) 「수상레저안전법」 제30조에 따른 동력수상레저기구: 1천분의 20.2

다. 가목 및 나목 외의 선박: 1천분의 20

2. 차량

가. 대통령령으로 정하는 비영업용 승용자동차: 1천분의 70. 다만, 대통령령으로 정하는 경자동차(이하 이 조에서 "경자동차"라 한다)의 경우에는 1천분의 40으로 한다.

나. 「자동차관리법」에 따른 이륜자동차로서 대통령령으로 정하는 자동차: 1천분의 20

다. 가목 및 나목 외의 자동차

1) 대통령령으로 정하는 비영업용: 1천분의 50. 다만, 경자동차의 경우에는 1천분의 40으로 한다.

2) 대통령령으로 정하는 영업용: 1천분의 40

3) 삭제 〈2019.12.31〉

라. 가목부터 다목까지의 자동차 외의 차량: 1천분의 20

3. 기계장비: 1천분의 30. 다만, 「건설기계관리법」에 따른 등록대상이 아닌 기계장비는 1천분의 20으로 한다.

4. 항공기

가. 「항공안전법」 제7조 단서에 따른 항공기: 1천분의 20

나. 그 밖의 항공기: 1천분의 20.2. 다만, 최대이륙중량이 5,700킬로그램 이상인 항공기는 1천분의 20.1로 한다.

5. 입목: 1천분의 20

6. 광업권 또는 어업권: 1천분의 20

7. 골프회원권, 승마회원권, 콘도미니엄 회원권, 종합체육시설 이용회원권 또는 요트회원권: 1천분의 20

② 제1항 제1호의 선박 및 같은 항 제3호의 기계장비가 공유물일 때에는 그 취득지분의 가액을 과세표준으로 하여 세율을 적용한다.

제15조(세율의 특례) ① 다음 각 호의 어느 하나에 해당하는 취득에 대한 취득세는 제11조 및 제12조에 따른 세율에서 중과기준세율을 뺀 세율로 산출한 금액을 그 세액으로 하되, 제11조 제1항 제8호에 따른 주택의 취득에 대한 취득세는 해당 세율에 100분의 50을 곱한 세율을 적용하여 산출한 금액을 그 세액으로 한다. 다만, 취득물건이 제13조 제2항에 해당하는 경우에는 이 항 각 호 외의 부분 본문의 계산방법으로 산출한 세율의 100분의 300을 적용한다.

1. 환매등기를 병행하는 부동산의 매매로서 환매기간 내에 매도자가 환매한 경우의 그 매도자와 매수자의 취득

2. 상속으로 인한 취득 중 다음 각 목의 어느 하나에 해당하는 취득

가. 대통령령으로 정하는 1가구 1주택의 취득

나. 「지방세특례제한법」 제6조 제1항에 따라 취득세의 감면대상이 되는 농지의 취득

3. 「법인세법」 제44조 제2항 또는 제3항에 해당하는 법인의 합병으로 인한 취득. 다만, 법인의 합병으로 인하여 취득한 과세물건이 합병 후에 제16조에 따른 과세물건에 해당하게 되는 경우 또는 합병등기일부터 3년 이내에 「법인세법」 제44조의3 제3항 각 호의 어느 하나에 해당하는 사유가 발생하는 경우(같은 항 각 호 외의 부분 단서에 해당하는 경우는 제외한다)에는 그러하지 아니하다.

4. 공유물·합유물의 분할 또는 「부동산 실권리자명의 등기에 관한 법률」 제2조 제1호 나목에서 규정하고 있는 부동산의 공유권 해소를 위한 지분이전으로 인한 취득(등기부등본상 본인 지분을 초과하는 부분의 경우에는 제외한다)

5. 건축물의 이전으로 인한 취득. 다만, 이전한 건축물의 가액이 종전 건축물의 가액을 초과하는 경우에 그 초과하는 가액에 대하여는 그러하지 아니하다.

6. 「민법」 제834조, 제839조의2 및 제840조에 따른 재산분할로 인한 취득

7. 그 밖의 형식적인 취득 등 대통령령으로 정하는 취득

② 다음 각 호의 어느 하나에 해당하는 취득에 대한 취득세는 중과기준세율을 적용하여 계산한 금액을 그 세액으로 한다. 다만, 취득물건이 제13조 제1항에 해당하는 경우에는 중과기준세율의 100분의 300을, 같은 조 제5항에 해당하는 경우에는 중과기준세율의 100분의 500을 각각 적용한다.

1. 개수로 인한 취득(제11조 제3항에 해당하는 경우는 제외한다). 이 경우 과세표준은 제10조 제3항에 따른다.

2. 제7조 제4항에 따른 선박·차량과 기계장비 및 토지의 가액 증가. 이 경우 과세표준은 제10조 제3항에 따른다.

3. 제7조 제5항에 따른 과점주주의 취득. 이 경우 과세표준은 제10조 제4항에 따른다.

4. 제7조 제6항에 따라 외국인 소유의 취득세 과세대상 물건(차량, 기계장비, 항공기 및 선박만 해당한다)을 임차하여 수입하는 경우의 취득(연부로 취득하는 경우로 한정한다)

5. 제7조 제9항에 따른 시설대여업자의 건설기계 또는 차량 취득

6. 제7조 제10항에 따른 취득대금을 지급한 자의 기계장비 또는 차량 취득. 다만, 기계장비 또는 차량을 취득하면서 기계장비대여업체 또는 운수업체의 명의로 등록하는 경우로 한정한다.

7. 제7조 제14항 본문에 따른 토지의 소유자의 취득

8. 그 밖에 레저시설의 취득 등 대통령령으로 정하는 취득

⑥ 취득한 부동산이 다음 각 호의 어느 하나에 해당하는 경우에는 제5항에도 불구하고 다음 각 호의 세율을 적용하여 취득세를 추징한다.

1. 제1항 제1호 또는 제2호와 제4항이 동시에 적용되는 경우: 제13조 제6항의 세율

2. 제1항 제3호와 제13조의2 제1항 또는 같은 조 제2항이 동시에 적용되는 경우: 제13조의2 제3항의 세율

제16조(세율 적용) ① 토지나 건축물을 취득한 후 5년 이내에 해당 토지나 건축물이 다음

각 호의 어느 하나에 해당하게 된 경우에는 해당 각 호에서 인용한 조항에 규정된 세율을 적용하여 취득세를 추징한다.

1. 제13조 제1항에 따른 본점이나 주사무소의 사업용 부동산(본점 또는 주사무소용 건축물을 신축하거나 증축하는 경우와 그 부속토지만 해당한다)
2. 제13조 제1항에 따른 공장의 신설용 또는 증설용 부동산
3. 제13조 제5항에 따른 골프장, 고급주택 또는 고급오락장

② 별장, 골프장 또는 고급오락장용 건축물을 증축·개축 또는 개수한 경우와 일반건축물을 증축·개축 또는 개수하여 고급주택 또는 고급오락장이 된 경우에 그 증가되는 건축물의 가액에 대하여 적용할 취득세의 세율은 제13조 제5항에 따른 세율로 한다.

③ 제13조 제1항에 따른 공장 신설 또는 증설의 경우에 사업용 과세물건의 소유자와 공장을 신설하거나 증설한 자가 다를 때에는 그 사업용 과세물건의 소유자가 공장을 신설하거나 증설한 것으로 보아 같은 항의 세율을 적용한다. 다만, 취득일부터 공장 신설 또는 증설을 시작한 날까지의 기간이 5년이 지난 사업용 과세물건은 제외한다.

④ 취득한 부동산이 대통령령으로 정하는 기간에 제13조 제2항에 따른 과세대상이 되는 경우에는 같은 항의 세율을 적용하여 취득세를 추징한다.

⑤ 같은 취득물건에 대하여 둘 이상의 세율이 해당되는 경우에는 그중 높은 세율을 적용한다.

⑥ 취득한 부동산이 제1항 제1호 또는 제2호와 제4항이 동시에 적용되는 경우에는 제5항에도 불구하고 제13조 제6항의 세율을 적용하여 취득세를 추징한다.

「**지방세법 시행령**」 제23조(비영업용 승용자동차 등의 범위) ① 법 제12조 제1항 제2호 가목에서 "대통령령으로 정하는 비영업용 승용자동차"란 개인 또는 법인이 「여객자동차 운수사업법」에 따라 면허를 받거나 등록을 하고 일반의 수요에 제공하는 것 외의 용도에 제공하는 「자동차관리법」 제3조 제1항 제1호에 따른 승용자동차를 말한다. 다만, 「자동차관리법 시행령」 제7조 제1항 제11호 또는 제12호에 따라 임시운행허가를 받은 승용자동차는 제외한다.

② 법 제12조 제1항 제2호 가목 단서에서 "대통령령으로 정하는 경자동차"란 「자동차관리법」 제3조에 따른 자동차의 종류 중 경형자동차를 말한다.

③ 법 제12조 제1항 제2호 나목에서 "대통령령으로 정하는 자동차"란 총 배기량 125시시 이하이거나 최고정격출력 12킬로와트 이하인 이륜자동차를 말한다.

④ 법 제12조 제1항 제2호 다목1)에 따른 비영업용 자동차는 개인 또는 법인이 「여객자동차 운수사업법」 또는 「화물자동차 운수사업법」에 따라 면허를 받거나 등록을 하고 일반의 수요에 제공하는 것 외의 용도에 제공하는 「자동차관리법」 제2조 제1호에 따른 자동차로 한다. 다만, 「자동차관리법 시행령」 제7조 제1항 제11호 또는 제12호에 따라 임시운행허가를 받은 자동차는 제외한다.

⑤ 법 제12조 제1항 제2호 다목 2)에 따른 영업용 자동차는 개인 또는 법인이 「여객자동차 운수사업법」 또는 「화물자동차 운수사업법」에 따라 면허를 받거나 등록을 하고 일반의 수요에 제공하는 용도에 제공되는 「자동차관리법」 제2조 제1호에 따른 자동차로 한다.

제29조(1가구 1주택의 범위) ① 법 제15조 제1항 제2호 가목에서 "대통령령으로 정하는 1가구 1주택"이란 상속인(「주민등록법」 제6조 제1항 제3호에 따른 재외국민은 제외한다. 이하 이 조에서 같다)과 같은 법에 따른 세대별 주민등록표(이하 이 조에서 "세대별 주민등록표"라 한다)에 함께 기재되어 있는 가족(동거인은 제외한다)으로 구성된 1가구(상속인의 배우자, 상속인의 미혼인 30세 미만의 직계비속 또는 상속인이 미혼이고 30세 미만인 경우 그 부모는 각각 상속인과 같은 세대별 주민등록표에 기재되어 있지 아니하더라도 같은 가구에 속한 것으로 본다)가 국내에 1개의 주택[주택(법 제11조 제1항 제8호에 따른 주택을 말한다)으로 사용하는 건축물과 그 부속토지를 말하되, 제28조 제4항에 따른 고급주택은 제외한다]을 소유하는 경우를 말한다.

② 제1항을 적용할 때 1주택을 여러 사람이 공동으로 소유하는 경우에도 공동소유자 각각 1주택을 소유하는 것으로 보고, 주택의 부속토지만을 소유하는 경우에도 주택을 소유하는 것으로 본다.

③ 제1항 및 제2항을 적용할 때 1주택을 여러 사람이 공동으로 상속받는 경우에는 지분이 가장 큰 상속인을 그 주택의 소유자로 본다. 이 경우 지분이 가장 큰 상속인이 두 명 이상일 때에는 지분이 가장 큰 상속인 중 다음 각 호의 순서에 따라 그 주택의 소유자를 판정한다.

1. 그 주택에 거주하는 사람
2. 나이가 가장 많은 사람

제29조의2(분할된 부동산에 대한 과세표준) 법 제15조 제1항 제4호를 적용할 때 공유물을 분할한 후 분할된 부동산에 대한 단독 소유권을 취득하는 경우의 과세표준은 단독 소유권을 취득한 그 분할된 부동산 전체의 시가표준액으로 한다.

제30조(세율의 특례 대상) ① 법 제15조 제1항 제7호에서 "그 밖의 형식적인 취득 등 대통령령으로 정하는 취득"이란 벌채하여 원목을 생산하기 위한 입목의 취득을 말한다.

② 법 제15조 제2항 제8호에서 "레저시설의 취득 등 대통령령으로 정하는 취득"이란 다음 각 호의 어느 하나에 해당하는 취득을 말한다.

1. 제5조에서 정하는 시설의 취득
2. 무덤과 이에 접속된 부속시설물의 부지로 사용되는 토지로서 지적공부상 지목이 묘지인 토지의 취득
3. 법 제9조 제5항 단서에 해당하는 임시건축물의 취득
4. 「여신전문금융업법」 제33조 제1항에 따라 건설기계나 차량을 등록한 대여시설이용자가 그 시설대여업자로부터 취득하는 건설기계 또는 차량의 취득
5. 건축물을 건축하여 취득하는 경우로서 그 건축물에 대하여 법 제28조 제1항 제1호 가목 또는 나목에 따른 소유권의 보존 등기 또는 소유권의 이전 등기에 대한 등록면허세 납세의무가 성립한 후 제20조에 따른 취득시기가 도래하는 건축물의 취득

제31조(대도시 부동산 취득의 중과세 추징기간) 법 제16조 제4항에서 "대통령령으로 정하는 기간"이란 부동산을 취득한 날부터 5년 이내를 말한다.

2011년 구 「지방세법」이 「지방세기본법」, 「지방세법」, 「지방세특례제한법」 3법으로 구분하여 제정 및 개정하면서 취득세 및 등록세와 면허세를 전면 개편하였는 바, 등록세를 폐지하면서 소유권과 관련한 등록세는 취득세와 통합, 소유권과 관련이 없는 등록세는 등록면허세로 전환하였다.

따라서 2011년부터 소유권과 관련한 등기·등록에 대하여는 취득세로 과세하여 그 세율체계도 전면 개편하게 되었는 바 대체로 취득세와 등록세를 합산 규정하였기 때문에 납세의무자 입장에는 세부담이 증가하는 것은 아니었으나, 종전에 등록세의 경우 등기·등록하여야 납세의무가 성립하는 바 취득을 하였더라도 등기를 하지 않으면 등록세를 부담할 필요가 없었으나 2011년도부터는 세율의 특례로 규정한 것 이외에는, 등기·등록여부에 불구하고 종전의 등록세 해당 세율까지 포함해서 부담하게 되었다.

또한 「신탁법」에 따라 신탁등기를 병행한 신탁재산(부동산)이 수탁자로부터 수익자에게 이전되는 경우 3% 또는 2.5% 세율을 적용하였으나, 2014년 개정으로 세율적용이 폐지됨에 따라 기존 유상승계 취득세율과 같은 세율(4%)를 적용하게 되었다.

(1) 일반세율

가. 부동산 취득의 세율

```
취득의    ┌─ 원시취득: 거래상대방 無
분류      └─ 승계취득: 거래상대방 有 ┌─ 유상승계취득: 대가지급 有
                                  └─ 무상승계취득: 대가지급 無
```

점유에 의한 시효취득 및 미등기토지의 경우 비록 과세대상 자체는 존재하지만 거래의 상대방이 누구인지 알 수 없는 경우이므로 상대에게 대가를 지급하였다면 유상승계취득세율에 거래가격으로, 상대방에게 대가를 지급하지 아니하였다면 무상승계취득세율에 시가표준액으로 과세한다.

구 분			취득세	농어촌특별세[주1)]	지방교육세[주2)]	합계세율
주택	6억 이하	85㎡ 이하	1%	비과세	0.1%	1.1%
		85㎡ 초과		0.2%	0.1%	1.3%
	6억 초과 9억 이하	85㎡ 이하	1~3%	비과세	0.1~0.3%	1.1~3.3%
		85㎡ 초과		0.2%	0.1~0.3%	1.3~3.5%
	9억 초과	85㎡ 이하	3%	비과세	0.3%	3.3%
		85㎡ 초과		0.2%	0.3%	3.5%

구 분		취득세	농어촌특별세[주1]	지방교육세[주2]	합계세율
주택외 유상거래(토지, 건축물 등)		4%	0.2%	0.4%	4.6%
원시취득, 상속(농지외)		2.8%	0.2%	0.16%	3.16%
무상취득(증여)	비영리사업자	2.8%	0.2%	0.16%	3.16%
	그 외	3.5%	0.2%	0.3%	4.0%
농지	매매	3.0%	0.2%	0.2%	3.4%
	상속	2.3%	0.2%	0.06%	2.56%
공유물 분할		2.3%	0.2%	0.06%	2.56%

주1) 취득세 표준세율(2%로 적용, 농특세법)의 10%. 단, 국민주택(85㎡ 이하)은 비과세
주2) 舊등록세액(2% 세율 적용)의 20%를 지방교육세로 부과
　　(주택의 경우, 표준세율(1~3%)에 50%를 곱한 세율의 20%)

나. 부동산 취득 외의 세율

취득세 통합에 따라 舊法과 달리 등기·등록자산의 경우에도 세율의 특례로 규정한 것 이외에는 종전의 등록세 해당 세율까지 포함해서 부담한다.

2011년 이전에는 「자동차관리법」상 등록대상이 아니면 舊 취득세분 2%만 적용하였으나, 2011년도 이후 취득분에 대해서는 등록대상 여부에 대한 단서규정이 없으므로 일반 차량과 같은 비영업용의 취득세율(5% 또는 7%) 적용한다.

※ 공장이나 골프장의 경우 구내에서만 운행하는 등록대상이 아닌 차량이 많으므로 결산서 상 차량운반구 대장이나 법인에서 관리하는 자료를 요청하고 차량운반구 계정과 대조하여 미신고분 또는 과소신고분을 검증한다.

구 분			취득세	농특세	지방교육세	합계세율
선박	등기·등록 대상 (소형제외)	상속취득	2.5%	0.2%	0.1%	2.8%
		상속 외 무상취득	3.0%	0.2%	0.2%	3.4%
		원시취득	2.02%	0.2%	0.004%	2.224%
		수입·주문건조 취득	2.02%	0.2%	0.004%	2.224%
		그 밖의 원인	3.0%	0.2%	0.2%	3.4%
	소형선박	소형선박	2.02%	0.2%	0.004%	2.224%
		동력수상레저기구	2.02%	0.2%	0.004%	2.224%
	그 밖의 선박		2.0%	0.2%	–	2.2%
차량	비영업용 승용자동차	경자동차	4.0%	비과세	미과세	4.0%
		그 외	7.0%			7.0%

구 분			취득세	농특세	지방교육세	합계세율
그밖의 자동차	비영업용	경자동차	4.0%			4.0%
		그 외	5.0%			5.0%
	영업용		4.0%			4.0%
	이륜자동차		2.0%			2.0%
위 외의 자동차 ※ 자율주행, 신재생에너지 등의 연구 및 개발 지원을 위해, 연구 개발용 미등록 차량 포함			2.0%			2.0%
기계 장비	등록대상		3.0%	0.2%	0.2%	3.4%
	등록대상이 아닌 것		2.0%	0.2%	–	2.2%
항 공 기	등록대상		2.02%	0.2%	0.004%	2.224%
	최대이륙 중량 5,700kg 이상		2.01%	0.2%	0.002%	2.222%
	등록대상이 아닌 것		2.0%	0.2%	–	2.2%
입목			2.0%	0.2%	미과세	2.2%
광업권・어업권			2.0%	0.2%		2.2%
골프, 승마, 콘도, 종합체육, 요트 회원권			2.0%	0.2%		2.2%

(2) 세율의 특례

2011년부터 그 전 세율체계에서 구 취득세가 비과세되고 구 등록세만 납부하는 경우에는 구 취득세만 납부하도록 세율의 특례를 만들었고,

세율특례 대상		세율예시
舊 취득세만 비과세되는 경우	1. 환매등기 병행 부동산 환매기간 내 취득	토지 유상취득: 4%-2%=2%
	2. 상속으로 인한 취득 　- 1가구 1주택 　- 자경농지	• 주택상속: 1~3%×50% = 0.5~1.5% • 농지상속: 2.3%-2% = 0.3%
	3. 법인합병으로 인한 취득	토지 무상취득: 3.5%-2% = 1.5%
	4. 공유물 분할	공유토지 분할: 2.3%-2% = 0.3%
	5. 건축물의 이전	건물신축 이전: 2.8%-2% = 0.8%
	6. 이혼에 따른 재산분할	토지 재산분할: 3.5%-2% = 1.5%
	7. 원목생산을 위한 입목 취득	입목 취득: 2% - 2% = 0%

※ 상기의 취득물건이 지방세법 제13조 제2항(중과세율 적용대상 본지점의 설립・설치・전입 또는 공장의 신・증설에 따른 부동산)에 해당하는 경우: 상기의 특례세율 × 3

2011년부터 그 전 세율체계에서 구 등록세가 납부대상이 아니고, 구 취득세만 납부하는 경우에 대하여도 구 등록세만 납부하도록 세율의 특례를 만들었으나, 세율체결 세율의 특례로 규정한 것 이외에는 등기·등록여부에 불구하고 종전의 등록세 해당 세율까지 포함해서 부담하게 되었다.

세율특례 대상		세율예시
舊 등록세만 비과세되는 경우	1. 개수로 인한 취득	• 2%(중과기준 세율) – 세목 통합 전 취득세만 과세
	2. 선박등 용도변경, 지목변경	
	3. 과점주주 간주취득	
	4. 외국소유물건 임차수입(연부한정)	
	5. 시설대여업자 건설기계, 차량 취득(이용자 명의로 등록된 경우)	
	6. 지입차주 건설기계, 차량 취득 (운수업체 명의로 등록된 경우)	
	7. 시설물의 취득	
	8. 묘지의 취득	
	9. 임시건축물 취득	
	10. 리스이용자의 대여업자로부터 취득 (리스이용자 명의로 등록된 경우)	
	11. 등록세 납부후 취득시기 도래 건축물	

① 상기의 취득물건이 지방세법 제13조 제1항(중과세율 적용대상 과밀억제 권역 내 본점의 신·증축 또는 공장의 신·증설)에 해당하는 경우: 2% × 3
② 상기)의 취득물건이 지방세법 제13조 제5항(중과세율 적용대상 사치성재산)에 해당하는 경우: 2% × 5

(3) 중과세율

「지방세법」상 취득세 규정에 「수도권 정비계획법」상 과밀억제권역지역(대도시)에서 부동산 등을 취득할 때, 별장·고급주택·고급오락장, 골프장 등 사치성 재산을 취득할 때 및 법인이 주택을 취득하거나, 다주택자 등이 주택을 추가로 취득할 때 별도의 취득세 중과세율을 적용하도록 규정하고 있다.

그 중과세율 적용대상 및 세율 등이 다양하고, 복잡하여 뒤의 제6장 대도시 중과 취득세 및 등록면허세, 제7장 골프장 취득세 중과세 등, 제8장 별장·고급주택·고급오락장 취득세 중과세 등 및 제9장 별장·고급주택·고급오락장 취득세 중과세 등에서 세부적으로 다루고 있음을 참고하기 바란다.

구 분		취득세	농어촌특별세[주3]	지방교육세	합계 세율
주택	①-1. 법인 (법인으로 보는 단체, 사단·재단 등)	12%	1.0%	0.4%	13.4%
	①-2. 1세대 2주택 조정대상지역 내 (1세대 3주택 조정대상지역 외)	8%	0.6%	0.4%	9.0%
	①-3. 1세대 3주택 이상 조정대상지역 내 (1세대 4주택 이상 조정대상지역 외)	12%	1.0%	0.4%	13.4%
	② 조정대상지역 내 3억이상 주택 무상취득(다주택자·법인) ※ 1주택자가 배우자, 직계존비속 증여 제외	12%	1.0%	0.4%	13.4%
사치성 재산 (고급 주택· 별장)	①-1. 법인 (법인으로 보는 단체, 사단·재단 등)	20%	1.8%	0.4%	22.2%
	①-2. 1세대 2주택 조정대상지역 내 (1세대 3주택 조정대상지역 외)	16%	1.4%	0.4%	17.8%
	①-3. 1세대 3주택 이상 조정대상지역 내 (1세대 4주택 이상 조정대상지역 외)	20%	1.8%	0.4%	22.2%

사례 ▶ **열병합발전소 시설 취득 시 취득세 적용 세율 및 과세대상 시설물**

발전소 내 쟁점시설을 취득한 경우 적용세율에 대해서 살펴보면, 「지방세법」 제16조 제5항에서 "같은 취득물건에 대하여 둘 이상의 세율이 해당되는 경우에는 그 중 높은 세율을 적용한다."는 규정이 있으나, 이는 표준세율이 둘 이상이면 높은 세율을 적용하라는 것을 의미한다 할 것(세율의 특례규정까지 적용시 동 규정이 사문화 되는 모순 발생)이므로, 취득한 건축물이 「건축법」 제2조 제1항 제2호에 따른 건축물에 해당하면서 「지방세법 시행령」 제5조 제1항에 따른 시설에도 해당되는 경우에 있어, 납세자가 선택적으로 유리한 과세대상으로 신고하더라도 이를 제한할 근거가 없으므로, 납세자가 해당 건축물을 시설로 취득신고를 하였다면 「지방세법」 제15조 제2항에 따른 세율의 특례(중과기준세율(2%))를 적용할 수 있다고 할 것임.

한편, 「지방세법」 제6조 제6호 다목에서 "개수"는 건축물에 딸린 시설물 중 대통령령으로 정하는 시설물을 한 종류 이상 설치하거나 수선하는 것으로 규정하고 있으며,

「지방세법 시행령」 제6조 제2호 및 제8호에서는 시간당 20킬로와트 이상의 발전시설과 구내의 변전 · 배전시설을 규정하고 있는 바, '20킬로와트 이상의 발전시설'은 일반조명, 보일러 가동, 급 · 배수 등 건물의 유지관리에 사용할 목적으로 설치한 시설을 말하며, 공장 등에서 주로 생산시설의 가동을 위하여 설치한 발전시설은 제외(지방세운영과－4095, 2009.9.28.)된다고 할 것이며, '구내의 변전 · 배전시설'이라 함은 건물구내에서 시설의 유지관리를 위하여 사용되는 전력의 전압변경을 위한 시설과 배전을 위한 시설을 의미한다고 할 것이고, 일반의 수요에 공하기 위한 변전 · 배전시설 등은 이러한 의미에서의 건축물의 부수시설물이 아니라 할 것(대법원 06두7416, 2006.7.28.)이므로, 쟁점시설물이 건축물의 유지관리 목적이 아닌 생산시설의 일부로 사용되는 경우라면 취득세 과세대상에서 제외된다고 할 것임(행자부 지방세운영과－3115, 2015.10.2.).

➡ 「지방세법」상 건축물, 시설, 시설물별로 주체구조부 해당 여부 등을 판단하여 과세대상을 판단하여야 하며, 둘 이상에 해당할 때는 저율의 세율로 신고하더라도 인정

사례 ▶ 부유식 수상구조물형 부선의 선박 해당 여부 및 적용세율

취득세의 과세대상인 선박에 해당하기 위하여 자력으로 항행할 것까지 요구되지는 않는 것(대법원 14두3945, 2014.6.26.)이므로 부선도 이에 포함되나, 부선 중 항구적으로 고정되어 항행용으로 사용할 수 없는 것은 선박으로 볼 수 없다고 할 것임(조심 12지 423, 2012.10.16.). 따라서 해당 유선장이 강물 속 콘크리트구조물과는 쇠사슬 등으로 연결 및 고정되어 있어 자력항행능력이 없으며, 토지에 정착되어 있어 구조상 해체를 하지 않고서는 이동이 불가능하여 항구적으로 항행용으로 사용할 수 없는 경우라면, 「지방세법」상 취득세 과세대상 건축물에 해당된다고 할 것임(행자부 지방세운영과－2144, 2015.7.17.)

➡ 항구적으로 고정되어 항행용으로 사용할 수 없는 경우라면, 「건축법」상 건축물에 해당되어 건축물에 대한 취득세 과세대상임.

사례 ▶ 가처분 등기촉탁으로 소유권 보존등기가 경료된 미준공 건축물을 유상으로 승계취득하고 이전등기한 후 공사비를 추가 투입하여 준공하였을 경우의 취득세율

「지방세법」 제23조 제1호 및 제28조 제1항 제1호 나목에 따르면 "등록"이란 재산권과 그 밖의 권리의 설정 · 변경 또는 소멸에 관한 사항을 공부에 등기하거나 등록하는 것을 말하는 것으로서 취득을 원인으로 하는 것은 제외되는 바, 미준공 건축물에 대해 소유권 이전 등기를 하는 경우에는 취득세가 아닌 등록면허세를 납부해야 하는 것임. 또한 같은 법 제15조 제2항 제7호 및 같은 법 시행령 제30조 제5호에 따르면, 건축물을 취득하는 경우로서 소유권 이전 등기 등에 대한 등록면허세 납세의무가 성립한 후 그 취득시기가 도래하는 경우에는 1천분의 20에 해당하는 취득세를 납부해야 하는 것임.

따라서 미준공 상태인 건축물을 법인이 이전 등기한 후 추가로 공사비를 투입하여 사용승인을 받은 경우라면 등기형식과는 관련 없이 실질적으로는 원시취득에 해당된다고 보는 것이 합리적일 것이므로 당초 이전 등기시의 등록면허세 과세표준이었던 매매대금에 대해서는 2%의 세율을, 이전 등기 후 발생한 추가 공사비 등에 대해서는 2.8%의 세율을 각각 적용하여야 할 것으로 판단됨(행자부 지방세운영-195, 2014.1.16.).

사례 ▶ **점유취득시효 및 수용의 경우 승계취득의 세율을 적용**

「민법」 제245조에 따른 점유취득시효로 인한 취득자는 유상승계취득에 있어서 잔금이 청산된 경우와 같이 등기명의인에 대하여 소유권이전등기청구권을 가지게 되는 등 그 자체로 취득세의 과세객체가 되는 사실상 취득행위가 존재한다고 보아야 하며(대법원 03두13342, 2004.11.25.), 수용에 있어서도 사업시행자는 보상금을 지급하고 부동산 소유자로부터 부동산을 취득하는 것이므로 사실상 취득행위가 존재한다고 보아야 할 것임.

따라서 해당 취득들은 타인소유 목적물(부동산 등)의 존재를 전제로 사실상 취득행위가 있다고 보아야하는 점, 실질과세의 원칙 등을 종합적으로 감안했을 때 승계취득에 대한 취득세율을 적용하는 것이 타당하다고 할 것임(행자부 지방세운영-2427, 2013.9.29.).

사례 ▶ **사업시행자가 「공익사업을 위한 토지 등의 취득 및 보상에 관한 법률」 등에 따라 미등기 토지를 수용하여 소유권보전하는 경우 승계취득세율 적용**

본 건 토지의 경우 수용당시 미등기 상태이긴 하였으나, 지번분할 전까지의 토지대장에는 ○○외 3명이 1917년부터 소유하는 것으로 등재되어 있었고, 2012년까지 토지현황을 종중임야로 하여 특정인에게 재산세가 과세되고 있었음이 관련 자료 등에서 확인되고 있음.

따라서, 실질과세의 원칙과 위와 같은 사실관계 등을 종합적으로 감안했을 때, ○○공사가 미등기 상태인 본 건 토지를 수용하면서 「부동산등기법」 제65조 제4호 등에 따라 자기 명의로 소유권보존등기를 하였다고 하더라도 실질적으로는 본 건 토지를 유상으로 승계취득한 것으로 보아야 하므로, 「지방세법」 제11조 제1항 제7호에 따른 세율을 적용해야 할 것으로 판단됨(행자부 지방세운영-181, 2013.4.5.).

사례 ▶ **수용재결에 따른 사업시행자의 취득이 승계취득인지 아니면 원시취득인지 여부**

본 공익사업을 위한 토지 등의 취득 및 보상에 관한 법률에 따른 수용재결의 효과로서 수용에 의한 사업시행자의 소유권 취득은 토지 등 소유자와 사업시행자와의 법률행위에 의한 승계취득이 아니라 법률의 규정에 의한 원시취득에 해당하는 점, 「지방세법」은 이 사건 조항의 원시취득에서 수용재결에 의한 부동산의 취득을 제외하는 규정을 따로 두고 있지 않은 점 등을 종합하면, 이 사건 각 부동산의 취득은 이 사건 조항에서 정한 원시취득에 해당하므로 '1천분의 28'의 표준세율이 적용되어야 하고, 수용에 따른 등기가 소유권보존등기가 아닌 소유권이전등기의 형식으로 경료된다거나 종전 소유자가 양도소득세를 부담한다는 사정만으로는 달리 볼 수 없다(대법원 16두34783, 2016.6.23.).

➡ 판결 이후 법 개정(2016.12.27. 개정)으로 수용재결로 취득하는 경우 원시취득에서 제외

사례 경락에 의한 부동산 취득은 원시취득에 해당하는지 여부

① '경매'는 채무자 재산에 대한 환가절차를 국가가 대행해 주는 것일 뿐 본질적으로 매매의 일종에 해당하는 점(대법원 1993.5.25. 선고 92다15574 판결 등 참조), ② 부동산 경매시 당해 부동산에 설정된 선순위 저당권 등에 대항할 수 있는 지상권이나 전세권 등은 매각으로 인해 소멸되지 않은 채 매수인에게 인수되며, 매수인은 유치권자에게 그 유치권의 피담보채권을 변제할 책임이 있는 등(민사집행법 제91조 제3 내지 5항, 제268조), 경매 이전에 설정되어 있는 당해 부동산에 대한 제한이 모두 소멸되는 것이 아니라 일부 승계될 수 있는 점, ③ 민법 제578조는 경매가 사법상 매매임을 전제로 매도인의 담보책임에 관한 규정을 두고 있는 점, ④ 대법원은 일관되게 직접적으로 경매로 인한 부동산의 소유권 취득이 승계취득에 해당한다는 입장(대법원 1991.4.23. 선고 90누6101 판결, 대법원 1991.8.27. 선고 91다3703 판결, 대법원 2000.10.27. 선고 2000다34822 판결 등 참조)인 점, ⑤ 대법원은 경매로 인한 소유권의 취득이 승계취득임을 전제로 미성년자의 매수신청을 무효라고 하거나 매수인의 선의취득을 인정하고 있는 점(대법원 1969.11.19.자 69마989 결정, 대법원 1998.3.27. 선고 97다32680 판결 참조), ⑥ 지방세 기본법 제20조 제3항은 '이 법 및 지방세 관계법의 해석 또는 지방세 행정의 관행이 일반적으로 납세자에게 받아들여진 후에는 그 해석 또는 관행에 따른 행위나 계산은 정당한 것으로 보며, 새로운 해석 또는 관행에 따라 소급하여 과세되지 아니한다'라고 규정하고 있는 바, 과거 조세실무상 경매로 인한 소유권취득은 승계취득으로 취급된 것으로 보이는 점, ⑦ 공익사업을 위한 토지 등의 취득 및 보상에 관한 법률(이하 '토지보상법'이라 한다) 상의 수용은 일정한 요건 하에 그 소유권을 사업시행자에게 귀속시키는 행정처분으로서 이로 인한 효과는 소유자가 누구인지와 무관하게 사업시행자가 그 소유권을 취득하게 하는 원시취득에 해당하나(대법원 2018.12.13. 선고 2016두51719 판결 참조), 이에 반하여 경매를 원인으로 한 소유권 취득은 성질상 사법상 매매로서 행정처분인 토지보상법 상의 수용과는 엄밀히 구분되는 점, ⑧ 2016.12.27. 법률 제14475호로 개정된 지방세법 제6조는 취득세율의 적용에 있어 이미 존재하는 과세대상 부동산을 취득한 경우 원시취득의 범위에서 제외하는 규정을 신설함으로써 원시취득의 범위를 '기존에 과세대상이 존재하지 않는 경우'로 제한한 점 등을 종합하면, 경매절차를 통한 부동산취득은 '승계취득'이라고 봄이 타당함(대법원 2020.1.16. 선고 2019두54849 판결).

사례 자동차등록원부에 등록하지 않고 공장이나 운전면허학원에서 사용하는 자동차는 세율의 특례 대상 아님

「지방세법」 제12조 제1항 제2호에서 규정하고 있는 취득세 과세대상으로서의 자동차는 「자동차관리법」에 따른 자동차를 말하고, 「지방세법」 제12조 제1항 제2호에서는 차량을 비영업용 승용자동차, 그 밖의 자동차, 기타의 차량으로 구분한 다음 그 밖의 자동차는 다시 비영업용과 영업용으로 세분하고 있으며, 「자동차관리법」 제2조 제1호 및 제3조에서는 자동차란 원동기에 의하여 육상에서 이동할 목적으로 제작한 용구나 이에 견인되어 육상을 이동할 목적으로 제작한 용구로서 승용자동차, 승합자동차, 화물자동차, 특수자동차, 이륜자동차로 구분한다고 규정하고 있으므로 자동차등록원부에 등록하지 않고 공장 구내나 운전면허학원에서만 사용하는 자동차에 대해서는 「자동차관리법」 제5조 등에서 규정한 구분기준에 따라 「지방세법」 제12조 제1항 제2호 가목과 나목 1) 등의 비영업용 세율을 적용하여 취득세를 신고납부하여야 할 것임(행자부 지방세운영 – 3867, 2012.11.30.).

사례 자동차 연구개발 목적의 시험·연구용 차량 취득세율 적용 질의

舊 「지방세법」(법률 제16855호, 2019.12.31. 일부개정되기 이전의 것) 제12조 제1항 가목에서는 '비영업용 승용자동차의 취득세율은 1천분의 70', 같은 항 나목에서는 '그 밖의 자동차로서 비영업용은 1천분의 50, 영업용은 1천분의 40', 같은 항 다목에서는 '가목 및 나목 외의 차량은 1천분의 20'으로 차량에 대한 취득세율을 규정하고 있는데, 해당 '가목' 및 '나목'은 「자동차관리법」에 따른 등록대상 차량의 세율(4%, 5%, 7%)을, '다목'은 非등록대상 차량 등의 세율(기타 2%)을 규정하는 것(지방세정책과 –65, 2017.1.5. 참조)입니다. 따라서, 자동차 연구개발 목적의 기업부설연구소를 보유한 자가 시험·연구의 목적으로 취득하는 차량으로서 「자동차관리법」에 따른 등록 대상이 아닌 경우 취득세율은 「지방세법」(법률 제16855호, 2019.12.31. 일부개정되기 이전의 것) 제12조 제1항다목(현행 '라목')에 따른 세율(1천분의 20)을 적용하는 것이 타당함(부동산세제과 –368호, 2020.2.18.).

사례 합병 비과세 후 5년 내 중과세물건으로 전환한 경우 중과세 대상임

청구법인은 청구법인과 소멸법인의 합병은 경제적인 실체의 변화가 없는 법률상 형식적인 합병에 불과하여 청구법인이 쟁점 토지를 취득한 날은 소멸법인이 취득한 날로 보아야 하므로 쟁점토지는 취득세 중과세 대상이 아니라고 주장하나, 청구법인은 대도시내 지역에서 쟁점건축물을 증축하여 본점 사무실로 사용하였으므로 쟁점건축물은 「지방세법」 제112조의2의 규정에 의한 취득세 중과세 대상이고, 청구법인이 합병 전에 이미 소멸법인의 주식 지분 대부분을 소유하고 있었다 하더라도 합병 전 청구법인과 소멸법인은 별도의 독립적인 법인격을 가진 권리주체이므로 소멸법인

의 이건 부동산 취득일을 청구법인의 취득일로 볼 수는 없다 하겠다. 따라서, 청구법인이 합병으로 쟁점 토지를 포함한 이 건 부동산을 취득하여 취득세 등을 비과세 받았다 하더라도 이 건 부동산을 취득한날부터 5년 이내에 쟁점건축물이 취득세 중과세 대상이 되었으므로 쟁점건축물의 부속토지인 쟁점토지도 함께 취득세를 중과세한 처분은 잘못이 없는 것으로 판단됨(조심 12지106, 2012.12.26.).

사례 구분소유적 공유면적이 등기부상 공유지분 면적을 초과하는 경우 적용세율

- 구「지방세법」제15조 제1항 제4호는 구분소유적 공유권 해소를 위한 지분이전으로 인한 취득의 경우 특례 세율을 적용하도록 하면서 괄호에서 "등기부등본상 본인 지분을 초과하는 부분의 경우에는 제외한다"고 규정함으로써 문언상 등기부상 공유지분에 해당하는 면적을 초과하는 부분은 특례 세율의 적용 대상이 아님을 명확히 하고 있다.

- 취득자가 특정하여 구분소유하고 있는 면적이 등기부상 공유지분에 해당하는 면적을 초과하고 있음이 인정되었다는 사정에 근거하여 등기부상 공유지분에 해당하는 면적을 초과하는 부분에 대한 특례 세율의 적용을 배제하도록 정한 규정의 예외를 인정하여 다시 특례 세율을 적용하도록 하는 것은 조세법규 해석에 관한 합목적적 해석의 한계를 벗어나는 것이다.

- 구분소유적 공유를 해소하기 위한 지분이전으로 인한 취득의 경우에는 취득자의 등기부상 공유지분에 해당하는 면적에 한하여 특례 세율이 적용되고 취득자의 등기부상 공유지분을 초과하는 부분에 대하여는 특례 세율의 적용이 배제된다고 보아야 하고, 법원 판결 등에 의해 취득자가 특정하여 구분소유하고 있는 면적이 등기부상 공유지분 면적을 초과하고 있음이 인정되었다 하여 달리 볼 것은 아님(대법원 2018두64221, 2019.3.14.).

사례 다가구주택의 공유지분을 구분소유적 공유관계로 보아 해당 지분의 취득가액을 주택가격으로 보아 취득세율을 적용하여야 한다는 청구주장의 당부

청구인은 2017.12.14. 이 건 부동산의 일부(780분의 340)를 취득하고 이로부터 1년 이내인 2018.8.9. 공유물 분할계약에 따라 청구인과 다른 소유자는 2018.8.14. 이 건 부동산의 101호와 201호로 각각 구분하여 등기하였는바, 이는 청구인이 쟁점지분을 취득하면서 실제로는 해당 부동산의 2층을 구분·소유한 것이고 이후 해당 사실관계에 부합하도록 관련 공부를 보완한 것으로 볼 수 있는 점 등에 비추어 청구인은 2015.7.24. 법률 제13427호로 개정된「지방세법」제11조 제1항 제8호의 취지에 반하는 것으로 보기 어려우므로 청구인과 다른 소유자는 이 건 부동산에 대하여 상호 구분소유적 공유관계에 있다고 보는 것이 타당함(조심 2018지3497, 2020.1.22.).

사례 정비사업의 시행자가 새로이 설치된 정비기반시설을 국가 등에 무상귀속을 시키는 것에 대한 그 반대급부로서 취득하는 용도폐지 정비기반시설의 취득을 유상승계 취득으로 볼 수 있는지 여부

구 도시정비법 제65조 제2항은 '시장·군수 또는 주택공사 등이 아닌 사업시행자가 정비사업의 시행으로 새로이 설치한 정비기반시설은 그 시설을 관리할 국가 또는 지방자치단체에 무상으로 귀속되고, 정비사업의 시행으로 인하여 용도가 폐지되는 국가 또는 지방자치단체 소유의 정비기반시설은 그가 새로이 설치한 정비기반시설의 설치비용에 상당하는 범위 안에서 사업시행자에게 무상으로 양도된다'고 정하고 있다(이하 전단 부분을 '이 사건 전단 규정'이라 하고, 후단 부분을 '이 사건 후단 규정'이라 한다). 이는 민간 사업시행자에 의하여 새로이 설치된 정비기반시설을 이 사건 전단 규정에 따라 당연히 국가 또는 지방자치단체에 무상귀속되는 것으로 함으로써 공공시설의 확보와 효율적인 유지·관리를 위하여 국가 등에게 그 관리권과 함께 소유권까지 일률적으로 귀속되도록 하는 한편, 그로 인한 사업시행자의 재산상 손실을 합리적인 범위 안에서 보전해 주기 위하여 이 사건 후단 규정에 따라 새로 설치한 정비기반시설의 설치비용에 상당하는 범위 안에서 용도폐지되는 정비기반시설은 사업시행자에게 무상양도하도록 강제하는 것이다(대법원 2007.7.12. 선고 2007두6663 판결, 대법원 2014.2.21. 선고 2012다82466 판결 등 참조). 따라서 사업시행자는 이 사건 후단 규정에 의하여 용도폐지되는 정비기반시설을 국가 등으로부터 무상으로 양도받아 취득할 따름이고 따로 그에 대한 대가를 출연하거나 소유권을 창설적으로 취득한다고 볼 사정도 없는 이상, 사업시행자가 위 정비기반시설을 구성하는 부동산을 취득한 것은 무상의 승계취득에 해당하므로, 그에 따른 해당 부동산에 관한 취득 당시를 기준으로 한 과세표준과 구 지방세법 제11조 제1항 제2호에서 정한 세율 등을 적용한 취득세 등을 납부할 의무가 있음(대법원 2020.5.14. 선고 2020두33428 판결).

사례 사용승인을 받지 않은 공동주택 취득시 취득유형 및 세율 적용 기준

「지방세기본법」 제20조 제3항은 '이 법 및 지방세 관계법의 해석 또는 지방세 행정의 관행이 일반적으로 납세자에게 받아들여진 후에는 그 해석 또는 관행에 따른 행위나 계산은 정당한 것으로 보며, 새로운 해석 또는 관행에 따라 소급하여 과세되지 아니한다'고 규정하는 바, 과거 조세실무상 경매로 인한 소유권취득은 승계취득으로 취급된 것으로 보이는 점 등을 종합하면, 경매절차를 통한 부동산취득은 '승계취득'이라고 봄이 타당하고, 유상거래를 원인으로 취득한 주택에 대하여는 감경된 세율(1~3%)을 적용하도록 규정한 것은 건축물대장에 주택으로 기재되고, 용도가 주거용으로 사용하는 건축물과 그 부속토지로 한정하고 있으며 건축행정의 기초가 되는 건축물대장에 등재하도록 유인하기 위하여 건축물대장에 등재된 주택으로 한정하는 취지의 특혜규정이므로 엄격하게 해석하여야 하며, 매수인이 주택의 용도로 건축 중인 미완성 건축물 및 그 부속토지를 매수하고 그에 관한 소유권이전등기를 마쳤다고

하더라도 당시 그 건축물의 구조가 주거에 적합하지 않은 상태로 건축물대장에 주택으로 기재된 바 없고 실제 주거용으로 사용될 수 없는 경우에는 단지 소유권이전등기를 마쳤다는 사정만으로 그 건축물의 부속토지에 대해 유상거래 주택 취득세율이 적용된다고 볼 수 없음(대법 2018두67442, 2019.4.12.).

사례〉 쟁점금액을 지급한 사실이 증명되지 아니한 것으로 보아 경정청구를 거부한 처분의 당부

부동산을 취득하면서 매도자가 입주하기로 하는 전세계약을 함께 체결하는 것은 사적계약 자유의 원칙상 인정할 수 있는 거래의 형태이고, 청구인 등이 매매대금 지급의무를 전세보증금과 상계하는 방식으로 이행한 것을 현금으로 매매대금을 지급한 것과 달리 보기 어려운 점, 「지방세법」 제7조 제11항 제4호 가목에서 "그 대가를 지급하기 위한 취득자의 소득이 증명되는 경우"에는 유상으로 취득한 것으로 본다고 규정하고 있고, 청구인 등은 이 건 부동산 취득 당시 ○○○ 이상의 현금 자산을 보유하고 있었고, 매년 ○○○ 이상의 연금소득이 발생하므로 이 건 보증금 상당액에 해당하는 부분을 증여받았다고 보기 어려운 점 등에 비추어 청구인 등은 이 건 부동산을 매매로 취득한 것으로 보이므로 처분청이 이 건 보증금에 해당하는 부분에 대해서 증여로 볼 수 없음(조심 2019지3592, 2020.4.24.)

사례〉 상속분할협의 후 재분할협의에 의해 종전 상속분을 초과한 부동산 등에 대한 과세처분의 당부

그 목적이 원고들의 주장과 같이 상속세 납부를 위한 담보설정을 위한 것이었다고 하더라도, 그 합의의 내용은 '법정상속분 비율로 상속등기'를 하는 것이다. 원고들이 그와 같은 합의에 기하여 이 사건 각 부동산에 관하여 법정상속분에 따른 이 사건 각 이전등기를 마쳤다면 원고들은 이로써 이 사건 각 부동산을 법정상속분대로 '취득'한 것이고, 그 이후 관련 상속재산분할 사건에서 조정이 성립되어 상속분이 달라졌다면 당초 상속분보다 증가된 상속분에 대해서는 이를 '증여'받은 것으로 봄으로써 그에 따른 취득세를 부담하는 것이 취득세의 본질에도 부합함(대법원 2020.10.15. 선고 2020두42767 판결)

사례〉 일시적으로 농지로 사용되는 토지를 취득할 때 농지 취득세율 적용 가능 여부

농지 외로의 변경상태가 일시적인 것에 불과하고, 농지로의 원상회복이 용이한 경우라면, 지방세법상 '농지'세율 적용대상에 해당(서울고법 2020누33123, 2021.1.15.: 대법확정)

사례〉 공유물분할 세율특례 적용 기준

공유물 분할로 인한 취득시 당초 지분 및 초과 지분 판단시 과세표준 안분에 관한

별도 규정이 없으므로 실제 교환가치에 상응하는 안분 방법이 있다면 시가표준액 비율을 배제하고 그 가액 안분비율을 인정하여야 함(서울행법 2019구합89135, 2020.5.21.: 대법확정).

사례 ▶ **특별연고자의 상속재산 분여 취득시 적용 세율**

상속인 부존재로 특별연고자가 "상속재산의 분여"에 의해 부동산을 취득하는 경우 상속 외의 무상취득에 해당하는 세율(§11 ① 2)을 적용하여야 할 것임(부동산세제과-873, 2021.3.26.).

사례 ▶ **재건축조합이 조합원에게 귀속되지 않는 토지를 취득할 경우 적용세율**

재건축조합이 조합원에게 귀속되지 아니하는 토지를 취득한 경우 무상취득에 해당하는 세율을 적용하는 것이 타당함(부동산세제과-2433, 2022.7.28.).

사례 ▶ **대안학교의 문화예술단체 해당 및 감면 여부**

학교의 설립인가를 받지 않았거나 설립인가를 예정하고 있는 자가 학교로 사용하기 위해 취득하는 부동산은 「지방세특례제한법」 제41조 제1항에서 규정하는 취득세 면제 대상에 해당하지 않음(지방세특례제도과-810, 2022.4.14.).

③ 취득세 비과세

「**지방세법**」 제9조(비과세) ① 국가 또는 지방자치단체(다른 법률에서 국가 또는 지방자치단체로 의제되는 법인은 제외한다. 이하 같다), 「지방자치법」 제159조 제1항에 따른 지방자치단체조합(이하 "지방자치단체조합"이라 한다), 외국정부 및 주한국제기구의 취득에 대해서는 취득세를 부과하지 아니한다. 다만, 대한민국 정부기관의 취득에 대하여 과세하는 외국정부의 취득에 대해서는 취득세를 부과한다.
② 국가, 지방자치단체 또는 지방자치단체조합(이하 이 항에서 "국가등"이라 한다)에 귀속 또는 기부채납(「사회기반시설에 대한 민간투자법」 제4조 제3호에 따른 방식으로 귀속되는 경우를 포함한다. 이하 이 항에서 "귀속등"이라 한다)을 조건으로 취득하는 부동산 및 「사회기반시설에 대한 민간투자법」 제2조 제1호 각 목에 해당하는 사회기반시설에 대해서는 취득세를 부과하지 아니한다. 다만, 다음 각 호의 어느 하나에 해당하는 경우 그 해당 부분에 대해서는 취득세를 부과한다.
1. 국가등에 귀속등의 조건을 이행하지 아니하고 타인에게 매각·증여하거나 귀속등을 이행하지 아니하는 것으로 조건이 변경된 경우
2. 국가등에 귀속등의 반대급부로 국가등이 소유하고 있는 부동산 및 사회기반시설을 무

상으로 양여받거나 기부채납 대상물의 무상사용권을 제공받는 경우

③ 신탁(「신탁법」에 따른 신탁으로서 신탁등기가 병행되는 것만 해당한다)으로 인한 신탁재산의 취득으로서 다음 각 호의 어느 하나에 해당하는 경우에는 취득세를 부과하지 아니한다. 다만, 신탁재산의 취득 중 주택조합등과 조합원 간의 부동산 취득 및 주택조합등의 비조합원용 부동산 취득은 제외한다.

1. 위탁자로부터 수탁자에게 신탁재산을 이전하는 경우
2. 신탁의 종료로 인하여 수탁자로부터 위탁자에게 신탁재산을 이전하는 경우
3. 수탁자가 변경되어 신수탁자에게 신탁재산을 이전하는 경우

④ 「징발재산정리에 관한 특별조치법」 또는 「국가보위에 관한 특별조치법 폐지법률」 부칙 제2항에 따른 동원대상지역 내의 토지의 수용·사용에 관한 환매권의 행사로 매수하는 부동산의 취득에 대하여는 취득세를 부과하지 아니한다.

⑤ 임시흥행장, 공사현장사무소 등(제13조 제5항에 따른 과세대상은 제외한다) 임시건축물의 취득에 대하여는 취득세를 부과하지 아니한다. 다만, 존속기간이 1년을 초과하는 경우에는 취득세를 부과한다.

⑥ 「주택법」 제2조 제3호에 따른 공동주택의 개수(「건축법」 제2조 제1항 제9호에 따른 대수선은 제외한다)로 인한 취득 중 대통령령으로 정하는 가액 이하의 주택과 관련된 개수로 인한 취득에 대해서는 취득세를 부과하지 아니한다.

⑦ 다음 각 호의 어느 하나에 해당하는 차량에 대해서는 상속에 따른 취득세를 부과하지 아니한다.

1. 상속개시 이전에 천재지변·화재·교통사고·폐차·차령초과(車齡超過) 등으로 사용할 수 없게 된 차량으로서 대통령령으로 정하는 차량
2. 차령초과로 사실상 차량을 사용할 수 없는 경우 등 대통령령으로 정하는 사유로 상속으로 인한 이전등록을 하지 아니한 상태에서 폐차함에 따라 상속개시일로부터 3개월 이내에 말소등록된 차량

「지방세법 시행령」 제12조의2(공동주택 개수에 대한 취득세의 면제 범위) 법 제9조 제6항에서 "대통령령으로 정하는 가액 이하의 주택"이란 개수로 인한 취득 당시 법 제4조에 따른 주택의 시가표준액이 9억 원 이하인 주택을 말한다.

제12조의3(취득세 비과세 대상 차량의 범위) ① 법 제9조 제7항에서 "대통령령으로 정하는 차량"이란 제121조 제2항 제4호·제5호 또는 제8호에 해당하는 자동차를 말한다.

② 법 제9조 제7항 제2호에서 "차령초과로 사실상 차량을 사용할 수 없는 경우 등 대통령령으로 정하는 사유"란 상속개시일 현재 「자동차등록령」 제31조 제2항 각 호의 어느 하나에 해당하는 경우를 말한다.

③ 법 제9조 제7항에 따라 비과세를 받으려는 자는 그 사유를 증명할 수 있는 서류를 갖추어 시장·군수·구청장에게 신청하여야 한다.

(1) 국가 등에 대한 비과세

■ 국가, 지방자치단체(다른 법률에서 국가 또는 지방자치단체로 의제되는 법인은 제외한다. 이하 같다.), 지방자치단체조합, 외국정부 및 주한국제기구의 취득에 대해서는 취득세를 부과하지 아니한다. 다만, 대한민국 정부기관의 취득에 대하여 과세하는 외국정부의 취득에 대해서는 취득세를 부과한다.

■ 국가, 지방자치단체(지방자치단체조합 포함)는 국가법인설에 따라 법인으로 취급하지만 과세권자인 과세주체에 해당하므로 국가 등에 조세를 부과하는 것은 의미가 없으므로 국가 등에 귀속한 재산에 대하여는 원칙적으로 취득세를 과세하지 아니한다.

■ 이것은 과세대상 물건을 취득한 자의 성격에 따라 비과세하는 것인데 이렇게 국가 또는 지방자치단체 등에 대해서 취득세를 부과하지 아니한다고 하는 것은 국가 또는 지방자치단체가 취득하는 행위에 대해서는 그것이 어떠한 성격을 가지는 것이든 또 어떠한 용도에 사용되는 것이든 모든 취득행위에 대해서 부과할 수 없다는 것을 의미한다.

■ 이 규정에서 국가·지방자치단체의 범위에서"다른 법률에서 국가 또는 지방자치단체로 의제되는 법인은 제외토록 한 것"은 가까운 예를 보면「공무원연금법」제16조의2에서 "공단은「주택법」,「택지개발촉진법」또는「임대주택법」에서 정하는 바에 따라 공무원을 위하여 주택을 건설·공급·임대하거나 택지를 취득할 수 있고, 이 경우 공단은 국가나 지방자치단체로 본다."는 규정에 따라 공단을 국가로 본다는 조세심판원의 심판이 있었던 것을 바로잡기 위해 설치된 규정이다.

사례 ▷ 국립대학법인에 귀속되는 부동산의 취득세 비과세 여부

지자체, 국립대학법인, SPC가 '캠퍼스 조성을 위한 실시협약'을 체결하고, 협약서에 따라 SPC 명의로 건축물을 신축·등기 후 건축물의 소유권을 국립대학법인으로 이전하는 경우 해당 건축물은 비과세를 적용할 수 없음(부동산세제과-1336호, 2020.6.15.).

사례 ▷ 자치단체 귀속을 위한 상속등기에 대한 취득세 비과세 여부

대상 토지는 지자체가 도로개설 목적으로「토지보상법」에 따라 과거 취득한 토지로서, 상속 및 보존등기는 지자체로 소유권을 이전하는 데 있어 과거 누락된 사항을 정정하기 위한 절차이행에 해당하고, '국가등'에 부동산을 귀속시켰다는 결과는 상속등기 등으로 인해 달라지지 않는 것으로 보입니다. 또한, 지자체에서는 상속자들로부터 상속 및 소유권 보존등기와 동시에 해당 토지의 소유권을 지자체로 귀속시킬 것을 조건으로 부동산을 등기한다는 것을 알 수 있습니다. 따라서, 과거 도시계획시설사업(도로)시행에 따라 토지 보상이 완료되었으나, 지방자치단체로 소유권 이전 등

기가 누락된 채 소유자가 사망하거나 토지 분할 등기가 누락되어, 상속인들로부터 지방자치단체로 소유권을 귀속시키겠다는 협의서 등을 징구하여 상속등기 또는 소유권 보존등기를 진행하는 경우, 이는 자치단체에 귀속시키기 위한 것으로 보아서 취득세 및 등록면허세를 비과세하는 것이 타당함(부동산세제과-153호, 2020.1.20.).

(2) 귀속 또는 기부채납재산에 대한 비과세

■ 국가, 지방자치단체 또는 지방자치단체조합(이하 이 항에서 "국가 등"이라 한다.)에 귀속 또는 기부체납(「사회기반시설에 대한 민간투자법」 제4조 제3호에 따른 방식으로 귀속되는 경우를 포함한다. 이하 이 항에서 "귀속 등"이라 한다.)을 조건으로 취득하는 부동산에 대해서는 취득세를 부과하지 아니한다. 다만, 국가 등에 귀속 등의 조건을 이행하지 아니하고 타인에게 매각·증여하거나 귀속 등을 이행하지 아니하는 것으로 조건이 변경된 경우와 국가등에 귀속등의 반대급부로 국가등이 소유하고 있는 부동산 및 사회기반시설을 무상으로 양여받거나 기부채납 대상물의 무상사용권을 제공받는 경우에는 취득세를 부과한다.

- 다만, 2020년까지는 반대급부로 국가소유등이 있는 부동산 및 사회기반시설을 무상으로 양여받거나 기부채납 대상물의 무상사용권을 제공 받는다고 하더라도 지방세특례제한법 제73조의2에 따라 면제대상이다.

> 「지방세특례제한법」 ① 「지방세법」 제9조 제2항에 따른 부동산 및 사회기반시설 중에서 국가, 지방자치단체 또는 지방자치단체조합(이하 이 조에서 "국가등"이라 한다)에 귀속되거나 기부채납(이하 이 조에서 "귀속등"이라 한다)한 것의 반대급부로 국가등이 소유하고 있는 부동산 또는 사회기반시설을 무상으로 양여받거나 기부채납 대상물의 무상사용권을 제공받는 조건으로 취득하는 부동산 또는 사회기반시설에 대해서는 다음 각 호의 구분에 따라 감면한다.
> 1. 2020년 12월 31일까지 취득세를 면제한다.
> 2. 2021년 1월 1일부터 2024년 12월 31일까지는 취득세의 100분의 50을 경감한다.
> ② 제1항의 경우 국가등에 귀속등의 조건을 이행하지 아니하고 타인에게 매각·증여하거나 국가등에 귀속등을 이행하지 아니하는 것으로 조건이 변경된 경우에는 그 감면된 취득세를 추징한다.

■ 그런데 기부채납이라 함은 개인이나 법인이 자기 소유의 재산을 무상으로 국가나 지방자치단체에 이전할 것을 표시하고 국가나 지방자치단체는 그 증여를 승낙함으로써 성립하는 증여계약을 말하는데, 기부채납을 하기 위해서는 자기소유재산이어야 하기 때문에

건축물의 경우 건물을 신축하여 사용승인을 받게 되면 건물의 원시취득자인 건축주에게 납세의무가 있는 것이나 이러한 건축물을 건축 후 기부채납조건으로 건축이 되었다면 건축주에게 취득세를 부과하지 아니하겠다는 것이다.

- 그러므로 이 경우의 취득에는 원시취득, 승계취득, 간주취득을 망라한 것이므로 기부채납조건으로 건축물을 신축하거나 공유수면매립지 중 기부채납되는 부분, 도로로 기부채납하기 위한 토지의 승계취득, 기부채납조건의 지목변경 등이 여기에 해당된다고 본다.

- 그리고 「사회기반시설에 대한 민간투자법」 제4조 제3호의 규정에 의한 민간투자사업의 추진방식에 따라 사회간접자본시설의 준공 후 일정기간 동안 사업시행자에게 당해 시설의 소유권이 인정되며 그 기간 만료시 시설 소유권이 국가 또는 지방자치단체에 귀속되는 방식, 즉 후귀속방식으로 국가 또는 지방자치단체에 귀속시키거나 기부채납하는 부동산도 민간자본 유치촉진을 위하여 비과세대상으로 한다.[1]

- 그런데 국가 등에 위와 같은 귀속 등의 조건을 이행하지 아니하고 타인에게 매각·증여하거나 귀속 등을 이행하지 아니하는 등 당초의 조건이 변경된 경우에는 취득세를 부과하는 점에 유의해야 한다.

- 또한 "「사회기반시설에 대한 민간투자법」 제2조 제1호 각 목에 해당하는 사회기반시설"이란 각종 생산활동의 기반이 되는 시설, 해당 시설의 효용을 증진시키거나 이용자의 편의를 도모하는 시설 및 국민생활의 편익을 증진시키는 시설로서 도로 및 도로의 부속물, 철도, 도시철도, 항만시설, 공항시설, 다목적댐, 수도 및 중수도, 하수도, 하천시설, 어항시설 등에 해당하는 시설을 말한다.

---

1) 「사회기반시설에 대한 민간투자법」에 따른 민간투자사업의 추진방식은 같은 법 제4조에 따라 다음과 같이 구분된다.
제1호에 의한 방식으로 민간사업자가 자금을 투입하여 사회기반시설을 건설하고, 사회기반시설의 준공과 동시에 해당 시설의 소유권은 국가 또는 지방자치단체에 귀속되며, 사업시행자에게 일정기간의 시설관리운영권을 인정하는 방식(제2호에 해당하는 경우는 제외한다.)으로 일반적으로 BTO이라고 하는 방식이다. BTO 방식은 주로 도로, 철도, 항만 등 SOC건설에 적합한 사업방식으로 민간이 소유권을 정부에 양도한 후 최종소비자에게 사용료를 부과하여 투자비를 회수하는 방식이며 민간건설사업자가 건설 및 위험부담도 부담해야 하는 방식이다.
제2호에 의한 방식으로 사회기반시설의 준공과 동시에 해당 시설의 소유권이 국가 또는 지방자치단체에 귀속되며, 사업시행자에게 일정기간의 시설관리운영권을 인정하되, 그 시설을 국가 또는 지방자치단체 등이 협약에서 정한 기간 동안 임차하여 사용·수익하는 방식이다. BTL이라고 하는 방식으로 주로 교육시설, 문화복지시설, 환경시설 등에 적합한 방식이며, 민간사업자로서는 민간이 건설한 시설을 정부가 리스해서 사용하고 리스료를 지급하기 때문에 위험이 없고 적정수익률이 보장된다는 장점이 있다.
제3호에 의한 방식으로는 사회기반시설의 준공 후 일정기간 동안 사업시행자에게 해당 시설의 소유권이 인정되며 그 기간이 만료되면 시설소유권이 국가 또는 지방자치단체에 귀속되는 방식을 BOT방식이라고 한다.
※ 여기서 B는 'Built' 건설을, T는 'Transfer' 소유권을 넘기는 것을, O는 'Operate' 운영하는 것을 의미한다. BTL의 L은 'Lease' 빌린다는 것을 의미한다.

사례 기부채납조건으로 취득한 것에 해당되는지 여부

원고가 이 사건 전망대에 대한 사용승인을 받을 당시 이를 기부채납 받을 주체가 ○○광역시가 될지 ○○광역시 ○○구가 될지가 미정인 상태에 있었기는 하지만 그 중 어디가 되든 이를 지방자치단체에 기부채납할 것을 조건으로 사용승인을 받았다는 점은 분명하다고 할 것이므로, 결국 이 사건 전망대는 「지방세법」이 정한 비과세 대상에 해당한다고 할 것임(대법 2010두21341, 2011.1.13.).

사례 주택건설 사업계획승인 이전에 이미 기부채납 대상 토지의 위치나 면적이 특정된 경우 기부체납을 조건으로 취득하는 부동산인지 여부

원고가 이 사건 토지에 관한 소유권이전등기를 마칠 당시에는 원고에 대한 사업계획 승인이나 원고와 피고 사이의 기부채납약정이 존재하지 아니하였지만, ① 원고는 이 사건 토지의 기부채납을 조건으로 주택건설사업계획승인을 받은 ○○주택종합건설 주식회사의 사업주체로서의 지위를 그대로 이전받은 점, ② 이 사건 토지는 피고가 1999.11.9. ○○주택종합건설 주식회사 등과 체결한 기부채납 약정상 기부채납 대상 토지에 모두 포함되어 있는 점, ③ 원고가 이 사건 토지를 취득할 때에는 비록 기부 채납에 대한 최종 승인이 이루어지지는 아니하였으나 이미 기부채납 목적물이 이 사건 토지 등으로 특정된 상태에서 원고가 2005.11.25. 주택건설사업계획변경승인을 신청하는 등 피고와 사이에 구체적인 기부채납 협의가 진행 중이었고, 그 후 실제 원고가 피고로부터 주택건설사업계획변경승인을 받아 이 사건 토지를 ○○시에 기부채납한 점을 종합하여 보면, 이 사건 토지는 기부채납을 조건으로 취득하는 부동산으로 비과세 대상이라고 판단하였음(대법 2011두17363, 2011.11.10.).

사례 국가 등에 귀속을 조건으로 취득하는 부동산의 입법취지

국가 등에 귀속 또는 기부채납을 조건으로 부동산을 취득하는 것은 부동산을 국가 등에 귀속시키거나 기부채납하기 위한 잠정적이고 일시적인 조치에 불과하므로 국가 등이 직접 부동산을 취득하는 경우와 동일하게 평가할 수 있다고 보아 그 경우 취득세를 비과세하는 「지방세법」 제9조 제1항과 같은 취지에서 취득세를 비과세하겠다는 데에 있다. 따라서 위 규정에 의하여 취득세가 비과세되기 위해서는 부동산을 취득할 당시에 취득자가 그 부동산을 국가 등에 귀속시키거나 기부채납하는 것이 사실상 확정되어 있어야 함(대법원 2010두6977, 2011.7.28.).

사례 모노레일카 본체가 기부채납할 수 있는 부동산에 해당하는지 여부

이 사건 시설물 중 주행레일과 전기시설은 토지에 정착하는 공작물 등에 속하므로 법 제106조 제2항 소정의 '기부채납을 조건으로 취득하는 부동산'에 해당하나, 모노 레일카 본체는 「지방세법」상의 차량에 해당할 뿐 법 제106조 제2항 소정의 부동산에

해당하지 않는다고 보아, 이 사건 부과처분은 이에 부합하는 범위 내에서 정당하고 나머지는 위법하다고 판단하였음(대법 2012두21130, 2013.2.14.).

사례 중장기 귀속을 조건으로 하는 부동산임에도 불구하고 원고가 건축허가명의자라는 이유로 취득세를 과세한 것이 정당한지 여부

- 취득세 및 등록세가 비과세되기 위해서는 부동산을 취득하고 그에 관한 등기를 할 당시에 취득자가 그 부동산을 국가 등에 귀속시키는 것이 사실상 확정되어 있어야 한다(대법 2010두6977, 2011.7.28.).
- ○○지구 사업장과 크게 떨어진 ○○시 도심 지역에 있고 건축물대장에 원고 명의로 소유자등록을 하였으며, 사업단의 사무소로 사용하고 있고, 국고에 귀속된다 하더라도 그 시점은 사업 종료 이후인 점을 인정하면 건물을 자신의 명의로 건축허가를 받아 신축하고 사용승인을 받음으로서 이를 원시취득하였다고 봄이 상당하고 앞서 인정한 일부 사실과 원고가 주장하는 사정만으로 이와 판단을 달리 할 수는 없음(대법 2015두44783, 2015.9.24.).

사례 쟁점건축물은 사실상 국가 등에 기부채납된 것으로 보아 취득세 등을 감면하여야 한다는 청구주장의 당부

「철도건설법」 제17조에서 철도건설사업으로 조성 또는 설치된 시설은 준공과 동시에 국가에 귀속되도록 규정하고 있고, 같은 법 제2조 제6호 및 제7호에서 철도건설사업은 환승시설 등이 포함된 철도시설을 건설하는 사업으로 규정하고 있는 점. 쟁점 ② 건축물은 이러한 규정에 따라 국가 등에게 그 소유권이 최종 귀속된 것으로 나타나는 점 등에 비추어 쟁점 ② 건축물은 그 신축 이전부터 국가에 귀속될 것이 사실상 예정되어 있었고 신축 이후에는 그 소유권이 국가 등에게 최종적으로 귀속된 것으로 확인되므로 이에 해당하는 기납부한 취득세 등은 환급되어야 한다는 청구주장은 타당하다고 할 것임(조심 2019지2199, 2020.4.17.).

사례 기부채납 등 비과세와 관련하여 정비사업의 시행자가 그 반대급부로서 취득하는 용도폐지 정비기반시설에 대하여도 취득세 등이 비과세 대상에 해당되는지 여부

지방세법 제9조 제2항은 국가 등에 귀속을 조건으로 부동산을 취득하고 그에 관한 등기를 하는 것은 그 부동산을 국가 등에 귀속시키기 위한 잠정적이고 일시적인 조치에 불과하므로 국가 등이 직접 부동산을 취득하고 그에 관한 등기를 하는 경우와 동일하게 평가할 수 있다고 보아 그 경우 취득세 등을 과세하지 않겠다는 취지로 보아야 하고, 결국 이는 '국가 등에 귀속 등을 조건으로 취득하는 당해 부동산'의 비과세에 대하여 규정한 것일 뿐이므로, 정비사업의 시행자가 그 반대급부로서 취득하는 용도폐지 정비기반시설에 대하여 취득세 등을 과세하지 않겠다는 의미로 해석될 수는 없다. 나아가 지방세법 제9조 제2항 단서에 따른 취득세의 과세와 그 취득세의

면제를 규정한 구 지방세특례제한법 제73조의2 제1항의 내용 역시 '국가 등에 귀속 등을 조건으로 취득하는 당해 부동산'에 대한 과세와 그 면제를 규정하고 있는 것으로 이 사건 귀속토지가 피고에게 귀속된 것에 대한 반대급부로서 원고가 취득한 것으로 볼 여지가 있을 뿐, '국가 등에 귀속 등을 조건으로 취득하는 당해 부동산'이 아님이 명백한 이 사건 부동산에 대하여는 처음부터 위 비과세 규정이나 면세 규정이 적용될 여지가 없다. 원고의 취득세 등의 비과세 또는 면제 주장은 받아들일 수 없음(대법원 2020.5.14. 선고 2020두33428 판결).

사례 ▷ 주택건설사업계획의 승인 조건으로 도시계획도로를 조성하여 지방자치단체에게 기부채납한 경우 취득세를 비과세할 수 있는지 여부

도로의 개설은 해당 토지의 구성부분이 사실상 변경되므로 「지방세법」 제7조 제4항에서 규정한 지목변경에 따른 취득에 해당되는 점, 공동주택의 신축과 토지의 지목변경은 별개의 취득세 과세대상이므로 공동주택의 신축을 조건으로 사업시행자가 도시계획도로를 개설하였다 하더라도 그 도로의 개설비용을 건축물의 취득(신축)가격으로 볼 수는 없는 점, 「지방세법」 제9조 제2항에서 규정한 "국가 등에 기부채납을 조건으로 취득하는 부동산"에는 특별한 사정이 없는 한 지목변경에 따른 취득도 포함된다고 보아야 하는 점 등에 비추어 이 건 공동주택의 취득가격으로 보아 그에 따른 취득세 등을 부과한 처분은 잘못이 있다고 판단(조심 2020지221, 2020.3.3.)

사례 ▷ 쟁점부동산을 취득할 당시 기부채납여부가 불분명한 경우 비과세 대상 여부

무상귀속이나 원상회복을 선택할 수 있는 권한을 유보하는 등 취득 및 등기 당시에 국가등에 귀속될 것이 사실상 확정되었다고 보기 어려운 경우에는 비과세대상에 해당하지 아니함(수원고법 2020누1369, 2021.5.28.: 대법확정).

(3) 신탁재산의 취득에 대한 비과세

■ 신탁(「신탁법」에 따른 신탁으로서 신탁등기가 병행되는 것만 해당한다.)으로 인한 신탁재산의 취득(신탁재산의 취득 중 주택조합 등과 조합원간의 부동산 취득 및 주택조합 등의 비조합원용 부동산 취득은 제외한다.)으로서, ① 위탁자로부터 수탁자에게 신탁재산을 이전하는 경우의 취득, ② 신탁의 종료로 인하여 수탁자로부터 위탁자에게 신탁재산을 이전하는 경우의 취득, ③ 수탁자가 변경되어 신수탁자에게 신탁재산을 이전하는 경우의 취득에 대하여는 취득세를 비과세한다.

  - 이 규정은 취득세가 과세대상 물건의 소유권이 이전되었을 때에 과세하는 일종의 유통세이므로 소유권의 이전이 있으면 이전의 목적이 무엇이든 모두 과세하는 것이 원칙이나 소유권 이전의 형태에 따라서는 원래 이전 자체가 형식적인 것에 불과하여 국

민의 조세 부담의 측면에서 과세가 부적당 하다고 인정하여 비과세토록 한 것이다.

■ 「신탁법」의 규정에 의한 신탁이라 함은 신탁설정자(위탁자)와 신탁을 인수하는 자(수탁자)와의 특별한 신탁관계에 기하여 위탁자가 특정의 재산권을 수탁자에게 이전하거나 기타의 처분을 하고 수탁자로 하여금 일정한 자(수익자)의 이익을 위하여 또는 특정의 목적을 위하여 그 재산권을 관리·처분하게 하는 것을 말한다.

■ 신탁은 계약 또는 유언으로 설정되며 수탁자는 신탁재산을 이전받아 신탁행위에 정하여진 바에 따라 자기의 이름으로 자기의 고유재산과는 구별하여 관리처분하며 그 이익을 일정한 자에게 귀속시키게 된다. 그러므로 신탁재산의 이전은 위에서 설명한 바와 같이 수탁자명의로 소유권이 이전되기는 하나 일반적인 소유권 행사가 불가능하므로 이를 비과세토록 한 것이고 위탁자에게 이전되는 것은 원소유자에게 소유권이 환원되는 데 불과하므로 역시 비과세토록 한 것이다. 그러나 신탁은 등기 또는 등록을 요하는 재산의 경우는 등기 또는 등록을 하지 아니하면 제3자에게 대항할 수 없으므로(「신탁법」§3) 등기원인이 신탁이 아닌 매매·증여 등으로 하여 소유권이전등기가 되었던 재산을 판결, 화해, 인낙 등에 의하여 명의신탁해지를 원인으로 원소유자에게 다시 소유권을 이전등기하는 경우는 비과세대상이 되지 아니한다.

– 그리고 신탁재산의 취득 중 주택조합 등과 조합원간의 부동산 취득 및 주택조합 등의 비조합원용 부동산 취득은 비과세대상에서 제외하였는데 이는 주택조합 등과 조합원 간 신탁이 종료되면 조합원에게 귀속되지 아니하는 일반분양용 부동산(비조합원에게 분양되는 주택, 상가 등)은 조합의 수익사업용으로 과세를 하여야 함에도 과세할 수 없다는 판례가 있어 이를 과세대상으로 한다고 관련규정을 명확히 한 것이다.

사례 ▶ 신탁한 재산을 경매에서 위탁자가 취득하는 경우 비과세대상에 해당 여부

> 위탁자가 신탁재산을 공매로 취득한 경우 신탁의 해지로 인한 취득으로 볼 수 없어 비과세를 적용할 수 없고, 공매의 경우 공유물 분할에 의한 취득으로도 볼 수 없음 (의정부지법 2019구합13652, 2020.10.20.: 대법확정).

(4) 동원대상지역 내의 토지의 수용·사용에 관한 환매권 행사로 인한 취득

■ 「징발재산정리에 관한 특별조치법」 또는 「국가보위에 관한 특별조치법」 폐지법률 부칙 제2항에 따른 동원대상지역 내의 토지의 수용·사용에 관한 환매권의 행사로 매수하는 부동산의 취득에 대하여는 취득세를 부과하지 아니한다.

– 이 규정은 국가가 군사상 긴요하여 군(軍)이 계속 사용할 필요가 있는 사유재산을 매수 또는 수용한 토지의 매수대금으로 지급한 증권의 상환이 종료되기 전 또는

그 상환이 종료된 날로부터 5년 이내에 당해 재산의 전부 또는 일부가 군사상 필요 없게 된 때에는 피징발자 또는 피수용자 및 그 상속인은 이를 우선 매수할 수 있는데 이 경우에 환매권자는 국가가 수용할 당시의 가격에 증권의 발행연도부터 환매 연도까지 연 5푼의 이자를 가산한 금액을 국고에 납부하고 환매하게 되는데, 이때 매수하는 부동산의 취득에 대하여는 취득세를 비과세하여야 한다.

(5) 임시용 건축물 등의 취득

■ 임시흥행장, 공사현장사무소 등(별장 등 중과세대상의 취득은 제외함) 존속기간이 1년을 초과하지 아니하는 임시용 건축물을 취득할 경우에는 취득세를 부과하지 아니한다. 다만, 존속기간이 1년을 초과하는 경우에는 취득세를 부과한다.
  - 여기에서 존속기간이 1년을 초과하지 아니하는 임시의 용에 공하는 건축물이라 함은 일정한 장소에서 1년을 초과하지 아니하는 것을 임시용 건축물로 보아야 하며 당초 설치했던 장소에서 다른 장소로 옮겨 사용하는 기간까지 통산하여 1년의 기간을 산정하여서는 아니 될 것이다.
  - 이 경우 "존속기간 1년 초과" 판단의 기산점은 「건축법」 제15조에 따라 시장, 군수에게 신고한 가설건축물축조신고서상 존속기간의 시기(그 이전에 사실상 사용한 경우에는 그 사실상 사용일)가 되고, 신고가 없는 경우에는 사실상 사용일이 된다.

(6) 공동주택의 개수로 인한 취득

■ 「주택법」 제2조 제3호에 따른 공동주택의 개수(「건축법」 제2조 제1항 제9호에 따른 대수선은 제외한다.)로 인한 취득 중 개수로 인한 취득 당시 「지방세법」 제4조에 따른 주택의 시가표준액이 9억 원 이하인 주택과 관련된 개수로 인한 취득에 대해서는 취득세를 부과하지 아니한다.
  - 이 경우 "공동주택"이란 건축물의 벽·복도·계단이나 그 밖의 설비 등의 전부 또는 일부를 공동으로 사용하는 각 세대가 하나의 건축물 안에서 각각 독립된 주거생활을 할 수 있는 구조로 된 주택을 말한다(「주택법」 §2 Ⅲ).

(7) 상속개시 이전 사용할 수 없는 차량의 상속 취득

■ 상속개시 이전(사망하기 전)에 천재지변·화재·교통사고·폐차·차령초과 등으로 사용할 수 없는 차량에 대해서는 상속에 따른 취득세를 부과하지 아니한다.

❹ 최근 쟁점

<u>사례</u> 학교용지부담금의 취득가격 포함 및 비과세관행 적용 여부

- 「지방세법 시행령」제18조 제1항에서 법 제10조 제5항 제1호부터 제4호까지의 규정에 따른 취득가격은 취득시기를 기준으로 그 이전에 해당 물건을 취득하기 위하여 거래 상대방 또는 제3자에게 지급하였거나 지급하여야 할 직접비용과 다음 각 호의 어느 하나에 해당하는 간접비용의 합계액으로 한다고 규정하면서, 그 제3호에서 「농지법」에 따른 농지보전부담금, 「산지관리법」에 따른 대체산림자원조성비 등 관계 법령에 따라 의무적으로 부담하는 비용을 규정하고 있고, 또한, 해당 비용이 과세대상 건축물 등을 취득하지 않을 경우 지출이 필요 없는 것이고, 건축물을 취득하기 위해 관계법령에 따라 의무적으로 부담하는 성격이라면, 취득세 과세표준에 포함된다고 할 것(대법 2011두29472, 2012.1.16. 판결)인 바, 지방세법 시행령 개정(대통령령 제21975호, 2010.1.1.)으로 관계법령에 따라 의무적으로 부담하는 비용이 취득가격의 간접비용에 해당하는 것으로 규정되어 있는 점, 학교용지부담금의 경우 개발사업지역에서 단독주택을 건축하기 위한 토지를 개발하여 분양하거나 공동주택을 분양하는 자에게 부과·징수하는 것으로 「학교용지 확보 등에 관한 특례법」에 따라 의무적으로 부담해야 하는 비용에 해당하는 점, 학교용지부담금의 경우 취득세 과세대상 단독 또는 공동주택을 취득하지 않을 경우 지출이 필요 없는 비용에 해당하는 점 등을 감안할 때, 학교용지부담금을 취득세 과세표준에 포함하는 것이 타당하다고 할 것이고, 이 외 다른 부담금도 취득시기 이전에 지급 원인이 발생·확정되고 관계법령에 따라 의무적으로 부담하는 경우에 해당한다면 취득세 과세표준이 되는 취득가격의 범위에 포함된다고 할 것이다.

- 한편, 「학교용지 확보 등에 관한 특례법」(제5조 제4항 제1호 등)에 따라 학교용지를 취득하여 기부채납함으로써 학교용지부담금을 면제받는다고 하더라도, 해당 기부채납 비용(학교용지 취득 비용)은 본 물건의 취득을 위하여 '의무적으로 부담하는 비용'에 해당하므로 취득세 과세표준이 되는 취득가격에 포함하여야 할 것임(행정안전부 지방세운영과 – 3861, 2015.12.11.).

- 구 「지방세법 시행령」제18조 제1항은 취득세의 과세표준인 취득가격은 취득시기를 기준으로 그 이전에 해당 물건을 취득하기 위하여 거래 상대방 또는 제3자에게 지급하였거나 지급하여야 할 직접비용과 간접비용의 합계액으로 한다고 규정하면서, 농지법에 따른 농지보전부담금, 산지관리법에 따른 대체산림자원조성비 등 관계 법령에 따라 의무적으로 부담하는 비용(제3호), 제1호부터 제6호까지의 비용에 준하는 비용(제7호) 등을 취득가격에 포함되는 간접비용으로 규정하고 있으며 이와 같은 규정내용 및 체계 등에 비추어, 취득가격에 포함되는 간접비용으로 규정되어 있는 '농지보전부담금', '대체산림자원조성비'는 예시적인 것으로서, 학교용

지부담금이 아파트를 취득하기 위하여 관계 법령에 따라 의무적으로 부담하는 비용에 해당한다면 취득가격에 포함되는 간접비용에 해당한다고 할 것으로 학교용지부담금은 개발사업의 시행으로 인하여 학생 수가 증가하거나 증가가 예상되는 경우, 학교용지의 확보 또는 기존 학교의 증축이라는 공익사업에 필요한 재원을 그 원인자인 개발사업의 시행자에게 부담하게 하는 데 그 도입취지가 있어 이중과세로도 볼 수 없음(대법 2019두36353, 2019.6.13.).

- 취득세의 과세표준에 학교용지부담금을 포함시켜서 취득세를 부과하는 것 자체가 위법하다고 볼 수는 없으나, 행정자치부는 2005.1.26. '학교용지부담금은 취득세 과세표준 취득가격에 포함되지 않는다'고 유권해석한 사실(행정자치부 2005.1.26.자 세정-429 질의회신)과 감사원 심사 결정(감사원 2009.6.25.자 감심 2009-143)을 근거로 해당 과세관청에서 2015.12. 말경에 이르기까지 상당한 기간에 걸쳐 학교용지부담금을 취득세 과세표준 취득가격에서 제외하고 이를 기초로는 과세하지 아니하는 비과세관행이 성립되어 있었다고 봄이 타당함(대법 2019두35602, 2019.6.13.).

- 학교용지부담금은 주상복합시설을 취득하기 위하여 관계 법령에 따라 의무적으로 부담하는 비용에 해당하므로, 취득가격인 간접비용에 해당한다고 봄이 타당하며 그간의 해당 과세관청의 부과사례로 보아 비과세 관행이 일반적으로 납세자에게 받아들여져 있었다고 보기 어렵고, 설사 해당 납세자가 관행이 있다고 믿었더라도 그 신뢰가 정당하다고 볼 수 없음(대법 2019두34975, 2019.6.13.).

사례 학교를 증축하여 기부채납을 완료한 후, 기 납부한 학교용지부담금을 환급 받은 경우 이를 취득세 과세표준에 포함하여야 하는지 여부

학교용지부담금은 개발사업에 대하여 사업을 시행하는 자에게 「학교용지 확보 등에 관한 특례법」에 따라 의무적으로 징수(세대별 공동주택 분양가격의 1천분의 8)하는 경비로서 그 부담금은 취득세 과세표준에 포함되는 것이지만, 취득가격의 일부가 되었던 부담금의 일부가 환급(반환)되는 경우에는 이에 해당하는 부분은 취득세 등의 과세표준에서 제외하는 것이 타당함(조심 2016지994, 2017.3.22., 같은 뜻임). 청구법인의 경우, 청구법인과 ○○교육지원청이 체결한 ○○초등학교 학교시설 기부채납협약에 근거하여 청구법인이 초등학교를 직접 증축하여 기부채납을 완료함에 따라 이 건 부동산 취득가액의 일부를 구성하였던 학교용지분담금이 처분청으로부터 환급되어 청구법인이 이를 반환받은 사실이 확인되고 있고, ○○초등학교 증축과 관련하여 직접 투입된 비용인 이 건 초등학교증축비용(2,869,763,635원)에 대하여는 2019.8.9. 처분청이 취득세 등을 부과하여 청구법인이 이를 납부한 사실이 확인되는 이상 학교용지분담금은 이 건 부동산의 취득세 등의 과세표준에 포함될 수 없다고 보는 것이 타당함(조심 2020지2187, 2021.12.28.).

`사례` 학교를 학교용지부담금 대신 건축하여 기부채납을 완료한 경우 그 건축비용을 공동주택의 과세표준에 포함하는 것이 적정한지 여부

청구법인은 이 건 공동주택을 건축하는 과정에서 관련 법령에 따라 의무적으로 부담하는 학교용지부담금을 면제받고자 교실을 증축하는 비용을 부담하게 된 것으로서, 청구법인이 학교용지부담금을 면제받을 목적으로 투입된 비용은 결국 현금으로 당해 부담금을 납부하는 것과 경제적 실질에 있어서 동일하다고 보아야 할 것(조심 2017지858, 2017.11.16. 같은 뜻임)이며, 이러한 건축비를 과세표준에 포함하지 아니하면 학교용지부담금을 부담한 다른 사업자들과의 과세형평상 타당하지 아니한 점 등에 비추어 교실증축비용을 취득세 과세표준에서 제외하여야 한다는 청구주장은 인정하기 어려움(조심 2019지193, 2019.8.20.).

`사례` 특정차입금을 실제로 사용하기 전에 미리 차입을 하였다고 하더라도 그에 관한 이자는 여전히 해당 자산의 취득에 소요된 비용에 해당하는지 여부

- 동 금액은 용지취득을 위한 차입금 이자비용 1,652,876,465원, 지목변경일 이후에 발생한 차입금 이자비용 252,818,165원, 지목변경을 위한 차입금 이자비용 2,353,180,028원으로 구분되어 있는 사실이 확인되는 점, 취득세 등의 과세표준은 해당 물건의 취득을 위하여 취득일까지 발생한 직·간접 비용의 일체가 되는 것이므로 취득일 후에 발생한 차입금의 이자는 취득세 등의 과세표준에 포함될 수 없는 점, 토지의 취득 및 토지의 지목변경에 따라 성립하는 취득세 납세의무는 각각 별개이므로 토지의 취득을 위하여 차입한 금액의 이자는 토지의 취득세 과세표준에 포함될 수 있을 뿐 토지의 지목변경 취득세 과세표준에 포함될 수 없다고 보는 것이 타당한 점 등에 비추어 쟁점이자비용 중 이 건 토지의 지목변경을 위하여 차입한 금액의 이자는 이 건 지목변경 취득세 등의 과세표준에 포함되어야 할 것이나, 토지 취득을 위한 차입금이자 및 토지의 지목변경 후에 발생한 차입금이자는 이 건 지목변경 취득세 등의 과세표준에 포함될 수 없는 것으로 보는 것이 타당하므로 처분청은 쟁점이자비용 중 토지의 지목변경을 위하여 차입한 금액의 이자를 제외한 나머지 금액을 취득세 등의 과세표준에서 제외하여야 할 것임(조심 2019지1549, 2019.12.12.).

- 구 「지방세법」(2010.1.1. 법률 제9924호로 개정되기 전의 것, 이하 같다)상 취득세의 과세표준에 산입되는 건설자금이자는 구 법인세법(2010.12.30. 법률 제10423호로 개정되기 전의 것, 이하 '법인세법'이라 한다)상 손금불산입 대상인 건설자금이자와 그 범위가 반드시 일치하는 것은 아니지만, 어떠한 자산을 건설 등에 의하여 취득하는 데에 사용할 목적으로 직접 차입한 자금(이하 '특정차입금'이라 한다)의 경우에, 그 이자는 취득에 소요되는 비용으로서 해당 자산의 원가를 구성하는 자본적 지출이 된다는 점에서 양자가 서로 공통되므로 그 건설자금이자는 같은 방식으로 산정함이 타당하다. 따라서 구 지방세법상 취득세의 과세표준에 산입되는 건설자금이자

는 법인세법상 손금불산입 대상인 건설자금이자와 마찬가지로 특정차입금의 차입일부터 해당 자산의 취득일 등까지 발생한 이자에서 특정차입금의 일시예금에서 생기는 수입이자를 차감하는 방법으로 산정하여야 하고, 설령 특정차입금을 실제로 사용하기 전에 미리 차입을 하였다고 하더라도 그에 관한 이자는 여전히 해당 자산의 취득에 소요된 비용에 해당하므로 이를 취득세의 과세표준에서 제외할 것은 아님(대법원 2013.9.12. 선고 2013두5517 판결).

사례 대체취득 비과세대상에 해당되는지 여부

도로 등으로 용도가 지정되어 있는 쟁점토지를 취득한 것은 처분청에게 기부채납하기 위한 것일 뿐 다른 목적이 없는 점, 청구법인은 「지방세법」 제9조 제2항 각 호의 비과세 배제사유에도 해당되지 아니하는 점, 쟁점토지를 취득하거나 기부채납할 당시에 쟁점사업의 시행자가 신탁회사이었고 신탁회사 명의로 신탁등기된 후 기부채납된 점 등을 볼 때 비과세 대상임(조심 2018지374, 2019.4.24.).

사례 매수자 변경계약시 당초 매수자 부담액의 취득가액 포함 여부

과세대상물건의 취득 시기 이전에 거래상대방 또는 제3자에게 지급원인이 발생 또는 확정된 것으로서 당해 물건 자체의 가격(직접비용)은 물론 그 이외에 실제로 당해 물건 자체의 가격으로 지급되었다고 볼 수 있거나(취득자금이자, 설계비 등) 그에 준하는 취득절차비용(소개수수료, 준공검사비용 등)도 간접비용으로서 이에 포함된다고 할 것이나, 그것이 취득의 대상이 아닌 물건이나 권리에 관한 것이어서 당해 물건 자체의 가격이라고 볼 수 없는 것이라면 취득가격에 포함된다고 보아 취득세 과세표준으로 삼을 수 없어, 매도자, 종전 매수자 및 새로운 매수자 3자간에 권리의무승계계약의 체결이 이루어지고 매매계약의 '매매대금 변경'이 함께 발생하여 일부 금액(쟁점금액)은 종전 매수자가 부담하기로 계약체결에 명시된 경우에 해당 매수자 지위 이전 협약체결, 매각경위, 권리의무승계계약의 내용 등을 종합적으로 고려하여, 당초 매수자가 납부하기로 한 금액(쟁점금액)은 당초 매수자의 권리의무승계계약에 따른 의무의 이행으로서 매도자에게 지급한 것에 불과하고, 과세물건 자체의 가격(직접비용)에서 쟁점금액을 제외하여야 할 것이며 또한 쟁점금액은 종전 매수자가 지급한 것이고 새로운 매수자가 부담한 것이 아니므로, 쟁점금액이 해당 토지 자체의 가격으로 지급된 간접비용에 해당한다고도 볼 수 없음(대법 2019두35251, 2019.6.13.).

사례 기부채납 비과세 대상에 해당되는지 여부

• 기부채납은 기부자가 그의 소유재산을 국가나 지방자치단체의 공유재산으로 증여하는 의사표시를 하고 국가나 지방자치단체는 이를 승낙하는 채납의 의사표시를 함으로써 성립하는 증여계약인 바, 「지방세법」 제106조 제2항, 제126조 제2항에서

취득세 및 등록세 비과세요건으로 규정한 '기부채납을 조건으로 취득하는 부동산'의 의미에 관하여, 사업자가 주택건설 사업승인을 받고 그 승인조건에서 나타난 기부채납 등의 조건에 맞추어 취득한 토지가 이에 해당함은 당연하나, 나아가 주택선설사업계획승인 이전이라도 이미 기부채납의 대상이 되는 토지의 위치나 면적이 구체적으로 특정된 상태에서 행정관청와 사이에 기부채납에 대한 협의가 진행 중인 것으로 볼 수 있는 객관적인 사정이 있는 경우에는, 그 이후에 취득하여 국가에 기부채납한 토지도 '기부채납을 조건으로 취득한 토지'로서 비과세대상에 해당한다(대법원 2006.1.26. 선고 2005두14998 판결, 대법원 2005.5.12. 선고 2003다43346 판결 등 참조). 이 사건을 보건대, 비록 원고가 이 사건 각 토지에 관한 소유권이전등기를 마칠 당시에는 원고에 대한 사업계획승인이나 원고와 피고 사이의 기부채납 약정이 존재하지 아니하였지만, ① 원고는 토지기부채납을 조건으로 피고로부터 주택건설사업계획승인을 받은 ○○건설의 계약상 지위를 그대로 이전받은 점, ② 이 사건 각 토지는 피고가 1999.11.9. ○○건설 및 ○○개발과 체결한 기부채납 약정상 기부채납 대상 토지에 모두 포함되어 있는 점, ③ 원고가 이 사건 각 토지를 취득할 때에는 비록 기부채납에 대한 최종승인이 이루어지지는 아니하였으나 이미 기부채납 목적물이 이 사건 각 토지 등으로 충분히 특정된 상태에서 2005.11.25. 주택건설사업계획변경승인을 신청하는 등 피고와 사이에 구체적인 기부채납 협의가 진행 중이었고, 그 후 실제 피고로부터 주택건설사업계획변경승인을 받아 이 사건 각 토지를 광주시에 기부채납한 점을 종합하여 보면, 이 사건 각 토지는 법령 소정의 비과세 대상인 '국가 등에 기부채납을 조건으로 취득하는 부동산'에 해당한다고 볼 것임(대법원 2011.11.1. 선고 2011두17363 판결).

• 「지방세법」(2014.1.1. 법률 제12153호로 개정된 것, 이하 같다) 제9조 제2항에서 기부채납이라 함은 기부자가 그의 소유재산을 국가나 지방자치단체의 공유재산으로 증여하는 의사표시를 하고 국가나 지방자치단체는 이를 승낙하는 채납의 의사표시를 함으로써 성립하는 증여계약인 바, "기부채납을 조건을 취득하는 부동산"에는 사업자가 주택건설사업의 승인을 받고 그 조건에서 나타난 기부채납 등의 조건에 맞추어 취득한 토지가 이에 해당함은 당연하고, 나아가 주택건설사업계획의 승인 이전이라도 이미 기부채납의 대상이 되는 토지의 위치나 면적이 구체적으로 특정된 상태에서 행정관청과의 사이에 기부채납에 대한 협의가 진행 중인 것으로 볼 수 있는 객관적인 사정이 있는 경우에는 그 후에 취득하여 국가 등에 기부채납한 토지도 이에 해당하는 것으로서 취득세 등의 비과세대상에 해당한다 할 것(대법원 2005.5.12. 선고 2003다43346 판결 등, 같은 뜻임)인 바, ○○○등 사이에 2008년 3월 체결된 ○○○도시계획시설(도로, 학교, 공원) 개설 협약서 등에 의하면 ○○○등이 쟁점토지 등에 도로, 공원 등을 조성하여 처분청에 기부채납하기로 한 사실이 확인되는 점, 처분청과 사업시행자인 ○○○주식회사 등 사이에 2008.5.30. 체결된 ○○○도시계획시설(도로, 학교, 공원) 개설에 따른 협약서에 의하면 ○○○주식회

사 등은 쟁점토지 등에 도로 및 공원을 조성하여 처분청에 기부채납하여야 하고, 본 협약서 체결 후의 사정(사업권 양도, 매각, 기타 여하한 사유 포함)으로 업체가 변경될 시에는 그 변경 업체가 본 협약서의 내용을 전면 승계하는 것으로 하며, 위와 같은 승계 조건이 포함되어 있지 않은 업체의 명의변경은 허가하지 아니하도록 되어 있었던 사실이 나타나므로, 청구법인은 2014.11.17. ○○○주식회사로부터 이 건 토지를 취득한 주식회사 ○○○로부터 이 건 토지를 취득하면서 위의 협약 내용을 전면 승계한 것으로 보이므로 처분청과 기부채납 협약이 이루어진 상태에서 쟁점토지를 취득한 것으로 보이는 점, 처분청이 2014.12.1. 청구법인에게 보낸 주택건설사업계획 변경승인 통지 문서(주택과-43679)에 의하면 당초의 승인 조건 및 변경된 승인 조건을 반드시 준수하여야 하도록 되어 있는 점 등에 비추어, 청구법인은 도로·공원 등을 조성하여 처분청에 기부채납할 것을 조건으로 쟁점토지를 취득한 것으로 보이므로 처분청이 쟁점토지가 취득세 등의 비과세대상이 아닌 것으로 보아 이 건 거부처분을 한 것은 잘못이 있다고 판단됨(조심 2017지0715, 2017.9.13.).

사례 부동산 교환취득시 과세표준

- 취득세의 과세표준이 되는 취득가액은 취득자가 당해 과세대상 물건을 취득하기 위해 지급하였거나 지급하여야 할 일체의 비용이 되는 것이고, 교환 취득은 당초 자기 소유의 재산을 타인에게 인도하는 대신 타인 소유의 재산을 인수받아 취득하는 것이어서, 상호 교환에 의하여 새로이 취득하는 과세대상 물건에 대한 취득세의 과세표준은 취득자가 당초 소유하고 있던 재산의 가액이 되는 것이므로 조합이 상호 교환에 의하여 새로이 취득하는 과세대상 물건에 대한 취득세 과세표준은 교환할 당시 취득자가 당초 소유하고 있던 신설 공공시설의 가액으로 적용하는 것이 타당함(조심 2009지5, 2008.8.11. 참조, 행정안전부 지방세운영과-324, 2011.1.18.).

- 이 사건 감정평가 차액 2,645,851,000원 상당액은 원고가 ○○학원에 증여한 것으로 이 사건 각 부동산을 취득하는 데 들었다고 할 수 없으므로 이 사건 각 부동산의 취득세 과세표준은 그 감정평가액 상당인 3,097,556,000원이라고 보아야 한다. 원고가 ○○학원에 증한 위 감정평가 차액 상당액이 취득가격에 포함되는 간접비용은 구 지방세법 시행령 제18조 제1항의 "취득대금 외에 당사자의 약정에 따른 취득자 조건 부담이"나 "이에 준하는 비용은 취득에 해당한다고 볼 수도 없다. 그런데도 원심은 그 판시와 같은 이유로, 이 사건 각 부동산의 취득세 과세표준은 이 사건 교환대상 부동산의 감정평가액으로 보아야 하고, 설령 이 사건 부동산의 감정평가액을 구 지방세법 시행령 제18조 제1항의 "거래 상대방에게 지급하였거나 지급하여야 할 직접비용"으로 보더라도, 이 사건 감정평가 차액은 "이 사건 각 부동산을 취득하기 위한 조건 부담액이나 이에 준하는 비용으로서 취득가격에 포함되는 간접비용으로 판단하였다. 이러한 원심의 판단에는 취득세 과세표준에 관한 법리를 오해하여 판결에 영향을 미친 잘못이 있다(대법원 2019.11.28. 선고 2019두45074 판결).

사례 부동산을 연부 취득하는 것으로 계약한 후 2년 이내에 최종 잔금을 지급하는 경우 최종 잔금 지급일까지 발생한 이자비용에 대하여 취득세 과세표준에 포함되는지 여부

- 지방세법 시행령 제18조 제1항에서 "법 제10조 제5항 각 호에 따른 취득가격 또는 연부금액은 취득시기를 기준으로 그 이전에 해당 물건을 취득하기 위하여 거래 상대방 또는 제3자에게 지급하였거나 지급하여야 할 직접비용과 다음 각 호의 어느 하나에 해당하는 간접비용의 합계액으로 한다. 다만, 취득대금을 일시급 등으로 지급하여 일정액을 할인받은 경우에는 그 할인된 금액으로 한다"고 규정하고 있으며, 그 제1호에서 "건설자금에 충당한 차입금의 이자 또는 이와 유사한 금융비용"을 열거하고 있습니다. 한편, 「지방세법시행령」 제20조 제5항에서 "연부로 취득하는 것(취득가액의 총액이 법 제17조의 적용을 받는 것은 제외한다)은 그 사실상의 연부금 지급일을 취득일로 본다"고 규정하고 있습니다. 취득세 과세대상 부동산을 연부로 취득하는 경우 최종 잔금지급시까지 발생한 이자에 대해 취득가격에 포함할 수 있는지 여부에 대해서 살펴보면, 연부취득의 취지는 조세채권의 조기인식을 위하여 특례를 둔 것으로서 함부로 확장해석 할 수 없고, 토지의 성질상 연부금에 상응하는 부분으로 분할하여 사용할 수는 없으며, 전체를 일괄적으로 사용하여야 하는 점(대법원 2003두3857, 2005.6.24. 판결 참조), 연부취득 중 매수계약자가 사용권을 부여 받더라도 해당 부동산의 사실상 소유자를 매도자로 보아 매도자를 재산세 납세의무자로 판단하는 점, 투입된 비용이 동일하나, 대금지급방법에 따라 취득가격이 달라진다면 과세불형평 및 변칙적 계약형태 발생을 초래할 수 있는 점 등을 종합해 볼 때, 연부취득에 있어 연부취득이 완료된 시점까지 발생한 건설자금 이자의 경우에는 취득세 과세표준에 포함하는 것이 타당하다고 할 것임(행정안전부 지방세운영과-2290, 2016.9.2.).

- 연부취득은 조세채권을 조기에 확정시키는 것일 뿐 그 연부금을 지급하였다고 하여 그에 상응하는 부동산의 사용권 또는 처분권 등을 얻는 것은 아닌 점, 연부금을 납부하면 해당 연부금의 취득시기가 완성되어 그 후 발생한 지급이자는 해당 연부금과는 관련이 없다고 할 것이나, 부동산의 취득을 위한 차입금을 전액 상환하지 않는 이상 이자는 계속 발생하므로 그 지급이자는 다음 차순의 연부금부터 잔금까지의 취득가격에 포함하는 것이 타당한 점, 연부금을 최종적으로 지급하지 않고 계약 해제를 하는 경우 과세물건을 처음부터 취득하지 않은 것으로 보아 당초 계약자가 납부한 취득세 등을 환급하는 것을 보더라도 연부금으로 지급하였다고 하여 그 취득세 납세의무가 완전히 성립하였다고 보기 어려운 점 등에 비추어 청구법인이 당초 쟁점금액을 2·3차 연부금의 취득세 과세표준에 포함하여 취득세 등을 신고·납부한 것은 타당하다 할 것이므로 처분청이 이 건 취득세 등의 경정청구를 거부한 처분은 달리 잘못이 없다고 판단됨(조심 2021지960, 2021.4.29.).

- 「지방세법」 제7조에서 취득세는 과세물건을 사실상 취득하는 때에 납세의무가 성립한다고 규정하고 있고, 「지방세법 시행령」 제20조 제5항에서 연부로 취득하는

것은 그 사실상의 연부금 지급일을 취득일로 보도록 규정하고 있어 연부계약으로 물건을 취득하는 경우에는 각 연부금 지급일마다 각각 납세의무가 성립하는 점, 따라서, 연부취득의 경우에는 상기 규정에 따라 연부계약을 체결한 매수인이 사실상의 연부금 지급일에 연부금을 지급한 금액에 상당하는 비율만큼 물건을 부분 취득하는 것으로 보아야 하고, 그 지급금액을 과세표준으로 하여 취득세를 부과하여야 할 것인 점, 「지방세법 시행령」 제18조 제1항 본문에서 취득가격의 범위에 포함되는 것은 취득시기를 기준으로 그 이전에 지급하였거나 지급하여야 할 직접비용과 간접비용의 합계액으로 한다고 규정하고 있어 법문언상 취득가격에 포함되는 비용은 취득시기 이전에 소요된 비용으로 제한되어야 할 필요가 있는 점, 부동산취득세는 부동산 소유권의 이전이라는 사실 자체에 대하여 부과되는 유통세의 일종으로서 부동산을 사용, 수익, 처분함으로써 얻게 될 경제적 이익에 대하여 부과되는 것이 아닌 것인바, 청구법인이 연부취득 중 쟁점토지를 사용·수익·처분할 수 있는 상태가 아니라는 것이 이 건 판단에 영향을 미친다고 보기는 어려운 점, 연부취득은 부동산 등을 최종적으로 취득한 상태는 아니지만 취득세 등을 조기에 과세하기 위하여 도입된 제도로서, 부동산 등을 최종적으로 취득하지 아니한 상태에서 각 연부금 지급일을 그 취득일로 보아 취득세 등은 조기에 징수하면서도, 취득세 과세표준 산정시에는 연부금 지급일을 취득일로 보지 아니하고 그 이후에 발생한 이자 등을 포함시키는 것은 논리적 일관성이 없어 제도상 타당하지 아니하고 취득세 과세표준은 취득일까지 발생한 직·간접비용만을 포함하도록 한 현행 지방세법령 규정에도 어긋나는 점 등에 비추어 쟁점토지의 연부취득에 따른 취득세 과세표준에 매 연부금 지급일 후에 발생한 쟁점이자비용은 포함될 수 없다고 보는 것이 타당하므로(대법원 2020.1.16. 선고 2019두52607 판결, 같은 뜻임), 처분청이 이 건 취득세 등의 경정청구를 거부한 처분은 잘못이 있다고 판단됨(조심 2020지3831, 2022.1.22. 등).

• 피고는 지방세법 시행령 제20조 제5항에 연부로 취득하는 것은 그 사실상의 연부금 지급일을 취득일로 본다고 규정하고 있으나 위 규정은 조세채권의 조기 인식을 위하여 특례를 둔 것에 불과하므로, ㉠ 연부취득의 경우 연부금을 모두 완납하여야 비로소 해당 물건을 사용·수익·처분할 지위를 갖는 사실상 취득이 이루어지므로, 연부계약을 체결한 매수인이 연부금 지급일에 연부금을 지급한 경우 그 금액에 상당하는 비율만큼 납세의무가 성립될 뿐, 해당 물건을 사실상 취득한 것이 아니어서 마지막 연부금을 완납할 때까지 소요된 비용도 취득세의 과세표준에 포함시켜야 하는 점, ㉡ 구 지방세법 시행령 제18조 제1항에 규정된 간접비용은 차입금 이자, 취득 관련 용역비 수수료, 당사자의 약정에 따른 취득자금 조건 부담액과 채무인수액 등의 비용을 망라하고 그에 준하는 비용도 포함하고 있어 연부금을 지급한 이후에 소요된 비용 등도 사실상의 취득이 이루어지기 이전에는 과세표준에 포함시킬 수 있는 점, ㉢ 일반 유상취득의 경우에는 잔금 지급일 이전에

해당 물건을 취득하기 위하여 소요된 취득자금의 이자, 취득 관련 수수료 등 모든 비용을 과세표준에 포함시키는 데 반하여 연부취득의 경우에 대금 지급방법이 다르다고 이를 포함시키지 아니하는 것은 형평에 어긋나는 점 등에 비추어 보면 연부계약에 의하여 물건을 취득하는 경우에도 마지막 연부금을 완납하기 이전에 소요된 비용은 모두 과세표준에 포함되어야 한다고 주장하나, ㉠ 지방세법 제7조는 취득세는 과세물건을 사실상 취득하는 때에 납세의무가 성립하도록 규정하고 있고 구 지방세법 시행령 제20조 제5항은 연부로 취득하는 것은 연부금 지급일을 취득일로 보도록 규정하고 있어 연부계약으로 물건을 취득하는 경우에는 각 연부금 지급시기마다 납세의무가 성립되는 점, ㉡ 지방세법에 있어 연부취득의 경우에는 연부계약을 체결한 매수인이 계약상 또는 사실상의 연부금지급일에 연부금을 지급한 금액에 상당하는 비율만큼 재산을 부분 취득하는 것으로 하여 그 지급금액을 과세표준으로 한 취득세를 부과하는 것으로 해석하여야 하는 점(대법원 1988.10.11. 선고 86누703 판결 등 참조), ㉢ 부동산취득세는 부동산 소유권의 이전이라는 사실 자체에 대하여 부과되는 유통세의 일종으로서 부동산을 사용, 수익, 처분함으로써 얻게 될 경제적 이익에 대하여 부과되는 것이 아닌 점(대법원 2003.8.19. 선고 2003두4331 판결 참조), ㉣ 구 지방세법 시행령 제18조 제1항 본문은 취득시기를 기준으로 그 이전에 해당 물건을 취득하기 위하여 거래 상대방 또는 제3자에게 지급하였거나 지급하여야 할 직접비용과 '다음 각 호의 어느 하나에 해당하는 간접비용'의 합계액을 취득가격 또는 연부금액으로 한다고 규정하고 있어 각 호의 비용은 취득시기 이전에 소요된 비용으로 제한되어야 하는 점, ㉤ 납세자가 해당 과세물건을 연부취득하는 경우와 일반적인 방법으로 취득하는 경우는 취득세 과세대상이 되는 사실상의 취득행위가 동일하지 아니하므로 그에 따른 취득세 과세표준도 달라질 수 있는 점 등에 비추어 보면 연부취득의 취득세 과세표준은 각 연부금 지급일 이전에 지급원인이 발생 또는 확정된 것으로 해당 연부금 지급에 상당하는 비율의 물건을 취득하기 위하여 지출한 직접비용과 간접비용으로 한정되어야 하는 점, ㉥ 피고는 또한 원고가 1차 연부금 지급을 위한 대출금의 이자 비용 등을 지급한 것은 2차 연부금 지급을 위한 대출금을 받기 위한 자격을 갖추기 위해 필수적인 것이므로 2차 연부금 지급에 따른 간접비용에 해당한다는 취지로 주장하나, 그것이 취득의 대상이 아닌 물건이나 권리에 관한 것이어서 당해 물건 자체의 가격이라고 볼 수 없는 것이라면 과세대상물건을 취득하기 위하여 당해 물건의 취득시기 이전에 그 지급원인이 발생 또는 확정된 것이라도 이를 당해 물건의 취득가격에 포함된다고 보아 취득세 과세표준으로 삼을 수 없는 바(대법원 2010.12.23. 선고 2009두12150 판결 참조), 피고 주장의 비용은 2차 연부취득을 위한 물건 자체의 가격이라고 볼 수 없는 점』 등을 볼 때 연부취득의 취득세 과세표준에는 각 연부금 지급일 이전에 지급원인이 발생되거나 확정된 것으로서 해당 연부금에 상응하는 비율의 물건을 취득하기 위한 직접비용과 간접비용이 포함되는 것인데, 이 사건 비용은 1차 및 2

차 연부취득을 위한 비용에 해당하지 않아 1차 및 2차 연부취득의 취득세 과세표준에 포함될 수 없다고 판단됨(대법원 2020.1.16. 선고 2019두52607 판결).

사례 부동산 등 취득후 대출금 전액을 조기상환하여 주택도시보증공사에 지급한 주택사업금융보증수수료를 반환받은 경우 그 반환받은 수수료가 환급대상에 해당하는지 여부

- ① 이 사건 보증수수료는 이 사건 토지의 취득을 위한 절차비용에 해당하고, 그 보증수수료의 전액에 대한 지급원인이 원고의 이 사건 토지에 관한 취득시기 이전에 이미 발생 또는 확정되었다고 할 것이므로, 이 사건 보증수수료의 전액이 이 사건 토지의 취득가격에 포함된다고 봄이 타당한 점, ② 이 사건 대출약정에서 원고가 주택도시보증공사 발급의 주택사업금융보증서를 제출하는 것을 대출금 인출을 위한 선행조건으로 정하였는바, 원고가 이 사건 보증수수료 전액을 지급하고 전체 대출기간에 대한 주택사업금융보증서를 발급받지 않았다면 이 사건 대출을 통한 이 사건 토지의 취득은 이루어질 수 없었던 점, ③ 이 사건 보증수수료는 이 사건 대출약정을 체결하거나 이 사건 대출금을 인출하기 위해 일시에 모두 지출된 비용으로, 대출약정의 대출기간에 따라 계속적으로 발생하는 이자(건설자금이자)와는 당초부터 그 발생원인이나 법률적 성격 등을 달리하고 있는 점, ④ 원고의 주택도시보증공사에 대한 보증신청과 주택도시보증공사의 이에 대한 승인이 바로 이 사건 보증수수료의 지급원인에 해당하는데, 이러한 지급원인은 원고의 이 사건 토지의 취득시기 이전에 이미 발생, 확정되어 있는 점, ⑤ 반면 위와 같은 주택사업금융보증의 보증기간은 보증금액 및 보증요율과 함께 이 사건 보증수수료를 산정하기 위한 하나의 기준에 불과할 뿐, 보증수수료 금액이 보증기간에 비례한다는 사정만으로 이와 달리 볼 수 없는 점 등에 비추어 이 사건 보증수수료는 취득비용으로 볼 수 있음(대법원 2020.4.9. 선고 2019두62628 판결).
- 후발적 경정청구의 사유를 납세의무 성립 후 납세자가 예상하기 어려웠거나 부득이한 사정변경이 있는 경우와 그에 준하는 경우로만 한정하여 규정하고 있다. 따라서 이 사건 대출금의 조기상환을 이유로 이 사건 보증수수료의 일부가 반환될 것이 사전에 예정 내지 유보되어 있었다고 하더라도, 이러한 사정을 잘 알고 있었던 원고가 이 사건 토지를 취득한 후 스스로 이 사건 대출금을 조기에 상환한 후 이 사건 보증수수료의 일부를 반환받은 것을 두고 원고가 당초 예상하기 어려웠다거나 부득이한 사정변경 또는 이에 준하는 경우가 발생하였다고 보기는 어려움(대법원 2020.5.14. 선고 2020두33572 판결).
- 처분청은 쟁점대출보증수수료 전체가 쟁점토지의 취득세 과세표준에 포함되어야 한다는 의견이나, 청구법인은 2015.4.29. ○○○으로부터 ○○○을 대출받으면서 쟁점대출보증수수료를 지급하였고, 대출금 중 ○○○원은 2015.4.29. ○○○에게 쟁점토지의 잔금으로 지급하였으며, 그 나머지는 기존의 차입금 ○○○원을 상환하는데 사용하였는바, 쟁점대출보증수수료○○○원 중 쟁점토지 잔금 ○○○원에

해당하는 비율 만큼의 금액은 쟁점토지의 취득을 위한 자금을 조달하는 과정에서 발생한 것으로서 이 건 취득세 등의 과세표준에 포함되는 것으로 보는 것이 타당하나, 기존의 대출금 ○○○원에 해당하는 비율(65%)만큼의 금액인 ○○○원은 쟁점토지의 취득을 위한 자금을 차입하는 과정에서 발생한 것이라기 보다는 기존 대출금의 상환을 위한 자금을 조달하는 과정에서 발생한 것으로서 쟁점토지의 취득세 과세표준에 포함되는 것으로 보기는 어려우므로 처분청은 쟁점대출보증수수료 중 ○○○원을 과세표준에서 제외하는 것으로 하여 이 건 취득세 등의 과세표준 및 세액을 경정하는 것이 타당하다고 판단됨(조심 2019지2092, 2020.1.7.).

사례 재건축정비사업조합이 새로이 설치하는 정비기반시설을 국가등에 기부채납하고 받는 용도폐지되는 정비기반시설 취득할 경우 취득시기 및 적용세율

- 구 도시 및 주거환경정비법(2017.2.8. 법률 제14567호로 전부 개정되기 전의 것) 제65조 제2항은 '시장·군수 또는 주택공사 등이 아닌 사업시행자가 정비사업의 시행으로 새로이 설치한 정비기반시설은 그 시설을 관리할 국가 또는 지방자치단체에 무상으로 귀속되고, 정비사업의 시행으로 인하여 용도가 폐지되는 국가 또는 지방자치단체 소유의 정비기반시설은 그가 새로이 설치한 정비기반시설의 설치비용에 상당하는 범위 안에서 사업시행자에게 무상으로 양도된다'고 규정하고 있으며, 여기서 용도폐지 정비기반시설의 취득은 교환에 의한 취득으로 보기 어렵고, 그러한 취득이 신설 정비기반시설의 귀속과 상환성 내지 대가성이 있어 유상취득의 실질을 갖는다고 보기도 어렵다 할 것으로 사업시행자는 용도폐지 되는 정비기반시설을 국가 등으로부터 무상으로 양도받아 취득할 따름이고 따로 그에 대한 대가를 출연하거나 소유권을 창설적으로 취득한다고 볼 사정도 없는 이상, 사업시행자가 정비기반시설을 구성하는 부동산을 취득한 것은 무상의 승계취득에 해당하므로, 그에 따른 과세표준과 구 지방세법 제11조 제1항 제2호(무상취득)에서 정한 취득세 세율(1천분의 35)을 적용하여야 함(대법 2017두66824, 2019.4.3.).
- 구 「도시 및 주거환경정비법」(2017.2.8. 법률 제14567호로 전부개정되기 전의 것, 이하 '구 도시정비법'이라고 한다) 제65조 제2항은 "시장·군수 또는 주택공사 등이 아닌 사업시행자가 정비사업의 시행으로 새로이 설치한 정비기반시설은 그 시설을 관리할 국가 또는 지방자치단체에 무상으로 귀속되고, 정비사업의 시행으로 인하여 용도가 폐지되는 국가 또는 지방자치단체 소유의 정비기반시설은 그가 새로이 설치한 정비기반시설의 설치비용에 상당하는 범위 안에서 사업시행자에게 무상으로 양도된다."라고 규정하고 있다. 위 조항 후단에 따라 사업시행자가 용도폐지되는 정비기반시설을 구성하는 부동산을 취득하는 것은 무상의 승계취득에 해당하는데(대법원 2019.4.3. 선고 2017두66824 판결 등 참조), 이에 대한 취득세 납세의무 성립일인 취득시기는 구 도시정비법 제65조 제4항에서 정한 '정비사업이 준공인가되어 관리청에 준공인가통지를 한 때'라고 봄이 타당함(대법원 2020.1.16. 2019두53075 판결).

- 이 건 토지의 취득은 국가 등과 청구인간에 이 건 기반시설과 이 건 토지를 교환하기 위한 약정 없이 「도시 및 주거환경정비법」에 따라 상대방에게 귀속되었으므로 교환으로 취득한 것으로 보기는 어려우나 이 건 기반시설이 국가 등에 귀속함에 따라 발생하는 손실을 일부 보전하기 위한 것이므로 유상거래에 해당한다고 보는 것이 타당하고, 같은 법 제65조 제2항 및 제4항에서 용도가 폐지되는 정비기반시설은 그 정비사업이 준공인가되어 관리청에 준공인가통지를 한 때에 국가 또는 지방자치단체에 귀속되거나 사업시행자에게 귀속 또는 양도된 것으로 본다고 규정하고 있으므로 청구인은 용도가 폐지되는 기반시설인 이 건 토지를 이 건 정비사업의 준공인가일인 2013.8.1. 취득한 것으로 보아야 하고 이로부터 5년 이내에 처분청이 이 건 취득세 등을 청구인에게 부과·고지하였으므로 부과제척기간이 경과하였다는 청구주장을 받아들이기 어렵다고 판단됨(조심 2017지270, 2017.8.1. 결정).

사례 ▷ 지목변경 취득가격에 상·하수도원인자부담금 및 폐기물처리시설부담금이 포함되는지 여부

- 개발사업 시행시 발생한 상하수도원인자부담금 및 폐기물처리시설부담금은 해당 사업을 위해 필수불가결하게 지급된 비용이므로 지목변경 취득세 과세표준에 포함됨(부동산세제과-154, 2021.1.12.).
- 구 「지방세법 시행령」 제17조에서는 '지목변경에 든 비용'이 입증되는 경우에는 그 비용으로 한다고 규정하여 법인장부 등으로 증명되는 사실상의 취득가격을 과세표준으로 하는 경우에 있어서도 지목변경과 관련한 비용만이 이에 해당하는 것으로 한정하고 있으므로 토지의 지목변경으로 인한 간주취득세의 과세표준에 해당하는 비용은 지목변경과 관련이 있거나, 토지 자체의 가치 증가와 관련된 비용만을 의미하는 것으로 봄이 상당하므로, 설령 지목을 변경하는 절차에서 소요된 비용이라 할지라도 이와 관련이 없는 비용은 과세표준에 해당한다고 볼 수 없음. 「수도법」 제71조에 따른 상수도원인자부담금, 하수도법 제61조에 따른 하수도원인자부담금, 폐기물시설촉진법 제6조에 따른 폐기물처리시설부담금 및 폐수처리시설부담금을 납부하기는 하였으나, 어떠한 비용이 토지의 지목변경에 든 것인지 여부는 비용의 성격에 따라 결정되어야 할 것으로서, 비용의 부담주체 또는 해당 비용을 납부한 당사자가 누구인지에 따라 결정되는 것은 아니라 할 것이므로, 상·하수도원인자부담금이나 폐기물처리시설부담금은 그 자체로 상·하수도나 폐수처리시설 등의 신설 또는 증설 원인을 제공한 자가 부담하는 공공비용의 성격을 갖고 있는 것으로 해당 부담금은 산업단지나 택지로 조성된 토지 지상에 건축될 건축물을 신축하기 위한 준비행위 또는 수반행위에 필수적으로 소요된 비용에 해당하는 것으로 봄이 상당하므로, 비록 해당 사업을 시행하는 과정에서 부담금을 지출하였다 하더라도 결국 건축물의 취득가격에 포함되어야 할 것임(대법 2019두36193, 2019.6.13.).

위탁법인이 수탁자인 신탁법인에게 지급한 신탁수수료 등을 건축물 취득가격에 포함하는 것이 적법한지 여부

- 신탁보수는 이 건 건축물 신탁계약의 실질내용 상 위탁법인이 이 건 건축물의 신축과 관련한 업무를 청구법인에게 위탁하고 이에 대한 대가로 지급한 용역비 등으로서 이 건 건축물의 간접비용에 해당된다고 보는 것이 타당하다고 보이는 점, 청구법인이 수행한 용역의 내용을 객관적으로 입증할 만한 자료가 확인되지 아니한 이상, 청구법인이 신탁계약에 따라 사실상 건축주의 지위에서 이 건 건축물의 건축과 관련된 업무를 수행하고 그 대가로 신탁보수를 수령한 것으로 볼 수밖에 없는 점, 신탁계약상 위탁법인이 설계, 감리비용과 공사비용 및 이에 준하는 비용을 부담하도록 하면서 청구법인이 신탁재산에서 이를 지급하도록 약정되어 있는 점 등에 비추어 이 건 건축물 신축을 위한 간접비용으로 볼 수 있음. 또한 차입금이자는 위탁법인이 은행을 통해 직접 건설 자금을 조달하는 방식 대신에 신탁회사를 통하여 자금을 지원받고 그에 대해 신탁회사에 지급한 이자인 바, 금융기관을 통해 차입한 경우 취득세 과세표준에 포함되는 일반 건설자금이자와 달리 볼 이유가 없어 이 건 건축물의 취득가격에 포함된다고 보는 것이 타당한 점 등에 비추어 이 건 건축물 신축을 위한 간접비용으로 볼 수 있음(조심 2021지1867, 2021.12.27. 등).

- 취득세의 과세표준은 취득 당시의 가액으로 하되, 판결문·법인장부 중 대통령령으로 정하는 것에 따라 취득가격이 증명되는 취득에 관하여는 사실상의 취득가격 또는 연부금액을 과세표준으로 하며, 이러한 취득가격 또는 연부금액은 취득시기를 기준으로 그 이전에 해당 물건을 취득하기 위하여 거래 상대방 또는 제3자에게 지급하였거나 지급되어야 할 간접비용으로서 취득에 필요한 용역을 제공받는 대가로 지급하는 용역비·수수료를 포함함. 그런데 위 인정사실에 따르면, 원고는 이 사건 조합으로부터 이 사건 건물의 대지를 신탁 받아 이 사건 건물을 건축하여 취득한 자로서 그에 따른 취득세 등의 부과대상자인데, 이 사건 신탁수수료는 원고가 이 사건 신탁계약에 따라 이 사건 조합으로부터 지급받은 것임은 앞서 인정한 바와 같음. 그렇다면 이 사건 신탁수수료는 이 사건 건물을 취득한 자로서 그 취득세의 부과대상자인 원고가 거래 상대방 또는 제3자에게 지급한 비용이라고 할 수 없으므로, 이로부터 보더라도 이 사건 신탁수수료는 이 사건 건물에 관한 취득세의 과세표준에서 제외됨이 상당함(대법원 2021.12.30. 선고 2021두51690 판결 등).

무상으로 취득한 상속재산 취득 신고 시 과세표준을 시가표준액 보다 높은 감정평가액으로 취득가액을 신고하는 경우 그 감정평가액을 취득세 과세표준으로 인정할 수 있는지 여부

- 무상취득에 대한 취득세 과세표준은 「지방세법」 제10조 제5항의 사실상 취득가격 적용 대상이 아닌 바, 사실상 취득가격 적용 대상이 아닌 취득에 대한 과세표준은 「지방세법」 제10조 제1항 및 제2항의 적용기준에 따라 산정하는 것이 원칙이라고

할 것이며, 무상취득에 대해 해당 취득자가 취득 당시 가액으로서 정당한 신고절차에 맞춰 지방세법에 따른 과세표준에 부합하게 시가표준액보다 높게 신고하였다면, 착오신고 등 특별한 사정이 없는 한 그 신고한 가액이 지방세법에서 정하고 있는 정당한 과세표준이라 할 것임.

- 여기서 「지방세법」 제10조에서 취득세 과세표준은 취득당시의 가액으로 하고 취득당시의 가액은 신고한 가액으로 한다는 과세표준 산정의 원칙을 정하고, 이에 대한 보완규정으로서 단서규정에서 ⅰ)신고가 없는 경우 ⅱ)신고가액의 표시가 없는 경우 ⅲ)신고가액이 시가표준액보다 적은 경우에는 시가표준액을 적용한다고 규정하고 있음.

- 그에 따라 감정평가액으로 정당하게 신고를 하였고 신고한 가액이 시가표준액보다 낮지 않다면 지방세법에 따른 정당한 신고라 할 것인데, 그럼에도 불구하고 이를 인정하지 않는다면 신고세목에서 과세표준을 납세자가 스스로 신고토록한 취지는 퇴색될 수 있음. 특히 현재 유상취득의 경우 사실상 취득가격 신고가 정착되어 있는 상황에서, 사실상 취득가격 적용대상이 아닌 무상취득의 경우까지 이를 적용하지 않으면 해당 규정은 형해화될 수 있음.

- 한편 납세의무자에 대한 신의성실의 원칙의 적용은 극히 제한적으로 인정하여야 하고 이를 확대해석하여서는 아니되나(대법원 95누18383, 1997.3.20.), 대법원은 납세의무자에게 객관적으로 모순되는 행태가 존재하고, 그 행태가 납세의무자의 심한 배신행위에 기인하고, 그에 기하여 야기된 과세관청의 신뢰가 보호받을 가치가 있는 경우라면 납세의무자에 대해서도 신의성실의 원칙이 적용된다(대법원 98두17968, 1999.11.28.)고 판단한 바 있음.

- 해당 질의의 경우, 지방세법상 관련 규정 및 납세의무자의 신고 경위를 고려할 때, 취득세 과세표준을 잘못 신고한 것이 아니라, 개인적인 사정(예를 들어 신고당시 담당공무원으로부터 시가표준액으로 신고할 수 있다는 안내를 받았음에도, 양도소득세 등을 고려하여 시가표준액보다 높은 감정평가액으로 신고하는 경우)에 따라 적극적인 의사에 기반하여 감정평가액으로 신고하였다면, 사후 당초의 신고가 잘못되었다는 이유로 경정을 요구하는 것은 수용할 수 없음 (행정안전부 부동산세제과-3449호, 2021.12.23.).

• 지방세법」 제10조 제1항에서 취득세의 과세표준은 취득 당시의 가액으로 한다고 규정하고 있고, 제2항에서 제1항에 따른 취득 당시의 가액은 취득자가 신고한 가액으로 하되, 신고 또는 신고가액의 표시가 없거나 그 신고가액이 제4조에서 정하는 시가표준액보다 적은 때에는 그 시가표준액으로 한다고 규정하고 있음.

- 위 규정에서 말하는 취득 당시의 가액이란 원칙적으로 과세물건을 취득하기까지 소요되는 일체의 비용으로서 취득자가 신고한 가액을 의미하나, 상속 등 무상으로 부동산을 취득하여 취득 가액이 없는 경우에는 신고할 취득가액이 없으므로 시가표준액을 과세표준으로 적용하는 것이 타당하다 할 것(대법원 2003.9.26. 선고,

2002두240 판결, 같은 뜻임)임.

- 처분청은 무상으로 취득한 상속재산 취득 신고시 과세표준을 시가표준액 보다 높은 감정평가액으로 취득가액을 신고하는 경우 그 감정평가액이 취득세 과세 표준이라는 의견이나, 청구인은 이 건 토지를 청구인의 부친의 사망으로 무상 취득인 상속으로 취득한 것이 확인이 되는 점, 청구인이 비록 이 건 토지를 상속으로 취득한 후 이 건 토지에 대한 감정평가액을 과세표준으로 하여 취득세 등을 신고하였다 하더라도 그 가액이 이 건 토지를 취득하는 데 소요된 금액인 것으로 보기 어려운 점, 납세자가 상속 등 무상으로 부동산을 취득하여 취득가격이 없는 경우 임의로 신고한 가격을 취득세 과세표준으로 삼는 것은 납세자의 신고금액에 따라 과세표준이 다르게 되어 불합리한 것으로 보이는 점 등에 비추어 청구인은 이 건 토지를 상속받아 취득하여 신고할 취득가액이 없다하겠으므로 취득세 과세표준은 시가표준액이 된다고 보는 것이 타당하다 할 것임 (조심 2022지855, 2023.3.21. 결정).

사례 ▶ 쟁점비용(공공기반시설분담금)을 쟁점건축물의 취득가격에 포함하는 것이 부당하다 는 청구주장의 당부

- 처분청은 쟁점비용을 이 건 취득세 등의 취득가격에 포함하여야 한다는 의견이나, 쟁점비용은 청구법인이 쟁점단지 외부에 이 건 도로를 설치하여 처분청에 기부채납하기로 하였다가 본선 도로의 공사지연으로 공사비를 처분청에 예치한 비용으로 쟁점건축물 신축과 별개의 물건의 조성비에 해당하므로 쟁점건축물의 신축관련 취득비용으로 보기는 어려운 점,

- 「고양시 도시계획 일단의 주택지조성사업 시행 조례 시행규칙」 제4조 제2항에서 공공기반시설 분담은 인접한 공공시설에 대하여 무상귀속 또는 기부채납을 원칙으로 하며 부득이한 경우 현금으로 분담할 수 있다고 규정하고 있고, 청구법인은 이 건 도로를 설치하여 처분청에 기부채납하기로 하였다가 본선 도로의 준공지연으로 쟁점비용을 처분청에 현금으로 지급한 것으로 쟁점비용은 취득세 등의 비과세대상물건인 이 건 도로의 설치·조성비에 해당하는 것(조심 2019지1780, 2020.7.21. 결정, 같은 뜻임)으로 볼 수 있는 점,

- 이 건 도로는 본선 도로에서 쟁점단지 인근까지 위치한 도로로 이 건 도로를 쟁점단지 주민뿐만 아니라 주변아파트 단지 주민 등 불특정 다수가 사용할 수 있는 도로에 해당하여 그 효용과 편익이 쟁점단지 등의 입주자들에게 국한된다고 볼 수 없어 쟁점건축물의 취득가격으로 볼 수가 없다(조심 2021지2782, 2022.8.18. 결정, 같은 뜻임) 하겠는 점 등에 비추어 쟁점비용은 쟁점건축물의 취득가격에 포함하지 않는 것이 타당하다고 판단됨(조심 2022지458, 2023.3.30. 결정).

제 **3** 장

과점주주 간주취득세

❶ 과점주주 개념

「**지방세기본법**」 제46조(출자자의 제2차 납세의무) 법인(주식을 「자본시장과 금융투자업에 관한 법률」에 따른 증권시장으로서 대통령령으로 정하는 증권시장에 상장한 법인은 제외한다)의 재산으로 그 법인에 부과되거나 그 법인이 납부할 지방자치단체의 징수금에 충당하여도 부족한 경우에는 그 지방자치단체의 징수금의 과세기준일 또는 납세의무 성립일(이에 관한 규정이 없는 세목의 경우에는 납기개시일) 현재 다음 각 호의 어느 하나에 해당하는 자는 그 부족액에 대하여 제2차 납세의무를 진다. 다만, 제2호에 따른 과점주주의 경우에는 그 부족액을 그 법인의 발행주식총수(의결권이 없는 주식은 제외한다. 이하 이 조에서 같다) 또는 출자총액으로 나눈 금액에 해당 과점주주가 실질적으로 권리를 행사하는 소유주식수(의결권이 없는 주식은 제외한다) 또는 출자액을 곱하여 산출한 금액을 한도로 한다.

1. 무한책임사원
2. 주주 또는 유한책임사원 1명과 그의 특수관계인 중 대통령령으로 정하는 자로서 그들의 소유주식의 합계 또는 출자액의 합계가 해당 법인의 발행주식 총수 또는 출자총액의 100분의 50을 초과하면서 그에 관한 권리를 실질적으로 행사하는 자들(이하 "과점주주"라 한다)

「**지방세법**」 제7조(납세의무자 등) ① 취득세는 부동산, 차량, 기계장비, 항공기, 선박, 입목, 광업권, 어업권, 골프회원권, 승마회원권, 콘도미니엄 회원권, 종합체육시설 이용회원권 또는 요트회원권(이하 이 장에서 "부동산등"이라 한다)을 취득한 자에게 부과한다.
⑤ 법인의 주식 또는 지분을 취득함으로써 「**지방세기본법**」 제46조 제2호에 따른 과점주주 중 대통령령으로 정하는 과점주주(이하 "과점주주"라 한다)가 되었을 때에는 그 과점주주가 해당 법인의 부동산등(법인이 「신탁법」에 따라 신탁한 재산으로서 수탁자 명의로 등기·등록이 되어 있는 부동산등을 포함한다)을 취득(법인설립 시에 발행하는 주식 또는 지분을 취득함으로써 과점주주가 된 경우에는 취득으로 보지 아니한다)한 것으로 본다. 이 경우 과점주주의 연대납세의무에 관하여는 「지방세기본법」 제44조를 준용한다.

제10조(과세표준) ④ 제7조 제5항 본문에 따라 과점주주가 취득한 것으로 보는 해당 법인의 부동산등에 대한 과세표준은 그 부동산등의 총가액을 그 법인의 주식 또는 출자의 총수로 나눈 가액에 과점주주가 취득한 주식 또는 출자의 수를 곱한 금액으로 한다. 이 경우 과점주주는 조례로 정하는 바에 따라 과세표준 및 그 밖에 필요한 사항을 신고하여야 하되, 신고 또는 신고가액의 표시가 없거나 신고가액이 과세표준보다 적을 때에는 지방자치단체의 장이 해당 법인의 결산서 및 그 밖의 장부 등에 따른 취득세 과세대상 자산총액을 기초로 전단의 계산방법으로 산출한 금액을 과세표준으로 한다.

「**지방세법시행령**」 제10조의2(과점주주의 범위) ① 법 제7조 제5항 전단에서 "대통령령으로 정하는 과점주주"란「지방세기본법」제46조 제2호에 따른 과점주주 중 주주 또는 유한책임사원(이하 "본인"이라 한다) 1명과 그의 특수관계인 중 다음 각 호의 어느 하나에 해당하는 특수관계인을 말한다.

1.「지방세기본법 시행령」제2조 제1항 각 호의 사람

2.「지방세기본법 시행령」제2조 제2항 제1호의 사람으로서 다음 각 목의 어느 하나에 해당하는 사람
   가. 주주
   나. 유한책임사원

3.「지방세기본법 시행령」제2조 제3항 제1호 가목에 따른 법인 중 본인이 직접 해당 법인의 경영에 대하여 지배적인 영향력을 행사하고 있는 경우 그 법인

4.「지방세기본법 시행령」제2조 제3항 제2호 가목에 따른 개인·법인 중 해당 개인·법인이 직접 본인인 법인의 경영에 대하여 지배적인 영향력을 행사하고 있는 경우 그 개인·법인

5.「지방세기본법 시행령」제2조 제3항 제2호 나목에 따른 법인 중 본인이 직접 또는 제4호에 해당하는 자를 통해 어느 법인의 경영에 대하여 지배적인 영향력을 행사하고 있는 경우 그 법인

② 제1항 제3호부터 제5호까지에 따른 법인의 경영에 대한 지배적인 영향력의 기준에 관하여는「지방세기본법 시행령」제2조 제4항 제1호 가목 및 같은 항 제2호를 적용한다. 이 경우 같은 항 제1호 가목 및 제2호 나목 중 "100분의 30"은 각각 "100분의 50"으로 본다.

제11조(과점주주의 취득 등) ① 법인의 과점주주(제10조의2에 따른 과점주주를 말한다. 이하 이 조에서 같다)가 아닌 주주 또는 유한책임사원이 다른 주주 또는 유한책임사원의 주식 또는 지분(이하 "주식등"이라 한다)을 취득하거나 증자 등으로 최초로 과점주주가 된 경우에는 최초로 과점주주가 된 날 현재 해당 과점주주가 소유하고 있는 법인의 주식등을 모두 취득한 것으로 보아 법 제7조 제5항에 따라 취득세를 부과한다.

② 이미 과점주주가 된 주주 또는 유한책임사원이 해당 법인의 주식등을 취득하여 해당 법인의 주식등의 총액에 대한 과점주주가 가진 주식등의 비율(이하 이 조에서 "주식등의 비율"이라 한다)이 증가된 경우에는 그 증가분을 취득으로 보아 법 제7조 제5항에 따라 취득세를 부과한다. 다만, 증가된 후의 주식등의 비율이 해당 과점주주가 이전에 가지고 있던 주식등의 최고비율보다 증가되지 아니한 경우에는 취득세를 부과하지 아니한다.

비상장법인의 주식을 주주로부터 취득함으로써「지방세기본법」제46조 제2호의 규정에 의한 과점주주가 된 때에는 그 과점주주는 당해 법인의 부동산·차량·기계장비·입목·항공기·골프회원권·콘도미니엄회원권 및 종합체육시설이용회원권 등을 취득한 것으로 본다. 이와 같이 과점주주에 대하여 취득세를 과세하는 이유는,

첫째 과점주주로서 당해 법인의 자산을 임의처분을 하거나 관리 운용할 수 있는 지위

에 서게 되어 실질적으로 자기소유자산과 다를 바 없게 되므로 이 점에서 담세력이 나타난다고 보는 것이고, 둘째는 비상장법인의 주식을 특정인이 집중 소유하는 것을 억제하여 일반인에게 널리 분산되도록 세제면에서 촉구하여 다수인이 참여하는 기업으로 유도하려는데 그 목적이 있는 것이다.

과점주주 취득세는 유가증권시장과 코스닥시장(2015년 「지방세특례제한법」 개정으로 면제중)에 상장되지 아니한 모든 법인의 주주로서 매매나 유상증자 등 주식을 취득함으로써 주주 또는 유한책임사원 1명과 그 특수관계인의 소유주식의 합계 등이 발행주식총수 등의 100분의 50을 초과하고 실질적으로 권리를 행사하는 경우 당해법인이 소유하고 있는 취득세 과세대상 물건 즉, 부동산·차량·기계장비·입목·항공기·골프회원권·콘도미니엄회원권·승마회원권 및 종합체육시설 이용회원권 등에 대해 과점비율과 세율을 곱하여 산출하게 된다.

〈과점주주의 요건〉

- 비상장법인의 주주·사원일 것
- 주식 또는 지분을 취득할 것
- 주식보유비율이 50% 초과
- 특수관계인의 지분은 집단성을 고려하여 합산

「지방세기본법」 제46조(출자자의 제2차 납세의무) 법인(주식을 「자본시장과 금융투자업에 관한 법률」에 따른 증권시장으로서 대통령령으로 정하는 증권시장에 상장한 법인은 제외한다)의 재산으로 그 법인에 부과되거나 그 법인이 납부할 지방자치단체의 징수금에 충당하여도 부족한 경우에는 그 지방자치단체의 징수금의 과세기준일 또는 납세의무 성립일(이에 관한 규정이 없는 세목의 경우에는 납기개시일) 현재 다음 각 호의 어느 하나에 해당하는 자는 그 부족액에 대하여 제2차 납세의무를 진다. 다만, 제2호에 따른 과점주주의 경우에는 그 부족액을 그 법인의 발행주식총수(의결권이 없는 주식은 제외한다. 이하 이 조에서 같다) 또는 출자총액으로 나눈 금액에 해당 과점주주가 실질적으로 권리를 행사하는 소유주식수(의결권이 없는 주식은 제외한다) 또는 출자액을 곱하여 산출한 금액을 한도로 한다.
1. 무한책임사원
2. 주주 또는 유한책임사원 1명과 그의 특수관계인 중 대통령령으로 정하는 자로서 그들의 소유주식의 합계 또는 출자액의 합계가 해당 법인의 발행주식 총수 또는 출자총액의 100분의 50을 초과하면서 그에 관한 권리를 실질적으로 행사하는 자들(이하 "과점주주"라 한다)

② 과점주주에 대한 납세의무

(1) 납세의무자

가. **과점주주 판단대상 법인**: 유가증권시장 + 코스닥시장 상장 법인을 제외한 모든 법인이다.

- 법인의 주식 또는 지분을 취득함으로써 과점주주(50% + 1주 이상)가 된 때에는 당해법인의 부동산 등을 취득한 것으로 보아 간주 취득세 납세의무가 있다.

 ♀ 2015.1.1. 「지방세특례제한법」에서 코스닥 상장법인이 과점주주 면제 대상으로 추가되었다.

나. 과점주주의 주식소유 비율산정 시 의결권이 없는 주식은 제외된다(「지방세기본법」 제46조 단서).

- **의결권**: 주주가 자신의 의사표시를 통해 주주총회 공동의 의사결정에 지분적으로 참가할 수 있는 권리를 말한다.
- **의결권이 없는 주식**: 「상법」에 따르면 회사가 가지는 자기주식(「상법」 제369조 2항), 상호주(「상법」 제369조 3항), 특별이해관계가 있는 주주(「상법」 제368조 3항) 등을 말한다.

다. '법인의 주식 또는 지분을 취득함으로써' 과점주주가 되는 경우만 과세한다.

- 주식의 취득행위가 없는 감자·혼인 등 취득행위가 없는 경우는 과세할 수 없다.
- 법 개정으로 기존 주주가 주식의 취득행위 없이 단순히 과세대상 요건이 개정(100분의 51 이상 → 50 초과)되었다고 하더라도 주식의 취득행위가 없었다면 과세대상이 아니다.

 그러나, 법 개정이후 유상증자 등으로 인해 주식 소유비율에는 변동이 없다 하더라도 주식의 취득행위가 있었다면 과점주주 취득세 과세대상에 해당한다.

라. 과점주주 취득세 납세의무

납세의무 ○	납세의무 ×
• 법 개정으로 과점주주가 된 자가 추가로 주식을 취득할 경우 • 투자조합 과점주주 • 타인의 신주인수 포기로 주식비율 증가시 • 합병으로 인한 과점주주 • 감면 부동산을 취득한 법인의 과점주주가 된 경우	• 기존 주주간 혼인－특수관계 성립하나, 주식취득 행위 없으므로 납세의무 없음 • 회사정리절차 진행 중인 회사의 과점주주가 된 경우 • 법인청산으로 인해 과점주주가 된 경우 • 주식양도계약의 소급적 실효로 합의해제되었을 경우

납세의무 ○	납세의무 ×
• 사모투자(투자목적)전문회사를 「공정거래법」상 지주회사로 보아 간주취득세 감면 불가	• 인적분할로 분할신설법인의 과점주주가 된 경우 • 특수관계자 간 주식거래시 전체 비율변동 없으면 납세의무 없음 • 차명주식의 실명전환시 과점주주 • 불균등 유상감자를 통해 과점주주가 된 경우

사례 과점주주 판단 대상법인 – 유가증권시장에 상장된 법인을 제외한 모든 법인(개정이전)
➡ 현행은 코스닥 상장법인에 상장된 법인도 제외

과점주주 취득세를 부과하는 비상장법인의 범위에는 유가증권시장에 상장한 법인만을 제외하는 것이므로, 「한국증권선물거래소법」 제2조 제1항에 의한 유가증권시장에 상장된 법인의 주식을 취득하여 과점주주가 된다 하더라도 「지방세법」 제105조 제6항에 의한 취득세 부과대상에 해당하지 않는 것임(행정안전부 지방세운영과 – 231, 2008.7.15.).

사례 과점주주의 주식소유 비율산정시 의결권이 없는 주식은 제외

과점주주라 함은 주주 또는 유한책임사원 1인과 그와 대통령령이 정하는 친족 기타 특수관계에 있는자들의 소유주식의 합계 또는 출자액의 합계가 당해 법인의 발행주식총수 또는 출자총액의 100분의 50초과인 자들이라고 규정하고 있으므로, 과점주주의 주식소유 비율 산정시 의결권이 없는 주식은 제외하는 것임(행정자치부 지방세정담당관 – 276, 2003.6.25., 행정자치부 세정 – 3213, 2007.8.13.).

사례 의결권 및 우선매수지정권 등 실질적 주주권 행사할 때 과점주주로 볼 수 있는지 여부

청구법인들은 이 건 특수목적법인들이 쟁점주식의 소유자임이 명백하여 이 건 호텔 계열법인들이 쟁점주식을 취득한 사실이 없음에도 이 건 취득세 등을 부과한 처분은 부당하다고 주장하나, 취득세 납세의무를 부담하는 과점주주는 주주명부상의 주주가 아니라 그 주식에 관하여 의결권 등을 통하여 주주권을 실질적으로 행사하여 법인의 운영을 지배하는 주주를 의미한다 할 것(대법원 18두49376, 2018.11.9. 등)이고, 청구법인들은 이 건 특수목적법인들과 이 건 계약들을 체결함으로써 쟁점주식에 대한 의결권 및 우선매수지정권과 함께 배당을 포함하여 이로부터 발생하는 일체의 변동이익에 대한 귀속권까지 갖게 된 점 등에 비추어 청구법인들은 쟁점주식에 관하여 주주권을 실질적으로 행사하여 쟁점법인의 운영을 지배하는 과점주주에 해당한다 할 것이므로 청구주장을 받아들이기 어려움(조심 18지2260, 2018.12.11.).

사례 법 개정으로 과점주주가 된 자가 추가로 주식을 취득할 경우 납세의무 있음

기존에 과점주주가 아니었으나 법 개정이후 과점주주가 된 후 주식을 추가 취득할 경우 사실관계의 변화가 없었음에도 「지방세기본법」 등의 개정으로 2013.1.1.부터 과점주주가 되었던 점, 「지방세법」 제7조 제5항 및 같은법 시행령 제11조 제2항에서는 주식 등을 취득함으로써 과점주주가 되면 취득세를 납부하되 이미 과점주주가 된 주주 등이 주식 등을 취득하여 그 비율이 증가된 경우에는 그 증가분에 대해서 취득세를 납부하도록 규정하고 있는 점, 조세법률주의의 원칙 등을 감안했을 때, 주식 등의 추가 취득분에 대해서만 취득세를 납부하는 것이 타당할 것으로 판단됨(지방세운영과-1778, 2013.8.5.).

사례 법 개정으로 과점주주가 아니었던 자가 과점주주가 된 경우 납세의무 있음

2007.12.31. 이전에는 A법인은 B법인의 발행주식 총수의 50.13%를 보유함으로써 舊「지방세법」에서 규정하는 과점주주가 아니었으나 B법인은 2008년 4월 자기자본 확충 및 운영자금 조달을 위하여 유상증자를 실시하였고, A법인은 유상증자 시 주식 277,230주를 취득하였으나 주주균 등 유상증자로 지분율에는 변동이 없다 하더라도 유상증자라는 「주식의 취득 행위」로 주식을 새로이 취득하였으므로 유상증자시점에 A법인이 소유하고 있는 B법인 주식 전부에 대하여 과점주주로서 납세의무가 성립한다 할 것임(행안부 지방세운영과-191, 2011.1.12.).

사례 특수관계자 간 주식거래시 전체 비율변동 없으면 납세의무 없음

- 과점주주 사이에 주식 또는 지분이 이전되거나 기존의 과점주주와 친족 기타 특수관계에 있으나 당해법인의 주주가 아니었던 자가 기존의 과점주주로부터 그 주식 또는 지분의 일부를 이전받아 새로이 과점주주에 포함되었다고 하더라도 일단의 과점주주 전체가 보유한 총 주식 또는 지분의 비율에 변동이 없는 한 간주취득세의 과세대상이 될 수 없고(대법원 02두1144, 2004.2.27.) 기존의 과점주주로부터 그 소유주식 또는 지분 전부를 이전받았다고 하더라도 달리 볼 것은 아니다.
- 이 사건의 경우 과점주주에 대한 취득세를 과세함에 있어서 특수관계에 있는 주주인 상태에서 주식이전으로 과점주주가 된 경우 내부거래로 보아 전체로서 과점비율이 증가되지 아니한 경우라면 취득세 납세의무가 발생되지 아니하고, 특수관계에 있는 일반인이 주식을 50%를 초과하여 취득하는 경우에 과점주주에 해당여부에 대하여 취득세 납세의무가 없는 것으로 판단함(대법원 07두10297 2007.8.23.).

사례 특수관계자 간 주식거래시 전체 비율변동 없으면 납세의무 없음

존의 과점주주와 특수관계에 있으나 당해 법인의 주주가 아닌 자가 기존의 과점주주

로부터 새로 주식을 취득하여 과점주주군(群)에 포함된 경우에도 그들 과점주주가 소유하는 전체 주식소유비율의 변동이 없다면 이 역시 과점주주에 해당하는 주주들 전체의 구성원 중 일부 교체만 있을 뿐이고 과점주주 구성원 전체의 과점비율에는 아무런 변화가 없으므로, 이 경우 새로이 과점주주 구성원으로 추가된 자가 그 주식 취득시에 최초로 과점주주가 된다고 볼 수는 없어 간주취득세의 납세의무가 성립하지 않는다고 보아야 할 것임(대법원 02두1144, 2004.2.27.).

사례 〉 **법인상호간 50% 이상 출자관계가 없다면 특수관계인으로 볼 수 없음**

A법인의 주주현황이 B법인 49%, C법인 49%인 경우 당해 법인상호간에 50% 이상 출자관계가 없다면 당해 B,C법인은 과점주주에 해당하지 아니함(행자부 세정-634, 2006.2.10.).

사례 〉 **특수관계자 간 주식거래시 전체 비율변동 없으면 납세의무 없음**

당해 법인의 주주가 아닌 자(귀 문의 홍○○, 이하 A)가 과점주주(55%)인 특수관계인 남자형제, 이하 B)의 주식 전부를 취득하여 새로운 과점주주(55%)가 된 경우라도 A와 B의 주식거래는 특수관계인 내부거래에 해당하는 것이므로 과점주주(특수관계인 포함)의 주식 소유비율이 증가되지 아니한 이상 과점 주주 취득세 납세의무는 없음(행정자치부 세정-5620, 2006.11.14.).

사례 〉 **대도시 내 본점 또는 주사무소의 사업용 부동산은 과점주주 취득세 중과세 제외대상임**

과점주주의 간주취득이 중과세대상에 해당되는지 여부는 당해 과점주주를 기준으로 판단하여야하지 법인을 기준으로 판단할 것은 아니라 하겠으므로, 본점사업용 부동산 등 중과세물건이 있는 법인의 주주가 개인 또는 법인인 경우에는 과세요건 성립 당시에 본점사업용 부동산이 있다 하더라도 주식발행법인과 과점주주는 별개의 권리의무자이므로 과점주주에 대한 취득세를 과세함에 있어 대도시내 본점 또는 주사무소의 사업용 부동산에 대하여는 중과세를 할 수 없는 것임(행정자치부 세정-1185, 2007.4.12.).

사례 〉 **법인이 자기주식을 취득함에 따라 청구인 및 특수관계인의 지분비율이 증가된 것을 이유로 과점주주 간주취득세를 부과한 처분의 당부**

이 건 법인이 자기주식을 취득할 당시에 청구인과 그 특수관계인은 해당 법인의 주식을 별도로 취득하지 않았고 명목상 보유지분율만 증가한 것에 불과한 점 등에 비추어 이 건 법인의 자기주식 취득으로 인하여 청구인과 그 특수관계인의 지분비율이 증가된 것을 이유로 취득세 등을 부과한 이 건 처분은 부당하다는 청구주장은 타당하다고 할 것임(조심 2020지693, 2020.6.9.).

(2) 과세기준일

■ 과점주주 성립시기는 주주명부 명의개서일

- 「상법」 제396조(정관 등의 비치, 공시의무) 제1항에 따라 정관, 주주총회의 의사록, 주주 명부, 사채원부를 본점에 비치하도록 규정하고 있다.
- 「상법」 제337조(주식의 이전의 대항요건)에서는 취득자의 성명과 주소를 주주명부에 기재 하여야 회사에 대항할 수 있도록 규정하고 있다.

  ➡ 과점주주성립일은 회사가 발행한 주권의 소유자가 본인의 주권행사를 위해 명의를 개서한 「주주명부의 명의 개서일」이다.

(3) 주주명부와 주식이동상황명세가 일치하지 않을 경우 기준은 주주명부 명의개서일

- 실무에서 통상 과점주주 판단자료로 활용하는 「주식 등 이동상황명세서」는 주주명부를 바탕으로 작성한 보조적인 자료이다.

  ➡ 주주명부와 주식이동상황명세서가 상이할 경우 주주명부가 기준이 된다.

- 주식 취득에 따른 주식대금을 완불하지는 않았지만 주주명부 명의가 개서되었다고 한다면 명의개서일이 주주가 되는 날이므로 이때를 기준으로 과점주주 여부를 판단한다.

(4) 과점주주 성립시기로 과세대상 물건의 범위 결정

- 과점주주 간주취득의 과세기준일을 기준으로 과세대상 물건의 범위 결정된다.

  ➡ 매매계약을 하고 중도금은 지급하였으나 잔금을 지급하지 않고 매수중인 물건이 있거나, 건축물이 외형상 완공은 되었으나 「지방세법」상 취득의 시기가 도래하지 않은 물건의 경우 과점주주 간주취득의 과세대상에서는 제외한다(내무부 세정 22670-14956, 1986.12.11.).

사례 ▶ 주주명부와 주식이동상황명세가 일치하지 않을 경우 기준은 주주명부 명의개서일임

주식이동상황명세서에 주식의 이동 상황을 기재하였다 하여 명의개서가 되었다고 볼 수 없음. 기명주식의 이전은 취득자의 성명과 주소를 주주명부에 기재하지 아니하면 회사에 대항하지 못하는 것이어서, 주주명부에 주식의 실질소유자가 아닌 다른 사람 앞으로 명의개서가 되지 아니한 이상 구 상속세법(1990.12.31 법률 제4283호로 개정되기 전의 것) 제32조의2 제1항에 의한 증여의제의 요건인 권리의 이전이나 행사에 명의개서를 요하는 재산에 있어서 실질소유자와 명의자가 다른 경우에 해당할

수 없고, 법인세의 과세표준과 세액을 신고할 때 첨부하여 제출하는 서류인 주식이 동상황명세서를 주주명부와 동일시할 수 없으므로 주식이동상황명세서에 주식의 이동 상황을 기재하여 신고하였다고 하더라도 주식의 명의개서가 되었다고 할 수 없음(대법원 93누14196, 1994.2.22.).

사례 〉〉 **과점주주 성립 시기는 주주명부 명의개서일**

「지방세법」 제22조 규정에 의한 법인의 과점주주가 된 때 과점주주 주식 취득에 따른 취득의 시기는 주식대금을 완불하였는지의 여부와 관계없이 주주명부에 명의가 개서된 날로 보는 것이므로, 乙법인이 코스닥상장 법인인 甲법인의 유상증자에 참여하여 최초로 과점주주가 된 경우 주주명부에 등재하기 이전에는 회사에 대하여 주주임을 주장할 수 없을 뿐 아니라 주권을 행사할 수 없는 점으로 보아 유상증자에 따른 과점주주의 주식의 취득일은 주식발행회사인 甲법인의 주주명부에 등재된 날로 보는 것이 타당함(행정자치부 세정-5601, 2007.12.27.).

사례 〉〉 **부동산 취득일과 과점주주 성립일이 같은 경우 과점주주 과세대상에 포함**

「지방세법 시행령」 제73조 제1항의 규정에 의거 사실상 잔금을 지급한 경우에는 그 잔금지급일을 취득일로 보고 있으며, 과점주주의 경우 주식을 취득한 때에는 당해 법인의 장부가액을 기준으로 과점주주의 비율을 곱하여 과세하는 것입니다. 따라서 주식 취득일과 동일한 날짜에 사실상 잔금을 지급하여 부동산을 취득한 경우라면 주식발행 법인이 취득한 부동산에 대해 과점주주도 납세의무가 있음(행정자치부 세정 13407-206, 2001.8.10.).

사례 〉〉 **주권이 발행되지 않은 주식을 차명으로 양도하였다가 다시 원상회복한 것으로 간주취득세 과세대상에 해당되지 않는다고 주장하는 원고주장의 당부**

주권발행 전에 한 주식의 양도는 회사 성립 후 또는 신주의 납입기일 후 6월이 경과한 때에는 회사에 대하여 효력이 있는 것으로서, 이 경우 주식의 양도는 지명채권의 양도에 관한 일반원칙에 따라 당사자의 의사표시만으로 효력이 발생하는 것이므로(대법원 1996.6.25. 선고 96다12726 판결, 대법원 2002.3.15. 선고 2000두1850 판결 참조), 주권이 발행되지 않은 경우에는 주식이 양도되는 시기에 관하여 별도의 정함이 없으면 양도계약의 체결일에 양수인이 주식을 취득하여 과점주주가 되는 것으로 보아야 한다.
이 사건 법인의 주식에 대하여 현재까지 주권이 발행되지 않은 사실은 당사자 사이에 다툼이 없으므로, 이 사건 법인 설립일로부터 6월이 경과하기 전인 2015.12.2.부터 2016.1.12.까지 당사자들 사이의 의사표시만으로 이루어진 이 사건 주식 이전도 이 사건 법인에 대하여 유효하고, 이 사건 양도계약서에 주식 양도시기에 관하여 별도의 정함이 없어 ○○○은 2015.12.15. 이 사건 법인 주식 550주(55%), 원고는 2016.1.12.

이 사건 법인 주식 450주(45%)를 취득하였다고 할 것이다. 따라서 2016.1.12. 이 사건 법인의 과점주주(원고, ○○○)가 보유한 주식비율이 당초 70%에서 100%로 30% 증가되었다고 본 이 사건 처분은 적법하고, 이와 다른 전제에 선 원고의 이 부분 주장은 이유 없음(대법원 2020.5.28. 선고 2020두35189 판결).

③ 과점주주 간주취득세 산출체계

> 취득세 과세대상 물건의 장부가액 × 과점비율 × 세율(2%) = 세액

(1) 과세표준

■ 과세대상의 과세표준은 장부가액에서 감가상각누계액을 차감한 금액
 - 대상: 과점주주 취득세 납세의무성립일 현재 당해 법인이 소유하고 있는 취득세 과세대상 자산이다.
 - 과세표준: 과점주주가 된 시점의 과세대상 물건 장부가액에서 감가상각누계액을 차감한 금액이다(월할상각시 장부반영액 인정).

   ➡ 법인이 과점주주가 된 당시 이미 농어촌특별세가 취득세 과세대상 물건의 취득가액인 「자산 총액」에 포함되어 법인장부에 계상되어 있는 경우라면 취득세 과세표준에 포함된다(행정심판 제2000-386호, 2000.5.30.).

■ 과세기준일 이전에 재평가결정이 되었다면 재평가금액 반영
 - 납세의무성립일 기준

   ┌ 그 이전에 재평가결정 → 재평가액을 포함한 자산가액
   └ 그 이후에 재평가결정 → 재평가액을 제외한 자산가액

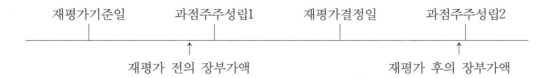

재평가기준일   과점주주성립1   재평가결정일   과점주주성립2

↑ 재평가 전의 장부가액   ↑ 재평가 후의 장부가액

(2) 과점비율

가. 최초로 과점주주가 된 경우

구 분	주식취득형태	당초 지분율	변경 지분율	과세 지분율
유형1	매매	40% 0%(설립 아님)	60%	60%
유형2	증자	40%	60%	60%
유형3	설립	60%		납세의무 없음

나. 과점주주의 지분율이 증가된 경우

구 분	당초 지분율	2차	변경 지분율	과세 지분율
유형1	90%	–	100%	10%
유형2	90%	70%	100%	10%
유형3	90%	70%	80%	납세의무 없음
유형4	60%(설립시)	–	80%	20%

다. 과점주주가 일반주주로 된 후 다시 과점주주가 된 경우

구 분	당초 지분율		변경 지분율	과세 지분율
	1차	2차		
유형1	70%	40%	60%	납세의무 없음
유형2	70%	40%	80%	10%

(3) 세율

가. 「지방세법」 제11조 및 제12조에도 불구하고 중과기준세율(2%) 적용한다.

➡ 「지방세법」 제15조(세율의 특례) 제2항 제3호 해당

사례 ▶ 과점주주 취득세 과세표준은 장부가액에서 감가상각누계액을 차감한 금액

과점주주의 취득세 납세의무가 발생될 경우 과세표준은 과점주주가 성립된 시점의
당해 법인의 장부가액이 되는 것이므로 과세대상물건이 감가상각대상자산일 경우
취득세 과세표준은 과세대상물건의 가액에서 감가상각누계액을 제외한 가액을 말하
며, 감가상각을 월할 계산하는 경우에는 감가상각을 월할 계산하여 공제한 법인의

장부가액으로 하는 것이 타당하다고 판단됨(행자부 지방세정팀 – 1435, 2005.6.30.).

사례 법인장부에 감가상각분이 계상되어 있지 않은 경우 법인장부가대로 과세

- 과점주주는 과점주주가 된 때에 법인의 자산을 취득한 것으로 의제되고, 이에 따른 취득세의 과세표준은 위 취득의제 당시의 그 법인의 자산총액을 기준으로 산정하여야 하며, 이 경우 과세표준을 당해 법인의 결산서 기타 장부 등에 의한 자산총액을 기초로 산출하는 경우에는 취득의제 당시의 장부가액을 기준으로 과세표준액을 산출하여야 한다(대법원 83누103 1983.12.13.). 과점주주가 된 원고들이 취득한 것으로 보는 이 사건 차량의 과세표준액을 그 취득의제 당시 감가상각비가 반영되지 아니한 주식회사 ○○여행사의 재무제표상 취득가액으로 하여 산정한 이 사건 부과처분은 적법함(대법원 07두11399, 2008.3.14.).
- 청구인은 이 건 법인의 유형자산감가상각을 적용한 장부상 가액을 과점주주 취득세의 과세표준으로 삼아야 한다고 주장하나, 청구인이 이 건 법인의 주식을 취득할 당시에 이 건 법인이 소유하고 있던 부동산 등의 가액을 과점주주 취득세의 과세표준으로 보아야 할 것이지 그 후에 감가상각을 적용했다고 해서 당초 취득가격에 영향을 줄 수는 없으므로 청구주장을 받아들이기 어려움(조심 18지473, 2018.10.8.).

사례 장부가액에 포함된 농어촌특별세도 과세표준에 포함

「지방세법」 제111조 제4항의 규정에서 과점주주에 대한 취득세 과세표준은 취득의제(주식취득) 당시의 그 법인의 자산총액을 기준으로 산정하여야 하고, 이 경우 과세표준을 당해 법인의 결산서 기타 장부 등에 의한 과세대상 자산총액을 기초로 산출하는 경우에는 취득의제 당시의 과세대상 물건의 장부가액을 기준으로 과세표준을 산출하여야(대법원 83누103, 1983.12.13.)할 것이므로 귀 법인이 과점주주가 된 당시 이미 농어촌특별세가 취득세 과세대상 물건의 취득가액인 자산총액에 포함되어 법인장부에 계상되어 있는 경우라면 취득세 과세표준에 포함(행정자치부 세정13407 – 36, 2001.1.9.).

④ 과점주주의 특수관계 판단

(1) 과점주주의 특수관계자 납세의무 성립여부 해석 변경

■ 「지방세법」 제105조 제6항 및 같은법 시행령 제78조 제1항의 규정에 의한 과점주주에 대한 취득세 납세의무 성립여부와 관련하여 기존 과점주주와 특수관계에 있는 자가 기존 과점주주로부터 주식 또는 지분의 일부를 취득한 것은 특수관계인간의 거래로 과점주주로 인한 취득세 납세의무가 없는 것이며, 특수관계인간 내부거래라 하더라도 과점

주주비율 전체를 취득하여 새로운 과점주주가 되는 경우에는 취득세 납세의무가 있는 것으로 보았으나,

■ 대법원 07두10297, 2007.8.23.에서 "기존 과점주주와 특수관계에 있으나 당해 주식발행 법인의 주주가 아니었던 자가 기존의 과점주주로부터 그 주식 또는 지분 전부를 이전받 은 경우라 하더라도 일단의 과점주주 전체가 보유한 총 주식 또는 지분의 비율에 변동이 없는 한 간주취득세의 과세대상이 될 수 없다"고 판시함에 따라 이와 같은 경우 취득세 납세의무가 없는 것으로 유권해석이 변경되었다(행자부 세정-3632, 2007.9.6.).

(2) 특수관계인의 판단기준

■ 특수관계인

> 「**지방세기본법**」 제2조(정의) ① 이 법에서 사용하는 용어의 뜻은 다음과 같다.
> 34. "**특수관계인**"이란 본인과 다음 각 목의 어느 하나에 해당하는 관계에 있는 자를 말한 다. 이 경우 이 법 및 지방세관계법을 적용할 때 본인도 그 특수관계인의 특수관계인 으로 본다.
>   가. 혈족·인척 등 대통령령으로 정하는 친족관계
>   나. 임원·사용인 등 대통령령으로 정하는 경제적 연관관계
>   다. 주주·출자자 등 대통령령으로 정하는 경영지배관계

■ 친족관계

> 「**지방세기본법 시행령**」 제2조(특수관계인의 범위) ① 「지방세기본법」(이하 "법"이라 한 다) 제2조 제1항 제34호 가목에서 "혈족·인척 등 대통령령으로 정하는 친족관계"란 다 음 각 호의 어느 하나에 해당하는 관계(이하 "친족관계"라 한다)를 말한다.
>   1. 6촌 이내의 혈족
>   2. 4촌 이내의 인척
>   3. 배우자(사실상의 혼인관계에 있는 사람을 포함한다)
>   4. 친생자로서 다른 사람에게 친양자로 입양된 사람 및 그 배우자·직계비속

혈족·인척 등 친족관계라 함은 6촌 이내의 혈족, 4촌 이내의 인척, 배우자, 사실상의 혼인관계에 있는 배우자, 친생자로서 다른 사람에게 친양자로 입양된 사람 및 그 배우자, 직계비속을 말한다.

  - 6촌 이내의 혈족이면 부계혈족이나 모계혈족을 구분하지 아니하고 모두 대상이다.

종전에는 결혼을 한 여자의 경우에는 남편과의 관계를 따졌으나 이제는 결혼 여부와 상관없이 여성의 경우에도 본인을 기준으로 판단한다.

- 민법에서는 배우자, 혈족 및 인척을 친족으로 한다(민법 제767조).
- 혈족은 직계혈족과 방계혈족으로 나누어지는데, 자기의 직계존속과 직계비속을 직계혈족이라 하고 자기의 형제자매와 형제자매의 직계비속, 직계존속의 형제자매 및 그 형제자매의 직계비속을 방계혈족이라 한다(민법 제768조).
- 인척은 혈족의 배우자, 배우자의 혈족, 배우자의 혈족의 배우자를 인척으로 한다(민법 제769조). 예를 들면 형제·자매·삼촌·고모 등의 배우자인 계모·형수·계수·매부·숙모·고모부와 배우자의 혈족인 시부모·처부모·시형제자매·처형제자매 그리고 배우자의 혈족(처남·처제 등)의 배우자를 말한다.
- 혈족의 촌수 계산은 직계혈족은 자기로부터 직계존속에 이르고 자기로부터 직계비속에 이르러 그 세수를 정하고 방계혈족은 자기로부터 동원의 직계존속에 이르는 세수와 그 동원의 직계존속으로부터 그 직계비속에 이르는 세수를 통산하여 그 촌수를 정한다(민법 제770조).
- 인척은 배우자의 혈족에 대하여는 배우자의 그 혈족에 대한 촌수에 따르고, 혈족의 배우자에 대하여는 그 혈족에 대한 촌수에 따른다(민법 제771조).
- 인척관계는 혼인·입양·출생·인지 등으로 발생한다. 자연혈족이 아닌 법정혈족관계로서 양자와 양친의 인척 사이 전처의 출생자와 계모의 인척 사이 또는 인지된 혼인 외의 출생자와 적모의 인척 사이 등에서 법정인척관계가 생긴다. 인척관계는 혼인의 취소 또는 이혼으로 인하여 종료하며, 부부의 일방이 사망한 경우에 생존 배우자가 재혼한 때에도 종료하게 된다(민법 제775조).

※ 친족·인척의 특수관계인 범위

친족 (6촌)	직계·방계 존속	부계	고조부모(4), 증조부모, 조부모, 부모, 고모, 삼촌, 증조부(4), 대고모(4) 등 6촌까지
		모계	외고조부모(4), 외증조부모, 외조부모, 이모, 외삼촌, 외종조부(4), 이모할머니 등 6촌까지
	직계·방계 비속	부계	자녀, 손자녀, 증손자녀, 고손자녀, 외손자녀, 외증손자녀, 외고손자녀, 조카 질녀, 종손자녀(4), 이손자녀(4) 등 6촌까지
	형제자매		형제, 자매, 친사촌, 고종사촌, 이종사촌, 외사촌 등 6촌까지
인척 (4촌)	혈족의 배우자		증조모(4), 숙모, 고모부, 대고모부(4), 매형, 매제, 형수, 제수, 형부, 제부, 올케, 이모부, 외숙모, 외종고모(4), 외사촌 및 이종사촌의 배우자들

배우자의 혈족	시부모 등 배우자인 남편의 위 친족들(직계비속 제외) 중 4촌까지
	처부모 등 배우자인 아내의 위 친족들(직계비속 제외) 중 4촌까지
배우자 혈족의 배우자	위 배우자의 혈족의 배우자들. 예) 남편의 사촌형수, 아내의 조카사위 등

■ 경제적 연관관계, 경영지배관계

「지방세기본법 시행령」 제2조(특수관계인의 범위) ② 법 제2조 제1항 제34호 나목에서 "임원·사용인 등 대통령령으로 정하는 경제적 연관관계"란 다음 각 호의 어느 하나에 해당하는 관계(이하 "경제적 연관관계"라 한다)를 말한다.
1. 임원과 그 밖의 사용인
2. 본인의 금전이나 그 밖의 재산으로 생계를 유지하는 사람
3. 제1호 또는 제2호의 사람과 생계를 함께하는 친족
③ 법 제2조 제1항 제34호 다목에서 "주주·출자자 등 대통령령으로 정하는 경영지배관계"란 다음 각 호의 구분에 따른 관계를 말한다.
1. 본인이 개인인 경우: 본인이 직접 또는 그와 친족관계 또는 경제적 연관관계에 있는 자를 통하여 법인의 경영에 대하여 지배적인 영향력을 행사하고 있는 경우 그 법인
2. 본인이 법인인 경우
  가. 개인 또는 법인이 직접 또는 그와 친족관계 또는 경제적 연관관계에 있는 자를 통하여 본인인 법인의 경영에 대하여 지배적인 영향력을 행사하고 있는 경우 그 개인 또는 법인
  나. 본인이 직접 또는 그와 경제적 연관관계 또는 가목의 관계에 있는 자를 통하여 어느 법인의 경영에 대하여 지배적인 영향력을 행사하고 있는 경우 그 법인
④ 제3항을 적용할 때 다음 각 호의 구분에 따른 요건에 해당하는 경우 해당 법인의 경영에 대하여 지배적인 영향력을 행사하고 있는 것으로 본다.
1. 영리법인인 경우
  가. 법인의 발행주식 총수 또는 출자총액의 100분의 50 이상을 출자한 경우
  나. 임원의 임면권의 행사, 사업방침의 결정 등 법인의 경영에 대하여 사실상 영향력을 행사하고 있다고 인정되는 경우
2. 비영리법인인 경우
  가. 법인의 이사의 과반수를 차지하는 경우
  나. 법인의 출연재산(설립을 위한 출연재산만 해당한다)의 100분의 30 이상을 출연하고 그 중 1명이 설립자인 경우
「지방세법 시행령」 제10조의2(과점주주의 범위) ① 법 제7조 제5항 전단에서 "대통령령으로 정하는 과점주주"란 「지방세기본법」 제46조 제2호에 따른 과점주주 중 주주 또는 유한책임사원(이하 "본인"이라 한다) 1명과 그의 특수관계인 중 다음 각 호의 어느 하나에

해당하는 특수관계인을 말한다.

1. 「지방세기본법 시행령」 제2조 제1항 각 호의 사람
2. 「지방세기본법 시행령」 제2조 제2항 제1호의 사람으로서 다음 각 목의 어느 하나에 해당하는 사람
   가. 주주
   나. 유한책임사원
3. 「지방세기본법 시행령」 제2조 제3항 제1호 가목에 따른 법인 중 본인이 직접 해당 법인의 경영에 대하여 지배적인 영향력을 행사하고 있는 경우 그 법인
4. 「지방세기본법 시행령」 제2조 제3항 제2호 가목에 따른 개인·법인 중 해당 개인·법인이 직접 본인인 법인의 경영에 대하여 지배적인 영향력을 행사하고 있는 경우 그 개인·법인
5. 「지방세기본법 시행령」 제2조 제3항 제2호 나목에 따른 법인 중 본인이 직접 또는 제4호에 해당하는 자를 통해 어느 법인의 경영에 대하여 지배적인 영향력을 행사하고 있는 경우 그 법인

② 제1항 제3호부터 제5호까지에 따른 법인의 경영에 대한 지배적인 영향력의 기준에 관하여는 「지방세기본법 시행령」 제2조 제4항 제1호 가목 및 같은 항 제2호를 적용한다. 이경우 같은 항 제1호 가목 및 제2호 나목 중 "100분의 30"은 각각 "100분의 50"으로 본다.

☙ 2013년 「지방세기본법」 개정으로 주주간 관계 산정시 양방향성 관계로 정의하게 되었다.

💡 '통하여'의 의미는 실질적으로 영향력을 미치는 관계까지 요하는 것은 아니며, 본인의 특수 관계자와 형식적으로 특수관계인 자가 특정 법인의 주식발행총수의 100분의 50을 초과하여 취득했다면 실질적인 영향력 여부와 관계없이 과점주주가 성립된다.

주주·출자자 등 경영지배관계라 함은 본인과 다음의 구분에 따른 관계(이하 "경영지배관계"라 함)를 말한다.

가) 본인인 주주가 개인인 경우

본인(개인)이 직접 또는 본인과 친족관계(A) 또는 경제적 연관관계(B)에 있는 자를 통하여 법인(갑)의 경영에 대하여 지배적인 영향력을 행사하고 있는 경우 법인(갑)은 본인의 특수관계인이다.

나) 본인인 주주가 법인(을)인 경우

• 개인 또는 법인(갑)이 직접 또는 그와 친족관계(A) 또는 경제적 연관관계(B)에 있는 자를 통하여 본인인 법인(을)의 경영에 대하여 지배적인 영향력을 행사하고 있는 경우 **그 개인 또는 법인(갑)**은 법인(을)의 특수관계인이다.

• 어떤 법인(을)이 직접 또는 그와 경제적 연관관계 또는 **앞의 관계에 있는 자(그 개인 또는 법인(갑))**를 통하여 어느 법인(병)의 경영에 대하여 지배적인 영향력을 행사하고 있는 경우 그 법인(병)은 법인(을)과 특수관계인이 된다.

※「경영에 대하여 지배적 영향력 행사」의 기준

다음의 구분에 따른 요건에 해당하는 경우 해당 법인의 경영에 대하여 지배적인 영향력을 행사하고 있는 것으로 본다.

1. 영리법인인 경우
   ① 법인의 발행주식총수 또는 출자총액의 100분의 50 이상을 출자한 경우
   ② 임원의 임면권행사, 사업방침의 결정 등 법인의 경영에 대하여 사실상 영향력을 행사하고 있다고 인정되는 경우

2. 비영리법인인 경우
   ① 법인의 이사의 과반수를 차지하는 경우
   ② 법인의 출연재산(설립을 위한 출연재산만 해당한다)의 100분의 30 이상을 출연하고 그 중 1인이 설립자인 경우

| 경영지배기준 |

영리법인	법인의 발행주식 총수 또는 출자총액의 100분의 50 이상을 출자한 경우
	임원의 임면권 행사, 사업방침의 결정 등 법인의 경영에 대하여 사실상 영향력을 행사하고 있다고 인정되는 경우
비영리법인	법인의 이사의 과반수를 차지하는 경우
	법인의 출연재산(설립을 위한 출연재산만 해당한다)의 100분의 30 이상을 출연하고 그 중 1인이 설립자인 경우

※「주주·출자자 등 경영지배관계」 CASE별로 이해하기

1. 본인인 주주가 개인인 경우

   본인(개인)이 직접 또는 본인과 친족관계(A) 또는 경제적 연관관계(B)에 있는 자를 통하여 법인(갑)의 경영에 대하여 지배적인 영향력을 행사하고 있는 경우 그 법인(갑)은 본인의 특수관계인이다.

   예) 개인이 직접 "법인(갑)"에 50% 이상 출자하여 경영에 지배적인 영향력을 행사하고 있는 경우 "개인"과 "법인(갑)"은 특수관계에 있음.

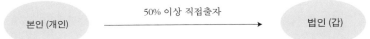

본인 (개인) ——— 50% 이상 직접출자 ⟶ 법인 (갑)

예) 개인이 그의 아들 또는 사용인을 통해 간접적으로 "법인(갑)"의 경영에 지배적인 영향력을 행사하고 있는 경우 "개인"과 "법인(갑)"는 특수관계에 있음.

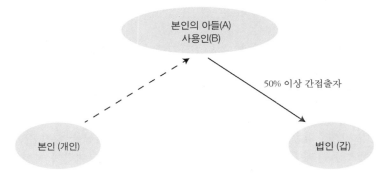

2. 본인인 주주가 법인(을)인 경우
   ① 개인 또는 법인(갑)이 직접 또는 그와 친족관계(A) 또는 경제적 연관관계(B)에 있는 자를 통하여 본인인 법인(을)의 경영에 대하여 지배적인 영향력을 행사하고 있는 경우 그 개인 또는 법인(갑)은 법인(을)의 특수관계인이다.

   예) 본인인 법인(을)에 대해 50% 이상 직접 출자하고 있는 경우 "그 개인과 법인(갑)"은 "법인(을)"과 특수관계임.

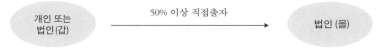

   예) 본인인 법인(을)에 대해 개인 또는 법인(갑)의 임직원을 통하여 경영에 지배적인 영향력을 행사하고 있는 그 개인 또는 법인(갑)은 "법인(을)"과 특수관계에 있음.

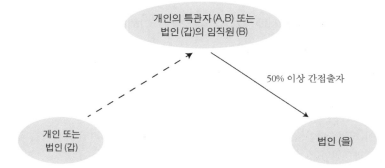

   (*) '12년말까지 직접적인 출자관계가 없는 간접출자자 "개인 또는 법인(갑)"과 "법인(을)"간에는 특수관계가 없었으나 '13년부터 지방세기본법 특수관계인의 범위 개정으로 이들은 특수관계자로 본다.

   ② 본인이 직접 또는 그와 경제적 연관관계 또는 위 ①의 관계에 있는 자를 통하여 어느 법인의 경영에 대하여 지배적인 영향력을 행사하고 있는 경우 그 법인

예) 본인 "법인(을)"에 대해 개인 또는 법인(갑)의 임직원을 통하여 경영에 지배적인 영향력을 행사하고 있는 "법인(갑)"이 또 다른 "법인(병)"에 대해서도 경영에 지배적인 영향력을 행사하고 있는 경우 그 "법인(병)"과 "법인(을)"은 특수관계에 있음.

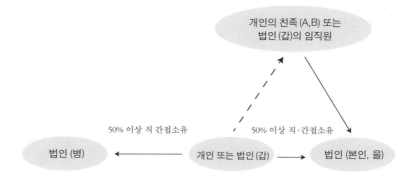

(*) '12년말까지 직접적인 출자관계가 없는 "법인(병)"과 "법인(을)"은 특수관계가 없었으나 '13년 지방세기본법 특수관계인의 범위 개정으로 이들은 특수관계자로 본다.

법령개정에 따른 과점주주 취득세 납세의무 범위 회신(지방세운영과−1778, 2013.8.6.)

(질의) 기존에 과점주주가 아니었으나 「지방세기본법」의 개정·시행으로 과점주주가 된 후 주식을 추가 취득할 경우의 취득세 납세의무 범위

(답변) 사실관계의 변화가 없이 「지방세기본법」 등의 개정으로 2013.1.1.부터 과점주주가 되었던 점, 「지방세법」 제7조 제5항 및 같은 법 시행령 제11조 제2항에서 주식 등을 취득함으로써 과점주주가 되면 취득세를 납부하되 이미 과점주주가 된 주주 등이 주식 등을 취득하여 그 비율이 증가된 경우에는 그 증가분에 대해서 취득세를 납부하도록 규정하고 있는 점, 조세법률주의의 원칙 등을 감안했을 때, 주식 등의 추가 취득분에 대해서만 취득세를 납부하는 것이 타당할 것으로 판단됨.

※ 과점주주의 범위 등 간주취득세 납세의무 명화화(2023.3.14. 이후 납세의무성립분부터 적용)

① 개정개요

개정 전	개정 후
☐ 간주취득세를 납부하는 과점주주의 범위를 「지방세기본법」에 따른 제2차 납세의무자 규정을 인용	☐ 지방세법 제7조에 의해 간주취득세를 부담하는 **과점주주의 범위를 별도로 규정***(법 §7 ⑤) * 특수관계인 범위 축소
☐ 간주취득세 과점주주(특수관계)의 범위를 지방세기본법 시행령(§2 ①~④) 준용	☐ 간주취득세 과점주주(특수관계)의 범위를 지방세법 시행령에 **직접 규정**(영 §10−2 신설)
○ (§2 ①) 혈족·인척 등 **친족관계** ○ (§2 ②) **경제적 연관관계**	○ (§10−2 ① 1) **종전과 같음** ○ (§10−2 ① 2) **경제적 연관관계**

개정 전	개정 후

호	내 용
1	임원과 그 밖의 사용인
2	본인 재산으로 생계를 유지하는 자
3	위의 자들과 생계를 함께하는 친족

구분	내 용
	임원과 그 밖의 사용인(주주, 유한책임사원)
–	(삭제)
–	

○ (§2 ③) 주주 등 **경영지배관계**

호	목		내 용
1	–	본인이 개인	• 본인이 직접 지배하는 법인 • <u>본인의 ①·②에 해당하는 자를 통해 지배하는 법인</u>
2	가	본인이 법인	• 본인을 직접 지배하는 개인·법인 • <u>본인을 ①·②에 해당하는 자를 통해 지배하는 개인·법인</u>
	나		• 본인이 직접 지배하는 법인 • 본인의 ②에 해당하는 자 및 가목의 자를 통해 지배하는 법인

○ (§10-2 ① 3~5) 주주 등 **경영지배관계**

호		내 용
3	본인이 개인	• 직접 지배하는 법인
4	본인이 법인	• 본인을 직접 지배하는 개인·법인
5		• 법인이 직접 지배하는 법인 • 4호의 자를 통해 지배하는 법인

○ (§2 ④) **지배적 영향력**
  – 출자지분 50% 이상 출자
  – 경영에 사실상 영향력 행사 등

○ (§10-2 ②) **지배적 영향력**
  – 출자지분 50% 이상 출자
  – **삭 제**

2 개정내용

〈지방세법 개정〉
  ○ 간주취득세 납세의무자인 과점주주의 범위를 「지방세기본법」 제46조 제2호에 따른 과점주주 중 지방세법 시행령으로 달리 정할 수 있도록 위임 근거 마련(법 §7⑤)

〈지방세법 시행령 개정〉
  ○ 경제적 연관관계, 경영지배 관계 있는 자 등에 대해 명확화

① 경제적 연관관계 명확화(영 §10-2 ① 2)

개정 전	개정 후
임원과 그 밖의 사용인	임원과 사용인(주주·유한책임사원인 경우로 한정)
본인 재산으로 생계를 유지하는 자	삭 제
위의 자들과 생계를 함께하는 친족	

② 경영지배관계 범위 구체화(영 §10-2 ①)

	개정 전	개정 후
본인이 개인	• 본인이 직접 지배하는 법인 • 본인의 친족관계·경제적 연관관계에 해당하는 자를 통하여 지배하는 법인	(3호) 본인이 직접 지배하는 법인
본인이 법인	㉮ • 본인을 직접 지배하는 개인·법인 • 본인을 친족관계·경제적 연관관계에 해당하는 자를 통하여 지배하는 개인·법인	(4호) 본인을 직접 지배하는 개인·법인
	• 본인이 직접 지배하는 법인 • 본인의 경제적 연관관계에 해당하는 자 및 ㉮의 자를 통하여 지배하는 법인	(5호) 본인이 직접 지배하는 법인 또는 4호의 자를 통해 지배하는 법인

③ 경영지배관계의 의미 명확화(§10-2 ②)

○ (개정 전) 법인의 경영에 대하여 지배적인 영향력을 행사하는 경우, "출자지배"와 "사실상 지배"(임면권의 행사, 경영방침의 결정)로 구분

⇒ (개정 후) 제1항 제3호부터 제5호까지에 따른 **법인의 경영에 대한 지배적인 영향력의** 기준에 관하여는 「지방세기본법 시행령」 §2 ④ 1호 가목 및 같은 항 제2호를 적용.

다만, 지배적인 영향력을 행사하는 기준을 출자·출연 비율이 각각 "50%" 인 경우로 한정

사례 과점주주 판단기준

과점주주를 판정함에 있어 어느 주주를 기준으로 하든 그 특정주주의 친족 및 특수관계인의 주식수를 합하여 50% 초과 및 소유주식비율의 증가여부를 판단하여야 할 것으로 A개인을 기준으로 하였을 때 E개인은 A개인과 특수관계가 성립되지 않는다 하더라도 C개인을 기준으로 판단하였을 때 C개인과 E개인이 친족 기타 특수관계가 성립되는 경우에는 C개인을 중심으로 판단하여야 할 것이므로 갑법인에 있어 C개인

과 A개인, B개인, D개인, E개인이 특수관계자가 되는 것이며, 이들 소유합계인 95.4%가 과점주주 주식소유비율이 되는 것임(행안부 도세-751, 2008.5.6.).

B사가 100% 출자하여 자회사인 C사를 설립한 경우에는 B사와 C사는「지방세법 시행령」제6조 제12호의 규정에 의한 특수관계에 있는 자가 되는 것이므로 B사가 C사에게 A사의 주식을 모두 양도한다고 하더라도 특수관계에 있는 자들 전체가 보유한 총 주식의 비율에는 변함이 없는 것임(행안부 지방세운영과-1999, 2008.10.30.).

사례 원고가 주장하는 주주들을 특수관계인으로 보아 특수관계인간 내부거래로 보아 과점주주 간주취득세 납세의무가 성립되지 않는지 여부

이 사건 주식 양도 당시 원고는 이 사건 법인의 대표이사이고, ○○○은 이 사건 법인의 이사이며, △△△은 이 사건 법인에 고용된 세무사인 사실, 원고, ○○○, △△△이 이 사건 법인의 주주인 사실은 인정된다. 그러나 위 인정사실에 의하더라도 원고, ○○○, △△△이 이 사건 법인과의 관계에서 이 사건 법인의 임원·사용인 또는 주주에 해당한다고 볼 수는 있으나, ○○○, 최영택이 원고 본인과의 관계에서 원고의 임원·사용인에 해당하거나, 원고의 주주·출자자에 해당한다고 볼 수는 없고, 달리 원고, ○○○, △△△이 위 규정에서 정한 특수관계인 관계에 있다고 인정할 증거가 없다. 따라서 이 사건 주식 양도를 과점주주 집단 내부의 주식 이전으로 볼 수 없으므로, 이 사건 주식 양도로 인하여 원고의 이 사건 법인의 주식 지분이 37%에서 58%로 증가한 이상 이는 최초로 과점주주가 된 경우에 해당하므로 이 사건 처분은 적법함(대법원 2020.4.29. 선고 2020두31729 판결).

⑤ 명의신탁 해지와 과점주주의 납세의무

(1) 명의신탁해지로 인한 과점주주 성립시 납세의무가 없다

■ 舊「상법」에서 주식회사 설립시 7인 이상(2001년 이전 3명, 이후 1명 가능)의 발기인이 있어야만 가능하여 다수의 중소기업들이 이 요건을 충족하기 위해 가족이나 직원, 지인과 같이 실질적인 발기인이 아닌 이들의 이름을 빌려 주식을 발행하면서 법인으로 설립하는 경우 발생하였다.

■ 舊 행정자치부에서는 명의신탁 해지로 인한 과점주주에 대해서도 취득세 과세대상으로 해석하여 왔으나 대법원의 판례(대법원 98두12161, 1999.12.28.)에 따라 명의신탁 해지시 신탁자에게 환원되는 경우 과세제외 토록 판결됨에 따라 행정안전부 운영요령 적용당시 1998.12.31.까지 명의신탁해지한 부분에 한해서 적용토록 되어있으나 이후 계속된 대법원의 판결에 따라 명의신탁주식인지 여부 및 실질주주로의 환원이 맞는지 여부가 확인되는 부분에 대해서는 과세제외되고 있다.

(2) 명의신탁관계에 대한 입증책임은 그 명의자에게 있다

■ 과점주주에 해당하는지 여부는 주주명부 또는 주식이동상황의 변동으로 판단하며, 명의의 도용이나 차명 등재의 경우 납세의무가 없으나 이는 그 명의자가 입증하여야 한다.

사례 ▷ 주식명의신탁이 해제되어 실질주주에게 명의개서 되는 경우 취득세 납세의무 없음

사실관계가 위와 같다면 주주명부상 위 주식의 소유명의가 소외 □□□으로 되어 있었던 때라고 하더라도 그는 명의상의 주주에 불과하고 주식의 실질주주는 원고 ○○○이라고 할 것이어서 원고 ○○○이 위 주식에 관한 주주명부상의 소유 명의를 그에게로 개서하였다고 하더라도 이는 실질주주가 주주명부상의 명의를 회복한 것에 불과하여 위 「지방세법」의 규정에서 말하는 주주로부터 주식을 취득한 경우에 해당하지 않는다 할 것임(대법원 98두12413, 1999.12.28., 대법원 98두12161, 1999.12.28., 행정자치부 심사결정 제2001-251호, 2001.5.28., 행정자치부 세정13407-702, 2001.6.23.).

사례 ▷ 차명주식의 실명 전환 시 과점주주 납세의무 없음

주주명부상 주식의 소유명의를 차명하여 등재하였다가 실질 주주 명의로 개서한 경우, 주주명부상 주식의 소유 명의자로 기재되어 있던 차명인은 명의상의 주주에 불과하므로 주식의 실질주주가 위 주식에 관한 주주명부상의 주주 명의를 자기 명의로 개서하였다고 하더라도 이는 실질주주가 주주명부상의 명의를 회복한 것에 불과하여 「지방세법」에서 규정하는 취득세의 부과대상인 주식을 취득한 경우에 해당하지 않음(대법원 09두21369, 2010.3.11.).

명의신탁 증거 부인사례	명의신탁 증거 인정사례

• 명의신탁 증여세납부사실(2014지664, 2012지300)
• 사실확인서(2012지415)
• 명의신탁환원시 대가수반이 없다는 금융거래사실(2013지495)
• 공증받지 않은 명의신탁계약서(2012지295)
• 명의신탁해지약정서(2013지495)
• 지분초과현금배당사실 및 배당소득세 신고서(2012지300)
• 신탁자 현금인출액과 증자금액이 일치한다는 사실(감심 2007-125)
• 무변론확정판결외 신빙성 있는 자료가 없는 경우(조심 2016지1282)
	• 금융거래내역(2009두21369)
	• 법원의 확정판결(2014지664)
	  - 무변론확정판결 및 기타 정황판단 (조심 2010서0490)
	  - 무변론확정판결 및 기타 정황판단 (대법 98두7619, 1999. 12.28., 대법 2013두6329, 2013.7.26.)

⑥ 과점주주에 대한 비과세·감면 적용

(1) 과점주주는 각 개별법령에서 정한 비과세·감면조항이 있을 경우에만 적용

- 부동산 자체가 비과세·감면 대상 물건인 경우 그 부동산을 취득한 법인의 과점주주 또한 비과세·감면이 함께 적용되는지 여부에 대해 행정안전부·감사원 해석이 각기 상이하게 운영되다가 2001년 대법원의 판결 확정(대법원 99두6897, 2001.1.30.)에 따라 2001.10.4. 행정안전부가 「과점주주 쟁점별 과세운영요령」가 시달하였고 과점주주에 대 한 비과세·감면에 대한 지침을 마련하여 통일적으로 운영되고 있다.

- 2005.12.31. 개정되기 전 「지방세법」 제105조 제6항 단서에서 "다만, 과점주주에 대한 납세의무성립일 현재 이 법 및 기타 법령에 의하여 취득세가 비과세·감면되는 부분에 대하여는 그러하지 않다"고 규정하고 있어서, 과점주주에 대한 취득세 납세의무 성립시점에 당해 법인이 소유하고 있는 부동산 중 그 취득세가 비과세, 감면되는 물건에 대하여는 과점주주에게도 그 취득세를 부과하지 않는다는 뜻으로도 해석이 가능함에 따라 대법원 판례 등을 고려하고 납세자 혼란방지를 위하여 2006.1.1.부터 단서 규정을 삭제하였다. 과점주주에 대한 비과세·감면 적용은 각 개별법령에서 정한 비과세·감면조항이 있을 경우에만 적용, 부동산에 대한 비과세·감면 규정을 과점주주에게까지 그대로 적용하지는 않는다.

(2) 과점주주에 대한 간주취득세 면제대상

- 과점주주에 대한 간주취득세는 「지방세특례제한법」 제57조의2 제5항에서 면제대상에 대해 열거

  ☼ 2015.1.1. 과점주주에 대한 면제사항이 「조세특례제한법」에서 이관되었다.

- 최근 대법원에서 판단되는 쟁점 중 「지방세특례제한법」 과점주주의 감면요건에 대한 사례가 증가

- 「지방세특례제한법」 상 감면조항에는 관계법령이 많아 관련된 법령들에서 정확히 정의하는 사항에 대하여만 감면된다.

「**지방세특례제한법**」 제57조의2(기업합병·분할 등에 대한 감면) ⑤ 다음 각 호의 어느 하나에 해당하는 경우에는 「지방세법」 제7조 제5항에 따라 과점주주가 해당 법인의 부동산 등(같은 조 제1항에 따른 부동산등을 말한다)을 취득한 것으로 보아 부과하는 취득세를 2024년 12월 31일까지 면제한다.

1. 「금융산업의 구조개선에 관한 법률」 제10조에 따른 제3자의 인수, 계약이전에 관한 명령 또는 같은 법 제14조 제2항에 따른 계약이전결정을 받은 부실금융기관으로부터 주식 또는 지분을 취득하는 경우
2. 금융기관이 법인에 대한 대출금을 출자로 전환함에 따라 해당 법인의 주식 또는 지분을 취득하는 경우
3. 「독점규제 및 공정거래에 관한 법률」에 따른 지주회사(「금융지주회사법」에 따른 금융지주회사를 포함하되, 지주회사가 「독점규제 및 공정거래에 관한 법률」 제2조 제3호에 따른 동일한 기업집단 내 계열회사가 아닌 회사의 과점주주인 경우를 제외한다. 이하 이 조에서 "지주회사"라 한다)가 되거나 지주회사가 같은 법 또는 「금융지주회사법」에 따른 자회사의 주식을 취득하는 경우. 다만, 해당 지주회사의 설립·전환일부터 3년 이내에 「독점규제 및 공정거래에 관한 법률」에 따른 지주회사의 요건을 상실하게 되는 경우에는 면제받은 취득세를 추징한다.
4. 「예금자보호법」 제3조에 따른 예금보험공사 또는 같은 법 제36조의3에 따른 정리금융회사가 같은 법 제36조의5 제1항 및 제38조에 따라 주식 또는 지분을 취득하는 경우
5. 한국자산관리공사가 「한국자산관리공사 설립 등에 관한 법률」 제26조 제1항 제1호에 따라 인수한 채권을 출자전환함에 따라 주식 또는 지분을 취득하는 경우
6. 「농업협동조합의 구조개선에 관한 법률」에 따른 농업협동조합자산관리회사가 같은 법 제30조 제3호 다목에 따라 인수한 부실자산을 출자전환함에 따라 주식 또는 지분을 취득하는 경우
7. 「조세특례제한법」 제38조 제1항 각 호의 요건을 모두 갖춘 주식의 포괄적 교환·이전으로 완전자회사의 주식을 취득하는 경우. 다만, 같은 법 제38조 제2항에 해당하는 경우(같은 조 제3항에 해당하는 경우는 제외한다)에는 면제받은 취득세를 추징한다.
8. 「자본시장과 금융투자업에 관한 법률」에 따른 증권시장으로서 대통령령으로 정하는 증권시장에 상장한 법인의 주식을 취득한 경우

사례 ▶ 국민연금관리공단을 국가 등으로 의제하여 과점주주 취득세를 면제할 수 없음

청구법인의 목적사업에 사용하기 위하여 취득하는 부동산에 대하여 지방세를 감면하기 위해서는 지방세관계법에 따로 규정되어야 하므로, 지방세관계법에서 ① 청구법인의 기금운용에 따른 과점주주 취득세 등에 대한 감면조항이 따로 규정되어 있지 않은 점, ② 청구법인을 국가로 의제하는 별도의 규정이 존재하지 아니하고, 「지방세특례제한법」 제24조 제1항에서 ○○○에 따른 부동산의 취득에만 감면 규정이 있는

점을 감안할 때, 청구법인을 국가와 동일한 개념으로 보기는 어려운 점, ③ 청구법인이 심판청구 시 인용한 대법원 판례(2003두7392, 2004.5.28.)는 「증권거래세법」, 「조세특례제한법」, 과거 재무부장관 등의 회신 등 국세인 증권거래세 부과와 관련된 법령과 유권해석을 근거로 한 것으로서, 이 판례를 근거로 청구법인을 「지방세법」에 따라 과점주주 취득세 납세의무자가 되었을 경우까지 국가로 간주하여 비과세할 수는 없는 점 등으로 비추어, 청구법인이 쟁점법인의 주식을 취득하여 과점주주가 됨에 따라 이에 대하여 처분청들이 취득세 등을 부과한 처분은 잘못이 없는 것으로 판단됨(조심 14지852, 2014.10.6.).

> **사례** 한국무역보험공사를 금융기관으로 보아 대출금 출자전환시 주식취득에 따른 과점주주 간주 취득세를 감면할 수 없음

한국무역보험공사가 구상금채권을 출자전환하는 과정에서 과점주주가 된 경우 간주취득에 따른 취득세 납세의무가 있는지 및 이 경우 공사를 금융기관으로 보아 조특법상 간주취득세 감면 규정(금융기관이 법인에 대한 출자금을 출자전환하는 과정에서의 주식을 취득하는 경우)을 적용할 수 있는지 여부 관련하여 구 조특법 제120조 제6항 제4호가 별도로 '금융기관'에 관한 정의를 하고 있지 않은 이상, '이 법에서 특별히 정하는 경우를 제외하고는 제3조 제1항 제1호부터 제19호까지에 규정된 법률에서 사용하는 용어의 예에 따른다'고 규정한 구 조특법 제2조 제2항에 의하여 '금융기관'의 의미를 파악하여야 한다고 전제한 다음, 제3조 제1항 제16호가 들고 있는 '금융실명거래 및 비밀보장에 관한 법률' 및 그 시행령 에 규정된 '금융기관'에는 원고가 포함되어 있지 아니하여 원고를 구 조특법 제120조 제6항 제4호 소정의 '금융기관'으로 볼 수 없다는 이유로, 구 조특법 제120조 제6항 제4호의 특례규정을 적용하지 않고 원고에게 취득세 등을 부과한 이 사건 각 처분은 적법함(대법원 13두18384, 2014.1.16.).

> **사례** 사모투자(투자목적)전문회사를 공정거래법상 지주회사로 보아 간주취득세 감면 불가

구 간접투자법상 사모투자전문회사나 투자목적회사의 경우에는 공정거래법 제2조 제1호의2 등에서 정한 지주회사의 요건을 형식적으로 갖추었더라도 이를 모두 지주회사로 취급하여 공정거래법상 각종 행위제한에 관한 규정을 적용하는 것이 적절하지 아니하므로, 구 간접투자법 제144조의17 제1항은 앞서본 바와 같이 일정한 요건을 충족하는 사모투자전문회사나 투자목적회사에 대하여는 10년간 공정거래법의 지주회사에 관한 규정을 적용하지 아니하도록 규정하고 있다.

그리고 구 간접투자법 제144조의17 제3항 본문은 '사모투자전문회사 및 투자목적회사에 대하여는 제144조의7 제1항 제1호 또는 제2호의 요건을 충족하는 경우 그 요건을 충족한 날부터 10년이 되는날까지는 금융지주회사법에 의한 금융지주회사로 보지 아니한다.'고 규정하고 있고, 그 문언의 내용과 이 사건 법률조항의 입법취지 등에 비추어 보면 위 규정에 따라 금융지주회사로 보지 아니하는 구 간접투자법상 사모투

자전문회사나 투자목적회사에 대하여는 이 사건 법률조항이 적용되지 아니한다고 봄이 타당할 것인데, 사모투자전문회사나 투자목적회사가 일반 지주회사인지 아니면 금융지주회사인지에 따라 이 사건 법률조항의 적용을 달리할 합리적인 이유가 없다. 이와 같은 관련 규정의 문언 내용과 입법취지 및 체계, 사모투자전문회사 또는 투자목적회사와 지주회사의 설립목적 및 기능상 차이, 그리고 1999.12.28. 법률 제6045호로 개정된 조세특례제한법에 이 사건 법률조항(당시에는 제120조 제5항 제8호)이 신설될 당시에는 구 간접투자법에 사모투자전문회사나 투자목적회사에 관한 규정이 아직 도입되지 아니하였던 점 등을 종합하면, 공정거래법의 지주회사에 관한 규정이 적용되지 아니하는 구 간접투자법상 사모투자전문회사나 투자목적회사에 대하여는 이 사건 법률조항도 적용되지 아니한다고 해석함이 타당함(대법원 11두21478, 2014.2.13., 11두14241, 2014.2.27.).

사례 ▶ 감면대상 법인의 과점주주가된 경우 간주취득세도 감면대상이 되는지 여부

청구인은 이 건 주식발행법인이 이 건 자동차에 대한 취득세 등을 면제받았으므로 청구인에게 과점주주 취득세 등을 부과하면서 이 건 자동차를 포함한 것은 부당하다고 주장하나, 자동차매매사업자로 등록된 이 건 주식발행법인이 매매용으로 이 건 자동차를 취득한 것이라서 취득세 등을 면제받은 것이므로 주식을 취득함에 따라 납세의무가 성립한 과점주주 취득세에 대해서 해당 감면규정을 적용할 수는 없음(조심 18지1804, 2018.11.26.).

❼ 신탁재산에 대한 과점주주 납세의무

(1) 신탁재산은 위탁법인이 소유하고 있는 것으로 보아 간주취득세 부과

※ 2016년부터 신탁재산은 위탁자의 재산으로 보아 위탁자의 과표에 포함

> 「**지방세법**」 제7조 (납세의무자 등) ⑤ 법인의 주식 또는 지분을 취득함으로써 「지방세기본법」 제46조 제2호에 따른 과점주주(이하 "과점주주"라 한다)가 되었을 때에는 그 과점주주가 해당 법인의 부동산등(법인이 「신탁법」에 따라 신탁한 재산으로서 수탁자 명의로 등기·등록이 되어 있는 부동산등을 포함한다)을 취득(법인설립 시에 발행하는 주식 또는 지분을 취득함으로써 과점주주가 된 경우에는 취득으로 보지 아니한다)한 것으로 본다. 이 경우 과점주주의 연대납세의무에 관하여는 「지방세기본법」 제44조를 준용한다.

■ 개정내용

(종전) 법인의 주식을 취득하여 과점주주가 되는 경우 그 과점주주가 해당 법인의 부동산 등을 취득한 것으로 보아 간주취득세를 부과

  - 대법원에서 신탁재산을 위탁법인의 재산에 포함하여 과점주주 간주취득세를 부과할 수 없다고 판단하면서 이로 인해 조세회피 목적의 신탁행위를 조장할 가능성이 높아 관련규정의 개선이 필요하였다.

(개정) 「신탁법」에 따른 신탁재산은 위탁자에게 귀속되는 것으로 보아 위탁법인의 과점주주에게 간주취득세를 부과토록 납세의무 규정보완하였다.

■ 적용시기 및 방법

  - 2016.1.1. 이후 납세의무가 성립되는 분부터 적용
  - 이 법 시행 이후에는 신탁의 종류(관리, 담보, 처분, 토지, 분양관리)에 관계없이 위탁법인이 소유하고 있는 것으로 보아 간주취득세 부과
  - 이 법 시행 전에 간주취득세 납세의무가 성립된 건에 대하여는 수탁법인의 재산으로 보아 과점주주 간주취득세 부과

> **사례** 신탁재산은 수탁자에게 귀속됨
>
> 신탁법에 의한 신탁재산은 대내외적으로 소유권이 수탁자에게 완전히 귀속되고 위탁자와의 내부관계에 있어서 그 소유권이 위탁자에게 유보되어 있는 것이 아닌 점(대법원 00다70460, 2002.4.12., 대법원 07다54276, 2008.3.13. 등), 신탁법 제21조 제1항은 신탁의 목적을 원활하게 달성하기 위하여 신탁재산의 독립성을 보장하는 데 그 입법취지가 있는 점 등을 종합적으로 고려하면, 신탁법 제21조 제1항 단서에서 예외적으로 신탁재산에 대하여 강제집행 또는 경매를 할 수 있다고 규정한 '신탁사무의 처리상 발생한 권리'에는 수탁자를 채무자로 하는 것만이 포함되며, 위탁자를 채무자로 하는 것은 여기에 포함되지 않는다고 할 것임(대법원 11두11006, 2012.4.13.).

⑧ 농어촌특별세 적용방법

■ 「지방세특례제한법」상 과점주주 취득세 감면시 농어촌특별세 과세
■ 차량 등 과세대상물건 자체가 농어촌특별세 과세대상이 아닌 대상에 대해서는 농어촌특별세 비과세

사례 **조특법상 과점주주 취득세 감면시 농어촌특별세는 과세됨**

조세특례제한법 제120조 제6항은 같은 조항 각 호의 규정에 해당하는 사유로 인하여 「지방세법」 제22조 제2호의 규정에 의한 과점주주에 해당하게 되는 경우, 당해 과점주주에 대하여는 「지방세법」 제105조 제6항의 규정을 적용하지 아니하도록 규정하고 있고, 농어촌특별세법 제2조의 규정에서는 "이 법에서 감면이라 함은 조세특례제한법・관세법 또는 「지방세법」에 의하여 소득세・취득세 및 등록세 등이 부과되지 아니하거나 경감되는 경우로서 같은 조항 제1호에서 비과세・세액면제・세액감면・세액공제 또는 소득공제 등에 해당되는 것을 말한다"고 규정하고 있으며, 다시 같은 법 제4조는 농어촌특별세가 비과세되는 경우를 열거하고 있음을 볼 때, 조세특례제한법제120조 제6항의 규정을 충족하는 사유로 인하여 「지방세법」 제105조 제6항의 과점주주 간주취득세 규정이 적용되지 아니한다고 규정한 것은 「지방세법」상 과점주주 간주취득세에 관하여 조세특례제한법에서 비과세 규정을 둔 것으로 볼 수 있고 농어촌특별세법에서는 과점주주 간주취득세에 관한 별도의 비과세 규정을 두고 있지 아니하므로 과점주주 간주취득세의 비과세부분에 해당하는 세액에 대하여는 농어촌특별세의 납세의무가 성립하는 것임(행정자치부 세정13407-441, 2002.5.11., 지방세운영과-472, 2008.6.18.).

사례 **과점주주가 된 날과 부동산등 취득일이 동일한 경우 납세의무 판단 기준**

관련 법령에서 '과세물건을 취득하는 때', '과점주주가 된 때'라고 규정하고 있고, '때'라는 단어는 단순한 일자를 넘어 특정 시각까지 포함하는 의미로 사용되는 것이 일반적이고, '과점주주가 된 시기와 취득시기 간 선후관계에 따라 취득세 부담 범위가 달라지는데 단순한 일자 비교만으로 선후관계를 판정해야 할 합리적인 이유가 없고, 이를 인정할 법적 근거도 없다 할 것이므로, '시각'이 아닌 '날'을 기준으로 과점주주가 된 시기나 취득시기를 정한 것으로 해석할 수 없다(서울고등법원 2010누37874, 2011.9.7. 참조)할 것임(부동산세제과-2064, 2021.7.29.).

❾ 최근 쟁점

사례 **주식명의신탁인지 여부에 대한 입증책임은 명의자에게 있음**

법 제39조 제1항 제2호에서 정한 과점주주에 해당하는지 여부는 과반수 주식의 소유집단의 일원인지 여부에 의하여 판단하여야 하고, 구체적으로 회사경영에 관여한 사실이 없다고 하더라도 그것만으로 과점주주가 아니라고 판단할 수 없으며, 주식의 소유사실은 과세관청이 주주명부나 주식이동상황명세서 또는 법인등기부등본 등 자료에 의하여 이를 입증하면 되고, 다만 위 자료에 비추어 일견 주주로 보이는 경우에도 실은 주주명의를 도용당하였거나 실질소유주의 명의가 아닌 차명으로 등재되었다는 등의 사정이 있는 경우에는 단지 그 명의만으로 주주에 해당한다고 볼 수는 없으나 이는 주주가 아님을 주장하는 그 명의자가 입증하여야 함(대법원 03두1615, 2004.7.9.).

〈과점주주 쟁점별 과세운용요령(행정자치부 세정13430-392, 2001.10.4.)〉

주식의 명의신탁 해제에 대하여 그간의 행정안전부 해석사례는 새로운 취득의 일종으로 과세를 하였으나, 최근 대법원 판례에서는 실질주주가 명의를 회복한 것으로서 취득이 아닌 것으로 보고 있다.

행정자치부의 유권해석	대법원 판례
명의신탁 해지로 인한 과점주주의 경우 취득세 과세대상으로 함 (내무부 세정13407-1071, 1996.9.19)	주식에 관한 주주명부상의 소유명의를 개서 하더라도 실질주주가 명의를 회복한 것에 불과 (대법원 판결 98두12161, 1999.12.28.)

※ 다만, 명의신탁여부에 대한 입증책임은 납세자에게 있음.

사례 ▶ **주주 중 1인이 지분 전부를 일시적으로 취득한 경우 과점주주 여부**

이미 해당 법인이 취득세를 부담하였는데 그 과점주주에 대하여 다시 동일한 과세물건을 대상으로 간주취득세를 부과하는 것은 이중과세에 해당할 수 있기 때문에, 모든 과점주주에게 간주취득세를 부과해서는 안 되고 의결권 등을 통하여 주주권을 실질적으로 행사하여 법인의 운영을 사실상 지배할 수 있는 과점주주에게만 간주취득세를 부과하는 것으로 위 조항을 제한적으로 해석하여야 한다. 따라서 주주명부에 과점주주에 해당하는 주식을 취득한 것으로 기재되었다고 하더라도 그 주식에 관한 권리를 실질적으로 행사하여 법인의 운영을 지배할 수 없었던 경우에는 간주취득세를 낼 의무를 지지 않는다고 보아야 하고, 해당 주식을 취득하여 주주권을 행사할 의사가 없었는데도 매수법인의 요청으로 일시적으로 주주명부상 주식을 취득한 것으로 해두었다가 매수법인에게 곧바로 그 명의를 재 이전하기 위한 것으로 실제 자신의 이름으로 명의개서를 한 날부터 6일이 지나 곧바로 주식 전부를 매수법인에게 양도하였다. 해당 주식을 양수한 날부터 매수법인에게 다시 양도하기까지의 기간 동안 매수법인의 의사에 반하여 주주권을 실제로 행사할 수 있는 지위에 있지 않았으며, 주식을 양수한 경위와 목적, 주식 재 양도 경과 등을 종합하면, 주식을 취득하여 그 주식 비율의 증가분만큼 회사의 운영에 대한 지배권이 실질적으로 증가함으로써 간주취득세를 부담하는 과점주주가 되었다고 보기 어려움(대법 2015두3591, 2019.3.28.).

사례 ▶ 피합병법인의 주식지분 100% 취득에 따른 "쟁점①취득"에 대한 간주취득세와 피합병법인을 흡수합병하고 실제로 그 자산을 양수한 "쟁점②취득"에 대한 법인합병 취득세가 동일한 물건의 취득에 따른 이중과세에 해당하는지 여부처분청들은 "쟁점①취득"에 대한 과점주주 간주취득세와 피합병법인을 흡수합병하고 실제로 그 자산을 양수한 "쟁점②취득"에 대한 법인합병 취득세가 이중과세에 해당하지 않는다는 의견이나, 법인의 주식을 취득함으로써 과점주주가 된 자에 대한 간주취득세는 실제 법인의 자산을 취득하지는 아니하였지만 임의처분하거나 관리운용할 수 있는 지위를 취득한 것으로 보고 그 자산 자체를 취득한 것으로 의제하여 취득세를 부과하는 것이므로, 이후 동일한 과점주주가 그 법인의 자산 전부를 실제 취득하고 취득세를 납부하였다면, 그 중 과점주주가 이미 납부한 간주취득세 상당액 부분은 동일한 취득세 과세대상 물건의 취득에 대한 이중과세에 해당(조심 2020지259, 2021.4.14. 결정, 같은 뜻임)하는 것으로 청구법인은 피합병법인의 취득세 과세대상 부동산 등에 대하여 쟁점①취득을 한 후 과점주주 간주취득세 대한 이 건 제①취득세 등을 처분청들에게 신고·납부하고, 쟁점②취득을 한 후 동일한 부동산 등에 대하여 이 건 제②취득세 등을 처분청들에게 신고·납부하였으므로, 청구법인이 이 건 제① 취득세 등이 아닌 이 건 제②취득세 등에 대한 환급을 청구한 점 등에 비추어 볼 때 청구법인의 이 건 제②취득세 등은 이중과세에 따른 이중납부에 해당한다고 볼 수 있다(조심 2010지691, 2011.9.29. 결정, 같은 뜻임) 하겠음(조심 2022지1032, 2023.6.26. 결정).

제**4**장

재건축 · 재개발사업 및
도시개발사업 취득세

① 사업별 기본개요

「**지방세법**」 제7조(납세의무자 등) ⑧ 「주택법」 제11조에 따른 주택조합과 「도시 및 주거환경정비법」 제35조 제3항 및 「빈집 및 소규모주택 정비에 관한 특례법」 제23조에 따른 재건축조합 및 소규모재건축조합(이하 이 장에서 "주택조합등"이라 한다)이 해당 조합원용으로 취득하는 조합주택용 부동산(공동주택과 부대시설·복리시설 및 그 부속토지를 말한다)은 그 조합원이 취득한 것으로 본다. 다만, 조합원에게 귀속되지 아니하는 부동산(이하 이 장에서 "비조합원용 부동산"이라 한다)은 제외한다.

제9조(비과세) ③ 신탁(「신탁법」에 따른 신탁으로서 신탁등기가 병행되는 것만 해당한다)으로 인한 신탁재산의 취득으로서 다음 각 호의 어느 하나에 해당하는 경우에는 취득세를 부과하지 아니한다. 다만, 신탁재산의 취득 중 주택조합등과 조합원 간의 부동산 취득 및 주택조합등의 비조합원용 부동산 취득은 제외한다.
1. 위탁자로부터 수탁자에게 신탁재산을 이전하는 경우
2. 신탁의 종료로 인하여 수탁자로부터 위탁자에게 신탁재산을 이전하는 경우
3. 수탁자가 변경되어 신수탁자에게 신탁재산을 이전하는 경우

재건축사업 등에 대한 종류와 개요를 사업에 따라 다음과 같이 구분할 수 있다.

사업종류	주 사업주체	사업의 주목적	근거법령 및 인격	건축방법
주택재건축사업	주택재건축 정비사업조합	정비기반시설이 양호한 노후 불량주택 개선	도정법 제2조 (법인) (일부 개인)	조합원의 신탁 토지에 건축
주택재개발사업	주택재개발 정비사업조합	정비기반시설이 불량한 건축물의 주거환경개선	도정법 제2조 (법인) (일부 개인)	조합원의 기존토지 위에 신축
도시환경정비사업	도시환경 정비사업조합	상업지역 등 도시기능 회복과 도시환경개선	도정법 제2조 (법인)	조합원의 기존토지 위에 신축
주거환경개선사업	주거환경개선 정비사업조합	도시 저소득 주민 밀집지역 주거환경개선	도정법 제2조 (법인)	조합원의 기존토지 위에 신축
주택건설사업	지역주택조합	동일 시·군에 소재하는 주민이 주택마련을 위해 설립	주택법 제2조 (공동사업자)	용지구입 후 건축

사업종류	주 사업주체	사업의 주목적	근거법령 및 인격	건축방법
	직장주택조합	동일 직장의 근로자가 주택 마련을 위해 설립	주택법 제2조 (공동사업자)	용지구입 후 건축
임대주택건설사업	임대주택조합	임대주택건설, 매입을 위해 설립	주택법 제2조 (공동사업자)	용지구입 후 건축, 기존주택 매입
대수선·증축사업	리모델링 주택조합	공동주택소유자 가 리모델링을 위해 설립	주택법 제2조 (개인공동사업자)	기존건축의 리모델링

② 납세의무 및 과세대상

각종 조합방식의 주택개발사업에서 「지방세법」상 취득세 및 등록면허세의 과세대상에는 사업시행을 위해 ① 조합원이나 제3자로부터 사업에 제공받는 토지 등(종전 부동산)과 ② 사업시행 종료 후 신축건물(부속토지 포함)이 있다.

또한 「지방세법」에서는 「주택법」 제11조에 따른 「주택조합과 도시 및 주거환경정비법」 제16조 제2항에 따른 주택재건축조합(주택조합등)이 시행하는 사업에 대하여 ① 조합원용 부동산과 ② 비조합원 부동산으로 나누고 있다. 이에 대하여 취득주체는 ① 조합, ② 조합원(원조합원·승계조합원), ③ 일반분양자로 대별할 수 있다.

(1) 조합

조합의 과세대상에는 ① 토지나 건물의 소유자(조합원)으로부터 취득하는 종전부동산, ② 제3자로부터 취득하는 부동산, ③ 사업완료 후 신축건물 및 부속토지 등이 있다. 이와 관련하여 「지방세법」에서는 조합원용 부동산과 비조합원용 부동산으로 구분하고 있다.

「주택법」 제11조에 따른 주택조합과 「도시 및 주거환경정비법」 제16조 제2항에 따른 주택재건축조합(주택조합등)이 해당 조합원용으로 취득하는 조합주택용부동산(공동주택과 부대시설·복리시설 및 그 부속토지)은 그 조합원이 취득한 것으로 본다(「지방세법」 제7조 제8항 본문). 다만, 조합원에게 귀속되지 않는 부동산(비조합원용 부동산)은 제외한다(「지방세법」 제7조 제8항 단서).

※ '주택조합등'은 「주택법」 제32조에 따른 주택조합과 「도시정비법」 제16조의 주택재건축조합만을 의미한다.
재개발조합이나 도시개발조합(이하 '재개발조합등')은 이규정과 관련이 없다. 따라서 아래에서는 '주택조합등'과 '재개발조합등'으로 나누어 설명하기로 한다.

■ 주택조합과 재건축조합이 해당 조합원용으로 취득하는 조합주택용 부동산(공동주택과 부대시설·복리시설 및 그 부속토지)에 대해서는 조합원을 납세의무자로 의제
■ 주택조합과 재건축조합에 납세의무가 있는 것은 위 규정의 단서에 따라 조합이 취득하는 부동산 가운데 비조합원용 부동산에 한정

가. '주택조합등'(주택조합+재건축조합)

■ '주택조합등'이 취득하는 부동산 가운데 비조합원용 부동산에 대해서만 조합에 납세의무가 있다.

그런데 조합이 사업시행자가 되는 개발사업은 신탁사업방식으로 사업이 시행되는 경우가 많은데, 신탁법에 따른 신탁으로서 신탁등기가 병행되는 신탁재산의 취득으로서 ⅰ) 위탁자로부터 수탁자에게 신탁재산을 이전하는 경우 ⅱ) 신탁의 종료로 인하여 수탁자로부터 위탁자에게 신탁재산을 이전하는 경우 ⅲ) 수탁자가 변경되어 신수탁자에게 신탁재산을 이전하는 경우에는 취득세를 부과하지 않는다(「지방세법」 제9조 제3항). 다만, 신탁재산의 취득 중 주택조합등과 조합원 간의 부동산 취득 및 주택조합등의 비조합원으로부터 신탁으로 취득하는 토지는 과세된다.

➡ 조합이 신탁등기가 병행되어 취득하는 경우라도 조합원용 부동산에 대해서는 취득세 납세의무가 성립하지 않고, 비조합원용 부동산에 대해서만 취득세 과세대상이 된다.

■ 취득세 과세대상으로는 조합원의 종전 부동산, 추가 매입 토지, 매도청구에 따른 매입토지, 현금청산 대상자의 토지, 신축건물(부속토지)이 있다.
  - 조합원이 사업을 위해 조합에 제공하는 토지나 건물(종전 부동산)의 경우, 비조합원용 토지의 경우에만 조합의 취득세 납세의무가 성립한다.
  - 주택조합등이 사업대상 토지와 연접한 토지를 추가로 매입하는 경우에는 조합에 납세의무가 있다. 이 경우 금전신탁이 병행되지 않는 경우라면 비조합원용 토지에 대해서는 당초 취득시에 취득세 납세의무가 성립하므로 보존등기시에는 대지권설정에 따른 등록면허세만 납부한다.
  - 금전신탁이 병행되는 경우라면 토지를 신탁받은 경우와는 달리 조합에 당초 취득시(잔금지급일 또는 소유권이전등기일 중 빠른 날)에 비조합용 토지에 대한 취득세 납세의무가 성립하고, 소유권이전고시 시점에는 조합원용과 비조합원용 토지가

확정될 뿐 대지권 변동이 없으므로 취득세 납세의무가 별도로 성립하지 않고 신탁 해지에 따른 등록면허세와 대지권 설정에 따른 등록면허세만 납부하면 된다.

- 재건축조합의 경우 조합설립에 동의하지 않는 자들의 토지를 「집합건물의 소유 및 관리에 관한 법률」 제48조의 규정을 준용하여 조합이 매입하는 매도청구의 경우(「도시정비법」 제39조)에도 위의 토지 추가 매입과 동일하게 처리하면 된다.

- 또한 최종적으로 분양신청을 하지 않아 분양대상자의 지위를 상실한 분양철외(포기)자의 경우에는 현금청산 대상자가 되는데(「도시정비법」 제47조), 이는 조합원용 부동산으로 볼 수 없으므로 조합에 취득세 납세의무가 있다.

- 신축 건물의 경우, 조합원용 주택에 대해서는 조합의 취득세 납세의무가 없고, 비조합원용인 일반분양분 주택이나 상가(각 부속토지)에 대해서는 조합명의로 보존등기를 하고 조합의 취득세 납세의무가 성립한다.

- 또한 지역주택조합의 조합원이 건축물 사용승인 전에 그 지위를 상실함에 따라 당초 조합원용 부동산을 일반분양용으로 전환한 경우라도 주택조합이 조합명의로 제3자에게 공급하는 것이므로, 당초 조합원용 부동산이라 하더라도 일반분양용으로 전환 공급되는 부분에 대해 취득세 납세의무는 당해 주택조합에 있다고 한다.

> **사례** 전신탁이 병해되는 경우 조합은 당초 취득시 취득세 납세의무가 성립됨

개정 법 제110조 제1호 단서가 그 본문 적용의 배제대상으로 '주택조합 등의 비조합원용 부동산 취득'을 추가한 것은 종전의 관련 법령상 취득세 부과대상이 아니었던 '주택조합 등이 조합원으로부터 조합주택용으로 신탁에 의하여 취득하면서 신탁등기를 병행한 부동산 중 비조합원용 부동산의 취득'에 대하여 그 본문의 적용을 배제함으로써 취득세 부과대상으로 삼기 위한 것이고, 개정 시행령 제73조 제5항은 이 경우의 납세의무의 성립시기를 정한 것으로 볼 것이다. 따라서 거기에 해당하지 아니하는 '주택조합 등이 조합원으로부터 신탁받은 금전으로 매수하여 그 명의로 소유권이전등기를 마친 조합주택용 부동산 중 비조합원용 부동산의 취득'의 경우에는 개정 법 제110조 제1호 단서의 개정과 개정 시행령 제73조 제5항의 신설에도 불구하고 여전히 주택조합 등이 사실상의 잔금지급일 또는 등기일 등에 이를 취득한 것으로 보아 취득세를 부과하여야 하고, 개정 시행령 제73조 제5항에서 규정한 '주택법 제29조에 따른 사용검사를 받은 날 등'에 주택조합 등이 이를 취득한 것으로 보아 취득세를 부과할 것은 아님(대법원 2011두532, 2013.1.10.).

> **사례** 「주택건설촉진법」 제44조의 규정에 의하여 설립된 지역주택조합의 취등록세 질의

조합이 조합원용으로 취득한 부동산에 대해서 사실상 취득자인 조합원을 납세의무

자로 보는 것은 조합과 조합원의 이중과세 방지를 위해서이고 지역주택조합의 조합원이 건축물 사용승인 전에 지위를 상실함에 따라 조합원용 부동산을 일반분양용으로 전환 공급하는 경우 주택조합이 조합명의로 일반인에게 공급하는 것이므로, 당초 조합원용 부동산이더라도 전환 공급되는 부분에 대해서는 주택조합에 취득세 납세의무가 있음(행정자치부 지방세정팀-2364, 2007.6.20.).

나. '재개발조합등'(재개발조합+도시개발조합)

■ 재개발조합이나 도시개발조합이 조합주택을 건설하기 위하여 부동산을 취득하는 경우에 대해서는 「지방세법」 제7조 제8항과 같은 주택조합등이 조합원용으로 취득하는 부동산을 조합원이 취득한 것으로 보도록 하는 규정이 없으므로, 비조합원용은 물론 조합원용부동산에 대해서도 '재개발조합등'이 취득하는 경우에는 취득세 과세대상으로 보아야한다.

■ 재건축조합의 경우에는 조합정관의 규정으로 조합원이 신탁자이자 수익자로서 종전부동산을 조합을 수탁자로 하여 신탁등기로 이전하여 사업을 시행하는 경우가 많으나, 재개발조합의 경우에는 보통 사업시행 기간 동안 조합원의 소유가 유지된다.

    – 왜냐하면 재개발사업의 경우에는 조합원이 소유하던 종전 부동산이 관리처분계획인가 및 이전고시(구 「도시재개발법」상 분양처분고시) 등의 절차를 거쳐 신 주택이나 대지를 조합원에게 분양한다.

    – 판례는 이러한 사업방식의 법적 성격을 종전 부동산에 관한 권리가 동일성을 유지한 채 권리자의 의사에 관계없이 신 주택이나 대지에 관한 권리로 강제적으로 교환·변환되어 공용환권된 것으로 보기 때문이다.

> **사례** 1995.12.29. 개정된 구 도시재개발법의 시행(1996.6.30.) 전에 사업시행고시가 있은 재개발사업에 관하여 참여조합원으로 가입한 시공사가 공동시행자로서 재개발조합과 동등한 권리의무를 가지는지 여부

주택재개발사업은 공권력에 의하여 일정한 구역 내의 토지 및 건축물을 정비하는 도시계획사업의 일종으로서 토지의 평면적·입체적 효용을 증진하기 위하여 특정한 구역 내의 토지 및 지상 건축물에 대한 권리를 권리자의 의사에 관계없이 강제적으로 교환·변경하는 공용환권의 방법으로 시행되는 것이므로 법률에 의하여 정해진 시행자만이 이를 시행할 수 있는데, 1995.12.29. 법률 제5116호로 개정되기 전의 구 도시재개발법은 "재개발사업은 토지 등의 소유자 또는 그들이 설립하는 재개발조합이 이를 시행한다"(제9조)고 규정할 뿐 공동시행자에 관한 규정을 두고 있지 않았고, 위와 같이 개정되었다가 도시 및 주거환경정비법이 제정됨에 따라 2003.7.1. 폐지된 도시재개발법은 "토지 등의 소유자 또는 조합은 건설업법에 의하여 면허를 받은

건설업자 또는 주택건설촉진법에 의하여 등록한 주택건설사업자와 규약 또는 정관이 정하는 바에 의하여 공동으로 재개발사업을 시행할 수 있다"(제8조 제2항)고 규정하였으나, 개정법 부칙 제2조가 공동시행자에 관한 위 규정은 개정법 시행 후 최초로 사업시행고시가 있은 재개발사업부터 적용한다고 정하였으므로 개정법이 시행된 1996.6.30. 이전에 사업시행고시가 있은 재개발사업에 관하여는 공동시행자에 관한 규정이 적용되지 않아, 1996.6.30. 이전에 사업시행고시가 있은 재개발사업에 관하여 참여조합원으로 가입한 시공사가 재개발조합의 전문성 및 재정적 능력 부족을 보완하기 위하여 재개발사업의 시행준비 단계부터 입주 단계에 이르기까지 재개발조합을 대행하여 주도적으로 재개발사업의 시행에 간여하고 공사대금 지급에 관하여 지분도급제 방식을 채택함으로써 재개발사업의 성패가 곧장 시공사의 경제적 이익 또는 손실로 귀속되게 된다는 사정만으로는 시공사가 재개발사업에 관하여 공동시행자로서 재개발조합과 동등한 책임을 진다고 할 근거가 될 수 없고, 나아가 재개발조합이 조합원으로부터 가청산금을 지급받기 위하여 조합원들과 체결하는 분양계약에 시공사가 당사자로 참여하고 그 분양계약에서 재개발조합과 조합원, 시공사 사이에 일정한 권리의무가 정하여졌다고 하더라도 시공사는 그 분양계약에서 구체적으로 정해진 권리를 행사하고 의무를 부담할 뿐이지 재개발사업 전체의 공동시행자로서 재개발조합과 동등한 권리의무를 가지는 것은 아님(대법원 04다26256, 2007.12.27.).

- 다만, 2016.3.2. 「도시정비법」 제8조 제4항 제8호가 신설 시행되어 신탁업자를 주택재개발사업 또는 주택재건축사업의 사업시행자로 지정할 수 있으므로 재개발사업의 경우에도 조합원이 신탁자이자 수익자로서 수탁자를 신탁회사로 하여 신탁하는 것은 가능하다.
- 그런데 신탁등기가 병행되는 신탁재산의 취득에 대해서는 「지방세법」상 비과세 규정이 있고, '주택조합등'에 대해서는 적용이 제외되어 있다. 앞에서 보았듯이 '주택조합등'에 재개발조합은 포함되지 않으나 재개발조합과 조합원간에는 신탁등기가 경료되는 경우가 없을 것이므로 비과세 규정은 조합원과 신탁회사간 신탁등기의 경우에 적용될 것이다.
- 다만, 신탁등기가 경료되지 아니한 경우에도 재개발조합과 도시개발조합이 취득하는 체비지 또는 보류지에 대해서는 취득세를 면제한다(「지방세특례제한법」 제74조 제1항). 또한 재개발조합이 재개발사업의 대지 조성을 위하여 취득하는 부동산(토지, 건물)이나 해당 사업의 관리처분계획에 따라 취득하는 주택에 대해서는 취득세의 75/100을 경감한다(「지방세특례제한법」 제74조 제3항 제1, 2호).

(2) 조합원

가. 과세대상

- 재개발·재건축사업의 경우 기존 노후주택을 헐고 신규주택을 취득하는 방식이기 때문에 재산의 형태가 '구주택' → '주택을 취득할 권리(입주권)' → '신주택'으로 전환하는 특이한 과정을 거친다.
  - 관리처분계획이란 종전의 토지 또는 건물에 대한 권리를 새로 건설하는 대지와 건축물에 관한 권리로 변환하는 계획이다.
- 재개발사업이나 재건축사업의 경우, 신축 건물 및 부속토지를 분양받은 자는 소유권이전고시(구 분양처분 고시)있은 날의 다음날에 그에 대한 소유권을 취득하게 되고, 「도시정비법」에서는 이로 인하여 취득한 신축 건물 및 부속토지는 환지로 본다고 규정하고 있다.
  - 한편 재개발조합의 조합원이 재개발조합에 종전의 토지 및 건축물을 제공함으로써 관리처분계획에 따라 취득하게 되는 권리는 재개발사업이 시행됨에 따라 토지의 경우는 장차 이전 고시가 있은 다음 날에 그에 대한 소유권을 취득하기까지는 '부동산을 취득할 수 있는 권리'로 보아야 할 것이다). 다만, 그 지상의 건축물의 사용승인서를 내주는 날 또는 사실상의 취득일까지는 '부동산을 취득할 수 있는 권리'일 것이다.
  - ➡ 따라서 종전의 토지 및 건축물이나 장차 부동산을 취득할 수 있는 권리만이 취득의 대상이 될 수 있을 뿐 신축건물 자체는 그 취득의 대상이 될 수 없다.

> **사례** **재개발조합원의 토지 취득시기는 관리처분계획의 인가고시일**
>
> 재개발조합의 조합원이 재개발조합에 종전의 토지 및 건축물을 제공함으로써 관리처분계획에 따라 취득하게 되는 분양예정의 대지 또는 건축시설을 분양받을 권리는, 재개발사업이 시행됨에 따라 장차 분양처분의 고시가 있은 다음날에 그 분양받을 대지 또는 건축시설에 대한 소유권을 취득하기까지는, 토지구획정리사업법에 의한 환지지구 내의 토지나 종전의 토지 및 건축물로 보기 어려운 이상, 소득세법 제23조 제1항 제2호 및 같은법시행령 제44조 제4항 제2호 소정의 "부동산을 취득할 수 있는 권리"로 보아 그 양도차익을 계산할 수밖에 없고, 이 경우 그 권리의 취득시기는 관리처분계획의 인가고시가 있은 때라고 보아야 함(대법원 93누1633, 1993.11.23.).

> **사례** **재개발조합원의 토지 취득시기는 관리처분계획의 인가고시일**
>
> 재개발조합의 조합원이 재개발조합에 종전의 토지 및 건축물을 제공함으로써 관리처분계획에 따라 취득하게 되는 분양예정의 대지 또는 건축시설을 분양받을 권리는,

재개발사업이 시행됨에 따라 장차 분양처분의 고시가 있은 다음날에 그 분양받을 대지 또는 건축시설에 대한 소유권을 취득하기까지는, 토지구획정리사업법에 의한 환지구 내의 토지나 종전의 토지 및 건축물로 보기 어려운 이상, 소득세법 제23조 제1항 제2호 및 같은법시행령 제44조 제4항 제2호 소정의 "부동산을 취득할 수 있는 권리"로 보아 그 양도차익을 계산할 수밖에 없고, 이 경우 그 권리의 취득시기는 관리처분계획의 인가고시가 있은 때라고 보아야 함(대법원 2001두11090, 2003.8.19.).

■ 신축 주택에 대한 공사가 완공되고 (임시)사용승인이 나서 조합원이 관리처분계획에 따라 징수금을 납부하였다 하더라도 조합원이 신축 주택을 사실상 취득하였다고 할 수는 없다. 다만, 2019.5.31. 이후는 주택의 건축분 취득일은 환지처분 공고일 또는 소유권 이전 고시일에서 준공검사 증명서 또는 준공인가증을 내주는 날 등으로 변경되었다.

사례 지방세법상 취득세를 부과함에 있어 재개발조합원의 재개발아파트에 대한 취득시기

지방세법상 취득세의 과세요건을 충족하기 위하여는 법령에 정해진 과세대상 부동산이 존재한다는 것만으로는 부족하고 그 부동산의 취득자가 특정되어야 할 뿐 아니라 그 취득시기가 도래하여야 하는 것인데, 이 사건과 같은 재개발 아파트의 경우 구 도시재개발법(2002.12.30. 법률 제6852호로 폐지되기 전의 것) 제39조 제1, 2항에는 도시재개발사업에 의하여 대지 또는 건축시설을 분양받은 자는 분양처분의 고시가 있은 날의 다음날에 대지 또는 건축시설에 대한 소유권을 취득하게 되고, 이로 인하여 취득한 대지 또는 건축시설은 토지구획정리사업법에 의한 환지로 본다고 규정하고 있으며, 한편 재개발조합의 조합원이 재개발조합에 종전의 토지 및 건축물을 제공함으로써 관리처분계획에 따라 취득하게 되는 권리는, 재개발사업이 시행됨에 따라 장차 분양처분의 고시가 있은 다음날에 그 대지 또는 건축시설에 대한 소유권을 취득하기까지는 "부동산을 취득할 수 있는 권리"로 보아야 할 것이고(대법원 1993.11.23. 선고 93누1633 판결, 1996.8.23. 선고 95누6618 판결 등 참조), 종전의 토지 및 건축물에 대한 재개발조합원의 권리는 분양처분에 의하여 비로소 새로운 대지 또는 건축시설로 변환된다고 볼 수 있어 분양처분이 있기 전까지는 종전의 토지 및 건축물이나 장차 부동산을 취득할 수 있는 권리만이 취득의 대상이 될 수 있을 뿐 이 사건 아파트 자체는 그 취득의 대상이 될 수 없다고 할 것이므로(대법원 2003.8.19. 선고 2001두11090 판결 참조), ○○아파트에 대한 공사가 완공되고 임시사용승인이 나서 원고 등이 조합의 관리처분계획에 따라 징수금을 납부하였다 하더라도 그와 같은 사정만으로 원고 등이 바로 이 사건 아파트를 사실상 취득하였다고 할 수는 없음(대법원 02두12762, 2003.8.22.)

※ '19.5.31. 「지방세법 시행령」 제20조 제6항 개정

> 일반 건축물의 경우 취득 시기의 기준 시점을 사용승인서를 내주는 날로 정하고 있
> 는 바, 일반 건축물과 재개발사업 등으로 인한 건축물의 취득세 형평을 위하여 「도시
> 개발법」에 따른 도시개발사업으로 건축한 건축물과 「도시 및 주거환경정비법」에 따
> 른 정비사업으로 건축한 건축물의 취득 시기 기준 시점을 환지처분 공고일 또는 소
> 유권 이전 고시일에서 준공검사 증명서 또는 준공인가증을 내주는 날 등으로 변경함.

따라서 조합원지위의 변동이 있을 경우 조합원에 대한 과세대상은 관리처분계획인가일
이전에는 부동산(주택등), 관리처분계획인가일 이후에는 '부동산을 취득할 수 있는 권
리'(입주권)는 취득세 과세대상이 아니므로 종전 토지가 과세대상이고, 이전고시 이후에
는 그 부속토지가 과세대상이 된다(그 부속토지 위의 주택의 건축분은 환지처분 공고일
또는 소유권 이전 고시일에서 준공검사 증명서 또는 준공인가증을 내주는 날).

■ 재개발 입주권 전매시 입주권 취득자는 분양권을 승계하기 위한 토지의 취득으로 취득
  세를 과세한다. 원칙적으로 재개발 구역내 철거예정 주택은 사용가치를 상실하고 단지
  분양권의 가치를 보유한다는 의미이므로 주택거래에 해당하지 않는다.

  – 관리처분계획일 이후의 구주택을 주택으로 보느냐 토지로 보느냐가 문제되는데, 보
    통 사람이 거주하면 주택으로 보고, 폐전·단수가 신고되어 빈집이면 토지로 보아
    과세한다.

  – 따라서 조합원의 신축 주택 취득은 '거래'를 원인으로 하는 주택의 취득이라고 볼 수
    없고 조합원이 신축주택을 취득하면서 청산금을 부담하였다고 하더라도 조합원의
    분양주택 취득은 소유권보존에 따른 원시취득에 해당한다.
    즉, 각종 정비사업 등에 의하여 신축 주택 등을 취득한 조합원이 부담하는 청산금에
    대한 취득세에 대해서는 구 「지방세법」 제273조의2(현행 「지방세법」 제11조 제1항
    제8호: 유상거래 주택)가 적용될 수 없다고 보아야 한다.

사례 〉 관리처분계획인가고시된 재개발구역 내에 소재하고 있는 종전주택은 철거가 예정되
어 있어 주택에 해당되지 않으므로 취득세 감면요건인 '일시적 2주택' 해당 여부

종전주택은 철거가 예정된 상황에서 2015년 6월부터 2015년 10월까지 전기, 가스 및
수도 공급이 중단된 사실이 확인되어 사실상 주택으로서의 효용을 지니고 있다고 보
기 어려운 점 등에 비추어 청구인이 이 건 주택 취득일부터 3년이 도래한 시점에서
종전주택을 주택으로서 보유하고 있다고 보기는 어려움(조심 2016지928, 2016.11.22.).

주택재개발사업 및 도시환경정비사업에 의하여 신축 주택 등을 취득한 조합원이 부담하는 청산금에 대한 취득세에 대해, '유상거래를 원인으로 취득하는 주택'의 취득세를 경감하도록 정한 구 지방세법 제273조의2가 적용될 수 있는지 여부

구 지방세법(2009.6.9. 법률 제9758호로 개정되기 전의 것, 이하 같다) 제105조 제10항, 제109조 제3항, 제273조의2, 도시 및 주거환경정비법 제55조 제2항의 입법 취지와 청산금의 성격 등을 종합해 보면, 주택재개발사업 및 도시환경정비사업(이하 '도시환경정비사업 등'이라 한다)에 의한 조합원의 신축 주택 취득은 '거래'를 원인으로 하는 주택의 취득이라고 볼 수 없고 조합원이 신축 주택을 취득하면서 청산금을 부담하였다고 하여 달리 볼 수도 없다. 따라서 도시환경정비사업 등에 의하여 신축 주택 등을 취득한 조합원이 부담하는 청산금에 대한 취득세에 대해서는 구 지방세법 제273조의2가 적용될 수 없다고 보아야 함(대법원 2011두1146, 2013.9.12.).

재개발아파트 환지이전에는 주택과세표준 적용대상이 아님

재개발아파트 사용승인 후 환지 이전에 분담금을 완납하지 아니하고 사실상 미사용 상태로 거래한 재개발아파트는 재개발조합의 권리를 매매한 것으로, 주택을 취득한 것으로 볼 수 없어 취득세 감면대상에 해당되지 않으므로 입주권 거래로 보아 적용한(종전부동산) 취득세율과 부동산가액을 과세표준으로 적용한 것을 이유로 경정청구를 거부한 처분은 잘못이 없음(조심 13지211, 2013.6.27.)

재개발사업 입주권승계시 주택승계로 볼 수 있는지 여부

재개발사업으로 기존 주택건축물이 철거되고 토지만을 상속 취득한 이상, 비록 그 토지가 주택의 부속토지이고, 재개발정비사업의 완료시 신축아파트에 입주할 예정이라 하더라도 이 토지는 장래 주택을 취득할 수 있는 입주권을 승계한 토지에 해당할 뿐 「지방세법」 제110조 제3호(현행 제15조 제1항 제2호 가목, 상속 1가구1주택 특례)에서 취득세 등의 비과세대상으로 규정하고 있는 주택으로 볼 수는 없음(조심 08지1045, 2009.7.10.).

■ 관리처분계획에 따라 '분양받을 권리'라 함은 '소유권에 기한 사용수익이 제한되는 한편 장래 분양을 받을 수 있다고 하는 그 지위', 즉 '조합원으로서의 지위'를 의미하는 것에 불과하고, 관리처분계획의 인가가 이루어진 시점에서 종전의 부동산에 대한 소유권을 득실변경이 발생하는 것을 아니다.
  - 따라서 관리처분계획인가 후 재개발사업이 진행 중에 토지 등 종전부동산을 상속받은 상속인은 종전부동산의 상속과 조합원으로서의 승계에 따른 분양권을 권리의 승계가 함께 이루어졌다고 보아야 할 것이고, 상속받은 토지는 「도시 및 주거환경정비법」 제54조에 따라 이전고시가 된 시점에서 환지와 동일하게 새로운 부동산으로 교

환·변경되는 것이라고 보아야 할 것으로서 이전고시가 되기 이전에는 종전 토지에 대한 소유권이 관리처분계획인가에 따라 변경되었다고 볼 수는 없다.

- 따라서 입주권을 분양권을 상속하였다고 취득세 과세대상이 아니라는 주장을 할 수 없는 바, 토지에 대한 상속취득세를 부담해야 하는 것이다.

> **사례** 주택재개발지구에 포함된 쟁점토지를 상속 취득한 것이 아니라 신축주택에 입주할 수 있는 권리를 상속받은 것에 불과한지 여부

"분양받을 권리"와는 별개로 종전에 아버지가 소유하던 부동산을 상속으로 취득한 것이므로 쟁점토지의 상속과 조합원으로서의 지위승계에 따른 분양받은 권리의 승계가 함께 이루어졌다고 보아야 할 것이고, 쟁점토지는 「도시 및 주거환경정비법」 제54조의 규정에 의하여 이전고시가 된 시점에서 환지와 동일하게 새로운 분양받은 부동산으로 교환·변경되는 것이라고 보아야 할 것으로서 이전고시가 되기 이전에는 종전에 소유하던 쟁점토지에 대한 소유권이 관리처분계획의 인가에 따라 변경된다고 볼 수는 없음(조심 2013지427, 2013.8.14.).

■ 입주권 전매의 경우에는 부동산 거래신고에 관한 법률상 부동산을 취득할 수 있는 권리로 보아 부동산거래계약 신고대상(「부동산 거래신고에 관한 법률」 제2조)으로 되어 있으나, 세율은 토지에 대한 세율을 적용하고 과세표준은 종전 토지가액에 프리미엄을 합친 실제거래가액이 된다.

- 그러나 조합원 입주권과 달리 일반분양자가 분양계약을 체결한 경우의 분양권은 부동산을 취득할 수 있는 권리로서 사용승인일 이전의 분양권 상태에서 상속이나 증여가 발생한 경우 상속세나 증여세 과세대상이지만 취득세 부과대상은 아니다.
- 이 경우 「상속세 및 증여세법」 제61조 제5항 및 같은법 시행령 제51조 제2항의 규정에 의하여 부동산을 취득할 수 있는 권리는 평가기준일까지 불입한 금액과 평가기준일 현재의 프리미엄에 상당하는 금액을 합한 금액으로 평가하는 것이다.

「부동산 거래신고 등에 관한 법률」 제3조(부동산 거래의 신고) ① 거래당사자는 다음 각 호의 어느 하나에 해당하는 계약을 체결한 경우 그 실제 거래가격 등 대통령령으로 정하는 사항을 거래계약의 체결일부터 60일 이내에 그 권리의 대상인 부동산등(권리에 관한 계약의 경우에는 그 권리의 대상인 부동산을 말한다)의 소재지를 관할하는 시장(구가 설치되지 아니한 시의 시장 및 특별자치시장과 특별자치도 행정시의 시장을 말한다)·군수 또는 구청장(이하 "신고관청"이라 한다)에게 공동으로 신고하여야 한다. 다만, 거래당사자 중 일방이 국가, 지방자치단체, 대통령령으로 정하는 자의 경우(이하 "국가등"이라 한다)에는 국가등이 신고를 하여야 한다.

1. 부동산의 매매계약
2. 「택지개발촉진법」, 「주택법」 등 대통령령으로 정하는 법률에 따른 부동산에 대한 공급 계약
3. 다음 각 목의 어느 하나에 해당하는 지위의 매매계약
    가. 제2호에 따른 계약을 통하여 부동산을 공급받는 자로 선정된 지위
    나. 「도시 및 주거환경정비법」 제74조에 따른 관리처분계획의 인가 및 「빈집 및 소규 모주택 정비에 관한 특례법」 제29조에 따른 사업시행계획인가로 취득한 입주자로 선정된 지위

「부동산 거래신고 등에 관한 법률 시행령」 제3조(부동산 거래의 신고) ③ 법 제3조 제1항 제2호에서 "「택지개발촉진법」, 「주택법」 등 대통령령으로 정하는 법률"이란 다음 각 호의 법률을 말한다.
1. 「건축물의 분양에 관한 법률」
2. 「공공주택 특별법」
3. 「도시개발법」
4. 「도시 및 주거환경정비법」
4의2. 「빈집 및 소규모주택 정비에 관한 특례법」
5. 「산업입지 및 개발에 관한 법률」
6. 「주택법」
7. 「택지개발촉진법」

나. 납세의무

1) 주택재개발사업(도시개발사업)

주택재개발사업(도시개발사업)의 경우, 「지방세특례제한법」 제74조 제1항 제2호 및 제3항 제4호 제5호의 감면 규정을 근거로 정비구역지정일 현재의 부동산 소유자를 원조합원으로 하고, 「소득세법」 제104조의2 제1항에 따른 투기지정지역이 아닌 일반지역의 경우에는 사업시행인가일 현재의 부동산 소유자까지 포함한다.

- 「지방세특례제한법」 제74조 제1항 제2호 및 제3항 제4호에 따르면 원조합원에 대해서는 관리처분계획에 따라 취득하는 토지 및 건축물 가운데 전용면적 85㎡ 이하의 경우에는 청산금 유무에 관계없이 취득세를 면제하고, 85㎡ 초과의 경우에는 청산금에 상당하는 부동산에 대해서는 과세한다.
- 그러나 정비구역지정일 이후의 승계조합원에 대해서는 같은법 제3항 제4호가 적용되지 아니하고 제1항 제2호만 적용되므로 주택의 규모에 관계없이 취득부동산의 가액 합계액이 종전의 부동산 가액 합계액을 초과하는 경우에는 그 초과액에 상당

하는 부동산에 대해서는 취득세가 과세된다. 여기서 말하는 승계는 유상승계 취득 뿐만 아니라 상속취득이나 무상승계취득(증여)도 포함한다.

- 재개발조합의 경우에는 원조합원이 신축주택을 원시취득하므로 취득세 납세의무가 성립하나 「지방세특례제한법」 제74조에 따라 85㎡ 이하이면 취득세 면제되고 85㎡를 초과하는 규모라면 추가분담금이 발생한 부분에 대해서는 취득세 납세의무가 있다.

- 재개발조합의 승계조합원에 대해서는 조합원지위의 취득시점에 따라 과세 대상이 달자지고 취득세 과세도 두 차례에 걸쳐 이루어지므로 유의해야 한다.

- 관리처분계획인가일 이전에 조합원지위를 유상승계취득하는 경우에는 종전 주택에 대한 취득세 납세의무가 있고, 관리처분계획인가일 이후 종전 주택이 철거되었다면 종전 토지에 대한 유상 승계취득세 납세의무가 성립하고 그 후 신축주택에 대한 취득세 납세의무가 성립한다.

2) 주택재건축사업

정비구역 지정과 관계없이 사업시행인가일을 기준으로 사업시행에 동의하여 부동산을 조합에 제공한 소유자만이 원조합원이라 할 것이다.

- 재건축아파트의 토지지분을 소유하고 있는 조합원들은 재건축아파트에 대한 사실상의 건축주가 되며, 「지방세법 시행령」 제73조 제4항(현행 제20조 제6항)에서 건축물의 취득의 시기를 사용승인서 교부일로 규정하고 있어, 향후 재건축 아파트 완공시 비로소 보존으로 인한 취득세 납세의무가 발생하고, 기 납부한 토지취득과는 별도의 취득이므로 이는 정당한 과세로서 이중과세가 아니다.

- 그런데 재건축조합원이 특정 시공사에 토지에 대하여 신탁등기가 병행되는 신탁을 한 뒤 그 시공사가 공동주택을 신축한 후 신탁해지를 원인으로 조합원에게 이전하는 경우에는 토지에 대해서는 조합원 지분만큼 취득세가 비과세되고, 건물부분은 신탁의 해지로 취득하는 부분이 아니므로 취득세가 비과세되지 아니하고 원시취득에 대한 취득세를 부담하여야 한다.

- 승계조합원의 경우에는 원조합원이 재건축조합에 신탁한 토지지분을 신탁해지한 뒤 승계조합원에게 이전등기하고 다시 승계조합원이 재건축조합에 신탁하는 절차를 밟는다. 승계의 범위는 재개발조합의 경우와 동일하다.

- 다만, 승계의 시기와 관련하여 건물 신축전에 조합원 지위를 승계한 경우에는 원조합원의 토지(지분)만이 취득의 대상이고, 나중에 건물이 신축완공되는 경우 승계조합원도 원조합원과 동일한 취득세 납세의무가 있으나 그 과세표준은 건축물의

총공사대금에서 승계받은 건축물지분으로 안분한 공사원가이다.

- 건물사용승인일 이전의 사실상 사용한 날부터 사용승인일 이전에 조합원 지위의 승계가 있는 경우에는 신축 건물은 원조합원이 원시취득한 뒤 승계조합원이 승계 취득한 것이므로 신축건물에 대한 유·무상 승계취득세 납세의무가 성립한다.

사례 ▶ 재개발조합 명의로 신탁등기 후 조합명의로 공동주택을 사용승인을 받은 후 유상취 득한 경우 납세의무

재개발조합 명의로 신탁등기 후 조합명의로 공동주택을 사용승인을 받은 경우라면 당초 조합원이 추가 분담금을 완납한 뒤 입주하지 않은 상태에서 조합원 지위를 양 도한 경우에는 유상승계 취득의 경우 사실상의 잔금지급일을 취득일로 보는 규정과 관련하여 당초 조합원에게 신축주택에 대한 납세의무가 성립한다고 한다(행자부 지방 세운영과-298, 2011.1.17.).

사례 ▶ 재개발조합 명의로 신탁등기 후 조합명의로 공동주택을 사용승인을 받은 후 유상취 득한 경우 감면대상 해당

재개발 승계조합원은 원조합원의 토지지분을 취득하여야만 조합원 지위(입주할 수 있는 권리)를 승계 받아 추후 입주할 수 있는 자격을 얻는 바, 신축주택의 사용승인 후에 체결된 계약은 주택 및 부속토지에 대한 계약으로 보아야 한다. 요컨대 주택의 사용승인을 받았으나 소유권이전고시는 아직 이루어지지 않은 상태에서 조합원의 지 위를 승계한 경우에는 「지방세법」상으로는 원조합원의 토지지분을 취득한 것이 아니 라 주택 및 부속토지를 취득한 것이다. 따라서 이와 같이 원조합원에게 매매대금을 지급하고 주택조합용 공동주택을 취득하거나 1가구 1주택을 상속하여 취득한 경우에 는 주택유상거래 감면 및 상속으로 인한 1가구 1주택 비과세 대상에도 해당된다.

사례 ▶ 재개발조합원 지위승계시 취득세 납세의무 등 관련 질의

조합원이 재개발조합에서 주택의 사용승인 받은 경우라면 납세의무가 성립하며 재개 발 승계조합원은 조합원의 토지지분을 취득하여야만 입주자격을 얻지만, 조합명의로 신탁등기 후 주택조합명의로 공동주택 사용승인을 받은 경우, 승계조합원은 주택 및 부속토지를 취득한 것으로 원조합원에게 매매대금을 지급하고 주택조합용 공동주택 을 취득하거나 1가구 1주택을 상속하여 취득한 경우에는 주택유상거래 감면 및 상속 으로 인한 1가구 1주택 비과세 대상에 해당됨(행정자치부 지방세운영과-298, 2011.1.17.).

3) 주택조합사업

지역·직장주택조합은 조합원으로부터 금전(분담금)을 신탁 받아 조합원공동명의(지

분형태)로 토지를 취득한 후 조합에 신탁등기를 하거나 직접 조합 명의로 토지를 취득한다. 그 후 토지 위에 주택을 건립하여 조합원분양분은 조합원 명의로 소유권보존등기를, 일반분양분은 조합명의로 소유권보존등기 후 일반인에게 매매로 이전한다.

- 원조합원은 조합원용 토지에 대해서는 조합원용은 조합원이 취득한 것으로 간주하는 규정에 따라 해당 지분별로 취득세를 부담한다(「지방세법」 제7조 제8항).
- 사업계획승인일 이후에는 조합원지위를 전매할 수 있으므로 「지방세법」상으로는 토지의 양도로 보아 승계조합원에게 취득세 납세의무가 있다.
- 그러나 승계조합원의 경우 지역·직장주택조합이 원조합원으로부터 금전을 신탁받아 부동산을 매수한 경우에는 조합이 토지를 취득한 것이므로 조합원 지위를 승계하는 시점에서는 승계조합원은 순수한 지위만을 취득하므로 토지에 대한 취득세 납세의무가 없다. 사업 완료 후 신축건물 중 조합원분양분은 원조합원이든 승계조합원이든 원시취득으로서 취득세를 부담한다.

사례 ▷ 조합원의 금전신탁으로 취득한 지역주택조합 주택건설사업용 토지 재산세 납세의무

지역주택조합이 조합원의 금전신탁으로 취득한 주택건설사업용 토지에 대하여 조합원은 사업이 종료시까지는 분양될 아파트의 대지권만 소유할 뿐이며, 조합원으로부터 금전신탁받아 토지를 취득한 지역주택조합이 실제 토지의 소유자이므로 재산세 납세의무가 있는 것임(지방세심사 2006-298, 2006.7.31.).

| 주택재개발(도시개발)사업 단계별 과세대상 · 조합원지위의 변천 |

구주택 보유(부동산)		구주택멸실(권리)			신축주택(부동산)	
		취득시	양도시	증여시	취득시	양도시
일반부동산으로 과세		입주권취득 시기판정에 유의(토지취 득세)	입주권 비과세와 과세구분 (입주권양 도세)	프리미엄과 세에 유의	조합원 및 분양자의 취득시기와 취득사액에 유의	비과세 방법과 과세시 계산요령 숙지

2) 「소득세법시행령」 제156조의2(주택과 조합원입주권을 소유한 경우 1세대1주택의 특례) ⑤ 국내에 1주택을 소

구 분		과세대상	취득일	취득원인
원조합원	전용면적 85㎡ 이하	청산금 유무 관계없이 전체 면제	소유권이전고시일의 다음날과 사실상 사용일 중 빠른날	원시취득
	전용면적 85㎡ 초과	청산금만 과세		
승계조합원	정비구역지정고시일 이후~사업시행인가일 이전취득	전용면적 관계없이 청산금만 과세		
	사업시행인가일이후~환지 이전취득	전용면적 관계없이 관리처분계획(환지계획)에 따른 취득부동산의 과세표준에서 승계취득 당시의 과세표준을 공제한 금액		

(3) 일반분양자(비조합원)

재건축조합이든 재개발조합이나 주택조합이든 주택이나 상가를 신축한 이후 일반분양분은 조합이 원시취득하여 보존등기한 후 일반분양을 하게 된다. 따라서 일반분양자는 유상승계취득자로서 취득세 납세의무가 성립한다.

※ 이전등기시 신탁해지가 필요하므로 정액 등록면허세 납부의무도 있다.

③ 취득시기

각종 조합방식의 주택개발사업에서 과세물건의 취득시기는 취득주체에 따라 조합, 조합원, 일반분양자별로 조합원이나 제3자로부터 제공되는 '종전부동산 등'에 대한 취득시기와 신축건물(부속토지 포함)에 대한 취득시기가 문제된다.

유한 1세대가 그 주택에 대한 재개발사업, 재건축사업 또는 소규모재건축사업의 시행기간 동안 거주하기 위하여 다른 주택(이하 이 항에서 "대체주택"이라 한다)을 취득한 경우로서 다음 각 호의 요건을 모두 갖추어 대체주택을 양도하는 때에는 이를 1세대1주택으로 보아 제154조 제1항을 적용한다. 이 경우 제154조 제1항의 보유기간 및 거주기간의 제한을 받지 아니한다.

❏ **적용시기 및 경과조치**

• (**적용시기**) 시행령 개정일('19.5.31. 시행) 이후부터 적용

• (**경과조치**) 이 영 시행 전에 아래에 해당하는 건축물의 경우에는 종전규정 적용(부칙 제3조)

    – (**도시개발법에 따른 신축**) 준공검사 증명서를 내주거나 공사 완료 공고를 한 건축 물(법 제51조 ① · ②), 준공검사 또는 공사 완료 공고 전에 사용허가를 받은 건축물 (법 제53조 단서)

    – (**도시 및 주거환경정비법에 따른 신축**) 공사 완료를 고시한 건축물, 준공인가 전에 사용허가를 한 건축물, 사용하게 한 건축물(법 제83조 ④ · ⑤), 준공 인가증을 교부 한 건축물(영 제74조)

❏ **적용사례**

① **준공이후 조합원이 소유권 이전고시 전에 사실상 사용하는 경우**

    • (종전) **사실상 사용일**을 재개발 신축주택 취득일로 보아 조합원에게 청산금 등(「지 방세특례제한법」 제74조 제1항 제1호 · 2호, 이하 '청산금')을 과표로 취득세 과세

    • (개선) **준공일(임시사용승인일)**을 재개발 신축주택 취득일로 보아 조합원에게 청산금을 과표로 취득세 과세

② **당초 조합원이 사실상 사용 후 매매(승계)하는 경우**

    • (종전) 매수인(승계조합원)에게 전체 주택(부속토지 포함)의 취득가액을 과표로 주택유상거래세율로 과세

    • (개선) 기존과 동일

    ※ 당초 조합원의 취득세는 "①"번 사례 참조

③ **당초 조합원이 준공 이후 사실상 사용하지 않은 상태에서 소유권 이전고시 전에 매매 (승계)한 경우**

    • 당초 조합원(원소유자)

      – (종전) 사실상사용일 또는 이전고시 이전이므로, 재개발 신축주택 취득에 대해 과세 불가

      – (개선) 준공일(임시사용승인일)을 재개발 신축주택 취득일로 보아 조합원에 게 청산금을 과표로 취득세 과세

    • 매수자(승계조합원)

      – (종전) 토지 취득이 조합원 지위승계의 전제조건이 되므로 토지 승계취득에 따른 취득세와 사실상 사용일 기준 재개발 신축주택에 대한 원시취득세를 각 각 과세

      – (개선) 과세대상이 주택(부속토지인 대지권 포함)으로 바뀌어 주택유상거래 취득세율(1~3%) 적용

〈개정 전후 취득세 과세 사례 비교〉

- 거래가액 5억(프리미엄 ×)
- 당초조합원 소유현황(관리처분계획상 분양계약서) : 토지 가액 3억, 청산금 2억

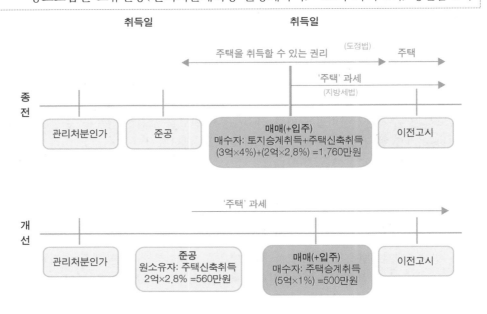

④ 이전고시일까지 조합원이 미입주 상태인 경우
- (종전) **이전고시 익일**을 재개발 신축주택 취득일로 보아 조합원에게 청산금을 과표로 과세
- (개선) **준공일**(임시사용승인일)을 재개발 신축주택 취득일로 보아 조합원에게 청산금을 과표로 취득세 과세
⑤ 일반분양자
- (종전) 준공일(임시사용승인일) 이후 잔금지급일에 분양가액을 과표로 주택유상거래세율 적용
- (개선) 현행과 동일

(1) 조합

「지방세법 시행령」 제20조(취득의 시기 등) ⑥ 건축물을 건축 또는 개수하여 취득하는 경우에는 사용승인서(「도시개발법」 제51조 제1항에 따른 준공검사 증명서, 「도시 및 주거환경정비법 시행령」 제74조에 따른 준공인가증 및 그 밖에 건축 관계 법령에 따른 사용승인서에 준하는 서류를 포함한다. 이하 이 항에서 같다)를 내주는 날(사용승인서를 내주기 전에 임시사용승인을 받은 경우에는 그 임시사용승인일을 말하고, 사용승인서 또는 임시사용승인서를 받을 수 없는 건축물의 경우에는 사실상 사용이 가능한 날을 말한다)과 사실상의 사용일 중 빠른 날을 취득일로 본다.

⑦ 「주택법」 제11조에 따른 주택조합이 주택건설사업을 하면서 조합원으로부터 취득하는 토지 중 조합원에게 귀속되지 아니하는 토지를 취득하는 경우에는 「주택법」 제49조에 따른 사용검사를 받은 날에 그 토지를 취득한 것으로 보고, 「도시 및 주거환경정비법」 제35조 제3항에 따른 재건축조합이 재건축사업을 하거나 「빈집 및 소규모주택 정비에 관한 특례법」 제23조 제2항에 따른 소규모재건축조합이 소규모재건축사업을 하면서 조합원으로부터 취득하는 토지 중 조합원에게 귀속되지 아니하는 토지를 취득하는 경우에는 「도시 및 주거환경정비법」 제86조 제2항 또는 「빈집 및 소규모주택 정비에 관한 특례법」 제40조 제2항에 따른 소유권이전 고시일의 다음 날에 그 토지를 취득한 것으로 본다.

■ 주택조합과 재건축조합 납세의무가 있는 것은 「지방세법」 제7조 제8항 단서에 따라 조합이 취득하는 부동산 가운데 비조합원 부동산에 한정된다.
  - 따라서 주택조합과 재건축조합의 취득시기에 관해서는 비조합원용(일반분양용) 부동산의 취득시기에 대하여만 살펴보기로 한다.
■ 재개발조합의 경우에는 「지방세특례제한법」 제74조 제1항에 따라 조합이 취득하는 체비지 또는 보류지에 대해서는 취득세가 면제되지만, 취득시기를 살펴볼 필요는 있다.
  - 주택조합이나 재건축조합은 조합원으로부터 이전받은 토지 또는 조합원으로부터 수령한 자금으로 구입한 토지에 건물을 신축하여 조합원용분양용은 조합원이 원시취득하여 보존등기 하고, 일반분양용은 조합이 원시취득하여 보존등기한 뒤 일반분양자에게 이전등기하게 된다.
  - 일단 토지에 대해서는 조합원에게 그 조합원분 만큼을 이전함과 동시에 조합원 명의의 대지권등기를 경료하는데, 나머지 일반분양분에 해당하는 부분에 대해서는 조합 명의로 대지권등기가 경료된 뒤 일반분양자에게 이전등기가 이루어지게 된다.
  - 따라서 일반분양용 신축건물에 대한 취득시기와 조합원이 제공한 토지 중 조합명의로 대지권등기가 경료되는 일반분양용 토지에 대한 취득시기로 나누어 살펴보기로 한다.

가. 일반분양용 신축건물

「지방세법」상 신축주택의 취득시기는 환지처분 공고일 또는 소유권 이전 고시일에서 준공검사 증명서 또는 준공인가증을 내주는 날 등 중 빠른 날을 취득일로 본다.

※ 2019.5.31. 「지방세법 시행령」 제20조 제6항 개정

나. 일반분양용 토지

- 재건축조합이 주택재건축사업을 하면서 조합원으로부터 취득하는 토지 중 조합원에게 귀속되지 않은 토지(비조합원용 토지)를 취득하는 경우에는 「도시정비법」 제54조 제2항에 따른 소유권이전 고시일의 다음 날에 무상취득한 것으로 보고(「지방세법 시행령」 제20조 제7항),
  - 조합원 소유의 토지를 조합법인 명의로 신탁등기한 토지면적에 일반분양비율을 곱하여 산정된 면적의 시가표준액에 35/1000의 세율을 적용하여 취득세를 납부하여야 한다.
  - 따라서 주택재건축사업의 결과에 따라 비조합원에게 분양하기 위해 재건축조합명의로 대지권 등기된 면적은 새로운 취득으로 보아야 할 것인 바, 그 소유권고시일의 다음날부터 60일 이내에 취득세를 신고·납부하여야 한다.
  - 판례도 재건축조합이 조합원들로부터 신탁받은 토지 중 최종적으로 비조합용 토지가 되는 면적은 이전고시에 의하여 확정되므로 과세목적상 그 취득시기를 이전고시 다음 날로 간주하는 것일 분이므로 무상 승계취득에 관한 세율 35/1000을 적용함이 타당하다고 한다(대법원 15두47065, 2015.9.3.).

> **사례** 개정된 「지방세법」 시행 이전에 비조합원용(일반분양분) 토지를 포함한 조합원의 토지를 신탁등기하여 재건축조합으로 소유권을 이전한 경우 개정된 「지방세법」에서 새로이 규정한 재건축조합의 비조합원용 토지의 취득시기를 적용하여 취득세를 부과할 수 있는지 여부
>
> 이 건 쟁점토지의 신탁등기일이 개정 지방세법령의 시행일 전인 이상, 취득세 납세의무는 구 「지방세법」 제29조 제1항 제1호의 규정에 의하여 성립되는 것이나, 조합원용이 아닌 이 건 쟁점토지는 같은 법 제105조 제10항이 규정하는 경우가 아니므로 제110조 제1호의 단서에도 해당하지 않아 그 본문이 적용되는 결과 취득세 부과대상이 되지 아니함(조심 2010지884, 2011.8.30.).

- 재건축조합이 주택재건축사업을 하면서 조합원 외의 3자로부터 취득할 당시 취득세를 납부한 토지 중 조합원에게 귀속되지 않은 토지(비조합원용 토지)를 취득하는 경우에는 당초 취득할 당시 취득세를 납부하였으므로 「도시정비법」 제54조 제2항에 따른 소유권 이전 고시일의 다음 날에 무상취득한 것으로 보지 않았으나, 2022년부터는 조합원 또는

일반분양분 중 어디로 귀속될지 알 수 없으므로 일반분양분에 귀속되는 안분비율만큼만 취득세 과세대상에서 제외(「지방세법 시행령」 제11조의2)

※ 재건축 일반분양분 토지 취득세 과세기준 명확화(2022년부터 적용)

1 개정개요	

개정 전	개정 후
□ 일반분양분 토지 과세기준 〈신 설〉	□ 산정기준 명확히 규정 ○ 조합원 신탁토지와 매입토지의 비율에 따라 안분

2 개정내용

　　○ 재건축조합이 주택재건축사업 시행으로 취득하는 비조합원용 부동산(일반분양분 토지)은 사업종료 후 취득세 과세(3.5%)

　　　　※ (사업절차) 조합원 소유토지 조합에 신탁(비과세) → 미동의자토지 등 조합 추가취득(과세) → 준공 후 일반분양분 건축물·토지(과세)

　　○ 조합에 과세되는 일반분양분 토지면적 중 조합이 추가매입한 토지 등 과세대상에서 공제하는 면적을 산출시 대법원의 결정이 현행 세정 운영방식과 상이

　　⇒ 전체 토지에서 추가매입토지 비율만큼 공제하는 방식으로 규정

$$과세면적 = 일반분양분\ 토지의\ 면적 \times \frac{법\ 제7조\ 제8항에\ 따른\ 주택조합등이\ 사업\ 추진\ 중에\ 조합원으로부터\ 신탁받은\ 토지의\ 면적}{전체\ 토지의\ 면적}$$

　　* 조합의 추가매입 토지의 경우 향후 조합원 또는 일반분양분 중 어디로 귀속될지 알 수 없으므로 일반분양분에 귀속되는 안분비율만큼 공제

■ 주택조합의 경우,「주택법」제11조에 따른 주택조합이 주택건설사업을 하면서 조합원으로부터 취득하는 토지 중 조합원에게 귀속되지 아니하는 토지를 취득하는 경우에는 「주택법」제49조에 따른 사용검사를 받은 날에 그 토지를 취득한 것으로 본다(「지방세법 시행령」 제20조 제7항).

　− 이 규정에 관해 '주택조합 등이 조합원으로부터 조합주택용으로 신탁에 의하여 취득하면서 신탁등기를 병행한 부동산 중 비조합원용 부동산의 취득'에 대하여 납세의무의 성립시기를 정한 것이다.

　− 따라서 거기에 해당하지 아니하는 '주택조합 등이 조합원으로부터 신탁받은 금전으로 매수하여 조합 명의로 소유권이전등기를 마친 조합주택용 부동산 중 비조합원용 부동산의 취득'의 경우에는 이 규정에 불구하고 여전히 주택조합 등이 사실상의 잔금

지급일 또는 등기일 등에 이를 취득한 것으로 보아야 한다.

- 따라서 주택조합이 조합원의 토지 신탁등기 없이 금전신탁으로 토지를 취득한 경우에는 일반분양분 토지에 대해서는 잔금지급일과 등기일 중 빠른 날에 취득시기가 성립하나, 조합원분 토지에 대해서는 「지방세법 시행령」 제20조 제6항 본문에 따라 사용승인일에 신축건물의 대지권으로 함께 취득하게 될 것이다.

- 그러나 현실적으로는 주택조합이 주택건설사업계획의 승인을 받기 위해서는 토지 전부에 대해 조합 명의로 소유권을 취득하거나 대지사용권을 확보해야 하는데(「주택법」 제21조 제1항)

- 조합이 소유권을 먼저 취득하는 경우에는 조합원분에 대해서도 취득세를 전액 납부하고 분담금 형태로 조합원에게 전가한다.

- 주택조합이 조합원이 소유한 토지에 대하여 토지대금을 대물(신축아파트)로 지급하기로 계약을 체결하고 소유권이전등기를 경료하지 않은 채 대지사용권만을 확보한 후 자신의 명의로 주택사업계획승인을 요청하였다 하더라도 이를 근거로 조합이 실질적 소유권을 취득하였다. 할 수 없고 또한 토지대금을 신축아파트로 변제하기로 계약한 이상, 주택조합이 조합원에게 신축아파트의 소유권을 이전하여 준 날을 당해 토지의 취득일로 보아야 한다.

■ 재개발조합이 취득하는 체비지·보류지에 대해서는 취득세를 면제하고 정비사업의 대지조성 목적으로 취득하는 토지, 해당 사업의 관리처분계획에 따라 취득하는 주택에 대해서는 취득세를 75/100 경감(2006.12.31.까지는 면제)하는데(「지방세특례제한법」 제74조 제3항 제1호), 이에 대해서는 「지방세법」에서 취득시기를 따로 규정하고 있지 않다.

사용승인일	소유권이전고시일의 다음날
주택조합·재건축조합의 신축건물 취득 주택조합의 토지 취득 재개발조합의 건축물 취득	재개발·재건축조합의 토지 취득

■ 위 도표에서 보듯이 「지방세법」상 「주택법」의 적용을 받는 주택조합과 「도시정비법」의 적용을 받는 재건축·재개발조합의 일반분양용(비조합원분) 토지의 취득시기가 달라 같은 집합건물인데도 개별공시지가 공시 이전에 건물이 준공되고 고시일후에 소유권이 전공시가 되는 경우 서로 다른 시가표준액이 적용된다.

- 재산세 과세실무에서는 주택재개발사업으로 준공된 아파트는 재산세 과세대상으로서 그 부속토지(대지권)와 함께 주택분 재산세로 과세하는 것이며 재산세 납세의무

자는 공부상 소유 여부를 불문하고 당해 재산에 대해 실질적 소유권을 가진 자로서 이전고시 이전이라도 당해 신축아파트의 사실상소유자인 조합원·조합을 재산세 납세의무자로 본다.

사례 **재개발아파트 준공에 따른 재산세 납세의무자 관련 질의**

주택재개발사업으로 주택(건축물)이 사업시행인가의 내용대로 건축되었고, 주택법에 따라 사용검사를 받아 사용할 수 있는 등 주택으로서의 그 실체가 있는 준공된 아파트는 재산세 과세대상으로 그 부속토지(대지권)와 함께 주택분 재산세로 과세하는 것이며 재산세 납세의무자는 공부상 소유여부를 불문하고 당해 재산에 대해 실질적 소유권를 가진 자로서 이전고시 이전이라도 당해 신축아파트의 사실상소유자인 조합원·조합을 재산세 납세의무자로 봄(행정자치부 지방세운영과-2780, 2011.6.13.).

- 도시개발조합의 경우에도 「지방세법 시행령」 제20조 제6항에 환지처분으로 취득하는 경우에 주택의 취득시기만을 환지처분공고일의 다음날과 사실상 사용일 중 빠른 날로 규정하고 있을 뿐 일반분양분 토지에 대해서는 규정하고 있지 않다. 「지방세법 시행령」 제20조 제7항에서는 「주택법」상 주택조합과 「도시정비법」상 재건축조합의 일반분양분 토지의 취득시기를 소유권이전고시일의 다음 날로 규정하고 있는 바, 이 규정은 환지에서 제외된 체비지 또는 보류지에 대한 조합의 취득시기를 명문화한 것이다. 따라서 이 규정의 취지에서 해석해 보건대 도시개발조합의 경우에도 조합의 일반분양용 토지의 취득시기는 「도시개발법」 제42조 제5항에 따라 환지처분공고일의 다음 날로 보아야 할 것이다.

> **「도시개발법」** 제42조(환지처분의 효과) ⑤ 제34조에 따른 체비지는 시행자가, 보류지는 환지 계획에서 정한 자가 각각 환지처분이 공고된 날의 다음 날에 해당 소유권을 취득한다. 다만, 제36조 제4항에 따라 이미 처분된 체비지는 그 체비지를 매입한 자가 소유권 이전 등기를 마친 때에 소유권을 취득한다.

- 예전 유권해석은 위 규정을 기계적으로 해석하여 「지방세법」상 취득세 과세요건을 충족하기 위하여 법령에 정해진 과세물건이 존재한다는 것만으로 부족하고 그 부동산의 취득자가 특정되어야 할 뿐만 아니라 그 취득시기가 도래하여야만 하는 것인 바,
- 환지처분 공고일 이전에 시행자로부터 체비지를 매입하면서 잔금을 납부하였다 하더라도 이는 '부동산을 취득할 수 있는 권리'의 취득으로 보아야 할 것이지 체비지 자체의 취득으로 볼 수는 없으므로 체비지의 취득일은 환지처분 공고일의 익일이라는 견

해를 유지했다.

– 그러나 판례는 일찍이 건설업자가 토지구획정리사업시행자로부터 공사대금으로 체비지를 이전받은 경우에는 토지를 인도받거나 체비지대장에 등재된 때에 취득세의 과세요건이 충족되어 이때에 취득행위가 있었던 것으로 보아야 한다고 판시하였다.

– 다만, 「도시개발법」에 따른 도시개발사업의 사업시행자가 취득하는 체비지 또는 보류지에 대해서는 면제한다(「지방세특례제한법」 제74조 제1항). 취득세가 면제되는 체비지 등은 사업시행자가 미리 환지계획이나 관리처분계획에서 체비지 등으로 정하여 환지처분의 공고나 분양처분의 고시가 있은 후에 취득하는 것만을 의미한다.

– 체비지에는 토지뿐만 아니라 건축시설도 포함한다고 하므로 조합이 취득하는 건축물에 대해서도 취득세가 면제된다.

사례 취득세의 과세객체(=사실상의 취득행위) 및 건설업자가 토지구획정리사업을 시공하고 공사비의 대가로 체비지를 취득한 경우 그 취득시기

취득세는 본래 재화의 이전이라는 사실 자체를 포착하여 거기에 담세력을 인정하고 부과하는 유통세의 일종으로 취득자가 재화를 사용·수익·처분함으로써 얻을 수 있는 이익을 포착하여 부과하는 것이 아니어서 취득자가 실질적으로 완전한 내용의 소유권을 취득하는가의 여부에 관계 없이 사실상의 취득행위 자체를 과세객체로 하는 것이고(대법원 1998.12.8. 선고 98두14228 판결 등 참조), 토지구획정리사업시행자로부터 체비지를 양수한 자는 토지의 인도 또는 체비지대장에의 등재 중 어느 하나의 요건을 갖추면 당해 토지에 관하여 물권 유사의 사용수익권을 취득하여 당해 체비지를 배타적으로 사용·수익할 수 있음은 물론이고 다시 이를 제3자에게 처분할 수도 있는 권능을 가지며, 그 후 환지처분공고가 있으면 그 익일에 최종적으로 체비지를 점유하거나 체비지대장에 등재된 자가 그 소유권을 원시적으로 취득하게 되는 것인 점에 비추어 보면(대법원 1998.10.23. 선고 98다36207 판결 ; 2003.11.28. 선고 2002두6361 판결 등 참조), 건설업자가 토지구획정리사업시행자로부터 공사대금으로 체비지를 이전받은 경우에는 토지를 인도받거나 체비지대장에 등재된 때에 취득세의 과세요건이 충족되어 이때에 취득행위가 있었던 것으로 볼 것이다(대법원 2003두7453, 2004. 12.24.).

사례 구 지방세법 제109조 제3항에 의하여 취득세가 비과세되는 체비지 또는 보류지의 인정 범위

구 지방세법(2007.12.31. 법률 제8835호로 개정되기 전의 것) 제109조 제3항(이하 '이 사건 비과세조항'이라 한다)은 도시 및 주거환경정비법(이하 '도시정비법'이라 한다)에 의한 정비사업(주택재개발사업 및 도시환경정비사업에 한한다)의 시행으로 인하여 사업시행자가 취득하는 체비지 또는 보류지(이하 '체비지 등'이라 한다)에 대

해서는 취득세를 부과하지 아니한다고 규정하고 있다.

그런데 구 도시재개발법(2002.12.30. 법률 제6852호 도시정비법 부칙 제2조로 폐지된 것, 이하 '구 도시재개발법'이라 한다. 위 도시정비법 부칙 제6조, 제7조는 구 도시재개발법에 의하여 사업시행인가를 받아 시행 중인 도심재개발사업은 도시정비법에 의한 도시환경정비사업으로 보되, 그 사업시행방식은 종전의 규정에 의하도록 규정하고 있다) 제34조 제1항, 제4항, 제9항, 제38조, 제39조 제2항, 같은 법 시행령(2003.6.30. 대통령령 제18044호 도시정비법 시행령 부칙 제2조로 폐지된 것) 제41조는 재개발사업의 시행자로 하여금 원칙적으로 체비지 등의 명세와 추산가액 및 처분방법 등을 관리처분계획으로 정하여 시장·군수 또는 구청장의 인가를 받고(다만, 구 도시재개발법 제34조 제1항 단서는 사업시행자 외의 토지 등 소유자가 없는 경우에 대해서는 관리처분계획의 작성 및 인가절차를 면제하고 있다), 재개발사업이 완료되어 공사완료의 공고가 있은 때에는 관리처분계획대로 분양처분을 하도록 규정하면서, 위와 같이 지정된 체비지 등을 구 토지구획정리사업법(이 법이 2000.1.28. 법률 제6252호로 폐지된 후로는 도시개발법)의 규정에 의한 체비지 등으로 보도록 규정하고 있다. 그리고 2000.1.28. 법률 제6242호로 제정된 도시개발법(2007.4.11. 법률 제8376호로 개정되기 전의 것, 이하 같다) 제27조 제1항 제4호, 제28조 제1항, 제33조 제1항, 제41조 제5항은 도시개발사업의 시행자로 하여금 도시개발사업에 필요한 경비에 충당하거나 규약·정관·시행규정 또는 실시계획이 정하는 목적을 위하여 환지계획에서 일정한 토지를 환지로 정하지 아니하고 이를 체비지 등으로 정할 수 있도록 규정하면서, 체비지는 사업시행자가, 보류지는 환지계획에서 정한 자가 각각 환지처분의 공고가 있는 날의 다음날에 그 소유권을 취득한다고 규정하고 있다.

위와 같은 구 도시재개발법 및 도시개발법의 관련 규정에 의하면, 체비지 등은 환지계획이나 관리처분계획에서 미리 정해지는 것으로서, 그에 따른 환지처분의 공고나 분양처분의 고시가 있어야 비로소 사업시행자 등의 소유권취득이 확정되므로 환지계획이나 관리처분계획에서 정하지 아니한 체비지 등의 취득은 있을 수 없는 점, 구 도시재개발법 제20조, 제42조 등의 규정에 비추어 보면, 재개발사업의 경비를 반드시 체비지의 지정을 통하여 충당하여야 하는 것은 아니고 토지 등 소유자가 부담하는 청산금 등으로 충당할 수도 있는데, 사업시행인가 당시부터의 토지 등 소유자와 승계취득자에 대해서도 청산금에 상당하는 부동산에 해당하는 부분은 과세하는 점, 따라서 관리처분계획에서 체비지 등을 정하지 아니한 채 재개발사업이 시행되어 완료된 경우에는 이 사건 비과세조항에 의하여 취득세가 비과세되는 범위를 확정할 객관적인 기준이 없게 되는 점 등을 종합하면, 이 사건 비과세조항에 의하여 취득세가 비과세되는 체비지 등은 사업시행자가 미리 환지계획이나 관리처분계획에서 체비지 등으로 정하여 환지처분의 공고나 분양처분의 고시가 있은 후에 취득하는 것만을 의미한다고 봄이 타당함(대법원 07두3275, 2009.6.23.).

주택재개발사업에서 분양신청 후 잔여분 중 일반에 분양하는 것으로서 체비지 또는
체비시설로 지정된 부분이 구 지방세법 제109조 제3항 소정의 비과세 대상인 '체비
지'에 해당하는지 여부 및 그 체비지에는 건축시설도 포함되는지 여부

구 지방세법(2000.12.29. 법률 제6312호로 개정되기 전의 것) 제109조 제3항은, 도시
재개발법에 의한 재개발사업의 시행으로 인하여 사업시행자가 체비지 또는 보류지
를 취득하는 경우에는 취득세를 부과하지 아니한다고 규정하고 있고, 도시재개발법
제34조 제9항은, "시행자가 제33조의 규정에 의하여 분양신청을 받은 후 잔여분이
있는 경우에는 규약·정관·시행규정 또는 사업시행계획이 정하는 목적을 위하여
보류지(건축시설을 포함한다)로 정하거나 일반에게 분양할 수 있다."고 정하고 있으
며, 같은 법 제39조 제2항은, "제34조 제9항의 규정에 의한 보류지와 일반에게 분양
하는 대지 또는 건축시설은 토지구획정리사업법의 규정에 의한 보류지 등으로 본
다."라고 정하고 있고, 구 토지구획정리사업법(2000.1.28. 법률 제6252호로 폐지) 제
54조는 "보류지 등"이라는 제목 하에 제1항에서, "시행자는 구획정리사업에 필요한
경비에 충당하거나 규약·정관·시행규정 또는 사업계획이 정하는 목적을 위하여
환지계획에서 일정한 토지를 환지로 정하지 아니하고 이를 체비지 또는 보류지로 정
할 수 있다"라고 규정하고 있는 바, 구 지방세법(2000.12.29. 법률 제6312호로 개정
되기 전의 것)에서 사업시행자가 취득하는 체비지와 보류지에 대하여 취득세를 비과
세하는 입법 취지가 당해 사업의 원활한 수행을 세제적으로 뒷받침하려는 데 있다는
점과 위 각 조항들의 규정내용에 비추어, 분양신청 후의 잔여분 중 일반에 분양하는
것으로서 체비지 또는 체비시설로 지정된 부분은 구 지방세법(2000.12.29. 법률 제
6312호로 개정되기 전의 것) 소정의 비과세 대상인 체비지에 해당하고 체비지에는
토지뿐 아니라 건축시설도 포함됨(대법원 2001두5392, 2001.10.23.).

체비지 매매계약후 취득세 납세시기

도시개발법 제35조 제4항에서 시행자는 제33조의 규정에 의한 체비지의 용도로 환
지예정지가 지정된 때에는 도시개발사업에 소요되는 비용을 충당하기 위하여 이를
사용 또는 수익하게 하거나 처분할 수 있다고 하고 있고, 같은 법 제41조 제5항 본문
에서 제33조의 규정에 의한 체비지는 시행자가 환지처분의 공고가 있은 날의 다음
날에 당해 소유권을 취득한다고 하면서, 그 단서에서 다만, 제35조 제4항의 규정에
의하여 이미 처분된 체비지는 당해 체비지를 매입한 자가 소유권 이전 등기를 마친
때에 이를 취득한다고 규정하고 있고, 지방세법상 취득세 과세요건을 충족하기 위하
여는 법령에 정해진 과세물건이 존재한다는 것만으로 부족하고 그 부동산의 취득자
가 특정되어야 할 뿐만 아니라 그 취득시기가 도래하여야만 하는 것인 바, 환지처분
공고일 이전에 시행자로부터 체비지를 매입하면서 잔금을 납부하였다 하더라도 이
는 "부동산을 취득할 수 있는 권리"의 취득으로 보아야 할 것이지 체비지 자체의 취

득으로 볼 수는 없으므로(행정자치부 지방세정팀-4758, 2006.9.28. 참조), 그 취득일은 환지처분 공고일의 익일이라 할 것으로, 귀 문과 같이 체비지 취득에 따른 잔금을 지급하지도 아니하였고 환지처분공고가 있지 아니한 상태에 있는 경우라면 취득세 납세의무가 성립된 것으로 볼 수는 없음(행정자치부 지방세정팀-1893, 2007.5.23.).

사례 ▶ 이 사건 임대주택이 구 지방세특례제한법 제74조 제1항에서 정한 체비지 또는 보류지에 해당하므로 취득세가 면제되어야 하는지 여부

관리처분계획에서 체비지 등을 정하지 아니한 채 사업이 시행되어 완료된 경우에는 이 사건 면제규정에 의하여 취득세가 비과세되는 범위를 확정할 객관적인 기준이 없게 되는 점 등에 비추어 보면, 이 사건 면제규정에 의하여 취득세가 면제되는 체비지 또는 보류지는 사업시행자가 미리 환지계획이나 관리처분계획에서 체비지 또는 보류지로 정하거나 그에 따라 체비지 또는 보류지로 간주되는 것만을 의미한다고 봄이 타당함(대법원 2020.1.9. 선고 2019두53518 판결 등).

(2) 조합원

원조합원의 취득세 납세의무가 성립하는 과세대상은 종전 부동산보다는 종후 부동산(신축건물)인 조합원용 신축건물에 국한되므로 신축건물의 취득시기에 관해서만 살펴보면 될 것이다. 다만, 승계조합원의 경우에는 조합원지위의 승계취득시 취득세 납세의무가 발생하므로 그에 대한 취득시기의 검토가 추가로 필요하다.

가. 원조합원

■ 재건축사업의 원조합원은 조합원용 신축주택에 대하여 원시취득한 것으로 보므로 취득세 납세의무가 있다.
  - 신축주택의 취득시기는 원칙에 따라 「지방세법 시행령」 제20조 제6항 본문이 적용되므로 사용승인일(사용승인서교부일, 임시사용승인일)과 사실상 사용일 중 빠른 날이다.
  - 주택재건축조합의 소유자금이 아닌 공정에 의해 조합원으로부터 각자 부담할 건축자금을 제공받아 재건축하는 주택은 절차상 편의를 도모하여 조합명의로 건축허가와 사용승인검사를 받았다 하더라도 그 때부터 조합원들이 해당주택을 원시취득한다고 보고 있다.
  - 다만, 조합원 세대의 증가된 토지(증가된 지분)는 재건축조합의 관리처분 변경이 최종 확정되므로써 조합원세대의 대지권지분이 결정되고 소유권을 이전하게 되는데 소유권이전고시일의 다음 날이 취득시기이다. 이에 대해서는 승계조합원의 경우에도 마찬가지이다.

사례 조합주택 신축시 부과되는 취득세의 납세의무자

- 취득세부과대상이 되는 취득이라 함은 매매, 교환, 증여, 기부, 법인에 대한 현물출자, 건축, 공유수면의 매립, 간척에 의한 토지의 조성 등과 이와 유사한 취득으로서 원시취득, 승계취득 또는 유상, 무상을 불문한 일체의 취득을 말하고(지방세법 제104조 제8호), 부동산 등의 취득에 있어서는 민법 등 관계법령의 규정에 의한 등기 등을 이행하지 아니한 경우라도 사실상으로 취득한 때에는 이를 취득한 것으로 보는 것이다(같은 법 제105조 제2항).

- 건물신축의 경우에 특단의 사정이 없는 한 그 자재노임 등 소요비용을 제공한 자가 그 건물을 원시취득한다 할 것인 바, 주택조합은 그 소유자금으로 조합원의 건물을 신축분양 하는 것이 아니라 공정에 따라 조합원으로부터 각자 부담할 건축자금을 제공받아 조합원의 자금으로 건축하는 것이므로 건축절차의 편의상 조합명의로 그 건축허가와 준공검사를 받았다고 하더라도 이때부터 위 건물의 소유권은 건축자금 제공자인 조합원들이 원시취득한 것으로 보아야 할 것임(대법원 93누18839, 1996.6.24.).

사례 주택재건축조합원이 조합주택을 취득한 경우 유상거래를 원인으로 취득하는 주택에 해당하는지 여부

그 주택의 소유권은 건축자금의 제공자인 조합원들이 원시취득한 것으로 보아야 할 것이므로 청구인이 취득한 주택은 유상거래를 원인으로 취득한 주택에 해당되지 아니함(조심 2009지178, 2009.12.21.).

■ 재개발조합의 조합원이 재개발조합에 종전의 토지 및 건축물을 제공함으로써 관리처분계획에 따라 취득하게 되는 권리는, 재개발사업이 시행됨에 다라 장차 분양처분의 고시(현행 이전고시)가 있는 다음날에 그 대지 또는 건축시설에 대한 소유권을 취득하기까지는 '부동산을 취득할 수 있는 권리'로 보아야 할 것이다.

- 재개발조합원이 취득하는 대지는 토지구획정리사업에 의한 환지와 같은 성질을 가지는 것이어서 종전 토지 등에 대하여 가지고 있던 재개발조합원의 권리는 분양처분(소유권이전)에 의하여 비로서 새로운 대지에 대한 권리로 변환되는 것이므로 분양처분이 있기 전에는 종전의 토지를 취득할 수 있는 권리만이 그 취득의 대상이 될 수 있을 뿐 재개발아파트 자체는 취득의 대상이 될 수 없다고 한다.

- 다만, 그 지상의 건축물의 취득시기는 환지처분 공고일 또는 소유권 이전 고시일에서 준공검사 증명서 또는 준공인가증을 내주는 날 중 빠른날로 본다.

- 결론적으로 재개발사업의 원조합원은 추가분담금이 발생한 부분(청산금불입액)은 취득세 납세의무가 있고, 청산금불입액은 토지분과 건축물분으로 나눌수 있다. 토지

분에 대해서는 「지방세법」이 별도로 규정하고 있지 않지만 공용환권의 원리에 따라 토지와 건축물의 이전고시가 동시에 나든 다른 게 나든 소유권이전고시일의 다음날이 취득시기이고, 건축물분에 대해서는 환지처분 공고일 또는 소유권 이전 고시일에서 준공검사 증명서 또는 준공인가증을 내주는 날 중 빠른날로 본다.

> **사례** 도시재개발사업에 있어 재개발조합원이 종전의 토지 및 건축물을 제공하고관리처분계획에 따라 취득하는 분양예정의 대지 또는 건축시설을 분양받을 권리의 성질
>
> 재개발조합의 조합원이 재개발조합에 종전의 토지 및 건축물을 제공함으로써 관리처분계획에 따라 취득하게 되는 분양예정의 대지 또는 건축시설을 분양받을 권리는, 재개발사업이 시행됨에 따라 장차 분양처분의 고시가 있은 다음날에 그 분양받을 대지 또는 건축시설에 대한 소유권을 취득하기까지는, 토지구획정리사업법에 의한 환지지구 내의 토지나 종전의 토지 및 건축물로 보기 어려운 이상, 소득세법 제23조 제1항 제2호 및 같은법 시행령 제44조 제4항 제2호 소정의 "부동산을 취득할 수 있는 권리"로 보아 그 양도차익을 계산할 수밖에 없고, 이 경우 그 권리의 취득시기는 관리처분계획의 인가고시가 있은 때라고 보아야 함(대법원 93누1633, 19993.11.23.).

> **사례** 관리처분계획에 의하여 재개발아파트에 대한 청산금을 모두 완납하였다는 사정만으로 곧바로 재개발조합원이 위 아파트를 취득한 것으로는 볼 수 없다고 한 사례
>
> 도시재개발사업에 의하여 재개발조합원이 취득하는 대지 및 건축시설은 토지구획정리사업법에 의한 환지와 같은 성질을 가지는 것이어서 종전 토지 등에 대하여 가지고 있던 재개발조합원의 권리는 분양처분에 의하여 비로소 새로운 대지 또는 건축시설에 대한 권리로 변환되는 것이므로 분양처분이 있기 전에는 종전의 토지 또는 장차 부동산을 취득할 수 있는 권리만이 그 취득의 대상이 될 수 있을 뿐 재개발아파트 자체는 취득의 대상이 될 수 없으므로 비록 관리처분계획에 의하여 재개발조합에 대하여 위 아파트에 대한 청산금을 모두 지급하였다고 하더라도 그 시점에서 바로 위 아파트를 취득하였다고 할 수는 없다고 한 사례(대법원 01두11090, 2003.8.19.)

■ 지역·직장주택조합은 조합원으로부터 금전(분담금)을 신탁 받아 조합원 공동명의(지분형태)로 토지를 취득한 후 조합에 신탁등기를 하거나 직접 조합 명의로 토지를 취득한다. 그후 토지 위에 주택을 건립하여 조합원분양분은 조합원 명의로 소유권보존등기를, 일반분양분은 조합명의로 소유권보존등기 후 일반인에게 매매로 이전한다.
  - 주택조합의 경우 금전신탁으로 조합원이 아닌 제3자로부터 취득하는 토지에 대해서는 주택조합이 조합원용으로 취득한 것으로 간주하기 때문에 그 취득시점에 원조합원에게 해당 지분별로 취득세 납세의무가 성립한다(「지방세법」 제7조 제8항 그 취득시

기는 일반원칙에 따라 잔금지급일과 등기일 중 빠른 날이다).

- 또한 신축 주택의 취득시기와 관련하여 실무는 주택조합은 그 소유자금으로 조합원의 건물을 신축분양하는 것이 아니라 공정에 따라 조합원으로부터 각자 부담할 건축자금을 제공받아 조합원의 자금으로 건축하는 것이므로 건축절차의 편의상 조합 명의로 그 건축허가와 준공검사를 받았다고 하더라도 이때부터 위 건물의 소유권은 건축자금 제공자인 조합원들이 원시취득한다고 한다.
- 따라서 주택조합의 원조합원의 신축주택 취득시기는 사용승인일(사용승인서교부일, 임시사용승인일)과 사실상 사용일 중 빠른날이다.

나. 승계조합원

■ 재건축사업의 경우 승계의 시기와 관련하여 건물 신축 전에 조합원 지위를 승계한 경우에는 관리처분계획인가일 이전이라면 종전주택이, 그 이후라면 종전토지(지분)만이 취득의 대상이고, 이 경우에는 일반적인 유상승계취득이므로 잔금지급일과 이전등기일 중 빠른 날이다.

- 재건축조합이나 주택조합의 신탁재산에 대하여 조합원지위의 승계가 이루어지는 경우에는 위탁자 변경에 해당한다.
- 종전토지의 경우 이미 신탁등기가 이루어져 있으므로 ① 원조합원의 신탁해지 → ② 승계조합원의 소유권이전 → ③ 승계조합원의 신탁등기의 수순을 거치게 되고 역시 유상승계취득이므로 승계조합원이 종전토지를 취득하는 시기는 잔금지급일과 이전등기일 중 빠른 날이다.
- 위탁자겸 수익자인 경우 위탁자 변경 없이 수익자만 변경하는 경우에는 조합원지위의 이전이 없으므로 취득이 성립하지 않아 취득시기는 거론할 필요가 없다. 만약 상속에 따른 승계라도 동일한 절차를 밝게 되지만, 그 취득시기는 상속개시가 될 것이다.
- 건물이 신축 완공되는 경우 승계조합원의 신축건물 취득시기는 원조합원과 동일하나 그 과세표준은 건축물의 총공사대금에서 승계받은 건축물지분으로 안분한 공사원가이다.

■ 재개발사업구역내의 토지 등 소유자가 조합원으로서 조합의 구성원이라하더라도 여전히 종전에 소유하던 부동산을 자유로이 양수도 할 수 있으며,

- 관리처분계획의 인가가 이루어진 시점에서 종전의 부동산에 대한 소유권이 조합으로 이전하는 것은 아니다. 따라서 원조합원이 종전부동산을 양도하여 조합원이 된 자는 승계조합원으로서 조합원지위를 갖게 된다.
- 주택재개발사업의 경우 승계조합원은 1단계 조합원 지위 취득시에는 관리처분계획

인가일 이전에 조합원지위를 유상승계취득하는 경우에는 종전주택에 대해 잔금지급일과 등기일 중 **빠른날**

- 관리처분계획인가일 이후 종전 주택이 철거되었다면 종전토지에 대한 잔금지급일과 등기일 중 **빠른날**을 취득일로 하여 취득세 납세의무가 발생한다.
- 특수한 경우로서 사전입주나 임시사용승인으로 건축물에 대한 취득이 이루어진 후 이전고시 전에 조합원지위의 승계가 있는 경우에는 잔금지급일에 원조합원에게 건축물에 대한 취득이 성립하고, 승계조합원에게는 종전토지에 대하여 잔금지급일과 등기일 중 **빠른 날**에 취득이 성립한다.
- 2단계 신축건물 취득시에는 청산금 불입액에 대하여 토지분에 대해서는 소유권이전고시일의 다음 날이고, 건축물분에 대해서는 환지처분 공고일 또는 소유권 이전 고시일에서 준공검사 증명서 또는 준공인가증을 내주는 날 중 **빠른날**로 본다. 도시환경정비사업의 경우도 마찬가지이다.

> **사례** 주택재개발지구에 포함된 쟁점토지를 상속 취득한 것이 아니라 신축주택에 입주할 수 있는 권리를 상속받은 것에 불과하다는 청구주장의 당부

재개발사업구역내의 토지 등 소유자가 조합원으로서 조합의 구성원이라고 하더라도 여전히 종전에 소유하던 부동산을 자유로이 양수도할 수 있으며, 관리처분계획의 인가가 이루어진 시점에서 종전의 부동산에 대한 소유권을 득실변경이 발생하는 것은 아니라고 보여지고, 조합원으로서 관리처분계획에 따라 "분양받을 권리"라 함은 "소유권에 기한 사용·수익이 제한되는 한편 장래 분양을 받을 수 있다고 하는 그 지위", 즉 "조합원으로서의 지위"를 의미하는 것에 불과하다 할 것이며, 청구인은 이러한 "분양받을 권리"와는 별개로 종전에 아버지가 소유하던 부동산을 상속으로 취득한 것이므로 쟁점토지의 상속과 조합원으로서의 지위승계에 따른 분양받은 권리의 승계가 함께 이루어졌다고 보아야 할 것이고, 쟁점토지는 「도시 및 주거환경정비법」 제54조의 규정에 의하여 이전고시가 된 시점에서 환지와 동일하게 새로운 분양받은 부동산으로 교환·변경되는 것이라고 보아야 할 것으로서 이전고시가 되기 이전에는 종전에 소유하던 쟁점토지에 대한 소유권이 관리처분계획의 인가에 따라 변경된다고 볼 수는 없다고 보여지므로 처분청에서 청구인은 분양받을 권리를 승계하였을 뿐만 아니라 부동산으로서 쟁점토지도 승계취득한 것으로 보아 청구인의 경정청구를 거부한 처분은 아무런 잘못이 없다고 판단됨(조심 13지427, 2913.8.14.).

■ 주택조합의 경우 사업계획승인일 이후에는 조합원지위를 전매할 수 있으므로 「지방세법」 상으로는 토지의 양도로 보아 승계조합원에게 취득세 납세의무가 있다.
- 조합이 원조합원으로부터 금전을 신탁받아 이미 부동산을 매수한 경우에는 조합이

토지를 취득한 것이므로 조합원 지위를 승계하는 시점에서는 승계조합원은 토지에 대한 취득세 납세의무가 없다.

- 신축건물에 대한 승계조합원의 취득시기는 원조합원과 마찬가지로 사용승인일(사용승인서교부일, 임시사용승인일)과 사실상 사용일 중 빠른 날이다.

■ 도시개발조합의 경우, 환지예정지가 지정되기 이전에 종전토지를 승계취득한 경우에는 종전토지에 대한 잔금지급일이 취득시기이다. 환지예정지가 지정된 경우에는 종전의 토지에 관한 토지소유자 및 임차권자 등은 환지예정지 지정의 효력발생일부터 환지처분의 공고가 있은 날까지 환지예정지 또는 해당 부분에 대하여 종전과 동일한 내용의 권리를 행사할 수 있으며 종전의 토지에 대하여는 이를 사용하거나 수익할 수 없는 것으로 규정하고 있다(「도시개발법」 제36조 제1항).

- 환지예정지가 지정된 경우에는 권리 이전이 있는 경우에는 환지예정지 면적으로 취득세를 과세한다.
- 이 경우는 유상승계취득인 경우에는 종전토지에 대해서는 종전토지의 잔금지급일, 환지예정지에 대해서는 환지예정지의 잔금지급일이 취득시기가 된다.
- 다만, 증가된 환지에 대해서는 잔금지급이나 청산금 지급에 상관없이 환지처분공고일의 다음날에 환지받은 사람이 취득한다.
- 실무는 재산세도 환지예정지의 취득을 기준으로 환지예정지에 대해서도 과세한다. 도시개발법령에서 환지예정지가 지정되면 종전토지의 소유자는 지정의 효력발생일부터 환지처분이 공고되는 날까지 환지예정지에 대하여 종전과 같은 내용의 권리를 행사할 수 있는 반면, 종전토지는 사용하거나 수익할 수 없고 지정의 효력이 발생한 후 종전토지 소유자는 환지예정지를 사실상 처분할 수 있다고 규정하고 있는 점 등에 비추어 환지예정지를 소유한 자에게 재산세를 부과하여야 한다.

사례 ≫ 쟁점토지의 취득일을 환지처분 공고일의 익일로 보아 청구인들의 경정청구를 거부한 처분의 당부

청구인들은 쟁점토지에 대한 취득세를 본인이 직접 신고하거나 위임장을 첨부하여 대리인이 신고한 사실이 나타나므로 취득세 신고납부는 잘못이 없고, ○○○○○청 장은 2014.1.27. 쟁점토지에 대하여 환지처분을 공고하였던 바, 청구인들이 쟁점토지에 대한 잔금을 지급한 사실이 없다 하더라도 환지처분 공고일의 다음 날에 환지계획으로 정하는 바에 따라 쟁점토지를 사실상 취득한 것으로 보는 것이 타당함(조심 2014지966, 2015.6.29.).

사례 처분청이 도시개발사업지구 내의 종전토지 소유자에게 환지 예정지를 과세대상으로 하여 재산세 등을 과세한 처분의 당부

재산세 과세기준일(6.1.) 현재 「도시개발법」 제36조 제1항에 따른 환지 예정지의 지정을 받아 그 효력이 발생되는 경우, 도시개발사업의 지구 내의 종전토지 소유자에게는 종전토지가 아니라 환지 예정지로 지정된 토지를 과세대상으로 하여 재산세 등을 과세하는 것이 타당하다 할 것임(조심 2017지660, 2017.8.7.).

사례 청구법인이 재산세 과세기준일 현재(6.1.) 쟁점환지예정지를 소유한 것으로 보아 재산세 등을 부과한 처분의 당부

도시개발법령에서 환지예정지가 지정되면 종전토지의 소유자는 지정의 효력발생일부터 환지처분이 공고되는 날까지 환지예정지에 대하여 종전과 같은 내용의 권리를 행사할 수 있는 반면 종전토지는 사용하거나 수익할 수 없고 지정의 효력이 발생한 후 종전 토지 소유자는 환지예정지를 사실상 처분할 수 있다고 규정하고 있는 점 등에 비추어 청구법인은 이 건 재산세 과세기준일 현재 쟁점환지예정지를 사실상 소유한 자에 해당한다 할 것이므로 이 건 재산세 등을 부과한 처분은 달리 잘못이 없음(조심 17지492, 2017.7.19.).

| 각종 정비사업의 부동산 취득시기 |

구 분	귀속자	건축물	토 지
재개발사업	조합원	환지처분 공고일 또는 소유권 이전 고시일에서 준공검사 증명서 또는 준공인가증을 내주는 날 중 빠른날	소유권이전고시일의 다음날
	조합 (비조합원분)	환지처분 공고일 또는 소유권 이전 고시일에서 준공검사 증명서 또는 준공인가증을 내주는 날 중 빠른날	소유권이전고시일의 다음날
도시개발사업	조합원	환지처분 공고일 또는 소유권 이전 고시일에서 준공검사 증명서 또는 준공인가증을 내주는 날 중 빠른날	종전토지의 잔금지급일 또는 환지예정지의 잔금 지급일
	조합 (비조합원분)	환지처분 공고일 또는 소유권 이전 고시일에서 준공검사 증명서 또는 준공인가증을 내주는 날 중 빠른날	분양잔금지급일과 사실상 사용일 중 빠른날
재건축사업	조합원	사용승인일과 사실상 사용일 중 빠른날	소유권이전고시일의 다음날(지분증가분)
	조합 (비조합원분)	사용승인일과 사실상 사용일 중 빠른날	소유권이전고시일의 다음날

구 분	귀속자	건축물	토 지
지역주택조합	조합원	사용승인일과 사실상 사용일 중 빠른날	토지에 대한 사실상 잔금지급일
	조합 (비조합원분)	사용승인일과 사실상 사용일 중 빠른날	분양권잔금지급일과 사실상 사용일 중 빠른날

④ 과세표준

조합원이 소유하던 종전토지 중 조합원 지분에 대해서는 조합원이 새로운 토지 및 건축물을 환지 받으므로 조합의 취득이 아니므로 조합에게는 취득세 문제가 발생할 여지가 없다.

다만, 종전토지 중 조합원 지분 이외이 토지는 소유권이전고시일의 다음날에 정비사업조합이 취득한다.

주택재개발사업과 도시환경정비사업이 조합원은 청산금불입액을 과세표준으로 하여 토지(증가분) 및 건축물에 대한 취득세를 납부한다.

※ 종전부동산에 대한 권리가액분은 환지에 해당하여 취득세 과세대상이 아니다. 그와 달리, 재건축사업의 조합원은 재개발사업과 달리 청산금불입액을 과세표준으로 하는 것이 아니라 세대당 공사비를 과세표준으로 건축물에 대한 취득세를 부담하고 토지지분 증가분에 대한 취득세를 부담한다.

(1) 조합의 과세표준

① 주택재개발조합의 경우, 보류지와 일반에게 분양하는 대지 또는 건축물은 도시개발법상의 보류지 또는 체비지로 보므로 조합원 지분외의 토지에 대해서는 체비지 또는 보류지 형태로 취득이 성립한다(도시정비법 제56조 제2항).

그런데 지방세특례제한법에서 사업시행자가 취득하는 체비지 또는 보류지에 대해 취득세를 면제하고 있다(「지방세특례제한법」 제74조 제1항). 이 경우의 체비지는 이전고시 이후의 것을 뜻하므로 재개발조합 또는 도시환경정비조합이 사업이 완료되어 체비지로 일반분양용 주택이나 상가를 취득하는 경우 취득세가 면제되므로 과세표준 논의가 의미 없다.

② 주택재건축조합의 경우, 보류지와 일반에게 분양하는 대지는 도시개발법상의 보류지 또는 체비지로 보므로 소유권이전고시일의 다음날에 조합에 무상이전(35/1000)된다. 이때 과세표준은 당해 토지의 면적에 이전고시일 다음날의 개별공시지가를

곱한 가액이다.

건축물 완공후 재건축조합이 취득하는 일반분양분 건축물에 대해서는 법인 장부상의 사실상 취득가격을 과세표준으로 하고, 그 취득가격은 취득시기를 기준으로 그 이전에 해당 물건을 취득하기 위하여 거래상대방 또는 제3자에게 지급하였거나 지급하여야 할 직접비용과 간접비용의 합계액으로 한다(『지방세법 시행령』 제18조 제1항).

이 비용은 보통 건물 총공사비를 총건축물 연면적으로 나눈 뒤 일반분양분 건축물 연면적을 곱한 가액이 된다. 재건축조합은 법인이므로 법인장부상의 사실상 취득가격이 재건축정비사업조합 준비단계에서 '설립추진위원회'의 제 경비(인건비, 사무실임차료, 기타경비)가 재건축완료 후 조합이 취득하는 부동산의 과세표준에 포함된다.

③ 지역·직장주택조합의 경우에는 사업부지의 취득은 조합원 명의로 하므로 조합이 부담하는 취득세는 없다(『지방세법』 제7조 제8항). 건물 완공시 일반분양분 주택 및 상가의 경우 조합명의로 보존등기하므로 조합에 취득세 납세의무가 있고, 그 과세표준은 비법인사단이므로 과세관청에 신고한 총 공사도급금액을 건축물의 총연면적으로 안분 계산한 ㎡당 공사금액에 조합원이 취득하는 개별 아파트의 면적(조합원이 공유하는 부대시설, 복리시설 포함)을 곱하여 산정한 금액이다.

④ 주택조합이 금전신탁으로 조합아파트를 신축하는 경우, 토지 취득시 비조합원용 토지에 해당하는 취득세가 과세되고, 재건축조합아파트 사업부지 중 조합원이 신탁한 토지와 조합이 금전신탁 받아 취득한 토지가 혼재되어 있다면 동 조합이 소유권이전고시 익일에 취득하는 비조합원용에 대한 취득세는 비조합원분 전체토지에서 토지신탁분과 금전신탁분의 토지 면적 비율에 따라 안분한 면적으로 과세한다.

(2) 조합원의 과세표준

재개발아파트 사용승인 후 환지 이전에 분담금을 완납하지 아니하고 사실상 미사용 상태로 거래한 재개발아파트는 재개발조합원의 권리를 매매한 것으로, 주택을 취득한 것으로 볼 수 없어 주택 유상거래의 취득세 감면대상에 해당되지 않으므로 입주권 거래로 보아 토지의 취득세율을 적용하고 부동산가액을 과세표준으로 적용하여야 한다. 조합원 아파트는 조합원이 분양을 철회하지 아니하여 조합원 지위를 유지하고 있다면 토지는 소유권이전고시일의 다음날에 취득하고, 건축물분은 환지처분 공고일 또는 소유권이전 고시일에서 준공검사 증명서 또는 준공인가증을 내주는 날 중 빠른날이다.

이 건 재개발아파트 취득을 주택거래로 보아 취득세를 경감하여 달라는 청구주장의 당부

재개발아파트의 경우 그 사용승인이 되었다고 하더라도 환지처분공고 이전에 조합원이 추가 분담금을 완납하지 아니하고 사실상 미사용인 상태에서 이를 매도하는 경우에는 주택의 매매가 아닌 재개발조합원의 권리를 매매하는 것으로 보는 것이므로 (조심 2010지928, 2011.1.31.), 청구인이 주택을 취득한 것으로 보기는 어려움(조심 2013지211, 2013.6.27.).

사례 「도시 및 주거환경정비법」에 따른 재개발사업의 시행으로 신축된 이 건 주택을 소유권 이전고시 다음 날에 청구인이 취득한 것으로 보아 이 건 취득세 등을 부과한 처분의 당부

이 건 정비사업의 경우, 분양신청을 하지 않거나 철회한 조합원은 분양신청기간 종료일 다음 날 조합원의 지위를 상실한다 할 것이므로 수분양자의 지위를 유지하고 있는 청구인의 경우 소유권이전고시일의 다음 날인 2011.7.1.에 이 건 주택을 취득하였다고 보는 것이 타당함(조심 2015지1031, 2015.10.2.).

① 원조합원의 경우, 주택재개발사업과 도시환경정비사업이라면 취득세 과세표준은 청산금불입액이며 원시취득인바 전체에 대하여 28/1000의 세율이 적용된다(「지방세특례제한법」 제74조 제1항 제1호). 전용면적 85㎡ 이하의 주택에 대해서는 취득세가 면제된다. 청산금불입액은 토지분과 건축물분으로 시가표준액의 비율로 안분하여 과세대상별로 과세표준을 정한다. 정비사업조합은 법인이므로 과세표준은 법인장부상 취득가격이 되고 취득시기, 즉 소유권이전고시일의 다음날을 기준으로 그 이전에 해당 물건을 취득하기 위하여 거래상대방 또는 제3자에게 지급하였거나 지급하여야 할 일체의 직·간접비용을 말한다.

사례 소유권 이전고시 이후 청산금이 변경된 경우의 취득세 환급 여부

도시 및 주거환경정비법 제54조 제2항에 따라 소유권이 이전고시되었다면 같은 항 후단 및 지방세법 시행령 제20조 제6항 등에 의해 취득이 성립되며, 이전고시에 따라 취득세를 신고납부하고 보존등기한 후 관리처분계획의 변경으로 청산금의 일부를 환급받았더라도 이미 신고·납부한 취득세는 환급할 수 없음(지방세운영과-3487, 2013.12.26.).

- 주택재건축사업이라면 신축건물의 과세표준은 청산금만을 대상으로 하지 않는다. 즉, 총분양공사원가를 전체건물연면적으로 나눈 가액에서 조합원 분양건물의 연면적을 곱하여 과세표준을 산정한다. 이때 추가적인 발코니 확장공사가 이

루어진 경우에는 위의 산정가액에 발코니 확장공사액을 합하여 과세표준으로 한다.

- 토지의 경우 지분증가분이 있다면 증가한 면적에 이전고시일 다음날의 개별공시지가를 곱한 금액을 과세표준(시가표준액)을 과세표준으로 한다. 이때 토지증가분에 해당하는 분담금을 부담하는 경우 분담금을 신고가로 하여 시가표준액과 비교하여 높은 가액을 과세표준으로 한다.

사례▶ 재건축조합 조합원분 신축주택 과세표준

구「지방세법」제105조 제10항에서 주택재건축조합이 당해 조합원용으로 취득하는 주택조합용 부동산은 그 조합원이 취득한 것으로 본다고 규정하고 있으므로, 재건축조합의 공동주택 신축취득으로 인한 취득세의 납세의무자는 조합원들이라 하겠고, 조합원용 공동주택은 조합원이 공동명의로 공동주택을 신축하여 취득한 것이어서 공동주택에 대한 취득세 등의 과세표준은 분양가격에 표시된 건축비(조합원 분담금)가 아니라 실제 건축에 소요된 비용으로 보아야 하므로, 조합원 소유의 개별 공동주택에 대한 취득세 등의 과세표준 산정 또한 공동주택 건립에 따른 총 공사비용을 공동주택 연면적에서 조합원 소유의 개별 주택 연면적이 차지하는 비율로 안분계산하여 산정하는 것이 타당함(조심 08지1047, 2009.4.8.).

② 승계조합원의 경우, 재개발사업이라면 1단계로 건물의 멸실 후 신축건물 완공 전에 조합원 지위(입주권)를 승계하면 토지에 대한 법인인 경우에는 사실상 취득가액, 개인인 경우에는 신고가액(권리가액+프리미엄)하여 검증받은 금액을 과세표준으로 한다. 이때 원조합원이 이미 불입한 청산금이 있다면 나중에 환지되는 토지나 건축물의 과세표준에 포함된다.

- 2단계로 건축물 완공 후에는 관리처분계획에 따른 취득부동산의 가액합계액이 종전부동산의 가액합계액을 초과하는 경우에는 그 초과액 상당하는 부동산에 대하여 취득세가 부과된다.
- 다시 말해, 분양가액에서 종전부동산을 승계취득할 당시의 취득세 과세표준을 뺀 금액이 과세표준이 된다(「지방세특례제한법」제74조 제1항 제2호, 「지방세특례제한법 시행령」제35조 제2항). 이때 초과액에 해당하는 과세표준은 원조합원과 승계조합원이 불입한 청산금의 합계액으로서 토지와 건축물로 안분한다.

사례▶ 재개발관련 승계조합원 85㎡ 초과 주택 준공시 취득세 과세액 산정

사업시행인가 이후 종전부동산을 승계취득하여 환지처분으로 85㎡ 초과 주택을 취

득한 경우라면 지방세특례제한법 제74조 제1항 제2호를 적용하는 것이 타당하고, 이 건아파트의 취득가격은 그 분양가액에서 종전부동산의 취득가격을 뺀금액으로 하는 것이 타당함(조심 17지32, 2017.2.22.).

- 재건축사업이라면 재개발사업과 마찬가지로 1단계의 입주권 승계시에는 원칙적으로 신고가액(권리가액+프리미엄)을 과세표준으로 토지 취득세가 과세된다.
- 2단계 신축건물 취득시에는 법인장부의 사실상 취득가격을 따르는 바 총 분양공사원가를 전체 건물연면적으로 나눈 가액에서 조합원 분양건물의 연면적을 곱하여 과세표준을 정한 뒤 28/1000의 세율을 적용한다.
- 재건축·재개발아파트 조합원 지위승계시 승계 조합원의 취득세·등록세 과세표준은 종전 토지가액(권리가액)에 추가지불액(프리미엄)을 합한 실제 거래가격으로 신고한 금액으로 한다(지방세법령해석심의위 제2007-4호).
- 주택재건축사업이 시행중인 상태에서 조합원의 분양권을 취득한 경우, 취득한 분양권은 종전 아파트를 취득한 것이 아니라 조합원 배정분의 아파트에 입주할 수 있는 지위를 승계하면서 부속토지를 취득한 것으로 보아야 하고, 분양권을 취득하면서 실제거래금액이 종전토지 거래금액보다 높더라도 실제거래금액을 취득세 과세표준으로 보아야 한다.
- 재개발아파트 조합원 지위승계시 승계조합원의 취득세 과세표준을 산정함에 있어, 실제 거래가격이 재개발아파트 조합원분양가 이하로 하락(마이너스 프리미엄)한 경우 종전부동산의 가액(권리가격)으로 신고하고 검증받은 금액으로 적용하여야 한다.
- 뉴타운개발지역의 입주권을 종전토지평가액(권리가격)보다 마이너스프리미엄이 형성된 가격에 승계취득한 경우, 「부동산거래신고 등에 관한 법률」 제3조에 따른 신고서를 제출시 분양계약서상의 금액과 해당 토지 거래금액 및 종전 재산의 권리가액을 각각 기재하여 신고하였고, 이에 대하여 해당 관청에서 「부동산거래신고 등에 관한 법률」 제5조에 따라 검증하였다면 취득세 과세표준 적용기준은 종전 토지가액이 되고 해당 사업이 완료되고 새로이 취득하는 부동산의 과세표준에서 종전 토지가액을 공제하고 취득신고하게 된다.
- 도시개발조합의 경우, 사업시행일 이후의 승계조합원은 종전토지를 승계한 경우에는 종전토지의 가액을 과세표준으로 하고, 환지예정지를 승계한 경우에는 청산금을 부담하면 환지계획에 의한 취득부동산의 가액에서 취득 당시 부동산의 취득가액을 공제한 금액인 초과액을 과세표준으로 취득세를 과세한다.

환지처분 이전 승계취득자 취득세 비과세 여부

사업시행일 이후 환지예정지 승계 취득자의 경우 실질적으로 사업시행 결과 그 보다 재산적 가치가 증가한 새로운 부동산을 취득하는 것을 목적으로 하고 있어 당초부터 부동산을 소유한 원 조합원과 달리 부동산투기 등을 목적으로 취득한 부재지주로 간주하여 취득세 비과세를 배제하는 입법 및 판례취지 등에 비추어 볼 때, 승계 취득자로서 환지계획 등에 의한 취득부동산가액의 합계액이 종전 부동산 가액의 합계액을 초과한 경우로서 관계법령에 따라 청산금을 부담한 경우, 그 청산금에 대한 취득세 과세와는 별도로 그 초과액 즉, 환지계획 등에 의한 취득부동산의 가액에서 승계 취득할 당시의 취득가액을 공제한 금액을 과세표준으로 하여 취득세를 과세함이 타당하다고 할 것이나, 이에 해당되는지 여부는 당해 과세권자가 사실관계 등을 조사하여 결정할 사항이라고 할 것임(행정자치부 지방세운영과-4861, 2010.10.15.).

- 그리고 종전토지의 면적이 아닌 환지예정지의 권리면적을 기준으로 취득세를 부과한다. 이 경우 시가표준액은 환지예정지의 면적에 환지예정지의 개별공시지가를 곱하여 산정한 금액이다.

사례 주택재건축사업이 시행중인 상태에서 조합원의 분양권을 취득한 경우 주택유상거래 감면대상에서 배제하고 실제거래가격을 취득세 과세표준으로 볼 수 있는지 여부

도시재개발사업에 의하여 재개발조합원이 취득하는 대지 및 건축시설은 토지구획정리사업법에 의한 환지와 같은 성질을 가지는 것이어서 종전 토지 등에 대하여 가지고 있던 재개발조합원의 권리는 분양처분에 의하여 비로소 새로운 대지 또는 건축시설에 대한 권리로 변환되는 것이므로 분양처분이 있기 전에는 종전의 토지 또는 장차 부동산을 취득할 수 있는 권리만이 그 취득의 대상이 될 수 있을 뿐 재개발아파트 자체는 취득의 대상이 될 수 없으므로 비록 관리처분계획에 의하여 재개발조합에 대하여 위 아파트에 대한 청산금을 모두 지급하였다고 하더라도 그 시점에서 바로 위 아파트를 취득하였다고 할 수는 없다고 한 사례(조심 13지617 2013.11.11.)

사례 도시개발사업에서 종전가치 초과분에 대한 취득세 과세의 위법 여부

도시재개발법에서 관리처분계획에 따라 분양받게 되는 부동산을 종전의 부동산과 동일한 것으로 본다는 것은 종전의 부동산에 대한 소유권 등의 법적 권리체계가 새로 분양받게 되는 부동산에 그대로 이전된다는 의미이지, 종전 부동산의 경제적 가치와 새로 분양받게 된 부동산의 경제적 가치까지 동일하다고 하는 것은 아니며, 종전 부동산가액을 초과하는 부분에 대하여만 취득세를 부과하는 것이어서 이중과세의 문제도 발생하지 아니하여 헌법상 재산권의 본질적 애용을 침해하는 것도 아님(대법원 03두4515. 2006.4.28.).

③ 일반분양자

일반분양자의 경우, 재개발·재건축사업, 도시환경정비사업, 주택조합사업을 불문하고 일반분양자의 경우에는 유상 승계취득이므로 실제 분양가액(할인시 할인 후 분양가액)을 과세표준으로 한다. 사업시행자가 법인이라면 법인장부가액으로 하여야 할 것이다. 다만, 주택의 연면적 또는 전용면적이 40㎡ 이하이고, 취득가액이 1억 원 미만인 1가구 1주택자의 경우에는 취득세가 면제된다(「지방세특례제한법」 제33조 제2항).

 5 ## 세율 및 감면체계

「**지방세특례제한법**」 제74조(도시개발사업 등에 대한 감면) ① 「도시개발법」 제2조 제1항 제2호에 따른 도시개발사업(이하 이 조에서 "도시개발사업"이라 한다)과 「도시 및 주거환경정비법」 제2조 제2호 나목에 따른 재개발사업(이하 이 조에서 "재개발사업"이라 한다)의 시행으로 해당 사업의 대상이 되는 부동산의 소유자(상속인을 포함한다. 이하 이 조에서 같다)가 환지계획 및 토지상환채권에 따라 취득하는 토지, 관리처분계획에 따라 취득하는 토지 및 건축물(이하 이 항에서 "환지계획 등에 따른 취득부동산"이라 한다)에 대해서는 취득세를 2022년 12월 31일까지 면제한다. 다만, 다음 각 호에 해당하는 부동산에 대해서는 취득세를 부과한다.
1. 환지계획 등에 따른 취득부동산의 가액 합계액이 종전의 부동산 가액의 합계액을 초과하여 「도시 및 주거환경정비법」 등 관계 법령에 따라 청산금을 부담하는 경우에는 그 청산금에 상당하는 부동산
2. 환지계획 등에 따른 취득부동산의 가액 합계액이 종전의 부동산 가액 합계액을 초과하는 경우에는 그 초과액에 상당하는 부동산. 이 경우 사업시행인가(승계취득일 현재 취득부동산 소재지가 「소득세법」 제104조의2 제1항에 따른 지정지역으로 지정된 경우에는 도시개발구역 지정 또는 정비구역 지정) 이후 환지 이전에 부동산을 승계취득한 자로 한정한다.
② 제1항 제2호의 초과액의 산정 기준과 방법 등은 대통령령으로 정한다.
③ 도시개발사업의 사업시행자가 해당 도시개발사업의 시행으로 취득하는 체비지 또는 보류지에 대해서는 취득세의 100분의 75를 2022년 12월 31일까지 경감한다.
④ 「도시 및 주거환경정비법」 제2조 제2호 가목에 따른 주거환경개선사업(이하 이 조에서 "주거환경개선사업"이라 한다)의 시행에 따라 취득하는 주택에 대해서는 다음 각 호의 구분에 따라 취득세를 2022년 12월 31일까지 감면한다. 다만, 그 취득일부터 5년 이내에 「지방세법」 제13조 제5항 제1호부터 제4호까지의 규정에 해당하는 부동산이 되거나 관계 법령을 위반하여 건축한 경우에는 감면된 취득세를 추징한다. 〈신설 2020.1.15.〉

1. 주거환경개선사업의 시행자가 주거환경개선사업의 대지조성을 위하여 취득하는 주택에 대해서는 취득세의 100분의 75를 경감한다.
2. 주거환경개선사업의 시행자가 「도시 및 주거환경정비법」 제74조에 따라 해당 사업의 시행으로 취득하는 체비지 또는 보류지에 대해서는 취득세의 100분의 75를 경감한다.
3. 「도시 및 주거환경정비법」에 따른 주거환경개선사업의 정비구역지정 고시일 현재 부동산의 소유자가 같은 법 제23조 제1항 제1호에 따라 스스로 개량하는 방법으로 취득하는 주택 또는 같은 항 제4호에 따른 주거환경개선사업의 시행으로 취득하는 전용면적 85제곱미터 이하의 주택에 대해서는 취득세를 면제한다.

⑤ 재개발사업의 시행에 따라 취득하는 부동산에 대해서는 다음 각 호의 구분에 따라 취득세를 2022년 12월 31일까지 경감한다. 다만, 그 취득일부터 5년 이내에 「지방세법」 제13조 제5항 제1호부터 제4호까지의 규정에 해당하는 부동산이 되거나 관계 법령을 위반하여 건축한 경우 및 제3호에 따라 대통령령으로 정하는 일시적 2주택자에 해당하여 취득세를 경감받은 사람이 그 취득일부터 3년 이내에 대통령령으로 정하는 1가구 1주택이 되지 아니한 경우에는 감면된 취득세를 추징한다. 〈신설 2020.1.15.〉
1. 재개발사업의 시행자가 재개발사업의 대지 조성을 위하여 취득하는 부동산에 대해서는 취득세의 100분의 50을 경감한다.
2. 재개발사업의 시행자가 「도시 및 주거환경정비법」 제74조에 따른 해당 사업의 관리처분계획에 따라 취득하는 주택에 대해서는 취득세의 100분의 50을 경감한다.
3. 「도시 및 주거환경정비법」에 따른 재개발사업의 정비구역지정 고시일 현재 부동산의 소유자가 재개발사업의 시행으로 주택(같은 법에 따라 청산금을 부담하는 경우에는 그 청산금에 상당하는 부동산을 포함한다)을 취득함으로써 대통령령으로 정하는 1가구 1주택이 되는 경우(취득 당시 대통령령으로 정하는 일시적으로 2주택이 되는 경우를 포함한다)에는 다음 각 목에서 정하는 바에 따라 취득세를 경감한다.
   가. 전용면적 60제곱미터 이하의 주택을 취득하는 경우에는 취득세의 100분의 75를 경감한다.
   나. 전용면적 60제곱미터 초과 85제곱미터 이하의 주택을 취득하는 경우에는 취득세의 100분의 50을 경감한다.

「지방세특례제한법 시행령」 제35조(환지계획 등에 따른 취득부동산의 초과액 산정기준 등) ① 법 제74조 제1항의 환지계획 등에 따른 취득부동산은 그 토지의 지목이 사실상 변경되는 부동산을 포함한다.
② 법 제74조 제2항에 따른 초과액은 같은 조 제1항의 환지계획 등에 따른 취득부동산의 과세표준(「지방세법」 제10조 제5항에 따른 사실상의 취득가격이 증명되는 경우에는 사실상의 취득가격을 말한다)에서 환지 이전의 부동산의 과세표준(승계취득할 당시의 취득세 과세표준을 말한다)을 뺀 금액으로 한다.
③ 법 제74조 제5항 각 호 외의 부분 단서에서 "대통령령으로 정하는 일시적 2주택자"란 취득일 현재 같은 항 제3호에 따른 재개발사업의 시행으로 취득하는 주택을 포함하여 2

개의 주택을 소유한 자를 말한다. 이 경우 주택의 부속토지만을 소유하는 경우에도 주택을 소유한 것으로 보며, 상속으로 인하여 주택의 공유지분을 소유한 경우(주택 부속토지의 공유지분만을 소유하는 경우를 포함한다)에는 주택을 소유한 것으로 보지 않는다. 〈신설 2020.1.15.〉

④ 법 제74조 제5항 각 호 외의 부분 단서 및 같은 항 제3호 각 목 외의 부분에서 "대통령령으로 정하는 1가구 1주택"이란 각각 주택 취득자와 같은 세대별 주민등록표에 기재되어 있는 가족(동거인은 제외한다)으로 구성된 1가구(취득자의 배우자, 취득자의 미혼인 30세 미만의 직계비속은 각각 취득자와 같은 세대별 주민등록표에 기재되어 있지 않더라도 같은 가구에 속한 것으로 본다)가 국내에 1개의 주택을 소유하고, 그 소유한 주택이 「도시 및 주거환경정비법」 제2조 제2호 나목에 따른 재개발사업의 시행에 따라 취득한 주택일 것을 말한다. 이 경우 주택의 부속토지만을 소유하는 경우에도 주택을 소유한 것으로 본다. 〈신설 2020.1.15.〉

⑤ 법 제74조 제5항 제3호 각 목 외의 부분에서 "대통령령으로 정하는 일시적으로 2주택이 되는 경우"란 제3항에 해당하게 되는 경우를 말한다. 〈신설 2020.1.15.〉

※ 도시개발사업 등에 대한 감면 재설계(2020.1.1. 이후 '실시계획' 또는 '사업시행계획'이 인가받는 사업은 개정 감면규정 적용)

❑ 개정개요

개정 전				개정 후			
□ 도시개발사업 등에 대한 감면 ○ (감면대상 및 감면율) 사업별·대상자별 구분 없이 혼재				□ 사업별 조문체계 정비 ○ (감면대상 및 감면율) 사업별·대상자별 조문체계 정비			
구 분		조문	감면율	구 분		조문	감면율
도시개발, 재개발사업의 환지계획 등에 따라 취득하는 부동산		§74①	100%	도시개발, 재개발사업의 환지계획 등에 따라 취득하는 부동산		§74①	100%
도시개발, 재개발사업의 체비지 또는 보류지		§74①	100%	도시개발사업의 체비지 또는 보류지		§74③	75%
재개발	대지조성하기 위한 부동산	§74③1	75%	재개발	대지조성하기 위한 부동산	§74⑤1	50%
	관리처분에 따라 취득하는 주택	§74③2	75%		관리처분에 따라 취득하는 주택	§74⑤2	50%
	(신설)	－	－		60㎡ 이하 주택(청산금)	§74⑤3	75%
	85㎡ 이하 주택(청산금)	§74③4	100%		60~85㎡ 이하 주택(청산금)	§74⑤3	50%
주거환경개선	시행을 위하여 취득하는 주택	§74③3	75%	주거환경개선	대지조성하기 위한 주택	§74④1	75%
	(신설)	－	－		체비지 또는 보류지	§74④2	75%
	현재개량, 85㎡ 이하 주택(청산금)	§74③5	100%		현재개량, 85㎡ 이하 주택(청산금)	§74④3	100%

개정 전	개정 후
□ 감면사업 범위 ○ 주택재개발사업 및 주거환경개선사업에 한정하여 감면(§74③)	□ 감면사업 범위 확대 ○ 도정법 개정('18.2.7.)이후 외형상 사업별 구분 곤란하여 감면사업 범위 확대

<table>
<tr><td colspan="2">도시정비법</td></tr>
<tr><td>개정 전</td><td>개정 후</td></tr>
<tr><td>주택재개발사업</td><td rowspan="2">재개발사업</td></tr>
<tr><td>도시환경정비사업</td></tr>
<tr><td>주거환경개선사업</td><td rowspan="2">주거환경개선사업</td></tr>
<tr><td>주거환경관리사업</td></tr>
</table>

□ 적용시기 신설
○ (경과조치) '20.1.1. **이전** '실시계획' 또는 '사업시행계획'이 인가되어 고시된 사업은 종전 감면규정 적용
○ (적용례) '20.1.1. **이후** '실시계획' 또는 '사업시행계획'이 인가받는 사업은 개정 감면규정 적용
※ (주거환경개선사업) 체비지 또는 보류지는 이 법 시행 이후 납세의무가 성립하는 분부터 적용

□ 개정내용
• 낙후지역 개발 지원 및 원거주민 재정착을 위한 공공목적 및 사업 수익성 등을 종합적으로 감안하여 감면 재설계
  - 사업시행자의 수익성, 수혜계층의 담세력, 부동산 투기 소지 등 개발사업의 유형별 특성을 고려
• 「도시 및 주거환경정비법」개정('18.2.7.) 이후 제도적 특성이 유사하여 외형상 사업별 구분이 곤란해짐에 따라 감면사업 범위 확대

개정 전	개정 후
舊 주택재개발사업	재개발사업 (舊 주택재개발 사업+ 舊 도시환경정비사업)
舊 주거환경개선사업	주거환경개선사업 (舊 주거환경개선사업+舊주거환경관리사업)

○ 또한, '실시계획' 또는 '사업시행계획'이 인가되어 고시된 사업에 대해서는 종전 감면을 적용하여 신뢰 보호(부칙 제17조)
○ 현행 개발정비 사업별 혼재되어 있는 조문을 사업별로 각각 분리
  - (도시개발사업) 유사 개발사업과의 형평성 반영하여 공공성에 따른 감면 축소

구 분	감 면 내 용	개 정 전	개 정 후
소유자	환지계획 등에 따른 취득하는 부동산	과표 공제(§74①)	연 장(§74①)
시행자	체비지 또는 보류지	감 100%(§74①) * 최소납부세제 적용 ('20년~)	감 75%(§74③)

- (주거환경개선사업) 저소득층이 거주하는 기반시설이 극히 열악한 지역에 대한 사업으로 높은 공공성을 감안하여 감면 연장 및 감면대상 확대

구 분	감 면 내 용	개 정 전	개 정 후
소유자	현지개량주택 또는 85㎡ 이하 주택	감 100%(§74③5) * 최소납부세제 적용 ('19년~)	연 장(§74④3) * 최소납부세제 적용('19년~)
시행자	대지조성을 위하여 취득하는 주택	감 75%(§74③3)	감 75%(§74④1)
	체비지 또는 보류지	-	(신설) 감 75%(§74④2)

- (재개발사업) 부동산 가격상승 등 투자목적으로 민간이 자발적으로 주도하는 재건축사업과의 성격 유사성 고려하여 감면 축소

구 분	감 면 내 용	개 정 전	개 정 후
소유자	환지계획 등에 따른 취득하는 부동산	감 과표 공제(§74①)	연 장(§74①)
	60㎡ 이하 주택	감 100%(§74③4) * 최소납부세제 적용 ('19년~)	감 75%(§74⑤3)
	60~85㎡ 이하 주택		감 50%(§74⑤3)
시행자	체비지 또는 보류지	감 100%(§74①)	(조문정비, §74⑤2)
	대지조성을 위하여 취득하는 부동산	감 75%(§74③1)	감 50%(§74⑤1)
	관리처분계획에 따라 취득하는 주택	감 75%(§74③2)	감 50%(§74⑤2)

○ 재개발사업의 원주민이 취득한 주택에 대한 실질적 정착 및 투기 악용 방지를 위해 1가구 1주택(일시적 2주택)인 경우 감면요건 신설
  - (1가구 1주택) 기존 서민주택(법 §33), 신혼부부 생애최초 주택(법 §36-2) 의 1가구 1주택 감면 요건과 동일하게 규정
  - (일시적 2주택) 재개발사업의 사업시행자로부터 취득하는 주택(법 §74⑤3) 을 포함하여 2주택 보유하는 경우(대통령령으로 위임).

※ 상속으로 공동지분을 보유(주택의 부속 토지 포함)하는 경우 주택 수 산입하지 않음.

❑ **적용요령**

① 적용시기

○ (경과조치) 2020.1.1. 이전 도시개발사업의 '실시계획 인가'를 받거나 재개발사업 및 주거환경개선사업의 '사업시행계획 인가'를 받은 사업의 시행에 따라 취득하는 부동산에 대해서는 취득세 감면 및 추징에 대해서는 종전의 규정을 적용(부칙 제17조).

○ (적용례) 2020.1.1. 이후 도시개발사업의 '실시계획인가' 또는 재개발사업 및 주거환경개선사업의 '사업시행계획인가'를 받은 사업부터 개정된 규정을 적용(부칙 제5조).

② 주거환경개선사업

○ 지역개발과 주민 생활환경시설 정비를 위한 입법취지와 달리 대지조성 후 신축하는 주택(건물)을 감면대상에 포함하여 해석될 우려

– 재개발사업의 시행자가 대지조성을 위하여 취득하는 부동산과의 감면대상 형평성을 고려하여 감면대상 명확화

○ 주거환경개선 사업방법으로 관리처분방식이 도입되면서 사업방식 및 시행절차 등 고려하여 체비지 및 보류지 감면대상 신설

– '20년 1월 1일 이후 납세의무가 성립하는 때부터 적용.

③ 재개발사업

○ 재개발사업 감면적용 시 현행 '체비지 및 보류지'(법 §74①)와 '관리처분계획에 따라 취득하는 주택'(법 §74③2)으로 중복 적용하여 과세혼란 발생

– 동일한 감면대상에 대하여 통일성 있게 감면 적용될 수 있도록 '관리처분계획에 따라 취득하는 주택'으로 감면조문 정비(주택이 아닌 일반상가 등 감면대상 배제)

○ 또한, 기존 재개발사업의 임대주택은 체비지가 아닌 '관리처분계획에 따라 취득하는 주택'으로 보아 감면 적용됨에도 불구하고(감면율 75%)

– 기존 일반분양 주택(체비지)에 공공성이 높은 임대주택보다 높은 감면 적용(감면율 100%)되는 과세불형평성 방지

기 존			개 정	
일반분양분 주택(체비지)	임대주택 (체비지 ×)	⇒	일반분양분 주택	임대주택
취 100	취 75		취 50	

④ 재개발사업 감면 1가구1주택 기준 추가

○ 재개발사업의 원주민이 취득한 주택에 대한 실질적 정착 및 투기 악용 방지를

위해 1가구 1주택(일시적 2주택)인 경우 감면요건 추가
- (1가구 1주택) 기존 서민주택(법 §33), 신혼부부 생애최초 주택(법 §36의2)의 1가구 1주택 감면 요건과 동일하게 규정
- (일시적 2주택) 재개발사업의 사업시행자로부터 취득하는 주택(법 §74 ⑤ 3)을 포함하여 2주택 보유하는 경우(대통령령으로 위임)
  ※ 상속으로 공동지분을 보유(주택의 부속 토지 포함)하는 경우 주택 수 산입하지 않음.
- (추징요건) 일시적 2주택자가 감면 받은 후 취득일부터 3년 이내에 대통령령으로 정하는 1가구 1주택이 되지 아니한 경우에는 추징

(1) 조합 등

■ 재개발사업은 정비기반시설이 열악하고 노후·불량건축물이 밀집하여 사적 자치에 의한 시장기능만으로는 그 회복이 불가능한 지역의 정비를 목적으로 하고 있으며, 이들 지역의 경우 원칙적으로 국가 또는 지방자치단체가 시행하는 것을 전제로 하고 있으면서 주민의 반발 등을 고려하여 토지 등 소유자로 구성된 조합이 행정관청을 대신하여 사업을 시행하는 방법을 선택할 수 있도록 하였지만,

■ 주택재건축사업은 정비기반시설은 양호하나 노후·불량건축물이 밀집한 지역에서 주거환경을 개선하기 위하여 시행하는 사업으로서 실제로는 노후·불량한 주택의 정비보다는 일반적으로 사적인 자산가치 증식을 목적으로 시행되어 왔고, 「도시 및 주거환경정비법」으로 주택재건축사업의 내용 및 절차를 강화하는 등의 개정이 있었지만 매도청구소송과 토지수용, 안전진단, 사업시행관련 동의의 방식 등의 관련 조항에 비추어 아직도 기본적으로 토지소유자에 의한 재산증식 측면이 강하여 공익성의 정도가 주택재개발사업에 미치지 못하고 있어 법적 성격에 차이가 있다고 본다.

가. 재개발조합

■ 대지조성을 위하여 취득하는 부동산
- 「도시 및 주거환경정비법」 제8조에 따른 주택재개발사업의 시행자인 주택재개발조합이 같은법 제2조 제2호 나목에 따른 주택재개발사업의 대지 조성을 위하여 취득하는 부동산에 대하여는 취득세의 100분의 75를 경감한다.
- 다만, 취득일로부터 5년 이내에 「지방세법」 제13조 제5항의 사치성 재산이 되거나 관계법령을 위반하여 건축한 경우에는 면제된 취득세를 추징한다(「지방세특례제한법」 제74조 제3항 제1호). 도시환경정비사업조합의 경우에는 면제 규정이 없다.

- 다만, 주거환경개선사업의 경우 주거환경개선사업을 위해 주택을 취득하는 경우에는 100분의 75의 취득세를 경감한다(「지방세특례제한법」 제74조 제3항 제3호).

■ 사업시행자가 취득하는 체비지 또는 보류지
- 주택재개발사업 및 도시환경정비사업의 사업시행자가 취득하는 체비지 또는 보류지에 대해서는 취득세를 면제한다(「지방세특례제한법」 제74조 제1항). 따라서 주택재개발조합이 주택개발사업의 완공에 따라 체비지로 일반분양용 주택이나 상가를 취득하는 경우 취득세가 면제된다.
- 그러나 재건축조합의 경우에는 비조합원용 부동산에 대한 취득세가 면제되지 않는다 (「지방세법」 제7조 제8항, 제9조 제3항).

■ 관리처분계획에 따라 취득하는 주거용 부동산
- 주택재개발사업의 시행자인 주택재개발조합이나 주거환경개선사업의 시행자인 주거환경개선조합이 관리처분계획에 따라 취득하는 주택에 대해서는 취득세의 100분의 75를 경감한다(「지방세특례제한법」 제74조 ③ 2호). 다만, 그 취득일부터 5년 이내에 「지방세법」 제13조 제5항의 사치성 재산이 되거나 관계 법령을 위한하여 건축한 경우에는 감면된 취득세를 추징한다. 그러나 도시환경정비사업조합의 경우에는 감면 규정이 없다.

| 정비사업조합의 취득세 면제 여부 |

구 분	대지조성	체비지·보류지	관리처분 주거용
재개발조합	면제	면제	75% 경감
재건축조합	과세	과세	과세
도시환경정비조합	과세	면제	과세
주거환경정비조합	과세	과세	75% 경감

사례 도시개발사업 및 재개발사업에서 체비지의 범위

① 체비지에 건축시설이 포함되는지 여부(대법원 01두5391, 2011.10.23.) 「지방세법」 제109조 제3항에서 취득세 비과세 대상으로 규정한 '사업시행자가 취득하는 체비지'에는 토지뿐 아니라 건축시설도 포함되는 것임.

② 주택재개발사업시행자가 미리 환지계획이나 관리처분계획에서 체비지 또는 보류지로 정하여 환지처분 공고나 분양처분의 고시가 있는 후에 취득하는 주택의 경우는 여기에 해당한다.

③ 주택재개발조합이 주택재개발사업의 완공에 따라 체비지로 일반분양분 주택과 상가를 취득하는 경우에는 취득세가 비과세된다.

「도시개발법」에 따른 도시개발사업과 「도시 및 주거환경정비법」에 따른 정비사업(주택재개발사업 및 도시환경정비사업으로 한정한다)의 시행으로 사업시행자가 취득하는 체비지 또는 보류지에 대해서는 취득세를 2019년 12월 31일까지 면제한다고 규정하고 있는 바, 체비지 및 보류지로 지정된 부분은 지방세특례제한법상 면제대상에 해당되고, 체비지 및 보류지에는 건축시설(상가)도 포함된다 할 것이므로(같은 취지 대법원 2011.10.23. 선고 2001두5392, 2008.4.22. 도세-580 참조) 취득세 면제대상에 해당한 것으로 판단됨(서울세제-15556. 2016.11.2.).

신축하는 건물을 토지등소유자에게 공급하는 것과 일반분양(체비지)하는 것으로 구분 표시하여 관리처분계획 인가를 받고, 토지등소유자 공급분에 대해서 도시및주거환경정비법 제57조 제1항의 청산금이 발생하지 않은 경우라면, 지방세특례제한법 제74조 제1항에서는 사업시행자가 취득하는 체비지에 대하여 취득세를 감면한다고 규정하고 있을 뿐, 감면요건으로 그 사업시행자가 토지소유자인지 여부는 규정하고 있지 않고, 도시및주거환경정비법 제55조 제2항에 따르면 일반에게 분양하는 대지 또는 건축물은 도시개발법 제34조 제1항에 의한 체비지로 본다고 규정하고 있고, 도시개발법 제34조 제1항에서는 도시개발사업에 필요한 경비에 충당할 수 있는 것을 체비지로 정하여 규정하고 있으므로, 그 일반분양(체비지)분은 지방세특례제한법 제74조 제1항에서 정한 체비지로서 취득세 면제대상에 해당하는 것으로 보는 것이 타당할 것임(지방세특례제도과-2772. 2015.10.12.).

같은법 제177조의2에서 이법에 따라 취득세 또는 재산세가 면제되는 경우에는 이 법에 따른 취득세 또는 재산세의 면제규정에도 불구하고 100분의 85에 해당하는 감면율을 적용한다고 규정하고 있고, 같은법 부칙(법률 제13637호, 2015.12.29.) 제5조 제1호 내지 제4호에서 제177조의2의 개정규정에 대한 적용시기를 규정하고 있는데 지방세특례제한법 제74조 제1항은 2020.1.1.부터 그 제3항과 제2호는 2016.1.1.부터 시행하도록 규정하고 있습니다.

따라서 귀 질의의 경우, 주택재개발사업시행자가 미리 환지계획이나 관리처분계획에서 체비지 또는 보류지로 정하여 환지처분 공고나 분양처분의 고시가 있는 후에 취득하는 주택의 경우라면 지방세특례제한법 제74조 제1항에 따라 취득세가 전액 감면되는 것이나, 관리처분계획에서 체비지 또는 보류지로 정하여 환지처분 공고나 분양처분의 고시가 있은 후에 취득하는 주택의 경우라면 지방세특례제한법 제74조 제1항에 따라 취득세가 전액 감면되는 것이나, 관리처분계획에서 체비지 또는 보류지로 지정되지 아니한 주택을 취득하는 경우에는 지방세특례제한법 제74조 제3항 제2호가 적용되어 같은법 제177조의2 및 부칙 제5조 제4호에 따라 취득세의 100분의 85에 해당하는 감면율 적용대상으로 판단됩니다(서울세제-15556, 2016.11.2.).

사례 도시정비법 제65조 시장·군수 또는 주택공사등이 아닌 사업시행자가 정비사업의 시행으로 새로이 설치한 정비기반시설을 국가 등에 무상으로 귀속되는 것에 대하여 사업시행자가 그 정비사업의 시행으로 인하여 용도가 폐지되는 국가 또는 지방자치단체 소유의 정비기반시설을 양수받는 경우 그 취득시기

구 「도시 및 주거환경정비법」(2017.2.8. 법률 제14567호로 전부개정되기 전의 것, 이하 '구 도시정비법'이라고 한다) 제65조 제2항은 "시장·군수 또는 주택공사 등이 아닌 사업시행자가 정비사업의 시행으로 새로이 설치한 정비기반시설은 그 시설을 관리할 국가 또는 지방자치단체에 무상으로 귀속되고, 정비사업의 시행으로 인하여 용도가 폐지되는 국가 또는 지방자치단체 소유의 정비기반시설은 그가 새로이 설치한 정비기반시설의 설치비용에 상당하는 범위 안에서 사업시행자에게 무상으로 양도된다."라고 규정하고 있다. 위 조항 후단에 따라 사업시행자가 용도폐지되는 정비기반시설을 구성하는 부동산을 취득하는 것은 무상의 승계취득에 해당하는데(대법원 2019.4.3. 선고 2017두66824 판결 등 참조), 이에 대한 취득세 납세의무 성립일인 취득시기는 구 도시정비법 제65조 제4항에서 정한 '정비사업이 준공인가되어 관리청에 준공인가통지를 한 때'라고 봄이 타당함(대법원 2019두53075, 2020.1.16.).

사례 재개발조합이 관리처분계획서상 대지조성용으로 예정된 용도폐지되는 도로를 국가로부터 무상양여 받아 준공일에 취득하는 경우도 대지조성용 토지로 보아 지방세를 감면할 수 있는지 여부

재개발 사업시행자가 용도폐지되는 정비기반시설을 구성하는 부동산 취득의 취득시기는 '정비사업이 준공인가되어 관리청에 준공인가 통지를 한 때(대법원 2019두53075, 2020.1.16. 판결)'라고 하더라도, 국가 등이 소유한 토지는 사업시행인가 고시가 있는 날부터 종전의 용도가 폐지된 것으로 보는 점, 용도가 폐지되는 국가 또는 지방자치단체 소유의 정비기반시설은 사업시행자가 새로 설치한 정비기반시설의 설치비용에 상당하는 범위에서 시행자에게 무상으로 양도되는 점, 사업시행자가 도로 등 정비기반시설을 설치하기 위해서는 관할 지방자치단체의 장과 사전에 협의를 거치는 점, 귀문 관리처분계획인가 당시(2016.9.20.) 대지조성을 위한 소유토지 현황에 무상양수 예정인 용도폐지된 국공유지가 이미 포함되어 있었던 점, 새로운 도로 등 정비기

반시설도 대지조성과 함께 설치되었기에 준공시점에 국가 등에 바로 귀속될 수 있었던 점 등을 종합적으로 고려해볼때, 재개발사업에 따른 도로 등 정비기반시설의 설치는 대지조성과 함께 진행되었다고 할 것이므로 그 취득시기에도 불구하고 이 사건 토지는 취득세 감면대상인 대지조성을 위하여 취득하는 부동산에 해당된다고 할 것임(지방세특례제도과-307, 2020.2.14.).

나. 재건축조합

■ 토지

– 보통 조합원은 종전토지를 조합에 신탁한다. 신탁된 토지 중 조합원분은 환지로서 조합원의 소유가 유지되므로 조합에 취득세 납세의무가 없다(「지방세법」 제7조 ⑧ 본문).

– 다만, 비조합원용 토지는 소유권이전고시일의 다음날에 조합에 무상이전 되는 것이므로 무상취득세율 35/1000가 적용된다(「지방세법」 제11조 ① 2호).

사례 재건축조합 신탁받은 토지 중 비조합원용토지에 대한 적용 세율

재건축조합이 조합원들로부터 신탁 받은 토지 중 최종적으로 비조합원용 토지가 되는 면적은 이전고시에 이하여 확정되기에 과세목적상 그 취득시기를 이전고시 다음날로 간주하는 것일 뿐이므로 무상 승계취득에 관한 세율 35/1000을 적용함이 타당하다고 한다(대법원 15두47065, 2015.9.3.).

■ 건축물

– 토지와 마찬가지로 비조합원(일반분양용) 건축물만 조합이 원시취득하여 보존등기하므로 그에 대해 28/1000의 세율이 적용된다.

다. 주택조합

■ 지역주택조합의 경우에는 사업계획 승인 이전의 사업부지의 취득은 조합원 명의로 하므로 조합의 취득세 납세의무는 없다. 사업계획 승인 이후에 사업부지를 조합으로 신탁하는 경우에는 비조합원용 토지에 대해 건축물 완공시에 원시취득 하므로 2.8%의 세율이 적용된다.

■ 주택조합이 토지신탁등기를 경료하지 않고 금전신탁으로 자기 명의로 직접 토지를 취득한 경우에는 일반분양분에 대해서는 잔금지급일과 등기일 중 빠른 날에 취득이 성립한다고 하므로 그에 대해 4%의 유상승계 취득세율이 적용된다.

■ 현실적으로 주택조합이 주택건설사업계획의 승인을 받기 위해서는 토지전부에 대해 조합명의로 소유권을 취득하는 경우에는 조합원분에 대해서도 취득세를 전액 납부하고 분

담금 형태로 조합원에게 전가한다.

■ 건축물이 완공되는 시점에서는 주택조합은 일반분양용 토지에 대해서는 납세의무가 성립하지 않고 신축건물 자체에 대해서만 원시취득으로 2.8%의 세율이 적용된다.

■ 조합이 조합원으로부터 토지를 신탁받아 신탁등기를 병행하는 경우에는 영 제20조 제8항이 적용되어 사용검사일에 일반분양분 토지에 대하여 주택의 부속토지로 원시취득하므로 2.8의 세율이 적용된다.

■ 건축물이 완공되는 시점에서는 주택조합은 일반원칙에 따라 사용검사일에 건축물을 원시취득하여 2.8%의 세율이 적용된다.

(2) 조합원

가. 재개발조합

1) 원조합원

■ 원칙
- 「도시개발법」에 따른 도시개발사업과 도시정비법에 따른 정비사업(주택재개발사업과 도시환경정비사업에 한정)의 시행으로 해당사업의 대상이 되는 부동산의 소유자(상속인을 포함)가 환지계획 및 토지상환채권에 따라 취득하는 토지, 관리처분계획에 따라 취득하는 토지 및 건축물에 대하여는 취득세를 면제한다(「지방세특례제한법」 제74조 ①).
- 이 규정은 환지계획이나 관리처분계획에 따라 분양처분으로 원시취득하는 부동산에 대한 취득세 면제 규정이다.
- 다만, ① 환지계획 등에 따른 취득부동산가액 합계액이 종전의 부동산의 합계액을 초과하여 도시 및 주거환경정비법 등 관계 법령에 따라 청산금을 부담하는 경우에는 그 청산금에 상당하는 부동산, ② 환지계획 등에 다른 부동산의 가액 합계액이 종전의 부동산 가액 합계액을 초과하는 경우에는 그 초과액에 상당하는 부동산에 대해서 취득세를 과세한다고 하므로써 청산금불입액에 대해서는 과세하고 있다.
- 또한 주택재개발사업의 정비구역지정 고시일 현재 부동산을 소유한자가 주택재개발사업의 시행자로부터 취득하는 전용면적 85제곱미터 이하의 주택(청산금을 부담하는 경우에는 그 청산금에 상당하는 부동산을 포함한다)에 대해서는 취득세를 면제한다(「지방세특례제한법」 제74조 ③ 4).

사례 ▶ 재개발사업시행인가 이후 상속 받은자가 감면대상인지 여부

재개발사업시행인가 이후에 사업지구 내 부동산을 상속으로 취득한 자를 「지방세법」

제109조 제3항(현행 「지방세특례제한법」 제74조 제1항)에서 상속인을 사업시행인가 당시 소유자와 동일하게 청산금 적용대상으로 규정하고 있었고, 사업시행인가 이후 환지이전에 부동산을 승계취득한 자를 사업시행인가 당시 소유자와 구분하여 청산금이 아닌 초과액에 상당하는 부동산에 대하여 취득세 등을 납부토록 하였으므로 상속인은 청산금 적용대상으로 보는 것이 타당하다(조심 2010지536, 2011.7.4.). → 현행 「지방세특례제한법」 제74조 제1항 본문에서 사업시행인가 당시의 소유자에 상속인을 포함하는 것으로 규정하고 있고, 상속인과 같은 항 제2호가 아닌 제1호의 청산금 적용대상임.

※ 같은법 제77조 제1항과 같이 '상속인을 포함한다'는 규정은 없으나 「민법」상 상속의 포괄승계규정에 비추어 상속인도 포함한다고 볼 것임.

사례 보존등기 된 부동산을 승계취득시 감면대상 여부

사업시행자로부터 보존등기된 부동산을 매매계약으로 승계취득하는 경우는 당연히 면제 대상이 아니다(세정 13430-475, 1995.5.24.).

■ 청산금 과세

- 위 원칙에도 불구하고 환지계획에 따른 취득 부동산의 가액 합계액이 종전 부동산 가액의 합계액을 초과하여 「도시 및 주거환경정비법」에 따라 청산금을 부담하는 경우 그 청산금에 상당하는 부동산에 대하여는 취득세를 부과한다(「지방세특례제한법」 제74조 ① 1호).

- 이 규정의 적용범위는 「지방세특례제한법」 제74조 제3항 제4호와 관련하여 주택으로서 전용면적 85㎡를 초과하거나 주거용 이외의 부동산일 경우이다. 과세되는 '초과액'은 취득 부동산의 과세표준에서 종전 부동산의 과세표준을 뺀 금액을 말한다(「지방세특례제한법 시행령」 제35조 ②), 청산금 불입액은 토지분(증가분)과 건축물분으로 안분되는데, 모두 원시취득의 2.8%의 취득세율을 적용한다.

- 재건축조합원의 경우에는 토지분의 경우 신탁의 해지로 자기지분만큼 취득하는 것에 대해서는 취득세가 비과세되고, 건물부분은 신탁해지로 취득하는 것이 아니므로 조합원별로 안분된 공사비 전액에 대하여 원시취득의 취득세가 과세된다.

사례 관리처분없이 사업을 시행한 경우 감면대상인지 여부

사업시행자만이 토지 등의 소유자인 경우 관리처분 없이 사업을 시행하더라도 취득세 감면대상인 환지계획 등에 의한 취득으로 볼 수 없으나, 이 경우 투입된 건축비용은 사실상 청산금에 해당되어 종국적으로 감면대상이 아니다(대법원 14두38262, 2014.10.15.).

■ 전용면적 85㎡ 이하의 주택

- 위 원칙에도 불구하고 주택재개발사업의 정비구역지정 고시일 현재 부동산을 소유한 자가 주택재개발상업이 주거환경정비사업의 시행자(조합)로부터 취득하는 전용면적 85㎡ 이하의 주택에 대하여는 청산금 유무를 불문하고 취득세를 면제한다(「지방세특례제한법」 제74조 ③ 4호).

- 이때 정비구역지정 고시일(일반지역의 경우에는 사업시행인가일) 현재 부동산을 소유한 자에는 상속인은 포함되지 않는다는데 주의해야 한다. 위에서 본 청산금에 대한 취득세가 적용되는 원조합원(「지방세특례제한법」 제74 ① 1호)에 상속인이 포함되는 것과 혼동해서는 아니 될 것이다. 이와 달리 주택재건축사업과 도시환경정비사업의 경우에는 면제 규정이 없다는 데 유의하여야 한다.

사례 사업시행인가 이후 승계조합원이 되어 85㎡ 이하 주택을 분양받아 취득하는 경우 감면대상 여부

「지방세특례제한법」 제17조 제1항의 경우 사업시행인가 전후에 관계없싱 종전부동산에 해당되는 가액에 대하여는 주택재개발업 등으로 취득하는 부동산가액에서 이를 차감하지만 전용면적 85㎡ 이하의 주택에 대하여는 사업시행인가 당시의 소유자에게만 새로이 취득하는 부동산에 대하여 취득세를 면제하도록 특례규정을 두고 있는 바, 청구인의 경우 종전부동산을 신당재개발지구에 대한 사업시행인가가 이루어진 이후에 취득하였음이 확인되고 있으므로 「지방세특례제한법」 제17조 제3항의 규정을 적용할 수는 없다 하겠고, 조세법률주의 원칙상 청구인에게 부동산 투기 위도가 없었다는 사유만으로 당해 규정을 확대해석할 수는 없는 것이라 하겠다(조심 12지761, 2012.12.27.).

사례 사업시행인가 이후 승계조합원이 되어 85㎡ 이하 주택을 분양받아 취득하는 경우 감면대상 여부 등

① 「지방세특례제한법」 제17조 제1항의 경우 사업시행인가 전후에 관계없싱 종전부동산에 해당되는 가액에 대하여는 주택재개발업 등으로 취득하는 부동산가액에서 이를 차감하지만 전용면적 85㎡ 이하의 주택에 대하여는 사업시행인가 당시의 소유자에게만 새로이 취득하는 부동산에 대하여 취득세를 면제하도록 특례규정을 두고 있는 바, 청구인의 경우 종전부동산을 신당재개발지구에 대한 사업시행인가가 이루어진 이후에 취득하였음이 확인되고 있으므로 「지방세특례제한법」 제17조 제3항의 규정을 적용할 수는 없다 하겠고, 조세법률주의 원칙상 청구인에게 부동산 투기 의도가 없었다는 사유만으로 당해 규정을 확대해석할 수는 없는 것이라 하겠다(조심 12지761, 2012.12.27.).

② 「지방세특례제한법」 제74조 제1항 규정에서 환지계획에 따라 취득하는 부동산에 대하여는 상속인에 대하여도 취득세를 면제하되 청산금 등을 부담하는 경우 그 청산금 등에 대하여는 면제대상에서 제외하였고, 위 같은 조 제3항 및 같은법 시행령 제35조 제3항 제3호 규정에서는 전용면적 85㎡ 이하의 주택에 대하여 청산금에 대하여도 취득세를 면제하도록 하였으나, 위 지방세특례제한법 제74조 제1항과는 달리 그 면제대상에 당초 부동산 소유자 외에 상속인을 포함한다는 규정을 별도로 두지는 아니하였다(조심 12지583, 2012.11.7.).

③ 시세 감면조례 제16조 제3호에 의거 주택재개발사업의 최초 시행인가일 현재 부동산을 소유한 자가 사업시행으로 인해 전용면적 85㎡ 이하의 주거용 부동산을 취득하는 경우 감면대상에 해당하는 것이므로, 2012.12.26. 관리처분계획 인가가 난 이후 상속개시일인 2005.3.4. 해당 토지를 취득한 사실이 확인되 청구인이(전용면적 85㎡ 이하의 이 사건 아파트를 취득한 것은) 이에 해당되지 않는 바, 「지방세법」 제109조 제2호의 규정에 따라 아파트의 취득가액에서 토지의 취득가액을 차감한 금액을 과세표준으로 하여 취득세 등을 부과한 처분은 달리 잘못이 없다(감심 2008-106, 2008.4.10.).

2) 승계조합원

■ 1단계로 원조합원의 건물 멸실 후 조합원의 지위(입주권)가 이전되는 경우에는 토지 취득으로 보아 토지의 권리가액에 프리미엄을 합한 가액에 유상승계인 경우에는 4%, 무상승계인 경우에는 3.5%를 적용한다.

■ 2단계로 건축물의 완공 후(소유권이전고시일의 다음날이나 사실상 사용일 중 빠른날 이후) 환지계획 등에 따른 취득 부동산의 가액 합계액이 종전 부동산의 가액 합계액을 초과하는 경우 그 초과액에 상당하는 부동산에 대하여는 취득세를 부과한다.

■ 이 경우 사업시행인가일(투기지역의 경우에는 정비구역 지정일) 이후 환지 이전에 부동산을 승계취득한자로 한정한다(「지방세특례제한법」 제74조 ① 2호). 이때에는 완공으로 취득하는 건물의 사실상 취득가격(「지방세특례제한법」 제10조 ⑤ 3호)에서 토지 승계취득 당시의 과세표준을 뺀 금액에 대하여 토지분(증가분)이든 건축물분이든 원시취득의 2.8%의 취득세율이 과세된다(「지방세특례제한법」 제74조 제1항, 「지방세특례제한법 시행령」 제35조 제2항). 정비사업의 구분 없이 어느 경우나 같다.

■ 재개발사업이라면 1단계로 건물의 멸실 후 신축건물 완공 전에 조합원 지위(입주권)를 승계하면 토지에 대한 취득세(유상 4%, 무상 3.5%, 상속 2.8%)가 부과되면 법인인 경우에는 사실상 취득가액, 개인인 경우에는 신고가액(권리가액+프리미엄)이 검증된 경우라고 그 가액을 과세표준으로 한다.

■ 이때 원조합원이 이미 불입한 청산금이 있다면 나중에 환지되는 토지나 건축물의 과세

표준에 포함된다. 2단계로 건축물 완공후에는 관리처분계획에 따른 취득부동산의 가액 합계액이 종전부동산의 가액 합계액을 초과하는 경우에는 그 초과액에 상당하는 부동산에 대하여 취득세가 부과된다.

- 다시 말해, 분양가액에서 종전부동산을 승계취득할 당시의 취득세 과세표준을 뺀 금액이 과세표준이 된다(「지방세특례제한법」 제74조 제1항 제호, 「지방세특례제한법 시행령」 제35조 제2항). 이때 초과액에 해당하는 과세표준은 원조합원과 승계조합원이 불입한 청산금의 합계액으로서 토지와 건축물로 안분한다.
- 원조합원이 신축건물 (임시)사용승인 이후 이전고시일 이전에 입주하는 경우, 건물분 청산금에 대한 취득세가 과세된다(건물분 청산금 × 28/1000).
- 그 후 사실상 입주일과 이전고시일 사이에 승계조합원이 매매로 조합원 지위를 승계하는 경우, 승계취득일에 종전토지 및 신축건물에 대한 취득세를 부담하는데 유상승계인 경우 4%, 무상승계인 경우 3.5%가 작용된다. 토지 지분증가분이 있다면 이전고시일 다음 날에 원시취득하므로 청산금에 대해 취득세율 2.8%를 적용하여 추가 부담하여야 한다. → 주택취득세율을 적용하고, 토지에는 4%가 타당

사례 ▶ 재개발사업으로 건축한 아파트 소유권이전고시일 전 분양대금 완납후 매도한 경우 취득세 납세의무성립 여부

주택재개발사업으로 건축한 아파트를 소유권이전고시일 이전에 분양대금 완납후 매도하는 경우, (양수인이) 아파트를 실제 사용하지 않는다면 「지방세법 시행령」 제73조에 의해 소유권이전고시일의 다음날이 취득일이므로 취득세 납세의무가 성립되지 않는다(조심 11지174, 2011.11.1.).

나. 재건축조합

1) 원조합원

원조합원이 취득하는 토지의 경우에는 원래의 지분에 대해서는 새로운 취득이 아니므로 취득세 납세의무가 없고, 지분증가분을 신축건물의 부속토지로 원시취득하므로 그에 대하여 28/1000의 세율이 적용된다.

- 신축건물(부속토지 제외)에 대해서는 원시취득이므로 28/1000의 세율이 적용된다.

2) 승계조합원

조합원이 소유한 종전건물의 철거 후 조합원지위를 승계하는 경우에는 토지에 대한 유상승계 취득세율 4%가 적용된다. 그러나 주택이 철거되지 않은 상태에서 주택을 승계

취득하는 경우에는 주택(부속토지 포함)의 취득세율 1~3%가 적용된다.

    – 사업완료 후 신축건물(부속토지 제외)에 대해서는 원시취득의 세율 2.8%가 적용된다.

3) 일반분양자

    일반분양자란 정비사업조합이 체비지나 보류지로 취득하여 일반분양하는 주택·상가·유치원과 그 부속토지를 분양받는 자를 말한다.

    – 일반분양자가 취득하는 부동산이 상가일 경우에는 4%의 취득세가, 주택일 경우에는 원칙으로 돌아가 「지방세법」 제11조 제1항 제8호의 유상거래 주택의 세율(1~3%)이 적용된다.

    – 다만, 조합이 주택건설사업자인 경우에는 지방세특례제한법상 서민주택(1가구1주택 & 40㎡ 이하 & 1억 원 미만)의 경우 취득세가 면제된다(「지방세특례제한법」 제33조 제2항, 「지방세특례제한법 시행령」 제15조), 주택개발사업의 유형에 관계없이 어느 경우나 같다.

「**지방세특례제한법**」 제33조(주택 공급 확대를 위한 감면) ① 대통령령으로 정하는 주택건설사업자가 공동주택(해당 공동주택의 부대시설 및 복리시설을 포함하되, 분양하거나 임대하는 복리시설은 제외한다. 이하 이 조에서 같다)을 분양할 목적으로 건축한 전용면적 60제곱미터 이하인 5세대 이상의 공동주택(해당 공동주택의 부속토지를 제외한다. 이하 이 항에서 같다)과 그 공동주택을 건축한 후 미분양 등의 사유로 제31조에 따른 임대용으로 전환하는 경우 그 공동주택에 대해서는 2014년 12월 31일까지 취득세를 면제한다.

② 상시거주(취득일 이후 「주민등록법」에 따른 전입신고를 하고 계속하여 거주하거나 취득일 전에 같은 법에 따른 전입신고를 하고 취득일부터 계속하여 거주하는 것을 말한다. 이하 이 조에서 같다)할 목적으로 대통령령으로 정하는 서민주택을 취득[상속·증여로 인한 취득 및 원시취득(原始取得)은 제외한다]하여 대통령령으로 정하는 1가구 1주택에 해당하는 경우(해당 주택을 취득한 날부터 60일 이내에 종전 주택을 증여 외의 사유로 매각하여 1가구 1주택이 되는 경우를 포함한다)에는 취득세를 2024년 12월 31일까지 면제한다.

③ 제2항을 적용할 때 다음 각 호의 어느 하나에 해당하는 경우에는 면제된 취득세를 추징한다.

1. 정당한 사유 없이 그 취득일부터 3개월이 지날 때까지 해당 주택에 상시 거주를 시작하지 아니한 경우

2. 해당 주택에 상시 거주를 시작한 날부터 2년이 되기 전에 상시 거주하지 아니하게 된 경우

3. 해당 주택에 상시 거주한 기간이 2년 미만인 상태에서 해당 주택을 매각·증여하거나

다른 용도(임대를 포함한다)로 사용하는 경우

「지방세특례제한법 시행령」　제15조(주택건설사업자의 범위 등) ① 법 제33조 제1항에서 "대통령령으로 정하는 주택건설사업자"란 다음 각 호의 어느 하나에 해당하는 자를 말한다.

1. 해당 건축물의 사용승인서를 내주는 날 이전에 「부가가치세법」 제8조에 따라 건설업 또는 부동산매매업의 사업자등록증을 교부받거나 같은 법 시행령 제8조에 따라 고유 번호를 부여받은 자

2. 「주택법」 제4조 제1항 제6호에 따른 고용자

② 법 제33조 제2항에서 "대통령령으로 정하는 서민주택"이란 연면적 또는 전용면적이 40제곱미터 이하인 주거용 건축물 및 그 부속토지로서 취득가액이 1억 원 미만인 것을 말한다.

③ 법 제33조 제2항에서 "대통령령으로 정하는 1가구 1주택"이란 취득일 현재 취득자와 같은 세대별 주민등록표에 기재되어 있는 가족(동거인은 제외한다)으로 구성된 1가구 (취득자의 배우자, 취득자의 미혼인 30세 미만의 직계비속 또는 취득자가 미혼이고 30세 미만인 경우 그 부모는 각각 취득자와 같은 세대별 주민등록표에 기재되어 있지 아니하 더라도 같은 가구에 속한 것으로 본다)가 국내에 1개의 주택을 소유하는 것을 말하며, 주택의 부속토지만을 소유하는 경우에도 주택을 소유한 것으로 본다. 이 경우 65세 이상 인 직계존속, 「국가유공자 등 예우 및 지원에 관한 법률」에 따른 국가유공자(상이등급 1급부터 7급까지의 판정을 받은 국가유공자만 해당한다)인 직계존속 또는 「장애인복지 법」에 따라 등록한 장애인(장애의 정도가 심한 장애인만 해당한다)인 직계존속을 부양 하고 있는 사람은 같은 세대별 주민등록표에 기재되어 있더라도 같은 가구에 속하지 아 니하는 것으로 본다.

| 재개발 · 재건축아파트 취득세율 |

구 분			취득세	농특세	교육세	합 계	과세표준
입주권3)	재개발 재건축	면적	4%	0.2%	0.4%	4.6%	건물멸실 후 토지분 (+프리미엄)
신축 주택	재 개 발	원조 합원4) 85㎡ 이하5)	–	–	–	–	100% 면제
		85㎡ 초과	2.8%	0.2%	0.16%	3.16%	청산금

3) 입주권은 도시 및 주거환경정비법 제48조의 관리처분계획의 인가로 취득한 입주자로 선정된 지위를 말하고 그에 부수되는 토지를 포함한 개념이다. 이 입주권은 자기의 힘과 노력으로 건축물을 건설하여 원시취득하는 주체로서 조합원에게 인정되는 권리로서 재개발의 경우에는 관리처분계획인가일 이후, 재건축의 경우에는 2005.5.30. 이전은 사업시행일 이후, 2005.5.31. 이후는 관리처분계획인가일 이후부터 사용인가일까지의 권리이 다. 현재는 재개발·개건축사업 모두 관리처분계획인가일 이후부터 사용인가일(조합원)까지의 권리이다. 원 조합원과 승계조합원의 구분시점과 혼동하면 안된다.

구　분			취득세	농특세	교육세	합　계	과세표준
재개발	승계조합원[6]	85㎡ 이하	2.8%	–	0.16%	2.96%	청산금
		85㎡ 초과	2.8%	0.2%	0.16%	3.16%	청산금
	일반분양자[7]	40㎡ 이하	–	–	–	–	100% 면제(1세대 1주택, 1억 원 미만)
		40㎡ 초과					분양가(프리미엄 포함)[8]의 1~3%(주택유상거래 세율), 85㎡ 이하는 농특세 면제
신축주택	재건축	원조합원	85㎡ 이하	2.8%	–	0.16%	2.96%	조합원별 안분 건축비, 토지는 지분증가분
			85㎡ 초과	2.8%	0.2%	0.16%	3.16%	상동
		승계조합원	85㎡ 이하	2.8%	–	0.16%	2.96%	세대당 공사비
			85㎡ 초과	2.8%	0.2%	0.16%	3.16%	상동
		일반분양자	40㎡ 이하	–	–	–	–	「지방세특례제한법」 제33조 ② [(100% 면제(1세대 1주택, 1억 원 미만)]
			40㎡ 초과					분양가(프리미엄 포함)의 1~3%(주택유상거래 세율), 85㎡ 이하는 농특세 면제

이와 달리 분양권은 일반분양자가 분양신청에 당첨되어 갖는 채권적 권리로서 당첨시부터 잔금지급일까지 갖게 되는 건축물에 대한 이전등기청구권을 말한다. 다시 말해 일반분양자가 사업시행자로부터 분양계약을 통해 건설 예정의 건축물을 승계취득할 수 있는 권리이다.

4) 정비구역지정일(2008.3.12. 이전이라면 사업시행인가일) 이전 부동산 소유자. 원조합원은 자기 소유의 토지를 정비사업에 제공하기 때문에 토지분 취득세는 당초부터 있을 수 없고, 다만 주택 완성시 청산금에 대한 취득세만 부담한다.

5) 85㎡ 이하 신축 아파트에 대해 재개발의 경우 원조합원의 경우에만 취득세 면제를 인정한다. 정비구역지정일 이후에 상속으로 종전 토지를 취득한 자는 취득세를 면제받는 원조합원에 해당되지 않는다는 데 유의하여야 한다(감심－2008－106, 2008.4.10., 조심 12지583, 2012.11.7.). 그러나 주택재개발사업 정비구역내의 부동산을 지정고시일 이후에 협의이혼하고 재산분할 형식으로 취득한 경우에는 원조합원으로 보아 취득세 감면을 적용하였다(조심 11지940., 2012.6.27.).

6) 정비구역지정일(2008.3.12. 이전이라면 사업시행인가일) 이후 부동산 소유자. 승계조합원의 경우 관리처분계호기인가일 이전에 매입을 하게 되면 주택에 대한 취득세를 내면 되지만, 관리처분계획인가일 이후 매입을

| 조합원별 취득세 면제 및 과세 여부 |

구 분		환 지				
		종전부동산 권리가액		증환지(청산금불입액)		
		상가	주택	85㎡ 이하	85㎡ 초과	상가
원조합원	도시개발	면제		과세		
	재개발	면제		면제	과세	면제
	재건축	면제		과세		
	주거환경	과세	개량방식 주택은 면제 85㎡ 이하 주택 면제			과세
	도시환경	면제	면제	과세		
승계 조합원	재개발	면제		과세		
	개건축	과세				
	주거환경	과세				
	도시환경	면제		과세		
일반 분양자		과세. 단, 전용면적 40㎡ 이하, 1억 원 미만의 1가구1주택은 면제				

하게 되면 취득세를 두 번 내야 한다. 조합원 지분을 매입할 때 1차로 토지에 대한 취득세를 부담하고, 2차로 주택분담잔금을 납부한 후 2개월 이내에 취득세를 추가로 부담해야 한다. 2차로 부담하는 취득세는 조합원지분을 취득할 때의 취득가액을 제외한 금액에 대해서만 부담하면 된다. 구체적으로 다음과 같다.

① 조합원지분 취득시: (권리가액 + 프리미엄) × 4.6%
② 잔금 납부 후
  - 85㎡ 이하: (조합원분양가 − 당초 조합원지분 취득가액(=권리가액 + 프리미엄) + 옵션비용 − 선납할인 금액) × 2.96%
  - 85㎡ 초과: (조합원분양가 − 당초 조합원지분 취득가액(=권리가액 + 프리미엄) + 옵션비용 − 선납할인 금액) × 3.19%

7) 조합으로부터 아파트 분양권을 취득한 조합원외의 제3자이다. 따라서 사업시행 중에는 분양권이므로 토지 취득으로 보아 과세하는 입주권과 달리 취득세 등을 납부 할 의무가 없으며, 완공되는 시점에 취득세를 한꺼번에 내게 된다(유상승계 취득). 일반분양자의 취득세 등은 주택 유상거래세율을 적용해 분양가격을 기준으로 1~3%로 과세한다.

8) 프리미엄이 있는 경우에는 실제 계약서와 대금지급 사실을 객관적으로 입증해야 한다.

| 재건축 참여방식에 따른 세금 |

구 분			원조합원	승계조합원	일반분양자
취득세	건물지분 취득시기		완공일(원시취득)	좌동	잔금지급일 (승계취득이 원칙)
	대지지분 취득시	원지분	당초 토지취득일	승계취득일	잔금지급일 (승계취득이 원칙)
		증가분	소유권이전 고시일 다음날	소유권 이전 고시일 다음날	
	취득가액		총공사원가를 지분별로 나눈 금액	좌동	분양가액
	취득세 비과세(85㎡ 이하)		× (재개발은 ○)	좌동	○ (40㎡ 이하)
양도세	취득일		완공일(토지는 당초취득일, 증가된 부수토지는 완공일)	좌동	잔금지급일 (완공전 잔금지급 완료되었을 때는 완공일)
	취득가액		종전 부동산취득가 + 추가건축비	좌동	분양가액± 프리미엄
	보유기간 판정	1년 미만 실거래가 신고 판단	구 주택 보유기간 + 공사기간 + 신주택 보유기간	완공일 이후 보유기간	잔금지급일 이후 보유기간
		비과세 요건 2년 보유	상동	상동	상동
		장기보유 특별공제 (3년 이상)	상동	상동	상동
		세율적용시	상동	상동	상동

⑥ 최근 쟁점

이 사건 토지를 체비지로 취득한 것이 원시취득에 해당하므로 「지방세법」 제11조 제1항 제3호의 원시취득세율을 적용하여야 하는지 여부

- 체비지로 취득한 것이 원시취득에 해당하는지를 보면, 「도시개발법」 제36조 제4항에서 "사업시행자는 체비지의 용도로 환지 예정지가 지정된 경우에는 도시개발사업에 드는 비용을 충당하기 위하여 이를 사용 또는 수익하게 하거나 처분할 수 있다."고 규정하고 있고, 같은 법 제42조 제5항에서 "체비지는 시행자가 환지처분이 공고된 날의 다음 날에 해당 소유권을 취득하되, 다만 이미 처분된 체비지는 그 체비지를 매입한 자가 소유권 이전등기를 마친 때에 소유권을 취득한다"고 규정하고 있는 바, 체비지의 경우, 사업시행자가 환지처분이 이루어지기 전에 이미 사용·수익·처분권을 보유하고 있고, 이러한 권리에 기하여 매각한 토지를 매수한 자의 경우 그 성질상 승계취득에 해당된다고 보아야 할 것이며, 이미 처분된 체비지는 사업시행자의 소유권 보존등기에 터잡아 매수인이 소유권 이전등기를 함으로써 이를 형식적으로 소유권을 취득하게 되는 것이라고 보아야 할 것으로, 청구법인이 취득한 이 사건 토지의 매매계약서와 체비지관리대장 등에서 이 사건 사업시행자로부터 소유권이전에 따라 취득한 사실이 확인되므로 승계취득으로 보는 것이 타당하다(조심 2019지2247, 2019.11.28. 외 다수, 같은 뜻임) 하겠다.

  다음으로 「지방세법」상 원시취득세율의 적용 대상에 대하여 보면, 등록세가 지방세로 편입된 1977년부터 2011.1.1. 소유권 취득을 수반하는 등록세가 취득세로 단순 통합되기 전까지 소유권보존등기를 필요로 하는 부동산의 취득·등기에 대하여는 일관되게 취득세율 2%, 소유권보존등기의 등록세율 0.8%를 적용해 왔고, 2011.1.1. 등록세가 취득세로 통합되면서 소유권보존등기대상이 되는 취득을 원시취득으로 규정하고 그 취득세율을 2.8%로 규정하였으며, 또한, 2011.1.1. 취득세로 통합되기 전의 「지방세법」 제131조 제4항에서 건축물 면적이 증가된 부분에 대하여 소유권보존등기 세율인 0.8%를 적용하도록 하였다가 취득세로 통합되면서 「지방세법」 제11조 제3항에서 '원시취득'으로 보아 2.8% 세율을 적용하도록 하였는바, 이러한 입법 연혁 내역을 살펴보면 원시취득의 세율 적용대상은 소유권보존등기의 대상이 되는 취득으로 한정하는 것이 타당한 점, 이에 따라 각 지방자치단체에서는 기존에 존재하던 토지 등을 취득하는 경우에는 취득의 방법에 관계 없이 승계취득의 세율을 적용하여 취득세 등을 과세하여 왔던 점, 등록세가 취득세에 단순 통합되면서 그 이전에 소유권이전등기를 수반하는 수용재결 등의 취득에 대하여 4%의 취득·등록세율이 적용되던 것을 통합 후에 특별히 2.8%의 낮은 세율을 적용하여야 할 당위성이 있다거나 입법자의 정책적인 의도가 있었다고 보기 어려운 점, 2016.12.27. 개정법률에 따라 「지방세법」 제6조 제1호가 개정되면서 수

용재결로 취득한 경우 등 과세대상이 이미 존재하는 상태에서 취득하는 경우를 원시취득에서 제외하도록 개정되었으나, 행정안전부의 2016년말 「지방세법」 개정 법률에 대한 개정사유에서 법률개정 전부터 과세물건이 새롭게 생성되는 경우, 즉 소유권보존등기를 경료하는 경우의 취득에 대하여만 2.8% 세율을 적용하였다가 이 건 판결에 따라 원시취득 개념을 명확히 하기 위하여 개정한 것으로 나타나는 바, 동 개정법률 규정은 원시취득의 정의를 변경하는 창설적 규정이 아니라 입법 연혁 및 그 간의 각 지방자치단체들의 과세관행을 반영한 확인적 규정으로 보는 것이 타당한 점, 청구법인은 수용재결에 대하여 원시취득이라고 설시한 대법원의 이 건 판결을 제시하고 있으나, 이 건 판결 내용에 의할 경우, 협의수용 및 수용재 결이 사업시행자가 종전 부동산 소유자에게 매매대금을 지급한 후 부동산등기부 상에 소유권이전을 원인으로 등기가 이루어지는 형식이 동일함에도 협의수용은 4%의 세율을, 수용재결은 2.8%의 낮은 세율이 적용되는 결과를 초래함으로써 거 래세인 취득세의 세율에 차별을 두는 것이 합리적으로 설명되지 아니할 뿐 아니 라, 조세공평의 원칙에도 부합하지 아니한다고 하겠다(조심 2019지2221, 2020.1.6.).

- 「지방세법」 제6조 제1호는 취득세에서의 취득을 매매, 교환, 상속, 증여, 기부, 법 인에 대한 현물출자, 건축, 개수(改修), 공유수면의 매립, 간척에 의한 토지의 조 성 등과 그 밖에 이와 유사한 취득으로서 원시취득, 승계취득 또는 유상·무상의 모든 취득으로 정의하고 있고, 제11조 제1항 제3호(이하 이 사건 조항이라고 한다) 에서 부동산을 원시취득하는 경우 취득세의 표준세율을 1천분의 28로 정하고 있다. 원심은 그 판시와 같은 사실을 인정한 다음, 「공익사업을 위한 토지 등의 취득 및 보상에 관한 법률」에 따른 수용재결의 효과로서 수용에 의한 사업시행자의 소유 권 취득은 토지 등 소유자와 사업시행자와의 법률행위에 의한 승계취득이 아니라 법률의 규정에 의한 원시취득에 해당하는 점, 지방세법은 이 사건 조항의 원시취 득에서 수용재결에 의한 부동산의 취득을 제외하는 규정을 따로 두고 있지 않은 점 등을 종합하면, 이 사건 각 부동산의 취득은 이 사건 조항에서 정한 원시취득에 해당하므로 1천분의 28의 표준세율이 적용되어야 하고, 수용에 따른 등기가 소유 권보존등기가 아닌 소유권이전등기의 형식으로 경료된다거나 종전 소유자가 양도 소득세를 부담한다는 사정만으로는 달리 볼 수 없다는 이유로, 이와 다른 전제에 서 이루어진 이 사건 처분은 위법하다고 판단하였다. 앞서 본 규정과 관련 법리에 비추어 기록을 살펴보면, 원심의 위와 같은 판단에 상고이유 주장과 같이 실질과 세의 원칙이나 이 사건 조항의 해석에 관한 법리를 오해한 위법이 없음(대법원 2016 두34783, 2016.6.23.).

사례 청구법인은 개정 전 「지방세특례제한법」 제33조 제1항이 시행 중에 있을 때 쟁점아 파트의 취득을 위한 원인행위를 하였으므로 개정 후 「지방세특례제한법」 부칙의 일 반적 경과조치 규정에 따라 쟁점조항을 적용하여 취득세 등을 면제하여야 한다는 청

구주장의 당부

- 주택건설사업자에 대한 취득세 감면 규정을 적용함에 있어서 일몰('19.12.31.) 도래 전에 취득세 납세의무가 성립하지 않은 경우, ① 개정 전 법령에 의한 조세 감면 등을 신뢰하여 그 신뢰를 마땅히 보호하여야 할 정도에 이르렀는지 여부, ② 개정 전 법령의 시행 당시에 과세요건의 충족과 밀접하게 관련된 원인행위가 있었는지 여부 및 그로 인하여 일정한 법적 지위를 취득하거나 법률관계를 형성하였는지 여부 등을 모두 충족하는지 살펴보아야 할 것이다.

  살피건데, 이 건의 주택건설사업자에 대한 지방세 감면규정은 '14.9.15. 지방세특례제한법 일부개정법률안 입법예고(공고 제2014-279호)에서 감면을 종료시킬 예정임을 밝히고 있는 점, '14년 취득을 위한 일련의 취득의 원인행위가 발생된다고 할 당시 이미 '14.12.31.까지 취득세를 면제한다고 규정하고 있고 '15.1.1. 이후에는 감면이 종료되거나 감면율이 축소될 수 있음을 예상할 수 있는 점 등을 살펴볼 때 주택건설사업자가 일몰 도래 이후에 취득한 공동주택까지 면제될 것이라고 신뢰할 정도에 이르렀다고 보기는 어려움(행안부 지방세특례제도과-941, 2019.10.16.).

- 처분청은 쟁점아파트의 취득에 대하여 납세의무성립 당시의 법령을 적용하여야 하므로 취득세 등을 면제할 수 없다는 의견이나, 개정 전 「지방세특례제한법」 제33조 제1항에 따른 소규모 공동주택에 대한 취득세 감면규정은 감면조례 등에서 1995년부터 주택건설사업자가 건설하는 전용면적 60㎡ 이하인 소규모 공동주택에 대하여 취득세를 감면하도록 규정하고 있다가, 「지방세특례제한법」이 2010.3.31. 제정되면서 종전과 동일하게 소규모 공동주택에 대하여 취득세를 면제하도록 규정하였고, 2013.1.1. 「지방세특례제한법」이 개정되면서 감면시한을 2014.12.31.로 연장하였으며, 2014.12.31. 「지방세특례제한법」이 개정되면서 당해 감면규정의 감면시한을 별도로 연장하지 아니함에 따라 당해 감면규정은 사실상 폐지된 점, 청구법인은 개정 전 「지방세특례제한법」이 시행 중인 2014.4.4. 쟁점아파트의 주택건설사업계획의 승인을 받고, 2014.5.13. 건축공사를 착공하여 쟁점아파트의 취득을 위한 원인행위를 한 점, 청구법인은 개정 전 「지방세특례제한법」 제33조 제1항에서 정한 취득세 등의 감면요건을 충족한 것으로 보이는 점 등에 비추어, 청구법인이 비록 2016.8.30. 쟁점아파트를 신축하여 취득하였다 하더라도 2014.12.31. 이전에 쟁점아파트의 취득을 위한 원인행위를 하여 개정 후 「지방세특례제한법」 부칙 제14조에 따라 개정 전 「지방세특례제한법」 제33조 제1항의 적용대상으로 보는 것이 타당하므로 처분청이 이 건 경정청구를 거부한 처분은 잘못이라고 판단됨(조심 2019지3776, 2019.12.24.).

사례 2011.12.31. 이전에 지목변경공사를 착공하였으므로 구「○○○도세 감면 조례」 제○조 제1항을 적용하여야 한다는 청구주장의 당부

청구법인은 쟁점조항이 시행중인 2009.5.28.부터 2011.2. 사이에 이 건 지목변경 공사

를 착공하였고 그 당시 이 건 지목변경 공사는 쟁점조항에 따른 취득세 면제 규정을 충족하는 점 등에 비추어 비록, 청구법인이 쟁점조항이 삭제된 후 이 건 지목변경 공사를 마쳤다 하더라도 이 건 지목변경의 원인행위(지목변경 공사 착공)는 쟁점 조항이 시행중일 때 이루어졌다는 사실에는 다툼이 없는 이상 이 건 지목변경은 쟁점 조항 및 2012.2.20. 개정된 「○○○도세 감면 조례」 부칙 제2조 1항에 따라 취득세 면제대상으로 보는 것이 타당하다 할 것이므로 처분청이 이와 다른 견해에서 이 건 취득세 등의 경정청구를 거부한 처분은 잘못이 있다고 판단됨(조심 2019지2236, 2019.9.26.).

사례 이 건 토지의 지목변경일 현재 폐지된 구 「○○도 도세 감면조례」 제13조 제1항을 적용하여 감면된 취득세에 따른 농어촌특별세를 비과세할 수 있는지 여부

청구법인은 종전 도세감면조례가 전부개정되기 전에 이 건 지목변경 공사를 착공하였으므로 그 신뢰를 보호하여야 할 정도에 이르렀다고 볼 수 있는 점 등에 비추어 취득세 감면분 농어촌특별세도 지방공사 등에 대한 감면에 대한 농어촌특별세를 비과세 대상으로 규정하고 있는 행정안전부 고시 제2010-83호에 따라 비과세하는 것이 타당하다고 할 것임에도 처분청이 청구법인의 경정처구를 거부한 것은 잘못이 있다고 판단됨(조심 2016지458, 2017.2.22.).

사례 도시정비법 제65조 시장·군수 또는 주택공사등이 아닌 사업시행자가 정비사업의 시행으로 새로이 설치한 정비기반시설을 국가 등에 무상으로 귀속되는 것에 대하여 사업시행자가 그 정비사업의 시행으로 인하여 용도가 폐지되는 국가 또는 지방자치 단체 소유의 정비기반시설을 양수받는 경우 유상 또는 무상취득에 해당하는지 여부

- 교환은 당사자 쌍방이 금전 이외의 재산권을 상호 이전할 것을 '약정'함으로써 성립하는 계약이다(민법 제596조). 그리고 교환은 금전 이외의 재산권을 목적물로 한다는 점에서는 매매와 다르지만, 쌍무·유상계약이라는 점에서는 매매와 그 성질이 같다.

  그 반면에 도시정비법 제65조 제2항은 ① 민간 사업시행자가 새로이 설치한 정비기반시설은 정비사업의 준공인가에 의하여 당연히 국가 또는 지방자치단체에 무상 귀속되도록 함으로써 도로·상하수도·공원·공용주차장·공동구 등 공공시설의 확보와 효율적인 유지·관리를 위하여 국가 등에 관리권과 함께 그 소유권까지 일률적으로 귀속되도록 하는 한편, ② 그에 따른 사업시행자의 재산상 손실을 고려하여 새로 설치한 정비기반시설의 설치비용에 상당하는 범위 안에서 용도가 폐지되는 정비기반시설은 사업시행자에게 무상으로 양도하도록 강제하는 것이다(대법원 2007.7.12. 선고 2007두6663 판결 등 참조).

  이처럼 도시정비법 제65조 제2항에서 정한 '새로이 설치한 정비기반시설'은 시행되는 정비사업의 계획에 따라 설치되는 것이고, 마찬가지로 용도가 폐지되는 정비

기반시설도 정비사업의 계획에 따라 사라지는 것이다.

따라서 여기에 당사자 쌍방의 의사가 개입될 여지가 없다는 점에서 이는 교환과는 그 성질을 전혀 달리한다(대법원 2019두53075, 2020.1.16.).

- 이 건 토지의 취득은 국가 등과 청구인간에 이 건 기반시설과 이 건 토지를 교환하기 위한 약정 없이 「도시 및 주거환경정비법」에 따라 상대방에게 귀속되었으므로 교환으로 취득한 것으로 보기는 어려우나 이 건 기반시설이 국가 등에 귀속함에 따라 발생하는 손실을 일부 보전하기 위한 것이므로 유상거래에 해당한다고 보는 것이 타당하고, 같은 법 제65조 제2항 및 제4항에서 용도가 폐지되는 정비기반시설은 그 정비사업이 준공인가되어 관리청에 준공인가통지를 한 때에 국가 또는 지방자치단체에 귀속되거나 사업시행자에게 귀속 또는 양도된 것으로 본다고 규정하고 있으므로 청구인은 용도가 폐지되는 기반시설인 이 건 토지를 이 건 정비사업의 준공인가일인 2013.8.1. 취득한 것으로 보아야 하고 이로부터 5년 이내에 처분청이 이 건 취득세 등을 청구인에게 부과·고지하였으므로 부과제척기간이 경과하였다는 청구주장을 받아들이기 어렵다고 판단됨(조심 2017지270, 2017.8.1.).

> **사례** 재개발사업시행자가 원시 취득하는 임대주택의 취득에 대하여 일반적 경과조치 및 종전규정에 따라 취득세를 면제할 수 있는지 여부

- 일반적 경과조치 규정은 납세의무자의 기득권 내지 신뢰보호를 위하여 납세의무자에게 유리한 종전의 규정을 적용하도록 한 특별규정에 해당하므로, 종전의 규정이 장래의 한정된 기간 동안 과세요건의 충족이 있는 경우에도 취득세를 면제하겠다고 명시적으로 규정하는 등 신뢰보호와 관련된 내용을 담고 있고,
납세자가 종전의 규정에 의한 조세감면 등을 신뢰하여 종전의 규정 시행 당시에 과세요건의 충족과 밀접하게 관련된 원인행위로 나아감으로써 일정한 법적 지위를 취득하거나 법률관계를 형성하는 등 그 신뢰를 마땅히 보호하여야 할 정도에 이른 경우에는 예외적으로 종전의 규정이 적용된다고 할 것임(대법원 2013.9.12. 선고 2012두12662 판결, 대법원 2015.9.24. 선고 2015두42152 판결, 같은 뜻임).

- 청구법인은 종전규정에 따라 쟁점주택 신축에 따른 취득세가 면제될 것임을 신뢰하여 2008.5.15. 이 건 재개발사업의 사업시행자로 지정된 후 2015.6.19. 쟁점주택 신축을 위한 착공을 한 점, 종전규정은 1995년에 신설되어 2017년 감면율이 축소될 때까지 약 20년간 계속되었으므로 청구법인이 쟁점주택의 신축공사를 완료할 때까지 동 면제조항이 유지될 것이라고 기대하는 것이 무리가 아닌 것으로 보이는 점, 일반적 경과조치 규정은 종전규정이 시행될 당시에는 납세의무가 성립되지는 아니하였으나 납세자가 종전규정을 신뢰하고 원인행위를 한 경우 이를 보호하고자 하는데 그 취지가 있다고 보이는 점 등에 비추어 쟁점주택은 종전규정 및 쟁점부칙규정을 적용하여 취득세 등의 면제대상으로 보는 것이 타당하므로 처분청이 이 건 경정청구를 거부한 처분은 잘못이 있는 것으로 판단됨(조심 2020지565, 2021.9.15.).

사례 재건축조합이 이 재건축사업을 신축하여 일반 분양하는 주택의 부속토지 면적은 제3 자로부터 매입한 토지가 우선적으로 포함되는지 여부

주택조합 등이 조합원으로부터 신탁받은 토지 외에 제3자로부터 추가로 토지를 매입하는 주된 이유는 조합원에게 귀속될 토지가 부족한 한도 내에서 조합원용 토지로 사용하기 위한 것이므로 조합원 외의 자에게 귀속될 토지는 우선하여 제3자로부터 매입한 토지로 구성된다고 보는 것이 신탁의 본지나 당사자들의 의사에도 부합한다 할 것이고, 주택조합 등이 조합원으로부터 신탁받은 토지를 우선적으로 취득세 비과세대상인 조합원용 토지로 사용할 수 있음에도 조합원으로부터 신탁받은 토지를 우선적으로 조합원 외의 자에게 귀속되는 토지로 사용한다든가 조합원으로부터 신탁받은 토지와 제3자로부터 매입한 토지를 비례적으로 조합원 외의 자에게 귀속되는 토지로 사용한다고 보는 것은 납세의무자가 여러 가지 선택 가능성이 있는 행위 중에서 세무상 더 불이익한 행위를 우선하여 행한 것으로 의제하는 것이어서 합리적이지 아니하다 할 것임(대법원 2015.10.29. 선고 2010두1804 판결, 같은 뜻임). 그러므로, 청구법인이 재건축사업을 통하여 조합원과 일반인에게 분양하는 공동주택 이외에 임대주택, 정비기반시설 등을 함께 신축하였다 하더라도 결국 신탁받은 토지 중 일반분양분 주택의 부속토지로서 취득세 과세대상 면적을 산정함에 있어서는 세무 상 가장 유리한 방법으로 이를 산정하는 것이 합리적이라 할 것으로서, 청구법인이 재건축사업을 신축하여 일반 분양하는 주택의 부속토지 면적은 제3자로부터 매입한 토지가 우선적으로 포함되고, 나머지 면적을 조합원으로부터 신탁받은 토지로 충당된 것으로 보아야 할 것인바, 청구법인이 당초 재건축사업을 완료한 후 신탁토지 중 일반분양분 토지에 포함된 신탁토지로서 취득세 과세대상이 되는 토지면적을 15,583.8㎡로 산정하여 취득세 등을 신고납부하였으나, 일반분양분 토지 29,692.29㎡ 중 제3자 매입토지 21,459.39㎡를 차감하면 취득세 납세의무가 있는 토지 면적은 8,232.9㎡이고, 당초 신고한 면적 중 이러한 면적을 초과하는 면적은 취득세 납세의무가 있는 토지에 해당되지 아니한다 할 것이므로, 처분청이 청구법인의 경정청구를 거부한 처분은 잘못이라고 판단됨(조심 2020지528, 2020.11.16.).

사례 종전 도시환경정비사업이 재개발사업감면 관련 「지방세특례제한법」 제74조 제3항 제1호의 감면대상에 해당되는지 여부

이 건 토지의 취득 당시 시행 중인 위 법률에 따르면 종전의 도시환경정비사업 역시 재개발사업에 포함되므로 취득세 감면 대상인 재개발사업에는 종전 도시환경정비사업이 포함된다고 보아야 하는 점, 「도시 및 주거환경정비법」의 개정으로 주택재개발사업 등이 재개발사업으로 통합되었다는 이유로 「지방세특례제한법」 제74조 제3항 제1호의 취득세 감면대상에서 도시환경정비사업을 제외하는 것은 법적인 안정성 측면에서 바람직하지 않다고 보이는 점 등에 비추어 청구법인이 도시환경정비사업에 사

용하고자 취득한 이 건 토지는 「지방세특례제한법」 제74조 제3항 제1호에 따른 취득세 감면대상이라 할 것인바(조심 2019지1668, 2019.12.4. 같은 뜻임), 처분청이 이 건 취득세 등의 경정청구를 거부한 처분은 잘못이 있다고 판단됨(조심 2021지437, 2021.4.21.).

제 **5** 장

신탁과 취득세 등

① 신탁과 취득행위

> 「**지방세법**」 제9조(비과세) ③ 신탁(「신탁법」에 따른 신탁으로서 신탁등기가 병행되는 것만 해당한다)으로 인한 신탁재산의 취득으로서 다음 각 호의 어느 하나에 해당하는 경우에는 취득세를 부과하지 아니한다. 다만, 신탁재산의 취득 중 주택조합등과 조합원 간의 부동산 취득 및 주택조합등의 비조합원용 부동산 취득은 제외한다.
> 1. 위탁자로부터 수탁자에게 신탁재산을 이전하는 경우
> 2. 신탁의 종료로 인하여 수탁자로부터 위탁자에게 신탁재산을 이전하는 경우
> 3. 수탁자가 변경되어 신수탁자에게 신탁재산을 이전하는 경우

■ '신탁'이란 신탁을 설정하는 자('위탁자')와 신탁을 인수하는 자('수탁자') 간의 신임관계에 기하여 위탁자가 수탁자에게 특정의 재산(영업이나 저작재산권의 일부를 포함)을 이전하거나 담보권의 설정 또는 그 밖의 처분을 하고 수탁자로 하여금 일정한 자('수익자')의 이익 또는 특정의 목적을 위하여 그 재산의 관리, 처분, 운용, 개발, 그 밖에 신탁 목적의 달성을 위하여 필요한 행위를 하게하는 법률관계를 말한다(「신탁법」 제2조).

⮕ 신탁행위에서는 신탁계약의 범위 내에서 수탁자가 신탁재산에 대한 관리권을 가지고 신탁해지시 다시 원소유자인 위탁자에게 환원하여야 하는 의무를 갖고 있기 때문에 신탁행위에 따른 소유권이 전등기시 취득세 과세대상인 '취득'이 있다고 볼 것인지 문제된다.

■ 부동산 '취득'은 특별한 사정이 없는 한 부동산 취득자가 실질적으로 완전한 내용의 소유권을 취득하는지 여부와 관계없이 소유권이전등기를 넘겨받는 등으로 부동산을 취득하는 모든 경우를 포함한다. 「신탁법」상의 신탁을 신탁으로 인한 신탁재산의 '취득'으로서 제1호 내지 제3호에 해당하는 취득하는 대하여 취득세를 부과하지 아니한다고 규정하고 있는 「지방세법」 제9조 제3항의 비과세 규정은 부동산 '취득'에 해당함을 전제로 일정한 요건하에 취득세를 부과하지 않도록 한 것이다.

> **사례** 분양보증회사가 주택분양보증을 위하여 위탁자와 신탁계약을 체결하고 이를 원인으로 위탁자로부터 신탁재산인 토지를 이전받은 경우 구 지방세법 제105조 제1항에서 정한 '부동산 취득'에 해당하는지 여부
>
> '취득세는 부동산·차량·기계장비·입목·항공기·선박·광업권·어업권·골프회원권·승마회원권·콘도미니엄회원권 또는 종합체육시설이용회원권을 취득한 자에게 부과한다'고 규정하고 있고, 제110조 제1호 (가)목은 '신탁(「신탁법」에 따른 신탁으로서 신탁등기가 병행되는 것에 한한다)으로 인한 신탁재산의 취득으로서, 위탁자

로부터 수탁자에게 신탁재산을 이전하는 경우에 대하여는 취득세를 부과하지 아니한다'고 규정하고 있다.

부동산 취득세는 재화의 이전이라는 사실 자체를 포착하여 이에 담세력을 인정하고 부과하는 유통세의 일종으로 부동산의 취득자가 그 부동산을 사용·수익·처분함으로써 얻어질 이익을 포착하여 부과하는 것이 아니다. 구「지방세법」제105조 제1항의 '부동산 취득'은 특별한 사정이 없는 한 부동산 취득자가 실질적으로 완전한 내용의 소유권을 취득하는지 여부와 관계없이 소유권이전등기를 넘겨받는 등으로 부동산을 취득하는 모든 경우를 포함한다(대법원 2007.4.12. 선고 2005두9491 판결 등 참조). 구「지방세법」제110조 제1호 (가)목은「신탁법」상의 신탁을 원인으로 수탁자가 신탁재산인 부동산을 이전받는 것 또한 제105조 제1항의 '취득'에 해당함을 전제로 일정한 요건하에 취득세를 부과하지 않도록 한 것이다.

분양보증회사가 주택분양보증을 위하여 위탁자와 신탁계약을 체결하고 이를 원인으로 위탁자로부터 신탁재산인 토지를 이전받았다면 이는 구「지방세법」제105조 제1항에서 정한 '부동산 취득'에 해당한다. 그 후 주택분양보증의 이행으로 수분양자들에게 분양대금을 환급해 주었다고 하더라도 이미 취득한 토지를 다시 취득한 것으로 볼 수 없다. 이 경우 당초 신탁계약을 원인으로 한 신탁재산 토지의 취득에 관하여 구「지방세법」제110조 제1호 (가)목에 의해 취득세가 부과되지 않았다고 하여 달리 볼 것이 아니다.

같은 취지에서 원심이, 원고인 주택도시보증공사가 주택분양신탁계약을 원인으로 이 사건 토지를 취득한 후에 주택분양보증의 이행을 위하여 수분양자들에게 분양대금 대부분을 환급해 줌으로써 이 사건 토지를 실질적으로 새로 취득하였다고 보아 취득세를 부과한 피고들의 이 사건 처분이 위법하다고 본 것은 정당하다. 거기에 상고이유 주장과 같이 취득세 과세대상 거래 등에 관한 법리 등을 오해한 잘못이 없음(대법원 2015두49696, 2017.6.8.).

■ 부동산의 신탁에 있어서 수탁자 앞으로 소유권이전등기를 마치게 되면 대내외적으로 소유권이 수탁자에게 완전히 이전되고, 위탁자와의 내부관계에 있어서 소유권이 위탁자에게 유보되어 있는 것은 아니라 할 것이며, 이와 같이 신탁의 효력으로서 신탁재산의 소유권이 수탁자에게 이전되는 결과 수탁자는 대내외적으로 신탁재산에 대한 관리권을 갖는 것이므로 수탁자가 '사실상 취득'한 것으로 볼 수 있을 것이다. 또한「지방세법」은 수탁자 명의로 등기·등록된 신탁재산에 대하여 위탁자별로 구분된 재산에 대한 재산세 납세의무자도 수탁자로 규정하고 있다(「지방세법」제107조). 따라서 신탁법상 신탁에 따른 소유권 이전등기는「지방세법」상의 '취득'에 해당한다고 보고 있다.

신탁법상 신탁의 효력

신탁법상의 신탁은 위탁자가 수탁자에게 특정의 재산권을 이전하거나 기타의 처분을 하여 수탁자로 하여금 신탁 목적을 위하여 그 재산권을 관리·처분하게 하는 것이므로(신탁법 제1조 제2항), 부동산의 신탁에 있어서 수탁자 앞으로 소유권이전등기를 마치게 되면 대내외적으로 소유권이 수탁자에게 완전히 이전되고, 위탁자와의 내부관계에 있어서 소유권이 위탁자에게 유보되어 있는 것은 아니라 할 것이며, 이와 같이 신탁의 효력으로서 신탁재산의 소유권이 수탁자에게 이전되는 결과 수탁자는 대내외적으로 신탁재산에 대한 관리권을 갖는 것임(대법원 2002.4.12. 선고 2000다70460 판결 참조: 대법원 2010다84246, 2011.2.10.).

- 그런데 수탁자가 신탁재산을 고유재산으로 전환하는 경우에 「지방세법」상 '취득이' 성립하는지 문제된다. 외형상으로만 보면 이미 수탁회사의 소유권으로 되어 있는 상태에서 신탁재산을 고유재산으로 변경하는 것에 불과하고, 소유주체의 변경이 있다고 보기 어렵고, 등기형식도 신탁재산의 고유재산 전환을 원인으로 한 신탁등기의 말소등기와 수탁자의 고유재산으로 전환된 취지의 변경등기인 바, 취득세 납세의무가 성립하는지 의문이 들 수 있다.

- 그러나 당초의 신탁설정등기(위탁자에서 수탁자로)에서 주택채권매입도 면제되었고 (「주택법 시행령」 제95조 별표 12 부표 19. 가. 후문), 취득세도 비과세이고(「지방세법」 제9조 제3항), 등록면허세도 취득을 원인으로 하는 경우에는 과세대상에 제외되므로(「지방세법」 제23조 1. 단서) 신탁재산의 수탁자는 자기 명의로의 소유권이전등기시에 이른바 '형식적 취득'으로 보아 취득세를 부담하지 아니한 점에 비추어, 이제 수탁자의 고유재산이 실질적으로 수탁자에게 소유권이 이전된 것으로 보아야 할 것이므로 취득세 납세의무가 성립한다고 보아야 할 것이다. 그렇지 않다면 「신탁법」상 신탁행위가 탈세방법으로 악용될 소지가 있기 때문이다.

■ 「신탁법」상으로도 신탁재산과 수탁자의 고유재산은 별개로 취급된다. 신탁재산의 수탁자는 신탁행위로 허용되거나 수익자에게 승인을 받은 경우 또는 법원의 허가가 없는 한, ① 신탁재산을 고유재산으로 하거나 신탁재산에 관한 권리를 고유재산에 귀속시키는 행위, ② 고유재산을 신탁재산으로 하거나 고유재산에 관한 권리를 신탁재산에 귀속시키는 행위를 하지 못한다(「신탁법」 제34조 제1항 제2항)고 하므로써 위탁자나 수익자의 이익에 반하는 행위를 금지하고 있다. 신탁재산에 대하여는 강제집행, 담보권 실행 등을 위한 경매, 보전처분(이하 "강제집행등"이라 한다) 또는 국세 등 체납처분을 할 수 없다(「신탁법」 제22조 제1항).

- 신탁재산의 독립성 신탁재산은 수탁자의 상속재산에 속하지 아니하며, 수탁자의 이혼에 따른 재산분할의 대상이 되지 아니한다(「신탁법」 제23조).
- 신탁재산은 수탁자의 파산재단, 회생절차의 관리인이 관리 및 처분 권한을 갖고 있는 채무자의 재산이나 개인회생재단을 구성하지 아니한다(「신탁법」 제24조).
- 동일한 물건에 대한 소유권과 그 밖의 물권이 각각 신탁재산과 고유재산 또는 서로 다른 신탁재산에 귀속하는 경우에 혼동으로 인하여 권리가 소멸하지 아니한다(「신탁법」 제26조).
- 신탁재산과 고유재산 간에 귀속관계를 구분할 수 없는 경우 그 재산은 신탁재산에 속한 것으로 추정한다(「신탁법」 제29조 제1항).
- 「신탁법」 제34조 제2항에 따라 신탁재산이 수탁자의 고유재산으로 되는 경우에는 신탁행위로 이를 허용하였거나 수익자의 승인을 받았음을 증명하는 정보(인감증명 포함) 또는 법원의 허가 및 수익자에게 통지한 사실을 증명하는 정보를 첨부정보로서 제공하여 '수탁자의 고유재산으로 된 뜻의 등기 및 신탁등기의 말소등기'를 신청할 수 있다(등기예규 제1501호 신탁등기사무처리에 관한 예규)는 등기예규의 규정은 등기원인을 증명하는 서류를 요구한다는 점에서 '취득'을 전제로 한 규정으로 보인다.

② 일반적 납세의무

- 신탁행위가 개입되더라도 소유권이전등기에 의한 등기명의의 변경이 있는 경우에는 '취득'이 성립한다. 다만, 「지방세법」에서는 신탁(「신탁법」에 의한 신탁으로서 신탁등기가 병행된 것)으로 인한 신탁재산의 취득에 해당하는 경우로서 위탁자가 신탁자에게 신탁재산을 이전하는 취득과 신탁의 종료 또는 해제로 인하여 수탁자로부터 위탁자에게 신탁재산을 이전하는 경우의 취득에 대하여 취득세를 비과세하고 있다(「지방세법」 제9조).
- 도시개발사업의 시행자가 관리하는 체비지대장의 등재도 체비지에 관한 소유권 등 권리관계를 알리는 공시방법에 해당하고, 체비지대장의 등재요건을 먼저 갖춘 체비징의 양수인은 다른 양수인에게 그 권리의 취득을 대항할 수 있으며, 토지구획정리사업시행자로부터 체비지를 양수한 자는 토지를 인도받거나 체비지대장에 등재된 때에 취득세의 과세요건이 충족되어 이때 취득행위가 있었던 것으로 보고 있는 점에 비추어 볼 때, 등기부 등본이 존재하는 아니하는 환지처분공고일 이전에 체비지대장의 역할은 등기부등본과 유사하다고 볼 수 있을 것이나, 체비지를 신탁하면서 신탁계약서 등을 첨부하여 체비지대장상의 명의를 변경하는 경우에 한정해 신탁등기를 병행하는 것으로 의제하는 경우는 취득세가 비과세되지 않고,

- 비과세되는 신탁재산은 신탁시에 신탁등기가 병행된 신탁재산을 말한다. 할 것이므로 처음에 금전을 신탁하였다가 나중에 그 돈으로 매수한 부동산은 위 「지방세법」 조항에서 말하는 비과세 대상으로서의 신탁재산에 해당되지 않는다.

➡ 신탁행위에 의한 소유권이전으로서 위탁자와 수탁자 간에 발생하는 소유권이전등기시에는 「지방세법」상 '취득'은 성립하나 위 규정에 따라 비과세가 적용된다.

> **사례** 취득세의 과세객체(=사실상의 취득행위) 및 건설업자가 토지구획정리사업을 시공하고 공사비의 대가로 체비지를 취득한 경우 그 취득시기

취득세는 본래 재화의 이전이라는 사실 자체를 포착하여 거기에 담세력을 인정하고 부과하는 유통세의 일종으로 취득자가 재화를 사용·수익·처분함으로써 얻을 수 있는 이익을 포착하여 부과하는 것이 아니어서 취득자가 실질적으로 완전한 내용의 소유권을 취득하는가의 여부에 관계 없이 사실상의 취득행위 자체를 과세객체로 하는 것이고(대법원 1998.12.8. 선고 98두14228 판결 등 참조), 토지구획정리사업시행자로부터 체비지를 양수한 자는 토지의 인도 또는 체비지대장에의 등재 중 어느 하나의 요건을 갖추면 당해 토지에 관하여 물권 유사의 사용수익권을 취득하여 당해 체비지를 배타적으로 사용·수익할 수 있음은 물론이고, 다시 이를 제3자에게 처분할 수도 있는 권능을 가지며, 그 후 환지처분공고가 있으면 그 익일에 최종적으로 체비지를 점유하거나 체비지대장에 등재된 자가 그 소유권을 원시적으로 취득하게 되는 것인 점에 비추어 보면(대법원 1998.10.23. 선고 98다36207 판결 : 2003.11.28. 선고 2002두6361 판결 등 참조), 건설업자가 토지구획정리사업시행자로부터 공사대금으로 체비지를 이전받은 경우에는 토지를 인도받거나 체비지대장에 등재된 때에 취득세의 과세요건이 충족되어 이때에 취득행위가 있었던 것으로 볼 것이다.
원심이 같은 취지에서, 원고가 토지구획정리조합으로부터 그 공사대금으로 이 사건 토지를 각 인도받아 체비지대장에 등재된 때인 1996.7.5.과 1997.1.8.경에 이 사건 토지를 각 취득하였다고 판단한 것은 정당하고, 거기에 체비지의 취득시기에 관한 법리를 오해한 위법 등이 있다고 할 수 없다(대법원 2003두7453, 2004.12.24.).

> **사례** 이 건 체비지에 대한 권리를 취득한 것을 취득세 등이 비과세되는 신탁에 해당하는 것으로 볼 수 있는지 여부

이 건 체비지의 경우 청구법인이 수탁자로서 신탁등기가 병행된 것으로 확인되지 않으며, ○○○ 토지구획정리사업지구 체비지대장상에 2008.4.11. 청구법인 명의로 이 건 체비지의 명의가 변경되었으나 명의변경당시 청구법인이 「신탁법」에 의한 수탁자의 지위에서 이 건 체비지의 권리자 명의가 변경된 사실도 확인되지 않으므로 청구법인이 이 건 체비지를 「지방세법」 제110조 제1호의 규정에 따른 신탁으로 인하여 취득하였다고 보기 어려움(조심 2010지834, 2011.9.8.).

구 지방세법 제110조 제1호 (나)목 및 제128조 제1호 (나)목 소정의 신탁재산의 의미 및 처음에 금전을 신탁하였다가 나중에 그 돈으로 매수한 부동산이 취득세 및 등록세의 비과세 대상인 신탁재산에 해당하는지 여부

구 지방세법 제110조는 취득세의 비과세 대상을 열거하면서 제1호로 "신탁(신탁법에 의한 신탁으로서 신탁등기가 병행되는 것에 한한다)으로 인한 신탁재산의 취득으로서 다음 각 목의 1에 해당하는 취득"이라고 규정한 다음, (나)목에서 "신탁의 종료 또는 해지로 인하여 수탁자로부터 위탁자에게 신탁재산을 이전하는 경우의 취득"이라고 규정하고 있고, 같은 법 제128조는 등록세의 비과세 대상으로서 제1호로 "신탁 (신탁법에 의한 신탁으로서 신탁등기가 병행되는 것에 한한다)으로 인한 재산권 취득의 등기 또는 등록으로서 다음 각 목의 1에 해당하는 등기·등록"이라고 규정한 다음, (나)목에서 위탁자만이 신탁재산의 원본의 수익자가 된 신탁재산을 수탁자가 수익자에게 이전할 경우의 재산권 취득의 등기 또는 등록이라고 규정하고 있는 바, 위 각 조항에서의 신탁재산은, 신탁시에 신탁등기가 병행된 신탁재산을 말한다 할 것이므로 처음에 금전을 신탁하였다가 나중에 그 돈으로 매수한 부동산은 위 지방세법 조항에서 말하는 비과세 대상으로서의 신탁재산에 해당되지 않음(대법원 98두 10950, 2000.5.30.).

■ 종전토지를 신탁한 상태에서 위탁자가 토지 수용에 따른 대체토지를 신탁회사가 매매계약하고 이전등기도 신탁회사 명의로 경료하였으나 위탁자가 토지 매매대금을 실제로 지급한 경우, 납세의무가 신탁자에 있는지 수탁자에 있는지를 보면「지방세법」제7조 제1항에서 '부동산을 취득한 자'란 특별한 사정이 없는 한 부동산 매매계약의 당사자로서 매매대금을 지급한 자를 말하는 것인 바, 신탁자가 토지 매매대금의 실제 지급자라고 하더라도 신탁자는 토지의 매매행위에 대하여 사실상 관여한 사실이 없고 신탁회사 명의로 소유권이전등기를 한 점 등에 비추어 신탁회사가 취득한 것으로 보고 있다.

이 건 토지를 사실상 취득하였다고 보아 취득세 등의 경정청구를 거부한 처분의 당부

이 건 토지의 취득자는 매매계약서 상의 매수인으로서 그 매매대금을 지급한 이 건 신탁회사로 보아야 하는 점, 청구인들이 이 건 토지 매매대금의 실제 지급자라고 하더라도 청구인들은 이 건 토지의 매매행위에 대하여 사실상 관여한 사실이 없다고 보이는 점, 이 건 신탁회사는 ○○○을 납부하고 소유권이전등기를 한 점 등에 비추어 이 건 토지의 매매대금을 실제로 누가 지급하였는지 여부에 관계없이 이 건 토지는 청구인들이 아니라 이 건 신탁회사가 ○○○○○공사로부터 매매를 원인으로 취득하였다고 보는 것이 타당함(조심 2015지928, 2015.12.9.).

- 신탁재산을 위탁자의 상속인이 상속 받는 경우에는 상속이 각자가 상속받는 취득물건(지분을 취득하는 경우에는 그 지분에 해당하는 취득물건을 말한다)을 취득한 것

으로 보므로(「지방세법」제7조 제7항), 상속으로 인한 취득세의 납세의무가 있다.

■ 수탁자로부터 위탁자가 아닌 제3자의 수익자에게 이전하는 경우(위탁자가 수익자인 경우에는 비과세 규정의 적용을 받는다)에는 비록 신탁에 의한 소유권의 이전이라 하더라도 사실상 취득에 해당하여 과세대상이 된다. 이에 대해서는 2014.1.1.부터 수탁자로부터 수익자로 이전하는 경우의 취득에 대해 30/1000의 세율을 적용하던 법 제11조 제1항 제4호를 삭제하므로써 유상 취득의 세율40/1000이 적용된다.

  - 이와 달리 신탁원부상의 수익자를 이전한 경우는 수익자를 변경하는 경우로서 신탁 수익권을 취득한 것으로서 신탁재산인 부동산을 수탁자로부터 수익자에게 이전하는 경우에 해당하지 아니하므로 취득세 과세대상이 아니다.

사례 쟁점오피스텔의 신탁수익권을 취득하여 취득세 등의 납세의무가 없다는 청구주장의 당부

「지방세법」제6조 및 제7조에서 사실상 취득에 따른 취득세 과세대상이 되는 부동산을 "토지 및 건축물"로 열거하고 있는 바, 청구법인은 부동산(쟁점오피스텔) 자체가 아닌 신탁수익권을 취득하였을 뿐만 아니라, 신탁수익권은 취득세 과세대상이 아닌 점, 쟁점오피스텔 신탁원부상의 수익자를 쟁점시행자에서 청구법인으로 이전한 경우는 수익자를 변경하는 경우로서 「지방세법」제11조 제1항 제4호에 의한 신탁재산인 부동산을 수탁자로부터 수익자에게 이전하는 경우에 해당하지 아니하는 점, 이 건 토지의 취득자는 매매계약서 상의 매수인으로서 그 매매대금을 지급한 이 건 신탁회사로 보아야 하는 점, 청구인들이 이 건 토지 매매대금의 실제 지급자라고 하더라도 청구인들은 이 건 토지의 매매행위에 대하여 사실상 관여한 사실이 없다고 보이는 점, 이 건 신탁회사는 ○○○을 납부하고 소유권이전등기를 한 점 등에 비추어 이 건 토지의 매매대금을 실제로 누가 지급하였는지 여부에 관계없이 이 건 토지는 청구인들이 아니라 이 건 신탁회사가 ○○○○○공사로부터 매매를 원인으로 취득하였다고 보는 것이 타당함(조심 2016지1244, 2017.4.18.).

■ 유상으로 수익권증서를 양수하였다 하더라도 수익권을 양수하기로 하는 변경계약을 체결한 것에 불과할 뿐, 수익권증서에 표시된 신탁재산 그 자체를 취득한 것으로 볼 수 없다. 그러나 수익권증서 등에 근거하여 부동산의 소유권을 취득하는 경우에는 취득세 납세의무가 있다(행정안전부 지방세운영과-1443, 2013.2.1.).

  - 또한 「신탁법」제10조의 개정으로 신탁을 종료하지 않고서도 위탁자의 지위 이전이 가능해짐에 따라 위탁자 변경의 경우에는 과세대상이다. 다만, 위탁자 지위이전에도 불구하고 실질적인 소유권의 변동이 없는 것으로서 「지방세법 시행령」제11조의12의 경우와 같이 자본시장과 금융투자업에 관한 법률에 따른 부동산집합투자기구의

집합투자업자가 그 위탁자의 지위를 다른 집합투자업자에게 이전하는 경우에는 납세의무가 성립하지 않는다.

> **사례** 쟁점토지를 사실상 취득한 것으로 볼 수 있는지 여부

신탁재산에 대한 수익자로 지정받아 수익권증서를 양수받거나 위탁자로부터 수익권증서를 유상으로 매입하여 이를 양수한 것은 신탁부동산에서 발생되는 이익을 우선적으로 받을 수 있는 권리를 양수한 것일 뿐, 수익권증서에 표시된 신탁부동산 자체를 취득한 것으로 볼 수는 없음(조심 2012지267, 2012.10.16.).

■ 신탁등기 부동산의 위탁자가 사망하였다 하더라도 신탁재산은 위탁자의 상속재산에 포함되어 「지방세법」 제9조 제3항에서의 신탁과 관련된 비과세에 해당하지 않고 위탁자의 상속인은 상속에 따른 취득세 납세의무가 있다(「지방세법」 제7조 제7항, 「상증세법」 제9조 제1항, 「신탁법」 제23조).

> **사례** 신탁법에 의한 신탁등기 부동산의 위탁자가 사망하였을 때 해당 부동산의 수탁자와 수익자(상속인)에 대한 취득세 납세의무 성립 여부

「상속세 및 증여세법」 제9조 제1항은 "피상속인이 신탁한 재산은 상속재산으로 본다"고 규정하고 있으므로 위탁자의 사망으로 인한 경우는 「상속세 및 증여세법」 제9조 제1항에 따라 신탁재산은 상속재산에 편입되고, 「신탁법」 제23조 역시 "신탁재산은 수탁자의 상속재산에 속하지 아니하며, 수탁자의 이혼에 따른 재산분할의 대상이 되지 아니한다"고 규정하여 상속의 경우에는 대내외적으로 신탁재산이 신탁자의 소유로 취급된다고 하더라도 수탁자의 상속재산에는 편입되지 않는다고 규정하여 「상속세 및 증여세법」 제9조 제1항과의 조화를 꾀하고 있음.

또한, 「지방세법」 제9조 제3항에서는 신탁으로 인한 신탁재산의 취득으로서 다음 각 호의 어느 하나에 해당하는 경우에는 취득세를 부과하지 아니한다고 규정하고 있고 동 제1호에서 위탁자로부터 수탁자에게 신탁재산을 이전하는 경우, 제2호에서 신탁의 종료로 인하여 수탁자로부터 위탁자에게 신탁재산을 이전하는 경우, 제3호에서 수탁자가 변경되어 신수탁자에게 신탁재산을 이전하는 경우를 규정하고 있는 바, 신탁재산인 상속재산을 상속인이 취득하는 경우에는 취득세를 비과세하는 경우가 아니고, 「지방세법」 제7조 제7항 역시 상속으로 인하여 취득하는 경우에 상속인 각자가 상속받는 취득물건을 취득한 것으로 보고, 이때 상속에는 피상속인이 상속인에게 한 유증 및 포괄유증과 신탁재산의 상속을 포함한다고 규정하고 있으며, 동법 시행령 제20조 제1항에서 무상승계취득의 경우에는 그 계약일에 취득한 것으로 보되, 상속 또는 유증으로 인한 취득의 경우에는 상속 또는 유증 개시일을 말한다고 규정하고 있음.

위와 같은 사안들을 종합적으로 검토해보면 본 사안에서의 취득은 「지방세법」 제9조 제3항에서의 신탁과 관련된 비과세하는 경우가 아니므로, 취득세 과세대상에 포함된다고 판단됨(행정안전부 지방세운영과-290, 2015.1.28.).

- 이와 달리 명의신탁의 경우에는 수탁자의 사망시에만 상속인의 취득세 납세의무가 발생한다. 위탁자의 상속의 경우에는 명의신탁 해지나 부당이득반환으로 부동산 자체를 직접 반환받는 경우에만 취득세 납세의무가 발생하고, 취득세율도 상속이 아닌 무상취득의 세율이 적용된다.

사례 명의신탁된 종중부동산(이하 '해당 부동산'이라 함)의 명의수탁자가 사망한 경우 그 상속인에게 해당 부동산에 대한 취득세 납세의무가 있는지 여부

「지방세법」 제7조 제1항 및 제2항에서 '부동산의 취득'이란 소유권 이전의 형식에 의한 부동산 취득의 모든 경우를 포함하는 것으로서 명의신탁이나 명의신탁해지로 인한 소유권이전등기를 마친 경우도 여기에 해당되고, '사실상 취득'이란 소유권 취득의 형식적 요건(등기·등록)을 갖추지 못하였으나 소유권 취득의 실질적 요건을 갖춘 것을 뜻하는 것인 바, 명의신탁관계를 해지한 단계이거나 명의신탁해지를 원인으로 한 소유권이전등기청구의 소에서 승소판결(확정판결과 동일한 효력이 있는 법원의 결정 등 포함)을 받고 그로 인한 소유권이전등기를 마치지 아니한 경우에는 '부동산의 취득'에 해당하지 아니함은 물론, 소유권 취득의 실질적 요건을 갖추었다고 볼 수도 없어 '사실상 취득'을 하였다고도 할 수 없는 것(같은 뜻 대법원 2002.7.12. 선고 2000 두9311 판결)임.

이 건의 경우를 살펴보면, 명의신탁된 종중부동산(해당 부동산)을 명의수탁자인 종중원 앞으로 소유권이전등기를 마침으로써 종중원은 해당 부동산을 취득하였고, 이후 종중이 종중원을 상대로 명의신탁해지를 원인으로 한 소유권이전등기 청구의 소를 제기하여 소송 진행 중 해당 부동산 소유자인 종중원의 사망(2013.5.10.)으로 해당 부동산에 대한 상속이 개시됨에 따라 「지방세법 시행령」 제20조 제1항(상속으로 인한 취득의 경우에는 상속개시일에 취득한 것으로 본다)의 규정에 의거 그 상속인은 상속으로 인하여 해당 부동산을 '사실상 취득'한 것이 되어 취득세 납세의무자가 되는 것임.

따라서 종중원의 사망으로 상속이 개시되어 상속인이 해당 부동산을 상속한 이후, 종중이 소송을 수계한 종중원의 상속인을 상대로 해당 부동산에 대해서 2010.10.22. 자 명의신탁해지를 원인으로 한 소유권이전등기를 이행하라는 법원의 결정이 확정(2014.10.15.)되었다고 하더라도 적법한 절차에 의한 상속포기 등에 따라 해당 부동산을 상속하지 않았다고 볼 수 있는 특별한 사정이 없는 한 상속인에게 해당 부동산에 대한 취득세 납세의무가 있는 것이나, 상속인이 해당 부동산을 상속하지 않았다고 볼 수 있음(행정안전부 지방세운영과-196, 2014.12.4.).

- 명의신탁된 종중부동산을 수탁자인 종중원에게 소유권이전 등기를 마쳐 부동산을 취득하게 하였으나 종중이 후에 소유권이전등기 청구의 소를 제기하여 소송 진행 중 종중원의 사망으로 상속이 개시되었다면 상속포기 등의 특별한 사정이 없는 이상 상속인에게 취득세 납세의무가 발생하는 것이다.

■ 신탁법상 위탁자지위의 이전이 가능한데(「신탁법」 제10조), 신탁재산의 위탁자 지위의 이전이 있는 경우에는 새로운 위탁자가 해당 신탁재산을 취득한 것으로 본다. 다만, 위탁자 지위의 이전에도 불구하고 신탁재산에 대한 실질적인 소유권의 변동이 있다고 보기 어려운 경우로서 대통령령으로 정하는 경우에는 그러하지 아니하다(「지방세법」 제7조 제15항, 「지방세법 시행령」 제11조의2). 실무도 신탁법상의 집합투자업자가 투자대상 신탁부동산의 형식적적인 소유뿐만 아니라 실질적인 소유권을 가지고 있다고 보기에는 무리가 있는 점 등을 종합해 볼 때에 「자본시장법」에 따른 집합투자기구의 위탁자인 집합투자업자를 변경하면서 투자신탁부동산에 대한 소유권의 이전등기 및 대금지급과 같은 사실상의 취득행위가 없는 경우라면 취득세 납세의무가 성립되지 않는다고 하였다.

■ 위탁자와 수탁자가 부동산신탁계약을 체결하고 토지소유권을 수탁자인 신탁회사로 이전한 후 토지의 지목을 변경하므로서 그 가액이 증가하였다면 그 지목변경의 원인행위를 누가 하였는지 여부와 상관없이 토지의 소유주인 신탁회사(수탁자)가 지목변경에 따른 취득세 납세의무가 있다.

> **사례** 위탁자가 부동산 신탁계약에 따라 수탁자에게 토지소유권을 이전한 후 그 수탁된 토지의 지목이 변경된 경우에 지목변경에 대한 취득세 납세의무자 및 납세의무 성립시기

「지방세법 시행령 제73조 제9항의 규정에서 토지의 지목변경에 따른 취득은 토지의 지목이 사실상 변경된 날에 취득한 것으로 보고 사실상 변경된 날을 알 수 없을 경우에는 공부상 지목변경일을 그 취득일로 본다고 규정하고 있으며, 「측량·수로조사 및 지적에 관한 법률 시행령」 제67조에서 농지전용과 같이 토지형질변경을 수반하는 때에는 형질변경의 원인이 되는 공사가 완료된 때에 지목변경을 신청할 수 있는 점(내심 97-122,'97.3.26) 등으로 미루어 산업단지 부지 조성공사의 지목변경에 따른 취득시기는 산업단지 준공인가일로 보아야 할 것으로 사료되고, 위탁자와 수탁자가 부동산신탁계약을 체결하고 토지 소유권을 수탁자인 신탁회사로 이전한 후 토지의 지목을 변경함으로써 그 가액이 증가되었다면 그 지목변경의 원인행위를 누가 하였는지 여부와 상관없이 당해 토지의 소유주인 신탁회사(수탁자)가 지목변경에 따른 취득세 납세의무가 있습니다[행안부 지방세운영-306(2008.7.21), 지방세운영-2124(2008.11.11) 참조](세정담당관-13261, 2010.11.17.).

– 신탁재산에 속하게 되는 부동산 등의 취득에 대한 취득세의 납세의무자도 원칙적으로 수탁자인 점 등에 비추어 「신탁법」에 의한 신탁으로 수탁자에게 소유권이 이전된 토지에 있어 「지방세법」 제7조 제4항이 규정한 지목변경에 대한 취득세 등의 납세의무자는 수탁자라 할 것이고, 위탁자가 그 토지의 지목을 사실상 변경하였다고 하여 달리 볼 것은 아니다.

> **사례** 신탁법상 신탁으로 수탁자에게 소유권이 이전된 토지에 대한 구 지방세법 제105조 제5항에서 정한 지목 변경으로 인한 취득세 납세의무자가 수탁자인지 여부
>
> 토지의 경우, 구 지방세법(2005.12.31. 법률 제7843호로 개정되기 전의 것, 이하 '법'이라 한다) 제105조 제1항, 제2항, 제5항에 의하여 취득세 과세대상이 되는 것은 토지의 소유권을 취득하거나 '소유하고 있는' 토지의 지목이 사실상 변경되어 가액이 증가한 경우인데, 「신탁법」상 신탁은 위탁자가 수탁자에게 특정의 재산권을 이전하거나 기타의 처분을 하여 수탁자로 하여금 신탁 목적을 위해 재산권을 관리·처분하게 하는 것이므로, 부동산 신탁에 있어 수탁자 앞으로 소유권이전등기를 마치게 되면 소유권이 수탁자에게 이전되는 것이지 위탁자와의 내부관계에 있어 소유권이 위탁자에게 유보되는 것은 아닌 점, 「신탁법」 제19조는 "신탁재산의 관리·처분·멸실·훼손 기타의 사유로 수탁자가 얻은 재산은 신탁재산에 속한다."고 규정하고 있는데, 위 규정에 의하여 신탁재산에 속하게 되는 부동산 등 취득에 대한 취득세 납세의무자도 원칙적으로 수탁자인 점 등에 비추어 보면, 「신탁법」에 의한 신탁으로 수탁자에게 소유권이 이전된 토지에 대하여 법 제105조 제5항이 규정한 지목의 변경으로 인한 취득세 납세의무자는 수탁자로 봄이 타당하고, 위탁자가 토지의 지목을 사실상 변경하였다고 하여 달리 볼 것은 아님(대법원 2010두2395, 2012.6.14.).

③ 중과세 납세의무

■ 종전에는 신축·증축한건물을 신탁계약으로 수탁자에게 신탁등기를 하는 경우 수탁자의 재산으로 보아 위탁자가 본점사업용으로 사용하더라도 취득세를 중과세 하지 아니하였다.

– 그러나 2017.1.1.부터 「지방세법」 제13조 제1항에 '「신탁법에」 따른 수탁자가 취득한 신탁재산 중 부동산을 위탁자가 신탁기간 중 또는 신탁종료 후 위탁자의 본점이나 주사무소의 사업용으로 사용하는 부동산을 포함한다'는 내용을 추가하므로써 위탁자의 본점사업용 신탁 부동산에 중과세를 적용하게 되었다.

- 토지나 건축물을 취득한 후 5년 이내에 해당 토지나 건축물이 사치성 재산에 해당하게 되는 경우 그 취득자에게 중과세를 적용하는데(「지방세법」 제16조 제1항 제3호), 신탁으로 수탁자에게 토지의 명의가 이전된 후에 지목이 변경된 경우에 지목변경에 따른 취득세 중과세율 적용대상이 위탁자인지 수탁자인지가 문제된다.
  - 과거의 유권해석은 실질적인 소유자인 위탁자를 중과세율 적용대상으로 보았으나 수탁자 앞으로 소유권이전등기를 마치게 되면 소유권이 수탁자에게 이전되는 것이지 위탁자와의 내부관계에 있어 소유권이 위탁자에게 유보되는 것은 아닌 점, 신탁되어 있는 토지의 지목변경에 따른 취득세 납세의무를 수탁자가 부담하는 점, 「신탁법」상 신탁계약에 의하여 수탁자인 부동산 신탁회사명의로 등기가 경료된 경우에 그 등기가 중과세 대상에 해당하는지 여부를 판단함에 있어서 수탁자를 기준으로 하는 점에 비추어 수탁자에게 취득세 중과세에 따른 납세의무가 성립한다고 한다.

> **사례** 대도시 내에서 신탁 후 지점 설치시 중과세 해당 여부

신탁재산에 대해 수탁자만을 기준으로 중과요건을 판단할 경우에는 대도시내 새로운 사무소등을 설치하거나 대도시내로 사무소등을 전입하기 위해 취득한 부동산이라 하더라도 신탁 이후에 사무소 등을 설치 전입하는 경우 취득세 중과세를 모두 회피할 수 있는 점, 과점주주 간주취득세 및 대도시 내 본점 신·증축에 따른 과세 및 중과세 판단에 있어 비록 신탁으로 인해 소유권이 수탁자 명의로 되어 있다고 하더라도 위탁자가 사용하는 경우 과세나 중과세가 배제되지 않음을 「지방세법」에서 규정(§7 ⑤, §13 ①)하고 있는 점 등을 종합해 볼 때, 건축물을 신축하여 수탁자에게 신탁으로 소유권을 이전한 경우라도 취득일로부터 5년 이내에 새로운 지점을 설치하는 경우라면 취득세 중과세 대상에 해당한다고 할 것임(행정안전부 지방세운영과-25, 2017.7.28.).

> **사례** 신탁계약에 의하여 수탁자 명의로 등기가 경료된 경우, 구 지방세법 제138조 제1항 제3호 소정의 등록세 중과세 대상인지 여부의 판단 기준

등록세는 재산권 기타 권리의 취득, 이전, 변경 또는 소멸에 관한 사항을 공부에 등기 또는 등록하는 경우에 등기 또는 등록이라는 단순한 사실의 존재를 과세대상으로 하여 그 등기 또는 등록을 받는 자에게 부과하는 조세로서, 그 등기 또는 등록의 유·무효나 실질적인 권리귀속의 여부와는 관계가 없는 것이고, 이와 같은 법리는 구 지방세법(1998.12.31. 법률 제5615호로 개정되기 전의 것) 제138조 제1항 제3호 소정의 중과세의 경우에도 마찬가지이므로, 신탁법상의 신탁계약에 의하여 수탁자인 부동산신탁회사 명의로 등기가 경료된 경우에 그 등기가 구 지방세법 제138조 제1항 제3호 소정의 중과세 대상에 해당하는지 여부를 판단함에 있어서는 수탁자를 기준으로 하여야 할 것임(대법원 2001두2720, 2003.6.10.).

사례 신탁계약에 의하여 수탁자 명의로 등기가 경료된 경우, 구 지방세법 제138조 제1항 제3호 소정의 등록세 중과세 대상인지 여부의 판단 기준

> 등록세는 재산권 기타 권리의 취득, 이전, 변경 또는 소멸에 관한 사항을 공부에 등기 또는 등록하는 경우에 등기 또는 등록이라는 단순한 사실의 존재를 과세대상으로 하여 그 등기 또는 등록을 받는 자에게 부과하는 조세로서, 그 등기 또는 등록의 유·무효나 실질적인 권리귀속의 여부와는 관계가 없는 것이고, 이와 같은 법리는 구 지방세법(1998.12.31. 법률 제5615호로 개정되기 전의 것) 제138조 제1항 제3호 소정의 중과세의 경우에도 마찬가지이므로, 신탁법상의 신탁계약에 의하여 수탁자인 부동산신탁회사 명의로 등기가 경료된 경우에 그 등기가 구 지방세법 제138조 제1항 제3호 소정의 중과세 대상에 해당하는지 여부를 판단함에 있어서는 수탁자를 기준으로 하여야 할 것임(대법원 2001두2720, 2003.6.10.).

■ 신탁재산은 수탁자의 소유로 보므로 대도시 내 기존법인인 위탁자가 취득한 부동산을 신탁회사에 수탁하여 신탁재산으로 한 다음 거기에 위탁법인이 건물 취득 후 5년 내 지점을 설치하는 경우 중과세 대상인지 문제된다. 위의 논리에 따르면 신탁에 의하여 소유권이전등기를 마치게 되면 대내외적으로 소유권이 수탁자에게 이전하는 것이므로 위탁법인이 신탁부동산에 신설 지점을 설치하였다 하더라도 중과세 대상으로 볼 수도 있으나,

  - 신탁재산에 대해 수탁자만을 기준으로 중과요건을 판단할 경우에는 대도시내 새로운 사무소등을 설치하거나 대도시내로 사무소등을 전입하기 위해 취득한 부동산이라 하더라도 신탁 이후에 사무소 등을 전입하는 경우 취득세 중과세를 모두 회피할 수 있는 점, 과점주주 간주취득세 및 대도시 내 본점 신·증축에 따른 과세 및 중과세 판단에 있어 비록 신탁으로 인해 소유권이 수탁자 명의로 되어 있다고 하더라도 위탁자가 사용하는 경우 과세나 중과세가 배제되지 않음을 「지방세법」에서 규정(제7조 제5항, 제13조 제1항)하고 있는 점 등을 종합해 볼 때, 건축물을 신축하여 수탁자에게 신탁으로 소유권을 이전한 경우라도 취득일로부터 5년 이내에 새로운 지점을 설치하는 경우라면 취득세 중과세 대상에 해당한다고 보았다.

④ 과점주주 등 특수한 경우 납세의무

■ 신탁재산은 대내외적으로 소유권이 수탁자에게 완전히 귀속되고 위탁자와의 내부관계에 있어서도 그 소유권이 위탁자에게 유보되지 않으므로 「신탁법」에 따라 신탁된 토지의 위탁자가 「관광진흥법」 제55조 제1항에 의한 관광단지개발사업시행자라고 하더라도 수탁자가 이에 해당되지 않는다면,

　– 신탁토지의 지목변경 등으로 인한 취득세에 대해서는 「지방세특례제한법」 제54조 제1항을 적용할 수 없다고 하면서 취득세 감면은 수탁자를 기준으로 판단하고 있다. 같은 법리로서 「신탁법」에 따라 부동산등을 신탁한 법인의 주식을 취득하여 당해 법인의 과점주주가 되었을 경우에 그 신탁재산은 과점주주 취득세 과세표준에 포함되지 않는다.

> **사례** 「신탁법」에 따라 신탁된 토지의 수탁자가 신탁토지의 지목변경을 하는 경우 위탁자가 「관광진흥법」 제55조 제1항에 의한 관광단지개발 사업시행자라면 「지방세특례제한법」 제54조 제1항에 따른 취득세 감면을 적용받을 수 있는지의 여부

「지방세법」 제7조 제1항에 따르면 부동산을 취득한 자는 취득세를 납부하여야 하는 바, 여기에서 말하는 '부동산 취득'이란 부동산 취득자가 실질적으로 완전한 내용의 소유권을 취득하는지의 여부와 관계없이 소유권이전의 형식에 의한 부동산 취득의 모든 경우를 말하는 것이고, 「지방세특례제한법」 제54조 제1항에 따르면, 「관광진흥법」 제55조 제1항에 따른 관광단지개발 사업시행자가 관광단지개발사업을 시행하기 위하여 취득하는 부동산에 대하여는 2013년 12월 31일까지 취득세의 100분의 50을 경감하며, 해당 지역의 관광단지 조성 여건, 재정 여건 등을 고려하여 100분의 50의 범위에서 조례로 정하는 율을 추가로 경감할 수 있습니다. 한편, 「신탁법」 제1조 제2항에 따르면 '신탁'이라 함은 신탁설정자(위탁자)와 신탁인수자(수탁자)가 특별한 신임관계에 기하여 위탁자의 특정 재산권을 수탁자에게 이전하거나 기타의 처분을 하고 수탁자로 하여금 일정한 자(수익자)의 이익 또는 특정의 목적을 위하여 그 재산권을 관리·처분하게 하는 법률관계를 말하는 것으로서, 이에 따른 신탁재산은 대내외적으로 소유권이 수탁자에게 완전히 귀속되고 위탁자와의 내부관계에 있어서도 그 소유권이 위탁자에게 유보되지 않는 것으로(대법원 2007다54276, 2008.3.13.), 따라서, 「신탁법」에 따라 신탁된 토지의 위탁자가 「관광진흥법」 제55조 제1항에 의한 관광단지개발 사업시행자라고 하더라도 수탁자가 이에 해당되지 않는다면, 신탁토지의 지목변경 등으로 인한 취득세에 대해서는 「지방세특례제한법」 제54조 제1항을 적용할 수 없다고 판단됨(행정안전부 지방세운영과-3009, 2013.11.20.).

- 신탁계약에 의한 소유권이전등기를 경료한 상태에서 토지가 수용된 경우, 더 이상 수용토지의 소요자에 해당하지 않는 위탁자가 대체취득한 부동산에 대해서는 취득세 등의 감면대상에 제외된다.

> **사례** 신탁회사에 소유권이 이전된 상태에서 부동산이 수용된 경우 종전 토지 소유자이었던 청구인이 대체취득한 부동산에 대하여도 취득세를 비과세할 수 있는지 여부
>
> 「신탁법」상 신탁은 위탁자가 수탁자에게 특정의 재산권의 소유권 내지 권리를 이전하는 것으로서 신탁재산의 소유권이 수탁자에게 이전된 이후에는 위탁자를 당해 부동산의 소유자로 볼 수는 없는 것이므로, 수용된 부동산이 청구인으로부터 수탁자에게 이전된 이상 청구인이 쟁점부동산을 취득하였다 하여 대체취득에 따른 취득세 비과세 대상으로 보기는 어려움(조심 2012지527, 2012.11.28.).

■ 어느 법인이 부동산이 「신탁법」에 의한 신탁으로 수탁자에게 소유권이 이전된 후, 그 법인의 과점주주가 되거나 그 법인의 주식 또는 지분 비율이 증가된 경우 그 법인의 과점주주에게 신탁부동산을 그 법인이 보유하는 부동산으로 보아 「지방세법」상 간주취득세를 부과할 수 있는지 여부가 문제된다.

- 신탁의 효력으로서 신탁재산의 소유권이 수탁자에게 이전되는 결과 수탁자는 대내외적으로 신탁재산에 대한 관리권을 갖게 되고, 신탁계약이나 「신탁법」에 따라 수탁자가 위탁자에 대한 관계에서 신탁 부동산에 관한 권한을 행사할 때 일정한 의무를 부담하거나 제한을 받게 되더라도 그것만으로는 위탁자의 과점주주가 신탁 부동산을 사실상 임의처분하거나 관리운용할 수 있는 지위에 있다고 보기도 어려우므로 과점주주에게 간주취득세 납세의무가 있다고 할 수 없다고 보았으나,

- 2015년에 「지방세법」을 그 과점주주가 해당 법인의 부동산 등을 법인이 「신탁법」에 따라 신탁한 재산으로서 수탁자 명의로 등기·등록이 되어 있는 부동산등까지 포함한다고 「지방세법」 제7조 제5항을 개정하여 간주취득세를 납부하여야 한다.

> **사례** 어느 법인의 부동산이 신탁법에 의한 신탁으로 수탁자에게 소유권이 이전된 후 그 법인의 과점주주가 되거나 그 법인의 주식 또는 지분 비율이 증가된 경우 그 법인의 과점주주에게 신탁 부동산을 그 법인이 보유하는 부동산으로 보아 구 지방세법 제105조 제6항 등에서 정한 간주취득세를 부과할 수 있는지 여부
>
> 법인의 과점주주에 대하여 그 법인의 재산을 취득한 것으로 보아 취득세를 부과하는 것은 과점주주가 되면 해당 법인의 재산을 사실상 임의처분하거나 관리운용할 수 있는 지위에 서게 되어 실질적으로 그 재산을 직접 소유하는 것과 크게 다를 바 없다는 점에서 담세력이 있다고 보기 때문이다. 그런데 신탁법상의 신탁은 위탁자가 수탁자

에게 특정의 재산권을 이전하거나 기타의 처분을 하여 수탁자로 하여금 신탁 목적을 위하여 재산권을 관리·처분하게 하는 것이므로, 부동산 신탁에 있어 수탁자 앞으로 소유권이전등기를 마치게 되면 대내외적으로 소유권이 수탁자에게 완전히 이전되고 위탁자와의 내부관계에서 소유권이 위탁자에게 유보되는 것이 아니며, 이와 같이 신탁의 효력으로서 신탁재산의 소유권이 수탁자에게 이전되는 결과 수탁자는 대내외적으로 신탁재산에 대한 관리권을 갖게 된다. 따라서 신탁계약이나 신탁법에 의하여 수탁자가 위탁자에 대한 관계에서 신탁 부동산에 관한 권한을 행사할 때 일정한 의무를 부담하거나 제한을 받게 되더라도 그것만으로는 위탁자의 과점주주가 신탁 부동산을 사실상 임의처분하거나 관리운용할 수 있는 지위에 있다고 보기도 어렵다. 이와 같은 과점주주에 대한 간주취득세제도의 취지와 신탁의 법률관계 등에 비추어 보면, 어느 법인의 부동산이 신탁법에 의한 신탁으로 수탁자에게 소유권이 이전된 후 그 법인의 과점주주가 되거나 그 법인의 주식 또는 지분 비율이 증가된 경우에는 특별한 사정이 없는 한 신탁 부동산을 그 법인이 보유하는 부동산으로 보아 그 법인의 과점주주에게 구 지방세법(2010.3.31. 법률 제10221호로 전부 개정되기 전의 것) 제105조 제6항 등에서 정한 간주취득세를 부과할 수는 없다고 봄이 타당함(대법원 2014두36266, 2014.9.4.).

⑤ 부동산 신탁의 이해

(1) 부동산 신탁의 기본 구조

가. 신탁에 관한 사법적 법률관계는 신탁법에서 규정

나. 신탁법 영위를 위해서는 「자본시장과 금융투자업에 관한 법률」에 의거 금융위원회의 금융투자업 인가를 받아야 함

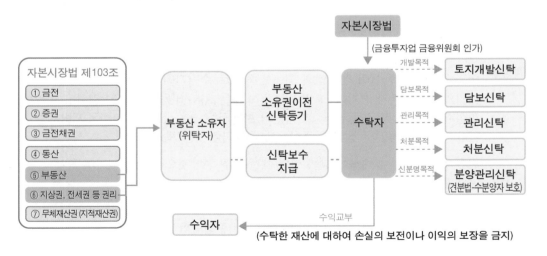

(2) 부동산 신탁의 종류

가. 토지(개발)신탁

■ 건축자금이나 개발 Know-How가 부족한 고객으로부터 토지를 수탁 받아 개발계획의 수립, 건설자금의 조달, 공사관리, 건축물의 분양 및 임대 등 개발사업의 전 과정을 신탁 회사가 수행하고 발생한 수익을 토지소유자(위탁자 또는 수 익자)에게 돌려주는 제도

■ 토지신탁의 구조

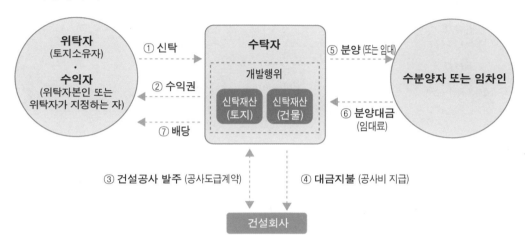

나. 담보신탁

■ 토지·건물 등 부동산을 담보로 제공하고 자금을 대출받고자 하는 경우에 이용할 수 있는 제도

■ 담보신탁의 구조

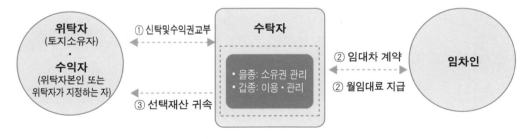

■ 갑종관리신탁: 부동산은 물론 임대차관리, 시설관리, 세무 및 법무 등 부동산 관련 모든 업무를 신탁회사가 수행하고 발생한 신탁수익을 수익자에게 교부하는 상품으로 "종합적 부동산 관리운용 업무"

■ 을종관리신탁: 위탁자로부터 부동산을 수탁 받아 소유권만을 관리하는 신탁

■ 관리·처분 신탁의 구조

다. 관리ㆍ처분신탁

- 갑종관리신탁: 부동산은 물론 임대차관리, 시설관리, 세무 및 법무 등 부동산 관련 모든 업무를 신탁회사가 수행하고 발생한 신탁수익을 수익자에게 교부하는 상품으로 "종합적 부동산 관리운용 업무"
- 을종관리신탁: 위탁자로부터 부동산을 수탁 받아 소유권만을 관리하는 신탁
- 관리ㆍ처분 신탁의 구조

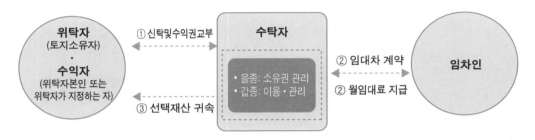

라. 분양관리신탁

- 「건축물의 분양에 관한 법률」에 의거 분양사업의 시행자가 분양사업의 선분양을 위하여 신탁회사에게 부동산 소유권 및 분양대금을 보전ㆍ관리하게 함으로써 건축물 분양과정의 투명성과 거래의 안전성을 확보하여 분양받는 자를 보호하는 제도
- 분양사업의 시행자가 부담하는 채무를 불이행하는 경우 신탁회사가 신탁된 부동산을 환가, 처분하여 정산
- 분양관리신탁의 구조

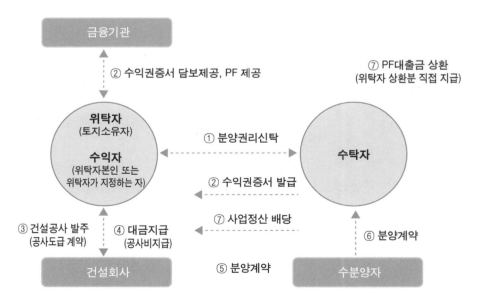

⑥ 신탁사업 시행절차 및 신탁수수료

(1) 신탁 사업의 절차

신탁사업이 부동산개발에 널리 이용됨에 따라 건설업조사에 있어 시행사 – 시공사 외에 신탁사와 대주단의 관계에 대한 이해가 필요하다.

| 시행사의 업무흐름도 |

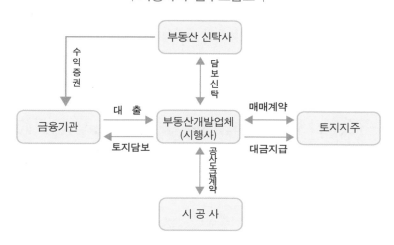

① 시행사는 토지지주로부터 토지계약을 체결하고 토지사용승낙서로 시공사를 선정하여 공사도급계약을 체결하고 금융기관에 지급보증을 하고 토지담보로 대출을 받는다.

② 사업시행자는 프로젝트 파이낸싱(Project Financing) 방식의 금융기법을 동원하여 자금을 조달한다. 프로젝트 파이낸싱이란 부동산개발에 소요되는 자금을 분양 및 개발수익을 담보로 회사채를 발행하여 자금을 조달하는 새로운 방식의 금융기법이다.

③ 부동산신탁회사는 담보신탁을 의뢰하면 부동산 감정평가액의 범위 내에서 수익증권을 발급하고 해당은행은 시행사가 제출한 수익증권으로 자금을 대출한다. 부동산신탁은 토지 등의 소유자가 수탁자에 부동산을 위탁하여 부동산 소유권을 신탁회사에 이전하거나 저당권을 설정하고 부동산 개발이익을 토지소유자나 그가 지정한 수익자에게 돌려주는 제도이다. 부동산신탁회사는 대한토지신탁, 생보부동산신탁, 한국토지신탁 등이 있다.

④ 시행사는 분양대금을 받아 대출금 상환과 시공사에 공사비를 지급한다.

(2) 신탁수수료 취득과표 포함 여부

가. 판례·결정 사례

■ 신탁의 목적이 건축공사, 인·허가 업무 지원 등과 같이 개발업무와 관련되거나 토지 매입 또는 건축물 신축 관련 차입금의 담보가치 보전인 경우 취득 과표에 포함토록 하였고,
  * 조심 12지391('12.12.11.), 감심2011-174('11.10.6.) 등

> **사례** 신탁보수를 취득세 과세표준에 포함한 처분의 당부

쟁점비용은 공동주택 신축에 필요한 공사대금을 금융기관으로부터 차입하기 위하여 금융기관의 요구에 따라 토지에 대한 담보를 신탁하는 과정에서 지급한 비용으로서 위탁자가 이행하여야 할 책임과 채무를 보장하기 위하여 발생한 비용이므로 공동주택의 취득에 소요된 직·간접 비용에 해당한다 할 것임(조심 12지391, 2012.12.11.).

■ 신탁의 목적이 개발이 완료된 건축물의 분양 또는 판매관리에 한정되거나, 대출금·분양대금 등 자금의 관리만을 목적으로 하는 경우 취득 과표에서 제외토록 하였다(대법원 09두23075, 2011.1.13. ; 대법원 09두23034, 2011.1.13. ; 조심 11지891, 2012.3.30. 등).

> **사례** 아파트 신축과 관련한 토지신탁수수료, 교통시설부담금, 감정평가비용 및 청구법인이 아닌 시행사의 운영비 등이 취득세 과세표준에 포함되는지 여부

교통시설부담금, 감정평가비용은 건축물 신축 등을 위하여 필수적으로 지출하여야 하는 비용으로서 취득시기 이전에 지급된 비용이므로 취득세 과세표준에 포함하는 것이 타당하다 할 것이지만, 토지신탁수수료는 아파트의 신축·분양사업과 관련한 차입금 및 분양대금을 관리하기 위한 대가로 지급한 수수료로서 자금의 관리비용에 불과하므로 아파트의 신축비용에 포함하는 것은 잘못이고, 청구법인이 아닌 시행사의 운영비(임직원 급여 등)는 쟁점아파트의 취득과는 무관한 비용이므로 취득세 과세표준에서 제외하는 것이 타당하다 할 것임(조심 11지891, 2012.3.30.).

> **사례** 위탁법인과 수탁자인 청구법인이 체결한 계약서를 보면 청구법인이 자금만 관리한 것이 아니라 사업주체 및 건축주로서의 권리를 갖고 각종 용역 계약을 체결하는 등 신탁수수료는 쟁점주택을 건축하는 과정에서 발생된 것으로 쟁점주택의 취득세 과세표준에 포함 여부

신탁수수료 ○○○는 위탁법인과 청구법인이 체결한 계약서에 따른 청구법인이 자금만 관리한 것이 아니라 사업주체 및 건축주로서의 권리를 갖고 각종 용역계약을 체결하는 등 쟁점주택을 건축하는 과정에서 발생한 직접비용이므로 쟁점주택의 취득세 과세표준에 포함되어야 할 것으로 판단됨(조심 2016지302, 2017.9.5.).

나. 실무운영

■ 신탁수수료의 취득 과표 포함 여부를 판단하기 위해서는 신탁계약서, 대리사무약정서 등을 통해 신탁의 목적과 신탁회사(수탁자)의 업무 범위, 특약사항 등을 종합적으로 검토하여 판단하여야 한다.
  - (과표포함) 신탁업무 범위가 개발업무 전반, 취득 관련 차입금 담보가치 보전
  - (과표제외) 신탁업무 범위가 분양·판매관리, 차입금·분양대금 등 자금관리
■ 특히, 쟁점이 될 수 있는 담보신탁의 경우 담보의 대상인 차입금이 개발사업과 직접 관련된 것임이 신탁계약서, 대출약정서 등을 통해 입증될 경우 취득 과표에 포함할 수 있으며, 차입금 등 자금의 운영만을 신탁한 경우에는 취득 과표에 포함할 수 없을 것이다.

 최근 쟁점

> **사례** 대도시 내에서 신탁 후 지점 설치시 중과세 해당 여부

- 신탁재산에 대해 수탁자만을 기준으로 중과요건을 판단할 경우에는 대도시내새로운 사무소등을 설치하거나 대도시내로 사무소등을 전입하기 위해 취득한 부동산이라 하더라도 신탁 이후에 사무소 등을 설치 전입하는 경우 취득세 중과세를 모두 회피할 수 있는 점, 과점주주 간주취득세 및 대도시 내 본점 신·증축에 따른 과세 및 중과세 판단에 있어 비록 신탁으로 인해 소유권이 수탁자 명의로 되어 있다고 하더라도 위탁자가 사용하는 경우 과세나 중과세가 배제되지 않음을 「지방세법」에서 규정(§7 ⑤, §13 ①)하고 있는 점 등을 종합해 볼 때, 건축물을 신축하여 수탁자에게 신탁으로 소유권을 이전한 경우라도 취득일로부터 5년 이내에 새로운 지점을 설치하는 경우라면 취득세 중과세 대상에 해당한다고 할 것임(행정안전부 지방세운영과-25, 2017.7.28.).
- 등록세는 재산권 기타 권리의 취득, 이전, 변경 또는 소멸에 관한 사항을 공부에 등기 또는 등록하는 경우에 등기 또는 등록이라는 단순한 사실의 존재를 과세대상으로 하여 그 등기 또는 등록을 받는 자에게 부과하는 조세로서, 그 등기 또는 등록의 유·무효나 실질적인 권리귀속의 여부와는 관계가 없는 것이고, 이와 같은 법리는 구 지방세법(1998.12.31. 법률 제5615호로 개정되기 전의 것) 제138조 제1항 제3호 소정의 중과세의 경우에도 마찬가지이므로, 신탁법상의 신탁계약에 의하여 수탁자인 부동산신탁회사 명의로 등기가 경료된 경우에 그 등기가 구 지방세법 제138조 제1항 제3호 소정의 중과세 대상에 해당하는지 여부를 판단함에 있어서는 수탁자를 기준으로 하여야 할 것임(대법원 2001두2720, 2003.6.10.).

- 신탁재산에 대해 수탁자만을 기준으로 중과요건을 판단할 경우에는 대도시내새로운 사무소등을 설치하거나 대도시내로 사무소등을 전입하기 위해 취득한 부동산이라 하더라도 신탁 이후에 사무소 등을 설치 전입하는 경우 취득세 중과세를 모두 회피할 수 있는 점, 과점주주 간주취득세 및 대도시 내 본점 신·증축에 따른 과세 및 중과세 판단에 있어 비록 신탁으로 인해 소유권이 수탁자 명의로 되어 있다고 하더라도 위탁자가 사용하는 경우 과세나 중과세가 배제되지 않음을 「지방세법」에서 규정(§7 ⑤, §13 ①)하고 있는 점 등을 종합해 볼 때, 건축물을 신축하여 수탁자에게 신탁으로 소유권을 이전한 경우라도 취득일로부터 5년 이내에 새로운 지점을 설치하는 경우라면 취득세 중과세 대상에 해당한다고 할 것임(행정안전부 지방세운영과-25, 2017.7.28.).

- 쟁점비용은 공동주택 신축에 필요한 공사대금을 금융기관으로부터 차입하기 위하여 금융기관의 요구에 따라 토지에 대한 담보를 신탁하는 과정에서 지급한 비용으로서 위탁자가 이행하여야 할 책임과 채무를 보장하기 위하여 발생한 비용이므로 공동주택의 취득에 소요된 직·간접 비용에 해당한다 할 것임(조심 12지391, 2012.12.11.).

- 청구인이 2006.7.28. 청구 외 △△△△(주)와 체결한 부동산관리처분신탁계약과 2008.6.5. 청구 외 (주)△△부동산신탁과 체결한 부동산담보신탁계약은 청구인에게 이 사건 사업비용을 대출해 준 청구 외 (주)△△은행 등이 1순위 우선수익자로 되어 있고, 그 목적이 청구인의 위 대출금 상환을 보장하기 위해 신탁부동산을 담보로 관리하면서 채무불이행시 환가·정산하는데 있는 점으로 볼 때, 위 2건의 담보신탁계약은 청구인이 이미 취득한 부동산의 관리를 위한 것이 아니라 앞으로 취득할 이 사건 토지의 매입자금을 대출받기 위해 신탁대상 부동산을 담보로 제공할 목적으로 체결한 것이므로 이 사건 토지의 취득과 불가분의 관계가 있다고 할 것이고, 이 건 담보신탁수수료 469,520,000원은 이 사건 토지를 취득하기 위해 지급한 간접비용으로서 이 사건 토지의 취득가격에 포함되는 것으로 보아야 할 것임(감심 2011-174, 2011.10.6.).

- 신탁의 목적이 개발이 완료된 건축물의 분양 또는 판매관리에 한정되거나, 대출금·분양대금 등 자금의 관리만을 목적으로 하는 경우 취득 과표에서 제외토록 하였다(대법원 09두23075, 2011.1.13. ; 대법원 09두23034., 2011.1.13. ; 조심 11지891, 2012.3.30 등).

- 신탁수수료 ○○○는 위탁법인과 청구법인이 체결한 계약서에 따른 청구법인이 자금만 관리한 것이 아니라 사업주체 및 건축주로서의 권리를 갖고 각종 용역계약을 체결하는 등 쟁점주택을 건축하는 과정에서 발생한 직접비용이므로 쟁점주택의 취득세 과세표준에 포함되어야 할 것으로 판단됨(조심 2016지302, 2017.9.5.).

- 이 사건 신탁수수료는 원고 본인이 이 사건 사업약정에 따라 ○○종합건설로부터 지급받은 것임은 앞서 인정한 바와 같다. 따라서 이 사건 신탁수수료는 이 사건 아파트를 취득한 자로서 그 취득세의 부과대상자인 원고가 거래 상대방 또는 제3자에게 지급한 비용이라고 할 수 없으므로, 이 사건 신탁수수료가 이 사건 아파트를 취득하기 위한 비용인지 여부와 무관하게 그 취득세의 과세표준에는 포함될 수 없음(대법원 2020.5.14. 선고 2020두32937 판결).

제 **6** 장

대도시 중과 취득세 및
등록면허세

1   **과밀억제권역 내 법인**

지역간 균형있는 발전을 도모하며 수도권 중 과밀억제권역의 인구집중 억제책의 일환에서 조세정책으로「지방세법」에 중과세 규정을 두고 있는 바, 즉 과밀억제권역 내에 새로운 법인을 설립하거나 과밀억제권역 내로 전입해 오는 법인 또는 새로운 지점·분사무소를 설치하는 경우와 과밀억제권역 내에 공장을 신설·증설하는 경우 그리고 과밀억제권역 내에서 법인 본점·주사무소의 사무소용 부동산을 취득하는 경우 취득세 등을 중과세하도록 규정하는 것이다.

 과밀억제권역의 범위

■「수도권정비계획법」제6조에 따른 과밀억제권역

[별표 1] 수도권 중 과밀억제권역의 범위

구 분	지 역
과밀억제권역	가. 서울특별시 나. 인천광역시(강화군, 옹진군, 서구 대곡동, 불로동, 마전동, 금곡동, 오류동, 왕길동, 당하동, 원당동, 인천경제자유구역 및 남동유치지역을 제외한다) 다. 의정부시, 구리시. 남양주시(호평동, 평내동, 금곡동, 양정동, 지금동, 도농동에 한한다), 하남시, 고양시, 수원시, 성남시, 안양시, 부천시, 광명시, 과천시, 의왕시, 군포시, 시흥시[반월특수지역(반월특수지역에서 해제된 지역을 포함한다)을 제외한다]

 과밀억제권역 내 세율적용

「**지방세법**」 제13조(과밀억제권역 안 취득 등 중과) ①「수도권정비계획법」제6조에 따른 과밀억제권역에서 대통령령으로 정하는 본점이나 주사무소의 사업용으로 신축하거나 증축하는 건축물(「신탁법」에 따른 수탁자가 취득한 신탁재산 중 위탁자가 신탁기간 중 또는 신탁종료 후 위탁자의 본점이나 주사무소의 사업용으로 사용하기 위하여 신축하거나 증축하는 건축물을 포함한다)과 그 부속토지를 취득하는 경우와 같은 조에 따른 과밀억제권역(「산업집적활성화 및 공장설립에 관한 법률」을 적용받는 산업단지·유치지역 및 「국토의 계획 및 이용에 관한 법률」을 적용받는 공업지역은 제외한다)에서 공장을 신설하거나 증설하기 위하여 사업용 과세물건을 취득하는 경우의 취득세율은 제11조 및 제12

조의 세율에 중과기준세율의 100분의 200을 합한 세율을 적용한다.

② 다음 각 호의 어느 하나에 해당하는 부동산(「신탁법」에 따른 수탁자가 취득한 신탁재산을 포함한다)을 취득하는 경우의 취득세는 제11조 제1항의 표준세율의 100분의 300에서 중과기준세율의 100분의 200을 뺀 세율(제11조 제1항 제8호에 해당하는 주택을 취득하는 경우에는 제13조의2 제1항 제1호에 해당하는 세율)을 적용한다. 다만, 「수도권정비계획법」 제6조에 따른 과밀억제권역(「산업집적활성화 및 공장설립에 관한 법률」을 적용받는 산업단지는 제외한다. 이하 이 조 및 제28조에서 "대도시"라 한다)에 설치가 불가피하다고 인정되는 업종으로서 대통령령으로 정하는 업종(이하 이 조에서 "대도시 중과제외 업종"이라 한다)에 직접 사용할 목적으로 부동산을 취득하는 경우의 취득세는 제11조에 따른 해당 세율을 적용한다.

1. 대도시에서 법인을 설립[대통령령으로 정하는 휴면(休眠)법인(이하 "휴면법인"이라 한다)을 인수하는 경우를 포함한다. 이하 이 호에서 같다]하거나 지점 또는 분사무소를 설치하는 경우 및 법인의 본점·주사무소·지점 또는 분사무소를 대도시 밖에서 대도시로 전입(「수도권정비계획법」 제2조에 따른 수도권의 경우에는 서울특별시 외의 지역에서 서울특별시로의 전입도 대도시로의 전입으로 본다. 이하 이 항 및 제28조 제2항에서 같다)함에 따라 대도시의 부동산을 취득(그 설립·설치·전입 이후의 부동산 취득을 포함한다)하는 경우

2. 대도시(「산업집적활성화 및 공장설립에 관한 법률」을 적용받는 유치지역 및 「국토의 계획 및 이용에 관한 법률」을 적용받는 공업지역은 제외한다)에서 공장을 신설하거나 증설함에 따라 부동산을 취득하는 경우

제16조(세율 적용) ① 토지나 건축물을 취득한 후 5년 이내에 해당 토지나 건축물이 다음 각 호의 어느 하나에 해당하게 된 경우에는 해당 각 호에서 인용한 조항에 규정된 세율을 적용하여 취득세를 추징한다.

1. 제13조 제1항에 따른 본점이나 주사무소의 사업용 부동산(본점 또는 주사무소용 건축물을 신축하거나 증축하는 경우와 그 부속토지만 해당한다)

2. 제13조 제1항에 따른 공장의 신설용 또는 증설용 부동산

3. 제13조 제5항에 따른 별장, 골프장, 고급주택 또는 고급오락장

② 고급주택, 별장, 골프장 또는 고급오락장용 건축물을 증축·개축 또는 개수한 경우와 일반건축물을 증축·개축 또는 개수하여 고급주택 또는 고급오락장이 된 경우에 그 증가되는 건축물의 가액에 대하여 적용할 취득세의 세율은 제13조 제5항에 따른 세율로 한다.

③ 제13조 제1항에 따른 공장 신설 또는 증설의 경우에 사업용 과세물건의 소유자와 공장을 신설하거나 증설한 자가 다를 때에는 그 사업용 과세물건의 소유자가 공장을 신설하거나 증설한 것으로 보아 같은 항의 세율을 적용한다. 다만, 취득일부터 공장 신설 또는 증설을 시작한 날까지의 기간이 5년이 지난 사업용 과세물건은 제외한다.

④ 취득한 부동산이 대통령령으로 정하는 기간에 제13조 제2항에 따른 과세대상이 되는 경우에는 같은 항의 세율을 적용하여 취득세를 추징한다.

⑤ 같은 취득물건에 대하여 둘 이상의 세율이 해당되는 경우에는 그중 높은 세율을 적용

한다.

⑥ 취득한 부동산이 다음 각 호의 어느 하나에 해당하는 경우에는 제5항에도 불구하고 다음 각 호의 세율을 적용하여 취득세를 추징한다.

1. 제1항 제1호 또는 제2호와 제4항이 동시에 적용되는 경우: 제13조 제6항의 세율

2. 제1항 제3호와 제13조의2 제1항 또는 같은 조 제2항이 동시에 적용되는 경우: 제13조의2 제3항의 세율

「지방세법 시행령」 제31조(대도시 부동산 취득의 중과세 추징기간) 법 제16조 제4항에서 "대통령령으로 정하는 기간"이란 부동산을 취득한 날부터 5년 이내를 말한다.

제34조(중과세 대상 재산의 신고 및 납부) 법 제20조 제2항에서 "대통령령으로 정하는 날"이란 다음 각 호의 구분에 따른 날을 말한다.

1. 법 제13조 제1항에 따른 본점 또는 주사무소의 사업용 부동산을 취득한 경우: 사무소로 최초로 사용한 날

2. 법 제13조 제1항에 따른 공장의 신설 또는 증설을 위하여 사업용 과세물건을 취득하거나 같은 조 제2항 제2호에 따른 공장의 신설 또는 증설에 따라 부동산을 취득한 경우: 그 생산설비를 설치한 날. 다만, 그 이전에 영업허가·인가 등을 받은 경우에는 영업허가·인가 등을 받은 날로 한다.

3. 법 제13조 제2항 제1호에 따른 부동산 취득이 다음 각 목의 어느 하나에 해당하는 경우: 해당 사무소 또는 사업장을 사실상 설치한 날

　가. 대도시에서 법인을 설립하는 경우

　나. 대도시에서 법인의 지점 또는 분사무소를 설치하는 경우

　다. 대도시 밖에서 법인의 본점·주사무소·지점 또는 분사무소를 대도시로 전입하는 경우

4. 법 제13조 제2항 각 호 외의 부분 단서에 따라 대도시 중과 제외 업종에 직접 사용할 목적으로 부동산을 취득하거나, 법인이 사원에 대한 분양 또는 임대용으로 직접 사용할 목적으로 사원 주거용 목적 부동산을 취득한 후 법 제13조 제3항 각 호의 어느 하나에 해당하는 사유가 발생하여 법 제13조 제2항 각 호 외의 부분 본문을 적용받게 되는 경우에는 그 사유가 발생한 날

구　분		중과세 적용 여부
본점(주사무소) 및 일반 공장 부동산 신·증축		중과세율
법인설립(휴면법인 인수) 및 지점(분사무소) 대도시 전입 후	5년 내 취득	중과세율
	5년 경과 후 취득	일반세율
일반 공장의 신·증설	5년 내 취득	중과세율
	5년 경과 후 취득	일반세율
도시형 공장의 신·증설		일반세율

※ 중과대상 및 세율

(세율구조) 표준세율(구취득세 + 구등록세)을 기준으로, 중과기준세율(2%, 구취득세율)을 더하거나 빼는 방식

- 구취득세만 중과인 경우: 표준세율 + 중과기준세율 × 2배 또는 4배

  예) 통합 전: 구취득세 10%(2% × 5배 중과) + 구등록세 2% = 12%

  통합 후: 4%(2% + 2%) + 8%(2% × 4배) = 12%

- 구등록세만 중과인 경우: (표준세율 × 3배) − (중과기준세율 × 2배)

  예) 통합 전: 구취득세 2%* + 구등록세 6%(2% × 3배) = 8%

  통합 후: 12%[(4% = 2% + 2%) × 3배] − 4%(2% × 2배) = 8%

- 구 취득세 및 구등록세 모두 중과인 경우: 표준세율 × 3배

	중과세 대상	세율 예시	비 고
대도시 내 법인	①-1. 본점용 부동산 신·증축 위한 부동산의 취득	• 건물신축: 2.8%+(2%×2배)=6.8% • 토지취득: 4%+(2%×2배)=8%	구 취득세만 3배
	①-2. 공장 신·증설 위한 부동산의 취득	• 공장신축: 2.8%+(2%×2배)=6.8% • 토지취득: 4%+(2%×2배)=8%	구 취득세만 3배
	②-1. 법인설립, 지점 설치, 전입 관련 부동산의 취득	• 건물신축: 2.8%×3배−(2%×2배)=4.4% • 토지취득: 4%×3배−(2%×2배)=8%	구 등록세만 3배
	②-2. 공장 신·증설하기 위한 부동산의 취득	• 공장신축: 2.8%×3배−(2%×2배)=4.4% • 토지취득: 4%×3배−(2%×2배)=8%	구 등록세만 3배
	① 및 ②이 동시 적용되는 경우 (예: 법인설립 후 5년 내 본점 신축)	• 건물신축: 표준세율(2.8%)×3배=8.4% • 토지취득: 표준세율(4%)×3배=12%	구 취·등록세 3배
사치성 재산	③-1. 별장, ③-2. 골프장, ③-3. 고급주택, ③-4. 고급오락장, ③-5. 고급선박	• 건물신축: 2.8%+(2%×4배)=10.8% • 토지취득: 4%+(2%×4배)=12% • 고급주택취득: 2~3%+(2%×4배)=10~11%	구 취득세만 5배
	②과 ③이 동시 적용되는 경우 (예: 법인이 대도시내 고급주택 취득)	• 표준세율(2−3%) + 중과기준세율(2%)×6배=14−15%	구 취득(5배) 등록세(3배)

※ 건물신축시 표준세율: 2.8%[구취득세 2% + 구등록세 0.8%(소유권보존등기)]

부속토지 취득시 표준세율: 4%[구취득세 2% + 구등록세 2%(소유권이전등기)]

사례 과밀억제권역 내 취득한 부동산에 대하여 사용목적과 관계없이 일률적으로 중과세율을 적용한 것은 타당

「지방세법 시행령」 제27조 제3항 및 모법인 「지방세법」 제13조 제2항 제1호는 인구와 경제력의 대도시집중을 억제함으로써 대도시 주민 생활환경을 보존·개선하고 지역간의 균형발전 내지는 지역경제를 활성화하려는 복지국가적 정책목표에 이바지하기 위한 것으로서(목적의 정당성), 그 수단이 부동산 취득에 대하여 통상보다 높은 세율의 취득세를 부과함으로써 간접적으로 이를 억제하려는 방법을 선택하고 있고(수단의 상당성), 부동산을 취득할 정도의 재정능력을 갖춘 법인에 대하여 위 조항 소정의 세율을 적용하여 취득세를 부과하려는 것이 위 목적 달성에 필요한 정도를 넘는 자의적인 세율의 설정이라고 볼 수 없으며(침해의 최소성), 위 목적에 비추어 위 조항에 의하여 보호되는 공익과 제한되는 기본권 사이에 현저한 불균형이 있다고 볼 수는 없으므로(법익의 균형성) 위 조항이 과잉금지의 원칙에 위대된다고 보기 어렵다.

따라서 「지방세법 시행령」 제27조 제3항은 헌법상 과잉금지의 원칙(목적의 정당성, 수단의 상당성, 침해의 최소성, 법익의 균형성)이나 평등의 원칙을 위반하였거나 영업의 자유를 침해하였다고 보기 어렵고, 나아가 모법의 위임범위를 벗어나거나 조세법률주의의 취지에 위배되는 무효의 규정이라고 할 수 없음(서울고법 2011누39242, 2012.5.24.).

사례 대도시내 법인설립 기간 기산시점

대도시 내에서 법인 설립 이후 5년 기간의 기산기점 관련하여 기간의 계산은 특별한 규정이 있는 것을 제외하고는 민법에 따르도록 규정하고 있고, 민법에서는 초일을 산입하지 않는다고 하고 있어 그 설립일의 다음날부터 5년을 기산하는 것이 타당함(조심 18지1090, 2018.11.5.).

❶ 과세요건

중과세지역	• 「수도권정비계획법」 제6조에 따른 과밀억제권역
중과세 대상 부동산	• 본점이나 주사무소의 사업용부동산(사무소용+부대시설용) ※ 「신탁법」에 따른 수탁자가 취득한 신탁재산 중 위탁자가 신탁기간 중 또는 신탁종료 후 위탁자의 본점이나 주사무소의 사업용으로 사용하는 부동산을 포함
중과세 제외되는 부동산	• 기숙사, 합숙소, 사택, 연수시설, 체육시설 등 복지후생시설과 향토예비군 병기고, 탄약고 제외 • 임대한 부동산 제외(직접 사용이 아님) • 기존 건축물을 승계취득 본점사업용으로 사용하는 때는 제외
세 율	• 표준세율+중과기준세율(2%)의 2배 ⇒ 6.8% ※ 원시취득 표준세율(2.8%), 중과기준세율(2%)
신고·납부	• 중과세대상이 된 날부터 60일 이내에 신고납부

> 「지방세법」 제13조(과밀억제권역 안 취득 등 중과) ① 「수도권정비계획법」 제6조에 따른 과밀억제권역에서 대통령으로 정하는 본점이나 주사무소의 사업용으로 신축하거나 증축하는 건축물(「신탁법」에 따른 수탁자가 취득한 신탁재산 중 위탁자가 신탁기간 중 또는 신탁종료 후 위탁자의 본점이나 주사무소의 사업용으로 사용하기 위하여 신축하거나 증축하는 건축물을 포함한다)과 그 부속토지를 취득하는 경우와 같은 조에 따른 과밀억제권역(「산업집적활성화 및 공장설립에 관한 법률」을 적용받는 산업단지·유치지역 및 「국토의 계획 및 이용에 관한 법률」을 적용받는 공업지역은 제외한다)에서 공장을 신설하거나 증설하기 위하여 사업용 과세물건을 취득하는 경우의 취득세율은 제11조 및 제12조의 세율에 중과기준세율의 100분의 200을 합한 세율을 적용한다.
>
> 「지방세법 시행령」 제25조(본점 또는 주사무소의 사업용 부동산) 법 제13조 제1항에서 "대통령으로 정하는 본점이나 주사무소의 사업용 부동산"이란 법인의 본점 또는 주사무소의 사무소로 사용하는 부동산과 그 부대시설용 부동산(기숙사, 합숙소, 사택, 연수시설, 체육시설 등 복지후생시설과 예비군 병기고 및 탄약고는 제외한다)을 말한다.

② 사실상 본점

- 등기부등본상 본점이 아니더라도 법인의 중추적인 기능의 일부(사장실, 경리부, 총무부 등)로 사용되는 때는 본점으로 보아야 한다.
- 기구조직표와 함께 영업보고서 상에서 연락사무소 등의 현황을 파악한다.
- 여러 계열사가 명확한 구획없이 사무실 및 영업활동을 하는 경우, 인별 업무분장표 및 계열사별 급여대장 등에 따라 구분된다.

> **사례** > 대표이사 등 주요 구성원이 상주하고 중추적 기능을 수행하고 있는 곳이 본점

원고 회사는 그 대표이사를 비롯한 주요 조직 구성원들이 서울 ○구 ○○로2가 199－15 소재 ○○○○빌딩에서 근무하고 있는 사실, 원고가 2008.11.20. 서울 ○○구 ○○동 448－6 지상에 이 사건 건물을 신축하고, 2009.1.1. ○○○○빌딩에 있던 원고의 조직 중 일부인 패션사업본부를 이 사건 건물로 이전한 사실 등을 인정한 다음, 원고가 이 사건 건물에 패션사업본부를 이전하여 패션사업 부문의 중추적 기능을 수행하고 있는 점, 이 사건 건물에서 수행되는 패션사업본부의 업무는 ○○○○빌딩의 업무와 유기적으로 결합되어 이루어지고 있는 점 등을 종합하면, 이 사건 건물은 구 「지방세법」 제112조 제3항에서 정한 본점의 사업용 부동산에 해당한다고 판단하였음 (대법원 14두1116, 2014.5.29.).

➡ 법인의 본점은 영리법인의 주된 사무소를 의미하며 주된 사무소의 범위는 본점등기를 기준으로 판단하는 것이 아니라 법인의 중추적인 의사결정 등의 주된 기능을 수행하는 장소를 의미

> **사례** > 청구법인이 등기부상 본점 외의 건축물에 청구법인이 속한 기업집단의 회장실, 부회장실 등을 설치하여 사용하고 있는 경우 이를 청구법인의 본점용 부동산으로 보아 취득세를 중과세한 처분이 적법한지 여부

쟁점건축물의 경우 청구법인을 포함한 ○○그룹의 경영을 총괄하는 그룹회장과 부회장이 그룹계열사에 소속된 직원을 파견받아 구성된 기획조정실을 설치하여 경영을 총괄하는 장소로 사용하고 있는 점 등에 비추어 쟁점건축물은 청구법인의 중추적인 의사결정을 담당하는 자가 근무하는 장소로서 본점용 부동산에 해당된다고 보는 것이 타당하다고 하겠으나, 쟁점건축물 중 ○○빌딩 전체에 입주한 계열사들의 공용공간으로 사용되는 지하 1층과 지상 2층의 경우 이를 청구법인이 소유하고 있다고 하여 청구법인의 본점용 부동산으로 보는 것은 잘못임(조심 15지704, 2016.5.27.).

사례 과밀억제권역 안에서 본점 또는 주사무소용 건축물을 신축 또는 증축하여 취득하면 동일한 과밀억제권역 안에 있던 기존의 본점 또는 주사무소에서 이전해 오는 경우라고 하더라도 중과세대상에 해당

구 「지방세법」 제112조 제3항은 법률 제5615호, 1998.12.31.로 개정되기 전과 달리 그 입법취지를 반영하여 과밀억제권역 안에서 본점 또는 주사무소의 사업용 부동산을 취득하는 경우 중 인구유입과 산업집중의 효과가 뚜렷한 신축 또는 증축에 의한 취득만을 그 적용대상으로 규정하고 그 입법취지에 어울리지 않는 그 밖의 승계취득 등은 미리 그 적용대상에서 배제하였으므로 조세법률주의의 원칙상 위 규정은 특별한 사정이 없는 한 법문대로 해석하여야 하고 더 이상 함부로 축소 해석하여서는 아니되는 점, 과밀억제권역 안에서 신축 또는 증축한 사업용 부동산으로 본점 또는 주사무소를 이전하면 동일한 과밀억제권역 안의 기존 사업용 부동산에서 이전해오는 경우라 하더라도 전체적으로 보아 그 과밀억제권역 안으로의 인구유입이나 산업집중의 효과가 없다고 할 수 없는 점 등을 종합하면, 과밀억제권역 안에서 본점 또는 주사무소용 건축물을 신축 또는 증축하여 취득하면 동일한 과밀억제권역 안에 있던 기존의 본점 또는 주사무소에서 이전해 오는 경우라고 하더라도 구 「지방세법」 제112조 제3항에 의한 취득세 중과대상에 해당한다고 봄이 타당함(대법원 12두6551, 2012.7.12.).

사례 중과세 제외되는 복지후생시설은 통상 업무와 무관하게 이용되는 시설이어야 함

복지후생시설은 법인의 본점 사업용으로 취득하더라도 예외적으로 중과세대상이 되지 아니하는 시설이므로, 이러한 시설은 그 시설이 통상의 업무와는 무관하게 계속적으로 직원들의 연수 또는 체력단련 등 후생복지시설임이 명백하여야 하고, 이러한 시설이 복지시설이라는 입증책임은 원고에게 있다고 할 것인 바, 체력단련실을 제외한 대강의실, 기공실, 역사관이 계속적으로 직원들의 연수 또는 후생복지를 위한 시설이라고 보기는 어려워 원고의 이 부분 주장은 체력단련실에 관하여서만 이유 있음(대법원 07두11603, 2007.8.20.).

사례 과밀억제권역 내에서 건물을 신축하여 방송사 본사가 뉴스제작을 위하여 사용하는 경우 취득세 중과세 범위 및 사업장이 본사 건물과 함께 있는지에 따라 중과기준이 달리 적용되는지 여부

「지방세법」 제13조 제1항에서 「수도권정비계획법」 제6조에 따른 과밀억제권역에서 대통령령으로 정하는 본점이나 주사무소의 사업용 부동산(본점이나 주사무소용 건축물을 신축하거나 증축하는 경우와 그 부속토지만 해당한다)을 취득하는 경우의 취득세율은 제11조 및 제12조의 세율에 중과기준세율의 100분의 200을 합한 세율을 적용한다고 규정하고 있습니다.

한편, 과밀억제권역 안에서 법인의 본점 또는 주사무소의 사업용 부동산 취득에 대하여 취득세를 중과세하는 것은 과밀억제권역 내에서 인구유입과 산업집중을 현저하게 유발시키는 본점 또는 주사무소의 신설 및 증설을 억제하려는 것이므로, 백화점 등 유통업체의 매장이나 은행본점의 영업장 등과 같이 본점 또는 주사무소의 사무소에 영업장소가 함께 설치되는 경우라도 그 영업장소 및 부대시설 부분은 취득세 중과세 대상에 해당하지 않는다 할 것(대법원 00두222, 2001.10.23.)입니다.

따라서, 본점이라 함은 법인의 중추적인 의사결정 등 주된 기능을 수행하는 장소를 말하고, 취득세 중과대상 본점 사업용 부동산인지 여부의 판단은 본점등기를 기준으로 판단하는 것이 아니므로, 본사의 조직이나 중추적인 관리기능 없이 단순히 방송프로그램 제작 등의 용도로 사용되고 있다면 본사와 같은 건물 내에 위치하고 있더라도 중과대상으로 보기 어려움(행자부 세정13407-140, 2002.2.5. : 지방세운영과-4794, 2010.10.11. : 조심 14지2070, 2015.2.5. : 지방세운영과-167, 2016.1.15.).

사례 신·증축 건물을 본점사업용 이외의 용도로 사용하거나 승계취득은 중과대상 아님

과밀억제권역 내에 있는 법인이 과밀억제권역 내에 있는 부동산 취득 시 본점사업용 부동산을 신축 또는 증축하면 취득세 중과대상이나, 신·증축하여 임대 또는 본점사업용 이외의 용도로 사용하거나 승계 취득한 경우 그러지 아니하는 것임(지방세운영과-251, 2008.7.16.).

사례 하나의 법인이 성격이 현저히 다른 둘 이상의 사업을 영위하면서 부문으로 나누어 각각 독립된 별개의 인적·물적 설비를 갖추고 독립적으로 영업을 하고 있으면서 부문 전체를 통할하는 인적·물적 설비를 두지 않고 있는 경우에는 각 부문이 본점의 기능을 하는 것임

본점과 지점의 사전적(辭典的) 의미를 보면, 본점(本店, head office)은 "복수(複數)의 영업소를 가진 회사에서 전체 영업활동을 통괄하는 곳"을, 지점(支店, branch office)은 "본점의 지휘를 받으면서도 부분적으로는 독립된 기능을 가지는 영업소"를 뜻하는데, 이것이 본점과 지점에 관한 사회통념이라고 할 수 있다. 그리고 하나의 법인이 "무역업과 건설업" 등 성격이 현저히 다른 둘 이상의 사업을 영위하면서 이를 "부문"으로 나누어 각각 독립된 별개의 인적·물적 설비를 갖추고 독립적으로 영업을 하고 있으면서 부문 전체를 통할하는 인적·물적 설비를 두지 않고 있는 경우에는 각 부문의 인적·물적 조직이 "본점"의 기능을 한다고 보는 것이 타당하다. 청구인의 경우, 비록 법인등기부에는 "본점"이 "□□□ □시 □□구 □□동□가 □□"로 등기되어 있지만, 다음과 같은 점을 종합해 볼 때 이 사건 건물이 "건설부문의 본점 사업용 부동산"에 해당한다고 할 것이다. ① 청구인이 사업 부문을 "조선부문"과 "건설부문"으로 나누어 각각 대표이사를 따로 두고 있고, △△ 본점에는 "조선부문"의 인적·물적 설비를 두고 독립적으로 사업을 하고 있으며, △△의 이 사건 건물

에는 "건설부문"의 인적·물적 설비를 두고 독립적으로 사업을 하고 있는 상태에서 위 2개 부문을 통합하는 인적·물적 설비를 두지 않고 있어, 실질적으로 △△ 본점과 이 사건 건물의 건설부문 사무소 모두 "본점"으로서의 기능을 하고 있는 점 ② 청구인의 이 사건 건물 사용실태를 보면, 공실(空室 : 9층과 10층)을 제외하고는 모두 회장실(20층), "건설부문"의 부회장·사장·부사장실(19층), 경영기획·인사·노무·총무·개발기획·개발사업·영업·설계·공사·자재·정보통신 등 업무 담당 부서의 사무실(1~8층, 11~18층)로 사용되고 있는 등 사실상 전체가 "건설부문 본점의 사무소"로 사용되고 있는 점 ③ 청구인의 사업자 등록 내용을 보면, △△세무서장이 발급한 이 사건 건물에 대한 사업자등록증(등록번호 △△△-△△-△△△△△)에는 법인명이 "㈜△△△△△ 건설부문"으로 되어 있어 이 사건 건물을 "지점"으로 보기 어려운 반면, △△세무서장이 2008.6.19. 발급한 □□□□시 □□구 □□동 □□□-□에 대한 사업자등록증(등록번호 △△△-△△-△△△△△)에는 법인명이 "㈜△△△△△ △△사무소"로 되어 있어 □□동 사옥을 "△△분사무소"(지점과 성격이 같음)로 볼 수 있는 점 ④ 청구인의 법인등기부를 보면, 7개 지점 중 6개 지점(△△지점, △지점, △△△△△△지점, △△지점, △△△지점, △△지점)은 그 명칭에 지역명을 넣어 등기한 반면, 이 사건 건물의 지점은 "△△지점"이 아닌 "건설지점"으로 등기한 점으로 볼 때 본래적 의미의 지점이라기보다는 "건설부문의 사무소"라는 의미로 받아들여지는 점, 이상을 종합해 볼 때 이 사건 건물이 "과밀억제권역 내 본점 사업용 부동산"이 아니라는 청구인의 주장은 타당하지 않다고 할 것임(감심 2010-82, 2010.7.29.).

사례 신탁재산 대도시 중과 적용 여부

- 이 사안 토지의 경우에는 위탁자가 신탁계약 전 토지 매입 시 이에 대한 취득세를 납부한 후 신탁계약에 따라 수탁자에게 토지를 이전하였고 신탁계약 종료 후 다시 위탁자에게 이전되었는 바, 건축물에 대한 경우와 달리 보아야 하는지 문제가 될 수 있으나, 「지방세법」 제13조 제1항의 취득세 중과기준세율은 신축 또는 증축된 건축물과 그 부속토지에 대해 적용하는 바, 신탁재산인 토지에 대한 소유권이전등기 경료 시 대내외적으로 소유권이 완전히 이전되었고, 그 토지 위에 신축된 건축물에 대한 취득세 납세의무자가 수탁자이어서 건축물에 대해 취득세 중과기준세율을 적용하지 않는 한 토지의 경우에만 위탁자에게 「지방세법」 제13조 제1항을 적용할 수는 없다고 할 것입니다. 따라서 「수도권정비계획법」 제6조에 따른 과밀억제권역에서 위탁자가 취득한 토지를 「신탁법」에 따라 신탁 받은 수탁자가 해당 토지 위에 건축물을 신축·준공하여 수탁자 명의로 건축물에 대한 보존등기를 하고 취득세를 납부하였으며, 신탁을 종료한 후 위탁자가 해당 건축물 중 일부 사무실을 본점사업용으로 사용하고 있는 경우, 이를 위탁자가 「지방세법」 제13조 제1항에 따른 "본점이나 주사무소의 사업용 부동산을 취득하는 경우"로 보아 해

당 건축물 및 토지에 대하여 같은 항에 따라 취득세 중과기준세율을 적용할 수는 없다고 할 것임(법제처13-276, 2013.8.30.).

- 「지방세법」 제9조 제3항에서 신탁(「신탁법」에 따른 신탁으로서 신탁등기가 병행되는 것만 해당한다)으로 인한 신탁재산의 취득으로서 다음 각 호의 어느 하나에 해당하는 경우에는 취득세를 부과하지 아니한다고 규정하면서, 그 제1호에 위탁자로부터 수탁자에게 신탁재산을 이전하는 경우를 규정하고 있습니다. 한편, 같은 법 제16조 제1항에서 토지나 건축물을 취득한 후 5년 이내에 해당 토지나 건축물이 다음 각 호의 어느 하나에 해당하게 된 경우에는 해당 각 호에서 인용한 조항에 규정된 세율을 적용하여 취득세를 추징한다고 하면서 그 제3호는 제13조 제5항에 따른 별장, 골프장, 고급주택 또는 고급오락장으로 규정하고 있고, 같은 법 제13조 제5항에서는 다음 각 호의 어느 하나에 해당하는 부동산등을 취득하는 경우의 취득세는 제11조 및 제12조의 세율과 중과기준세율의 100분의 400을 합한 세율을 적용하여 계산한 금액을 그 세액으로 한다고 규정하면서 그 제2호에 골프장: 「체육시설의 설치·이용에 관한 법률」에 따른 회원제 골프장용 부동산 중 구분등록의 대상이 되는 토지와 건축물 및 그 토지 상(上)의 입목으로 규정하고 있음. 신탁재산이 수탁자에게 이전된 이후 중과세 요건을 갖추었을 경우 취득세 납세의무자에 대해 살펴보면, 수탁자 앞으로 소유권이전등기를 마치게 되면 소유권이 수탁자에게 이전되는 것이지 위탁자와의 내부관계에 있어 소유권이 위탁자에게 유보되는 것은 아닌 점(대법원 10다84246, 2011.2.10.), 신탁되어 있는 토지의 지목변경에 따른 취득세 납세의무를 수탁자가 부담하는 점(대법원 10두2395, 2012.6.14.), 신탁법상 신탁계약에 의하여 수탁자인 부동산신탁회사 명의로 등기가 경료된 경우에 그 등기가 중과세 대상에 해당하는지 여부를 판단함에 있어서 수탁자를 기준으로 하는 점(대법원 01두2720, 2003.6.10.), 취득세 중과세 납세의무는 본래의 납세의무와는 별개의 납세의무로써 중과세 요건을 갖추었을 때 독립적으로 성립되고 신탁재산에 대한 비과세는 신탁재산의 이전만을 규정하고 있을 뿐 신탁재산의 중과세까지 비과세 대상으로 규정하고 있지 않으므로 본래의 납세의무인 신탁재산의 이전이 비과세 되었다고 하여 중과세 과세요건 충족에 따른 중과세 납세의무까지 비과세된다고 보기 어려운 점 등을 종합해 볼 때, 수탁자에게 취득세 중과세에 따른 납세의무가 성립된다고 할 것임.

한편, 신탁재산의 중과세로 인하여 수탁자에게 적용될 중과세율은 중과기준세율의 100분의 400에 해당하는 세율로 보는 것이 합리적임(지방세운영과-571, 2016.3.3.).
'17년 지방세법 개정으로 수탁자가 신축 또는 증축으로 취득한 부동산을 위탁자가 본점이나 주사무소의 사업용 부동산으로 사용하는 경우에도 대도시내 본점 사업용 부동산 신·증축으로 보아 취득세를 중과세함(법 제13조 제1항).

① 과세요건

중과세지역	• 「수도권정비계획법」 제6조에 따른 과밀억제권역 ※ 산업단지, 유치지역, 공업지역 내 공장 제외
중과세 대상 부동산	• 「지방세법 시행규칙」 별표 3」에 열거된 공장을 신설 또는 증설하는 경우 ※ 중과세 대상 공장의 해당요건 – 공장 연면적 500㎡ 이상으로서 [「지방세법 시행규칙」 별표 3]에 있는 공장 – 영업을 목적으로 물품의 제조·가공·수선·인쇄 등의 목적에 직접 사용하도록 생산설비를 갖춘 장소 • 공장을 신설·증설한 날로부터 5년 이내에 취득하는 공장용 차량 및 기계장비
중과세 제외되는 부동산	• 「산업집적활성화 및 공장설립에 관한 법률」 제28조에 따른 도시형공장 제외 • 식당, 휴게실, 목욕실, 세탁장, 의료실, 옥외 체육시설 및 기숙사등 종업원의 후생복지증진에 제공되는 시설과 대피소, 무기고, 탄약고 및 교육시설은 제외 • 건축물 연면적이 연면적 500㎡ 미만의 공장 • 취득 후 5년이 경과된 부동산 • 중과세대상 지역 내에서 동일규모 이전 • 철거 후 1년 내 동일규모 재축 • 차량·기계장비의 노후에 따른 대체취득 • 공장의 승계, 이전, 업종변경 • 포괄적 승계취득
세 율	• 표준세율+중과기준세율(2%)의 2배 ⇒ 6.8% ※ 원시취득 표준세율(2.8%), 중과기준세율(2%)
신고·납부	• 중과세대상이 된 날부터 60일 이내에 신고납부

「지방세법」 제13조(과밀억제권역 안 취득 등 중과) ① 「수도권정비계획법」 제6조에 따른 과밀억제권역에서 대통령령으로 정하는 본점이나 주사무소의 사업용 부동산(본점이나 주사무소용으로 신축하거나 증축하는 건축물과 그 부속토지만 해당하며, 「신탁법」에 따른 수탁자가 취득한 신탁재산 중 위탁자가 신탁기간 중 또는 신탁종료 후 위탁자의 본점

이나 주사무소의 사업용으로 사용하는 부동산을 포함한다)을 취득하는 경우와 같은 조에 따른 과밀억제권역(「산업집적활성화 및 공장설립에 관한 법률」을 적용받는 산업단지·유치지역 및 「국토의 계획 및 이용에 관한 법률」을 적용받는 공업지역은 제외한다)에서 공장을 신설하거나 증설하기 위하여 사업용 과세물건을 취득하는 경우의 취득세율은 제11조 및 제12조의 세율에 중과기준세율의 100분의 200을 합한 세율을 적용한다.

⑧ 제2항에 따른 중과세의 범위와 적용기준, 그 밖에 필요한 사항은 대통령령으로 정하고, 제1항과 제2항에 따른 공장의 범위와 적용기준은 행정안전부령으로 정한다.

「지방세법 시행규칙」 제7조(공장의 범위와 적용기준) ① 법 제13조 제8항에 따른 공장의 범위는 별표 2에 규정된 업종의 공장(「산업집적활성화 및 공장설립에 관한 법률」 제28조에 따른 도시형 공장은 제외한다)으로서 생산설비를 갖춘 건축물의 연면적(옥외에 기계장치 또는 저장시설이 있는 경우에는 그 시설의 수평투영면적을 포함한다)이 500제곱미터 이상인 것을 말한다. 이 경우 건축물의 연면적에는 해당 공장의 제조시설을 지원하기 위하여 공장 경계 구역 안에 설치되는 부대시설(식당, 휴게실, 목욕실, 세탁장, 의료실, 옥외 체육시설 및 기숙사 등 종업원의 후생복지증진에 제공되는 시설과 대피소, 무기고, 탄약고 및 교육시설은 제외한다)의 연면적을 포함한다.

② 법 제13조 제8항에 따른 공장의 중과세 적용기준은 다음 각 호와 같다.

1. 공장을 신설하거나 증설하는 경우 중과세할 과세물건은 다음 각 목의 어느 하나에 해당하는 것으로 한다.

　가. 「수도권정비계획법」 제6조 제1항 제1호에 따른 과밀억제권역(「산업집적활성화 및 공장설립에 관한 법률」의 적용을 받는 산업단지 및 유치지역과 「국토의 계획 및 이용에 관한 법률」의 적용을 받는 공업지역은 제외한다. 이하 이 항에서 "과밀억제권역"이라 한다)에서 공장을 신설하거나 증설하는 경우에는 신설하거나 증설하는 공장용 건축물과 그 부속토지

　나. 과밀억제권역에서 공장을 신설하거나 증설(건축물 연면적의 100분의 20 이상을 증설하거나 건축물 연면적 330제곱미터를 초과하여 증설하는 경우만 해당한다)한 날부터 5년 이내에 취득하는 공장용 차량 및 기계장비

2. 다음 각 목의 어느 하나에 해당하는 경우에는 제1호에도 불구하고 중과세 대상에서 제외한다.

　가. 기존 공장의 기계설비 및 동력장치를 포함한 모든 생산설비를 포괄적으로 승계취득하는 경우

　나. 해당 과밀억제권역에 있는 기존 공장을 폐쇄하고 해당 과밀억제권역의 다른 장소로 이전한 후 해당 사업을 계속 하는 경우. 다만, 타인 소유의 공장을 임차하여 경영하던 자가 그 공장을 신설한 날부터 2년 이내에 이전하는 경우 및 서울특별시 외의 지역에서 서울특별시로 이전하는 경우에는 그러하지 아니하다.

　다. 기존 공장(승계취득한 공장을 포함한다)의 업종을 변경하는 경우

　라. 기존 공장을 철거한 후 1년 이내에 같은 규모로 재축(건축공사에 착공한 경우를 포함한다)하는 경우

마. 행정구역변경 등으로 새로 과밀억제권역으로 편입되는 지역은 편입되기 전에 「산업집적활성화 및 공장설립에 관한 법률」 제13조에 따른 공장설립 승인 또는 건축허가를 받은 경우

바. 부동산을 취득한 날부터 5년 이상 경과한 후 공장을 신설하거나 증설하는 경우

사. 차량 또는 기계장비를 노후 등의 사유로 대체취득하는 경우. 다만, 기존의 차량 또는 기계장비를 매각하거나 폐기처분하는 날을 기준으로 그 전후 30일 이내에 취득하는 경우만 해당한다.

3. 제1호 및 제2호를 적용할 때 공장의 증설이란 다음 각 목의 어느 하나에 해당하는 경우를 말한다.

가. 공장용으로 쓰는 건축물의 연면적 또는 그 공장의 부속토지 면적을 확장하는 경우

나. 해당 과밀억제권역 안에서 공장을 이전하는 경우에는 종전의 규모를 초과하여 시설하는 경우

다. 레미콘제조공장 등 차량 또는 기계장비 등을 주로 사용하는 특수업종은 기존 차량 및 기계장비의 100분의 20 이상을 증가하는 경우

③ 시장·군수·구청장은 공장의 신설 또는 증설에 따른 중과세 상황부를 갖추어 두어야 한다.

사례 ▷ **공장용 건축물 및 그 부속토지를 취득한 날부터 5년이 경과한 후 공장을 증설한 경우 부속토지는 취득세 중과세대상에서 제외되나 증축한 공장용 건축물 부분은 공장증설로 보아 취득세를 중과세함**

과밀억제권역 안에서 일반부동산을 취득한 후 5년이 경과한 다음 공장을 신설 또는 증설하는 경우에는 취득세가 중과세되지 아니한다 할 것이나, 귀 문의 경우 공장용 건축물 및 그 부속토지를 취득한 날부터 5년이 경과한 후 공장을 증설한 경우라면 당해 부속토지는 취득세 중과세대상에서 제외되나 증축한 공장용 건축물 부분은 공장증설로 보아 취득세를 중과세함이 타당함(세정-4997, 2007.11.23.).

사례 ▷ **쟁점차량은 공장을 증설하기 위하여 취득한 사업용 과세물건으로 나타나므로 처분청이 쟁점건축물과 쟁점차량에 대하여 취득세 중과대상으로 보아 취득세를 부과한 처분은 잘못이 없음**

청구법인은 기존공장을 설치한 지 5년이 경과하였기 때문에 쟁점건축물이 중과세 대상에 해당되지 아니한다고 주장하나, 법 문언상 부동산을 취득한 후 5년 이상 경과한 경우라고 규정하고 있으므로 당해 부동산을 취득일부터 5년이 경과하여 공장 신·증설에 사용하는 경우에는 중과세대상에서 제외하는 것으로 해석하여야 할 것으로, 청구법인의 주장과 같이 기존의 공장을 영위하던 자가 공장운영을 시작한 날부터 5년이 경과하였다 하여 새로이 공장을 신·증설하고 경우에 중과세대상에서 제외할 수는 없음(조심 13지813, 2014.9.5.).

사례 ▶ 기존 공장의 모든 생산설비를 포괄적으로 승계취득한 경우, 새로운 지점 설치로 보아 취득세 중과대상에서도 제외되는지 여부

「지방세법」 제13조 제2항 제1호 및 구 「지방세법 시행령」 제27조 제3항은 대도시에서 법인의 설립, 지점 또는 분사무소 설치 및 법인의 본점·주사무소·지점 또는 분사무소의 대도시 전입에 따라 부동산을 취득하는 경우(이하 '전단 규정'이라 한다)와 설립·설치·전입 이후 5년 이내에 대도시 내에서 부동산을 취득하는 경우(이하 '후단 규정'이라 한다)를 구분하여, 전단 규정의 경우에는 법인 또는 행정안전부령으로 정하는 사무소 또는 사업장(이하 '사무소 등'이라 한다)이 그 설립·설치·전입 이전에 법인의 본점·주사무소·지점 또는 분사무소의 용도로 직접 사용할 목적으로 부동산을 취득하는 경우에 한하여 취득세 중과대상으로 하고, 후단 규정의 경우에는 법인 또는 사무소 등이 설립·설치·전입 이후 5년 이내에 부동산을 취득하였다는 요건만 갖추면 그 용도를 불문하고 취득세 중과대상으로 하도록 규정하고 있고, 구 「지방세법」 제13조 제2항 제1호와 구 「지방세법 시행령」 제27조 제3항의 순차 위임을 받아 '사무소 등'의 범위에 관하여 규정하고 있는 구 「지방세법 시행규칙」 제6조 단서 제1호는 '영업행위가 없는 단순한 제조·가공장소'를 '사무소 등'에서 제외하고 있으며, 구 「지방세법」 제13조 제2항 제2호는 제1호와 별도로 대도시에서 공장을 신설하거나 증설함에 따라 부동산을 취득하는 경우를 취득세 중과대상으로 규정하고 있고, 같은 조 제8항의 위임을 받은 구 「지방세법 시행규칙」 제7조 제2항 제2호 (가)목은 '기존 공장의 기계설비 및 동력장치를 포함한 모든 생산설비를 포괄적으로 승계취득하는 경우'에는 취득세 중과대상에서 제외하도록 규정하고 있음.

이러한 관련 규정들의 문언과 체계, 입법 취지 및 개정 연혁 등에 비추어 보면, 법인이 영업행위가 없는 단순한 제조·가공장소에 해당하는 공장으로 사용하기 위하여 부동산을 취득하는 경우에는 법인의 본점·주사무소·지점 또는 분사무소의 용도로 직접 사용할 목적에서 취득하는 것으로 볼 수 없으므로 전단 규정에 따른 취득세 중과대상에 해당할 여지가 없고 구 「지방세법」 제13조 제2항 제2호에서 정한 취득세 중과대상에 해당하는지 여부만이 문제될 뿐이며, 이 경우에 기존 공장의 기계설비 및 동력장치를 포함한 모든 생산설비를 포괄적으로 승계취득한 것인 때에는 구 「지방세법 시행규칙」 제7조 제2항 제2호 (가)목에 따라 구 「지방세법」 제13조 제2항 제2호의 취득세 중과대상에서도 제외된다고 할 것임(대법원 15두36669, 2015.10.29.).

사례 ▶ 수도권과밀억제권역내 복합화력발전을 설치하는 것이 대도시 공장 신·증설 중과취득세율 적용대상에 해당되는지 여부

청구법인은 쟁점건축물을 「국토계획법」 등 관계 법령에 따라 공장의 설치가 금지 등 되지 아니한 지역에서 신축한 것으로 볼 수 있으므로 쟁점발전소는 「지방세법 시행규칙」 별표 제29호에 따라 취득세가 중과세되는 공장의 종류에 해당하지 않는다고 판단됨(조심2021지2637, 2022.8.11.).

① 과세요건

중과세지역	• 「수도권정비계획법」 제6조에 따른 과밀억제권역 ※ 산업단지, 유치지역, 공업지역 내 공장 제외
중과세 대상 부동산	• 설립: 대도시내에서 법인을 설립(휴면법인 인수 포함) • 설치: 대도시내에서 지점 또는 분사무소를 설치 • 전입: 본점·주사무소·지점 또는 분사무소를 대도시 전입 • 설립·설치·전입 이후: 본점·주사무소·지점 또는 분사무소 설립·설치·전입 이후의 5년 이내 부동산 취득
중과세 제외되는 부동산	• 대도시내에서 법인 설립 또는 전입 후 5년이 경과한 법인 • 과밀억제권역에서 설치가 불가피하다고 인정되는 업종으로서 "중과 제외 업종"에 직접 사용할 목적으로 부동산을 취득하는 경우 • 법인이 사원에 대한 분양 또는 임대용으로 직접 사용할 목적으로 "사원주거용 목적 부동산"을 취득하는 경우 • 채권을 보전하거나 행사할 목적으로 하는 부동산 취득
세 율	• (표준세율 × 3배) − 중과기준세율(2%)의 2배 ➡ 승계취득 표준세율(4%) ×3배 − (2% ×2배): 8% ➡ 원시취득 표준세율(2.8%) ×3배 − (2% ×2배): 4.4%
신고·납부	• 중과세대상이 된 날부터 60일 이내에 신고납부

② 주요사항

■ 법인 또는 지점 등이 그 설립·설치·전입 이전에 법인의 본점·주사무소·지점 또는 분사무소의 용도로 직접사용하기 위하여 취득하는 부동산등기에 대하여는 취득세 중과대상이 되며, 또한 직접 사용 여부와 관계없이 일체의 부동산 등기에 대하여 취득세 중과대상이다.

➡ 직접사용이 아닌 임대 등을 목적으로 취득한 부동산의 경우에는 취득세 중과대상이 아니다.

■ 대법원 판례는 관련성을 기준으로 판단토록 하였으나, 관련성 여부를 판단하기 어려워 자주 다툼의 대상이 있는 점을 고려 직접 사용하는 경우로 한정하여 중과요건을 판단한다.

■ 그러나, 법인 또는 지점 등이 설립·설치·전입 이후 5년 이내에 취득하는 부동산 등기

에 대하여는 법인 또는 지점 등이 설립·설치·전입이전의 등기와 달리 적용되며, 또한 직접 사용 여부와 관계없이 일체의 부동산 등기에 대하여 취득세 중과대상이다.

※ 신탁재산의 대도시내 취득세 중과범위 개선(2020.1.1. 납세의무성립분부터 적용)

> ❏ 개정 전 현황
> • 법인설립·지점설치·전입 후 5년내 취득하는 모든 부동산은 용도 및 신·증축 여부 무관하게 중과세. 다만, 신탁재산은 제외
>
> ❏ 개정내용
> • 신탁재산의 경우 위탁자를 기준으로 대도시 취득세 중과대상 여부를 판단하여 그 신탁재산을 위탁한 법인이 법인설립·지점설치·전입 후 5년내 취득한 경우라면 대도시 취득세 중과대상에 해당됨.

「지방세법」 제13조(과밀억제권역 안 취득 등 중과) ② 다음 각 호의 어느 하나에 해당하는 부동산(「신탁법」에 따른 수탁자가 취득한 신탁재산을 포함한다)을 취득하는 경우의 취득세는 제11조 제1항의 표준세율의 100분의 300에서 중과기준세율의 100분의 200을 뺀 세율(제11조 제1항 제8호에 해당하는 주택을 취득하는 경우에는 제13조의2 제1항 제1호에 해당하는 세율)을 적용한다. 다만, 「수도권정비계획법」 제6조에 따른 과밀억제권역(「산업집적활성화 및 공장설립에 관한 법률」을 적용받는 산업단지는 제외한다. 이하 이 조 및 제28조에서 "대도시"라 한다)에 설치가 불가피하다고 인정되는 업종으로서 대통령령으로 정하는 업종(이하 이 조에서 "대도시 중과 제외 업종"이라 한다)에 직접 사용할 목적으로 부동산을 취득하는 경우의 취득세는 제11조에 따른 해당 세율을 적용한다.
1. 대도시에서 법인을 설립[대통령령으로 정하는 휴면(休眠)법인(이하 "휴면법인"이라 한다)을 인수하는 경우를 포함한다. 이하 이 호에서 같다]하거나 지점 또는 분사무소를 설치하는 경우 및 법인의 본점·주사무소·지점 또는 분사무소를 대도시 밖에서 대도시로 전입(「수도권정비계획법」 제2조에 따른 수도권의 경우에는 서울특별시 외의 지역에서 서울특별시로의 전입도 대도시로의 전입으로 본다. 이하 이 항 및 제28조 제2항에서 같다)함에 따라 대도시의 부동산을 취득(그 설립·설치·전입 이후의 부동산 취득을 포함한다)하는 경우
2. 대도시(「산업집적활성화 및 공장설립에 관한 법률」을 적용받는 유치지역 및 「국토의 계획 및 이용에 관한 법률」을 적용받는 공업지역은 제외한다)에서 공장을 신설하거나 증설함에 따라 부동산을 취득하는 경우
③ 제2항 각 호 외의 부분 단서에도 불구하고 다음 각 호의 어느 하나에 해당하는 경우 그 해당 부분에 대하여는 제2항 본문을 적용한다.
1. 제2항 각 호 외의 부분 단서에 따라 취득한 부동산이 다음 각 목의 어느 하나에 해당하는 경우. 다만, 대도시 중과 제외 업종 중 대통령령으로 정하는 업종에 대하여는 직접

사용하여야 하는 기한 또는 다른 업종이나 다른 용도에 사용·겸용이 금지되는 기간을 3년 이내의 범위에서 대통령령으로 달리 정할 수 있다.

　가. 정당한 사유 없이 부동산 취득일부터 1년이 경과할 때까지 대도시 중과 제외 업종에 직접 사용하지 아니하는 경우

　나. 부동산 취득일부터 1년 이내에 다른 업종이나 다른 용도에 사용·겸용하는 경우

2. 제2항 각 호 외의 부분 단서에 따라 취득한 부동산이 다음 각 목의 어느 하나에 해당하는 경우

　가. 부동산 취득일부터 2년 이상 해당 업종 또는 용도에 직접 사용하지 아니하고 매각하는 경우

　나. 부동산 취득일부터 2년 이상 해당 업종 또는 용도에 직접 사용하지 아니하고 다른 업종이나 다른 용도에 사용·겸용하는 경우

④ 제3항을 적용할 때 대통령령으로 정하는 임대가 불가피하다고 인정되는 업종에 대하여는 직접 사용하는 것으로 본다.

「지방세법 시행령」 제26조 ③ 법 제13조 제3항 제1호 각 목 외의 부분 단서에서 "대통령령으로 정하는 업종"이란 제1항 제3호의 주택건설사업을 말하고, 법 제13조 제3항 제1호 각 목에도 불구하고 직접 사용하여야 하는 기한 또는 다른 업종이나 다른 용도에 사용·겸용이 금지되는 기간은 3년으로 한다.

④ 법 제13조 제4항에서 "대통령령으로 정하는 임대가 불가피하다고 인정되는 업종"이란 다음 각 호의 어느 하나에 해당하는 업종을 말한다.

1. 제1항 제4호의 전기통신사업(「전기통신사업법」에 따른 전기통신사업자가 같은 법 제41조에 따라 전기통신설비 또는 시설을 다른 전기통신사업자와 공동으로 사용하기 위하여 임대하는 경우로 한정한다)

2. 제1항 제6호의 유통산업, 농수산물도매시장·농수산물공판장·농수산물종합유통센터·유통자회사 및 가축시장(「유통산업발전법」 등 관계 법령에 따라 임대가 허용되는 매장 등의 전부 또는 일부를 임대하는 경우 임대하는 부분에 한정한다)

제27조(대도시 부동산 취득의 중과세 범위와 적용기준) ① 법 제13조 제2항 제1호에서 "대통령령으로 정하는 휴면(休眠)법인"이란 다음 각 호의 어느 하나에 해당하는 법인을 말한다.

1. 「상법」에 따라 해산한 법인(이하 "해산법인"이라 한다)

2. 「상법」에 따라 해산한 것으로 보는 법인(이하 "해산간주법인"이라 한다)

3. 「부가가치세법 시행령」 제13조에 따라 폐업한 법인(이하 "폐업법인"이라 한다)

4. 법인 인수일 이전 1년 이내에 「상법」 제229조, 제285조, 제521조의2 및 제611조에 따른 계속등기를 한 해산법인 또는 해산간주법인

5. 법인 인수일 이전 1년 이내에 다시 사업자등록을 한 폐업법인

6. 법인 인수일 이전 2년 이상 사업 실적이 없고, 인수일 전후 1년 이내에 인수법인 임원의 100분의 50 이상을 교체한 법인

② 법 제13조 제2항 제1호에 따른 휴면법인의 인수는 제1항 각 호의 어느 하나에 해당하는 법인에서 최초로 그 법인의 <u>과점주주(「지방세기본법」 제46조 제2호에 따른 과점주주를 말한다)</u>가 된 때 이루어진 것으로 본다.

③ 법 제13조 제2항 제1호에 따른 대도시에서의 법인 설립, 지점·분사무소 설치 및 법인의 본점·주사무소·지점·분사무소의 대도시 전입에 따른 부동산 취득은 해당 법인 또는 행정안전부령으로 정하는 사무소 또는 사업장(이하 이 조에서 "사무소등"이라 한다)이 그 설립·설치·전입 이전에 법인의 본점·주사무소·지점 또는 분사무소의 용도로 직접 사용하기 위한 부동산 취득(채권을 보전하거나 행사할 목적으로 하는 부동산 취득은 제외한다. 이하 이 조에서 같다)으로 하고, 같은 호에 따른 그 설립·설치·전입 이후의 부동산 취득은 법인 또는 사무소등이 설립·설치·전입 이후 5년 이내에 하는 업무용·비업무용 또는 사업용·비사업용의 모든 부동산 취득으로 한다. 이 경우 부동산 취득에는 공장의 신설·증설, 공장의 승계취득, 해당 대도시에서의 공장 이전 및 공장의 업종변경에 따르는 부동산 취득을 포함한다.

④ 법 제13조 제2항 제1호를 적용할 때 분할등기일 현재 5년 이상 계속하여 사업을 한 대도시의 내국법인이 법인의 분할(「법인세법」 제46조 제2항 제1호 가목부터 다목까지의 요건을 갖춘 경우만 해당한다)로 법인을 설립하는 경우에는 중과세 대상으로 보지 아니한다.

⑤ 법 제13조 제2항 제1호를 적용할 때 대도시에서 설립 후 5년이 경과한 법인(이하 이 항에서 "기존법인"이라 한다)이 다른 기존법인과 합병하는 경우에는 중과세 대상으로 보지 아니하며, 기존법인이 대도시에서 설립 후 5년이 경과되지 아니한 법인과 합병하여 기존법인 외의 법인이 합병 후 존속하는 법인이 되거나 새로운 법인을 신설하는 경우에는 합병 당시 기존법인에 대한 자산비율에 해당하는 부분을 중과세 대상으로 보지 아니한다. 이 경우 자산비율은 자산을 평가하는 때에는 평가액을 기준으로 계산한 비율로 하고, 자산을 평가하지 아니하는 때에는 합병 당시의 장부가액을 기준으로 계산한 비율로 한다.

⑥ 법 제13조 제2항을 적용할 때 「신탁법」에 따른 수탁자가 취득한 신탁재산의 경우 취득 목적, 법인 또는 사무소등의 설립·설치·전입 시기 등은 같은 법에 따른 위탁자를 기준으로 판단한다.

사례 ▶ 채권보전목적의 부동산등기는 중과세 제외

등록세 중과세 제외대상인 '채권을 보전하거나 행사할 목적으로 하는 부동산등기'라 함은 채권자가 그 채권의 담보를 취득하기 위하여 하는 등기(예컨대, 채권에 대한 양도담보로 제공된 부동산에 대한 소유권이전등기), 그 채권을 변제받는 일환으로 하는 등기(예컨대, 채권에 대한 대물변제로 취득한 부동산에 대한 소유권이전등기), 그 채권의 담보권을 실행하는 과정에서 하는 등기(예컨대, 근저당권부채권의 담보물인 부동산에 대한 경매절차에서 채권자가 위 부동산을 직접 경락받아, 매각대금은 자신이

그 경매 절차에서 배당받을 금액으로 상계하고서 위 부동산에 대하여 하는 소유권이 전등기) 등과 같이 채권자가 가지고 있는 해당 채권이 직접적으로 보전되거나 행사된 것으로 볼 수 있는 경우를 말한다고 할 것이다. 위와 같은 법리에 비추어 살피건대, 이 사건 각 증거에 변론 전체의 취지를 더하여 인정되는 아래와 같은 사정들을 종합하면, 이 사건 부동산등기는 채권 행사 목적(대물변제)에서 비롯된 것이라고 봄이 상당하므로, 이와 다른 전제에서 나온 이 사건 처분은 위법함(대법원 10두412, 2010.4.15.).

사례 대도시내 중과세 판단

주유소영업장소는 당해 법인의 본점 또는 주사무소의 중과대상에 해당되지 아니하며 (舊내무부 심사 제95-286호 참조) 귀 법인이 본점 또는 주사무소용으로 중과 납부한 취득세는 「지방세법 시행령」 제38조 의 규정에 의한 환부대상에 해당되는 것이다. 또한 귀문의 甲법인과 乙법인이 설립된 지 5년이 경과된 법인으로서 乙법인이 甲법인에 흡수 합병된 후 그 법인의 종전 사업장인 주유소를 甲법인의 지점으로 업종변경 없이 종전 형태 그대로 사용하는 경우라면 사업자등록 갱신이 되더라도 등록세 중과대상에 해당되지 아니함(대법원 92누12742, 1993.5.25., 행정자치부 세정13407-157, 2001.7.30.).

사례 대도시내 법인 설립·설치·전입 이전 취득하는 부동산

"중과세 대상인 대도시 전입 이전에 취득하는 일체의 부동산등기라함은 당해 법인 또는 그 지점 등이 그 설립·설치·전입과 관련하여 그 이전에 취득하는 부동산의 등기를 뜻하는 것이므로 그 부동산의 전부가 반드시 당해 법인 또는 지점의 업무에 사용되는 것은 아니더라도 그 설립·설치·전입과 아무런 관련이 없이 취득한 부동산 등기는 포함되지 않는다 할 것으로(대법원 94누11804, 1995.4.28.) 대도시내에서 설립 또는 대도시외 전입전 5년 이내의 법인이 인적·물적시설이 소요되는 본점·지점 등 사업장용으로 사용하기 위한 것이 부동산 등기가 아닌 상가나 오피스텔 등을 건축하여 분양하기 위하여 취득등기 하는 부동산은 등록세가 중과세되지 아니함(행정자치부 지방세정팀-287, 2005.4.19.).

사례 대도시내 본점사업용 부동산에 대한 중과세 판단

당해 법인 본점의 사무소로 사용하는 본점사업용 부동산이 아닌 물류창고는 이에 해당되지 아니하고, 사업의 포괄양수도로 일체의 사업을 그대로 양수한 후 지점설치 없이 종전의 공장부지내에 물류창고용으로 사용한다고 하더라도 새로운 지점설치가 되지 아니한 이상 등록세가 중과세 되지 아니함(행정자치부 세정 13407-347, 2001.3.29.).

사례 대도시내 사업용 부동산에 대한 중과세

도시형공장을 영위하는 본점용사무실을 신축하여 본점용으로 사용하는 부분(본점의

사무소로 사용하는 부동산과 그 부대시설용 부동산)에 대하여는 취득세가 중과세 되고, 대도시내에서 법인설립 후 5년 이내 신설법인 취득하는 일체의 부동산 등기 중 공업배치및공장설립에관한법률에 의한 도시형공장에 대하여는 등록세가 중과세되지 아니하나 도시형공장용 부동산이 아닌 「본점용부동산」의 경우에는 같은법 제138조 제1항 제2호의 규정에 의거 그 부분에 대하여는 등록세가 중과세됨(행정자치부 세정13407-347, 2001.3.29.).

사례▷ 대도시 외에 본점이 있고, 이와 별도로 대도시 내에 업무 수행 사무실을 설치·운영한 경우 구 등록세 중과 대상인 대도시내 본점 전입으로 볼 수 있는지 여부

대도시 외에서 인적·물적 설비를 유지하면서 중요한 의사결정 등 사업총괄 본점의 기능을 유지하였다면 대도시내 전입에 해당되지 않음.

본점이란 회사의 주된 영업소를 의미하므로, 복수의 영업소가 있는 경우 총괄적 지휘를 하는 영업소가 본점이며, 본점은 그 당연한 전제로 인적·물적 설비를 갖추고 계속하여 사무 또는 사업이 행하여지는 장소여야 함. 원고의 주주총회는 모두 용인 본점에서 개최되었으며, 이사회는 대부분 ○○본점에서 개최되었고 일부는 △△호텔에서 개최됨. ○○점은 xx동사무소 또는 ㅁㅁ동사무소의 설치 또는 폐지와 무관하게 일정한 인적·물적 설비를 유지하면서 이 사건 사업과 관련한 중요한 의사결정을 통해 이 사건 사업을 총괄한 영업소로서 본점으로서의 기능을 유지했다고 봄이 타당함 그렇다면, 이 사건 처분을 취소하기로 하여, 주문과 같이 판결함(대법원 15두55462, 2016.2.18., 서울고법 2014누73120, 2015.10.14.).

사례▷ 대도시에서 다른 대도시내로 본점이 이전한 경우 등록면허세가 중과

서울특별시 이외의 대도시에서 서울특별시로 법인이전시 수도권 중과세 대상 해당 여부 관련하여 서울특별시 이외의 대도시에서 서울특별시로 이전하는 경우를 특별히 대도시로의 전입으로 간주하고 있는데, 이는 이 사건 법률 조항의 취지를 구체화하여 대도시 중에서도 특히 서울특별시로의 인구집중이나 경제집중으로 인한 폐단을 방지하기 위하여 예외적으로 마련된 것으로 중과세 대상에 해당됨(대법원 16두65602, 2018.11.29.).

사례▷ 이 사건 건물 중 보도국, 드라마국, 라디오국, 예능국 등 방송프로그램 제작부서의 사무실 등이 본점의 사업용 부동산에 해당되는지 여부

방송프로그램을 전체적으로 기획하고 제작의 방향을 결정하는 업무 뿐 아니라 각 제작본부에서 방송 편성, 보도, 제작에 종사하는 방송인이 개별 프로그램의 구성 및 편집 방향 등을 논의·결정하고, 그에 따라 방송프로그램을 기획·제작·편집하는 과정 역시 중요한 의사결정 및 사업수행 과정에 포함된다고 봄이 상당하다. 따라서 이러한 활동은 본점의 사무소에서 수행하여야 할 전형적인 업무에 해당한다고 볼 수 있고,

그러한 의사결정 및 업무수행이 단계적으로 이루어지는 경우에도 마찬가지이다. 결국 원고의 전반적인 경영·관리에 필요한 사항 뿐 아니라, 원고가 수행하는 핵심적인 사업인 방송프로그램의 기획, 구성, 제작, 편집에 필요한 구체적인 의사결정이나 실행행위 역시 사업수행과정에서의 중요한 의사결정 및 실행행위로 봄이 타당하고, 이와 같은 활동이 이루어지는 장소를 본점의 사무소에 해당하는 것으로 볼 수 있음(대법원 2020.10.15. 선고 2020두41832 판결).

사례 청구법인이 이 건 부동산을 대도시 지점용도로 사용하기 위하여 취득한 것으로 볼 수 있는지 여부

청구법인이 취득한 이 건 부동산 중 지점용으로 사용 중인 부분은 중과세 대상으로 하고, 임대용으로 제공하고 있는 부분은 중과세 대상에서 배제하는 것이 타당하다 할 것인바, 청구법인이 2019.3.25. 이 건 부동산을 취득 할 당시 전 소유자가 이 건 부동산을 용도변경을 위한 대수선 허가를 받아 놓고 세입자들의 명도를 진행 중인 상황이었던 점, 청구법인이 2019.5.20. 이 건 부동산에 대하여 대수선을 착공하고 2019.12.31. 준공을 하였으며, 준공한 후에는 그 일부를 임차인에게 임대하고 그 나머지는 임대를 준비 중이었던 사실이 현지 출장에서 확인되고 있는 점 등에 비추어 처분청에서 이 건 부동산을 대도시지역내 지점용도로 직접 사용하기 위해 취득한 것으로 보아 이 건 경정청구를 거부한 처분에는 잘못이 있다고 판단됨(조심 2019지2563, 2020.3.24.).

사례 대도시 내 지점 설치에 따라 부동산을 취득하고 「유통산업발전법」에 따른 유통산업을 영위하기 위하여 같은 법 제2조 제3호에 따른 대규모점포를 운영함으로써 취득세 중과의 예외를 인정받았으나, 부동산 취득일부터 2년 이내에 해당 부동산을 매각하여 사후적으로 중과세 적용 대상이 된 경우, 해당 법인의 지점 사무소와 직영매장 외에 유통산업에 사용되는 임대매장까지 중과세를 적용해야 하는지 여부

당초 취득세 중과세 대상은 법인, 사무소 또는 사업장이 그 설립·설치 이전에 법인의 본점·주사무소·지점 또는 분사무소의 용도로 직접 사용하기 위하여 취득한 부동산이므로 해당 임대매장이 지점의 용도로 직접 사용되는지에 따라 그 적용 여부를 판단하여야 할 것입니다. - '법인이 본점의 용도로 직접 사용하기 위하여 취득하는 부동산'에는 본점의 사무실 용도로 직접 사용하기 위하여 취득하는 부동산뿐만 아니라 법인이 인적·물적 설비를 갖추어 본점의 사업활동 장소로 사용하기 위하여 취득하는 부동산도 포함된다(대법원 2014.4.10. 선고 2012두20984 판결)고 보고 있는 점, 「유통산업발전법 시행규칙」 제5조 및 [별지 제1호 서식]에 따라 대규모 점포를 개설할 때 분양·직영 및 임대계획에 관한 사항을 포함하여 시설의 명세 및 점포의 배치도 등의 사업계획서를 제출하도록 함으로써 임대매장도 사업장 개설등록에 포함하고 있는 점, 「지방세법」에서도 유통산업은 '임대가 불가피하다고 인정되는 업종'으로 정하여, 대도시 설립 법인 등이 유통산업을 영위하면서 제3자에게 매장을 임대하더라도

직접 사용한 것으로 보고 중과세 적용을 배제하고 있는 점 등을 볼 때 지점의 용도로 직접 사용하는 부동산의 범위에는 유통산업에 사용되는 대규모점포 내 임대매장도 포함된다고 볼 수 있습니다. 또한, 법령에서 정한 사유로 인해 사후적으로 취득세 중과세율을 적용하는 경우에는, 당초 중과세율 적용이 배제된 부분에 대해 중과세를 적용하는 것이 타당하므로 「유통산업발전법」에 따라 대규모점포를 운영하면서 제3자에게 임대한 매장도 중과세 적용 범위에 포함된다고 봄이 타당함(부동산세제과-427호, 2020.2.26.).

사례 ▶ 대도시 내에서 오피스텔을 현물출자 받아 법인을 신설하고, 취득일(법인설립 등기일) 이후 주택임대사업(중과제외 업중)을 등록하는 경우, 취득일 이후 주택임대사업을 등록하는 경우라도 취득세 중과세 적용을 배제할 수 있는지 여부

대도시 내에서 개인이 소유한 오피스텔을 현물출자 받아 새로 법인을 설립하는 경우, 부동산의 취득일은 '법인설립 등기일'이 되고(지방세관계법 운영예규규법 7-2), 취득세 중과세율 적용 및 배제 여부는 취득일을 기준으로 판단하여야 하는데, 해당 법인은 법인설립일부터 5년 이내에 부동산을 취득하여 중과세 대상에 해당되었고, 부동산 취득일 당시 「지방세법 시행령」 제26조 제1항 제31호에서 정한 '「민간임대주택에 관한 특별법」 제5조에 따라 등록을 한 임대사업자'의 요건을 갖추지 못하였으므로, 중과세율 적용 배제 대상에도 해당되지 않습니다. 아울러 「지방세법」 제13조 제3항에서 정하는 사후관리기간 이내에 민간임대주택 등록요건을 갖춘다면 중과세율 적용을 배제할 수 있는지 여부와 관련해서는, 「지방세법」 제13조 제3항의 규정은, 같은 법 시행령 제26조 제1항의 요건에 부합하게 되어 중과세율 적용이 배제된 경우에 적용되는 것으로, 부동산을 취득하고 중과세율을 적용받지 않은 자가 일정기간 이내에 그 부동산을 해당 용도에 직접 사용하지 않는 경우 다시 중과세율을 적용하기 위한 규정이며, 이미 중과세율이 적용된 경우는 해당 규정의 적용 대상이 아님(부동산세제과-154호, 2020.1.20.).

사례 ▶ 미술품 경매보다 미술품전시 등을 주로 하는 법인의 본점이 중과세율 적용대상에 해당되는지 여부

청구법인 전체 매출액 중에서 경매매출 비율(23~32.5%)보다 상품·중개매출액 비율(62~63.42%)이 더 높아 청구법인의 주된 매출은 일반 화랑과 같은 미술품 전시·판매에서 발생하는 것으로 보이는 점 등에 비추어 쟁점부동산은 「지방세법 시행령」 제26조 제1항 제1호에서 규정하는 취득세 중과 제외업종인 사회기반시설사업에 사용되는 것으로 보는 것이 타당하므로 처분청이 쟁점부동산에 대하여 중과세율을 적용하여 이 건 취득세 등을 부과한 처분은 잘못이 있다고 판단됨(조심 2021지1414, 2022.12.21.).

❸ 중과대상 사무소 등의 범위 판단

법인의 본점·주사무소·지점·분사무소로 직접 사용하기 위한 부동산 취득 ←	→ 업무용·비업무용 또는 사업용·비사업용의 모든 부동산 취득

법인의 본점·주사무소·지점·분사무소의 설립·설치·전입

가. 사무소 등의 범위(「지방세법 시행규칙」 제6호)

- 법인세법 제111조, 부가가치세법 제8조, 소득세법 제168조에 따른 <u>등록대상 사업장</u>
  개정전(~13년까지) : <u>등록된 사업장</u> ➡ 2014년 지방세법 개정으로 사무소 등의
  범위 확대
- 인적 및 물적 설비를 갖추고
- 계속하여 사무 또는 사업이 행하여지는 장소

나. 사무소 등으로 보지 않는 경우

- 영업행위가 없는 단순한 제조·가공 공장
- 물품의 보관만을 하는 보관창고
- 물품의 적재와 반출만을 하는 하치장

「지방세법 시행령」 제27조(대도시 부동산 취득의 중과세 범위와 적용기준) ③ 법 제13조
제2항 제1호에 따른 대도시에서의 법인 설립, 지점·분사무소 설치 및 법인의 본점·주
사무소·지점·분사무소의 대도시 전입에 따른 부동산 취득은 해당 법인 또는 행정안전
부령으로 정하는 사무소 또는 사업장(이하 이 조에서 "사무소등"이라 한다)이 그 설립·
설치·전입 이전에 법인의 본점·주사무소·지점 또는 분사무소의 용도로 직접 사용하
기 위한 부동산 취득(채권을 보전하거나 행사할 목적으로 하는 부동산 취득은 제외한다.
이하 이 조에서 같다)으로 하고, 같은 호에 따른 그 설립·설치·전입 이후의 부동산 취
득은 법인 또는 사무소등이 설립·설치·전입 이후 5년 이내에 하는 업무용·비업무용
또는 사업용·비사업용의 모든 부동산 취득으로 한다. 이 경우 부동산 취득에는 공장의
신설·증설, 공장의 승계취득, 해당 대도시에서의 공장 이전 및 공장의 업종변경에 따르
는 부동산 취득을 포함한다.

「지방세법 시행규칙」 제6조(사무소 등의 범위) 영 제27조 제3항 전단에서 "행정안전부령
으로 정하는 사무소 또는 사업장"이란 「법인세법」 제111조·「부가가치세법」 제8조 또는
「소득세법」 제168조에 따른 등록대상 사업장(「법인세법」·「부가가치세법」 또는 「소득

세법」에 따른 비과세 또는 과세면제 대상 사업장과 「부가가치세법 시행령」 제11조 제2항에 따라 등록된 사업자단위 과세 적용 사업장의 종된 사업장을 포함한다)으로서 인적 및 물적 설비를 갖추고 계속하여 사무 또는 사업이 행하여지는 장소를 말한다. 다만, 다음 각 호의 장소는 제외한다.

1. 영업행위가 없는 단순한 제조·가공장소
2. 물품의 보관만을 하는 보관창고
3. 물품의 적재와 반출만을 하는 하치장

사례 본지점용 부동산에 대한 중과세 해당 여부

- 일체의 부동산등기라 함은 당해 법인 또는 지점 등이 그 설립·설치·전입과 관련하여 그 이전에 취득하는 부동산의 등기를 말하는 것이므로, 그 설립·설치·전입과 아무런 관련이 없이 취득한 부동산을 그 후 법인의 본점 또는 지점용으로 사용하게 된 경우의 등기까지 포함하는 것은 아니라 할 것으로, 대도시내 법인이 2006.12.29. 본점을 제2부동산으로 이전하고 본점으로 사용하던 제1부동산에 지점을 이전하여 이를 지점용으로 사용하는 경우라면 제1부동산 등기는 당초 본점사용 목적의 등기였으므로, 지점설치와는 실질적인 관련성이 없는 경우 등록세 중과 대상에 해당되지 아니한다는 대법원 판례(대법원 91누13281, 1992.6.23.)를 감안할 때 중과세대상에 해당하지 아니함(행정자치부 세정-2416, 2007.6.25.).

- 「지방세법 시행령」 제27조 제3항의 규정상 취득세 중과세 대상이 되는 대도시에서의 지점 용도로 직접 사용하기 위한 부동산 취득에 해당하는지 여부는 취득 당시의 상황 등을 객관적으로 고려하여 납세의무자의 취득 목적에 따라 판단하여야 하는 것이 타당한 것으로 보이는 점, 청구법인은 1997년 ○○○ 506-4로 본점을 이전하고 2002년 10월 인근의 같은 동 507 대지를 취득하였는바, 2012년에 이루어진 인접한 쟁점부동산의 취득 역시 본점의 주차공간 및 창고용도로 사용하였을 개연성이 인정되는 점, 청구법인의 주식양수도계약서 및 주식등변동상황명세서 등의 자료에 따르면, 쟁점부동산 취득 당시의 청구법인 대주주들은 2013.4.12. 청구법인 주식 전부를 ○○○에 매각하였고, 그 이후에 청구법인의 본점 이전 (2013.10.17.) 및 지점 설치(2013.11.4.)가 이루어졌는바, 쟁점부동산의 취득 당시의 주주와 본점이전 및 지점설치 당시의 주주가 상이하고, 2012.2.31. 쟁점부동산의 취득은 당시의 대표이사 김○○○의 의사결정에 의한 것인 반면, 2013.11.4. 지점 설치는 대표이사 석○○○(○○○의 대표이사 겸직)의 의사결정에 의한 것이므로 양자의 시점 및 주주·경영진의 교체 등 제반 상황을 종합하면, 쟁점부동산 취득 당시 청구법인은 본사 이전 및 지점 설치를 예상할 수 없었다는 청구주장에 설득력이 있는 점 등에 비추어 처분청이 청구법인의 쟁점부동산 취득에 대하여 「지방세법 시행령」 제27조 제3항에서 규정한 대도시에서의 지점 용도로 직접 사

용하기 위한 경우에 해당하는 것으로 보아 청구법인에게 중과세율을 적용하여 취득세 등을 부과·고지한 처분은 잘못이 있다고 판단됨(조심 15지649, 2016.10.19.).

사례 등록세 중과세요건인 사실상 지점의 요건과 인적설비 구비요건 판단

삼일00은 비록 원고와 독립된 법인의 형태를 취하고는 있으나, 일반적인 건물관리용역을 수행하는 이 외에 원고의 지휘·감독 하에 원고의 부동산 임대사업과 관련된 업무를 수행하는 등 실질적으로는 원고의 지점으로서의 업무를 처리하여 왔으므로, 위 사업장을 원고의 지점으로 보고 이 사건 부동산등기가 구「지방세법」제138조 제1항 제3호 소정의 대도시내에서의 지점설치에 따른 부동산등기에 해당한다고 보아 등록세를 중과세한 이 사건 처분은 적법하고, 또한, 인적설비는 종업원의 고용 형태 등을 감안하여 판단하여야 하는 것으로 당해 법인에 직속하는 형태에 관계없이 당해 법인의 업무처리를 하였는지 여부로 판단하여야 함(대법원 05두13469, 2007.8.24.).

사례 사실상의 본점전입에 따른 부동산 등기의 중과세 적용

정보화촉진 등에 관한 기본계획 및 시행계획의 수립·시행에 필요한 전문기술의 지원, 공공기관의 정보화사업에 대한 평가·지원 등을 사업대상으로 삼고 있는 원고가 이 사건 건물 중 1층 내지 8층을 금융기관 등에 임대한 것을 그 목적 사업에 해당한다고 보기 어려울 뿐만 아니라, 원고가 정관 제4조 제16호에 목적사업의 수행과 운영자금 마련을 위한 부동산임대를 사업목적으로 규정하였다고 하더라도 그 설립목적을 위하여 수행하는 사업을 등록세 직접영위하여야 하고, 이를 임대하는 경우에는 내부적인 규약에 불과한 원고의 정관규정을 근거로 부동산임대업이 그 설립목적을 위하여 수행하는 사업이라고 볼 수도 없고, 등록세 중과세 대상이 되는 대도시 내로의 법인의 본점 전입에 따른 부동산등기에는 본점의 전입등기는 이루어지지 아니하였지만 실질적으로 대도시 외에서 대도시 내로 본점을 전입한 법인이 그 전입과 관련하여 취득한 부동산등기도 포함한다고 할 것인 바, 원고의 직원 중 21명은 등기부상 본점 소재지인 용인에서 근무하고 나머지 219명은 이 사건 건물에서 근무하고 있으며, ○○시에는 부서 중 총무부만 있고 대외활동과 관련한 부서 사무실은 모두 이 사건 건물에 있는 점을 비추어 보면, 이 사건 건물에 설치된 원고의 사무소로 실질적인 본점 전입이 이루어진 것으로 보아야 함(대법원 06두2503, 2006.6.15.).

사례 부동산의 전부가 당해 본점 또는 지점 등에 사용되어야 하는 것은 아니라 하더라도 다른 지점 등과 관계되어 취득한 부동산의 등기는 등록세 중과세 대상이 아님

이 사건 오피스 부분은 원고가 이를 취득한 후 ○○물산에 임대하다가 타에 매각하기 위하여 본점에서 일시적으로 관리하고 있는 부동산으로 원고 본점의 부동산 임대 및 매매업과 관계되어 취득한 부동산이라고 할 것이고, 원고 00지점에 많은 수의 임

직원이 근무한 반면, 원고 본점에는 상대적으로 적은 수의 임직원만이 근무하였다거나, 원고가 ○○지점에 대한 사업자등록을 하면서 이 사건 건물을 사업장으로 하였고 부동산 임대업도 그 사업의 종류로 명기하였다는 등의 사정이 있다고 하여 이 사건 오피스부분이 원고 ○○지점과 관계되어 취득한 부동산이라고 볼 수는 없으므로, 이 사건 오피스 부분에 관한등기가 등록세 중과대상에 해당함을 전제로 하는 이 사건 처분은 위법하다고 할 수밖에 없음(대법원 09두607, 2009.4.9.).

사례 ▶ 법인이 설립 후 5년 이내에 취득하는 일체의 부동산에 관한 등기로서 중과대상은 공장의 신설에 따르는 부동산등기도 포함됨

신설한 자동차정비공장이 같은 법 시행규칙 제55조 [별표 3] 제28호 다목에 따라 같은 법 제138조 제1항 제4호, 같은 법 시행규칙 제47조 제1항 제55조 [별표 3] 제27호에서 정한 공장에 해당하지 아니하여 위 4호 규정을 적용하여 중과세 할 수 없다 하더라도, 앞서 본 바와 같이 원고의 자동차정비공장은 대도시 내에서의 법인 설립 후 5년 이내에 신설되었을 뿐만 아니라 같은 법 제138조 제1항 단서, 같은 법 시행령 제101조 제1항 각 호에도 해당하지 아니하므로, 같은 법 제138조 제1항 제3호에 따라 등록세를 중과한 피고의 이 사건 처분은 적법하고, 같은 법 제138조 제1항 제4호 및 같은 법 시행규칙 제55조 [별표 3] 제28호에 따라 중과세 대상에서 제외할 수 없고, 대도시내 공장신설시 중과세 적용대상이 되는 공장은 「지방세법」 제138조 제1항 제4호의 규정에서는 도시형 공장의 경우에는 중과세 제외대상에 해당하나, 동조 제3호의 규정에서는 도시형공장 등에 불구하고 중과세 적용을 하고 있으므로 중과 제외 업종에 해당되지 아니하는 한 중과세 적용 대상에 해당하는 것이므로 자동차정비공장은 중과세 대상에 해당함(대법원 08두6325, 2008.7.10.).

사례 ▶ 과밀억제권역 내의 산업단지에서 산업단지 밖의 과밀억제권역으로 본점을 이전하는 경우 등록세 중과대상에 해당함

「지방세법」상 대도시는 수도권정비계획법 제6조 제1항 제1호에 규정된 과밀억제권역에서 산업단지를 제외한 지역을 의미하여 산업단지가 과밀억제권역 내에 있다고 해도 산업단지 자체는 「지방세법」상 '대도시'에 해당한다고 볼 수 없고 따라서 과밀억제권역 내에 있는 산업단지에서 산업단지 밖의 과밀억제권역으로 본점을 이전하는 경우에는 「지방세법」 제138조 제1항 제2호 소정의 '대도시내에로의 전입'으로 간주되는 바, 원고 회사는 산업단지인 B 사무실에서 대도시(수도권정비계획법시행령 제9조 관련 [별표 1]에 의하면 서울특별시는 과밀억제권역으로 지정되어 있다) 내인 서울특별시 동작구 XXX동 XXX-5203호로 이 사건 본점이전을 하고 그에 따라 이 사건 등기를 한 것으로서 위 등록세 중과규정의 적용을 받는다고 할 것임(서울행법 2008구합33136, 2009.1.14.).

사례 폐업신고를 마쳤다가 다시 사업자등록을 하고 5년 이내에 주주를 변경한 경우 취득세 중과대상인 5년 이내 휴면법인 인수에 해당 여부

폐업하였다가 다시 사업자등록 후 5년 이내 주주 변경시 취득세 중과대상 휴면법인 인수에 해당됨.

주식의 소유관계는 과세관청이 주주명부나 주식이동상황명세서 또는 법인등기부등본 등 자료에 의하여 이를 입증하면 되고, 다만 위 자료에 비추어 일견 주주로 보이는 경우에도 실은 주주명의를 도용당하였거나 실질소유주의 명의가 아닌 차명으로 등재되었다는 등의 사정이 있는 경우에는 단지 그 명의만으로 주주에 해당한다고 볼 수는 없으나, 이는 명의상 주주가 실제 주주가 아님을 주장하는 자가 입증하여야 하고 (대법원 03두1615, 2004.7.9. 등) 원고 회사의 주식등변동상황명세서에 위 강○○, 조○○, 차○○이 원고 회사의 주식 각 2,000주를 보유한 주주라고 명시되어 있는 사실, 원고 회사의 법인등기부등본에도 원고 회사의 설립 시부터 2차 사업자등록 직전인 2010.1.2.까지 강○○, 차○○이 이사, 조○○이 감사로 재직하였다고 등재되어 있는 사실이 인정되는 바, 특별한 사정이 없는 한 강○○, 조○○, 차○○은 원고 회사의 실제 주주였다고 볼 것이고, 이와 달리 볼 특별한 사정, 즉 위 3인이 차명주주에 불과하다는 점은 이를 주장하는 원고가 증명하여야 하므로 이 사건에서 원고가 제출한 증거만으로는 강○○, 조○○, 차○○이 원고 회사 주식의 실질소유주가 아니었음을 인정하기에 부족하고 달리 이를 인정할 증거가 없음. 또한 구 「지방세법」이 '휴면법인의 인수'를 '법인의 설립'과 동일하게 보아 취득세 중과세 대상으로 삼고 있는 것은, 법인을 설립하는 대신에 휴면법인의 주식 전부를 매수한 다음 법인의 임원, 자본, 상호, 목적사업 등을 변경함으로써 실질적으로는 법인 설립의 효과를 얻으면서도 대도시내 법인 설립에 따른 부동산 취득 시 등록세 또는 취득세의 중과를 회피하는 행위가 성행함에 따라 이를 규제하기 위한 것이다. 따라서 외관상 휴면법인의 인수에 해당함이 분명함에도 이를 '폐업법인의 차명주주로부터 소유자 명의를 회복한 것'에 지나지 않는다고 판단함에 있어서는 신중을 기할 필요가 있음(대법원 15두54582, 2016.1.28.).

사례 청구법인이 2년 이상 사업실적이 없는 휴면법인을 인수한 것으로 보아 대도시 중과세율을 적용하여 취득세 등을 부과한 처분의 당부

청구법인의 대표이사인 ○○○은 청구법인의 지분을 100% 취득함으로써 과점주주가 되었고 임원이 전부 교체되었으며 법인 인수일 이전 2년 이상의 사업실적 여부와 관련하여 해당 기간 중 법인세 및 부가가치세의 납부실적이 없는 것으로 확인되는 점 등에 비추어 ○○○은 휴면법인인 청구법인을 인수한 후 이 건 토지를 취득한 것으로 보이므로 취득세를 중과세한 처분은 잘못이 없음(조심 16지401, 2016.11.28.).

청구법인의 지점인 ○○○타워에 인접해 있고 공중보행로로 연결되어 있으며 ○○○타워와 동일한 업태의 부동산 임대업을 영위하는 사업장으로, ○○○타워에 소재한 타워업무지원센터에서 일괄하여 관리를 총괄하고 있는 것으로 보여, 동일한 사업장으로 볼 수 있고, 청구법인은 이 건 부동산에 대하여 별도의 자동차관리사업을 등록 및 사업자등록도 신청하지 아니한 점 등을 볼 때 별개의 사업장이나 지점으로 보기 어려움(조심 2018지2018, 2019.7.1.).

④ 중과세 제외대상

가. 대도시 중과 제외 업종

과밀억제권역에 설치가 불가피하다고 인정되는 업종에 직접 사용할 목적으로 부동산을 취득

나. 사원주거용 목적 부동산

법인이 사원에 대한 분양 또는 임대용으로 직접 사용할 목적으로 주거용 부동산*을 취득하는 경우

* 주거용 부동산 - 1구(1세대가 독립하여 구분 사용할 수 있도록 구획된 부분)의 건축물의 연면적(전용면적)이 60제곱미터 이하인 공동주택 및 그 부속토지

➡ 중과세 제외대상에 해당하는 경우 제11조에 따른 해당 세율을 적용

「지방세법 시행령」 제26조(대도시 법인 중과세의 예외) ① 법 제13조 제2항 각 호 외의 부분 단서에서 "대통령령으로 정하는 업종"이란 다음 각 호에 해당하는 업종을 말한다.

1. 「사회기반시설에 대한 민간투자법」 제2조 제3호에 따른 사회기반시설사업(같은 조 제9호에 따른 부대사업을 포함한다)
2. 「한국은행법」 및 「한국수출입은행법」에 따른 은행업
3. 「해외건설촉진법」에 따라 신고된 해외건설업(해당 연도에 해외건설 실적이 있는 경우로서 해외건설에 직접 사용하는 사무실용 부동산만 해당한다) 및 「주택법」 제4조에 따라 국토교통부에 등록된 주택건설사업(주택건설용으로 취득한 후 3년 이내에 주택건설에 착공하는 부동산만 해당한다)
4. 「전기통신사업법」 제5조에 따른 전기통신사업
5. 「산업발전법」에 따라 산업통상자원부장관이 고시하는 첨단기술산업과 「산업집적활성화 및 공장설립에 관한 법률 시행령」 별표 1 제2호 마목에 따른 첨단업종

---

6. 「유통산업발전법」에 따른 유통산업, 「농수산물유통 및 가격안정에 관한 법률」에 따른 농수산물도매시장·농수산물공판장·농수산물종합유통센터·유통자회사 및 「축산법」에 따른 가축시장

7. 「여객자동차 운수사업법」에 따른 여객자동차운송사업 및 「화물자동차 운수사업법」에 따른 화물자동차운송사업과 「물류시설의 개발 및 운영에 관한 법률」 제2조 제3호에 따른 물류터미널사업 및 「물류정책기본법 시행령」 제3조 및 별표 1에 따른 창고업

8. 정부출자법인 또는 정부출연법인(국가나 지방자치단체가 납입자본금 또는 기본재산의 100분의 20 이상을 직접 출자 또는 출연한 법인만 해당한다)이 경영하는 사업

9. 「의료법」 제3조에 따른 의료업

10. 개인이 경영하던 제조업(「소득세법」 제19조 제1항 제3호에 따른 제조업을 말한다). 다만, 행정안전부령으로 정하는 바에 따라 법인으로 전환하는 기업만 해당하며, 법인전환에 따라 취득한 부동산의 가액(법 제4조에 따른 시가표준액을 말한다)이 법인전환 전의 부동산가액을 초과하는 경우에 그 초과부분과 법인으로 전환한 날 이후에 취득한 부동산은 법 제13조 제2항 각 호 외의 부분 본문을 적용한다.

11. 「산업집적활성화 및 공장설립에 관한 법률 시행령」 별표 1 제3호 가목에 따른 자원재활용업종

12. 「소프트웨어산업 진흥법」 제2조 제3호에 따른 소프트웨어사업 및 같은 법 제27조에 따라 설립된 소프트웨어공제조합이 소프트웨어산업을 위하여 수행하는 사업

13. 「공연법」에 따른 공연장 등 문화예술시설운영사업

14. 「방송법」 제2조 제2호·제5호·제8호·제11호 및 제13호에 따른 방송사업·중계유선방송사업·음악유선방송사업·전광판방송사업 및 전송망사업

15. 「과학관의 설립·운영 및 육성에 관한 법률」에 따른 과학관시설운영사업

16. 「산업집적활성화 및 공장설립에 관한 법률」 제28조에 따른 도시형공장을 경영하는 사업

17. 「중소기업창업 지원법」 제10조에 따라 등록한 중소기업창업투자회사가 중소기업창업 지원을 위하여 수행하는 사업. 다만, 법인설립 후 1개월 이내에 같은 법에 따라 등록하는 경우만 해당한다.

18. 「광산피해의 방지 및 복구에 관한 법률」 제31조에 따라 설립된 한국광해관리공단이 석탄산업합리화를 위하여 수행하는 사업

19. 「소비자기본법」 제33조에 따라 설립된 한국소비자원이 소비자 보호를 위하여 수행하는 사업

20. 「건설산업기본법」 제54조에 따라 설립된 공제조합이 건설업을 위하여 수행하는 사업

21. 「엔지니어링산업 진흥법」 제34조에 따라 설립된 공제조합이 그 설립 목적을 위하여 수행하는 사업

22. 「주택도시기금법」에 따른 주택도시보증공사가 주택건설업을 위하여 수행하는 사업

23. 「여신전문금융업법」 제2조 제12호에 따른 할부금융업

24. 「통계법」 제22조에 따라 통계청장이 고시하는 한국표준산업분류에 따른 실내경기장·운동장 및 야구장 운영업

25. 「산업발전법」(법률 제9584호 산업발전법 전부개정법률로 개정되기 전의 것을 말한다) 제14조에 따라 등록된 기업구조조정전문회사가 그 설립 목적을 위하여 수행하는 사업. 다만, 법인 설립 후 1개월 이내에 같은 법에 따라 등록하는 경우만 해당한다.

26. 「지방세특례제한법」 제21조 제1항에 따른 청소년단체, 같은 법 제45조에 따른 학술단체·장학법인 및 같은 법 제52조에 따른 문화예술단체·체육단체가 그 설립 목적을 위하여 수행하는 사업

27. 「중소기업진흥에 관한 법률」 제69조에 따라 설립된 회사가 경영하는 사업

28. 「도시 및 주거환경정비법」 제35조 또는 「빈집 및 소규모주택 정비에 관한 특례법」 제23조에 따라 설립된 조합이 시행하는 「도시 및 주거환경정비법」 제2조 제2호의 정비사업 또는 「빈집 및 소규모주택 정비에 관한 특례법」 제2조 제1항 제3호의 소규모주택정비사업

29. 「방문판매 등에 관한 법률」 제38조에 따라 설립된 공제조합이 경영하는 보상금지급책임의 보험사업 등 같은 법 제37조 제1항 제3호에 따른 공제사업

30. 「한국주택금융공사법」에 따라 설립된 한국주택금융공사가 같은 법 제22조에 따라 경영하는 사업

31. 「민간임대주택에 관한 특별법」 제5조에 따라 등록을 한 임대사업자 또는 「공공주택 특별법」 제4조에 따라 지정된 공공주택사업자가 경영하는 주택임대사업

32. 「전기공사공제조합법」에 따라 설립된 전기공사공제조합이 전기공사업을 위하여 수행하는 사업

33. 「소방산업의 진흥에 관한 법률」 제23조에 따른 소방산업공제조합이 소방산업을 위하여 수행하는 사업

34. 「중소기업 기술혁신 촉진법」 제15조 및 같은 법 시행령 제13조에 따라 기술혁신형 중소기업으로 선정된 기업이 경영하는 사업. 다만, 법인의 본점·주사무소·지점·분사무소를 대도시 밖에서 대도시로 전입하는 경우는 제외한다.

35. 「주택법」에 따른 리모델링주택조합이 시행하는 같은 법 제66조 제1항 및 제2항에 따른 리모델링사업

36. 「공공주택 특별법」에 따른 공공매입임대주택(같은 법 제4조 제1항 제2호 및 제3호에 따른 공공주택사업자와 공공매입임대주택을 건설하는 사업자가 공공매입임대주택을 건설하여 양도하기로 2022년 12월 31일까지 약정을 체결하고 약정일부터 3년 이내에 건설에 착공하는 주거용 오피스텔로 한정한다)을 건설하는 사업

37. 「공공주택 특별법」 제4조 제1항에 따라 지정된 공공주택사업자가 같은 법에 따른 지분적립형 분양주택이나 이익공유형 분양주택을 공급·관리하는 사업

「지방세법 시행규칙」 제5조(법인전환 기업) 영 제26조 제1항 제10호 단서에서 "행정안전부령으로 정하는 바에 따라 법인으로 전환하는 기업"이란 법 제13조 제2항 각 호 외의 부분 단서에 따른 대도시(이하 이 조에서 "대도시"라 한다)에서 「부가가치세법」 또는 「소득세법」에 따른 사업자등록을 하고 5년 이상 제조업을 경영한 개인기업이 그 대도시에서 법인으로 전환하는 경우의 해당 기업을 말한다.

※ 공공전세 주거용 오피스텔 대도시 취득세 중과 제외(2022년까지 약정 체결분 적용)

---

1 개정개요

개정 전	개정 후
□ 대도시 취득세 중과제외업종 규정 – 주택건설업: 중과 제외 – 오피스텔건설업: 중과 〈신 설〉	□ 공공전세 주거용오피스텔 대도시 중과 제외 ○ (대상법인) 공공주택사업자*와 '22년까지 약정체결한 건설사업법인 * LH 및 SH, GH 등 지방공사 ○ (제외업종) 「건설산업기본법」 제9조에 따른 건설업 중 공공전세주택(주거용오피스텔)사업 ○ (제한요건) 약정일부터 3년 이내에 건설에 착공한 경우로 한정함

2 개정내용

○ 현재 주택건설사업은 대도시 취득세 중과* 적용이 배제되나, 오피스텔은 준주택으로 주거용 등 사용 목적과 관계없이 중과 대상

  * 취득세 중과세율 배제: 토지 8%(4%×3배－4%), 건축 4.4%(2.8%×3배－4%)

⇒ 민간사업자가 LH 등과 매입약정을 하고 주거용 오피스텔을 건설하는 경우 대도시 중과세율 적용 제외('22년 한시)

신축 매입약정 (민간→LH 등)	민간건설법인 (오피스텔 신축)	준공 후 양도 ⇨	LH 또는 지방공사 (오피스텔 매입)

3 적용요령

○ 시행일(2022.1.1.) 이후 취득하는 부동산으로서 다음 조건을 충족하는 경우에 적용
  ① 주거용 오피스텔을 신축하여 토지주택공사 또는 지방공사에 매도하기로 2022. 12.31.까지 약정을 체결하고,
  ② 그 약정일로부터 3년 이내에 착공하는 경우

사례 ▷ 영화상영관은 대도시내 등록세 중과 배제 대상 업종

구 「지방세법 시행령」 제101조 제1항 제3호가 사회기반시설사업을 등록세 중과제외 업종의 하나로 규정한 것은 공익적 측면에서 대도시 안에 설치가 불가피한 사회기반 시설의 확충을 도모하려는 그 취지가 있는 점, 위 규정의 문언도 「사회기반시설에 대한 민간투자법」 제2조 제2호만을 직접적으로 원용하고 있을 뿐이고, 같은 법이 규율하는 민간투자의 방식과 절차에 따른 사업은 제2조 제5호에서 '민간투자사업'으로 별도로 정의하고 있는 점, 이에 관한 추징규정인 구 「지방세법 시행령」 제101조 제2 항도 추징을 면하기 위한 요건으로 당해 업종에 직접 사용할 것만을 요구하고 구 사

회기반시설에 대한 민간투자법에 의한 방식과 절차를 준수하지 못한 것을 추징사유로 들고 있지 아니한 점 등을 종합하여 보면, 구 「지방세법 시행령」 제101조 제1항 제3호가 규정하는 등록세 중과 제외업종은 사회기반시설에 대한 민간투자법 제2조 제2호에 규정된 사회기반시설사업이면 충분하고 같은 법이 정한 방식과 절차에 따라 시행된 사회기반시설사업에 국한되는 것으로 볼 수 없음(대법원 13두19844, 2014.2.13.).

사례 **등록세 중과세 제외 범위**

대도시 내에 사회간접자본시설의 확충을 도모하려는 구 「지방세법」(1998.12.31. 법률 제5615호로 개정되기 전의 것) 제138조 제1항 제3호, 구 「지방세법 시행령」(1998. 12.31. 대통령령 제15982호로 개정되기 전의 것) 제101조 제1항 제3호, 구 「사회간접자본시설에 대한 민간자본유치촉진법」(1998.12.31. 법률 제5624호로 전문 개정되기 전의 것) 제2조 제3호 (나)목의 규정 취지나 관련 규정의 개정 연혁 등에 비추어 볼 때, 여기서 말하는 사회간접자본시설사업에는 「도시가스사업법」 제2조에서 규정하고 있는 사회간접시설인 가스공급시설의 신설·증설·개량 또는 운영에 관한 사업으로 규정하고 규정하고 있는 점 등을 고려할 때 사회간접자본시설인 가스공급시설의 신설·증설 또는 개량에 관한 사업뿐만 아니라 도시가스사업을 영위하기 위한 사무실도 도시가스사업을 영위하기 위한 사업으로 보아 중과세면제규정이 적용되어야 함(대법원 05두166, 2005.12.8.).

사례 **대도시내 지점설치에 따른 부동산을 취득하여 일단의 부동산에서 주유소 운영업과 무료 세차업(사업자등록 無)을 함께 영위하는 경우, 해당 세차업이 취득세 중과제외 업종에 해당하는지 여부**

• 「지방세법」 제13조 제2항에서 대도시에서 법인을 설립하거나 지점 또는 분사무소를 설치하는 경우 및 법인의 본점·주사무소·지점 또는 분사무소를 대도시로 전입함에 따라 대도시의 부동산을 취득하는 경우의 취득세는 제11조 제1항의 표준세율의 100분의 300에서 중과기준세율의 100분의 200을 뺀 세율을 적용하되,
  – 대도시에 설치가 불가피하다고 인정되는 업종으로서 대통령령으로 정하는 업종(이하 "대도시 중과 제외 업종")에 직접 사용할 목적으로 부동산을 취득하는 경우에는 그러하지 아니한 것으로 규정하면서, 같은 법 시행령 제26조 제1항 제6호에 유통산업발전법에 따른 유통산업을 대도시 중과 제외 업종으로 규정하고 있음.
  한편, 당해 업종에 사용하기 위한 부동산에 해당하는지는 당해 업종의 업무수행을 위하여 필요한 시설물로서 계속적이고 고정적으로 그 목적사업에 직접 사용하는 고정재산세적 성질을 갖는 부동산인지의 여부에 따라 판단하여야 하고, 그 판단에 있어서는 반드시 주영업장소와 장소적 또는 물리적 근접성에 입각할 것은 아니고 당해 부동산의 취득 목적, 그 실제사용 관계, 고유 업무 수행과의 연

관성 등을 따져 개별적으로 판단(대법원 93누15113, 1993.11.23.)하여야 하는 것임.

- 주유소 내 세차시설을 설치하여 별도의 사업자 등록 없이 무료로 세차장을 운영하는 경우 해당 세차시설이 중과제외 대상(업종)에 해당하는지에 대해 살펴보면,
  - 세차시설이 주유고객의 편의를 제공하고 있다고 하더라도 이러한 시설물이 주유소 운영업에 필수불가결한 부대시설이라고 볼 수 없어(조심 15지612, 2015.6.16.) 중과제외 업종인 주유소운영 고유 업무 수행을 위한 것이라고 보기 어려운 점,
  - 「지방세법 시행규칙」 제6조에서 대도시내 중과세 대상이 되는 사무소 또는 사업장이란 법인세법 제111조·부가가치세법 제8조 또는 소득세법 제168조에 따른 등록대상 사업장으로서 인적 및 물적 설비를 갖추고 계속하여 사무 또는 사업에 행하여지는 장소로 규정하고 있는 바, 세차업을 영위하는 세차장의 경우 부가가치세법 등에 따른 등록대상 사업장에 해당한다고 볼 수 있고 인적 및 물적 설비를 갖추고 계속하여 사무 또는 사업이 이루어지는 장소이므로, 비록 세차장에 대하여 별도의 사업자등록을 하지 아니한 경우라고 중과대상 사무소등으로 보는 것이 합리적인 점,
  - 세차장을 무료로 운영한다고 하나, 언제든지 유료로 전환할 수 있을 뿐만 아니라 해당 세차시설은 주유를 한 차량에 한하여 이용이 가능하므로 주유금액에 이미 세차장 이용금액이 포함되어 있다고 볼 수 있는 점 등을 종합해 볼 때,
  - 주유소 내 세차시설을 활용하여 운영하는 세차업은 사업자등록 없이 무료로 운영 하더라도 주유소 운영업(유통산업)과는 별개의 사업을 영위하고 있는 것으로 보아 취득세 중과대상(업종)에 해당한다고 판단됨(지방세운영과-684, 2016.3.15.).

사례 ▶ 합병시 등록세 중과세 적용과 정당한 사유 판단

A법인이 제138조 제1항 단서 및 같은 법시행령 제101조 제1항에서 규정하는 대도시내 법인중과세 예외 업종을 영위할 목적으로 토지를 취득한 후 그 취득일로부터 1년 이내에 B법인에 흡수합병 됨으로써 A법인이 소유하던 토지를 B법인이 양수하여 당해 재산을 등기를 하는 경우 그 등기는 조세특례제한법 제119조 및 그 제2호의 규정에 의하여 등록세 면제대상이고 중과세율 적용대상이 아닌 바, A법인이 대도시내에서 등록세 중과제외업종을 영위할 목적으로 토지를 취득하였다가 3년 이내에 대도시내에서 설립된 지 5년이 경과한 B법인에게 흡수합병된 경우라면 A법인이 토지를 취득한 후 3년 이내에 당해 업종에 사용하지 못한 정당한 사유가 있는 것으로 볼 것임 (지방세정팀-520, 2007.3.8., 행정안전부 지방세운영과-201, 2008.7.8.).

사례 ▶ 합병장려업종과 겸업 시 등록세 안분기준

합병장려업종과 비합병장려업종을 겸업하여 영위하다 합병장려업종을 영위하는 존속법인에게 흡수합병된 경우라면, 합병장려업종을 영위하던 부분만 등록세 면제대상에 해당된다 할 것으로, 합병장려업종과 비합병장려업종간 영위부분의 안분기준은 합병

일이 속하는 소멸법인의 사업연도 직전사업연도 업종별 매출액으로 안분함이 타당하다 할 것임(행정자치부 세정13407-486, 1998.11.17., 행정안전부 지방세운영과-136, 2008.6.19).

사례 개인기업 법인전환 시 중과세 제외업종

대도시내에서 개인이 제조업(소득세법 제18조 제1항 제4호의 규정에 의한 제조업)을 5년 이상 운영하다가 법인으로 전환하면서 이전하는 부동산 가액 만큼은 등록세의 중과세대상이 되지 않는 것이나, 법인으로 전환(법인설립)한 후 5년 이내에 취득등기하는 부동산은 등록세의 중과세 대상이 된다 할 것임(행정자치부 세정-126, 2007.2.7.).

사례 종전부터 존재하던 개인사업자 사무실을 법인이 승계취득하여 사용한 경우 취득세 등 중과대상 지점 등의 설치로 볼 수 있는지 여부

「지방세법」 제13조 제2항, 「지방세법 시행령」 제27조 제3항 전단의 입법 취지는 대도시의 인구집중을 방지하고 국가 경제의 균등한 발전을 도모하려는 데 있고, 일반적으로 법인은 조직과 규모에서 강한 확장성을 가지고 활동의 영역과 효과가 넓고 다양하여 인구와 경제력의 집중효과가 자연인의 경우에 비하여 훨씬 더 강하게 나타나므로, 법인이 아닌 자연인으로부터 영업을 양수한 경우 이를 종전부터 존재하던 사무실을 소속만 원고의 지점으로 바꾸어 유지·존속시킨 것에 불과하다고 평가할 수는 없다(대법원 11두14777, 2013.7.12.).

또한, 앞서 본 바와 같이 이 사건 부동산은 법인이 아닌 개인사업자가 영업을 위하여 사용하고 있던 건물인데, 원고가 이를 승계취득하여 지점으로 사용하고 있으므로, 이 사건 부동산의 취득은 「지방세법」 제13조 제2항에 따른 취득세 중과대상에 해당한다(원고가 내세우는 대법원 92누12742, 1993.5.25. 판결은 다른 법인으로부터 영업양수를 하면서 종전부터 존재하던 법인의 사무실을 그 소속만 원고의 지점으로 바꾼 사안에 관한 것으로서 이 사건과 사안을 달리한다). 원고의 이 부분 주장은 이유 없음(대법원 16두33872, 2016.5.12.).

사례 등록세 중과세 제외업종과 주택건설업의 범위

대도시 내에서의 법인설립, 부동산취득 등에 대하여 등록세를 중과하면서 그 예외의 하나로 주택건설촉진법 제6조 소정의 등록된 주택건설사업자가 주택건설용으로 취득·등기하는 부동산에 한하여 그 등록세 중과를 배제하도록 한 취지는, 일정한 자격요건을 갖추고 연간 일정한 호수 이상의 주택건설 실적이 있는 자에 대하여 등록을 하게 한 다음 그 등록된 주택건설사업자로 하여금 주택의 건설기준이나 규모, 주택의 공급조건, 방법 및 절차에 관하여 엄격한 기준을 설정하여 이를 준수하게 하는 등의 규제를 함과 아울러 주택건설을 촉진함으로써 대도시 내의 주택이 없는 국민의 주거생활의 안정을 도모하고 그 주거수준의 향상을 기하는 데 있음(대법원 95누2395, 1995.6.16.).

1 과세요건

중과세지역	「수도권정비계획법」 제6조에 따른 과밀억제권역 ※ 산업단지, 유치지역, 공업지역 내 공장 제외		
중과세 대상 부동산	① 대도시에서 법인을 설립하거나 지점 설치함에 따른 등기 ② 대도시 밖에 있는 법인의 본점이 대도시로 이전에 따른 등기 ※ 설립 및 전입 후 5년 이내에 자본 또는 출자액 증가 포함		
법인등기 등록세 중과세의 예외	① 산업집적활성화 및 공장설립에 관한 법률을 적용받는 산업단지 ② 대도시에서 법인설립 또는 전입 후 5년이 경과한 법인 ③ 대통령령으로 정하는 중과세 제외 업종		
법인설립 및 자본금증자	① 영리법인 설립 및 증자(5년 이내) : 불입한 주식금액의 1,000분의 12 ② 비영리법인 설립 및 증가(5년 이내) : 불입한 출자총액의 1,000분의 6		
법인 본점이전등기	구 분	신 소재지	구 소재지
	대도시내 → 대도시내	112,500원	40,200원
	대도시내 → 대도시외	112,500원	40,200원
	대도시외 → 대도시내	자본금의 1,000분의 4에 3배 중과	40,200원
	대도시외 → 대도시외	112,500원	40,200원
지점(분사무소)의 설치 및 이전등기	① 대도시내 지점 설치 : 40,200원의 3배(120,600원) ② 지점의 이전등기 본점과 같이 적용		

> 「지방세법」 제28조(세율) ② 다음 각 호의 어느 하나에 해당하는 등기를 할 때에는 그 세율을 제1항 제1호 및 제6호에 규정한 해당 세율(제1항 제1호 가목부터 라목까지의 세율을 적용하여 산정된 세액이 6천 원 미만일 때에는 6천 원을, 제1항 제6호 가목부터 다목까지의 세율을 적용하여 산정된 세액이 11만 2천 500원 미만일 때에는 11만 2천 500원으로 한다)의 100분의 300으로 한다. 다만, 대도시에 설치가 불가피하다고 인정되는 업종으로서 대통령령으로 정하는 업종(이하 이 조에서 "대도시 중과 제외 업종"이라 한다)에 대해서는 그러하지 아니하다.
> 1. 대도시에서 법인을 설립(설립 후 또는 휴면법인을 인수한 후 5년 이내에 자본 또는

출자액을 증가하는 경우를 포함한다)하거나 지점이나 분사무소를 설치함에 따른 등기

2. 대도시 밖에 있는 법인의 본점이나 주사무소를 대도시로 전입(전입 후 5년 이내에 자본 또는 출자액이 증가하는 경우를 포함한다)함에 따른 등기. 이 경우 전입은 법인의 설립으로 보아 세율을 적용한다.

③ 제2항 각 호 외의 부분 단서에도 불구하고 대도시 중과 제외 업종으로 법인등기를 한 법인이 정당한 사유 없이 그 등기일부터 2년 이내에 대도시 중과 제외 업종 외의 업종으로 변경하거나 대도시 중과 제외 업종 외의 업종을 추가하는 경우 그 해당 부분에 대하여는 제2항 본문을 적용한다.

④ 제2항은 제1항 제6호 바목의 경우에는 적용하지 아니한다.

⑤ 제2항에 따른 등록면허세의 중과세 범위와 적용기준, 그 밖에 필요한 사항은 대통령령으로 정한다.

⑥ 지방자치단체의 장은 조례로 정하는 바에 따라 등록면허세의 세율을 제1항 제1호에 따른 표준세율의 100분의 50의 범위에서 가감할 수 있다.

「지방세법 시행령」 제44조(대도시 법인 중과세의 예외) 법 제28조 제2항 각 호 외의 부분 단서에서 "대통령령으로 정하는 업종"이란 제26조 제1항 각 호의 어느 하나에 해당하는 업종을 말한다.

제45조(대도시 법인 중과세의 범위와 적용기준) ① 법제28조 제2항 제1호에 따른 법인의 등기로서 관계 법령의 개정으로 인하여 면허나 등록의 최저기준을 충족시키기 위한 자본 또는 출자액을 증가하는 경우에는 그 최저기준을 충족시키기 위한 증가액은 중과세 대상으로 보지 아니한다.

② 법 제28조 제2항을 적용할 때 다음 각 호의 어느 하나에 해당하는 경우에는 중과세 대상으로 보지 않는다.

1. 분할등기일 현재 5년 이상 계속하여 사업을 경영한 대도시 내의 내국법인이 법인의 분할(「법인세법」 제46조 제2항 제1호 가목부터 다목까지의 요건을 모두 갖춘 경우로 한정한다)로 인하여 법인을 설립하는 경우

2. 「조세특례제한법」 제38조 제1항 각 호의 요건을 모두 갖추어 「상법」 제360조의2에 따른 주식의 포괄적 교환 또는 같은 법제360조의15에 따른 주식의 포괄적 이전에 따라 「금융지주회사법」에 따른 금융지주회사를 설립하는 경우. 이 경우 「조세특례제한법」 제38조 제1항 제2호 및 제3호를 적용할 때 법령에 따라 불가피하게 주식을 처분하는 경우 등 같은 법 시행령제35조의2 제13항 각 호의 어느 하나에 해당하는 경우에는 주식을 보유하거나 사업을 계속하는 것으로 본다.

③ 법 제28조 제2항을 적용할 때 대도시에서 설립 후 5년이 경과한 법인(이하 이 항에서 "기존법인"이라 한다)이 다른 기존법인과 합병하는 경우에는 중과세 대상으로 보지 아니하며, 기존법인이 대도시에서 설립 후 5년이 경과되지 아니한 법인과 합병하여 기존법인 외의 법인이 합병 후 존속하는 법인이 되거나 새로운 법인을 신설하는 경우에는 합병당시 기존법인에 대한 자산비율에 해당하는 부분을 중과세 대상으로 보지 아니한다. 이

경우 자산비율은 자산을 평가하는 때에는 평가액을 기준으로 계산한 비율로 하고, 자산을 평가하지 아니하는 때에는 합병 당시의 장부가액을 기준으로 계산한 비율로 한다.

④ 삭제

⑤ 법 제28조 제2항을 적용할 때 법인이 다음 각 호의 어느 하나에 해당하는 경우로서 법제28조 제2항 각 호의 등기에 대한 등록면허세의 과세표준이 구분되지 아니한 경우 해당 법인에 대한 등록면허세는 직전 사업연도(직전 사업연도의 매출액이 없는 경우에는 해당 사업연도, 해당 사업연도에도 매출액이 없는 경우에는 그 다음 사업연도)의 총 매출액에서 제26조 제1항 각 호에 따른 업종(이하 이 항에서 "대도시 중과 제외 업종"이라 한다)과 그 외의 업종(이하 이 항에서 "대도시 중과 대상 업종"이라 한다)의 매출액이 차지하는 비율을 다음 계산식에 따라 가목 및 나목과 같이 산출한 후 그에 따라 안분하여 과세한다. 다만, 그 다음 사업연도에도 매출액이 없는 경우에는 유형고정자산가액의 비율에 따른다.

1. 대도시 중과 제외 업종과 대도시 중과 대상 업종을 겸업하는 경우
2. 대도시 중과 제외 업종을 대도시 중과 대상 업종으로 변경하는 경우
3. 대도시 중과 제외 업종에 대도시 중과 대상 업종을 추가하는 경우

〈대도시 중과 제외 업종과 대도시 중과 대상이 업종의 매출액이 차지하는 비율의 계산식〉

가. 해당 법인 중과 대상 업종 매출비율(퍼센트)

$$
\text{해당 법인 중과 대상 업종 매출비율(퍼센트)} = \frac{\text{해당 법인 중과 대상 업종 산정 매출액*}}{\left(\begin{array}{c}\text{해당 법인 중과} \\ \text{제외 업종 산정} \\ \text{매출액**}\end{array} + \begin{array}{c}\text{해당 법인 중과} \\ \text{대상 업종 산정} \\ \text{매출액*}\end{array}\right)} \times 100
$$

* 해당 법인 중과 대상 업종 산정 매출액
 = (해당 법인 중과 대상 업종 매출액 × 100) / 해당 법인 중과 대상 업종 운영일수
** 해당 법인 중과 제외 업종 산정 매출액
 = (해당 법인 중과 제외 업종 매출액 × 365) / 해당 법인 중과 제외 업종 운영일수

나. 해당 법인 중과 제외 업종 매출비율(퍼센트)

$$
\text{해당 법인 중과 제외 업종 매출비율(퍼센트)} = 100 - \text{해당 법인 중과대상 업종 매출비율(퍼센트)}
$$

② 대도시 중과세 관련 판례

> **사례** 등록세 중과세 제외업종의 전입에 따른 등기의 세율 적용

대도시외 지역에서 설립한 법인이 「지방세법 시행령」 제101조 제1항 각 호에서 규정하고 있는 등록세 중과 예외업종을 영위하는 법인이라면 대도시외 지역에서 대도시내에로의 전입 등기시 「지방세법」 제137조 제1항 제4호의 규정에 의거 75,000원의 등록세를 납부하는 것이라 할 것으로, 대도시외의 지역에서 중과대상 업종을 목적사업으로 하여 설립되어 사업을 영위하다가 폐업중인 법인을 인수한 후 등록세 중과 예외업종으로 그 목적사업을 변경한 다음 대도시내로 본점을 이전하는 경우라면 그 등기에 대하여는 위 규정에 의하여 75,000원의 등록세를 납부함. 따라서, 중과세 제외업종이 대도시내로 전입하는 경우에는 이전등기로 보아 이전등기의 세율을 적용하나 중과세 대상업종인 경우에는 중과세 세율을 적용하는 것임(행정자치부 세정－3452, 2007.8.24.).

> **사례** 중과세 예외업종 법인의 대도시내 전입시 등록세 중과세

대도시외에서 설립된 법인이 「지방세법 시행령」 제101조 제1항 제1호 내지 제37호에서 정하고 있는 등록세 중과세 예외업종을 영위하다가 대도시내로 법인의 본점을 이전하는 경우라면 「지방세법」 제137조 제1항 제4호의 등록세를 적용함이 타당함. 따라서, 대도시 전입시 법인등기의 경우 이전에 관한 세율을 적용함(행정자치부 세정－5169, 2007.12.4).

> **사례** 법인의 대도시 전입으로 중과세 적용시 기 납부한 등록면허세 공제 여부

구 「지방세법」 제23조 제1호 등에 의하면, 등록면허세는 취득을 원인으로 이루어지는 등기 또는 등록을 제외한 재산권과 그 밖의 권리의 설정·변경 또는 소멸에 관한 사항을 공부에 등기하거나 등록하는 경우에 등기 또는 등록이라는 단순한 사실의 존재를 과세대상으로 하여 그 등기 또는 등록을 받는 자에게 부과하는 세금으로 구 「지방세법」 제28조 제1항은 각 호에서 각 등록면허세의 과세대상인 각 등록에 대한 일반적인 세율을 정하고 있는데, 제6호 가목은 영리법인의 설립 및 자본증가 등에 관하여, 라목은 본점 등의 이전에 관하여 별도로 규정하고 있다. 대도시의 인구집중 억제 및 환경보존 등을 위하여 마련된 구 「지방세법」 제28조 제2항과 제3항은 구 「지방세법」 제28조 제1항 각 호에서 들고 있는 각 등록면허세 과세대상 중 제6호 등에 규정한 등기에 대하여 중과세율을 적용하는 경우를 정하고 있을 뿐이다. 즉, 구 「지방세법」 제28조 제2항 제2호에서 '전입을 법인의 설립으로 보아 세율을 적용한다'는 의미는 등록면허세 중과세대상인 법인등기에 대하여 중과세제도의 취지에 부합하도록 그

세율의 적용에 관하여만 본점 등의 전입을 법인의 설립으로 보도록 하는 것임(대법 2017두31538, 2019.1.10.).

③ 최근 쟁점

사례 청구법인이 신탁한 대도시내의 쟁점건축물에 지점을 설치하여 취득세 중과세율 적용 대상이라고 보아 경정청구를 거부한 처분

「신탁법」상의 신탁은 위탁자가 수탁자에게 특정의 재산권을 이전하거나 기타의 처분을 하여 수탁자로 하여금 신탁 목적을 위하여 그 재산권을 관리·처분하게 하는 것이므로, 부동산 신탁에 있어 수탁자 앞으로 소유권이전등기를 마치게 되면 대내외적으로 소유권이 수탁자에게 완전히 이전되고 위탁자와의 내부관계에서 소유권이 위탁자에게 유보되는 것이 아니며, 이와 같이 신탁의 효력으로서 신탁재산의 소유권이 수탁자에게 이전되는 결과 수탁자는 대내외적으로 신탁재산에 대한 관리권을 갖게 된다(대법원 2014.9.4. 선고 2014두36266 판결 참조)할 것이고, 「신탁법」상의 신탁계약에 의하여 수탁자인 부동산신탁회사 명의로 등기가 경료된 경우에 그 등기가 구 지방세법 제138조 제1항 제3호 소정의 중과세 대상에 해당하는지 여부를 판단함에 있어서는 수탁자를 기준으로 하여야 할 것이고, 이것이 대도시내로의 인구유입에 따른 인구집중을 막기 위한 구 지방세법 제138조 제1항 제3호의 입법취지에도 부합하는 해석이라 할 것(대법원 2003.6.10. 선고 2001두2720 판결 참조)인 바, 신탁재산을 수탁자 앞으로 소유권이전등기를 마치게 되면 대내외적으로 소유권이 수탁자에게 완전히 이전되고 위탁자와의 내부관계에서 소유권이 위탁자에게 유보되는 것이 아니므로 신탁의 효력으로서 신탁재산의 소유권이 수탁자에게 이전되는 결과 수탁자는 대내외적으로 신탁재산에 대한 관리권을 갖게 되므로 신탁재산의 경우 대법원은 수탁자가 사실상의 소유자가 된다고 일관되게 판단하고 있고, 대도시내 법인의 지점설치에 따른 취득세(구 등록세) 중과세를 판단함에 있어서도 신탁법상의 신탁등기가 경료된 부동산의 경우 그 등기가 중과세 대상에 해당하는지 여부를 '수탁자' 기준으로 판단하는 것이 대도시내로의 인구집중을 막기 위한 중과세 입법취지에도 부합되는 점, 청구법인의 경우 인적 및 물적 시설을 갖추게 된 2017.9.29.에는 쟁점건축물의 소유권이 수탁자인 주식회사 하나은행에 있어 쟁점건축물의 중과세 여부 또한 수탁자를 기준으로 판단하여야 하므로 청구법인은 「지방세법」 제13조 제2항에 따른 취득세 중과세 납세의무가 성립되지 않는 점, 「지방세법」은 대법원의 일관된 입장에 따라 신탁재산은 수탁자를 기준으로 과세하도록 하고 있고, 다만 위탁자를 기준으로 과세할 필요성이 있는 경우 별도 예외 규정을 해당 조문에 두는 방식을 채택하고 있는 점, 처분청은 청구법인이 주식회사 하나은행과 체결한 담보신탁계약에 의하여 신탁재산에 부과되는 제세공과금 등의 납부의무는 위탁자가 부담하는 것으로 특약이 되어 있

으로 취득세(중과세)가 부과된다면 위탁자가 납세의무를 부담하는 것이 신탁계약 당사자들의 의사에 부합하는 것이라고 주장하나, 법률에 의하지 아니한 사법(私法)상의 계약에 의하여 조세채무를 부담하게 하는 것은 허용될 수 없고, 사법상 계약에 불과한 신탁계약에 의하여 납세의무자가 위탁자로 변경될 수도 없는 점 등에 비추어 청구법인이 신탁한 대도시내의 쟁점건축물에 지점을 설치하여 취득세 중과세율 적용대상이라고 보아 경정청구를 거부한 처분은 잘못이 있음(조심 2018지490, 2018.9.11.).

사례 ▷ 수도권 과밀억제권역내 산업단지에서 대도시내 비산업단지로 법인의 본점을 이전하는 등기를 하는 경우 등록면허세 중과세율 적용대상인지 여부

「지방세법」 제13조 제2항 단서에서 수도권 과밀억제권역내의 산업단지는 대도시에서 제외하도록 규정하고 있고, 같은 법 제28조 제2항 제2호에서 대도시로의 전입은 법인의 설립으로 보아 세율을 적용한다고 규정하고 있으므로 법인이 본점을 수도권 과밀억제권역 내에 소재한 산업단지에서 동 산업단지 밖의 대도시로 이전한 경우에는 대도시 외의 법인이 대도시 내로 본점을 전입한 것에 해당하여 등록면허세 중과세율 적용 대상으로 보아야 할 것(조심 2009지1019, 2010.9.8. 등, 같은 뜻임)이다. 청구법인은 2019.5.10. 등기부등본상 본점 소재지를 수도권 과밀억제권역에 소재한 산업단지 내인 서울특별시 구로구 34길 55에서 대도시 내인 서울특별시 영등포구 경일로 775로 이전등기한 사실이 등기사항전부증명서 등에 의하여 확인되어 동 쟁점등기는 대도시 외의 법인이 대도시내로 본점을 이전한 것에 따른 등기로서 중과세율 적용대상으로 보는 것이 타당하므로 처분청이 청구법인의 자본금을 과세표준으로 하고 중과세율을 적용하여 산출한 세액에서 기 납부한 세액을 차감하여 산출한 이 건 등록면허세 등을 과세한 처분은 달리 잘못이 없다고 판단됨(조심 2019지2189, 2019.12.18.).

사례 ▷ 유통산업발전법상 중소규모점포도 중과제외대상에 해당 여부

유통산업을 대도시 중과 제외 업종으로 규정하고 있고, 유통산업의 범위를 유통산업발전법에 따라 임대가 허용되는 유통산업발전법에 따른 대규모점포 만을 의미한다고 볼 근거가 없어 중소규모점포도 포함된다고 보아야 함(대법원 2019두39918, 2019.9.10.).

사례 ▷ 대도시 내 설립 5년 이내 법인인 주택건설사업자가 토지와 함께 지상 건축물 또는 주택('쟁점 건축물'이라 함)을 취득하여 주택건설사업을 위해 멸실 후 그 사업을 추진하는 경우, 취득세 중과세 제외 대상으로 볼 수 있는지 여부

• 해당 규정에서 정하는 중과세 여부의 쟁점에 대한 적용 대상은 멸실 이후 착공을 위한 토지 상태가 아닌 취득 당시의 부동산에 대한 것으로 그 부동산을 향후에 주택건설에 착공하는 경우라야 하는 바,

- 법문상 중과세 제외 대상으로 주택건설에 착공하는 "부동산"으로 규정하고 있어 "토지"만 한정하고 있지 않고,
- 주택건설을 위해 토지와 지상 건축물을 분리할 수 없어 동시에 취득하는 경우라도, 지상 건축물 또는 주택이 본래의 용도로는 기능을 상실하고 바로 멸실 등을 거쳐 토지로서의 기능만 남아 주택건설용으로 사용된다면, 취득 당시 부동산은 주택건설을 위해 취득한 부동산으로 볼 수 있을 것임.
• 해당 사안의 경우 납세자가 주택건설을 목적으로 멸실을 전제로 쟁점건축물을 취득하고 다른 용도로 사용하지 않은 상태에서 멸실을 거쳐 일정 기간 내 주택건설공사의 착공에 이른 경우라면,
- 토지와 마찬가지로 쟁점건축물 부분도 대도시 중과세 제외 업종에 직접 사용할 목적으로 취득하는 부동산에 해당한다고 할 것임.
• 따라서, 쟁점건축물은 「지방세법」 제13조 제2항 단서에서 따라 취득세 중과세 제외 대상에 해당(주택의 경우 같은 법 시행령 제28조의2 제8호 나목 4)의 요건을 동시에 충족하는 경우에 한정)한다고 사료됨(행정안전부 부동산세제과-3436호 2021.12.22.).
• 처분청은 쟁점②건축물이 취득세 중과세율 적용대상에 해당한다는 의견이나, 「지방세법」 제13조 제2항 본문 단서에서 대도시 중과배제 업종에 직접 사용할 목적으로 부동산을 취득하는 경우에는 같은 법 제11조의 세율을 적용한다고 규정하고 있고, 같은 법 시행령 제26조 제1항 제3호에서 「주택법」 제4조에 따라 국토교통부에 등록된 주택건설사업을 규정하고 있는바, 청구법인은 주택건설사업자로 등록한 이후에 쟁점②건축물을 취득하였고, 쟁점②건축물이 존치중인 사업부지에서 분양 또는 임대 목적의 주택을 신축하기 위해서는 쟁점②건축물을 철거하여 대지로 만든 후에야 착공을 할 수 있으며, 청구법인이 쟁점②건축물을 취득한 후에 타인에게 임대하거나 다른 목적으로 사용하는 것이 없이 주택건설사업 일련의 절차(허가, 철거, 착공, 준공 등)에 공여되어 쟁점②건축물의 취득은 주택건설사업자가 주택건설사업에 직접 사용할 목적으로 취득한 부동산으로 볼 수 있는 점, 지방세법령 소관부처인 행정안전부가 대도시에서 주택이 없는 국민의 주거생활의 안정 도모 및 주거수준의 향상을 위하여 주택건설사업자가 주택건설사업을 위하여 철거 목적으로 취득한 부동산에 대하여 일관되고 지속적으로 취득세 중과 제외 대상으로 보고 있는 점, 「건설산업기본법」 제2조 제4호에서 건설공사의 범위를 구조물의 설치 및 해체공사를 포함하고 있으므로 주택건설사업의 경우는 철거(해체)하기 위하여 취득하는 종전 건축물도 해당 사업에 직접 사용하기 위한 보는 것이 합리적인 점 등에 비추어, 쟁점②건축물은 청구법인이 설립된 후 5년 이내에 대도시에서 취득하는 부동산으로서 취득 당시 취득세 중과 제외 업종의 요건을 충족한 것으로 볼 수 있으므로 처분청이 쟁점②건축물의 취득세 등에 대한 경정청구를 거부한 처분은 잘못이 있다고 판단됨(조심 2021지2073, 2023.3.13. 결정).

제 **7** 장

골프장 취득세 중과세 등

❶ 골프장 관련법 및 사업절차

(1) 골프장업의 개념 및 종류

■ 골프장업은 불특정 자연인 또는 법인이 영리를 목적으로 설치하여 경영하는 등록체육시설업으로 시·도지사로부터 「사업계획」 승인을 받아 그 시설을 설치하고 준공 후 다시 시·도지사에게 등록을 한 후 영업을 해야 하는 등록체육시설업이다.

■ 골프장의 종류에는 회원을 모집하여 경영하는 '회원제 골프장'과 회원을 모집하지 않고 경영하는 '대중제 골프장'으로 분류할 수 있으며 일반적으로 회원제는 18홀, 대중제는 9홀 이상으로 운영되며, 전체를 회원제 또는 대중제로 운영하는 경우도 있고 회원제와 대중제를 병설하여 운영하기도 한다.

(2) 골프장 등록과 조건부 등록

> ❏ **등록 (「체육시설법」 제19조 제1항)**
>
> 사업계획승인을 받은 자가 시설을 갖춘 때에는 영업을 시작하기 전에 구비서류를 갖추어 시·도지사에게 등록하여야 함.
>
> ❏ **조건부등록(「체육시설법」 제19조 제2항)**
>
> 사업시설 중 일정규모 이상(회원제: 9홀 이상, 대중제: 6홀 이상)의 시설을 갖추었을 때에는 문화체육관광부령으로 정하는 기간에 나머지 시설을 갖출 것을 조건으로 그 체육시설업을 등록할 수 있음.

골프장의 경우 건축물의 임시사용승인과 같이 조건부 등록의 개념이 존재하며 비록 사업계획승인 내용대로 시설을 갖추지는 못하였으나 나머지 시설을 갖출 것을 조건으로 등록 전 조건부 등록을 마치고 영업을 할 수 있으며, 조건의 전부를 이행하였을 때에는 변경등록을 하여야 한다. 체육시설법상 등록일이 중과세 신고납부 기산일이나 조건부 등록 후 영업이 개시되었다면 조건부 등록일이 중과세 신고납부 기산일이 된다.

(3) 골프장 개발사업 절차

인허가	사업 내용	법적 근거
1. 국토이용계획변경 (도시계획변경)	국토이용계획 변경결정 - 국토이용계획서 　계획의 배경 및 목적 　계획의 범위 　계획 수립의 원칙 및 근거법명 - 관련 계획 검토 　상위 관련 계획 검토 　기존계획 검토 - 이용계획조서 　토지이용계획 　도면	• 국토이용관리법 제6조 및 같은 　법 시행령 제5조 • 도시계획법 제136조 및 같은법 　시행령 제24조 37(도시과)
2. 영향평가 (통합평가)	환경영향평가 교통영향평가 재해영향평가 환경영향평가 사후관리 연1회	• 환경영향평가법(지방환경청) • 도시교통정비촉진법(교통과) • 자연재해대책법(건설과)
3. 실시계획인가	도시계획변경결정 및 각종 평가를 통한 조건내용 수용 후 실시 설계 인가	• 도시계획법(도시과)
4. 사업계획(승인)	등록체육시설	• 체육시설의 설치, 이용에 관한 　법률(문광과)
5. 지적정리	준공측량 토지정리	• 체육시설의 설치, 이용에 관한 　법률(지적공사) • 지적법(지적과)
6. 건축허가	건축허가	• 건축법(건축과)
7. 개발행위신고	배출시설 설치신고 전용상수도 인가 집수장 설치신고 자가용 전기설비 신고	• 수질, 환경보전법(환보과) • 수도법(환보과) • 지하수 유수채위(수도과) • 전기사업법(한전)
8. 개발행위준공	사도개설허가, 도로점용허가 폐수배출시설설치 오수정화시설 위험물 설치허가 전기사용전검사 GAS완성검사 식품접객영업허가, 집단급식소 설치 신고	• 도로법(건설과) • 대기환경보존법(환보과) • 오수분뇨, 축산폐기의 처리에 　관한 법률(환보과) • 소방법(소방서) • 전기사업법(전기안전공사) • 가스안전관리법(가스안정공사) • 식품위생법(사회과)

인허가	사업 내용	법적 근거
8. 개발행위준공	담배소매인인정 지하유수채취허가, 공유수면매립 농지전용허가 무선사용허가 공중전화설치확인서 적항공기 침투대비허가	• 전매청장 • 하천법(건설과) • 농지법(건설과) • 전파관리소 • 전화국 • 관할군부대
9. 등록(준공)	환경영향평가 협의 조건 이행 사업승인 조건 이행 골프장 준공신청, 골프장 등록	지방환경청 • (문관과/관광과) • (문관과)

 골프장 취득세

(1) 납세의무자

구 분	비신탁물건	개발신탁	담보, 관리형토지신탁
토지(중과세)	골프장 조성법인	신탁법인(수탁자)	신탁법인(수탁자)
건물(중과세/일반)	골프장 조성법인	신탁법인(수탁자)	골프장 조성법인(위탁자)
지목변경(중과세/일반)	골프장 조성법인	신탁법인(수탁자)	신탁법인(수탁자)

■ 회원제골프장은 ① 토지 취득 후 5년 내 회원제 골프장용 토지로 전환되는 경우 토지에 대한 중과세 납세의무 ② 회원제용 클럽하우스 및 기타 건축물 신축에 따른 건물 납세의무 ③ 체육용지로 전환됨에 따른 지목변경 납세의무가 발생하며 ④ 회원제로 조성할 경우 토지, 건축물, 지목변경에 대해 중과세 납세의무가 있다.

■ 대규모 골프장 조성 시 조성자금이 많이 투입되어 신탁사업으로 진행하는 것이 일반적인 바, 개발신탁과 같이 신탁회사가 사업주체가 되어 건물 명의자가 되는 경우 수탁자 명의로 신고·납부하여야 하나, 담보·관리형토지신탁과 같이 토지만 신탁재산으로 등기 후 골프장 조성법인 명의로 건물을 신축을 진행하는 경우는 위탁자 명의로 신고·납부하여야 한다.

■ 또한 지목변경의 경우 지목변경 당시 토지소유자이므로 신탁물건일 경우 신탁회사가, 비신탁 물건일 경우 골프장 조성법인이 납세의무자가 된다.

「**지방세법**」 제13조(과밀억제권역 안 취득 등 중과) ⑤ 다음 각 호의 어느 하나에 해당하는 부동산등을 취득하는 경우(별장 등을 구분하여 그 일부를 취득하는 경우를 포함한다)의 취득세는 제11조 및 제12조의 세율과 중과기준세율의 100분의 400을 합한 세율을 적용하여 계산한 금액을 그 세액으로 한다. 이 경우 골프장은 그 시설을 갖추어 「체육시설의 설치·이용에 관한 법률」에 따라 체육시설업의 등록(시설을 증설하여 변경등록하는 경우를 포함한다. 이하 이 항에서 같다)을 하는 경우뿐만 아니라 등록을 하지 아니하더라도 사실상 골프장으로 사용하는 경우에도 적용하며, 별장·고급주택·고급오락장에 부속된 토지의 경계가 명확하지 아니할 때에는 그 건축물 바닥면적의 10배에 해당하는 토지를 그 부속토지로 본다.

1. 별장: 주거용 건축물로서 늘 주거용으로 사용하지 아니하고 휴양·피서·놀이 등의 용도로 사용하는 건축물과 그 부속토지(「지방자치법」 제3조 제3항 및 제4항에 따른 읍 또는 면에 있는, 대통령령으로 정하는 범위와 기준에 해당하는 농어촌주택과 그 부속토지는 제외한다). 이 경우 별장의 범위와 적용기준은 대통령령으로 정한다.

2. 골프장: 「체육시설의 설치·이용에 관한 법률」에 따른 회원제 골프장용 부동산 중 구분등록의 대상이 되는 토지와 건축물 및 그 토지 상(上)의 입목

3. 고급주택: 주거용 건축물 또는 그 부속토지의 면적과 가액이 대통령령으로 정하는 기준을 초과하거나 해당 건축물에 67제곱미터 이상의 수영장 등 대통령령으로 정하는 부대시설을 설치한 주거용 건축물과 그 부속토지. 다만, 주거용 건축물을 취득한 날부터 60일[상속으로 인한 경우는 상속개시일이 속하는 달의 말일부터, 실종으로 인한 경우는 실종선고일이 속하는 달의 말일부터 각각 6개월(납세자가 외국에 주소를 둔 경우에는 각각 9개월)] 이내에 주거용이 아닌 용도로 사용하거나 고급주택이 아닌 용도로 사용하기 위하여 용도변경공사를 착공하는 경우는 제외한다.

4. 고급오락장: 도박장, 유흥주점영업장, 특수목욕장, 그 밖에 이와 유사한 용도에 사용되는 건축물 중 대통령령으로 정하는 건축물과 그 부속토지. 다만, 고급오락장용 건축물을 취득한 날부터 60일[상속으로 인한 경우는 상속개시일이 속하는 달의 말일부터, 실종으로 인한 경우는 실종선고일이 속하는 달의 말일부터 각각 6개월(납세자가 외국에 주소를 둔 경우에는 각각 9개월)] 이내에 고급오락장이 아닌 용도로 사용하거나 고급오락장이 아닌 용도로 사용하기 위하여 용도변경공사를 착공하는 경우는 제외한다.

5. 고급선박: 비업무용 자가용 선박으로서 대통령령으로 정하는 기준을 초과하는 선박

사례 골프장 지목변경 납세의무자는 지목변경 당시 토지 소유자

구 「지방세법」(2005.12.31. 법률 제7843호로 개정되기 전의 것. 이하 '법'이라 한다) 제105조 제5항은 '토지의 지목을 사실상 변경함으로써 그 가액이 증가한 경우에는 이를 취득으로 본다'고 규정

토지의 경우 위 각 규정에 의하여 취득세 과세대상이 되는 것은 토지의 소유권을 취

득하거나 '소유하고 있는' 토지의 지목이 사실상 변경되어 그 가액이 증가한 경우인데(대법원 83누696, 1984.5.15.), 신탁법상의 신탁은 위탁자가 수탁자에게 특정의 재산권을 이전하거나 기타의 처분을 하여 수탁자로 하여금 신탁 목적을 위해 그 재산권을 관리·처분하게 하는 것이므로, 부동산 신탁에 있어 수탁자 앞으로 소유권이전등기를 마치게 되면 소유권이 수탁자에게 이전되는 것이지 위탁자와의 내부 관계에 있어 소유권이 위탁자에게 유보되는 것은 아닌 점(대법원 00마2997, 2003.1.27., 대법원 10다84246, 2011.2.10. 등), 신탁법 제19조는 "신탁재산의 관리·처분·멸실·훼손 기타의 사유로 수탁자가 얻은 재산은 신탁재산에 속한다"고 규정하고 있는데, 위 규정에 의하여 신탁재산에 속하게 되는 부동산 등의 취득에 대한 취득세의 납세의무자도 원칙적으로 수탁자인 점 등에 비추어 보면, 신탁법에 의한 신탁으로 수탁자에게 소유권이 이전된 토지에 있어 법 제105조 제5항이 규정한 지목의 변경으로 인한 취득세의 납세의무자는 수탁자로 봄이 타당하고, 위탁자가 그 토지의 지목을 사실상 변경하였다고 하여 달리 볼 것은 아님(대법원 10두2395 2012.6.14.).

(2) 취득시기 및 중과세 신고·납부 기산일

구 분	취득시기	신고납부기한
토지 승계취득	잔금지급일과 등기이전일 중 빠른 날 연부취득의 경우 연부금 지급일	취득의 시기로부터 60일
건물 신축	사용승인서(임시사용승인서) 교부일과 사실상 사용일 중 빠른 날	
지목변경	사실상 변경일과 공부상 변경일 중 빠른 날 단, 지목변경일 전 사실상 사용한 부분은 사실상 사용일	
회원제 골프장의 중과세 신고납부 기산일	「체육시설의 설치·이용에 관한 법률」에 따라 체육시설업의 등록을 하는 날 다만, 등록하기 전에 골프장으로 사용하는 경우 그 부분에 대해서는 사실상 사용한 날(「지방세법」 제20조 제2항)	중과세 신고납부 기산일로부터 60일

■ 회원제 골프장은 「지방세법」 제13조 제5항에서 그 시설을 갖추어 「체육시설의 설치·이용에 관한 법률」에 따라 체육시설업의 등록(시설을 증설하여 변경 등록하는 경우를 포함)을 하는 경우뿐만 아니라 등록을 하지 아니하더라도 사실상 골프장으로 사용하는 경우에도 적용하도록 하고 있다.

■ 대부분의 골프장의 경우 골프장을 개장하기에 앞서 골프코스의 점검 내지는 미비점을 보완하기 위한 것을 주목적으로 회원이나 지인을 초청하여 시범라운딩을 실시하는데 시범라운딩은 「체육시설의 설치·이용에 관한 법률」상 법률용어는 아니고 골프장으로서 등록되기 전 영업의 개시는 불가하나, 운용상 시범라운딩을 시작하면 사실상 사용

이 개시되어 취득이 이루어진 것으로 보아야 하나, 골프장의 특성상 정상 영업전 골프코스에 대한 점검이 필수임을 인정하여 영리목적이 없는 코스점검 목적의 일시적인 시범라운딩의 경우는 제외하고 있다.

「**지방세법**」 제20조(신고 및 납부) ② 취득세 과세물건을 취득한 후에 그 과세물건이 제13조 제1항부터 제7항까지의 세율의 적용대상이 되었을 때에는 대통령령으로 정하는 날부터 60일 이내에 제13조 제1항부터 제7항까지의 세율(제16조 제6항 제2호에 해당하는 경우에는 제13조의2 제3항의 세율)을 적용하여 산출한 세액에서 이미 납부한 세액(가산세는 제외한다)을 공제한 금액을 세액으로 하여 대통령령으로 정하는 바에 따라 신고하고 납부하여야 한다.

「**지방세법 시행령**」 제34조(중과세 대상 재산의 신고 및 납부) 법 제20조 제2항에서 "대통령령으로 정하는 날"이란 다음 각 호의 구분에 따른 날을 말한다.
5. 법 제13조 제5항에 따른 별장·골프장·고급주택·고급오락장 및 고급선박을 취득한 경우: 다음 각 목의 구분에 따른 날
　나. 골프장: 「체육시설의 설치·이용에 관한 법률」에 따라 체육시설업으로 등록(변경등록을 포함한다)한 날. 다만, 등록을 하기 전에 사실상 골프장으로 사용하는 경우 그 부분에 대해서는 사실상 사용한 날로 한다.

※ 골프장 사실상 사용에 대한 대법원 해석

　2005.1.5. 대통령령 제18669호로 개정된 「지방세법 시행령」은 재산취득의 시기를 규정하고 있는 제73조 제8항이 "토지의 지목변경에 따른 취득은 토지의 지목이 사실상 변경된 날(사실상 변경된 날이 불분명한 경우에는 공부상 지목이 변경된 날을 말한다)에 취득한 것으로 본다. 이 경우 지목변경일 이전에 임시로 사용하는 부분에 대하여는 사실상 사용한 날에 취득한 것으로 본다."라고 개정되었고, 중과세 대상 재산 취득세의 신고·납부에 대하여 규정하고 있는 제86조의3 제1호 나목이 "골프장은 「체육시설의 설치·이용에 관한 법률」에 의하여 체육시설업의 등록(변경등록을 포함한다)을 하는 때. 다만, 등록을 하기 전에 사실상 골프장으로 사용하는 경우 그 부분에 대하여는 사실상 사용하는 때"로 개정되었는 바, 골프장의 경우 골프장 준공을 하기 이전에 임시로 사용하는 경우가 적지 아니하여 그 취득의 시기를 정하는 것은 입법 재량에 맡겨져 있다고 보아야 하고, 법령의 해석은 문리해석을 그 출발점으로 삼아야 할 것으로서, 위 시행령 개정 전, 후의 「지방세법 시행령」 제73조 제8항을 비교하여 보면, 개정된 「지방세법 시행령」 제73조 제8항은 토지의 지목변경에 따른 취득의 시기를 토지의 지목이 사실상 변경된 날로 규정하는 한편, 그 이전에 임시로 사용할 경우, 그 부분을 분리하여 과세대상으로 삼아, 그 부분을 사용한 날을 취득시기로 규정한 것이라고 보아야 하고, 이에 맞추어 임시로

사용하는 부분에 대한 중과세 취득세의 신고·납부의 기산일을 규정하고 있는 「지방세법 시행령」 제86조의3 제1호 나목에 "그 부분에 대하여는" 사실상 사용하는 때로부터 60일 이내에 중과세 취득세를 신고·납부할 의무를 지운 것으로 보아야 할 것임은 위 개정된 시행령의 문언상 분명하다고 할 것이다.

사례 지속적 시범라운딩 시에는 시범라운딩을 시작한 때가 중과세 간주 취득시

- 대법원은 「지방세법」 제112조 제2항에서 중과세하고 있는 "사실상 골프장으로 사용하는 경우"와 같은 법 제105조에서 그 가격이 증가한 경우 취득으로 보고 있는 "토지의 지목을 사실상 변경하는 경우"에 있어서, "사실상 골프장으로 사용"한다는 의미와 "토지의 지목을 사실상 변경(골프장의 경우에는 사실 상 체육용지로 변경)"한다는 것은 서로 불가분의 관계에 있는 개념이라 할 것이고, 골프장 조성에 따른 토지의 지목변경에 의한 간주취득의 시기는 전·답·임야에 대한 산림훼손(임목의 벌채 등), 형질변경(절토, 성토, 벽공사 등), 농지전용 등의 공사뿐만 아니라 잔디의 파종 및 식재, 수목의 이식, 조경작업 등과 같은 골프장으로서의 효용에 공하는 모든 공사를 완료하여 골프장 조성공사가 준공됨으로써 체육용지로 사실상 지목변경이 되는 때이므로, 토목공사는 물론 잔디 파종 및 식재비용, 임목의 이식비용 등 골프장 조성에 들인 비용은 모두 토지의 지목변경으로 인한 가액증가에 소요된 비용으로서 지목변경에 의한 간주취득의 과세표준에 포함되고, 또한 중과세율이 적용되어야 한다 할 것이라고 판시하여 왔다(대법원 89누5638, 1990.7.13., 대법원 96누12634, 1998.6.26., 대법원 99 두9919, 2001.7.27. 등).

- 또한, 시범라운딩은 그 말 자체로는 골프장을 개장하기에 앞서 코스 등의 점검, 미비점을 보완하기 위한 것이 주요한 목적이라고 할 것이나, 시범라운딩이 코스 등의 점검, 미비점 보완을 위한 개방에 그치지 아니하고, 골프장을 다수의 일반인에 개방하여 장차 개장을 앞두고 회원 모집을 위한 홍보의 수단으로 활용되거나, 극단적으로는 고의로 준공을 미룬 채 실제로는 골프장을 운영하여 이익을 취득하면서도 중과세 취득세의 납부기한을 연장하는 수단으로 악용하는 경우도 있다고 할 것인 바, 이러한 탈법행위를 방지하여야 한다는 점에 비추어 보면, 개정된 시행령 제73조 제8항이 종전의 규정에 추가로 '이 경우 지목변경일 이전에 임시로 사용하는 부분에 대하여는 사실상 사용한 날에 취득한 것으로 본다'라고 규정한 취지는 임시로 사용하는 부분에 대하여는 골프장을 준공하기 이전이라도 골프장의 이용대상, 이용의 목적, 이용에 따른 대가의 징수 여부 등 제반사정에 비추어 골프장을 실질적인 사업운영의 목적으로 사용하는 경우 중과세 취득세를 부과하기 위함이라고 봄이 합목적적이라고 할 것임(대법원 08두7175, 2008.8.21.).

사례 골프장에 대한 사실상의 지목변경의 취득시기는 골프장의 조성이 완료되어 시범라운 딩 등 사실상의 골프장으로 사용되는 때

골프장에 대한 사실상의 지목변경의 취득시기는 골프장의 조성이 완료되어 시범라 운딩 등 사실상의 골프장으로 사용되는 때를 말한다 할 것인 바, 청구법인은 2010. 12.31. 이 건 골프장 조성공사가 완료되어 사실상의 지목이 변경되었다고 주장하나, 처분청이 이 건 골프장에 현지 출장하여 확인한 바에 의하면, 이 건 골프장은 골프경 기에 필수적인 잔디식재가 이루어지지 아니하였을 뿐만 아니라, 관리실, 클럽하우스 등도 계속하여 공사가 진행 중인 상태에 있고, 시범라운딩 등을 한 사실이 없는 점을 종합하여 볼 때, 이 건 골프장의 지목변경 취득시가 도래하였다고 보기는 어렵다 할 것임. 그렇다면, 취득시기가 도래하지 아니한 상태에서 청구법인이 한 취득세 신고행 위는 납세의무의 확정절차로 보기 어렵고, 처분청의 취득세 신고에 대한 반려 통지 는 사실의 통지 행위에 불과하므로 심판청구의 대상이 되는 처분으로 볼 수 없음(조 심 11지0396, 2011.12.12.).

사례 그린피와 카트비를 받지 않았다고 하더라도 시범라운딩이 일시적이 아닌 반복적 · 지 속적으로 이루어진 점 등으로 보아 시범 라운딩을 시작한 때부터 사실상 골프장으로 사용되었다고 봄

그린피와 카트비를 받지 않았다고 하더라도 시범라운딩이 일시적이 아닌 반복적 · 지속적으로 이루어진 점, 그린피 징수 전에 정식 골프대회를 개최했던 점, 이용자의 대부분은 비회원으로서 일반 다중에게 공여되어 홍보수단 등으로 활용된 것으로 보 이는 점 등을 감안했을 때 시범라운딩을 시작한 때부터 사실상 골프장으로 사용되었 다고 보는 것이 합리적일 것으로 판단됨(안행부 지방세운영과-1351, 2013.7.2.).

사례 일시적인 시범라운딩은 사실상 사용으로 볼 수 없음

골프장을 조성중인 상태에서 코스와 조경계획 등 불합리한 부분을 점검하고자 일정 기간 동안만 한시적으로 골프회원권을 취득한 회원들을 초청하여 요금을 받지 않고 코스시설을 사용하는 경우라면 사실상 골프장으로 사용한 것으로 보기는 어렵다 하 겠으므로 취득세 중과세 대상으로 보기는 어려움(행정자치부 지방세정팀 -2671, 2005.9. 14. 참조 : 행정자치부 세정-2509, 2007.7.2.).

사례 계속적인 시범라운딩을 통해 골프장으로서의 기능을 하고 있다면 시범라운딩 등 사 실상 골프장으로 사용하는 때가 취득일

토지의 사실상 지목변경이라 함은 토지의 형질변경 등을 통하여 토지의 지목을 변경 함으로써 당해 토지의 경제적 가치를 증진시키는 것을 의미하는 것이므로 공부상 지 목이 변경되지 않더라도 경제적 성질이 사실상 변경된 지목으로 바뀌어졌다면 이는

지목변경이 되었다고 볼 수 있으므로 계속적인 시범 라운딩을 통해 골프장으로서의 기능을 하고 있다면 시범라운딩 등 사실상 골프장으로 사용하는 때가 취득일이 된다 할 것이며 골프장으로 등록되지 아니하더라도 시범라운딩이 행하여지고 실질적으로 골프게임이 가능한 골프장은 사실상 사용되는 골프장에 해당하므로, 사실상 사용되는 부분에 대하여 「지방세법 시행령」 제86조의3 제1호 나목의 규정에 의거 취득세를 중과세 부과할 수 있다 할 것임(행정자치부 세정-1513, 2006.4.14.).

(3) 과세표준

■ 골프장의 주된 공사는 클럽하우스 건축과 골프코스 조성으로 구분되고 일반 건축공사와 달리 골프코스 조성을 위해 토목공사에 대한 설계·감리·토목공사·조경공사비가 투입된다. 골프장 조성공사는 대부분 일괄도급방식으로 이루어지는데 법인이 신고납부 시 중과세·일반과세·비과세, 건물·지목변경·시설물·비과세 대상으로 안분한 내역을 면밀히 살펴야 한다.

■ 골프장으로 등록된 대상을 모두 조사대상으로 하여 과세표준액 및 중과대상을 면밀히 분석한다. 골프장 조성에 투입된 모든 비용은 종전의 지목인 임야나 전·답 등을 체육시설용지로 변경하기 위하여 투입된 비용이므로 모두 과세표준액에 포함시켜야 하며 회원제의 경우 골프장으로 등록된 면적이 중과세 대상이 아니라 등록대상이 되는 면적이 중과세대상이 된다.

사례 골프장 특정차입금의 건설자금이자 계산시 기산일은 대출 실행일

　가. 법인세법이 건설자금이자를 손금에 산입하지 않도록 규정하는 것은 수익비용대응의 원칙 등을 이론적 근거로 하고 있으나(대법원 95누3121, 1995.8.11. 등) 구 「지방세법」이 건설자금이자를 취득세의 과세표준에 포함하도록 규정하는 것은 그것이 취득을 위하여 간접적으로 소요된 금액임을 근거로 하며(대법원 09두17179, 2010.4. 29. 등), 또한 법인세법상 손금불산입 대상인 건설자금이자는 사업용 고정자산에 관한 것에 국한되나 구 「지방세법」상 취득세의 과세표준에 산입되는 건설자금이자는 이에 한정되지 않는다. 이에 비추어 보면, 구 「지방세법」상 취득세의 과세표준에 산입되는 건설자금이자는 법인세법상 손금불산입 대상인 건설자금이자와 그 범위가 반드시 일치하는 것은 아니지만, 어떠한 자산을 건설 등에 의하여 취득하는 데에 사용할 목적으로 직접 차입한 자금(이하 '특정차입금'이라 한다)의 경우에, 그 이자는 취득에 소요되는 비용으로써 해당 자산의 원가를 구성하는 자본적 지출이 된다는 점에서 양자가 서로 공통되므로 그 건설자금이자는 같은 방식으로 산정함이 타당하다. 따라서 구 「지방세법」상 취득세의 과세표준에 산입되는 건설자금이자는 법인세법상 손금불산입 대상인 건설자금이자와 마찬가지로 특정

차입금의 차입일부터 해당 자산의 취득일 등까지 발생한 이자에서 특정차입금의 일시예금에서 생기는 수입이자를 차감하는 방법으로 산정하여야 하고, 설령 특정차입금을 실제로 사용하기 전에 미리 차입을 하였다고 하더라도 그에 관한 이자는 여전히 해당 자산의 취득에 소요된 비용에 해당하므로 이를 취득세의 과세표준에서 제외할 것은 아니다(대법원 09두17179, 2010.4.29. 등).

나. 원심은 ① A법인(원심 소송계속중인 2012.4.27. 회생개시결정을 받았고 그 관리인인 원고가 이 사건 소송을 수계하였다)가 2005.10.17. 이 사건 골프장을 건설할 목적으로 550억 원(이하 '이 사건 특정차입금'이라 한다)을 차입하여 2005.11.3.부터 그 이자가 발생한 사실, ② 처분청은 2006.1.24. 이 사건 골프장에 관한 도시계획시설 실시계획인가고시(이하 '이 사건 고시'라 한다)를 하였으며, ○○○도지사는 2007.9.6. 이 사건 골프장에 관한 조건부 등록수리 통보를 한 사실, ③ A 법인은 2006.1.24.부터 2007.9.6.까지 이 사건 특정차입금에 대한 이자로 합계 6,887,924,599원을 지출하였고, 그 중 법인장부에 건설자금이자로 계상한 4,121,622,243원을 이 사건 골프장의 취득 가격에 산입하여 2007.10.8. 취득세 신고를 한 사실, ④ 그러나 처분청은 취득세 신고시 누락된 건설자금이자가 2,037,529,494원에 이른다는 등의 사유로 2009.2.26. A법인에 취득세 등을 부과하는 이 사건 처분을 한 사실, ⑤ 한편 A법인은 이 사건 특정차입금의 일시예금으로 인하여 2006.1.24.부터 2007.9.6.까지 합계 1,067,178,523원의 이자수입을 얻은 사실 등을 인정하였다.

그러나 앞서 본 법리에 비추어 볼 때 건설자금이자는 특정차입금을 차입하여 그 이자가 발생한 때부터 자본화가 개시되고, 원심이 인정한 사실관계에 의하더라도 이 사건 특정차입금에 대한 이자가 2005.11.3.부터 발생하였음을 알 수 있으므로, 취득세의 과세표준에 산입할 건설자금이자는 특별한 사정이 없는 한 이 사건 특정차입금의 이자발생일인 2005.11.3.부터 산정하여야 한다. 그런데도 원심은 그 판시와 같은 이유만으로 이 사건 특정차입금에 대한 이자의 자본화가 2006.1.24.부터 개시된다고 단정하였으니, 이러한 원심판단에는 구「지방세법」제82조의3 제1항이 규정하는 건설자금이자의 자본화시기에 관한 법리를 오해하여 필요한 심리를 다하지 아니함으로써 판결에 영향을 미친 위법이 있고, 이 점을 지적하는 피고의 상고이유 주장은 이유 있음(대법원 13두5517, 2013.9.12.).

※ 특정차입금에 대한 최초 판례로 골프장뿐 아니라 건설자금이자 관련 사안에서 특정차입금의 이자계산 기산일은 대출실행일임.

사례 ▶ 골프장 건설시 기타 부대비용 산입

골프장 건설과정에서 투입한 접대비, 인근주민에 대한 찬조금, 급여, 복리후생비, 교통비, 차량유지비, 통신비, 수도광열비, 운반비, 도서인쇄비, 운영을 위한 코스관리·컨설팅 비용 등은 골프장 신설에 대한 취득세 과세표준에 산입되어야 함(대법원 13두5517, 2013.9.12.).

골프연습장을 취득하기 이전에 철탑증설공사와 인조잔디설치공사, 고압인입선설치 공사가 취득비용에 포함 여부

「지방세법」상 취득세 부과대상이 되는 구조물에 대하여 증·개축이 이루어진 경우 해당 구조물이 「건축법」상 건축물에 해당하지 아니한다 할지라도 「지방세법」상 취득의 개념에 해당되는 이상 취득세 등 과세표준에 포함된다고 봄이 타당하다 할 것이고, 이 건 철탑공사는 신규철탑을 설치하고 그 위에 기존철탑을 증설하여 사실상 새로운 철탑을 취득한 것으로 볼 수 있으므로 철탑증설 공사비용은 취득세 과세표준에서 제외되어야 한다는 청구주장은 받아들이기 어려운 것으로 판단됨.

또한, 골프연습장에 설치된 인조잔디는 골프연습장 시설 자체와 일체를 이루어 골프연습장이라는 구조물의 경제적 효용가치를 증가시킬 뿐 아니라, 그 운영에 필수적인 안전시설에 해당하는 것으로 보이므로 동 구축물에 투입된 공사비용은 취득세 과세표준에 포함되는 것으로 보는 것이 타당하다 할 것임.

「지방세법」 제104조 제10호는 '취득세에서 개수란 「건축법」 제2조 제1항 제9호의 규정에 의한 대수선과 건축물에 부수되는 시설물 중 대통령령이 정하는 시설물의 1종 이상을 설치하거나 수선하는 것을 말한다'고 규정하고 있고, 같은 법 시행령 제76조는 '법 제104조 제10호에서 "대통령령이 정하는 시설물"이라 함은 다음 각 호의 1에 해당하는 시설물을 말한다'고 규정하면서 그 제8호에서 '구내의 변전·배전시설'이 규정되어 있는 바, 공사내역서와 현장사진상 쟁점골프연습장의 고압인입선 공사는 구내에 설치된 전기시설의 교체공사인 것으로 보이므로 고압인입선 설치공사비용을 취득세 과세표준에 포함하여 과세한 이 건 처분은 달리 잘못이 없는 것으로 판단됨 (조심 14지85, 2014.9.4.).

(4) 세율(중과세 / 일반과세)

회원제 골프장용 부동산 취득세율
  = (제11조 및 제12조의 세율) + (중과기준세율의 100분의 400)

구 분	일반세율	중과세율	총 세율
토지 승계취득	4%	2% × 4	12%
건물 신축	2.8%	2% × 4	10.8%
지목변경	2%	2% × 4	10%

① 토지 일부에 대하여 회원제 골프장용 토지의 중과세율을 적용하여 산출한 취득세 등을 부과고지한 것에 대한 당부 ② 토지 일부가 2012.6.2. 회원제 골프장용 토지가 되었으므로 고율분리과세 세율을 적용하여 2012년도분 재산세 등을 부과한 처분

에 대한 당부 ③ 토지 취득세 등의 과세표준에 이주보상비와 지장물보상금이 포함에
대한 당부 ④ 토지 취득세 등의 과세표준에 포함되는 건설자금이자 산정 당부 ⑤ 제1
토지 및 제2토지는 수탁자인 신탁회사로부터 수익자인 청구법인에게 소유권이전등
기가 되었으므로 1,000분의 10의 등록세율 적용 당부

쟁점 ①에 대하여 살펴건대, 「지방세법」 제13조 제5항에서 다음 각 호의 어느 하나에
해당하는 부동산등을 취득하는 경우의 취득세는 제11조 및 제12조의 세율과 중과기
준세율의 100분의 400을 합한 세율을 적용하여 계산한 금액을 그 세액으로 하되, 이
경우 … 같은 법 제16조 제1항에서 토지나 건축물을 취득한 후 5년 이내에 해당 토지
나 건축물이 다음 각 호의 어느 하나에 해당하게 된 경우에는 해당 각 호에서 인용한
조항에 규정된 세율을 적용하여 취득세를 추징한다고 규정하면서 그 제3호에서 제13
조 제5항에 따른 별장, 골프장, 고급주택 또는 고급오락장을 규정하고 있고 있는 바,
처분청은 이 건 토지 중 회원제 골프장용 토지의 중과세분 취득세 등을 청구법인에
게 과세하였으나, ○○○에게 보낸 체육시설업 등록(조건부) 신청 처리 알림 문서
등에 의하면 이 건 골프장의 등록자는 ○○○으로 기재되어 있으며, 이 건 토지의
등기사항전부증명서 등에 의하면 이 건 토지는 2011.3.22. 등에 ○○○ 명의로 소유
권이전 등기되어 심리일 현재까지 ○○○ 명의로 등기되어 있는 것으로 나타나고,
처분청은 이 건 토지의 지목변경 취득세 등을 과세하면서 이 건 토지를 ○○○에게
과세한 사실이 확인되며, 부동산 신탁에 있어 수탁자 앞으로 소유권이전등기를 마치
게 되면 부동산의 소유권이 수탁자에게 이전되는 것이지 위탁자와의 내부관계에 있
어 소유권이 위탁자에게 유보되는 것은 아닌 점 등에 비추어 이 건 토지의 일부가
2012.4.5. 또는 2012.6.2. 회원제 골프장용 토지가 되었는지 여부에 관계 없이 이 건
토지의 일부가 회원제 골프장용 토지가 된 날 현재 이 건 토지는 ○○○의 소유로
보는 것이 타당하다 할 것이므로 이 건 토지의 중과세분 취득세 등을 ○○○에게 과
세할 수 있는지 여부 및 ○○○의 이 건 토지에 대한 중과세분 취득세 등이 「지방세
법」 제9조 제3항에 따른 비과세대상에 해당하는지 여부 등에 대하여 검토할 수 있음
은 별론으로 하더라도, 이 건 토지의 일부에 대한 회원제 골프장용 토지의 중과세분
취득세 등을 청구법인에게 부과한 처분은 잘못이 있다고 판단되고, 이 건 토지의 지
목변경에 대하여 중과세율을 적용하여 산출한 지목변경 취득세 등을 과세하면서는
이 건 토지의 일부가 회원제 골프장용 토지가 된 날 현재 이 건 토지는 ○○○에게
지목변경 취득세 등을 과세한 처분과 일관성이 없는 처분으로 보여 이를 타당한 것
으로 보기 어렵다고 판단됨.
② 이 건 골프장은 2012.4.5. 시범라운딩을 실시한 이래 다수의 일반인에 개방하여
사용하였으므로 사실상 시범라운딩 실시일에 사실상 회원제 골프장용 토지가 된 것
으로 판단됨 ③ 청구법인이 제출한 관련 자료에서 지장물보상비 지급대상 물건이 특
정되어 있지 않는 등 관련 자료가 신빙성이 없어 보이므로 취득세 등의 과세표준에
포함되는 것이 타당함 ④ 이 건 토지의 취득을 위한 건설자금이자는 대출발생일부터

잔금지급일까지를 건설자금이자의 산정기간으로 하여 이자비용을 계산하는 것이 타당함 ⑤ 청구법인은 수탁자인 주식회사 ○○신탁 명의로 신탁등기되어 있던 이 건 토지를 수익자인 청구법인 명의로 소유권이전등기 하였으므로, 등록세율은 1,000분의 10이* 적용된다고 보는 것이 타당함(조심 14지692, 2015.9.21.).

> * '13년까지 수탁자 → 수익자로 신탁재산 이전시 등록세 1% 적용, '14년부터 유상승계 취득과 동일한 2% 적용

(5) 골프장의 과세대상

가) 중과세대상 골프장의 범위

체육시설법상 회원제 골프장용 부동산 중 구분등록 대상 토지·건축물 + 그 토지 上 입목이다.

나) 구분등록 대상: 체육시설설치및이용에관한법률 시행령 제20조 제3항에서 열거

- 구분등록 대상이 되는 골프장의 경우에만 중과세대상범위에 해당되는 것이나, 등록을 하지 아니하더라도 사실상 골프장으로 사용하는 경우에 중과세대상에 해당된다.
- 세무조사 시 실시계획인가 및 구분등록상 용도를 기본으로 실제 사용현황을 조사하여 사실상 회원제용으로 공여되는 부분에 대한 조사를 통해 중과세대상이 확인된다.

※ **구분등록 대상 (체육시설설치 및 이용에 관한 법률 시행령 제20조 제3항)**

제20조(등록 신청) ③ 제1항에 따라 체육시설업의 등록을 하려는 자 중 회원제 골프장업의 등록을 하려는 자는 해당 골프장의 토지 중 다음 각 호에 해당하는 토지 및 골프장 안의 건축물을 구분하여 등록을 신청하여야 한다.
1. 골프코스(티그라운드·페어웨이·러프·해저드·그린 등을 포함한다)
2. 주차장 및 도로
3. 조정지(골프코스와는 별도로 오수처리 등을 위하여 설치한 것은 제외한다)
4. 골프장의 운영 및 유지·관리에 활용되고 있는 조경지(골프장 조성을 위하여 산림훼손, 농지전용 등으로 토지의 형질을 변경한 후 경관을 조성한 지역을 말한다)
5. 관리시설(사무실·휴게시설·매점·창고와 그 밖에 골프장 안의 모든 건축물을 포함하되, 수영장·테니스장·골프연습장·연수시설·오수처리시설 및 태양열이용설비 등 골프장의 용도에 직접 사용되지 아니하는 건축물은 제외한다) 및 그 부속토지
6. 보수용 잔디 및 묘목·화훼 재배지 등 골프장의 유지·관리를 위한 용도로 사용되는 토지

다) 골프장 과세대상 분류

구 분	대 상	회원제	대중제
토지	• 골프코스(티그라운드·페어웨이·러프·해저드·그린 등을 포함) • 주차장 및 도로, 조정지(골프코스와는 별도로 오수처리 등을 위하여 설치한 것은 제외) • 골프장의 운영 및 유지·관리에 활용되고 있는 조경지(골프장 조성을 위하여 산림훼손, 농지전용 등으로 토지의 형질을 변경한 후 경관을 조성한 지역) • 관리시설의 부속토지 • 보수용 잔디 및 묘목·화훼 재배지 등 골프장의 유지·관리를 위한 용도로 사용되는 토지	중과	일반
건축물	사무실·휴게시설·매점·창고와 그 밖에 골프장 안의 모든 건축물(클럽하우스, 휴게소, 기사대기실, 직원숙소, 대기실, 사무실, 복리시설, 탈의실, 샤워실, 카트고, 수위실, 가설건축물 등)	중과	일반
건축물	수영장·테니스장·골프연습장·연수시설·오수처리시설 및 태양열 이용설비 등 골프장의 용도에 직접 사용되지 아니하는 건축물	일반	일반
지목 변경	절토 및 성토조사비, 잔디구입 및 식재비, 분묘이장 용역비, 대체농지조성비, 작업도로공사비, 주차장공사비, 주차장포장비 등	중과	일반
입목	지상의 과수, 수목, 죽목 ※ 수목은 뿌리가 있고 줄기가 목본인 경우 모두 해당됨.	중과	일반
차량 운반구	• 승용차 • 미등록 대상 승용: 골프카트, 코스관리용 트렉터, 승용식 그린모어, 승용식 로터리모어, 벙커정리기, 갱모어, 승용식 그린에어레이터, 승용식 티모어, 그린모어, 그린스위퍼, 벙커정리기, 소형작업차, 승용배토기, 승용시약살포기 • 피견인 차량(트레일러) • 리프트	일반	일반
차량 운반구	자주식 티모어, 자주식 그린모어, 자주식 비료살포기, 그린롤러, 그린버티칼, 그린 스파이크, 컴프레셔, 플라잉 모어	비과세	비과세
기계 장비	지게차, 로더, 굴삭기	일반	일반

구 분	대 상	회원제	대중제
시설물	실외풀장, 스케이트장, 골프연습장(20타석 이상), 전망대, 옥외스탠드, 수조, 저유조, 저장조, 송유관, 가스관, 열수송관, 송수관, 옥외하수도, 지하수시설, 스프링클러, 주유 및 가스시설, 물탱크	중과	일반
	주차시설, 엘리베이터, 에스컬레이터, 발전시설, 난방용·욕탕용 온수 및 열 공급시설, 에어컨, 금고, 교환시설, 변전배전시설	중과	일반

라) 골프장 內 미등록대상 차량(승용)

골프카	에어레이터	로터리 모어
그린 모어	멀티 스위퍼	벙커정리기

사례 ▷ 물탱크 및 그 부속 토지는 골프장의 관리시설로서 구분등록대상이 된다고 할 것이므로 등록 시에 골프장 시설로 등재되어 있지 아니하였다고 하더라도 구분등록 대상이 아니라고 보기 어려움

이 사건 물탱크는 골프장 안에 위치하고 있으면서 수중펌프로 물을 공급받아 저장하고 있다가 이를 스프링클러를 통해 코스 내 잔디에 공급하고 산불진화용 소방용수로 활용하고 있으므로 골프장을 유지·관리하는 시설로서 골프장의 용도에 직접 사용되는 시설에 해당한다고 할 것이다.

따라서, 이 사건 물탱크 및 그 부속 토지는 구「체육시설의 이용·설치에 관한 법률 시행령」상 골프장의 관리시설로서 구분등록대상이 된다고 할 것이고 설혹 이 사건 골프장의 등록시에 이 사건 물탱크의 부속 토지가 골프장시설로 등재되어 있지 않았다고 하더라도 그와 같은 사정만으로 이 사건 물탱크가 구분등록 대상이 아니라고 보기는 어렵다고 할 것이므로 이에 대한 청구인의 주장은 받아들이기 어렵다고 할 것임(감심 2008-257, 2008.10.1.).

사례 복리후생 시설의 중과세 대상 여부

「체육시설의 설치·이용에 관한 법률」에 의한 구분등록의 대상으로서 구분등록을 하지 않았다 하더라도 사실상 골프장으로 사용하는 경우에도 골프장으로 보도록 규정하고 있어 구분등록대상이 되는 토지 및 건축물에 대해서는 실제 구분등록을 하였는지를 가리지 아니하고 중과세하여야 한다(감심 2008-257, 2008.10.1.)고 할 것이므로 해당 경비실, 진출입도로 및 기숙사 등이 당해 골프장의 효용증진을 위하여 필수 불가결한 도로나 건축물로서 사실상의 골프장에 해당되는지 등에 관한 사실조사를 통하여 과세권자가 중과세 여부를 결정(지방세운영과-2249, 2009.6.5.)

사례 회원제 골프장 내 골프텔이 직원들의 숙소로 이용되는 경우 골프장용으로 볼 수 없음

「체육시설의 설치·이용에 관한 법률시행령」 제20조 제4항 본문 및 제4호에서 관리시설 및 그 부속토지를 구분등록대상으로 하면서, 사무실·휴게시설·매점·창고 기타 골프장안의 모든 건축물을 포함하되, 수영장·테니스장·골프연습장·연수시설·오수처리시설 및 태양열 이용설비 등 골프장의 용도에 직접 사용 되지 아니하는 건축물을 제외한다고 규정하고 있음.

회원제 골프장 내에 위치한 골프텔이 골프장 이용고객과 골프장을 운영하는 법인 소속 직원들의 숙소로 제공되는 경우라면 당해 골프장의 용도에 직접 사용되는 건축물로 볼 수 없어 구분등록 대상으로 보기는 어렵다고 사료되므로(문화관광부 스포츠산업팀-3112, 2007.12.31. 참조), 이러한 골프텔에 대하여 취득세를 중과세할 수는 없다 할 것임(세정-5564, 2007.12.24.).

사례 오수관로시설 용도에 따라 안분

오수처리장 공사비용 중 오수관로시설공사는 급배수시설로서 취득세 과세대상이나 오수정화조는 「지방세법」상 열거되어 있는 시설물에 해당하지 아니할 뿐만 아니라 수조로도 볼 수 없으므로 취득세 과세대상에 해당하지 아니한다고 사료되며, 취득세 과세대상이 되는 오수관로시설이 회원제 골프장과 대중 골프장의 공동시설로 사용되고 있는 경우에는 그 실제 용도에 따라 중과세대상과 일반과세대상으로 안분하여 적용하여야 하겠으므로(대법원 96누11129, 1997.4.22.), 구체적인 것은 시설물의 사용실태 등 현황을 과세권자가 확인하여 결정하여야 할 것임(세정-5266, 2007.12.10.).

사례 구분등록 대상인 골프장내에 설치된 배수로는 중과세, 구분등록 대상이 아닌 골프장 옆 원형보존지 도랑을 정비하여 배수로설치는 중과세 대상 아님

골프장으로 구분등록 대상인 골프장내에 설치된 배수로에 해당되는 경우라면 취득세 중과세 대상이 되는 것이나, 우수에 따른 골프장 피해 방지를 위해 골프장으로 구분등록 대상이 아닌 골프장 옆 원형보존지 도랑을 정비하여 배수로를 설치한 것이라면 상기 규정에 의한 취득세 중과세 대상이 되지 아니함(행정자치부 세정-1677, 2006.4.26.).

사례 리조트 진입도로 및 그 부지 내 불특정 지역에 산발적으로 식재된 수목이 취득세 과세대상인 입목에 해당함

취득세 과세대상으로서의 입목이란 수종에 관계없이 집단으로 생육하면서 토지와 구분되어 별개의 거래대상 등이 될 수 있는 수목을 의미한다고 볼 수 있으며, 집단성 여부는 동일한 주체의 관리범위에 속하는 특정영역 등을 기준으로 판단하는 것이 합리적임.

따라서, 리조트 진입에 이용되는 사도(私道)의 중앙부분에 일렬로 식재되어 있어 사실상 가로수 역할을 하는 경우라면 집단성이 있다고 보기는 어려우므로 취득세 과세대상인 입목에 해당되지 않는다고 판단되며, 특정지역에 산발적으로 식재되어 있더라도 집단성이 인정될 수 있는 바(행심 2005-262, 2005.8.29. 참조), 리조트 내 건물과 도로 주변에 산발적으로 식재되어 있는 경우에는 특정영역 내에서 집단 생육하고 있는 것으로 볼 수 있으므로 취득세 과세대상인 입목에 해당됨(감심 2011-177, 2011.10. 20., 행안부 지방세운영과-1623, 2012.5.24.).

사례 임도개설을 위한 입목 과세대상임

「지방세법」 제6조(정의) 제1항에서 "취득세에서 사용하는 용어의 뜻은 다음 각 호와 같다. 11. 입목이란 지상의 과수, 임목과 죽목을 말한다"라고 하고, 지법 운영예규 6-4 【입목의 범위】에서 "「지방세법」 제6조 제11호의 「입목」에는 집단적으로 생육되고 있는 지상의 과수·임목·죽목을 말한다. 다만, 묘목 등 이식을 전제로 잠정적으로 생립하고 있는 것은 제외한다"라고 하고, "조경용에 사용하기 위하여 취득한 수목이라 하더라도 집단적으로 생립하고 있는 수목은 입목에 해당하고 일정한 장소 내에서 산발적으로 자생하고 있는 경우에도 '집단성'이 인정될 수 있으므로, 이 사건 수목은 골프장 홀 주변·클럽하우스 주변 및 화단 조성용으로 산발적으로 생립하고 있지만 골프장이라는 일정한 장소 내에서 집단적으로 생육되고 있는 입목에 해당한다(감사원 감심 2011-177, 2011.10.20.)"고 결정하고 있다.

따라서, 「지방세법」 제6조 제1항 제11호에 따른 취득세 과세대상이 되는 "지상의 임목"이라 함은 일정한 장소에 집단적으로 생립하고 있는 수목의 집단을 말하는 것이

므로, 임도개설 노선에 집단적으로 생립하고 있는 입목을 취득하는 경우라면, 위 규정에 따른 취득세 과세대상에 해당된다고 됨.

사례 〉 골프장의 홀마다 조경용으로 식재된 나무를 일정한 장소에 집단적으로 생육하고 있는 입목으로 보아 취득세를 부과 여부

지상의 임목이라 함은 지상에 생립(生立)하고 있는 수목의 집단을 일컫는 것인 바 조경용에 사용하기 위하여 취득하는 수목이라고 하더라도 일정한 장소에 집단적으로 생립하고 있는 경우에는 이식을 전제로 일시적으로 가식중인 묘목과는 달리 취득세 과세대상에 해당된다 할 것이므로 청구법인의 경우와 같이 골프장내 조경 및 차폐기능을 위하여 수목을 집단적으로 식재하여 생육하고 있는 경우에도 당해 수목은 취득세 과세대상 입목에 해당된다 할 것이고, 「지방세법」 제112조 제2항의 규정에 의하여 2006.1.1.부터 회원제골프장내 입목에 대하여 취득세를 중과하고 있으므로 청구법인이 2008.10.27. 취득한 제1입목은 취득세 중과대상에 해당된다 할 것임(조심 09지0723, 2010.4.1.).

사례 〉 이 사건 수목은 골프장 홀 주변·클럽하우스 주변 및 화단 조성용으로 산발적으로 생립하고 있지만 골프장이라는 일정한 장소 내에서 집단적으로 생육되고 있는 입목에 해당한다 할 것임

취득세 과세대상이 되는 "입목"이란 "집단적으로 생육되고 있는 지상의 과수·임목·죽목"을 말하는데, 골프장 홀 주변의 조경용 수목, 클럽하우스 주변의 조경용 소나무 및 화단 조성용 관목으로 구성된 이 사건 수목은 '집단성'이 없으므로 취득세 과세대상인 "입목"이 아니라고 주장한다.
구 「지방세법」 제104조 제2의 3호의 규정에 따르면 입목이란 지상의 과수·임목과 죽목을 말한다고 되어 있고, 지법 운영예규 6-4에는 "법 제104조 제2의 3호의 입목에는 집단적으로 생육되고 있는 지상의 과수·임목·죽목을 말한다."고 되어 있다. 살피건대, 조경용에 사용하기 위하여 취득한 수목이라 하더라도 집단적으로 생립하고 있는 수목은 입목에 해당하고 일정한 장소 내에서 산발적으로 자생하고 있는 경우에도 '집단성'이 인정될 수 있으므로, 이 사건 수목은 골프장 홀 주변·클럽하우스 주변 및 화단 조성용으로 산발적으로 생립하고 있지만 골프장이라는 일정한 장소 내에서 집단적으로 생육되고 있는 입목에 해당한다 할 것임(감심 2011-177, 2011.10.20.).

사례 〉 '입목'이란 지상에 생립하고 있는 것을 말하는 바, 판매목적으로 잠정적인 상태에서 생립하고 있는 경우는 제외됨

「지방세법」 제104조 제2의3호에서 규정하는 입목이라 함은 지상에 생립하고 있는 것을 말하는 바, 귀문의 경우와 같이 판매를 목적으로 잠정적인 상태에서 생립하고 있는 경우라면 입목에 포함되지 아니하고 이에 해당되는지 여부는 과세권자가 사실조사하여 판단할 사항임(세정 13407-601, 2000.5.12.).

회원제 골프장 취득세 신고시 주의사항

회원제 골프장용 부동산 중 구분등록의 대상이 되는 토지와 건축물에 한하여 취득세 중과대상이 되므로, 먼저 구분등록의 대상이 되는 토지와 건축물이 무엇인지 알아야 하며, 신설골프장에 대하여는 중과세·일반과세·비과세 부분으로 투입비용을 명확히 안분하여 신고하여야 한다.

(1) 건축물 신고

- 건축물 신고는 일반 상가건물 취득과 유사함으로 차이가 없으나,
  - 회원제와 대중제에 공동으로 사용하는 건축물(클럽하우스, 수위실, 주차장 등)의 경우 실제 용도에 따라 중과세 안분(일반적으로 회원제와 대중제 토지의 면적 비율을 기준)한다.
- 골프장의 건물: 클럽하우스, 스타트하우스, 티하우스, 경비실, 예지물창고, 관리동창고 등
  - 등록증상 건축물은 물론, 골프장 전체를 실사하여 무허가·미등기 건축물까지 신고한다.
- 클럽하우스의 경우 클럽하우스 내부시설 사우나·접견실·탈의실 등에 일반 건축물에 빌트인으로 부착된 붙박이 가구·욕실설비 등이 비품·구축물 등을 포함하여 신고한다.
- 일반 건축물 외에 토지에 정착하거나 지하 또는 다른 구조물에 설치되는 시설(급배수시설, 레저시설, 저장시설 등) 포함하여 신고한다.

(2) 지목변경 신고

- 골프장 건설사업의 핵심은 골프코스 조성을 통한 골프이용객의 모집·운영으로 골프코스를 조성하는데 설계·감리·토목공사가 건축물과 별도로 진행한다.
- 골프장 건설에 투입된 진입도로 건설 및 포장비용, 조경비용 등도 모두 지목변경을 위한 비용으로 잔디 또는 수목식재비 등은 개별적으로 좁게 보면 과세대상이 되지 아니하나 넓게 보면 지목변경 비용에 해당한다.
- 입목의 경우 골프장 조성 시 식재하는 입목 및 조성 이후 조경을 위해 추가적으로 식재하는 입목 모두 취득세 납세의무가 있다.

> **「지방세법」** 제6조(정의) 취득세에서 사용하는 용어의 뜻은 다음 각 호와 같다.
>
> 11. 입목이란 지상의 과수, 임목과 죽목을 말한다.
>
> **운영예규 6-4(입목의 범위)** 「지방세법」 제6조 제11호의 「입목」에는 집단적으로 생육되고 있는 지상의 과수 임목 죽목을 말한다. 다만, 묘목 등 이식을 전제로 잠정적으로 생립하고 있는 것은 제외한다.

■ 「지방세법」 제6조 제11호에서 입목은 지상의 과수·임목과 죽목을 말한다고 규정하고 있고 여기서 지상의 임목이라 함은 지상에 생립(生立)하고 있는 수목의 집단을 일컫는 것이다.

  - 조경용에 사용하기 위하여 취득하는 수목이라고 하더라도 일정한 장소에 집단적으로 생립하고 있는 경우에는 이식을 전제로 일시적으로 가식중인 묘목과는 달리 취득세 과세대상에 해당된다 할 것이므로 골프장내 조경 및 차폐기능을 위하여 수목을 집단적으로 식재하여 생육하고 있는 경우에도 당해 수목은 취득세 과세대상 입목에 해당한다.

> **사례** 대중제와 회원제 골프장의 취득시기가 서로 다른 경우 홀수에 따라 공사비 안분 후 각각 과세표준 계산 → 등록면적에 따라 안분
>
> A법인은 27홀 규모의 이 사건 골프장 중 18홀 부분에 대하여는 2005.6.5.부터, 나머지 9홀 부분에 대하여는 2005.9.3.부터 시범라운딩을 각각 실시하였으므로, 처분청은 2005.6.5.에 27홀 전체를 임시로 사용한 것으로 보고 그 날을 기준으로 취득세 등을 산정한 것은 잘못이라 할 것인 바, 18홀 부분에 대하여는 2005.6.5.을, 나머지 9홀 부분에 대하여는 2005.9.3.을 각각 취득일로 보되, 위 각 특정 부분의 면적이나 그에 투입된 공사비를 구별할 만한 자료가 제출되어 있지 아니할 뿐 아니라 이는 사실상 불가능하거나 극히 곤란한 것으로 보이므로, 편의상 처분청이 2005.6.5.을 기준으로 하여 산정한 과세표준(투입 공사비)을 각각의 홀수에 따라 안분한 다음 이를 기준으로 하여 취득세의 납부불성실가산세를 다시 계산하면 다음과 같이 산출된다(이와 같은 방법으로 계산하더라도 ① 27홀 전체에 대한 과세표준액은 동일하고, 이 사건 처분 당시 9홀 부분에 관하여도 취득세의 신고납부기한이 경과하였으므로, 취득세 본세, 취득세 신고불성실가산세와 농어촌특별세 본세, 농어촌특별세 신고불성실가산세의 각 세액은 변동이 없고, ② 2005.6.5. 이후 2005.9.3.까지 투입된 공사비에 대하여는 위 과세표준에 포함되지 아니하는 결과가 되나, 그로 인하여 A법인은 불이익하게 되는 것은 아니다). 따라서 이 사건 처분의 취득세 부분 중 4,404,309,094원(= 본세 3,208,968,380원 + 신고불성실가산세 641,793,670원 + 납부불성실가산세 553,547,044원)을 초과하는

부분은 위법하여 취소되어야 할 것임(대법원 08두7175, 2008.8.21.).

사례 회원제 골프장과 병설 운영되는 대중제 골프장 내의 '조정지'가 회원제 골프장 코스와의 사이에 위치한 경우 그 조정지를 사실상 회원제 골프장에서 사용하는 것으로 보아 취득세와 재산세를 중과

회원제 골프장과 병설 운영되는 대중제 골프장 내의 '조정지'가 회원제 골프장 코스와의 사이에 위치한 경우 비록 대중제 골프장으로 등록되어 있다 하더라도 실제 현황이 회원제 골프장 코스의 일부로 사용되는 등 회원제 골프장과 대중제 골프장에 공동이용으로 인정할 만한 사정이 있다면 그 조정지 전체를 대중제 골프장으로 보아 일반세율만을 적용할 수는 없고, 실제 회원제 골프장으로 사용되는 부분을 안분 계산하여 사실상 회원제 골프장으로 사용되는 부분에 대하여는 중과세하여야 할 것임(지방세운영과-5411, 2009.12.22.).

사례 회원제 골프장 시설로 등록되었으나 실제로는 회원제 골프장과 일반 골프장의 공동 시설로 사용되는 경우, 실제 용도에 따라 중과대상과 일반과세 대상으로 안분하여야 함

회원제 골프장용 부동산으로서 체육시설의 설치·이용에 관한 법률시행령 제4조 제2항의 규정에 의한 등록대상이 되는 모든 토지와 건축물을 말한다고 규정하고 있는 바, 이와 같이 회원제 골프장용 부동산에 대하여만 취득세를 중과하도록 하고 있는 관계 법령의 취지와 그 규정 내용에 비추어 보면, 골프장업자가 회원제 골프장과 일반 골프장을 동시에 경영하는 경우 비록 체육시설의 설치·이용에 관한 법률시행령 규정에 따라 회원제 골프장 시설로 등록된 건물 및 구축물이라 하더라도 실제로는 회원제 골프장과 일반골프장의 공동시설로 사용되고 있다면 그 시설 전부가 중과세 대상에 해당하는 것이 아니라 그 실제 용도에 따라 중과세 대상과 일반과세 대상으로 안분된다고 보아야 할 것임(이 사건은 회원제 골프장과 일반 골프장의 공동시설로 이용되고 있는 클럽하우스, 수위실, 클럽하우스 건물비품, 주차장, 정화조, 보일러, 소화물 승강기, 저수지 등의 취득비용에 대하여 회원제 골프장과 일반 골프장의 등록면적에 의하여 안분하여 그 중 회원제 골프장 부분만큼에 상응하는 부분 만큼에 대하여만 취득세를 중과하여야 한다고 한 사례임)(대법원 96누11129, 1997.4.22.).

사례 골프회원권 입회기간 자동갱신 취득으로 보는지 여부

원고가 기존의 골프회원권을 반납하고 새로운 회원권을 취득한다는 계약서를 작성하거나 입회금을 반환받지도 아니하였으며, 이 사건 골프회원권에 새로운 회원번호가 부여된 것으로 보이지 아니하고 회원권의 종류도 그대로인 바, 원고가 회원자격을 상실한 후 이 사건 골프회원권을 새롭게 취득하는 등의 취득세의 담세력의 근거가 되는 재화의 이전이라는 사실 자체가 있다고 보기 어려움(대법원 16두63323, 2017.3.30.).

2 골프장 재산세 중과세

❶ 토지분 재산세

(1) 골프장용 토지

- 회원제골프장용 부동산으로서 「체육시설의설치·이용에관한법률시행령」 제20조의 규정에 의한 구분등록대상이 되는 토지는 분리과세가 된다.
  - 골프장이라 하더라도 일반골프장, 간이골프장용 토지는 별도합산과세대상이 되고 회원제골프장용토지에 한하여 분리과세하여 중과세하되, 중과세대상의 범위는 「체육시설의설치·이용에관한법률시행령」의 규정에 의하여 구분등록이 되는 토지에 한한다.
- 이 경우 골프장은 그 시설을 갖추어 「체육시설의설치·이용에관한법률시행령」에 따라 체육시설업의 등록(시설을 증설하여 변경 등록하는 경우를 포함)하는 경우뿐만 아니라 등록을 하지 아니하더라도 사실상 골프장으로 사용하는 경우에도 적용한다.

(2) 세율: 관내 합산적용

- 종합합산 과세대상

과세표준	세 율
5,000만 원 이하	1,000분의 2
5,000만 원 초과 1억 원 이하	10만 원+5,000만 원 초과금액의 1,000분의 3
1억 원 초과	25만 원+1억 원 초과금액의 1,000분의 5

- 별도합산과세대상

과세표준	세 율
2억 원 이하	1,000분의 2
2억 원 초과 10억 원 이하	40만 원+2억 원 초과금액의 1,000분의 3
10억 원 초과	2백80만 원+10억 원 초과금액의 1,000분의 4

- 분리과세대상
  - 가) 전·답·과수원·목장용지 및 임야: 과세표준액의 1,000분의 0.7
  - 나) 골프장 및 고급오락장용 토지: 과세표준액의 1,000분의 40

    회원제 골프장에 대한 재산세 중 토지분 재산세는 고율의 분리과세(4%)를 적용

다) 가) 및 나)외의 토지: 과세표준액의 1,000분의 2

(3) 회원제골프장의 과세구분

회원제골프장에 대하여는 회원제골프장으로 구분등록된 부분에 한정하여 분리과세를 적용하는 것으로 구분등록대상면적 범위에서 제외되는 부분은 분리과세대상이 아니라 종합합산과세 내지 별도합산과세대상에 해당한다.

- 그리고 회원제골프장인지 여부는 실질과세원칙에 따라 판단하여야 하며 사실상의 조경지에 대한 사실확인을 거쳐 토지분 재산세 중과세대상에서 제외하고 있는 것이므로 구분등록대상이 되는 골프장의 범위와 관련하여 자연상태의 원형보정지는 중과세제외대상으로 하고 있다.

- 그리고 원형보전지중에는 골프장 외곽경계에서 다른 임야와 접하면서 급경사를 이루고 있는 경우에는 골프장 외곽경계 밖의 임야와 자연스럽게 이어져 급경사를 이루고 있으면서 수목이 생육하고 있는 토지로서 개발제한구역 안에 위치한 임야의 경우에는 골프장 내 골프코스 등 다른 토지와 일체가 되어 골프장을 구성하는 토지라고 어렵기 때문에 중과세 대상에서 제외한다.

※ 회원제골프장 원형보전지 세부담 합리화(2020.1.1. 납세의무성립분부터 적용)

개정 전	개정 후
□ 골프장 원형보전임야 　○ 대중제: 별도합산 과세 　○ 회원제: 종합합산 과세	□ 회원제 골프장 세부담 합리화 　○ 회원제·대중제 모두 별도합산

※ 구분등록 대상

구분등록대상 범위	비 고
1. 골프코스(티그라운드·페어웨이·러프·해저드·그린 등을 포함한다) 2. 주차장 및 도로 3. 조정지(골프코스와는 별도로 오수처리 등을 위하여 설치한 것은 제외한다) 4. 골프장의 운영 및 유지·관리에 활용되고 있는 조경지(골프장 조성을 위하여 산림훼손, 농지전용 등으로 토지의 형질을 변경한 후 경관을 조성한 지역을 말한다) 5. 관리시설(사무실·휴게시설·매점·창고와 그 밖에 골프장 안의 모든 건축물을 포함하되, 수영장·테니스장·골프연습장·연수시설·오수처리시설 및 태양열이용설비 등 골프장의 용도에 직접 사용되지 아니하는 건축물은 제외한다) 및 그 부속토지 6. 보수용 잔디 및 묘목·화훼 재배지 등 골프장의 유지·관리를 위한 용도로 사용되는 토지	• 자연상태의 조경지는 등록대상에서 제외 • 보수용 잔디표지·묘포장 포함

사례 회원제골프장을 사실상 대중골프장으로 사용하고 있는 경우 재산세 중과세 대상에 해당하는지 여부

골프장의 전 소유자가 쟁점토지를 우선 준공한 후 시범라운딩을 실시하여 회원제골프장으로서의 요건을 충족하였다 하더라도 청구법인이 이 건 골프장을 공매로 취득하는 과정에서 기존 회원들에 대한 권리가 소멸된 상태에서 이를 취득하였고 취득한 후에도 별도의 회원을 모집한 사실이 달리 확인되지 아니한 점 등에 비추어 쟁점토지를 회원제골프장용 토지로 보기 어려움(조심 2015지184, 2015.10.22.).

사례 원형보전지에 대한 조경지의 판단과 분리과세 적용범위

회원제골프장 조성당시부터 형질을 변경하지 아니한 채 자연상태의 임야로 존치되고 있는 경우는 재산세 분리과세(중과세) 대상인 "조경지"로 보기는 어렵다 할 것인바(조심 2014지280, 2014.11.3.) 쟁점토지 중 회원제골프장의 외곽에 소재하는 임야와 홀과 홀 사이에 존재하는 수목이 우거진 자연상태의 임야 등은 분리과세(중과세) 대상인 "조경지"가 아니라 할 것임(조심 2016지181, 2017.2.23.).

사례 골프장의 조경지에 대한 토지분 재산세 과세구분

1. 감사원 심사결정 요지(감심 제2010-85, 2010.8.19.)
   골프코스주변, 러프지역, 절토지 및 성토지의 경사면 등의 조경지는 "사실상 운동시설"로 보아 토지분 재산세 별도합산이 타당함
   - 조경지는 운동시설인 골프코스와 불가분의 관계에 있고, 실제 운동경기에 이용되며, 별도합산대상을 종래의 "필수시설 중 운동시설"에서 "사실상 운동시설"로 개정한 점 등을 고려
2. 운영기준
   (1) 심사결정일(2010.8.19.) 이후 부과분: 감사원 심사결정 요지에 따라 별도합산 적용
      - 다만, 「지방세법 시행령」(2007.12.31. 대통령령 제20517호로 개정되기 이전의 것)에서는 별도합산대상을 "사실상 운동시설"이 아닌 "필수시설 중 운동시설"로 한정하고 있어 별도합산 적용 한계
   (2) 심사결정일(2010.8.19.) 전기 부과분: 불복청구 중이거나 불복청구기간이 도과하지 않은 건은 감사원 심사결정에 따라 별도합산으로 경정과세
      - 다만, 2008.1.1. 이후 재산세 납세의무 성립분에 한정하고, 불복청구기간이 이미 도과한 건은 소급 경정과세 곤란(행정안전부 지방세운영과-4173, 2010.9.6.)

사례 골프장용 토지에 대한 분리과세 적용범위

쟁점토지는 조정지로 빗물이나 오수 등을 일시 저장하여 정화한 다음 이를 재활용하는 등의 목적으로 원형보존지 사이에 설치되어 있고, 골프코스 사이에 위치하고 있

지도 아니한 점으로 보아 종합합산과세대상으로 구분하는 것이 타당함. 회원제 골프연습장(PAR3)은 사실상 회원제용골프장에서 관리하는 골프장용 토지안의 운동시설용 토지이나 지방세법 시행령 제101조 제3항 제9호에서 규정하고 있는 운동시설용 토지가 아니어서 별도합산과세대상이 아니므로 골프연습장(PAR3)은 처분청의 부과처분과 같이 종합합산과세대상에 해당하는 것임(조심 2016지181, 2017.2.23.).

사례 ▷ 회원제 골프장의 분리과세 적용대상

회원제골프장의 홀과 홀사이에 존재하는 자연상태의 원형보전 임야에 대하여는 재산세 분리과세(중과세) 대상인 '조경지'로 볼 수는 없다 할 것이므로 재산세는 분리과세(중과세)가 아닌 종합합산과세하는 것이 타당할 것이나, 골프장을 조성하는 과정에서 산림훼손, 농지전용 등으로 토지의 형질을 변경한 후 경관을 조성한 지역에 한하여 분리과세(중과세)하는 것이 타당함(조심 2015지240, 2016.12.7.).

사례 ▷ 회원제 골프장의 분리과세 제외대상 범위

회원제골프장의 조성 당시부터 토지의 형질을 변경하지 아니하고 자연상태인 임야로 존치되고 있는 토지, 골프장 공사를 진행하던 중 편의나 불가피한 사정 등으로 제거한 비탈지 나무의 일부나 경사지에서 흘러내린 복토 등으로 인하여 토지의 일부에 훼손이 있었다 하더라도 자연그대로 방치하여 원래의 임야로 회복된 토지, 골프코스와는 무관한 골프장 외곽의 유휴지, 잡종지 등에 대하여는 재산세 분리과세(중과세) 대상인 "조경지"로 보기는 어려움. 골프장 외곽 및 홀과 홀 사이에 소재하는 임야, 골프장 조성과정에서 불가피하게 그 일부를 훼손하였다 하더라도 자연그대로 방치하여 원래의 임야로 회복된 토지나 암석지, 잡종지, 유휴지 등이라 할 것임에도 쟁점토지를 분리과세(중과세) 대상인 "조경지"로 보아 재산세 등을 부과하는 것은 잘못임. 골프코스와는 별도로 골프장 외곽 등에 소재하면서 오수를 처리하거나 빗물을 일시적으로 저정하기 위한 시설과 골프장 내에 있는 조정지(water hazard)에 물을 공급하기 위한 목적 등으로 설치한 시설로서 골프장 또는 골프코스 등과는 무관한 조정지는 분리과세(중과세) 대상이 아님. 골프연습장(퍼팅 및 벙커연습장)으로 사용되는 토지는 분리과세(중과세) 대상이 아니라 종합합산 과세대상임(조심 2017지157, 2017.7.20.).

사례 ▷ 잔디식재용 토지에 대한 재산세 중과세 적용 판단

「체육시설의설치·이용에관한법률」에 따른 회원제골프장용 토지로 구분등록이 되어 있지 아니할 뿐만 아니라 사업계획승인 당시 골프장용 토지에 포함되지 아니하고, 그 지목이 전인 개인 소유의 토지인 점 등에 비추어 재산세 중과세 대상이 아님(조심 2017지3, 2017.9.7.).

사례 골프장 외곽지역에 대한 분리과세 대상 판단

골프장 외곽 및 홀과 홀사이에 소재하는 임야, 골프장 조성 과정에서 불가피하게 그 일부를 훼손하였다 하더라도 자연 그대로 방치하여 원래의 임야 상태로 회복된 토지나 골프장 외곽의 잡종지, 유휴지 등에 해당한다 할 것임에도 그 토지를 고율분리과세대상인 "조경지"로 보아 재산세 등을 부과하는 것은 잘못이므로 종합합산과세대상으로 구분하는 것임(조심 2017지658, 2017.9.18.).

사례 회원제 골프장의 분리과세 대상여건

재산세 분리과세대상이 되는 회원제골프장용 토지는 특별한 사정이 없는 한 실제로 회원제골프장으로 사용되고 있는 토지이어야 하고, 「체육시설법」에 따라 회원제골프장업으로 체육시설업 등록을 하였더라도 실제로는 대중골프장으로만 운영한 경우 그 토지는 재산세 분리과세 대상이 되지 않는다고 보아야 함(대법 2012두11904, 2013.2.15.).

사례 골프장 주위의 임야가 골프장에 포함되는지 여부

이 사건 토지 위에 소나무, 아카시아, 잣나무 등의 수목이 자연 상태 그대로 우거져 있고 이 사건 토지가 상수원보호구역 또는 개발제한구역 안에 위치하고 있기는 하나, 이 사건 토지는 주된 용도가 산림을 보존하는 데 있는 '임야'가 아니라 골프장의 효용을 위하여 원형대로 보존된 '체육용지'에 해당한다고 봄이 상당하고, 분리과세의 대상이 되는 '산림의 보호육성을 위하여 필요한 임야'에 해당한다고 볼 수 없다. 따라서 이 사건 토지 전부를 분리과세대상인 '임야'로 보지 않고 '체육용지'로 보고 종합과세대상으로 삼은 이 사건 처분은 적법하다(대법 2006두14322, 2006.11.9.).

사례 과세기준일 현재 골프장 내에 있는 토지를 영농에 사용하는 농지로 볼 수 있는지 여부

원심은, 이 사건 재산세 과세기준일인 2008.6.1. 당시 이 사건 토지가 이 사건 골프장으로 이용되는 토지와 구분되지 않고 잇닿아 있으면서 골프장 둘레를 두르고 있는 울타리 내에 있는 사실과 이 사건 골프장에는 매일 수십 명의 내장객이 골프를 치고 있어 이 사건 토지가 영농에 적합하다고 보기 어려운 점 등 그 판시와 같은 사실 및 사정 등에 의하며, 이 사건 토지가 영농에 사용되고 있는 농지라고 볼 수 없다고 판단하였다(대법 2011두22426, 2011.12.27.).

사례 사실상 폐쇄된 회원제골프장에 대한 분리과세 적정성

신탁자인 ○○○는 회원제골프장으로 취득한 상태에서 2016년도 재산세 과세기준일 현제에도 그 용도로 운영할 수 있는 점, 기존 회원들과의 회원권 분쟁이 완결되어 쟁점건물이 대중제 골프장으로 전환된 것은 아닌 점 등에 비추어 쟁점건물을 포함한

이 건 부동산은 회원제골프장으로 보아야 하는 것이므로 처분청이 쟁점건물을 회원제골프장으로 보아 이 건 재산세 등을 중과세함(조심 2016지1047, 2016.11.4.).

사례 ▶ 개발제한구역내 골프장 외곽에 위치하여 골프장 시설과 일체가 되지 않은 임야는 저율 분리과세 대상에 해당되는지 여부

원형보전지 중 상당 부분이 홀과 홀의 경계나 골프코스 외곽에 자연스럽게 위치하여 안전사고를 예방함과 아울러 골프장의 조경 및 경관에도 중요한 역할을 하고 있어 골프장 내 골프코스 등 다른 토지와 일체가 되어 골프장을 구성하고 있는 것으로 보이므로, 이러한 부분은 산림의 보호 육성을 위하여 필요한 임야가 아닌 골프장의 효용과 경관조성을 위한 체육용지에 해당하여 종합합산과세 대상토지에 해당한다고 할 것이다. 한편으로 쟁점 원형보전지 중 일부분은 골프장 외곽경계에서 다른 임야와 접하면서 급경사를 이루고 있는 사실이 인정되는 바, 이와 같이 골프장 외곽경계 밖의 임야와 자연스럽게 이어져 급경사를 있으면서 수목이 생육하고 있는 토지로서 개발제한구역 안에 위치한 임야의 경우에는 골프장 내 골프코스 등 다른 토지와 일체가 되어 골프장을 구성하는 토지라고 보기는 어렵고, 산림의 보호육성을 위하여 필요한 임야로 볼 수 있어, 이러한 부분은 종합합산과세 대상토지로 볼 수 없고, 저율 분리과세 대상토지에 해당한다(대법 2013두24617, 2014.3.14.).

사례 ▶ ① 회원제 골프장의 조경지 중 원형이 임야로 회복된 토지에 대하여는 종합합산으로 ② 회원제 골프장의 조경지 또는 원형보전지로 등록하였다고 하더라도 대중제 골프장에 소재하므로 별도합산으로 ③ 고객주차장, 클럽하우스 등은 회원제 골프장과 대중제 골프장의 실제 사용면적을 기준으로 분리과 별도합산으로 구분하여야 한다는 청구주장의 당부

① 자연 상태의 임야인 경우에는 「체육시설의 설치·이용에 관한 법률」에 따라 구분 등록되었다 하더라도 종합합산과세대상으로 구분하여 재산세 등을 부과하여야 할 것인데, 쟁점토지는 골프장을 조성할 당시 산림을 훼손하여 경관을 조성한 조경지이거나 임야 등으로 그 후 장기간 관리를 하지 않아 원형이 회복한 임야이거나 당초부터 사실상의 자연 상태의 임야로서 원형보전지라 할 것이므로 이에 대하여는 그 구분 등록 여부에 관계 없이 종합합산과세대상으로 구분하는 것이 타당함 ② 관련 법령에 따라 회원제 골프장의 원형보전지로 등록된 토지로서 2019년도 재산세 과세기준일(6.1.) 현재 그 등록 사항이 변경되지 않은 이상 그 위치가 대중제 골프장에 더 가깝다고 하여 이를 대중제 골프장의 속한다고 볼 수는 없는 점 등에 비추어 회원제 골프장의 조경지로 등록된 후 장기간 관리를 하지 않아 원형이 회복된 임야이거나 그 자체로 회원제 골프장의 원형보전지라 할 것이므로 이는 그 위치에 관계 없이 종합합산과세대상으로 구분하여야 할 것임 ③ 이 건 골프장을 이용하는 고객들은 회원이 아니더라도 누구나 장소를 구분하지 않고 고객주차장, 클럽하우스 등을 자유롭게

이용하고 있고, 관리사무소 등은 이 건 골프장 전체의 안전과 유지·관리 등에 제공되고 있으므로 공동시설인 해당시설은 회원제 골프장용과 대중제 골프장용으로 안분하는 것이 합리적임(조심 2020지119, 2020.4.8.).

사례〉〉 재산세 과세기준일 현재 회원제 골프장에서 대중제 골프장으로 변경하는 내용의 사업계획변경 미승인상태에서 대중제 골프장으로 사용한 경우 재산세 중과 여부

대법원은 "재산세 분리과세대상이 되는 회원제 골프장용 토지는 특별한 사정이 없는 이상 실제로 회원제 골프장으로 사용되고 있는 토지이어야 하고, 「체육시설의 설치·이용에 관한 법률」에 따라 회원제 골프장업으로 체육시설업 등록을 하였더라도 실제로는 대중골프장으로만 운영한 경우 그 토지는 재산세 분리과세대상이 되지 않는다고 보아야 할 것"(대법원 1997.4.22. 선고 96누11129 판결, 대법원 2013.2.15. 선고 2012두11904 판결 등 참조)이며, '대중제 골프장으로의 전환을 위하여 골프장에 회원이 더 이상 존재하지 않는 상태로서, 실제로 쟁점 골프장을 대중제 골프장으로 운영하고 있는 이상, 사업계획변경승인을 받지 못하였다고 하더라도 재산세를 회피하기 위한 탈법행위가 있었다고 볼 수 없으므로 중과세율이 적용되지 않는다고 보아야 한다'(대법원 2018.5.31. 선고 2018두35889 판결 참조)고 판시하고 있습니다. 따라서 과세기준일 현재 회원 현황 및 회원권의 분양 여부, 회원 모집 등 회원제 운영을 위한 행위 여부 등을 고려하여 사실상 대중제 골프장으로만 운영되고 있음이 확인되는 경우에는 사업계획변경 미승인상태라고 하더라도 재산세 중과대상으로 보기 어렵다고 판단됨(부동산세제과-1850호, 2020.7.31.).

사례〉〉 회원제 골프장 이용객들이 이용하는 클럽하우스 내 숙박시설을 재산세 중과세(4%)대상으로 볼 수 있는지 여부

「체육시설의 설치·이용에 관한 법률」에 따른 회원제 골프장용 부동산 중 구분등록의 대상이 되는토지와 건축물에 대하여 재산세를 중과세(4%)하도록 규정하고, 같은 법 시행령 제20조 제3항에서 체육시설업의 등록을 하려는 자 중회원제 골프장업의 등록을 하려는 자는 해당 골프장의 토지 중 다음 각 호에 해당하는 토지 및 골프장 안의 건축물을 구분하여 등록을 신청하여야 한다고 규정하면서, 제5호에서 "관리시설(사무실·휴게시설·매점·창고와 그 밖에 골프장안의 모든 건축물을 포함하되, 수영장·테니스장·골프연습장·연수시설·오수처리시설 및 태양열이용설비 등 골프장의 용도에 직접 사용되지 아니하는 건축물은 제외한다) 및 그 부속토지"라고 규정하고 있습니다. 위 규정에 따라 회원제 골프장 안의 건축물로서 수영장·테니스장·골프연습장 등과 같이 회원제 골프장의 용도에 직접 사용되지 아니하는 건축물에 해당되지 않으면, 쟁점 숙박시설을 회원제 골프장용건축물로 보아 재산세를 중과세 할 수 있을 것입니다. 쟁점 숙박시설은 회원제 골프장 안의 식사·옷 갈아입기·목욕·휴식등을 할 수 있도록 만든 클럽하우스 내에 위치하고 있고, 회원제 골프장

의 편의시설로 구분등록이 되어 있으며, 골프장 회원들만 휴게목적으로 이용하고 있어 골프장 이용객의 서비스 향상을 위한 시설로서 회원제 골프장 용도에 직접 사용되므로 재산세 중과세 대상으로 보는 것이 타당하다고 판단됨(부동산세제과-465호, 2020.2.28.).

(4) 대중제골프장의 과세구분

경기 및 스포츠업을 경영하기 위하여 「부가가치세법」 제8조에 따라 사업자등록을 한 자의 사업에 이용되고 있는 「체육시설의설치·이용에 관한 법률 시행령」 제2조에 따른 체육시설용토지로서 사실상 운동시설에 이용되고 있는 토지(「체육시설의 설치·이용에 관한 법률」에 따른 회원제 골프장용 토지안의 운동시설용 토지는 제외한다)에 대하여는 별도합산과세를 적용하는 것이므로 대중제 골프장의 경우 별도합산대상이다.

- 이 경우 대중골프장인지 여부는 실제 운영기준으로 골프장으로만 운영한 경우 그 토지는 재산세 분리과세대상이 되지 않는다(대법원 2012두11904, 2003.2.15.).
- 그리고 대중제 골프장용토지 중 원형이 보전되는 임야에 대하여는 별도합산대상으로 구분 적용한다. 「체육시설의 설치·이용에 관한 법률」에 따른 회원제골프장용 토지내의 임야를 별도합산과세 적용대상에서 제외한다.

사례 체육시설용 토지의 범위

「체육시설의 설치·이용에 관한 법률」에 근거하여 대중골프장 사업계획 승인을 받고 재산세 과세기준일 현재 골프장을 공사중인 경우 건축물의 부속토지에 대하여는 별도합산 과세대상에 해당하지만, 공사중인 골프코스는 「지방세법 시행령」 제131조의2 제3항 제10호에 규정한 운동시설용 토지에 해당하지 아니함(행정자치부 세정-401, 2007.1.23.).

사례 대중골프장에 대한 분리과세 여부

골프장을 운영함에 있어 회원제골프장 코스와 대중골프장 코스를 구분하지 않고 결합해서 이용하는 경우라 하더라도 회원제골프장용 부동산으로서 구분등록대상이 아닌 대중골프장을 취득세 중과세대상 및 재산세 분리과세대상에 해당되는 것으로 보기는 어려움(행정자치부 세정-4594, 2007.11.6.).

사례 대중골프장에 대한 토지분 재산세 과세구분

「지방세법 시행령」 제131조의2 제3항 제10호에서 말하는 대중골프장의 운동시설에 이용되고 있는 토지란 「체육시설의 설치·이용에 관한 법률 시행규칙」 제8조의 골프장 필수시설 중 운동시설의 의미하므로 골프코스주변, 러프지역, 절토지 및 성토지의 경사면 등에 조경을 한 관리시설은 운동시설에 해당되지 않으므로 별도합산 과세대상이 아닌 것이며, 대중골프장의 원형보전지 임야의 과세대상구분은 '07년부터 별도합산 과세대상으로 규정하고 있으므로 '07년 이전에는 별도합산 과세대상이 아닌 것임(행정자치부 지방세운영과-2097, 2008.11.10.).

사례 ▶ **골프장 러프 지역에 대한 별도합산과세 판단**

체육시설법상 "러프" 또는 "러프지역"이 운동시설로서 러프 등이 설치된 토지가 운동시설용 토지에 해당하여 별도합산과세 대상이라고 할지라도 이 사건 조성녹지에 "러프" 또는 "러프지역"이 포함되어 있다고 보기 어렵고, "골프코스 주변"이 운동시설에 해당한다고 볼 근거도 없으므로, 이 사건 조성녹지가 운용시설용 토지에 해당하지 않는다고 판단하였다 하여 엄격해석 원칙에 위배되지 않는다. 또한 이 사건 조성녹지가 골프경기에 직접 제공되는 것은 아니므로 골프경기에 직접 제공되는 골프코스가 설치된 운동시설용 토지와 달리 종합합산과세 대상으로 본다고 하여 실질과세 원칙에 위배되지도 않음(대법 2011두31819, 2012.4.13.).

(5) 골프연습장의 과세구분

■ 골프연습장에 대한 토지분 재산세의 과세구분을 함에 있어서 별도합산대상토지 범위는 「체육시설의 설치·이용에 관한 법률」에 의한 대중체육시설업자가 대중체육시설업의 시설기준에 따라 설치하여야 하는 필수시설 중 운동시설용 토지를 말하고,
  - 대중체육시설업자가 아닌 경우에는 건축물의 바닥면적(수평투영면적 포함)에 용도지역별 적용배율을 곱하여 산정하게 되며 이 경우 골프연습장의 건축물의 바닥면적은 건물부분과 골프연습장의 수평투영면적을 포함하여 판단하여야 한다.
■ 다만, 건물이 아닌 시설물로서의 골프연습장을 과세대상으로 하는 것이기 때문에 건물 내에 설치되어 있는 실내골프연습장의 경우에는 건물로서 과세대상으로 하여야 하는 것이지 건물과 별도로 과세대상으로 삼을 수가 없는 것이다.
  - 이 경우 시설물로서 과세대상으로 하는 골프연습장은 실외연습장과 옥상에 설치한 골프연습장의 과세대상에 해당하는 것이다.
  - 그리고 「체육시설의 설치·이용에 관한 법률」에 의하여 골프연습장업으로 신고된 20타석 이상*의 골프연습장에 하하여 과세대상으로 하고, 그 시가표준액을 운동시설시가표준액 + 안전시설시가표준액 + 철탑 등 시가표준액을 합하여 산정하는 것이다.

  * 「지방세법 시행령」 제5조에서 골프연습장은 「체육시설의 설치·이용에 관한 법률」에 의하여 골프연습장업으로 신고된 20타석 이상의 골프연습장으로 한정하고 있음.

※ 골프연습장업의 설치기준(「체육시설의 설치·이용에 관한 법률 시행규칙」 별표 4 카)

구 분	시설기준
1) 필수시설 　① 운동시설	• 실내 또는 실외 연습에 필요한 타석을 갖추거나, 실외 연습에 필요한 2홀 이하의 골프 코스(각 홀의 부지면적은 1만 3천 제곱미터 이하이어야 한다) 또는 18홀 이하의 피칭연습용 코스(각 피칭연습용 코스의 폭과 길이는 100미터 이하이어야 한다)를 갖추어야 한다. 다만, 타구의 원리를 응용한 연습 또는 교습이 아닌 별도의 오락·게임 등을 할 수 있는 타석을 설치하여서는 아니 된다. • 타석 간의 간격이 2.5미터 이상이어야 하며, 타석의 주변에는 이용자가 연습을 위하여 휘두르는 골프채에 벽면·천장과 그 밖에 다른 설비 등이 부딪치지 아니하도록 충분한 공간이 있어야 한다.
② 안전시설	• 연습 중 타구에 의하여 안전사고가 발생하지 않도록 그물·보호망 등을 설치하여야 한다. 다만, 실외 골프연습장으로서 위치 및 지형상 안전사고의 위험이 없는 경우에는 그러하지 아니하다.
2) 임의시설 　운동시설	• 연습이나 교습에 필요한 기기를 설치할 수 있다. • 2홀 이하의 퍼팅연습용 그린을 설치할 수 있다. 다만, 퍼팅의 원리를 응용하여 골프연습이 아닌 별도의 오락·게임 등을 할 수 있는 그린을 설치하여서는 아니 된다.

사례 ▶ 골프연습장에 대한 재산세 과세구분

골프연습장이 과세기준일 현재 「체육시설의 설치·이용에 관한 법률」에 의하여 골프연습장업으로 신고된 20타석 이상의 골프연습장으로서, 그 운동시설(타석)과 안전시설(철탑, 안전망)의 시가표준액이 당해 부속토지의 시가표준액의 100분의 3을 초과하는 경우 시설물의 수평투영면적에 용도지역별 적용배율을 곱하여 산정한 면적범위안 토지의 재산세 과세대상 구분은 별도합산 대상이라 판단됨(행정자치부 세정 -174, 2005.12..21.).

② 건물분 재산세

(1) 과세표준

■ 건축물에 대한 대한 재산세의 과세표준은 「지방세법」 제4조 제2항의 규정에 의한 시가표준액으로 하되, 일정비율(공정시장가액비율: 주택 60%, 토지·건축물 70%)을 곱한 금액을 곱한 금액을 과세표준으로 활용한다.

　– 주택이외의 건축물(일반상가, 사무실이나 각종 시설물)에 대하여는 거래가격, 수입가격, 신축·건조·제조가격 등을 참작하여 정한 기준가격에 종류·구조·용도·경과연수 등 과세대상별 특성을 감안하여 행정안전부장관이 정하는 기준에 따라 시도지사의 승인을 얻어 시장·군수·구청장이 결정한 가액으로 한다.

– 건축물 과세표준은 「소득세법」 제99조 제1항 제1호 나목의 규정에 의하여 산정·고시하는 건축물신축가격기준액에 각종 지수(용도, 구조, 위치)와 잔가율 및 부대설비 가감산율을 적용하여 산출한 가액을 과세표준으로 한다.

신축건물기준가액 (1㎡당)	×	지수			×	잔가율	×	면적	×	가감산율	×	건물과표
		구조	용도	위치								

■ 건축물이외 시설물의 과세표준도 행정안전부장관이 정하는 기준(기타물건 조정기준)에 따라 시도지사의 승인을 얻어 시장·군수·구청장이 결정한 가액으로 한다.

(2) 세율

골프장에 대한 건물분 재산세의 세율적용은 회원제골프장의 경우 구분등록대상이 되는 골프장 건물에 대하여는 높은 세율이 적용되며 구분등록대상이 아닌 경우에는 일반세율이 적용되는 것이다.

■ 「지방세법」 제13조 제5항에 따른 회원제 골프장 구분대상용 건축물: 과세표준의 과세표준액의 1,000분의 40
■ 그 밖의 건축물: 과세표준액의 1,000분의 2.5

> **사례** 회원제 골프장의 살수시설(스프링쿨러)는 급배수시설로서 중과세대상에 해당

살수시설 중 회원제 골프장 내 골프코스의 잔디생육에 필요한 적절한 수분을 공급하기 위하여 설치된 살수시설은 「지방세법」 제104조 제4호, 제180조 제2호가 규정한 급·배수시설로서 골프장의 용도에 직접 사용되고 있으므로, 체육시설법 시행령 제20조 제3항에 의한 구분등록을 하였는지와 상관없이 재산세에 관하여 위 중과세율이 적용되는 회원제 골프장용 건축물에 해당한다고 판단됨(대법원 12두 14880, 2013.10.17.).

③ 최근 쟁점

> **사례** 현황상 원형보전지로 보이는 조경지 분리과세 구분

• 회원제 골프장으로 등록 당시 수림대로 구분 등록하였고, 공부상 지목이 체육용지이며, 골프장 운영 및 유지·관리에 활용되기 위해 산림 훼손 등의 토지형질을 변경하고 경관을 조성한 토지라면 「체육시설의 설치·이용에 관한 법률 시행령」상의 구분 등록 대상인 조경지에 해당되어 재산세 분리 과세 대상이라 할 것임(지방세운영과-471, 2015.2.10.).

- 재산세 과세대상 물건의 공부상 등재 현황과 사실상 현황이 다른 경우에는 사실상의 현황에 따라 재산세를 부과하도록 규정하고 있고, 골프장 공사를 진행하던 중 편의나 불가피한 사정 등으로 제거한 비탈지 나무의 일부나 경사지에서 흘러내린 복토 등으로 인하여 토지의 일부에 훼손이 있었다 하더라도 자연 그대로 방치하여 원래의 임야로 회복된 토지 등에 대하여는 재산세 고율분리과세대상인 "조경지"로 보기는 어렵다 할 것임(조심 2018지211, 2018.5.10. 외 다수).

사례 ▶ **골프장내 건축물 용도지수 적용**

- 건축물 용도에 따라 용도지수를 달리 적용하는 것이 건축물 시가표준액 산정기준에 부합하며, 건축물 시가표준액 산정기준은 1구 또는 1동의 건축물이 2이상의 용도로 사용되는 경우에는 각각의 용도대로 구분하도록 규정하고 있고, 공장내 사무실, 근린생활시설 내 주차장 등을 각각의 용도를 기준으로 적용하도록 일관되게 판단하고 있음. 한편 회원제 골프장 내 건축물을 골프장 용도지수로 적용하는 것은 취득세 중과세 대상인 회원제 골프장의 범위를 확대해석하여 적용한 결과일 뿐, 골프장내 건축물만 개별용도지수를 적용하지 않고 골프장용 용도지수를 적용할 합리적 근거가 없다고 할 것임. 따라서 골프장내 건축물 용도지수는 각각 건축물 용도를 기준으로 적용함(행정안전부 지방세운영과-1189, 2015.4.20.).

- 쟁점창고가 골프장의 부수시설이고 「건축법 시행령」상 자동차관련시설에 해당하지 아니하므로 골프장의 용도지수를 적용하여야 한다는 의견이나, 「지방세법」 제119조에서 재산세의 과세대상 물건이 공부상 등재 현황과 사실상의 현황이 다른 경우에는 사실상 현황에 따라 재산세를 부과한다고 규정하고 있는 점, 판례 등에서 골프카트는 「지방세법 시행령」 제7조에 따른 원동기를 장착한 이동성 있는 물품으로서 취득세의 과세대상이 되는 차량에 해당하는 것으로 판시하고 있는 점 등에 비추어 쟁점창고는 그 현황에 따라 차량에 해당하는 골프카트를 보관하는 장소이므로 자동차 관련시설인 차고의 용도지수(74)를 적용하여 그 과세표준 및 세액을 경정하는 것이 타당하다 하겠음(조심 2017지1016, 2018.5.9.).

- 청구법인은 이 건 제①건축물의 용도지수 적용이 부당하다고 주장하나, 이 건 제①건축물은 클럽하우스용 건축물로서 골프장의 용도로 사용되는 것으로 보아야 하고 카트보관소 등은 이 건 제①건축물의 일부이며 2018년도 건축물 시가표준액 조정기준에서 용도지수 127을 적용하는 건축물의 범위에 골프장을 규정하고 있는 점, 위 시가표준액조정기준에서 용도지수 적용을 위한 대분류로 산업용 및 기타특수용건물로 규정하면서 이의 용도지수로 주차장(76)을 규정하고 있으나 이 건 제①건축물이 공장 등 산업용 건축물에 해당한다고 보기 어려운 점, 청구법인 주장대로 이 건 제①건축물에 대하여 골프장의 용도지수를 적용하지 아니하고 각각의 용도대로 용도지수를 적용한다면 회원제 골프장용 건축물에 대하여 골프장의 용도지수를 적용할 대상이 없어지는 불합리한 문제가 발생하는 점 등에 비추어 처분

청이 이 건 제①건축물의 시가표준액을 산정하면서 카드보관소·지하주차장에 대하여 골프장의 용도지수인 127을 적용한 것은 달리 잘못이 없다고 판단됨(조심 2019지192, 2020.1.9.).

회원제골프장이 대중제골프장으로 전환시 재산세 중과 여부

- 재산세 분리과세대상이 되는 회원제 골프장용 토지와 중과세율이 적용되는 회원제 골프장용 건축물은 특별한 사정이 없는 이상 실제로 회원제 골프장으로 사용되고 있는 토지와 건축물이어야 하고, 체육시설법에 따라 회원제 골프장업으로 체육시설업 등록을 하였더라도 실제로는 대중골프장으로만 운영한 경우 그 토지와 건축물은 구 지방세법 제106조 제1항 제3호 다목, 제111조 제1항 제1호 다목 2)에서 정한 재산세 분리과세대상이 되거나 제111조 제1항 제2호 가목의 중과세율이 적용되지 않는다고 보아야 한다(대법원 2013.2.15. 선고 2012두11904 판결 참조).

- 위 법리에 비추어 이 사건을 보면, 피고의 이 사건 처분은 실질과세의 원칙을 위반하여 위법하다. 원고는 사건 회생계획에서 대중골프장으로의 전환을 예정하고 있었고, 2016.5.23. 이후 골프장에 회원이 더 이상 존재하지 않는 상태였으며, 원고가 2016.5.31. 골프장을 대중골프장으로 운영하기 시작한 이상, 피고로부터 사업계획변경승인을 받지 못하였다거나, 과세기준일 직전에 대중골프장 운영을 시작하였다는 이유만으로 재산세를 회피하기 위한 탈법행위가 있었다고 볼 수 없다고 할 것이다(대법 2018두35889, 2018.5.31).

기존 회원제골프장을 취득한 후 사업자 지위 미승계시 재산세 중과 여부

○○시장과 ○○도지사로부터 '○○○관광개발의 영업권을 양도받고 골프장 회원에 대한 의무의 승계에 대하여 협의를 하여 체육시설업등록의 변경등록을 하라'는 취지로 반복된 행정지도를 받고도 이에 응하지 않았고, 오히려 ○○도지사의 적법한 거부처분이 예상되는 ○○○관광개발 명의 체육시설업(회원제골프장업) 사업계획승인 및 등록 취소신청을 하였으므로 체육시설업(대중골프장업) 등록 내지 변경등록이 지체된 데에 책임을 물을 수 없는 정당한 사유가 있다고 보기 어렵고, 회원제 골프장에 대한 재산세 부담이 높다는 것은 이러한 경제적 부담을 감수하고서라도 회원제 골프장 사업을 운영할지 여부에 대한 기업 주체의 자율적인 경제적 선택의 문제일 뿐, 회원제 골프장업의 운영을 법률적으로나 사실상으로 금지하는 것이라고 볼 수는 없으며 골프장 운영주체로서는 그 경영적 판단에 따라 관련 법령에 규정된 절차를 거쳐 골프장 자본조달의 방법을 변경하여 회원제 골프장업에서 재산세가 중과세되지 않는 대중골프장업으로 전환하는 것도 얼마든지 가능하므로 관련법률이 곧바로 재산권의 본질적인 내용을 침해하는 것이라고 볼 수 없으므로 과세처분에 대한 근거법률은 이른바 사치성 재산이라 할 수 있는 회원제 골프장에 대한 중과세를 통

하여 경제생활에 있어서 사치·낭비풍조를 억제하고 국가 전체적으로 한정된 자원이 보다 생산적인 분야에 효율적으로 투자되도록 유도하고자 하는 데에 그 입법취지가 있는 것으로서 그 목적에 있어서 정당성이 있고, 골프장 중에서도 대중골프장의 재산세율과 회원제 골프장의 재산세율에 차등을 둠으로써 골프장 사업을 하려는 사람들로 하여금 일반 국민들에게 보다 접근이 용이한 대중골프장을 택하도록 하는 유인이 된다고 볼 것이며, 이는 입법목적을 달성함에 있어 적합한 수단으로 보임(대법 2018두57629, 2019.1.17.).

제 **8** 장

고급주택 · 고급오락장 취득세
중과세 등

1 별장 중과세

「**지방세법**」 제13조(과밀억제권역 안 취득 등 중과) ⑤ 다음 각 호의 어느 하나에 해당하는 부동산 등을 취득하는 경우(고급주택 등을 구분하여 그 일부를 취득하는 경우를 포함한다)의 취득세는 제11조 및 제12조의 세율과 중과기준세율의 100분의 400을 합한 세율을 적용하여 계산한 금액을 그 세액으로 한다. 이 경우 골프장은 그 시설을 갖추어 「체육시설의 설치·이용에 관한 법률」에 따라 체육시설업의 등록(시설을 증설하여 변경등록하는 경우를 포함한다. 이하 이 항에서 같다)을 하는 경우뿐만 아니라 등록을 하지 아니하더라도 사실상 골프장으로 사용하는 경우에도 적용하며, 고급주택·고급오락장에 부속된 토지의 경계가 명확하지 아니할 때에는 그 건축물 바닥면적의 10배에 해당하는 토지를 그 부속토지로 본다.
1. 〈삭제〉

2 고급주택 중과세

① 고급주택의 개념

도박장, 유흥주점영업장, 특수목욕장, 그 밖에 이와 유사한 용도에 사용되는 건축물과 그 부속토지. 다만, 고급오락장용 건축물을 취득한 날부터 60일 이내에 고급오락장이 아닌 용도로 사용하거나 고급오락장이 아닌 용도로 사용하기 위하여 용도변경공사를 착공하는 경우는 제외한다.

사례》 고급주택이 아닌 용도로 변경 여부

고급주택이 아닌 용도로 변경은 단순히 건축물의 용도변경신고를 한 것만으로는 부족하고 구체적으로 용도변경공사에 착공한 것으로 볼 수 있을 만한 건축행위가 있어야 함.

《대법원이 고등법원 판결을 고등법원은 행정법원의 판결을 인용하였으며, 아래는 고등법원 판결요지임》

「지방세법」제112조 제2항 제3호 단서는 주거용 건축물(고급주택)을 취득한 날부터 60일 이내에 주거용이 아닌 용도로 사용하거나 고급주택이 아닌 용도로 사용하기 위하여 용도변경공사에 착공하는 경우에는 고급주택으로 보지 아니한다고 규정하고 있는 바, 여기서 '고급주택이 아닌 용도로 사용하기 위하여 용도변경공사에 착공하는 경우'라고 함은 단순히 건축물의 용도변경신고를 하거나 사업계획승인신청을 한 것만으로는 부족하고 구체적으로 용도변경공사에 착공한 것으로 볼 수 있을 만한 건축행위가 이루어진 시점을 의미함(대법원 08두16919, 2008.12.11.).

② 고급주택의 범위와 기준

· 고급주택의 범위

1. 취득당시 주택의 시가표준액이 9억 원을 초과하고 1구의 건축물의 연면적(주차장면적은 제외한다)이 331제곱미터를 초과하는 주거용 건축물과 그 부속토지
2. 취득당시 주택의 시가표준액이 9억 원을 초과하고 1구의 건축물의 대지면적이 662제곱미터를 초과하는 주거용 건축물과 그 부속토지
2의2. 취득당시 주택의 시가표준액이 9억 원을 초과하고 1구의 건축물에 엘리베이터(적재하중 200킬로그램 이하의 소형엘리베이터는 제외한다)가 설치된 주거용 건축물과 그 부속토지(공동주택과 그 부속토지는 제외한다)
3. 1구의 건축물에 에스컬레이터 또는 67제곱미터 이상의 수영장 중 1개 이상의 시설이 설치된 주거용 건축물과 그 부속토지(공동주택과 그 부속토지는 제외한다)
4. 취득당시 주택의 시가표준액이 9억 원을 초과하고 1구의 공동주택(여러 가구가 한 건축물에 거주할 수 있도록 건축된 다가구용 주택을 포함하되, 이 경우 한 가구가 독립하여 거주할 수 있도록 구획된 부분을 각각 1구의 건축물로 본다)의 건축물 연면적(공용면적은 제외한다)이 245제곱미터(복층형은 274제곱미터로 하되, 한 층의 면적이 245제곱미터를 초과하는 것은 제외한다)를 초과하는 공동주택과 그 부속토지

· 고급주택의 판단

1. 위 조건은 각각 독립적으로 적용되어 어느 하나에 해당되면 고급주택이 됨.
   (구분하여 시차를 두고 취득하든지 또는 소유자를 달리 하는 경우에도 적용)
2. 취득방법에 있어서도 원시취득, 승계취득 등에 불문하여 적용(타인에게 임대하는 경우 및 공실상태 포함)

■ 세부 판단기준
   ① 1구의 건축물의 연면적
      – 담장 등으로 구획된 경계구역내의 건축물로서 주거용에 종된 창고, 차고 등의 모든 건축물 연면적 합면적
   ② 1구의 건축물의 대지면적
      – 필지수 지목에 불구하고 담장 등으로 구획된 경계구역내의 모든 토지의 합계 면적
   ③ 신축주택 시가표준액 산정방식
      – 공동주택: 「지방세법」 제4조 및 「지방세법 시행령」 제3조에 근거하여 신축공동주택 등 공동주택가격이 공시되지 않은 경우에는 행정안전부장관이 정하는 기준에 따라 시·군·구에서 개별공동주택의 지역별·단지별·면적별·층별·위치별 특성 및 거래 시가 등을 참작해 "시가"를 조사하거나, 전문평가기관에 시가조사를 의뢰하여 그 조사결과를 참작해 시가표준액을 정한다(지방세운영과-201, 2013.1.21.).

－ 일반주택: 국토교통부장관이 제공하는 주택가격비준표를 사용하여 시장·군수·구청장이 산정한 가액으로 한다(「지방세법」 제4조 제1항).

⑤ 67㎡의 수영장
　 － 수면면적만을 의미하는 것으로 해석(행자부 세정－2020,2005.8.2.)

「지방세법」 제13조(과밀억제권역 안 취득 등 중과) ⑤ 다음 각 호의 어느 하나에 해당하는 부동산 등을 취득하는 경우(별장 등을 구분하여 그 일부를 취득하는 경우를 포함한다)의 취득세는 제11조 및 제12조의 세율과 중과기준세율의 100분의 400을 합한 세율을 적용하여 계산한 금액을 그 세액으로 한다. 이 경우 골프장은 그 시설을 갖추어 「체육시설의 설치·이용에 관한 법률」에 따라 체육시설업의 등록(시설을 증설하여 변경등록하는 경우를 포함한다. 이하 이 항에서 같다)을 하는 경우뿐만 아니라 등록을 하지 아니하더라도 사실상 골프장으로 사용하는 경우에도 적용하며, 별장·고급주택·고급오락장에 부속된 토지의 경계가 명확하지 아니할 때에는 그 건축물 바닥면적의 10배에 해당하는 토지를 그 부속토지로 본다.

3. 고급주택: 주거용 건축물 또는 그 부속토지의 면적과 가액이 대통령령으로 정하는 기준을 초과하거나 해당 건축물에 67제곱미터 이상의 수영장 등 대통령령으로 정하는 부대시설을 설치한 주거용 건축물과 그 부속토지. 다만, 주거용 건축물을 취득한 날부터 60일[상속으로 인한 경우는 상속개시일이 속하는 달의 말일부터, 실종으로 인한 경우는 실종선고일이 속하는 달의 말일부터 각각 6개월(납세자가 외국에 주소를 둔 경우에는 각각 9개월)] 이내에 주거용이 아닌 용도로 사용하거나 고급주택이 아닌 용도로 사용하기 위하여 용도변경공사를 착공하는 경우는 제외한다.

「지방세법 시행령」 제28조(별장 등의 범위와 적용기준) ① 법 제13조 제5항 각 호 외의 부분 전단에 따른 별장 등을 구분하여 그 일부를 취득하는 경우는 별장·골프장·고급주택·고급오락장 또는 고급선박을 2명 이상이 구분하여 취득하거나 1명 또는 여러 명이 시차를 두고 구분하여 취득하는 경우로 한다.

④ 법 제13조 제5항 제3호에 따라 고급주택으로 보는 주거용 건축물과 그 부속토지는 다음 각 호의 어느 하나에 해당하는 것으로 한다. 다만, 제1호·제2호·제2호의2 및 제4호에서 정하는 주거용 건축물과 그 부속토지 또는 공동주택과 그 부속토지는 법 제4조 제1항에 따른 취득 당시의 시가표준액이 9억 원을 초과하는 경우만 해당한다.

1. 1구(1세대가 독립하여 구분 사용할 수 있도록 구획된 부분을 말한다. 이하 같다)의 건축물의 연면적(주차장면적은 제외한다)이 331제곱미터를 초과하는 주거용 건축물과 그 부속토지

2. 1구의 건축물의 대지면적이 662제곱미터를 초과하는 주거용 건축물과 그 부속토지

2의2. 1구의 건축물에 엘리베이터(적재하중 200킬로그램 이하의 소형엘리베이터는 제외한다)가 설치된 주거용 건축물과 그 부속토지(공동주택과 그 부속토지는 제외한다)

3. 1구의 건축물에 에스컬레이터 또는 67제곱미터 이상의 수영장 중 1개 이상의 시설이

설치된 주거용 건축물과 그 부속토지(공동주택과 그 부속토지는 제외한다)

4. 1구의 공동주택(여러 가구가 한 건축물에 거주할 수 있도록 건축된 다가구용 주택을 포함하되, 이 경우 한 가구가 독립하여 거주할 수 있도록 구획된 부분을 각각 1구의 건축물로 본다)의 건축물 연면적(공용면적은 제외한다)이 245제곱미터(복층형은 274제곱미터로 하되, 한 층의 면적이 245제곱미터를 초과하는 것은 제외한다)를 초과하는 공동주택과 그 부속토지

※ 고급주택 중과세 요건 개선(2021.1.1. 시행)

❑ 개정내용

• 고급주택 중과기준은, 2008년 주택공시가격에 따른 시가표준액 기준(6억 원)이 도입되었음에도 건축물 가액(9천만 원)이 중복 적용되어 왔음
 − 또한, 주택 일부를 전시장·박물관 등으로 불법 용도변경시, 건축물 가액 기준에 해당하지 않아 중과 대상에서 제외되는 사례 발생

• 건축물 가액 기준을 폐지하여 공시가격 기준으로 일원화하고 공시가격은 상향(6억 원 → 9억 원)하여 현행화
 ※ (취득세율) 일반주택 3% / 고급주택 11% (일반주택 + 8%p)

고급주택 중과기준		종 전			개 정	
대 상	규 모	건축물가액	공시가격		건축물가액	공시가격
단독주택 — 건축물	건축물 연면적 331㎡ 초과 (주차장 면적 제외)	0.9억 초과	6억 초과	⇨	폐지	9억 초과
단독주택 — 토지	대지면적 662㎡ 초과					
단독주택 — 시설	엘리베이터 (200kg 이하 제외)	–			–	
에스컬레이터, 67㎡ 이상 수영장		–			–	
공동주택	전용면적 245㎡(복층형274㎡) 초과	–	6억 초과		–	9억 초과

❑ 적용요령

• 2021.1.1. 이후 납세의무가 성립하는 분부터 적용
• 다만, 이 영 시행 전에 취득 당시 건축물의 가액이 9천만 원 이하인 주거용 건축물과 그 부속토지에 대한 매매계약(분양계약을 포함한다)을 체결하고 계약금을 지급한 사실이 증명서류에 의하여 확인되는 경우에는 제28조 제4항 제1호 및 제2호의 개정규정에도 불구하고 종전의 규정에 따른다(부칙 제5조).

사례 고급주택 판정시 1구의 주택에 부속된 토지인지 여부

고급주택 판정시 1구의 주택에 부속된 토지인지 여부는 당해 토지의 취득 당시 현황과 이용실태에 의하여 결정되고 토지의 권리관계 소유형태 또는 필지수를 불문하는 것임.

「지방세법」제112조 제2항 후단과 같은법 시행령 제84조의3 제3항은 고급주택을 사치성 재산의 일부로 구분하여 취득하는 경우에도 취득세를 중과세한다는 것이므로 고급주택에 해당하는 건물의 일부를 구분하여 취득하는 경우뿐만 아니라 건물과 대지를 구분하여 그 중 하나를 취득하거나 대지의 일부를 구분하여 취득하는 경우에도 취득세가 중과세되는 것으로 봄이 상당하고, 위 시행령 제84조의3 제3항에서 1구의 건물의 대지면적은 건물의 소유자가 건물 사용을 위하여 사실상 공여하는 부속토지의 면적을 뜻하고, 이러한 1구의 주택에 부속된 토지인지 여부는 당해 토지의 취득 당시 현황과 이용실태에 의하여 결정되고 토지의 권리관계 소유형태 또는 필지수를 불문한다고 할 것임(대법원 08두7243, 2008.7.10.).

사례 고급주택 판정시 1구의 단독주택으로 볼 수 있는지 여부

쟁점주택은 한 담장내에 건축되었고 외관 및 도면 등을 고려할 때 구조상 1구의 건축물로 보이는 점 등에 비추어 쟁점주택을 1구의 건축물로 보아 이 건 취득세 등을 부과한 처분은 잘못이 없음(조심 15지1036, 2015.12.28.).

쟁점주택은 한 담장내에 건축되었고 외관 및 도면 등을 고려할 때 구조상 1구의 건축물로 보이는 점, 쟁점주택과 같이 단독주택 내의 극히 일부 구역을 분할한 경우를 「지방세법 시행령」제28조 제4호의 1구의 공동주택에 해당하는 것으로 보기 어려운 점, 겸용수납장에 위치한 인덕션 및 소형 싱크대 등의 존재만으로 101호를 한 가구가 독립하여 거주하는 별도의 독립된 주거공간으로 인정하기 어려운 점, 처분청의 현장조사 당시 101호에 거주하고 있는 독립된 가구가 없었던 점 등에 비추어 쟁점주택을 1구의 건축물인 고급주택으로 보아 취득세 등을 부과한 처분은 잘못이 없다고 판단됨.

사례 단독주택과 다가구주택 판단 기준

주택과 같이 2세대만 거주할 수 있고 한 울타리 내에 마당과 정원을 갖춘 일반적인 2층 단독주택까지 다가구주택으로 보기 어려움(조심 15지1938, 2016.10.26.).

「지방세법 시행령」상의 다가구주택은 건축법상 단독주택이나 다세대주택 등 공동주택과 유사한 구조와 형태를 갖춘 주택으로 독립하여 거래의 객체가 될 정도가 되어 그 실질이 공동주택에 해당하는 건축물을 의미한다 할 것이므로 이 건 주택과 같이 2세대만 거주할 수 있고 한 울타리 내에 마당과 정원을 갖춘 일반적인 2층 단독주택까지 다가구주택으로 보기는 어려운 점, 비록 이 건 주택의 1층과 2층에 각 별도의 현관문이 존재하고, 1층에서 2층으로 통하는 내부계단이 없다 하더라도 이는 신축

당시 1층의 필로티 공간을 막아 증축함에 따라 부득이하게 그러한 형태가 된 것으로 보이므로 다가구주택과 같이 여러 가구가 한 건축물에 거주할 수 있도록 건축되었다고 하기는 곤란한 점, 1층, 2층의 내부 모두에 주방을 포함한 거실, 방 몇 화장실의 형태를 갖추고 있다 하더라도 1층 주방에 인덕션 1구와 개수대가 있는 씽크대만 설치되어 있고 이 건 주택의 각 층에 전기 및 수도 계량기가 부착되어 있었음이 분명하지 아니한 것으로 보아 그 내부 또한 가구가 독립된 생활을 영위할 수 있는 구조라고 인정하기 힘든 점, 청구인은 이 건 주택 취득 이후 5개월이 경과된 후에야 비로소 1층에 세입자를 둔 점 등에 비추어 이 건 주택을 1구의 단독주택으로서 다가구주택의 형태를 갖춘 것으로 받아들이기는 어렵다 할 것임.

사례 단독주택 단지 내 공동 커뮤니티센터 면적 단독주택 연면적 포함 여부

단독주택 단지 내의 주택 소유자들이 공동으로 사용하기 위해 설립한 커뮤니티센터를 단독주택의 연면적에 포함하여 고급주택 여부를 판단할 수 없음. 또한 주택 주위에 설치되어 있는 울타리 내에 있는 농수로를 복개한 후 그 위에 잔디와 수목을 식재한 경우 해당 농수로용 토지를 고급주택의 부속토지로 지목변경을 한 것으로 보아 간주취득세를 과세할 수 없음(대법원 14두40302, 2014.11.13.).

취득 당시에는 고급주택에 해당하지 아니하였으나 고급주택 중과요건 규정이 개정되고 그 이후 증축으로 인하여 개정 법령에 따른 중과요건에 해당하는 경우 중과대상에 해당함(대법원 15두45694, 2015.9.24.).

사례 채권 보전 목적으로 고급주택 취득시 중과세 대상 여부

원고가 채권을 보전할 목적으로 이 사건 주택을 취득하여 이를 주거용으로 사용하지 아니한 채 매도하였다고 하더라도 취득 당시 이 사건 주택의 현황이 고급주택에 해당하는 이상 위 주택의 취득에는 「지방세법」 제13조 제5항 제3호에 따라 중과세율이 적용됨(대법원 16두41958, 2016.8.26.).

③ 고급주택 과세대상 면적 포함 여부

구분 대상	관련해석	연면적(대지면적) 포함 여부	비 고
창고면적	대법원 17두52856 (2017.10.26.)	○	
기사대기실, 취미실	조심 16지152 (2017.1.24.)	○	

구분 대상	관련해석	연면적(대지면적) 포함 여부	비 고
다락방(내부계단연결)	조심 15지1007 (2015.10.27.)	○	
단독주택의 발코니 면적	지방세운영과－383 (2014.12.24.)	×	
아파트 복층 상층부 배란다 확장면적	대법원 15두51385 (2015.12.24.)	○	
상층부 무벽건축물(필로티) (내부계단연결)	조심 11지452 (2015.3.16.)	○	
옥탑면적	대법원 13두12126 (2013.9.26.)	○	
공동주택 준공 전 발코니 확장	지방세운영과－4023 (2011.8.26.)	×	
타운하우스 관리에 필요한 부속건축물(관리동)	지방세운영과－311 (2012.1.31.)	○	세대별 면적비율 안분
단독주택 단지 내 도로와 공지	지방세운영과－691 (2012.3.5.)	×	
주택에 연접한 임야 (석축 등으로 경계)	조심 10지898 (2011.4.26.)	○	
주차장 부속시설	조심 15지275 (2015.8.24.)	×	
물탱크실(물건수납장 사용)	행심 2004－386 (2004.12.29.)	○	
지하층 소매점(소매점 미사용)	대법원 15두43287 (2015.12.10.)	○	
주거용 이외 용도(사무실)	대법원 90누9513 (1991.5.10.)	×	
접도구역으로 지정된 토지	조심 18지396 (2008.9.16.)	×	
초과발코니 부분 (가장 긴 외벽으로부터 1.5.미터 초과)	지방세운영과－1082 (2010.3.17.)	○	

사례 공동주택 건축물의 연면적에서 제외되는 서비스면적 고급주택 판단 연면적 기준에 포함 여부

사용검사일전에 주거용으로 확장되는 경우 발코니 면적이 공동주택 건축물의 연면적에서 제외되는 서비스면적에 해당되면 고급주택 연면적 계산에서 제외해야 함. "발코니"란 건축물의 내부와 외부를 연결하는 완충공간으로서 전망이나 휴식 등의 목적으로 건축물 외벽에 접하여 부가적으로 설치되는 공간으로서 건물 외벽 밖으로 돌출된 외부 개방형 발코니뿐만 아니라, 건물 본체와 일체로 조적 벽체를 세우고 창호를 설치하는 등 본체와 유사하게 설치하여 건축물 내부면적 이 증가하는 효과를 가져오는 내부형 발코니(커튼월)의 경우라도 건축물관리대장 등 공부상으로 건축물의 연면적에서 제외되는 서비스면적에 해당되는 경우 취득세 중과대상 고급주택 연면적 계산에서도 제외된다(대법원 09두23419, 2010.9.9.)고 할 것이므로, 사용검사일 전에 주거용으로 확장되는 경우라도 발코니 면적이 공동주택 건축물의 연면적에서 제외되는 서비스면적에 해당되는 경우라면 고급주택 연면적 계산에서 제외함이 타당하다고 할 것입니다만, 이에 해당되는지 여부는 당해 과세권자가 사실관계 등을 조사하여 최종 판단할 사항임(행정자치부 지방세운영과-4023, 2011.8.26.).

사례 고급주택의 건축물 연면적 산정시 제외되는 '주차장면적'은 주차장을 유지관리 이용하는데 직간접적인 기능을 수행하는 시설도 포함 여부

① 고급주택의 건축물 연면적 산정시 제외되는 '주차장면적"은 직접적인 주차장 해당부분 뿐만 아니라 주차장을 유지관리 이용하는데 직간접적인 기능을 수행하는 시설도 포함된다고 보는 것이 타당해 보이는 점, ② 쟁점주차장 부속시설은 건축허가 및 사용승인 당시부터 주차장면적으로 설계되어 시설된 점, ③ 쟁점주택의 주차장은 공동주택의 주차장과 유사한 방식으로 설계되어 지하층의 주차장 전체가 서로 공개되어 연결되도록 시설되어 있고, 주차장의 부속창고는 각 세대별로 공개되어 있는 블록형 단독주택 주차장의 특성상 차량비품의 관리 및 도난 훼손 등의 방지를 위하여 설치가 요구되는 시설로 보이는 점, ④ 쟁점 주차장부속시설 중 지하주차장의 계단 및 복도는 지하 1층에 소재한 주차장에서 지상 1, 2층에 소재한 각 주택의 세대를 연결하는 시설로서 지하층에 소재한 주차장의 특성상 필수불가결하게 설치될 수밖에 없는 시설일 뿐만 아니라, 단지 전체의 주차시설로 공개되어 있어 세대의 계단 및 복도까지는 이 건 주택단지의 입주자 누구나 접근이 가능한 공간으로서 주거용 건축물의 일부라기보다는 주차구획으로 출입하는 통로로서 주차장의 일부이고, 기타 공용면적의 일부로 보는 것이 보다 합리적인 점 등에 비추어 쟁점주택의 쟁점주차장 부속시설은 1구의 주거용 건축물의 연면적에서 제외되는 주차장 관련 시설로 보는 것이 타당함(조심 14지2071, 2015.6.4.).

고급주택의 건축물 연면적 산정시 다락방 면적 포함 여부

주택의 옥상으로 진입하는 단순한 통로 역할에 그치는 것이 아니라, 주택의 가재도구 등을 보관하는 창고 역할을 하는 공간 내지는 서재로 이용하는 공간으로 보이는 다락방은 주택의 연면적에 포함됨(조심 15지752, 2015.7.13.).

쟁점다락방이 고급주택의 연면적에 포함되는지의 여부는 「지방세법 시행령」 제13조의 규정에 따라 쟁점다락방의 취득 당시의 현황이 경제적 용법에 따라 실제로 주거용으로 쓰일 구조를 갖추었는지 여부에 의하여 합목적적으로 판단하면 족하고, 설령 건축법 시행령에서 건축물의 연면적 산정에 관한 규정을 두었다고 하더라도 지방세 법령에서 그 적용에 관한 명문의 규정을 두고 있지 아니한 이상 지방세법령에 의하여 독자적인 기준에서 판단할 것인 바, 쟁점다락방은 주거용으로 사용되는 이 건 주택의 2층에 설치된 내부계단을 통해 주거공간과 직접 연결되어 있는 점, 쟁점다락방의 면적은 54.992로서 서재 및 가재도구 등을 보관하는 공간으로 이용되고 있는 점 등에 비추어 쟁점다락방은 지상 2층의 주택에서 주택의 옥상으로 진입하는 단순한 통로 역할에 그치는 것이 아니라, 주택의 가재도구 등을 보관하는 창고 역할을 하는 공간 내지는 서재로 이용하는 공간으로 보이고, 이 건 주택과 함께 일체를 이루어 경제적 용법에 따라 실제로 주거용으로 쓰일 수 있는 구조를 갖추었다고 봄이 상당하므로 쟁점다락방을 주택의 연면적에 포함하여 고급주택에 대한 취득세 중과세 요건을 판단한 것은 달리 잘못이 없음.

④ 세율(중과세)

가) 고급주택 부동산 취득세율

= (제11조 및 제12조의 세율) + (중과기준세율의 100분의 400)

구 분	일반세율	중과세율	총 세율
토지 승계취득	4%	2% × 4	12%
건물 신축	2.8%	2% × 4	10.8%
지목변경	2%	2% × 4	10%

나) 고급주택 부동산 재산세율

고급주택에 대한 재산세 중과세는 없음.

❶ 고급오락장의 개념

도박장, 유흥주점영업장, 특수목욕장, 그 밖에 이와 유사한 용도에 사용되는 건축물과 그 부속토지. 다만, 고급오락장용 건축물을 취득한 날부터 60일 이내에 고급오락장이 아닌 용도로 사용하거나 고급오락장이 아닌 용도로 사용하기 위하여 용도변경공사를 착공하는 경우는 제외

「지방세법」 제13조(과밀억제권역 안 취득 등 중과) ⑤ 다음 각 호의 어느 하나에 해당하는 부동산등을 취득하는 경우(별장 등을 구분하여 그 일부를 취득하는 경우를 포함한다)의 취득세는 제11조 및 제12조의 세율과 중과기준세율의 100분의 400을 합한 세율을 적용하여 계산한 금액을 그 세액으로 한다. 이 경우 골프장은 그 시설을 갖추어 「체육시설의 설치·이용에 관한 법률」에 따라 체육시설업의 등록(시설을 증설하여 변경등록하는 경우를 포함한다. 이하 이 항에서 같다)을 하는 경우뿐만 아니라 등록을 하지 아니하더라도 사실상 골프장으로 사용하는 경우에도 적용하며, 별장·고급주택·고급오락장에 부속된 토지의 경계가 명확하지 아니할 때에는 그 건축물 바닥면적의 10배에 해당하는 토지를 그 부속토지로 본다.

4. 고급오락장: 도박장, 유흥주점영업장, 특수목욕장, 그 밖에 이와 유사한 용도에 사용되는 건축물 중 대통령령으로 정하는 건축물과 그 부속토지. 다만, 고급오락장용 건축물을 취득한 날부터 60일[상속으로 인한 경우는 상속개시일이 속하는 달의 말일부터, 실종으로 인한 경우는 실종선고일이 속하는 달의 말일부터 각각 6개월(납세자가 외국에 주소를 둔 경우에는 각각 9개월)] 이내에 고급오락장이 아닌 용도로 사용하거나 고급오락장이 아닌 용도로 사용하기 위하여 용도변경공사를 착공하는 경우는 제외한다.

사례 ▷ 채권보전용으로 취득한 고급오락장이 중과세 대상인지 여부

건물사용의 권리행사 여부와 관계없이 지상건축물이 고급오락장이면 채권 보전용으로 토지의 일부분을 취득하여 소유자가 각각 다르더라도 그 부속 토지는 중과세 대상임.

또한, 건물의 일부를 구분하여 취득하거나 건물과 대지를 구분하여 그 중 하나를 취득하거나 대지의 일부를 구분하여 취득한 경우에도 중과세 대상에 해당되며, 부동산 중 일부토지만을 취득하여 그 건물사용의 추인 여부, 경제적 이익이나 또는 그 건물사용의 권리행사 여부와 관계없이 지상건축물이 고급오락장이면 채권보전용으로 토지의

일부분을 취득하여 소유자가 각각 다르더라도 그 부속 토지는 중과세 대상임(행정자치부 세정13407－435, 2000.3.23.).

사례 ▶ 중과세대상 고급오락장의 부속토지만 취득하여도 그 토지를 중과세 대상으로 볼 수 있는지 여부

고급오락장용 건축물의 부속토지만 취득하여도 취득세 중과대상임(대법원 03두2847, 2004.3.12.).

「지방세법」상 취득세중과대상인 고급오락장에는 고급오락장용건축물뿐 아니라 그 부속 토지도 포함되는 것이어서 반드시 고급오락장용건축물을 취득하는 경우에만 그 부속 토지가 중과대상이 되는 것은 아니며, 또한 그 건축물과 부속토지의 소유자가 다르다고 하여 중과세대상에서 제외되는 것도 아님.

사례 ▶ 중과세대상 고급오락장으로 볼 수 있는 시점

유흥주점영업장의 설비를 갖추고 유흥주점영업허가를 받는 등으로 유흥주점영업장소로서의 실체를 갖추게 된 날에 유흥주점영업장소가 되었다고 보아야 할 것임(감심 2003－74, 2003.7.22.).

유흥주점영업장소가 되는 시기에 대하여 그 영업허가일 또는 영업개시일 등을 명백히 규정하고 있지는 아니하나 이때의 유흥주점영업장소는 그 영업활동을 "하고 있는 장소"라고 한정하여 해석하기보다는 그 영업활동을 "할 수 있는 장소"를 포함한다고 보아야 할 것이므로 유흥주점영업장의 설비를 갖추고 유흥주점영업허가를 받는 등으로 유흥주점영업장소로서의 실체를 갖추고 있다면 그 실체를 갖추게 된 날에 유흥주점영업장소가 되었다고 보아야 할 것인 바, 지방세 법 시행령 제86조의3(현재 34조 제5호)에서 취득세중과세대상 과세물건이 된 때에 신고납부기한(30일)의 기산일은 그 대상 업종의 영업허가 인가를 받은 날 등으로 규정한 취지에 비추어 보아도 더욱 그렇다 할 것임.

사례 ▶ 유흥주점영업장 건물에 부속된 토지인지 여부는 당해 토지의 취득당시 현황과 이용실태에 의해 결정되고 토지의 권리관계 소유형태 필지수를 불문함

법 제112조 제2항 제4호, 구 「지방세법 시행령」(2005.10.7. 대통령령 제19082호로 개정되기 전의 것) 제84조의3 제4항 제5호에 의하여 취득세의 중과세율(일반세율의 100분의 500)이 적용되는 유흥주점영업장으로 사용되는 건물의 부속토지라 함은 건물의 소유자가 당해 건물의 효용과 편익을 위해 사용하는 토지의 면적을 뜻한다 할 것이고, 이러한 유흥주점영업장 건물에 부속된 토지인지 여부는 당해 토지의 취득 당시 현황과 이용실태에 의하여 결정되고 토지의 권리관계 소유형태 또는 필지수를 불문함(대법원 08두3951, 2008.4.24.).

무도유흥주점인지 여부의 판단기준은 현황을 객관적으로 판단하여 무도유흥주점으로서의 실체를 갖추고 있으면 충분하다고 할 것임

무도유흥주점이란 손님이 춤을 출 수 있도록 객석과 구분된 무도장을 설치한 무도유흥주점(캬바레 나이트클럽 디스코클럽 등)에 해당하는 영업장소(영업 장면적이 100제곱미터를 초과하는 것에 한한다)를 말하는 바(「지방세법 시행령」 제84조의3 제4항 제5호 가목), 유흥중과분 취득세 부과대상인 무도유흥주점 인지의 여부를 판단하는 기준은 현황을 객관적으로 판단하여 무도유흥주점으로서의 실체를 갖추고 있으면 충분하다고 할 것이고(대법원 1993.5.27. 선고 92누15154 등), 무도유흥주점 영업이 휴업 중에 있었더라도 그 영업허가를 계속 유지하기 위하여 무도장 등 기본시설을 존치하여 둔 재 휴업신고를 계속하여 왔다면 그 건물의 사실상의 현황이 무도유흥주점 영업장소로서의 실체를 구비하고 있는 것으로서 「지방세법」 제112조 제2항 제4호, 「지방세법 시행령」 제84조의3 제4항 제5호 가.목 소정의 무도유흥주점용 건축물이라고 보아야 할 것임(대법원 08두7847, 2008.7.24.).

무도유흥주점인지 여부의 판단기준은 현황을 객관적으로 판단하여 무도유흥주점으로서의 실체를 갖추고 있으면 충분하다고 할 것임

유흥주점인지의 여부를 판단하는 기준은 영업허가 여부와 관계없이 현황을 객관적으로 판단하여 유흥주점으로서의 실체를 갖추고 있으면 충분하다고 할 것이며(대법원, 92누15154), 또한 일시적으로 휴업중인 경우에도 고급오락장으로서 중과세 대상에 해당되는 점(대법원 89누3922 등)을 고려할 때, 과세기준 준일 현재 유흥주점업을 폐업하였다 하더라도 시설 일체를 철거하는 등 사실상 폐업하지 않은 상태에서, 과세기준일 이후 다시 허가를 득하여 영업을 재개하였다면 이는 일시적인 휴업으로 보아 고급오락장으로 볼 수 있겠으나, 이에 해당되는지 여부에 대해서는 전반적인 전후사정 및 사실관계 등을 면밀히 확인하여 과세권자가 경정할 사안임(행정자치부 지방세운영과-2287, 2009.6.9.).

쟁점건축물에 대하여 유흥주점 허가를 받았으나 사실상 클럽형태로 운영하고 있어 재산세 중과세 대상에 해당하지 아니한다는 청구주장의 당부

EDM 음악박스만 설치되어 있고 객석과 구분된 무도장이 설치된 공간 및 시설은 없는 것으로 복명하였고 처분청도 이를 인정한 점 등에 비추어 2017년 재산세 과세기준일(6.1.) 현재 및 전후의 기간에 명백히 무도유흥주점으로 사용되었다는 증빙이 부족할 뿐만 아니라 이 건의 경우 손님이 춤을 출 수 있도록 객석과 구분된 무도장이 설치되지 않은 테이블의 공간 등에서 춤을 추는 것이 부수적인 것에 불과할 수도 있는 것으로 판단되므로 처분청이 쟁점건축물의 부속토지에 대하여 이 건 재산세(토지분) 등을 중과세한 처분은 잘못이 있다고 판단됨(조심 2018지157, 2018.6.26.).

고급오락장의 범위와 기준

- 카지노장 등과 고급미용실

1. 당사자 상호간에 재물을 걸고 우연한 결과에 따라 재물의 득실을 결정하는 카지노장 (「관광진흥법」에 따라 허가된 외국인전용 카지노장은 제외한다)
2. 사행행위 또는 도박행위에 제공될 수 있도록 자동도박기[파친코, 슬롯머신(slot machine), 아케이드 이퀴프먼트(arcade equipment) 등을 말한다]를 설치한 장소
3. 머리와 얼굴에 대한 미용시설 외에 욕실 등을 부설한 장소로서 그 설비를 이용하기 위하여 정해진 요금을 지급하도록 시설된 미용실

- 유흥주점 등(룸살롱)

1. 무도유흥주점	2. 룸살롱과 요정

▶ 손님이 춤을 출 수 있도록 객석과 구분된 무도장을 설치한 유흥주점으로서 캬바레, 나이트클럽, 디스코클럽 등
   – 객석과 구분되는 무도장을 설치할 것
   – 공용면적 포함 영업장면적이 100제곱미터 초과할 것
   – 유흥접객원 및 입장료 수수여부 불문
	▶ 아래 요건을 갖춘 유흥주점 영업소
	   – 공용면적 포함 영업장면적이 100제곱미터 초과할 것
	   – 객실면적이 전용면적의 50% 이상이거나 객실 수가 5개 이상
	   – 유흥접객원이 있을 것(임시로 고용된 사람 포함)

「지방세법 시행령」 제28조(별장 등의 범위와 적용기준) ⑤ 법 제13조 제5항 제4호 본문에서 "대통령령으로 정하는 건축물과 그 부속토지"란 다음 각 호의 어느 하나에 해당하는 용도에 사용되는 건축물과 그 부속토지를 말한다. 이 경우 고급오락장이 건축물의 일부에 시설되었을 때에는 해당 건축물에 부속된 토지 중 그 건축물의 연면적에 대한 고급오락장용 건축물의 연면적 비율에 해당하는 토지를 고급오락장의 부속토지로 본다.

1. 당사자 상호간에 재물을 걸고 우연한 결과에 따라 재물의 득실을 결정하는 카지노장 (「관광진흥법」에 따라 허가된 외국인전용 카지노장은 제외한다)
2. 사행행위 또는 도박행위에 제공될 수 있도록 자동도박기[파친코, 슬롯머신(slot machine), 아케이드 이퀴프먼트(arcade equipment) 등을 말한다]를 설치한 장소
3. 머리와 얼굴에 대한 미용시설 외에 욕실 등을 부설한 장소로서 그 설비를 이용하기 위하여 정해진 요금을 지급하도록 시설된 미용실

중과세대상 고급오락장의 부속토지로 볼 수 있는지 여부

지상정착물의 부속토지란 지상정착물의 효용과 편익을 위해 사용되고 있는 토지를 말하므로 필지수나 공부상의 기재와 관계없이 토지의 이용현황에 따라 객관적으로 결정되는 것임(행정자치부 심사 2002-343, 2002.9.30.).

지상정착물의 부속토지란 지상정착물의 효용과 편익을 위해 사용되고 있는 토지를 말하고 부속토지인지 여부는 필지수나 공부상의 기재와 관계없이 토지의 이용현황에 따라 객관적으로 결정되는 것으로서, 이 사건 쟁점토지의 경우 청구인이 이를 취득하기 이전부터 연접한 토지상의 나이트클럽건축물과 동일한 출입구를 통하여 출입하면서 당해 나이트클럽의 공부상 부속토지와 구분이 없이 사용되고 있었고 나이트클럽의 영업특성을 고려할 때 넓은 주차장을 확보할 필요성이 있었다고 보이며 이러한 영업상의 이유로 종전부터 이 사건 쟁점토지를 주차장으로 고객에게 제공하고 있었던 사실과 청구인도 이러한 토지를 취득한 후 이를 구분하기 위하여 적극적인 조치를 취하지 아니한 사실을 종합해 보면, 이 사건 쟁점토지는 취득 이전부터 사실상 나이트클럽건축물의 부속토지로서 사용되고 있는 토지이므로 취득세 중과세 대상임.

공용주차장 면적 중 유흥주점 면적비율에 해당하는 면적은 고급오락장면적에 포함됨

부동산을 취득할 당시 현황으로 볼 때 지하1층의 복도면적은 그 이전부터 유흥주점으로 사용되고 있었다고 보아야 할 것이며, 지하1층에는 유흥주점 이외에는 다른 영업장소가 전혀 없고 계단을 통하여 곧바로 유흥주점으로 통하게 되어 있는 사실과 객실과 복도를 두고 맞은편에 화장실이 위치하고 있는 사실을 고려할 때, 이 사건 지하1층의 객실 이외의 계산대, 주방, 화장실, 복도 및 계단은 영업장소와 일체가 되어 사용하고 있다고 보아야 할 것이고, 처분청이 산정한 유흥주점 면적에는 기계실의 면적은 포함되어 있지 아니하므로 기계실 면적이 유흥주점 면적에 포함되었다는 청구인의 주장은 이유가 없다 하겠고, 지상1층 주차장의 경우 지상1층 주차장이 이 사건 부동산의 유일한 주차장으로서 이러한 공유면적인 주차장을 특별한 사유 없이 모델이 단독으로 사용하고 있는 것으로 보기 어렵고, 그 위치, 구조 등 제반사항을 종합하여 볼 때 처분청이 이를 공용면적으로 보아 유흥주점 면적비율에 해당하는 주차장면적을 고급 오락장면적에 포함(행정자치부 심사 2003-243, 2003.11.24.).

항시 고용 유흥접객원이 없을 경우에도 중과세 대상 유흥주점으로 볼수 있는지 여부

- 유흥주점 허가와 시설이 구비되어 있으나 장기간 휴업상태로 유흥접객원을 고용하지 아니하였다고 하여 중과대상이 아니라고 볼 수 없음(행정자치부 지방세운영과-3689, 2009.9.10.).
- 장기간 휴업상태로 유흥접객원을 고용하지 않은 경우 관련해서 취득세 중과대상의 판단은 취득 후 일정기간 동안의 유흥접객원 고용 등 중과세 요건을 계속해서

유지하였는지 여부로 결정하는 것이 아니라, 부동산 취득 후 5년 이내에 유흥주점
업으로서 유흥주점의 형태, 유흥접객원 고용 등 중과세 요건에 해당되었는지 여부
로 판단함으로 비목 취득 후 중과대상 요건을 갖춘 후에 장기간 유흥접객원을 고
용하지 않았다고 하여 중과 대상이 아니라고 볼 수 없음.

재산세 중과대상 유흥주점의 경우 휴업중이라고 하여 유흥접객원이 없는 것으로 간
주하여 중과대상이 아니라고 판단하는 것이 아니고, 유흥주점의 형태와 일정시설 등
을 더불어 종합적으로 판단해야 하는 바, 과세기준일(6.1.) 현재 휴업중인 경우라도
영업장의 시설, 영업행위의 성격, 영업이력 등 객관적 정황상 유흥접객원을 고용하는
영업장으로서의 실체가 유지되는 이상 중과대상 유흥주점으로 볼 수 있다고(지방세
심사2008-53, 2008.1.28.) 사료됨.

사례 ▶ 고급오락장 중과세율 적용

노래연습장의 등록을 한 임차인이 단순히 주류판매 및 주류반입 등을 이유로 행정처
분을 받았다는 사실만으로 이 건 노래연습장을 곧바로 주로 주류와 음식물을 조리·
판매하고 유흥접객원을 둘 수 있는 룸살롱 등으로 보기는 어려운 점 등에 비추어 청
구인이 소유한 쟁점부동산을 고급오락장(유흥주점영업장)으로 보아 취득세를 중과
세한 처분은 잘못이 있음(조심 2018지951, 2019.3.19.).

사례 ▶ 고급오락장(유흥주점)으로 보아 재산세 등을 중과세한 처분의 당부

두개의 유흥주점이 연결통로를 만들어 하나의 영업장으로 사용 중이며, 쟁점영업장
에 조명시설 및 음향시설 등을 갖추고 객석과 구분된 무도장(스테이지)이 있는 것으
로 나타나며, 영업형태도 나이트클럽·디스코클럽 등과 사실상 동일하다고 보이는
점 등에 비추어 처분청이 쟁점영업장을 고급오락장으로 보아 재산세 등을 중과세한
처분은 달리 잘못이 없다고 판단됨(조심 2017지0220, 2017.4.20.).

사례 ▶ 유흥주점에 대한 재산세 중과세율 적용 여부 질의 회신

'무도유흥주점'이라 함은 "손님들이 춤을 출 수 있는 공간(무도장)이 설치된 모든 유
흥주점의 영업장소를 가리키는 것이 아니라 그 영업형태나 춤을 출 수 있는 공간의
규모 등을 고려하여 손님들이 춤을 출 수 있도록 하는 것을 주된 영업형태로 하고
또 그에 상응하는 규모로 객석과 구분된 무도장이 설치된 유흥주점의 영업장소만을
말한다고 보는 것이 상당하다"(대법원 2006.3.10. 선고 2005두197 판결 참조)고 할 것인데,
'객석과 구분된 무도장'을 판단함에 있어서 "춤을 출 수 있는 공간과 객석 부분의 바
닥 재질이 같고 높이에 차이가 나지 않다고 하더라도, 영업장의 DJ박스와 객석 사이
의 공간이 춤을 추기 위한 목적으로 사용된다면 객석과 구분된 공간으로서 무도장이
라고 봄이 타당하다"(대법원 2017.12.7. 선고 2017두55947 판결 참조)고 할 것이다. 따라서

업소의 영업형태, 구조 및 설치된 시설물의 종류·용도·규모, 손님들의 방문목적 등을 종합적으로 고려하여, 쟁점 영업장 면적이 100㎡를 초과하고, DJ박스 및 물품보관함 운영, 음향시설 및 조명시설 등을 갖추고 있을 뿐만 아니라, 객석과 객석 사이, 객석과 DJ박스 사이, 통로 등에 공간이 있어 손님이 춤을 추는 공간(무도장)으로 활용되며, 그 공간의 규모가 업소의 전체 규모와 비교했을 때 손님이 춤을 출 수 있도록 하는것을 주된 영업형태로 볼 수 있는 규모라면 재산세 중과세율 적용대상에 해당된다고 판단됨(부동산세제과-1851호, 2020.7.31.).

사례 쟁점부동산 소유자 동의없이 임차인 임의로 고급오락장으로 불법용도변경한 경우에도 중과세 대상에 해당 여부

일반음식점이 임차인에 의해 유흥주점으로 불법 용도변경되었음을 인지하였음에도 임대차계약을 해지하는 등 적극적인 조치없이 임대차계약을 지속한 경우 중과세 타당 (대전지법 2019구합103040, 2020.1.16.: 대법확정)

사례 상속에 따른 세율특례 적용 여부

상속인의 세대별 주민등록표에 재외국민이 등재되어 있다고 하더라도 1가구의 주택수 산정에서 재외국민이 소유한 주택수는 배제함이 타당(서울행법 2019구합7706, 2020.8.14.: 대법확정)

❸ 세율(중과세)

가) 고급오락장 부동산 취득세율

= (제11조 및 제12조의 세율) + (중과기준세율의 100분의 400)

구 분	일반세율	중과세율	총 세율
토지 승계취득	4%	2% × 4	12%
건물 신축	2.8%	2% × 4	10.8%
지목변경	2%	2% × 4	10%

나) 고급오락장 부동산 재산세율

「지방세법」 제13조 제5항에 따른 고급오락장: 과세표준의 과세표준액의 1,000분의 40

제 **9** 장

법인의 주택 취득 등 중과

「지방세법」 제13조의2(법인의 주택 취득 등 중과) ① 주택(제11조 제1항 제8호에 따른 주택을 말한다. 이 경우 주택의 공유지분이나 부속토지만을 소유하거나 취득하는 경우에도 주택을 소유하거나 취득한 것으로 본다. 이하 이 조 및 제13조의3에서 같다)을 유상거래를 원인으로 취득하는 경우로서 다음 각 호의 어느 하나에 해당하는 경우에는 제11조 제1항 제8호에도 불구하고 다음 각 호에 따른 세율을 적용한다.

1. 법인(「국세기본법」 제13조에 따른 법인으로 보는 단체, 「부동산등기법」 제49조 제1항 제3호에 따른 법인 아닌 사단·재단 등 개인이 아닌 자를 포함한다. 이하 이 조 및 제151조에서 같다)이 주택을 취득하는 경우: 제11조 제1항 제7호 나목의 세율을 표준세율로 하여 해당 세율에 중과기준세율의 100분의 400을 합한 세율

2. 1세대 2주택(대통령령으로 정하는 일시적 2주택은 제외한다)에 해당하는 주택으로서 「주택법」 제63조의2 제1항 제1호에 따른 조정대상지역(이하 이 장에서 "조정대상지역"이라 한다)에 있는 주택을 취득하는 경우 또는 1세대 3주택에 해당하는 주택으로서 조정대상지역 외의 지역에 있는 주택을 취득하는 경우: 제11조 제1항 제7호 나목의 세율을 표준세율로 하여 해당 세율에 중과기준세율의 100분의 200을 합한 세율

3. 1세대 3주택 이상에 해당하는 주택으로서 조정대상지역에 있는 주택을 취득하는 경우 또는 1세대 4주택 이상에 해당하는 주택으로서 조정대상지역 외의 지역에 있는 주택을 취득하는 경우: 제11조 제1항 제7호 나목의 세율을 표준세율로 하여 해당 세율에 중과기준세율의 100분의 400을 합한 세율

② 조정대상지역에 있는 주택으로서 대통령령으로 정하는 일정가액 이상의 주택을 제11조 제1항 제2호에 따른 무상취득(이하 이 조에서 "무상취득"이라 한다)을 원인으로 취득하는 경우에는 제11조 제1항 제2호에도 불구하고 같은 항 제7호 나목의 세율을 표준세율로 하여 해당 세율에 중과기준세율의 100분의 400을 합한 세율을 적용한다. 다만, 1세대 1주택자가 소유한 주택을 배우자 또는 직계존비속이 무상취득하는 등 대통령령으로 정하는 경우는 제외한다.

③ 제1항 또는 제2항과 제13조 제5항이 동시에 적용되는 과세물건에 대한 취득세율은 제16조 제5항에도 불구하고 제1항 각 호의 세율 및 제2항의 세율에 중과기준세율의 100분의 400을 합한 세율을 적용한다.

④ 제1항부터 제3항까지를 적용할 때 조정대상지역 지정고시일 이전에 주택에 대한 매매계약(공동주택 분양계약을 포함한다)을 체결한 경우(다만, 계약금을 지급한 사실 등이 증빙서류에 의하여 확인되는 경우에 한정한다)에는 조정대상지역으로 지정되기 전에 주택을 취득한 것으로 본다.

⑤ 제1항부터 제4항까지 및 제13조의3을 적용할 때 주택의 범위 포함 여부, 세대의 기준, 주택 수의 산정방법 등 필요한 세부 사항은 대통령령으로 정한다.

제13조의3(주택 수의 판단 범위) 제13조의2를 적용할 때 다음 각 호의 어느 하나에 해당하는 경우에는 다음 각 호에서 정하는 바에 따라 세대별 소유 주택 수에 가산한다.

1. 「신탁법」에 따라 신탁된 주택은 위탁자의 주택 수에 가산한다.

2. 「도시 및 주거환경정비법」제74조에 따른 관리처분계획의 인가 및 「빈집 및 소규모주택 정비에 관한 특례법」제29조에 따른 사업시행계획인가로 인하여 취득한 입주자로 선정된 지위[「도시 및 주거환경정비법」에 따른 재건축사업 또는 재개발사업, 「빈집 및 소규모주택 정비에 관한 특례법」에 따른 소규모재건축사업을 시행하는 정비사업조합의 조합원으로서 취득한 것(그 조합원으로부터 취득한 것을 포함한다)으로 한정하며, 이에 딸린 토지를 포함한다. 이하 이 조에서 "조합원입주권"이라 한다]는 해당 주거용 건축물이 멸실된 경우라도 해당 조합원입주권 소유자의 주택 수에 가산한다.

3. 「부동산 거래신고 등에 관한 법률」제3조 제1항 제2호에 따른 "부동산에 대한 공급계약"을 통하여 주택을 공급받는 자로 선정된 지위(해당 지위를 매매 또는 증여 등의 방법으로 취득한 것을 포함한다. 이하 이 조에서 "주택분양권"이라 한다)는 해당 주택분양권을 소유한 자의 주택 수에 가산한다.

4. 제105조에 따라 주택으로 과세하는 오피스텔은 해당 오피스텔을 소유한 자의 주택 수에 가산한다.

「지방세법 시행령」 제28조의2(주택 유상거래 취득 중과세의 예외) 법 제13조의2 제1항을 적용할 때 같은 항 각 호 외의 부분에 따른 주택(이하 이 조 및 제28조의3부터 제28조의6까지에서 "주택"이라 한다)으로서 다음 각 호의 어느 하나에 해당하는 주택은 중과세 대상으로 보지 않는다.

1. 법 제4조에 따른 시가표준액(지분이나 부속토지만을 취득한 경우에는 전체 주택의 시가표준액을 말한다)이 1억 원 이하인 주택. 다만, 「도시 및 주거환경정비법」제2조 제1호에 따른 정비구역(종전의 「주택건설촉진법」에 따라 설립인가를 받은 재건축조합의 사업부지를 포함한다)으로 지정·고시된 지역 또는 「빈집 및 소규모주택 정비에 관한 특례법」제2조 제1항 제4호에 따른 사업시행구역에 소재하는 주택은 제외한다.

2. 「공공주택 특별법」제4조 제1항에 따라 지정된 공공주택사업자가 같은 법 제43조 제1항에 따라 공공매입임대주택으로 공급(신축 또는 개축하여 공급하는 경우를 포함한다)하기 위하여 취득하는 주택. 다만, 정당한 사유 없이 그 취득일부터 2년이 경과할 때까지 공공매입임대주택으로 공급하지 않거나 공공매입임대주택으로 공급한 기간이 3년 미만인 상태에서 매각·증여하거나 다른 용도로 사용하는 경우는 제외한다.

3. 「노인복지법」제32조 제1항 제3호에 따른 노인복지주택으로 운영하기 위하여 취득하는 주택. 다만, 정당한 사유 없이 그 취득일부터 1년이 경과할 때까지 해당 용도에 직접 사용하지 않거나 해당 용도로 직접 사용한 기간이 3년 미만인 상태에서 매각·증여하거나 다른 용도로 사용하는 경우는 제외한다.

4. 「문화재보호법」제53조 제1항에 따른 국가등록문화재에 해당하는 주택

5. 「민간임대주택에 관한 특별법」제2조 제7호에 따른 임대사업자가 같은 조 제4호에 따른 공공지원민간임대주택으로 공급하기 위하여 취득하는 주택. 다만, 정당한 사유 없

이 그 취득일부터 2년이 경과할 때까지 공공지원민간임대주택으로 공급하지 않거나 공공지원민간임대주택으로 공급한 기간이 3년 미만인 상태에서 매각·증여하거나 다른 용도로 사용하는 경우는 제외한다.

6. 「영유아보육법」 제10조 제5호에 따른 가정어린이집으로 운영하기 위하여 취득하는 주택. 다만, 정당한 사유 없이 그 취득일부터 1년이 경과할 때까지 해당 용도에 직접 사용하지 않거나 해당 용도로 직접 사용한 기간이 3년 미만인 상태에서 매각·증여하거나 다른 용도로 사용하는 경우는 <u>제외하되, 가정어린이집을 「영유아보육법」 제10조 제1호에 따른 국공립어린이집으로 전환한 경우는 당초 용도대로 직접 사용하는 것으로 본다.</u>

7. 「주택도시기금법」 제3조에 따른 주택도시기금과 「한국토지주택공사법」에 따라 설립된 한국토지주택공사가 공동으로 출자하여 설립한 부동산투자회사 또는 「한국자산관리공사 설립 등에 관한 법률」에 따라 설립된 한국자산관리공사가 출자하여 설립한 부동산투자회사가 취득하는 주택으로서 취득 당시 다음 각 목의 요건을 모두 갖춘 주택
   가. 해당 주택의 매도자(이하 이 호에서 "매도자"라 한다)가 거주하고 있는 주택으로서 해당 주택 외에 매도자가 속한 세대가 보유하고 있는 주택이 없을 것
   나. 매도자로부터 취득한 주택을 5년 이상 매도자에게 임대하고 임대기간 종료 후에 그 주택을 재매입할 수 있는 권리를 매도자에게 부여할 것
   다. 법 제4조에 따른 시가표준액(지분이나 부속토지만을 취득한 경우에는 전체 주택의 시가표준액을 말한다)이 5억 원 이하인 주택일 것

8. 다음 각 목의 어느 하나에 해당하는 주택으로서 멸실시킬 목적으로 취득하는 주택. 다만, 정당한 사유 없이 그 취득일부터 3년이 경과할 때까지 해당 주택을 멸실시키지 않은 경우는 제외한다.
   가. 「공공기관의 운영에 관한 법률」 제4조에 따른 공공기관 또는 「지방공기업법」 제3조에 따른 지방공기업이 「공익사업을 위한 토지 등의 취득 및 보상에 관한 법률」 제4조에 따른 공익사업을 위하여 취득하는 주택
   나. 「도시 및 주거환경정비법」 제2조 제8호에 따른 사업시행자, 「빈집 및 소규모주택 정비에 관한 특례법」 제2조 제1항 제5호에 따른 사업시행자, 「주택법」 제2조 제11호에 따른 주택조합(같은 법 제11조 제2항에 따른 "주택조합설립인가를 받으려는 자"를 포함한다) 또는 같은 법 제4조에 따라 등록한 주택건설사업자가 주택건설사업을 위하여 취득하는 주택. 다만, 해당 주택건설사업이 주택과 주택이 아닌 건축물을 한꺼번에 신축하는 사업인 경우에는 신축하는 주택의 건축면적 등을 고려하여 행정안전부령으로 정하는 바에 따라 산정한 부분으로 한정한다.

9. 주택의 시공자(「주택법」 제33조 제2항에 따른 시공자 및 「건축법」 제2조 제16호에 따른 공사시공자를 말한다)가 다음 각 목의 어느 하나에 해당하는 자로부터 해당 주택의 공사대금으로 취득한 미분양 주택(「주택법」 제54조에 따른 사업주체가 같은 조에 따라 공급하는 주택으로서 입주자모집공고에 따른 입주자의 계약일이 지난 주택단지에서 취득일 현재까지 분양계약이 체결되지 않아 선착순의 방법으로 공급하는 주택을

말한다. 이하 이 조 및 제28조의6에서 같다). 다만, 가목의 자로부터 취득한 주택으로서 자기 또는 임대계약 등 권원을 불문하고 타인이 거주한 기간이 1년 이상인 경우는 제외한다.

　　가. 「건축법」 제11조에 따른 허가를 받은 자

　　나. 「주택법」 제15조에 따른 사업계획승인을 받은 자

10. 다음 각 목의 어느 하나에 해당하는 자가 저당권의 실행 또는 채권변제로 취득하는 주택. 다만, 취득일부터 3년이 경과할 때까지 해당 주택을 처분하지 않은 경우는 제외한다.

　　가. 「농업협동조합법」에 따라 설립된 조합

　　나. 「산림조합법」에 따라 설립된 산림조합 및 그 중앙회

　　다. 「상호저축은행법」에 따른 상호저축은행

　　라. 「새마을금고법」에 따라 설립된 새마을금고 및 그 중앙회

　　마. 「수산업협동조합법」에 따라 설립된 조합

　　바. 「신용협동조합법」에 따라 설립된 신용협동조합 및 그 중앙회

　　사. 「은행법」에 따른 은행

11. 제28조 제2항에 따른 농어촌주택

12. 사원에 대한 임대용으로 직접 사용할 목적으로 취득하는 주택으로서 1구의 건축물의 연면적(전용면적을 말한다)이 60제곱미터 이하인 <u>공동주택(「건축법 시행령」 별표 1 제1호 다목에 따른 다가구주택으로서 「건축법」 제38조에 따른 건축물대장에 호수별로 전용면적이 구분되어 기재되어 있는 다가구주택을 포함한다)</u>. 다만, 다음 각 목의 어느 하나에 해당하는 주택은 제외한다.

　　가. 취득하는 자가 개인인 경우로서 「지방세기본법 시행령」 제2조 제1항 각 호의 어느 하나에 해당하는 관계인 사람에게 제공하는 주택

　　나. 취득하는 자가 법인인 경우로서 「지방세기본법」 제46조 제2호에 따른 과점주주에게 제공하는 주택

　　다. 정당한 사유 없이 그 취득일부터 1년이 경과할 때까지 해당 용도에 직접 사용하지 않거나 해당 용도로 직접 사용한 기간이 3년 미만인 상태에서 매각·증여하거나 다른 용도로 사용하는 주택

13. 물적분할[「법인세법」 제46조 제2항 각 호의 요건(같은 항 제2호의 경우 전액이 주식 등이어야 한다)을 갖춘 경우로 한정한다]로 인하여 분할신설법인이 분할법인으로부터 취득하는 미분양 주택. 다만, 분할등기일부터 3년 이내에 「법인세법」 제47조 제3항 각 호의 어느 하나에 해당하는 사유가 발생한 경우(같은 항 각 호 외의 부분 단서에 해당하는 경우는 제외한다)는 제외한다.

14. <u>「주택법」에 따른 리모델링주택조합이 같은 법 제22조 제2항에 따라 취득하는 주택</u>

제28조의3(세대의 기준) ① 법 제13조의2 제1항부터 제4항까지의 규정을 적용할 때 1세대란 주택을 취득하는 사람과 「주민등록법」 제7조에 따른 세대별 주민등록표(이하 이 조에서 "세대별 주민등록표"라 한다) 또는 「출입국관리법」 제34조 제1항에 따른 등록외국인

기록표 및 외국인등록표(이하 이 조에서 "등록외국인기록표등"이라 한다)에 함께 기재되어 있는 가족(동거인은 제외한다)으로 구성된 세대를 말하며 주택을 취득하는 사람의 배우자(사실혼은 제외하며, 법률상 이혼을 했으나 생계를 같이 하는 등 사실상 이혼한 것으로 보기 어려운 관계에 있는 사람을 포함한다. 이하 제28조의6에서 같다), 취득일 현재 미혼인 30세 미만의 자녀 또는 부모(주택을 취득하는 사람이 미혼이고 30세 미만인 경우로 한정한다)는 주택을 취득하는 사람과 같은 세대별 주민등록표 또는 등록외국인 기록표등에 기재되어 있지 않더라도 1세대에 속한 것으로 본다.

② 제1항에도 불구하고 다음 각 호의 어느 하나에 해당하는 경우에는 각각 별도의 세대로 본다.

1. 부모와 같은 세대별 주민등록표에 기재되어 있지 않은 30세 미만의 자녀로서 주택 취득일이 속하는 달의 직전 12개월 동안 발생한 소득으로서 행정안전부장관이 정하는 소득이 「국민기초생활 보장법」에 따른 기준 중위소득을 12개월로 환산한 금액의 100분의 40 이상이고, 소유하고 있는 주택을 관리·유지하면서 독립된 생계를 유지할 수 있는 경우. 다만, 미성년자인 경우는 제외한다.

2. <u>취득일 현재 65세 이상의 직계존속(배우자의 직계존속을 포함하며, 직계존속 중 어느 한 사람이 65세 미만인 경우를 포함한다)을 동거봉양(同居奉養)하기 위하여 30세 이상의 직계비속, 혼인한 직계비속 또는 제1호에 따른 소득요건을 충족하는 성년인 직계 비속이 합가(合家)한 경우</u>

3. 취학 또는 근무상의 형편 등으로 세대전원이 90일 이상 출국하는 경우로서 「주민등록법」 제10조의3 제1항 본문에 따라 해당 세대가 출국 후에 속할 거주지를 다른 가족의 주소로 신고한 경우

4. 별도의 세대를 구성할 수 있는 사람이 주택을 취득한 날부터 60일 이내에 세대를 분리하기 위하여 그 취득한 주택으로 주소지를 이전하는 경우

제28조의4(주택 수의 산정방법) ① 법 제13조의2 제1항 제2호 및 제3호를 적용할 때 세율 적용의 기준이 되는 1세대의 주택 수는 주택 취득일 현재 취득하는 주택을 포함하여 1세대가 국내에 소유하는 주택, 법 제13조의3 제2호에 따른 조합원입주권(이하 "조합원입주권"이라 한다), 같은 조 제3호에 따른 주택분양권(이하 "주택분양권"이라 한다) 및 같은 조 제4호에 따른 오피스텔(이하 "오피스텔"이라 한다)의 수를 말한다. 이 경우 조합원입주권 또는 주택분양권에 의하여 취득하는 주택의 경우에는 조합원입주권 또는 주택분양권의 취득일(분양사업자로부터 주택분양권을 취득하는 경우에는 분양계약일)을 기준으로 해당 주택 취득 시의 세대별 주택 수를 산정한다.

② 제1항을 적용할 때 주택, 조합원입주권, 주택분양권 또는 오피스텔을 동시에 2개 이상 취득하는 경우에는 납세의무자가 정하는 바에 따라 순차적으로 취득하는 것으로 본다.

③ 제1항을 적용할 때 1세대 내에서 1개의 주택, 조합원입주권, 주택분양권 또는 오피스텔을 세대원이 공동으로 소유하는 경우에는 1개의 주택, 조합원입주권, 주택분양권 또는 오피스텔을 소유한 것으로 본다.

④ 제1항을 적용할 때 상속으로 여러 사람이 공동으로 1개의 주택, 조합원입주권, 주택분

양권 또는 오피스텔을 소유하는 경우 지분이 가장 큰 상속인을 그 주택, 조합원입주권, 주택분양권 또는 오피스텔의 소유자로 보고, 지분이 가장 큰 상속인이 두 명 이상인 경우에는 그 중 다음 각 호의 순서에 따라 그 주택, 조합원입주권, 주택분양권 또는 오피스텔의 소유자를 판정한다. 이 경우, 미등기 상속 주택 또는 오피스텔의 소유지분이 종전의 소유지분과 변경되어 등기되는 경우에는 등기상 소유지분을 상속개시일에 취득한 것으로 본다.

1. 그 주택 또는 오피스텔에 거주하는 사람
2. 나이가 가장 많은 사람

⑤ 제1항부터 제4항까지의 규정에 따라 1세대의 주택 수를 산정할 때 다음 각 호의 어느 하나에 해당하는 주택, 조합원입주권, 주택분양권 또는 오피스텔은 소유주택 수에서 제외한다.

1. 다음 각 목의 어느 하나에 해당하는 주택
   가. 제28조의2 제1호에 해당하는 주택으로서 주택 수 산정일 현재 같은 호에 따른 해당 주택의 시가표준액 기준을 충족하는 주택
   나. 제28조의2 제3호·제5호·제6호 및 제12호에 해당하는 주택으로서 주택 수 산정일 현재 해당 용도에 직접 사용하고 있는 주택
   다. 제28조의2 제4호에 해당하는 주택
   라. 제28조의2 제8호 및 제9호에 해당하는 주택. 다만, 제28조의2 제9호에 해당하는 주택의 경우에는 그 주택의 취득일부터 3년 이내의 기간으로 한정한다.
   마. 제28조의2 제11호에 해당하는 주택으로서 주택 수 산정일 현재 제28조 제2항 제2호의 요건을 충족하는 주택
2. 「통계법」 제22조에 따라 통계청장이 고시하는 산업에 관한 표준분류에 따른 주거용 건물 건설업을 영위하는 자가 신축하여 보유하는 주택. 다만, 자기 또는 임대계약 등 권원을 불문하고 타인이 거주한 기간이 1년 이상인 주택은 제외한다.
3. 상속을 원인으로 취득한 주택, 조합원입주권, 주택분양권 또는 오피스텔로서 상속개시일부터 5년이 지나지 않은 주택, 조합원입주권, 주택분양권 또는 오피스텔
4. 주택 수 산정일 현재 법 제4조에 따른 시가표준액(지분이나 부속토지만을 취득한 경우에는 전체 건축물과 그 부속토지의 시가표준액을 말한다)이 1억 원 이하인 오피스텔
5. 주택 수 산정일 현재 법 제4조에 따른 시가표준액이 1억 원 이하인 부속토지만을 소유한 경우 해당 부속토지
6. 혼인한 사람이 혼인 전 소유한 주택분양권으로 주택을 취득하는 경우 다른 배우자가 혼인 전부터 소유하고 있는 주택

제28조의5(일시적 2주택) ① 법 제13조의2 제1항 제2호에 따른 "대통령령으로 정하는 일시적 2주택"이란 국내에 주택, 조합원입주권, 주택분양권 또는 오피스텔을 1개 소유한 1세대가 그 주택, 조합원입주권, 주택분양권 또는 오피스텔(이하 이 조 및 제36조의3에서 "종전 주택등"이라 한다)을 소유한 상태에서 이사·학업·취업·직장이전 및 이와 유사

한 사유로 다른 1주택(이하 이 조 및 제36조의3에서 "신규 주택"이라 한다)을 추가로 취득한 후 3년(종전 주택등과 신규 주택이 모두「주택법」제63조의2 제1항 제1호에 따른 조정대상지역에 있는 경우에는 1년으로 한다. 이하 이 조에서 "일시적 2주택 기간"이라 한다) 이내에 종전 주택등(신규 주택이 조합원입주권 또는 주택분양권에 의한 주택이거나 종전 주택등이 조합원입주권 또는 주택분양권인 경우에는 신규 주택을 포함한다)을 처분하는 경우 해당 신규 주택을 말한다.

② 제1항을 적용할 때 조합원입주권 또는 주택분양권을 1개 소유한 1세대가 그 조합원입주권 또는 주택분양권을 소유한 상태에서 신규 주택을 취득한 경우에는 해당 조합원입주권 또는 주택분양권에 의한 주택을 취득한 날부터 일시적 2주택 기간을 기산한다.

③ 제1항을 적용할 때 종전 주택등이「도시 및 주거환경정비법」제74조 제1항에 따른 관리처분계획의 인가 또는「빈집 및 소규모주택 정비에 관한 특례법」제29조 제1항에 따른 사업시행계획인가를 받은 주택인 경우로서 관리처분계획인가 또는 사업시행계획인가 당시 해당 사업구역에 거주하는 세대가 신규 주택을 취득하여 그 신규 주택으로 이주한 경우에는 그 이주한 날에 종전 주택등을 처분한 것으로 본다.

제28조의6(중과세 대상 무상취득 등) ① 법 제13조의2 제2항에서 "대통령령으로 정하는 일정가액 이상의 주택"이란 취득 당시 법 제4조에 따른 시가표준액(지분이나 부속토지만을 취득한 경우에는 전체 주택의 시가표준액을 말한다)이 3억 원 이상인 주택을 말한다.

② 법 제13조의2 제2항 단서에서 "1세대 1주택자가 소유한 주택을 배우자 또는 직계존비속이 무상취득하는 등 대통령령으로 정하는 경우"란 다음 각 호의 어느 하나에 해당하는 경우를 말한다.

1. 1세대 1주택을 소유한 사람으로부터 해당 주택을 배우자 또는 직계존비속이 법 제11조 제1항 제2호에 따른 무상취득을 원인으로 취득하는 경우
2. 법 제15조 제1항 제3호 및 제6호에 따른 세율의 특례 적용대상에 해당하는 경우
3. 「법인세법」제46조 제2항에 따른 적격분할로 인하여 분할신설법인이 분할법인으로부터 취득하는 미분양 주택. 다만, 분할등기일부터 3년 이내에「법인세법」제46조의3 제3항 각 호의 어느 하나에 해당하는 사유가 발생하는 경우(같은 항 각 호 외의 부분 단서에 해당하는 경우는 제외한다)는 제외한다.

「지방세법 시행규칙」 제7조의2(주택 유상거래 취득 중과세의 예외) 영 제28조의2 제8호 나목 본문에 따른 주택건설사업이 주택과 주택이 아닌 건축물을 한꺼번에 신축하는 사업인 경우 다음 각 호의 구분에 따라 산정한 부분에 대해서는 중과세 대상으로 보지 않는다.

1. 「도시 및 주거환경정비법」제2조 제2호에 따른 정비사업 중 주거환경을 개선하기 위한 사업,「주택법」제2조 제11호 가목에 따른 지역주택조합 및 같은 호 나목에 따른 직장주택조합이 시행하는 사업: 해당 주택건설사업을 위하여 취득하는 주택의 100분의 100에 해당하는 부분
2. 「도시 및 주거환경정비법」제2조 제2호 나목에 따른 재개발사업 중 도시환경을 개선하기 위한 사업: 해당 주택건설사업을 위하여 취득하는 주택 중 다음의 비율에 해당하

는 부분

3. 그 밖의 주택건설사업: 다음 각 목의 구분에 따라 산정한 부분

　가. 신축하는 주택의 연면적이 신축하는 주택 및 주택이 아닌 건축물 전체 연면적의 100분의 50 이상인 경우: 해당 주택건설사업을 위하여 취득하는 주택의 100분의 100에 해당하는 부분

　나. 신축하는 주택의 연면적이 신축하는 주택 및 주택이 아닌 건축물 전체 연면적의 100분의 50 미만인 경우: 해당 주택건설사업을 위하여 취득하는 주택 중 제2호의 비율에 해당하는 부분

 개설

이 규정은 주택 실수요자를 보호하고 투기수요를 근절하기 위하여 1세대가 조정대상지역 내의 2주택(비조정대상지역은 3주택)을 취득하는 경우는 8%, 3주택(비조정대상지역은 4주택) 이상을 취득하는 경우 12%로 중과세하고, 법인을 이용한 조세부담 회피 방지를 위해 법인은 1주택부터 12%로 중과세하도록 규정하였다.

│ 적용 세율 │

구 분	1주택	2주택	3주택	법인·4주택~
조정대상지역	1~3%	8%	12%	12%
非조정대상지역	1~3%	1~3%	8%	12%

다만, 공시가격 1억 원 미만 주택, 가정어린이집, 노인복지주택, 농어촌주택, 국가등록문화재 주택, 공공지원민간임대주택, 공공매입임대주택, 주택 시공자가 건축사업시행자에게서 공사대금 대신 대물변제 받는 미분양 주택, 사원임대용 주택 등 투기대상으로 볼 수 없거나 정상적인 경제활동을 위해 주택을 취득하는 경우는 중과세 대상에서 제외하고, 규정 신설 당시 부칙 제6조에서 법인 및 국내에 주택을 1개 이상 소유하고 있는 1세대가 2020년 7월 10일 이전에 주택에 대한 매매계약(공동주택 분양계약을 포함한다)을 체결한 경우에는 그 계약을 체결한 당사자의 해당 주택의 취득에 대하여 종전의 규정을 적용하나, 해당 계약이 계약금을 지급한 사실 등이 증빙서류에 의하여 확인되는 경우에 한정한다고 규정하고 있다.

또한, 다주택자가 주택시장 불안지역에서 조세회피 목적으로 명의 분산하는 것을 방지하기 위해 조정대상지역 內 일정가액(3억 원) 이상 주택 증여 시 12%의 중과세율을

적용하도록 하였으며, 이 경우, 1세대 1주택자가 배우자 및 직계존비속에게 증여하는 경우는 중과세를 제외하였다.

❷ 다주택자법인의 주택 취득 중과세율(법 §13의2 ①)

가. 다주택자(세대별)

1) 대상: 1세대가 2주택 이상을 유상거래로 취득하는 경우 해당 주택
2) 세율: 세대별 소유주택 수 및 취득하는 주택이「주택법」제63조의2 제1항 제1호에 따라 국토교통부 장관이 공고하는 조정대상지역(이하"조정대상지역"이라 한다.) 또는 비조정대상지역 소재 여부에 따라 세율 차등 적용
   가) 8% 적용: 1세대 2주택(일시적 2주택 제외)에 해당하는 주택으로서 조정대상지역에 있는 주택을 취득하는 경우 또는 1세대 3주택에 해당하는 주택으로서 비조정대상지역에 있는 주택을 취득하는 경우
   나) 12% 적용: 1세대 3주택 이상에 해당하는 주택으로서 조정대상지역에 있는 주택을 취득하는 경우 또는 1세대 4주택 이상에 해당하는 주택으로서 비조정대상지역에 있는 주택을 취득하는 경우

이 경우 중과대상주택은 법 제11조 제1항 제8호에 따른 유상거래로 취득하는 주택으로서 주택유상거래 특례세율(1~3%)을 적용받지 않는 무허가주택(건축허가·신고 없이 건축이 가능한 주택 제외), 주거용 오피스텔 등은 중과 적용대상이 아니며(다만, 주거용 오피스텔의 경우 주택수 산정에는 포함) 주택의 공유지분이나 부속토지만을 소유하거나 취득하는 경우에도 주택을 소유하거나 취득하는 것으로 본다(이하 법인이 취득하는 주택도 같다).

나. 법 인

1) 대상: 법인(국세기본법 §13)에 따른 법인으로 보는 단체, 부동산등기법(§49 ① 3)에 따른 법인 아닌 사단·재단 등 개인이 아닌 자 포함)이 유상거래로 주택을 취득하는 경우
2) 세율: 법인이 소유한 주택 수 및 취득하는 주택이 조정대상지역에 소재하는지 여부와 관계없이 모두 12%세율 적용

다. 사치성재산 세율 및 농어촌특별세·지방교육세 적용 등

1) 사치성 재산: 다주택자 또는 법인이 유상거래로 취득하는 주택이 사치성재산(고급주택·별장) 중과가 동시에 적용되는 경우 취득세율은 둘 중 높은 세율이 적용되는 것이 아니라 법 제13조 제5항에 따른 중과세율(8%)을 합한 세율을 적용(법 §13의2 ③)한다. 그러므로 조정지역내 2주택에 해당하는 주택(8%, 일시적 2주택 미해당)이 고급주택인 경우 8%에 8%를 합한 16% 세율 적용하며, 조정지역내 3주택에 해당하는 주택이 고급주택인 경우에는 12%에 8%를 합하여 20%를 적용한다. 조정지역내 무상으로 취득하는 경우(법 §13의2 ③)에도 동일하게 적용된다. 또한 다주택자 또는 법인이 중과대상 주택을 취득한 상태에서 5년 이내에 사치성 재산이 된 경우 8%를 합한 세율을 적용하여 추징(법 §16 ⑥ 2)하며, 조정지역내 주택을 무상으로 취득하는 경우(법 §13의2 ②)에도 동일하게 적용된다.

2) 지방교육세: 지방교육세는 법 제11조 제1항 제8호에 따라 취득하는 경우 해당세율에 50%를 곱한 세율을 적용하여 산출한 금액의 20%를 산정하였지만, 법 제13조의2에 따른 중과대상인 경우 제11조 제1항 제7호 나목의 세율에서 중과기준세율을 뺀 세율을 적용하여 산출한 금액의 20%를 적용한다(법 §151 ① 1). 이는 2010년 취득세와 등록세를 통폐합하기 이전에 등록세액의 20%를 지방교육세로 부과하였기 때문이며, 주택 취득세 중과세율은 등록세율(2%)에 취득세율을 중과하는 것이므로 8% 또는 12% 적용대상 주택이라도 지방교육세는 등록세율2%(4% − 2%)의 20%인 0.4%가 된다.

3) 농어촌특별세: 농어촌특별세는 법 제11조 및 제12조의 표준세율을 2%로 적용하여 지방세관계법률에 따라 산출한 취득세액의 10%를 적용하여 산정하는데(농특세법 §5 ① 6), 이는 지방교육세와 마찬가지로 2010년 취득세와 등록세를 통폐합하기 이전에 취득세액의 10%를 농어촌특별세로 부과하였기 때문이므로, 주택 취득세가 8% 또는 12% 적용대상 주택이라면 농어촌특별세는 舊등록세율 2%(4% − 2%)을 제외한 취득세율 6% 또는 10%의 10인 0.6% 또는 1%가 될 것이며, 이 경우에도 국민주택 규모(전용면적 85㎡) 이하 주택은 농어촌특별세가 비과세된다.

구 분		취득세	농어촌 특별세*	지방 교육세	합계 세율
주택	법인	12%	1.0%	0.4%	13.4%
	조정대상지역 내 1세대 2주택 (조정대상지역 외 1세대 3주택)	8%	0.6%	0.4%	9.0%
	조정대상지역 내 1세대 3주택 이상 (조정대상지역 외 1세대 4주택 이상)	12%	1.0%	0.4%	13.4%
	조정대상지역 내 3억 이상 주택 무상취득 ※ 1주택자가 배우자, 직계존비속 증여 제외	12%	1.0%	0.4%	13.4%
사치성 재산 (고급 주택· 별장)	법인	20%	1.8%	0.4%	22.2%
	조정대상지역 내 1세대2주택 (조정대상지역 외 1세대3주택)	16%	1.4%	0.4%	17.8%
	조정대상지역 내 1세대3주택 이상 (조정대상지역 외 1세대4주택 이상)	20%	1.8%	0.4%	22.2%

* 국민주택 규모(85㎡, 수도권을 제외한 도시지역이 아닌 읍 또는 면지역은 100㎡) 이하 주택은 비과세, 이때 다가구 주택은 가구별 면적을 기준으로 판단

❸ 중과 제외 주택(영 §28의2)

다음과 같이 저가주택 등 투기대상으로 보기 어려운 경우, 정상적인 경제활동을 위한 경우 등은 취득세 중과세 대상에서 제외한다.

가. 1억 원 이하 저가주택(부속토지만 보유)

개별·공동주택가격이 1억 원 이하인 저가주택(부속토지만 보유한 경우 부속토지가격이 1억 원 이하인 경우를 포함, 이하 이 단락에서) 주로 비수도권에 위치하고, 투기목적으로 취득하여도 실제 큰 차익을 기대하기 어려운 점을 고려하여 중과세 대상에서 배제한다. 따라서, 저가주택이라 하더라도 「도시정비법」 제2조 제1호에 따른 정비구역(종전의 「주택건설촉진법」에 따라 설립인가를 받은 재건축조합의 사업부지를 포함)으로 지정·고시된 지역 및 「소규모주택정비법」 제2조 제1항 제4호에 따른 사업시행구역에 소재하는 경우에는 투기대상으로 변질될 우려가 있으므로 중과세 대상에 포함하고 있는 것이다.

1억 원 이하 주택 여부는 해당 주택 취득일 현재 공시가격을 기준으로 판단하므로 주택 취득일 현재 당해연도 개별·공동주택가격·개별공시지가가 공시되기 전에는 전년도 공시가격을 기준으로 중과세 여부를 판단하고, 신축주택 등 개별·공동주택가격·개

별공시지가가 공시되지 않은 경우에는 법 제4조에 따라 자치단체장이 산정한 가액을 기준으로 판단한다.

또한 주택의 일부 지분, 건물만 보유하는 경우에는 전체 주택가격을 기준으로 판단하고, 부속토지만 보유하고 있는 경우에는 그 토지가격을 기준으로 판단한다.

여기에서 대도시내 설립한지 5년 이내의 법인이 1억 원 이하의 주택을 유상 취득하는 경우를 보면 법인의 주택 유상취득은 법 제13조의2 제1항 제1호의 세율(12%)을 적용하고(법 제13조 제2항), 같은 취득 물건에 대하여 둘 이상의 세율이 해당되는 경우에는 그 중 높은 세율을 적용하므로(법 제16조 제5항) 시행령 제28조의2에 따른 중과제외주택에 해당하더라도 대도시 중과대상에 해당하는 경우 12%의 세율이 적용된다.

나. 공공매입임대주택

공공주택사업자가 공공매입임대주택으로 공급(신축 또는 개축하여 공급하는 경우를 포함한다)하기 위하여 취득하는 주택. 다만, 취득일부터 정당한 사유 없이 2년 이내 임대하지 않거나 3년 내 처분시에는 추징한다.

다. 노인복지주택

「노인복지법」 제32조 제1항 제3호에 따른 노인복지주택으로 운영하기 위하여 취득하는 주택. 다만, 취득일부터 정당한 사유 없이 1년 이내 노인복지시설로 사용하지 않거나 3년 내 처분시에는 추징한다.

라. 문화재주택

「문화재보호법」 제53조 제1항에 따른 국가등록문화재에 해당하는 주택은 중과세를 제외한다.

마. 공공지원민간임대주택

「민간임대주택에 관한 특별법」에 따른 공공지원민간임대주택으로 공급하기 위하여 취득하는 주택. 다만, 취득일부터 정당한 사유 없이 2년 이내 임대하지 않거나 3년 내 처분시에는 추징한다.

바. 가정어린이집

가정어린이집으로 운영하기 위하여 취득하는 주택. 다만, 그 취득일부터 정당한 사유 없이 1년이 경과할 때까지 해당 용도에 직접 사용하지 않거나 해당 용도로 직접 사용한 기간이 3년 미만인 상태에서 처분 경우는 제외한다.

이 경우, 해당 용도에 직접 사용해야 하므로 가정어린이집 설치 인가를 받은 자가 취득하는 주택에 대하여 중과세를 배제하는 것이다. 따라서 가정어린이집 설치 인가자 외의 자가 취득하는 경우에는 중과세율이 적용되며, 공동으로 취득하는 경우 인가받은 자가 취득하는 지분만 중과세를 배제제외하되, 가정어린이집을 「영유아보육법」 제10조 제1호에 따른 국공립어린이집으로 전환한 경우는 당초 용도대로 직접 사용하는 것으로 본다.

사. 환매조건부주택(Sale & Leaseback)

주택도시기금, LH, 자산관리공사 등이 설립한 리츠가 환매조건부로 취득하는 주택은 중과세가 배제된다. 이는 주택을 보유하였으나 어려움을 겪고 있는 서민을 지원하기 위해서 주택 소유주로부터 주택을 매입하고 해당 소유주에게 임대하여 거주와 금융을 동시에 지원하는 공익적 성격이 있는 것이므로 중과세를 배제하는 것이다.

따라서, 모든 주택이 해당 되는 것이아니라 매도자(그 세대)가 1주택만을 소유, 매도자가 해당 주택에 거주, 5년 이상 매도자에게 임대 후에 그 주택을 재매입 권리부여, 주택가격이 5억 원(지분·부속토지만 취득하는 경우에는 전체 주택가격을 기준으로 판단) 이하인 주택인 요건을 충족하는 경우에 한하여 적용한다.

아. 멸실목적 주택

공공기관 및 지방공기업이 「토지보상법」 따른 공익사업을 위하여 멸실 목적으로 취득하는 주택과 「도시정비법」, 「소규모주택정비법」에 따른 사업시행자, 「주택법」에 따른 주택조합 및 사업자가 해당 사업을 위해 멸실목적으로 주택건설사업을 위하여 취득하는 주택. 다만, 3년 이내에 멸실시키지 않는 경우에는 추징한다.

이는 주택을 취득하였더라도 주택공급을 위한 것이므로 중과세를 배제하는 것이다. 따라서 주택공급과 상업용건물 등을 한꺼번에 신축하는 경우 '주택건설사업을 위하여 취득하는 주택' 외의 부분은 다음과 같은 기준에 따라 중과세 여부를 판단하되 주택의 비율 등은 사업계획, 건축허가 등을 통해 확인하고, 추후 사후관리하여야 한다.

1) 「도시 및 주거환경정비법」 제2조 제2호에 따른 정비사업 중 주거환경을 개선하기 위한 사업, 「주택법」 제2조 제11호 가목에 따른 지역주택조합 및 같은 호 나목에

따른 직장주택조합이 시행하는 사업의 경우 주된 목적이 주택을 공급하는 사업이 므로 취득하는 멸실대상 주택 전체를 중과배제한다(규칙 §7의2).

2) 「도시 및 주거환경정비법」 제2조 제2호 나목에 따른 재개발사업 중 도시환경을 개 선하기 위한 사업의 경우 주택공급과 상업시설 등을 같이 공급하기 위한 사업이므 로 취득하는 멸실대상 주택 중 다음의 식에 따라 "중과제외 비율"에 해당하는 부분 에 대하여만 중과배제한다(규칙 §7의2).

$$\text{중과제외 비율} = \frac{\text{신축하는 주택의 연면적}}{\text{신축하는 주택 및 주택이 아닌 건축물 전체의 연면적}}$$

3) 그 밖의 주택건설사업의 경우 신축하는 주택의 연면적이 신축하는 주택 및 주택이 아닌 건축물 전체 연면적의 100분의 50 이상인 경우 주된 성격이 주택을 공급하는 것으로 보아 취득하는 멸실대상 주택의 전체를 중과배제한다(규칙 §7의2).

4) 그 밖의 주택건설사업의 경우 신축하는 주택의 연면적이 신축하는 주택 및 주택이 아닌 건축물 전체 연면적의 100분의 50 이하인 경우 2)의 식에 따라 "중과제외 비 율"에 해당하는 부분에 대하여만 중과배제한다(규칙 §7의2).

이와 아울러 2020년 1월 개정된 「주택법」 제11조는 주택조합을 설립하기 위해서는 "해당 주택건설대지의 15퍼센트 이상에 해당하는 토지의 소유권을 확보"하도록 규정하 고 있어, "추진위원회"가 취득하는 주택을 중과할 경우 주택조합 설립 자체를 불가능하 게 하는 결과를 초래하므로 조합설립전 추진위원회가 멸실목적으로 취득하는 주택의 경 우에도 중과제외 대상으로 보아야 한다.

자. 대물변제주택

주택의 시공자가 건축허가를 받은자 또는 주택사업계획승인을 받은 자로부터 공사대 금을 대신하여 미분양주택을 대물변제로 취득한 경우. 다만, 타인이 해당 주택에 1년 이 상 거주한 경우에는 제외한다.

차. 저당권 실행으로 취득한 주택

금융기관이 저당권 실행 등 채권변제로 취득하는 저당권 실행주택. 다만, 취득일부터 3년 이내 처분하지 않은 경우는 추징한다.

카. 농어촌주택

법 §28 ②에 따른 농어촌주택 및 부속토지[대지면적 660㎡, 건축물의 연면적 150㎡ 이내일 것, 건축물의 시가표준액이 6천500만 원 이내일 것, 광역시에 소속된 군지역 또는 수도권지역, 국토계획법」 제6조에 따른 도시지역 및 「부동산 거래신고 등에 관한 법률」 제10조에 따른 허가구역, 「소득세법」 제104조의2 제1항에 따라 기획재정부장관이 지정하는 지역(지정지역), 「관광진흥법」 제2조에 따른 관광단지 지역에 있지 아니할 것]

타. 사원임대용 주택

사원에 대한 임대용으로 직접 사용할 목적으로 취득하는 주택으로서 1구의 건축물의 연면적(전용면적을 말한다)이 60제곱미터 이하인 공동주택(다가구주택을 포함). 다만, 해당 사원이 친족, 과점주주 인 경우, 정당한 사유 없이 그 취득일부터 1년이 경과할 때까지 해당 용도에 직접 사용하지 않거나 해당 용도로 직접 사용한 기간이 3년 미만인 상태에서 처분 또는 다른 용도로 사용하는 경우 추징한다.

파. 적격물적분할로 취득하는 미분양 주택

물적분할로 취득하는 주택은 유상거래 세율이 적용된다. 그러나 법인세법 제46조 제2항에 따른 적격분할로 분할신설법인 취득하는 미분양 주택은 중과세를 제외한다. 다만, 취득일로부터 3년 이내에 법인세법 제47조 제3항에 따른 적격분할 취소사유가 발생하면 추징한다.

하. 「주택법」에 따른 리모델링주택조합이 취득하는 주택

「주택법」에 따른 리모델링주택조합이 같은 법 제22조 제2항에 따라 그 리모델링 결의에 찬성하지 아니하는 자의 주택 및 토지

거. 혼인전 분양권 취득을 한 경우 보유주택수에서 제외

혼인으로 인한 불이익이 없도록 배우자가 혼인전부터 보유하고 있던 분양권이 주택으로 변경되더라도 주택수에서 제외(본인이 보유한 주택 보유현황에 따라 과세)

④ 1세대의 기준(영 §28의3)

주택을 취득하는 사람과 세대별 주민등록표(주민등록법 §7) 또는 등록외국인기록표 및 외국인등록표(출입국관리법 §34 ①)에 함께 기재되어 있는 가족[10](동거인은 제외)으로 구성된 1세대를 말하며, 주택취득자의 배우자(사실혼 제외, 법률상 이혼하였으나 생계를 같이하는 경우 포함), 미혼인 30세 미만 자녀 또는 부모(주택 취득자가 미혼이고 30세 미만인 경우)는 주소지를 달리하더라도 1세대에 속한 것으로 본다. 다만, 다음과 같은 경우는 달리 판단한다.

가. 일정 소득이 있는 경우 30세 미만의 미혼 자녀

일정 소득이 있는 30세 미만의 자녀는 부모와 주소를 달리둔다면 독립된 세대로 본다. 이 경우 자녀는 추택 취득일 현재 소득이 있어야 하므로 사업자 이거나 취업한 상태인 자여야 한다. 그리고, 「소득세법」에 따른 소득이「국민기초생활 보장법」에 따른 기준 중위소득의 40% 이상이어야 한다.

| 2021년 기준 중위소득(보건복지부 고시 2020 – 170호) |

구분	1인 가구	2인 가구	3인 가구	4인 가구	5인 가구	6인 가구	7인 가구
금액 (원/월)	1,827,831	3,088,079	3,983,950	4,876,290	5,757,373	6,628,603	7,497,198
40%	731,132	1,235,232	1,593,580	1,950,516	2,302,949	2,651,441	2,998,879

여기에서 30세 미만인 자의 독립된 세대 적용시 소득요건 판단은 "주택을 관리·유지하면서 독립된 생계를 유지"할 수 있어야 하므로, 소득의 계속성[11] 여부, 생활의 독립성 등 다양한 사항을 종합적으로 고려하여 "사실상 독립된 세대"의 구성여부를 판단하여야 하고, 소득은 「소득세법」 제4조에 따른 소득으로서 일시적·非경상적 소득 및 현금 유입을 동반하지 않는 소득을 제외한 계속적·반복적(경상적)인 소득을 말한다.[12]

---

10) 가족의 범위에 대하여는「민법」제779조 제1항을 참고하기 바란다.
11) 따라서, 주택 취득일로부터 직전 12개월의 소득이 중위소득의 40%(월 기본중위소득 × 12개월) 이상이어야 한다. 이는 지방세법상 계속의 기간을 통상 1년으로 보고 있기 때문이다. 한편 근로소득자나 사업소득자는 24개월 소득이 40%(월 기본중위소득 × 24개월)로 판단할 수 있는데 이는 취택 취득일 직전 일시적 휴직, 휴업한 경우 최장 2년내 소득까지 포함하여 판단할 수 있도록 한 것이다.(행정안전부 운영요령)
12) 소득의 계속성을 판단하기 위한 것이다.

그리고 소유하고 있는 주택을 관리·유지하면서 독립된 생계를 유지할 수 있는 경우(미성년자 제외) 1세대로 보며, 분양권에 의한 주택 취득시 1세대는 주택의 취득일(납세의무 성립일) 현재를 기준으로 판단하고, 주택 수는 해당 세대의 분양권 취득 당시를 기준으로 판단해야 하므로 다주택자인 부모의 세대원인 자녀(무주택, 30세 이상)가 2020년 8월 12일 이후에 분양권을 취득하여, 해당 분양권에 의한 주택을 취득할 때 세대가 분리되어 있는 경우 분양권에 따른 '주택 취득일 현재' 자녀가 독립된 세대를 구성하였다면, 그 자녀 세대가 해당 분양권 취득 당시 무주택 세대이므로, 1~3%를 적용하여야 하고, 소득의 확인은 전년도 소득이 있는 자는 소득금액증명원 등으로 확인하고 당해소득만 있는 자는 원천징수지급명세서, 사업자등록증, 재직증명서 등으로 확인하고, 사후관리하여야 한다.

| 제외되는 소득의 종류 |

구 분	소득의 종류
일시적·非경상적소득	① 이자소득 중 정기예금·적금 해약으로 지급되는 이자, 저축성보험 차익 등 ② 소득세법에 따른 기타소득 중 다음의 소득 　가. 상금*, 현상금, 보로금 등 이에 준하는 금품 　* 직업적으로 받는 상금(프로 선수가 받은 우승상금 등)은 소득에 포함 　나. 복권, 경품권 등 추첨권에 당첨되어 받는 금품 　다.「사행행위 규제 및 처벌 특례법」에 규정하는 행위에 참가하여 얻은 소득 　라. 승마투표권, 경륜, 경정, 소싸움, 체육진흥투표권의 구매자가 받는 환급금 　마. 소유자가 없는 물건의 점유로 소유권을 취득하는 자산 　바. 거주자·비거주자 또는 특수관계인이 그 특수관계로 인하여 당해 거주자·비거주자 또는 법인으로부터 받는 경제적 이익으로 급여·배당으로 보지 아니하는 금품 　사. 슬롯머신 및 투전기 그 밖에 이와 유사한 기구를 이용하는 행위에 참가하여 받는 당첨금품·배당금품 또는 이에 준하는 금품 　아. 재산권에 관한 알선수수료 　자. 사례금 ③ 위에 제1항 및 제2항에 규정된 소득과 양도소득 외에 다른 소득이 없는 경우 그 양도소득
현금유입이 없는 소득	④ 배당소득 중 인정배당, 의제배당 등 ⑤ 임대소득 중 간주임대료

※ 주택 취득세 중과시 세대기준 합리화 등(2022년 납세의무 성립분부터 적용)

나. 65세 이상 부모

주택 취득일 현재 만65세 이상의 직계존속(직계존속 중 어느 한 사람이 65세 미만인 경우 포함)와 직계비속(30세 이상인 자 또는 30세 미만인 경우 혼인 또는 소득이 있는 자)가 주소를 같이 두고 있는 경우 65세 이상 직계존속와 직계비속 세대를 각각 다른 세대로 본다. 본 규정은 자녀(손자를 포함) 등이 노부모 등(조부모 및 배우자 직계존속을 포함)를 봉양하기 위하여 같이 사는 자녀 등에게 혜택을 주기 위한 규정이므로 65세 이상 직계존속 자녀(손자를 포함) 등 세대와 같은 주소지에 있더라도 각각 별도의 세대로 본다.

다. 해외체류신고 후 세대원 전원이 출국한 경우

취학 또는 근무상의 형편 등으로 세대 전원이 90일 이상 출국하는 해외체류신고경우로서 「주민등록법」에 따라 해당 세대가 출국 후에 속할 거주지를 다른 가족의 주소로 신고한 경우 해당 해외체류세대는 별도세대로 본다. 이 경우 세대전부가 출국해야 하므로 출국자 외 배우자, 자녀 등 다른 세대원이 국내에 있는 경우에는 별도의 세대로 보지 않는다.

라. 취득일로부터 60일이내에 해당 주택으로 전입신고하는 경우

소득이 있는 자녀 등 별도의 세대를 구성할 수 있는 사람이 주택을 취득한 날부터 60일 이내에 세대를 분리하기 위하여 그 취득한 주택으로 주소지를 이전하는 경우에는 별도의 세대로 보지 않는다.

※ 주택 취득세 중과시 세대기준 합리화 등(2022년 취득분부터 적용)

☐ 개정개요

개정 전	개정 후
☐ **주택 취득세 중과시 1세대 기준**	☐ **1세대 기준 개선**
○ 30세 미만 미혼 자녀의 독립세대 구성 가능 소득 기준: 지침으로 운영 중	○ 30세 미만 미혼 소득 기준 명시(운영지침 → 행안부장관 기준)
○ 분가 목적 주택 취득시 1세대 판단 기준: 취득일까지 해당 세대분리	○ 취득일로부터 60일 이내에 해당 주택으로 전입신고 시, 세대분리한 것으로 간주

일시적 2주택(영 §28의5)

가. 적용대상

조정대상지역내에서 주택을 소유한 1세대가 이사 등의 사유로 취득한 주택이 일시적 2주택이 되는 경우에는 중과세율(8%) 적용을 배제하며, 국내에 주택, 조합원입주권, 주택분양권 또는 오피스텔(이하 종전주택등)을 1개 소유한 1세대가 그 종전 주택등을 소유한 상태에서, 이사 등의 사유로 다른 1주택(신규 주택)을 추가로 취득한 후 3년(종전주택등과 신규 주택이 모두 조정대상지역에 있는 경우 1년) 이내에 종전 주택등을 처분하는 경우 해당 신규 주택을 말한다.

이 경우 종전주택의 범위에는 주택뿐 아니라 주택수 산정시 주택으로 간주되는 입주권, 분양권, 오피스텔이 포함된다. 그러므로 종전 주택등이 있는 상태에서 조정지역에 추가로 주택을 취득하는 경우 8%가 적용되지만 종전주택을 처분하면 일반세율이 적용된다.

또한 일시적 2주택이 적용되는 해당 주택으로 주택뿐 아니라 분양권으로 취득하는 주택도 신규 주택이 될 수 있으며, 조합원입주권은 향후 원시취득 세율이 적용되고[13], 오피스텔은 취득시 업무용으로 과세(4% 세율)되므로 신규 주택에 해당되지 않는다.

---

13) 종전주택등을 보유한 상태에서 신규로 입주권에 따른 주택을 취득하는 경우는 원시취득세율(2.8%) 적용되어 중과세되지 않으므로 일시적 2주택을 적용받을 필요가 없는 것이다.

그리고 신규 주택이 분양권에 의한 주택이거나 종전 주택등이 입주권 또는 분양권인 경우에는 신규 주택을 3년(신규 주택과 종전 주택이 모두 조정지역에 있는 경우 1년)내에 처분하더라도 일시적 2주택으로 보아 중과세율을 적용하지 않는데, 이는 분양권이나 입주권은 취득시점에 미완성 주택인 부분을 고려하여 납세자의 선택권을 보장하기 위한 것으로 해석된다.

또한 관리처분계획인가 또는 사업시행계획인가 당시 해당 사업구역에 거주하는 세대가 신규 주택을 취득하여 그 신규 주택으로 이주한 경우에는 그 이주한 날에 종전 주택등을 처분한 것으로 보는데(영 §28의5 ③), 이는 관리처분계획 등 이주계획에 따라 신규주택을 취득하여 이주하였으나 개발사업이 장기화되어 일시적 2주택 처분기간내에 종전주택이 멸실되지 않아 일시적 2주택을 적용받지 못하는 문제를 배려하기 위한 것이다. 이 규정은 재개발사업 추진으로 부득이 이주하는 경우를 배려하려는 취지이므로 신규주택 취득시 사업구역내 주택에 거주하지 않았던 세대 또는 관리처분인가 후 사업구역내 주택을 취득한 경우에 적용하지 않는다.

나. 처분기간 산정

일시적 2주택 기간(법 §21 ① 3, 영 §36의3) 산정은 종전주택등을 소유한 1세대가 신규 주택을 취득하는 경우 일시적 2주택이 되기 위해 3년(종전 주택등과 신규 주택이 모두 조정대상지역에 있는 경우 1년)이내에 종전주택등을 처분해야 하는데 입주권·분양권을 소유한 상태에서 신규 주택을 취득한 경우에는 해당 입주권·분양권에 따른 주택을 취득한 날부터 기간 기산한다. 그러므로 주택(종전 주택)을 소유한 상태에서 분양권에 의한 주택(신규 주택)을 취득하는 경우 종전 주택을 신규 주택 취득일부터 3년(또는 1년)내에는 처분하여야 한다.

아울러 취득일로부터 일시적 2주택 기간 3년(또는 1년) 내에 종전 주택을 처분하지 못하여 1주택으로 되지 아니한 경우 부족세액은 추징(법 §21 ① 3, 영 §36의3)되며, 추징대상인 경우 8%를 적용하여 계산한 세액에서 당초 신고한 세액을 차감하고 과소신고가산세 및 납부불성실 가산세를 합하여 과세하게 된다.

6 주택 무상취득 중과세 기준(법 §13의2 ②)

가. 주택 무상취득 중과세 대상(영 §28의6 ①)

조정대상지역에 있는 주택으로서 시가표준액 3억 원(주택공시가격을 말하며, 지분이나 부속토지만을 취득한 경우에는 전체 주택의 시가표준액이 3억 원 이상인 주택을 말한다) 이상의 주택을 상속 외의 원인으로 무상취득하는 경우 12% 세율 적용한다.

나. 주택 무상취득 중과세 제외 대상(영 §28의6 ② Ⅰ~Ⅲ)

1) 주택의 무상취득 중과세는 다주택자가 주택시장 불안지역에서 조세회피 목적으로 명의 분산하는 것을 방지하기 위한 것이므로, 1세대 1주택자가 소유한 주택을 배우자 또는 직계존비속이 무상취득하는 경우에는 중과세를 제외하며, 그 적용은 수증자(취득자)의 주택 소유 수와 관계없이 증여자의 주택 소유수를 기준으로 판단한다.

2) 법 제15조의 세율의 특례가 적용되는 무상취득 중 법인의 적격합병 및 이혼에 따른 재산분할로 인한 취득은 중과세가 제외된다. 다만, 법인의 합병으로 인하여 취득한 과세물건이 합병 후에 「지방세법」 제16조에 따른 과세물건에 해당하게 되는 경우(토지나 건축물을 취득한 후 5년 이내에 해당 토지나 건축물이 같은 법 제13조에 따른 중과세 대상에 해당) 또는 합병등기일부터 3년 이내에 「법인세법」 제44조의3 제3항[14]에 해당하는 사유가 발생하는 경우에는 추징한다.

3) 인적분할은 무상취득 세율이 적용된다. 따라서, 「법인세법」 제46조 제2항에 따른 적격인적분할로 인하여 분할신설법인이 분할법인으로부터 취득하는 미분양 주택에 대하여는 영 제28조의2 제13호와 마찬가지로 중과세를 배제한다. 다만, 분할등기일부터 3년 이내에 「법인세법」 제46조의3 제3항 각 호의 어느 하나에 해당하는 사유가 발생하는 경우는 추징한다.

7 조정대상지역 지정고시 경과규정(법 §13의2 ④)

조정대상지역 지정고시일 이전에 주택에 대한 매매계약(공동주택 분양계약을 포함)

---

14) ① 합병법인이 피합병법인으로부터 승계받은 사업을 폐지하는 경우
　② 피합병법인의 주주등이 합병법인으로부터 받은 주식등을 처분하는 경우
　③ 합병등기일 1개월 전 당시 피합병법인과 합병법인에 각각 종사하는 근로자 수의 합의 100분의 80 미만으로 하락하는 경우

을 체결한 경우에는 조정대상지역 지정이전에 취득한 것으로 본다. 이는 조정대상지역 지정 이전에 매매계약을 체결한 납세자의 신뢰를 보호하려는 취지로 해석된다.

따라서, 지정고시일 이전이므로 지정고시일 당일 계약을 체결하였다면 2주택까지는 중과세 대상이 아니게 되는 것이며, 또는 종전주택이 비조정에서 조정지역으로 변경되는 있는 세대가 조정지역내 2주택을 취득하였다면 종전 주택을 3년 이내에 처분하면 되는 것이다.

⑧ 주택 수의 판단 범위

(1) 개요

조합원입주권, 주택분양권, 오피스텔은 취득세 과세대상은 아니지만, 이를 보유하고 있는 경우 세대별 소유 주택 수에 가산한다.

　　가. 「신탁법」에 따라 신탁된 주택은 위탁자의 주택 수에 가산한다. 이 경우 수탁자의 소유주택 수에서는 제외하여야 한다.

　　나. 조합원입주권: 도시정비법상 관리처분계획의 인가 및 소규모주택 정비법상 사업 시행계획인가로 취득한 입주자로 선정된 지위(승계조합원 포함)를 말하며, 주거용 건축물이 멸실된 경우라도 해당 조합원입주권 소유자의 주택 수에 가산(해당 주택이 멸실되기 전까지는 주택으로 간주)한다.

이 경우 조합원입주권을 주택 수에 포함한 것은 주거용 건축물이 멸실되었지만 주택으로 보아 주택 수에 가산하겠다는 중과제도 취지를 반영한 것으로(법 §13조의3 Ⅱ) 재개발 구역내 주택을 소유하고 있다가 해당 재개발사업으로 조합원입주권을 취득하는 경우 주택 수에 산정하는 조합원입주권의 경우 해당 주택의 멸실 전까지는 주택을 소유한 것[15]이므로, 멸실 이후부터 조합원입주권을 소유한 것으로 보아야 한다.

절차(주택멸실 여부)	관리처분계획인가(멸실 않됨) ↓	멸실 ↓
주택 또는 입주권 여부	주택	조합원입주권

　　다. 주택분양권: 「부동산 거래신고 등에 관한 법률」에 따른 "부동산에 대한 공급계약"을 통하여 주택을 공급받는 자로 선정된 지위를 말하며, 매매 또는 증여 등의 방법으로 취득한 것을 포함한다.

---

15) 관리처분계획 인가가 있는 경우라도 해당 주거용 건축물이 사실상(또는 공부상) 멸실되기 전까지는 주택으로, 멸실 이후에는 토지로 보아 취득세와 재산세를 과세하는 것(행정안전부 지방세운영과-1, 2018.1.2.)

라. 오피스텔: 법 제105조에 따라 주택분 재산세가 과세[주택 취득일 현재 오피스텔에 대해 일정절차(납세자 신고, 과세관청 확인 등)에 따라 주거용으로 보아 주택분 재산세가 과세된 경우를 말한다]된 오피스텔은 해당 오피스텔을 소유한 자의 주택 수에 가산한다. 따라서, 오피스텔의 주택 수 포함 여부는 재산세 과세기준일을 기준으로 판단해야 할 것이며, 주택 취득일 현재 보유하고 있는 오피스텔이 주택분 재산세 과세대상이 아니라면 주택 수에 포함되지 않는다.

(2) 주택 수 산정 방법

가. 주택 수 산정 시점(영 §28의4 ①)

다주택자 세율 적용의 기준이 되는 1세대의 주택 수는 "주택 취득일" 현재 취득하는 주택을 포함하여 1세대가 국내에 소유하는 주택, 조합원입주권, 주택분양권 및 오피스텔의 수를 산정하고 조합원입주권 또는 주택분양권에 의하여 취득하는 주택의 경우에는 입주권 또는 분양권의 취득일(분양사업자로부터 주택 분양권을 취득하는 경우에는 분양계약일, 분양권을 승계취득하는 경우는 계약서상 잔금지급일)을 기준으로 해당 주택 취득 시의 세대별 주택 수를 산정한다.[16]

따라서, 분양권의 경우 분양권 취득시에 법 제13조의2 제1항 제2호(1세대 2주택) 또는 같은 항 제3호(1세대 3주택 이상)가 적용되어 세율이 결정되는 것이다.

나. 2개 이상 동시 취득시 주택 수(영 §28의4 ②)

조합원입주권, 주택분양권, 오피스텔을 동시에 둘 이상 취득하는 경우 납세의무자가 정하는 바에 따라 순차 취득으로 본다. 이는 같은 날 둘 이상의 주택을 취득하는 경우 납세자가 유리한 세부담을 적용 받을 수 있도록 선택하도록 규정한 것이다.

다. 동일세대 내 주택 등 공동소유시 주택 수(영 §28의4 ③)

1세대 내에서 1개의 주택, 조합원입주권, 주택분양권 또는 오피스텔을 세대원이 공동으로 소유하는 경우에는 1개의 주택, 조합원입주권, 주택분양권 또는 오피스텔을 소유한 것으로 본다.

---

16) 이법 시행(2020.8.12.)이전에 취득한 분양권, 입주권, 오피스텔은 주택 수에 포함되지 않는다.
  ※ 부칙(법률 제17473호, 2020.8.12. 개정된 것) 제3조(주택 수의 판단 범위에 관한 적용례) 제13조의3 제2호부터 제4호까지의 개정규정은 이 법 시행 이후 조합원입주권, 주택분양권 및 오피스텔을 취득하는 분부터 적용한다.

라. 상속 주택의 주택 수 산정(영 §28의4 ④)

상속으로 여러 사람이 공동으로 1개의 주택, 조합원입주권, 주택분양권 또는 오피스텔을 소유하는 경우에는 지분이 가장 큰 상속인, 거주하는 사람(주택·오피스텔 한정), 연장자 순으로 소유자를 판정하며, 미등기 상속 주택 또는 오피스텔의 소유지분이 종전의 소유지분과 변경되어 등기되는 경우에는 등기상 소유지분을 상속개시일에 취득한 것으로 본다.[17]

(3) 산정 제외 대상

취득세 중과세가 제외되는 주택은 주택 수 산정시에도 제외된다. 다만, 공공매입임대주택(영 §28의2 Ⅱ), 환매조건부주택(영 §28의2 Ⅶ), 물적분할로 취득하는 주택(영 §28의2 ⅩⅢ)의 경우는 법인만 취득하므로 주택 수 산정 제외 대상에서는 별도로 배제하지 않는 것이다.

가. 중과세 제외 대상(영 §28의2 Ⅰ~ⅩⅢ) 중 주택 수 산정 제외 대상
    1) 산정일 현재 시가표준액이 1억 원 이하인 주택(재개발 구역내 주택 등 제외)
    2) 노인복지주택, 공공지원민간임대주택으로 공급하기 위해 취득하는 주택, 가정어린이집, 사원임대주택. 다만, 주택 수 산정일 현재 해당 용도에 직접 사용하고 있어야 한다.
    3) 국가등록문화재에 해당하는 주택, 주택건설사업자가 주택건설사업을 위해 멸실 목적으로 취득하는 주택, 공사시공자가 대물변제로 취득하는 주택(취득일부터 3년 이내 한정),
    4) 법 제28조 제2항에 따른 농어촌주택(주택수 산정일 현재기준 가격요건 충족)

---

17) 이 영 시행일(2020.8.12.)이전 상속 취득한 주택의 경우 5년간(2025.8.12.까지) 주택 수에 포함하지 않는다.
   ※ 부칙(대통령령 제30939호로 개정된 것, 2020.8.12.) 제3조(상속 주택 등의 주택 수 산정에 관한 특례) 이 영 시행 전에 상속을 원인으로 취득한 주택, 조합원입주권, 주택분양권 또는 오피스텔에 대해서는 제28조의4 제5항 제3호의 개정규정에도 불구하고 이 영 시행 이후 5년 동안 주택 수 산정 시 소유주택 수에서 제외한다.

조 문		대 상	중과세	주택 수
	1	1억 원 이하 주택	제외	제외
	2	공공매입임대주택	제외	포함
	3	노인복지주택	제외	제외
	4	국가등록문화재주택	제외	제외
	5	공공지원민간임대주택	제외	제외
	6	가정어린이집	제외	제외
영 §28의2	7	환매조건부주택	제외	포함
	8 가	공익사업용 멸실목적 주택	제외	제외(3년)
	8 나	주택건설용 멸실목적 주택	제외	제외(3년)
	9	대물변제용 미분양주택	제외	제외(3년)
	10	채권변제(저당권)로 취득하는 주택	제외	포함
	11	농어촌주택	제외	제외
	12	사원 임대용 주택	제외	제외
	13	물적적격분할로 취득하는 미분양 주택	제외	포함

나. 주거용 건물을 신축하여 판매하는 사업자가 신축하여 보유하는 주택는 주택 수에서 제외한다. 이는 법인인 아닌 개인 사업주가 주택을 신축하여 재고자산으로 보유하고 있는 경우 사업주 당사자가 거주할 주택 취득시 중과세가 되지 않게 하려는 것이다. 따라서 타인이 거주한 기간이 1년 이상인 주택 등은 더 이상 재고자산이 아니므로 보유 주택 수에 포함한다.

다. 상속을 원인으로 취득한 주택, 조합원입주권, 주택분양권 또는 오피스텔은 상속개시일*부터 5년간 주택수에서 제외한다.

　이 경우 이 법 시행(20.8.12.) 전에 취득한 상속 주택 등은 이 법 시행 이후 5년 동안 주택 수 산정 시 소유주택 수에서 제외한다.

라. 주택분 재산세가 부과되는 오피스텔이라고 하더라도 시가표준액이 1억 원 이하인 저가 오피스텔도 주택 수에서 제외한다. 이 경우 지분이나 부속토지만 취득한 경우는 전체 건축물과 그 부속토지의 시가표준액으로 산정한다.

- 리모델링주택조합의 주택 취득시 중과세 예외 여부에 대하여리모델링주택조합이 리모델링을 위해 취득하는 주택을 취득세 중과세가 제외되는 '멸실' 목적 주택으로 볼 수 없음(부동산세제과-1511, 2021.6.7.).

- 다주택을 보유하고 있던 부모의 주택을 부담부증여로 취득시 유상취득 부분의 적용 세율과 관련하여 중과세에 해당하는 주택수(4)를 보유하고 있던 부모의 주택을 부담부증여로 취득하는 경우 처분과 취득 행위가 동시에 발생하더라도 취득함으로써 다시 중과세에 해당하는 주택수(4)에 해당하게 되는 것이므로 유상부분에 대해 중과세율 적용(부동산세제과-1529, 2021.6.8.)

- 공동주택사업자의 멸실목적주택 취득시 중과 예외 여부와 관련하여 중과세 예외 대상인 멸실목적주택을 취득함에 있어 공동명의로 등록된 주택건설사업자 중 일부 명의로 해당 주택을 취득하더라도 중과세 예외 대상에 해당

- 친권자가 아닌 부 또는 모의 주택수에 만 30세 미만의 미혼 자녀 포함 여부와 관련하여 이혼한 부 또는 모가 주택을 취득시 주택 취득세 중과세 여부를 판단함에 있어, 그 자녀가 30세 미만의 미혼인 경우라면, 친권 여부에 관계없이 그 자녀 소유의 주택수를 1세대 주택수에 포함하여야 함(부동산세제과-1692, 2021.6.25.).

- 집합건축물 부속토지 소유자간 필지 정리를 위한 취득시 중과세 적용 여부와 관련하여 집합건축물 부속토지 소유자가 대지권 등기를 위해 교환계약을 체결하여 필지를 정리한 경우 주택 유상거래(주택 중과)세율이 아닌 그 밖의 취득세율(§11①7 나목)이 적용하여야 할 것임(부동산세제과-2192, 2021.8.13.).

- 동일 재개발사업구역 내 종전주택이 아닌 다른 주택에 거주한 경우 일시적 2주택 적용 여부와 관련하여 관리처분계획인가 후 종전주택이 아닌 다른 주택에 거주하던 경우라도 신규주택으로 이주한 날에 종전주택을 처분한 것으로 보아 일시적2주택 해당 여부를 판단하여야 함(부동산세제과-2193, 2021.8.13.).

- 다주택 취득세 중과 관련 세대 판단 기준과 관련하여 주택 취득일에 온라인으로 전입신고하여 세대분리를 한 경우라면, 신고 당일 수리가 되지 않은 경우라도 주택 취득일 당시 세대분리가 된 것으로 보아 1세대 다주택 중과세 해당 여부를 판단하여야 함(부동산세제과-1242, 2021.5.7.).

- 쟁점부동산은 장기간 방치되어 잡풀이 무성하게 자라나 있고 방과 부엌, 화장실 등이 형체를 알아볼 수 없을 정도로 파손되어 더 이상 사람이 거주할 수 없는 상태로 쟁점부동산이 「지방세법」 제11조 제1항 제8호에 따른 주택에 해당한다고 보기는 어려우므로 다주택 중과세율 적용시 주택수 산정방법 상 주택의 수에는 포함되지 않음(조심 2021지1377, 2021.10.21.).

○ 청구인들은 2020.7.8. 이 건 주택의 매매계약을 체결하고 계약금의 일부를 지급하였으므로 이 건 부칙 제6조에 따라 이 건 주택의 취득에 대하여는 종전규정을 적용하여야 한다고 주장하나, 이 건 부칙 제6조 본문 및 단서를 종합하면 2020.7.10. 이전에 주택의 매매계약을 체결하고, 해당 계약에 따른 계약금 전부를 지급한 사실이 입증되는 경우에 한하여 종전의 규정을 적용한다고 보는 것이 조세법규의 엄격해석 원칙과 다주택자가 취득하는 주택에 대하여 중과세율을 적용하도록 한 「지방세법」 제13조의2 제1항의 입법 취지에 부합된다. 청구인들이 2020.7.8. 이 건 주택의 매매계약을 체결하였다 하더라도 그 계약금을 모두 지급한 날은 2020.7.15.인 점 등에 비추어 청구인들이 2020.7.8. 이 건 주택의 매매계약을 체결하였다 하더라도 2020.7.10. 이전에 그 계약금을 지급한 사실이 금융증빙 등에서 입증되지 않아 이 건 주택에 대하여 이 건 부칙 제6조에 따라 종전 규정을 적용할 수 없음(조심 2021지2963, 2021.11.29.).

○ 청구인은 이 건 주택 취득일이 쟁점규정의 특례적용기한(2019.12.4.) 이전에 매매계약을 체결하였다고 주장하나, 부동산 매매계약을 체결함에 있어 가계약 이후에 매매계약을 체결한 경우 그 가계약이 선수협약인지 또는 본계약인지 여부는 가계약의 내용에 따라 결정하여야 하고 그 계약의 내용에 매매대상 부동산의 위치, 면적 및 대금의 지급시기 등이 명확히 기재되어 있는 경우 그 계약은 특별한 사정이 없는 한 본계약에 해당하는 것으로 보아야 하고, 위의 내용이 특정되어 있지 아니하고 추후 본계약을 다시 체결한다는 규정 등이 있는 경우의 그 매매계약은 선수협약으로 보아야 할 것(조심 2016지644, 2016.12.8., 같은 뜻임)인 바, 청구인이 2019.12.3. 매도인에게 10,000,000원을 송금하면서 이 건 주택의 취득과 관련하여 취득물건의 위치나 면적 및 그 대금의 지급시기 등을 구체적으로 확정하지 않은 상태에서 구두로 체결한 그 계약은 추후 본계약 체결을 위한 선수협약으로 볼 수밖에 없는 점, 쟁점규정은 「지방세법 시행령」 입법예고 이전 주택의 매매계약을 체결한 납세자에 대한 기득권내지 신뢰를 보호하기 위한 특례규정으로 취득세 과세대상이나 취득시기 등 구체적인 과세요건이 특정되지 않은 부분까지 마땅히 보호해야 하는 것은 아닌 점 등에 비추어 볼 때 청구인은 쟁점규정인 특례적용기한(2019.12.4.) 이전에 매매계약을 체결하였다고 볼 수 없음(조심 2020지1397, 2020.11.13.).

○ 주택의 부속토지 일부만 문화재로 지정된 주택이 중과세 예외대상인지 여부
　과세관청에서 그 현황을 문화재로 지정된 주택의 부속토지로 판단하였다면, 주택의 부속토지 일부만 문화재로 지정되었다 하더라도 「지방세법 시행령」 제28조의2 제4호에 따라 취득세 중과세 예외에 해당함(행정안전부 부동산세제과-3887, 2022.11.29.).

⑨ 최근 쟁점

사례 청구법인이 집합건물법 등에 따른 매도청구권 행사에 따라 취득한 쟁점주택에 대하여 2020.8.12. 개정된 「지방세법」 제13조의2 제1항 제1호에 따른 세율이 아닌 위 법률 부칙 제6조에 따라 종전 규정이 적용되어야 한다는 청구주장의 당부

처분청은 청구법인이 쟁점주택을 부동산거래계약신고필증 및 부동산매매계약서상의 계약체결일이자 잔금지급일인 2021.2.25. 매매대금 전액을 지급하여 취득하였으므로 위 부칙규정에 따른 종전 규정의 적용대상이 아니라는 의견임.

그러나 청구법인은 쟁점사업과 관련하여 리모델링 결의 및 허가동의서를 제출하지 않은 aaa에게 쟁점주택의 매도청구를 위한 최고 및 매도청구권 행사의 의사표시가 담긴 소장 부본을 2018.6.1. 송달한 사실이 확인되는 점,

위 소장과 관련된 쟁점주택의 소유권이전 등기 등 청구 소송에서 법원은 소장부본이 송달된 날로부터 2개월이 경과한 다음날인 2018.8.2. 청구법인과 aaa 사이에 쟁점주택의 매매계약이 체결되었다고 판단하였고, 쟁점주택에 대하여 2018.8.2. 매매를 원인으로 한 소유권이전등기절차를 이행하고 쟁점주택을 청구법인에게 인도하라고 판결한 점,

비록 청구법인과 aaa가 2021.2.25.에 이르러 aaa에게 쟁점주택의 매매대금 OOO원을 지급하면서 같은 날 그에 대한 매매계약서를 작성하고 부동산거래계약 신고하였으나, 이는 소유권이전등기 등을 위한 요식행위로 보이고, 위와 같이 법원의 판결 등에서 2020.7.10. 이전에 매매계약을 체결한 사실이 확인된다면 위 부칙규정에 따라 종전 규정을 적용하는 것이 타당하다 할 것임.

따라서 처분청이 쟁점주택에 대해 종전 규정을 적용하여야 한다는 청구법인의 경정청구를 거부한 이 건 처분은 잘못이 있는 것으로 판단됨(조심 2021지5664, 2023.1.11. 결정).

제 **10** 장

재산세 일반

① 재산세 과세요건 검토

| 과세대상 | + | 과세기준일 | + | 납세의무자 | + | 과세표준 | + | 세율 |

- 재산세를 부과하기 위해서는 과세요건을 충족하는지 여부를 가장 먼저 확인해 봐야 한다. 「지방세법」에서 정하는 재산세의 과세요건은 과세대상, 과세기준일, 납세의무자, 과세표준, 세율이며 이는 보유물건(과세대상)을 언제(과세기준일) 누가(납세의무자) 얼마(과세표준)의 어떻게(세율) 보유하고 있는가를 생각해 보면 알 수 있다.

- 과세대상은 「지방세법」 제105조(과세대상)에서 토지, 건축물, 주택, 선박, 항공기 등으로 열거하고 있고 과세기분일 및 납세의무자는 매년 6월 1일 사실상 소유자이며, 과세표준은 토지·건축물·주택의 시가표준액에 부동산 시장의 동향과 지방재정 여건 등을 고려하여 정한 공정시장가액비율 곱하여 산정한 가액이며, 세율은 건축물, 주택, 토지의 세율이 각각 다르고, 특히 토지의 경우 용도, 위치 등에 따라 종합합산, 별도합산, 분리과세 등으로 과세대상을 구분하여 세율이 달리 적용하므로 부과시에는 이 다섯 개 요건에 대해 충분히 검토해야 한다.

※ 재산세 세액산출 방시

| 과 세 표 준
시가표준액 ×
공정시장가액비율* | × | 세 율 | = | 산출
세액 | 세부담상한
적용 → | 결정
세액 |

* 토지, 건축물, 주택에만 적용

② 재산세 과세요건 - 과세대상(부동산, 선박, 항공기 등)

「지방세법」 제104조(정의) 재산세에서 사용하는 용어의 뜻은 다음과 같다.
1. "토지"란 「공간정보의 구축 및 관리 등에 관한 법률」에 따라 지적공부의 등록대상이 되는 토지와 그 밖에 사용되고 있는 사실상의 토지를 말한다.
2. "건축물"이란 제6조 제4호에 따른 건축물을 말한다.
3. "주택"이란 「주택법」 제2조 제1호에 따른 주택을 말한다. 이 경우 토지와 건축물의 범위에서 주택은 제외한다.
4. "항공기"란 제6조 제9호에 따른 항공기를 말한다.
5. "선박"이란 제6조 제10호에 따른 선박을 말한다.
6. 삭제 〈2010. 12. 27.〉

제105조(과세대상) 재산세는 토지, 건축물, 주택, 항공기 및 선박(이하 이 장에서 "재산"이라 한다)을 과세대상으로 한다.

---

(1) 일반적 재산세 정의

■ 재산세는 과세대상 물건인 토지, 건축물, 주택, 항공기 및 선박의 소유사실에 대하여 그 사실상 소유자를 납세의무자로 하여 과세한다.

■ 과세대상 물건의 소재지를 관할하는 시·군·구에서 부과하는 지방세(시·군·구의 보통세이며 독립세)이다.

■ 재산세는 과세객체인 재산을 소유(보유)하고 있는 동안 매년 반복적으로 과세한다.

❏ **재산세 제도의 변화**

• (2005년) 고액의 부동산보유자에 대한 조세부담의 형평성을 제고, 부동산 가격안정 도모위해 일정 금액 이상 부동산 보유자를 과세대상자로 하는 국세인 종합부동산세 도입하는 등 보유세 및 거래세 전반을 개편

➡ 재산세는 먼저 1990년부터 토지 보유에 대해 부과하던 종합토지세를 재산세로 통합, 주택은 건축물과 부속토지를 함께 평가하여 과세, 복잡했던 재산세율 정비 등 부동산 보유세제는 현재까지 지방세인 재산세와 국세인 종합부동산세로 이원화 되어 운영, 재산세의 과세대상도 토지, 건축물, 주택, 항공기 및 선박으로 구분

 − 주택의 경우 그 주택건축물과 부속토지를 통합·평가하여 주택별로 과세
 − 주택 이외의 일반 건축물은 종전과 같이 토지와 건물을 분리하여 과세하되, 건축물별로 과세하며, 토지의 경우에는 주택으로 과세하는 주택분 부속토지를 제외

- 이외의 토지는 종합합산토지(나대지 등)와 별도합산토지(사업용 토지 및 일반건축물의 부속토지), 분리과세대상토지로 구분하여 과세하되 주택 및 건축물과 달리 기초지방자치단체 관내의 토지를 인별(人別)로 합산하여 과세
- (2011년) 기존 도시계획세를 재산세로 통합하여 종전의 도시계획세 부분은 재산세 과세특례(도시지역분)로 적용하여 과세
  - 「국토의 계획 및 이용에 관한 법률」제6조 제1호에 따른 도시지역 안에 있는 토지, 건축물 또는 주택은 재산세에 재산세 과세표준의 1천분의 1.4을 추가하여 재산세 과세특례(도시지역분) 과세

■ 재산세의 과세대상 물건이 토지대장, 건축물대장 등 공부상 등재되지 아니하였거나 공부상 등재현황과 사실상의 현황이 다른 경우에는 사실상의 현황에 따라 재산세를 부과한다. 다만, 재산세의 과세대상 물건을 공부상 등재현황과 달리 이용함으로써 재산세 부담이 낮아지는 경우, 재산세 과세기준일 현재의 사용이 일시적으로 공부상 등재현황과 달리 사용하는 것으로 인정되는 경우에는 공부상 등재 현황에 따라 재산세를 부과한다.
  - 적용례: (적용시기) '22.1.1. 이후 재산세 납세의무가 성립하는 분부터 적용

    다만, 허가기준 등이 체계적으로 확립되기 이전에 건축된 무허가 주택의 경우 장기간 주택으로 과세해온 관행 등을 고려, 법 시행 직전연도('21년)에 주택으로 재산세가 부과된 무허가 건축물을 계속하여 주거용으로 사용하는 경우에 한하여 주택으로 재산세 부과

    ※ 2021년까지는 과세대상 물건의 현황에 대하여 단서없이 현황과세원칙에 따라 부과

(2) 토지

「측량·수로조사 및 지적에 관한 법률」에 따라 지적공부에 등록대상이 되는 토지와 그 밖에 사용되고 있는 사실상의 토지이다.
  - 다만, 공유수면매립법에 의하여 매립 또는 간척한 토지 등은 준공인가일 또는 공사준공인가일 전에 사용승낙이나 허가를 받은 경우에는 사용승낙일 또는 허가일 이후에는 과세대상토지에 해당된다.

    ➡ 지적공부에 등재되지 아니한 토지라고 하더라도 사실상의 토지인 경우 취득세 과세대상에서 제외되지만 토지분 재산세 과세대상에 포함된다.

사례 〉 공유수면 매립토지의 재산세 납세의무 관련 취득의 시기를 준용하여 판단

「지방세법」상 재산세 납세의무자를 재산세 과세기준일 현재 재산을 사실상 소유하

고 있는 자로 규정하고 있는데, 이러한 사실상의 소유자가 되는 취득시기에 대하여는 재산세편에서 별도로 규정하고 있지 아니하므로 취득세에 있어서의 취득시기에 관한 같은법 시행령 제20조를 준용하여 결정하여야 할 것인 바, 이와 같은 법리는 공유수면 매립에 의한 원시취득의 경우라 하여 달리 볼 근거는 없으므로 공유수면 매립공사 준공인가 전에 사용허가를 받은 경우에는 위 시행령 제20조 제8항 단서에 따라 그 허가일을 사실상 소유자가 되는 취득시기로 보아야 함(대법원 98두14549, 1999.9.7.).

사례 ▷ 청구인이 소유하던 토지가 재개발 사업부지에 편입되고 관리처분계획인가 이후에 조합주택을 분양받은 경우 종전의 토지가 아닌 분양받은 조합주택의 토지면적을 과세대상으로 하여 재산세를 부과하여야 한다는 청구주장의 당부

청구인이 소유하던 토지가 재개발 사업부지에 편입되고 관리처분계획인가 이후에 조합주택을 분양받은 경우 종전의 토지가 아닌 분양받은 조합주택의 토지면적을 과세대상으로 하여 재산세를 부과하여야 한다는 청구주장과 관련하여 이 건 분양아파트는 「도시개발법」 제35조에 따라 지정된 환지예정지와 마찬가지라 할 것이고, 청구인은 이 건 재산세 과세기준일 현재 환지예정지인 이 건 분양아파트의 부속토지를 사실상 소유하고 있는 자로서 재산세 납세의무가 있다고 하겠다(조심 2019지211, 2020.3.27. 같은 뜻임)고 할 것이므로, 처분청에서 이 건 분양아파트가 아니라 청구인이 종전에 소유하던 이 건 토지를 기준으로 2019년도분 재산세를 부과한 처분은 잘못임(조심 2020지303, 2020.9.15.).

사례 ▷ 원고가 과거년도 재산세 등의 부과처분을 직권취소한 후 동일한 사항에 대하여 특별한 사유 없이 이를 번복하고 당해연도에 다시 종전의 처분을 되풀이하여 과세하는 것이 위법한지 여부

과세관청이 과세처분에 대한 이의신청절차에서 납세자의 이의신청 사유가 옳다고 인정하여 과세처분을 직권으로 취소한 경우, 납세자가 허위의 자료를 제출하는 등 부정한 방법에 기초하여 직권취소되었다는 등의 특별한 사유가 없는 데도 이를 번복하고 종전과 동일한 과세처분을 하는 것은 위법하다고 할 것이나(대법원 2010.6.24. 선고 2007두18161 판결, 대법원 2014.7.24. 선고 2011두14227 판결 등 참조), 이와 같은 재처분금지의 법리는 동일한 과세처분인 경우에 적용되는 것이고 과세단위를 달리하는 경우에도 적용된다고 볼 수는 없다고 볼 것으로 재산세는 보유하는 재산에 담세력을 인정하여 부과되는 수익세적 성격을 지닌 보유세이며 1년 단위의 기간과세에 해당하므로 과세기간마다 별개의 과세단위가 된다고 할 것인데, 2014.9.15.자 처분과 이 사건 처분은 원고가 이 사건 환지예정지의 사실상 소유자인지 여부가 동일한 쟁점으로 되었더라도 과세기간이 서로 달라 별개의 처분에 해당하므로 피고가 금지된 재처분을 하였다고 할 수 없음(대법원 2020.5.14. 선고 2020두33053 판결).

(3) 건축물

> **건축법** 제2조(정의) ① 이 법에서 사용하는 용어의 뜻은 다음과 같다.
> 2. "건축물"이란 토지에 정착(定着)하는 공작물 중 지붕과 기둥 또는 벽이 있는 것과 이에 딸린 시설물, 지하나 고가(高架)의 공작물에 설치하는 사무소·공연장·점포·차고·창고, 그 밖에 대통령령으로 정하는 것을 말한다.

"건축물"이란 「지방세법」 제6조 제4호에 따른 건축물을 의미한다.

– 「건축법」 제2조 제1항 제2호에 따른 건축물(이와 유사한 형태의 건축물을 포함한다)과 토지에 정착하거나 지하 또는 다른 구조물에 설치하는 레저시설, 저장시설, 도크(dock)시설, 접안시설, 도관시설, 급수·배수시설, 에너지 공급시설 및 그 밖에 이와 유사한 시설이다(이에 딸린 시설을 포함한다).

➡ 「지방세법 시행령」 제6조에 따른 시설물은 재산세 과세대상에서 제외된다.

> ❑ **재산세 과세대상 시설(「지방세법 시행령」 제5조)**
> 1. 레저시설: 수영장, 스케이트장, 골프연습장(「체육시설의 설치·이용에 관한 법률」에 따라 골프연습장업으로 신고된 20타석 이상의 골프연습장만 해당한다), 전망대, 옥외스탠드, 유원지의 옥외오락시설(유원지의 옥외오락시설과 비슷한 오락시설로서 건물 안 또는 옥상에 설치하여 사용하는 것을 포함한다)
> 2. 저장시설: 수조, 저유조, 저장창고, 저장조 등의 옥외저장시설(다른 시설과 유기적으로 관련되어 있고 일시적으로 저장기능을 하는 시설을 포함한다)
> 3. 도크(dock)시설 및 접안시설: 도크, 조선대(造船臺)
> 4. 도관시설(연결시설을 포함한다): 송유관, 가스관, 열수송관
> 5. 급수·배수시설: 송수관(연결시설을 포함한다), 급수·배수시설, 복개설비
> 6. 에너지 공급시설: 주유시설, 가스충전시설, 송전철탑(전압 20만 볼트 미만을 송전하는 것과 주민들의 요구로 「전기사업법」 제72조에 따라 이전·설치하는 것은 제외한다)
> 7. 잔교(棧橋)(이와 유사한 구조물을 포함한다), 기계식 또는 철골조립식 주차장, 차량 또는 기계장비 등을 자동으로 세차 또는 세척하는 시설, 방송중계탑(「방송법」 제54조 제1항 제5호에 따라 국가가 필요로 하는 대외방송 및 사회교육방송 중계탑은 제외한다) 및 무선통신기지국용 철탑

농지위에 설치되어 있는 태양광시설은 재산세 과세대상 건축물의 범위에 포함되지 않음

농지위에 설치되어 있는 태양광시설의 경우 딸린 시설물로 보기에는 그 전제가 되는 '지붕과 기둥 또는 벽이 있는 공작물'이 없는 상태로 볼 수 있으며(건물 옥상에 설치되어 있는 태양광시설의 경우도 마찬가지라 할 것임), 아울러 지방세법령에서 건축물로 보는 시설에 대하여 레저시설, 저장시설, 도관시설 등 일정 시설을 열거하고 있는 바, 태양광 시설의 경우 이에 해당하지 아니하므로 「지방세법」상 건축물로 볼 수 없어 재산세 과세대상이 아님(행자부 지방세운영과-3544, 2015.11.9.).

건물붕괴의 우려에 따른 대피명령으로 건물의 사용·수익이 제한되더라도 과세대상

재산세는 보유하는 재산에 담세력을 인정하여 부과되는 수익세적 성격을 지닌 보유세로서, 재산가액을 그 과세표준으로 하고 있어 그 본질은 재산소유 자체를 과세요건으로 하는 것이므로, 당해 재산이 훼손되거나 일부 멸실 혹은 붕괴되고 그 복구가 사회통념상 거의 불가능하게 된 정도에 이르러 재산적 가치를 전부 상실하게 된 때에는 재산세 과세대상이 되지 아니하나, 현실적으로 당해 재산을 그 본래의 용도에 따라 사용·수익하였는지 여부는 과세요건이 아니므로, 처분청의 건물붕괴의 우려에 따른 대피명령 등으로 건물의 사용·수익이 일시적으로 제한되었다고 하여 과세대상에서 제외되는 것은 아님(대법원 99두110, 2001.4.24.).

(4) 주택

- 세대의 세대원이 장기간 독립된 주거생활을 영위할 수 있는 구조로 된 건축물의 전부 또는 일부 및 그 부속 토지를 말하고, 이 경우 토지와 건축물의 범위에서 주택은 제외한다.
  - 건물의 유형은 단독주택과 공동주택으로 구분되고, '공동주택'이라 함은 건축물의 벽·복도·계단 그 밖의 설비 등의 전부 또는 일부를 공동으로 사용하는 각 세대가 하나의 건축물 안에서 각각 독립된 주거생활을 영위할 수 있는 구조로 된 주택을 말하며 그 외에는 단독주택이다.
- 건축물의 일부에 주택으로 사용하는 주상복합건물의 경우 주거용으로 사용하는 건물부분과 당해 부속토지를 주거용 부분과 비주거용 부분으로 안분한 토지부분을 주택의 과세대상에 해당하는 것이다.
- 주택은 건물 구조가 세대의 세대원이 장기간 주거생활을 영위할 수 있도록 구조되어 있어야 하는 것이므로 통상적으로 ① 침실, 거실 ② 화장실 ③ 부엌 ④ 출입문 등으로 구성되어 있으며 의식주 생활을 영위하는데 적합한 구조를 갖추어야 하는 것이다.
  - 주거용으로 구조를 갖춘 경우라고 하더라도 콘도미니엄 등과 같이 불특정다수인을

대상으로 영업용으로 사용하는 경우에는 주택이라고 볼 수가 없으나 별장과 같이 상시 주거용으로 사용을 하지 아니하더라도 언제든지 세대원이 수시로 사용이 가능한 경우라면 별장이라도 원칙적으로 주택이다.

사례 재건축시 주택의 과세 범위 판단

재산세 과세기준일 현재 주택재건축사업계획에 따라 주택재건축사업구역의 주택 중 일부 주택은 세대의 세대원이 퇴거·이주하여 주택의 외형은 그대로 있으나, 단전·단수 및 출입문 봉쇄 등 폐쇄조치가 이루어졌고, 나머지 주택에는 세대의 세대원이 거주하고 있는 경우에 「지방세법」 제181조에 따른 재산세의 과세대상이 되는 주택은 세대의 세대원이 거주하고 있는 주택만 해당함이고 할 것임(행안부 지방세운영-138, 2008.6.20.).

사례 장기간 임차하여 사용하는 생활숙박시설에 대하여 주택세율을 적용할 수 있는지 여부

지방세법 시행령 제119조의 사실상 현황을 따질 때에는 객관적인 현황을 근거로 하여야 하고 원고들과 임차인들의 의도를 고려할 것은 아닌 점, 앞서 가.항에서 인정한 사실과 같이 이 사건 건물에는 각종 시설이 마련되어 있어 원고들이 이를 숙박업으로 이용하는데 지장이 없는 것으로 보이는 점, 이 사건 건물의 임차인들이 수도요금이 포함된 관리비와 도시가스요금, 전기요금을 별도로 부담하였다고 하더라도 그러한 공과금 납부 부담이 주택일 경우에만 발생한다고 볼 수 없는 점, 원고들이 숙박업으로 사업자등록을 하지 않았다거나 부가가치세를 환급받지 않았다는 사정도 원고들이 숙박업 대신 임대업 등으로 사업자등록을 하였던 행위에 기인한 것인 점, 이 사건 건물을 공부상의 용도인 생활숙박시설이 아니라 주택으로 보고 재산세를 과세한다면 원고들의 불법 용도변경을 묵인하거나 권장하는 결과가 되는 점, 원고들은 별도의 구조변경 없이 이 사건 건물의 용도를 생활숙박시설에서 주택으로 변경신고할 수 있는데도, 원고들의 현재 여건상 용도변경신고를 하는 것은 어렵다는 의견을 밝히고 있는 점 등을 고려하여 보면, 원고들의 주장을 받아들일 수 없음(대법원 2020.2.13. 선고 2019두56357 판결).

(5) 선박·항공기

■ 선박의 개념은 「선박법」 등에서 차용하지 않고 「지방세법」 제6조 제1항 제10호에 기선·범선·부선 및 그 밖에 명칭 여하를 불문하고 모든 배라고 규정하고 있다.

■ 항공기의 개념도 「항공법」 등에서 차용하지 않고 「지방세법」 제6조 제1항 제9호에 사람이 탑승 조종하여 항공에 사용하는 비행기·비행선·활공기(글라이더)·회전익항공기(헬리콥터) 및 그 밖에 이와 유사한 비행기구라고 규정하고 있다.

– 사람이 탑승조종하지 아니하는 무인비행선 등의 경우는 과세대상이 되지 아니하나, 사람이 탑승조정하는 비행기·비행선·활공기(글라이더)·회전익항공기(헬리콥터) 및 그 밖에 이와 유사한 비행기구 등은 과세대상이다.

재산세 과세요건 – 과세기준일, 납기, 납세지

■ 재산세의 과세기준일: 매년 6월 1일(「지방세법」제114조)
■ 납기(「지방세법」제114조)

---

1. **토지**: 매년 9월 16일부터 9월 30일까지
2. **건축물**: 매년 7월 16일부터 7월 31일까지
3. **주택**: 산출세액의 2분의 1은 매년 7월 16일부터 7월 31일까지, 나머지 2분의 1은 9월 16일부터 9월 30일까지
4. **선박**: 매년 7월 16일부터 7월 31일까지
5. **항공기**: 매년 7월 16일부터 7월 31일까지

■ 납세지(「지방세법」제108조)

---

1. **토지**: 토지의 소재지
2. **건축물**: 건축물의 소재지
3. **주택**: 주택의 소재지
4. **선박**: 「선박법」에 따른 선적항의 소재지. 다만, 선적항이 없는 경우에는 정계장(定繫場)의 소재지(정계장이 일정하지 아니한 경우에는 선박 소유자의 주소지)
5. **항공기**: 「항공법」에 따른 등록원부에 기재된 정치장의 소재지(「항공법」에 따라 등록을 하지 아니한 경우에는 소유자의 주소지)

---

④ 재산세 과세요건 – 납세의무

「지방세법」 제107조(납세의무자) ① 재산세 과세기준일 현재 재산을 사실상 소유하고 있는 자는 재산세를 납부할 의무가 있다. 다만, 다음 각 호의 어느 하나에 해당하는 경우에는 해당 각 호의 자를 납세의무자로 본다.
  1. 공유재산인 경우: 그 지분에 해당하는 부분(지분의 표시가 없는 경우에는 지분이 균등한 것으로 본다)에 대해서는 그 지분권자
  2. 주택의 건물과 부속토지의 소유자가 다를 경우: 그 주택에 대한 산출세액을 제4조 제1

항 및 제2항에 따른 건축물과 그 부속토지의 시가표준액 비율로 안분계산(按分計算)한 부분에 대해서는 그 소유자

② 제1항에도 불구하고 재산세 과세기준일 현재 다음 각 호의 어느 하나에 해당하는 자는 재산세를 납부할 의무가 있다.

1. 공부상의 소유자가 매매등의 사유로 소유권이 변동되었는데도 신고하지 아니하여 사실상의 소유자를 알 수 없을 때에는 공부상 소유자

2. 상속이 개시된 재산으로서 상속등기가 이행되지 아니하고 사실상의 소유자를 신고하지 아니하였을 때에는 행정안전부령으로 정하는 주된 상속자

3. 공부상에 개인 등의 명의로 등재되어 있는 사실상의 종중재산으로서 종중소유임을 신고하지 아니하였을 때에는 공부상 소유자

4. 국가, 지방자치단체, 지방자치단체조합과 재산세 과세대상 재산을 연부(年賦)로 매매계약을 체결하고 그 재산의 사용권을 무상으로 받은 경우에는 그 매수계약자

5. 「신탁법」 제2조에 따른 수탁자(이하 이 장에서 "수탁자"라 한다)의 명의로 등기 또는 등록된 신탁재산의 경우에는 제1항에도 불구하고 같은 조에 따른 위탁자(「주택법」 제2조 제11호 가목에 따른 지역주택조합 및 같은 호 나목에 따른 직장주택조합이 조합원이 납부한 금전으로 매수하여 소유하고 있는 신탁재산의 경우에는 해당 지역주택조합 및 직장주택조합을 말하며, 이하 이 장에서 "위탁자"라 한다). 이 경우 위탁자가 신탁재산을 소유한 것으로 본다.

6. 「도시개발법」에 따라 시행하는 환지(換地) 방식에 의한 도시개발사업 및 「도시 및 주거환경정비법」에 따른 정비사업(재개발사업만 해당한다)의 시행에 따른 환지계획에서 일정한 토지를 환지로 정하지 아니하고 체비지 또는 보류지로 정한 경우에는 사업시행자

7. 외국인 소유의 항공기 또는 선박을 임차하여 수입하는 경우에는 수입하는 자

③ 재산세 과세기준일 현재 소유권의 귀속이 분명하지 아니하여 사실상의 소유자를 확인할 수 없는 경우에는 그 사용자가 재산세를 납부할 의무가 있다.

「지방세법 시행규칙」 제53조(주된 상속자의 기준) 법 제107조 제2항 제2호에서 "행정안전부령으로 정하는 주된 상속자"란 「민법」상 상속지분이 가장 높은 사람으로 하되, 상속지분이 가장 높은 사람이 두 명 이상이면 그 중 나이가 가장 많은 사람으로 한다.

「지방세기본법」 제139조(납세관리인) ① 국내에 주소 또는 거소를 두지 아니하거나 국외로 주소 또는 거소를 이전하려는 납세자는 지방세에 관한 사항을 처리하기 위하여 납세관리인을 정하여야 한다.

② 제1항에 따른 납세관리인을 정한 납세자는 대통령령으로 정하는 바에 따라 지방자치단체의 장에게 신고하여야 한다. 납세관리인을 변경하거나 해임할 때에도 또한 같다.

③ 지방자치단체의 장은 납세자가 제2항에 따른 신고를 하지 아니하면 납세자의 재산이나 사업의 관리인을 납세관리인으로 지정할 수 있다.

④ 재산세의 납세의무자는 해당 재산을 직접 사용·수익하지 아니하는 경우에는 그 재산

의 사용자·수익자를 납세관리인으로 지정하여 신고할 수 있다.
⑤ 지방자치단체의 장은 재산세의 납세의무자가 제4항에 따라 재산의 사용자·수익자를 납세관리인으로 지정하여 신고하지 아니하는 경우에도 그 재산의 사용자·수익자를 납세관리인으로 지정할 수 있다.

(1) 원칙적 납세의무자

재산세 과세기준일(6.1.) 현재 재산을 사실상 소유하고 있는 자는 재산세를 납부할 의무가 있음. 다만, 다음 각 호의 어느 하나에 해당하는 경우에는 해당 각 호의 자를 납세의무자로 본다.

- 공유재산인 경우: 그 지분에 해당하는 부분(지분의 표시가 없는 경우에는 지분이 균등한 것으로 본다)에 대해서는 그 지분권자이다.
- 주택의 건물과 부속토지의 소유자가 다를 경우: 그 주택에 대한 산출세액을 제4조 제1항 및 제2항에 따른 건축물과 그 부속토지의 시가표준액 비율로 안분계산(按分計算)한 부분에 대해서는 그 소유자이다.
- 「신탁법」에 따른 수탁자 명의로 등기 또는 등록된 신탁재산의 경우에는 위탁자(「주택법」 제2조 제11호 가목에 따른 지역주택조합 및 같은 호 나목에 따른 직장주택조합이 조합원이 납부한 금전으로 매수하여 소유하고 있는 신탁재산의 경우에는 해당 지역주택조합 및 직장주택조합을 말한다)를 소유자로 본다.

※ 2021년 신탁재산 납세의무자 변경

❑ 개정내용
- 「신탁법」에 따라 수탁자 명의로 등록된 신탁재산의 납세의무자를 수탁자에서 위탁자로 변경
  - 해당 재산에 대한 재산세 등이 체납된 경우 수탁자를 통해 재산세 등을 체납처분으로 징수할 수 있도록 근거 마련

구 분	현 행	개정안
납세의무자	수탁자(예: 은행)	위탁자(예: 토지소유자)
체납처분	수탁자에 체납처분	① 위탁자 재산 우선 체납처분 ② 수탁자 물적납세의무 부여 ③ 신탁재산 체납처분

□ 적용요령
- 2021.1.1. 이후 납세의무가 성립하는 분부터 적용
- 이 법 시행 전에 재산세 납세의무가 성립된 경우에는 종전규정 적용
- 이 법 시행 전에 과세물건을 취득한 경우 「조세특례제한법」 및 「지방세특례제한법」에 따라 감면하여야 할 재산세에 대해서는 납세의무자가 변경되더라도 그 감면기한이 종료될 때까지 감면 적용

사례 〉 **공유수면 매립공사 준공인가 전 사용허가를 받은 경우 사실상 소유자가 되는 취득시기임**

지방세법 제234조의9 제1항은 종합토지세 납세의무자를 종합토지세 과세기준일 현재 토지를 사실상으로 소유하고 있는 자로 규정하고 있는데, 이러한 사실상의 소유자가 되는 취득시기에 대하여는 별도로 규정하고 있지 아니하므로 취득세에 있어서의 취득시기에 관한 같은 법 시행령 제73조를 준용하여 결정하여야 할 것인바, 이와 같은 법리는 공유수면 매립에 의한 원시취득의 경우라 하여 달리 볼 근거는 없으므로 공유수면 매립공사 준공인가 전에 사용허가를 받은 경우에는 위 시행령 제73조 제10항 단서에 따라 그 허가일을 사실상 소유자가 되는 취득시기로 보아야 할 것임 (대법원 선고 98두14549, 1999.9.7.).

사례 〉 **공부상 소유 여부를 불문하고 실질적인 소유권을 가진 자가 납세의무자임**

'사실상의 소유자'라 함은 공부상 소유자로 등재된 여부를 불문하고 객관적으로 보아 당해 재산을 배타적으로 사용·수익·처분할 수 있는 자, 즉 당해 재산에 대한 실질적인 소유권을 가진 자를 뜻함(대법원 선고 2005두15045, 2006.3.23. 판결 ; 대법원 선고 95누5080, 1995.9.15. 판결 등 참조). 이 사건 변경계약상 잔금지급기일인 2011.5.16. 또는 과세대상 아파트에 대한 매매대금(최초 분양가의 60.2%의 매매대금)을 완납한 2011.5.18.에 과세대상 아파트를 취득하였으므로, 과세기준일 당시 이미 과세대상 아파트를 사실상 소유하고 있었다고 봄이 타당(대법원 15두2307, 2015.9.24.)

사례 〉 **사실상 소유자가 따로 있음이 확인된다면 공부상 소유자에게 납세의무를 지우기는 어려움**

사실상 소유하고 있는 자라 함은 공부상 소유자로 등재되어 있는지 여부를 불문하고 해당 재산에 대한 실질적인 소유권을 가진 자를 말한다 하겠고, 공부상 등재되어 있지 않더라도 객관적으로 보아 해당 재산을 배타적으로 사용·수익·처분할 수 있고 언제라도 공부상 소유자로 등재될 수 있는 상태에 있다면 재산을 사실상 소유하고 있다 할 것이며, 공부상 소유자라 하더라도 취득 또는 양도의 실질적 요건이 갖추어졌는지

등의 제반 사항을 종합하여 사실상 소유자가 따로 있음이 확인된다면 공부상 소유자라는 이유만으로 재산세 납세의무를 지우기는 어려움(조심 2016지0544, 2016.9.30.).

재산세는 원칙적으로 당해 재산의 과세대장, 부동산등기부 등 공부상 소유자로 등재된 자에게 납세의무를 부담시키는 것이지만, 공부상 소유자로부터 재산을 매수하여 그 대금의 전부를 완납한 경우와 같이 실질적인 소유권의 변동이 있는 경우에는 공부상 소유 명의에도 불구하고 그 재산을 사실상 소유하는 자를 납세의무자로 보아 부과하는 것임(조심 014지1262, 2016.9.29.).

사례 건축물대장(잘못기재)에 근거하여 재산세를 부과한 경우 공용부분의 지분을 잘못 계산하였다 하더라도 당연무효에 해당하지 않음

사실관계를 정확히 조사하여야 비로소 밝혀질 수 있는 경우라면 그 하자가 중대한 경우라도 외관상 명백하다고 할 수 없어 과세요건사실을 오인한 위법의 과세처분을 당연무효라고는 볼 수 없음(대법원 00다24986, 2001.7.10. 등). 피고가 「지방세법」의 관계법령에 따라 개별 집합건축물대장에 기재된 공용부분 면적을 근거로 하여 원고 소유 구분건물에 대한 재산세 등을 부과한 사실이 인정됨. 따라서, 피고가 설령 이 사건 집합건물의 공용부분에 대한 원고의 지분에 해당하는 면적을 오인하여 재산세 등을 부과하였다고 할지라도 위와 같이 개별 집합건축물대장에 기재된 공용부분 면적을 근거로 과세된 이상 그 처분을 당연무효라고 할 수 없음(대법원 13다208456, 2013.9.26.).

사례 한정승인자 재산세 납세의무 여부

청구인이 법원에 한정상속을 신고하고, 법원은 그 신고사항을 수리 하였으므로 한정상속을 승인 받은 쟁점토지에 과세된 이 건 재산세 등의 납세의무는 청구인에게 승계된 것으로 볼 수 있는 점, 청구인이 상속으로 인하여 얻은 재산이 없다는 사실을 입증할 수 있는 자료를 제출한 바 없는 점 등에 비추어 이 건 재산세 납세의무가 있다 보여짐(조심 2019지1861, 2019.11.5.).

사례 도시 및 주거환경 정비법상 현금청산 완료일에 재산세 납세의무가 발생되는지 여부

현금청산 완료일이 도래함으로써 이 사건 토지가 이 사건 조합의 소유가 되었으므로 원고가 납세의무자가 아니라는 취지로 주장한다. 그러나 구 지방세법 제107조 제1항 본문은 '재산세 과세기준일 현재 재산을 사실상 소유하고 있는 자는 재산세를 납부할 의무가 있다.'라고 규정하고 있는 바, 유상승계취득의 경우는 잔금을 모두 지급하여 사실상 당해 재산에 대한 처분권을 취득했다고 할 수 있는 시점에 '사실상의 소유자'로서 재산세 납세의무자가 된다고 해석된다[대법원 2000.12.8. 선고 98두11458 판결, 구 지방세법 시행령(2014.8.12. 대통령령 제25545호로 개정되기 전의 것) 제20조 제2항 참조](대법원 2016두31074, 2016.4.15.).

사례 청구인들을 이 건 아파트의 2018년도 재산세납세의무자로 보아 재산세 등을 부과한 처분의 당부

청구인들은 2018년도 재산세 과세기준일 현재 이 건 매수인으로부터 잔금을 수령하지 않았을 뿐만 아니라 이 건 아파트의 등기부등본상 소유자도 청구인들이므로 당초 이 건 아파트의 매매계약을 체결하면서 그 잔금지급일을 2018.5.15.로 하였다 하더라도 2018년도 재산세 과세기준일 현재 이 건 아파트의 사실상 소유자는 청구인들이라 할 것이므로 처분청이 청구인들에게 이 건 재산세 등을 부과한 처분은 달리 잘못이 없다고 판단됨(조심 2018지1151, 2018.9.7.).

사례 청구인이 계약상 잔금지급일(2019.5.3.) 이후인 2019.6.10. 잔금을 지급하였으므로, 2019년도 재산세 과세기준일 현재 소유자인 매도인에게 재산세를 부과하여야 한다는 청구주장의 당부

청구인은 이 건 부동산에 대하여 2019.5.23. 취득신고를 하면서 취득일을 2019.6.10.로 기재한 점, 청구인이 이 건 부동산에 대하여 계약금을 제외한 나머지 매매대금 ○○억 ○천만 원을 2019.6.10. 일시에 지급한 사실이 예금계좌의 이체내역에서 확인되고 있는 점에 비추어, 청구인은 사실상 잔금지급일에 이 건 부동산을 사실상 취득하였다고 보아야 할 것이고, 이러한 사실상 취득일이 2019년도 재산세 과세기준일 이후이므로 이 건 부동산에 대한 2019년도분 재산세 납세의무가 청구인에게 있다고 볼 수 없으므로, 처분청이 청구인에게 이 건 재산세 등을 부과한 처분은 잘못이라고 판단됨(조심 2019지2273, 2020.3.12.).

사례 잔금지급후 소유권이전등기를 경료받지 못하였고 사실상 점유하지도 못한 경우 재산세 납세의무 유무

원고가 현재 이 사건 점포에 관하여 신탁에 의한 소유권이전등기를 보유하고 있는 주식회사 ○○부동산신탁으로부터 장차 그 소유권이전등기를 이전받을 가능성이 있는 사실은 인정되지만, 재산세는 그 과세기준일 현재 부과대상자가 당해 부동산의 소유권을 보유하고 있거나 적어도 사실상 소유하고 있어야 부과할 수 있을 뿐 장래 그 소유권을 취득할 가능성이 있다는 점만으로 부과할 수는 없다고 할 것인데, 앞서 본 바와 같이 이 사건 재산세의 각 과세기준일 현재 원고가 이 사건 점포의 소유권을 취득한 것이 아니고, 기타 사용수익을 하였거나 할 수 있었던 사실이 인정되지 않는 이상 이를 사실상 소유하고 있었다고도 볼 수 없으므로, 위와 같은 사정만으로 원고에게 재산세를 부과할 수는 없다고 할 것이다(대법원 2010두24258, 2011.2.24.).

사례 종전 토지 소유자가 환지예정지 지정으로 해당 토지를 사용·수익등을 하지 못하는 경우 재산을 사실상 소유한 것으로 볼 수 있는지 여부

지방세법 제107조 제1항 본문은 "재산세 과세기준일 현재 재산을 사실상 소유하고 있는 자는 재산세를 납부할 의무가 있다."고 규정하고 있는바, 여기서 '재산을 사실상 소유하고 있는 자'라 함은 공부상 소유자로 등재되어 있는지 여부를 불문하고 당해 재산에 대한 실질적인 소유권을 가지고 있는 자를 말한다(대법원 2006.3.23. 선고 2005두15045 판결 등 참조). 그리고 도시개발법 제36조 제1항은 "환지예정지가 지정되면 종전 토지의 소유자는 환지예정지 지정의 효력발생일로부터 환지처분이 공고되는 날까지 환지예정지에 대하여 종전과 같은 내용의 권리를 행사할 수 있으며 종전의 토지는 사용하거나 수익할 수 없다."고 규정하고 있고, 같은 조 제3항은 "환지예정지 지정의 효력이 발생한 경우 해당 환지예정지의 종전 소유자는 이를 사용하거나 수익할 수 없으며 제1항에 따른 권리의 행사를 방해할 수 없다."고 규정하고 있다. 또한, 환지예정지 지정의 효력이 발생한 후 종전 토지 소유자는 환지예정지를 처분할 수 있고, 환지예정지를 대상으로 하여 매매계약이 체결되는 경우 그 매매목적물은 장차 확정될 환지를 대상으로 한 것으로 보아야 한다(대법원 1990.5.25. 선고 89다카14998 판결 등 참조). 이러한 점에 비추어 보면, 종전토지의 소유자는 경제적·실질적인 관점에서 볼 때 환지예정지를 사실상 지배하는 자로서 재산세가 예정하고 있는 정도의 담세력을 가진다고 할 것이므로, 지방세법 제107조 제1항 본문 소정의 사실상 소유자에 해당한다고 할 것임(대법원 2020.5.14. 선고 2020두33053 판결).

사례 1동의 건물(근생 및 다가구주택, 5층) 중 다가구주택 (4~5층)을 제외한 근린생활시설(1~3층) 일부를 취득하고 등기 시에는 근린생활시설만 구분등기할 수 없어 1동 전체에 대해 공유자 지분으로 소유권이전등기를 마친 경우, 주택과 근린생활시설의 재산세 납세의무자를 각각 달리 볼 수 있는지 여부

대법원에서는 "1동의 건물에 대하여 구분소유가 성립하기 위해서는 객관적·물리적인 측면에서 1동의 건물이 존재하고, 구분된 건물부분이 구조상·이용상 독립성을 갖추어야 할 뿐 아니라, 1동의 건물 중 물리적으로 구획된 건물부분을 각각 구분소유권의 객체로 하려는 구분행위가 있어야 하는데, 여기서 구분행위는 건물의 물리적 형질에 변경을 가함이 없이 법률관념상 건물의 특정 부분을 구분하여 별개의 소유권의 객체로 하려는 일종의 법률 행위로서, 시기나 방식에 특별한 제한이 있는 것은 아니고 처분권자의 구분의사가 객관적으로 외부에 표시되는 구분행위가 있으면 구분소유권이 성립한다고 할 것이나, 「건축법」 등은 구분소유의 대상이 되는 것을 전제로 하는 공동주택과 그 대상이 되지 않는 것을 전제로 하는 다가구주택을 비롯한 단독주택을 엄격히 구분하여 규율하고 있고, 이에 따라 등기·등록되어 공시된 내용과 다른 법률관계를 인정할 경우 거래의 안전을 해칠 우려가 크다는 점 등에 비추어 볼 때, 일반건물로 등록·등기된 기존의 건물에 관하여 건축물대장의 전환등록 절차

나 구분건물로의 변경등기가 마쳐지지 아니한 상태에서 구분행위의 존재를 인정하는 데에는 매우 신중하여야 한다"(대법원 2016.6.28. 선고 2016다1854 판결 참조)고 판시하고 있으며, "1동의 건물 중 각 일부분의 위치 및 면적이 특정되지 않거나 독립성이 인정되지 아니한 경우에는 공유자들 사이에 이를 구분소유하기로 하는 취지의 약정이 있다 하더라도 일반적인 공유관계가 성립할 뿐, 공유지분등기의 상호명의신탁관계 내지 건물에 대한 구분소유적 공유관계가 성립한다고 할 수 없다"(대법원 2014.2.27. 선고 2011다42430 판결 참조)고 판시하고 있습니다. 따라서 쟁점 부동산에 대하여 공유관계의 구분의사가 내부 계약으로만 존재할 뿐 객관적으로 외부에 표시되는 구분행위가 없었다면, 주택과 근린생활시설의 재산세 납세의무자를 각각 달리 보기는 어려우며, 공유자 지분에 해당하는 비율만큼 납세의무가 있다고 판단됨(부동산세제과-2308호, 2020.9.4.).

사례 ▶ 상속자주택조합의 조합원인 청구인들이 이 건 아파트에 대한 재산세 납세의무가 있는지 여부

신탁재산에 해당되는 이 건 아파트에 대한 사실상의 소유자는 수탁자인 주택조합으로 보는 것이 타당하다 할 것으로 위탁자인 조합원에 해당되는 청구인들을 이 건 아파트의 재산세 납세의무자로 보기는 어렵다.

(가) 「신탁법」상 신탁계약이 이루어져 수탁자 앞으로 부동산의 소유권이전등기가 마쳐지면 대내외적으로 소유권이 수탁자에게 완전히 이전되어 수탁자는 신탁의 목적에 따라 신탁재산인 부동산을 관리처분할 수 있는 권능을 갖게 되고 수탁자는 신탁의 목적 범위 내에서 신탁재산을 관리처분하여야 하는 신탁계약상의 의무만을 부담하며 위탁자와의 내부관계에 있어서 부동산의 소유권이 위탁자에게 유보되어 있는 것이 아니므로 「신탁법」에 따른 신탁등기가 마쳐지지 아니한 경우 신탁재산인 부동산에 관한 사실상의 소유자는 수탁자로 보아야 할 것(대법원 2014.11.27. 선고 2012두26852 판결, 같은 뜻임)이다.

(나) 이 건 아파트는 대지권부분에 대하여 위탁자는 조합원으로 수탁자는 주택조합으로 신탁등기가 되어 있고, 전유부분에 대해서는 별도의 신탁등기가 경료되어 있지 않지만 신탁원부에서 이 건 아파트의 대지권을 포함한 전유부분이 신탁재산임이 확인되므로 「지방세법」 제107조 제1항 제3호 및 대법원 판례의 판시 내용 등에 비추어 신탁재산에 해당되는 이 건 아파트에 대한 사실상의 소유자는 수탁자인 주택조합으로 보는 것이 타당하다 할 것으로 위탁자인 조합원에 해당되는 청구인들을 이 건 아파트의 재산세 납세의무자로 보기는 어렵다 할 것이다(조심 2015지0486, 2015.6.24.).

(2) 예외적 납세의무자

다음의 경우에는 원칙적인 납세의무자에 불구하고 재산세 과세기준일 현재 다음에 해당하는 자는 재산세를 납부할 의무가 있다. 이는 재산세 납세의무자는 원칙적으로 사실상의 재산소유자이지만 과세기준일 현재 소송ㆍ소유자 행방불명 등으로 사실상의 소유자를 확인할 수가 없는 경우에는 일정요건을 갖춘 자를 납세의무자로 의제한다.

- 공부상의 소유자: 공부상의 소유자가 매매등의 사유로 소유권에 변동이 있었음에도 이를 신고하지 아니하여 사실상의 소유자를 알 수 없는 때에는 공부상의 소유자이다.
- 상속재산에 대한 주된 상속자: 상속이 개시된 재산으로서 상속등기가 이행되지 아니하고 사실상의 소유자를 신고하지 아니한 때에는 행정자치부령이 정하는 주된 상속자이다.
- 공부상에 개인 등의 명의로 등재되어 있는 사실상의 종중재산으로서 종중소유임을 신고하지 아니하였을 때에는 공부상 소유자이다.
- 국가, 지방자치단체, 지방자치단체조합과 재산세 과세대상 재산을 연부(年賦)로 매매계약을 체결하고 그 재산의 사용권을 무상으로 받은 경우에는 그 매수계약자이다.
- 「도시개발법」에 따라 시행하는 환지(換地) 방식에 의한 도시개발사업 및 「도시 및 주거환경정비법」에 따른 정비사업(재개발사업만 해당한다)의 시행에 따른 환지계획에서 일정한 토지를 환지로 정하지 아니하고 체비지 또는 보류지로 정한 경우에는 사업시행자이다.
- 외국인 소유의 항공기 또는 선박을 임차하여 수입하는 경우에는 수입하는 자이다.
- 「채무자 회생 및 파산에 관한 법률」에 따른 파산선고 이후 파산종결의 결정까지 파산재단에 속하는 재산의 경우 공부상 소유자

> **사례** ▶▶ 상속자(4명)의 상속지분이 동일한 경우 나이가 많은 사람이 재산세 납세의무자에 해당
>
> "주된 상속자" 규정은 상속자들간 지분의 순위를 정해 그 중에 지분이 가장 높은 순위에게 과세하고, 만약 지분이 가장 높은 同순위가 여러 명 있을 경우에는 그 중에 가장 나이가 많은 사람에게 과세하기 위한 취지로 보아야 할 것임. 따라서, 상속등기가 이행되지 아니하고, 사실상의 소유자를 신고하지 아니한 경우로서 상속지분이 동일한 사람이 4명인 경우라면 위 규정에 따라 상속지분이 가장 높은 사람이 두 명 이상에 해당되므로 그 중에 가장 나이가 많은 사람이 재산세 납세의무자라 할 것임(지방세운영과-783, 2014.3.7.).

- 미신고 종중재산의 경우 공부상 소유자: 공부상에 개인 등의 명의로 등재되어 있는 사실상의 종중재산으로서 종중소유임을 신고하지 아니한 때에는 공부상의 소유자이다.
- 연부취득 중인 재산의 매수자: 국가·지방자치단체·지방자치단체조합과 재산세 과세대상 재산을 연부로 매매계약을 체결하고 그 재산의 사용권을 무상으로 부여받은 경우에는 그 매수계약자이다.

> **사례** 연부취득 재산의 납세의무자

- 연부취득에 따른 재산세납세의무자 요건으로 ① 연부로 매매계약을 체결하고, ② 매매계약의 당사자가 국가 및 지방자치단체 등이어야 하고, ③ 무상으로 재산의 사용권을 부여받은 경우에 한하여 매수 계약자에게 재산세 납세의무가 있는 것이며, "무상 사용권을 부여받은 경우"라 함은 별도의 대가 없이 자신의 책임하에 당해 토지를 관리하거나 건축착공을 위한 절차 등을 구체적으로 진행할 수 있는 등당해 토지를 사용할 수 있는 권한을 확보한 경우로 보는 것이 합리적이고, 당해토지를 실제 사용하였는지 여부와는 무관함이고 보는 것이 합리적임.
  귀문의 경우 L법인이 서울시와 계약체결일로부터 5년간 6개월마다 균등하게 분할한 금액을 납부하는 연부계약을 체결한 상태임을 알 수 있고, 매매계약서 내용을 보면 매매대금 완납전이라도 토지사용 승낙을 요청하는 경우 토지사용을 승낙할수 있고, 토지사용승낙일로부터 토지관리 책임은 L법인에게 있음이고 규정하고있는 점. L법인이 서울시에 토지사용승낙 요청을 하였고, 이에 따라 서울시에서 L법인에게 통보한 토지사용 승인 내용(서울시 투자유치담당관-2254, 2010.3.12.)을 보면 "당해 토지사용 승인에 따른 토지사용승낙일(2010.3.12.)부터 토지관리책임이 귀사에 있음을 알려드리오니 선량한 관리자로서의 의무를 다하여 주시기 바랍니다"라고 회신하고 있는 점, 아울러 토지 사용에 따른 별도의 사용료 등을 제공하고있지 아니한 점을 종합할 때, 비록 토지사용승인서의 사용용도를 건축허가 신청으로 한정하였다고 하더라도 사용승낙일 부터는 쟁점토지에 대하여 자신의 책임하에 사용할 수 있으므로 토지사용 승낙일(2010.3.12.)에 무상의 사용권을 부여받았다고 볼 수 있음(지방세운영과-4633, 2010.10.1.)
- 사업시행자: 도시개발법에 의하여 시행하는 환지방식에 의한 도시개발법 및 도시 및 주거환경정비법에 의한 정비사업(주택재개발사업 및 도시환경정비사업에 한함)의 시행에 따른 환지계획에서 일정한 토지를 환지로 정하지 아니하고 체비지또는 보류지로 정한 경우에는 사업시행자이다.

> **사례** 상속등기가 이행되지 않은 경우의 주된 상속자 사망 후 재산세 납세의무자

주된 상속자 사망후 상속등기가 이행되지 않은 상속재산의 경우 배우자와 자녀들에게 상속된 각각의 지분과 공부상 소유자의 자녀의 지분이 동일하다면 과세기준일 현

재 나이가 많은 자녀가 주된 상속자가 되어 재산세 납세의무자가 됨. 또한 양자는 입양된 때부터 양부모의 친생자와 같은 지위를 가진다고 규정하고 있으므로 상속 등에 관한 권리가 있음.

2013.6.1.일 과세기준일 현재 쟁점 부동산에 대한 상속지분을 살펴보면, 주된 상속자 A가 사망함으로써 A의 배우자와 자녀들에게 상속된 각각의 지분과 공부상 소유자(＝사망한자)의 자녀 B·C의 지분 중 B·C의 지분이 가장 높고, B·C의 지분이 동일하므로 그 중 나이가 많은 B가 주된 상속자가 되어 재산세 납세의무자가 된다고 할 것임.

한편, B는 본인이 양녀로서 상속 등에 관한 권리가 없으므로 다음 순위의 C에게 재산세 납부 의무가 있다고 주장하지만, 민법 제882조의2 제1항에서 양자는 입양된 때부터 양부모의 친생자와 같은 지위를 가진다고 규정하고 있으므로 그 주장은 인용하기 어렵다고 판단됨. 따라서, 2013년 과세기준일 현재 지방세법상 주된 상속자인 B가 재산세 납세의무자라고 할 것임(행정안전부 지방세운영과-82, 2014.1.9.).

사례 재산세 납세의무자가 수탁자로 변경당시 구 지방세법(2014.1.1. 법률 제12153호로 개정된 것) 부칙 제17조 제2항은 『이 법 시행 전에 「조세특례제한법」 및 「지방세특례제한법」에 따라 감면하였거나 감면하여야 할 재산세에 대해서는 그 감면기한이 종료될 때까지 제107조 제1항 제3호의 개정규정에 따른 수탁자에게 해당 감면규정을 적용한다』의 의미

구 지방세법 제107조가 2014.1.1. 개정되면서 신탁재산에 대하여는 수탁자가 재산세 납부의무를 부과하면서도 당시 신탁자인 사업시행자에게 인정되던 다른 법률상의 감면규정을 적용받을 수 있도록 법률 부칙 제17조 제2항에 이를 규정한 것은 개정당시 취득을 한 후 감면하였거나 감면하여야 할 재산세에 대하여는 지방세특례제한법 개정으로 감면기간이 연장된다고 하더라도 적용된다. 다만, 2014.1.1. 이후 사업시행자가 아닌 수탁자가 토지에 대한 납세의무자가 된 경우 그 토지상에 산업단지조성공사가 시행되고 있다고 하더라도 더는 재산세 감면을 하지 않고, 사업시행자가 직접 조성공사를 하는 토지만이 재산세의 감면대상이라는 점을 명확히 한 것이라고 보아야 함(대법원 2020.1.30. 선고 2019두54221 판결).

사례 국가 등이 1년 이상 공용 또는 공공용으로 무상 사용하는 재산에 해당되는지 여부

인근 지역의 연간 임대료 수준의 약 15%에 불과하여 정상적인 사용 대가가 아니라고 주장하나, 이 사건 조항의 '유료로 사용하는 경우'란 그 재산의 사용에 대한 대가가 지급되는 경우를 의미하고, 그 사용의 대가적 의미를 가지는 것이라면 사용기간의 장단, 그 대가의 지급방법이나 다과 등은 문제되지 아니함(대법원 1997.2.28. 선고 96누14845 판결, 대법원 2012.12.13. 선고 2010두9105 판결 등 참조).

(3) 소유권 귀속이 불분명할 경우 납세의무자: 사용자

사례 장기 미준공·미등기 건축물(이하 '미준공 건축물'이라 함)을 해당 건축물의 토지 소유자가 실질적으로 건축물을 임대하고 수익을 취하는 경우 납세의무자로 볼 수 있는지 여부

사실관계
- 1984.5.1.: '갑'이 서울시 소재 토지를 취득함
- 1984.7.26.: '갑'은 상기 토지위에 건축허가를 득함
- 1985.5월: 해당 토지 경매 진행
- 1986.3월: 건축물은 사실상 완공되었으나 미준공·미등기
- 1986.3.10.: '을'·'병' 등 3인이 토지를 경매취득함
- 1989.3월~현재: '을'이 해당 건축물을 사업장으로 하여 임대사업 실시 (1989.3.10.) 및 건축물 소재지에 주소지 등록(1990.5.31.)
- 1992.9.1.: '갑' 사망

① 당시 건축주 '갑'이 쟁점 건축물의 건축허가만을 득하였을 뿐 '갑' 명의로 준공되었거나 등기부상에 등재된 적이 없는 점, ② '갑'과 관련한 상속인은 상속에 따른 소유권을 주장하지 않는 점, ③ 착공 이후 장기 미준공 및 미등기인 상태로 정당한 소유권을 가진 자를 알 수 없는 점, ④ '을'이 '갑' 명의의 쟁점 건축물 부속 토지를 경락받아 지상의 해당 건축물을 1989년부터 사용·수익을 취하고 있는 점 등의 정황을 고려할 때, 해당 건축물에 대하여 건축허가 당시의 건축주라는 이유로 그 건축주의 상속인을 재산세 납세의무자로 보기에는 무리가 있고, 당해 건축물은 소유권 귀속이 분명하지 않는 경우에 해당한다고 보이는 바,「지방세법」제107조 제3항에 따라 그 사용자가 재산세를 납부할 의무가 있다고 사료됩니다. 다만, 이에 해당하는 지 여부는 건축주 '갑'이 당해 미준공 건축물의 정당한 소유권을 보유했었는지 여부, 미준공 건축물의 사용자 점유경위 및 사용관계 등을 종합적으로 고려하여 판단할 사안임(지방세운영과-5867, 2011.12.29.).

사례 연부취득 재산의 납세의무자

- 연부취득에 따른 재산세납세의무자 요건으로 ① 연부로 매매계약을 체결하고, ② 매매계약의 당사자가 국가 및 지방자치단체 등이어야 하고, ③ 무상으로 재산의 사용권을 부여받은 경우에 한하여 매수 계약자에게 재산세 납세의무가 있는 것이며, "무상 사용권을 부여받은 경우"라 함은 별도의 대가 없이 자신의 책임하에 당해 토지를 관리하거나 건축착공을 위한 절차 등을 구체적으로 진행할 수 있는 등 당해 토지를 사용할 수 있는 권한을 확보한 경우로 보는 것이 합리적이고, 당해 토지를 실제 사용하였는지 여부와는 무관함이고 보는 것이 합리적
- 귀문의 경우 L법인이 ○○시와 계약체결일로부터 5년간 6개월마다 균등하게 분할

한 금액을 납부하는 연부계약을 체결한 상태임을 알 수 있고, 매매계약서 내용을 보면 매매대금 완납 전이라도 토지사용 승낙을 요청하는 경우 토지사용을 승낙할 수 있고, 토지사용승낙일로부터 토지관리 책임은 L법인에게 있음이고 규정하고 있는 점, L법인이 ○○시에 토지사용승낙 요청을 하였고, 이에 따라 ○○시에서 L법인에게 통보한 토지사용 승인 내용(○○시 투자유치담당관–2254, 2010.3.12.)을 보면 "당해 토지사용 승인에 따른 토지사용승낙일(2010.3.12)부터 토지관리책임이 귀사에 있음을 알려드리오니 선량한 관리자로서의 의무를 다하여 주시기 바랍니다." 라고 회신하고 있는 점, 아울러 토지 사용에 따른 별도의 사용료 등을 제공하고 있지 아니한 점을 종합할 때, 비록 토지사용승인서의 사용용도를 건축허가 신청으로 한정하였다고 하더라도 사용승낙일 부터는 쟁점토지에 대하여 자신의 책임하에 사용할 수 있으므로 토지사용 승낙일(2010.3.12)에 무상의 사용권을 부여받았다고 볼 수 있음(행정안전부 지방세운영과–4633, 2010.10.1).

사례 도시개발법에 의한 보류지의 납세의무자를 당해 사업시행자로 하여 재산세를 부과고지한 처분이 적법한지 여부 등(기각)

환지방식에 의한 도시개발사업 등의 시행에 따른 환지계획에서 일정한 토지를 환지로 정하지 아니하고 체비지 또는 보류지로 정한 경우에는 사업시행자가 재산세를 납부할 의무가 있다고 규정하고 있으므로, 납세의무자를 시행자로 하여 재산세를 부과한 처분은 타당하다.

(1) 청구법인과 처분청이 제출한 자료에 의하면 2007.2.13. 도시개발사업 환지계획 (예정지지정)인가 공고(○○)가 있었고, 위 도시개발사업의 시행자는 청구법인인 사실을 알 수 있다.

(2) 「지방세법」제183조 제2항 제6호에서 「도시개발법」에 의하여 시행하는 환지방식에 의한 도시개발사업 등의 시행에 따른 환지계획에서 일정한 토지를 환지로 정하지 아니하고 체비지 또는 보류지로 정한 경우에는 같은 조 제1항의 규정에 불구하고 사업시행자가 재산세를 납부할 의무가 있다고 규정하고 있으므로 이 건 개발사업의 사업시행자인 청구법인은 이 건 보류지의 재산세 납세의무자라 할 것이고, 또한, 「도시개발법」제34조 제1항에서 시행자는 도시개발사업에 필요한 경비에 충당하거나 규약·정관·시행규정 또는 실시계획으로 정하는 목적을 위하여 일정한 토지를 환지로 정하지 아니하고 보류지로 정할 수 있고, 그 중 일부를 체비지로 정하여 도시개발사업에 필요한 경비에 충당할 수 있다고 규정하고 있는 바, 도시개발사업 지구내 지주조합원의 환지예정지와 보류지는 사업지구내의 별개의 토지이므로 이 건 보류지에 대한 재산세 등의 부과처분은 이중과세에 해당하지도 아니한다 할 것이다.

따라서, 쟁점토지의 경우 비록, 청구법인이 한시적으로 관리할 뿐이고 환지처분이 완료되면 지방자치단체에 기부채납 된다 하더라도 도시개발사업의 보류지인 쟁점토지의 납세의무자를 동 사업의 시행자인 청구법인으로 하여 이 건 재산세를 부과한 처분은 잘못이 없다고 판단된다(조심 2010지0954, 2011.7.13.).

사례 **재개발 조합원의 관리처분계획인가 이후 과세대상 토지의 면적**

청구인이 소유하던 토지가 재개발 사업부지에 편입되고 관리처분계획인가 이후에 조합주택을 분양받은 경우 종전의 토지가 아닌 분양받은 조합주택의 토지면적을 과세대상으로 하여 재산세를 부과하여야 한다는 청구주장과 관련하여 이 건 분양아파트는 「도시개발법」 제35조에 따라 지정된 환지예정지와 마찬가지라 할 것이고, 처분청에서 이 건 분양아파트가 아니라 청구인이 종전에 소유하던 이 건 토지를 기준으로 2019년도분 재산세를 부과한 처분은 잘못임(조심 2020지303, 2020.9.15.).

사례 **「건축물대장의 기재 및 관리 등에 관한 규칙」이 아닌 등기부상 토지면적에 따라 과세한 재산세 처분의 당부**

상가 대지의 소유 지분이 상가 부분 개별 점포의 수분양자들에게 사실상 귀속되었다고 보기 부족한 경우 토지등기부상 지분권자를 납세의무자로 보아야 함(부산고법 2020누20460, 2020.9.18.: 대법확정).

(4) 납세관리인 지정신고

재산세의 납세의무자가 직접 사용수익하지 아니하는 경우에는 그 재산의 사용수익자를 납세관리인으로 지정하여 신고할 수 있으며 납세의무자가 납세관리인 지정 신고를 하지 아니한 때에는 시장·군수는 사용수익자를 납세관리인으로 지정할 수 있다(지방세기본법 제139조 제4항 제5항).

사례 **재산세 과세기준일 관련 헌재 판례**

이 사건 법률조항은 조세행정의 효율성을 높이고 조세징수비용을 줄이기 위하여 매년 1회 일정한 시점에 과세대상 재산을 사실상 소유하는 자를 재산세 납세의무자로 정한 것이고, 재산세의 본질상 과세대상 재산의 수익 여부나 보유기간의 장단은 따질 필요가 없는 것이므로 이 사건 법률조항이 재산의 수익 여부나 보유기간의 장단을 고려하지 아니한 채 재산세 납세의무자를 정하였다고 하여 불합리함이고 볼 수 없다. 따라서 이 사건 법률조항이 헌법이 부여한 조세입법권을 잘못 행사하였다거나 재산권을 침해하는 입법이라고 보기 어렵다.
이 사건 법률조항에 의하여 과세기준일 현재 과세대상 재산의 보유기간이 1년 미만인 경우에도 1년분 재산세액을 전부 부담해야 하는 재산상의 불이익을 받게 된다고 볼 수도 있지만, 이는 재산보유세의 본질상 합당한 것이라고 볼 수 있고, 재산세의 부담과 관련된 전후 소유자의 이해관계는 과세대상 재산의 거래과정에서 조정될 수 있는 것이므로, 이 사건 법률조항의 헌법적합성을 허무는 사유로 삼기 어렵다.

그리고 이 사건 법률조항이 과세대상 재산의 보유기간을 따지지 않고 과세대상 재산을 1년간 보유한 자와 1년 미만 보유한 자를 동일하게 취급하여 1년분의 재산세액을 전부 부과하더라도, 그것은 재산세가 보유재산에서 생기는 수익이 아니라 보유재산의 가치를 담세능력으로 파악하는 것이라는 본질에 맞추면서 재산세 징수의 효율성을 높이고 징수비용을 줄이기 위한 것이므로, 불합리한 차별이라고 보기 어렵다(2006헌바111, 2008.9.25.).

사례 파산선고 이후 발생한 중가산금과 재산세 부과분의 납세의무 여부

우선 파산채무자는 파산채권에 대한 책임이 면제되나, 「채무자회생법」 제566조 각 호의 청구권에 대하여는 책임이 면제되지 않고, 「지방세법」 제31조가 규정하는 중가산금은 체납된 지방세가 납부기한까지 납부되지 않는 경우 미납분에 관한 지연이자의 의미로 부과되는 부대세의 일종으로서 「채무자회생법」 제566조 제1호의 '조세'에 해당하므로, 면책의 대상이 되지 않고, 「채무자 회생 및 파산에 관한 법률」 제473조 제2호 본문은 '국세징수법 또는 지방세기본법에 의하여 징수할 수 있는 청구권' 중 파산선고 전의 원인으로 인한 청구권은 파산재단에 관하여 생긴 것인지 여부를 불문하고 모두 재단채권에 해당하는 것으로 규정하면서도, 괄호 안에 '국세징수의 예에 의하여 징수할 수 있는 청구권으로서 그 징수우선순위가 일반 파산채권보다 우선하는 것을 포함하며, 제446조의 규정에 의한 후순위파산채권을 제외한다.'라고 규정하고 있으며, 여기서 파산선고 전의 원인으로 인한 「지방세법」에 기하여 파산선고 후에 발생한 가산금·중가산금은 후순위파산채권인 「채무자회생법」 제446조 제1항 제2호의 '파산선고 후의 불이행으로 인한 손해배상액'에 해당하는 것으로 보는 것이 타당하므로, 결과적으로 위 괄호 안에 있는 규정에 따라 재단채권에서 제외된다. 또한, 파산선고 후 성립한 재산세(토지) 부분은 파산채권도 아니고 재단채권도 아닌 조세채권으로 그 납세의무자는 파산관재인이 아니라 파산채무자이다. 청구인이 법원에 한정상속을 신고하고, 법원은 그 신고사항을 수리하였으므로 한정상속을 승인 받은 쟁점토지에 과세된 이 건 재산세 등의 납세의무는 청구인에게 승계된 것으로 볼 수 있는 점, 청구인이 상속으로 인하여 얻은 재산이 없다는 사실을 입증할 수 있는 자료를 제출한 바 없는 점 등에 비추어 이 건 재산세 납세의무가 있다 보여짐(대법 2019두32436, 2019.5.10.).

재산세 과세요건 - 과세표준

> 「**지방세법**」 제110조(과세표준) ① 토지·건축물·주택에 대한 재산세의 과세표준은 제4조 제1항 및 제2항에 따른 시가표준액에 부동산 시장의 동향과 지방재정 여건 등을 고려하여 다음 각 호의 어느 하나에서 정한 범위에서 대통령령으로 정하는 공정시장가액비율을 곱하여 산정한 가액으로 한다.
> 1. 토지 및 건축물: 시가표준액의 100분의 50부터 100분의 90까지
> 2. 주택: 시가표준액의 100분의 40부터 100분의 80까지. 다만, 제111조의2에 따른 1세대 1주택은 100분의 30부터 100분의 70까지
> ② 선박 및 항공기에 대한 재산세의 과세표준은 제4조 제2항에 따른 시가표준액으로 한다.
>
> 「**지방세법 시행령**」 제109조(공정시장가액비율) 법 제110조 제1항 각 호 외의 부분에서 "대통령령으로 정하는 공정시장가액비율"이란 다음 각 호의 비율을 말한다.
> 1. 토지 및 건축물: 시가표준액의 100분의 70
> 2. 주택: 시가표준액의 100분의 60

(1) 토지·건축물·주택에 대한 과표

■ 토지·건축물 및 주택에 대한 재산세의 과세표준은 제4조 제1항 및 제2항에 따른 시가표준액에 부동산 시장의 동향과 지방재정의 여건 등을 고려하여 다음의 범위 내에서 공정시장가액비율을 곱하여 산정한 가액으로 한다.

> **과세표준 = 시가표준액 × 공정시장가액 비율**

- 토지 및 건축물: 시가표준액의 100분의 50부터 100분의 90까지
- 주택: 시가표준액의 100분의 40부터 100분의 80까지. 다만, 제111조의2에 따른 1세대 1주택은 100분의 30부터 100분의 70까지

   ※ 공정시장가액비율(시행령 제109조)
   - 토지 및 건축물: 시가표준액의 100분의 70
   - 주택: 시가표준액의 100분의 60

■ 주택 이외의 건축물(일반상가, 사무실이나 각종 시설물)에 대하여는 거래가격, 수입가격, 신축·건조·제조가격 등을 참작하여 정한 기준가격에 종류·구조·용도·경과년수 등 과세대상별 특성을 감안하여 행정안전부장관이 정하는 기준에 따라 시·도지사의 승인을

얼어 시장·군수·구청장이 결정한 가액으로 한다. 「소득세법」 제99조 제1항 제1호 나목의 규정에 의하여 산정·고시하는 건물신축가격기준액에 각종지수(용도, 구조, 위치)와 잔가율 및 부대설비 가감산율을 적용하여 산출한 가액을 과세표준으로 하게 된다.

- 종전('08까지) 재산세 과세표준은 매년 시가표준액에 대한 적용비율을 단계적으로 인상하도록 규정되어 지역에 따라 주택가격이 하락함에도 오히려 세 부담이 증가하는 불합리한 점을 개선하기 위하여
- 공정시장가액제도를 도입함으로써 부동산가격 변동에 따른 재산세 세 부담의 적정성이 반영되도록 관련규정 개선(2009.2.6. 법 개정)

사례 표준지 선정 및 토지이용상황을 잘못 평가하여 위법하게 산출한 공시지가의 효력

- 2010연도 개별공시지가가 표준지 선정 및 토지이용상황을 잘못 평가하여 위법하게 산출된 것이라 가정하더라도, 선행처분과 후행처분이 서로 독립하여 별개의 법률효과를 목적으로 하고 선행처분에 불가쟁력이 생겨 그 효력을 다툴 수 없게 된 경우에는 선행처분의 하자가 중대하고 명백하여 당연무효인 경우에만 선행처분의 하자를 이유로 후행처분의 효력을 다툴 수 있음이고 할 것인데(대법원 07두13159 2009.4.23., 대법원 95누10075, 1996.3.22. 등),
- 선행처분인 위 개별공시지가 산출 처분에 대하여 이미 불가쟁력이 발생하였고, 원고 주장과 같은 사유만으로 위 개별공시지가 산출 처분의 하자가 중대·명백하여 당연무효라고 볼 수도 없으므로, 그 하자를 이유로 후행처분인 이 사건 처분의 효력을 다툴 수는 없음(대법원 11두18731, 2011.11.10.).
- 이의절차나 행정소송 등을 통한 표준지공시지가결정에 대한 불복절차 없이 재산세 등의 부과처분 취소 소송에서 그 위법성을 다투는 것은 허용되지 않으며, 이와 같은 불복절차 없는 표준지인 토지에 대해 표준지공시지가에 따른 시가표준액으로 재산세를 부과처분한 것은 적법함(대법원 2018두50147, 2022.5.13.).

사례 건축물대장상 공용면적 기준의 재산세 과표산정은 적법함

집합건물의 공용부분 면적을 사용승인신청서 및 건축물대장상의 기재된 내용과 달리하여 재산세의 과세표준으로 산정할 수 있는지 여부 관련하여 건축물대장상 공용면적 기준의 재산세 과표산정은 적법함(대법원 15두58386, 2016.3.10.).

사례 용도구획별 획지(블록·롯트) 단위로 개별공시지가가 개별공시지가가 공시되지 않은 것으로 볼 수 있는지 여부

주택건축이 진행 중인 주택재개발 사업구역 내 토지(이하 '쟁점토지'라 한다)에 대해 개별공시지가가 기존의 개별지번이 아닌 용도구획별 획지(블록·롯트) 단위로 공시

된 경우, 「지방세법」 제4조 제1항 단서에서 말하는 개별공시지가가 공시되지 아니한 토지로 보아 사업구역 전체를 일단지로 다시 산정하여 적용할 수 있는지 여부와 관련하여 개별 토지소유자에 대한 공시지가 적용은 새로운 용도구획별 획지를 기준으로 전체 획지의 개별공시지가를 가중 평균하여 개별토지소유자의 토지소유 지분(면적)에 따라 적용해야 할 것임(지방세운영 - 2017, 2015.7.8.).

사례 종전 개별공시지가가 아닌 현황에 대해 시장 · 군수가 재산정한 공시지가를 시가표준액으로 하여 재산세를 과세할 수 있는지 여부

기 산정 · 공시된 개별공시지가가 「2012년도 적용 개별공시지가 조사 · 산정 지침」에 따라 실제 이용상황 등을 기준으로 조사하는 등 적법하게 조사하여 산정된 경우라면 「지방세법」 제4조 제1항의 「부동산가격공시 및 감정평가에 관한 법률」에 따라 공시된 가액으로 보아 시가표준액을 적용해야 하며, 그 외의 경우에는 개별공시지가가 공시되지 아니한 경우로 보아 시장 · 군수 또는 구청장이 같은 법에 따라 국토해양부 장관이 제공한 토지가격비준표 또는 주택가격비준표를 사용하여 산정한 가액을 시가표준액으로 하여야 한다고 판단됨(지방세운영 - 4057, 2012.12.14.).

재산세는 보유하는 재산에 담세력을 인정하여 부과되는 조세로서 현실적으로 당해 재산을 그 본래의 용도에 따라 사용 · 수익하였는지 여부가 그 과세요건이 아니라 할 것이고, 재산세의 과세표준은 재산을 일정한 방법으로 평가하여 금전적으로 환산한 가액인 바, 납세자 개개인의 특수한 사정을 모두 고려하는 것이 원칙적으로 불가능하고, 지방세법령에 규정된 재산의 평가방식은 합리적인 평가요소를 가지고 객관적으로 재산의 가치를 반영하도록 규정되어 있다고 볼 수 있으므로, 비록, 쟁점건축물의 현재 시세가 2011년도 시가표준액에 미치지 못한다 하더라도 그러한 사실만으로 쟁점건축물의 과세표준 산정에 잘못이 있다고 보기는 어려움(조심 011지 775, 2011.12.28.).

골프장건립을 위하여 토지 지목변경을 수반하지 않은 형질변경을 하였으나 과세기준일 현재 형질변경된 사항이 개별공시지가에 반영되지 않은 경우 토지가격비준표를 사용하여 산정한 가액을 적용하여 재산세를 과세함(지방세운영 - 1748, 2008.10.10.).

사례 건축물 분양가(시세) 등 보다 높은 시가표준액을 기준으로 재산세 부과가 적법한지 여부

근린생활시설 건축물의 분양가보다 높은 시가표준액을 기준으로 과세표준을 산정하여 재산세 등을 부과고지 한 것은 적법함(조심 008지643, 2008.11.19.).

건물분 재산세 과세표준은 결정 고시된 건물 시가표준액에 따라서 결정되는 것이므로 경기침체로 주택가격이 하락하였다는 이유로 전년보다 인상된 건물분 재산세 과세표준이 적법하지 않다고 할 수는 없음(지방세심사 04 - 309, 2004.10.27.).

실제 취득가액보다 높은 시가표준액을 과세표준으로 하여 재산세 등을 부과함은 정당함(지방세심사 03 - 288, 2003.12.24.).

(2) 선박 과표

선박에 대한 재산세의 과세표준은 제4조 제2항의 규정에 의한 시가표준액으로 한다.

(3) 항공기 과표

항공기에 대한 재산세의 과세표준은 제4조 제2항의 규정에 의한 시가표준액으로 한다.

❻ 재산세 과세요건 – 세율

(1) 토지

■ 종합합산 과세대상

과세표준	세 율
5,000만 원 이하	1,000분의 2
5,000만 원 초과 1억 원 이하	10만 원+5,000만 원 초과금액의 1,000분의 3
1억 원 초과	25만 원+1억 원 초과금액의 1,000분의 5

■ 별도합산 과세대상

과세표준	세 율
2억 원 이하	1,000분의 2
2억 원 초과 10억 원 이하	40만 원+2억 원 초과금액의 1,000분의 3
10억 원 초과	2백80만 원+10억 원 초과금액의 1,000분의 4

■ 분리과세대상

　가) 전·답·과수원·목장용지 및 임야: 과세표준액의 1,000분의 0.7
　나) 골프장 및 고급오락장용 토지: 과세표준액의 1,000분의 40
　　　회원제 골프장에 대한 재산세 중 토지분 재산세는 고율의 분리과세(4%)를 적용
　다) 가) 및 나)외의 토지: 과세표준액의 1,000분의 2

(2) 건축물

■ 고급오락장용 건축물(제13조 제5항의 규정에 의한 골프장(같은 조 같은 항 본문 후단의 규정을 적용하지 아니함): 과세표준액의 1,000분의 40

■ 공장용 건축물(특별시·광역시(군 지역 제외)·시(읍·면 지역 제외)지역 안에서 국토의 계획 및 이용에 관한 법률 그 밖에 관계법령의 규정에 의하여 지정된 주거지역 및 당해 지방자치단체의 조례로 정하는 지역안의 대통령령이 정하는 공장용 건축물): 과세표준액의 1,000분의 5

■ 기타 건축물: 과세표준액의 1,000분의 2.5

❑ 중과대상 고급오락장의 범위

1. 당사자 상호간에 재물을 걸고 우연한 결과에 따라 재물의 득실을 결정하는 카지노장(「관광진흥법」에 따라 허가된 외국인전용 카지노장은 제외함)
2. 사행행위 또는 도박행위에 제공될 수 있도록 자동도박기[파친코, 슬롯머신(slot machine), 아케이드 이퀴프먼트(arcade equipment) 등을 말함]를 설치한 장소
3. 머리와 얼굴에 대한 미용시설 외에 욕실 등을 부설한 장소로서 그 설비를 이용하기 위하여 정해진 요금을 지급하도록 시설된 미용실
4. 「식품위생법」 제37조에 따른 허가 대상인 유흥주점영업으로서 다음 각 목의 어느 하나에 해당하는 영업장소(공용면적을 포함한 영업장의 면적이 100제곱미터를 초과하는 것만 해당한다)
   가. 손님이 춤을 출 수 있도록 객석과 구분된 무도장을 설치한 영업장소(카바레·나이트클럽·디스코클럽 등을 말함)
   나. 유흥접객원(임시로 고용된 사람을 포함함)을 두는 경우로, 별도로 반영구적으로 구획된 객실의 면적이 영업장 전용면적의 100분의 50 이상이거나 객실 수가 5개 이상인 영업장소(룸살롱, 요정 등을 말함)

---

(3) 주택

■ 주택

과세표준	세 율
6천만 원 이하	1,000분의 1
6천만 원 초과 1억5천만 원 이하	6만 원+6천만 원 초과금액의 1,000분의 1.5
1억5천만 원 초과 3억 원 이하	19만5천 원+1억5천만 원 초과금액의 1,000분의 2.5
3억 원 초과	57만 원+3억 원 초과금액의 1,000분의 4

■ 1세대 1주택에 대한 주택 세율 특례

「지방세법」 제111조의2(1세대 1주택에 대한 주택 세율 특례) ① 제111조 제1항 제3호 나목에도 불구하고 대통령령으로 정하는 1세대 1주택(제4조 제1항에 따른 시가표준액이 9억

원 이하인 주택에 한정한다)에 대해서는 다음의 세율을 적용한다.

과세표준	세 율
6천만원 이하	1,000분의 0.5
6천만원 초과 1억 5천만원 이하	30,000원 + 6천 만원 초과금액의 1,000분의 1
1억 5천만원 초과 3억 원 이하	120,000원 + 1억 5천 만원 초과금액의 1,000분의 2
3억 원 초과	420,000원 + 3억 원 초과금액의 1,000분의 3.5

② 제1항에 따른 1세대 1주택의 해당 여부를 판단할 때「신탁법」에 따라 신탁된 주택은 위탁자의 주택 수에 가산한다.

③ 제1항에도 불구하고 제111조 제3항에 따라 지방자치단체의 장이 조례로 정하는 바에 따라 가감한 세율을 적용한 세액이 제1항의 세율을 적용한 세액보다 적은 경우에는 제1항을 적용하지 아니한다.

④「지방세특례제한법」에도 불구하고 동일한 주택이 제1항과「지방세특례제한법」에 따른 재산세 경감 규정(같은 법 제92조의2에 따른 자동이체 등 납부에 대한 세액공제는 제외한다)의 적용 대상이 되는 경우에는 중복하여 적용하지 아니하고 둘 중 경감 효과가 큰 것 하나만을 적용한다.

「지방세법 시행령」 제110조의2(재산세 세율 특례 대상 1세대 1주택의 범위) ① 법 제111조의2 제1항에서 "대통령령으로 정하는 1세대 1주택"이란 과세기준일 현재「주민등록법」제7조에 따른 세대별 주민등록표(이하 이 조에서 "세대별 주민등록표"라 한다)에 함께 기재되어 있는 가족(동거인은 제외한다)으로 구성된 1세대가 국내에 다음 각 호의 주택이 아닌 주택을 1개만 소유하는 경우 그 주택(이하 이 조에서 "1세대1주택"이라 한다)을 말한다.

1. 종업원에게 무상이나 저가로 제공하는 사용자 소유의 주택으로서 과세기준일 현재 다음 각 목의 어느 하나에 해당하는 주택. 다만,「지방세기본법 시행령」제2조 제1항 각 호의 어느 하나에 해당하는 관계에 있는 사람에게 제공하는 주택은 제외한다.

   가. 법 제4조 제1항에 따른 시가표준액이 3억 원 이하인 주택

   나. 면적이「주택법」제2조 제6호에 따른 국민주택규모 이하인 주택

2. 「건축법 시행령」별표 1 제2호 라목의 기숙사

3. 과세기준일 현재 사업자등록을 한 다음 각 목의 어느 하나에 해당하는 자가 건축하여 소유하는 미분양 주택으로서 재산세 납세의무가 최초로 성립한 날부터 5년이 경과하지 않은 주택. 다만, 가목의 자가 건축하여 소유하는 미분양 주택으로서「주택법」제54조에 따라 공급하지 않은 주택인 경우에는 자기 또는 임대계약 등 권원을 불문하고 다른 사람이 거주한 기간이 1년 이상인 주택은 제외한다.

   가. 「건축법」제11조에 따른 허가를 받은 자

   나. 「주택법」제15조에 따른 사업계획승인을 받은 자

4. 세대원이「영유아보육법」제13조에 따라 인가를 받고「소득세법」제168조 제5항에 따른 고유번호를 부여받은 이후「영유아보육법」제10조 제5호에 따른 가정어린이집으로

운영하는 주택(가정어린이집을 「영유아보육법」 제10조 제1호에 따른 국공립어린이집으로 전환하여 운영하는 주택을 포함한다)

5. 주택의 시공자(「주택법」 제33조 제2항에 따른 시공자 및 「건축법」 제2조 제16호에 따른 공사시공자를 말한다)가 제3호 가목 또는 나목의 자로부터 해당 주택의 공사대금으로 받은 같은 호에 해당하는 주택(과세기준일 현재 해당 주택을 공사대금으로 받은 날 이후 해당 주택의 재산세의 납세의무가 최초로 성립한 날부터 5년이 경과하지 않은 주택으로 한정한다). 다만, 제3호 가목의 자로부터 받은 주택으로서 「주택법」 제54조에 따라 공급하지 않은 주택인 경우에는 자기 또는 임대계약 등 권원을 불문하고 다른 사람이 거주한 기간이 1년 이상인 주택은 제외한다.

6. 「문화재보호법」 제2조 제3항에 따른 지정문화재 또는 같은 조 제4항에 따른 등록문화재에 해당하는 주택

7. 「노인복지법」 제32조 제1항 제3호에 따른 노인복지주택으로서 같은 법 제33조 제2항에 따라 설치한 사람이 소유한 해당 노인복지주택

8. 상속을 원인으로 취득한 주택(조합원입주권 또는 주택분양권을 상속받아 취득한 신축주택을 포함한다)으로서 과세기준일 현재 상속개시일부터 5년이 경과하지 않은 주택

9. 혼인 전부터 소유한 주택으로서 과세기준일 현재 혼인일로부터 5년이 경과하지 않은 주택. 다만, 혼인 전부터 각각 최대 1개의 주택만 소유한 경우로서 혼인 후 주택을 추가로 취득하지 않은 경우로 한정한다.

10. 세대원이 소유하고 있는 토지 위에 토지를 사용할 수 있는 정당한 권원이 없는 자가 「건축법」에 따른 허가·신고 등(다른 법률에 따라 의제되는 경우를 포함한다)을 받지 않고 건축하여 사용(건축한 자와 다른 자가 사용하고 있는 경우를 포함한다) 중인 주택(부속토지만을 소유하고 있는 자로 한정한다)

② 제1항에도 불구하고 다음 각 호의 어느 하나에 해당하는 경우에는 해당 주택을 1세대 1주택으로 본다.

1. 과세기준일 현재 제1항 제6호 또는 제8호에 해당하는 주택의 경우에는 다음 각 목의 구분에 따른다.

　가. 해당 주택을 1개만 소유하고 있는 경우: 해당 주택

　나. 해당 주택을 2개 이상 소유하고 있는 경우: 시가표준액이 가장 높은 주택. 다만, 시가표준액이 같은 경우에는 납세의무자가 선택하는 1개의 주택으로 한다.

2. 제1항 제9호에 해당하는 주택을 소유하고 있는 경우 그 주택 중 시가표준액이 높은 주택. 다만, 시가표준액이 같은 경우에는 납세의무자가 선택하는 1개의 주택으로 한다.

③ 제1항에도 불구하고 제1항 및 제2항을 적용할 때 배우자, 과세기준일 현재 미혼인 19세 미만의 자녀 또는 부모(주택의 소유자가 미혼이고 19세 미만인 경우로 한정한다)는 주택 소유자와 같은 세대별 주민등록표에 기재되어 있지 않더라도 1세대에 속한 것으로 보고, 다음 각 호의 어느 하나에 해당하는 경우에는 각각 별도의 세대로 본다.

1. 과세기준일 현재 65세 이상의 직계존속(배우자의 직계존속을 포함하며, 직계존속 중 어느 한 사람이 65세 미만인 경우를 포함한다)를 동거봉양하기 위하여 19세 이상의

직계비속 또는 혼인한 직계비속이 합가한 경우

2. 취학 또는 근무상의 형편 등으로 세대 전원이 90일 이상 출국하는 경우로서 「주민등록법」 제10조의3 제1항 본문에 따라 해당 세대가 출국 후에 속할 거주지를 다른 가족의 주소로 신고한 경우

④ 제1항 및 제2항을 적용할 때 주택의 공유지분이나 부속토지만을 소유한 경우에도 각각 1개의 주택으로 보아 주택 수를 산정한다. 다만, 1개의 주택을 같은 세대 내에서 공동소유하는 경우에는 1개의 주택으로 본다.

⑤ 제4항 본문에도 불구하고 상속이 개시된 재산으로서 상속등기가 이행되지 않은 공동소유 상속 주택(상속개시일부터 5년이 경과한 상속 주택으로 한정한다)의 경우 법 제107조 제2항 제2호에 따른 납세의무자가 그 상속 주택을 소유한 것으로 본다.

과세표준	세 율
6천만 원 이하	1,000분의 0.5
6천만 원 초과 1억5천만 원 이하	3만 원 + 6천만 원 초과금액의 1,000분의 1
1억5천만 원 초과 3억 원 이하	12만 원 + 1억5천만 원 초과금액의 1,000분의 2
3억 원 초과	42만 원 + 3억 원 초과금액의 1,000분의 3.5

※ 2021년 1세대 1주택에 대한 주택 세율 특례 신설

❏ 개정내용

〈지방세법〉
• (대상) 1세대 1주택자가 보유한 공시가격 6억 이하 주택
• (방식) 과표 구간별 재산세율 0.05%p 인하
• (효과) 감면율 22.2~50%(감면액은 최대 18만 원)

과 표	표준 세율(공시 6억 초과·다주택자·법인)	특례 세율(공시 6억 이하 1주택자)	감면액	감면율
0.6억 이하 (공시 1억)	0.1%	0.05%	~3만 원	50%
0.6~1.5억 이하 (공시 1억~2.5억)	6.0만 원+0.6억 초과분의 0.15%	3.0만 원+0.6억 초과분의 0.1%	3~7.5만 원	38.5~50%
1.5~3억 이하 (공시 2.5억~5억)	19.5만 원+1.5억 초과분의 0.25%	12.0만 원+1.5억 초과분의 0.2%	7.5~15만 원	26.3~38.5%
3~3.6억 이하 (공시 5억~6억)	57.0만 원+3.0억 초과분의 0.4%	42.0만 원+3.0억 초과분의 0.35%	15~18만 원	22.2~26.3%
3.6억 초과 (공시 6억)		–	–	

- (기한) 3년간(2021~2023년) 운영 후 재검토
- (과세자료 연계) 1세대 1주택자 판단을 위한 과세자료 연계·분석근거 마련(종부세 과세자료 전담기구 개편, 가족관계등록정보 연계 등)

〈지방세법 시행령〉
- (1세대 기준) 세대별 주민등록표에 기재된 가족, 단 배우자 및 미성년 자녀는 주민등록을 달리해도 1세대에 포함 등
- (1주택 범위) 지분소유는 1주택으로 포함, 문화재 주택·가정어린이집(가정어린이집을 「영유아보육법」 제10조 제1호에 따른 국공립어린이집으로 전환하여 운영하는 주택을 포함) 등 사업용 주택은 주택수에서 배제 등

⇒ 1세대 1주택 기준은 같은 보유세인 종부세 기준을 참고하되, 보편과세인 재산세 특성을 고려하여 세부기준 마련 (부처 협의를 거쳐 대상 확정)

- (세부담상한 계산방식) 특례세율을 적용하여 전년도 재산세 납부세액을 재계산한 후 세부담상한 적용하도록 개선

□ 적용요령
- 2021년 납세의무 성립분부터 적용
- 2021~2023년까지 한시 적용, '23년 재검토

※ 2023년 재산세 1세대 1주택 세율특례 적용대상 확대

〈1세대 1주택 판단 시 주택수에서 제외되는 주택 확대(영 §110의2 ①)〉
□ 개정내용
① 상속주택
- 분양권이나 조합원입주권을 상속받아 상속개시일로부터 5년 이내 취득한 주택도 상속주택의 범위에 포함하여 주택수에서 제외
  ※ (종부세) 분양권·조합원입주권을 상속받아 사업시행이 완료되어 취득한 주택도 상속주택의 범위에 포함 중
② 무허가주택의 부속토지
- 토지소유자의 동의없이 건축한 무허가주택의 부속토지를 소유한 경우 부속토지는 주택수에서 제외
  ※ (종부세) 무허가주택의 부속토지만 소유할 경우 주택수에서 제외 중

〈1세대 1주택으로 보는 주택 명확화(영 §110의2 ②)〉
❑ 개정내용
　① 문화재 주택 또는 상속 주택
　　• 문화재 주택 또는 상속으로 받은 주택만 2개 이상 소유한 경우 시가표준액이 가장 큰 1개의 주택*을 1세대 1주택으로 보아 세율특례 적용
　　　* 시가표준액이 같은 경우 납세자가 선택하는 1개의 주택
　② 혼인 전 소유주택
　　• 혼인 전 소유주택에 대해서도 시가표준액이 가장 큰 1개의 주택*을 1세대 1주택으로 보아 세율 특례 적용
　　　* 시가표준액이 같은 경우 납세자가 선택하는 1개의 주택

〈별도의 세대로 보는 범위 확대(영 §110의2 ③)〉
❑ 개정내용
　○ 별도 세대로 인정해 주는 동거봉양 대상을 현행 부모에서 직계존속으로 확대하여, 조부모 동거봉양 시에도 별도 세대 적용

(4) 선박

- 고급선박: 제13조 제5항 제5호의 규정에 의한 고급선박은 과세표준액의 1,000분의 50
- 선　　박: 과세표준액의 1,000분의 3

(5) 항공기: 과세표준액의 1,000분의 3

(6) 대도시내 공장 신·증설 중과세: 5배

(7) 세율적용

「지방세법」 제113조(세율적용) ① 토지에 대한 재산세는 다음 각 호에서 정하는 바에 따라 세율을 적용한다. 다만, 이 법 또는 관계 법령에 따라 재산세를 경감할 때에는 다음 각 호의 과세표준에서 경감대상 토지의 과세표준액에 경감비율(비과세 또는 면제의 경우에는 이를 100분의 100으로 본다)을 곱한 금액을 공제하여 세율을 적용한다.
1. 종합합산과세대상: 납세의무자가 소유하고 있는 해당 지방자치단체 관할구역에 있는 종합합산과세대상이 되는 토지의 가액을 모두 합한 금액을 과세표준으로 하여 제111조 제1항 제1호 가목의 세율을 적용한다.
2. 별도합산과세대상: 납세의무자가 소유하고 있는 해당 지방자치단체 관할구역에 있는

별도합산과세대상이 되는 토지의 가액을 모두 합한 금액을 과세표준으로 하여 제111조 제1항 제1호 나목의 세율을 적용한다.

3. 분리과세대상: 분리과세대상이 되는 해당 토지의 가액을 과세표준으로 하여 제111조 제1항 제1호 다목의 세율을 적용한다.

② 주택에 대한 재산세는 주택별로 제111조 제1항 제3호의 세율 또는 제111조의2 제1항의 세율을 적용한다. 이 경우 주택별로 구분하는 기준 등에 관하여 필요한 사항은 대통령령으로 정한다.

③ 주택을 2명 이상이 공동으로 소유하거나 토지와 건물의 소유자가 다를 경우 해당 주택에 대한 세율을 적용할 때 해당 주택의 토지와 건물의 가액을 합산한 과세표준에 제111조 제1항 제3호의 세율 또는 제111조의2 제1항의 세율을 적용한다.

④ 삭제 〈2016.12.27.〉

⑤ 「지방자치법」 제4조 제1항에 따라 둘 이상의 지방자치단체가 통합된 경우에는 통합 지방자치단체의 조례로 정하는 바에 따라 5년의 범위에서 통합 이전 지방자치단체 관할 구역별로 제1항 제1호 및 제2호를 적용할 수 있다.

「지방세법 시행령」 제112조(주택의 구분) 「건축법 시행령」 별표 1 제1호 다목에 따른 다가 구주택은 1가구가 독립하여 구분사용할 수 있도록 분리된 부분을 1구의 주택으로 본다. 이 경우 그 부속토지는 건물면적의 비율에 따라 각각 나눈 면적을 1구의 부속토지로 본다.

1) 토지

토지에 대한 재산세의 세율적용은 종합합산과세대상과 별도합산과세대상 토지는 관내 합산하여 과세하고 분리과세대상 토지는 당해 토지로서만 과세세율을 적용한다.

2) 주택

주택에 대한 재산세는 주택별로 제111조 제1항 제3호의 세율을 적용함. 주택을 2인 이상이 공동으로 소유하거나 토지와 건물의 소유자가 다를 경우 당해 주택에 대한 세율을 적용함에 있어서는 당해 주택의 토지와 건물의 가액을 합산한 과세표준액에 제111조 제1항 제3호의 세율을 적용한다.

※ 다가구주택은 1가구가 독립하여 구분사용할 수 있도록 분리된 부분을 1구의 주택으로 본다.

(8) 세부담 상한제

> **「지방세법」** 제122조(세부담의 상한) 해당 재산에 대한 재산세의 산출세액(제112조 제1항 각 호 및 같은 조 제2항에 따른 각각의 세액을 말한다)이 대통령령으로 정하는 방법에 따라 계산한 직전 연도의 해당 재산에 대한 재산세액 상당액의 100분의 150을 초과하는 경우에는 100분의 150에 해당하는 금액을 해당 연도에 징수할 세액으로 한다. 다만, 주택 [법인(「국세기본법」 제13조에 따라 법인으로 보는 단체를 포함한다) 소유의 주택은 제외한다]의 경우에는 다음 각 호에 의한 금액을 해당 연도에 징수할 세액으로 한다.
> 1. 제4조 제1항에 따른 주택공시가격(이하 이 조에서 "주택공시가격"이라 한다) 또는 특별자치시장·특별자치도지사·시장·군수 또는 구청장이 산정한 가액이 3억 원 이하인 주택의 경우: 해당 주택에 대한 재산세의 산출세액이 직전 연도의 해당 주택에 대한 재산세액 상당액의 100분의 105를 초과하는 경우에는 100분의 105에 해당하는 금액
> 2. 주택공시가격 또는 특별자치시장·특별자치도지사·시장·군수 또는 구청장이 산정한 가액이 3억 원 초과 6억 원 이하인 주택의 경우: 해당 주택에 대한 재산세의 산출세액이 직전 연도의 해당 주택에 대한 재산세액 상당액의 100분의 110을 초과하는 경우에는 100분의 110에 해당하는 금액
> 3. 주택공시가격 또는 특별자치시장·특별자치도지사·시장·군수 또는 구청장이 산정한 가액이 6억 원을 초과하는 주택의 경우: 해당 주택에 대한 재산세의 산출세액이 직전연도의 해당 주택에 대한 재산세액 상당액의 100분의 130을 초과하는 경우에는 100분의 130에 해당하는 금액
>
> **「지방세법 시행령」** 제118조(세부담 상한의 계산방법) 법 제122조 각 호 외의 부분 본문에서 "대통령령으로 정하는 방법에 따라 계산한 직전 연도의 해당 재산에 대한 재산세액 상당액"이란 법 제112조 제1항 제1호에 따른 산출세액과 법 제112조 제1항 제2호 및 같은 조 제2항에 따른 산출세액 각각에 대하여 다음 각 호의 방법에 따라 각각 산출한 세액 또는 산출세액 상당액을 말한다.
> 1. 토지에 대한 세액 상당액
>   가. 해당 연도의 과세대상 토지에 대한 직전 연도의 과세표준(법 제112조 제1항 제1호에 따른 산출세액의 경우에는 법 제110조에 따른 과세표준을 말하고, 법 제112조 제1항 제2호 및 같은 조 제2항에 따른 산출세액의 경우에는 법 제110조에 따른 토지 등의 과세표준을 말한다. 이하 이 조에서 같다)이 있는 경우: 과세대상 토지별로 직전 연도의 법령과 과세표준 등을 적용하여 산출한 세액. 다만, 해당 연도의 과세대상별 토지에 대한 납세의무자 및 토지현황이 직전 연도와 일치하는 경우에는 직전 연도에 해당 토지에 과세된 세액으로 한다.
>   나. 토지의 분할·합병·지목변경·신규등록·등록전환 등으로 해당 연도의 과세대상 토지에 대한 직전 연도의 과세표준이 없는 경우: 해당 연도 과세대상 토지가 직전 연도 과세기준일 현재 존재하는 것으로 보아 과세대상 토지별로 직전 연도의 법령

과 과세표준(직전 연도의 법령을 적용하여 산출한 과세표준을 말한다) 등을 적용하여 산출한 세액. 다만, 토지의 분할·합병으로 해당 연도의 과세대상 토지에 대한 직전 연도의 과세표준이 없는 경우에는 다음의 구분에 따른 세액으로 한다.

1) 분할·합병 전의 과세대상 토지에 비하여 면적 또는 지분의 증가가 없는 경우: 직전 연도에 분할·합병 전의 토지에 과세된 세액 중 해당 연도에 소유하고 있는 면적 또는 지분에 해당되는 세액

2) 분할·합병 전의 과세대상 토지에 비하여 면적 또는 지분의 증가가 있는 경우: 분할·합병 전의 과세대상 토지의 면적 또는 지분에 대하여 1)에 따라 산출한 세액과 분할·합병 후에 증가된 과세대상 토지의 면적 또는 지분에 대하여 1) 및 2) 외의 부분 본문에 따라 산출한 세액의 합계액

다. 가목 및 나목에도 불구하고, 해당 연도 과세대상 토지에 대하여 법 제106조 제1항에 따른 과세대상 구분의 변경이 있는 경우에는 해당 연도의 과세대상의 구분이 직전 연도 과세대상 토지에 적용되는 것으로 보아 해당 연도 과세대상 토지별로 직전 연도의 법령과 과세표준(직전 연도의 법령을 적용하여 산출한 과세표준을 말한다) 등을 적용하여 산출한 세액

라. 가목부터 다목까지의 규정에도 불구하고 해당 연도 과세대상 토지가 「도시 및 주거환경정비법」 또는 「빈집 및 소규모주택 정비에 관한 특례법」에 따른 정비사업의 시행으로 주택이 멸실되어 토지로 과세되는 경우로서 주택을 건축 중인 경우(주택 멸실 후 주택 착공 전이라도 최초로 도래하는 재산세 과세기준일부터 3년 동안은 주택을 건축 중인 것으로 본다)에는 다음 계산식에 따라 산출한 세액 상당액(해당 토지에 대하여 나목에 따라 산출한 직전 연도 세액 상당액이 더 적을 때에는 나목에 따른 세액 상당액을 말한다)

$$\text{멸실 전 주택에 실제 과세한 재산세액} \times \left(\frac{130}{100} \right)^n$$

$$n = (\text{과세 연도} - \text{멸실 전 주택에 실제 과세한 연도} - 1)$$

2. 주택 및 건축물에 대한 세액 상당액

가. 해당 연도의 주택 및 건축물에 대한 직전 연도의 과세표준이 있는 경우: 직전 연도의 법령과 과세표준 등을 적용하여 과세대상별로 산출한 세액. 다만, 직전 연도에 해당 납세의무자에 대하여 해당 주택 및 건축물에 과세된 세액이 있는 경우에는 그 세액으로 한다.

나. 주택 및 건축물의 신축·증축 등으로 해당 연도의 과세대상 주택 및 건축물에 대한 직전 연도의 과세표준이 없는 경우: 해당 연도 과세대상 주택 및 건축물이 직전 연도 과세기준일 현재 존재하는 것으로 보아 직전 연도의 법령과 과세표준(직전 연도의 법령을 적용하여 산출한 과세표준을 말한다) 등을 적용하여 과세대상별로 산출한 세액

다. 해당 연도의 과세대상 주택 및 건축물에 대하여 용도변경 등으로 법 제111조 제1항 제2호 다목 및 같은 항 제3호 나목 외의 세율이 적용되거나 적용되지 아니한 경우: 가목 및 나목에도 불구하고 직전 연도에도 해당 세율이 적용되거나 적용되지 아니한 것으로 보아 직전 연도의 법령과 과세표준(직전 연도의 법령을 적용하여 산출한 과세표준을 말한다) 등을 적용하여 산출한 세액

라. 주택의 경우에는 가목 본문, 나목 및 다목에도 불구하고 가목 본문, 나목 및 다목에 따라 산출한 세액 상당액이 해당 주택과 주택가격(「부동산 가격공시에 관한 법률」에 따라 공시된 주택가격을 말한다)이 유사한 인근 주택의 소유자에 대하여 가목 단서에 따라 직전 연도에 과세된 세액과 현저한 차이가 있는 경우: 그 과세된 세액을 고려하여 산출한 세액 상당액

3. 제1호 및 제2호를 적용할 때 해당 연도의 토지·건축물 및 주택에 대하여 비과세·감면규정이 적용되지 아니하거나 적용된 경우에는 직전 연도에도 해당 규정이 적용되지 아니하거나 적용된 것으로 보아 법 제112조 제1항 제1호에 따른 세액 상당액과 같은 조 제1항 제2호 및 제2항에 따른 세액 상당액을 계산한다.

1) 개요

부동산 보유세제 개편에 따라 주택에 대하여 종전의 건물 원가방식을 토지와 건물을 합하여 시가방식으로 일괄 평가함에 따라 세 부담이 일시에 급등할 경우 납세자의 조세저항의 소지가 있어 이에 대한 세 부담 인상폭을 제한토록 세 부담 인상 상한제를 마련한 것이며 「지방세법」상 당해 재산에 대한 재산세의 산출세액이 대통령령이 정하는 방법에 따라 계산한 직전연도의 당해 재산에 대한 재산세액 상당액이 100분의 150을 초과하는 경우에는 100분의 150에 해당하는 금액을 당해연도에 징수할 세액으로 하도록 하고 있다. 다만, 법인(「국세기본법」 제13조에 따라 법인으로 보는 단체를 포함한다) 소유의 주택을 제외한 주택의 경우에는 다음 각 호에 의한 금액을 당해 연도에 징수할 세액으로 한다.

- 법 제111조 제2항 제1호에 따른 주택공시가격 또는 시장·군수가 산정한 가액이 3억 원 이하인 주택의 경우 당해 주택에 대한 재산세의 산출세액이 직전연도의 당해 주택에 대한 재산세액 상당액의 100분의 105를 초과하는 경우에는 100분의 105에 해당하는 금액이다.

- 주택공시가격 또는 시장·군수가 산정한 가액이 3억 원 초과 6억 원 이하인 주택의 경우 당해 주택에 대한 재산세의 산출세액이 직전연도의 당해 주택에 대한 재산세액 상당액의 100분의 110을 초과하는 경우에는 100분의 110에 해당하는 금액이다.

- 주택공시가격 또는 시장·군수가 산정한 가액이 6억 원을 초과하는 주택의 경우 당해 주택에 대한 재산세의 산출세액이 직전연도의 당해 주택에 대한 재산세액 상당액의 100

분의 130을 초과하는 경우에는 100분의 130에 해당하는 금액이다.

2) 적용

- 세 부담 상한제는 인상폭을 전년대비 세 부담 수준을 비교하여 그 인상폭을 제한하려는 것이기 때문에 기본적으로 세 부담 상한을 비교하기 위해서는 전년도 납부세액이 있는 것을 전제로 한다.
- 그러나 주택 및 건축물의 신축·증축 등으로 해당연도의 과세대상 주택 및 건축물에 대한 직전연도의 과세표준이 없는 경우에는 해당연도 과세대상 주택 및 건축물이 직전연도 과세기준일 현재 존재하는 것으로 보아 직전연도의 법령과 과세표준 등을 적용하여 과세대상별로 산출한 세액을 직전연도 재산세액 상당액으로 본다.
- 이 경우 산출한 세액 상당액이 해당 주택과 주택가격(『부동산가격공시 및 감정평가에 관한 법률』에 따라 공시된 주택가격을 말함)이 유사한 인근 주택의 소유자에 대하여 "직전연도에 해당 납세자에 대하여 해당 주택 및 건축물에 과세된 세액이 있는 경우에는 그 세액"과 현저한 차이가 있는 경우 그 과세된 세액을 고려하여 산출한 세액 상당액을 직전연도 재산세 상당액으로 한다.

❏ **세부담 상한 적용 순서**

① 당해연도 산출세액: 과세표준 × 세율

② 직전연도 재산세 상당액
- 실납부세액이 있는 경우 '실납부세액'
- 실납부세액이 없거나, 감면 등 과세 요건이 상이한 경우 '산출상당액'

③ 세 부담 상한 비교: Min [①, ②×150%*]

    * 주택: 3억 이하 105%, 3~6억 110%, 6억 초과 130%, / 토지·건물 150%

❏ **토지에 대한 재산세액 상당액**

가. 과세대상 토지에 대한 직전연도의 과세표준액이 있는 경우
- 납세의무자가 직전 연도에 소유여부를 불문하고, 소유한 것으로 의제하여 토지별로 직전연도의 법령 등을 적용하여 산출한 재산세액으로 함.
- 다만, 과세대상 토지에 대한 납세의무자 및 토지현황이 직전연도와 일치하는 경우에는 실제 과세된 그 세액으로 상당액으로 함.

나. 과세대상 토지에 대한 직전 연도 과세표준액이 없는 경우
- 과세대상 토지가 직전 연도 과세기준일 현재 존재하는 것으로 보아 과세대상 토지별로 직전연도의 법령을 적용하여 산출한 과세표준액과 직전연도의 법령 등을

적용하여 산출한 재산세액으로 함.

    – 토지의 분할·합병으로 인하여 해당 연도의 과세대상 토지에 대한 직전연도 과세표준액이 없는 경우에는 다음에 따른 재산세액으로 함.

        1) 분할·합병으로 인하여 분할·합병 전의 과세대상 토지에 비하여 면적 또는 지분의 증가가 없는 경우: 직전 연도에 분할·합병 전의 토지에 과세된 세액 중 해당 연도에 소유하고 있는 면적 또는 지분에 해당되는 세액

        2) 분할·합병으로 인하여 분할·합병 전의 과세대상 토지에 비하여 면적 또는 지분의 증가가 있는 경우: 분할·합병 전의 과세대상 토지의 면적 또는 지분에 대하여 1)에 따라 산출한 세액과 분할·합병 후에 증가된 과세대상 토지의 면적 또는 지분에 대하여 1) 및 2) 외의 부분 본문에 따라 산출한 세액의 합계액

다. 과세대상 토지에 대하여 과세대상 구분의 변경이 있는 경우

    – 과세대상의 구분이 직전 연도 과세대상 토지에 적용되는 것으로 보아 과세대상 토지별로 직전연도의 법령과 직전연도의 법령 등을 적용하여 산출한 과세표준액 등을 적용하여 산출한 재산세액

라. 주택이 멸실되어 토지로 과세되는 경우로서 주택을 건축중인 경우에는 다음 산식에 따라 산출한 상당액으로 함.

$$\text{멸실 전 주택에 실제 과세한 재산세액} \times \left(\frac{130}{100} \right)^n$$

$$n = (\text{과세 연도} - \text{멸실 전 주택에 실제 과세한 연도} - 1)$$

    – 주택멸실 후 최초로 도래하는 과세기준일부터 3년까지는 착공에 이르지 않아도 "주택기준 직전연도재산세상당액" 적용대상

    ※ 4년차 이후에는 주택을 "건축중"인 경우에만 당해 규정 계속 적용

    – "건축중"이 아닌 경우에는 토지로 보아 그에 따른 직전연도의 법령과 과세표준액 등을 적용하여 산출한 세액적용

❑ **주택에 대한 재산세액 상당액**

가. 주택 및 건축물에 대한 직전연도의 과세표준액이 있는 경우

    – 납세의무자가 과세대상 주택 및 건축물을 직전연도에 실제로 소유여부를 불문하고, 직전연도에 소유한 것으로 보아 직전연도의 법령 등을 적용하여 과세대상별로 산출한 재산세액

    – 직전연도에 해당 납세의무자에 대하여 해당 주택 및 건축물에 실제 과세된 재산세가 있는 경우에는 그 세액

나. 주택 및 건축물의 과세대상 및 과세표준액이 없는 경우

－ 과세대상 주택 및 건축물이 직전연도 과세기준일 현재 존재하는 것으로 보아 직전연도의 법령과 직전연도의 법령 등을 적용하여 산출한 과세표준액등을 적용하여 과세대상별로 산출한 재산세액

다. 해당 연도의 과세대상 주택 및 건축물에 대하여 용도변경 등으로 법 제111조 제1항 제2호 다목 및 같은 항 제3호 나목 외의 세율이 적용되거나 적용되지 아니한 경우: 가목 및 나목에도 불구하고 직전연도에도 해당 세율이 적용되거나 적용되지 아니한 것으로 보아 직전연도의 법령과 과세표준(직전연도의 법령을 적용하여 산출한 과세표준을 말함.) 등을 적용하여 산출한 세액

라. 주택의 경우에는 가목 본문, 나목 및 다목에도 불구하고 가목 본문, 나목 및 다목에 따라 산출한 세액 상당액이 해당 주택과 주택가격(「부동산가격공시 및 감정평가에 관한 법률」에 따라 공시된 주택가격을 말함)이 유사한 인근 주택의 소유자에 대하여 가목 단서에 따라 직전연도에 과세된 세액과 현저한 차이가 있는 경우: 그 과세된 세액을 고려하여 산출한 세액 상당액

❑ 비과세ㆍ감면규정이 적용되지 아니하거나 적용된 경우

직전연도에도 해당 규정이 적용되지 아니하거나 적용된 것으로 보아 재산세액 상당액을 산출함

| 지침 | 주택의 직전연도 재산세 상당액 산출 방법 |

❑ 직전연도 과세, 당해연도 감면 전환

• 비과세ㆍ감면규정이 적용되지 아니하거나 적용된 경우에는 직전연도에도 해당 규정이 적용되지 아니하거나 적용된 것으로 보아 재산세액 상당액 산출(영 제118조 제3호)

• (적용례) 당해연도 감면(50%) 대상인 경우

직전연도에도 감면(50%) 규정이 적용된 경우로 보아 재산세 상당액을 산출

1) 해당 납세자에 대한 실제 과세된 세액이 있는 경우

직전연도 산출상당액에 대한 감면세율(50%) 적용이 아니라 실제 과세된 세액에 감면율(50%)을 적용한 세액

※ 직전연도에 세부담상한이 적용되어 산출세액보다 과소부과시, 실제납부세액에 감면율을 적용하는 것과 산출세액에 감면율을 적용하는 것에 따라 세액차이 발생

2) 직전연도 실제 과세된 세액이 없는 경우

'직전연도 법령과 과세표준에 따른 산출상당액'에 감면세율(50%)을 적용한 상당액

※ 위의 '직전연도 법령과 과세표준에 따른 산출상당액에 감면세율을 적용한 상당액'이 인근 유사주택의 감면적용된 재산세액과 현저한 차이가 있는 때에는 그 재산세액을 고려하여 산출한 재산세액 상당액

① '최초 3년간'은 건축중으로 인정

- [부과현황] '08년 주택분 과세 후 주택멸실 및 10년 과세기준일 현재 미착공
- [적용방법] 주택멸실 후 최초로 도래하는 과세기준일('09년 과세분)부터 3년('11년 과세분)까지는 착공에 이르지 않아도 '주택기준 직전연도 재산세상당액' 적용대상

  ※ 4년차 이후에는 주택을 '건축중'인 경우에만 당해 규정 계속적용
  '건축중'이 아닌 경우에는 토지로 보아 그에 따른 직전연도의 법령과 과세표준액 등을 적용하여 산출한 세액적용

② 직전연도 상당액 '산출 지수' 변경

- '주택기준' 직전연도 재산상당액 적용대상인 경우 멸실 전 주택에 실제과세한 재산세액에 연도별 비율(1.3n)을 적용하여 산출

$$\text{직전연도 재산세 상당액} = \text{멸실 전 주택에 실제 과세한 재산세액} \times \left(\frac{130}{100}\right)^n$$

$$n = (\text{과세연도} - \text{멸실 전 주택에 실제 과세한 연도} - 1)$$

- 연차별 직전연도 상당액 및 세부담 상한 비교

주택멸실연차	1년차	2년차	3년차	4년차**
n	0	1	2	3
직전전도 상당액	주택세액	주택세액×$(1.3)^1$	주택세액×$(1.3)^2$	주택세액×$(1.3)^3$
세 부담 상한*	150%	195%	253.5%	329.55%

  * 세 부담 상한 = 직전연도 재산세 상당액 × 150%
  ** '건축중'인 경우에만 적용

- 적용사례

[부과현황]
  - '00년 주택분재산세 10만 원 과세
  - '12년 토지분 재산세 산출세액 25만 원
  - '12.6.1 현재 주택건축 중(또는 미착공)

[적용방법]

  - 직전연도 상당액 = 멸실 전 주택에 실제 과세한 재산세액 × $\left(\frac{130}{100}\right)^n$

    ※ n = 과세연도(2012) - 멸실 전 주택 과세연도(2010) - 1 = 1
       = 10만 × $(1.3)1$ = 13만 원
    ※ 나목에 의한 산출액보다 적을 경우 적용

- 재산세 세부담 상한액 = 13만 원 × 150% = 19.5만 원
- '12연도 재산세 결정세액 = 19.5만 원
    ※ 산출세액 25만 원보다 적음

지침 **신축주택의 세부담 상한적용**

[대판 2009두8434 2011.5.26.] 법 제195조의2에서 정한 세부담 상한제는 재산세의 과세표준을 산정하는 방식이 2005년부터 원가 위주의 방식에서 시가 방식으로 변경됨에 따른 세부담의 급격한 증가를 방지하기 위하여 도입된 제도이고, 이 사건 단서조항은 위와 같은 세부담 상한제를 적용함에 있어 종래 원가 위주의 방식이 적용되어 오던 기존주택과 시가 방식만이 적용되는 신축·증축주택 사이의 과세 형평을 유지하기 위하여 신설된 것인 점, 종래 원가 위주의 방식에서는 과세표준에 시가가 제대로 반영되지 아니한 데다가 건물의 면적, 규모, 형태, 구조, 위치, 경과연수 등도 과세표준에 영향을 미쳤던 점 등을 고려해 보면, 이 사건 단서조항이 '유사한 인근 주택'의 판단 척도로 들고 있는 주택공시가격은 예시적인 것에 불과하고, 그 '유사한 인근 주택'에 해당하는지 여부는 주택공시가격뿐만 아니라 주택의 면적, 규모, 형태, 구조, 위치, 경과연수, 단위 면적당 시가 등의 유사성을 종합적으로 고려하여 판단하여야 할 것임.

이러한 사정을 앞서 본 법리에 비추어 살펴보면, ○○아너스는 이 사건 주택과의 관계에서 이 사건 단서조항 소정의 '유사한 인근 주택'에 해당함이고 보기 어렵고, 오히려 ○○팔레스나 ○○하이츠, ○○팔레스 등 ○○아너스를 제외한 다른 아파트들 중 하나가 거기에 해당함이고 볼 여지가 있음. 그럼에도 원심은, ○○아너스가 이 사건 주택과 주택공시가격이 같음은 점에 치중하여 이 사건 단서조항 소정의 '유사한 인근 주택'에 해당함이고 보아 이 사건 주택에 대한 직전연도의 재산세액 상당액이 ○○아너스에 대하여 직전연도에 과세된 재산세액과 현저한 차이가 있음은 이유로 이를 감안하지 아니한 이 사건 처분이 위법함이고 판단하였으니, 이러한 원심판결에는 이 사건 단서조항에 관한 법리를 오해하여 판결에 영향을 미친 위법이 있고, 이 점을 지적하는 상고이유의 주장은 이유 있음(과세기관 승).

[2010두14886, 2011.7.14.] 2009두8434와 관련된 판결
가. ○○네오빌과 ○○하우젠트 모두 주택공시가격이나 전용면적 및 단위면적당 시가는 이 사건 주택과 유사하지만, ○○네오빌은 급격한 가치 상승에도 불구하고 재산세 상한제의 적용으로 인하여 2007연도 재산세 산출액 대비 과세액의 비율이 매우 낮아 그 과세액 66,960원이 이 사건 주택에 관하여 2007연도의 법령과 과세표준액 등을 적용하여 산출한 재산세액 상당액인 150,630원과 현저한 차이가 있는 반면, ○○하우젠트는 재산세 상한제의 적용에도 불구하고 2007연도 재산세 산출세액 대비 과세액의 비율이 상대적으로 높아 이 사건 주택과 별 차이가 없고, 또한 건물 신축 시기, 전체 세대수 등에서도 ○○네오빌보다 ○○하우젠트가 이 사건 주택과 더 유사함.

나. 이러한 사정을 앞서 본 법리에 비추어 살펴보면, ○○네오빌은 이 사건 주택과의 관계에서 이 사건 조항이 정하는 '유사한 인근 주택'에 해당하는 것으로 보기 어렵고, 오히려 ○○하우젠트 1차, 2차 아파트 중 어느 하나가 거기에 해당하는 것으로 볼 여지가 충분할 것임(한편 원심은, ○○하우젠트의 2007연도 재산세 과세액의 기초가 된 직전연도인 2006연도 재산세 상당액이 인근주택인 ○○네오빌이나 ○○센트럴파크에 대한 재산세액과 현저한 차이가 있음에도 이를 감안하지 않고 2006연도 재산세 상당액을 산정하여 이를 기초로 2007연도 재산세를 과세하였으므로, ○○하우젠트를 이 사건 주택에 관한 2007연도 재산세 상당액의 비교를 위한 인근주택으로 선정하기에 적정하지 않다고 판단하였으나, ○○네오빌이나 ○○센트럴파크는 위에서 본 것과 같은 이유에서 ○○하우젠트의 인근주택에도 해당하는 것으로 보기 어려우므로, ○○하우젠트의 2007연도 재산세액 산정에 있어 ○○네오빌이나 ○○센트럴파크의 재산세액을 고려하지 않은 것이 잘못이라고 볼 수 없다).

다. 그럼에도 불구하고 원심은 ○○네오빌이 이 사건 주택과의 관계에서 이 사건 조항 소정의 '유사한 인근 주택'에 해당하는 것으로 보아 이 사건 주택에 대한 직전연도의 재산세액 상당액이 ○○네오빌에 대하여 직전연도에 과세된 재산세액과 현저한 차이가 있음은 이유로 이를 감안하지 아니한 이 사건 처분이 위법하다고 판단하였는 바, 이는 이 사건 조항에 관한 법리를 오해하여 잘못 판단한 것임(과세기관 승).

| 재산세 누진세율과 세액계산 구조 |

구분	주택	종합합산 토지	별도합산 토지
시가표준액 (×)	개별·공동 주택가격	개별공시지가 × 면적 (×)	개별공시지가 × 면적
공정시장 가액비율 (=)	60%	70% (=)	70%
재산세 과세표준 (×)	주택분 재산세 과세표준	종합합산 토지분 재산세 과세표준 (×)	별도합산 토지분 재산세 과세표준

세율[*1)]	과세표준	세율	누진공제	과세표준	세율	누진공제	과세표준	세율	누진공제
	6천만 원 이하	0.1%	–	5천만 원 이하	0.2%	–	2억 원 이하	0.2%	–
	1.5억 원 이하	0.15%	3만 원	1억 원 이하	0.3%	5만 원	10억 원 이하	0.3%	20만 원
	3억 원 이하	0.25%	18만 원	1억 원 초과	0.5%	25만 원	10억 원 초과	0.4%	120만 원
	3억 원 초과	0.4%	63만 원						
	지방자치단체의 장은 조례에서 정하는 바에 의해 표준세율의 50% 범위 안에서 가감조정 가능								

구분	주택	종합합산 토지	별도합산 토지
(=)		(=)	
세부담상한 전 재산세액 (−)	세부담상한 전 주택분 재산세액	세부담상한 전 종합합산토지분 재산세액 (−)	세부담상한 전 별도합산토지분 재산세액
세부담상한 초과세액 (=)	직전연도 주택분 재산 세×130·110·105%[*2)] 초과세액	직전연도 종합합산토지 분 재산세 × 150% 초과 세액 (=)	직전연도 별도합산토지 분 재산세 × 150% 초과 세액
재산세액	주택분 재산세액	종합합산토지분 재산세액	별도합산토지분 재산세액

*1) 재산세 도시지역분 적용대상 지역안의 토지 등의 경우 과세표준에 0.14%를 추가로 부과할 수 있음.
*2) 주택분 재산세 세부담 상한비율
　－주택공시가격 6억 원 초과: 130%, 3억 원 초과 6억 원 이하: 110%, 3억 원 이하: 105%

❼ 재산세 과세요건 – 과세대상의 구분

(1) 토지

■ 토지에 대한 재산세 과세대상은 전국합산이 아닌 시·군·구별 합산과세하는 종합합산 과세대상, 별도합산과세대상이 있고 개별토지별로 분리하여 과세하는 분리과세대상으로 구분한다.

가. 분리과세대상 토지

분리과세대상 토지는 과세기준일 현재 납세의무자가 소유하고 있는 토지 중 다음에 해당하는 토지를 말한다.

가. 공장용지·전·답·과수원 및 목장용지로서 일정요건을 구비한 토지
나. 산림의 보호육성을 위하여 필요한 임야 및 종중소유 임야로서 일정요건을 구비한 임야
다. 제13조 제5항의 규정에 의한 골프장용 토지와 같은 조 같은 항의 규정에 의한 고급오락장용 토지
라. 가목 내지 다목의 규정에 의한 토지와 유사한 토지로서 분리과세하여야 할 상당한 이유가 있는 것으로서 인정하는 토지

---

1) 공장용지

■ 공장구내의 건축물[특별시, 광역시, 시 지역(읍·면 지역을 제외함) 안에서는 산업입지 및 개발에 관한 법률에 의하여 지정된 산업단지 및 국토의 계획 및 이용에 관한 법률에 의하여 지정된 공업지역 안에 위치한 공장용 건축물에 한함]의 부속토지에 대하여는 분리과세대상토지에 해당함. 즉 특별시·광역시, 시 지역 내의 산업단지(산업입지 및 개발에 관한 법률) 및 공업지역(국토의 계획 및 이용에 관한 법률)에 위치한 공장과 특별시, 광역시, 시의 읍·면지역 및 전국 군 지역 내에 위치한 공장으로서 공장입지 기준면적 이내의 공장용지(「지방세법 시행규칙」 제50조에 의한 [별표 6]에 규정된 공장입지 기준면적을 적용하여 산정한 입지기준면적 내의 토지)는 분리과세하나 기준초과 토지는 종합합산 과세대상이 되는 것이다.

$$공장입지기준면적 = \frac{공장건축물\ 연면적}{업종별\ 기준공장\ 면적률} + 추가인정기준에\ 의한\ 면적$$

■ 그리고 시지역의 「산업단지」·「공업지역」과 읍·면 이외의 지역에 위치한 공장에 대하여는 분리과세 대상 공장용 건축물로 보지 아니하고, 공장용 건축물의 그 바닥면적에 용도지역 배율을 적용하여 산출된 면적 이내 토지는 별도합산과세하고 초과토지에 대하여는 종합합산과세한다.

여기서 공장용 건축물이라 함은 영업을 목적으로 물품의 제조·가공·수선이나 인쇄 등의 목적에 사용할 수 있도록 생산설비를 갖춘 제조시설용 건축물과 그 제조시설을 지원하기 위하여 공장경계구역 안에 설치되는 다음 각 호의 부대시설용 건축물을 말한다.

1. 사무실·창고·경비실·전망대·주차장·화장실 및 자전거 보관시설
2. 수조·저유조·사일로·저장조 등 저장용 옥외구축물
3. 송유관·옥외주유시설, 급·배수시설 및 변전실
4. 폐기물 처리시설 및 환경오염 방지시설
5. 시험연구시설 및 에너지이용 효율증대를 위한 시설
6. 공동산업안전시설 및 보건관리시설
7. 식당·휴게실·목욕실·세탁장·의료실·옥외체육시설 및 기숙사 등 종업원의 복지 후생증진에 필요한 시설

■ 2022년 이전에는 과세기준일 현재 공사가 6개월 이상 공단되지 않은 건축중인 공장용 건축물의 부속토지를 일괄하여 분리과세대상으로 구분하였으나,

 – 2022년부터는 건축허가를 받았으나 「건축법」 제18조에 따라 착공이 제한된 건축물, 「건축법」에 따른 건축허가를 받거나 건축신고를 한 건축물로서 같은 법에 따른 공사계획을 신고하고 공사에 착수한 건축물[개발사업 관계법령에 따른 개발사업의 시행자가 소유하고 있는 토지로서 같은 법령에 따른 개발사업 실시계획의 승인을 받아 그 개발사업에 제공하는 토지(법 제106조 제1항 제3호에 따른 분리과세대상이 되는 토지는 제외한다)로서 건축물의 부속토지로 사용하기 위하여 토지조성공사에 착수하여 준공검사 또는 사용허가를 받기 전까지의 토지에 건축이 예정된 건축물(관계 행정기관이 허가 등으로 그 건축물의 용도 및 바닥면적을 확인한 건축물을 말한다)을 포함한다]을 포함(과세기준일 현재 정당한 사유 없이 6개월 이상 공사가 중단된 경우는 제외)한다고 개정되었으나, 「건축법」 등 관계 법령에 따라 허가 등을 받아야 할 건축물로서 허가 등을 받지 아니한 공장용 건축물 또는 사용승인을 받아야 할 건축물로서 사용승인(임시사용승인을 포함한다)을 받지 아니하고 사용 중인 공장용 건축물의 부속토지는 제외한다고 개정되었다.

사례 ▶ 자동차 정비사업용 토지의 분리과세 여부

시행령 제131조의2 제3항 제6호가 자동차정비사업장용 토지는 별도합산과세대상에 해당된다고 명시하고 있는 점, 시행규칙 제72조의 문언과 취지에 비추어 제조나 가공을 수반하지 않고 자동차정비 등 수선의 목적에만 사용하는 건축물의 부속토지는 분리과세대상이 되는 제조시설용 건축물의 부속토지에 해당된다고 보기 어려운 점, 시행령 제132조 제1항 제1호의 위임에 따라 시행규칙 제74조가 공장용 건축물의 부속토지 중 분리과세대상의 범위에 해당하는 공장입지기준면적을 정함에 있어 자동차정비사업장용 토지에 관하여는 아무런 규정을 두고 있지 않는 점 등을 고려하면, 자동차정비사업의 목적에만 사용되는 건축물의 부속토지는 시행령 제132조 제1항 제1호에 의한 재산세 분리과세대상이 아니라 시행령 제131조의2 제3항 제6호에 의한 재산세 별도합산과세대상에 해당함이고 할 것임(대법원 09두9390, 2011.9.8.).

사례 ▶ 교통영향평가심의위원회 등 내부 심의절차상 용도 및 바닥면적을 확인한 경우를 건축중인 건축물의 부속토지로 보아 별도합산과세대상 해당 여부

교통영향평가심의위원회 등 내부 심의절차상 용도 및 바닥면적을 확인한 경우를 "관계행정기관이 허가 등"으로 확인한 것으로 볼 수 없으므로 건축중인 건축물의 부속토지로 보아 별도합산과세대상 토지에 해당하지 아니함(부산지법 2020구합23620, 2021.1.21.: 대법확정).

2) 농지(전 · 답 · 과수원)

가) 개인 소유의 농지

전 · 답 · 과수원('농지'라 함)으로서 과세기준일 현재 실제 영농에 사용되고 있는 개인이 소유하는 농지이나 특별시 지역 · 광역시 지역(군 지역을 제외함) · 시 지역(읍 · 면지역을 제외함)의 도시지역 안의 농지는 개발제한구역과 녹지지역(「국토의 계획 및 이용에 관한 법률」 제36조 제1항 제1호에 따른 용도지역이 지정되지 않은 도시지역을 포함) 안에 있는 것에 한함. 광역시의 군 지역 도 · 농복합형 시의 읍면지역은 종전과 같이 군 지역으로 간주. 따라서 농민의 경우 실제 당해 지역 내에 거주하지 아니하더라도 사실상 농업을 경영하는 경우에도 포함한다.

| 용도지역에 따른 과세구분 |

구 분		도시지역		비도시지역 농림·관리
		(주거·상업·공업)	(녹지)	
읍·면	GB지정	분리	분리	분리
	GB해제	분리	분리	분리
동	GB지정	분리	분리	분리
	GB해제	종합	분리	분리

| 국토의 계획 및 이용에 관한 법률에 따른 용도지역의 구분 |

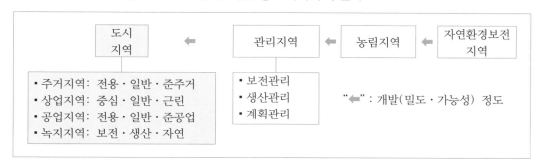

사례 ▷ 분리과세 대상 농지의 판단

조경은 과세기준일 이후에 사업자등록을 하였고, 골프장 및 ○○조경에 잔디를 판매한 금액을 지급받았다는 금융 자료를 제출하지 못하고 있는 등에 위 주장을 믿기 어려움. 설령, 2번에 걸쳐 잔디를 판매하였다 하더라도, 재산세 과세대상으로서 농지에 해당하느냐 여부는 그 토지의 장기적인 주된 사용목적과 그에 적합한 위치, 형상 등을 객관적으로 평가하여 결정하여야 하고, 그 일시적인 사용관계에 구애될 것은 아닌데(대법원 선고 85누234, 1985.9.10. 참조), 쟁점토지는 골프장과 잇닿아 있으면서 한 울타리 내에 위치하고 있고, 골프장에는 매일 수십 명의 내장객이 골프를 치고 있어 영농에 적합하다고 보기 어려운 점, 잔디판매 실적도 2건에 불과한 점 등 영농에 사용되는 농지라고 볼 수 없음(대법원 11두22426, 2011.12.27.).

사례 ▷ 도시지역의 농지에 대한 분리과세

도시지역의 농지는 개발제한구역이나 녹지지역에 해당되지 않는다면 현재 개발행위가 제한되어있고, 공부상 지목도 농지이며 영농에 사용 중이라도 분리과세할 수 없음(대법원 2016두36406 판결, 2016.6.23.).

비록 이 사건 각 토지가 이 사건 공익사업을 위하여 수용되면서 개발제한구역에서 해제되기 이전의 상태로 평가받아 원고가 개발제한구역의 해제로 인한 어떠한 이득을 취한 바 없더라도, 이는 토지보상법 시행규칙상(제23조 ②) 토지보상금 산정시 토지평가기준에 따른 것으로서 토지보상금 산정과 재산세 등의 부과처분은 근거법령, 입법목적 등이 전혀 다르므로 위와 같은 사정만으로 이 사건 처분이 형평에 반하거나 실질과세원칙에 어긋난다고 볼 수 없음. 「지방세법 시행령」이 2010.5.31. 개정되면서 제132조 제7항이 신설되었으나, 위 신설조항은 부칙 제2조에 의하여 2010.6.1. 현재 납세의무가 성립하는 것부터 적용되므로, 이 사건에는 적용되지 않음(대법원 11두6660, 2011.6.24.).

사례 분리과세 대상 농지

구 「지방세법」 제182조 제1항 제3호의 '전·답·과수원 및 목장용지'로서 「지방세법」 제188조 제1항 제1호 다목 (3)에 따라 과세표준액의 1,000분의 0.7의 표준세율을 적용받기 위하여는 과세기준일인 2008.6.1. 실제 영농에 사용되고 있는 개인이 소유하고 있는 농지일 뿐 아니라, 광역시지역의 도시지역 안의 농지로서 개발제한구역과 녹지지역 안에 있어야 할 것인데, 이 사건 토지는 제2종 일반주거지역으로 개발제한구역과 녹지지역 안에 있지 아니하므로, 「지방세법」 제182조 제1항 제3호의 '전·답·과수원 및 목장용지'에 해당된다고 볼 수 없고, 「지방세법」 제188조 제1항 제1호 다목 (2)의 골프장 및 고급오락장용 토지도 아니라 할 것이어서, 「지방세법」 제188조 제1항 제1호 다목 (3)에 따라 과세표준액의 1,000분의 2의 표준세율을 적용한 이 사건 처분은 적법함(대법원 11두8307, 2011.7.14.).

사례 기부채납 비과세 대상에 해당되는지 여부

사무소, 곤충사육사, 마당 및 각종물건 적재장소 등으로 사용되고 있어 「지방세법 시행령」 제102조 제1항 제2호 가목에서 규정한 전·답·과수원으로 사용한다고 볼 수 없고, 청구인의 쌍별귀뚜라미사육의 경우 「축산법」 제2조에서 축산업으로 보지 않고 있고, 그 사육장 부지의 경우 「지방세법 시행령」 제102조 제1항 제3호에서 축산용 토지로도 보지 않고 있어 목장용지로 볼 수 없는 점 등에 비추어 쟁점 제①건축물의 부속토지는 종합합산과세대상임(조심 2019지1853, 2019.10.31.).

사례 이 사건 토지가 국토의 계획 및 이용에 관한 법률상의 "도시지역"에 위치한 토지로 볼 수 없고, 그 현황이 농지이므로 저율분리과세 세율(0.7%)를 적용하여야 한다는 원고주장의 당부

이 사건 토지는 구 토지구획정리사업법(1999.2.8. 법률 제5893호로 개정되기 전의

것) 제7조, 제32조 등에 따라 인천광역시의 토지구획정리사업지구로 지정·고시된 후, 구 도시계획법 제24조, 제32조, 구 도시계획법 시행령 제29조 등에 따라 지구단위 계획결정으로 도시지역 중 제2종 일반주거지역으로 지정된 것으로 보아야 하고, 한 편 2002.2.4. 법률 제6655호로 제정된 국토의 계획 및 이용에 관한 법률 부칙 제2조, 제10조에서, 위 법의 제정으로 구 도시계획법을 폐지하고, 종전의 구 도시계획법의 규정에 의한 결정·처분·절차 그 밖의 행위는 위 법의 규정에 의하여 행하여진 것 으로 본다고 규정하고 있는바, 이 사건 토지는 구 도시계획법령에 따라 제2종 일반주 거지역으로 지정된 도시지역으로서, 국토의 계획 및 이용에 관한 법률 제6조에서 정 하고 있는 도시지역에 해당함이 분명하다. 따라서 원고의 위 주장은 받아들일 수 없 음(앞서 본 바와 같이 피고는 이 사건 토지의 현황이 농지임을 부인하는 것이 아니 라, 관계 법령에서 정한 바에 따라 이 사건 처분을 한 것일 뿐이므로, 이 사건 처분이 구 지방세법 시행령 제119조에서 정한 현황과세의 원칙에 반한다고 볼 수도 없다(대 법원 2020.8.13. 선고 2020두38027 판결)).

사례 도시계획법에 따라 도시지역으로 지정된 농지에 대한 분리과세대상 해당 여부

행정청의 행정행위(도시계획의 변경)가 당연무효로 취소되기 전까지는 유효한 것으 로 보아야 하므로 행정행위의 하자를 이유로 토지분 재산세 과세구분을 변경할 수 없음(대전고법 2020누10430, 2020.10.22.: 대법확정).

나) 법인 또는 단체소유의 농지

원칙적으로 법인소유 농지는 종합합산 과세되나, 다음 경우는 분리과세

- 「농지법」제2조 제3호에 따른 농업법인이 소유하는 농지로서 과세기준일 현재 실제 영 농에 사용되고 있는 농지. 다만, 특별시지역·광역시지역(군 지역은 제외함)·시 지역 (읍·면지역은 제외함)의 도시지역 안의 농지는 개발제한구역과 녹지지역에 있는 것으 로 한정한다.
- 「한국농어촌공사 및 농지관리기금법」에 의하여 설립된 한국농어촌공사가 같은 법의 규 정에 의하여 농가에 농지를 공급하기 위하여 소유하는 농지
- 관계법령 규정에 의한 사회복지사업자가 복지시설의 소비용에 제공하기 위하여 소유하 는 농지[1990년 5월 31일 이전부터 소유(1990년 6월 1일 이후에 당해 농지 또는 임야를 상속받아 소유하는 경우와 법인합병으로 인하여 취득하여 소유하는 경우를 포함함)하는 것에 한함] 또한, 농산물의 전부 또는 일부를 복지시설에서 소비하는 경우에 한하며 타 인에 임대하는 경우에는 임대료를 운영비에 충당한다 하더라도 분리과세되지 않는다.
- 매립·간척에 의하여 농지를 취득한 법인이 과세기준일 현재 직접 경작하는 농지. 다만, 특별시·광역시(군 지역 제외), 시 지역(읍·면지역 제외)의 도시지역 안의 농지는 개

발제한구역과 녹지지역에 있는 것에 한한다.

다) 기타 농지−종중소유의 농지 등

종중명의로 등기된 농지와 종중소유의 농지로 신고된 농지로서 1990년 5월 31일 이전에 취득하여 소유하고 있는 토지에 한함. 이 경우 1990년 5월 31일 이전부터 소유(1990년 6월 1일 이후에 당해 농지를 상속받아 소유하는 경우와 법인합병으로 인하여 취득하여 소유하는 경우를 포함)한 것

3) 목장용지

개인 또는 법인이 축산용으로 직접 사용하는 도시지역 안의 개발제한구역·녹지지역과 도시지역 밖의 목장용지로서 과세기준일이 속하는 해의 직전연도를 기준으로 「축산용 토지 및 건물의 기준」을 적용하여 계산한 토지의 면적범위 내에서 소유하고 있는 토지는 분리과세됨. 다만, 도시지역 안의 목장용지는 1989.12.31. 이전부터 소유하는 토지(1990.1.1. 이후 상속이나 법인합병으로 취득·소유토지) 및 <u>법률 제10522호 농업협동조합법 일부개정법률 부칙 제6조에 따라 농협경제지주회사가 농업협동조합중앙회로부터 취득하여 소유하는 것</u>

4) 임야

- 특수산림사업지구로 지정된 임야, 보전산지 내 임야, 산림경영계획의 인가를 받아 실행 중인 임야
  - 다만, 도지지역 안의 임야는 제외하되 도시지역으로 편입된 날부터 2년이 경과하지 아니한 임야와 보전녹지지역(「국토의 계획 및 이용에 관한 법률」 제36조 제1항 제1호에 따른 용도지역이 지정되지 않은 도시지역을 포함)의 임야로서 산림계획의 인가를 받아 실행 중인 임야를 포함한다.
- 문화재보호구역 내의 임야(지정문화재 자체 내의 임야를 포함), 공원자연환경지구 내의 임야, 종중소유의 임야, 개발제한구역 및 군사시설 보호구역 안의 임야(개발제한구역의 지정 및 관리에 관한 특별조치법 규정에 의한 개발제한구역 안의 임야, 군사기지 및 군사시설 보호법에 따른 군사기지 및 군사시설 보호구역 중 제한보호구역의 임야 및 그 제한보호구역에서 해제된 날부터 2년이 경과하지 아니한 임야), 도로접도구역 안의 임야, 철도보호지구의 임야, 도시공원 안의 임야, 도시자연공원구역의 임야, 홍수관리구역으로 고시된 지역의 임야, 수도법에 의한 상수원보호구역 안의 임야

사례 산림경영계획 인가를 받은 임야의 분리과세

산림조성법 제13조에 따라 인가를 받은 10년간의 경영계획이 포함된 산림경영계획 상 해당 연도에 특별한 산림사업의 실행계획이 없어 재산세 과세기준일 현재 아무런 사업실적이 없더라도 그 임야는 분리과세대상인 토지에 해당함.

* "실행중" → 2010년도까지 "사업중"이라고 하였음(법제처 08-0321, 2008.10.29.)

※ 임야에 대한 재산세 과세구분

비 과 세	• 「산림보호법」에 따라 지정된 산림보호구역 및 「산림자원의 조성 및 관리에 관한 법률」에 따라 지정된 채종림·시험림 • 「자연공원법」에 따른 공원자연보존지구의 임야 • 「백두대간 보호에 관한 법률」 제6조에 따라 지정된 백두대간보호지역의 임야
별 도 합 산	• 「체육시설의 설치·이용에 관한 법률 시행령」 제12조에 따른 스키장 및 골프장용 토지 중 원형 보전 임야 • 「관광진흥법」 제2조 제7호에 따른 관광단지 안의 토지와 「관광진흥법 시행령」 제2조 제1항 제3호 가목·나목 및 같은 항 제5호에 따른 전문휴양업·종합휴양업 및 유원시설업용 토지 중 「환경영향평가법」 제22조 및 제27조에 따른 환경영향평가의 협의 결과에 따라 원형 보전 임야 • 「산지관리법」 제4조 제1항 제2호에 따른 준보전산지에 있는 토지 중 「산림자원의 조성 및 관리에 관한 법률」 제13조에 따른 산림경영계획의 인가를 받아 실행 중인 임야(도시지역 제외)
분 리	• 「산림자원의 조성 및 관리에 관한 법률」 제28조에 따라 특수산림사업지구로 지정된 임야 • 「산지관리법」 제4조 제1항 제1호에 따른 보전산지에 있는 임야로서 「산림자원의 조성 및 관리에 관한 법률」 제13조에 따른 산림경영계획의 인가를 받아 실행 중인 임야 • 「문화재보호법」 제2조 제2항에 따른 지정문화재 및 같은 조 제4항에 따른 보호구역 안의 임야 • 「자연공원법」에 따라 지정된 공원자연환경지구의 임야 • 종중이 소유하고 있는 임야 • 「개발제한구역의 지정 및 관리에 관한 특별조치법」에 따른 개발제한구역의 임야 • 「군사기지 및 군사시설 보호법」에 따른 군사기지 및 군사시설 보호구역 중 제한보호구역 임야 및 그 제한보호구역에서 해제된 날부터 2년이 지나지 아니한 임야 • 「도로법」에 따라 지정된 접도구역의 임야 • 「철도안전법」 제45조에 따른 철도보호지구의 임야 • 「도시공원 및 녹지 등에 관한 법률」 제2조 제3호에 따른 도시공원의 임야 • 「국토의 계획 및 이용에 관한 법률」 제38조의2에 따른 도시자연공원구역의 임야 • 「하천법」 제12조에 따라 홍수관리구역으로 고시된 지역의 임야 • 「수도법」에 따른 상수원보호구역의 임야

※ 취득시기에 따른 농지·임야의 분리과세구분(시행령 제102조 제9항)

취득시기	해당 농지 및 임야
1990.5.31 이전 취득·소유	• 시행령 제102조 제1항 제2호 라목·바목의 농지 　라. 관계 법령에 따른 사회복지사업자가 복지시설이 소비목적으로 사용할 　　수 있도록 하기 위하여 소유하는 농지 　바. 종중이 소유하는 농지 • 시행령 제102조 제2항 제4호·제6호의 임야 　4. 종중이 소유하고 있는 임야 　6. 「수도법」에 따른 상수원보호구역의 임야
1989.12.31 이전 취득·소유	• 시행령 제102조 제1항 제3호에 따른 도시지역의 목장용지 　개인이나 법인이 축산용으로 사용하는 도시지역 안의 개발제한구역·녹 　지지역과　도시지역 밖의 목장용지로서 과세기준일이 속하는 해의 직전 　연도를 기준으로 축산용 토지 및 건축물의 기준을 적용하여 계산한 토지 　면적의 범위에서 소유하는 토지 및 <u>법률 제10522호 농업협동조합법 일부</u> 　<u>개정법률 부칙 제6조에 따라 농협경제지주회사가 농업협동조합중앙회로</u> 　<u>부터 취득하여 소유하는 것</u> • 시행령 제102조 제2항 제5호 각 목에서 규정하는 임야 　가. 「개발제한구역의 지정 및 관리에 관한 특별조치법」에 따른 개발제한 　　구역의 임야 　나. 「군사기지 및 군사시설 보호법」에 따른 군사기지 및 군사시설 보호구 　　역　제한보호구역의 임야 및 그 제한보호구역에서 해제된 날부터 2년 　　이 지나지 아니한 임야 　다. 「도로법」에 따라 지정된 접도구역의 임야 　라. 「철도안전법」 제45조에 따른 철도보호지구의 임야 　마. 「도시공원 및 녹지 등에 관한 법률」 제2조 제3호에 따른 도시공원의 　　임야 　바. 「국토의 계획 및 이용에 관한 법률」 제38조의2에 따른 도시자연공원 　　구역의 임야 　사. 「하천법」 제12조에 따라 홍수관리구역으로 고시된 지역의 임야 　아. <u>법률 제10522호 농업협동조합법 일부개정법률 부칙 제6조에 따라</u> 　　<u>농협경제지주회사가 농업협동조합중앙회로부터 취득하여 소유하</u> 　　<u>는 것</u>

※ 해당 시기 이후에 농지·임야·목장용지를 상속받아 소유하는 경우와 법인합병으로 인하여 취득하여
소유하는 경우를 포함한다.

5) 골프장 및 고급오락장용 부속토지

6) 기타 분리과세 대상 토지

※ 아래 (1)에 따른 토지 중 취득일부터 5년이 지난 토지로서 용지조성사업 또는 건축을 착공하지 아니한 토지는 제외하며, (4) 및 (8)부터 (10)까지의 토지는 같은 호에 따른 시설 및 설비공사를 진행 중인 토지를 포함.

(1) 「한국토지주택공사법」에 따라 설립된 한국토지주택공사가 같은 법에 따라 타인에게 토지나 주택을 분양하거나 임대할 목적으로 소유하고 있는 토지(임대한 토지를 포함함) 및 「자산유동화에 관한 법률」에 따라 설립된 유동화전문회사가 한국토지주택공사가 소유하던 토지를 자산유동화 목적으로 소유하고 있는 토지

(2) 과세기준일 현재 계속 염전으로 실제 사용하고 있거나 계속 염전으로 사용하다가 사용을 폐지한 토지. 다만, 염전 사용을 폐지한 후 다른 용도로 사용하는 토지는 제외한다.

(3) 「한국수자원공사법」에 따라 설립된 한국수자원공사가 소유하고 있는 토지 중 다음 각 목의 어느 하나에 해당하는 토지(임대한 토지는 제외함)

　　가. 「한국수자원공사법」 제9조 제1항 제5호에 따른 개발 토지 중 타인에게 공급할 목적으로 소유하고 있는 토지

　　나. 「친수구역 활용에 관한 특별법」에 따른 친수구역내 토지 중 주택건설용 토지 및 도시·군계획시설용 토지 「국토의 계획 및 이용에 관한 법률 시행령」 제30조 제3호에 다른 공업지역 내의 토지

　　다. 「한국수자원공사법」 제9조 제1항 제5호에 따른 개발 토지 중 타인에게 공급할 목적으로 소유하고 있는 토지

　　라. 「친수구역 활용에 관한 특별법」에 따른 친수구역내 토지 중 주택건설용 토지 및 도시·군계획시설용 토지 「국토의 계획 및 이용에 관한 법률 시행령」 제30조 제3호에 따른 공업지역 내의 토지

(4) 「전기사업법」에 따른 전기사업자가 「전원개발촉진법」 제5조 제1항에 따른 전원개발사업 실시계획에 따라 취득한 토지 중 발전시설 또는 송전·변전시설에 직접 사용하고 있는 토지(「전원개발촉진법」 시행 전에 취득한 토지로서 담장·철조망 등으로 구획된 경계구역 안의 발전시설 또는 송전·변전시설에 직접 사용하고 있는 토지를 포함함)

(5) 「광업법」에 따라 광업권이 설정된 광구의 토지로서 산업통상부장관으로부터 채굴계획 인가를 받은 토지(채굴 외의 용도로 사용되는 부분이 있는 경우 그 부분은 제외)

(6) 「공유수면 관리 및 매립에 관한 법률」에 따라 매립하거나 간척한 토지로서 공사

준공인가일(공사준공인가일 전에 사용승낙이나 허가를 받은 경우에는 사용승낙일 또는 허가일을 말함)부터 4년이 지나지 아니한 토지

(7) 「주택법」에 따라 주택건설사업자 등록을 한 주택건설사업자(같은 법 제32조에 따른 주택조합 및 고용자인 사업주체와 「도시 및 주거환경정비법」 제7조부터 제9조까지의 규정에 따른 사업시행자를 포함함)가 주택을 건설하기 위하여 같은 법에 따른 사업계획의 승인을 받은 토지로서 주택건설사업에 제공되고 있는 토지

(8) 「한국석유공사법」에 따라 설립된 한국석유공사가 정부의 석유류비축계획에 따라 석유를 비축하기 위한 석유비축시설용 토지와 「석유 및 석유대체연료사업법」 제17조에 따른 비축의무자의 석유비축시설용 토지 및 「송유관안전관리법」 제2조 제3호에 따른 송유관설치자의 석유저장 및 석유수송을 위한 송유설비에 직접 사용하고 있는 토지

(9) 「한국가스공사법」에 따라 설립된 한국가스공사가 제조한 가스의 공급을 위한 공급설비에 직접 사용하고 있는 토지

(10) 「집단에너지사업법」에 따라 설립된 한국지역난방공사가 열생산설비에 직접 사용하고 있는 토지
   – 「집단에너지사업법」에 따른 사업자 중 한국지역난방공사를 제외한 사업자가 직접 사용하기 위하여 소유하고 있는 공급시설용 토지로서 2022년부터 2025년까지 재산세 납부의무가 성립하는 토지

(11) 국가나 지방자치단체가 국방상의 목적 외에는 그 사용 및 처분 등을 제한하는 공장 구내의 토지

(12) 「농업협동조합법」에 따라 설립된 조합, 「수산업협동조합법」에 따라 설립된 조합, 「산림조합법」에 따라 설립된 조합 및 「엽연초생산협동조합법」에 따라 설립된 조합(해당 조합의 중앙회를 포함함)이 과세기준일 현재 구판사업에 직접 사용하는 토지와 「농수산물 유통 및 가격안정에 관한 법률」 제70조에 따른 유통자회사에 농수산물 유통시설로 사용하게 하는 토지 및 「농수산물유통공사법」에 따라 설립된 농수산물유통공사가 농수산물 유통시설로 직접 사용하는 토지

(13) 제22조에 따른 비영리사업자가 1995년 12월 31일 이전부터 소유하고 있는 토지 「지방세법 시행령」 제22조 제2호에 해당하는 사립학교가 소유하고 있는 토지로서 교육사업에 직접 사용하고 있는 토지. 다만, 수익사업에 사용하는 토지는 제외

사립학교가 '95년 이전 취득한 토지 중 非교육용 토지는 유형별 분리과세 적용 비율에 따라 단계적으로 분리과세 적용 배제

❶ 골프장·대규모점포·관광숙박업 활용 부지: '22년부터 분리과세 적용 배제
❷ 지방세법 제101조 제1항에 따른 별도합산대상 토지(건축물 부속토지)

과세연도	2022	2023	2024	2025	2026	2027
분리과세 적용비율	100%	90%	80%	60%	40%	20%

❸ ①, ② 외의 토지

과세연도	2022~2026	2027	2028	2029
분리과세 적용비율	100%	70%	40%	10%

(14) 「중소기업진흥에 관한 법률」에 따라 설립된 중소기업진흥공단이 같은 법에 따라 중소기업자에게 분양하거나 임대할 목적으로 소유하고 있는 토지

(15) 「농어촌정비법」에 따른 농어촌정비사업 시행자가 같은 법에 따라 다른 사람에게 공급할 목적으로 소유하고 있는 토지

(16) 「금융기관부실자산 등의 효율적 처리 및 한국자산관리공사의 설립에 관한 법률」 제6조에 따라 설립된 한국자산관리공사 또는 「농업협동조합의 구조개선에 관한 법률」 제29조에 따라 설립된 농업협동조합자산관리회사가 타인에게 매각할 목적으로 일시적으로 취득하여 소유하고 있는 토지

(17) 「산업집적활성화 및 공장설립에 관한 법률」 제45조의9에 따라 설립된 한국산업단지공단이 타인에게 공급할 목적으로 소유하고 있는 토지(임대한 토지를 포함함)

(18) 「산업입지 및 개발에 관한 법률」 제16조에 따른 산업단지개발사업의 시행자가 제공하고 있는 토지로서 같은 법에 따른 산업단지개발실시계획의 승인을 받아 산업단지조성공사를 시행하고 있는 토지

(19) 「대덕연구개발특구 등의 육성에 관한 특별법」 제34조에 따른 특구관리계획에 따라 원형지로 지정된 토지

(20) 「한국수자원공사법」에 따라 설립된 한국수자원공사가 「한국수자원공사법」 및 「댐건설 및 주변지역지원 등에 관한 법률」에 따라 국토교통부장관이 수립하거나 승인한 실시계획에 따라 취득한 토지로서 「댐건설 및 주변지역지원 등에 관한 법률」 제2조 제1호에 따른 특정용도 중 발전·수도·공업 및 농업용수의 공급

또는 홍수조절용으로 직접 사용하고 있는 토지

(21) 「방위사업법」 제53조에 따라 허가받은 군용화약류시험장용 토지(허가받은 용도 외의 다른 용도로 사용하는 부분은 제외함)와 그 허가가 취소된 날부터 1년이 지나지 아니한 토지

(22) 「부동산투자회사법」에 따라 설립된 부동산투자회사가 목적사업에 사용하기 위하여 소유하고 있는 토지

(23) 「자본시장과 금융투자업에 관한 법률」 제229조 제2호에 따른 부동산집합투자기구(집합투자재산의 100분의 80을 초과하여 같은 법 제229조 제2호에서 정한 부동산에 투자하는 같은 법 제9조 제19항 제2호에 따른 전문투자형 사모집합투자기구를 포함한다) 또는 종전의 「간접투자자산 운용업법」에 따라 설정·설립된 부동산간접투자기구가 목적사업에 사용하기 위하여 소유하고 있는 토지 중 법 제106조 제1항 제2호에 해당하는 토지

(24) 「도시개발법」 제11조에 따른 도시개발사업의 시행자가 그 도시개발사업에 제공하는 토지(주택건설용 토지와 산업단지용 토지로 한정함)와 종전의 「토지구획정리사업법」(법률 제6252호 토지구획정리사업법폐지법률에 의하여 폐지되기 전의 것을 말함. 이하 이 호에서 같음)에 따른 토지구획정리사업의 시행자가 그 토지구획정리사업에 제공하는 토지(주택건설용 토지와 산업단지용 토지로 한정함) 및 「경제자유구역의 지정 및 운영에 관한 특별법」 제9조에 따른 경제자유구역개발사업의 시행자가 그 경제자유구역개발사업에 제공하는 토지(주택건설용 토지와 산업단지용 토지로 한정함). 다만, 다음 각 목의 기간 동안만 해당함

　가. 도시개발사업 실시계획을 고시한 날부터 「도시개발법」에 따른 도시개발사업으로 조성된 토지가 공급 완료(매수자의 취득일을 말함)되거나 같은 법 제51조에 따른 공사 완료 공고가 날 때까지

　나. 토지구획정리사업의 시행인가를 받은 날 또는 사업계획의 공고일(토지구획정리사업의 시행자가 국가인 경우로 한정함)부터 종전의 「토지구획정리사업법」에 따른 토지구획정리사업으로 조성된 토지가 공급 완료(매수자의 취득일을 말함)되거나 같은 법 제61조에 따른 공사 완료 공고가 날 때까지

　다. 경제자유구역개발사업 실시계획 승인을 고시한 날부터 「경제자유구역의 지정 및 운영에 관한 특별법」에 따른 경제자유구역개발사업으로 조성된 토지가 공급 완료(매수자의 취득일을 말함)되거나 같은 법 제14조에 따른 준공검사를 받을 때까지

(25) 「한국철도공사법」에 따라 설립된 한국철도공사가 같은 법 제9조 제1항 제1호부

터 제3호까지 및 제6호의 사업(같은 항 제6호의 경우에는 철도역사개발사업만 해당함)에 직접 사용하기 위하여 소유하는 철도용지

(26) 「산업입지 및 개발에 관한 법률」에 따라 지정된 산업단지와 「산업집적활성화 및 공장설립에 관한 법률」에 따른 유치지역 및 「산업기술단지 지원에 관한 특례법」에 따라 조성된 산업기술단지에서 다음 각 목의 어느 하나에 해당하는 용도에 직접 사용되고 있는 토지

　　가. 「산업입지 및 개발에 관한 법률」 제2조에 따른 지식산업·문화산업·정보통신산업·자원비축시설용 토지 및 이와 직접 관련된 교육·연구·정보처리·유통시설용 토지

　　나. 「산업집적활성화 및 공장설립에 관한 법률 시행령」 제6조 제5항에 따른 폐기물 수집운반·처리 및 원료재생업, 폐수처리업, 창고업, 화물터미널이나 그 밖의 물류시설을 설치·운영하는 사업, 운송업(여객운송업은 제외함), 산업용기계장비임대업, 전기업, 농공단지에 입주하는 지역특화산업용 토지, 「도시가스사업법」 제2조 제5호에 따른 가스공급시설용 토지 및 「집단에너지사업법」 제2조 제6호에 따른 집단에너지공급시설용 토지

　　다. 「산업기술단지 지원에 관한 특례법」에 따른 연구개발시설 및 시험생산시설용 토지

　　라. 「산업집적활성화 및 공장설립에 관한 법률」 제30조 제2항에 따른 관리기관이 산업단지의 관리, 입주기업체 지원 및 근로자의 후생복지를 위하여 설치하는 건축물의 부속토지(제107조에 따른 수익사업용으로 사용되는 부분은 제외함)

(27) 「여객자동차 운수사업법」 및 「물류시설의 개발 및 운영에 관한 법률」에 따라 면허 또는 인가를 받은 자가 계속하여 사용하는 여객자동차터미널 및 물류터미널용 토지

(28) 「전시산업발전법 시행령」 제3조 제1호 및 제2호에 따른 토지

(29) 한국방송공사의 소유 토지로서 관련법에 따른 업무에 사용되는 중계시설의 부속 토지

(30) 「전기통신사업법」 제5조에 따른 기간통신사업자가 기간통신역무에 제공하는 전기통신설비(「전기통신사업 회계정리 및 보고에 관한 규정」 제8조에 따른 전기통신설비를 말함)를 설치·보전하기 위하여 직접 사용하는 토지(대통령령 제10492호 한국전기통신공사법 시행령 부칙 제5조에 따라 한국전기통신공사가 1983년 12월 31일 이전에 등기 또는 등록을 마친 것만 해당함)

(31) 「한국토지주택공사법」에 따라 설립된 한국토지주택공사가 소유하고 있는 비축용 토지 중 다음 각 목의 어느 하나에 해당하는 토지

　가. 「공공토지의 비축에 관한 법률」 제14조 및 제15조에 따라 공공개발용으로 비축하는 토지

　나. 「한국토지주택공사법」 제12조 제4항에 따라 국토교통부장관이 우선 매입하게 함에 따라 매입한 토지(「자산유동화에 관한 법률」 제3조에 따른 유동화전문회사 등에 양도한 후 재매입한 비축용 토지를 포함함)

　다. 「공공기관 지방이전에 따른 혁신도시 건설 및 지원에 관한 특별법」 제43조 제3항에 따라 국토교통부장관이 매입하게 함에 따라 매입한 같은 법 제2조 제6호에 따른 종전부동산

　라. 「국토의 계획 및 이용에 관한 법률」 제122조 및 제123조에 따라 매수한 토지

　마. 「공익사업을 위한 토지 등의 취득 및 보상에 관한 법률」 제4조에 따른 공익사업(이하 이 목 및 바목에서 "공익사업"이라 함)을 위하여 취득하였으나 해당 공익사업의 변경 또는 폐지로 인하여 비축용으로 전환된 토지

　바. 비축용 토지로 매입한 후 공익사업에 편입된 토지 및 해당 공익사업의 변경 또는 폐지로 인하여 비축용으로 다시 전환된 토지

　사. 국가·지방자치단체 또는 「국가균형발전 특별법」 제2조 제10호에 따른 공공기관으로부터 매입한 토지

　아. 2005년 8월 31일 정부가 발표한 부동산제도 개혁방안 중 토지시장 안정정책을 수행하기 위하여 매입한 비축용 토지

　자. 1997년 12월 31일 이전에 매입한 토지

(32) 「항만공사법」에 따라 설립된 항만공사가 소유하고 있는 항만시설(「항만법」 제2조 제5호에 따른 항만시설을 말함)용 토지 중 「항만공사법」 제8조 제1항에 따른 사업에 사용하거나 사용하기 위한 토지. 다만, 「항만법」 제2조 제5호 다목부터 마목까지의 규정에 따른 시설용 토지로서 제107조에 따른 수익사업에 사용되는 부분은 제외함.

(33) 「인천국제공항공사법」에 따라 설립된 인천국제공항공사가 소유하고 있는 공항시설(「항공법」 제2조 제8호에 따른 공항시설을 말함)용 토지 중 「인천국제공항공사법」 제10조 제1항의 사업에 사용하거나 사용하기 위한 토지. 다만, 「항공법 시행령」 제10조 제2호에 따른 지원시설용 토지로서 제107조에 따른 수익사업에 사용되는 부분은 제외함.

　－ 「한국공항공사법」에 따른 한국공항공사가 소유하고 있는 「공항시설법 시행령」

제3조 제1호 및 제2호의 공항시설용 토지로서 같은 조 제1호 바목 중 공항 이용객을 위한 주차시설(유료주차장으로 한정한다)용 토지와 같은 조 제2호의 지원시설용 토지 중 수익사업에 사용되는 부분을 제외한 토지로서 2022년부터 2025년까지 재산세 납부의무가 성립하는 토지

(34) 「산업집적활성화 및 공장설립에 관한 법률」 제28조의2에 따라 지식산업센터의 설립승인을 받은 자가 지식산업센터를 신축하거나 증축하여 같은 법 제28조의5 제1항 제1호 및 제2호에 따른 시설용으로 직접 사용(재산세 과세기준일 현재 60일 이상 휴업 중인 경우는 제외)하거나 분양 또는 임대하기 위한 토지(지식산업센터의 설립승인을 받은 후 최초로 재산세 납세의무가 성립한 날부터 5년 이내로 한정하고, 증축의 경우에는 증축에 상당하는 토지 부분으로 한정함)

(35) 「산업집적활성화 및 공장설립에 관한 법률」 제28조의4에 따라 지식산업센터를 신축하거나 증축하여 설립한 자로부터 최초로 해당 지식산업센터를 분양받은 입주자(「중소기업기본법」 제2조에 따른 중소기업을 영위하는 자로 한정함)로서 같은 법 제28조의5 제1항 제1호 및 제2호에 규정된 사업에 직접 사용(재산세 과세기준일 현재 60일 이상 휴업 중인 경우와 타인에게 임대한 부분은 제외)하는 토지(지식산업센터를 분양받은 후 최초로 재산세 납세의무가 성립한 날부터 5년 이내로 한정함)

(36) 「국토의 계획 및 이용에 관한 법률」, 「도시개발법」 등 관계법령에 따라 국가 또는 지방자치단체에 무상귀속이 확정된 도시·군계획시설(「국토의 계획 및 이용에 관한 법률」 제2조 제7호의 도시·군계획시설을 말함)로서 실시계획승인을 받아 해당사업에 제공되고 있는 토지

(37) 「지방공기업법」에 따라 설립된 지방공사가 같은 법 제2조 제1항 제7호 및 제8호에 따른 사업용 토지로서 타인에게 토지나 주택을 분양하거나 임대할 목적으로 소유하고 있는 토지(임대한 토지를 포함)

(38) 「한국농어촌공사 및 농지관리기금법」에 따라 설립된 한국농어촌공사가 「공공기관 지방이전에 따른 혁신도시 건설 및 지원에 관한 특별법」 제43조 제3항에 따라 국토교통부장관이 매입하게 함에 따라 타인에게 매각할 목적으로 일시적으로 취득하여 소유하는 같은 법 제2조 제6호에 따른 종전부동산

(39) 「전통사찰의 보존 및 지원에 관한 법률」 제2조 제3호에 따른 전통사찰보존지 및 「향교재산법」 제2조에 따른 향교재산 중 토지. 다만, 수익사업에 사용되는 부분은 제외

※ 2022년부터 전통사찰보존지와 향교 토지 중 분리과세 적용 제외 대상인 "유료로 사용부분"을 삭제
  – 실비변상적 수준의 대가로 토지를 사용하게 한 경우 분리과세 적용 가능

※ 사업시행자 산업단지 조성용 제공 토지 분리과세대상 명확화(2021년 이후 시행)

❏ 개정내용
• 재산세 분리과세 취지에 따라 사업시행자가 산업단지 조성에 제공한 토지에 대해서도 분리과세 적용
  – 또한, 산업단지 감면 기간(공사 완료 후 5년간) 분리과세 적용
    ※ 지방세특례법에서 조성공사가 끝난 토지에 대해서도 5년간 재산세 60%(수도권 35%) 5년간 감면하므로 지원체계의 일관성 제고

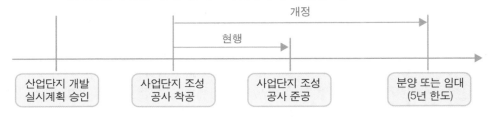

• 2021.1.1. 이후 납세의무가 성립하는 분부터 적용
• 2021.1.1. 현재 미분양된 산업단지의 경우 개정안 시행일을 준공일로 간주, 동일하게 5년간 분리과세 적용

7) 공익사업으로 수용 예정된 토지(농지·임야)에 대하여는 수용 전까지는 분리과세를 계속 적용

■ 적용대상 관련 법률
  – 「공익사업을 위한 토지 등의 취득 및 보상에 관한 법률」 제4조의 공익사업 지구내 토지
    ※ 공익사업이 아닌 개별적인 용도지역 변경 및 GB가 해제되는 경우는 배제

■ 사업시행자에게 협의 또는 수용에 의하여 매각이 예정된 토지
  – 당해 사업지구에서 용도지역 변경 및 개발제한구역 해제 후 제3자(수용자 포함)에게 매각된 이후에는 적용 배제
  – 피수용자로부터 제3자가 취득하여 사업시행자에게 수용되는 경우 제3자에게는 적용 배제

- 다만, 피수용자가 사망하여 납세의무가 상속인에게 승계된 경우에는 포함.
  ※ 공익사업지구라 하더라도 수용이 예정된 토지가 아닌 환지 등은 적용대상 아님
- ■「택지개발촉진법」등 관계 법령에 따라 도시관리계획 결정이 의제됨으로 인해 당해 용도지역이 변경되거나 개발제한구역에서 해제된 경우
  - 「경제자유구역의 지정 및 운영에 관한 법률」, 「보금자리주택건설특별법」, 「산업입지 및 개발에 관한 법률」 등 개별법에서 용도지역이 변경되거나 개발제한구역에서 해제되는 경우
    ※ 용도지역 변경 및 GB해제 시점은 고시 등 관련 절차 구체적으로 확인
- ■ 분리과세 적용기간
  - 당해 토지가 사업시행자에게 매각되기 전까지
  - 다만, 「공익사업을 위한 토지 등의 취득 및 보상에 관한 법률」 제40조 제2항에 따라 보상금을 공탁한 경우에는 '공탁금 수령일'까지

> **사례** 종전과 같은 용도로 사용중인 도시개발사업으로 제공하는 토지의 과세대상 구분

도시개발사업으로 조성된 토지가 공급이 완료되거나 공사가 완료된 사실이 공고되지 않았고, 청구법인이 쟁점토지를 종전과 같은 용도인 농지 등으로 경작하였다고 하더라도, 이는 사업시행자의 환지예정지 지정이나 환지처분 등에 관한 권한을 배제하지 아니한 채 일시적으로 사용하고 있는 것에 불과하고, 환지예정지 지정이나 환지처분이 있을 경우 쟁점토지에 대한 권리를 상실하는 점, 「지방세법 시행령」 제119조는 "재산세의 과세대상 물건이 공부상 등재 현황과 사실상의 현황이 다른 경우에는 사실상 현황에 따라 재산세를 부과한다"고 규정하고 있기는 하나, 제102조 제5항 제24호는 과세대상 물건의 현황과 무관하게 도시개발사업의 시행자가 그 도시개발사업에 제공하는 토지에 대하여 일정기간 동안 저율의 분리과세를 하겠다는 취지로 보이는 점 등에 비추어 주거용지로 사용될 토지와 무상으로 양여하여 기반시설용지로 사용될 토지는 분리과세대상 토지로 구분하는 것이 타당함(조심 2017지1180, 2018.4.23.).

> **사례** 한국수력원자력 주식회사 토지의 분리과세 여부

'발전시설 또는 송전·변전시설에 직접 사용하고 있는 토지'에는 발전시설 또는 송전·변전시설 자체가 들어서 있는 토지만이 아니라 그러한 시설들의 가동·운영에 필수불가결한 토지도 포함되므로, 경계구역 내의 토지는 필수토지로 분리과세 대상이나 그 외 경계구역 밖의 나대지, 보안유지를 위한 임야, 공원용지 등은 포함된다고 할 수 없음(대법원 09두5008, 2011.7.14.).

사례 태양광시설이 설치된 부속토지의 경우 분리과세 대상인 발전시설용 토지로 볼 수 없음

전기사업자가 전기사업법에 따라 태양광 발전사업을 위해 ○○시장으로부터 허가를 받아 태양광 발전설비를 설치하여 전기사업을 추진하는 것으로 전원개발촉진법상 산업통상자원부장관으로부터 전원개발 실시계획승인을 받아 전기사업에 제공되는 토지가 아니라면 분리과세 대상에 해당되지 않음(지방세운영과-3544, 2015.11.9.).

사례 '사업계획의 승인을 받은 토지로서 주택건설사업에 공여되고 있는 토지'의 의미

사업계획 승인을 얻은 후에도 다양한 사유로 상당 기간 동안 실제 주택 건설이 이루어지지 않을 수 있으며, 일정 기간이 지나도 공사에 착수하지 않을 경우 그 사업계획 승인이 취소될 수 있는 점, 사업계획 승인을 얻었다고 하여 바로 해당 토지에서의 다른 용도로의 사용이 제한되는 등의 법적인 효과가 있는 것으로 보이지 않는 점, 또한 법문에서 분리과세 대상 토지를 "사업계획 승인을 받은 토지"로만 규정하지 않고 "사업계획 승인을 받은 토지로서 주택건설사업에 공여되고 있는 토지"를 규정하고 있는 점, 사업계획 승인을 받았다는 사실만으로 대상 토지가 주택건설사업에 공여되고 있다고 보기는 어려운 점 등을 종합적으로 고려할 때, 「주택법」에 따른 주택건설사업계획의 승인을 받은 토지로서 주택건설사업의 부지로 제공되기 위하여 다른 용도로 사용되지 않고 있는 토지를 의미(법제처 법령해석총괄과 2009-360, 2009.2.23.)

사례 「기업도시개발 특별법」에 따른 실시계획 승인을 받은 토지는 분리과세대상이 아님

「기업도시개발 특별법」에서는 도시개발법에 따른 도시개발사업에 관한 실시계획의 인가에 대하여만 의제하고 있을 뿐, 도시개발사업의 시행자의 지정 등 사업시행자의 지위에 대하여는 의제하는 규정이 없어 두 가지 요건이 모두 충족되지 못하므로 제24호의 분리과세규정에는 해당되지 아니함(지방세운영과-796, 2014.3.10.).

사례 주택건설사업에 제공된 토지로 본다는 사례

농지로 경작하였다고 하더라도, 이는 사업시행자의 환지예정지 지정이나 환지처분 등에 관한 권한을 배제하지 아니한 채 일시적으로 사용하고 있는 것에 불과하고, 환지예정지 지정이나 환지처분이 있을 경우 이 사건 각 토지에 대한 권리를 상실함. 제24호는 과세대상 물건의 현황과 무관하게 도시개발사업의 시행자가 그 도시개발사업에 제공하는 토지에 대하여 일정기간 저율의 분리과세를 하겠다는 취지로 보임. 제5항은 모두 31목으로 나누어 각 목에서 정하는 시설, 설비, 용도 등에 직접 사용되고 있는 경우와 그렇지 아니한 경우를 명백히 구분하여 분리과세대상 토지의 범위를 규정하고 있는데, 그 중 제24호는 분리과세대상 토지를 도시개발사업의 시행자가 그 도시개발사업에 '제공하는' 주택건설용 토지와 산업단지용 토지라고 규정하고 있을 뿐임(대법원 13두8622, 2013.8.30.).

사례 ▶ 과세기준일 현재 도시지역의 농지로서 '상업지역' 안에 있는 토지는 종합합산대상

청구인은 쟁점 토지가 서류상으로만 대지로 변경되어 있을 뿐 현황은 농지 그대로이고, 토공사나 도로공사가 전혀 이루어지지 않아 건물을 지을 수도 없는 상태이므로 현황에 따라 분리과세대상이라 주장하나, 과세기준일 현재 도시지역의 농지로서 '상업지역' 안에 있는 토지로 나타나는 이상 분리과세대상에는 해당되지 아니하는 것으로 보아야 할 것이고, 쟁점토지에 토공사나 도로공사가 전혀 이루어지지 않았다는 등의 사정은 이와 같은 판단에 영향을 미칠 수 없음. 따라서 과세기준일 현재 용도지역이 상업지역으로 나타나는 쟁점토지를 종합합산과세대상으로 구분하여 재산세 등을 부과 고지한 처분은 달리 잘못이 없는 것으로 판단됨(조심 12지75, 2012.7.26.).

사례 ▶ 지식산업센터 신축을 위해 토지 취득 후 설립 승인을 득하였으나 과세기준일 현재 건축공사를 착공하지 않은 경우 재산세 분리과세 대상에 해당되지 않음

지식산업센터 설립 과정에서 과세기준일 현재 '착공'(건축중)에 이른 경우, 이는 사업추진을 위한 실질적 실행 단계로써 해당 토지를 목적사업에 사용하고 있다고 볼 수 있어, 설립승인 이후 착공에 이르지 않거나 착공전 사업권을 이전하는 사례도 있을 수 있어, 분리과세 대상 토지는 최소한 착공에 이른 토지를 의미한다고 보는 것이 타당. 따라서 쟁점토지가 지식산업센터 설립승인을 받고, 착공에 이르지 아니한 경우라면 재산세 분리과세 대상이 아님(지방세운영과－3543, 2015.11.9.).

사례 ▶ 주택건설사업계획 승인 전과 현황이 동일한 휴경 농지및 임야를 분리과세대상인 주택건설사업에 제공되고 있는 토지로 볼 수 있는지 여부

'주택건설사업에 제공되고 있는 토지에 대한 분리과세 취지는 주택건설사업자에 대한 조세지원을 통하여 국민의 주거안정 및 주거수준 향상을 위한 주택의 건설·공급이 활발하게 이루어지게 하기 위한 것이라 할 것인데, 주택건설사업을 추진함에 있어 물리적인 공사행위 외에도 다양한 준비, 관리행위가 이루어지는 점 등을 감안할 때, 분리과세대상 여부는 사업계획 승인이라는 절차적 요건에 그치지 않고, 실질적으로 주택이 건설되기 위한 부지로서 사용될 수 있는 상태의 토지를 요건으로 하는 것이 타당하다고 할 것이며, 또한, 주택건설사업에 제공되고 있는 토지는 자신의 사업계획에 따라 해당 토지를 주택건설사업의 부지로 제공하면 충분하고, 반드시 재산세 과세기준일까지 규준틀 설치, 터파기 공사 등의 물리적인 착공 행위가 이루어져야만 사업에 공여되는 것이라고 보기는 어렵다 할 것'(법제처 법령해석총괄과－118, 2009.1.21. 참조)입니다. 따라서, 쟁점 토지의 현황이 휴경 농지 및 임야로서 주택건설사업의승인 전과 변동이 없다고 하더라도 주택건설 이외에 임대 등 다른수익사업에 사용되지 않고, 사업계획 승인에 따라 주택을 건축할 수있는 상태의 토지에 해당된다면 주택건설사업에 제공되고 있는 토지로 볼 수 있다고 판단됨(부동산세제과－1849호, 2020.7.31.).

나. 별도합산 대상 토지

과세기준일 현재 납세의무자가 소유하고 있는 토지 중 다음의 어느 하나에 해당하는 토지
- 공장용 건축물의 부속토지 등 대통령령으로 정하는 건축물의 부속토지
- 차고용 토지, 보세창고용 토지, 시험·연구·검사용 토지, 물류단지시설용 토지 등 공지상태나 해당 토지에 필요한 시설 등을 설치하여 업무 또는 경제활동에 활용되는 토지로서 대통령령으로 정하는 토지

1) 공장용 토지

공장용 건축물의 부속토지라고 하더라도 특별시지역·광역시지역 및 시지역(다음에 해당하는 지역은 제외) 안의 공장용 건축물의 부속토지로서 공장용 건축물의 바닥면적 (건물외의 시설물의 경우에는 그 수평투영면적을 말함)에 용도지역별 적용배율을 곱하여 산정한 범위 안의 토지에 대하여는 별도 합산대상 토지에 해당하는 것임. 다만, 「건축법」 등 관계법령의 규정에 따라 허가 등을 받아야 할 건축물로서 허가 등을 받지 아니한 건축물 또는 사용승인을 받아야 할 건축물로서 사용승인(임시사용승인을 포함)을 받지 아니하고 사용 중인 건축물의 부속토지를 제외한다.

> 가. 읍·면지역
> 나. 「산업입지 및 개발에 관한 법률」에 의하여 지정된 산업단지
> 다. 「국토의 계획 및 이용에 관한 법률」에 의하여 지정된 공업지역

2) 일반 건축물의 부속토지 중 기준면적 이내 토지

■ 일반영업용 건축물(모든 건축물 중 주거용 건축물, 공장용 건축물, 골프장, 고급오락장용 건축물을 제외)부속토지로서 건축물(바닥면적)과 시설물 및 지상정착물(수평투영면적)의 연면적에 당해 지역의 용도지역별 적용배율을 적용하여 산출한 기준면적 이내의 토지는 별도합산대상이다.

용도지역별		적용배율
도시지역	전용주거지역	5배
	준주거지역, 상업지역	3배
	일반주거지역, 공업지역	4배
	녹지지역	7배
	미계획지역	4배
도시지역 외의 용도지역		7배

■ 건축물이라 함은 「지방세법」 제6조 제4호의 규정에 의한 건축물 및 같은 법 시행규칙 제51조에 규정된 지상정착물을 말하며,

- 아울러 ① 과세기준일 현재 건축물이 사실상 멸실된 날(건축물이 사실상 멸실된 날을 알 수 없는 경우에는 건축물대장에 기재된 멸실일을 말함)부터 6개월이 지나지 않은 건축물, ② 과세기준일 현재 주택(「주택법」 제2조 제1호에 따른 건축물 부분으로 한정)이 사실상 멸실된 날(건축물이 사실상 멸실된 날을 알 수 없는 경우에는 건축물대장에 기재된 멸실일을 말함)부터 6개월이 지나지 않은 주택, ③ 건축허가를 받았으나 「건축법」 제18조에 따라 착공이 제한된 건축물, ④ 건축 중인 건축물[개발사업 관계법령에 따른 개발사업의 시행자가 개발사업 실시계획의 승인을 받아 그 개발사업에 제공하는 토지(법 제106조 제1항 제3호에 따른 분리과세대상이 되는 토지는 제외)로서 건축물의 부속토지로 사용하기 위하여 토지조성공사에 착수하여 준공검사 또는 사용허가를 받기 전까지의 토지에 건축이 예정된 <u>건축물(관계 행정기관이 허가 등으로 그 건축물의 용도 및 바닥면적을 확인한 건축물을 말한다)을</u> 포함]. 다만, 과세기준일 현재 정당한 사유 없이 6개월 이상 공사가 중단된 경우는 제외한다.

※ 개발사업 중인 토지의 별도합산과세 적용범위 명확화(2020.1.1. 시행)

❏ 개정개요

개정 전	개정 후
❏ 개발사업중인 토지의 별도합산 적용범위 ○ ① 개발사업의 시행자가 ② 개발사업에 제공된 토지를 ③ 조성공사 중인 경우 별도합산 과세 　- 시행자가 일부 토지를 분양하여 소유권이 이전된 경우 등에 대한 별도합산 적용 여부 불분명	❏ 별도합산 적용범위 명확화 ○ 개발사업의 '시행자가 소유'한 토지로 명확화 　- 분양 등 소유권 이전 후에는 적용 배제

❏ 개정내용

○ 별도합산과세 대상을 개발사업의 시행자가 소유한 토지로 한정하여, 토지조성공사가 사실상 준공되어 분양이 완료된 토지는 별도합산과세 적용 배제

※ 수분양자는 토지조성공사와 무관하고, 분양시점에 토지조성공사의 사실상 준공이 명백해지는 점을 감안

- 수분양자에게 소유권이 이전되고, 과세기준일 현재 건축공사를 착공하지 않은 경우 종합합산 적용

※ 건축공사를 착공한 경우 별도합산 적용

개발사업 단계별 과세구분 변화					
공사진행 단계		토지조성공사			건축공사 (착공 후)
		토지조성 중	분양 후 (사실상 준공*, 소유권 이전)	준공 후 (공부상 준공)	
과세 구분	개정전	별도합산	별도합산	종합합산	별도합산
	개정후	별도합산	종합합산	종합합산	별도합산

* 토지를 분양한 경우, 토지조성이 사실상 완료되어 착공 전까지는 나대지 상태임

- 건축물의 부속토지 중 다음의 해당하는 경우에는 건축물의 부속토지로 보지 아니한다.
  - 고율분리과세 대상 골프장용 토지와 고급오락장용 토지 안의 건축물의 부속토지
  - 건축물의 시가표준액이 해당 부속토지의 시가표준액의 100분의 2에 미달하는 건축물의 부속토지 중 그 건축물의 바닥면적을 제외한 부속토지

  ※ 위 토지의 경우, 건축물의 부속토지로 보지 아니할 뿐만 아니라 건축물 적용배율 대상 토지에도 포함되지 아니한다.

사례 〉 폐기물처리시설관련, 파쇄시설 및 보관시설은 토지의 정착물에 불과하여 별도의 시설물로 볼 수 없어, 건축물 또는 저장시설에 해당하지 않아 별도합산 적용 불가함

파쇄시설은 이 사건 건물들의 효용과는 무관한 폐기물을 처리하는데 사용되는 기계장비로서, 이 사건 건물들의 객관적 구조에 따른 효용을 증대시키는 시설물로 보기 어렵고, 보관시설은 콘크리트 포장에 불과하여 토지의 정착물로서 그 구성부분이 될 뿐이므로 별도의 시설물이라고 보기 어려움. 따라서 이 사건 파쇄시설이나 보관시설은 이 사건 건물들에 딸린 시설물로 볼 수 없으므로 건축법상 건축물에 해당하지 아니함. 또한 파쇄시설이 구 건축법 시행령 제3조의4 별표 1의 규정에 해당하므로 건축물이라고 추가로 주장하나, 위 규정은 건축법에 따른 건축물임을 전제로 하고 있으므로 이 역시 이유 없음(대법원 2014두11038, 2014.11.27.).

사례 〉 야적장으로 사용하고 있는 부분은 그 지상 창고의 부속토지라 할 수 없음

토목·건축, 건축자재 제조 및 판매업 등을 목적사업으로 하는 법인이 건축자재 등의 야적장으로 사용하기 위해 토지와 그 지상 창고를 취득하여 토지는 건축자재 및 장비 등의 야적장으로, 창고 역시 건축자재 등의 보관장소로 사용하고 있다면, 위 토지 중 야적장으로 사용하고 있는 부분은 그 지상 창고의 부속토지라 할 수 없고, 한편 위 법인의 목적사업에 비추어 토지를 건축자재 등의 야적장으로 사용하는 것은 고유업무에 직접 사용하는 것이므로, 별다른 사정이 없는 한 위 토지 중 야적장으로 사용하고 있는 부분을 비업무용 토지라고 볼 수는 없음(대법원 95누3312, 1995.11.21.).

사례 소유현황 및 사용관계를 고려할 때 연접토지는 이 건 건축물의 부속토지로 보기 어려움

이 건 토지와 이 건 연접토지를 연결하는 통로는 비포장의 소로로 되어 있고, 이 건 건축물은 청구외 (주)○○가 소유하고 있는 토지(이 건 연접토지 중 ○○번지)와의 거리도 상당히 떨어져 있으며, 또한 이 건 건축물은 청구인의 소유로서 청구외 (주)○○가 사용하지 않는 것으로 보고하고 있고, 이 건 건축물의 출입은 이 건 연접토지의 출입문을 이용할 수 있으나, 이 건 토지 중 ○○번지의 소로를 통하거나 북동쪽의 끝부분을 통하여 출입할 수 있으며, 청구외 (주)○○는 이 건 연접토지상의 건축물을 사용하면서 그 출입을 이 건 토지를 거치지 아니하고 이 건 연접토지 북쪽의 ○○번지 소로를 통하여 출입하고 있으므로 이 건 토지를 청구외 (주)○○가 사용하는 것으로 보기 어렵다 할 것임. 따라서, 이 건 연접토지는 이 건 건축물 효용과 편익을 위해서 사용되는 토지로 보기 어려움(조심 08지489, 2008.12.2.).

사례 주거지역과 상업지역에 걸쳐 있는 건축물 부속토지는 각 용도지역별 배율

동일구내 건축물의 부속토지가 주거지역과 상업지역으로 이루어져 있고 각 지역간 경계가 명백하지 아니한 때에는 건축물의 바닥면적을 부속토지의 용도지역 비율로 안분한 후 용도지역별 적용배율을 곱하여 산정한 면적을 별도합산 대상으로 하며, 건축물의 부설주차장은 「지방세법 시행령」 제132조 제3항 제12호 각목에서 규정한 업종(전문휴양업·종합휴양업 및 유원시설업, 공연장, 체육시설업, 의료기관, 방송국) 이외는 별도합산 과세대상에 해당하지 아니함(지방세정팀-1422, 2006.4.7.).

사례 건축물 또는 착공하여 건축공사가 진행 중인 경우 해당 부속토지를 별도합산과세대상으로 구분하며, 다만, "정당한 사유" 없이 6개월 이상 공사가 중단된 경우는 별도합산과세 대상에서 제외하는데, "설계변경"을 공사진행의 일부분으로서 (질의1) "공사진행 중"인 경우로 볼 수 있는지 여부, (질의2) 공사 중단의 "정당한 사유"로 볼 수 있는지 여부

첫째, 건축공사가 진행중에 "설계변경"이 지속적으로 이루어지므로 이는 공사 절차의 일부로 보아야 한다는 부분에 대하여 살피건대, 건축중이란 "건축허가를 받아 착공신고서를 제출한 후 규준틀 설치, 터파기, 구조물 공사 등 실제로 건축공사를 진행하고 있는 것"(감사원 심사결정 2007-83, 2007.7.26. 참조)이라고 해석하고 있는 점, 법원은 "건물의 신축공사에 착수하였다고 보려면 특별한 사정이 없는 한 신축하려는 건물부지의 굴착이나 건물의 축조와 같은 공사를 개시하여야 하므로, 기존 건물이나 시설 등의 철거, 벌목이나 수목 식재, 신축 건물의 부지조성, 울타리 가설이나 진입로 개설 등 건물 신축을 위한 준비행위에 해당하는 작업이나 공사를 개시한 것만으로는 공사 착수가 있었다고 할 수 없다."라고 판시(대법원 2017.7.11. 선고 2012두22973 판결 참조)하고 있는 점 등을 고려할때 단순한 설계변경 행위를 건축 공사행위로 보기는 어렵다고 판단됩니다.

둘째, 설계변경이 공사 중단의 "정당한 사유"에 해당하는지 여부에 대하여 살펴보면, "건축물의 범위에서 '정당한 사유'란 사업주체 내부사정이 아닌 사업주체 외부의 불가항력적인 사정 즉 천재지변이나 건축의 금지나 제한, 건축공사를 진행할 수 없는 법령상 사실상의 장애사유 및 장애정도 행정관청의 중지명령 등 외부적인 사유에 의하여 불가피하게 공사를 진행할 수 없는 불가피한 사유를 말하는 것"(행안부 2008.12.22. 지방세운영과-2636 해석 참조)이고, 법원도 "공사 중단의 '정당한 사유'란 공사를 중단한 사유가 행정관청의 금지·제한 등 외부적인 사유로 인한 것이거나 또는 내부적으로 공사를 진행하기 위하여 정상적인 노력을 다하였음에도 부득이하게 공사를 진행하지 못한 경우를 말하는 것"이라고 판시(대법원 2015.7.23. 선고 2015두39248 판결참조)하고 있는 점을 고려할 때, 연면적과 건물의 용도별 면적 등을 변경하기 위한 해당 설계변경은 사업주체 외부의 불가피한 사유라기보다는 사업주체 내부의 사정에 따른 것으로 건축공사 중단의 "정당한 사유"라고 볼 수 없음(부동산세제과-1212호, 2020.6.1.).

사례 ▷ 도시계획시설(학교) 실시계획 승인관련 '건축이 예정된 건축물'에 해당 여부

실시계획 인가 전 「건축법」에 따른 건축허가 또는 건축신고 등에 대해 사전협의를 하였거나, 실시계획 인가 후 건축허가 또는 신고 등을 한 건축물의 경우에만 「지방세법 시행령」 제103조 제1항 제3호에 따른 '건축이 예정된 건축물'에 해당한다고 할 수 있음(부동산세제과-3596, 2022.11.2.).

3) 건축물의 부속토지로 보는 토지

■ 「지방세법」에 규정된 관계법령에 의하여 인·허가를 받은 토지 중 다음에 해당되는 경우에는 건축물의 부속토지가 아닌 공지상태로 이용되는 경우에도 건축물의 부속토지와 같이 별도합산 과세함

(1) 「여객자동차 운수사업법」 또는 「화물자동차 운수사업법」에 의한 여객 또는 화물 자동차 운송사업의 면허·등록 또는 자동차 대여사업의 등록을 받은 자가 면허·등록 조건에 따라 사용하는 차고용 토지로서 자동차운송 또는 대여사업의 최저보유차고 면적 기준의 1.5배에 해당하는 면적 이내의 토지

(2) 「건설기계관리법」에 의한 건설기계사업의 신고를 한 자가 그 신고조건에 따라 사용하는 건설기계대여업·건설기계정비업·건설기계매매업 또는 건설기계폐기업의 신고기준에 적합한 주기장 또는 옥외작업장의 토지로서 시설의 최저면적기준의 1.5배에 해당하는 면적이내의 토지

(3) 「도로교통법」에 의하여 등록된 자동차운전학원의 자동차운전학원용 토지로 같은 법에서 정하는 시설을 갖춘 구역안의 토지

(4) 「항만법」에 의하여 국토교통부장관 또는 시·도지사가 지정 또는 고시한 야적장 및 컨테이너장용 토지와 「관세법」에 의하여 세관장의 특허를 받는 특허보세구역 중 보세창고용 토지로서 사업연도 및 직전 2개 사업연도 중 물품 등의 보관·관리에 사용된 최대면적의 1.2배 이내의 토지(2008.2.29. 개정)

(5) 「자동차관리법」에 의하여 자동차관리사업의 등록을 한 자가 그 시설기준에 따라 사용하는 자동차관리사업용 토지(자동차정비사업장용, 자동차폐차사업장용, 자동차매매사업장용, 자동차경매사업장용 토지에 한함)로서 그 시설의 최저면적기준의 1.5배에 해당하는 면적 이내의 토지

(6) 「교통안전공단법」에 의하여 설립된 교통안전공단이 자동차의 성능 및 안전도에 관한 시험·연구·검사 등의 용도로 사용하는 토지 및 「자동차관리법」에 의한 자동차검사 대행업무의 지정을 받은 자, 「건설기계관리법」에 의한 건설기계 검사 대행업무를 지정 받은 자 및 「대기환경보전법」에 의한 자동차 배출가스 정밀검사 업무의 지정을 받은 자가 자동차 또는 건설기계 검사용 및 자동차 배출가스 정밀검사용으로 사용하는 토지

(7) 「물류시설의 개발 및 운영에 관한 법률」 제22조에 따른 물류단지안의 토지로서 같은 법 제2조 제7호 각목의 어느 하나에 해당하는 물류단지시설용 토지 및 「유통산업발전법」 제2조 제15호의 규정에 의한 공동집배송센터로서 행정안전부장관이 산업통상자원부장관과 협의하여 정하는 토지(2008.12.3. 개정)

(8) 특별시·광역시(군지역 제외)·시지역(읍·면지역 제외) 안에 위치한 「산업집적활성화 및 공장설립에 관한 법률」의 적용을 받는 레미콘 제조업용 토지(산업단지 및 공업지역 안에 있는 토지 제외)로서 공장입지 기준면적 이내의 토지

(9) 경기 및 스포츠업을 영위하기 위하여 「부가가치세법」 제5조에 따라 사업자등록을 한 자의 사업에 이용되고 있는 「체육시설의 설치·이용에 관한 법률 시행령」 제2조에 따른 체육시설용 토지로서 사실상 운동시설에 이용되고 있는 토지(「체육시설의 설치·이용에 관한 법률」에 따른 회원제골프장용 토지 내의 운동시설용 토지는 제외함)

(10) 「관광진흥법」에 의한 관광사업자가 「박물관 및 미술관 진흥법」에 의한 시설기준을 갖추어 설치한 박물관·미술관·동물원·식물원의 야외전시장용 토지

(11) 「주차장법 시행령」 제6조에 따른 부설주차장 설치기준면적 이내의 토지(법 제182조 제1항 제3호 다목에 따른 토지 내의 부설주차장은 제외함). 다만, 「관광진흥법 시행령」 제2조 제1항 제3호 가목·나목에 따른 전문휴양업·종합휴양업 및 같은 항 제5호에 따른 유원시설업에 해당하는 시설의 부설주차장으로서 「도시교통정비법」 제15조 및 제17조에 따른 교통영향평가·개선대책의심의결과에 따라 설치된

주차장의 경우에는 해당 검토결과에 규정된 범위 이내의 주차장용 토지를 말함

(12) 「장사 등에 관한 법률」 제13조 제3항에 따른 설치·관리허가를 받은 법인묘지용 토지로서 지적공부상 지목이 묘지인 토지

(13) 다음의 임야. 다만, 「체육시설의 설치·이용에 관한 법률」에 따른 회원제골프장용 토지내의 임야는 제외함

① 「체육시설의 설치·이용에 관한 법률 시행령」 제12조에 따른 스키장 및 골프 장용 토지 중 원형이 보전되는 임야

② 「관광진흥법」 제2조 제7호에 따른 관광단지 내의 토지와 「관광진흥법 시행령」 제2조 제1항 제3호 가목·나목 및 같은 항 제5호에 따른 전문휴양업·종합휴 양업 및 유원시설업용 토지 중 「환경·교통·재해 등에 관한 영향평가법」 제4 조 및 제17조에 따른 환경영향평가의 협의결과에 따라 원형이 보전되는 임야

③ 「산지관리법」 제4조 제1항 제2호에 따른 준보전산지 안에 있는 토지 중 「산림 자원의 조성 및 관리에 관한 법률」 제13조에 따른 산림경영계획의 인가를 받아 시업(施業) 중인 임야. 다만, 도시지역 안의 임야는 제외함.

(14) 「종자산업법」 제137조 제1항에 따라 종자업 등록을 한 종자업자가 소유하는 농지로서 종자연구 및 생산에 직접 이용되고 있는 시험·연구·실습지 또는 종자생산용 토지

(15) 「수산업법」에 따라 면허·허가를 받은 자 또는 「내수면어업법」에 따라 면허·허가 를 받거나 신고를 한 자가 소유하는 토지로서 양식어업 및 종묘생산어업에 직접 이용되고 있는 토지

(16) 「도로교통법」에 따라 견인된 차의 보관용 토지로서 같은 법에서 정하는 시설을 갖춘 토지

(17) 「폐기물관리법」 제25조 제3항에 따라 폐기물 최종처리업 또는 폐기물 종합처리업 의 허가를 받은 자가 소유하는 토지 중 폐기물 매립용에 직접 사용되고 있는 토지

사례 체육시설(테니스장)의 부대시설로서의 주차장은 운동시설용 토지로 볼 수 없음

대중골프장의 경우 체육시설업의 종류별 기준에 따른 필수시설에 해당하는 "운동시 설(골프코스 등) 및 관리시설(조경지 등)"을 별도합산 대상으로 한정하고 이와 무관 한 토지는 종합합산 토지로 과세하는 것이 타당하다는 결정 사례(감심 –85, 2010.8.19.) 등을 고려할 때, 운동을 위한 목적과 그 기능을 수행하기 위해 설치되는 시설에 직접 이용되고 있는 토지를 말한다고 할 것임. 따라서 운동시설의 접근 편의를 위한 목적 으로 설치되어 있는 주차장에 사용되는 토지는 운동시설용 토지로 볼 수 없음(지방세 운영과 –685, 2016.3.16.).

사례 지목은 묘지가 아니지만 실질적인 묘지인 경우 재산세 비과세 적용요건

① 「지방세법」 제186조 제4호가 '대통령령이 정하는 묘지'라고만 규정하여 재산세 비과세대상이 되는 묘지의 범위 설정을 전적으로 대통령령에 위임하고 있으므로 그 위임을 받은 시행령에서 비과세의 실질적 요건인 현황 외에 형식적 요건으로 지적공부상의 지목이 묘지일 것을 요구하는 것을 충분히 예상할 수 있는 점, ② 이 사건 시행령 규정 부분은 현황이 묘지임을 전제로 지적공부상 지목도 묘지인 토지를 재산세 비과세대상으로 하고 있으므로 실질과세의 원칙에 반함이고 할 수 없는 점, ③ 위법하게 설치된 묘지를 비과세대상에서 제외할 필요가 있는 점, ④ 묘지로 사용되는 토지는 개인적인 용도로 사용되는 것임에도 불구하고 지적공부상 지목이 묘지라는 요건을 갖추면 비과세대상에 해당하게 되므로 이 사건 시행령 규정 부분이 묘지에 대해서만 지적공부상 지목 요건을 요구하였다고 하여 묘지로 사용되는 토지의 소유자를 불이익하게 차별하는 것이라고 할 수는 없는 점, ⑤ 공익에 기여하는 도로, 하천, 제방 등의 경우와 달리 개인적인 용도에 사용되는 묘지의 재산세 비과세 여부를 판단하기 위해 과세관청으로 하여금 전국의 모든 토지에 분묘가 설치되어 있는지 여부 및 그 분묘가 적법하게 설치된 것인지 여부를 일일이 확인하도록 하는 것보다는 묘지로 사용되는 토지의 소유자로 하여금 스스로 지목변경의 절차를 밟아 재산세 비과세혜택을 받도록 하는 것이 보다 합리적인 방법인 점 등을 종합하여 보면, 이 사건 시행령 규정 부분이 조세평등주의에 반하거나 모법의 위임범위를 벗어난 무효의 규정이라고 할 수 없음(대법원 09두9390, 2011.9.8.).

사례 자동차야영장(오토캠핑장)업으로 등록하여 사업용으로 이용되는 유원지를 별도합산 과세대상 토지로 볼 수 있는지 여부

토지분 재산세는 종합합산과세가 원칙으로, 모든 사업용 토지에 대하여 별도합산과세하는 것이 아니라 건축물의 부속토지 및 건축물이 없는 토지 중 경제성·공공성 등을 고려하여 지원이 필요하다고 판단된 일부 토지에 한하여 적용되는 것이며, "별도합산과세대상을 규정한 「지방세법 시행령」 제101조 제3항 각 호는 예시적 규정이 아니라 열거적 규정"(조심 2015지1273, 2015.11.19. 참조)이므로, 위 각 호에서 규정하고 있지 않는 자동차야영장업용 토지는 별도합산 과세대상에 해당하지 않는다고 판단됨(부동산세제과-1368호, 2020.6.18.).

다. 종합합산 대상 토지

■ 과세기준일 현재(6.1.) 납세의무자가 소유하고 있는 토지 중 별도합산 또는 분리과세대상이 되는 토지를 제외한 토지이나 다음에 해당하는 토지는 종합합산 과세대상으로 보지 아니한다.

(2) 주택

1) 주거용 부분만을 주택으로 인정

주거와 주거 외의 용도에 겸용되는 주택의 과세대상 구분과 한계는 원칙적으로 주거용으로 사용하는 부분만을 주택으로 보기 때문에 1동의 건물이 주거와 주거 외의 용도에 사용되고 있는 경우에는 주거용에 사용되고 있는 부분만을 주택으로 보며 건물의 부속토지는 주거와 주거 외의 용도에 사용되고 있는 건물의 면적비율에 따라 각각 안분하여 주택의 부속토지와 주택 외의 건물의 부속토지로 구분한다.

2) 주거 겸용주택의 판단

1구의 건물이 주거와 주거 외의 용도에 겸용되는 경우에는 주거용으로 사용되는 면적이 전체의 100분의 50 이상인 경우에는 주택으로 간주. 따라서 주거겸용으로 사용하는 오피스텔의 경우 기본적으로 주거용 사용비율이 50% 미만에 해당하나 사실상 전적으로 주거용으로 사용하는 경우 주택으로 보아야 한다.

다만, 2022년부터는 건축물에서 허가 등이나 사용승인(임시사용승인을 포함한다)을 받지 아니하고 주거용으로 사용하는 면적이 전체 건축물 면적(허가 등이나 사용승인을 받은 면적을 포함한다)의 100분의 50 이상인 경우에는 그 건축물 전체를 주택으로 보지 아니하고, 그 부속토지는 종합합산과세대상에 해당하는 토지로 본다.

3) 주택 부속토지의 범위

주택의 부속 토지는 당해 주택을 둘러싸고 있는 경계를 기준으로 그 안에 있는 부분의 부속 토지를 말하기 때문에 경계가 명백하지 아니할 때에는 그 주택의 바닥면적의 10배에 해당하는 토지를 주택의 부속 토지로 한다.

※ 신탁재산의 종합합산 및 별도합산 과세대상토지의 합산방법
  ① 신탁재산에 속하는 토지는 수탁자의 고유재산에 속하는 토지와 서로 합산하지 아니함.
  ② 위탁자별로 구분되는 신탁재산에 속하는 토지의 경우 위탁자별로 각각 합산함.

구 분	종합합산	별도합산	분리과세
대 상 (기 준)	별도합산, 분리과세 이외 토지	건축물 부속토지, 생산 또는 경제활동에 활용되는 일부 토지	공익성, 경제성, 사치성 등을 감안, 정책적으로 특별히 낮거나 높은 세율을 적용하는 토지
예 시	나대지, 도시지역내 임야·농지 등등	동 소재 공장용지, 일반 건축물의 부속토지, 차고용, 물류단지시설용 토지 등	읍면 소재 농지·공장용지, 보존임야, 회원제 골프장, 주택·산업단지 개발 토지 등
합 산	소유자별 관내 합산	소유자별 관내 합산	합산 배제
세 율	누진체계 • 5천만 이하 0.2% • 5천~1억 0.3% • 1억 초과 0.5%	누진체계 • 2억 이하 0.2% • 2억~10억 0.3% • 10억 초과 0.4%	차등체계 • 저율: 0.07%(농지 등) • 일반: 0.2%(공장용지 등) • 고율: 4%(골프장 등)
종부세 적용	공시가격 5억 초과 대상(1~3% 세율)	공시가격 80억 초과 대상 (0.5~0.7% 세율)	대상 제외

| 현행 과세대상의 구분 현황 |

종합합산	별도합산		분리과세
별도 합산, 분리과세 외 모든 토지 ※감면대상 토지 제외	건물 부속토지	농지	영농에 제공되는 모든 개인소유의 농지, 목장용지
	1. 자동차 운송·대여사업의 차고용 토지 2. 건설기계 대여·정비·매매업용 주기장용 토지 3. 자동차 운전학원용 토지 4. 지정된 야적장용, 컨테이너장치용, 보제장치용 토지 5. 자동차 관리사업용으로 정비·재활용·매매·경매장용 토지 6. 교통안전공단의 시험연구 검사용, 자동차·건설기계 검사대행용, 자동차 배출가스 검사용 토지 7. 유통단지안 유통시설용 8. 레미콘제조업용토지 9. 운동시설용 토지	임야	보전임지내 시업중인 임야·문화재보호구역임야·자연환경보호구역임야·종중소유임야 개발제한구역, 군사시설보호구역(제한보호구역)내 임야 상수원보호구역 내 임야 접도구역·철도보호구역·도시공원·하천연안구역 도시자연공원구역 내 임야
		공장용지	읍면, 산업단지, 공업지역 소재 공장용지 개발제한구역 지정 전 취득한 공장용지 ※법인 수도권 밖 이전시 5년간 공장용지
		사치	회원제골프장·고급오락장 부속토지
		기타	1. 토공의 공급용 토지 및 주공의 분양임대용 토지 2. 염전으로 사용되는 토지 3. 수공의 공급용 토지, 친수구역내 토지

종합합산	별도합산	분리과세
별도 합산, 분리과세 외 모든 토지 ※감면대상 토지 제외	10. 박물관등야외전시장용 토지 11. 부설주차장용토지 12. 법인묘지용 토지 13. 스키장·골프장·휴양업 등 원형보전임야, 준보전산지 임야 14. 종자사업용 토지 15. 양식(종묘)어업용 토지 16. 견인차량보관용 토지 17. 폐기물매립용 토지	4. 전기사업용 토지 5. 광구용토지 6. 공유수면매립토지 7. 주택건설사업용토지 8. 석유공사 비축용토지 9. 가스공사의 공급용 토지 10. 지역난방공사 사업용토지 11. 국방용 공장구내 토지 12. 농협 등 구판사업용토지, 농수산물 유통공사 시설용 13. 사립학교 등사업자소유토지 14. 기업진흥공단분양토지 15. 농어촌정비사업자토지 16. 자산관리공사 사업용토지 17. 산업공단 공급용토지 18. 산업단지 사업시행자용 19. 대덕연구단지원형보전 20. 수공 홍수조절용 토지 21. 군용화약류시험토지 22. 부동산투자목적토지 23. 부동산 집합투자기구 소유의 사업용 토지 24. 주택용지·산업단지 등 도시개발 사업용 토지 25. 철도공사용토지 26. 산업단지내 사업용토지 27. 여객·화물 터미널용 28. 전시장용 토지 29. 방송공사 중계용토지 30. 전기통신사업용토지 31. LH비축용토지 32. 항만공사 33. 인천국제공항공사, 한국공항공사 34. 지식산업센터 사업시행자 35. 지식산업센터 입주 중소기업 36. 기부채납예정 공공용토지 37. 지방공사 분양임대용토지 38. 농어촌공사 종전부동산 39. 전통사찰보존지 및 향교재산

기타 (분리과세 열)

「**지방세법**」　제109조(비과세) ① 국가, 지방자치단체, 지방자치단체조합, 외국정부 및 주한 국제기구의 소유에 속하는 재산에 대하여는 재산세를 부과하지 아니한다. 다만, 다음 각 호의 어느 하나에 해당하는 재산에 대하여는 재산세를 부과한다.

1. 대한민국 정부기관의 재산에 대하여 과세하는 외국정부의 재산

2. 제107조 제2항 제4호에 따라 매수계약자에게 납세의무가 있는 재산

② 국가, 지방자치단체 또는 지방자치단체조합이 1년 이상 공용 또는 공공용으로 사용(1 년 이상 사용할 것이 계약서 등에 의하여 입증되는 경우를 포함한다)하는 재산에 대하여 는 재산세를 부과하지 아니한다. 다만, 다음 각 호의 어느 하나에 해당하는 경우에는 재 산세를 부과한다.

1. 유료로 사용하는 경우

2. 소유권의 유상이전을 약정한 경우로서 그 재산을 취득하기 전에 미리 사용하는 경우

③ 다음 각 호에 따른 재산(제13조 제5항에 따른 과세대상은 제외한다)에 대하여는 재산 세를 부과하지 아니한다. 다만, 대통령령으로 정하는 수익사업에 사용하는 경우와 해당 재산이 유료로 사용되는 경우의 그 재산(제3호 및 제5호의 재산은 제외한다) 및 해당 재 산의 일부가 그 목적에 직접 사용되지 아니하는 경우의 그 일부 재산에 대하여는 재산세 를 부과한다.

1. 대통령령으로 정하는 도로·하천·제방·구거·유지 및 묘지

2. 「산림보호법」 제7조에 따른 산림보호구역, 그 밖에 공익상 재산세를 부과하지 아니할 타당한 이유가 있는 것으로서 대통령령으로 정하는 토지

3. 임시로 사용하기 위하여 건축된 건축물로서 재산세 과세기준일 현재 1년 미만의 것

4. 비상재해구조용, 무료도선용, 선교(船橋) 구성용 및 본선에 속하는 전마용(傳馬用) 등 으로 사용하는 선박

5. 행정기관으로부터 철거명령을 받은 건축물 등 재산세를 부과하는 것이 적절하지 아니 한 건축물 또는 주택(「건축법」 제2조 제1항 제2호에 따른 건축물 부분으로 한정한다) 으로서 대통령령으로 정하는 것

「**지방세법 시행령**」　제107조(수익사업의 범위) 법 제109조 제3항 각 호 외의 부분 단서에 서 "대통령령으로 정하는 수익사업"이란 「법인세법」 제4조 제3항에 따른 수익사업을 말한다.

제108조(비과세) ① 법 제109조 제3항 제1호에서 "대통령령으로 정하는 도로·하천·제 방·구거·유지 및 묘지"란 다음 각 호에서 정하는 토지를 말한다.

1. 도로: 「도로법」에 따른 도로(같은 법 제2조 제2호에 따른 도로의 부속물 중 도로관리 시설, 휴게시설, 주유소, 충전소, 교통·관광안내소 및 도로에 연접하여 설치한 연구시

설은 제외한다)와 그 밖에 일반인의 자유로운 통행을 위하여 제공할 목적으로 개설한 사설 도로. 다만, 「건축법 시행령」 제80조의2에 따른 대지 안의 공지는 제외한다.

2. 하천: 「하천법」에 따른 하천과 「소하천정비법」에 따른 소하천

3. 제방: 「공간정보의 구축 및 관리 등에 관한 법률」에 따른 제방. 다만, 특정인이 전용하는 제방은 제외한다.

4. 구거(溝渠): 농업용 구거와 자연유수의 배수처리에 제공하는 구거

5. 유지(溜池): 농업용 및 발전용에 제공하는 댐·저수지·소류지와 자연적으로 형성된 호수·늪

6. 묘지: 무덤과 이에 접속된 부속시설물의 부지로 사용되는 토지로서 지적공부상 지목이 묘지인 토지

② 법 제109조 제3항 제2호에서 "대통령령으로 정하는 토지"란 다음 각 호에서 정하는 토지를 말한다.

1. 「군사기지 및 군사시설 보호법」에 따른 군사기지 및 군사시설 보호구역 중 통제보호구역에 있는 토지. 다만, 전·답·과수원 및 대지는 제외한다.

2. 「산림보호법」에 따라 지정된 산림보호구역 및 「산림자원의 조성 및 관리에 관한 법률」에 따라 지정된 채종림·시험림

3. 「자연공원법」에 따른 공원자연보존지구의 임야

4. 「백두대간 보호에 관한 법률」 제6조에 따라 지정된 백두대간보호지역의 임야

③ 법 제109조 제3항 제5호에서 "대통령령으로 정하는 것"이란 재산세를 부과하는 해당 연도에 철거하기로 계획이 확정되어 재산세 과세기준일 현재 행정관청으로부터 철거명령을 받았거나 철거보상계약이 체결된 건축물 또는 주택(「건축법」 제2조 제1항 제2호에 따른 건축물 부분으로 한정한다. 이하 이 항에서 같다)을 말한다. 이 경우 건축물 또는 주택의 일부분을 철거하는 때에는 그 철거하는 부분으로 한정한다.

「산림보호법」 제7조(산림보호구역의 지정) ① 산림청장 또는 특별시장·광역시장·특별자치시장·도지사·특별자치도지사(이하 "시·도지사"라 한다)는 특별히 산림을 보호할 필요가 있으면 다음 각 호의 구분에 따라 산림보호구역을 지정할 수 있다.

1. 생활환경보호구역: 도시, 공단, 주요 병원 및 요양소의 주변 등 생활환경의 보호·유지와 보건위생을 위하여 필요하다고 인정되는 구역

2. 경관보호구역: 명승지·유적지·관광지·공원·유원지 등의 주위, 그 진입도로의 주변 또는 도로·철도·해안의 주변으로서 경관 보호를 위하여 필요하다고 인정되는 구역

3. 수원함양보호구역: 수원의 함양, 홍수의 방지나 상수원 수질관리를 위하여 필요하다고 인정되는 구역

4. 재해방지보호구역: 토사 유출 및 낙석의 방지와 해풍·해일·모래 등으로 인한 피해의 방지를 위하여 필요하다고 인정되는 구역

5. 산림유전자원보호구역: 산림에 있는 식물의 유전자와 종(種) 또는 산림생태계의 보전을 위하여 필요하다고 인정되는 구역. 다만, 「자연공원법」 제2조 제2호에 따른 국립공원구역의 경우에는 같은 법 제4조 제2항에 따른 공원관리청(이하 "공원관리청"이라

한다)과 협의하여야 한다.

② 삭제 〈2014. 6. 3.〉

③ 제1항에 따른 산림보호구역의 구획, 세부 구분 등에 필요한 사항은 농림축산식품부령으로 정한다.

■ 국가・지방자치단체・지방자치단체조합・외국정부 및 주한국제기구의 소유재산

 ※ 다만, 대한민국 정부기관의 재산에 대하여 과세하는 외국정부의 재산 및 제107조 제2항 제4호에 따라 매수계약자에게 납세의무가 있는 재산은 과세

■ 국가, 지방자치단체 또는 지방자치단체조합이 1년 이상 공용 또는 공공용으로 사용하는 재산에 대하여는 재산세를 부과하지 아니하며 다만, 유료로 사용하는 경우에는 재산세를 부과한다.

사례 학교예정 부지의 비과세 여부

 〈원고주장〉 성미산 일대는 원고가 소유권을 취득한 이전부터 자연 도시공원으로 존재하여 오던 중 일부 구역에 대하여 1993.8.18. 서울특별시 고시로 도시계획시설(공원) 조성계획결정이 이루어져 그 전체에 대하여 명시적 또는 묵시적 공용개시가 있었던 것으로 보아야 함. 에이(A)구역 등은 자연 도시공원으로서 이미 공중이용에 제공될 수 있는 형태를 갖춘 상태에서 행정청이 공원조성계획 결정을 통하여 이를 공중사용에 제공함은 의사표시, 즉 공용개시행위가 더하여져 공물법상 도시공원이라는 공공용 재산으로 성립되었으므로 「지방세법」 제185조 제2항이 정한 비과세 대상이다.
 〈판단〉 인근 지역 주민들이 이 사건 토지에 있는 산책로, 체육시설 등을 산책, 운동 등 용도로 사용하여 왔고, 소유자인 한양학원 및 원고가 배타적으로 사용, 수익하는 것을 전제로 피고가 관할 행정청으로서 그 의사를 최대한 존중해 가면서 소극적으로 산책로와 약수터 주변정비, 안전난간 설치, 보안등 유지・보수 및 간편한 체육시설 등을 설치하였을 뿐인데 이와 같은 사정만으로는 에이(A)구역 등이 이미 사실상 공원으로 되었다거나 피고가 이를 공원으로 조성하여 일반 공중이 이용하도록 제공하였다고 보기 어려움(대판 2011두8680, 2011.7.14.).

사례 신탁관계의 국유재산 비과세 해당 여부

 부동산의 신탁에 있어 수탁자 앞으로 소유권이전등기를 마치면 대내외적으로 소유권이 수탁자에게 완전히 이전되고 위탁자와의 내부관계에서 소유권이 위탁자에게 유보되는 것이 아니라 할 것이므로(대법원 2010다8426 참조), 국유재산을 부동산 신탁을 통해 수탁자 명의로 등기한 경우라면 해당 재산은 국가의 소유에 속하는 재산으

로 볼 수 없으므로 재산세의 비과세 대상에 해당하지 아니함(행정안전부 지방세운영과
-521, 2016.2.26.).

> **사례** 국가로부터 임료상당의 손해배상금을 지급받은 경우 유료로 사용하는 것으로 보아
> 해당 토지에 대하여 재산세를 부과할 수 있는지 여부

'유료로 사용하는 경우'라 함은 당해 재산의 사용에 대하여 대가가 지급되는 것을 말
하는 바, 국방부가 손해배상금 지급 형태로 금전을 지급하였다고 하더라도 그 실질
은 해당 토지에 대한 무단점용·사용에 대한 사용료 상당의 금액을 지급한 것이고,
손해배상금 지급으로 토지소유자에게 발생한 이익은 해당 토지 사용에 대한 대가로
서의 의미를 가진다고 보는 것이 타당할 것임(지방세운영과-505, 2012.2.16.).

> **사례** 자치단체가 법인소유 토지를 무상으로 제공받아 2년간 주말농장으로 주민에게 제공
> 할 경우 해당 토지를 자치단체가 공공용으로 사용하는 재산으로 보아 재산세를 비과
> 세할 수 있는지 여부

주말농장이 지방자치단체가 공공용으로 사용하는 재산에 해당하는지 여부는 해당 재
산이 그 자체로 직접 일반공중의 자유로운 이용에 제공되는지 여부, 전체적인 공유재
산 관리측면에서 공공용재산의 일부를 이루고 있어 일반공중이 공공용재산을 이용하
는데 부대적으로 필요한 시설인지 여부 등을 종합적으로 고려하여 판단하여야 할 것
인 바, 쟁점 주말농장을 이용함에 있어 모든 구민이 신청할 수 있지만 추첨을 통해
선정된 일부 주민(700명)만이 채소 재배 등 장기간에 걸쳐 배타적 사용권을 갖게 됨
은 점과 경작물의 소유자가 됨은 점을 고려할 때 그 자체로 직접 일반공중의 자유로운
이용에 제공되는 공공용재산으로 보기 어렵습니다. 또한, 체육시설, 꽃단지, 주차장 등
공공용재산이 전체면적의 69%(53,500㎡)에 달함 하더라도 주말농장의 성격상 체육
시설 등의 공공용재산을 이용하는데 필요한 부대시설이라고 보기 어려우며, 지방자치
단체에서 주민의 편익을 위해 제공해야 하는 도로, 공원, 철도, 항만, 공항 등과 같이
필수불가결한 공공시설로 보기에도 어려움(지방세운영과-1144, 2012.4.13.).

> **사례** ○○기술원이 국가에 기부채납하는 조건으로 건축물을 신축하여 사용승인 받았으
> 나, 과세기준일 현재 기부채납을 이행하지 않은 경우에도 국가 소유로 보아 재산세
> 비과세할 수 있는지 여부

"기부채납은 기부자가 그의 소유재산을 국가 또는 지방자치단체의 공유재산으로 증
여하는 의사표시를 하고 국가 등은 이를 승낙하는 채납의 의사표시를 함으로써 성립
하는 증여계약이고, 증여계약의 주된 내용은 기부자가 그의 소유재산에 대하여 가지
고 있는 소유권 즉 사용·수익권 및 처분권을 무상으로 지방자치단체에 양도하는
것"(대법원 1996.11.8. 선고 96다20581 판결 참조)이므로, 쟁점 건축물의 경우에도 국가 등
이 원시취득하는 것이 아닌 ○○기술원의 소유로 된 후 국가 등에 이전된다고 보아

야 할 것입니다. 따라서 △△부 소유의 국유지에 신축된 쟁점 건축물이 상업목적이 아닌 ○○기술 및 산업 발전에 필요한 연구시설로서 △△부의 승인을 받아 신축하였다 하더라도, 이는 「국유재산법 시행규칙」 제19조에 따라 행정재산의 사용허가를 받은 자가 그 재산에 대하여 유지·보수 외의 추가적인 시설 설치를 위하여 소관 중앙관서의 승인을 받은 것으로, 준공 후 △△부로 기부채납하는 등의 승인조건이 있는 점에 있어서도 신축 승인을 근거로 △△부가 쟁점 건축물에 대한 사용·수익·처분권을 행사할 수 있는 지위에 있다고 보기는 어렵다고 판단되며, 재산세 비과세 대상은 국가의 '소유' 재산으로 한정하고 있으므로, 쟁점 건축물에 대하여 준공 및 사용승인을 받았지만 과세기준일 현재 기부채납이 예정되어 있을 뿐 실제로 기부채납 절차가 이행되지 않았다면 국가가 취득한 재산으로서 비과세 대상으로 보기 어렵다고 판단됨(부동산세제과-2516호, 2020.9.22.).

■ 기타 재산세 비과세 대상

※ 법인세법 제3조 제3항에 따른 수익사업에 사용하는 경우와 해당 재산이 유료로 사용되는 경우의 그 재산, 해당 재산의 일부가 그 목적에 직접 사용되지 아니하는 경우의 그 일부 재산에 대하여는 재산세를 부과한다.

1) 도로·하천·제방·구거·유지 및 묘지

- 「도로법」에 따른 도로와 그 밖에 일반인의 자유로운 통행을 위하여 제공할 목적으로 개설한 사설도로. 다만, 「건축법 시행령」 제80조의2에 따른 대지 안의 공지는 제외한다.

※ 재산세 비과세 대상인 도로의 범위 개선(2020.1.1. 이후 납세의무성립되는 분부터 적용)

❏ 개정개요

개정 전	개정 후
☐ 비과세 대상 도로 ○ 「도로법」에 따른 도로* 전체를 비과세대상으로 규정 * 도로 및 도로의 부속물 포함	☐ 비과세 대상 도로 세분화 ○ 도로부속시설 중 사업용 시설*은 비과세대상에서 제외 * 휴게시설, 주유소, 관광안내소 등

❏ 개정내용
○ 도로부속시설 중 차량 통행 및 교통안전 관련 시설 외에 한국도로공사의 수익사업에 사용되는 시설*의 부속토지 등은 재산세 비과세 대상에서 제외
 * 도로관리시설, 휴게시설, 주유소, 충전소, 교통·관광안내소, 연구시설 등

도로의 부속물인 휴게소 예정부지의 비과세 여부

휴게소 예정부지는 휴게시설이 아직 설치되지 않은 이상 도로의 부속물로 직접 사용되고 있다고 보기도 어려움. 한편, 휴게소가 완공되어 도로의 부속물로서의 형태를 갖추더라도, 원고가 휴게소를 그 목적에 따라 관리·임대하면 수익사업에 사용하는 것으로 보아야 하므로 재산세가 부과되어야 함(대법원 2015두59167, 2016.3.24.).

사례 지목은 묘지가 아니지만 실질적인 묘지인 경우 재산세 비과세 적용요건

① 지방세법 제186조 제4호가 '대통령령이 정하는 묘지'라고만 규정하여 재산세 비과세대상이 되는 묘지의 범위 설정을 전적으로 대통령령에 위임하고 있으므로 그 위임을 받은 시행령에서 비과세의 실질적 요건인 현황 외에 형식적 요건으로 지적공부상의 지목이 묘지일 것을 요구하는 것을 충분히 예상할 수 있는 점, ② 이 사건 시행령 규정 부분은 현황이 묘지임을 전제로 지적공부상 지목도 묘지인 토지를 재산세 비과세대상으로 하고 있으므로 실질과세의 원칙에 반함이고 할 수 없는 점, ③ 위법하게 설치된 묘지를 비과세대상에서 제외할 필요가 있는 점, ④ 묘지로 사용되는 토지는 개인적인 용도로 사용되는 것임에도 불구하고 지적공부상 지목이 묘지라는 요건을 갖추면 비과세대상에 해당하게 되므로 이 사건 시행령 규정 부분이 묘지에 대해서만 지적공부상 지목 요건을 요구하였다고 하여 묘지로 사용되는 토지의 소유자를 불이익하게 차별하는 것이라고 할 수는 없는 점, ⑤ 공익에 기여하는 도로, 하천, 제방 등의 경우와 달리 개인적인 용도에 사용되는 묘지의 재산세 비과세 여부를 판단하기 위해 과세관청으로 하여금 전국의 모든 토지에 분묘가 설치되어 있는지 여부 및 그 분묘가 적법하게 설치된 것인지 여부를 일일이 확인하도록 하는 것보다는 묘지로 사용되는 토지의 소유자로 하여금 스스로 지목변경의 절차를 밟아 재산세 비과세혜택을 받도록 하는 것이 보다 합리적인 방법인 점 등을 종합하여 보면, 이 사건 시행령 규정 부분이 조세평등주의에 반하거나 모법의 위임범위를 벗어난 무효의 규정이라고 할 수 없음(대법원 2009두14613, 2010.11.25.).

사례 대지안의 공지인 쟁점토지가 일반인의 자유로운 통행을 위하여 제공할 목적으로 개설한 사설도로인지 여부

- 대지안의 공지인 쟁점토지는 남측에서 동서방향으로 또는 건물 남측에서 서측방향으로 이동하는 유일한 통행로로, 일반 보행자들이 아무런 제약 없이 위 토지를 이용하여 통행하고 있고, 위 토지와 연접한 공도가 없어 공도만을 이용하여 통행하기에 충분하지 아니한 점, 쟁점토지가 불특정 다수인의 통행에 제공되어 청구법인이 위 토지의 전부 또는 일부에 대하여 독점적이고 배타적인 지배권을 행사할 가능성이 있다고 볼 수 없는 점 등에 비추어 쟁점토지는 일반인의 자유로운 통행을 위하여 제공할 목적으로 개설한 사설 도로로서 재산세 비과세대상에 해당

되는 것으로 판단됨(조심 2019지838, 2020.3.10.).

- 대지안의 공지인 쟁점 토지는 이동하는 유일한 통행로로, 일반 보행자들이 아무런 제약 없이 위 토지를 이용하여 통행하고 있고, 위 토지와 연접한 공도가 없어 공도만을 이용하여 통행하기에 충분하지 아니한 점 등에 비추어 쟁점토지는 일반인의 자유로운 통행을 위하여 제공할 목적으로 개설한 사설 도로로서 재산세 비과세대상에 해당되는 것으로 판단됨(조심 2019지838, 2020.3.10.).

사례 해당 건축물의 이용자가 주로 사용하는 토지를 사도로 보아 재산세 비과세대상에 해당되는지 여부

공공보행통로가 대지 또는 건축물을 이용하는 자의 통행에 주로 사용될 뿐 지하철이나 버스 정류장을 이용하는 자가 주로 사용하는 경우가 아닌 경우에는 사도로 보아 비과세할 수 없고, 공개공지가 일반인의 통행에 공하는 경우라면 사도로 보아 비과세를 할 수 있음(서울행법 2018구합82069, 2020.9.24.: 대법확정).

사례 하천수가 없는 하천구역 내 토지의 재산세 비과세 여부

하천구역으로 지정된 토지의 지표면에 하천수가 흐르지 않는다는 이유로 하천으로 지방세법 제109조 제3항 본문에 따른 "직접 사용되지 아니하는 경우"에 해당한다고 단정하기는 어려움(부동산세제과 – 3886, 2022.11.29.).

2) 「산림보호법」 제7조에 따른 산림보호구역, 그 밖에 공익상 재산세를 부과하지 아니할 타당한 이유가 있는 것으로서 대통령령으로 정하는 토지
- 「군사기지 및 군사시설 보호법」에 따른 군사기지 및 군사시설 보호구역 중 통제보호구역에 있는 토지. 다만, 전·답·과수원 및 대지는 제외
- 「산림보호법」에 따라 지정된 산림보호구역 및 「산림자원의 조성 및 관리에 관한 법률」에 따라 지정된 채종림·시험림
- 「자연공원법」에 따른 공원자연보존지구의 임야
- 「백두대간 보호에 관한 법률」 제6조에 따라 지정된 백두대간보호지역의 임야

3) 임시로 사용하기 위하여 건축된 건축물로서 재산세 과세기준일 현재 1년 미만의 것 (※ 유료로 사용하는 경우에도 비과세)

4) 비상재해구조용, 무료도선용, 선교(船橋) 구성용 및 본선에 속하는 전마용(傳馬用) 등으로 사용하는 선박

5) 행정기관으로부터 철거명령을 받은 건축물 등 재산세를 부과하는 것이 적절하지 아니한 건축물 또는 주택(「건축법」 제2조 제1항 제2호에 따른 건축물 부분으로 한정함)으로서 대통령령*으로 정하는 것(※ 유료로 사용하는 경우에도 비과세)

* 재산세를 부과하는 해당 연도에 철거하기로 계획이 확정되어 재산세 과세기준일 현재 행정관청으로부터 철거명령을 받았거나 철거보상계약이 체결된 건축물 또는 주택(건축물 부분으로 한정)을 의미하며, 일부분을 철거하는 때에는 그 철거하는 부분으로 한정

❶ 재산세와 종합부동산세의 과세체계 비교

(1) 재산세와 종합부동산세의 과세체계 비교

구 분	재산세	종합부동산세
과세대상	주택 / 토지	주택 / 토지(종합, 별도합산)
납세의무자	6.1. 현재 재산 소유자	6.1. 현재 재산 소유자 중 주택: 6억 원 초과자(1세대 1주택 9억 원 초과자) 종합합산토지: 5억 원 초과자 별도합산토지: 80억 원 초과자
과세권자	재산 소재지 관할 시장·군수·구청장	납세지 관할 세무서장
과세방법	주택(부속토지): 물건별 통합과세 토지: 관내합산과세(과세대상 유형별 구분)	인별·유형별 전국합산 과세
과세표준	주택: 공시가격×60% 토지(종합, 별도): 공시지가×70%	주택: (공시가격－6억 원*) × 90% * 1세대 1주택 9억 원 종합합산토지: (공시지가－ 5억 원) × 90% 별도합산토지: (공시지가－80억 원) × 90%
세율	주택, 토지(종합, 별도): 3~4단계 누진세율 토지(분리과세): 단일세율	주택: 6단계 누진세율 토지(종합, 별도): 3단계 누진세율
납부기한	주택: 7.16~7.31(50%) / 　　　 9.16~9.30(50%) 토지: 9.16~9.30 기타: 7.16~7.31	12.1~12.15
징수방법	보통징수(부과징수)	부과징수 선택적 신고납부 가능
세부담 상한액	직전연도 세액 상당액의 150% (주택 105~130%)	2주택 이하를 소유한 경우: 직전연도 총세액 상당액의 150% 조정대상지역 내 2주택을 소유한 경우: 직전연도 총세액 상당액의 200% 3주택 이상을 소유한 경우: 직전연도 총세액 상당액의 300%

(2) 재산세 및 종합부동산세 과세대상 구분

구 분		과세대상	재산세율 (표준세율)	종부세 과 세 여 부
주 택		① 주택법 제2조 제1호에 의한 주택(부속토지 포함)	0.05~0.4%	○
		② 별장	4%	×
토 지	분리 과세 토지	① 저율분리과세 : 전, 답, 과수원, 목장용지, 임야 중 분리과세 기준에 적합한 토지, 사권제한이 극심한 토지	0.07%	×
		② 고율분리과세 : 골프장, 고급오락장용 부속토지	4%(2%)	
		③ 기타분리과세 : 입지기준면적 이내의 공장용지, 공급용 토지, 공익법인의 고유목적 사업용 토지 등	0.2%	
	별도 합산 토지	① 건축물의 부속토지로 기준면적 이내 토지	0.2~0.4%	○
		② 시지역(산업단지·공업지역 제외)에 위치한 공장의 기준면적 이내의 공장용지		
		③ 별도합산과세하여야 할 상당한 이유가 있는 토지		
	종합 합산 토지	① 나대지	0.2~0.5%	○
		② 분리과세 대상토지 중 기준초과 토지		
		③ 별도합산 대상토지 중 기준초과 토지		
		④ 분리과세, 별도합산과세 대상이 아닌 모든 토지		
건축물		① 회원제 골프장, 고급오락장	4%	×
		② 도시의 주거지역내 공장용 건축물	0.5%	
		③ 위 외의 건축물	0.25%	
선 박		① 비업무용 자가용 고급선박	5%	
		② 비업무용 자가용 고급선박 외의 선박	0.3%	
항공기			0.3%	

(3) 종부세 주택분 과세체계

1. 종합부동산세법에서의 공시가격

$$\boxed{\text{공시가격}} - \boxed{\text{공시가격} \times \text{경감률}} = \boxed{\begin{array}{c}\text{종합부동산세법상}\\\text{공시가격}\end{array}}$$

2. 주택분 종합부동산세 산출세액 계산

$$\left(\boxed{\begin{array}{c}\Sigma \text{ 종합부동산세법상}\\\text{공시가격}\end{array}} - \boxed{\begin{array}{c}\text{6억 원}\\(\text{1세대 1주택자}\\\text{9억 원})\end{array}}\right) \times \boxed{\begin{array}{c}\text{공정시장}\\\text{가액비율}\\90\%\end{array}} = \boxed{\begin{array}{c}\text{종합부동산세}\\\text{과세표준}\end{array}}$$

가. 납세의무자가 2주택 이하를 소유한 경우

(「주택법」 제63조의2 제1항 제1호에 따른 조정대상지역 내 2주택을 소유한 경우는 제외)

종합부동산세 과 세 표 준	×	과세표준	세율	누진공제	=	주택분 종합 부동산 세액
		3억 원 이하	0.5%	–		
		6억 원 이하	0.7%	60만 원		
		12억 원 이하	1.0%	240만 원		
		50억 원 이하	1.4%	720만 원		
		94억 원 이하	2.0%	3,720만 원		
		94억 원 초과	2.7%	10,300만 원		

나. 납세의무자가 3주택 이상을 소유하거나, 조정대상지역 내 2주택을 소유한 경우

종합부동산세 과 세 표 준	×	과세표준	세율	누진공제	=	주택분 종합 부동산 세액
		3억 원 이하	0.6%	–		
		6억 원 이하	0.9%	90만 원		
		12억 원 이하	1.3%	330만 원		
		50억 원 이하	1.8%	930만 원		
		94억 원 이하	2.5%	4,430만 원		
		94억 원 초과	3.2%	11,010만 원		

주 택 분 종합부동산세액	–	공제할 재산세액 (종합부동산세 과세표준에 부과된 재산세액)	=	주 택 분 산출세액
주 택 분 산출세액	–	1세대 1주택자 세액공제	=	세 부담 상한 전 종부세액
세 부담 상한 전 종부세액	–	세 부담 상한액을 초과하는 세액	=	납부할 세액 (고지세액)

최근 쟁점

 이 건 재산세 등은 쟁점재산세 산정방식을 적용하여 산정된 재산세 등으로 경정되어야 한다는 청구주장의 당부

- 청구법인은 이 건 토지 중 재산세 경감비율에 해당하는 부분은 분리과세대상에 해당하므로 이 건 재산세 등은 쟁점재산세산정방식을 적용하여 산정한 금액으로 경정하여야 한다고 주장하나, 「지방세법」 제106조에서 재산세 과세대상인 토지를 종합합산, 별도합산 및 분리과세대상으로 구분하고, 별도합산 또는 분리과세대상이 되는 토지를 제외하고는 모두 종합합산과세대상으로 구분하도록 규정하고 있고, 다만, 재산세가 비과세되거나 면제되는 토지 또는 재산세가 경감되는 토지의 경감비율에 해당하는 토지는 종합합산과세대상 및 별도합산과세대상에서 제외하도록 규정하고 있는 바, 위의 분리과세대상은 정책적 고려에 따라 중과세 또는 경과세의 필요가 있는 토지에 대하여 예외적으로 별도의 기준에 의하여 분리과세함으로써 종합 또는 별도합산과세에서 오는 불합리함을 보완하고자 하는 것으로, 그 대상은 「지방세법」 제106조 및 같은 법 시행령 제102조에서 한정적으로 규정하고 있다 할 것(대법원 2013.7.26. 선고 2011두19963 판결, 같은 뜻임)인 점, 「지방세법」 제106조 제1항 제1호 가목, 나목 및 제2호 단서 규정에서 종합합산과세대상이나 별도합산과세대상으로 보지 않는다고 규정하고 있을 뿐 이에 해당되지 않는 경우 바로 분리과세대상이 된다고 규정하고 있지 아니한 점, 「지방세법」 제106조 제1항 제1호 가목, 나목 및 제2호 단서 규정의 의미를 종합 또는 별도합산과세대상이 아니면 분리과세대상이라는 의미로 해석을 한다면 이 건 토지는 위 법령에서 구체적으로 분리과세대상으로 열거되어 있지 아니하여 분리과세대상으로 볼 수 없고 종합합산 또는 별도합산과세대상에도 해당하지 아니하여 과세대상 구분체계 어디에도 속할 수 없는 논리적 모순이 발생하는 점, 2019.12.3. 「지방세법」이 개정되면서 재산세가 경감되는 토지는 분리과세대상으로 전환하는 취지가 아님을 명확히 한다고 입법이유서 등에 나타나는 점, 각 지방자치단체에서는 종합토지세가 신설된 1989년부터 현재까지 약 30년간 재산세 경감비율을 먼저 과세표준 합산에서 제외하고 나머지 부분에 대해 종합합산·별도합산·분리과세대상 중 어느 하나를 적용하여 재산세를 부과하는 것으로 운영하였던 점 등에 비추어, 2018년 재산세 과세기준일(6.1.) 현재 시행 중인 지방세법령에 이 건 토지를 분리과세대상으로 구분하라는 별도의 규정이 없고, 이 건 토지는 건축물의 부속토지로서 별도합산과세대상으로 보는 것이 타당하므로 청구주장을 받아들이기는 어렵다고 판단됨(조심 2019지1510, 2019.12.13.).
- 「지방세법」(2019.12.3. 법률 제16663호로 개정되기 전의 것, 이하 같다) 제106조 제1항에서 재산세 과세대상 토지를 종합합산·별도합산·분리과세대상으로 각각 분류하도록 규정하고 있으므로 재산세 과세대상 토지 중 재산세가 경감되는 부분

의 토지 역시 위 규정에 따른 종합합산·별도합산·분리과세대상 중 어느 하나에 반드시 포섭되어야 하고, 「지방세법」 제106조 제1항에서 「지방세법」 또는 다른 법령에 따라 재산세가 경감되는 토지의 경감비율에 해당하는 토지에 대하여는 종합합산과세대상(「지방세법」 제106조 제1항 제1호 단서 나목)이나, 별도합산과세대상(「지방세법」 제106조 제1항 제2호 단서)으로도 보지 않는다고 각각 규정하고 있으므로 재산세가 경감되는 부분이 「지방세법」 제106조 제1항 제3호 등에서 명시적으로 분리과세대상으로 규정되어 있지 않더라도 정책적인 고려에 따라 마련된 「지방세법」 제106조 제1항 제1호 단서 나목 및 제2호 단서의 규정으로 인하여 별도합산과세대상이나 종합합산과세대상이 아닌 분리과세대상으로 간주되어야 할 것임(대법원 2018두45725, 2018.11.29.).

※ 지방세법 개정(법률 제16663호, 2019.12.3. 일부개정)으로 개정 후 납세의무성립분부터는 심판결정예에 따라 운영됨.

– (개정 취지) 현행 규정상 이 법 또는 관계법령에 따라 재산세가 경감되는 토지의 경감비율에 해당하는 토지 등을 종합합산과세대상 및 별도합산과세대상으로 보지 아니하도록 규정하고 있는 취지는 과세대상 구분 체계상 종합합산과세대상·별도합산과세대상에서 분리과세대상으로 전환하려는 것이 아니라 경감 비율에 해당하는 만큼을 과세표준에서 차감하려는 것인 바, 그 의미를 명확히 하기 위하여 토지에 대한 재산세의 과세대상 구분에 관한 조항에 규정되어 있는 내용을 세율적용에 관한 조항으로 옮겨 규정하려는 것임.

> **사례** 재산세 과세기준일 현재 철거가 예정된 재건축 사업부지 내 주택은 주택건설사업자가 주택건설사업에 제공하는 토지로 보아 분리과세대상으로 구분하여 재산세를 부과하여야 한다는 청구주장의 당부

• 유상거래로 취득하는 주택의 취득세율을 규정한 「지방세법」 제11조 제1항 제8호에서 "주택"을 「주택법」 제2조 제1호에 따른 주택으로서 「건축법」에 따른 건축물대장·사용승인서·임시사용승인서 또는 「부동산등기법」에 따른 등기부에 주택으로 기재된 주거용 건축물과 그 부속토지를 말한다고 규정하고 있는 점, 지방세를 부과함에 있어서 주택에 해당되는지 여부는 사실상의 용도뿐만 아니라 건축물대장 등 공부상의 등재 현황도 함께 고려하여 판단하여야 하는 점, 취득세의 경우 아무도 거주하지 않고 철거가 예정되어 있는 주택이라 하더라도 그 현상을 유지하고 있는 경우에는 사실상의 현황이 분명하지 않다고 보아 공부상 등재 현황에 따라 「지방세법」 제11조 제1항 제8호에서 규정한 주택의 유상거래 세율을 적용하고 있는 점, 이 건 부동산과 같이 재산세 과세기준일(6.1.) 현재 사실상 거주하는 자가 없고 단전·단수되어 정상적인 주거생활이 쉽지 않다고 하더라도 이러한 사실만으로 공부상 등재 현황과 사실상의 현황이 다르다고 단정할 수는 없는 점, 취득세와 재산세를 부과함에 있어 특별한 사정이 없는 한 동일한 과세물건에 대하여는 그 용도가 같은 것으로 보아야 할 것이므로 취득세 과세대상으로서 주택과,

재산세 과세대상으로서 주택은 같은 기준에서 판단하는 것이 조세형평의 원칙에 부합하는 점, 나아가 행정안전부는 감사원의 권고를 받아들여, 2018.1.2. 취득일 또는 재산세 과세기준일(6.1.) 현재 주택 재개발·재건축에 따른 관리처분계획이 인가되어 입주자가 퇴거하였다하더라도 건축물대장상 주택으로 등재되어 있고 주택의 구조 및 외형이 그대로 유지되고 있는 경우에는 주택으로 보아 취득세 및 재산세를 부과하도록 하는 지침(지방세운영과-1, 이하 "이 건 지침"이라 한다)을 지방자치단체에 시달하였고, 지방자치단체는 2018년도부터 주택의 경우 거주 여부에 관계 없이 공부상 등재 현황에 따라 재산세 등을 부과하고 있는 바, 만일 우리 원이 이 건 지침과 다른 취지의 결정을 하는 경우 재산세 부과에 있어 전국적으로 큰 혼란이 예상되는 점 등에 비추어 실제로 거주할 수 있는지 여부에 관계 없이 공부상 주택에 해당하는 경우 이를 주택으로 보아 재산세를 부과하는 것이 합리적이라 할 것이므로 처분청이 이 건 부동산을 주택으로 보아 재산세 등을 부과한 처분은 달리 잘못이 없다고 판단된다(조심 2019지3518, 2019.12.18.).

- 「도시 및 주거환경정비법」 제8조 제2항에 따른 주택재건축사업 시행자가 같은 법 제28조 제1항에 따라 주택재건축사업시행인가를 받은 경우에 주택재건축사업구역 내의 토지는 「지방세법」 제182조 제1항 제3호 마목에 따라 사업계획의 승인을 받은 날부터 분양이 완료된 때(매수자의 취득일)까지 토지분에 대하여 분리과세하여야 하는 바, 주택재건축사업구역에 주택의 외형이 존재하고 있는 경우에도 그 주택의 부속토지에 대하여만 재산세를 부과하여야 하는지가 문제인데, 「지방세법」상 재산세의 특성으로 주택은 과세시점에서 멸실되지 않고 사실상 존재하고 있으면, 거주 여부나 건물의 노후 정도나 공부상 등재 여부 등에 관계없이 재산세의 부과대상이 되는 것이 원칙이라고 할 것이나, 대수선 등의 건축행위를 통해 주택의 기능을 회복할 수 있는 가능성이 상존하는 주택의 일부 멸실 또는 폐가와 달리, 주택재건축 및 재개발사업 등을 위한 철거예정주택은 세대의 세대원이 퇴거·이주하여 단전·단수 및 출입문 봉쇄 등 폐쇄조치가 이루어졌다면, 비록 외형적으로 주택의 형태를 가지고 있다고 하여도 곧 철거될 것이기 때문에 이미 그 주택은 사용가치를 상실하고 단지 앞으로 새로이 건축되는 주택을 소유할 수 있는 분양권으로서의 가치만 보유하고 있다고 할 수 있으므로 재산세 과세대상인 주택에 해당한다고 할 수 없을 것입니다. 그러나 주택재건축사업구역에서 세대원이 주거하고 있는 주택은 주택으로서의 완전한 외형도 갖추고 있을 뿐만 아니라 세대의 세대원이 실제 독립된 주거생활을 영위하고 있는 등 사실상 주거기능을 완전히 상실하지 않았으므로 재산세 과세대상인 주택에 해당한다고 보아야 할 것입니다. 그렇다면, 재산세 과세기준일 현재 주택재건축사업계획에 따라 주택재건축사업구역의 주택 중 일부 주택은 세대의 세대원이 퇴거·이주하여 주택의 외형은 그대로 있으나, 단전·단수 및 출입문 봉쇄 등 폐쇄조치가 이루어졌고, 나머지 주택에는 세대의 세대원이 거주하고 있는 경우에 「지방세법」 제181조에 따른 재산세의 과세대상이 되는 주택은

세대의 세대원이 거주하고 있는 주택만 해당한다고 할 것입니다(법제처 08-0128, 2008.6.18.).

※ 재개발·재건축 구역 멸실 예정 주택 적용 기준 보완(2018.1.1. 이후 납세의무가 성립분부 터 적용

❑ 추진배경
- 재개발·재건축 사업이 진행되는 구역에서, 멸실이 임박한 주택의 경우 어느 시점 까지 '주택'으로 볼 것인지 혼선
  - '주택' 여부에 따라 취득세·재산세 세부담 차이로 납세민원 발생
    ※ (취득세) 주택 여부에 따라 주택유상거래 취득세율(1~3%) 적용
    ※ (재산세) 과세기준일(6.1.) 현재 주택으로 볼 경우 주택분 재산세로 과세하고, 그렇지 않 으면 토지분 재산세 과세
- 감사원 감사에서 지자체별 상이한 운영에 따른 문제점 지적 및 일관된 기준 마련 필요성 제기(2017.12.14.)

❑ 기존 적용사례
- (취득세) 관리처분계획인가 후 단전, 단수, 이주완료, 이주비 지급완료 등을 종합적 으로 판단하여 이미 주택의 기능을 상실하였다고 인정될 경우 주택유상거래 세율 적용 제외(2016.10.17. 지방세운영과-2641 등)
- (재산세) 철거예정주택은 세대원이 퇴거·이주하여 단전·단수 및 출입문 봉쇄 등 폐쇄조치가 이루어진 경우 주택에 해당되지 않음('08.6.20. 지방세운영과-138)

❑ 적용기준 보완
- (취지) 기존 유권해석으로는 다양한 사례 적용 곤란, 개별 사실관계 확인 과정에 많은 행정력 소모, 지자체간 상이한 운영에 따른 과세 불형평 문제 초래 → 명확한 기준 마련 필요
- (과세체계 일관성 확보) '주택'에 대한 판단 기준을 재개발·재건축구역 이외에 소 재하는 일반 주택과 동일하게 적용하고, - 부동산의 취득과 보유는 상호 연계되어 있으므로, 취득세와 재산세 판단기준을 동일하게 적용하는 것이 바람직
- (적용기준) 「도시 및 주거환경 정비법」에 따른 재개발·재건축사업이 진행되고 있 는 경우
  - "주택의 건축물이 사실상 철거·멸실된 날, 사실상 철거·멸실된 날을 알 수 없는 경우에는 공부상 철거·멸실된 날"을 기준으로 주택여부를 판단하는 것이 타당
    * 다만, 통상적인 사업진행 일정에서 벗어나 조세회피 목적으로 의도적으로 철거를 지연하는 경우 등 특별한 사정이 있는 경우에는 달리 적용 가능

사례 ▷ 지역자원시설세 중과대상 판단

쟁점부동산에 설치된 숙박시설 등은 과세대상기간 동안 휴업상태이거나 사실상 폐업 상태로 확인되고, 관할 소방서도 소방시설 점검을 유예하고 있는 점, 쟁점부동산에 소재한 객실은 심리일 현재 누수 등으로 숙박 기능을 거의 상실한 것으로 보이고, 대수선 등을 하여야만 영업을 재개할 수 있을 것으로 보이는 점, 특정부동산에 대한 지역자원시설세는 매년 과세기준일(6.1.) 현재 특정부동산의 소유자에게 과세하는 것이고, 중과세율 적용대상인지 여부도 원칙적으로 과세기준일 현재의 현황에 의하여 판단되어야 하는 점 등을 볼 때 중과대상이라 보기 어려움(조심 2019지1855, 2019.7.15.).

사례 ▷ 이 사건 토지가 공부상 소유자로 원고가 등재되어 있으나, 그 재산을 배타적으로 사용·수익·처분할 수 있는 권한을 가지고 있지 않은 경우에도 원고를 사실상 소유자로 보아 재산세를 납부하여야 하는지 여부

- ① 이 사건 조건에 의하면 원고가 이 사건 토지를 사용·수익·처분하려면 반드시 대한민국의 승인을 받아야만 한다. 이 사건 토지에 관하여 원고 명의의 소유권 이전등기가 마쳐진 때로부터 이 사건 부과처분 시까지 7년이 넘는 기간 동안 원고가 대한민국의 승인 없이 임의로 이 사건 토지를 사용·수익·처분한 바 있음을 인정할 자료가 없다. 피고가 원고의 사용·수익·처분의 예로 들고 있는 '신시·야미구간 관광레저용지 개발사업'의 경우에도 원고는 대한민국으로부터 그에 관한 관리·처분계획을 승인받고 대한민국과 함께 계약당사자가 되어 계약을 체결하였으며 계약금 전액을 국고인 농지관리기금에 입금하였다(갑 제6, 7, 13호증). 같은 '새만금 오토캠핑장 사업'의 경우에도 대한민국이 2010.1.26. 원고에게 그에 관한 시행권한을 위탁하면서 그 사업수익은 원고의 회계와 분리하여 국고인 유지관리적립금에 귀속시키도록 하였는바, 원고는 위 위탁에 따라 임대차계약 등을 체결하였고 사업수익 등을 유지관리적립금에 입금하였다(갑 제13~15호증). ② 이 사건 토지는 전액 국고로 조성되었는바, 대한민국 명의의 보존등기가 마쳐진 후 바로 이 사건 이전등기가 마쳐졌다. 대한민국이 이 사건 토지에 관한 분할준공인

가를 할 당시 이 사건 토지를 국유지로 등기 및 보유할 것을 검토하였으나 민간자본유치의 어려움과 지방자치단체에 의한 국유재산 관리의 문제를 이유로 국유지로 보유하지 않기로 결정하였음은 앞서 인정한 바와 같은바, 여기에 ㉠ 원고가 이 사건 이전등기 시 대한민국에게 소유권이전에 대한 대가를 지급한 바 없는 점, ㉡ 원고와 대한민국이 독립적인 당사자들로서 이 사건 토지의 소유권이전에 관하여 협의나 협상을 하였음을 인정할 자료도 없는 점, ㉢ 피고는 구 농어촌공사법(2011.7.14. 법률 제10843호로 개정되기 전의 것) 제44조 제1항에 따라 소유권이 이전되었으니 사실상 소유권도 이전된 것이라고 주장하나, 이 사건 이전등기가 위 조항에 의거하여 이루어졌음을 인정할 자료가 없고, 설령 그렇더라도 그로써 바로 사실상 소유권까지 이전되었다고 볼 수 없는 점, ㉣ 만약 대한민국과 원고가 공부상 소유권뿐 아니라 사실상 소유권도 온전히 원고에게 이전하기로 합의하였다면 이 사건 조건이 부가될 이유가 없는 점 등을 더하여 보면, 대한민국이 이 사건 이전등기를 마친 것은 원고에게 이 사건 토지에 관한 온전한 소유권을 양도하기 위함이 아니라, 그 공부상 명의자를 원고로 하되 자신의 감독·승인 하에서 제한적으로 이 사건 토지를 관리하도록 하여 이 사건 토지를 보다 효율적으로 이용하기 위함이었다고 봄이 상당한 점 등에 비추어 볼 때 원고에게 이 사건 토지를 배타적으로 사용·수익·처분할 권한이 있다고 할 수 없어 원고를 이 사건 토지에 대하여 실질적 소유권을 보유한 이 사건 토지의 사실상 소유자로 볼 수 없음(대법원 2020.11.5. 선고 2020두43548 판결).

- 청구인은 쟁점주택을 사용하거나 수익하지 못하고 있으므로 이 건 재산세 등은 취소되어야 한다고 주장하나, 재산세는 보유하는 재산에 담세력을 인정하여 부과되는 조세로서, 재산가액을 그 과세표준으로 하고 있어 그 본질은 재산소유 자체를 과세요건으로 하는 것이므로, 재산세에 있어 현실적으로 당해 재산을 그 본래의 용도에 따라 사용·수익하였는지 여부는 그 과세요건이 아닌(조심 2011지654, 2011. 11.28. 결정 등) 바, 청구인이 2014.4.11. 쟁점주택을 매매 원인으로 하여 취득한 후 2016.4.15. 취득세 등을 신고·납부하였고, 건축물 부분은 2016.4.18. 소유권을 이전등기 하였으며, 토지 부분은 2015.12.21. 법원이 매매등에 대한 금지 가처분 결정을 한 점, 시공사의 하도급업자들이 유치권을 행사함에 따라 쟁점주택을 사용·수익하지 못하는 것은 재산세의 과세요건이 아닌 점 등에 비추어 볼 때 처분청이 청구인을 쟁점주택의 사실상 소유자로 보고 한 이 건 재산세 등 부과처분은 달리 잘못이 없음(조심 2020지2018, 2020.12.29.).

> **사례** 「도시개발법」 제19조의 규정에 따라 상업용지(주상복합용지)를 「주택법」상 사업계획승인을 받은 분리과세대상 토지로 볼 수 있는지 여부

- 「도시개발법」 제19조의 규정에 따라 상업용지(주상복합용지)를 「주택법」상 사업계획승인을 받은 분리과세대상 토지로 볼 수 있는지 여부에 대하여 살펴보면,

「지방세법 시행령」 제102조 제7항 제7호에서 ① 「주택법」에 의한 주택건설사업자 등록을 한 주택건설사업자가 ② 주택을 건설하기 위하여 같은 법에 의한 사업계획의 승인을 받은 토지로서 ③ 주택건설 사업에 공여되는 토지에 대하여 별도로 재산세 분리과세대상으로 규정하고 있습니다. - 한편, 「도시개발법」 제19조 제1항에서는 실시계획을 작성하거나 인가할 때 지정권자가 해당 실시계획에 대한 다음 각 호의 허가·승인·심사·인가·신고·면허·등록·협의·지정·해제 또는 처분 등에 관하여 제3항에 따라 관계 행정기관의 장과 협의한 사항에 대하여는 해당 인·허가등을 받은 것으로 보며, 제18조 제1항에 따라 실시계획을 고시한 경우에는 관계 법률에 따른 인·허가등의 고시나 공고를 한 것으로 본다고 규정하면서 그 제16호에서 「주택법」 제15조에 따른 사업계획의 승인을 규정하고 있는데, "주된 인·허가에 관한 사항을 규정하고 있는 법률에서 주된 인허가가 있으면 다른 법률에 의한 인허가를 받은 것으로 의제한다는 규정을 둔 경우, 주된 인허가가 있으면 다른 법률에 의한 인허가가 있는 것으로 보는데 그치고, 거기에서 더 나아가 다른 법률에 의하여 인허가를 받았음을 전제로 하는 그 다른 법률의 모든 규정들까지 적용되는 것은 아니므로"(대법원 2016.11.24. 선고 2014두47686 판결 참조), 「도시개발법」에 따른 허가 의제만으로 다른 법률 규정(지방세법 시행령 제102조 제7항 제7호)의 요건까지 갖춘 것이라고 보기는 어렵습니다. 또한, 분리과세 규정은 사업자별 구분 체계(지방세법 시행령 제102조)로 '도시개발사업자'(같은 조 제7항 제4호)와 '주택건설사업자'(같은 조 제7항 제7조)는 적용 법조 자체를 달리하고 있으므로, 「주택법」에 의한 주택건설사업자 등록을 한 주택건설사업자로서의 지위를 가지고 주택을 건설하기 위하여 같은 법에 의한 사업계획의 승인을 받은 토지를 과세기준일 현재 주택건설용 토지로 사용하는 등 「지방세법 시행령」 제102조 제7항 제7호에서 규정하고 있는 요건을 모두 갖추지 않은 이상 분리과세대상인 주택건설용 토지로 보기는 어렵다고 판단됨(부동산세제과-1077호, 2020.5.14.).

- 「산업입지 및 개발에 관한 법률」 제2조 제8호에 의하면 산업단지는 지식산업 관련시설의 용지 등 산업시설용지와 산업시설용지의 기능향상을 위한 주거·문화·환경시설 등을 설치하기 위한 계획에 따라 개발되는 일단의 토지를 말하므로, 쟁점토지는 지식산업용지뿐만 아니라 주거용지·상업용지·업무시설·첨단복합단지·청소년문화·체육시설·국제비지니스단지 등으로 구분되어 산업단지의 토지에 해당되는 점, 「기업도시개발특별법」 제13조 제1항 제14호에서 ○○○이 기업도시개발 실시계획을 승인할 때 「산업입지 및 개발에 관한 법률」에 따른 산업단지개발사업 시행자의 지정, 그 실시계획에 대한 승인 등에 관한 관계행정기관의 장과 협의한 사항에 대하여는 해당 인·허가 등을 받은 것으로 본다고 규정하고 있는 점, 이 건 실시계획을 보면 ○○○이 관계행정기관의 장과 협의를 마친 후 청구법인을 기업도시개발사업의 시행자로 하는 태안 관광레저형 기업도시개발사업 실시계획을 승인한 것으로 보아 청구법인을 산업단지개발사업의 시행자로, 이

건 실시계획의 승인을 산업단지개발 실시계획의 승인으로 각각 볼 수 있는 점, 「지방세법 시행령」 제102조 제5항 제18호에서 「산업입지 및 개발에 관한 법률」 제16조에 따른 산업단지개발사업의 시행자가 소유하고 있는 토지로서 산업단지개발 실시계획의 승인을 받아 산업단지조성공사를 시행하고 있는 토지는 분리과세대상으로 규정하고 있는 점 등에 비추어 쟁점토지는 분리과세대상에 해당하므로 처분청이 종합합산과세대상으로 하여 이 건 재산세 등을 부과한 처분은 잘못이 있다고 판단됨(조심 2016지107, 2017.5.31.).

사례 정비구역내 공원용지가 사권제한 토지 감면대상에 해당하는지 여부

- 「지방세특례제한법」 제84조는 사권이 제한되어 재산세 등이 감면되는 토지에 대하여 「국토의 계획 및 이용에 관한 법률」 제2조 제7호에 따른 도시·군계획시설로서 같은 법 제32조에 따라 지형도면이 고시된 후 10년 이상 장기간 미집행된 토지, 지상 건축물, 주택(제1항)이거나,
  - 「국토의 계획 및 이용에 관한 법률」 제2조 제13호에 따른 공공시설을 위한 토지로서 같은 법 제30조 및 제32조에 따라 도시·군관리계획의 결정 및 도시·군관리계획에 관한 지형도면의 고시가 된 후 과세기준일 현재 미집행된 토지(제2항)라 규정하고 있음.

- 「도시 및 주거환경정비법」 제16조에 따라 지형도면이 고시된 정비구역 내 정비기반시설인 '공원'이 「국토의 계획 및 이용에 관한 법률」 제30조에 따라 도시·군계획시설로 결정·고시된 것으로 보아 재산세 감면대상 해당 여부에 대하여 살펴보면,
  - 조세법률주의의 원칙상 과세요건이나 비과세요건 또는 조세감면요건을 막론하고 조세법규의 해석은 특별한 사정이 없는 한 법문대로 해석하여야 할 것이고, 합리적인 이유없이 확장해석 하거나 유추해석하는 것은 허용되지 아니하며, 특히 감면요건 규정 가운데 명백히 특례 규정이라고 볼 수 있는 것은 엄격하게 해석하는 것이 조세공평의 원칙에도 부합한다 할 것이며,
  - 어떠한 법률에서 주된 인·허가가 있으면 다른 법률에 의한 인·허가 있는 것으로 보는 데 그치는 것이고, 더 나아가 다른 법률에 의하여 인·허가를 받았음을 전제로 한 다른 법률의 모든 규정까지 적용되는 것은 아니라고 할 것인바(대법 2013두11338판결, 2015.4.23.),
  - 「국토의 계획 및 이용에 관한 법률」 제2조 제4호에서 "도시·군관리계획"의 범위에는 용도지역·용도지구의 지정 변경계획, 도시개발사업계획 등을 열거하면서 그중 '지구단위계획구역의 지정 또는 변경에 관한 계획과 지구단위계획'을 포함하고 있고, 「도시 및 주거환경정비법」 제17조에서 정비구역의 지정·고시가 있는 경우 일정한 요건을 갖춘 경우에 한하여 지구단위계획구역 및 지구단위계획으로 결정·고시된 것으로 본다고 의제하고 있다 하여 '도시·군관리계획'과 '지구단위계획'을 동일시 하여 정비구역으로 지정된 지구단위계

획구역 내 모든 기반시설을 도시·군계획시설로 간주하는 것은 감면범위를 확대·유추하는 것이며,

- 특히, 개별 법령에 따라 지구단위계획구역이 의제되거나 지정할 수 있는 용도지구, 「도시개발법」에 따른 도시개발구역, 「도시 및 주거환경정비법」제8조에 따라 지정된 정비구역, 「택지개발촉진법」에 따른 택지개발지구, 「주택법」에 따른 대지조성사업지구, 「산업입지 및 개발에 관한 법률」에 따른 산업단지와 준산업단지, 「관광진흥법」에 따른 관광특구, 새로 편입되는 도시지역 등에 설치되는 기반시설이 모두 지구단위계획구역 내 사권제한 토지로서 감면대상으로 확대될 수 있으므로 일반 납세의무자와의 조세형평 등을 고려할 때 지방세 특례의 원칙에도 부합되지 않음.

• 또한, 「지방세특례제한법」제3조 제1항에서는 이 법, 「지방세기본법」, 「지방세징수법」, 「지방세법」, 「조세특례제한법」 및 조약에 따르지 아니하고는 「지방세법」에서 정한 일반과세에 대한 지방세 특례를 정할 수 없다고 규정하고 있고,

- '사권제한 토지'란 국가나 지방자치단체가 추진하는 사업 등 공공의 이익을 위해 부동산 소유자의 권리가 일정부분 사용·수익이 제한되는 토지 등으로, 「지방세특례제한법」은 개인의 사적권리를 제한하는 약 60여개의 법령 중 「국토의 계획 및 이용에 관한 법률」에 따른 도시·군계획시설과 공공시설 및 「철도안전법」에 따른 철도보호지구에 한정하여 일정한 요건하에 재산세 등의 감면을 규정하고 있으므로 기타 법령에서 사권이 제한된다 하더라도 재산세 등의 감면대상 부동산에 해당되지 아니하고,

- 「국토의 계획 및 이용에 관한 법률」은 국토의 이용·개발과 보전을 위한 계획의 수립 및 집행을 통하여 공공복리를 증진시키고 국민의 삶의 질을 향상시키는 것을 목적으로 명시하고 있어 공익적인 측면이 강하나, 「도시 및 주거환경정비법」은 주거환경이 불량한 지역을 계획적으로 정비하여 도시환경은 개선하고 주거시설의 질을 높이는 것을 목적으로 하는 경제적인 측면이 강조되는 것으로 법령간 입법목적이나 사업진행 방식 등이 다름에도 유사 개발사업이라는 이유로 타법령의 조문을 의제하여 감면대상을 유추 적용하거나 감면범위를 확대하는 것은 조세공평의 원칙에도 부합되지 않는다 할 것임.

• 살피건대, 「지방세특례제한법」제84조 제1항에 따라 사권이 제한된 토지로서 재산세 등이 감면되기 위해서는 「국토의 계획 및 이용에 관한 법률」에 따른 도시·군관리계획으로 결정된 ① 도시·군계획시설로서 ② 지형도면이 고시된 후 ③ 10년 이상 장기간 미집행이라는 세가지 요건을 모두 충족하여야 하나,

- 쟁점 공원용지는 「국토의 계획 및 이용에 관한 법률」에 따른 도시·군계획시설이 아닌 「도시 및 주거환경정비법」에 따른 정비구역(재개발지역)내 정비기반시설로 지형도면이 고시된 점, "도시·군관리계획"과 "정비계획"은 사업계획의 결정권자나 사업진행 방식, 비용부담의 주체 등이 다름에도 유사 개발사

업이라 하여 이를 동일시 하는 것은 특례원칙에도 부합되지 않는 점, 「지방세특례제한법」에서 감면요건을 위임한 법령 조문이 아닌 타 법령의 의제 규정을 적용하여 감면범위를 확대하는 것은 조세공평의 원칙에 어긋나는 점, 「지방세특례제한법」 제84조에서 규정하는 감면요건은 예시적 규정이 아닌 열거적 규정으로 보아야 하는 점 등을 종합하여 볼 때, 「도시 및 주거환경정비법」에 따라 지정·고시된 공원의 경우 토지 소유자의 권리가 일정부분 제한된 토지라 하더라도 「지방세특례제한법」 제84조에서 규정하는 재산세 등이 경감 대상인 '사권제한토지'에는 해당되지 않는다 판단됨(행정안전부 지방세특례제도과-1991호, 2021.8.30.).

- 서울특별시장은 2009.4.23. 「국토의 계획 및 이용에 관한 법률」 제30조에 따라 '도시관리계획(성수전략정비구역 제1종지구단위계획구역) 결정'을 고시(서울특별시 고시 제2009-171호)하면서 그 결정 취지를 '정비사업을 통한 주거환경 개선과 공공성 확보를 위해 정비계획을 포함한 지구단위계획을 수립하기 위함'이라고 명시하고 있고, 서울특별시장이 2011.2.17. 고시한 '성수전략정비구역 제1종지구단위계획 결정(변경) 및 주택재개발 정비구역 지정 및 지형도면(서울특별시 고시 제2011-50호)'에서 서울특별시장은 이 건 토지 90,366㎡ 일대를 도시기반시설 중 공원으로 결정(신설) 하였는바, 이 건 토지는 「국토의 계획 및 이용에 관한 법률」 제2조 제4호 내지 제7호에 따라 지구단위계획(도시관리계획)으로 결정된 도시계획시설에 해당하는 점, 위의 고시에 첨부된 해당 지형도면은 「국토의 계획 및 이용에 관한 법률」 제32조에 따른 것으로 볼 수 있는 점, 이 건 토지의 경우 2022년도 재산세 과세기준일(6.1.) 현재 도시계획시설로 결정된 날(2011.2.17.)부터 10년 이상 경과하도록 도시계획시설로 집행되지 않았다는 것은 다툼이 없다고 보이는 점, 조세법률주의의 원칙상 조세법규의 해석은 특별한 사정이 없는 한 법문대로 해석할 것이고 합리적 이유 없이 확장해석이나 유추해석은 원칙적으로 허용되지 않는 점(대법원 2003.1.24. 선고 2002두9537 판결, 같은 뜻임) 등에 비추어 이 건 토지는 「지방세특례제한법」 제84조 제1항에서 규정하고 있는 감면 대상에 해당된다고 보는 것이 타당하다 하겠으므로 처분청이 이 건 토지에 소재하는 쟁점주택들에 대하여 감면 대상이 아니라고 보아 이 건 재산세 등을 부과한 처분은 잘못이 있다고 판단됨(조심 2021지5578, 2022.7.7. 결정).

사례 ▶ 재산세 과세기준일(6.1.) 현재 「국토계획법」상 도시계획시설(도로)은 실효되었으나, 지구단위계획에서 기반시설(도로)로 장기간(10년) 지정되어 있는 경우 「지방세특례제한법」 제84조 제1항에 따른 재산세 등 감면대상에 해당되는지 여부

처분청은 2021년도 재산세 과세기준일(6.1.) 현재 쟁점토지에 대한 「국토계획법」상 도시계획시설(도로)은 실효되었으므로 재산세 등 감면대상에 해당되지 않는다는 의견이나, 「국토계획법」 제2조 제7호 등에서 지구단위계획에서 기반시설(도로)로 지

정된 토지를 도시계획시설(도로)로 볼 수 있다고 규정하고 있는 점,

지구단위계획구역에서 지구단위계획으로 설치할 수 있는 기반시설은 그 설치에 관한 사항을 지구단위계획으로 결정할 수 있어 별도의 도시·군관리계획을 병행하여 입안·수립하지 아니하여도 되고(법제처 2017.3.2. 제2016.-672호, 같은 뜻임), 처분청 도시·군계획시설 관련 사업부서(도시디자인과)도 법제처 해석과 같이 보아 지구단위계획에서 기반시설(도로)로 지정되어 있는 쟁점토지에 대하여 이 건 심리일 현재까지 별도의 도시계획시설 실효 등의 절차를 진행하지 않았으며, 국토교통부가 2020.4.23. 마련한 "도시계획시설 실효 및 도시군관리계획(안) 공람"공고의 유의사항(도시정책과-2881호)에서 지구단위계획으로 결정한 도시계획시설도 「국토계획법」 제48조에 해당하는 경우에는 그 효력을 잃는다고 되어 있는 것 등을 볼 때 「국토계획법」에 의한 도시계획시설(도로)의 지정과 지구단위계획에 따른 기반시설(도로) 지정은 별개의 처분으로 도시계획시설(도로)이 「국토계획법」 제48조에 따라 실효되었다고 하더라도 해당기관에서 지구단위계획에 따른 기반시설(도로)이 실효의 요건을 충족하지 못한 것으로 보아 실효처분을 하지 않았다면 기 지정한 지구단위계획에 따른 기반시설(도로) 지정은 효력이 있는 것으로 보는 것이 타당한 점,

「국토계획법」 제64조 제1항 등에서 도시·군계획시설의 설치 장소로 결정된 부지는 도시·군계획시설이 아닌 건축물의 건축 등의 행위가 제한되며, 쟁점토지는 2021년도 재산세 과세기준일(6.1.) 현재 지구단위계획에서 기반시설(도로)로 지정된 후 장기간(10년 이상) 미집행 중인 것으로 확인되는 점 등에 비추어 볼 때 청구인의 쟁점토지는 2021년도 재산세 과세기준일(6.1.) 현재 「국토계획법」 제2조 제7호에 따른 도시·군계획시설로서 같은 법 제32조에 따라 지형도면이 고시된 후 10년 이상 장기간 미집행된 토지로 볼 수 있으므로 처분청이 청구인의 쟁점토지에 대하여 이 건 재산세 등을 산출하면서 「지방세특례제한법」 제84조 제1항에 따른 감면을 적용하지 않고 부과한 처분은 잘못이 있는 것으로 판단됨(조심 2021지5715, 2022.9.20. 결정).

사례 대지안의 공지에 대한 규정 중 인접대지경계선이라 함은 토지의 28개 지목 중 하나인 대지로 한정하고 있어 인접도로경계선에 있어 사도로 사용되는 경우 당해 토지를 대지안의 공지가 아닌 도로로 보아 비과세 대상으로 볼 수 있는지 여부

- 지방세법시행령 제137조 제1항 제1호의 규정에 의한 대지안의 공지는 인접대지경계선 뿐만 아니라 건축법 제36조 제1항의 규정에 의한 건축선으로부터 일정거리를 띄어 건축함으로써 생긴 대지안의 공지는 재산세 비과세 대상인 사도에 해당하지 아니한다는 규정입니다. 다만, 위의 규정에 의한 대지안의 공지라 하더라도 이용현황, 조성경위, 대지 소유자의 배타적인 사용가능성 등을 객관적·종합적으로 살펴보아, 대지 소유자가 그 소유대지 주위에 일반인들이 통행할 수 있는 공적인 통행로가 없거나 부족하여 부득이하게 그 소유 공지를 불특정 다수인의 통행로로 제공하게 되어 더 이상 당해 공지를 독점적·배타적으로 사용·수익할 가능

성이 없는 경우 당해토지는 「대지안의 공지」가 아니라 재산세 비과세 대상인 「일반인의 자유로운 통행에 공여할 목적으로 개설한 사도」로 볼 수 있다 할 것임(행정안전부 지방세정팀-3735, 2007.9.12.).

- 「지방세법 시행령」 제108조 제1항 제1호 단서에서 "대지 안의 공지"를 비과세대상에서 제외하는 것으로 규정한 취지는 「건축법」등 관계 규정에 의하여 건축선이나 인접 대지경계선으로부터 띄어야 할 거리를 둠으로 인하여 생긴 공지에 대하여 당해 대지소유자가 그 소유건물의 개방감과 안정성을 확보하고 고객을 유치하기 위한 목적 등으로 그 사용·수익 방법의 하나로 임의로 일반 공중의 통행로로 제공하는 경우 등과 같이 계속하여 독점적이고 배타적인 지배권을 행사할 가능성이 있는 것을 전제로 한 것이라고 봄이 상당하므로, 그 공지의 이용현황, 사도의 조성경위, 대지 소유자의 배타적인 사용가능성 등을 객관적·종합적으로 살펴보아 대지 소유자가 그 소유 대지 주위에 일반인들이 통행할 수 있는 공적인 통행로가 없거나 부족하여 부득이하게 그 소유 공지를 불특정 다수인의 통행로로 제공하게 된 결과 더 이상 당해 공지를 독점적·배타적으로 사용·수익할 가능성이 없는 경우에는 「지방세법 시행령」 제108조 제1항 제1호 단서에서 정한 "대지 안의 공지"에 해당하지 않는 것으로 보아야 할 것이고, 재산세의 비과세 대상으로 규정하고 있는 일반인의 자유로운 통행에 공여할 목적으로 개설한 사도라 함은 처음부터 일반인의 자유로운 통행에 공할 목적으로 개설한 사도는 물론 사도의 소유자가 당초 특정한 용도에 제공할 목적으로 설치한 사도라고 하더라도 당해 사도의 이용실태, 사도의 공도에의 연결상황, 주위 택지의 상황 등 제반 사정에 비추어 사도의 소유자가 일반인의 통행에 대하여 아무런 제약을 가하지 않고 있고, 실제로도 널리 불특정 다수인의 통행에 이용되고 있다면 재산세 비과세 대상이 되는 사도에 포함된다고 할 것이다(대법원 2005.1.28. 선고 2002두2871 판결, 같은 뜻임).

- 처분청은 쟁점①~④토지가 「지방세법」 제109조 제3항에 따른 재산세 비과세 대상 도로에 해당하지 아니하다는 의견이나, 쟁점①~④토지는 이 건 건축물을 신축할 당시「건축법」, 건축위원회, 교통영향심의위원회 등의 의견을 반영하여 이 건 건축물과 도로, 옆의 건축물 등과 거리를 두어 안정감과 개방감을 두기 위하여 설치된 것으로, 이 건 건축물의 주변상황을 보면 이 건 건축물은 을지로 편도 3차선 도로에 접하고 있고, 바둑판 형태의 택지 중간에 위치하고 있어 쟁점①~④토지를 통해 불특정 다수가 인근 건축물 등으로 이동하고 있는 점, 쟁점②·③토지는 연접하여 일반인들이 이용할 수 있는 공도가 없고, 쟁점①·④토지는 연접한 공도가 있기는 하나, 그 공도가 부족하여 대부분의 일반인들이 그 토지를 이용하여 이동하고 있으며, 불특정 다수인이 그 토지를 이용하는데 제한이 없는 점 등에 비추어 볼 때 청구법인의 쟁점①~④토지는 재산세 비과세 대상이 되는 사도로 보는 것이 타당하다 하겠으므로 처분청이 쟁점①~④토지를 재산세 비과세 대상이 아니라고 본 것에는 잘못이 있다고 판단됨(조심 2022지993, 2023.7.24. 결정).

제 **11** 장

지방세특례 일반

지방세특례제한법은 2011.1.1. 시행된 법률로서 지방세 감면 및 특례에 관한 사항과 이의 제한에 관한 사항을 규정하여 지방세 정책을 효율적으로 수행함으로써 건전한 지방재정 운영 및 공평과세 실현에 이바지함을 목적으로 한다.

■ 지방세특례제한법은 총칙·감면·지방소득세특례·보칙 등 4개의 장으로 구성되어 있으며, 이 중 감면에 해당하는 장은 농·어업지원, 사회복지지원, 교육·과학기술지원, 문화·관광지원, 기업구조·재무조정지원, 수송·교통지원, 국토·지역개발지원, 공공행정 지원 등 8개 절로 구분되어 있다.

■ 지방세특례제한법상 감면에 관한 각각의 규정은 감면대상·대상물건·감면조건·감면율·유예기간 등을 명시하고 있으므로, 공익성·조세형평성 등을 고려하여 엄격하게 적용하고 법령에서 규정하는 요건을 명확하게 충족하지 않을 때는 감면을 적용하지 아니한다.

■ 법령 등에 따라 지방세를 감면한 후에도 납세자가 유예기간 내에 감면요건을 충족하지 아니하거나, 일정기간 내에 다른 용도로 사용하는 경우 감면한 세액을 추징하여야 한다.

'직접사용'이란

> 「지방세특례제한법」 제2조(정의) ① 이 법에서 사용하는 용어의 뜻은 다음과 같다.
> 8. "직접 사용"이란 부동산의 소유자(「신탁법」 제2조에 따른 수탁자를 포함하며, 신탁등
> 기를 하는 경우만 해당한다)가 해당 부동산을 사업 또는 업무의 목적이나 용도에 맞게
> 사용(이 법에서 임대를 목적 사업 또는 업무로 규정한 경우 외에는 임대하여 사용하는
> 경우는 제외한다)하는 것을 말한다.

- 2014년 지방세특례제한법(법률 제12175호, 2014.1.1.시행) 일부개정으로 제2조 제1항 제8호 규정이 신설되기 이전에는 '직접 사용'의 의미에 대한 법령 해석상 이견이 있었다.
- 위 규정 신설 시 지방세 감면의 직접 수혜자가 해당 부동산 소유자인 점 등을 고려하여, '직접 사용'의 주체를 해당 부동산의 소유자로 한정하여 규정했다(인적감면 명확화).
- 다만, 개별 규정에서 '직접 사용'의 의미를 직접 규정하고 있거나, '임대주택 등에 대한 감면'과 같이 대상물건의 사용 용도가 별도로 정하여져 있는 경우 등 적용배제했다.
- '직접사용'은 해당 사업 또는 업무의 목적에 맞게 지속적으로 사용함을 의미하는 것이므로, 필요에 따라 일시적·간헐적으로 사용하는 것은 직접사용에 해당하지 않는다.
- 다만, 2022년부터 대상물건을 감면 받은 후 「신탁법」 제2조에 따른 수탁자에게 소유권을 이전한 경우에도 감면주체가 직접 사용하는 경우로 개정되었다.

(1) '직접 사용'에 대한 해석상 이견(2014년 이전)

인적 감면	물적 감면
소유관계를 기준으로 직접 사용 여부를 판단하는 것으로, 해당 부동산의 소유자가 직접 자신의 목적사업에 사용하는 경우에 한하여 감면대상으로 본다는 견해	소유관계 보다는 사용용도를 고려하여 직접 사용 여부를 판단하는 것으로, 당해 부동산을 소유한 자가 직접 사용하지 아니하더라도 제3자에게 임대 또는 위탁하여 목적사업으로 사용한다면 감면대상에 해당한다는 견해

가. 인적감면 중시 해석사례

사례 인적감면에 해당되는지 여부

- 학교법인이 취득한 이 건 건축물을 청구법인이 고유 업무에 직접 사용하지 아니하고 ○○산업협력단에게 임대하고 있는 사실이 제출된 자료에 의해 확인되고 있는 이상, 설령, 학생들이 필요시마다 해당 건축물을 사용했다고 하여도 이 건 건축물의 주된 용도는 교육목적이 아닌 임대용 부동산에 해당하므로 기 비과세한 취득세 등을 추징한 처분은 달리 잘못이 없음(조심 13지26, 2013.3.7.).

- 「지방세법」 제276조 제1항은, 「산업입지 및 개발에 관한 법률」에 의하여 지정된 산업단지 안에서 산업용 건축물 등을 신축하거나 증축하고자 하는 자가 취득하는 부동산에 대하여는 취득세와 등록세를 면제하되 다만, 그 사용일부터 2년 이상 산업용 건축물 용도로 직접 사용하지 아니하고 매각하거나 다른 용도로 사용하는 경우 그 해당 부분에 대하여는 면제된 취득세·등록세를 추징한다고 규정하고 있는바, 이 추징 규정의 입법목적은 산업단지 안에서 취득한 부동산을 당해 용도에 직접 사용 하지 아니하고 매각하는 것을 방지함과 아울러 당해 용도에 일정기간 이상 사용하는 것을 강제하기 위함에 있고, '그 사용일부터 2년 이상'이라 함은 취득 후 2년 이상 당해 용도에 직접 사용하는 것을 의미하며, 여기에서 말하는 '직접 사용'이라 함은 부동산 취득자가 그 부동산의 사용권을 행사하는 것으로 소유권의 주체가 당해 용도에 현실적으로 사용되고 있음을 의미한다. 또한 토지를 취득하여 고유 업무에 직접 사용하기 위한 건축 등의 공사를 하였다고 하더라도 그것만으로는 그 토지를 고유 업무에 직접 사용한 것이라고 볼 수 없고, 다만 그 고유 업무에 직접 사용하지 못한 데 정당한 사유가 있는 것으로 보아야 하므로 건축물의 건축공사는 원칙적으로 토지를 건축물 등의 용도로 직접 사용하는 행위라기보다는 이를 위한 준비행위에 불과한 것임(조심 09지1057, 2010.9.15.).

따라서 2006.9.16. 이건 토지를 취득한 후 그 토지상에 2008.1.13.과 2009.1.19. 신축 및 증축 건축물의 사용승인서를 교부받았으므로 쟁점부동산은 2008.1.13.과 2009.1.19.부터 공장용부동산으로 직접 사용한 것으로 보아야 하며, 이로부터 2년 이상 공장용부동산으로 사용하여야 함에도 사용승인서 교부일부터 2년이 경과되지 아니한 2009.2.6. 쟁점부동산을 매각하였으므로 비록 매매당사자간 약정에 의해 쟁점부동산을 매각과 동시에 그 소유권의 주체인 매수자로부터 일정기간 임차하여 사용한다고 하더라도 이를 청구법인이 직접사용하였다고 볼 수 없으므로 기 과세면제된 쟁점부동산에 대한 취득세 등의 추징사유가 발생하였다고 보아야 함.

나. 물적감면 중시 해석사례

사례 물적감면에 해당되는지 여부

- 보험업을 영위하는 법인이 노인복시시설에 사용하기 위하여 취득한 부동산을 법인의 업무 제한 때문에 공익재단법인에 임대형식으로 노인복지시설에 사용토록 하는 경우 추징 여부에 대하여, 조례 제9조 단서가 추징사유의 하나로 들고 있는 '노인복지시설에 직접 사용하지 아니하고 다른 용도로 사용하는 경우'에서 말하는 '직접 사용'의 의미는 당해 재산의 용도가 직접 그 본래의 업무에 사용하는 것이면 충분하고, 그 사용의 방법이 원고 스스로 그와 같은 용도에 제공하거나 혹은 제3자에게 임대 또는 위탁하여 그와 같은 용도에 제공하는지 여부는 가리지 않는다고 할 것이므로(대법원 1984.7.24. 84누297 판결 등), 원고가 이 사건 건물 등을 취득한 후 ○○ 공익재단에 임대한 것만으로는 위 추징사유에 해당하지 아니함(대법원 08두15039 2011.1.27.).
- 교회 소유의 토지를 제3자가 임의 점유하여 교회 부속토지로 사용하고 있는 경우, 당해 토지를 비영리사업자가 그 사업에 '직접 사용'하고 있는 것으로 보아 재산세를 비과세할 수 있는지 여부에 대하여, '직접 사용'에는 해당 재산이 비영리사업자의 공익사업에 직접 사용되는 이상 비영리사업자가 제3자에게 임대 또는 위탁하여 자신의 공익사업에 사용하는 것도 배제되지 않음(대법원 84누297, 2004두9265 등), 다만, 비영리사업자가 제3자에게 임대 또는 위탁하는 방법으로 공익사업에 부동산을 직접 사용한다고 보기 위해서는 비영리사업자가 해당 부동산을 그 사업수행에 직접 사용하는 것으로 볼 수 있을 정도의 제3자에 대한 지휘, 통제 및 관리 감독의 권한을 가지고 있어야 함(대법원 11두20239, 2011.12.13.).

※ 직접사용의 범위 확대(2021년부터)

① 개정개요

개정 전	개정 후
□ '직접 사용'의 범위 　○ 토지에 대한 재산세 감면 적용 시 '건축물'을 건축 중인 경우, '직접 사용'으로 보아 감면 적용	□ '직접 사용'의 범위 확대 　○ 건축물'뿐만 아니라 '주택'을 건축 중인 경우에도 '직접 사용'으로 보아 토지에 대한 재산세 감면 적용

❏ 개정내용
　○ '직접 사용'의 범위 적용 시, '건축물'뿐만 아니라 '주택'을 건축 중인 경우에도 '직접 사용'하는 것으로 보아 재산세 감면 적용토록 개정
　　- 취득세는 '건축물'뿐만 아니라 '주택'을 건축하기 위하여 토지를 취득하는 경우에도 감면을 적용하고 있는 점.

- '임대주택 등에 대한 감면(§31)' 등의 규정은 서민 주거안정을 위하여 임대주택 건축 활성화를 유도한다는 입법취지가 있는 점 등을 고려
○ 종전 운영*과 달리 직접 사용의 적용범위가 확대되어 개정되었음을 유의하여 이 법 시행 이후 납세의무가 성립하는 분부터 적용
  * 토지에 대한 재산세 감면 적용 시 임대주택을 건축중인 경우 감면 불가(지방세특례제도과-1712, 2019.12.12.)

※ 개정 시 적용대상 감면 조문

법	제 목	법	제 목
§31④, ⑥	임대주택 등에 대한 감면	§31의4 ②	주택임대사업에 투자하는 부동산 투자회사에 대한 감면
§31의3	장기일반민간임대주택 등에 대한 감면	§36	무주택자 주택공급사업 지원을 위한 감면

❑ 적용요령
이 법 시행(2021.1.1.) 후 납세의무가 성립하는 경우부터 적용

※ 직접사용의 범위 확대(2022년부터)

① 개정개요

개정 전	개정 후
❑ 직접사용 범위	❑ 직접사용 범위 확대
○ 소유자 + 목적에 맞게 사용	○ 소유자 및 수탁자 + 목적에 맞게 사용

② 개정내용
○ 「지방세법」 개정으로('21.1.1.~) 신탁재산의 경우 **재산세 납세의무자(소유자)가 위탁자로 변경**됨에 따라,
○ 소유자(위탁자)뿐만 아니라 **수탁자**가 그 재산을 사용하는 경우도 '**직접 사용**'에 **해당**하도록 범위 확대

  ◆ 직접 사용 = ^(현행) 소유자 + 목적에 맞게 사용
  ⇒ ^(개정) <u>소유자 및 수탁자</u> + 목적에 맞게 사용

③ 적용요령
○ **수탁자가 재산을 직접 사용**하는 경우에도 **위탁자에 대한 재산세 감면이 이루어질 수 있도록** 운영 필요하며,
  - 이 법 시행('22.1.1.) 이후 납세의무가 성립하는 경우부터 적용

❷ '정당한 사유'란

- "정당한 사유"라 함은 법령에 의한 금지·제한 등 납세의무자의 의지대로 할 수 없는 외부적인 사유는 물론, 해당 업무 등에 사용하기 위한 정상적인 노력을 다하였음에도 그 유예기간을 넘긴 내부적인 사유도 포함한다.
- 이를 판단함에 있어서는 그 입법 취지를 충분히 고려하여 대상물건의 취득목적에 비추어 고유 목적에 사용하는 데 걸리는 준비기간의 장단, 감면 목적에 사용할 수 없는 법령·사실상의 장애사유 및 장애정도, 당해 납세의무자가 대상물건을 감면 업무에 사용하기 위한 진지한 노력을 다하였는지의 여부, 행정관청의 귀책사유가 가미되었는지 여부 등을 종합적으로 참작하여 구체적인 사안에 따라 개별적으로 판단해야 한다.

(1) 대법원 판례를 통한 정당한 사유 판단 종합

고려 요소		인정 여부
내·외부 장애	외부적 장애	통제할 수 없는 외부적 장애일 경우 인정
	내부적 장애	자금부족 및 의사결정의 문제 등과 같은 내부적 사유는 원칙적으로 부정되나, 진지한 노력이 수반된 경우 제한적 인정
취득시 장애존재	인식	원칙적으로 불인정하나, 진지한 노력이 있으면 제한적 인정
	부지	진지한 노력이 수반된 경우 제한적 인정
진지한 노력	노력	추후 완공되면 정당한 사유 인정 미완공이더라도 상당한 노력시 인정
	부족	방치·계획만 수립, 착공단계, 공사 중단의 경우 부정

(2) 관련 사례

> **사례** 내부적 사정에 불과하고 정상적인 노력에 불구하고 객관적인 사유로 부득이 발생한 것 아니므로 정당한 사유가 있는지

구 「지방세법」(2002.12.30. 법률 제6838호로 개정되기 전의 것) 제276조 제1항에서 말하는 '정당한 사유'란 그 취득 토지를 공장용 건축물 등의 용도에 직접 사용하지 못한 사유가 행정관청의 사용 금지·제한 등 외부적인 사유로 인한 것이거나 또는 내부적으로 토지를 공장용 건축물 등의 용도에 사용하기 위하여 정상적인 노력을 하였음에도 불구하고 시간적인 여유가 없거나 기타 객관적인 사유로 인하여 부득이 위

용도에 사용할 수 없는 경우를 말하는 것이고, 토지의 취득자가 그 자체의 자금사정이나 수익상의 문제 등으로 공장용 건축물 등의 용도에 직접 사용하기를 포기한 경우는 이에 포함되지 아니하고(대법원 03두9978, 2003.12.12.), 이 법리는 「지방세법」 제282조의 해석에도 동일하게 적용된다고 할 것이다.

앞서 든 증거에 변론 전체의 취지를 종합하면, 원고들은 2008년 말경 갑작스런 전세계 금융위기의 발생으로 경영상의 어려움을 겪게 되어 지방자치단체에 이 사건 토지에 대한 위 매매계약의 해제를 요청하였고, 이에 따라 지방자치단체는 심의위원회 심의를 거쳐 위 매매계약을 해제하기로 결정하고 이 사건 매매대금에서 계약금을 차감한 후 이자상당액을 가산한 금액에서 원고들이 지방자치단체에 지급할 손해배상금을 차감한 잔액을 원고들에게 지급하여 위 매매계약의 해제와 관련한 정산을 마친 사실을 인정할 수 있다.

위 인정사실에 의하면, 위 매매계약의 해제는 원고들의 경영 및 자금사정에 기인한 것이고, 행정관청의 사용 금지 · 제한 등 외부적인 사유로 인한 것이거나 또는 원고들이 정상적인 노력을 하였음에도 불구하고 객관적인 사유로 인하여 부득이하게 발생한 것이 아니므로, 원고들이 이 사건 토지를 기업부설 연구소 용도에 사용하지 아니한 것에 대하여는 이 사건 법령 단서에서 규정한 '정당한 사유'가 존재한다고 볼 수 없을 뿐만 아니라, 이 사건 처분은 원고들이 이 사건 법령 본문의 취득세 등 면제요건에 해당하지 아니함(대법원 11두27551, 2013.11.28.).

사례 **공사중단 이후 안정화 공사 등 일부공사를 진행한 경우는 건축 중인 건물로 볼 수 없음**

'정당한 사유'란 공사를 중단한 사유가 행정관청의 금지 · 제한 등 외부적인 사유로 인한 것이거나 또는 내부적으로 공사를 진행하기 위하여 정상적인 노력을 다하였음에도 부득이하게 공사를 진행하지 못한 경우를 말하는 것이고, 그 자체의 자금사정이나 수익상의 문제 등으로 공사를 중단하거나 방치한 경우에는 특별한 사정이 없는 한 이에 해당하지 아니한다.

흙막이벽체 안정화 공사가 이루어졌다고 하더라도, 공사중단을 전제로 공사중단 기간 장기화에 따라 안전을 이유로 기존에 설치된 흙막이 벽체의 안정화 공사를 하겠다는 것이지, 그 때부터 중단된 이 사건 공사를 재개하여 진행하겠다는 취지가 아니어서 흙막이벽체 안정화 공사를 이 사건 공사의 실질적인 공사 진행으로 평가하기는 어렵다.

따라서 이 사건 공사를 중단한 것은 사업상 필요에 따라 스스로 선택한 것으로서 정상적인 노력과 추진을 다하였음에도 부득이 건축공사를 중단할 수밖에 없게 된 경우라고 할 수 없으므로 이 사건 공사가 6개월 이상 중단된 대에 정당한 사유가 있다고 볼 수 없으므로 건축 중인 건물로 볼 수 없음(대법원 15두39248, 2015.7.23.).

고유업무 및 공장용에 사용하기 위하여 꾸준히 노력하였으므로, 유예기간 내에 직접 사용하지 못한 정당한 사유가 있는지

정당한 사유란 법령에 의한 금지, 제한 등 그 법인이 마음대로 할 수 없는 외부적인 사유는 물론 고유 업무에 사용하기 위한 정상적인 노력을 다하였음에도 시간적인 여유가 없어 유예기간을 넘긴 내부적인 사유도 포함하고, 정당한 사유의 유무를 판단함에 있어서는 비업무용 토지에 대한 취득세 중과취지를 충분히 고려하면서 토지의 취득목적에 비추어 고유목적에 사용하는데 걸리는 준비기간의 장단, 고유목적에 사용할 수 없는 법령상·사실상의 장애사유 및 장애정도, 당해 법인이 토지를 고유 업무에 사용하기 위한 진지한 노력을 다하였는지 여부 등을 아울러 참작하여 구체적인 사안에 따라 개별적으로 판단하여야 할 것이다.

이 사건의 경우, 위에서 인정한 바와 같이 원고는 이 사건 토지를 취득하기 전에 이미 일본회사와 기술도입의향서를 수교한 상태였으나 그 뒤 협상과정에서 일본회사의 요구조건에 합의를 도출하지 못한 채 기술도입이 무산되는 바람에 다시 전혀 새로운 기술제휴업체를 물색하고 의향을 타진하느라 많은 시일이 소요되었던 점, 원고는 수입대체품의 개발을 위하여 일관되게 외국기업과의 기술합작을 추진하여 왔으며, 현재 공장을 가동하며 시제품도 생산하고 있는 점, 이 사건 토지는 「공업배치 및 공장설립에 관한 법률」에 의거 5년간의 환매특약을 맺어 매수한 천안제2공업단지 내의 토지로서 투기목적과는 거리가 멀고, 1994.12.31. 영14481호로 개정된 구 「지방세법 시행령 제84조의4 제1항 제1호 가목은 「공업배치 및 공장설립에 관한 법률」 제2조의 규정에 의한 공장용 토지는 3년의 유예기간을 두도록 하는 규정을 신설하고, 등록세 추징규정은 1994.12.22. 법4794호로 삭제된 점 등을 종합하여 보면 원고가 외국기업과의 기술합작과정에서 다소 적절치 못한 대처를 한 점은 있으나, 이 사건 토지의 취득이후 공장가동까지의 과정을 전체적으로 파악할 때 원고는 이 사건 토지를 고유 업무에 직접 사용하기 위한 일련의 절차를 꾸준히 추진한 것으로 보이고, 이러한 사정을 비업무용 토지에 대한 취득세 중과의 입법취지와 관련 법규정의 개정취지 등을 아울러 고려하면 원고가 이 사건 토지를 영 제84조의4 제1항 및 법 제128조의2 제2항 제1호 단서 소정의 각 유예기간 내에 고유 업무에 해당하는 용도에 직접 사용하지 못한 데에는 정당한 사유가 있다고 할 것임(대법원 99두5931, 2001.8.24.).

사례 ▶ 감면부동산을 취득한 후 그 사업의 지침 등에 따라 추진하였음에도 감면유예기간을 도과한 경우 정당한 사유가 있는지 여부

이 건 지원사업의 사업대상자로 선정된 청구법인은 이 건 지원사업 지침에 의하여 상당한 시일이 소요되는 감독기관의 심사일정에 따라 이 건 유통센터의 건립을 추진할 수밖에 없어 사업기간이 2년으로 예정된 이 건 유통센터의 신축을 1년 이내에 완료하기는 불가능한 것으로 보이는 점, 청구법인은 쟁점토지를 취득하기 전부터 용도

변경, 설계용역 계약 체결, 지반조사, 설계도서 검토 등을 진행하며 이 건 유통센터의 준공을 앞당기기 위한 노력을 한 것으로 보이는 점, 청구법인이 이 건 유통센터의 신축과 관련한 일련의 과정을 살펴보면, 쟁점토지를 취득한 후 내·외부의 규정과 절차에 따라 각종 업무를 추진하는 데 있어 정상적인 노력을 다하지 않은 사실은 확인되지 아니한 반면, 지속적이고 꾸준하게 진지한 노력을 다한 것으로 보이는 점 등에 비추어 볼 때 청구법인이 쟁점토지를 유예기간 내에 고유업무에 직접 사용하지 못한 데에는 「지방세특례제한법」 178조 제1호에서 규정한 정당한 사유가 있다고 할 것이므로 처분청이 이 건 경정청구를 거부한 처분은 잘못이 있다고 판단됨(조심 2021 지1929, 2022.5.23.).

 '매각·증여'란

> 「지방세특례제한법」 제2조(정의) ① 이 법에서 사용하는 용어의 뜻은 다음과 같다.
>   8의2. "매각·증여"란 이 법에 따라 지방세를 감면받은 자가 해당 부동산, 차량, 선박 등을 매매, 교환, 증여 등 유상이나 무상으로 소유권을 이전하는 것을 말한다. 다만, 대통령령으로 정하는 소유권 이전은 제외한다.
>
> 「지방세특례제한법 시행령」 제1조의2(매각·증여의 예외) 법 제2조 제1항 제8호의2 단서에서 "대통령령으로 정하는 소유권 이전"이란 다음 각 호의 어느 하나에 해당하는 소유권 이전을 말한다.
>   1. 상속으로 인한 소유권 이전
>   2. 「공익사업을 위한 토지 등의 취득 및 보상에 관한 법률」 등 다른 법률에 따른 부동산의 수용으로 인한 소유권 이전. 다만, 같은 법 제22조에 따른 사업인정의 고시(다른 법률에 따라 해당 사업인정의 고시가 준용되거나 간주되는 경우를 포함한다) 또는 다른 법률에 따라 해당 사업인정의 고시에 준하는 행정기관의 고시 또는 공고가 있은 이후에 부동산을 취득하여 수용되는 경우는 제외한다.
>   3. 「지방세법」 제9조 제3항 각 호에 따라 취득세가 부과되지 않는 신탁재산의 소유권 이전

■ '21년 말, 매각·증여를 '유상·무상으로 소유권을 이전하는 것'으로 규정을 신설*(법 §2 ① 8의2)하면서, 그 **제외** 대상을 시행령으로 **위임**하였었다.

(지특법 §2 ① 8의2) "매각·증여"란 이 법에 따라 지방세를 감면받은 자가 해당 부동산, 차량, 선박 등을 매매, 교환, 증여 등 유상이나 무상으로 소유권을 이전하는 것을 말한다. 다만, 대통령령으로 정하는 소유권 이전은 제외한다. ('23년 시행)

■ 2023년도부터 외부의 불가항력적인 사유에 따른 소유권이전 또는 감면목적 달성에 지장이 없는 상속, 수용, 신탁을 **매각·증여의 예외 범위로 신설**하였다.
 - (상속) 사망으로 인한 소유권 이전
 - (수용) **토지보상법** 등에 따른 부동산의 **수용**으로 인한 소유권 이전. 다만, **사업인정 고시일** 등의 행위가 있은 **이후에 부동산을 취득**하여 수용되는 경우는 **제외**
 - (신탁) 「지방세법」 제9조 제3항 각 호에 따라 취득세가 부과되지 않는 신탁재산의 소유권 이전
   ※ 신탁법에 따른 신탁으로서 신탁등기가 병행되는 신탁재산의 소유권 이전[위탁자 ↔ 수탁자, 수탁자 → 신수탁자)]
   ※ (수용) 사업인정 고시일 등의 판단 기준(영 §1의2.2호)

✓ (1유형) 「토지보상법」에 따른 사업인정 고시일
✓ (2유형) 그 외 법률에 따라 「토지보상법」의 사업인정 고시가 준용·간주되는 경우: 「국토계획법」상 실시계획 고시 등
✓ (3유형) 他법률에 따라 사업인정 고시에 준하는 행정기관의 고시·공고: 「관광진흥법」상 조성계획 고시일 등

※ **(신탁) 지방세법 §9 ③**

신탁(「신탁법」에 따른 신탁으로서 신탁등기가 병행되는 것만 해당한다)으로 인한 신탁재산의 취득으로서 다음 각 호의 어느 하나에 해당하는 경우에는 취득세를 부과하지 아니한다. 다만, 신탁재산의 취득 중 주택조합등과 조합원 간의 부동산 취득 및 주택조합등의 비조합원용 부동산 취득은 제외한다.
1. 위탁자로부터 수탁자에게 신탁재산을 이전하는 경우
2. 신탁의 종료로 인하여 수탁자로부터 위탁자에게 신탁재산을 이전하는 경우
3. 수탁자가 변경되어 신수탁자에게 신탁재산을 이전하는 경우

관계법령

「지방세특례제한법」 제178조(감면된 취득세의 추징) ① 부동산에 대한 감면을 적용할 때 이 법에서 특별히 규정한 경우를 제외하고는 다음 각 호의 어느 하나에 해당하는 경우 그 해당 부분에 대해서는 감면된 취득세를 추징한다.

1. 정당한 사유 없이 그 취득일부터 1년이 경과할 때까지 해당 용도로 직접 사용하지 아니하는 경우
2. 해당 용도로 직접 사용한 기간이 2년 미만인 상태에서 매각·증여하거나 다른 용도로 사용하는 경우

② 이 법에 따라 부동산에 대한 취득세 감면을 받은 자가 제1항 또는 그 밖에 이 법의 각 규정에서 정하는 추징 사유에 해당하여 그 해당 부분에 대해서 감면된 세액을 납부하여야 하는 경우에는 대통령령으로 정하는 바에 따라 계산한 이자상당액을 가산하여 납부하여야 하며, 해당 세액은 「지방세법」 제20조에 따라 납부하여야 할 세액으로 본다. 다만, 파산 등 대통령령으로 정하는 부득이한 사유가 있는 경우에는 이자상당액을 가산하지 아니한다.

「지방세특례제한법 시행령」 제123조의2(감면된 취득세의 추징에 관한 이자상당액의 계산 등) ① 법 제178조 제2항 본문에 따라 가산하여 납부해야 하는 이자상당액은 감면된 세액에 제1호의 기간과 제2호의 율을 곱하여 계산한 금액으로 한다.

1. 당초 감면받은 부동산에 대한 취득세 납부기한의 다음 날부터 추징사유가 발생한 날까지의 기간. 다만, 「지방세기본법」 제60조에 따라 환급·충당한 후 추징사유가 발생한 경우에는 같은 법 시행령 제43조 제1항 각 호에 따른 날부터 추징사유가 발생한 날까지의 기간으로 한다.
2. 1일당 10만분의 25

② 법 제178조 제2항 단서에서 "파산 등 대통령령으로 정하는 부득이한 사유"란 다음 각 호의 어느 하나에 해당하는 사유를 말한다.

1. 파산선고를 받은 경우
2. 천재지변이나 그 밖에 이에 준하는 불가피한 사유로 해당 부동산을 매각·증여하거나 다른 용도로 사용한 경우

※ 지방세 이자상당가산액 도입(2020.1.1. 이후 법 시행 이후 부동산에 대한 취득세 감면분부터 적용)

❑ 개정개요

개정 전	개정 후

☐ (신설)
○ 부동산에 대해 감면받은 취득세 추징 시 본세만 추징
○ 이자상당액 적용 방법과 적용 제외 사유를 대통령령으로 위임
	☐ 지방세 이자상당가산액 도입
	○ (대상세목) 취득세
	  – 부동산에 대해 감면받은 취득세 추징 시 본세에 이자상당액을 가산하여 추징
	○ (적용제외) 파산 등 대통령령*으로 정하는 부득이 한 경우 적용 제외
	  – 파산선고를 받은 경우
	  – 천재지변, 그밖에 이에 준하는 불가피한 사유로 매각·증여하거나 다른 용도로 사용하는 경우
	○ (이자율) 1일 10만분의 25
	○ (가산기간) 취득세 납부기한의 다음날 ~ 추징사유 발생일
	○ (경과조치) 이 법 시행 이후 취득세 감면을 받는 경우부터 적용

○ 취득세 감면을 추징 시 본세만 추징하여 감면기간 동안 이자 및 부동산 시세차익 등을 향유할 수 있어 성실 납세자와의 불형평성 초래
　※ 감사원, 취득세 감면세액 추징 시 '이자상당가산액'을 부과토록 제도개선 지적
　　('18년)
○ 이에 감면제도의 실효성 확보 및 성실납세자와의 형평성 제고를 위해 이자상당가산액을 도입하여 감면의 사전·사후관리를 강화
○ 추징사유가 발생하여 감면 세액을 추징하는 경우 감면기간 동안 부당하게 향유한 이익에 상당하는 금액을 본세에 부가하여 추징
　– (적용이자율) 1일 10만분의 25(연 9.125%)　※ 국세와 동일
　– (가산기간) 취득세는 당초 감면받은 부동산에 대한 취득세 납부기한의 다음 날부터 추징사유가 발생한 날까지의 기간까지 설정

| 이자상당가산액 도입에 따른 차이 |

현 행			개 정		
	60日(지방세법 §20③)		이자상당가산액	60日(지방세법 §20③)	
본세	수시분 자진신고·납부기한		본세	수시분 자진신고·납부기한	
취득일　취득사유발생일　　　추징사유 자진신고·납부기한			취득일　추징사유발생일　　　추징사유 자진신고·납부기한		
추징 시 본세만 신고·납부			추징 시 본세 및 이자상당액 신고·납부		

※ 추징사유가 발생한 날을 확인할 수 없는 경우에는 세무공무원이 추징사유
　　발생을 인지한 날을 추징사유가 발생한 날로 간주
－ (가산예외) 파산선고를 받거나 천재지변, 그밖에 이에 준하는 불가피한 사유로
　매각·증여하거나 다른 용도로 사용하는 경우(시행령§123-2)

❷ 적용 요령

■ 감면조문에 개별 추징규정이 없더라도 "직접사용"이 규정되어 있으면 적용하되, 감면조
문에 "직접사용"이 없는 경우는 제외한다.

구 분	개별추징규정 있음	개별추징규정 없음
"직접사용" 있음	개별추징 규정에 따름	제178조 적용대상
"직접사용" 없음	개별추징 규정에 따름	제178조 적용대상 제외

※ 농어촌공사 취득 등 사후관리가 불필요한 조항에 대하여는 적용하지 아니하며, 개별 추
징규정이 있는 경우 당해 규정을 따른다.

■ 1년이 경과할 때까지 해당용도로 직접 사용하고, 2년 이상 사용하는 두 가지 요건을 모
두 충족해야 한다.

※ 2년 미만인 상태에서 매각·증여, 다른 용도로 사용할 경우 정당한 사유인정 안한다.

 토지 취득 이후 유예기간인 내에 건축물을 착공하여 건물의 사용승인을 득하였다 해
도, 사용승인 후 건물을 직접 사용하지 않고 방치하였다면, 토지에 대한 취득세 추
징이 가능한지

청구법인은 2008.5.29. 이 건 토지를 취득한 후, 처분청으로부터 취득세 등을 면제 받
았고, 2010.1.4. 처분청으로부터 이 건 토지상에 공장용 건축물 건축허가를 받았으며,
2010.4.1. 착공신고를 하였고, 2011.8.25. 처분청으로부터 이 건 건축물의 사용승인을
받았다.

처분청 세무담당공무원은 2010.6.15. 이 건 토지에 현장조사를 실시하였고, 동 현장
조사서에는 이 건 토지는 청구법인이 전체사용 중이며 임대 및 매각사실 없다고 기
재되어 있고, 이후 2012.7.9.부터 2013.1.30.까지의 기간 중에 처분청 세무담당공무원
이 5차례에 걸쳐 확인하고 작성한 이 건 건축물 출장보고서에 의하면 이 건 건축물
의 출입문이 폐쇄된 상태로 전체 공장내부는 공실로, 사무실용 건축물은 책상과 일
부 집기가 비치되어 있으나 근무하는 사람이 없다고 기재되어 있다.

「지방세법」(2008.9.26. 법률 제9133호로 개정되기 전의 것) 제276조 제1항에서 산업용 건

축물을 신축하거나 증축하고자 하는 자가 취득하는 부동산에 대하여는 취득세와 등록세를 면제하고, 그 부동산에 대한 재산세는 당해 납세의무가 최초로 성립되는 날부터 각각 5년간 100분의 50을 경감(「수도권정비계획법」 제2조 제1호의 규정에 의한 수도권외의 지역에 소재하는 산업단지의 경우에는 면제)하되, 그 취득일부터 3년 내에 정당한 사유 없이 산업용 건축물 등의 용도에 직접 사용하지 아니하는 경우 그 해당 부분에 대하여는 면제된 취득세·등록세 및 재산세를 추징한다고 규정하고 있다. 위 규정에서 산업용 건축물 등의 용도에 직접 사용하지 아니하는 경우 취득세 등을 추징한다고 규정하고 있고, 토지의 사용용도는 토지에 건축된 건축물의 사용용도에 따라 판단하여야 할 것이며, 토지에 건축물만 신축하는 것으로 감면요건을 충족하였다고 보게 되면, 건축물만 신축한 후 다른 용도로 사용하는 경우 토지에 대하여는 면제된 취득세 등을 추징할 수 없게 되는데, 이는 감면제도의 취지에 반하는 것인 점 등을 고려하면, 당해 업종의 용도에 직접 사용한다는 것은 토지에 건축물을 건축하였다는 것만으로 부족하고, 토지와 건축물에서 당해 업종의 영업을 개시하는 것이라고 봄이 타당하다 할 것(대법원 12두25200, 2013.3.14.)인 바, 청구법인의 경우, 이 건 토지를 취득한 후에 유예기간인 3년 이내에 건축물을 착공하여 3년이 경과한 후 이 건 건축물의 사용승인을 득하였으나, 사용승인 후 이 건 건축물을 산업용 건축물 등의 용도에 사용하는 데에 특별한 장애가 없었던 것으로 보임에도 사용승인일부터 1년 이상이 경과하도록 기계설비 등이 없는 상태로 방치한 것으로 보이므로 처분청이 이 건 토지에 대하여 이 건 취득세 등을 추징한 처분은 달리 잘못이 없음(조심 13지518, 2013.11.21.).

4 최소납부제

1 관계법령

「지방세특례제한법」 제177조의2(지방세 감면 특례의 제한) ① 이 법에 따라 취득세 또는 재산세가 면제(지방세 특례 중에서 세액감면율이 100분의 100인 경우와 세율경감률이 「지방세법」에 따른 해당 과세대상에 대한 세율 전부를 감면하는 것을 말한다. 이하 이 조에서 같다)되는 경우에는 이 법에 따른 취득세 또는 재산세의 면제규정에도 불구하고 100분의 85에 해당하는 감면율(「지방세법」 제13조 제1항부터 제4항까지의 세율은 적용하지 아니한 감면율을 말한다)을 적용한다. 다만, 다음 각 호의 어느 하나에 해당하는 경우에는 그러하지 아니하다.

1. 「지방세법」에 따라 산출한 취득세의 세액(연부로 부동산을 취득하는 경우 매회 세액을 합산한 것을 말하며, 1년 이내에 동일한 소유자로부터 부동산을 취득하는 경우 또는 1년 이내에 연접한 부동산을 취득하는 경우에는 각각의 부동산에 대하여 산출한 취득세의 세액을 합산한 것을 말한다) 및 재산세의 세액이 다음 각 목의 어느 하나에 해당하는 경우

   가. 취득세: 200만 원 이하

   나. 재산세: 50만 원 이하(「방세법」 제122조에 따른 세 부담의 상한을 적용하기 이전의 산출액을 말한다)

2. 제7조부터 제9조까지, 제13조 제3항, 제16조, 제17조, 제17조의2, 제20조 제1호, 제29조, 제30조 제3항, 제33조 제2항, 제35조의2, 제36조, 제41조 제1항부터 제6항까지, 제44조 제2항, 제50조, 제55조, 제57조의2 제2항(2020년 12월 31일까지로 한정한다), 제62조, 제63조 제2항·제4항, 제66조, 제73조, 제74조의2 제1항, 제76조 제2항, 제77조 제2항, 제82조, 제85조의2 제1항 제4호 및 제92조에 따른 감면

② 제4조에 따라 지방자치단체 감면조례로 취득세 또는 재산세를 면제하는 경우에도 제1항을 따른다. 다만, 「조세특례제한법」의 위임에 따른 감면은 그러하지 아니하다.

③ 제2항에도 불구하고 제1항의 적용 여부와 그 적용 시기는 해당 지방자치단체의 감면조례로 정할 수 있다.

「지방세특례제한법」 부칙 〈법률 제15295호, 2017.12.26.〉 제7조(지방세 면제 특례의 제한에 관한 적용례) 제177조의2 제1항의 개정규정은 법률 제12955호 지방세특례제한법 일부개정법률 부칙 제12조, 법률 제13637호 지방세특례제한법 일부개정법률 부칙 제5조 및 법률 제14477호 지방세특례제한법 일부개정법률 부칙 제9조에도 불구하고 다음 각 호의 구분에 따른 시기부터 적용한다.

1. 제22조의2, 제42조 제2항, 제43조, 제53조, 제57조의2 제3항 제5호·제7호, 제57조의2

제4항·제5항, 제60조 제3항 제1호의2, 제70조 제3항, 제73조의2, 제74조 제3항 제4호·제5호, 제79조, 제80조 및 제83조 제2항: 2019년 1월 1일
2. 제22조 제1항·제2항, 제72조 제1항·제2항, 제74조 제1항, 제85조의2 제2항, 제88조 제1항, 제89조 및 제90조: 2020년 1월 1일
3. 제15조 제2항, 제63조 제5항: 2023년 1월 1일
4. 제1호부터 제3호까지에서 규정한 면제 외의 면제: 2018년 1월 1일

② 적용요령

- 「지방세특례제한법」 제177조의2 제1항에 따르면 취득세나 재산세를 전액 면제받는 경우 15%는 납부해야 하는 최소납부세액제도를 운용하고 있다.
- 최소납부세액제도 적용제외대상을 「지방세특례제한법」 제177조의2 제1항 제2호에서 규정하고 있고, 그 조문별 적용시기를 지방세특례제한법 부칙(법률 제14477호, 2016.12.27.) 제7조에서 각 규정별로 적용시기를 규정하고 있다.
- 2022년도부터는 연부로 부동산을 취득하는 경우 매회 세액을 합산한 것을 말하고, 1년 이내에 동일한 소유자로부터 부동산을 취득하는 경우 또는 1년 이내에 연접한 부동산을 취득하는 경우에는 각각의 부동산에 대하여 산출한 취득세의 세액을 합산하여 최소납부세액제도를 적용한다.
- **토지수용 등으로 인한 대체취득**(§73), **천재지변 등으로 인한 대체취득에 대한 감면**(§92)등 과표공제 방식의 감면에 대하여는 최소납부세액제도를 적용하지 않는다.

❑ 최소납부세제 적용: 과표 전체에 대해 취득세 면제
  ○ 주거환경개선사업(§74)

구 분	감 면 내 용	개 정 전	개 정 후 ('20년)
소유자	현지개량주택 또는 85㎡ 이하 주택	취 100%(§74 ③ 5) * 최소납부세제 적용('19년~)	연 장(§74 ④ 3) * 최소납부세제 적용

❑ 최소납부세제 未적용: 과표공제 성격
  ○ **토지수용 등으로 인한 대체취득**(§73)
    - 새로 취득한 부동산 등의 가액 합계액이 종전의 부동산등의 가액 합계액을 초

과하는 경우에 **그 초과액에 대해서는 취득세를 부과**

○ **천재지변 등으로 인한 대체취득에 대한 감면**(§92)
 - 새로 취득한 건축물의 연면적이 종전의 건축물의 연면적을 초과하거나 … 새로 취득한 자동차 또는 기계장비의 가액이 종전의 자동차 또는 기계장비의 가액(신제품구입가액을 말한다)을 초과하는 경우에 **그 초과부분에 대해서는 취득세를 부과**

〈 참고: 취득세 부과 예시 〉

종전 부동산	5억 원

대체취득 부동산	5억 원 취득세 면제	1억 원 : 취득세 부과

사례 **법인합병관련 최소납부제 적용**

적격 합병으로 다수의 부동산에 취득세 면제가 발생하더라도 동일한 합병계약을 원인으로 하여 동일한 규정에 따라 취득세 면제가 된 것이므로 존속법인이 다수의 재산을 양도받는 경우라도 일건의 취득 행위로 보아야 하므로 면제된 취득세 총액을 기준으로 판단하며, 다수의 과세기관과 물건이 있다하더라도 과세기관·물건별로 판단할 사항은 아님(행정안전부 지방세특례제도과-3617, 2018.10.4.).

「지방세특례제한법」 제177조의2에서 최소납부세제 적용에 대하여 "이 법에 따라 취득세 또는 재산세가 면제되는 경우"라고 규정하고 있어, 합병의 경우 같은 법 제57의2에 의해 산출된 과세표준액에 취득세율(1.5%)을 적용하여 산출한 세액에 대해 100분의 85에 해당하는 감면율을 적용하는 것이 타당함(행정자치부 지방세특례제도과-1534, 2016.7.5.).

지방세특례제한법 기본통칙 법177의2-1【합병에 따라 취득하는 재산이 다수인 경우의 적용 기준】 합병에 따라 취득하는 재산이 부동산, 차량 등으로 다수인 경우 및 합병에 따라 취득하는 재산이 다수의 과세기관에 걸쳐있는 경우, 동일한 합병계약을 원인으로 하여 「지방세특례제한법」에 따라 취득세가 면제되었다면 최소납부세제는 그 합병을 원인으로 하여 면제된 취득세 총액을 기준으로 적용한다.

※ 도시개발사업 등 감면 관련 최소납부세제 적용기준(법 §74)

❑ 개요

○ 환지계획 등으로 인한 부동산 대체취득 시 취득세 면제 규정(§74 ①)은 '20년부터 최소납부세제 적용 대상이나('17년 부칙),

– '20년 적용요령*은 최소납부세제 미적용 대상으로 안내

* 지방세특례제도과−105호('20.1.15.)

➡ 통일적 운영을 위해 최소납부세제 적용 여부 재안내 필요

❑ 적용기준

○ (적용 여부) 환지계획 등에 따른 부동산 취득세 면제 규정(§74 ①)은 '과표공제*' 취지로서 최소납부세제 미적용

* 환지계획에 따른 취득 부동산의 가액 합계가 종전 부동산 가액을 초과하는 경우, 그 초과액에 상당하는 부동산에 대하여 취득세 부과(§74 ① 1·2)

○ (유사감면 제도) '과표공제' 성격의 취득세 면제인 경우 최소납부세제를 미적용하고, 그 외는 최소납부세제를 적용하고 있음

(적용) 주거환경개선 재개발에 따른 취득 → 전체 가액에 대한 면제규정으로 최소납부세제 적용

(미적용) 토지수용·천재지변으로 인한 대체취득 → 과표공제 성격으로 최소납부세제 미적용

❑ 조치 필요사항

○ (최소납부세제 미적용) 추후 법률개정*을 전제로 제74조 제1항은 최소납부세제를 적용하지 않음

* 해당 규정이 최소납부세제 미적용되도록 '21년 법 개정(제177조의2) 추진 예정

– 2020.1.1. 이후 최소납부세제 적용 건에 대해서는 환급 조치

○ (시스템 개선) 최소납부세제 미적용되도록 감면코드 반영 완료

감면내용	조문	세목		적용시기
		취	재	
1 어린이집 및 유치원 부동산	§19	○	○	'15.1.1.
2 청소년단체 등에 대한 감면	§21	○	○	
3 한국농어촌공사(경영회생 지원 환매취득)	§13 ② 2	○		
4 노동조합	§26	○	○	
5 임대주택(40㎡ 이하, 60㎡ 이하)	§31 ① 1, ② 1, ④ 1	○	○	
6 장기일반민간임대주택(40㎡ 이하)	§31의3 ① 1	○	○	
7 행복기숙사용 부동산	§42 ①	○	○	
8 박물관·미술관·도서관·과학관	§44의2	○	○	
9 학술연구단체·장학단체·과학기술진흥단체	§45 ①	○	○	'16.1.1.
10 문화예술단체·체육진흥단체	§52 ①	○	○	
11 한국자산관리공사 구조조정을 위한 취득	§57의3 ②	○		
12 경차	§67 ②	○		
13 지방이전 공공기관 직원 주택 (85㎡ 이하)	§81 ③ 2	○		
14 시장정비사업 사업시행자	§83 ①	○		
15 한국법무보호복지공단, 갱생보호시설	§85 ①	○	○	
16 내진설계건축물(대수선)('21년까지 적용)	§47의4 ① 2	○	○	
17 국제선박	§64 ①, ②, ③	○		
18 매매용 중고자동차	§68 ①	○		'17.1.1.
19 수출용 중고자동차	§68 ③	○		
20 한국농어촌공사 농업기반시설('21년까지 적용)	§13 ② 1의2호		○	
21 농협·수협·산림조합의 고유업무부동산	§14 ③	○	○	
22 기초과학연구원, 과학기술연구기관	§45의2	○	○	
23 신협·새마을금고 신용사업 부동산 등	§87 ①, ②	○	○	'18.1.1.
24 지역아동센터	§19의2	○	○	
25 창업중소기업(창업후 3년내) 재산세	§58의3		○	

감면내용		조문	세목		적용시기
			취	재	
26	다자녀 양육자 자동차	§22의2	○		
27	학생실험실습차량, 기계장비, 항공기등	§42 ②	○	○	
28	문화유산·자연환경 국민신탁법인	§53	○	○	
29	공공기관 상법상회사 조직변경	§57의2 ③ 7	○		
30	부실금융기관 등 간주취득세	§57의2 ⑤	○		
31	학교등 창업보육센터용 부동산	§60 ③ 1의2호		○	'19.1.1.
32	주거환경개선사업시행자로부터 취득 주택(85㎡↓)	§74 ④ 3	○		
33	법인의 지방이전	§79 ①	○	○	
34	공장의 지방이전	§80 ①	○	´	
35	시장정비사업(입주상인)	§83 ②	○		
36	평택이주 주한미군 한국인근로자	§81의2	○		
37	사회복지법인	§22 ①, ②	○	○	
38	별정우체국	§72 ②		○	
39	지방공단	§85의2 ②	○	○	
40	새마을운동조직	§88 ①	○	○	
41	정당	§89	○	○	'20.1.1.
42	마을회	§90	○	○	
43	수소·전기버스	§70 ④	○		
44	장학단체 고유업무 부동산	§45 ② 1	○	○	
45	외국인 투자기업 감면(조특법 적용대상은 제외)	§78의3	○	○	
46	생애 최초 주택	§36의3 ① 1	○		'20.7.10.
47	전공대학 ('23년부터 최소납부세제 적용 배제)	§44 ②	○	○	'21.1.1.~ '22.12.31.
48	농협 등 조합간 합병	§57의2 ②	○		'21.1.1.
49	농협·수협조합의 부실조합 재산 양수 등	§57의3 ①	○		
50	한국자산관리공사에 자산을 매각한 중소기업이 그 자산을 재취득	§57의3 ④	○		'22.1.1.
51	한국자유총연맹	§88 ②	○	○	
52	반환공여구역내 창업용 부동산	§75의4	○		'23.1.1.
53	인구감소지역내 창업용 부동산	§75의5	○	○	
54	지방농수산물공사	§15 ②	○	○	'26.1.1.
55	도시철도공사	§63 ⑤	○	○	

5 중복 감면의 배제

❶ 관계법령

> 「지방세특례제한법」 제180조(중복 감면의 배제) 동일한 과세대상의 동일한 세목에 대하여 둘 이상의 지방세 특례 규정이 적용되는 경우에는 그 중 감면되는 세액이 큰 것 하나만을 적용한다. 다만, 제73조, 제74조의2 제1항, 제92조 및 제92조의2의 규정과 다른 지방세 특례 규정이 함께 적용되는 경우에는 해당 특례 규정을 모두 적용하되, 제73조, 제74조의2 제1항 및 제92조 간에 중복되는 경우에는 그 중 감면되는 세액이 큰 것 하나만을 적용한다.

❷ 관련사례

■ 「지방세특례제한법」 제19조에서는 「영유아보육법」에 따른 영유아어린이집을 설치·운영하기 위하여 취득하는 부동산에 대해서는 취득세를, 해당 부동산 소유자가 과세기준일 현재 영유아어린이집에 직접 사용하는 부동산에 대해서는 재산세(「지방세법」 제112조에 따른 부과액을 포함한다)를 면제하는 것으로 규정하고 있고, 같은 법 제22조에서는 사회복지법인이 해당 사업에 사용하기 위하여 취득하는 부동산에 대해서는 취득세를 면제하고, 수익사업에 사용하는 경우에는 면제된 취득세를 추징하고, 과세기준일 현재 해당 사업에 직접 사용하는 부동산에 대해서는 재산세를 각각 면제하는 것으로 규정하고 있고, 같은 법 제177조의2 및 부칙(법률 제12955호, 2014.12.31.) 제12조에서는 제19조에 대하여는 2015년부터, 제22조에 대하여는 2020년부터 이 법에 따른 취득세 또는 재산세의 면제규정에도 불구하고 100분의 85에 해당하는 감면율을 적용하는 것으로 규정하고 있고, 같은 법 제180조에서는 동일한 과세대상에 대하여 지방세를 감면할 때 둘 이상의 감면규정이 적용되는 경우에는 그 중 감면율이 높은 것 하나만을 적용하는 것으로 규정하고 있음. 같은 법 제2조 제1항 제2호에서는 "수익사업"의 정의를 「법인세법」 제3조 제3항에 따른 수익사업으로 규정하고 있는 바, 「법인세법」 제3조 및 「법인세법 시행령」 제2조 제1항 제4호 아목에서는 「영유아보육법」 제10조에 따른 어린이집에 해당하는 사회복지시설에서 제공하는 사회복지사업을 수익사업의 범위에서 제외하는 것으로 규정하고 있음. 따라서 「법인세법」 제3조에서는 사회복지법인이 설치·운영하는 어린이집을 수익사업

으로 보지 않는 것으로 규정하고 있으므로 사회복지법인이 설치·운영하는 어린이집에 대하여 「지방세특례제한법」 제19조 및 제22조 감면규정 모두 적용할 수 있는 것이고, 같은 법 제180조에서는 동일한 과세대상에 대하여 지방세를 감면할 때 둘 이상의 감면 규정이 적용되는 경우에는 그 중 감면율이 높은 것 하나만을 적용하는 것으로 규정하고 있으므로 2015년의 경우에는 같은 법 제177조의2 및 부칙 제12조와 제180조의 규정에 따라 제22조의 규정을 적용하는 것이 타당할 것임(행정자치부 지방세특례제도과-1708, 2015. 6.30.).

■ 동일한 과세대상에 대하여 지방세법 제9조 제2항(비과세), 지방세특례제한법 제31조(임대주택 감면), 제85조의2(지방공기업 감면) 규정을 중복하여 적용할 수 있는지 여부, 구 「지방세특례제한법」 제96조는 "동일한 과세대상에 대하여 지방세를 감면할 때 둘 이상의 감면 규정이 적용되는 경우에는 그 중 감면율이 높은 것 하나만을 적용"하도록 규정하고 있으며, 이는 두 개 이상의 감면규정을 모두 적용할 경우 발생할 수 있는 조세부담의 불공평성을 방지하면서 과다한 조세지원을 조절하여 세수를 확보하고 조세감면의 체계적인 관리를 유지하기 위한 것(대법원 1996.10.11. 선고 96누1337 판결 참조)으로, 귀 공사의 경우 동일한 과세대상인 하나의 사업지구 토지에 대하여 두 개의 조문(제31조 및 제85조의2)을 선택적으로 중복 적용하는 것은 지특법 제96조의 입법취지 및 조세공평성에 배치되는 것으로 타당하지 않다고 판단됩니다. 다만, 기부채납에 의한 비과세의 경우 지방세법에서 별도로 규정하고 있어 지방세특례제한법상의 중복감면의 배제 규정 대상에 해당하지 않으므로, 사업지구 전체 토지 면적 중 기부채납 부분에 대하여는 우선적으로 비과세 규정을 적용한 후, 나머지 토지에 대하여는 감면율이 높은 하나의 조항만을 적용함이 타당함(행정자치부 지방세특례제도과-1199, 2014.8.1.).

■ 「지방세특례제한법(법률 제16865호, 2020.2.15. 개정된 것)」 제180조에서 '동일한 과세대상에 대하여 지방세를 감면할 때 둘 이상의 감면 규정이 적용되는 경우에는 그 중 감면율이 높은 것 하나만을 적용한다(단서생략)'고 규정하고 있습니다. 위 중복감면 배제의 입법 취지는 '동일한 과세대상에 대해 2개 이상의 감면 규정을 중복 적용할 수 없도록 규정하고 있는데, 이는 2개 이상의 감면규정을 모두 적용할 경우 발생할 수 있는 조세부담의 불공평성을 방지하면서 과다한 조세지원을 조절하여 세수를 확보하고 조세감면의 체계적인 관리를 유지하기 위한 것(대법원 1996.10.11. 선고 96누1337)'으로, 중복감면에 적용되는 감면규정이란 지방세특례제한법상 각 감면하는 감면 조문(항) 자체를 의미한다고 할 것이므로 동일한 과세대상에 대하여 감면 조문별로 유리한 세목만을 선택하여 적용할 수는 없다(지방세특례제도과 910, 2020.4.24.)고 할 것입니다. 나아가 지상정착물의 부속토지란 지상정착물의 효용과 편익을 위해 사용되고 있는 토지를 말하고 그 필지 수 등에 관계없

이 지상정착물의 이용현황에 따라 객관적으로 판단할 사항으로서 이는 하나의 유기적인 관계에 있는 동일한 과세대상에 해당된다고 할 것이므로, '건축물 및 그 부속토지'를 별개의 과세대상으로 보아 각 감면규정을 달리 적용할 수 있다고 볼 것은 아니고 동일 과세대상에 둘 이상의 감면규정이 적용되는 경우로서 그 중 감면율이 높은 것을 적용할 수 있을 뿐이라 할 것(지방세특례제도과-479, 2020.3.2.)입니다. 반면, 귀문 쟁점토지가 국가산업단지 조성용에 해당된다고 하더라도 그 토지가 공공시설물의 효용과 편익을 위해 사용되는 공공시설부지와 공공시설의 부지로 사용되지 아니하는 공공시설 외부지로 명확하게 구분되고, 당해 공공시설부지가 「지방세특례제한법」 제76조 제2항에 따른 ○○○ 공사가 관계 법령에 따라 국가 또는 지방자치단체에 무상으로 귀속될 공공시설물 및 그 부속토지와 공공시설용지에 해당되는 경우라면, 이는 산업용건축물의 부지 등 오로지 산업단지로 조성되는 공공시설 외부지와는 별개의 과세대상에 해당된다고 할 것이어서 공공시설부지와 공공시설 외부지로 구분하여 각각의 감면조문(항)을 적용할 수 있다고 할 것이므로 그 면적비율에 따라 공공시설부지에 대해서는 「지방세특례제한법」 제76조 제2항의 재산세 면제를, 공공시설 외부지에 대해서는 같은 법 제78조 제1항의 재산세 감면을 각각 적용할 수 있다고 할 것임(지방세특례제도과-249, 2020.2.6.).

③ 최근 쟁점

사례 부동산투자회사가 대도시 중과배제와 세액감면을 동시에 받을 수 있는지 여부부동산투자회사가 대도시 중과배제와 세액감면을 동시에 받을 수 있는지 여부

- 청구법인은 이 건 부동산의 취득에 대하여 쟁점중과세율배제규정과 쟁점감면규정을 모두 적용해야 한다고 주장하나, 「지방세특례제한법」 제2조 제1항 제6호에서 "지방세 특례"를 세율의 경감, 세액감면, 세액공제, 과세표준 공제(중과세 배제, 재산세 과세대상 구분전환을 포함)로 각각 규정하고 있고 이들은 모두 납세자가 납부하여야 하는 세액을 감소시키는 것으로 넓은 의미에서 모두 감면에 해당된다고 볼 수 있는 점, 지방세 감면과 중과세 배제는 납세자의 입장에서 사실상의 이중혜택이므로 그 중 높은 것 하나만 적용하는 것이 중복감면의 배제의 입법 취지에 부합한다고 보이는 점, 지방세 감면과 중과세 배제를 모두 적용하기 위해서는 같은 조항에 감면과 중과세 배제 내용이 각각 명시되어 있어야 한다고 보는 것이 조세법규의 엄격해석원칙에 부합하는 점 등에 비추어, 이 건 부동산의 취득에 대하여 쟁점중과세율배제규정과 쟁점감면규정을 모두 적용하는 것은 「지방세특례제한법」 제180조에 따른 중복 감면으로서 허용될 수 없다고 보는 것이 타당하므로 처분청이 이 건 부동산에 대하여 취득세 중과세율을 적용한 부분은 달리 잘못

이 없다고 판단됨(조심 2020지1267, 2021.3.29.).

- 지방세 감면에 대한 정의 규정이 없는 상황에서 「지방세특례제한법」 제180조의 중복감면 배제 조항의 중복감면에 대도시내 취득세 중과세율 적용 배제도 포함할 것인지에 대하여는 첫째, "감면"의 개념을 사전적 의미로 해석하더라도 중과세율 적용 배제를 통하여 조세부담을 덜어주는 것으로 감면의 범주로 볼 수 있는 점, 둘째, 구 조세특례제한법에서 규정하고 있던 감면 조항이 「지방세특례제한법」으로 이관되면서 취득세 감면규정은 일몰로 종료하고 취득세 중과세율 적용 배제 규정만 존치하게 된 점, 셋째, 「지방세특례제한법」 제180조의2 외에 개별조항에서도 중과세율 적용 배제 규정이 존재하고 있으므로 동일하게 적용되어야 하는 점 등 「지방세특례제한법」 제180조의2 중과세율 적용 배제 규정만 특별히 같은 법 제180조(중복 감면 배제) 규정을 적용받지 아니하여야 할 사유를 찾아볼 수 없음(행정안전부 지방세특례제도과-249, 2020.2.6.).

사례 둘 이상 감면적용대상에 대한 추징범위

「지방세특례제한법」 제78조 제1항에서 「산업입지 및 개발에 관한 법률」 제16조에 따른 산업단지개발사업의 시행자가 산업단지를 조성하기 위하여, 조성공사가 시행되고 있는 토지에 대해서는 재산세의 100분의 35를 2019년 12월 31일까지 경감한다고 규정하고 있음 청구법인은 처분청으로부터 2016.1.18. 고시 제2016-5호로 승인받은 ○○산업단지계획에서 사업시행자로 지정된 것이 확인되고, 그 계획에서 쟁점토지 중 ○○리 산 57-3 1,871㎡를 제외한 193,253㎡가 산업단지 부지로 포함되어 있는 점, 청구법인은 2016.10.12. 산업단지 조성을 위하여 ○○○건설산업과 공사도급계약을 체결하고, 2016년 10월경 그 조성공사에 착공한 것으로 보이는 점 등에 비추어 청구법인은 2017년도 재산세 과세기준일(6.1.) 현재 쟁점토지 중 ○○리 산 57-3 1,871㎡를 제외한 토지에서 산업단지를 조성하고 있어, 「지방세특례제한법」 제78조 제1항의 재산세 감면요건을 충족한 것으로 보이므로 위 토지의 2017년도분 재산세의 100분의 35를 감면하는 것으로 하여 그 세액을 경정하는 것이 타당한 것으로 판단됨(조심 2020지3335, 2021.7.20.).

사례 프로젝트금융투자회사가 정당한 사유 없이 이 건 부동산을 취득한 날부터 1년이 경과할 때까지 해당 용도로 직접 사용하지 아니하는 것으로 보아 이 건 부동산에 대하여 「지방세법」 제13조 제2항의 중과세율을 적용하여 취득세 등을 부과한 처분의 당부

- 「지방세특례제한법」은 감면요건의 이행 또는 충족되지 않는 경우 개별조문에서 감면된 지방세를 추징하도록 규정하면서 개별조문에서 별도의 추징규정을 두지 않는 경우 제178조 "일반적 추징규정"을 적용하며, 추징요건으로 (제1호) 정당한 사유 없이 그 취득일부터 1년이 경과할 때 까지 해당 용도로 사용하지 아니하거나,

(제2호) 해당 용도로 직접 사용한 기간이 2년 미만인 상태에서 매각 증여하거나다른 용도로 사용하는 경우 감면된 취득세를 추징한다고 규정하고 있는바,

- 「지방세특례제한법」 제180조의2 제1항 제3호에서 규정하고 있는 지방세 중과세율 적용배제 대상인 PFV가 같은 법 제178조 제1항 제1호 '정당한 사유 없이 그 취득일로부터 1년이 경과할 때까지 해당 용도로 직접 사용하지 아니한 경우' 감면된 취득세를 추징한다는 일반적 추징규정 적용 대상 여부에 대하여 살펴보면,

- 이 건 PFV는 '20.3.12. 'ㅇㅇ구역' 개발사업을 수행하기 위하여사업부지를 매입하고 업무시설, 판매시설 및 근린생활시설 등을 건설, 분양, 매각 또는 임대 등을 목적사업으로 「법인세법」 제51조의2 제1항 제9 및 같은 법 시행령 제86조의2에서 규정(자본금 50억 원 이상, 자산관리회사 위탁 등)하는 요건 등을 갖춘 프로젝트금융투자회사로서, '20.5.29. 사업부지를 취득, '21.6.7. 건축허가를 받고, 토지 취득일로부터 약 1년2개월이 경과한 '21.8.13. 건축물을 착공하여 현재 신축공사가 진행되고 있습니다.

- 조세법규의 해석은 문언 자체에 의하더라도 그 의미가 분명하지 아니하거나 외견상 법규 상호간에 배치되거나 충돌하는 것처럼 보이는 경우 조세법률주의가 지향하는 법적 안정성 및 예측가능성을 해치지 않는 범위내에서 입법 취지 및 목적 등을 고려한 법규의 합목적적 해석을 하는 것은 불가피하다(대법원 2003두4438, 2008.2.15)할 것이며,

- 대도시 중과세율 적용배제 대상인 PFV는 설비투자, 사회간접시설, 주택건설, 플랜트건설 등 대규모 개발사업으로 상당한 기간과 자금이 소요되는 특정사업을 개발, 건축, 분양, 임대하여 발생한 수익을 주주에게 배분하는 것을 목적으로, 형태는 직원이 상근하지 않는 명목상의 회사로 설립되어야 하고, 자산관리 운영 및 처분에 관한 업무는 별도 자산관리회사에 위탁하여 수행하고, 자금관리업무는 신탁업 등을 영위하는 금융기관을 통한 위탁 관리방식 형태로 운영되는 구조이며,

- 「법인세법」에서는 법인세 감면 대상인 PFV의 요건 중 "직원과 상근하는 임직원을 두지 않을 것"을 명시하고 있고, 이는 PFV 특성이 명목회사로 법인 재산을 직접 관리 운영 및 처분 등은 별도의 자산관리회사를 통하여 위탁 관리하는 것을 감면 요건으로 규정하고 있는 것으로,

- PFV는 구조상 "직접 사용"이 사실상 불가능한 명목회사이며, 개발사업 등을 시행하여 건물을 건축, 분양, 매각 또는 임대하여 수익 발생을 목적사업으로 하는 투자회사임에도, 「지방세특례제한법」 제178조에서 규정하는 "1년 이내 직접 사용하지 않은 경우" 또는 "직접 사용한 기간이 2년 미만인 상태로 매각 증여하거나 다른 용도로 사용할 경우"를 추징 대상으로 적용한다면,

- PFV가 취득하는 모든 부동산은 "일반적 추징규정"에 따라 취득세 추징대상에

해당되어, PFV가 명목상의 회사로서 수도권 과밀 유발 요인이 없고, 대규모 개발사업에 민간자본 투자 활성화를 유도하기 위한 중과세율 적용을 배제하는 취지의 「지방세특례제한법」 제180조의2 제1항 제3호의 조문은 사실상 사문(死文)화 되는 결과를 초래하게 될 것이라 판단됨(행정안전부 지방세특례제도과-587호, 2022.3.15.).

- 처분청은 청구법인이 정당한 사유 없이 이 건 부동산을 취득한 날 부터 1년이 경과할 때까지 해당 용도로 직접 사용하지 않았으므로 이 건 부동산에 대하여 「지방세법」 제13조 제2항의 대도시 취득세 중과세율을 적용하여야 한다는 의견이나, 「지방세특례제한법」 제180조의2 제1항 본문 및 제3호에서 프로젝트금융투자회사가 취득하는 부동산에 대해 「지방세법」 제13조 제2항 본문 및 같은 조 제3항의 세율을 적용하지 아니한다고 규정하고 있으므로, 프로젝트금융투자회사가 취득하는 부동산에 대하여는 대도시 취득세 중과세율 규정뿐만 아니라 그 사후관리 규정도 적용하지 않겠다고 보는 것이 타당(조심 2022지1472, 2023.1.9. 결정, 같은 뜻임)한 점, 「지방세특례제한법」 제178조 제1항 본문에서 부동산에 대한 감면을 적용할 때 이 법에서 특별히 규정한 경우를 제외하고 해당 규정을 적용한다고 규정하고 있는데, 같은 법 제180조의2 제1항은 이에 대한 특별한 규정으로 볼 수 있으므로(조심 2022지1476, 2023.1.9. 결정 등) 이 건 부동산에 대하여는 일반적 추징 규정인 같은 법 제178조 제1항을 적용할 수는 없다고 보는 것이 타당한 점 등에 비추어 볼 때, 청구법인이 이 건 부동산을 취득한 후 1년이 경과할 때까지 그 해당 용도로 직접 사용하지 않았다고 하여 기 배제받은 대도시 취득세 중과세분을 추징하는 것은 타당하지 않다 하겠으므로 처분청이 이 건 취득세 등을 청구법인에게 부과한 처분은 잘못이 있다고 판단됨(조심 2023지547, 2023.4.6. 결정).

사례 청구법인이 쟁점부동산을 취득한 후 의무사용기간(2년) 이내에 다른 용도로 사용한 것으로 볼 수 있는지 여부

- 종교단체와 유지재단 간에 물권을 종교단체가 보유하기로 하는 명의신탁약정이 존재한다 하더라도, 「부동산 실권리자명의 등기에 관한 법률」 제8조에 따라 "명의신탁약정에 따른 등기로 이루어진 부동산에 관한 물권변동을 무효로 한다."라는 같은 법 제4조 제2항 적용대상이 아니어서 종교단체로부터 유지재단으로의 소유권 이전등기는 유효한 물권변동의 효력이 생기는 것으로 보아야 하며,
  - 지방세법에 있어서 부동산 취득세는 재화의 이전이라는 사실 자체를 포착하여 거기에 담세력을 인정하고 부과하는 유통세로서, 부동산의 취득자가 실질적으로 완전한 내용의 소유권을 취득하느냐 여부에 관계없이 소유권 이전의 형식에 의한 부동산 취득의 모든 경우를 포함하는 것(대법원 2002.6.28. 선고2000두7896 판결참조)이므로, 명의수탁자 명의의 소유권 이전등기는 소유권 이전의 형식에 의한 부동산 취득에 해당한다(조심 2009지0920, 2010.8.23.)할 것임.

- 귀문 재단 총회 헌법(교리) 등에 따라 재산이 사실상 강제 편입되었다 하더라도 소유권 변동의 효력이 발생하였고, 계속 종교단체로서 그 목적에 사용한다 하더라도 교회가 취득한 후 2년이 되지 아니한 기간에 소속된 종교단체 유지재단에 명의신탁약정이 있더라도 그에 기반한 증여로 소유권이 이전된 이상, 소유자로서의 지위를 상실하였다고 할 것이므로 이후에는 해당 부동산의 소유자 또는 사실상 취득자의 지위에서 종교단체의 해당 사업에 직접 사용하고 있다고 볼 수 없다(대법원 2016.6.10. 선고 2016두34707 판결 참조)할 것이므로,

- 「지방세특례제한법」 제50조 제1항 제3호의 '직접 사용한 기간이 2년 미만인 상태에서 증여'한 경우에 해당하여 취득세 감면세액 추징대상에 해당된다고 할 것임(행정안전부 지방세특례제도과-642호, 2021.3.15.).

• 조세법률주의의 원칙상 조세법규의 해석은 특별한 사정이 없는 한 법문대로 해석하여야 하고 합리적 이유 없이 확장해석하거나 유추해석하는 것은 허용되지 않지만, 법규 상호간의 해석을 통하여 그 의미를 명백히 할 필요가 있는 경우에는 조세법률주의가 지향하는 법적안정성 및 예측가능성을 해치지 않는 범위 내에서 입법취지 및 목적 등을 고려한 합목적적인 해석을 하는 것은 허용된다 할 것인바(대법원 2008.4.24. 선고 2006두187 판결 등), 청구법인이 운영하던 이 건 지역아동센터는 2017.1.6.부터 운영되다가 재건축 사유로 다른 지역으로 일시 이전하였다가 쟁점건축물에 다시 입주한 사정이 있고, 관내 지역아동센터를 높은 수준의 사회적 돌봄체계 및 운영기반 마련을 위한 서울특별시 등의 정책에 부응하기 위하여 이 건 조합을 설립하여 이 건 지역아동센터를 운영하도록 한 것으로 보이는 점, 이 건 지역아동센터의 운영자가 청구법인에서 이 건 조합으로 변경되었다고 하더라도 그 시설명, 시설장, 종사자, 이용아동 등에 변동이 없고, 이 건 조합의 대표자가 청구법인의 대표자와 동일하여 형식적으로 조합으로 전환된 것일 뿐 그 실질에서는 변동이 없는 것으로 볼 수 있는 점 등에 비추어 청구법인이 지역아동센터를 설치·운영하기 위하여 쟁점부동산을 취득한 후 2년 이내에 다른 용도로 사용한 것으로 보기는 어렵다 하겠으므로 처분청이 이 건 취득세 등을 청구법인에게 부과한 처분은 잘못이 있는 것으로 판단됨(조심 2022지286, 2022.12.19. 결정).

제 **12** 장

기업합병·분할 등에 대한 감면

1 기업합병·분할에 대한 감면

1 관계법령

「지방세특례제한법」 제57조의2(기업합병·분할 등에 대한 감면) ① 「법인세법」 제44조 제2항 또는 제3항에 해당하는 합병으로서 대통령령으로 정하는 합병에 따라 양수(讓受)하는 사업용 재산을 2024년 12월 31일까지 취득하는 경우에는 「지방세법」 제15조 제1항에 따라 산출한 취득세의 100분의 50(법인으로서 「중소기업기본법」에 따른 중소기업 간 합병 및 법인이 대통령령으로 정하는 기술혁신형사업법인과의 합병을 하는 경우에는 취득세의 100분의 60)을 경감하되, 해당 재산이 「지방세법」 제15조 제1항 제3호 단서에 해당하는 경우에는 다음 각 호에서 정하는 금액을 빼고 산출한 취득세를 경감한다. 다만, 합병등기일부터 3년 이내에 「법인세법」 제44조의3 제3항 각 호의 어느 하나에 해당하는 사유가 발생하는 경우(같은 항 각 호 외의 부분 단서에 해당하는 경우는 제외한다)에는 경감된 취득세를 추징한다.

1. 「지방세법」 제13조 제1항에 따른 취득 재산에 대해서는 같은 조에 따른 중과기준세율(이하 "중과기준세율"이라 한다)의 100분의 300을 적용하여 산정한 금액

2. 「지방세법」 제13조 제5항에 따른 취득 재산에 대해서는 중과기준세율의 100분의 500을 적용하여 산정한 금액

③ 다음 각 호의 어느 하나에 해당하는 재산을 2024년 12월 31일까지 취득하는 경우에는 취득세의 100분의 75를 경감한다. 다만, 제1호의 경우 2019년 12월 31일까지는 취득세의 100분의 75를, 2020년 12월 31일까지는 취득세의 100분의 50을, 2024년 12월 31일까지는 취득세의 100분의 25를 각각 경감하고, 제7호의 경우에는 취득세를 면제한다.

2. 「법인세법」 제46조 제2항 각 호(물적분할의 경우에는 같은 법 제47조 제1항을 말한다)의 요건을 갖춘 분할로 인하여 취득하는 재산. 다만, 분할등기일부터 3년 이내에 같은 법 제46조의3 제3항(물적분할의 경우에는 같은 법 제47조 제3항을 말한다) 각 호의 어느 하나에 해당하는 사유가 발생하는 경우(같은 항 각 호 외의 부분 단서에 해당하는 경우는 제외한다)에는 경감받은 취득세를 추징한다.

「법인세법」 제44조(합병 시 피합병법인에 대한 과세) ② 제1항을 적용할 때 다음 각 호의 요건을 모두 갖춘 합병(이하 "적격합병"이라 한다)의 경우에는 제1항 제1호의 가액을 피합병법인의 합병등기일 현재의 순자산 장부가액으로 보아 양도손익이 없는 것으로 할 수 있다. 다만, 대통령령으로 정하는 부득이한 사유가 있는 경우에는 제2호·제3호 또는 제4호의 요건을 갖추지 못한 경우에도 적격합병으로 보아 대통령령으로 정하는 바에 따라 양도손익이 없는 것으로 할 수 있다.

1. 합병등기일 현재 1년 이상 사업을 계속하던 내국법인 간의 합병일 것. 다만, 다른 법인

과 합병하는 것을 유일한 목적으로 하는 법인으로서 대통령령으로 정하는 법인의 경우는 본문의 요건을 갖춘 것으로 본다.

2. 피합병법인의 주주등이 합병으로 인하여 받은 합병대가의 총합계액 중 합병법인의 주식등의 가액이 100분의 80 이상이거나 합병법인의 모회사(합병등기일 현재 합병법인의 발행주식총수 또는 출자총액을 소유하고 있는 내국법인을 말한다)의 주식등의 가액이 100분의 80 이상인 경우로서 그 주식등이 대통령령으로 정하는 바에 따라 배정되고, 대통령령으로 정하는 피합병법인의 주주등이 합병등기일이 속하는 사업연도의 종료일까지 그 주식등을 보유할 것

3. 합병법인이 합병등기일이 속하는 사업연도의 종료일까지 피합병법인으로부터 승계받은 사업을 계속할 것. 다만, 피합병법인이 다른 법인과 합병하는 것을 유일한 목적으로 하는 법인으로서 대통령령으로 정하는 법인인 경우에는 본문의 요건을 갖춘 것으로 본다.

4. 합병등기일 1개월 전 당시 피합병법인에 종사하는 대통령령으로 정하는 근로자 중 합병법인이 승계한 근로자의 비율이 100분의 80 이상이고, 합병등기일이 속하는 사업연도의 종료일까지 그 비율을 유지할 것

③ 다음 각 호의 어느 하나에 해당하는 경우에는 제2항에도 불구하고 적격합병으로 보아 양도손익이 없는 것으로 할 수 있다.

1. 내국법인이 발행주식총수 또는 출자총액을 소유하고 있는 다른 법인을 합병하거나 그 다른 법인에 합병되는 경우

2. 동일한 내국법인이 발행주식총수 또는 출자총액을 소유하고 있는 서로 다른 법인 간에 합병하는 경우

제46조(분할 시 분할법인등에 대한 과세) ② 제1항을 적용할 때 다음 각 호의 요건을 모두 갖춘 분할(이하 "적격분할"이라 한다)의 경우에는 제1항 제1호의 가액을 분할법인등의 분할등기일 현재의 순자산 장부가액으로 보아 양도손익이 없는 것으로 할 수 있다. 다만, 대통령령으로 정하는 부득이한 사유가 있는 경우에는 제2호·제3호 또는 제4호의 요건을 갖추지 못한 경우에도 적격분할로 보아 대통령령으로 정하는 바에 따라 양도손익이 없는 것으로 할 수 있다.

1. 분할등기일 현재 5년 이상 사업을 계속하던 내국법인이 다음 각 목의 요건을 모두 갖추어 분할하는 경우일 것(분할합병의 경우에는 소멸한 분할합병의 상대방법인 및 분할합병의 상대방법인이 분할등기일 현재 1년 이상 사업을 계속하던 내국법인일 것)
   가. 분리하여 사업이 가능한 독립된 사업부문을 분할하는 것일 것
   나. 분할하는 사업부문의 자산 및 부채가 포괄적으로 승계될 것. 다만, 공동으로 사용하던 자산, 채무자의 변경이 불가능한 부채 등 분할하기 어려운 자산과 부채 등으로서 대통령령으로 정하는 것은 제외한다.
   다. 분할법인등만의 출자에 의하여 분할하는 것일 것

2. 분할법인등의 주주가 분할신설법인등으로부터 받은 분할대가의 전액이 주식인 경우

(분할합병의 경우에는 분할대가의 100분의 80 이상이 분할신설법인등의 주식인 경우 또는 분할대가의 100분의 80 이상이 분할합병의 상대방 법인의 발행주식총수 또는 출자총액을 소유하고 있는 내국법인의 주식인 경우를 말한다)로서 그 주식이 분할법인등의 주주가 소유하던 주식의 비율에 따라 배정(분할합병의 경우에는 대통령령으로 정하는 바에 따라 배정한 것을 말한다)되고 대통령령으로 정하는 분할법인등의 주주가 분할등기일이 속하는 사업연도의 종료일까지 그 주식을 보유할 것

3. 분할신설법인등이 분할등기일이 속하는 사업연도의 종료일까지 분할법인등으로부터 승계받은 사업을 계속할 것

4. 분할등기일 1개월 전 당시 분할하는 사업부문에 종사하는 대통령령으로 정하는 근로자 중 분할신설법인등이 승계한 근로자의 비율이 100분의 80 이상이고, 분할등기일이 속하는 사업연도의 종료일까지 그 비율을 유지할 것

「법인세법 시행령」 제80조의2(적격합병의 요건 등) ① 법 제44조 제2항 각 호 외의 부분 단서에서 "대통령령으로 정하는 부득이한 사유가 있는 경우"란 다음 각 호의 어느 하나에 해당하는 경우를 말한다.

1. 법 제44조 제2항 제2호에 대한 부득이한 사유가 있는 것으로 보는 경우: 다음 각 목의 어느 하나에 해당하는 경우
   가. 제5항에 따른 주주등(이하 이 조에서 "해당 주주등"이라 한다)이 합병으로 교부받은 전체 주식등의 2분의 1 미만을 처분한 경우. 이 경우 해당 주주등이 합병으로 교부받은 주식등을 서로 간에 처분하는 것은 해당 주주등이 그 주식등을 처분한 것으로 보지 않고, 해당 주주등이 합병법인 주식등을 처분하는 경우에는 합병법인이 선택한 주식등을 처분하는 것으로 본다.
   나. 해당 주주등이 사망하거나 파산하여 주식등을 처분한 경우
   다. 해당 주주등이 적격합병, 적격분할, 적격물적분할 또는 적격현물출자에 따라 주식등을 처분한 경우
   라. 해당 주주등이 「조세특례제한법」 제38조·제38조의2 또는 제121조의30에 따라 주식등을 현물출자 또는 교환·이전하고 과세를 이연받으면서 주식등을 처분한 경우
   마. 해당 주주등이 「채무자 회생 및 파산에 관한 법률」에 따른 회생절차에 따라 법원의 허가를 받아 주식등을 처분하는 경우
   바. 해당 주주등이 「조세특례제한법 시행령」 제34조 제6항 제1호에 따른 기업개선계획의 이행을 위한 약정 또는 같은 항 제2호에 따른 기업개선계획의 이행을 위한 특별약정에 따라 주식등을 처분하는 경우
   사. 해당 주주등이 법령상 의무를 이행하기 위하여 주식등을 처분하는 경우

2. 법 제44조 제2항 제3호에 대한 부득이한 사유가 있는 것으로 보는 경우: 다음 각 목의 어느 하나에 해당하는 경우
   가. 합병법인이 파산함에 따라 승계받은 자산을 처분한 경우
   나. 합병법인이 적격합병, 적격분할, 적격물적분할 또는 적격현물출자에 따라 사업을 폐지한 경우

다. 합병법인이 「조세특례제한법 시행령」 제34조 제6항 제1호에 따른 기업개선계획의 이행을 위한 약정 또는 같은 항 제2호에 따른 기업개선계획의 이행을 위한 특별약정에 따라 승계받은 자산을 처분한 경우

라. 합병법인이 「채무자 회생 및 파산에 관한 법률」에 따른 회생절차에 따라 법원의 허가를 받아 승계받은 자산을 처분한 경우

3. 법 제44조 제2항 제4호에 대한 부득이한 사유가 있는 것으로 보는 경우: 다음 각 목의 어느 하나에 해당하는 경우

가. 합병법인이 「채무자 회생 및 파산에 관한 법률」 제193조에 따른 회생계획을 이행 중인 경우

나. 합병법인이 파산함에 따라 근로자의 비율을 유지하지 못한 경우

다. 합병법인이 적격합병, 적격분할, 적격물적분할 또는 적격현물출자에 따라 근로자의 비율을 유지하지 못한 경우

라. 합병등기일 1개월 전 당시 피합병법인에 종사하는 「근로기준법」에 따라 근로계약을 체결한 내국인 근로자가 5명 미만인 경우

② 법 제44조 제2항 제1호 단서 및 같은 항 제3호 단서에서 "대통령령으로 정하는 법인"이란 각각 「자본시장과 금융투자업에 관한 법률 시행령」 제6조 제4항 제14호에 따른 법인으로서 같은 호 각 목의 요건을 모두 갖춘 법인(이하 이 조에서 "기업인수목적회사"라 한다)을 말한다.

③ 법 제44조 제2항 제2호에 따른 피합병법인의 주주등이 받은 합병대가의 총합계액은 제80조 제1항 제2호 가목에 따른 금액으로 하고, 합병대가의 총합계액 중 주식등의 가액이 법 제44조 제2항 제2호의 비율 이상인지를 판정할 때 합병법인이 합병등기일 전 2년 내에 취득한 합병포합주식등이 있는 경우에는 다음 각 호의 금액을 금전으로 교부한 것으로 본다. 이 경우 신설합병 또는 3 이상의 법인이 합병하는 경우로서 피합병법인이 취득한 다른 피합병법인의 주식등이 있는 경우에는 그 다른 피합병법인의 주식등을 취득한 피합병법인을 합병법인으로 보아 다음 각 호를 적용하여 계산한 금액을 금전으로 교부한 것으로 한다.

1. 합병법인이 합병등기일 현재 피합병법인의 제43조 제7항에 따른 지배주주등이 아닌 경우: 합병법인이 합병등기일 전 2년 이내에 취득한 합병포합주식등이 피합병법인의 발행주식총수 또는 출자총액의 100분의 20을 초과하는 경우 그 초과하는 합병포합주식등에 대하여 교부한 합병교부주식등(제80조 제1항 제2호 가목 단서에 따라 합병교부주식등을 교부한 것으로 보는 경우 그 주식등을 포함한다)의 가액

2. 합병법인이 합병등기일 현재 피합병법인의 제43조 제7항에 따른 지배주주등인 경우: 합병등기일 전 2년 이내에 취득한 합병포합주식등에 대하여 교부한 합병교부주식등(제80조 제1항 제2호 가목 단서에 따라 합병교부주식등을 교부한 것으로 보는 경우 그 주식등을 포함한다)의 가액

④ 법 제44조 제2항 제2호에 따라 피합병법인의 주주등에 합병으로 인하여 받은 주식등을 배정할 때에는 해당 주주등에 다음 계산식에 따른 가액 이상의 주식등을 각각 배정하

여야 한다.

⑤ 법 제44조 제2항 제2호에서 "대통령령으로 정하는 피합병법인의 주주등"이란 피합병법인의 제43조 제3항에 따른 지배주주등 중 다음 각 호의 어느 하나에 해당하는 자를 제외한 주주등을 말한다.

1. 제43조 제8항 제1호 가목의 친족 중 4촌 이상의 혈족 및 인척

2. 합병등기일 현재 피합병법인에 대한 지분비율이 100분의 1 미만이면서 시가로 평가한 그 지분가액이 10억 원 미만인 자

3. 기업인수목적회사와 합병하는 피합병법인의 지배주주등인 자

4. 피합병법인인 기업인수목적회사의 지배주주등인 자

⑥ 법 제44조 제2항 제4호에서 "대통령령으로 정하는 근로자"란 「근로기준법」에 따라 근로계약을 체결한 내국인 근로자를 말한다. 다만, 다음 각 호의 어느 하나에 해당하는 근로자는 제외한다.

1. 제40조 제1항 각 호의 어느 하나에 해당하는 임원

2. 합병등기일이 속하는 사업연도의 종료일 이전에 「고용상 연령차별금지 및 고령자고용촉진에 관한 법률」 제19조에 따른 정년이 도래하여 퇴직이 예정된 근로자

3. 합병등기일이 속하는 사업연도의 종료일 이전에 사망한 근로자 또는 질병·부상 등 기획재정부령으로 정하는 사유로 퇴직한 근로자

4. 「소득세법」 제14조 제3항 제2호에 따른 일용근로자

5. 근로계약기간이 6개월 미만인 근로자. 다만, 근로계약의 연속된 갱신으로 인하여 합병등기일 1개월 전 당시 그 근로계약의 총 기간이 1년 이상인 근로자는 제외한다.

6. 금고 이상의 형을 선고받는 등 기획재정부령으로 정하는 근로자의 중대한 귀책사유로 퇴직한 근로자

⑦ 합병법인이 합병등기일이 속하는 사업연도의 종료일 이전에 피합병법인으로부터 승계한 자산가액(유형자산, 무형자산 및 투자자산의 가액을 말한다. 이하 이 관 및 제156조 제2항에서 같다)의 2분의 1 이상을 처분하거나 사업에 사용하지 아니하는 경우에는 법 제44조 제2항 제3호에 해당하지 아니하는 것으로 한다. 다만, 피합병법인이 보유하던 합병법인의 주식을 승계받아 자기주식을 소각하는 경우에는 해당 합병법인의 주식을 제외하고 피합병법인으로부터 승계받은 자산을 기준으로 사업을 계속하는지 여부를 판정하되, 승계받은 자산이 합병법인의 주식만 있는 경우에는 사업을 계속하는 것으로 본다.

⑧ 제1항 제1호 가목 후단을 적용받으려는 법인은 납세지 관할 세무서장이 해당 법인이 선택한 주식 처분 순서를 확인하기 위해 필요한 자료를 요청하는 경우에는 그 자료를 제출해야 한다.

제82조의2(적격분할의 요건 등) ⑥ 법 제46조 제2항 제2호에 따른 분할대가의 총합계액은 제82조 제1항 제2호 가목에 따른 금액으로 하고, 분할합병의 경우에는 법 제46조 제2항 제2호에 따라 분할대가의 총합계액 중 주식등의 가액이 법 제44조 제2항 제2호의 비율 이상인지를 판정할 때 분할합병의 상대방법인이 분할등기일 전 2년 내에 취득한 분할법

인의 분할합병포합주식이 있는 경우에는 다음 각 호의 금액을 금전으로 교부한 것으로 본다. 이 경우 신설분할합병 또는 3 이상의 법인이 분할합병하는 경우로서 분할법인이 취득한 다른 분할법인의 주식이 있는 경우에는 그 다른 분할법인의 주식을 취득한 분할법인을 분할합병의 상대방법인으로 보아 다음 각 호를 적용하고, 소멸한 분할합병의 상대방법인이 취득한 분할법인의 주식이 있는 경우에는 소멸한 분할합병의 상대방법인을 분할합병의 상대방법인으로 보아 다음 각 호를 적용하여 계산한 금액을 금전으로 교부한 것으로 본다.

1. 분할합병의 상대방법인이 분할등기일 현재 분할법인의 제43조 제7항에 따른 지배주주 등이 아닌 경우: 분할합병의 상대방법인이 분할등기일 전 2년 이내에 취득한 분할합병포합주식이 분할법인등의 발행주식총수의 100분의 20을 초과하는 경우 그 초과하는 분할합병포합주식에 대하여 교부한 분할합병교부주식(제82조 제1항 제2호 가목 단서에 따라 분할합병교부주식을 교부한 것으로 보는 경우 그 주식을 포함한다)의 가액

2. 분할합병의 상대방법인이 분할등기일 현재 분할법인의 제43조 제7항에 따른 지배주주 등인 경우: 분할등기일 전 2년 이내에 취득한 분할합병포합주식에 대하여 교부한 분할합병교부주식(제82조 제1항 제2호 가목 단서에 따라 분할합병교부주식을 교부한 것으로 보는 경우 그 주식을 포함한다)의 가액

⑦ 법 제46조 제2항 제2호에 따라 분할법인등의 주주에 분할합병으로 인하여 받은 주식을 배정할 때에는 제8항에 따른 주주에 다음 산식에 따른 가액 이상의 주식을 각각 배정하여야 한다.

분할법인등의 주주등이 지급받은 제82조 제1항 제2호 가목에 따른 분할신설법인등의 주식의 가액의 총합계액 × 제8항에 따른 각 주주의 분할법인등에 대한 지분비율

⑧ 법 제46조 제2항 제2호에서 "대통령령으로 정하는 분할법인등의 주주"란 분할법인등의 제43조 제3항에 따른 지배주주등 중 다음 각 호의 어느 하나에 해당하는 자를 제외한 주주를 말한다.

1. 제43조 제8항 제1호 가목의 친족 중 4촌 이상의 혈족 및 인척

2. 분할등기일 현재 분할법인등에 대한 지분비율이 100분의 1 미만이면서 시가로 평가한 그 지분가액이 10억 원 미만인 자

⑨ 법 제46조 제2항 제3호에 따른 분할신설법인등이 분할법인등으로부터 승계받은 사업의 계속 여부의 판정 등에 관하여는 제80조의2 제7항을 준용한다.

⑩ 법 제46조 제2항 제4호에 따른 대통령령으로 정하는 근로자의 범위에 관하여는 제80조의2 제6항을 준용하되, 다음 각 호의 어느 하나에 해당하는 근로자는 제외할 수 있다. 이 경우 "합병등기일"은 "분할등기일"로 본다.

1. 분할 후 존속하는 사업부문과 분할하는 사업부문에 모두 종사하는 근로자

2. 분할하는 사업부문에 종사하는 것으로 볼 수 없는 기획재정부령으로 정하는 업무를 수행하는 근로자

「법인세법」 제47조(물적분할 시 분할법인에 대한 과세특례) ① 분할법인이 물적분할에 의하여 분할신설법인의 주식등을 취득한 경우로서 제46조 제2항 각 호의 요건(같은 항 제2

호의 경우 전액이 주식등이어야 한다)을 갖춘 경우 그 주식등의 가액 중 물적분할로 인하여 발생한 자산의 양도차익에 상당하는 금액은 대통령령으로 정하는 바에 따라 분할등기일이 속하는 사업연도의 소득금액을 계산할 때 손금에 산입할 수 있다. 다만, 대통령령으로 정하는 부득이한 사유가 있는 경우에는 제46조 제2항 제2호·제3호 또는 제4호의 요건을 갖추지 못한 경우에도 자산의 양도차익에 상당하는 금액을 대통령령으로 정하는 바에 따라 손금에 산입할 수 있다.

② 감면요건

(1) 합병 감면요건

■ 「법인세법」 제44조 제2항 또는 제3항에 해당하는 합병으로서 대통령령으로 정하는 합병에 따라 양수(讓受)하는 사업용 재산을 2021년 12월 31일까지 취득하는 경우에는 「지방세법」 제15조 제1항에 따라 산출한 취득세의 100분의 50, 법인으로서 중소기업기본법에 따른 중소기업간 합병 및 법인이 대통령령으로 정하는 기술혁신형 사업법인과의 합병을 하는 경우에는 취득세의 100분의 60을 경감하되, 해당 재산이 「지방세법」 제15조 제1항 제3호 단서에 해당하는 경우에는 다음 각 호에서 정하는 금액을 빼고 산출한 취득세를 면제한다. 다만, 합병등기일부터 3년 이내에 「법인세법」 제44조의3 제3항 각 호의 어느 하나에 해당하는 사유가 발생하는 경우(같은 항 각 호 외의 부분 단서에 해당하는 경우는 제외한다)에는 경감된 취득세를 추징한다(법 §57의2 ① Ⅰ·Ⅱ).

1. 「지방세법」 제13조 제1항에 따른 취득 재산에 대해서는 같은 조에 따른 중과기준세율 (이하 "중과기준세율"이라 한다)의 100분의 300을 적용하여 산정한 금액

2. 「지방세법」 제13조 제5항에 따른 취득 재산에 대해서는 중과기준세율의 100분의 500을 적용하여 산정한 금액

■ 이 경우 "대통령령으로 정하는 합병"이란 합병일 현재 「조세특례제한법 시행령」 제29조 제3항에 따른 소비성서비스업(소비성서비스업과 다른 사업을 겸영하고 있는 경우로서 합병일이 속하는 사업연도의 직전 사업연도의 소비성서비스업의 사업별 수입금액이 가장 큰 경우를 포함하며, 이하 이 항에서 "소비성서비스업"이라 한다)을 제외한 사업을 1년 이상 계속하여 영위한 법인(이하 이 항에서 "합병법인"이라 한다) 간의 합병을 말한다. 이 경우 소비성서비스업을 1년 이상 영위한 법인이 합병으로 인하여 소멸하고 합병법인이 소비성서비스업을 영위하지 아니하는 경우에는 해당 합병을 포함한다(영 §28의2 ①).

그리고 법 제1항 각 호의 본문에서 "대통령령으로 정하는 기술혁신사업법인"이란 다음 각 호의 어느 하나에 해당하는 법인을 말한다(영 §28의2 ② Ⅰ~Ⅳ).

1. 합병등기일까지 「벤처기업육성에 관한 특별조치법」 제25조에 따라 벤처기업으로 확인받은 법인

2. 합병등기일까지 「중소기업 기술혁신 촉진법」 제15조와 같은 법 시행령 제13조에 따라 기술혁신형 중소기업으로 선정된 법인

3. 합병등기일이 속하는 사업연도의 직전 사업연도의 「조세특례제한법」 제10조 제1항 각 호 외의 부분 전단에 따른 연구·인력개발비가 매출액의 100분의 5 이상인 중소기업

4. 합병등기일까지 다음 각 목의 어느 하나에 해당하는 인증 등을 받은 중소기업

  가. 「보건의료기술 진흥법」 제8조 제1항에 따른 보건신기술 인증

  나. 「산업기술혁신 촉진법」 제15조의2 제1항에 따른 신기술 인증

  다. 「산업기술혁신 촉진법」 제16조 제1항에 따른 신제품 인증

  라. 「제약산업 육성 및 지원에 관한 특별법」 제7조 제2항에 따른 혁신형 제약기업 인증

  마. 「중견기업 성장촉진 및 경쟁력 강화에 관한 특별법」 제18조 제1항에 따른 중견기업등의 선정

■ 이는 적격합병에 따른 감면율을 축소(100% → 50%)하되, 중소기업법인 및 기술혁신형 사업법인간 합병은 감면 우대(60%)한 것이며, 법에서 위임한 기술혁신형사업은 ⅰ) 벤처기업으로 확인받은 법인, 기술혁신형 중소기업으로 선정된 법인, 연구·인력개발비가 매출액의 5% 이상인 중소기업 ⅱ) 보건신기술 인증 중소기업, 산업기술혁신 촉진법 신기술 인증 중소기업, 혁신형 제약기업 인증 중소기업, 중견기업 성장촉진 및 경쟁력 강화에 관한 특별법 선정 중견기업으로 범위 규정(법인으로 한정)한 것이다.

■ 이러한 합병에 따라 양수하는 재산을 취득하는 경우에는 지방세법 제15조 제1항에 따라 산출한 취득세(지방세법 제11조 및 제12조에 따른 세율에서 중과기준세율 2%를 뺀 세율로 산출한 세액)를 면제하는데, 합병으로 양수하는 재산이 합병 후에 지방세법 제15조 제1항 제3호 단서규정[법인의 합병으로 인하여 취득한 과세물건이 합병 후에 지방세법 제16조에 따른 과세물건(대도시에서 법인의 본점 신축 등과 별장, 고급오락장이 되어 취득세가 중과세 되는 과세물건을 말한다)에 해당하는 경우]에는,

  ㉮ 지방세법 제13조 제1항에 따른 취득(부동산 취득)재산에 대하여는 같은 조에 따른 중과기준세율(1천분의 20)에서 100분의 300의 세율을 적용하여 산정한 금액을 빼고 산출한 취득세를 면제한다.

예를 들면, 합병법인이 대도시에서 본점이나 주사무소의 사업용 부동산을 취득한 경우라면 본래는 부동산에 적용하는 세율인 1천분의 40의 세율에 중과기준세율(1천분의 20)의 100분의 200을 합한 세율을 적용하여야 하는데(4% + 2% × 2 = 8%), 이 경우는 적용세율 8%에서 중과기준세율에서 100분의 300의 세율(2% × 3 = 6%)을 뺀(8% - 6% = 2%) 세율로 산출한 취득세액만 면제한다는 것이다.

㉯ 지방세법 제13조 제5항에 따른 취득(별장, 골프장 등의 취득)재산에 대해서는 중과기준세율(1천분의 20)에서 100분의 500의 세율을 적용하여 산정한 금액을 빼고 산출한 취득세를 면제한다.

이 경우는 합병법인이 골프장 등을 취득한 경우라면 본래는 해당 부동산 가액에 적용하는 세율인 1천분의 40의 세율에 중과기준세율(1천분의 20)의 100분의 400을 합한 세율을 적용해야 하는데(4% + 2% × 4 = 12%), 이 경우는 적용세율 12%에서 중과기준세율에서 100분의 500의 세율(2% × 5 = 10%)을 뺀(12% - 10% = 2%) 세율로 산출한 취득세액만 면제한다는 것이다.

■ 이 경우 합병에는 합병일 현재 「조세특례제한법 시행령」 제29조 제3항에 따른 소비성서비스업을 제외한 사업을 1년 이상 계속하여 영위한 법인 간의 합병을 말하고, 또한 소비성서비스업을 1년 이상 영위한 법인이 합병으로 인하여 소멸하고 합병법인이 소비성서비스업을 영위하지 아니하는 경우에는 해당 합병을 포함한다.

그런데 합병등기일부터 3년 이내에 「법인세법」 제44조의3 각 호 어느 하나(부득이한 사유없이 합병법인이 피합병법인으로부터 승계받은 사업을 폐지하는 경우 또는 피합병법인의 주주등이 합병법인으로부터 받은 주식 등을 처분하는 경우)에 해당하는 사유가 발행하는 경우에는 경감된 취득세를 추징한다.

사례 감면대상 기업합병에 해당 여부

적격 합병에 의하여 쟁점토지를 취득하였으므로 취득세 등을 면제하여야 한다는 청구주장의 당부와 관련하여 청구법인 및 피합병법인들이 소비성서비스사업을 제외한 사업을 1년 이상 계속하여 영위한 법인 간의 합병에 해당하는 점에 비추어 처분청이 「조세특례제한법」 제120조 제2항의 감면조항을 적용하지 아니하고 취득세 등을 결정·통지한 처분청의 처분에 잘못이 있음(조심 2017지801, 2017.10.13.).

■ 합병에 대한 최소납부제에 대한 감면율 적용과 관련하여 「지방세특례제한법」 제177조의2에서 최소납부세제 적용에 대하여 "이 법에 따 라 취득세 또는 재산세가 면제되는 경우"라고 규정하고 있어, 합병의 경우 같은 법 제57의2에 의해 산출된 과세표준액에 취득

세율(1.5%)을 적용하여 산출한 세액에 해 100분의 85에 해당하는 감면율을 적용하는 것이 타당함(행자부 지방세특례제도과-1534, 2016.7.5.).

■ 합병으로 취득하는 회원제 골프장에 대해서 「지방세특례제한법」 제57조의2에 따라 취득세를 면제할 수 있는지 여부에 대하여 「지방세특례제한법」 제177조는 2011.1.1. 「지방세법」의 전부개정으로 감면과 관련된 내용을 「지방세특례제한법」으로 이관하면서 종전에 「지방세법」 제291조에서 규정하였던 감면 제외대상을 옮겨 적은 것에 불과하므로 그 의미가 달라졌다고 보기 어렵고, 이 건 부동산이 종전 「지방세법」 제291조에 따른 감면 제외대상에 해당한다는 점에 대하여 청구법인과 처분청 사이에 별다른 이견은 없어 보이므로 이 건 부과처분은 달리 잘못이 없다고 판단됨(조심 2019지1708, 2020.3.12.).

■ 합병으로 부동산의 소유권이 이전된 경우를 매각·증여한 것으로 보아 취득세 등을 추징한 처분의 당부에 대하여 "매각·증여"를 유상·무상을 불문하고 소유권이 이전되는 모든 경우로 해석하고 나아가 "합병"도 이에 포함되는 것으로 보아 취득세 등을 부과·고지한 이 건 처분은 잘못이 있다고 판단됨(조심 2017지1043, 2018.1.8.).

■ 산업단지 내 소재하는 산업용 토지 및 건축물을 합병의 방법으로 취득한 경우에 취득한 날부터 5년간 재산세를 면제할 수 있는지 여부에 대하여 재산세 등의 감면 대상은 "산업용 건축물 등을 건축하려는 자가 취득하는 부동산"으로 제한되므로 비록 그 취득원인이 합병이라 하더라도 이미 건축된 산업용 건축물 등을 승계취득한 경우까지 재산세 등의 감면을 허용할 것은 아닌 점등에 비추어 처분청이 아 재산세 등을 부과한 이 건 처분은 달리 잘못이 없다고 판단됨(조심 2017지289, 2018.1.22.).

(2) 분할 감면요건

■ 분할등기일 현재 5년 이상 사업을 계속하던 내국법인이 분리하여 사업이 가능한 독립된 사업부문을 분할하고, 분할하는 사업부문의 자산 및 부채가 포괄적으로 승계(공동으로 사용하던 자산, 채무자의 변경이 불가능한 부채 등 분할하기 어려운 자산과 부채 등으로서 대통령령으로 정하는 것은 제외)되며 분할하며, 분할합병의 경우에는 소멸한 분할합병의 상대방법인 및 분할합병의 상대방법인이 분할등기일 현재 1년 이상 사업을 계속하던 내국법인일 것

■ 분할법인등의 주주가 분할신설법인 등으로부터 받은 분할대가의 잔액(분할합병의 경우에는 제44조 제2항 제2호의 비율 이상)이 주식으로서 그 주식이 분할법인등의 주주가 소유하던 주식의 비율에 따라 배정(분할합병의 경우에는 대통령령으로 정하는 바에 따

라 배정한 것을 말한다)되고 대통령령으로 정하는 분할법인등의 주주가 분할등기일이 속하는 사업연도의 종료일까지 그 주식을 보유할 것

- 분할신설법인 등이 분할등기일이 속하는 사업연도의 종료일까지 분할법인등으로부터 승계받은 사업을 계속할 것
- 분할등기일 1개월 전 당시 분할하는 사업부문에 종사하는 대통령령으로 정하는 근로자 중 분할신설법인등이 승계한 근로자의 비율이 100분의 80 이상이고, 분할등기일이 속하는 사업연도의 종료일까지 그 비율을 유지할 것

사례 감면대상 기업분할에 해당 여부

- 분할법인이 물적분할에 의하여 분할신설법인의 주식 등을 취득한 경우로서 「법인세법」 제46조 제2항 각 호의 요건을 갖춘 경우라면, 물적분할 시 양도손익이 발생할 경우에도 「지방세특례제한법」 제57조의2 제3항 제2호에 따라 취득세를 면제할 수 있는 것임(행정자치부 지방세특례제도과-405, 2016.2.23.).
- 법인의 분할은 종래 같은 회사 내에 존재하던 사업부에 별개의 법인격을 부여하는 것에 불과하여 경제적 실질에는 변함이 없는 기업의 구조변경이라고 할 것인 점(수원지법 2007구합10533 판결, 감사원 감심 제2009-21 결정 등 참조), 그간에도 5년 이상 사업을 계속하여 영위한 갑법인으로부터 분할한 을법인이 5년 이내 다시 갑법인으로부터 승계받은 사업부분을 재분할하는 경우 당초 갑법인이 영위한 사업기간을 포함하는 것으로 보았던 점(행정안전부 도세과-393, 2008.4.10., 지방세운영과-32, 2008.5.20. 등 참조) 등에 비추어 볼 때, 귀문과 같이 을법인이 인적분할을 통해 갑법인으로부터 승계받은 사업부분을 재분할 하는 경우 「법인세법」 제46조 제1항 제1호의 규정에 따른 5년 이상 사업영위 기간에 갑법인이 영위한 사업기간까지 포함하여 산정함이 타당하다고 할 것임(행정안전부 지방세운영과-3388, 2010.8.4.).
- 물적분할 시 분할로 신설되는 법인에게 종전법인과의 공동차입금을 부채로 승계시킨 경우, 적격분할 요건을 갖춘 것으로 볼 수 있는지 여부와 관련하여서 「법인세법」 제46조 제2항 제1호 나목 단서 의미는, 분할하는 사업부문의 자산 및 부채가 포괄적으로 승계되어야 하고 다만, 공동으로 사용하던 자산, 채무자의 변경이 불가능한 부채 등 분할하기 어려운 자산과 부채 등은 반드시 포괄 승계되어야 하는 것은 아닌 것으로 보아야 하고, 종전 법인과의 공동 차입금을 분할 신설법인에 승계하더라도 포괄승계 요건을 위반한 것으로 보기는 어렵다고 할 것이므로, 과세권자는 분할된 신설법인으로 승계된 공동차입금이 분할하기 어려운 자산과 부채에 해당하는지, 또한 공동차입금을 분할된 신설법인으로 승계함에 따라 「법인세법」 제46조 제2항 제1호 가목의 '분리하여 사업이 가능한 독립된 사업부문을 분할할 것' 등의 요건을 갖추었는지 등에 관하여 사실관계를 면밀히 조사하여 판단함(행정자치부 지방세특례제도과-2574, 2015.9.23.).

- 법인분할은 종래 같은 회사 내에 존재하던 사업부에 별개의 법인격을 부여하는 것에 불과하여 경제적 실질에는 변함이 없어 재산 이전에 따른 취득세 등을 부과할 필요가 적고, 기업구조조정 수단으로 분할을 장려하기 위함(감사원 2009.3.12. 2009감심21 결정 등)에 있다고 할 것이고, 분할법인이 신설법인에게 자산 및 부채를 승계함에 있어서 분할하는 사업부문의 자산 및 부채 외에 분할법인의 자산 및 부채의 일부를 포함하여 승계한 경우에도 특례요건을 갖추어 분할하는 것(국세청 서이46012-10777, 2002.4.12. 서이46012-10148, 2003.1.22. 등)이라고 할 것이어서, 분할하는 사업부문의 자산 및 부채가 포괄적으로 승계될 것'이란 분할하는 사업부문과 직접 관련되는 자산·부채만 승계하면 되는 것이지 분할 당시 자산·부채로 인식할 수 없는 장래의 우발부채까지 포함하는 것은 아님(행정안전부 지방세운영과-106, 2012.1.9.).

- 「법인세법」 제46조 제2항 제1호에서 분할은 "분할등기일 현재 5년 이상 계속하여 사업을 영위한 내국법인이 대통령령이 정하는 바에 따라 분할하는 것일 것"을 요건으로 하고 있고, 여기서 "5년 이상 사업을 영위한 내국법인"이란 그 분할의 주체를 법인으로 규정하고 있을 뿐, 분할하는 법인의 독립된 사업부분으로 구분하여 규정하고 있지는 아니한다고 할 것임.

  또한, 최근(2005년 이후) 유권해석 및 심사결정 사례에서도 "5년 이상 사업을 영위한 내국법인"이란 분할하는 법인의 사업부분으로 구분하지 않고 그간 당해 법인이 영위한 총 사업기간으로 보고 있습니다(서면2팀-1759, 2005.11.3. 조세심판원 2010지0227, 2010.10.14. 결정 참조). 이를 종합하여 볼 때, "5년 이상 사업을 계속하였음"의 의미는 분할등기일 현재 분할법인으로부터 분할되는 독립된 사업부분으로 구분하여 말하는 것이 아니라, 당해 분할법인의 총사업 기간을 의미한다고 할 것이므로 위 사실관계와 같이 A법인에서 분할되는 부동산임대사업부문이 5년 이상 사업을 영위하지 않았지만, A법인의 총 사업기간이 5년을 경과하였다면, 이는 "분할등기일 현재 5년 이상 계속하여 사업을 영위한 내국법인"의 요건을 충족하였다고 할 것이므로 등록세 감면대상이라고 봄이 타당하다고 할 것임(행정안전부 지방세운영과-4733, 2010.10.7.).

- 물적분할로 인하여 분할신설법인이 승계취득한 재산이 「조세특례제한법」 제119조 제1항 제10호 및 제120조 제1항 제9호 규정에 따른 취득세 등 면제대상으로 볼 수 있는지 여부

  「조세특례제한법」 제119조 제1항 제10호 및 제120조 제1항 제9호 규정에 따른 취득세 등 면제대상 재산은 모든 취득세 과세대상 재산이라는 행정안전부 유권해석 변경이 있었으며, 국세청에서도 위 질의사항과 관련된 쟁점에 대하여 대부분 「법인세법」 제47조 제1항 및 동법 시행령 제82조 제3항 각 호의 분할요건을 충족한 것으로 해석하고 있으므로 취득세 등 면제대상으로 봄이 타당함(행정안전부 지방세운영과-5503, 2009.12.29.).

- 청구법인은 "각종 화학제품 제조 및 판매업" 사업부문을 영위하던 ○○○ 4개 사

업장 중 익산, 군산, 광양공장을 제외한 인천공장만을 분할하여 설립하였으므로 독립된 "사업부문"을 분할하여 설립된 것으로 보기 어려울 뿐만 아니라, 이 건 물적 분할 과정에서 청구법인이 쟁점채무를 미승계한 것은 분할하는 사업부문의 부채를 포괄적으로 승계한 것으로 보기도 어려워 보이므로 이 건 물적 분할을 구 「법인세법」제47조 제1항 등의 규정에 의한 적격분할로 볼 수는 없음(조세심판원 2012지0356, 2013.7.10.).

• 받을 어음의 경우는 당연히 포괄적 승계대상으로 보는 것이 타당한 점 등에서 분할등기일전 뿐만 아니라 이후에도 분할법인의 받을어음 계정에서 회계처리한 사실이 확인되는 이 건의 경우 법인세법 제46조 제1항에 규정하는 법인분할 요건을 갖추었다고 보기는 어려워 취득세 등 추징은 적법함(조세심판원 2009지0627, 2010.3.12.).

• 분할신설법인인 원고는 분할법인인 주식회사 화○로부터 폐기물처리사업 등을 승계한 이후 분할등기일이 속하는 사업연도의 종료일인 2009.12.31.에 이르기까지 주식회사 ○○기술과 사이에 이 사건 토지에 관한 토목설계 및 실시계획인가에 관한 용역계약을 체결하고, 해당 관청에 도시계획시설사업(폐기물처리시설) 사업시행자지정 및 실시계획인가신청서만을 제출하였을 뿐, 그때까지 이 사건 토지에 폐기물매립장을 설치하기 위한 공사에 착수하지 아니하였음은 물론이고 해당 관청으로부터 사업시행자지정 및 실시계획인가도 받지 못하였다는 것인 바, 이러한 사정이라면 원고가 분할등기일이 속하는 사업연도의 종료일인 2009.12.31.까지 이 사건 토지를 폐기물처리사업에 직접 사용하였다고 보기 어려움(대법원 2016.8.18. 선고 2014두36235 판결).

• 특별법에 따라 설립된 법인에 대해 기업분할 특례를 적용할 수 있는지 여부에 대하여 특별법에 따라 설립된 비영리법인은 「상법」에 따라 회사를 설립하는 주식회사와는 법인 설립목적, 주식발행 여부, 운영방식 등에서 법인격이 구분된다고 할 것이며, 「법인세법」에서 규정하는 적격분할의 주체에 해당하지 않으므로 「지방세특례제한법」제57조의2 제3항에서 규정하는 기업분할 등에 대한 취득세 경감대상에 해당하지 않음(지방세특례제도과-2174, 2021.10.1.).

※ 국세청 기업분할 관련 주요쟁점 해석

> • 분리하여 사업이 가능한 독립된 사업부문을 분할한 것으로 볼 수 있는지 여부
> 무상으로 임대하더라도 분할신설법인이 부동산임대사업을 계속하여 영위하는 것으로 볼 수 있고, 토지상에 건축물을 직접 건설하지 아니하고 다른 건설업체에 위탁하여 건설한 후 직접 분양하는 경우에는 건물 건설업이 아닌 부동산 매매업(한국표준산업분류상 부동산공급업)에 해당하므로 이 사

건 토지에 분할신설법인이 직접 건축물을 건설하지 아니하는 한 이 사건 토지는 부동산임대업 또는 부동산공급업용 자산으로 볼 수 있으며, 동일 필지 토지위에 다수의 사업부문을 운영하고 있던 중 일부 사업부문만 물적분할하는 경우에 분할되지 않는 사업부문(레저산업)의 시설을 승계하지 않더라도 분할되는 사업부문의 자산 및 부채가 포괄적으로 승계된 때에는 「법인세법」 제47조 및 동법 시행령 제82조 제3항 제1호의 분할요건을 충족하는 것으로 볼 수 있음(국세청 법인세과-1092, 2009.10.1.).

- 분할법인이 임대하던 아파트는 승계하지 아니하고 상가만 승계한 경우 분할하는 사업부문의 자산이 포괄적으로 승계된 것으로 볼 수 있는지 여부
  아파트 임대와 상가임대 사업부문을 영위하고 있는 법인이 상가임대부문만을 물적분할하는 경우 상가임대부문의 자산과 부채가 포괄적으로 승계된 때에는 물적분할의 요건을 충족한 것으로 볼 수 있음(국세청 법인세과-1094, 2009.10.1.)

- 분할법인은 이 사건 토지상 견본주택부지 토지임대수익금 1년분을 선납 후 임대기간에 비례하여 각 사업연도별로 임대수익을 계상하지 아니하고 기간 미경과분을 포함하여 지급받은 날 수익으로 계상한 경우, 분할하는 사업부문의 자산이 포괄적으로 승계된 것으로 볼 수 있는지 여부
  분할법인이 임차인과의 약정에 따라 선납한 임대료(1년 이하)는 「법인세법 시행령」 제71조 제1항에 따라 지급받은 날이 속하는 사업연도에 손익으로 인식한 경우 동 임대료는 분할신설법인이 승계할 수 없는 것이므로, 이를 이유로 분할하는 사업부문의 자산이 포괄적으로 승계되지 아니한 것으로 볼 수는 없는 것임(국세청 법인세과-1094, 2009.10.1.).

- 승계받은 이 사건 토지(주상복합부지) 중 일부를 분할존속법인에 무상으로 임대하고 있고, 일부는 부동산담보신탁하여 소유권을 이전한 경우 분할신설법인이 분할등기일이 속하는 사업연도의 종료일까지 분할법인으로부터 승계받은 사업을 계속 영위한 것으로 볼 수 있는지 여부
  동일 필지 토지 중 일부는 부동산임대업에 사용하고, 일부는 레저산업용에 사용하던 중 토지 전체를 부동산임대사업으로 물적분할한 후, 분할신설법인이 승계받은 부동산임대용 토지 중 분할법인이 운영하는 레저산업용에 사용되는 부분을 무상임대하더라도 분할신설법인이 승계받은 부동산임대사업을 계속하여 영위하는 것으로 보는 것이며, 분할되는 토지의 소유권이 분할등기일(2006.12.26.)이 속하는 사업연도의 다음 사업연도에 이전등기(2007.2.2.)되고 분할신설법인이 소유권이전 등기일에 그 토지를 분할사업을 영위하기 위한 자금조달 목적으로 신탁회사에 담보신탁한 경우 그 토지를 분할신설법인이 분할등기일부터 분할되는 사업부문에서 계속하여 사용한 때에는 「법인세법」 제46조 제1항 제3호의 요건을 충족하는 것으로 보는

것이므로 승계받은 사업을 계속 영위한 것으로 볼 수 있음(국세청 법인세과-1092,1094 2009.10.1.).

- 분할사업부문 이외의 분할법인의 자산·부채 일부를 포함하여 승계하는 경우에도 자산·부채의 포괄적 승계로 볼 수 있는지 여부

  분할법인이 분할신설법인에게 자산·부채를 승계함에 있어서 분할하는 사업부문의 자산·부채 외에 분할법인의 자산·부채 일부를 포함하여 승계하는 경우에도 자산·부채의 포괄적 승계로 보는 것임(국세청 법인세과-627, 2009.5.28. 및 3982, 2008.12.15.).

사례 추징요건 해당 여부

(1) 합병 추징사례

■ 청구법인의 쟁점공장 매각행위를 합병법인이 피합병법인으로부터 승계받은 사업을 합병등기일부터 3년 이내에 폐지하는 경우에 해당한다고 보아 취득세를 추징한 처분의 당부와 관련하여 청구법인은 피합병법인으로부터 승계받은 고정자산가액의 1/2 이상(75.09%)에 해당하는 쟁점공장을 합병등기일(2017.1.6.)부터 3년 이내인 2018.12.21. 타인에게 매각한 사실이 확인되는바, 청구법인의 쟁점공장 처분행위는 적격합병에 따라 감면된 취득세 추징사유인 피합병법인으로부터 승계받은 사업을 폐지한 경우에 해당한다 하겠으므로 처분청이 이 건 경정청구 거부처분은 잘못이 없다고 판단됨(조심 2019지2605, 2020.12.1.).

■ 합병 후 법인세법상 적격합병의 예외사유 해당 시 취득세 추징해당 여부와 관련하여 내국법인이 발행주식총수 또는 출자총액을 소유하고 있는 다른 법인을 합병 등「법인세법」제44조 제3항에 따른 적격합병으로서 취득세 감면대상이 되는 경우라도, 쟁점규정 단서에 해당하는 합병등기일부터 3년 이내에「법인세법」제44조의3 제3항 제3호에 해당하는 귀 문 사업연도 종료일 기준 합병일 1개월 전의 근로자 수 80% 유지가 불가한 사유 등이 발생하는 경우에는 감면세액 추징대상에 해당함(지방세특례제도과-697호, 2021.3.23.).

■ 합병법인 사업기간(1년 이상 계속 영위)에 사업목적 신축공사기간을 포함할 수 있는지 여부에 대하여 임대업 등을 목적 사업으로 하는 법인이 노후화 된 기존 임대용 건물을 철거하고 약 2년간에 걸쳐 임대용 건물을 신축한 경우 해당 공사기간에도 당해 임대사업을 계속 영위한 것으로 보아야 할 것이므로, 합병일로부터 소급하여 '1년 이상 계속하여 사업을 영위'라는 감면요건을 충족하였다고 할 것임(지방세특례제도과-1604, 2021.7.7.).

(2) 분할 추징사례

- 구 조세특례제한법 제119조, 제120조 물적분할에 대한 과세이연 규정은 1998.12.28. 법인세법 전부개정으로 합병·분할 등 기업조직재편 세제를 도입할 때 마련된 것으로서, 회사가 기존 사업의 일부를 별도의 완전 자회사로 분리하는 조직형태의 변화가 있었으나 지분관계를 비롯하여 기업의 실질적인 이해관계에는 변동이 없는 때에는, 이를 과세의 계기로 삼지 않음으로써 회사분할을 통한 기업구조조정을 지원하기 위한 취지임(대법원 16두45219 2018.6.28).

- 피분할법인이 대출받은 차입금은 제조업과 무역금융 등에 관한 것으로 근저당권이 청구법인이 영위하는 임대사업과 무관하고, 설사 공동차입금이라고 보더라도 공동담보 중 일부를 담보대상물에서 제외할 경우 차입자의 차입조건이 변경되므로 포괄승계의 예외가 인정되는 부채에 해당한다. 따라서 법인분할 시 근저당권을 승계하지 않았다 하여 취득세 등을 추징한 처분은 잘못이 있음(조세심판원 2013지0839, 2014.12.24.).

- 인적분할로 인하여 쟁점부동산을 취득하고, 유예기간(2년) 내에 쟁점부동산을 매각한 사실이 나타나므로, 이는 청구법인이 유예기간 내에 분할법인으로부터 승계받은 사업을 폐지한 것으로 보는 것이 타당함(조세심판원 2014지0405, 2014.10.14.).

- 중소기업의 대형화를 통한 경쟁력 강화 입법취지를 고려시 임대면적이 확대된 경우, 일부를 분양 또는 자가 사용하였다고 하여 사업의 동질성이 유지되지 않은 것으로 보아 감면을 배제할 수 없음(대법원 2014.10.15. 선고 2014두37931 판결).

> **사례** 재판상 이혼에 따른 주식이전의 경우 추징대상 여부

재판상 이혼 및 그에 수반한 재산분할 조정의무의 이행으로서 분할신설법인의 주식을 배우자에게 이전한 경우 추징배제 사유(주주가 법령상 의무를 이행하기 위하여 주식을 처분하는 경우)에 해당(서울고법 2020누39374, 2020.12.10.: 대법확정)

③ 최근 쟁점

> **사례** 분할감면 유예기간내 분할 신설법인으로 이전한 경우 추징대상에 해당 여부

- 청구법인은 법인분할에 따라 쟁점부동산의 소유권을 분할신설법인에게 이전하였지만 분할은 「상법」에 규정된 절차에 따라 분할법인의 권리·의무를 분할신설법인이 포괄승계하는 점에서 상대방에게 대가를 받고 물건 또는 권리 등을 이전하는 특정승계에 해당하는 매각과는 상이하다 할 것이고(조심 2017지438, 2017.7.20. 같

은 뜻임), 청구법인이 분할의 대가로 분할신설법인의 주식 등을 교부받는 점에서 쟁점부동산을 무상으로 증여한 것으로 보기 어려운 점 등에 비추어 청구법인이 물적분할에 따라 쟁점부동산의 소유권을 분할신설법인에게 이전하였다 하더라도 쟁점부동산을 매각·증여한 것으로 보기는 어려우므로 처분청이 이 건 취득세 등을 추징한 처분은 잘못이 있는 것으로 판단됨(조심 2019지2363, 2020.1.22. 등).

- 법문언과 감면규정 취지 등에 비추어 볼 때 당초 토지를 취득한 사업목적을 포기한 것이 아니고, 신설한 회사로 하여금 취득 당시 목적하였던 사업계획을 승계하여 공장용에 직접 사용하였다 하더라도 부동산 등에 '자산의 승계'를 통한 물적분할은 무상으로 부동산을 취득하는 것에 해당되고, 감면 유예기간 이내에 소유권이전이 되었다면 당해 부동산은 취득세 추징대상에 해당됨(행정안전부 지방세특례제도과-1803, 2016.7.27.).

사례 ▶ 합병감면 유예기간내 분할 합병법인으로 이전한 경우 추징대상에 해당 여부

- '합병'은 「상법」에 규정된 절차에 따라 피합병법인의 권리·의무를 존속법인이 포괄승계하는 점에서 상대방에게 대가를 받고 물건 또는 권리 등을 이전하는 특정승계에 해당하는 매각과는 상이하다 할 것이고, '합병'의 대가로 피합병법인의 주주 등이 존속법인의 주식 등을 교부받는 점에서 당사자 일방이 무상으로 재산 등을 상대방에게 수여하는 '증여'와도 상이하다 할 것인 점(조심 2017지1030, 2018.2.14. 및 2017지275, 2018.1.23. 외 다수, 같은 뜻임), 피합병법인은 합병에 따라 이 사건 토지 등을 청구법인에게 이전한 것으로 확인되는 점 등에 비추어 피합병법인이 합병에 따라 이 사건 토지의 소유권을 청구법인에게 이전한 것은 쟁점규정에 따른 '매각·증여'로 보기는 어려우므로 처분청이 이 건 취득세 등을 부과한 처분은 잘못이 있다고 판단됨(조심 2018지412, 2018.7.20.).

- 추징대상이 되는 '매각·증여'라 함은 유상·무상을 불문하고 취득자가 아닌 타인에게 소유권이 이전되는 모든 경우를 의미하는 것이라 할 것인 바, 이와 관련하여 대법원에서도 합병으로 인해 존속·신설법인이 소멸법인의 자산을 이전받는 형식 자체를 취득세의 과세대상인 '취득'으로 판단하고 있는 점(대법원 2010.7.8.자 2010두6007 판결 등 참조), 나아가 동호의 추징요건에는 '정당한 사유'를 명시하고 있지 않아 유예기간 내에 소유권이 이전되는 경우라면 기업의 합병에 의한 것인지 여부는 추징을 판단하는 고려사항이 아니라 할 것임(행정안전부 지방세특례제도과-2200, 2016.8.23.).

현물출자 또는 사업양도·양수에 따른 감면

① **관계법령**

「**지방세특례제한법**」 제57조의2(기업합병·분할 등에 대한 감면) ④ 「조세특례제한법」 제
32조에 따른 현물출자 또는 사업 양도·양수에 따라 2024년 12월 31일까지 취득하는 사
업용 고정자산(「통계법」 제22조에 따라 통계청장이 고시하는 한국표준산업분류에 따른
부동산 임대 및 공급업에 대해서는 제외한다)에 대해서는 취득세의 100분의 75를 경감한
다. 다만, 취득일부터 5년 이내에 대통령령으로 정하는 정당한 사유 없이 해당 사업을 폐
업하거나 해당 재산을 처분(임대를 포함한다) 또는 주식을 처분하는 경우에는 경감받은
취득세를 추징한다.

「**지방세특례제한법 시행령**」 제28조의2(법인 합병의 범위 등) ③ 법 제57조의2 제4항 단서
에서 "대통령령으로 정하는 정당한 사유"란 다음 각 호의 어느 하나에 해당하는 경우를
말한다.
  1. 해당 사업용 재산이 「공익사업을 위한 토지 등의 취득 및 보상에 관한 법률」 또는 그
     밖의 법률에 따라 수용된 경우
  2. 법령에 따른 폐업·이전명령 등에 따라 해당 사업을 폐지하거나 사업용 재산을 처분
     하는 경우
  3. 「조세특례제한법 시행령」 제29조 제7항 각 호의 어느 하나에 해당하는 경우
  4. 「조세특례제한법」 제32조 제1항에 따른 법인전환으로 취득한 주식의 100분의 50 미만
     을 처분하는 경우

「**조세특례제한법**」 제32조(법인전환에 대한 양도소득세의 이월과세) ① 거주자가 사업용고
정자산을 현물출자하거나 대통령령으로 정하는 사업 양도·양수의 방법에 따라 법인(대
통령령으로 정하는 소비성서비스업을 경영하는 법인은 제외한다)으로 전환하는 경우 그
사업용고정자산에 대해서는 이월과세를 적용받을 수 있다. 다만, 해당 사업용고정자산이
주택 또는 주택을 취득할 수 있는 권리인 경우는 제외한다.
  ② 제1항은 새로 설립되는 법인의 자본금이 대통령령으로 정하는 금액 이상인 경우에만
적용한다.
  ③ 제1항을 적용받으려는 거주자는 대통령령으로 정하는 바에 따라 이월과세 적용신청
을 하여야 한다.
  ④ 제1항에 따라 설립되는 법인에 대해서는 제31조 제4항부터 제6항까지의 규정을 준용
한다.
  ⑤ 제1항에 따라 설립된 법인의 설립등기일부터 5년 이내에 다음 각 호의 어느 하나에
해당하는 사유가 발생하는 경우에는 제1항을 적용받은 거주자가 사유발생일이 속하는

달의 말일부터 2개월 이내에 제1항에 따른 이월과세액(해당 법인이 이미 납부한 세액을 제외한 금액을 말한다)을 양도소득세로 납부하여야 한다. 이 경우 사업 폐지의 판단기준 등에 관하여 필요한 사항은 대통령령으로 정한다.

1. 제1항에 따라 설립된 법인이 제1항을 적용받은 거주자로부터 승계받은 사업을 폐지하는 경우
2. 제1항을 적용받은 거주자가 법인전환으로 취득한 주식 또는 출자지분의 100분의 50 이상을 처분하는 경우

「조세특례제한법 시행령」 제29조(법인전환에 대한 양도소득세의 이월과세) ① 삭제〈2002. 12. 30.〉

② 법 제32조 제1항에서 "대통령령으로 정하는 사업 양도·양수의 방법"이란 해당 사업을 영위하던 자가 발기인이 되어 제5항에 따른 금액 이상을 출자하여 법인을 설립하고, 그 법인설립일부터 3개월 이내에 해당 법인에게 사업에 관한 모든 권리와 의무를 포괄적으로 양도하는 것을 말한다.

③ 법 제32조 제1항에서 "대통령령으로 정하는 소비성서비스업"이란 다음 각 호의 어느 하나에 해당하는 사업(이하 "소비성서비스업"이라 한다)을 말한다.

1. 호텔업 및 여관업(「관광진흥법」에 따른 관광숙박업은 제외한다)
2. 주점업(일반유흥주점업, 무도유흥주점업 및 「식품위생법 시행령」 제21조에 따른 단란주점 영업만 해당하되, 「관광진흥법」에 따른 외국인전용유흥음식점업 및 관광유흥음식점업은 제외한다)
3. 그 밖에 오락·유흥 등을 목적으로 하는 사업으로서 기획재정부령으로 정하는 사업

④ 법 제32조 제1항의 규정에 의하여 양도소득세의 이월과세를 적용받고자 하는 자는 현물출자 또는 사업양수도를 한 날이 속하는 과세연도의 과세표준신고(예정신고를 포함한다)시 새로이 설립되는 법인과 함께 기획재정부령이 정하는 이월과세적용신청서를 납세지 관할세무서장에게 제출하여야 한다.

⑤ 법 제32조 제2항에서 "대통령령으로 정하는 금액"이란 사업용고정자산을 현물출자하거나 사업양수도하여 법인으로 전환하는 사업장의 순자산가액으로서 제28조 제1항 제2호의 규정을 준용하여 계산한 금액을 말한다.

⑥ 법 제32조 제1항에 따라 설립되는 법인(이하 이 조에서 "전환법인"이라 한다)이 같은 조 제1항에 따른 현물출자 또는 사업 양도·양수의 방법으로 취득한 사업용고정자산의 2분의 1 이상을 처분하거나 사업에 사용하지 않는 경우 법 제32조 제5항 제1호에 따른 사업의 폐지로 본다. 다만, 다음 각 호의 어느 하나에 해당하는 경우에는 그러하지 아니한다.

1. 전환법인이 파산하여 승계받은 자산을 처분한 경우
2. 전환법인이 「법인세법」 제44조 제2항에 따른 합병, 같은 법 제46조 제2항에 따른 분할, 같은 법 제47조 제1항에 따른 물적분할, 같은 법 제47조의2 제1항에 따른 현물출자의 방법으로 자산을 처분한 경우
3. 삭제〈2018.2.13.〉
4. 전환법인이 「채무자 회생 및 파산에 관한 법률」에 따른 회생절차에 따라 법원의 허가

를 받아 승계받은 자산을 처분한 경우

⑦ 법 제32조 제5항 제2호의 처분은 주식 또는 출자지분의 유상이전, 무상이전, 유상감자 및 무상감자(주주 또는 출자자의 소유주식 또는 출자지분 비율에 따라 균등하게 소각하는 경우는 제외한다)를 포함한다. 다만, 다음 각 호의 어느 하나에 해당하는 경우에는 그러하지 아니하다.

1. 법 제32조 제1항을 적용받은 거주자(이하 이 조에서 "해당 거주자"라 한다)가 사망하거나 파산하여 주식 또는 출자지분을 처분하는 경우
2. 해당 거주자가 「법인세법」 제44조 제2항에 따른 합병이나 같은 법 제46조 제2항에 따른 분할의 방법으로 주식 또는 출자지분을 처분하는 경우
3. 해당 거주자가 법 제38조에 따른 주식의 포괄적 교환·이전 또는 법 제38조의2에 따른 주식의 현물출자의 방법으로 과세특례를 적용받으면서 주식 또는 출자지분을 처분하는 경우
4. 해당 거주자가 「채무자 회생 및 파산에 관한 법률」에 따른 회생절차에 따라 법원의 허가를 받아 주식 또는 출자지분을 처분하는 경우
5. 해당 거주자가 법령상 의무를 이행하기 위하여 주식 또는 출자지분을 처분하는 경우
6. 해당 거주자가 가업의 승계를 목적으로 해당 가업의 주식 또는 출자지분을 증여하는 경우로서 수증자가 법 제30조의6에 따른 증여세 과세특례를 적용받은 경우

⑧ 제7항 제6호에 해당하는 경우에는 수증자를 해당 거주자로 보아 법 제32조 제5항을 적용하되, 5년의 기간을 계산할 때 증여자가 법인전환으로 취득한 주식 또는 출자지분을 보유한 기간을 포함하여 통산한다.

② 감면요건

- 거주자가 현물출자 또는 사업 양·수도의 방법으로 법인으로 전환하면서
  - 사업 양도·양수의 방법의 경우 법인설립일부터 3개월 이내 사업에 관한 모든 권리와 의무를 포괄적으로 양도해야 함.

- 취득하는 사업용 고정자산
  - 사업용 고정자산이란 판매 및 처분을 목적으로 하지 않고, 기업 내부에 고정화되어 다른 기업을 지배·통제하거나 여유자금의 증식 또는 경영의 수단으로써 반복 사용되는 유형자산 및 무형자산을 말함.
  - 공동소유 사업용고정자산을 그 중 1인이 사업자등록하여 운영한 경우로서 해당 공동소유 사업용고정자산 전부를 법인에 현물출자하는 경우에는 사업자등록이 되어 있는 사업자지분에 한하여 감면을 적용하는 것임.

③ 주요사항

(1) 감면 적격요건 미비

가) 주식 인수가액이 소멸사업장의 순자산가액에 미달하는 경우

- 개인사업자의 결산 대차대조표 및 신설법인 개시 대차대조표, 유형자산명세서, 사업용 계좌 거래내역 등을 검토하여 채권·채무의 승계 적정여부 및 자본금의 부당감소 여부, 순자산가액 평가가 적정하여야 함.
- 순자산가액은 사업양수도일 현재 시가로 평가된 자산 합계액에서 충당금을 포함한 부채합계액을 공제한 금액임.
- 법인전환을 위한 현물출자 직전에 소멸하는 개인 사업장과 직접 관련이 없이 금융 채무를 발생시킨 경우 당해 부채는 순자산가액 산정에서 제외(조심 15중2375, 2016.10.17.)
- 감정평가액을 법인장부에 등재하여 회계 처리하더라도 비교표준지를 선정하지 아니함으로써 인근 비교표준지의 개별공시지가와 현저하게 다른 금액으로 평가된 경우는 시가표준액을 적용(조심 10지785, 2012.7.20.)
- 주식 인수가액이 소멸사업장 순자산가액에 미달한다 하여도 현물출자한 순자산가액 중 주식액면가에 미달하여 부득이하게 단주 처리한 경우에는 면제요건을 충족한 것으로 봄.

나) 소비성 서비스업에 해당하는 경우

> ❑ 법인전환 감면 배제 업종
>
> 호텔업 및 여관업(「관광진흥법」에 따른 관광숙박업은 제외), 주점업(일반유흥주점업, 무도유흥주점업 및 「식품위생법 시행령」 제21조에 따른 단란주점 영업만 해당하되, 「관광진흥법」에 따른 외국인전용유흥음식점업 및 관광유흥음식점업은 제외), 그 밖에 오락·유흥 등을 목적으로 하는 사업으로서 기획재정부령으로 정하는 사업

다) 취득하는 부동산 등이 사업용 고정자산에 해당하지 아니한 경우

- 종전 개인사업장(출자되는 자산)이 법인전환 시점에 계속사업 중인지 여부 및 직접 사업에 사용되는 자산인지 확인
- 지방세특례제한법이 법률 제13637호(2015.12.29., 일부개정)로 개정되기 이전에는 감면대상이 "사업용 재산"으로 규정된바, 2015년 이전 법인전환의 경우에는 사업용

재산에 해당하는 자동차 및 기계장비 등도 감면 대상에 포함됨.

- 기존 개인사업장을 폐업한 후 사업에 사용하지 않은 상태에서 현물출자하였다면 사업용 고정자산으로 볼 수 없음(국세청 심사 양도2013-0031, 2013.6.12.).
- 출자한 부동산이 방치되어 있거나 임야 등과 같이 사업에 직접 공하여지지 않는 경우는 사업용 자산으로 볼 수 없음.

라) 사업장별 출자가 이루어지지 않은 경우

- 사업용 자산의 일부가 출자에 누락되었는지 여부 검토
- 출자의 적격여부는 사업장별 일체의 사업용 자산이 출자되었는지 여부로 판단
- 「조세특례제한법」 제32조에 따른 법인전환에 대한 양도소득세 이월과세는 사업장별로 적용하는 것으로서 해당 사업장의 일부 업종은 법인으로 전환하고 일부 업종은 개인사업으로 계속 영위하는 경우에는 동 규정을 적용할 수 없는 것임(국세청 부동산납세과-247, 2014.4.14 등).
- 거주자가 2개 이상의 사업장을 사업양수도방법에 의하여 법인으로 전환하는 경우 각 사업장별로 당해 사업용 고정자산에 대하여 「조세특례제한법」 제32조 규정을 적용받을 수 있는 것임(국세청 재산세과-111 2009.1.12.).

(2) 취득일부터 2년 이내에 해당 사업을 폐업하거나 해당 재산을 처분하는 경우

- 해당 사업용 재산이 「공익사업을 위한 토지 등의 취득 및 보상에 관한 법률」 또는 그 밖의 법률에 따라 수용되거나, 법령에 따른 폐업·이전명령 등에 따라 해당 사업을 폐지하거나 사업용 재산을 처분하는 경우만 정당한 사유로 인정

> **사례** 현물출자 또는 사업양도·양수에 따른 감면대상에 해당되는지 여부
>
> 개인기업이 법인전환하면서 취득세를 감면받고, 2년 내에 법인합병으로 소멸된 경우, 취득세 추징대상인 2년 이내 처분에 해당함(지방세특례제도과-1530, 2016.7.5.).
>
> 법인전환 후 2년 이내 주식을 양도한 경우 그 법인이 계속 사업용 재산으로 제공되어 사업의 동일성이 유지되는 경우라면 사업의 운영형태만 변경한 것에 불과한 것이므로 이를 처분으로 볼 수 없음(지방세특례제도과-1530, 2016.7.5.).
>
> ※ 지방세특례제한법 시행령 일부개정(제29438호, 2018.12.31.)으로 50% 이상 지분 이전시는 추징됨.

- 「조세특례제한법」 제120조 제5항에 따라 거주자가 사업용 고정자산을 현물출자의 방법에 따라 법인으로 전환하는 경우
  ① 현물출자된 토지를 정당한 사유없이 임대할 경우 취득세 추징 여부
    - 개인사업자가 임대업에 사용하던 자산을 현물출자하여 법인으로 전환한 후 계속하여 임대업으로 사용하는 경우, 사업의 동질성이 유지된 것으로 보아 추징대상인 처분에 해당되지 않음.
  ② 건설중인 재산이 사업용 고정자산에 해당되는지 여부
    - 취득세 감면대상인 사업용 재산의 범위를 양도소득세 이월과세를 적용받는 대상에 맞추어 사업용 고정자산으로 한정해석할 것은 아님 ③ 골프장 코스 조성비가 순자산가액에 포함되는지 여부
  ③ 골프장 코스 조성비가 순자산가액에 포함되는지 여부
    - 그린티, 벙커 등의 골프장 조성공사는 골프장용지의 필수불가결한 요소로서 골프장용지의 구성부분으로 현물출자일 현재 조성된 골프장은 자산평가시 순자산에 포함됨.
  ④ 현물출자로 법인이 농지를 취득하는 것이 적법한지 여부
    - 현물출자로 취득한 골프장 공사가 진행 중인 농지라 할지라도 법인이 취득하는데 아무런 제한은 없으며, 이는 사업용 재산에 해당됨(안전행정부 지방세특례제도과-985, 2014.7.10.).

- 현물출자로 취득한 사업용 재산을 임대해 주는 경우에는 특별한 사정이 없는 한 해당 사업을 법인설립 전에도 계속 영위하였는지 여부로 추징대상을 판단하여야 할 것이며, 임대사업을 고유목적사업으로 영위하면서 당해 임대사업자가 법인전환 후에도 계속 임대사업에 사업용재산을 제공하는 경우라면, 현물출자라는 법인전환 방식을 통하여 단지 사업의 운영형태만 개인사업자에서 법인으로 변경한 것에 불과하므로 이를 처분으로 볼 수 없다 할 것임(안전행정부 지방세특례제도과-698, 2014.6.20.).

- 「조세특례제한법」 제120조 제5항은 "제32조에 따른 현물출자 또는 사업 양도·양수에 따라 2014년 12월 31일까지 취득하는 사업용 재산에 대하여는 취득세를 면제한다. 다만, 취득일부터 2년 이내에 대통령령으로 정하는 정당한 사유 없이 해당 사업을 폐업하거나 해당 재산을 처분(임대를 포함한다)하는 경우에는 감면받은 세액을 추징한다."라고 규정하고 있고, 상기 규정에서 감면세액 추징대상인 처분에 '임대를 포함'하는 취지는 법인전환하면서 취득한 사업용 재산을 고유목적 사업에 사용하지 않고 수익 등을 위하여 임대하는 경우 처분에 준하는 추징대상으로 보겠다

는 의미라 할 것이며, 고유목적 사업의 판단은 특별한 사정이 없는 한 사업자등록, 법인등기부 등본 및 정관에 기재된 목적사업 등으로 추정해야 할 것이라 판단됨(안전행정부 지방세특례제도과-703, 2014.6.20.).

- 쟁점부채를 현물출자기준일에 개인사업장의 대표자로부터 차입한 것으로 하여 부채로 계상하였으나 그에 따른 현금 유입 등이 없다면 개인의 법인전환에 따른 면제요건을 갖추지 못한 것임(조심 16지1037, 2016.11.24.).

- 복수의 개인사업자가 운영하던 사업장이 법인 전환되는 경우 사업자별 배정한 주식의 단주 처리한 금액 합계가 액면가액을 초과한다하여도 감면대상임(조심 16지161, 2016.5.25).

- 사업자가 현물출자일 이전에 사실상 폐업했던 상태로 자산을 출자하였다면, 이는 감면대상에서 제외하는 것이 타당함(조심 11지271, 2011.10.19.).

- 개인사업자가 임대사업용으로 사용하던 부동산을 현물출자하여 법인을 설립하고 그 법인이 부동산을 임대업이 아닌 제조업에 사용한다 하여도 법인의 정관상 목적사업에 부동산임대업이 포함되어 있다면 해당 사업을 폐업한 것이 아님(조심 15지1346, 2016.3.18.).

- 개인사업자의 사업용 자산으로 사용되었음에도 이를 청구법인에 현물출자하지 아니한 것은 해당 사업이 청구법인에게 승계되어 사업의 동일성을 유지한 것으로 보기 어려움(조심 16지178, 2016.9.21.).

- 취득일부터 2년 이내에 청구법인이 이 건 부동산을 해당 사업인 부동산임대업에 사용하지 않았다고 하더라도 청구법인이 법인등기부의 목적 사업에서 부동산임대업을 삭제하지 않았다면 부동산임대업을 폐업한 것으로 보지 않는 것이 조세법규의 엄격해석 원칙에 부합함(조심 16지433, 2016.7.25).

- 쟁점부채를 현물출자기준일에 개인사업장의 대표자로부터 차입한 것으로 하여 부채로 계상하였으나 그에 따른 현금 유입 등이 없었는 바, 법인전환 과정에서 청구법인의 출자금을 축소하거나 향후 채무변제를 통해 자금을 유출하고자 한 것으로 볼 수 있어 개인사업자와 사업의 동일성을 유지한 것으로 인정하기 어려운 점 등에 비추어 처분청에서 청구법인이 개인의 법인전환에 따른 면제요건을 갖추지 못하였다고 보아 이 건 취득세 등을 부과한 처분은 잘못이 없음(조세심판원 2016지1037, 2016.11.24.).

- 「조세특례제한법」제120조 제5항이 현물출자에 따라 취득하는 사업용 재산에 대하여 취득세를 면제하는 취지는 개인이 권리ㆍ의무의 주체가 되어 경영하던 기업을 개인 기업주와 독립된 법인이 권리ㆍ의무의 주체가 되어 경영하도록 기업의 조직 형태를 변경하는 경우 실질적으로 동일한 사업주가 사업의 운영 형태만 바꾸는 것에 불과할 뿐이

므로 실질과세 측면에서 볼 때 재산의 이전에 따르는 취득세 등을 부과할 필요가 적다는 데에 있다 할 것이며, 이와 같이 실질적으로 동일한 사업주가 사업의 운영 형태만 바꾼 것으로 평가되기 위해서는 현물출자 대상의 순자산가액이 신설 법인에 그대로 승계되어야 할 것이고, 신설되는 법인의 자본금이 소멸되는 개인기업의 순자산 가액 이상일 것을 요구하는 것은 법인전환 과정에서 기업의 규모가 축소되는 것을 방지하려는 데 있다 할 것인 바, '현물출자계약서' 및 '현물출자 재산의 자산·부채실사 보고서' 등에 의하면, 청구법인은 이 건 현물출자자들이 운영하고 있는 사업에 관한 일체의 권리와 의무를 포괄적으로 현물출자 받아 설립되었고, 이 과정에서 이 건 현물출자자들이 이 건 부동산에서의 임대사업 등에 공하고 있던 일체의 사업용 자산 및 부채가 제외됨이 없이 청구법인에게 이전되어 기업의 동질성이 그대로 유지되고 있는 것으로 보이는 점, 「조세특례제한법 시행령」 제29조 제5항에서 규정하고 있는 '법인으로 전환하는 사업장의 순자산가액'이란 현물출자 대상에 포함된 것의 순자산가액(자산에서 부채를 차감)을 의미하는 것이므로 기업 동질성의 훼손 없이 자산 및 부채가 빠짐없이 신설되는 법인에 그대로 이전되었다면 신설법인의 자본금은 소멸하는 개인기업의 순자산가액과 당연히 일치될 수밖에 없는 것인 바, 법인전환 과정에서 개인기업의 순자산가액을 평가함에 있어 자산 평가방법의 차이 등의 원인으로 인하여 그 가액의 일부를 수정함으로써 순자산가액이 변동되었다 하더라도 개인기업의 사업에 공하고 있던 일체의 자산 및 부채가 신설되는 법인에 그대로 이전되었고, 법인전환 과정에서 감정인이 작성한 자산 등의 실사보고서의 순자산가액에 맞추어 그 가액 이상으로 출자하였으며, 자산 및 부채의 현물출자 내지 순자산가액의 평가에 있어 조세회피 등을 위한 고의나 악의적인 의도가 있는 경우가 아니라면 「조세특례제한법」에 의한 감면 요건을 충족하고 있다고 보는 것이 타당함(조세심판원 2015지0235, 2015.8.20.).

- 쟁점토지는 개인사업자의 사업용 자산으로 사용되었음에도 이를 청구법인에 현물출자하지 아니한 것은 해당 사업이 청구법인에게 승계되어 사업의 동일성을 유지한 것으로 보기 어려운 점 등에 비추어 개인사업자가 법인전환으로 취득하는 주식의 가액이 쟁점토지를 개인사업장의 사업용 고정자산에 포함하여 산정한 순자산가액 미만이므로 청구법인이 이 건 부동산에 대한 취득세 등의 면제요건을 충족하지 못한 것으로 보아 이 건 취득세 등을 부과한 처분은 잘못이 없음(조세심판원 2016지0178, 2016.9.21.).
- 개인사업자가 청구법인에게 현물출자를 추진하는 과정에서 감정평가법인에게 의뢰하여 산정한 가액이 있다하더라도, 이는 당해 부동산의 가치평가를 위한 감정가격에 불과한 것이고, 실제 현물출자는 법원의 보정명령 등에 따라 감정평가법인의 감정가액에서 개인사업자의 근저당 채권을 제외한 가액으로 이루어진 사실이 확인되므

로, 청구법인의 이 건 부동산의 취득가격은 실제 현물출자가액에 취득 부대비용의 합계액으로 보는 것이 타당함(조세심판원 2013지300, 2014.1.27.).

- 현물출자 방법에 의한 법인 전환으로 법인을 설립하는 경우 취득하는 주식이 소멸하는 사업장 순자산가액 이상에 해당하여야 함에도 이에 미달하여 「조세특례제한법」 제120조 제5항의 취득세 면제 대상에 해당하지 않는 것으로 보고 취득세를 부과하였다. 그러나 「상법」 제329조 제3항 및 제330조에 의하면 주식발생시 부득이 단주처리하는 경우에는 순자산가액에 미달하게 발행될 수 있음에도 이를 간과하고 취득세를 부과한 처분청의 부과는 잘못이 있음(조세심판원 2014지1425, 2015.1.16.).

- 개인사업자의 현물출자 당시 재무제표상에 기재되어 있는 개인사업자의 정기적금(○○○백만 원)과 무허가 건축물은 자산가액에 포함되어야 하고, 이 경우 청구법인의 자본금이 개인사업자의 순자산가액에 미달하므로 청구법인은 취득세 면제요건을 충족하지 못한 것으로 보는 것이 타당함(조세심판원 2013지0240, 2014.11.6.).

사례 현물출자 또는 사업양도 · 양수에 따른 감면대상 추징 해당 여부

- 개인사업자가 법인으로 전환하기 직전에 쟁점자산을 부당하게 인출하여 순자산가액을 감소시킨 것으로 보아 기 면제한 취득세 등을 추징한 처분의 당부
  사업 양도 · 양수계약서에서 정하고 있는 명도일(2015.11.10.)을 기준으로 개인사업자의 순자산가액 이상으로 출자하였는지를 보아야 할 것이며 법인전환 직전에 인출금이 발생하여 순자산가액이 감소하였다 하더라도 법인전환 기준일(2015.11.10.) 현재 개인사업자의 순자산가액(○○○원) 이상으로 출자(○○○원)하여 청구법인을 설립한 이 건은 취득세 면제요건을 충족하였으므로 이 건 취득세 부과처분은 잘못이 있다고 판단됨(조심 2017지0300, 2017.11.14.).

- 개인사업자의 현물출자에 의한 법인전환으로 취득한 임대사업용 부동산을 취득일부터 2년 이내에 멸실하고 같은 용도의 건축물을 신축한 것을 해당 재산을 처분한 것으로 보아 기 감면한 취득세 등을 추징한 처분의 당부
  청구법인은 쟁점토지상에 임대용 건축물을 신축하기 위하여 2016.8.29. 착공을 하였고 준공예정일이 2017.12.15.인 점 등을 감안할 때 쟁점건축물의 멸실을 사업을 폐업하거나 재산을 처분하는 경우로 보기에는 무리가 있으므로 처분청이 이 건 취득세 등을 부과한 처분은 잘못이 있다고 판단된다(조심 2017지0422, 2017.9.18.).

- 청구법인은 소비성서비스업이 아닌 제조업을 영위하고 있고, 법인의 정관 상 목적사업에 부동산임대업이 포함되어 있으므로 처분청이 현물출자한 사업용 재산을 변경된 업종에 사용한 것을 정당한 사유 없이 해당 사업을 폐업한 것으로 보기 어려움(조세심판원 2015지1346, 2016.3.18.).

- 법인전환 직전에 개인사업장의 현금성 자산 등을 개인사업주가 대부분 인출하여

현저하게 축소시킨 순자산가액 상당액을 출자하여 법인을 설립한 경우 개인사업과 관련된 주된 자산이 모두 신설한 법인에게 승계되어 사업의 동일성을 유지하면서 사업을 운영하는 형태만 변경한 것으로 인정하기 어려운 점 등에 비추어 청구법인이 쟁점부동산에 대한 취득세 면제요건을 불충족한 것으로 보아 부과한 이 건 처분은 잘못이 없음(조세심판원 2014지0937, 2015.4.16.).

- 쟁점토지(처분청 평가액 ○○○원)는 전체 자산가액 대비 0.89% 정도에 불과하므로 이 건 사업양수도 당시 이를 제외하였다고 하더라도 사업의 동질성이 유지되지 아니한다고 보기 어려운 점, 쟁점토지는 이 건 공장의 진입로이나 법인전환된 이후에도 청구법인의 대표 ○○○가 계속하여 보유하고 있으므로 이를 양수도 자산에서 제외하여도 청구법인이 해당 사업(제조업)을 계속하여 영위하는 데 문제가 없어 보이는 점, 청구법인의 자본금은 사업양수도계약서상 사업양수도 대상이 되는 부동산 등의 순자산가액 ○○○원보다 큰 금액인 ○○○원으로 나타나는 점 등을 볼 때 추징대상으로 보기 어려움(조심 2018지2270, 2019.8.28.)

- 현물출자 취득세 감면 후 주식 매각시 추징 여부와 관련하여 피출자법인이 현물출자로 부동산 취득세를 감면받고 출자법인은 현물출자를 원인으로 취득한 주식을 다음 날 제3자에게 49.9%를 양도하였다 하더라도, 발행주식 총수의 100분의 50 이상을 보유하고 있는 경우 대통령령이 정하는 부득이한 사유에 해당하여 지분의 연속성이 인정되는 "적격현물출자" 요건을 충족한 것이므로 취득세 감면대상에 해당됨(지방세특례제도과-2351, 2021.10.21.).

- 현물출자로 법인 전환시 부동산 임대 및 공급업의 감면제외 범위와 관련하여 현물출자 또는 사업 양수도를 통해 법인 전환시 취득하는 사업용 고정자산 중에서 부동산 임대 및 공급업에 해당하는 부분이 있는 경우, 사업용 고정자산 전체가 아닌 부동산 임대 및 공급업에 해당하는 부분에 한해 취득세 감면대상에서 제외하여야 할 것임(지방세특례제도과-698, 2021.3.23.).

3 지주회사 전환에 대한 감면

1 관계법령

「**지방세특례제한법**」 제57조의2(기업합병·분할 등에 대한 감면) ⑤ 다음 각 호의 어느 하나에 해당하는 경우에는 「지방세법」 제7조 제5항에 따라 과점주주가 해당 법인의 부동산 등(같은 조 제1항에 따른 부동산등을 말한다)을 취득한 것으로 보아 부과하는 취득세를 2024년 12월 31일까지 면제한다.

1. 「금융산업의 구조개선에 관한 법률」 제10조에 따른 제3자의 인수, 계약이전에 관한 명령 또는 같은 법 제14조 제2항에 따른 계약이전결정을 받은 부실금융기관으로부터 주식 또는 지분을 취득하는 경우

2. 금융기관이 법인에 대한 대출금을 출자로 전환함에 따라 해당 법인의 주식 또는 지분을 취득하는 경우

3. 「독점규제 및 공정거래에 관한 법률」에 따른 지주회사(「금융지주회사법」에 따른 금융지주회사를 포함하되, 지주회사가 「독점규제 및 공정거래에 관한 법률」 제2조 제3호에 따른 동일한 기업집단 내 계열회사가 아닌 회사의 과점주주인 경우를 제외한다. 이하 이 조에서 "지주회사"라 한다)가 되거나 지주회사가 같은 법 또는 「금융지주회사법」에 따른 자회사의 주식을 취득하는 경우. 다만, 해당 지주회사의 설립·전환일부터 3년 이내에 「독점규제 및 공정거래에 관한 법률」에 따른 지주회사의 요건을 상실하게 되는 경우에는 면제받은 취득세를 추징한다.

4. 「예금자보호법」 제3조에 따른 예금보험공사 또는 같은 법 제36조의3에 따른 정리금융회사가 같은 법 제36조의5 제1항 및 제38조에 따라 주식 또는 지분을 취득하는 경우

5. 한국자산관리공사가 「한국자산관리공사 설립 등에 관한 법률」 제26조 제1항 제1호에 따라 인수한 채권을 출자전환함에 따라 주식 또는 지분을 취득하는 경우

6. 「농업협동조합의 구조개선에 관한 법률」에 따른 농업협동조합자산관리회사가 같은 법 제30조 제3호 다목에 따라 인수한 부실자산을 출자전환함에 따라 주식 또는 지분을 취득하는 경우

7. 「조세특례제한법」 제38조 제1항 각 호의 요건을 모두 갖춘 주식의 포괄적 교환·이전으로 완전자회사의 주식을 취득하는 경우. 다만, 같은 법 제38조 제2항에 해당하는 경우(같은 조 제3항에 해당하는 경우는 제외한다)에는 면제받은 취득세를 추징한다.

8. 「자본시장과 금융투자업에 관한 법률」에 따른 증권시장으로서 대통령령으로 정하는 증권시장에 상장한 법인의 주식을 취득한 경우

② 감면요건

- 금융산업의 구조개선에 관한 법률 제10조(적기시정 조치)에 따른 제3자의 인수, 계약이 전에 관한 명령 또는 같은 법 제14조 제2항에 따른 계약이전결정을 받은 부실금융기관으로부터 주식 또는 지분을 취득하는 경우
- 금융기관이 법인에 대한 대출금을 출자로 전환함에 따라 해당 법인의 주식 또는 지분을 취득하는 경우
- 「독점규제 및 공정거래에 관한 법률」에 따른 지주회사(「금융지주회사법」에 따른 금융지주회사를 포함하되, 지주회사가 「독점규제 및 공정거래에 관한 법률」 제2조 제3호에 따른 동일한 기업집단 내 계열회사가 아닌 회사의 과점주주인 경우를 제외한다. 이하 이 조에서 "지주회사"라 한다)가 되거나 지주회사가 같은 법 또는 「금융지주회사법」에 따른 자회사의 주식을 취득하는 경우. 다만, 해당 지주회사의 설립·전환일부터 3년 이내에 「독점규제 및 공정거래에 관한 법률」에 따른 지주회사의 요건을 상실하게 되는 경우에는 면제받은 취득세를 추징한다.
  - 그간 지주회사가 되거나 지주회사가 같은 법 또는 「금융지주회사법」에 따른 자회사의 주식을 취득하는 경우를 지주회사가 계열사·자회사가 아닌 일반법인의 주식 취득으로 과점주주가 되는 경우는 간주취득세 면제 대상이 아니라고(지방세특례제도과-315, 2014.12.24.) 볼 수 있고 지주회사가 계열사의 주식을 취득한 경우 외에도, 계열사 등이 아닌 국내의일반회사의 주식 취득으로 지주회사가 된 경우에도 취득세 감면 대상으로 판단(대법원 2017.4.13. 선고 2016두59713)하는 등 업무상 혼란이 있어 2019년부터는 주회사가 동일 기업집단 내 계열회사가 아닌 회사의 주식을 취득하여 과점주주가 되는 경우 감면에서 제외된다.
- 예금자보호법 제3조에 따른 예금보험공사 또는 같은 법 제36조의3에 따른 정리금융회사가 같은 법 제36조의5 제1항 및 제38조에 따라 주식 또는 지분을 취득하는 경우
- 한국자산관리공사가 금융회사부실자산 등의 효율적 처리 및 한국자산관리공사의 설립에 관한 법률 제26조 제1항 제1호에 따라 인수한 채권을 출자전환함에 따라 주식 또는 지분을 취득하는 경우
  - 이 경우 동법 제26조 제1항 제1호의 규정에 의하여 인수한 채권이라 함은 부실채권의 보전·추심(가압류, 가처분, 민사소송법 및 민사집행법에 의한 경매 및 소송 등에 관한 일체의 행위를 포함한다)의 수임 및 인수정리를 하면서 인수한 것을 말한다.
- 농업협동조합의 구조 개선에 관한 법률에 따른 농업협동조합자산관리회사가 같은 법 제30조 제3호 다목(인수한 부실자산의 출자전환에 따른 주식의 인수)에 따라 인수한 부실

자산을 출자전환함에 따라 주식 또는 지분을 취득하는 경우

■ 조세특례제한법 제38조 제1항 각 호의 요건을 모두 갖춘 주식의 포괄적 교환, 이전으로 완전자회사의 주식을 취득하는 경우. 다만, 제38조 제2항에 해당하는 경우(같은 조 제3항에 해당하는 경우는 제외한다)에는 감면받은 취득세를 추징한다.

■ 「자본시장과 금융투자업에 관한 법률」에 따른 증권시장으로서 대통령령으로 정하는 증권시장에 상장한 법인의 주식을 취득한 경우

- 이 경우 "대통령령으로 정하는 증권시장"이란 대통령령 제24697호 「자본시장과 금융투자업에 관한 법률 시행령」 일부개정령 부칙 제8조에 따른 코스닥시장을 말한다(영 §28의2 ④).

사례 〉 지주회사 전환에 대한 감면대상에 해당되는지 여부

- 「조세특례제한법」 제120조 제6항 제3호의 전단에서 규정하고 있는 "지주회사가 되거나"의 의미는 주식을 취득함으로써 최초로 지주회사가 됨과 동시에 과점주주가 된 경우를 말하는 것이고, 후단에서 규정하고 있는 "지주회사가 자회사의 주식을 취득하는 경우"란 이미 지주회사인 회사가 자회사의 주식 등을 취득하여 과점주주가 되는 경우를 말하는 것으로, 이미 지주회사인 A법인이 자회사가 아닌 법인의 주식을 취득하여 과점주주가 되는 것은 취득세 감면대상인 "지주회사가 자회사의 주식을 취득하는 경우"에 해당되지 아니하며, 감면요건을 갖추지 못한 상태에서 과점주주가 성립된 이 건 과점주주의 취득세는 면제대상에 해당되지 않음 (행정자치부 지방세특례제도과-315, 2014.12.24.).

- 지주회사에 대한 간주 취득세 감면요건인 "자회사의 주식을 취득하는 경우"는 이미 자회사로 편입되어 있는 회사의 주식을 취득하는 경우를 의미하는 바, 청구법인의 경우 지배관계가 없던 법인을 자회사로 편입하기 위해 주식을 취득한 것이므로 감면요건을 충족하였다고 보기 어려움(조세심판원 2015지1039, 2016.6.8.).

- 주식을 취득함으로써 「독점규제 및 공정거래에 관한 법률」에 의한 지주회사가 되거나, 지주회사가 동법에 의한 자회사의 주식을 취득하는 경우에는 과점주주 취득세 등을 면제토록 규정하고 있고, 지주회사란 주식소유를 통하여 국내회사 사업내용을 지배하는 것을 주된 사업으로 하는 회사로서 설립등기일 또는 직전연도 사업연도 종료일(사업연도 종료일 이전의 자산총액을 기준으로 지주회사 전환신고를 하는 경우에는 해당 전환신고 사유의 발생일) 현재 대차대조표상 자산총액이 1,000억 원이상인 회사를 말하며, 주된 사업이 되는 기준은 회사가 소유하고 있는 주식가액 합계액이 해당회사 자산총액의 50% 이상인지 여부를 기준으로 판단하는 점, A법인은 2008.6.25. B법인의 주식 67.64%를 취득하였고, A법인의 2008.6.30. 현재 대차대조표에 의하면 자산은 ○○○원으로 1,000억 원이상이고, 이 중 투자주식 가액은 ○○○원으로 A법인의 총 자산의 50% 이상인 사실이 확인되므로 A법인은

2008.6.25. B법인의 주식을 취득함으로써 B법인의 과점주주가 됨과 동시에 B법인의 지주회사가 되었다고 보는 것이 타당하여 과점주주 취득세 면제대상에 해당되는 점, ③ A법인은 2008.7.30. 등에 B법인의 주식을 추가로 취득하여 과점주주 주식소유비율이 증가하여 과점주주 취득세 납세의무가 성립하였으나, B법인 주식의 추가 취득은 지주회사가 자회사의 주식을 취득하는 경우에 해당하여 과점주주 취득세 면제대상에 해당하는 점 등을 종합하여 볼 때 처분청이 A법인이 과점주주 취득세 면제대상에 해당하지 아니한 것으로 보아 청구법인에게 과점주주 취득세 등을 과세한 처분은 잘못이 있는 것으로 판단됨(조세심판원 2013지0707, 2014.3.6.).

- 이미 설립 내지 전환된 지주회사가 계열회사가 아닌 국내 회사의 주식을 일시에 취득함으로써 국내 회사를 자회사로 새로 편입하여 국내 회사의 과점주주가 된 경우 감면조항에서 정하고 있는 '지주회사가 된 경우'에 해당함(대법원 16두59713, 2017.4.13.).

- 지주회사를 간주취득세의 부과대상에서 제외하는 이 사건 법률조항의 입법취지는 지주회사의 설립이나 지주회사로의 전환에 대하여 세제혜택을 줌으로써 소유와 경영의 합리화를 위한 기업의 구조조정을 지원하려는 데 있다. 그런데 구 간접투자법상 사모투자전문회사나 투자목적회사는 투자한 회사의 기업가치를 높여 창출한 수익을 투자자에게 배분하는 것을 주된 목적으로 하여 설립된 회사로서, 수직적 출자구조를 통하여 자회사의 사업을 지속적으로 지배함으로써 소유와 경영의 합리화를 도모하려는 목적으로 설립된 공정거래법상 지주회사와는 설립목적이나 기능 등이 전혀 다르다. 이러한 이유로 구 간접투자법상 사모투자전문회사나 투자목적회사의 경우에는 공정거래법 제2조 제1호의2 등에서 정한 지주회사의 요건을 형식적으로 갖추었더라도 이를 모두 지주회사로 취급하여 공정거래법상 각종 행위제한에 관한 규정을 적용하는 것이 적절하지 아니하므로, 구 간접투자법 제144조의17 제1항은 앞서 본 바와 같이 일정한 요건을 충족하는 사모투자전문회사나 투자목적회사에 대하여는 10년간 공정거래법의 지주회사에 관한 규정을 적용하지 아니하도록 규정하고 있고 구 간접투자법 제144조의17 제3항 본문은 '사모투자전문회사 및 투자목적회사에 대하여는 제144조의7 제1항 제1호 또는 제2호의 요건을 충족하는 경우 그 요건을 충족한 날부터 10년이 되는 날까지는 금융지주회사법에 의한 금융지주회사로 보지 아니한다'고 규정하고 있고, 그 문언의 내용과 이 사건 법률조항의 입법취지 등에 비추어 보면 위 규정에 따라 금융지주회사로 보지 아니하는 구 간접투자법상 사모투자전문회사나 투자목적회사에 대하여는 이 사건 법률조항이 적용되지 아니한다고 봄이 타당할 것인데, 사모투자전문회사나 투자목적회사가 일반 지주회사인지 아니면 금융지주회사인지에 따라 이 사건 법률조항의 적용을 달리할 합리적인 이유가 없는데 이와 같은 관련 규정의 문언 내용과 입법취지 및 체계, 사모투자전문회사 또는 투자목적회사와 지주회사의 설립목적 및 기능상 차이, 그리고 1999.12.28. 법률 제6045호로 개정된 조세특례제한법에 이 사건 법률

조항(당시에는 제120조 제5항 제8호)이 신설될 당시에는 구 간접투자법에 사모투자전 문회사나 투자목적회사에 관한 규정이 아직 도입되지 아니하였던 점 등을 종합하 면, 공정거래법의 지주회사에 관한 규정이 적용되지 아니하는 구 간접투자법상 사 모투자전문회사나 투자목적회사에 대하여는 이 사건 법률조항도 적용되지 아니한 다고 해석함이 타당함(대법원 2014.2.13. 선고 2011두21478 판결).

제 **13** 장

산업단지에 대한 감면

① **관계법령**

「지방세특례제한법」 제78조(산업단지 등에 대한 감면) ① 「산업입지 및 개발에 관한 법률」 제16조에 따른 산업단지개발사업의 시행자 또는 「산업기술단지 지원에 관한 특례법」 제4조에 따른 사업시행자가 산업단지 또는 산업기술단지를 조성하기 위하여 취득하는 부동산에 대해서는 취득세의 100분의 35를, 조성공사가 시행되고 있는 토지에 대해서는 재산세의 100분의 35(수도권 외의 지역에 있는 산업단지의 경우에는 100분의 60)를 각각 2025년 12월 31일까지 경감한다. 다만, 다음 각 호의 어느 하나에 해당하는 경우에는 경감된 취득세 및 재산세를 추징한다.

1. 산업단지 또는 산업기술단지를 조성하기 위하여 취득한 부동산의 취득일부터 3년 이내에 정당한 사유 없이 산업단지 또는 산업기술단지를 조성하지 아니하는 경우에 해당 부분에 대해서는 경감된 취득세를 추징한다.

2. 산업단지 또는 산업기술단지를 조성하기 위하여 취득한 토지의 취득일(「산업입지 및 개발에 관한 법률」 제19조의2에 따른 실시계획의 승인 고시 이전에 취득한 경우에는 실시계획 승인 고시일)부터 3년 이내에 정당한 사유 없이 산업단지 또는 산업기술단지를 조성하지 아니하는 경우에 해당 부분에 대해서는 경감된 재산세를 추징한다.

② 제1항에 따른 사업시행자가 산업단지 또는 산업기술단지를 개발·조성한 후 대통령령으로 정하는 산업용 건축물등(이하 이 조에서 "산업용 건축물등"이라 한다)의 용도로 분양 또는 임대할 목적으로 취득·보유하는 부동산에 대해서는 다음 각 호에서 정하는 바에 따라 지방세를 경감한다.

1. 제1항에 따른 사업시행자가 신축 또는 증축으로 2025년 12월 31일까지 취득하는 산업용 건축물등에 대해서는 취득세의 100분의 35를, 그 산업용 건축물등에 대한 재산세의 100분의 35(수도권 외의 지역에 있는 산업단지에 대해서는 100분의 60)를 각각 경감한다. 다만, 그 취득일부터 3년 이내에 정당한 사유 없이 해당 용도로 분양 또는 임대하지 아니하는 경우에 해당 부분에 대해서는 경감된 지방세를 추징한다.

2. 제1항에 따른 사업시행자가 2025년 12월 31일까지 취득하여 보유하는 조성공사가 끝난 토지(사용승인을 받거나 사실상 사용하는 경우를 포함한다)에 대해서는 재산세 납세의무가 최초로 성립하는 날부터 5년간 재산세의 100분의 35(수도권 외의 지역에 있는 산업단지의 경우에는 100분의 60)를 경감한다. 다만, 조성공사가 끝난 날부터 3년 이내에 정당한 사유 없이 해당 용도로 분양 또는 임대하지 아니하는 경우에 해당 부분에 대해서는 경감된 재산세를 추징한다.

③ 제1항에 따른 사업시행자가 산업단지 또는 산업기술단지를 개발·조성한 후 직접 사용하기 위하여 취득·보유하는 부동산에 대해서는 다음 각 호에서 정하는 바에 따라 지방세를 경감한다.

1. 제1항에 따른 사업시행자가 신축 또는 증축으로 2025년 12월 31일까지 취득하는 산업용 건축물등에 대해서는 취득세의 100분의 35를, 그 산업용 건축물등에 대한 재산세의

납세의무가 최초로 성립하는 날부터 5년간 재산세의 100분의 35(수도권 외의 지역에 있는 산업단지의 경우에는 100분의 60)를 각각 경감한다. 다만, 다음 각 목의 어느 하나에 해당하는 경우 그 해당 부분에 대해서는 경감된 지방세를 추징한다.

    가. 정당한 사유 없이 그 취득일부터 3년 이내에 해당 용도로 직접 사용하지 아니하는 경우

    나. 해당 용도로 직접 사용한 기간이 2년 미만인 상태에서 매각·증여하거나 다른 용도로 사용하는 경우

2. 제1항에 따른 사업시행자가 2025년 12월 31일까지 취득하여 보유하는 조성공사가 끝난 토지(사용승인을 받거나 사실상 사용하는 경우를 포함한다)에 대해서는 재산세의 납세의무가 최초로 성립하는 날부터 5년간 재산세의 100분의 35(수도권 외의 지역에 있는 산업단지의 경우에는 100분의 60)를 경감한다. 다만, 다음 각 목의 어느 하나에 해당하는 경우 그 해당 부분에 대해서는 경감된 재산세를 추징한다.

    가. 정당한 사유 없이 그 조성공사가 끝난 날부터 3년 이내에 해당 용도로 직접 사용하지 아니하는 경우

    나. 해당 용도로 직접 사용한 기간이 2년 미만인 상태에서 매각·증여하거나 다른 용도로 사용하는 경우

④ 제1항에 따른 사업시행자 외의 자가 제1호 각 목의 지역(이하 "산업단지등"이라 한다)에서 취득하는 부동산에 대해서는 제2호 각 목에서 정하는 바에 따라 지방세를 경감한다.

1. 대상 지역

    가. 「산업입지 및 개발에 관한 법률」에 따라 지정된 산업단지

    나. 「산업집적활성화 및 공장설립에 관한 법률」에 따른 유치지역

    다. 「산업기술단지 지원에 관한 특례법」에 따라 조성된 산업기술단지

2. 경감 내용

    가. 산업용 건축물등을 신축하기 위하여 취득하는 토지와 신축 또는 증축하여 취득(취득하여 중소기업자에게 임대하는 경우를 포함한다)하는 산업용 건축물등에 대해서는 취득세의 100분의 50을 2025년 12월 31일까지 경감한다.

    나. 산업단지등에서 대수선(「건축법」 제2조 제1항 제9호에 해당하는 경우로 한정한다)하여 취득하는 산업용 건축물등에 대해서는 취득세의 100분의 25를 2022년 12월 31일까지 경감한다.

    다. 가목의 부동산에 대해서는 해당 납세의무가 최초로 성립하는 날부터 5년간 재산세의 100분의 35를 경감(수도권 외의 지역에 있는 산업단지의 경우에는 100분의 75를 경감)한다.

⑤ 다음 각 호의 어느 하나에 해당하는 경우 그 해당 부분에 대해서는 제4항에 따라 감면된 취득세 및 재산세를 추징한다.

1. 정당한 사유 없이 그 취득일부터 3년(2019년 1월 1일부터 2020년 12월 31일까지의 기간 동안 취득한 경우에는 4년)이 경과할 때까지 해당 용도로 직접 사용하지 아니하는

경우

2. 해당 용도로 직접 사용한 기간이 2년 미만인 상태에서 매각(해당 산업단지관리기관 또는 산업기술단지관리기관이 환매하는 경우는 제외한다)·증여하거나 다른 용도로 사용하는 경우

⑥ 삭제〈2020.1.15.〉

⑦ 삭제〈2021.12.28.〉

⑧ 제4항에 따라 취득세를 경감하는 경우 지방자치단체의 장은 해당 지역의 재정여건 등을 고려하여 100분의 25(같은 항 제2호 나목에 따라 취득세를 경감하는 경우에는 100분의 15)의 범위에서 조례로 정하는 율을 추가로 경감할 수 있다. 이 경우 제4조 제1항 각 호 외의 부분, 같은 조 제6항 및 제7항을 적용하지 아니한다.

「지방세특례제한법 시행령」 제38조(산업용 건축물 등의 범위) 법 제78조 제2항 각 호 외의 부분에서 "대통령령으로 정하는 산업용 건축물등"이란 다음 각 호의 어느 하나에 해당하는 건축물을 말한다.

1. 「도시가스사업법」 제2조 제5호에 따른 가스공급시설용 건축물(「산업입지 및 개발에 관한 법률」에 따른 산업단지에 설치된 「지방세법 시행령」 제5조 제1항 제4호의 도관시설의 경우에는 해당 지역에 가스를 공급하기 위한 도관시설로 한정한다)

2. 「산업기술단지 지원에 관한 특례법」에 따른 연구개발시설 및 시험생산시설용 건축물

3. 「산업입지 및 개발에 관한 법률」 제2조에 따른 공장·지식산업·문화산업·정보통신산업·자원비축시설용 건축물과 이와 직접 관련된 교육·연구·정보처리·유통시설용 건축물. 다만, 공장용 건축물은 행정안전부령으로 정하는 업종 및 면적기준 등을 갖추어야 한다.

4. 「산업집적활성화 및 공장설립에 관한 법률」 제30조 제2항에 따른 관리기관이 산업단지의 관리, 입주기업체 지원 및 근로자의 후생복지를 위하여 설치하는 건축물(수익사업용으로 사용되는 부분은 제외한다)

5. 「집단에너지사업법」 제2조 제6호에 따른 공급시설용 건축물(「산업기술단지 지원에 관한 특례법」에 따른 산업기술단지에 설치된 「지방세법 시행령」 제5조 제1항 제4호의 도관시설의 경우에는 해당 지역에 집단에너지를 공급하기 위한 도관시설로 한정한다)

6. 「산업집적활성화 및 공장설립에 관한 법률 시행령」 제6조 제5항 제1호부터 제5호까지, 제7호 및 제8호에 해당하는 산업용 건축물

「지방세특례제한법 시행규칙」 제6조(산업단지 등 입주 공장의 범위) 영 제38조 제3호 단서에 따른 공장의 범위는 「지방세법 시행규칙」 별표 2에서 규정하는 업종의 공장으로서 생산설비를 갖춘 건축물의 연면적(옥외에 기계장치 또는 저장시설이 있는 경우에는 그 시설물의 수평투영면적을 포함한다)이 200제곱미터 이상인 것으로 한다. 이 경우 건축물의 연면적에는 그 제조시설을 지원하기 위하여 공장 경계구역 안에 설치되는 종업원의 후생복지시설 등 각종 부대시설(수익사업용으로 사용되는 부분은 제외한다)을 포함한다.

※ 산업단지 감면범위 및 추징규정 등 합리화(2020.1.1. 이후 납세의무 성립분부터 적용)

❑ 개정개요

개정 전	개정 후
〈 사업시행자 〉	
☐ 추징시점	☐ 추징시점
○ 취득일부터 3년 이내 조성하지 않은 경우	○ 취득일부터 3년 이내 조성하지 않은 경우
	－ 단, 재산세의 경우, 실시계획 승인 고시일이 취득일 보다 뒤인 경우 고시일로부터 3년 이내 조성하지 않은 경우
〈 입주기업 〉	
☐ 감면시점	☐ 감면시점
○ (건축물·부속토지) 건축물을 신·증축한 시점	○ (건축물) 현행과 같음
	○ (부속토지) 건축물을 신축하기 위해 취득하는 시점
☐ 감면범위	☐ 감면범위
○ (건축물) 신·증축한 건축물	○ (건축물) 현행과 같음
○ (부속토지) 건축물 신·증축 부분	○ (부속토지) 건축물 신축 부분

❑ 개정내용
   ○ 사업시행자가 기존 보유 토지에 산업단지 지정을 받는 경우 등 "취득일로부터 3년" 기준에 따라 추징이 어려운 경우를 개선함

   － 재산세 추징 시 실시계획 승인 고시일*이 취득일보다 뒤인 경우 고시일을 기준으로 3년 이내에 산업단지를 조성하지 않은 경우** 추징

      * 「산업단지 인·허가 절차 간소화를 위한 특례법」 제15조 제1항에 따른 고시일도 「산업입지 및 개발에 관한 법률」 제19조의2에 따른 고시일로 간주
      ** 조성공사를 완료하지 않은 경우를 의미

   ○ 산업용 건축물등에 대한 부속토지는 신축할 경우에만 취득세를 감면하도록 명확히 함(증축 시 부속토지는 감면 제외)
   ※ (감면 시점) 산업용 건축물등을 신축하기 위해 토지를 취득할 때

❑ 적용요령
   ○ 이 법 시행 이후 납세의무가 성립하는 경우부터 적용하되, 개정 법률 부칙 제2조에 따라 '20년 1월 1일부터 소급 적용
   － '20년 1월 1일 이후부터 이 법 시행 전에 납세의무가 성립하여 일반과세 한 경우 해당 세액은 감액 또는 환급 조치

※ '20.1.1. 전에 감면받은 취득세 및 재산세의 추징은 종전의 규정 적용(부칙 §19)

○ 종전 규정에 따라 '19.12.31. 이전에 기존 건축물 등을 승계취득한 후 '20.1.1. 이후에 건축물을 증축하여 취득한 경우
　- 해당 증축 건물의 부속토지는 개정규정에 따라 감면대상 아님.

| 산업단지 사업시행자 및 그 입주기업 감면 현황 |

조 문	감면 대상자	감면부동산	감면내용	비 고
§78 ①	시행자	• 산업(기술)단지 조성용 부동산 (주로 토지이며, 조성을 위해 기존 취득 후 멸실부동산 등 포함)	• 취득세 35% • 재산세 35~60% (수도권 외 지역 60%)	• 시행자가 단지조성시
§78 ②	시행자	• 사업시행자가 산업(기술)단지 분양·임대용 부동산으로 취득하는 경우 및 조성공사가 끝난 토지(재산세분)	• 취득세 35 • 재산세 35~60% (수도권 외 지역 60%)	• 사업시행자가 건물을 건축(신·증축)하여 분양·임대하는 경우
§78 ③	시행자	• 사업시행자가 직접 산업단지에 산업용건축물을 신·증축하는 경우(주로 건축물) 및 조성공사가 끝난 토지(재산세분)	• 취득세 35% • 재산세 35~60% 감면 (수도권 외 지역 60%)	• 사업시행자가 산업단지를 조성하여 직접 사용하는 경우
§78 ④	입주 기업	• 입주업체가 산업(기술)단지에서 분양받아 산업용건축물을 건축(신증축 및 대수선)하는 경우 ※ 산업용 건축물등에 대한 부속토지는 신축할 경우에만 취득세를 감면하도록 명확히 함(증축 시 부속토지는 감면 제외) : ('20년 개정세법 감면 시점) 산업용 건축물등을 신축하기 위해 토지를 취득할 때	• 취득세 50% (신축) • 취득세 25% (대수선) • 재산세 35~75% 감면 (수도권 외 지역 75%)	• 입주기업체가 부지를 분양받아 직접 건축하는 경우
§78 ⑧	입주 기업	• 산단조성, 개발 및 산업용건축물 등 신·증축용 부동산	• 조례로 §78 ④에 따른 취득세 감면 이외 25% 조례로 추가 감면 가능	• 산업단지 입주기업 대수선용 부동산은 15%

❷ 사업단계별 감면요건

(1) 사업시행자가 산업단지 조성하고 이후에 입주기업이 분양받아 산업용 공장을 건축하는 경우(§78 ① · ④)

■ 산업단지조성 사업시행자가 산업단지를 조성하기 위해 취득하는 부동산과 이후에 산업단지에 입주하는 기업이 사업시행자로부터 토지를 분양받아 산업용 건축물을 건축하는 경우에 대한 감면이다. 이 경우가 산업단지를 개발 · 조성하는 가장 일반적인 절차에 해당된다. 이때 개발절차는 산업단지 승인권자가 산업단지 개발계획을 승인할 때 비로소 사업시행자가 지정된다. 사업시행자는 산입법 제16조 제1항, 시행령 제19조에 따른 시행자를 말한다.

※ 산업단지 개발 주요 과정

※ 산업단지 관리기본계획 변경 절차

가. 사업시행자에 대한 감면 사례

■ 공동시행자의 권한을 위임받아 대표시행자가 산업단지를 조성하였다면 공동사업시행자는 '사업시행자 외의 자'의 지위로서 그 토지를 취득하는 것이라고 해석하는 것이 타당함. 즉 법 제78조 제4항에서 규정한 '제1항에 따른 사업시행자'란 위 법령에서 규정하는 산업단지 시행자로서 산업단지를 조성하기 위하여 부동산을 취득하고 지방세 감면을 받은 시행자를 의미한다고 해석하는 것이 타당함(행정안전부 지방세특례제도과-405, 2017.3.27.).

■ 위 감면 규정은 산업단지개발사업의 시행자가 산업단지를 조성하기 위하여 취득 · 소유

하는 부동산으로서 조성공사가 시행되고 있는 토지에 대해서 재산세를 경감하는 규정이
므로, 산업단지 사업시행자가 산업단지 조성을 위하여 취득한 토지를 신탁하여 그 토지
의 소유권을 신탁회사에게 이전등기 한 경우라면, 그 토지는 신탁회사가 소유하는 토지
에 해당하고 재산세 납세의무자는 신탁회사가 되는 것이므로 사업시행자가 아닌 신탁회
사 소유의 토지에 대한 재산세를 감면하는 것은 타당하지 않음(행정자치부 지방세특례제도
과-2728, 2015.10.7.).

- 산업단지개발사업 시행자가 산업단지개발사업 시행중에 당초 수분양의사를 밝힌 업체
들이 경제적 사유로 수분양의사를 철회함에 따라 대기업과 공동사업으로 진행하기로 하
고, 산업단지를 조성하기 위하여 취득한 토지 중 일부를 매각한 경우라면, 이는 법령에
의한 금지·제한 등 그 법인이 마음대로 할 수 없는 외부적 사유가 있는 경우에 해당하
지 않는 것으로 보일 뿐만 아니라, 산업단지개발사업에 사용하기 위한 정상적인 노력을
다한 것으로 보기 어렵고, 공동시행자에게 매각한 토지가 산업단지 조성에 사용되고 있
다하더라도 그 토지는 당초 시행자가 산업단지 조성사업에 사용하는 것이 아니라 새로
운 공동시행자가 사용하는 것이므로 당초 시행자가 '산업단지를 조성하지 아니하는 경
우'에 해당함(행정자치부 지방세특례제도과-2531, 2015.9.18.).

- 농공단지 지정승인을 할 당시 지정고시 내용에서 개발사업시행자로 표시되어 있으나 실
제 개발사업시행자 지정서는 그 이후에 교부받은 경우 농공단지지정고시 후 사업시행자
지정서 교부전에 취득한 사업부지가 취득세 등의 감면대상에 해당됨(조세심판원 2008지
0635, 2009.5.14.).

- 지특법상 시행자를 구 산업입지법상의 산업단지개발사업의 시행자로 정하고 있으며 여
기서 시행자는 산업단지지정권자의 지정을 받을 것을 요구하므로, 지정받은 이후 취득
한 부동산이 취득세 등의 감면대상에 해당됨(대법원 2017.9.28. 선고 2017두49171 판결).

사례 ▷ 산업단지 내 근린생활시설 예정토지에 대한 감면 여부

해당 토지는 지원시설인 근린생활시설 등으로 사용이 예정되어 있어 당초부터 「지방
세특례제한법」 제78조 제4항에 따른 취득세 감면요건에 해당하지 않는 것으로 보이
는 점, 설령 토지취득 시점에서 감면대상에 해당한다 하더라도 토지 취득일부터 3년
이 경과한 후에도 해당 토지는 나대지 상태에 있어 추징대상에 해당하는 점, 토지를
대물로 취득하였다거나 과세관청이 감면을 확약한 내용 등은 나타나지 않고 있고,
법인이 토지에 대한 취득세 감면신청을 한 것으로 보아 부과처분이 신뢰보호에 반하
는 처분으로 보기도 어려운 점 등에 비추어 취득세 등을 부과한 처분은 잘못이 없음
(조심 16지0143, 2016.6.8.).

나. 입주기업에 대한 감면 사례

■ 지식산업에 속하는 연구개발업은 고부가가치의 지식서비스를 창출하는 산업으로 독자적으로 수행하는 기업과 함께 동일기업 내에 다른 사업체에서 전문, 과학 및 기술서비스를 수행할 수 있다는 모든 경우를 포함 하고 있다는 점을 감안할 때 산업단지 내에 연구개발업에 속하는 기업부설연구소를 신축하여 실용적 목적으로 연구하는 응용연구, 제품의 공정개발을 위한 실험개발 등 연구 활동용도로 사용하고 있는 경우라면 '산업용 건축물등'의 범위에 속한 건축물로 해석하는 것이 타당함(행정안전부 지방세특례제도과-797, 2017.9.19.).

■ 「지방세특례제한법」 제78조 제4항에서는 산업단지에서 산업용 건축물 등을 건축하려는 자가 취득하는 부동산에 대하여 감면하는 것으로 규정하고 있어 산업용 건축물이 건축되는 지역에 대한 제한을 두고 있지 아니하므로 송전철탑이 산업단지내 산업용도지역이 아닌 녹지지역 등 지원시설용지에 설치되는 경우에도 감면대상에 해당함(행정자치부 지방세특례제도과-3598, 2016.12.31.).

■ 「지방세특례제한법」 제78조 제4항에서는 「산업입지 및 개발에 관한 법률」에 따라 지정된 산업단지에서 산업용 건축물 등을 건축하려는 자가 취득하는 부동산에 대해서는 취득세의 100분의 50을 경감하는 것으로 규정하고 있음 위 규정에서 "산업용 건축물 등을 건축하려는 자가 취득 하는 부동산"이란 기존 건물을 취득하여 증축을 하거나 기존 건물을 철거하고 신축을 하거나 건물을 신축하여 취득하는 경우의 건물, 건물이 없는 토지를 취득하여 그 지상에 건물을 신축하거나 기존 건물이 있는 토지를 취득하여 그 건물을 증축하거나 기존 건물을 철거하고 신축하는 경우의 토지를 모두 포함한 것으로 보아야 함(부산고법 2006누5557 2009.9.14. 판결, 대법원2007두21341 2010.1.14. 판결 참조). 따라서, 산업단지에서 토지를 임차하여 산업용 건축물을 신축한 자로부터 그 건축물을 승계취득한 다음, 그 토지상에 산업용 건축물을 증축하고 기존 건축물 및 증축한 건축물의 부속토지를 취득하는 경우라면, 비록 토지를 취득하기 전에 건축물을 증축하였다하더라도 기존 건축물 및 증축한 건축물의 부속토지는 산업용 건축물 등을 건축하려는 자가 취득하는 부동산에 해당함(행정자치부 지방세특례제도과-3174, 2015.11.17.).

> **사례** 산업단지 감면대상에 해당되는지 여부

산업단지입주자에 대한 감면은 이미 산업단지로 조성된 토지를 의미하고, 산업단지 개발사업을 시행하려는 자가 그 개발사업의 사업자로 지정되기 전에 취득한 토지는 장차 그 토지가 산업단지개발사업의 완료에 의해 산업단지로 변환된다고 하더라도 위 규정에서 말하는 '산업단지 안에서 취득하는 부동산'에 해당하지 아니함(대법원 11두21133, 2011.12.27.).

사례 재생사업지구로 지정·고시지역 산업단지 감면대상 여부

재생사업지구로 지정·고시되었지만 '재생사업계획'과 '지정권자의 승인'을 받지 못한 상태에서는 원고와 같이 공장용 건물을 신축하기 위해 재생사업지구 내의 토지를 취득하였더라도, 토지에 대한 취득세가 면제된다고 할 수 없고, 이와 같이 보는 것이 해석의 범위를 넘어서는 것이라고 할 수 없음(대법원 15두5505, 2016.3.10.).

사례 산업단지사업시행자 외의 자가 취득한 가스공급시설이 감면대상 여부

산업단지사업시행자 외의 자가 취득한 가스공급시설은 조세법률주의 원칙상 산업단지 내 입주기업체에게 가스를 공급, 지원하기 위한 시설이 아닌 가스공급시설이라도 감면대상에 해당함(대법 2021두42863, 2021.11.25.).

※ 산업단지 등에 대한 취득세 감면대상 명확화(2022년도부터 적용)

---

① 개정개요

개정 전	개정 후
□ 감면대상 　○ 신축 또는 증축하여 취득하는 산업용건축물등 　　- 중소기업자에게 임대하는 공장용 건축물 포함	□ 감면대상 명확화 　○ 신축 또는 증축하여 취득하는 산업용건축물등(중소기업자에게 임대하는 경우 포함)

② 개정내용
　○ 산업용건축물 등을 중소기업자에게 임대하는 경우에도 감면 적용
　　- 기존에 산업용 건축물, 공장용 건축물로 혼재되어 있던 용어를 '산업용 건축물'로 통일

③ 적용요령
　○ 이 법 시행('22.1.1.) 이후 납세의무가 성립하는 경우부터 적용
　※ 해당 규정을 명확히 규정하는 사항이므로 종전과 동일하게 적용

---

(2) 사업시행자가 산업단지를 조성하고 이후에 사업시행자가 직접 산업용 공장을 건축하는 경우(§78 ③)

■ 산업단지를 필요로 하는 기업이 직접 산업단지 조성공사를 수행하고 조성공사가 완료되면 사업시행자인 당해기업이 산업용 건축물을 건축하는 경우에 해당된다.

■ 산업단지개발사업 시행자가 천연가스 및 제조시설의 안전 및 홍보를 통하여 가스 제조

의 원활한 사업추진을 목적으로 관련 업무에 사용되고 있다 하더라도, 당해 신축 건축물은 가스제조시설 구내에 있지 않아 부대시설용 건축물로 보기 어렵고, 가스제조시설용도가 아닌 불특정 다수인을 위한 LNG 홍보시설로 사용되고 있는 경우라면 산업용 건축물등의 범위에 포함된다고 볼 수 없어 감면대상으로 보는 것은 타당하지 않음(행정안전부 지방세특례제도과－1199, 2018.4.10.).

■ 산업단지개발사업 시행자가 산업단지 조성 후 자동차 수출을 위한 수출전용 부두의 자동차 선적대기 장소가 독립적으로 타용도로 사용되지 않고 관리동, 접안시설, 폰툰, 잔교, 급·배수시설 등을 갖추어 하나의 항만 부두시설의 필수불가결한 기능을 수행하는 자동차선적장소는 산업용 건축물에 해당되어 감면대상임(행정안전부 지방세운영과－2997, 2010.7.13.).

■ 산업용건축물이 있는 공장용지(산업단지내)를 취득하여 철거 후 산업용건축물을 신·증축할 목적으로 취득하였으나, 취득 후 일정기간 동안 전 소유자가 사용함에 따라 기존 건축물 철거 및 산업용 건축물을 신·증축을 하지 못하는 경우 해당 공장용지를 산업용건축물 신·증축하기 위하여 취득한 것으로 볼 수 없어 지방세 감면대상에 해당되지 않음(행정안전부 지방세운영과－2011, 2010.5.12.).

■ 매매계약의 약정에 따라 산업용건축물을 먼저 신축하고, 그 산업용건축물을 담보로 대출을 받아 그 산업용 건축물 등의 부속토지(공장용지)를 취득하는 경우에 산업용건축물을 신축하고자 하는 자의 취득으로 보아 지방세 감면대상에 해당됨(행정안전부 지방세운영과－1785, 2010.4.29.).

> **사례** 산업단지개발사업시행자가 산업단지 조성공사가 끝나기 전에 건축물 등을 신축하여 취득하는 경우 제3항의 적용이 불가능한지 여부

구 지방세특례제한법 제78조 제1항은 산업단지개발사업의 시행자가 산업단지를 조성하기 위하여 취득하는 '부동산'에 대하여 취득세를 면제하고, '조성공사가 시행되고 있는 토지'에 대하여 재산세의 100분의 50을 경감하도록 규정하고 있으므로, '토지와 건축물'이 모두 구 지방세특례제한법 제78조 제1항에 의한 취득세 면제 대상이 될 수 있고, '건축물'과 '조성공사가 시행되지 않고 있는 토지'의 경우 재산세 경감대상이 될 수 없으며, '조성공사가 시행되고 있는 토지'만 위 규정에 의한 재산세 경감대상이 될 수 있다. 그런데 구 지방세특례제한법 제78조 제3항은 '산업용 건축물·연구시설 및 시험생산용 건축물로서 대통령령으로 정하는 건축물의 신축이나 증축으로 취득하는 부동산'에 대하여 취득세를 면제하는 한편(제1호), 제78조 제1항에 의하여 재산세 경감대상에서 제외되었던 '산업단지 안에서 신축하거나 증축한 산업용 건축물등'과 '조성공사가 끝난 토지'를 재산세 경감대상에 포함시키고 있다(제2호).

그렇다면 구 지방세특례제한법 제78조는 (i) 취득세 및 재산세 납부대상인 토지에 대해서는 '조성공사가 시행중인지 완료되었는지' 여부에 따라, (ii) 취득세 및 재산세 납부대상인 건축물에 대해서는 '신축이나 증축 외의 원인으로 취득한 것인지 신축이나 증축으로 인하여 취득한 것인지' 여부에 따라 제1항 또는 제3항을 적용하도록 한 것으로 볼 수 있고, 재산세 및 취득세 납부대상인 건축물의 감면요건으로 '산업단지 조성공사를 끝낸 후에 취득한 것일 것'을 요구하고 있다고 보기는 힘들다. 더 나아가 구 지방세특례제한법 제78조는 제1항의 적용대상이 되는 부동산은 '그 부동산의 취득일로부터 3년 이내'를 추징규정 적용의 기한으로 정하고, 제3항의 적용대상이 되는 부동산은 '산업단지 조성공사가 끝난 후 3년 이내'를 추징규정 적용의 기한으로 정함으로써, 산업단지개발사업의 시행자가 취득한 건축물의 취득원인 등에 따라 감면된 취득세 및 재산세의 추징요건을 서로 다르게 규정하고자 한 것으로 보인다. 즉 지방세특례제한법 제78조 제1항, 제3항을 피고의 주장과 같이 해석하여 산업단지 조성공사가 끝나기 전에 취득하는 부동산에 대하여는 제1항이, 끝난 이후에 취득하는 부동산에 대하여는 제3항의 규정이 적용되는 것으로 볼 경우, 산업단지 조성공사가 끝나기 전에 사업시행자가 신축 또는 증축하여 취득한 산업용 건축물등은 재산세 경감대상에서 제외되는 결과가 되는데, 앞서 본 구 지방세특례제한법 제78조의 입법취지에 비추어 이와 같이 축소해석하여야 할 이유가 없음(대법원 2020.4.9. 선고 2019두63058 판결).

> **사례** 산업단지개발 사업실시계획에는 포함되어 있으나 고시된 지형도면에는 누락된 경우 사업단지에 포함된 것으로 보아 감면받을 수 있는지 여부

2008.7.11. ○○정국가산업단지 전면 해상'을 사업시행 위치로 지정하여 제1 항만시설의 추가 설치를 하도록 하는 사업실시계획(변경) 승인을 하였으며, 2012.12.27. 그 준공인가를 공고하였던 점, ② ○○지방국토관리청장은 2016.3.9. 원고에 대하여 종전 항만시설과 제1 항만시설은 ○○국가산업단지개발계획에 포함된 시설로서 '○○국가산업단지 내의 시설'이라는 취지로 민원회신을 한 점, ③ 그럼에도 불구하고 2011.9.경 국토해양부 고시 제2011-494호로 고시된 ○○국가산업단지 지형도면상으로는 종전 항만시설과 제1 항만시설이 안정국가산업단지의 경계내에 위치하고 있지 않은 것으로 표시되었는바, 위 사업실시계획(변경) 승인의 내용이 착오에 의하여 수정사항에서 누락되는 등으로 지형도면이 잘못 표시된 것일 가능성도 있는 점, ④ 또한 산업입지법 제2조 제8호 가목에 의하면 '산업단지'란 산업시설 및 이와 관련된 교육·연구·업무·지원·정보처리·유통 시설과 그 시설의 기능 향상을 위한 주거·문화·환경·공원녹지·의료·관광·체육·복지 시설을 집단적으로 설치하기 위하여 포괄적 계획에 따라 지정·개발되는 일단의 토지를 말하고, 이에 따르면 '산업단지개발계획에 따라 지정·개발되는 지역'이면 산업단지에 해당하는 것으로 볼 수 있으며, 따라서 고시된 산업단지의 지형도면은 산업단지의 형상이나 경계를 확인하기 위한 하나의 근거자료가 될 수 있을 뿐이라고 보는 것이 타당한 점 등을 모두

종합하여 보면, 제1 항만시설은 산업단지개발계획에 따라 지정된 위치에서 개발된 항만시설이고, 제2 항만시설은 제1 항만시설의 조성을 위하여 설치된 항만시설인바, 결국 제1, 2 항만시설은 모두 원고가 '○○국가산업단지 안에서 신축한 것'으로 봄이 타당함(대법원 2020.4.9. 선고 2019두63058 판결).

(3) 한국산업단지공단이 같은 법 제45조의13 제1항 제3호 및 제5호의 사업을 위하여 취득하는 부동산(같은 법 제41조에 따른 환수권의 행사로 인한 취득하는 경우를 포함)(§78 ⑥)

■ 산업단지개발사업의 사업시행자가 아니더라도, 한국산업단지공단의 경우에는 사업시행자로서 산업단지 개발·조성 단계에서 취득한 것인지 여부와 상관없이 제3호 및 제5호의 사업용 부동산에 대하여 면세된다고 해석함이 상당하다(대법원 2009.8.20. 선고 2008다78262 판결 참조)할 것이므로, 한국산업단지공단이 아파트형공장을 임대 및 매각하기 위해서 보유하고 있는 이 건 토지 및 건축물은 사업용 부동산에 해당하여 재산세가 면제되는 것임(조세심판원 2010지0715, 2011.10.12.).

■ 이미 개발·조성이 완료된 산업단지에 한국산업단지공단이 관리기관의 지위에서 산업단지 내에 신축한 오피스텔에 대해서는 주로 사실상 주거로 사용될 것이 예상되는 업무시설과 제1종, 제2종 근린생활시설인 상점으로 구성되어 있는데, 이러한 오피스텔과 근린생활시설의 용도가 명확히 확인되지 아니한 상태에서 그 전부가 관계 법령에서 정한 지원사업이나 그 밖의 산업단지 내 입주기업체의 근로자들을 위한 후생복지사업에 제공된다고 단정하기 어려운 점 등을 고려할 때, 지방세 감면대상에 해당되지 않음(대법원 2009.8.20. 선고 2008다78262 판결).

(4) 사업시행자가 분양·임대하기 위해 취득하는 부동산(§78 ②)

■ 산업단지 사업시행자가 산업단지 준공이전에 분양·임대할 목적으로 부동산을 취득하는 경우로 「지방세특례제한법」 제78조 제2항의 감면규정을 적용한다. 이 경우에 해당하는 사업시행자는 산업단지관리공단, 산업기술단지(TP) 등 공공기관이 주로 해당되나 민간사업시행자도 가능하다. 산업단지관리공단은 산업단지내 임대단지 운영, 환수부지 재매각, 임대전용 지식산업센터 운영 등 입주기업 지원을 위한 분양·임대사업을, 산업기술단지(TP)는 R&D지원사업, 기술형 중소벤처기업 육성을 위한 분양·임대사업을 각각 고유목적사업으로 하는 공공기관에 해당된다. 따라서 산업기술단지(TP) 관리기관이 산업단지를 조성하고 이후에 R&D개발 창업중소기업 지원 등 임대사업을 위해 취득하는 부동산과 산업단지관리공단이 산업단지 관리기관의 고유목적사업을 위해 취득하

는 부동산 등이 이에 해당된다.

- 이 경우에는 산업단지 사업시행자가 대부분 공공목적에 따른 분양·임대를 고유목적으로 하는 산업단지관리공단 등 공공기관이 주로 해당되지만 예외적으로 사업시행자가 민간사업자에 해당되는 경우도 일부 있는데 이들 민간사업시행자의 경우는 공공기관에 비해 영리적 성격이 커서 산업단지 조성에 따른 개발계획, 용도변경, 분양시 지정권자(국토부), 관리권자(지경부), 관리기관(지자체 등)의 엄격한 관리를 거쳐야 한다. 또한, 산업단지 토지이용계획에 따라 산업시설공간, 자원시설공간, 공공시설공간, 녹지공간, 주거공간, 상업시설공간 등을 반드시 배치해야 하고 이에 따른 공간시설 변경을 위해서는 산업단지 관리기본계획을 변경 해야 하며 관리기본계획 변경으로 용도별 구역을 변경하는 경우 그 소유자로부터 구역변경에 따른 지가상승의 범위 내에서 산업용지 및 시설을 기부받아 기반시설 확충 등 입주기업 지원용도로 사용하는 등 개발이익을 기부해야 한다.

사례 ▷ 산업단지 내 아파트에 대한 감면 여부

「지방세특례제한법」 제78조 제2항은 그 문언상 산업단지를 조성하면서 분양 또는 임대할 목적으로 취득한 부동산이 모두 포함된다고 해석하여야 할 것이고, 같은 조 제3항에서 산업용 건축물 등에 대하여 별도로 규정하고 있으므로 같은 조 제2항의 부동산을 산업용 건축물로 한정하여 해석하는 것은 해당 조문의 체계상 타당하지 아니한 점 등에 비추어 처분청이 아파트에 대하여 취득세 등의 면제대상에 해당되지 아니한 것으로 보아 취득세 등을 부과한 처분은 잘못임(조심 15지0185, 2016.6.10.).

- 산업단지개발사업 실시계획승인 고시문, 처분계획서 등에 쟁점아파트의 처분과 관련된 내용이 없고, 개발된 토지 또는 시설물 등을 분양·임대하고자 하는 경우 분양·임대계획서를 제출하여야 하는데 제출된 산업단지관리기본계획상 분양계약서에는 쟁점아파트의 분양계획이 기록되어 있지 아니하여 산업입지법상 산업단지의 분양대상이 아닌 것으로 보이고, 청구법인이 쟁점아파트 부지에 대한 준공인가를 받아 소유권이전등기를 한 후 취득세 등을 감면받은 후 조성된 산업단지를 위하여 일반분양 아파트를 건설하여 취득한 바, 쟁점아파트는 지특법 제78조 제3항의 적용대상이 아니라 하겠음(조세심판원 2015지0656, 2018.6.25.).

「산업입지 및 개발에 관한 법률」 제16조(산업단지개발사업의 시행자) ① 산업단지개발사업은 다음 각 호의 자 중에서 산업단지지정권자의 지정에 의하여 산업단지개발계획에서 정하는 자가 이를 시행한다.

1. 산업단지를 개발하여 분양 또는 임대하고자 하는 경우로서 다음 각 목에 해당하는 자
    가. 국가 및 지방자치단체
    나. 「공공기관의 운영에 관한 법률」 제4조 제1항 제1호부터 제4호까지에 따른 공공기관
    다. 「지방공기업법」에 따른 지방공사
    라. 산업단지 개발을 목적으로 설립한 법인으로서 가목부터 다목까지에 해당하는 자가 100분의 50 이상의 지분을 가지고 있거나 100분의 30 이상의 지분을 가지고 임원 임명권한을 행사하는 등 대통령령으로 정하는 기준에 따라 사실상 지배력을 확보하고 있는 법인
2. 「중소기업진흥에 관한 법률」에 따른 중소벤처기업진흥공단, 「산업집적활성화 및 공장설립에 관한 법률」 제45조의9에 따라 설립된 한국산업단지공단 또는 「한국농어촌공사 및 농지관리기금법」에 따른 한국농어촌공사
2의2. 「중소기업협동조합법」에 따른 중소기업협동조합 또는 「상공회의소법」에 따른 상공회의소로서 대통령령으로 정하는 요건에 해당하는 자
3. 해당 산업단지개발계획에 적합한 시설을 설치하여 입주하려는 자 또는 해당 산업단지 개발계획에서 적합하게 산업단지를 개발할 능력이 있다고 인정되는 자로서 대통령령으로 정하는 요건에 해당하는 자
4. 제1호 가목부터 다목까지, 제2호 또는 제3호에 해당하는 자가 산업단지의 개발을 목적으로 출자에 참여하여 설립한 법인으로서 대통령령으로 정하는 요건에 해당하는 법인 (제1항 제1호 라목에 해당하는 법인은 제외한다)
5. 제3호에 해당하는 사업시행자와 제20조의2에 따라 산업단지개발에 관한 신탁계약을 체결한 부동산신탁업자
6. 산업단지 안의 토지의 소유자 또는 그들이 산업단지개발을 위하여 설립한 조합

② 산업단지지정권자는 사업시행자가 제17조, 제18조, 제18조의2 및 제19조에 따라 실시계획 승인을 받은 후 2년 이내에 산업단지개발사업에 착수하지 아니하거나 실시계획에 정하여진 기간 내에 산업단지개발사업을 완료하지 아니하거나 완료할 가능성이 없는 경우로서 대통령령으로 정하는 경우에는 다른 사업시행자를 지정하여 해당 산업단지개발 사업을 시행하게 할 수 있다.

③ 제1항에 따른 사업시행자는 산업단지개발사업을 효율적으로 시행하기 위하여 필요하다고 인정하는 경우에는 산업단지개발사업의 일부를 대통령령으로 정하는 바에 따라 대행하게 할 수 있다. 다만, 제1항 제2호부터 제6호까지의 규정에 따른 사업시행자는 해당 산업단지지정권자의 승인을 받아야 한다.

④ 산업단지지정권자는 사업시행자를 경쟁입찰 방식으로 선정할 수 있다. 다만, 제11조

제1항에 따라 민간기업 등이 산업단지의 지정을 요청하는 경우에는 그러하지 아니하다.

「산업입지 및 개발에 관한 법률 시행령」 제19조(사업시행자) ① 법 제16조 제1항 제1호 라목에서 "임원 임명권한을 행사하는 등 대통령령으로 정하는 기준에 따라 사실상 지배력을 확보하고 있는 법인"이란 다음 각 호의 어느 하나에 해당하는 경우의 법인을 말한다.

1. 법 제16조 제1항 제1호 가목부터 다목까지의 규정에 따른 자가 최대지분을 보유하고 지분의 분산도(分散度)로 보아 주주권 등의 행사에 따른 법인 지배가 가능한 경우

2. 법 제16조 제1항 제1호 가목부터 다목까지의 규정에 따른 자가 법령 또는 정관에 따라 해당 법인의 대표자 또는 이사회 구성원의 과반수의 임명(승인·제청 등을 포함한다)에 관여하는 경우

3. 법 제16조 제1항 제1호 가목부터 다목까지의 규정에 따른 자가 법령 또는 정관에 따라 해당 법인의 예산 또는 사업계획 등을 승인하는 경우

② 법 제16조 제1항 제2호의2에서 "대통령령으로 정하는 요건"이란 산업단지를 개발하여 산업시설용지(복합용지 내에 산업시설을 설치하기 위한 용지를 포함하며, 이하 이 조에서 같다)의 100분의 30 이상을 소속 조합원 또는 회원에게 공급하려는 경우를 말한다.

③ 법 제16조 제1항 제3호에서 "대통령령으로 정하는 요건에 해당하는 자"란 다음 각 호의 어느 하나에 해당하는 자를 말한다.

1. 산업단지개발계획에 적합한 시설을 설치하여 입주하려는 자로서 다음 각 목의 어느 하나에 해당하는 자

가. 법 제2조 제9호 각 목의 시설용지를 직접 개발하고자 하는 경우

나. 해당 산업단지 내 산업시설용지의 100분의 30 이상을 직접 사용하고, 남는 용지를 입주를 희망하는 자에게 다음의 용도로 공급하려는 경우

   1) 산업시설용지

   2) 법 제2조 제9호 나목부터 라목까지의 규정에 해당하는 시설용지

2. 산업단지개발계획에 적합하게 산업단지를 개발할 능력이 있다고 인정되는 자로서 다음 각 목의 어느 하나에 해당하는 자

가. 「건설산업기본법」에 따라 종합공사를 시공하는 업종(토목공사업 또는 토목건축공사업으로 한정한다)등록을 한 자로서 공시된 해당 연도의 시공능력평가액이 산업단지개발계획에서 정한 연평균 사업비(보상비를 제외한다)이상인 자

나. 「산업집적활성화 및 공장설립에 관한 법률」에 의하여 지식산업센터를 설립할 수 있는 자로서 산업단지안에서 지식산업센터의 설립에 필요한 용지를 직접 개발하고자 하는 자

④ 법 제16조 제1항 제4호에서 "대통령령으로 정하는 요건에 해당하는 법인"이란 법 제16조 제1항 제1호, 제2호 또는 이 조 제3항 제2호 가목에 해당하는 자의 출자비율의 합이 100분의 20 이상인 법인을 말한다.

⑤ 법 제16조 제1항의 규정에 의하여 산업단지개발사업을 시행하고자 하는 자는 다음 각 호의 사항을 기재한 사업시행자지정신청서를 산업단지지정권자에게 제출하여야 한다.

1. 사업을 시행하고자 하는 자의 성명(법인인 경우에는 법인의 명칭 및 대표자의 성

명)·주소

2. 사업을 시행하고자 하는 산업단지의 명칭·위치 및 사업시행면적

3. 사업시행계획의 개요

　가. 사업의 명칭

　나. 사업의 시행목적

　다. 사업의 종류 및 개요

　라. 사업의 시행기간

　마. 사업의 시행방법

⑥ 제5항에 따른 사업시행자지정신청서에는 다음 각 호의 서류 및 도면을 첨부하여야 한다.

1. 위치도

2. 사업계획서

3. 자금조달계획서

⑦ 제1항부터 제6항까지에서 규정한 사항 외에 사업시행자의 지정등에 관하여 필요한 사항은 국토교통부령으로 정한다.

⑧ 법 제16조 제2항에서 "대통령령으로 정하는 경우"란 다음 각 호의 어느 하나에 해당하는 경우를 말한다.

1. 실시계획승인을 고시한 날부터 2년이 경과한 날까지 실시계획의 승인을 받은 사업시행토지면적(매립면적은 제외한다)의 100분의 30 이상의 토지에 대한 소유권을 확보하지 못한 경우

2. 최초로 승인된 실시계획에서 정한 사업기간(사업시행자가 부득이한 사유로 토지소유권을 확보하지 못하여 기간 연장을 요청하여 실시계획승인권자가 이를 인정하는 경우에는 6개월의 범위 내에서 1회에 한하여 기간을 연장할 수 있다) 내에 실시계획승인을 받은 사업시행 토지 중 소유권을 확보하지 못한 토지가 있는 경우

3. 제3항 제1호의 사업시행자가 최초 승인된 실시계획에서 정한 사업기간을 1회 연장한 경우로서 그 연장된 사업기간내에 사업을 완료하지 아니한 경우

「산업집적활성화 및 공장설립에 관한 법률」 제41조(산업용지의 환수) ① 관리기관은 입주기업체 또는 지원기관이 분양받은 산업용지의 전부 또는 일부가 입주계약에 의한 용도에 사용되지 아니하고 있을 때에는 대통령령으로 정하는 바에 따라 제39조 제5항 본문에 따른 가격을 지급하고 그 용지를 환수(還收)할 수 있다.

② 관리기관은 제1항에 따라 산업용지의 전부 또는 일부를 환수하기 전에 입주기업체 또는 지원기관에 입주계약에 의한 용도에 사용하도록 대통령령으로 정하는 바에 따라 시정명령을 하여야 한다.

제45조의13(사업) ① 공단은 제45조의9 제1항의 목적을 달성하기 위하여 다음 각 호의 사업을 한다.

3. 공장·지식산업센터 및 지원시설·산업집적기반시설의 설치·운영과 분양·임대 및

매각에 관한 사업(제39조 제1항에 따라 양도받은 산업용지 또는 공장등을 매각하는 사업을 포함한다)

5. 입주기업체 근로자의 후생복지·교육사업 및 주택건설사업

[사례] 산업단지 내 산업용 건축물 등 증축하는 경우 부속토지 감면 범위

산업단지 내 입주기업이 토지를 최초로 분양받아 산업용 건축물 등을 신축하는 경우 뿐만 아니라, 이미 건축된 산업용 건축물 등을 승계취득한 후 이를 멸실하고 신축하거나 증축하는 경우를 포함하는 것이고 이 경우 그 부속토지도 감면범위에 포함되는 것(지방세특례제도과-598, 2017.4.6.)으로 승계하여 취득한 기존의 산업용 건축물 등은 이미 취득세를 감면받아 산업단지 내 공장설립 촉진이라는 입법목적이 달성된 상태로서 「지방세특례제한법」 제78조 제4항에서 "증축한 부분에 해당하는 부속토지를 포함한다"고 함은 승계하여 취득한 기존의 산업용 건축물 등과 증축한 부분을 포함한 전체 부속토지가 아닌, 증축한 부분만큼의 부속토지를 의미한다 할 것임(지방세특례제도과-4219, 2018.11.8.).

[사례] 산업단지 사업시행자가 산업단지 조성을 위하여 취득한 토지를 신탁한 경우

「지방세특례제한법」 제78조 제1항 감면 규정은 산업단지개발사업의 시행자가 산업단지를 조성하기 위하여 취득 및 소유하는 부동산으로서 조성공사가 시행되고 있는 토지에 대해서 재산세를 경감하도록 규정하고 있으므로, 산업단지 사업시행자가 산업단지 조성을 위하여 취득한 토지를 제3자에게 신탁하여 그 토지의 소유권을 신탁회사에게 이전등기 한 경우에는, 그 토지는 신탁회사가 소유하는 토지에 해당하고 재산세 납세의무자는 수탁자인 신탁회사가 되는 것이므로 사업시행자가 아닌 신탁회사 소유의 토지에 대한 재산세를 감면하는 것은 타당하지 않음(행정안전부 지방세특례제도과-2728, 2015.10.7.).

[사례] 산업단지 사업시행자가 산업단지 조성을 위하여 취득한 토지를 신탁한 경우

산업단지입주자에 대한 감면은 이미 산업단지로 조성된 토지를 의미하고, 산업단지 개발사업을 시행하려는 자가 그 개발사업의 사업자로 지정되기 전에 취득한 토지는 장차 그 토지가 산업단지개발사업의 완료에 의해 산업단지로 변환된다고 하더라도 위 규정에서 말하는 '산업단지 안에서 취득하는 부동산'에 해당하지 아니함(대법원 11두21133, 2011.12.27.).

[사례] 이 사건 토지가 이 사건 공장시설물의 효용과 편익을 위하여 사용되는 부속토지에 해당되는지 여부

원고가 330 – 13 토지 중 이 사건 공장시설물을 설치한 4,262.4㎡ 부분은 생산설비를 갖춘 건축물 또는 적어도 그 건축물에 부속하는 토지로서 원고의 사업을 위해 직접 사용되고 있다고 인정할 수 있다(대법원 1995. 11. 21. 선고 95누3312 판결 등 참조). 그러나 이 사건 토지 중 위 4,262.4㎡를 제외한 나머지 부분이 지상정착물의 부속토지로서 선박 등의 건조를 위해 직접 사용되는지 여부는 토지의 실제 이용현황에 따라 객관적으로 결정되어야 하고, 공장부지면적에 공장입지기준고시에서 정한 기준공장면적률을 곱하는 등의 방법에 의해서 결정된다고 보기 어려운 점, 쟁점토지와 330 – 13 토지는 이 사건 공장시설물을 좌측에 두고 연접하고 있고 출입구가 쟁점 토지 중 330 –4 토지에만 설치되어 있다. 그러나 원고가 쟁점 토지를 구입한 목적은 공장 시설물을 설치하기 위함이지 통로 확보를 위한 것이 아니라는 점과 원고는 당초 330 – 13 토지에 출입구를 설치할 계획이었던 점, 330 – 13 토지에 출입구를 설치하는데 아무런 법률상·사실상 장애가 존재하지 않는 점, 쟁점 토지는 포장도 되어 있지 않은 나대지 상태인데다 이 사건 공장시설물에 이르는 통로로 실제로 사용되고 있다고 보기도 어려운 점 등을 미루어 볼 때, 쟁점 토지 중 330 – 4 토지에 출입구가 설치되어 있다는 사정만으로 쟁점 토지가 이 사건 공장시설물에 부속하는 토지라거나, 이 사건 공장시설물을 위해 반드시 필요한 토지라고 인정하기 어려운 점, 원고는 당초 이 사건 토지에 약 34,648㎡(= 제조시설 32,448㎡ + 부대시설 2,200㎡) 규모의 제조시설 및 부대시설을 설치할 계획이었는데, 현재 이 사건 토지에는 이에 훨씬 못 미치는 규모의 제조시설만이 설치되어 있다. 만약 원고의 계획대로 위 시설물들이 설치되었다면 이 사건 토지의 면적에서 위 시설물들이 차지하는 비율이 61.4%(= 제조시설 및 부대시설의 면적 34,648㎡ / 이 사건 토지 면적 56,430.7㎡)에 이르러, 인근에서 조선업을 영위하는 기업들과 유사한 비율(41~65%)을 나타냈을 것이라는 점에서 쟁점 토지들은 당초 선박 등의 건조를 위해 구입되었지만 현재 해당 용도로 사용되지 못하고 있는 것으로 보이는 점 등에 비추어 이 사건 토지가 이 사건 공장시설물의 효용과 편익을 위하여 사용되는 부속토지로 보기 어려움(대법원 2020.9.10. 선고 2020두39860 판결).

사례 ▷ △△지역본부 사옥의 산업용건축물 해당 여부

「지방세특례제한법」(법률 제16865호, 2020.1.15., 일부개정된 것) 제78조 제4항에서 '제1항에 따른 사업시행자외의 자가 제1호 각 목의 지역(이하 "산업단지등"이라 한다)에서 취득하는 부동산에 대해서는 제2호 각 목에서 정하는 바에 따라 지방세를 경감한다'고 하면서 그 제2호 가목은 '산업용 건축물 등을 신축하기 위하여 취득하는 토지와 신축 또는 증축하여 취득하는 산업용 건축물 등에 대해서는 취득세의 100분의 50을 2022년 12월 31일까지 경감한다(단서생략)'고 규정하고 있으며, 같은 법 시행령 제38조에서 '법 제78조 제2항 각 호 외의 부분에서 "대통령령으로 정하는 산업용 건축물 등"이란 제29조 제1항 각 호의 어느 하나에 해당하는 건축물을 말한다(단서생략)'고 규정한 바, 같은 영 제29조 제1항은 '법 제58조 제3항 각 호 외의 부분 본문에서 "대통령령으로 정하는 건축물"이란 다음 각 호의 어느하나에 해당하는 건축물을 말한다'고 하면서 그 제6호에서 「「산업집적활성화 및 공장설립에 관한 법률 시행령」 제6조 제5항 제1호부터 제5호까지, 제7호 및 제8호에 해당하는 산업용 건축물'로 규정하고 있으며, 그 제8호는 '전기업'을 규정하고 있습니다. 또한, 한국표준산업분류(2017.1.13. 통계청고시 제2017-13호)에 따르면 전기업을 발전업, 전기판매업, 송전 및 배전으로 구분하면서 내용적으로는 '발전 및 송·배전을 통해 가정, 산업 및 상업 사용자에게 전력을 공급하고 판매하는 산업활동을 말한다'고 규정하고 있습니다. 위 규정을 종합하여 보면, 산업단지 내에서 발전업, 전기판매업, 송전 및 배전 등 한국표준산업분류에 따른 전기업에 해당하는 산업용건축물을 신축하기 위하여 취득하는 토지와 신축 또는 증축하여 취득하는 건축물에 대한 취득세는 감면대상에 해당된다고 하더라도, 산업용건축물 중 그 일부가 법인의 주된 업무를 지휘·통제하는 활동이 이루어지는 사실상 본점으로 사용되는 경우는 감면대상에 해당되지 아니합니다(지방세특례제도과-559, 2019.9.10. 참조). 귀문 △△지역본부는 △△△ 지역내 산하 21개 사업소(17개 지사, 4개전력지사)를 지휘·감독하면서 인사, 총무 등의 사업을 총괄하는 역할을 주요업무로 하고있는 한편, 본부 산하 21개 사업소는 관할 지역의 배선선로 순시, 변전설비 유지보수, 검침, 전기요금관리 등 송·배전과 전력을 공급하고 판매하는 등 사실상 전기업에 해당하는 산업활동을 주로 담당하고 있는 것으로 확인됨. 따라서 귀문 △△지역본부 사옥 중 관할 사업소의 주된 업무를 지휘·감독하면서 기획, 인사, 총무 등 경영활동을 총괄하는 부분은 취득세 감면 대상에 해당하는 산업용건축물등으로 보기는 어렵다 할 것임(지방세특례제도과-1947, 2020.8.20.).

사례 ▶ 물류자재센터의 산업용건축물 해당 여부

「지방세특례제한법시행령」 제29조 제1항에서 '법 제58조 제3항 각 호 외의 부분 본문에서 "대통령령으로 정하는 건축물"이란 다음 각 호의 어느 하나에 해당하는 건축물을 말한다'고 하면서 그 제6호에서 '「산업집적 활성화 및 공장설립에 관한 법률 시행령」 제6조 제5항 제1호부터 제5호까지, 제7호 및 제8호에 해당하는 산업용 건축물'로 규정하고 있으며, 「산업집적활성화 및 공장설립에 관한 법률 시행령」 제6조 제5항 제3호는 '창고업, 화물터미널, 그 밖에 물류시설을 설치·운영하는 사업'을 규정하고 있습니다. 또한, 「물류정책기본법」 제2조 제1항 제2호에서 "물류사업"이란 화주(貨主)의 수요에 따라 유상(有償)으로 물류활동을 영위하는 것을 업(業)으로 하는 사업을 말한다고 규정하고 있고, 같은 항 제4호에서 "물류시설"이란 물류에 필요한 화물의 운송·보관·하역을 위한 시설 등으로 규정하고 있습니다. 위 규정을 종합하여 살펴보면, 「산업집적활성화 및 공장설립에 관한 법률 시행령」 제6조 제5항 제3호에서는 창고업, 화물터미널, 그 밖에 물류 시설을 설치·운영하는 사업을 구분하고 있어 '그 밖에 물류시설을 설치·운영하는 사업'이란 창고업 및 화물터미널을 제외한 화물운송 및 보관시설 등을 말한다고 보이는 점, 「물류정책기본법」 제2조 제1항 제2호의 '물류사업(창고업 등)'은 타인(화주)으로부터 대가를 받고 화물을 운송하거나 보관하는 사업인 반면, 「산업집적활성화 및 공장설립에 관한 법률 시행령」 제6조 제5항 제3호의' 그 밖의 물류시설을 설치·운영하는 사업'은 그 유상성을 기반으로 하지는 않는다 할 것이므로 '물류사업(창고업 등)'과 '그 밖에 물류시설을 설치·운영하는 사업'은 다른 업종으로 보아야 하는 점, 「물류정책기본법」 제2조 제1항 제4호 가목의 물류시설은 화물의 운송·보관·하역을 위한 시설을 망라하므로 물류사업자 소유의 창고, 화물터미널뿐만 아니라 물류사업을 하지 않는 자가 소유하는 화물의 운송·보관·하역시설도 포함되고 여기에는 자기 소유 제품의 운송 및 보관을 위한 물류시설 등도 당연히 포함된다고 보이는 점(조세심판원 2015지1951, 2017.6.26. 참조), 이 건 자재센터에 보관하고 있는 변압기, 전선류 등은 대부분 본부 산하사업소(지사 17개, 전력지사 4개)로 배송되어 전기공급 및 판매를 위한 자재로 사용된다고 보이는 점, 전기의 공급 및 판매에 필요한 자재 등을 산하 사업소에 효율적으로 공급하기 위하여는 사업소를 총괄하는 △△지역본부 인근에 이 건 자재센터와 같은 물류시설을 설치·운영하는 것이 필요해 보이는 점 등을 종합적으로 고려해 볼 때, 이 건 자재센터는 취득세 감면대상인 산업용건축물 등에 해당된다고 할 것임(지방세특례제도과-1947, 2020.8.20.).

사례 》 **산업단지로부터 연결된 해저 송유관등이 산업단지내 시설로 보아 감면대상에 해당되는지 여부**

해상의 유조선으로부터 원유를 정유공장까지 하역하기 위하여 다른 구조물(육상송유관)에 연결하는 방법으로 설치한 쟁점송유관과 쟁점SPM은 「지방세법 시행령」 제5조 제1항 제4호에서 규정한 도관시설과 그 연결시설로서 각각 취득세 과세대상에 해당한다고 할 것이고, 이 건 송유시설의 구조·형태·기능 등을 종합적으로 고려할 때 쟁점시설은 그 물리적 위치에 관계 없이 육상송유관과 동일한 시설(쟁점송유관)이거나 그와 연결된 시설(쟁점SPM)으로서 「지방세특례제한법」 제78조 제4항에 따라 취득세를 면제하는 것이 타당하다고 판단됨(조심 2019지2032, 2022.6.28.).

사례 》 **산업용 건축물 신축 후 부속토지 취득시 감면 여부**

§78 ④ 2 가목의 '산업용 건축물 등을 신축하기 위하여 취득하는 토지'에는 산업용 건축물을 신축하기 전에 취득하는 부속토지뿐 아니라, 사용승낙 또는 임대하여 산업용 건축물 先신축한 후에 취득한 부속토지도 포함됨(지방세특례제도과-1732, 2021.7.23.)

❸ 추징요건

- (산단사업시행자, §78 ① 단서) 다만, 산업단지 또는 산업기술단지를 조성하기 위하여 취득한 부동산의 취득일부터 3년 이내에 정당한 사유 없이 산업단지 또는 산업기술단지를 조성하지 아니하는 경우에 해당 부분에 대해서는 경감된 취득세 및 재산세를 추징한다.

- (산단사업시행자, §78 ② 1~2호 단서) 1. 다만, 그 취득일부터 3년 이내에 정당한 사유 없이 해당 용도로 분양 또는 임대하지 아니하는 경우에 해당 부분에 대해서는 경감된 지방세를 추징한다.
  2. 다만, 조성공사가 끝난 날부터 3년 이내에 정당한 사유 없이 해당 용도로 분양 또는 임대하지 아니하는 경우에 해당 부분에 대해서는 경감된 재산세를 추징한다.

- (산단사업시행자, §78 ③ 1~2호 단서) 1. 다만, 다음 각 목의 어느 하나에 해당하는 경우 그 해당 부분에 대해서는 경감된 지방세를 추징한다.
  가. 정당한 사유 없이 그 취득일부터 3년 이내에 해당 용도로 직접 사용하지 아니하는 경우
  나. 해당 용도로 직접 사용한 기간이 2년 미만인 상태에서 매각·증여하거나 다른 용도로 사용하는 경우
  2. 다만, 다음 각 목의 어느 하나에 해당하는 경우 그 해당 부분에 대해서는 경감된 재산세를 추징한다.
  가. 정당한 사유 없이 그 조성공사가 끝난 날부터 3년 이내에 해당 용도로 직접 사용하지 아니하는 경우
  나. 해당 용도로 직접 사용한 기간이 2년 미만인 상태에서 매각·증여하거나 다른 용도로 사용하는 경우

- (입주기업, §78 ⑤) 다음 각 호의 어느 하나에 해당하는 경우 그 해당 부분에 대해서는 제4항에 따라 감면된 취득세 및 재산세를 추징한다.
  1. 정당한 사유 없이 그 취득일부터 3년이 경과할 때까지 해당 용도로 직접 사용하지 아니하는 경우
  2. 해당 용도로 직접 사용한 기간이 2년 미만인 상태에서 매각(해당 산업단지관리기관 또는 산업기술단지관리기관이 환매하는 경우는 제외한다)·증여하거나 다른 용도로 사용하는 경우

- (산단관리공단, §78 ⑥ 단서) 다만, 취득일부터 3년 이내에 정당한 사유 없이 한국산업단지공

단이 「산업집적활성화 및 공장설립에 관한 법률」 제45조의13 제1항 제3호 및 제5호의 사업에 사용하지 아니하는 경우에 해당 부분에 대해서는 경감된 취득세 및 재산세를 추징한다.

사례 산업단지 감면 추징대상에 해당되는지 여부

추징배제 요건인 '관리기관이 환매하는 경우'라 함은, 입주기업체가 산업단지관리기관을 매수인으로 하는 매매계약을 체결하는 경우를 말하고, 산업단지관리기관이 지정한 자를 매수인으로 하는 매매계약을 체결하는 경우는 이에 해당하지 않음(대구지법 2011구합3724, 2012.7.20.).

■ 청구법인이 관련법령에 규정된 절차에 따라 이 건 토지를 매각하였다 하더라도 이 건 토지는 산업단지관리기관이 환매하는 경우가 아닌 산업단지관리기관이 지정하는 자가 환매하는 경우에 해당하므로 기 감면한 취득세 등을 추징한 처분은 적법함(조세심판원 2011지0302, 2011.11.8.).

■ 구 지방세특례제한법 제78조 제1항 본문에 따라 감면된 지방세를 추징할 수 있도록 규정하고 있을 뿐 산업단지를 조성한 후 산업용 건축물 등을 신·증축하지 않은 경우를 이에 포함하고 있지 않은 점 등을 고려하면, 산업단지 조성이 완료된 후에도 산업단지 조성 과정에서 취득한 부동산에 대해 감면된 취득세를 반드시 추징해야 할 논리적인 근거가 있다고 보기 어려움(대법원 2018.8.30. 선고 2018두43590 판결).

■ 청구법인은 지원시설용지를 분양받아 쟁점토지에 주유소, 수리점, 휴게음식점 등의 건축물을 신축하였는 바 이러한 건축물은 산업용 건축물 등으로 보기 어렵고, 가산세를 면제할 만한 정당한 사유가 없으므로 가산세를 포함하여 기 면제한 취득세 및 재산세 등을 부과한 처분은 달리 잘못이 없음(조세심판원 2018지0149, 2018.5.23.).

■ 건물의 신축 공사에 착수하였다고 보려면 특별한 사정이 없는 한 신축하려는 건물에 관한 굴착이나 축조 등의 공사를 개시하여야 하므로, 기존 건물이나 시설 등의 철거, 벌목이나 수목 식재, 신축 건물의 부지 조성, 울타리 가설이나 진입로 개설 등 건물 신축의 준비행위에 해당하는 작업이나 공사를 개시한 것만으로는 공사 착수가 있었다고 할 수 없음(대법원 2018.5.15. 선고 2018두35049판결).

■ 원고가 쟁점 토지를 임차하고, 소유자인 한국토지주택공사로부터 사용승낙을 받아 쟁점 토지 지상에 공장용 건축물을 신축하여 사용하여 오다가 신축한지 약 4년 3개월이 지난 시점에서야 쟁점 토지를 매수하였는 바, 원고는 공장용 건축물이 이미 건축되어 있는 쟁점 토지를 매수한 것이라 할 것이어서, 쟁점 토지의 취득 시점을 기준으로 보면 쟁점 토지는 산업용 건축물 등을 건축하려는 자가 취득하는 부동산에 해당한다고 보기 어

려움(대법원 2018.5.15. 선고 2018두33968).

- 재생사업지구로 지정·고시되었지만 재생사업계획과 지정권자의 승인을 받지 못한 경우, 지방세 면제대상인 지정된 산업단지에서 산업용 건축물 등을 신·증축하기 위해 취득한 부동산에 해당되지 않아 감면적용을 받을 수 없음(대법원 2017.5.12. 선고 2017두33138 판결).

- 산업용 건축물 등이 건축되지 않은 공장용지를 취득한 후 그 일부를 나대지 상태로 중소기업자에게 임대하고 임차인이 산업용 건축물을 신축한 경우 당해 공장용지는 취득세 등의 면제 대상에 해당하는 '공장용 부동산'에 포함되지 아니함(대법원 2013.2.28. 선고 2012두23426 판결).

- 산업단지 안에서 공장용 건축물을 신축하거나 증축하고자 하는 자가 산업단지 안의 토지를 분양받은 자로부터 그 지위를 승계하여 당해 토지에 대한 분양잔금을 지급하고 최초로 그 소유권을 취득하고, 그 지상에 공장용 건축물을 증축한 이상 공장용 건축물에 관한 토지부분을 포함하여 전부가 취득세 감면대상에 해당됨(대법원 2010.1.14. 선고 2007두21341 판결).

사례 산업단지 추징규정 적용

- 법 제78조 제1항에 따라 감면받은 지방세는 제1항 단서규정의 요건을 충족하는 경우에만 추징할 수 있고, 같은 조 제3항 단서의 추징규정에 따라 추징하는 것은 허용될 수 없다고 보는 것이 타당하다 할 것임(조심 2018지105, 2019.1.22.).
- 공장입지기준면적 범위 안의 토지를 공장용 건축물의 부속토지로 보아 재산세 분리과세대상으로 인정하면서도 해당 토지를 공장용 건축물의 부속토지가 아닌 것으로 보아 재산세 등을 면제하지 아니한 것은 불합리함(조심 2017지872, 2019.1.22.).

사례 산업단지 개발 사업 시행자의 임대 부동산 추징 여부

산업단지개발사업 시행자가 3년 이내 산업단지개발 개발·조성사업을 완료하고 사업시행자가 3년 이내에 산업용 건축물을 신·증축하였다면 당해 토지를 제3자에게 임대하였다 하더라도 단서에서 추징대상으로 규정하고 있는 '3년 내에 정당한 사유 없이 산업용 건축물등을 신·증축하지 아니하는 경우'에 해당하지 아니하므로 추징대상에 해당하지 않음.

또한, 산업단지개발사업 시행자가 천연가스 및 제조시설의 안전 및 홍보를 통하여 가스 제조의 원활한 사업추진을 목적으로 관련 업무에 사용되고 있다 하더라도 당해 신축 건축물은 가스제조시설 구내에 있지 않아 부대시설용 건축물로 보기 어렵고 가스제조시설용도가 아닌 불특정 다수인을 위한 LNG 홍보시설로 사용되고 있는 경우

라면 산업용 건축물등의 범위에 포함되지 않아 추징대상임(지방세특례제도과-1199, 2018.4.10.).

사례 산업단지내 입주기업이 감면유예기간내 신축한 후 중소기업에게 임대하였으나, 임대기업이 감면유예기간을 유예한 후 공장용 목적으로 사용한 경우 추징 대상 여부

청구법인은 쟁점1토지 취득 후 3년 이내인 2019.12.20.에 그 지상에 쟁점1건축물을 신축하여 2019.12.30. 쟁점1부동산을 중소기업자로서 제조업을 영위하는 ○○산업에게 임대한 것으로 나타나는 점, 비록 ○○산업이 쟁점1부동산을 임차한 후 2021.8.11.에 이르러서야 사업장 소재지를 변경하여 산업용 건축물로서의 사용을 개시한 것으로 나타나나, 중소기업자의 사정으로 산업용 건축물로의 사용개시가 지체되었다고 하여 청구법인에게 그 귀책을 묻는 것이 다소 과도한 측면이 있는 점 등에 비추어 청구법인이 쟁점1토지를 「지방세특례제한법」 제78조 제5항 제1호의 추징사유에 해당한다고 보아 기 감면한 취득세 및 재산세를 부과한 처분에 잘못이 있다고 판단됨(조심 2021지5780, 2022.12.22.).

사례 산업단지 내 입주기업이 분양변경 계약 체결 및 법인전환에 대한 추징 여부

산업단지 입주기업이 산업단지 관리기관의 승인을 거쳐 처리되었다 하더라도, 당초 분양계약자가 유예기간(2년) 내에 공동대표를 추가하여 법인을 공동소유로 분양변경 계약 체결한 것은 당초 분양계약자가 일부 지분을 매각·증여한 것에 해당되고, 또한 개인사업자와 법인은 별개의 권리주체인 바, 당초 개인사업자가 취득세 감면을 받았다 하더라도 유예기간 내에 개인사업자가 법인으로 전환하여 새로운 법인을 설립하는 것은 추징요건인 매각·증여에 해당된다 할 것이므로 모두 추징대상임(지방세특례제도과-2914, 2016.10.10.).

사례 산업단지를 조성하지 않음에 대한 정당한 사유

- IMF로 인한 사업시행자의 내부사정이나 수익상 문제로 산업단지를 조성을 하지 않는 것은 정당한 사유에 포함되지 않는다 할 것임(지방세운영과-5447, 2011.11.28.).
- 산업단지 개발·조성하여 분양·임대할 목적으로 취득하는 부동산에 대해 취득세 감면 규정이 적용되는 부동산은 산업용 건축물 외 판매·문화·집회시설등 포괄적으로 해당됨(지방세운영과-2614, 2011.6.5.).
- 사업시행자가 산업단지 조성 후 자동차 수출을 위한 수출전용 부두의 자동차 선적대기 장소가 독립적으로 타용도로 사용되지 않고 관리동, 접안시설, 폰툰, 잔교, 급·배수시설 등을 갖추어 하나의 항만 부두시설의 필수불가결한 기능을 수행하는 자동차 선적장소는 산업용 건축물에 해당되어 감면대상임(지방세운영과-1997, 2010.7.13.).

- 산업단지 내 토지 취득 후 공장 보상금 지급협의가 늦었다는 이유로 토지 취득일부터 3년 이내에 공장착공을 하지 않은 경우 정당한 사유가 아님(행자부 세정과-5480, 2006.11.7.).
- 산업단지 내 공장용지를 취득한 후 3년 이내에 건축공사를 착공후 공장용 건축물 신축한 경우 감면된 취득세의 추징대상에 해당되지 않음(행자부 세정과-3762, 2004.10.27.).

사례 산업단지 내 공장입지기준면적 이내에 해당하는 토지 중 미사용 토지 추징 여부

감면받은 산업단지 내 토지가 단일 필지의 공장용지로서 하나의 울타리로 둘러싸여 있으며 하나의 출입문을 가지고 있는 공장의 경계구역 안에 있는 토지로서 재산세 분리과세 또는 공장입지기준고시의 공장용도 기준면적 이내라고 하더라도 나대지 상태로 방치되고 있다면, 당해 공장용 건축물의 효용과 편익을 위해 직접사용된다고 보기는 어려우므로 추징대상에 해당됨(지방세특례제도과-626, 2021.3.12.).

사례 청구법인이 이 건 토지를 유예기간 내에 산업용 건축물 등의 용도에 직접사용하지 못한 정당한 사유가 있었는지 여부

청구법인은 비록 관계 법령에서 규정하는 유예기간(3년) 내에 이 건 토지를 해당 사업에 직접 사용하지는 못하였으나, 유예기간 이내 발전소 주기기(터빈) 구매계약체결 및 환경영향평가 그리고 이 건 건축물을 착공하여 건설공사를 진행하는 등 진지한 노력을 꾸준히 기울여서 해당 건축물을 최종적으로 취득하고 이를 해당 사업에 직접 사용하고 있는 점, 환경부와의 환경영향평가의 진행과정을 살펴보면 당초 환경영향평가의 대상은 ○○지역으로만 하였다가 소관부처인 환경부의 요청을 수용하여 ○○지역까지 포함하게 됨에 따라 지체없이 이를 반영한 환경영향평가 준비서를 제출하는 등 공사지연을 최소화하려는 진지한 노력을 기울인 것이 확인되는 점, 청구법인이 제출한 사례 등에 따르면 이 건 환경영향평가기간과 건설공사기간은 유사한 시설의 통상적인 환경영향평가기간이나 건설공사기간 이내로 보이는 점 등에 비추어 청구법인이 이 건 토지를 취득하고 「지방세특례제한법」 제78조 제5항 제1호에 따른 유예기간(3년) 내에 산업용 건축물 등의 용도로 직접 사용하지 못한 정당한 사유가 있다고 보는 것이 타당함(조심 2018지2276, 2020.1.7.).

사례 원고가 재산세 과세기준일 현재 산업용 건축물 등을 건축중인 것으로 보아 재산세 등을 감면할 수 있는지 여부

건물의 신축 공사에 착수하였다고 보려면 특별한 사정이 없는 한 신축하려는 건물에 관한 굴착이나 축조 등의 공사를 개시하는 정도에는 이르러야 하는 것이고, 기존 건물이나 시설 등의 철거, 벌목이나 수목 식재, 신축 건물의 부지 조성, 울타리 가설이

나 진입로 개설 등 건물 신축의 준비행위에 해당하는 작업이나 공사를 개시한 것만으로는 공사 착수가 있었다고 할 수 없으므로(대법원 2015.2.12. 선고 2013두10533 판결 등 참조), 그와 같이 건물에 관한 굴착이나 축조에 이르지 않은 신축 준비행위에 해당하는 작업이나 공사를 하였다면 이를 '건축물을 건축 중'인 경우에 해당한다고 볼 수는 없다 할 것임(대법원 2020.4.29. 선고 2020두31750 판결).

❹ 최근 쟁점

 산업단지내 개인기업의 법인전환시 추징 여부

- 산업단지 입주기업이 산업단지 관리기관의 승인을 거쳐 처리되었다 하더라도, 당초 분양계약자가 유예기간(2년) 내에 공동대표를 추가하여 법인을 공동소유로 분양변경 계약 체결한 것은 당초 분양계약자가 일부 지분을 매각·증여한 것에 해당되고, 또한 개인사업자와 법인은 별개의 권리주체인 바, 당초 개인사업자가 취득세 감면을 받았다 하더라도 유예기간 내에 개인사업자가 법인으로 전환하여 새로운 법인을 설립하는 것은 추징요건인 매각·증여에 해당된다 할 것이므로 모두 추징대상임(행정자치부 지방세특례제도과-2914, 2016.10.10.).

- 개인사업자가 산업단지 내의 부동산을 취득하여 감면을 받은 후, 해당 부동산을 유예기간 내에 현물출자하여 법인을 설립한 경우 이를 매각으로 보아 기 감면한 취득세 등을 추징한 처분은 개인사업자인 청구인과 이 건 법인의 목적사업이 동일하다 하더라도 각각 별개의 권리 주체이므로 청구법인이 쟁점부동산을 직접 사용하였다고 보기 어려운 점 등에 비추어 처분청이 청구인에게 이 건 취득세 등을 부과한 것은 잘못이 없다고 판단됨(조세심판원 2016지1182, 2017.2.27.).

- 취득세의 근거법령인 지방세법은 취득세에 있어서의 '취득'을 매매, 교환, 상속, 증여, 기부, 법인에 대한 현물출자 등이라고 규정하고 있고[구 지방세법(2013.1.1. 법률 제11617호로 개정되기 전의 것) 제6조 제1호], 부동산을 법인에 현물출자하면 현물출자자는 해당 법인의 주식 등을 취득하게 되고 이를 현물출자에 대한 대가의 수수로 충분히 볼 수도 있다고 할 것이며, 여기에 앞서 조세감면 특혜규정에 대한 엄격 해석의 원칙까지 보태어 보면, 추징사유로 정하고 있는 '직접 사용하지 아니하고 매각·증여하는 경우'에 현물출자한 경우도 포함되므로 부동산을 현물출자한 것은 개인사업체를 법인으로 전환하여 사업 운영의 편익을 얻기 위한 것으로써 직접 사용하지 못하고 이를 현물출자할 수밖에 없었던 외부적, 내부적 장애 사유가 있었다고 볼 수 없음. 또한, 부동산을 직접 사용한 기간이 2년 미만인 상태에서 현물출자하였으므로, 해당 부동산의 취득은 추징조항에 따라 취득세 추징대상이 되었고, 당초 취득세 감면신청을 하면서 취득세 산출세액을 신고하였던 것과 별개로 구 지방세법 제20조 제3항의 규정에 따라 추징 사유 발생일부터 30일

이내에 취득세를 신고하였어야 하나 신고의무를 다하지 아니하였으므로, 구 지방
세법 제21조 제1항의 규정에 따라 신고불성실가산세를 부과할 수 있음(대법원 2018
두60335, 2019.2.14.).

[사례] 산업단지 사업시행자가 산업단지 조성을 위하여 취득한 토지를 신탁한 경우, 그 토
지가 「지방세특례제한법」 제78조 제1항의 재산세 감면대상에 해당되는지 여부

- 「지방세특례제한법」 제78조 제1항에서는 「산업입지 및 개발에 관한 법률」 제16조
에 따른 산업단지개발사업의 시행자가 산업단지를 조성하기 위하여 취득하는 부
동산에 대해서는 취득세의 100분의 35를, 조성공사가 시행되고 있는 토지에 대해
서는 재산세의 100분의 35(수도권 외의 지역에 있는 산업단지의 경우에는 100분
의 60)를 2016년 12월 31일까지 각각 경감하는 것으로 규정하고 있고,
위 감면 규정은 산업단지개발사업의 시행자가 산업단지를 조성하기 위하여 취
득·소유하는 부동산으로서 조성공사가 시행되고 있는 토지에 대해서 재산세를
경감하는 규정이므로, 산업단지 사업시행자가 산업단지 조성을 위하여 취득한 토
지를 신탁하여 그 토지의 소유권을 신탁회사에게 이전등기 한 경우라면, 그 토지
는 신탁회사가 소유하는 토지에 해당하고 재산세 납세의무자는 신탁회사가 되는
것이므로 사업시행자가 아닌 신탁회사 소유의 토지에 대한 재산세를 감면하는 것
은 타당하지 않은 것으로 보임(행정자치부 지방세특례제도과-2728, 2015.10.7.).
- 산업단지개발사업의 시행자가 부동산신탁업자와 산업단지개발에 관한 신탁계약
을 체결하여 산업단지를 개발할 수 있도록 하도록 허용하고, 부동산신탁업자에게
종전 사업시행자의 권리·의무를 포괄적으로 승계하도록 규정하고 있다면 부동산
신탁업자가 산업단지 개발사업의 시행자가 산업단지를 조성하기 위하여 취득하는
부동산으로 보는 것이 타당하다 할 것임(조심 2017지854, 2019.3.15.).

[사례] 산업단지 내에서 공장을 증축하여 취득세를 감면받은 법인이 2년 이내에 법인합병을
통해 소유권이 다른 법인으로 이전된 경우 감면받은 취득세가 추징대상에 해당하는
지 여부

- 「지방세특례제한법」(2014.1.1. 법률 제12251호로 일부 개정된 것) 제78조 제4항
에서는 산업단지 내에서 산업용 건축물 등을 건축하려는 자가 취득하는 부동산에
대해서는 취득세를 면제한다고 규정하면서, 같은 조 제5항 제1호에서 "정당한 사
유 없이 취득일로부터 3년이 경과할 때 까지 해당 용도로 직접 사용하지 아니하는
경우", 제2호에서는 "직접 사용한 기간이 2년 미만인 상태에서 매각·증여하거나
다른 용도로 사용하는 경우"에는 제4항에 따라 감면된 취득세를 추징한다고 규정
하고 있으며, 특히 제2호의 경우 추징을 배제하는 사유인 '정당한 사유'를 명시하
지 있지 않고, 위의 조문 제2호에서 추징대상이 되는 '매각·증여'라 함은 유상·
무상을 불문하고 취득자가 아닌 타인에게 소유권이 이전되는 모든 경우를 의미하

는 것이라 할 것인 바, 이와 관련하여 대법원에서도 합병으로 인해 존속·신설법인이 소멸법인의 자산을 이전받는 형식 자체를 취득세의 과세대상인 '취득'으로 판단하고 있는 점(대법원 2010.7.8.자 2010두6007 판결 등 참조), 나아가 동호의 추징요건에는 '정당한 사유'를 명시하고 있지 않아 유예기간 내에 소유권이 이전되는 경우라면 기업의 합병에 의한 것인지 여부는 추징을 판단하는 고려사항이 아니라 할 것입니다. 따라서 위 조항의 문언과 규정 취지 등에 비추어 볼 때 산업단지 내에서 공장을 증축하여 감면받은 법인이 합병계약에 따라 그 감면 부동산을 유예기간 내에 소유권을 이전한 경우라면 당해 부동산은 취득세 추징대상이라 판단됨(행정안전부 지방세특례제도과-2200, 2016.8.23.).

- 처분청은 위 조항의 매각·증여가 유상·무상을 불문하고 소유권이 이전되는 모든 경우를 의미하므로 합병에 따라 이 사건 토지의 소유권이 이전된 것은 위 규정에 따른 '매각·증여'에 포함된다는 의견이나, '합병'은 「상법」에 규정된 절차에 따라 피합병법인의 권리·의무를 존속법인이 포괄승계하는 점에서 상대방에게 대가를 받고 물건 또는 권리 등을 이전하는 특정승계에 해당하는 매각과는 상이하다 할 것이고, '합병'의 대가로 피합병법인의 주주 등이 존속법인의 주식 등을 교부받는 점에서 당사자 일방이 무상으로 재산 등을 상대방에게 수여하는 '증여'와도 상이하다 할 것인 점(조심 2017지1030, 2018.2.14. 및 2017지275, 2018.1.23. 외 다수, 같은 뜻임), 피합병법인은 합병에 따라 이 사건 토지 등을 청구법인에게 이전한 것으로 확인되는 점 등에 비추어 피합병법인이 합병에 따라 이 사건 토지의 소유권을 청구법인에게 이전한 것은 쟁점규정에 따른 '매각·증여'로 보기는 어려우므로 처분청이 이건 취득세 등을 부과한 처분은 잘못이 있다고 판단됨(조심 2018지412, 2018.7.20.).

> **사례** 의무보유 기간이내에 분할하여 신설법인에게 이전된 경우 매각·증여한 것으로 보아 추징대상에 해당되는지 여부

분할은 「상법」에 규정된 절차에 따라 분할법인의 권리·의무를 분할신설법인이 포괄승계하는 점에서 상대방에게 대가를 받고 물건 또는 권리 등을 이전하는 특정승계에 해당하는 매각과는 상이하고(조심 2017지438, 2017.7.20. 같은 뜻임), 분할의 대가로 분할신설법인의 주식 등을 교부받는 점에서 쟁점부동산을 무상으로 증여한 것으로 보기 어려운 점등 고려시 물적분할에 따라 소유권을 분할신설법인에게 이전한 것을 매각·증여한 것으로 보아 추징하는 것은 잘못임(조심 2019지2363, 2020.1.22.).

> **사례** 제품을 제조하여 인터넷으로 판매하는 법인이 신축한 산업단지 내 물류센터가 취득세 감면대상인 산업용건축물에 해당하는지 여부

- 제품을 제조하여 인터넷으로 판매하는 법인이 산업단지 내 물류시설부지에 물류센터를 신축하여 물류시설로 사용한다고 하더라도 자사제품의 판매를 위한 창고시설로서 자가물류시설로 사용하는 경우라면 '물류사업'의 요건인 유상성(有償

性)이 없다고 판단되므로 산업용 건축물등의 범위에 포함되는 물류시설에 해당하지 않아 구「지방세특례제한법」(2017.1.1. 법률 제13637호로 일부 개정되기 전의 것) 제78조 제4항에서의 감면규정을 적용받을 수 없음(행정안전부 지방세특례제도과 -104, 2017.3.7.).

- 「물류정책기본법」 제2조 제1항 제2호에서 "물류사업"이란 화주의 수요에 따라 유상으로 물류활동을 영위하는 것을 업으로 하는 것으로 화물운송업, 물류터미널·창고 등 물류시설운영업, 물류서비스업, 종합물류서비스업 등을 말한다고 규정하고, 같은 항 제4호에서 "물류시설"이란 물류에 필요한 화물의 운송·보관·하역을 위한 시설 등을 말한다고 규정하고 있는 바, 조세법규 엄격해석의 원칙상 유상성을 요구하는 "물류사업"과 "그 밖의 물류시설을 설치·운영하는 사업"을 같은 업종으로 볼 근거가 부족한 점, 2005.1.5. 「지방세법 시행령」 제224조의2의 공장용 건축물을 산업용 건축물로 개정한 이유가 산업단지 내 물류산업 체계를 합리화하고 물류시설용 부동산에 대한 세제지원을 확대하고자 하는 데 있는 점, 「산업집적 활성화 및 공장설립에 관한 법률 시행령」 제6조 제5항 제3호 및 「물류정책기본법」 제2조 제1항 제4호 가목을 보면 「지방세특례제한법 시행령」 제29조 제2호의 "그 밖에 물류시설"은 창고 및 화물터미널을 제외한 화물의 운송·보관·하역을 위한 시설을 망라하므로 물류사업자 소유의 창고·화물터미널뿐만 아니라 물류사업을 하지 않는 자가 소유하는 화물의 운송·보관·하역시설도 포함되고 여기에는 자기 소유 제품의 운송 및 보관을 위한 물류시설 등도 당연히 포함된다고 보아야 하는 점 등에 비추어 청구법인은 이 사건 부동산을 「지방세특례제한법」 제78조 제4항 및 같은 법 시행령 제29조 제2호의 '그 밖에 물류시설을 설치 및 운영하는 사업'의 용도로 직접 사용하고 있다고 할 것이므로, 청구법인이 이 사건 부동산을 해당 용도로 직접 사용한 기간이 2년 미만인 상태에서 다른 용도로 사용하였다고 보아 처분청이 이 건 취득세 및 재산세 등을 부과한 처분은 잘못이 있다고 판단됨 (조심 2017지899, 2017.11.14.).

사례 유예기간내 법인분할로 소유권이 이전되는 경우 취득세 추징 여부

- 법문언과 감면규정 취지 등에 비추어 볼 때 당초 토지를 취득한 사업목적을 포기한 것이 아니고, 신설한 회사로 하여금 취득 당시 목적하였던 사업계획을 승계하여 공장용에 직접 사용하였다 하더라도 부동산 등에 '자산의 승계'를 통한 물적분할은 무상으로 부동산을 취득하는 것에 해당되고, 감면 유예기간 이내에 소유권 이전이 되었다면 당해 부동산은 취득세 추징대상에 해당됨(행정안전부 지방세특례 제도과-1803, 2016.7.27.).
- "합병·분할"은 「상법」에 규정된 절차에 따라 피합병법인 또는 분할법인의 권리·의무를 존속법인 또는 분할신설법인이 포괄승계하는 점에서 상대방에게 대가를 받고 물건 또는 권리 등을 이전하는 특정승계에 해당하는 매각과는 상이하다

할 것이고, "합병·분할"의 대가로 피합병법인 또는 분할법인(또는 분할법인의 주주)이 존속법인 또는 분할신설법인의 주식 등을 교부받는 점에서 당사자 일방이 무상으로 재산 등을 상대방에게 수여하는 증여와도 상이하다 할 것임에도 처분청이 쟁점조항의 매각·증여를 유상·무상을 불문하고 소유권이 이전되는 모든 경우로 해석하고 나아가 "합병·분할"도 이에 포함되는 것으로 보아 취득세 등을 부과·고지한 이 건 처분은 잘못이 있는 것으로 판단됨(조심 2017지438, 2017.7.20.).

- 분할은 「상법」에 규정된 절차에 따라 분할법인의 권리·의무를 분할신설법인이 포괄승계하는 점에서 상대방에게 대가를 받고 물건 또는 권리 등을 이전하는 특정승계에 해당하는 매각과는 상이하다 할 것이고(조심 2017지438, 2017.7.20. 같은 뜻임), 청구법인이 분할의 대가로 분할신설법인의 주식 등을 교부받는 점에서 쟁점부동산을 무상으로 증여한 것으로 보기 어려운 점 등에 비추어 청구법인이 물적분할에 따라 쟁점부동산의 소유권을 분할신설법인에게 이전하였다 하더라도 쟁점부동산을 매각·증여한 것으로 보기는 어려우므로 처분청이 이 건 취득세 등을 추징한 처분은 잘못이 있다고 판단됨(조심 2019지2363, 2020.1.22.).

사례 법인합병으로 인한 이 건 부동산의 소유권이전을 「지방세특례제한법」 제78조 제5항 제2호의 추징요건인 매각·증여로 볼 수 있는지 여부

「지방세특례제한법」 제78조 제5항 제2호에서 해당 용도로 직접 사용한 기간이 2년 미만인 상태에서 매각·증여하거나 다른 용도로 사용하는 경우를 추징사유로 규정하고 있는 점, 합병 후 소멸회사는 2018.7.9. 이 건 부동산을 취득하여 취득세 등을 감면받은 후 2019.4.3. 법인합병에 따라 이 건 부동산의 소유권을 청구법인 명의로 이전등기한 점, 법인합병에 따른 부동산 등의 소유권이전등기가 위 추징 조항에 규정된 부동산 등의 매각·증여와 동일한 것으로 보기 어려운 점 등에 비추어 합병 후 소멸회사가 이 건 부동산을 매각·증여한 것으로 보기는 어려우므로 처분청이 이 건 취득세를 부과한 처분은 잘못이 있다고 판단됨(조심 2019지3577, 2020.3.12.).

사례 제조시설이 아닌 부속시설인 창고를 우선 건축하였다하여 산업용으로 직접 사용한 것으로 볼 수 있는지 여부

- 처분청은 청구법인이 쟁점토지상에 제조시설이 아닌 부속시설인 창고를 우선 건축하였다하여 산업용으로 직접 사용하지 아니한 것으로 보아 쟁점토지와 쟁점건축물에 대하여 기 면제한 취득세 및 재산세 등을 추징하였으나, 산업단지 등에 대한 감면 규정인 「지방세특례제한법」 제78조 제4항 및 같은 법 시행령 제38조, 같은 법 시행규칙 제6조, 「산업집적활성화 및 공장설립에 관한 법률」 제2조 제1호, 같은 법 시행령 제2조 제2항 제2호, 같은 법 시행규칙 제2조 제1호 등을 종합하면, 쟁점건축물은 공부상 용도뿐만 아니라 사실상 사용현황도 창고로 사용되고 있어 쟁점건축물은 제조시설의 부속시설에 해당하므로 이는 「지방세특례제한법」 제78

조 제4항 제2호에서 규정하는 산업용 건축물에 해당하는 점, 청구법인이 쟁점건축물을 산업용으로 직접 사용하지 아니하고 타인에게 임대 또는 다른 용도로 사용한 사실이 나타나지 아니한 점, 처분청이 이 건 취득세와 재산세 등을 추징하면서 적용한 「지방세특례제한법」 제78조 제5항은 유예기간 내에 산업용 건축물의 용도로 사용하지 아니하면 추징하도록 규정하고 있을 뿐 제조시설을 반드시 우선 건축하고 나중에 제조시설의 부속시설(창고) 등을 건축하도록 규정하고 있지 아니한 점, 청구법인이 기존 공장 ○○○을 위 산업단지로 이전하는 과정에서 쟁점건축물을 기존 공장 ○○○에서 생산한 유아의류, 유아생활용품, 식품, 유아식기용품 등을 보관·유통하는 시설로 사용하였고, 제조시설이 완공되기 전까지는 기존 공장의 가동을 멈출 수 없어 생산된 제품들을 보관·유통하는데 쟁점건축물을 활용한 점, 처분청의 주장처럼 산업단지에서 산업용 건축물에 대한 취득세 및 재산세 감면 요건을 충족하기 위해서 반드시 제조시설을 우선 건축하여야 하다면 이는 기업의 자율경영을 침해할 소지가 있을 뿐만 아니라 창고(제조시설의 부속시설)를 우선 건축한 후 제조시설을 건축하였다는 이유만으로 「지방세특례제한법」 제78조에서 규정하고 있는 산업단지 감면에 대한 입법목적이 달성되지 아니하여 취득세 및 재산세 추징요건이 발생하였다고 보기에는 무리가 있는 점 등에 비추어 쟁점토지상의 쟁점건축물은 제조시설의 부속시설로서 산업용 건축물에 해당함에도 청구법인이 쟁점부동산을 유예기간내에 산업용으로 직접 사용하지 아니한 것으로 보아 이 건 취득세 및 재산세 등을 부과한 처분은 잘못이 있다고 판단됨(조심 2017지931, 2019.7.15.)

• 「지방세특례제한법」 제78조 제4항에서 「산업입지 및 개발에 관한 법률」에 따라 지정된 산업단지에서 산업용 건축물 등을 건축하려는 자가 취득하는 부동산에 대해서는 2012년 12월 31일까지 취득세를 면제한다고 규정하고 있고, 그 시행령 제29조 제1호에서 산업용건축물 등의 범위를 「산업입지 및 개발에 관한 법률」 제2조에 따른 공장·지식산업·문화산업·정보통신산업·자원비축시설용 건축물 및 이와 직접 관련된 교육·연구·정보처리·유통시설용 건축물이라 규정하고 있으며, 「산업입지 및 개발에 관한 법률」 제2조 제1호에서 "공장"이란 「산업집적활성화 및 공장설립에 관한 법률」 제2조 제1호에 따른 공장을 말한다고 규정하고 있고, 그 제2조 제1호에서 "공장"이란 건축물 또는 공작물, 물품제조공정을 형성하는 기계·장치 등 제조시설과 그 부대시설을 갖추고 대통령령으로 정하는 제조업을 하기 위한 사업장을 말한다고 규정하고 있음. 한편, 같은 법 시행령 제2조 제2항에서 법 제2조 제1호에 따른 공장의 범위에 포함되는 것은 다음 각 호와 같다고 하고, 그 제1호에서 제조업을 하기 위하여 필요한 제조시설(물품의 가공·조립·수리시설을 포함한다. 이하 같다) 및 시험생산시설을, 제2호에서 제조업을 하는 경우 그 제조시설의 관리·지원, 종업원의 복지후생을 위하여 해당 공장부지 안에 설치하는 부대시설로서 지식경제부령으로 정하는 것을, 제3호에서 제조업을 하는

경우 관계 법령에 따라 설치가 의무화된 시설을, 제4호에서 제1호부터 제3호까지의 시설이 설치된 공장부지라고 규정하고 있음. 따라서 제조업을 하기 위한 제조시설과 그 부대시설 등으로 구성되는 '공장'이라 함은 반드시 제조시설을 필요로 한다고 할 것이므로 최종적으로는 공장을 건축할 목적이라고 하더라도 제조시설을 설치하지 않고 그 부대시설만을 설치한 경우는 위 규정 취득세 면제대상 산업용 건축물 등의 하나인 '공장'으로 보기 어려움(지방세운영과-1476, 2012.5.14.).

사례 〉〉 산업단지 사업시행자 간주취득세 일반적 경과규정 적용 여부

청구법인은 종전 규정에 따라 지목변경에 따른 취득세가 면제될 것임을 신뢰하고 이 건 산업단지의 사업시행자로 변경지정된 후 지목변경 공사를 계속 이행하였으며, 산업단지에 대한 취득세 면제조항은 1995년에 신설되어 2015년 감면율이 인하될 때까지 약 20년간 계속되었으므로 청구법인이 쟁점토지의 지목변경공사를 완료할 때까지 동 면제조항이 유지될 것이라고 기대하는 것이 무리가 아닌 것으로 보이는 점, 일반적 경과조치는 종전 규정이 시행될 당시에는 납세의무가 성립되지는 아니하였으나 납세자가 종전 규정을 신뢰하고 원인행위를 한 경우 이를 보호하고자 하는데 그 취지가 있다고 보이는 점, 이 건 산업단지의 지목변경과 같이 개정된 법령 시행 후에 과세요건이 완성된 경우에도 종전 규정을 적용하여 납세의무자의 정당한 신뢰를 보호하는 것이 타당하다 할 것인 점 등에 비추어 종전 규정은 일반적 경과조치의 적용 대상에 해당된다 할 것이므로 종전 규정의 시행기간 내에 지목변경 공사에 착공한 쟁점토지에 대하여 종전 규정을 적용하여 취득세를 면제하는 것이 타당하다고 판단됨(조심 2021지3243, 2021.12.30.).

사례 〉〉 산업단지 입주기업 일반적 경과규정 적용 여부

청구법인은 종전 규정에 따라 지목변경에 따른 취득세가 면제될 것임을 신뢰하고 이 건 산업단지의 사업시행자로 변경지정된 후 지목변경 공사를 계속 이행하였으며, 산업단지에 대한 취득세 면제조항은 1995년에 신설되어 2015년 감면율이 인하될 때까지 약 20년간 계속되었으므로 청구법인이 쟁점토지의 지목변경공사를 완료할 때까지 동 면제조항이 유지될 것이라고 기대하는 것이 무리가 아닌 것으로 보이는 점, 일반적 경과조치는 종전 규정이 시행될 당시에는 납세의무가 성립되지는 아니하였으나 납세자가 종전 규정을 신뢰하고 원인행위를 한 경우 이를 보호하고자 하는데 그 취지가 있다고 보이는 점, 이 건 산업단지의 지목변경과 같이 개정된 법령 시행 후에 과세요건이 완성된 경우에도 종전 규정을 적용하여 납세의무자의 정당한 신뢰를 보호하는 것이 타당하다 할 것인 점 등에 비추어 종전 규정은 일반적 경과조치의 적용 대상에 해당된다 할 것이므로 종전 규정의 시행기간 내에 지목변경 공사에 착공한 쟁점토지에 대하여 종전 규정을 적용하여 취득세를 면제하는 것이 타당하다고 판단됨(조심 2021지1934, 2022.4.14.).

사례 **농어촌특산품 가공업자 일반적 경과규정 적용 여부(「지방세특례제한법」 제78조 제4항)**

착공에 이르기 이전까지 부지의 매입, 건축설계, 도급공사계약, 건축허가 등 건축업무의 중요한 부분이 이루어지게 되므로 착공은 중대한 원인행위이고 이로 인하여 일정한 법적 지위를 취득하거나 법률관계를 형성한 것으로 볼 수 있는 점, 청구법인은 2014.7.4. 농산품 가공업을 영위하기 위한 공장을 신축하기 위하여 건축허가를 받고 2014.9.30. 착공신고를 하고, 2015.6.16. 이 건 건축물에 대한 사용승인을 받았으므로 종전 규정이 일몰되기 전에 착공하였다는 청구주장에 수긍이 가는 점, ○○○도 도세감면조례에서 농어촌특산품 가공업자에 대한 관련 규정이 2000.3.8. 신설되어 2014.12.31. 종전 규정이 일몰되기 전까지 약 16년간 취득세를 면제하는 내용이 계속되어 왔으므로 청구법인은 이 건 건축물에 대한 사용승인을 받을 때까지 동 규정이 유지될 것이라고 기대하였다고 볼 수 있는 측면등에 비추어 이 건 건축물의 취득에 대하여 개정전 도세감면조례에 따른 감면규정을 적용하여야 한다는 청구주장은 타당함(조심 2020지3630, 2021.10.8. 결정).

사례 **산업단지조성 목적으로 제공된 토지에 대하여 산업단지 사업시행자를 도시개발 사업 시행자로 보아 재산세 분리과세대상으로 구분할 수 있는지 여부**

• 이 건 재산세 등의 부과처분은 「지방세법 시행령」 제102조 제7항 제5호 등에 대한 적절한 추가 입법조치가 이루어지지 않았던 까닭에 일부 기간에 한하여 예외적으로 재산세 등의 부과가 이루어진 것으로 보이므로, 가능한 한 법령의 문언이 허락하는 범위 내에서 관련 규정을 체계적·합목적적으로 해석하여, 기존의 불합리한 과세를 바로잡아 납세의무자가 겪을 부당함을 방지할 필요가 있다(조심 2021지893, 2022.10.21., 조세심판관합동회의, 같은 뜻임) 하겠음.

  - 나아가 쟁점의제규정은 그 문언상 '지정권자가 관계 행정기관의 장과 협의하거나 승인을 받은 사항(「지방세법 시행령」 제102조 제7항 제4호 적용을 위한 도시개발 사업시행자 지정의제 포함)에 대하여 인·허가 등을 받은 것으로 본다.'라고 규정하고 있는바, 이는 산업단지 사업시행자가 별도로 다수의 개별적 인·허가 절차를 거치면서 발생하는 여러 불편함을 방지하여 개발사업의 신속한 진행을 돕기 위하여 관련 인·허가의 창구를 일원화한 것이므로, 그렇다면 쟁점의제규정을 통하여 별개의 다른 의제규정을 재차로 적용하거나 또는 그 결과가 국민에게 침익적 처분의 효과가 발생하는 등의 특별한 사정이 없는 한, 쟁점의제규정에 따라 의제된 인허가의 효력도 그 의제가 당초 의도한 효력의 합목적한 범위 내에서는 원칙적으로 보통의 인허가와 동일한 효력을 가지는 것으로 봄이 타당하고(대법원 2018.11.29. 신고 2016두38792 판결, 같은 뜻임), 이는 세법의 해석에 있어서도 마찬가지라 할 것이어서, 설령 그 결과 재산세 과세대상의 구

분이 변경되었다 하더라도 세법 내에 달리 이를 배제하거나 또는 추가적인 요건을 요구하는 등의 별도의 규정을 두고 있지 않는 한, 쟁점의제규정은 일응 그대로 적용된다고 할 것임.

- 이러한 태도는 종전에 우리 원이 취하고 있던 입장과도 동일한 바, 우리 원은 그 동안 국토개발과 관련하여 의제된 인·허가에 대하여, 특별한 사정이 없는 한 보통의 인허가의 경우와 마찬가지로 「지방세법」이 정한 세제혜택을 부여하는 것으로 판단[조심 2014지608, 2014.11.11., 조심 2016지550, 2016.6.30.(조세심판관합동회의), 조심 2016지107, 2017.5.31. 외 다수]하여 왔는데, 굳이 이 건에서만 이를 다르게 해석하여 쟁점의제규정의 적용을 부인함으로써 선의의 납세의무자에게 예측하지 못한 손해를 가할 필요는 없어 보이고, 특히 앞서 본 여러 특수한 사정을 감안하면 더욱 그러함(조심 2020지1932, 2023.1.5. 결정).

> **사례** 산업단지 밖 해저 또는 해상에 있는 쟁점시설을 「지방세특례제한법」 제78조 제4항에 따른 취득세 면제대상으로 볼 수 있는지 여부

- 「지방세특례제한법」 제78조 제4항에서 산업단지 내에서 산업용 건축물 등을 건축하려는 자가 취득하는 부동산에 대해서는 2014.12.31.까지 취득세를 면제한다고 규정하고 있고, 같은 법 시행령 제29조 제1항 제3호에서 산업용 건축물 등을 「산업입지 및 개발에 관한 법률」 제2조에 따른 공장용 건축물 등이라고 규정하고 있으며, 「산업집적활성화 및 공장설립에 관한 법률」 제2조 제1호에서 "공장"이란 건축물 또는 공작물, 물품제조공정을 형성하는 제조시설과 그 부대시설을 갖추고 제조업을 하기 위한 사업장을 말한다고 규정하고 있다.

- 또한, 「산업입지 및 개발에 관한 법률」 제2조 제8호 가목에서 "산업단지"란 산업시설 등과 그 시설의 기능 향상을 위한 주거·문화·복지시설을 집단적으로 설치하기 위하여 포괄적 계획에 따라 지정·개발되는 일단의 토지를 말하는 것으로 "산업단지계발계획에 따라 지정·개발되는 지역"이면 산업단지에 해당하는 것으로 볼 수 있는바, 고시된 산업단지의 지형도면은 산업단지의 형상이나 경계를 확인하기 위한 하나의 근거 자료가 될 수 있을 뿐이라고 보는 것이 타당하다 할 것(대법원 2020.4.9. 선고 2019두63058 판결, 같은 뜻임)이다.

- 이상의 사실관계 및 관련 법령 등을 종합하여 살피건대, 「지방세특례제한법」 제78조 제4항의 입법 취지는 산업단지 내에서 산업용 건축물 등을 신축하는 경우 취득세 등을 감면하여 산업단지의 경쟁력을 높이기 위한 것(대법원 2015.2.12. 선고 2014두43752 판결 같은 뜻임)으로 산업단지의 지형도면은 산업단지의 형상이나 경계를 확인하기 위한 하나의 자료일 뿐이므로 산업단지 내 산업용 건축물 등과 일체를 이루는 시설은 해당 산업용 시설물과 동일하게 보는 것이 타당한 점, 쟁점시설은 원유수송선으로부터 정유공장까지 원유를 공급하는데 필수적인 시설로서 그 용도나 현황으로 볼 때, 육상송유관과 일체를 이룬 동일한 시설(쟁점송유관)이거나 그와

연결된 시설(쟁점SPM)로 볼 수 있는 점, 청구법인의 정유공장은 원유의 수급에 편리하도록 해안 쪽으로 설치되었고, 쟁점시설을 갖추지 않고는 사실상 원유를 공급받을 방법이 없다고 보이는 이상 쟁점시설(쟁점송유관, 쟁점SPM)이 온산국가산업단지로 지형도면이 고시된 지역의 바깥 해상에 설치되었다고 하여 이를 산업단지 내 산업용 건축물에 해당되지 않는다고 단정할 수는 없는 점, 쟁점시설은 온산국가산업단지개발계획에 따라 울산광역시 울주군 온산면 당월리 일대에 설치한 항만시설에 해당하고, 대법원은 산업단지개발계획에 따라 지정된 위치에서 개발된 항만시설(제1항만시설)뿐만 아니라 제1항만시설의 조성을 위하여 산업단지 바깥에 설치한 항만시설(제2항만시설)도 산업단지 내에서 신축한 것으로 보아 취득세 면제대상이라고 판시(2020.4.9. 선고 2019누63058 판결, 같은 뜻임)한 점 등에 비추어 쟁점시설은 산업단지 내에서 신축한 공장용 건축물로 보는 것이 합리적이라 할 것으로 이에 대하여는 「지방세특례제한법」 제78조 제4항에 따라 취득세를 면제하는 것이 타당하다고 판단됨(조심 2019지2032, 2022.6.28. 결정).

제 **14** 장

지식산업센터에 대한 감면

관계법령

「**지방세특례제한법**」 제58조의2(지식산업센터 등에 대한 감면) ① 「산업집적활성화 및 공장설립에 관한 법률」 제28조의2에 따라 지식산업센터를 설립하는 자에 대해서는 다음 각 호에서 정하는 바에 따라 2025년 12월 31일까지 지방세를 경감한다.

1. 「산업집적활성화 및 공장설립에 관한 법률」 제28조의5 제1항 제1호 및 제2호에 따른 시설용(이하 이 조에서 "사업시설용"이라 한다)으로 직접 사용하기 위하여 신축 또는 증축하여 취득하는 부동산(신축 또는 증축한 부분에 해당하는 부속토지를 포함한다. 이하 이 조에서 같다)과 사업시설용으로 분양 또는 임대(「중소기업기본법」 제2조에 따른 중소기업을 대상으로 분양 또는 임대하는 경우로 한정한다. 이하 이 조에서 같다)하기 위하여 신축 또는 증축하여 취득하는 부동산에 대해서는 취득세의 100분의 35를 경감한다. 다만, 다음 각 목의 어느 하나에 해당하는 경우 그 해당 부분에 대해서는 경감된 취득세를 추징한다.
   가. 직접 사용하기 위하여 부동산을 취득하는 경우로서 다음의 어느 하나에 해당하는 경우
      1) 정당한 사유 없이 그 취득일부터 1년이 경과할 때까지 착공하지 아니한 경우
      2) 정당한 사유 없이 그 취득일부터 1년이 경과할 때까지 사업시설용으로 직접 사용하지 아니한 경우
      3) 해당 용도로 직접 사용한 기간이 4년 미만인 상태에서 매각·증여하거나 다른 용도로 사용하는 경우
   나. 분양 또는 임대하기 위하여 부동산을 취득하는 경우로서 다음의 어느 하나에 해당하는 경우
      1) 정당한 사유 없이 그 취득일부터 1년이 경과할 때까지 착공하지 아니한 경우
      2) 그 취득일부터 5년 이내에 사업시설용으로 분양·임대하지 아니하거나 다른 용도로 사용하는 경우
2. 과세기준일 현재 사업시설용으로 직접 사용하거나 그 사업시설용으로 분양 또는 임대 업무에 직접 사용하는 부동산에 대해서는 해당 부동산에 대한 재산세 납세의무가 최초로 성립한 날부터 5년간 재산세의 100분의 35를 경감한다.

「**산업집적활성화 및 공장설립에 관한 법률**」 제28조의2(지식산업센터의 설립 등) ① 지식산업센터의 설립승인, 인·허가등의 의제, 설립등의 승인에 대한 특례, 처리기준의 고시 등, 설립등의 승인취소, 건축허가, 사용승인, 제조시설설치승인, 제조시설설치승인의 취소 및 협의에 관하여는 제13조, 제13조의2부터 제13조의5까지, 제14조, 제14조의2부터 제

14조의4까지 및 제18조를 준용한다.

② 지식산업센터를 설립한 자가 「건축법」 제22조 제1항에 따른 사용승인을 받은 경우에는 대통령령으로 정하는 기간 내에 시장·군수·구청장 또는 관리기관에 지식산업센터 설립완료신고를 하여야 한다. 신고한 사항 중 산업통상자원부령으로 정하는 중요사항을 변경하려는 경우에도 또한 같다.

③ 시장·군수·구청장 또는 관리기관은 제2항에 따라 지식산업센터 설립완료신고를 받으면 지식산업센터 대장에 등록하여야 한다.

④ 관리기관은 제3항에 따라 지식산업센터의 등록을 한 경우에는 이를 시장·군수 또는 구청장에게 통보하여야 한다.

제28조의5(지식산업센터에의 입주) ① 지식산업센터에 입주할 수 있는 시설은 다음 각 호의 시설로 한다.

1. 제조업, 지식기반산업, 정보통신산업, 그 밖에 대통령령으로 정하는 사업을 운영하기 위한 시설

2. 「벤처기업육성에 관한 특별조치법」 제2조 제1항에 따른 벤처기업을 운영하기 위한 시설

「산업집적활성화 및 공장설립에 관한 법률시행령」 제36조의4(지식산업센터에의 입주) ① 법 제28조의5 제1항 제1호에서 "대통령령으로 정하는 사업"이란 다음 각 호의 사업을 말한다.

1. 제6조 제2항 및 같은 조 제3항에 따른 지식산업 및 정보통신산업

2. 그 밖에 특정 산업의 집단화와 지역경제의 발전을 위하여 다음 각 목의 구분에 따라 지식산업센터에의 입주가 필요하다고 인정하는 사업

   가. 산업단지 안의 지식산업센터의 경우: 법 제2조 제18호에 따른 산업에 해당하는 사업으로서 관리기관이 인정하는 사업

   나. 산업단지 밖의 지식산업센터의 경우: 시장·군수 또는 구청장이 인정하는 사업

※ 지식산업센터 감면 재설계 및 사후관리 강화(2023.1.1. 납세의무성립분부터 적용)

1 개정개요

개정 전	개정 후
□ 지식산업센터 감면	□ 감면 재설계, 사후관리 강화
○ (감면내용)	○ (감면내용)
- 설 립 자: 취 35%, 재 37.5%	- 설 립 자: 취 35%, 재 35%(5년)
- 입주기업: 취 50%, 재 37.5%	- 입주기업: 취 35%, 재 35%(5년)
○ (사후관리) 포괄적 규정 방식	○ (사후관리 강화) 사업별 구체화
○ (일몰기한) '22.12.31.	○ (일몰기한) '25.12.31.

② 개정내용

❶ 감면 재설계

○ (취득세) 입주기업에 대한 **취득세 감면율을 35%로 축소**

○ (재산세) ①감면율을 35%로 축소하면서 ②5년간만 감면 적용

세 목	개정 前		개정 後	
	설립자	입주기업	설립자	입주기업
취득세	35%	50%	35%	35%
재산세	37.5%	37.5%	35%(5년限)	35%(5년限)

※ (재산세 5년限) 종전 취득자에 대해서도 '23년부터 5년간 동일 특례지원

❷ 사후관리 강화

○ (시행자) 직접 사용하거나 분양·임대하는 사업 특성을 고려하여 **감면 용도별로 구분**하여 **사후관리 요건 구체화**

구분	개정 前	개정 後
직접 사용	• 정당한 사유없이 취득일부터 1년 이내 未착공 • 취득일부터 5년 이내 매각·증여·他용도사용	• 정당한 사유없이 취득일부터 1년 이내 未착공 • 정당한 사유없이 취득일부터 1년 이내 사업시설용 직접 未사용 • 직접 사용기간 4년 이내 매각·증여·他용도사용
분양 임대		• 정당한 사유없이 취득일부터 1년 이내 未착공 • 취득일부터 5년 이내 사업시설용 분양·임대 않거나 他용도사용

○ (입주기업) 他감면과의 정합성·형평성 등 고려하여 합리적 **재설계**

구분	개정 前	개정 後
직접 사용	• 정당한 사유없이 취득일부터 1년 이내 직접 未사용 • 취득일부터 5년 이내 매각·증여·他용도사용	• 정당한 사유없이 취득일부터 1년 이내 직접 未사용 • 직접 사용기간 4년 이내 매각·증여·他용도사용

③ 적용요령

○ '23.1.1. 이후 납세의무가 성립하는 경우부터 적용하고(부칙 §2)

－ 5년限 35% 경감토록 한 **재산세 개정 사항**은 개정前 취득하였던 부동산에 대해서도 '23.1.1.부터 5년간 적용(부칙 §8)

○ 한편, '23.1.1. 전에 경감받은 **취득세의 추징**에 대해서는 **종전의 추징규정 적용**(부칙 §10)

② 감면요건

■ 「산업집적활성화 및 공장설립에 관한 법률」 제28조의2에 따라 지식산업센터를 설립하는 자가

■ 사업시설용으로 직접 사용하기 위하여 지식산업센터를 신축 또는 증축하거나
    ※ 사업용으로 사용하던 부동산 승계취득은 제외

■ 사업시설용으로 중소기업에 분양 또는 임대하기 위하여 신축 또는 증축하는 부동산
    ※ 지식산업센터 설립승인 전 취득하는 경우에도 취득세·재산세 감면 가능(2017.1.1. 이후 시행)

❑ **사업시설용의 범위 및 해당 업종**

- 제조업
- 지식기반산업
  연구개발업, 건축기술, 엔지니어링, 과학기술서비스업, 광고물 작성업, 영상·방송 프로그램 제작업 및 서비스업, 출판업(음악 등 오디오물 포함), 전문 디자인업, 포장 및 충전업, 직업능력개발훈련시설 및 대학의 교육서비스업, 경영컨설팅업(재정·인력·생산·시장 관리나 전략기획에 관한 자문업무 및 지원을 하는 기업체만 해당한다), 번역 및 통역 서비스업, 전시 및 행사 대행업, 환경 정화 및 복원업, 시장조사 및 여론조사업, 사업 및 무형 재산권 중개업, 물품감정, 계량 및 견본 추출업, 무형재산권 임대업
- 정보통신산업
  컴퓨터 프로그래밍, 시스템 통합 및 관리업, 소프트웨어 개발 및 공급업, 자료처리, 호스팅 및 관련 서비스업, 데이터베이스 및 온라인 정보제공업, 전기 통신업
- 벤처기업을 운영하기 위한 시설

※ '사업시설용으로 사용하는 것'은 당해 물건 자체를 사업시설용으로 사용하는 것을 말하는 것이지 해당 업종에 종사하는 자가 당해 물건을 일반 사무실 등으로 사용하는 것까지 포함하는 것은 아니다.
    예시〉 별도의 공장을 운영하는 제조업자가 지식산업센터를 취득하여 일반 사무실 등으로 사용하는 경우는 사업시설용으로 사용하는 것으로 볼 수 없어 감면 배제한다.

■ 「산업집적활성화 및 공장설립에 관한 법률」 제28조의5 제1항 제3호에 따른 지원시설은 감면 제외

> **「산업집적활성화 및 공장설립에 관한 법률 시행령」** 제36조의4(지식산업센터에의 입주)
> ② 법 제28조의5 제1항 제3호에 따른 입주업체의 생산 활동을 지원하기 위한 시설은 다음 각 호의 시설로 한다. 다만, 시장·군수 또는 구청장이나 관리기관이 해당 지식산업센터의 입주자의 생산 활동에 지장을 줄 수 있다고 인정하는 시설은 제외한다.
> 1. 금융·보험·교육·의료·무역·판매업(해당 지식산업센터에 입주한 자가 생산한 제품을 판매하는 경우만 해당한다)을 하기 위한 시설
> 2. 물류시설, 그 밖에 입주기업의 사업을 지원하거나 어린이집·기숙사 등 종업원의 복지 증진을 위하여 필요한 시설
> 3. 「건축법 시행령」 별표 1 제3호 및 제4호에 따른 근린생활시설(면적제한이 있는 경우에는 그 제한면적범위 이내의 시설만 해당한다)
> 4. 「건축법 시행령」 별표 1 제5호에 따른 문화 및 집회시설 또는 같은 표 제13호에 따른 운동시설로서 산업통상자원부령으로 정하는 시설
> 5. 「건축법 시행령」 별표 1 제7호 다목에 따른 상점(음·식료품을 제외한 일용품을 취급하는 상점만 해당한다)으로서 다음의 기준에 적합한 시설
>   가. 산업단지 안의 지식산업센터에 설치하는 경우: 보육정원이 50명 이상인 어린이집(「영유아보육법」 제10조 제1호에 따른 국공립어린이집은 제외한다)이 해당 지식산업센터에 설치(「영유아보육법」 제13조에 따라 어린이집의 설치인가를 받은 경우를 포함한다)되어 그 용도로 유지되고 있고 해당 상점의 건축연면적이 3천 제곱미터(보육정원이 60명 이상인 경우에는 4천 제곱미터) 이하인 시설
>   나. 산업단지 밖의 지식산업센터에 설치하는 경우: 해당 상점의 건축연면적이 해당 지식산업센터에 설치되는 지원시설의 바닥면적 총합계의 100분의 10 이하인 시설

사례 ▷ 지식산업센터 설립자 감면대상에 해당되는지 여부

- 지식산업센터의 설립승인을 받아 공장 건축물을 취득하였으나, 기존 공장을 멸실하지 않고, 용도변경 및 일부 건물을 증축한 경우 승계 취득한 기존공장은 신축하거나 증축한 부동산에 해당되지 아니하므로, 취득한 기존 공장을 멸실하지 않고 용도변경 및 증축하여 사용하는 경우, 지식산업센터 용도로 새로이 증축한 부분에 대하여만 건물분 취득세가 경감됨(행정자치부 지방세특례제도과-1200, 2014.8.1.).
- 승계취득한 기존공장을 증축하여 지식산업센터로 사용할 경우 기존공장 부분은 지방세특례제한법 제58조의2 제1항에 따른 취득세 감면대상 지식산업센터에 포함되지 않음(지방세운영과-1604, 2013.7.24.).
  승계취득한 기존공장을 증축하여 지식산업센터로 사용할 경우 승계취득 공장은 취득세 감면대상 아님.

- 지식산업센터 설립승인을 받기 전에 취득한 토지로「지방세특례제한법」제58조의2 제1항에 따라 취득세 등의 감면대상에 해당하는지 여부 관련하여 "지식산업센터의 설립승인을 받은 자"의 범위에는「산업집적활성화 및 공장설립에 관한 법률」제28조의2에 따라 지식산업센터의 설립승인을 받은 자는 물론 그 전에 토지를 취득한 후 설립승인을 받아 착공을 하려는 자도 포함된다고 보는 것이 타당하다 할 것(조심 13지483, 2015.6.30.)인바, 청구법인이 2013.11.13. 쟁점토지를 취득하여 2014.2.5. 처분청으로부터 지식산업센터 설립승인을 받았고, 2014.3.4. 지식산업센터용 건축물을 착공신고한 사실이 확인되므로 쟁점토지는 취득세 등의 감면요건을 충족한 것임(조심 16지0617, 2016.12.20.).
  ※ 2016.12.31. 이전 취득분에 대하여 적용

- 지식산업센터 설립자(a)가 지식산업센터를 신축하여 취득세를 면제받은 후 지식산업센터 일부를 감면대상 목적사업의 용도로 사업자(b)에게 임대하였으나, 내부 사정으로 당초 임대용을 분양용으로 전환함에 따라, 기존 임대차계약을 승계하는 조건으로 쟁점 부동산을 임대사업자(c)에게 분양하였고, 분양 이후에도 계속적으로 임차인(b)이 사업시설용으로 사용하는 경우 설립자는 쟁점 부동산을 당초 감면목적대로 사업시설용에 제공하였다고 할 것이므로 위 규정 추징대상에 해당되지 않는 것으로 판단됨(행정안전부 지방세운영과-3802, 2012.11.23.).
- 「지방세특례제한법」제58조의2 제1항의 "지식산업센터의 설립승인을 받은 자"의 범위에 토지 취득 후 지식산업센터의 설립승인을 받아 착공을 하려는 자는 포함된다 할 것이나 이미 건축물을 신축한 후 설립승인을 받은 경우까지 포함되는 것은 아니라 할 것임(조세심판원 2016지1226, 2017.1.2.).
- 지방세특례제한법 제58조의2 및 부칙 제6조는 '지식산업센터의 설립승인을 받은 자'가 구 지방세특례제한법 시행 전에 분양한 부동산에 대한 취득세 면제에 관하여만 규정하고 있는 것으로 보이는 바, 지식산업센터의 설립승인을 받은 자가 구 지방세특례제한법 제58조의2 시행 전에 분양한 부동산에 대하여는 그 취득세를 면제하는 것일 뿐, 수분양자 또는 그로부터 전매한 자에 대하여는 적용되지 아니하는 것이라고 보아야 함(대법원 2015두37709 선고 2015.5.14. 판결).

사례 전시장에 설치할 전시장치 등을 디자인·제작하고 설치하는 영업을 제조업으로 보아 지식산업센터설립자 감면대상에 해당되는지 여부

원고의 매출액을 산업활동 별로 구분할 수 없는 이상, 한국표준산업분류에 따라 부가가치와 산출액을 기준으로 주된 산업활동을 분류할 수 없다. 이 경우 한국표준산업분류는 해당 활동의 종업원 수 및 노동시간, 임금 및 급여액 또는 설비의 정도에 의하여 결정하도록 정하고 있는데, 원고의 직원 대다수가 디자인 전공인 점, 원고는 디자인 업무에 필요한 상당한 금액의 디자인 관련 프로그램을 구비하고 있는 점

등 디자인 분야의 종업원 수 및 설비의 정도에 비추어 보면 원고의 주된 산업활동은 디자인업으로 볼 여지가 크고, 디자인업이 아니라고 보더라도 제조업에 해당한다. 또한, 법제처의 질의회신은 행정관청의 행정해석에 불과하여 대외적인 구속력이 없으므로 이 사건에 그대로 적용할 수 없다. 또한 원고가 제작하는 전시용 부스를 임시건물, 조립식건물 및 구축물에 해당한다고 보기 어렵고, 그 설치의 목적은 전시를 위한 것이지 건설산업기본법 제8조, 구 건설산업기본법 시행령(2011.11.1. 대통령령 제23282호로 개정되기 전의 것) 제7조 및 [별표 1]이 정한 실내건축공사와 같이 건물의 효용이나 미관을 보완하기 위함이 아니므로 건설업에 해당한다고 볼 수 없는 바, 그 해석의 근거 또한 타당하지 않음(대법원 2020.2.27. 선고 2019두57794 판결).

③ 추징요건 등

■ 중소기업이 아닌 자에게 분양 또는 임대한 경우

– 중소기업이 규모의 확대 등의 사유로 중소기업에 해당하지 않을 경우 사유발생 연도의 다음 연도부터 3년간은 중소기업으로 봄(중소기업기본법 제2조 제3항).

■ 사업시설용으로 직접사용·분양·임대하지 않는 경우

– 직접 사용하는 부분이 「지방세법」 제13조 제1항 및 제2항에 해당하는지 확인하여 감면율 외 과세부분에 대하여 중과세율 적용

– 분양 또는 임대계약서 상 사업시설용으로 사용할 것을 사전 고지하였는지를 확인한 후 고지내역이 없는 경우는 설립자에 대하여 추징

■ 정당한 사유 없이 그 취득일부터 1년이 경과할 때까지 착공하지 아니한 경우

■ 그 취득일부터 5년 이내에 매각·증여하거나 다른 용도로 분양·임대하는 경우

> **사례** 지식산업센터 설립자 감면 추징대상에 해당되는지 여부

- 승계취득한 기존공장을 증축하여 지식산업센터로 사용할 경우 기존공장 부분은 지방세특례제한법 제58조의2 제1항에 따른 취득세 감면대상 지식산업센터에 포함되지 않음(지방세운영과-1604, 2013.7.24.).
  - 승계취득한 기존공장을 증축하여 지식산업센터로 사용할 경우 승계취득 공장은 취득세 감면대상 아님.
- 임대용을 분양 전환 후 당해 취득자가 당초의 임대계약을 승계하여 유지되고 있는 경우 추징대상 아님(지방세운영과-3802, 2012.11.23.).
- 임차인의 공장신축 후 이주기간을 고려해 새로 임대계약을 체결함으로써 1년 이내에 건축공사에 착공하지 못한 경우 정당한 사유에 해당하지 않음(지방세운영과-1913, 2008.10.23.).

- 지식산업센터의 설립자가 그 목적에 사용하기 위하여 취득하는 부동산에 대하여는 취득세 등을 면제하되, 건축물의 사용승인서 교부일부터 5년 이내에 지식산업센터에 입주할 수 있는 사업 이외의 용도로 분양·임대하거나 매각하는 경우 그 해당부분에 대하여는 면제된 취득세를 추징하는 것인 바, 청구법인은 쟁점 건축물을 PF대출금의 분양보증의무 이행을 원인으로 시공사인 ○○건설(주)에 매각한 사실이 확인되는 이상 기 면제한 취득세를 추징한 처분은 적법함(조심 12지44, 2012.3.5.).

- 아파트형공장 설립목적으로 취득한 부동산을 매도자의 명도지연 및 오염토 처리 등으로 지연되어 유예기간(1년) 내에 착공하지 못한 경우 정당한 사유에 해당되는지 않는다(조세심판원 2011지0837, 2012.6.8.).
- 이 건 지식산업센터 중 임대 예정인 공실면적(이 건 지식산업센터 2층 201~205호는 이 건 처분 당시 공실인 상황에서는 「지방세특례제한법」 제58조의2에 따른 지식산업센터 감면대상에 해당하는 것으로 판단됨(조심 2020지826, 2022.2.21.).

 최근 쟁점

> **사례** 지식산업센터를 신축·분양할 목적으로 토지를 취득하여 취득세를 경감 받은 자가, 같은 날 신탁을 원인으로 신탁회사로 소유권이전등기를 경료하고, 신탁회사 명의로 지식산업센터를 건축 중인 경우 신탁을 원인으로 소유권 이전등기한 것을 매각으로 보아 경감한 취득세를 추징할 수 있는지 여부

- 신탁계약에 따른 신탁재산의 소유자와 관련하여 대법원은 "신탁법상의 신탁은 위탁자가 수탁자에게 특정의 재산권을 이전하거나 기타의 처분을 하여 수탁자로 하여금 신탁 목적을 위해 그 재산권을 관리·처분하는 것이므로, 부동산 신탁에 있어 수탁자 앞으로 소유권이전등기를 마치게 되면 소유권이 수탁자에게 이전되는 것이지 위탁자와의 내부관계에 있어 소유권이 위탁자에게 유보되는 것은 아니다."(대법원 2003.1.27.선고 2000마2997 판결, 대법원 2011.2.10.선고 2010다84246 판결 등 참조)고 판결하고 있으며, 「지방세특례제한법」 제58조의2 제1항에서 "직접 사용"한다고 함은 해당 부동산의 소유자 또는 사실상 취득자의 지위에서 현실적으로 해당 부동산을 그 업무 자체에 직접 사용하는 것으로 보아야 할 것이고, 「지방세특례제한법」 제58조의2 제1항 제1호 나목의 "매각·증여"의 의미는 유상 또는 무상으로 소유권이 이전된 경우를 의미하는 것으로 보아야 할 것으로(대법원 2015.3.25. 선고 2014두43097 판결 참조) 따라서, 지식산업센터를 신축·분양할 목적으로 토지를 취득하고 취득세를 경감 받은 자가 같은 날 신탁을 원인으로 신탁회사로 소유권 이전등기를 경료하여, 신탁회사 명의로 지식산업센터를 건축 중인 경우에는 기 감

면한 취득세를 추징하는 것이 타당함(행정안전부 지방세특례제도과-3492, 2015.12.23.).

- 2016.12.27. 「지방세특례제한법」제58조의2 제1항 중 지식산업센터의 감면대상자가 '지식산업센터의 설립승인을 받은 자'에서 '지식산업센터를 설립하는 자'로 개정되었고, 이는 '지식산업센터 설립을 위해서는 토지의 취득이 먼저 이루어지는 절차 등을 고려하여 설립승인을 받기 전에 취득한 토지에 대하여도 감면이 가능하도록 완화'하는 것이 개정의 취지라고 할 것이나 법령상으로는 그 감면적용 완화대상을 토지로 한정하고 있지는 아니합니다. 또한, 「지방세특례제한법」제58조의2에서 인용하는 「산업집적활성화 및 공장설립에 관한 법률」제13조에서 '공장건축면적이 500제곱미터 이상인 공장의 신설… 하려는 자는 대통령령으로 정하는 바에 따라 시장·군수 또는 구청장의 승인을 받아야 하며, 승인을 받은 사항을 변경하려는 경우에도 또한 같다'고 규정하고 있고, 같은 법 제28조의2 제2항에서 '지식산업센터를 설립한 자가 「건축법」제22조 제1항에 따른 사용승인을 받은 경우에는 대통령령으로 정하는 기간 내에 시장·군수·구청장 또는 관리기관에 지식산업센터 설립 완료신고를 하여야 한다. 신고한 사항 중 산업통상자원부령으로 정하는 중요사항을 변경하려는 경우에도 또한 같다.'고 규정하고 있으며, 같은 법 시행령 제36조 제2항에서 '대통령령으로 정하는 기간이란 사용승인을 받은 날부터 2개월을 말한다'고 하고, 같은 법 시행규칙 제24조 제2항에서 '산업통상자원부령으로 정하는 중요사항이란 회사명 또는 대표자 성명, 지식산업센터의 명칭, 지식산업센터 부지면적 등을 의미한다'고 규정하고 있습니다. 위 규정에 개정 내용을 더하여 보면, 지식산업센터의 설립승인에 대한 변경승인(또는 신고)는 건축물 사용승인일부터 2개월 이내인 설립의 완료신고 이전까지는 언제든지 가능하다고 할 것이므로 기간적으로는 설립이 진행되고 있는 설립의 완료신고 이전까지는 '설립하는'의 범주에 포함된다고 할 것입니다. 따라서 귀문 지식산업센터 설립에 따른 사업시행자가 건축물 사용승인일 이후에 변경되었다고 하더라도 설립의 완료신고 이전에 이루어졌다면 지방세 감면대상에 해당됨(지방세특례제도과-1949, 2020.8.20.).

- 청구법인과 수탁사가 체결한 부동산담보신탁계약서 제1조(신탁목적)에서 신탁부동산의 소유권관리와 위탁자가 부담하는 채무 내지는 책임의 이행을 보장하기 위하여 수탁자가 신탁부동산을 보전·관리하고 채무불이행시 환가·정산하는 데 신탁의 목적이 있다고 한 점, 제10조(신탁부동산의 보전관리) 제1항에서 위탁자는 신탁부동산을 사실상 계속 점유하고, 신탁부동산에 대한 보존·유지·수선 등 실질적인 관리행위와 이에 소요되는 일체의 비용을 부담하고, 제2항에서 수탁자는 이 계약에서 달리 정한 것을 제외하고는 우선수익자의 요청에 따른 환가 착수 전까지는 신탁부동산의 소유권만 관리·보전하는 것을 목적으로 한다고 한 점, 제11조(임대차 등)에서 신탁계약체결전에 위탁자와 임차인간에 체결한 임대차계약은 그 상대로 유효한 점, 제16조(비용의 부담) 제1항에는 신탁재산에 대한 제세공과금·차입금·임대보증금 등의 상환금, 분양(처분) 및 임대사무처리에 필요한 각

비용을 청구법인이 부담하도록 규정되어 있으며 이에 따라 이 사건 부동산의 등기부등본상 등기원인이 '신탁'으로 표기되는 점 등 청구법인이 신탁재산의 사용·수익·처분의 권리를 위 신탁계약에 따라 실질적으로 행사하고 있는 것으로 나타나는 점 등에 비추어 신임관계에 기하여 위탁자가 수탁자에게 특정의 재산을 이전하거나 담보권의 설정 또는 그 밖의 처분을 하고 수탁자로 하여금 수익자의 이익 또는 특정한 목적을 위하여 그 재산의 관리·처분·운용·개발 및 그 밖에 신탁목적의 달성을 위하여 필요한 행위를 하게 하는 법률행위인 「신탁법」상 신탁을 「지방세특례제한법」 제58조의2 제1항 나목의 추징대상인 '매각' 등의 법률행위로 보기는 어려움(조심 2017지617, 2017.9.18.).

• 지식산업센터 건축허가를 받아 건축 중에 신탁하여 수탁자가 설립승인을 받은 경우 지식산업센터 설립사업의 마무리 단계에서 신탁된 사정만으로 위탁자를 설립자로서 자격을 상실했다고 봄은 입법취지에 어긋남(대법원 2017.1.12. 선고 2016두53951 판결).

사례 지식산업센터의 설립승인을 받은 자가 지식산업센터를 신축하거나 증축하여 사업시설용으로 직접 사용하거나 분양 또는 임대하기 위하여 취득하는 부동산을 취득세 감면 여부

• 승계취득한 기존공장을 증축하여 지식산업센터로 사용할 경우 기존공장 부분은 지방세특례제한법 제58조의2 제1항에 따른 취득세 감면대상 지식산업센터에 포함되지 않음.
 승계취득한 기존공장을 증축하여 지식산업센터로 사용할 경우 승계취득 공장은 취득세 감면대상 아님(행정안전부 지방세운영과-1604, 2013.7.24.).

• 지식산업센터의 설립승인을 받은 자가 지식산업센터를 신축하거나 증축하여 사업시설용으로 직접 사용하거나 분양 또는 임대하기 위하여 취득하는 부동산을 취득세 감면 대상으로 규정하고 있고 「건축법」상 증축의 정의를 기존 건물의 면적을 증가시키는 건축으로 정의하고 있는 바, 기존에 존재하던 건물을 승계취득한 뒤 증축하여 지식산업센터를 설립하는 경우 그러하기 위하여 취득한 기존의 건축물 및 그 부속토지는 감면대상에 해당하는 것으로 문리해석되는 점 등에 비추어 처분청이 청구법인에게 이 건 부동산에 대한 취득세 등을 부과한 처분은 잘못임(조세심판원 2015지0270, 2015.5.26.).

사례 청구법인이 쟁점건축물의 건축허가, 착공 및 분양공고이후 감면조례개정된 경우 종전 감면조례적용가능 여부

청구법인이 쟁점건축물의 건축허가, 착공 및 분양공고를 할 당시의 「경기도 도세 감면조례」에 의하면 지식산업센터용 건축물을 취득하는 경우 취득세 등을 면제토록 규정하고 있어 청구법인은 쟁점건축물을 신축하는 경우 취득세가 면제될 것으로 신뢰

하고 있었고, 그러한 신뢰에 대해 청구법인의 귀책사유가 있었다고 볼 수 없으므로 청구법인의 신뢰는 보호되는 것이 타당함(조세심판원 2014지0643, 2014.11.3.).

사례 지식산업센터 설립자 일반적경과규정에 따라 종전규정 적용 여부(「지방세특례제한법」 제58조의2 제1항)

- 이 건의 경우, 지식산업센터 등에 대한 취득세 면제규정은 1995.11.13. 「○○○광역시세 감면조례」에 규정된 후 2012.2.27. 「○○○광역시세 부과, 징수 및 감면 조례」 제90조가 삭제되기 전까지 조례명과 조항만 몇 차례 변경되었을 뿐 그 내용은 15년 이상 동일하게 유지되어 온 점, 동 감면규정이 감면조례에서 삭제되면서 지식산업센터 설립자에게 불리하게 개정되었는데, 부칙조항에서 지식산업센터 설립자의 신뢰보호를 위하여 종전 감면규정에 따라 감면하여야 할 취득세에 대하여는 종전의 규정에 따르도록 정하고 있으므로, 삭제 전 감면조례 시행 당시 지식산업센터 설립자가 부동산의 취득과 밀접하게 관련된 원인행위가 이루어진 경우에는 그 원인행위 당시의 감면조례를 적용하는 것이 타당한 점, ○○○와 청구법인은 삭제된 감면조례를 신뢰하여 해당 조항을 근거로 지식산업센터 설립을 추진한 것으로 보이는 점, 실제로 ○○○는 해당 감면조례 제90조가 삭제(2012.2.27.)되기 전인 2010.7.6.부터 2010.10.28.까지 이 건 건물의 부지인 토지를 취득하는 매매계약 체결, 지식산업센터 설립승인, 건축허가 및 착공을 거쳐 2010.11.3. 입주자 모집공고를 한 점, 청구법인이 「지방세특례제한법」이 개정되어 지식산업센터용 부동산에 대한 취득세 감면율이 75%로 축소된 이후인 2012.10.5. 지식산업센터 시설용인 쟁점건물을 취득하였다 하더라도 「○○○광역시세 부과, 징수 및 감면 조례」(2012.2.27. 조례 제5074호로 개정된 것) 부칙 제4조의 일반적 경과조치 규정에 따라 취득세를 면제하는 것이 타당하므로 처분청이 이 건 경정청구를 거부한 처분은 잘못이라고 판단됨(조심 2017지1075, 2018.2.14.).
- 지식산업센터에 대한 취득세 등의 감면규정은 2012.2.27.까지 취득세 등을 면제하다가, 2013.12.31.까지 취득세 등의 75%로 감면율이 축소되고, 청구법인이 쟁점지식산업센터 건축공사를 착공할 당시에는 2016.12.31.까지 취득세 등을 50% 감면하는 것으로 축소되었다가, 청구법인이 쟁점지식산업센터 건축공사를 완료하고 사용승인을 받은 당시에는 2019.12.31.까지 취득세 등을 35% 감면하는 것으로 계속하여 그 감면범위를 축소하는 것으로 개정되어 온 점 등에 비추어 청구법인의 종전규정에 대한 신뢰가 보호할 정도에 이르렀다고 보기 어려우므로 이러한 경우에까지 이 건 일반적 경과조치에 따라 종전규정의 감면을 적용하기는 어렵다 할 것임(조심 2020지1446, 2021.6.15.).

❶ 관계법령

「**지방세특례제한법**」 제58조의2(지식산업센터 등에 대한 감면) ② 「산업집적활성화 및 공
장설립에 관한 법률」 제28조의4에 따라 지식산업센터를 신축하거나 증축하여 설립한 자
로부터 최초로 해당 지식산업센터를 분양받은 입주자(「중소기업기본법」 제2조에 따른
중소기업을 영위하는 자로 한정한다)에 대해서는 다음 각 호에서 정하는 바에 따라 지방
세를 경감한다.
  1. 2025년 12월 31일까지 사업시설용으로 직접 사용하기 위하여 취득하는 부동산에 대해
     서는 취득세의 100분의 35를 경감한다. 다만, 다음 각 목의 어느 하나에 해당하는 경우
     그 해당 부분에 대해서는 경감된 취득세를 추징한다.
     가. 정당한 사유 없이 그 취득일부터 1년이 경과할 때까지 해당 용도로 직접 사용하지
         아니하는 경우
     나. 해당 용도로 직접 사용한 기간이 4년 미만인 상태에서 매각・증여하거나 다른 용
         도로 사용하는 경우
  2. 과세기준일 현재 사업시설용으로 직접 사용하는 부동산에 대해서는 해당 부동산에 대
     한 재산세 납세의무가 최초로 성립한 날부터 5년간 재산세의 100분의 35를 2025년 12
     월 31일까지 경감한다.

「**산업집적활성화 및 공장설립에 관한 법률**」 제28조의4(지식산업센터의 분양) ① 지식산업
센터를 설립한 자가 지식산업센터를 분양 또는 임대하려는 경우에는 공장건축물 착공 후
산업통상자원부령으로 정하는 바에 따라 모집공고안을 작성하여 시장・군수 또는 구청
장의 승인을 받아 공개로 입주자(지식산업센터를 분양 또는 임대받아 제조업이나 그 밖
의 사업을 하는 자를 말한다. 이하 같다)를 모집하여야 한다. 승인을 받은 사항 중 산업통
상자원부령으로 정하는 중요사항을 변경하려는 경우에도 또한 같다.
② 다음 각 호의 어느 하나에 해당하는 지식산업센터를 분양 또는 임대하는 경우에는 제
1항을 적용하지 아니한다.
  1. 공공사업에 의하여 철거되는 공장의 유치나 그 밖에 대통령령으로 정하는 사유로 설
     립된 지식산업센터
  2. 대통령령으로 정하는 규모 미만의 지식산업센터
③ 지식산업센터를 설립한 자가 국가・지방자치단체, 공단, 「중소기업진흥에 관한 법률」
에 따른 중소벤처기업진흥공단 또는 「지방공기업법」에 따른 지방공사(이하 "지방공사"
라 한다)인 경우에는 제1항에도 불구하고 모집공고안을 시장・군수 또는 구청장에게 통
보한 후 입주자를 모집할 수 있다. 통보한 사항 중 산업통상자원부령으로 정하는 중요
사항을 변경한 경우에도 또한 같다.

④ 지식산업센터를 설립한 자는 거짓 또는 과장된 사실을 알리거나 기만적 방법을 사용하여 입주자를 모집하여서는 아니 된다.

② 감면요건

■ 「산업집적활성화 및 공장설립에 관한 법률」 제28조의4에 따라 지식산업센터를 신축하거나 증축하여 설립한 자로부터
■ 최초로 해당 지식산업센터를 분양받은 입주자(「중소기업법」 제2조에 따른 중소기업을 영위하는 자로 한정)로서
■ 사업시설용으로 직접 사용하기 위하여 취득하는 부동산(지원시설은 감면제외)

③ 추징요건 등

■ 중소기업이 아닌 자가 분양받은 경우
    ※ 중소기업이 규모의 확대 등의 사유로 중소기업에 해당하지 않을 경우 사유발생 연도의 다음 연도부터 3년간은 중소기업으로 본다(「중소기업기본법」 제2조 제3항).
■ 정당한 사유 없이 그 취득일부터 1년이 경과할 때까지 사업시설용으로 직접 사용하지 아니하는 경우
    ※ 사업장을 감면대상 업종과 유사한 형태로 사용한다하여도 자체의 활동으로 수익이 발생하는 업(業)이 아니라면 사업시설용으로 볼 수 없음.
    – 지식산업센터에서 제조업 등에 수반되는 연구개발이 이루어지는 경우, 이를 사업시설용(연구개발업)으로 사용하는 것으로 볼 수 없고, 당해 면적이 기업부설연구소 인증 등 별도 조항에 따른 감면대상이 아니라면 추징대상으로 봄.
    ※ 제조업이란 기계장비 등을 구비하여 일련의 제조공정을 갖춘 상태에서, 원재료 또는 반제품을 가공하여 제품으로 생산하는 것을 말하는 것으로, 사실상 도소매업 등을 영위하면서 단순 재조립을 하거나 샘플링 제작, A/S를 하는 것까지 제조업으로 볼 수는 없음.
    – 제조업으로 감면을 받은 후 사실상 도소매업을 주업종으로 하면서 일부를 샘플제작을 위한 제조시설로 사용한다 하여도 이는 감면대상이 아님.
    – 조립생산의 경우 제조업으로 보나, 이는 근본적으로 여러 부품 등을 조합하여 새로운 제품을 생산하는 것을 의미하는 것이지, 외국 완제품을 운반상의 문제 등으로 일부

분해하여 수입한 후 국내에서 단순 재조립하는 것까지 조립생산으로 보기 어려움.

예시〉 a부품 + b부품 + c부품 → A제품: 제조업(○)

A제품 → a1부품 + a2부품 → A제품: 제조업(×)

※ 사업시설용에 해당하는지 여부는 장부 또는 부가가치세 신고내역 등에서 확인되는 업종을 기준으로 판단하며, 감면업종과 비감면업종을 겸영할 경우 매출액을 기준으로 안분

■ 그 취득일부터 5년 이내에 매각·증여하거나 다른 용도로 사용하는 경우

사례 지식산업센터 입주자 감면대상에 해당되는지 여부

- 자기가 필요한 디자인을 하는 것은 전문디자인업에 해당되지 않으므로 사업시설용으로 사용한 경우로 볼 수 없음(조심 12지0635, 2012.11.9.).
- 원고가 5년 이내에 지식산업센터용 부동산을 대표이사(주식 60% 보유)로 있는 회사에 임대하여 종전과 같은 제조업을 영위하는 경우 원고가 대표이사로 있는 회사에 임차하여 같은 용도로 사용하더라도 개인과 법인은 별개의 권리의무 주체로써 직접사용으로 볼 수 없음(대법원 2017.1.18. 선고 2016두57182 판결).

사례 지식산업센터 입주자 감면 추징대상에 해당되는지 여부

- 신청인의 경우 비록 엔지니어링 서비스업(지식산업)이 아파트형공장에 입주할 수 있는 업종이라고 하더라도 당해 사업에 사용되는 사업장은 「산업집적활성화 및 공장설립에 관한 법률」에 의한 공장의 범위에 포함되지 않아 구 「울산광역시세 감면조례」 제20조 제1항 단서에서 규정하고 있는 공장의 용도로 사용되는 사업장에 해당하지 아니하므로, 이는 사용승인서 교부일부터 5년 이내에 공장 또는 벤처기업 이외의 용도로 임대한 것에 해당되어 면제된 취득·등록세 추징대상에 해당된다고 사료됨(행정안전부 지방세운영과-2822, 2009.7.13.).
- 아파트형공장을 제조시설이 아닌 도·소매업을 영위하는 사무실로 사용하고 있는 것으로 보아 기 과세 면제한 취득세 등을 추징한 처분은 잘못이 없음(조심 12지0725, 2012.12.11.).
- 청구법인이 지식산업센터에 입주할 수 없는 업종(상품 판매업)에 사용한 부분에 대해서는 경감된 취득세를 추징하는 것이 타당할 것이고, 상품 판매업에 사용된 면적이 불분명한 경우, 처분청에서 매출액을 안분기준으로 삼아 이 건 취득세의 과세표준을 산출한 것은 잘못이 없음(조세심판원 2014지1826, 2016.1.29.).
부동산을 지식산업센터 사업용으로 사용하지 않은 것으로 보아 매출액을 기준으로 안분계산하여 취득세 등을 추징한 처분은 잘못이 없음(조심 15지1129, 2015.11.17.).

- 지식산업센터의 일부를 다른 업체에 무상임대하여 공정의 일부를 수행(소사장제) 토록 하는 경우 취득세 등 추징대상에 해당함(조심 14지0342, 2014.6.27.).
- 지식산업센터용 부동산을 취득한 후 제조업이 아닌 사무실로 사용되고 있는 것으로 나타나고, 청구법인이 신고한 2011년도 및 2012년도 부가가치세 총 매출액 중 도매업에 의한 상품매출액 비율은 각각 91.7% 및 90.8%이고, 제조업에 의한 제품 매출액은 8.3% 및 9.2%에 불과한 것으로 나타나는 점 등을 고려할 때, 처분청이 쟁점부분을 제조업이 아닌 다른 용도로 사용하는 것으로 보아 기 면제한 취득세를 추징한 처분은 잘못이 없음(조세심판원 2014지0553, 2014.6.25.).
- 지식산업센터용 부동산을 취득하여 청구인이 직접 사용하지 아니하고 청구인의 어머니가 사용한 경우 쟁점부동산 취득일부터 1년 이내에 정당한 사유 없이 해당 사업에 직접 사용하지 아니하는 것으로 보아 기 감면한 취득세 등을 추징한 처분은 달리 잘못이 없음(조심 2012지0192, 2013.2.12.).
- 지식산업센터 설립자 신탁해지시 수분양자의 입장에서 최초분양 해당 여부와 관련하여 A법인이 토지를 취득하고 신탁계약을 통해 B수탁자가 지식산업센터 설립자가 되어 건축과 분양을 진행한 상황에서 신탁말소로 A위탁자로 귀속된 일부 미분양된 물건을 C입주자가 매수한 경우, 신탁관계에도 불구하고 당해 지식산업센터를 설립한 자로부터 최초로 분양받은 입주자로 보아 감면대상에 해당하는 것으로 판단됨(지방세특례제도과-1475, 2021.6.23.).

 최근 쟁점

사례 ▷ 개인기업이 지식산업센터용에 직접 사용하기 위하여 취득하는 부동산에 대하여는 취득세를 면제 및 경감후 5년 내 법인전환시 추징대상 해당 여부

- 「지방세특례제한법」 제58조의2 제2항에서 지식산업센터용에 직접 사용하기 위하여 취득하는 부동산에 대하여는 취득세를 면제 및 경감하되, 취득일부터 5년 이내에 매각하거나 다른 용도에 사용하는 경우에 대하여는 그 취득세를 추징하는 것이라 당초 개인사업자였지만 법인을 설립하여 사업의 포괄적 양수도를 통하여 면제된 부동산을 양도하였다면 법령에서 다른 단서 규정이 없는 이상 추징하는 것이 타당함(조세심판원 2014지2095, 2014.12.24.).
- 아파트형공장 취득 후 5년 이내에 개인기업의 법인전환에 따른 소유권 이전시 정당한 사유로 볼 수 있음(행자부 지방세운영과-3213, 2010.7.27.).

제 **15** 장

창업중소기업에 대한 감면

① **관계법령**

「지방세특례제한법」 제58조의3(창업중소기업 등에 대한 감면) ① 2023년 12월 31일까지 과밀억제권역 외의 지역에서 창업하는 중소기업(이하 이 조에서 "창업중소기업"이라 한다)이 대통령령으로 정하는 날(이하 이 조에서 "창업일"이라 한다)부터 4년 이내(대통령령으로 정하는 청년창업기업의 경우에는 5년 이내)에 취득하는 부동산에 대해서는 다음 각 호에서 정하는 바에 따라 지방세를 경감한다.

1. 창업일 당시 업종의 사업을 계속 영위하기 위하여 취득하는 부동산에 대해서는 취득세의 100분의 75를 경감한다.

2. 창업일 당시 업종의 사업에 과세기준일 현재 직접 사용하는 부동산(건축물 부속토지인 경우에는 대통령령으로 정하는 공장입지기준면적 이내 또는 대통령령으로 정하는 용도지역별 적용배율 이내의 부분만 해당한다)에 대해서는 창업일부터 3년간 재산세를 면제하고, 그 다음 2년간은 재산세의 100분의 50을 경감한다.

② 2023년 12월 31일까지 창업하는 「벤처기업육성에 관한 특별조치법」 제2조 제1항에 따른 벤처기업 중 대통령령으로 정하는 기업으로서 창업일부터 3년 이내에 같은 법 제25조에 따라 벤처기업으로 확인받은 기업(이하 이 조에서 "창업벤처중소기업"이라 한다)이 최초로 확인받은 날(이하 이 조에서 "확인일"이라 한다)부터 4년 이내(대통령령으로 정하는 청년창업벤처기업의 경우에는 5년 이내)에 취득하는 부동산에 대해서는 다음 각 호에서 정하는 바에 따라 지방세를 경감한다. 〈개정 2020.12.29.〉

1. 창업일 당시 업종의 사업을 계속 영위하기 위하여 취득하는 부동산에 대해서는 취득세의 100분의 75를 경감한다.

2. 창업일 당시 업종의 사업에 과세기준일 현재 직접 사용하는 부동산(건축물 부속토지인 경우에는 대통령령으로 정하는 공장입지기준면적 이내 또는 대통령령으로 정하는 용도지역별 적용배율 이내의 부분만 해당한다)에 대해서는 확인일부터 3년간 재산세를 면제하고, 그 다음 2년간은 재산세의 100분의 50을 경감한다.

③ 다음 각 호의 어느 하나에 해당하는 등기에 대해서는 등록면허세를 면제한다.

1. 2020년 12월 31일까지 창업하는 창업중소기업의 법인설립 등기(창업일부터 4년 이내에 자본 또는 출자액을 증가하는 경우를 포함한다)

2. 2020년 12월 31일까지 「벤처기업육성에 관한 특별조치법」 제2조의2 제1항 제2호 다목에 따라 창업 중에 벤처기업으로 확인받은 중소기업이 그 확인일부터 1년 이내에 하는 법인설립 등기

④ 창업중소기업과 창업벤처중소기업의 범위는 다음 각 호의 업종을 경영하는 중소기업으로 한정한다. 이 경우 제1호부터 제8호까지의 규정에 따른 업종은 「통계법」 제22조에 따라 통계청장이 고시하는 한국표준산업분류에 따른 업종으로 한다.

1. 광업
2. 제조업

3. 건설업

4. 정보통신업. 다만, 다음 각 목의 어느 하나에 해당하는 업종은 제외한다.

　　가. 비디오물 감상실 운영업

　　나. 뉴스 제공업

　　다. 「통계법」 제22조에 따라 통계청장이 고시하는 블록체인기술 산업분류에 따른 블록
　　　 체인 기반 암호화 자산 매매 및 중개업

5. 다음 각 목의 어느 하나에 해당하는 전문, 과학 및 기술 서비스업(대통령령으로 정하
　 는 엔지니어링사업을 포함한다)

　　가. 연구개발업

　　나. 광고업

　　다. 기타 과학기술서비스업

　　라. 전문 디자인업

　　마. 시장조사 및 여론조사업

6. 다음 각 목의 어느 하나에 해당하는 사업시설 관리, 사업지원 및 임대서비스업

　　가. 사업시설 관리 및 조경 서비스업

　　나. 고용알선 및 인력공급업

　　다. 경비 및 경호 서비스업

　　라. 보안시스템 서비스업

　　마. 전시, 컨벤션 및 행사대행업

7. 창작 및 예술관련 서비스업(자영예술가는 제외한다)

8. 수도, 하수 및 폐기물 처리, 원료 재생업

9. 대통령령으로 정하는 물류산업

10. 「학원의 설립·운영 및 과외교습에 관한 법률」에 따른 직업기술 분야를 교습하는 학
　　원을 운영하는 사업 또는 「국민 평생 직업능력 개발법」에 따른 직업능력개발훈련시설
　　을 운영하는 사업(직업능력개발훈련을 주된 사업으로 하는 경우로 한정한다)

11. 「관광진흥법」에 따른 관광숙박업, 국제회의업, 유원시설업 또는 대통령령으로 정하는
　　관광객이용시설업

12. 「전시산업발전법」에 따른 전시산업

⑤ 제1항부터 제4항까지의 규정을 적용할 때 창업중소기업으로 지방세를 감면받은 경우
에는 창업벤처중소기업에 대한 감면은 적용하지 아니한다.

⑥ 제1항부터 제4항까지의 규정을 적용할 때 다음 각 호의 어느 하나에 해당하는 경우는
창업으로 보지 아니한다.

1. 합병·분할·현물출자 또는 사업의 양수를 통하여 종전의 사업을 승계하거나 종전의
　 사업에 사용되던 자산을 인수 또는 매입하여 같은 종류의 사업을 하는 경우. 다만, 종
　 전의 사업에 사용되던 자산을 인수하거나 매입하여 같은 종류의 사업을 하는 경우 그
　 자산가액의 합계가 「부가가치세법」 제5조 제2항에 따른 사업개시 당시 토지·건물 및
　 기계장치 등 대통령령으로 정하는 사업용자산의 총가액에서 차지하는 비율이 100분의

50 미만으로서 대통령령으로 정하는 비율 이하인 경우는 제외한다.

2. 거주자가 하던 사업을 법인으로 전환하여 새로운 법인을 설립하는 경우

3. 폐업 후 사업을 다시 개시하여 폐업 전의 사업과 같은 종류의 사업을 하는 경우

4. 사업을 확장하거나 다른 업종을 추가하는 경우 등 새로운 사업을 최초로 개시하는 것으로 보기 곤란한 경우

⑦ 다음 각 호의 어느 하나에 해당하는 경우에는 제1항 제1호 및 제2항 제1호에 따라 경감된 취득세를 추징한다. 다만, 「조세특례제한법」 제31조 제1항에 따른 통합(이하 이 조에서 "중소기업간 통합"이라 한다)을 하는 경우와 같은 법 제32조 제1항에 따른 법인전환(이하 이 조에서 "법인전환"이라 한다)을 하는 경우는 제외한다.

1. 정당한 사유 없이 취득일부터 3년 이내에 그 부동산을 해당 사업에 직접 사용하지 아니하는 경우

2. 취득일부터 3년 이내에 다른 용도로 사용하거나 매각·증여하는 경우

3. 최초 사용일부터 계속하여 2년간 해당 사업에 직접 사용하지 아니하고 다른 용도로 사용하거나 매각·증여하는 경우

⑧ 창업중소기업 및 창업벤처중소기업이 제1항 제2호 및 제2항 제2호에 따른 경감기간이 지나기 전에 중소기업간 통합 또는 법인전환을 하는 경우 그 법인은 대통령령으로 정하는 바에 따라 남은 경감기간에 대하여 제1항 제2호 및 제2항 제2호를 적용받을 수 있다. 다만, 중소기업간 통합 및 법인전환 전에 취득한 사업용재산에 대해서만 적용한다.

⑨ 제1항부터 제4항까지의 규정에 따른 창업중소기업 및 창업벤처중소기업 감면을 적용받으려는 경우에는 행정안전부령으로 정하는 감면신청서를 관할 지방자치단체의 장에게 제출하여야 한다.

「지방세특례제한법 시행령」 **제29조의2(창업중소기업 등의 범위)** ① 법 제58조의3 제1항 각 호 외의 부분 전단에서 "대통령령으로 정하는 날"이란 다음 각 호의 어느 하나에 해당하는 날을 말한다.

1. 법인이 창업하는 경우: 설립등기일

2. 개인이 창업하는 경우: 「부가가치세법」 제8조에 따른 사업자등록일

② 법 제58조의3 제1항 각 호 외의 부분에서 "대통령령으로 정하는 청년창업기업"이란 같은 항 각 호 외의 부분에 따른 창업중소기업으로서 대표자(「소득세법」 제43조 제1항에 따른 공동사업장의 경우에는 같은 조 제2항에 따른 손익분배비율이 더 큰 사업자를 말한다. 이하 이 조에서 같다)가 다음 각 호의 구분에 따른 요건을 충족하는 기업을 말한다. 이하 이 조에서 같다.

1. 개인사업자로 창업하는 경우: 창업 당시 15세 이상 34세 이하인 사람. 다만, 「조세특례제한법 시행령」 제27조 제1항 제1호 각 목의 어느 하나에 해당하는 병역을 이행한 경우에는 그 기간(6년을 한도로 한다)을 창업 당시 연령에서 빼고 계산한 연령이 34세 이하인 사람을 포함한다.

2. 법인으로 창업하는 경우: 다음 각 목의 요건을 모두 갖춘 사람

　가. 제1호의 요건을 갖출 것

나. 「법인세법 시행령」 제43조 제7항에 따른 지배주주등으로서 해당 법인의 최대주주 또는 최대출자자일 것

③ 법 제58조의3 제1항 제2호 및 제2항 제2호에서 "대통령령으로 정하는 공장입지기준면적"이란 각각 「지방세법 시행령」 제102조 제1항 제1호에 따른 공장입지기준면적을 말하고, "대통령령으로 정하는 용도지역별 적용배율"이란 각각 「지방세법 시행령」 제101조 제2항에 따른 용도지역별 적용배율을 말한다.

④ 법 제58조의3 제2항 각 호 외의 부분에서 "대통령령으로 정하는 기업"이란 다음 각 호의 어느 하나에 해당하는 기업을 말한다.

1. 「벤처기업육성에 관한 특별조치법」 제2조의2의 요건을 갖춘 중소기업(같은 조 제1항 제2호 나목에 해당하는 중소기업은 제외한다)

2. 연구개발 및 인력개발을 위한 비용으로서 「조세특례제한법 시행령」 별표 6의 비용이 해당 과세연도의 수입금액의 100분의 5(「벤처기업육성에 관한 특별조치법」 제25조에 따라 벤처기업 해당 여부에 대한 확인을 받은 날이 속하는 과세연도부터 연구개발 및 인력개발을 위한 비용의 비율이 100분의 5 이상을 유지하는 경우로 한정한다) 이상인 중소기업

⑤ 법 제58조의3 제2항 각 호 외의 부분에서 "대통령령으로 정하는 청년창업벤처기업"이란 같은 항 각 호 외의 부분에 따른 창업벤처중소기업으로서 대표자가 제2항 각 호의 요건을 충족하는 기업을 말한다.

⑥ 법 제58조의3 제4항 제5호 각 목 외의 부분에서 "대통령령으로 정하는 엔지니어링사업"이란 「조세특례제한법 시행령」 제5조 제9항에 따른 엔지니어링사업을 말한다.

⑦ 법 제58조의3 제4항 제9호에서 "대통령령으로 정하는 물류산업"이란 「조세특례제한법 시행령」 제5조 제7항에 따른 물류산업을 말한다.

⑧ 법 제58조의3 제4항 제11호에서 "대통령령으로 정하는 관광객이용시설업"이란 「관광진흥법 시행령」 제2조 제1항 제3호 가목 및 나목에 따른 전문휴양업과 종합휴양업을 말한다.

⑨ 법 제58조의3 제6항 제1호 단서에서 "토지·건물 및 기계장치 등 대통령령으로 정하는 사업용자산"이란 토지와 「법인세법 시행령」 제24조에 따른 감가상각자산을 말한다.

⑩ 법 제58조의3 제6항 제1호 단서에서 "대통령령으로 정하는 비율"이란 100분의 30을 말한다.

⑪ 법 제58조의3 제6항 제1호 및 제3호에 따른 같은 종류의 사업은 「통계법」 제22조에 따라 통계청장이 고시하는 산업에 관한 표준분류(이하 "한국표준산업분류"라 한다)에 따른 세분류가 동일한 사업으로 한다.

「중소기업창업 지원법」 제2조(정의) 이 법에서 사용하는 용어의 뜻은 다음과 같다.

1. "창업"이란 중소기업을 새로 설립하는 것을 말한다. 이 경우 창업의 범위는 대통령령으로 정한다.

「중소기업창업 지원법 시행령」 제2조(창업의 범위) ① 「중소기업창업 지원법」(이하 "법"

이라 한다) 제2조 제1호에 따른 창업은 중소기업을 새로 설립하여 사업을 개시하는 것으로서 다음 각 호의 어느 하나에 해당하지 않는 것을 말한다.

1. 타인으로부터 사업을 상속 또는 증여 받아 해당 사업과 같은 종류의 사업을 계속하는 것. 다만, 법인인 중소기업을 새로 설립하여 해당 사업과 같은 종류의 사업을 계속하는 경우는 제외한다.

2. 개인인 중소기업자가 기존 사업을 계속 영위하면서 중소기업(법인인 중소기업은 제외한다)을 새로 설립하여 사업을 개시하는 것

3. 개인인 중소기업자가 기존 사업을 폐업한 후 중소기업을 새로 설립하여 기존 사업과 같은 종류의 사업을 개시하는 것. 다만, 사업을 폐업한 날부터 3년(부도 또는 파산으로 폐업한 경우에는 2년을 말한다) 이상이 지난 후에 기존 사업과 같은 종류의 사업을 개시하는 경우는 제외한다.

4. 개인인 중소기업자가 기존 사업을 계속 영위하면서 단독으로 또는 「중소기업기본법 시행령」 제2조 제5호에 따른 친족과 합하여 의결권 있는 발행주식(출자지분을 포함한다. 이하 같다) 총수의 100분의 30 이상을 소유하거나 의결권 있는 발행주식 총수를 기준으로 가장 많은 주식의 지분을 소유하는 법인인 중소기업을 설립하여 기존 사업과 같은 종류의 사업을 개시하는 것

5. 법인인 중소기업자가 의결권 있는 발행주식 총수의 100분의 30 이상(해당 법인과 그 임원이 소유하고 있는 주식을 합산한다)을 소유하는 경우로서 의결권 있는 발행주식 총수를 기준으로 가장 많은 주식의 지분을 소유하는 다른 법인인 중소기업을 새로 설립하여 사업을 개시하는 것

6. 법인인 중소기업자가 조직변경 등 기업형태를 변경하여 변경 전의 사업과 같은 종류의 사업을 계속하는 것

② 제1항 각 호에 따른 같은 종류의 사업의 범위는 「통계법」 제22조 제1항에 따라 통계청장이 작성·고시하는 한국표준산업분류(이하 "한국표준산업분류"라 한다)상의 세세분류를 기준으로 한다. 이 경우 기존 업종에 다른 업종을 추가하여 사업을 하는 경우에는 추가된 업종의 매출액이 총 매출액의 100분의 50 미만인 경우에만 같은 종류의 사업을 계속하는 것으로 본다.

③ 제2항 후단에 따른 추가된 업종의 매출액 또는 총 매출액은 추가된 날이 속하는 분기의 다음 2분기 동안의 매출액 또는 총 매출액을 말한다.

「벤처기업육성에 관한 특별조치법」 제2조(정의) ① "벤처기업"이란 제2조의2의 요건을 갖춘 기업을 말한다.

제2조의2(벤처기업의 요건) ① 벤처기업은 다음 각 호의 요건을 갖추어야 한다.

1. 「중소기업기본법」 제2조에 따른 중소기업(이하 "중소기업"이라 한다)일 것

2. 다음 각 목의 어느 하나에 해당할 것

　가. 다음 각각의 어느 하나에 해당하는 자의 투자금액의 합계(이하 이 목에서 "투자금액의 합계"라 한다) 및 기업의 자본금 중 투자금액의 합계가 차지하는 비율이 각각

대통령령으로 정하는 기준 이상인 기업
(1) 「벤처투자 촉진에 관한 법률」 제2조 제10호에 따른 중소기업창업투자회사(이하 "중소기업창업투자회사"라 한다)
(2) 「벤처투자 촉진에 관한 법률」 제2조 제11호에 따른 벤처투자조합(이하 "벤처투자조합"이라 한다)
(3) 「여신전문금융업법」에 따른 신기술사업금융업자(이하 "신기술사업금융업자"라 한다)
(4) 「여신전문금융업법」에 따른 신기술사업투자조합(이하 "신기술사업투자조합"이라 한다)
(5) 삭제〈2020. 2. 11.〉
(6) 「벤처투자 촉진에 관한 법률」 제66조에 따른 한국벤처투자
(7) 중소기업에 대한 기술평가 및 투자를 하는 금융기관으로서 대통령령으로 정하는 기관
(8) 투자실적, 경력, 자격요건 등 대통령령으로 정하는 기준을 충족하는 개인
나. 기업(「기초연구진흥 및 기술개발지원에 관한 법률」 제14조의2 제1항에 따라 인정받은 기업부설연구소를 보유한 기업만을 말한다)의 연간 연구개발비와 연간 총매출액에 대한 연구개발비의 합계가 차지하는 비율이 각각 대통령령으로 정하는 기준 이상이고, 대통령령으로 정하는 기관으로부터 사업성이 우수한 것으로 평가받은 기업. 다만, 연간 총매출액에 대한 연구개발비의 합계가 차지하는 비율에 관한 기준은 창업 후 3년이 지나지 아니한 기업에 대하여는 적용하지 아니한다.
다. 다음 각각의 요건을 모두 갖춘 기업[창업하는 기업에 대하여는 (3)의 요건만 적용한다]
(1) 「기술보증기금법」에 따른 기술보증기금(이하 "기술보증기금"이라 한다)이 보증(보증가능금액의 결정을 포함한다)을 하거나, 「중소기업진흥에 관한 법률」 제68조에 따른 중소벤처기업진흥공단(이하 "중소벤처기업진흥공단"이라 한다) 등 대통령령으로 정하는 기관이 개발기술의 사업화나 창업을 촉진하기 위하여 무담보로 자금을 대출(대출가능금액의 결정을 포함한다)할 것
(2) (1)의 보증 또는 대출금액과 그 보증 또는 대출금액이 기업의 총자산에서 차지하는 비율이 각각 대통령령으로 정하는 기준 이상일 것
(3) (1)의 보증 또는 대출기관으로부터 기술성이 우수한 것으로 평가를 받을 것
② 제1항 제2호 나 및 다목 (3)에 따른 평가기준과 평가방법 등에 관하여 필요한 사항은 대통령령으로 정한다.

❷ 감면 개요

중소기업의 설립을 촉진하고 중소기업을 설립한 자가 그 기업을 성장·발전시킬 수 있도록 성장기반 조성을 지원하기 위해 1987년부터 중소기업이 창업한 경우 기업의 사업용 재산에 대해 세제지원하여 왔으며 그간 조특법 제119조 제2항(등록면허세 감면), 제120조 제3항(취득세 감면), 제121조(재산세 감면)에서 창업중소기업에 대한 감면 규정을 두었으나 2014년 12월 31일 일몰기한이 도래하여 지특법으로 감면규정이 이관되었으며 등록면허세는 주소변경등기 면제가 종료되었고, 취득세는 면제에서 100분의 75로 경감률이 축소되어 2016년 12월 31일까지 2년간 연장되었으며 2016년 말 일몰도래시 감면대상을 사업용 재산에서 부동산으로 개정하는 등 감면대상이 일부축소되어 1년간 재연장되었다. 2018년 말 지특법 개정 규정은 창업일, 청년창업기업 감면대상 추가(감면기간 창업 후 5년 이내 확대), 벤처기업 확인일 적용시점 등이 일부 적용되었고 재산세에서 도시지역분 감면을 제외하였다. 2021년에는 창업의 개념을 단순화하고 감면규정을 재설계(창업벤처기업 감면 이관)하였고, 등록면허세에 대한 감면은 종료되었다.

2023년 12월 31일까지 과밀억제권역 외의 지역에서 창업하는 창업중소기업 및 창업벤처중소기업, 청년중소기업이 해당 용도에 직접 사용하기 위해 취득하는 이에 해당한다. 지특법 제100조에서 창업의 범위, 대상업종, 대상지역 및 창업배제 요건 등 감면내용이 일부 중복되는 부분이 있어 해당 규정의 해설편 내용을 참고하면 된다.

| 창업중소기업 등의 정의 |

구분	창업중소기업	청년중소기업
연혁	1987년 신설 「중소기업창업 지원법」	2019년 신설 「중소기업창업 지원법」
정의	「중소기업창업 지원법」 제2조 제1호에 따른 창업을 한 기업	대표자가 아래의 요건을 충족한 자
	중소기업을 새로 설립하는 것(단, 타인으로부터 사업을 승계, 개인사업의 법인 전환, 폐업 후 사업을 개시하여 폐업 전과 같은 종류의 사업 지속하는 경우는 창업으로 보지 않음)	• (개인) 15세~34세 이하 • (법인) 개인(15세~34세 이하), 지배주주로서 법인의 최대주주(출자자)
기간	창업일부터 4년 이내	창업일부터 5년 이내
지역	과밀억제권역 제외	

❸ 창업의 정의 등 감면요건

(1) 창업의 정의 및 범위(§58의3 ①, ④)

중소기업창업 지원법	제2조(정의) 1. "창업"이란 중소기업을 새로 설립하는 것을 말한다. 이 경우 창업의 범위는 대통령령으로 정한다.

「지방세특례제한법」 등 지방세관계법에서는 직접적으로 '창업'에 대해 정의을 명문화하고 있지 않지만 '창업'이라 함은 「중소기업창업지원법」 제2조의 규정에 의한 중소기업을 새로이 설립하여 사업을 개시하는 것이고, 2020년까지는 「중소기업창업 지원법」 제2조 제1호에 따른 창업의 범위을 준용하였으나 위 규정에서 창업으로 보지 아니하는 경우를 서로 다르게 규정하고 있어 창업의 범위가 상충되는 문제가 있었다. 이에 2021년부터는, 「중소기업창업지원법」상 창업의 준용 규정이 없어지고, 문언 그대로 새로 기업을 설립하는 경우를 창업의 범위로 규정하였다. 다만, 창업의 개념을 기업을 새로이 설립하는 것으로 단순화하였다 하더라도 원칙적으로 사업승계, 조직변경, 폐업 후 사업재개, 업종추가 등은 기업을 새로이 창업한 경우에 해당하지 않는다.

❏ 〈참고 1〉 창업의 범위
〈창업제외 대상〉
1. 합병·분할·현물출자 또는 사업의 양수를 통하여 종전의 사업을 승계하거나 종전의 사업에 사용되던 자산을 인수 또는 매입하여 같은 종류의 사업을 하는 경우. 다만, 종전의 사업에 사용되던 자산을 인수하거나 매입하여 같은 종류의 사업을 하는 경우 그 자산가액의 합계가 사업 개시 당시 토지·건물 및 기계장치 등 대통령령으로 정하는 사업용자산의 총가액에서 차지하는 비율이 100분의 50 미만으로서 대통령령으로 정하는 비율(100분의 30) 이하인 경우는 제외함.

> ※ 대통령령으로 정하는 사업용 자산
> – 토지와 「법인세법 시행령」 제24조의 규정에 의한 감가상각자산(건물, 차량, 선박, 항공기, 기계장치 등 유·무형 고정자산을 말하여 사업에 사용하지 아니하는 것, 건설중인 것, 시간의 경과에 따라 그 가치가 감소되지 아니하는 것은 포함하지 않음)

2. 거주자가 하던 사업을 법인으로 전환하여 새로운 법인을 설립하는 경우
3. 폐업 후 사업을 다시 개시하여 폐업 전의 사업과 같은 종류의 사업을 하는 경우
4. 사업을 확장하거나 다른 업종을 추가하는 경우 등 새로운 사업을 최초로 개시하는

것으로 보기 곤란한 경우

❑ 〈참고 2〉 중소기업창업지원법에 따른 창업의 범위(법 §2)

〈창업제외 대상〉

1. 타인으로부터 사업을 승계하여 승계 전의 사업과 같은 종류의 사업을 계속하는 경우. 다만, 사업의 일부를 분리하여 해당 기업의 임직원이나 그 외의 자가 사업을 개시하는 경우로서 산업통상자원부령으로 정하는 요건에 해당하는 경우는 제외함.
2. 개인사업자인 중소기업자가 법인으로 전환하거나 법인의 조직변경 등 기업형태를 변경하여 변경 전의 사업과 같은 종류의 사업을 계속하는 경우
3. 폐업 후 사업을 개시하여 폐업 전의 사업과 같은 종류의 사업을 계속하는 경우

〈동종사업 판단 및 매출액 범위〉

통계청장이 작성·고시하는 한국표준산업분류상의 세분류(4자리)를 기준으로 함.

사례 창업 벤처기업 확인을 여러 번 받은 창업기업 감면의 기산일 판단 여부

창업중소기업이 최초 설립 이후 창업중소기업으로 감면받은 사실이 없는 경우에 한해 벤처기업 확인을 받게 되면 4년의 기간 내에 취득하는 부동산에 대하여 감면적용이 가능할 것이고, 창업중소기업이 벤처기업 확인을 여러 번 받은 경우라면 그 감면 기산일은 최초로 벤처기업 확인받은 날로부터 4년의 기간 내에 취득하는 부동산을 감면대상으로 보는 것이 타당하다 할 것임(행안부 지방세특례제도과-571, 2018.2.20.).

사례 개인기업이 법인 기업으로 전환한 경우 잔여기간 감면 여부

개인사업자와 법인은 별개의 권리주체이므로 개인사업자에게 적용하여야 할 감면규정을 법인에게 그대로 적용하기 어렵고, 창업중소기업에 대한 취득세 감면을 규정한 「조세특례제한법」 제120조 제3항에는 법인 전환 후라도 개인사업자의 잔여 감면기간에 대하여 감면할 수 있다는 규정이 없는 점 등에 비추어 취득세 등을 부과한 처분은 잘못이 없음(조심 2016지0507, 2016.9.1.).

※ 2017.1.1. 남은 잔여감면기간 감면토록 지특법 개정(§58의3 ⑧)

(2) 창업중소기업 등 감면요건

> 수도권 과밀억제권역외에서 창업감면대상 업종을 수행하기 위하여 창업한 중소기업이,
>
> ※ 실제 사업내역으로 판단하며, 겸영의 경우는 원칙적으로 주업종을 기준으로 판단 해 당사업을 영위하기 위하여 창업일(벤처기업의 경우는 확인일)로부터 4년(청년은 5년) 이내에 취득하는 부동산
>
> ※ 지방세는 '창업으로 보지 않는 경우'를 「지방세특례제한법」 제58조의3 제6항에서 별도 규정함.
>
> > 창업의 개념을 「중소기업창업지원법」의 '창업' 개념을 차용하지만 법령에서는 '창업으로 보지 않는 경우(① 합병·분할·현물출자·사업의 양수를 통하여 종전 사업을 승계하거나 ② 종전 사용되던 자산을 인수·매입, ③ 개인사업의 법인전환, ④ 폐업 후 사업을 개시하여 폐업 전과 같은 종류의 사업 지속, ⑤ 사업의 확장하거나 다른 업종을 추가하는 등 새로운 사업을 최초 개시하는 것으로 보기 곤란한 경우)를 별도 규정하고 있어 의미가 상충함에 따라 실무상 혼란이 있어 「중소기업창업지원법」상 '창업'의 개념 준용 문구 삭제(2021년부제)
>
> ※ 부동산의 경우는 창업중소기업의 공장, 사무소 등과 이와 같은 구내에 있는 부속 시설(임대 제외)을 포함

가. 창업일 요건

중소기업기본법 시행령 제2조 제1호에 따라 법인인 기업의 창업일은 법인설립 등기일이며 개인 기업은 소득세법 제168조나 부가가치세법 제8조에 따라 사업자등록을 한 날이다.

또한, 2018년 말에는 지특법 개정시에 청년이 중소기업을 창업하는 경우 창업 후 감면 가능한 기간을 기존 4년 이내에서 5년 이내로 확대하였으며 같은 법 시행령에 청년창업기업을 위임하여 아래와 같이 정의규정을 두고 있다.

> ■ 청년창업기업(지특법 시행령 §29의2 ② 요약)
> - 개인사업자: 창업 당시 15세 이상 34세 이하인 사람
>   ※ 병역이행시 그 기간(6년 한도)을 창업 당시 연령에서 빼고 계산한 연령이 34세 이하인 사람
> - 법인사업자(대표자): 1 + 2
>   1. 창업 당시 15세 이상 34세 이하인 사람(개인사업자 기준 동일 적용)
>   2. 지배주주로서 해당 법인의 최대주주 또는 최대출자자일 것

아울러, 창업벤처중소기업이 확인받은 날에 대한 조문을 벤처기업확인서를 최초로 확인받은 날로 개정(2018.12.24.)하였는데 이에 대한 개정사유는 과세관청 입장에서는 그간의 해석운영과 같이 벤처기업확인서를 최초로 받은 날로 보는 반면에 납세자는 벤처기업확인서를 매 2년마다 발급받을 경우에는 재발급을 받은 날로 해석할 수 있는 여지가 있을 수 있어, 감면적용 기준일에 대한 법률요건의 명확화를 위해 벤처기업확인서를 최초로 받은 날로 개정하게 되었다.

나. 지역적 요건

과밀억제권역 외의 지역에서 창업하는 중소기업만이 감면요건에 해당되며, 다만 창업벤처중소기업(벤처기업육성에 관한 특별조치법 제2조 제1항에 따른 벤처기업 중 대통령령으로 정하는 기업으로서 창업 후 3년 이내에 같은 법 제25조에 따라 벤처기업으로 확인받은 기업)은 지역적 제한 없이 모든 지역에서 감면이 가능하다. 여기서 수도권이란 수도권정비계획법 제2조 제1호에 따른 서울특별시, 인천광역시 및 경기도를 말하여 이중 과밀억제권역은 인구와 산업 집중이 우려되는 지역으로 수도권정비계획법에서 규정하고 있다.

다. 창업업종 요건

창업의 업종에 대해서는 「지방세특례제한법」에서 그 대상 업종을 열거하여 그 범위를 한정하고 있지만 중소기업의 주된 업종 기준은 「중소기업기본법 시행령」 제4조 제1항에서 하나의 기업이 둘 이상의 서로 다른 업종을 영위하는 경우에는 제7조에 따라 산정한 평균 매출액 등의 비중이 가장 큰 업종을 주된 업종으로 본다고 규정하고 있어, 창업중소기업에 해당되는지 여부를 판단함에 있어서는 법인등기나 사업자등록증상의 형식적인 기재뿐만 아니라 실제 영위하는 사업의 실질적 내용도 함께 감안하여 판단하는 것이 합리적일 것이며 실질적인 창업업종을 영위하는 중소기업에 세제혜택을 부여하고자 하는 감면의 입법적 측면에도 부합한다 할 것이다.

다만, 창업한 중소기업이 둘 이상의 서로 다른 업종을 영위하면서도 창업 후 매출액이 없어 실제 영위하고 있는 사업을 확인할 수는 없는 경우 주된 업종은 실질요건이 아니라 사업자등록증 및 법인등기부등본 등에 따라 형식요건을 기준으로 판단하여야 할 것이다.

그간 창업중소기업의 창업업종에 대한 판단은, 창업 개시시점에서 해당 사업을 영위하기 위하여 취득하는 경우로 보아 창업일 이후에 추가된 업종에 대해서는 감면받지 않

앞으나, 최근 조세심판원의 심판결정(조심 2016지536, 2017.3.15.)에 따라 창업중소기업으로 인정받은 기업이 취득세 등을 면제받을 수 있는 기간 내에 창업중소기업이 영위할 수 있는 업종 범위에 속하는 사업의 종목을 추가하는 경우라면 당초 창업중소기업으로서 지위가 지속된다는 것으로 판단하여 설립 당시 창업중소기업에 해당하고, 추가한 업종으로 해당 기업이 직접 사용할 목적으로 취득한 부동산도 면제대상에 해당한다고 판결하고 있다.

이에 따라, 2018년 말 지특법 개정(2019.1.1. 시행)을 통해 입법목적을 고려하여 창업 당시 업종에 한해서만 취득세 등이 감면될 수 있도록 명확히 규정할 필요가 있어 "창업일 당시 업종의 사업을 계속 영위하기 위하여"로 개정하여 창업일 이후 업종을 추가하는 경우에 취득하는 부동산에 대해서는 본 조의 감면대상에서 제외되도록 개정하게 되었다.

※ 한국표준산업 분류표상 감면대상 업종

❏ **창업중소기업 감면대상 업종**

- B 광업(05~08), C 제조업(10~34), E 수도, 하수 및 폐기물 처리, 원료 재생업 (36~39), F 건설업(41~42), H 운수 및 창고업(49~52)5), J 정보통신업 (58~63)1), M 전문, 과학 및 기술서비스업(70~73)2), N 사업시설 관리, 사업 지원 및 임대 서비스업(74~76)3), R 예술, 스포츠 및 여가관련 서비스업(90~91)4)

  1) 비디오물 감상실 운영업 . 뉴스 제공업, 블록체인 기반 암호화 자산 매매 및 중개업는 감면 제외.
  2) 연구개발업, 광고업, 기타 과학기술서비스업, 전문 디자인업, 시장조사 및 여론조사업만 감면 포함
  3) 사업시설 관리 및 조경 서비스업, 고용알선 및 인력공급업, 경비 및 경호 서비스업, 보안시스템 서비스업, 전시, 컨벤션 및 행사대행업만 감면 포함
  4) R90 창작 및 예술관련 서비스업(자영예술가는 제외한다)만 감면 포함
  5) 육상·수상·항공 운송업, 화물 취급업, 보관 및 창고업, 육상·수상·항공 운송지원 서비스업, 화물운송 중개·대리 및 관련 서비스업, 화물포장·검수 및 계량 서비스업.. 「선박의 입항 및 출항 등에 관한 법률」에 따른 예선업, 「도선법」에 따른 도선업, 기타 산업용 기계·장비 임대업 중 파렛트 임대업만 감면 포함

- 「학원의 설립·운영 및 과외교습에 관한 법률」에 따른 직업기술 분야를 교습하는 학원을 운영하는 사업 또는 「국민 평생 직업능력 개발법」에 따른 직업능력개발훈련시설을 운영하는 사업.
- 「관광진흥법」에 따른 관광숙박업, 국제회의업, 유원시설업 또는 「관광진흥법 시행령」에 따른 전문휴양과 종합휴양업, 「전시산업발전법」에 따른 전시산업

※ 한국표준산업분류표 구분

○ 분류구조
분류구조는 대분류(알파벳 문자 사용/Section), 중분류(2자리 숫자사용/Division), 소분류(3자리 숫자 사용/Group), 세분류(4자리 숫자사용/Class), 세세분류(5자리 숫자 사용/Sub – Class) 5단계로 구성된다.

○ 대분류 및 중분류
A 농업, 임업 및 어업((01~03), B 광업(05~08), C 제조업(10~34), D 전기, 가스, 증기 및 공기조절 공급업(35), E 수도, 하수 및 폐기물 처리, 원료 재생업(36~39), F 건설업(41~42), G 도매 및 소매업(45~47), H 운수 및 창고업(49~52), I 숙박 및 음식점업(55~56), J 정보통신업(58~63), K 금융 및 보험업(64~66), L 부동산업(68), M 전문, 과학 및 기술서비스업(70~73), N 사업시설 관리, 사업 지원 및 임대 서비스업(74~76), O 공공행정, 국방 및 사회보장 행정(84), P 교육서비스(85), Q 보건업 및 사회복지 서비스업(86~87), R 예술, 스포츠 및 여가관련 서비스업(90~91), S 협회 및 단체, 수리 및 기타 개인 서비스업(94~96), T 가구 내 고용활동, 자가소비 생산활동(97~98), U 국제 및 외국기관(99)

사례 제조업을 영위하지 않는 것으로 보아 창업중소기업 감면을 배제한 경우 과세적정 여부

법인의 손익계산서에서 2015년 및 2017년에는 임대료 수입만 존재하는 점, 2016년에는 일부 제품매출이 존재하나 그 비중은 18% 정도에 불과할 뿐, 그 밖의 매출 대부분은 임대료 수입인 것으로 나타나고, 재무상태표에서 기계장치 등의 제조업 설비는 나타나지 않는 점 등에 비추어 창업중소기업 등의 세액감면을 배제하고 취득세 등 부과처분은 달리 잘못이 없음(조심 2019지1771, 2019.9.6.).

사례 법인이 창업시점부터 부동산개발업을 주된 업종으로 각종 공부상에 기재한 경우 감면 여부

법인이 법인설립시부터 「지방세특례제한법」에서 규정하고 창업업종이 아닌 부동산업을 목적사업으로 등재하여 왔고, 현재에는 관광단지 조성을 위한 토지매입단계로서 관광숙박업으로 등록되어 있지 않으며, 관련 사업을 수행하고 있지도 않음을 사실관계를 통해 알 수가 있으며 창업중소기업이 창업 이후 둘 이상의 서로 다른 업종을 영위한다면 주된 업종은 법인등기부나 사업자등록증상의 형식적인 기재뿐만 아니라 실제 영위하는 사업의 실질적 내용도 함께 감안하여 판단하는 것이 타당하지만, 실제 사업을 판단하기 어렵다면 사업자등록증 및 법인등기부상의 형식적인 기재요건을 가지고 판단하여야 할 것이므로 이 경우 부동산개발업이 주된 업종으로 되어 창업제외업종이 아니므로 감면대상으로 볼 수 없음(행안부 지방세특례제도과-1521, 2017.6.19.).

창업중소기업 감면대상의 창업업종으로 볼 수 있는지 여부

- 창업법인과 종전기업이 한국표준산업분류표상 업종 코드가 다르다 할지라도 한국 표준산업분류를 세법에 준용함에 있어서는 각 개별세법이 갖는 입법취지 또는 목 적에 맞게 합당하게 해석함이 타당하다 할 것으로 법인의 설립이 실질적으로 법 인 전환을 통하여 종전기업의 인적·물적 설비를 그대로 승계하여 동일한 사업을 영위한 것으로 볼 수 있는 경우에는 감면대상인 창업이라고 보기는 어려움(조세심 판원 2010지0429, 2011.2.14.).

- 「건설기계관리법」상 건설기계대여업의 등록기준(사무실 및 주기장)을 갖추기 위 하여 매월 일정액의 사용료를 지급하기로 하고, 기존 건설기계대여업자의 상호 및 주소지와 동일하게 하여 개인별 사업자등록을 하였음이 확인되고 있는 바, 건설기 계대여업이 「조세특례제한법」 제6조 제3항에서 정한 업종에 해당하고, 실질적으 로 독자적인 사업을 운영하고 있다면 이는 독립된 회사로 사업을 개시한 것으로 볼 수 있으므로 취득세 등의 감면대상인 창업중소기업에 해당됨(행정자치부 지방세 특례제도과-272, 2014.12.18.).

- 적재량이 없는 고가사다리차와 고소작업차는 화물과 인력을 수직으로 이동시키는 장비로서 화물운송 또는 화물운송업에 필요한 장비로 볼 수 있으므로 화물운송업 을 영위하는 창업중소기업의 사업용 재산에 해당된다 할 것임(행정자치부 지방세특 례제도과-313, 2014.12.24.).
  ※ 건설기계장비임대(운전자포함): 건설업 4260, 건설기계장비임대(운전자미포 함): 임대서비스업 7631

- 「조세특례제한법」 제2조 제3항에서 "이 법에서 사용되는 업종은 특별한 규정이 있는 경우를 제외하고는 통계법 제22조에 따라 통계청장이 고시하는 한국표준산 업분류에 의한다."라고 규정하고 있으며, 같은 법 제6조 제3항에서 "제조업을 창 업중소기업의 범위"로 규정하고 있으며 또한, 같은 법 제119조 제3항 및 제120조 제3항에서 "창업중소기업이 해당 사업을 영위하기 위하여 창업일로부터 4년 이내 에 취득하는 사업용 재산에 대하여는 취득세 및 등록세를 면제한다."고 규정하고 있는 바, "선박임가공업"이 한국표준산업분류표에서 별도의 업종으로 구분되어 있지 아니하더라도 선박가공업체의 사실상 운영현황에 따라 공장내에서 독립적으 로 운영되는 제조업체 및 협력업체인 경우는 제조업으로, 자기관리하에 있는 노동 자를 계약에 의하여 타인 또는 타사업체에 일정기간 동안 공급하는 산업활동(노 동자들은 인력공급업체의 직원이지만 고객 사업체의 지시 및 감독을 받아 업무를 수행)인 경우는 서비스업인 인력공급업으로 각각 분류함이 타당하다고 판단됨(행 정안전부 지방세운영과-1506, 2010.4.13.).

- "선박임가공업"이 한국표준산업분류표에서 별도의 업종으로 구분되어 있지 아니 하더라도 선박가공업체의 사실상 운영현황에 따라 공장내에서 독립적으로 운영되

는 제조업체 및 협력업체인 경우는 제조업으로, 자기관리하에 있는 노동자를 계약에 의하여 타인 또는 타사업체에 일정기간 동안 공급하는 산업활동(노동자들은 인력공급업체의 직원이지만 고객 사업체의 지시 및 감독을 받아 업무를 수행)인 경우는 서비스업인 인력 공급업으로 각각 분류함이 타당하다고 판단됨(지방세운영과-1506, 2010.4.13.).

- 한국표준산업분류표 등에 의하면 청구법인이 영위하는 차량용 가스충전업 (47712)은 제조업이 아닌 연료 소매업에 해당하는 이상 감면 대상인 제조업을 영위하는 것으로는 볼 수 없다 할 것임(조세심판원 2012지0501, 2012.12.20.).
- 청구법인이 이 건 건축물을 창업업종(제조업 등)이 아닌 서비스업(자동차정비업)에 사용중인 사실이 제출된 자료(한국표준산업분류, 담당공무원의 출장복명서 등)에 의하여 확인되는 이상 취득세 등의 감면대상으로 보기는 어려움(조세심판원 2012지0279, 2012.6.18.).
- 「관광진흥법」에 따른 관광숙박업, 국제회의업, 유원시설업 및 전문휴양업 등은 창업 업종에 해당한다 할 것이지만, 청구법인은 이 건 심리일 현재까지 숙박시설업이나 음식점 등을 등록하였거나 시설 등을 갖추고 있지 아니할 뿐만 아니라, 회원제골프장을 조성할 목적으로 취득한 토지는 관광여건을 조성・개발・육성하여 관광진흥에 이바지하는 것을 목적으로 하는 「관광진흥법」의 목적에 부합하지 아니하고, 회원제골프장업과 관광진흥업은 그 이용대상이나 입법목적 등이 다르다 할 것이므로 회원제골프장업을 창업업종에 해당하는 것으로 볼 수 없음(조세심판원 2011지0682, 2011.12.2.).

「지방세특례제한법」 제58조의3(창업중소기업 등에 대한 감면) ④ 창업중소기업과 창업벤처중소기업의 범위는 다음 각 호의 업종을 경영하는 중소기업으로 한정한다. 이 경우 제1호부터 제8호까지의 규정에 따른 업종은 「통계법」 제22조에 따라 통계청장이 고시하는 한국표준산업분류에 따른 업종으로 한다.
11. 「관광진흥법」에 따른 관광숙박업, 국제회의업, 유원시설업 또는 대통령령으로 정하는 관광객이용시설업

같은 법 시행령 제29조의2(창업중소기업 등의 범위) ⑧ 법 제58조의3 제4항 제11호에서 "대통령령으로 정하는 관광객이용시설업"이란 「관광진흥법 시행령」 제2조 제1항 제3호 가목 및 나목에 따른 전문휴양업과 종합휴양업을 말한다.

관광진흥법 시행령 제2조(관광사업의 종류) ① 「관광진흥법」(이하 "법"이라 한다) 제3조 제2항에 따라 관광사업의 종류를 다음 각 호와 같이 세분한다.
3. 관광객 이용시설업의 종류
   가. 전문휴양업: 관광객의 휴양이나 여가 선용을 위하여 숙박업 시설(「공중위생관리

법 시행령」제2조 제1항 제1호 및 제2호의 시설을 포함하며, 이하 "숙박시설"이라 한다)이나 「식품위생법 시행령」제21조 제8호 가목·나목 또는 바목에 따른 휴게음식점영업, 일반음식점영업 또는 제과점영업의 신고에 필요한 시설(이하 "음식점시설"이라 한다)을 갖추고 별표 1 제4호 가목(2)(가)부터 (거)까지의 규정에 따른 시설(이하 "전문휴양시설"이라 한다) 중 한 종류의 시설을 갖추어 관광객에게 이용하게 하는 업

나. 종합휴양업

(1) 제1종 종합휴양업: 관광객의 휴양이나 여가 선용을 위하여 숙박시설 또는 음식점시설을 갖추고 전문휴양시설 중 두 종류 이상의 시설을 갖추어 관광객에게 이용하게 하는 업이나, 숙박시설 또는 음식점시설을 갖추고 전문휴양시설 중 한 종류 이상의 시설과 종합유원시설업의 시설을 갖추어 관광객에게 이용하게 하는 업

(2) 제2종 종합휴양업: 관광객의 휴양이나 여가 선용을 위하여 관광숙박업의 등록에 필요한 시설과 제1종 종합휴양업의 등록에 필요한 전문휴양시설 중 두 종류 이상의 시설 또는 전문휴양시설 중 한 종류 이상의 시설 및 종합유원시설업의 시설을 함께 갖추어 관광객에게 이용하게 하는 업

• 창업중소기업에 해당하는지 여부를 판단함에 있어서는 법인등기부나 사업자등록증상의 형식적 기재만을 가지고 판단할 것이 아니라 실제 영위하는 사업의 실질적인 내용에 따라 판단하는 것이 합리적일 뿐더러, 실질적인 창업업종을 영위하는 중소기업에 세제혜택을 부여하고자 하는 조세감면의 입법취지에도 부합한다 할 것임(조심 2013지58, 2013.5.3.).

라. 기업규모 요건

중소기업의 판단기준이 2015년부터 중소기업의 성장 여부 판단의 실효성 제고를 위하여 평균매출액 또는 연간매출액을 중심으로 재편됨에 따라 자산총액이 5천억 원 미만인 기업으로 기준 요건이 변경되었다.

❑ **중소기업 요건(중소기업기본법 시행령 §3 ①)**

1. 다음 각 목의 요건을 모두 갖춘 기업일 것
   가. 해당 기업이 영위하는 주된 업종과 해당 기업의 평균매출액 또는 연간매출액(이하 "평균매출액등"이라 한다)이 별표 1(아래 참조)의 기준에 맞을 것
   나. 자산총액이 5천억 원 미만일 것
2. 소유와 경영의 실질적인 독립성이 다음 각 목의 어느 하나에 해당하지 아니하는 기업일 것

가. 독점규제 및 공정거래에 관한 법률 제14조 제1항에 따른 상호출자제한기업집단 또는 채무보증제한기업집단에 속하는 회사
나. 자산총액이 5천억 원 이상인 법인(외국법인은 포함, 제3조의2 제3항은 제외)
  ※ 중소기업창업투자회사, 신기술금융사업자, 신기술창업전문회사, 산학협력기술지주회사 및 중소기업청장이 고시하는 자(중소기업기본법 시행령 §3의2 ③)

중소기업에 대한 업종별 세부기준은 기존 근로자, 자본금 및 매출액 기준에서 평균매출액으로 변경되고 제한금액 요건도 개정되었으며 중소기업기본법 시행령 [별표 1]상 기준은 다음과 같다(2014.4.14. 일부개정, 2015.1.1. 시행).

| 주된 업종별 평균 매출액 등의 중소기업 규모 기준 |

해당 기업의 주된 업종	2015년 이후	2014년 이전
의복·의복액세서리·모피제품 제조업, 가죽·가방·신발 제조업, 펄프·종이·종이제품 제조업, 1차금속 제조업, 전기장비 제조업, 가구 제조업	평균매출액등 1,500억 원 이하	근로자 300 or 자본금 80억 원
식료품 제조업, 담배 제조업, 섬유제품 제조업(의복 제외), 목재·나무제품 제조업(가구 제외), 코크스, 연탄·석유정제품 제조업, 화학물질·화학제품 제조업(의약품 제외), 고무·플라스틱제품 제조업, 금속가공제품 제조업(기계·가구 제조업 제외), 전자부품·컴퓨터·영상·음향 및 통신장비 제조업, 그 밖의 기계·장비 제조업, 자동차·트레일러 제조업, 그 밖의 운송장비 제조업	평균매출액등 1,000억 원 이하	근로자 300 or 자본금 80억 원
농업·임업·어업, 도소매, 전기·가스·증기·수도사업		근로자 200 or 매출 200억 원
광업, 건설업		근로자 300 or 자본금 30억 원
음료 제조업, 인쇄 및 기록매체 복제업, 의료용 물질 및 의약품 제조업, 비금속 광물제품 제조업, 의료·정밀·광학기기·시계 제조업, 그 밖의 제품 제조업	평균매출액등 800억 원 이하	근로자 300 or 자본금 80억 원
운수업		근로자 300 or 자본금 30억 원
하수·폐기물 처리·원료재생·환경복원업		근로자 100 or 매출 100억 원
출판·영상·방송통신·정보서비스업		근로자 300 or 매출 300억 원

해당 기업의 주된 업종	2015년 이후	2014년 이전
전문·과학·기술 서비스업, 사업시설관리·사업지원 서비스업, 보건업·사회복지 서비스업	평균매출액등 600억 원 이하	근로자 300 or 매출 300억 원
수리·기타 개인 서비스업		근로자 100 or 매출 100억 원
예술·스포츠·여가 관련 서비스업		근로자 200 or 매출 200억 원
숙박·음식점업, 금융·보험업	평균매출액등 400억 원 이하	근로자 200 or 매출 200억 원
교육서비스업		근로자 100 or 매출 100억 원
부동산업·임대업		근로자 50 or 매출 50억 원

❑ **벤처기업 요건(벤처기업육성에 관한 특별조치법 §2의2)**

1. 중소기업기본법 제2조에 따른 중소기업일 것
2. 다음 각 목의 어느 하나에 해당할 것
    가. 다음 각각의 어느 하나에 해당하는 자의 투자금액의 합계(이하 이 목에서 "투자금액의 합계"라 한다) 및 기업의 자본금 중 투자금액의 합계가 차지하는 비율이 각각 대통령령으로 정하는 기준 이상인 기업
        (1) 중소기업창업투자회사
        (2) 중소기업창업투자조합
        (3) 신기술사업금융업을 영위하는 자
        (4) 신기술사업투자조합
        (5) 한국벤처투자조합
        (6) 제4조의8에 따른 전담회사
        (7) 중소기업에 대한 기술평가 및 투자를 하는 금융기관(대통령령으로 정하는 기관)
        (8) 투자실적, 경력, 자격요건 등 대통령령으로 정하는 기준을 충족하는 개인
    나. 다음의 어느 하나를 보유한 기업의 연간 연구개발비와 연간 총매출액에 대한 연구개발비의 합계가 차지하는 비율이 각각 대통령령으로 정하는 기준 이상이고, 제25조의3 제1항에 따라 지정받은 벤처기업확인기관(이하 "벤처기업확인기관"이라 한다)으로부터 성장성이 우수한 것으로 평가받은 기업. 다만, 연간 총매출액에 대한 연구개발비의 합계가 차지하는 비율에 관한 기준은 창업 후 3년이 지나지 아니한 기업에 대하여는 적용하지 아니한다.

(1) 「기초연구진흥 및 기술개발지원에 관한 법률」 제14조의2 제1항에 따라 인정받은 기업부설연구소 또는 연구개발전담부서

(2) 「문화산업진흥 기본법」 제17조의3 제1항에 따라 인정받은 기업부설창작연구소 또는 기업창작전담부서

다. 벤처기업확인기관으로부터 기술의 혁신성과 사업의 성장성이 우수한 것으로 평가받은 기업(창업 중인 기업을 포함한다)

마. 창업제외 대상(주요 유형별)

다음의 사업승계, 기업형태 변경, 폐업 후 사업재개에 해당하는 경우에는 실질적으로는 중소기업을 새로이 설립하는 효과가 없으므로 창업으로 볼 수 없다 할 것이다.

① 사업승계

타인으로부터 사업을 승계하여 승계 전과 동종의 사업을 계속하거나 기존사업장에서 기존기업이 영위한 사업과 동종의 사업을 하는 경우로 창업중소기업에 대한 감면적용을 받지 않으나 합병·분할, 사업 양수도 등 지특법에서 창업감면 외 다른 조문에 따른 감면규정에 대해서는 별도로 적용 여부를 검토할 수 있겠다.

1) 상속이나 증여에 의해 사업체를 취득하여 동종사업을 계속하는 경우

2) 폐업한 타인의 공장을 인수하여 동일한 사업을 계속하는 경우

3) 사업의 일부 또는 전부를 양도·양수에 의해 사업을 개시하는 경우

4) 합병·분할·현물출자 등으로 사업을 승계하여 동종사업을 계속하는 경우

5) 기존사업장에서 기존기업이 영위한 사업과 동종사업을 영위하는 경우

② 기업형태 변경

개인사업자의 법인전환, 법인의 조직변경 등 기업형태를 변경하여 변경 전의 사업과 동종의 사업을 계속하는 경우 및 형식상의 창업절차에만 해당하는 경우에는 창업에 해당하지 않는다.

1) 개인사업자가 법인으로 전환

2) 합명회사와 합자회사, 유한회사와 주식회사 상호 간에 법인형태를 변경하여 동종의 사업을 계속하는 경우

3) 기업을 합병하여 동종의 사업을 영위하는 경우(창업기업이 아닌 A기업과 B기업이 합병하여 C기업을 설립하는 경우)

③ 폐업 후 사업재개

폐업 후 사업을 개시하여 폐업 전의 사업과 동종의 사업을 계속하는 경우에는 창업에 해당하지 않는다(다만, 폐업을 한 후에 사업을 재개하더라도 폐업 전의 사업과는 다른 업종의 사업을 새로이 개시하는 경우는 창업으로 인정한다).
1) 사업의 일시적인 휴업이나 정지 후에 다시 사업을 재개하는 경우
2) 공장을 이전하기 위해 기존장소의 사업을 폐업하고, 새로운 장소에서 사업을 재개하는 경우

바. 창업사례별 기준

창업중소기업에 대한 기준은 사업주체, 사업장소, 기존 사업 폐업 여부, 신설 업종이 한국표준산업분류에 따른 동종업종인지 또는 이종업종인지에 따라 판단하여야 할 것이다.

| 창업 사례 및 창업 여부 |

주 체	사업장소	사 례		창업 여부
A개인이	갑 장소에서	갑 장소에서의 기존사업을 폐업하고	B법인을 설립하여 동종업종 제품 생산	조직변경
			B법인을 설립하여 이종업종 제품 생산	창 업
		갑 장소에서의 기존사업을 폐업 않고	B법인을 설립하여 동종업종 제품 생산	형태변경
			B법인을 설립하여 이종업종 제품 생산	창 업
A법인이	갑 장소에서	갑 장소에서의 기존사업을 폐업하고	B법인을 설립하여 동종업종 제품 생산	위장창업
			B법인을 설립하여 이종업종 제품 생산	창 업
		갑 장소에서의 기존사업을 폐업 않고	B법인을 설립하여 동종업종 제품 생산	형태변경
			B법인을 설립하여 이종업종 제품 생산	창 업
A개인이	을 장소에서	갑 장소에서의 기존사업을 폐업하고	B법인을 설립하여 동종업종 제품 생산	법인전환
			B법인을 설립하여 이종업종 제품 생산	창 업
		갑 장소에서의 기존사업을 폐업 않고	B법인을 설립하여 동종업종 제품 생산	창 업
			B법인을 설립하여 이종업종 제품 생산	창 업
A법인이	을 장소에서	갑 장소에서의 기존사업을 폐업하고	B법인을 설립하여 동종업종 제품 생산	사업승계
			B법인을 설립하여 이종업종 제품 생산	창 업
		갑 장소에서의 기존사업을 폐업 않고	B법인을 설립하여 동종업종 제품 생산	창 업
			B법인을 설립하여 이종업종 제품 생산	창 업

주 체	사업장소	사 례		창업 여부
A개인이	을 장소에서	갑 장소에서의 기존사업을 폐업하고	다시 A명의로 동종업종 제품 생산	사업이전
			다시 A명의로 이종업종 제품 생산	창 업
		갑 장소에서의 기존사업을 폐업 않고	다시 A명의로 동종업종 제품 생산	사업확장
			다시 A명의로 이종업종 제품 생산	업종추가
A개인이	을 장소에서	갑 장소에서의 기존사업을 폐업하고	다시 A명의로 동종업종 제품 생산	사업이전
			다시 A명의로 이종업종 제품 생산	창 업
		갑 장소에서의 기존사업을 폐업 않고	다시 A명의로 동종업종 제품 생산	사업확장
			다시 A명의로 이종업종 제품 생산 * 별도 사업자로 등록	창 업
			A명의로 동종+이종 제품 생산 * 동일 사업자로 등록(종목만 추가)	업종추가
A개인이	갑 장소에서	갑 장소에서의 기존사업을 폐업 않고	A명의로 이종업종 제품 생산	업종추가

〈중소기업청 사례〉
1. 업종구분은 한국표준산업분류의 세분류(4자리)를 기준으로 함.
    * 한국표준산업분류 5자리 중 앞에서 4자리까지 일치하면 "동종업종"에 해당
2. "갑"장소는 기존사업장, "을"장소는 신규사업장을 말함.
3. "A명의"란 개인사업자로서 대표자가 동일한 경우를 말함.

④ 추징요건 등

(1) 창업 업종을 영위하지 않거나 실제 창업에 해당하지 아니한 경우
  (가) 합병·분할·현물출자 등을 통하여 기존사업을 승계 또는 인수하여 동종의 사업을 계속하는 경우
  (나) 상속이나 양도에 의해 사업체를 취득하여 동종의 사업을 계속하는 경우
  (다) 기존공장을 매수하여 동종의 사업을 계속하는 경우
  (라) 기존공장을 법원의 경락에 의해 취득하여 동종의 사업을 계속하는 경우
  (마) 종전의 사업에 사용되던 자산(30% 초과)을 인수하여 동종의 사업을 계속하는 경우
  (바) 폐업한 타인의 공장을 인수하여 동종의 사업을 계속하는 경우
  (사) 기존공장을 임차하여 기존 법인의 사업과 동종의 사업을 개시하는 경우 등
  (아) 개인인 사업자가 법인으로 전환하여 동종의 사업을 계속하는 경우
  (자) 합명회사, 합자회사, 주식회사, 유한회사 상호간 법인형태를 변경하여 동종의 사업을 계속하는 경우

(차) 사업의 일시적인 휴업이나 정지 후에 다시 사업을 재개하는 경우

(카) 기존에 설립된 기업이 다른 업종을 추가하거나 업종을 변경한 경우

(2) 정당한 사유 없이 취득일부터 3년 이내에 그 부동산을 해당 사업에 직접 사용하지 아니하는 경우

(3) 취득일부터 3년 이내에 다른 용도로 사용하거나 매각·증여하는 경우

(4) 최초 사용일부터 계속하여 2년간 해당 사업에 직접 사용하지 아니하고 다른 용도로 사용하거나 매각·증여하는 경우

※ 창업중소기업 등에 대한 감면 연장 및 재설계(2021년 이후)

1 개정개요

개정 전	개정 후
□ 창업중소기업에 대한 지방세 감면을 세목별로 규정(법 §58-3 ①~②) 　○ 취득세 　　→ 창업중소기업/창업벤처중소기업 　○ 재산세 　　→ 창업중소기업/창업벤처중소기업	□ 감면대상(창업중소기업/창업벤처중소기업)별로 조문 구성 　○ 창업중소기업 　　→ 취득세/재산세 　○ 창업벤처중소기업 　　→ 취득세/재산세
□ '창업' 정의 기준(법 §58-3 ①·⑥) 　○ (창업)「중소기업창업지원법」제2조 제1호에 따른 창업	□ '창업' 정의 기준 명확화 　○ 창업의 정의에서 「중소기업창업지원법」 준용 규정 삭제
□ 창업 감면업종 열거규정(법 §58-3④) 　○ 감면업종에 대한 분류기준 혼재 　- 광업, 제조업 등 총 24개 호	□ 창업 감면업종 정비 　○ 감면업종을 「한국표준산업분류」상 대분류 위주로 구성(총 12개 호) 　- 감면배제 업종 등을 영에 위임
	□ (시행령) 법률 개정 사항을 반영하여 인용 조문 개정 등 시행령 정비

❏ 개정내용
　○ 창업중소기업 등에 대한 지방세 감면 조항이 기존에는 세목(취득세·재산세)을 기준으로 규정되어 있었으나,(법 §58-3 ①~②)
　　- 감면대상별(창업중소기업/창업벤처중소기업)로 정비
　○ 「중소기업창업지원법」상 '창업'의 개념 준용 문구 삭제(§58-3 ①)
　○ 감면대상 업종을 한국표준산업분류의 업종구분상 '대분류' 기준으로 통일성 있게 일원화

❏ 적용요령
　○ (창업의 의미) 중소기업을 새로 설립하는 것으로서, 제58조의3 제6항 각 호에 따른 예외 사유에 해당하지 않는 경우

- 「중소기업창업지원법」 제2조 제1호 및 같은 법 시행령 제2조 각 호와 관계없이 「지방세특례제한법」 제58조의3에 따라 판단
○ (업종 범위) 제58조의3 제4항 각 호에 따른 업종에 포함되는지 여부 확인 필요
- (현행 대비 추가업종) 사업시설관리 및 조경서비스업, 보안시스템 서비스업(이상 제6호), 수도하수 및 폐기물 처리업, 원료재생업(이상 제8호)이 현행 업종 대비 추가됨
   ※ 「통계법」 제22조에 따라 통계청장이 고시하는 「한국표준산업분류」 참조
- (적용시기) 현행 대비 확대된 업종에 대한 지방세 감면은 2021년 1월 1일 이후 창업한 기업부터 적용(법률 부칙 제4·9조)

〈업종 추가 관련 안내 요청〉
◆ 법 개정에 따라 추가되는 감면 업종으로 창업하는 중소기업이 개정 규정에 따라 취득세·재산세 감면을 적용 받을 수 있도록,
- 납세자가 취득세 납부 신고 시, 감면 업종 추가 사실을 고지
⇒ (예시) '21년부터 사업시설관리 및 조경서비스업, 보안시스템 서비스업, 수도하수 및 폐기물 처리업, 원료재생업으로 창업하는 중소기업도 취득세·재산세 감면을 적용받을 수 있습니다. 지방세 납부·감면에 관한 자세한 내용은 담당자에게 문의해 주시기 바랍니다.

□ 감면업종 개정 전·후 비교

(현행)감면업종	구분	(개정)감면업종
1. 광업		1. 광업
2. 제조업		2. 제조업
3. 건설업		3. 건설업
14. 창작 및 예술관련 서비스업 ※ (배제) 자영예술가		7. 창작 및 예술관련 서비스업 ※ (배제) 자영예술가
16. 물류산업(영 §29-2 ⑥)	현행 유지	9. 물류산업(영 §2 9-2 ⑦)
17. 학원 또는 직업능력개발훈련시설을 운영하는 사업		10. 학원 또는 직업능력개발훈련시설을 운영하는 사업
23. 관광숙박업, 국제회의업, 유원시설업 또는 관광객이용시설업(영 §29-2 ⑦)		11. 관광숙박업, 국제회의업, 유원시설업 또는 관광객이용시설업(영 §29-2 ⑧)
18. 전시산업		12. 전시산업

(현행)감면업종	구분	(개정)감면업종
4. 출판업 5. 영상오디오기록물 제작 및 배급업 6. 방송업 7. 전기통신업 8. 컴퓨터 프로그래밍, 시스템 통합 및 관리업 9. 정보서비스업 ※ (배제) 비디오감상실 운영업, 뉴스 제공업, 블록체인 기반 암호화자산 매매 및 중개업	업종기준 통·폐합	4. 정보통신업(6종→1종) ※ 배제업종 열거(법 §58-3 ④ 4호 각목)
10. 연구개발업 11. 광고업 12. 전문디자인업 15. 엔지니어링사업(영 §29-2 ⑤) 22. 시장조사 및 여론조사업 24. 그 밖의 과학기술업		5. 전문, 과학 및 기술서비스업 (6종→1종)
13. 전시 및 행사대행업 19. 인력공급 및 고용알선업 (농업노동자 공급업) 20. 건물 및 산업설비 청소업 21. 경비 및 경호 서비스업	업종기준 통·폐합 및 일부 추가	6. 사업시설관리, 사업지원 및 임대서비스업(4종→1종) • 사업시설관리 및 조경서비스업 • 고용알선 및 인력공급업 • 경비 및 경호 서비스업 • 보안시스템 서비스업 • 전시, 컨벤션 및 행사대행업
–	추가	8. 수도하수 및 폐기물 처리, 원료재생업

사례 ▶ 종전사업체와 새로이 창업한 법인간에 사실상 사업을 공유하고 있는 경우에 감면 여부

종전사업체는 법인의 설립일(2015.10.21.)부터 2주 만인 2015.11.3. 폐업하였을 뿐만 아니라 그 취급 품목, 사업 노하우 등은 법인에게 그대로 승계된 것으로 보이는 점, 종전사업체를 폐업하였음에도 현재까지 인터넷 홈페이지를 운영하고 있는데 여기에 본사 주소, 온라인 판매를 위한 입금계좌 및 운영자 등은 법인의 명의로 되어 있고 종전사업체와 상호 및 거래처 등을 사실상 공유하고 있는 점, 종전사업체의 부가가치세 신고서에 그 폐업 사유를 법인전환으로 기재하고 있는 점 등에 비추어 부과처분은 타당함(조심 2019지3569, 2020.1.13.).

사례 창업중소기업이 기존사업을 영위하면서 감면기간 내에 창업업종을 추가한 다음, 추가한 업종에 사용하고자 취득하는 사업용 재산이 취득세 감면대상인지 여부

- "창업중소기업"이 사업을 확장하거나 다른 업종을 추가하는 경우 등 새로운 사업을 최초로 개시하는 것으로 보기 곤란한 경우는 창업으로 보지 아니하는 것으로 규정하고 있으며, 또한 「지방세특례제한법」상 '해당 사업'은 창업 이후의 모든 사업을 의미하는 것이 아니라 창업 당시의 사업을 의미하는 것으로 보는 것이 타당하다 할 것이고, 사업을 확장하거나 다른 업종을 추가하는 경우'의 의미에 대하여 구체적으로 규정하고 있지 아니하나, '사업의 확장'이란 중소기업을 설립하여 최초로 사업장을 두고 사업을 영위하다가 동일한 업종의 사업장을 추가하는 경우를 의미한다 할 것이고, '업종의 추가'란 최초로 영위하는 사업과 다른 사업을 영위하는 모든 경우를 의미하는 것으로 보는 것이 타당하다 할 것임(조심 2013지156, 2014.9.19. 참조). 따라서, 2012.10.4. 창업하여 업종을 기계조립, 가공, 음식물처리기 제작, 임대 등으로 하였으나, 창업 당시의 사업을 영위하면서 2014.12.3. ○○군에 지점을 설치하고 창업 당시 업종에 '알루미늄(동/비철금속가압) 주물주조/기타, 기타제1차비철금속산업'을 추가하고, 추가된 업종에 사용하기 위하여 2015.2.27. ○○군 소재 부동산을 취득한 경우라면, 이는 최초로 영위하는 사업과 다른 사업을 영위하는 경우로서 창업 당시의 사업을 하기 위하여 취득하는 경우에 해당하지 않아 취득세 경감대상이 되지 않음(행자부 지방세특례제도과-1352, 2015.5.18.).

- 「지방세특례제한법」 제58조의3 제1항에서 창업중소기업 등에 대한 취득세 등 감면을 규정하고 있는 것은 중소기업에 대한 창업을 지원하기 위하여 사업초기에 조세부담을 완화하여 국내 제조업 등의 산업기반을 강화하고자 하는데 그 입법목적이 있다고 할 것이어서 이러한 의미에서 창업이란 중소기업을 새로이 설립하여 새로운 사업을 최초로 개시하는 것을 의미한다고 보는 것이 타당하다고 할 것이고, 같은 법 제58조의3 제6항 제4호에서 "사업을 확장하거나 다른 업종을 추가하는 경우 등 새로운 사업을 최초로 개시하는 경우로 보기 곤란한 경우" 창업으로 보지 않는다고 규정하고 있는 것은 사업을 확장하거나 다른 업종을 추가하는 경우 등에는 실질적인 창업의 효과가 발생하지 아니하므로 조세감면혜택을 부여하는 것이 조세형평상 불합리하므로 이를 배제하겠다는 의미로 보인다(조심 2018지715, 2018.9.6., 같은 뜻임).

  - 또한, 「지방세특례제한법」 제58조의3 제6항 제4호에서 규정한 창업으로 보지 아니하는 "사업을 확장하거나 다른 업종을 추가하는 경우"라 함은 창업중소기업에 해당되지 아니하는 기존 기업이 종전부터 영위하던 사업을 계속하여 영위하면서 다른 업종을 추가하거나 사업을 확장하는 경우를 말하는 것으로, 일단 창업중소기업으로 인정받은 기업이 취득세 등을 면제받을 수 있는 기간 내에 「지방세특례제한법」 제58조의3 제4항에서 규정한 창업중소기업이 영위할 수 있는 업종에 속하는 사업의 종목을 추가하는 경우라면 당초의 지위는 계속된다

할 것이다(조심 2016지536, 2017.3.15., 같은 뜻임).

- 이러한 창업중소기업 등에 대한 취득세 등 감면 규정의 입법취지 등을 감안하여 청구법인의 경우를 보면, ① 청구법인이 2018.7.19. 설립하면서 목적사업으로 내세운 "건물 및 토목 엔지니어링서비스업"과 2021.4.1. 추가한 쟁점업종은 모두 「지방세특례제한법」 제58조의3 제4항에서 규정한 창업중소기업이 영위할 수 있는 범위에 속하여, 청구법인은 쟁점업종을 추가하였다 하더라도 당초 창업중소기업으로서 지위는 계속 유지되는 것으로 볼 수 있는 점,

- OOO이 발급한 지원사업 수행확인서 및 특허등록증 등에 따르면, 청구법인은 창업 당시부터 '단열창호프레임'과 관련하여 단일한 사업을 영위하고 있는 것이 확인되고, '제품 개발, 특허, 제조, 판매 등' 일련의 사업과정에 따라 창업 당시에는 단열창호프레임 제품 개발과 서비스업(건물 및 토목 엔지니어링서비스업)을 주 업종으로 하여 사업자등록을 하였고, 이후 단열창호프레임 제품의 양산을 위해 제조업을 추가하여 쟁점부동산을 취득한 점,

- 「지방세특례제한법」 제58조의3 제1항에서 창업중소기업 등에 대한 취득세 등 감면을 규정하고 있는 것은 중소기업에 대한 창업을 지원하기 위하여 사업초기에 조세부담을 완화하여 국내 제조업 등의 산업기반을 강화하고자 하는데 그 입법목적이 있다고 할 것이므로, 청구법인이 벤처기업으로 확인받은 날로부터 4년 이내에 단열창호프레임과 관련한 단일 사업을 진행하는 연속성 상에서 제품 제조를 위하여 쟁점부동산을 취득한 점 등을 고려할 때 창업중소기업을 지원하기 위한 감면 취지에도 부합한다고 보이는 점,

- 아울러, 청구법인은 2018.12.24. 법률 제16041호로 「지방세특례제한법」 제58조의3 제1항이 개정되기 이전인 2018.7.19.에 설립되어 창업 당시에는 창업일 당시 사업자등록증에 등재된 업종을 영위하기 위해 취득하는 부동산의 경우에만 감면대상에 해당한다고 관련 법 규정이 개정될 것을 예측하기 어려웠던 점 등에 비추어 쟁점부동산을 「지방세특례제한법」 제58조의3 제1항에 의한 창업중소기업이 취득하는 사업용 부동산으로 보는 것이 타당하다 할 것이다(조심 2021지3319, 2023.1.3.).

사례 ▶ **법인의 창업일을 언제로 볼지 여부**

법인의 창업일은 법인설립등기일로서 법인의 창업일은 법인설립등기일이라 할 것이며, 또한 법인의 이사는 대외적으로 법인을 대표하고 대내적으로 법인의 업무를 집행하는 기관에 불과하다고 보아야 할 것이므로, 귀문과 같이 법인 대표이사가 새로이 취임, 변경되었다 하더라도 이를 창업의 판단기준으로 삼기는 곤란하다 할 것임(지방세운영과-2465, 2008.12.10.).

예비벤처기업확인을 받은 날 이후에 사업용 재산인 부동산을 취득하고 그에 관한 등기를 마친 경우 취득세 및 등록세 등의 감면대상에 해당함(대법원 09두14040,

2011.12.22.).

※ '17년부터 지방세특례제한법 제29조의2 제1항에서 법인이 창업하는 경우(설립등 기일), 개인이 창업하는 경우(「부가가치세법」 제8조에 따른 사업자등록일)로 규 정하고 있어 논란의 소지가 없음.

사례 창업중소기업 감면대상의 창업업종으로 볼 수 있는지 여부

- 창업법인과 종전기업이 한국표준산업분류표상 업종 코드가 다르다 할지라도 한국 표준산업분류를 세법에 준용함에 있어서는 각 개별세법이 갖는 입법취지 또는 목 적에 맞게 합당하게 해석함이 타당하다 할 것으로 법인의 설립이 실질적으로 법 인 전환을 통하여 종전기업의 인적·물적 설비를 그대로 승계하여 동일한 사업을 영위한 것으로 볼 수 있는 경우에는 감면대상인 창업이라고 보기는 어려움(조세심 판원 2010지0429, 2011.2.14.).

- 「건설기계관리법」상 건설기계대여업의 등록기준(사무실 및 주기장)을 갖추기 위 하여 매월 일정액의 사용료를 지급하기로 하고, 기존 건설기계대여업자의 상호 및 주소지와 동일하게 하여 개인별 사업자등록을 하였음이 확인되고 있는 바, 건설기 계대여업이 「조세특례제한법」 제6조 제3항에서 정한 업종에 해당하고, 실질적으 로 독자적인 사업을 운영하고 있다면 이는 독립된 회사로 사업을 개시한 것으로 볼 수 있으므로 취득세 등의 감면대상인 창업중소기업에 해당됨(행정자치부 지방세 특례제도과-272, 2014.12.18.).

- 적재량이 없는 고가사다리차와 고소작업차는 화물과 인력을 수직으로 이동시키는 장비로서 화물운송 또는 화물운송업에 필요한 장비로 볼 수 있으므로 화물운송업 을 영위하는 창업중소기업의 사업용 재산에 해당된다 할 것임(행정자치부 지방세특 례제도과-313, 2014.12.24.).

- 「조세특례제한법」 제2조 제3항에서 "이 법에서 사용되는 업종은 특별한 규정이 있는 경우를 제외하고는 통계법 제22조에 따라 통계청장이 고시하는 한국표준산 업분류에 의한다."라고 규정하고 있으며, 같은 법 제6조 제3항에서 "제조업을 창 업중소기업의 범위"로 규정하고 있으며 또한, 같은 법 제119조 제3항 및 제120조 제3항에서 "창업중소기업이 해당 사업을 영위하기 위하여 창업일로부터 4년 이내 에 취득하는 사업용 재산에 대하여는 취득세 및 등록세를 면제한다."고 규정하고 있는 바, "선박임가공업"이 한국표준산업분류표에서 별도의 업종으로 구분되어 있지 아니하더라도 선박가공업체의 사실상 운영현황에 따라 공장내에서 독립적으 로 운영되는 제조업체 및 협력업체인 경우는 제조업으로, 자기관리하에 있는 노동 자를 계약에 의하여 타인 또는 타사업체에 일정기간 동안 공급하는 산업활동(노 동자들은 인력공급업체의 직원이지만 고객 사업체의 지시 및 감독을 받아 업무를 수행)인 경우는 서비스업인 인력공급업으로 각각 분류함이 타당하다고 판단됨(행 정안전부 지방세운영과-1506, 2010.4.13.).

- "선박임가공업"이 한국표준산업분류표에서 별도의 업종으로 구분되어 있지 아니하더라도 선박가공업체의 사실상 운영현황에 따라 공장내에서 독립적으로 운영되는 제조업체 및 협력업체인 경우는 제조업으로, 자기관리하에 있는 노동자를 계약에 의하여 타인 또는 타사업체에 일정기간 동안 공급하는 산업활동(노동자들은 인력공급업체의 직원이지만 고객 사업체의 지시 및 감독을 받아 업무를 수행)인 경우는 서비스업인 인력 공급업으로 각각 분류함이 타당하다고 판단됨(지방세운영과-1506, 2010.4.13.).

- 전문휴양업을 규정한 「관광진흥법」은 관광여건을 조성하고 관광자원을 개발하며 관광사업을 육성하여 관광진흥에 이바지하는 것을 목적으로 하고 있으나, 골프장을 규정하는 「체육시설의 설치·이용에 관한 법률」은 체육시설의 설치 이용을 장려하고, 체육시설업을 건전하게 발전시켜 국민의 건강증진과 여가 선용에 이바지하는 것을 목적으로 하고 있어, 두 법의 입법목적, 이용대상 측면에서 상이하다고 할 것(조세심판원 2011지0682, 2011.12.2. 결정 참조)이라는 점, 「중소기업창업 지원법」 제3조 및 그 시행령 제4조에서 금융 및 보험업, 부동산업, 골프장 및 스키장운영업 등을 창업에서 제외되는 업종으로 규정하고 있는 점 등을 종합적으로 고려하여 볼 때, 골프장업의 경우 「조세특례제한법」 제6조 제3항에서 창업 업종으로 규정하고 있는 전문휴양업이라기보다는 창업 제외 업종인 골프장업에 해당됨(행정안전부 지방세운영과-1674, 2012.5.30.).

  ※ 2015년부터는 골프장업을 창업업종에서 제외하도록 명문화하였음(법 제58조의3 제4항).

- 쟁점호텔에 대한 사업계획승인을 받은 ○○○○㈜가 사업계획승인만 받은 채 쟁점호텔 신축부지를 청구법인에게 승계한 후, 영업사실이 없이 폐업하였으며, 청구법인이 쟁점호텔 부지에 쟁점호텔을 착공 및 신축한 점에 비추어 청구법인이 숙박업을 창업한 것으로 보는 것이 타당함(조세심판원 2015지1771, 2015.12.31.).

- 청구법인이 관광경영사업, 호텔 콘도시설 조성 및 운영업 등을 목적사업으로 하여 2013.6.25 설립하여 2013.9.5. 자본금 증자등기를 하면서 목적사업에 관광숙박업을 추가 등기한 점 등에 비추어 법인 설립당시에는 포괄적으로 관광사업을 목적사업으로 하고, 관광숙박업을 명시하지 아니하다가 추후 목적사업을 구체적으로 등기한 것으로 보는 것이 타당하므로 청구법인이 창업중소기업에 해당하지 아니한 것으로 보아 청구법인의 등록면허세 경정청구를 거부한 처분은 잘못이 있음(조세심판원 2014지2154, 2015.6.3.).

- 한국표준산업분류표 등에 의하면 청구법인이 영위하는 차량용 가스충전업(47712)은 제조업이 아닌 연료 소매업에 해당하는 이상 감면 대상인 제조업을 영위하는 것으로는 볼 수 없다 할 것임(조세심판원 2012지0501, 2012.12.20.).

- 청구법인이 이 건 건축물을 창업업종(제조업 등)이 아닌 서비스업(자동차정비업)에 사용중인 사실이 제출된 자료(한국표준산업분류, 담당공무원의 출장복명서

등)에 의하여 확인되는 이상 취득세 등의 감면대상으로 보기는 어려움(조세심판원 2012지0279, 2012.6.18.).

- 「관광진흥법」에 따른 관광숙박업, 국제회의업, 유원시설업 및 전문휴양업 등은 창업 업종에 해당한다 할 것이지만, 청구법인은 이 건 심리일 현재까지 숙박시설업이나 음식점 등을 등록하였거나 시설 등을 갖추고 있지 아니할 뿐만 아니라, 회원제골프장을 조성할 목적으로 취득한 토지는 관광여건을 조성·개발·육성하여 관광진흥에 이바지하는 것을 목적으로 하는 「관광진흥법」의 목적에 부합하지 아니하고, 회원제골프장업과 관광진흥업은 그 이용대상이나 입법목적 등이 다르다 할 것이므로 회원제골프장업을 창업업종에 해당하는 것으로 볼 수 없음(조세심판원 2011지0682, 2011.12.2.).

- 창업중소기업에 해당하는지 여부를 판단함에 있어서는 법인등기부나 사업자등록증상의 형식적 기재만을 가지고 판단할 것이 아니라 실제 영위하는 사업의 실질적인 내용에 따라 판단하는 것이 합리적일 뿐더러, 실질적인 창업업종을 영위하는 중소기업에 세제혜택을 부여하고자 하는 조세감면의 입법취지에도 부합한다 할 것임(조심 13지58, 2013.5.3.).

- 창고업은 창업 업종, 부동산임대업은 창업제외 업종(대법원 08두839, 2008.4.24.). 사업장에 토목공사 및 유사용 기계장비 제조업과 관련한 제조 장비는 존재하지 아니하고, 매출액의 대부분이 정비수입인 것으로 확인되어 청구법인이 주로 영위하고 있는 업종은 창업업종이 아닌 건설·광업용 기계 및 장비 수리업(95211), 즉 서비스업인 것으로 보이므로 이 건 처분은 달리 잘못이 없다고 판단됨(조심 18지307, 2018.6.26.).

- 청구법인이 제출한 주식회사 ○○○ 외 10개사의 외주제작 작업의뢰서에 따르면, 청구법인은 아트월과 도어를 아파트 등에 설치하기 위하여 외주업체에 제작을 의뢰했고, 이는 직접 기획한 제품에 대한 제작을 의뢰한 것으로 보이는 점 등에 비추어 청구법인의 주장대로 청구법인이 영위하는 도매업이 사실상의 위탁생산방식의 제조업에 해당하는 것으로 보임(조심 17지0934, 2018.12.5.).

사례 창업중소기업 감면대상의 창업기업의 범위 등

- 상시근로자 20명 이상의 법인이 아닌 자가 하는 음식점업은 구 「조세특례제한법」에서 정한 창업중소기업에 해당한다 하더라도 「중소기업창업 지원법」에서 정한 창업중소기업에 해당되지 않는다면 창업중소기업으로서 감면대상에 해당되지 않는 것으로 판단됨(행정자치부 지방세특례제도과-1964, 2015.7.24.).

- 법인은 주주 또는 대표자와 인격을 달리하는 별개의 과세객체이고 설립행위를 거쳐 설립등기를 함으로써 성립함과 동시에 법인격을 취득하게 되어(「민법」 제33조, 상법 제171조 제1항, 제172조 등 참조) 그로써 법인의 설립이 완성되는 것이므로, 법인의 주식 전부를 제3자가 매수한 다음 법인의 임원 등을 변경하였다고 하여

새로운 법인의 설립에 해당한다고 볼 수는 없다할 것(대법원 2009.5.28. 선고 2008 두20369 판결 참조)으로 법인의 주주 또는 대표자가 변경되었다고 하여 주주 또는 대표자와 인격을 달리하는 법인이 기존 법인의 사업을 승계하였다고 보아 법인의 창업에 따른 감면을 배제하는 것은 불합리하다고 할 것이므로, 귀문의 경우 법인의 주식을 제3자가 100% 인수하고 대표자를 변경하였다고 하더라도 당해 법인이 창업일부터 3년 이내에 벤처기업으로 확인 받고 그 날부터 4년 이내에 사업용 재산을 취득·등기한 경우라면 취득세 및 등록세 면제대상 창업벤처중소기업에 해당함(행정안전부 지방세운영과-0343, 2010.1.26.).

- 본격적인 제조업을 준비과정에서 제조업 매출보다 도소매업 매출이 먼저 발생하였다는 사유로 이를 업종추가로 보는 것은 창업중소기업에 대하여 조세감면혜택을 부여하는 입법취지에 부합하지 아니한다 할 것이므로 처분청이 청구인의 경정청구를 거부한 처분은 잘못임(조세심판원 2016지0151, 2016.10.7.).

- 청구법인의 등기사항전부증명서에 의하면 목적사업에 건설업과 창업중소기업 제외 업종인 부동산임대업이 등재되어 있으나, 창업 이후 창업중소기업 대상업종인 건설업 외의 타업종을 영위한 사실이 나타나지 아니하므로 청구법인은 조세특례제한법 상 창업중소기업에 해당하는 것으로 보는 것이 타당함(조세심판원 2014지1160, 2014.10.20.).

- 2008.11.6.부터 2009.1.14.까지 동종사업을 하는 이에게 화물자동차 3대를 취득해 화물자동차운송사업 양도양수신고를 하고 기존 차량을 폐차한 후 다른 번호로 대체하였는데 이는 기존 양도사업자의 지위를 승계한 것이므로 「조세특례제한법」 제6조에 규정한 창업중소기업에 해당하지 않음(조세심판원 2013지0504, 2014.3.13.).

- 창업중소기업에 해당하는지 여부를 판단함에 있어서는 법인등기부나 사업자등록 증상의 형식적 기재만을 가지고 판단할 것이 아니라 실제 영위하는 사업의 실질적인 내용에 따라 판단하는 것이 합리적일 뿐더러, 실질적인 창업업종을 영위하는 중소기업에 세제혜택을 부여하고자 하는 조세감면의 입법취지에도 부합한다 할 것임(조세심판원 2013지0058, 2013.5.3.).

- 쟁점부동산을 창업업종(제조업 등)에 직접 사용하지 아니하고 이를 가구 관련 보관창고로 사용하거나 제3자가 사용하고 있는 사실이 제출된 자료(2010년 표준대차대조표상 유형고정자산계정, 기계장치나 공구·기구 계정, 표준손익계산서 인건비계정, 표준원가명세서 노무비 계정, 수입신고필증 등)에 의하여 확인되는 이상 취득세 등의 감면대상으로 보기는 어려움(조세심판원 2012지0063, 2012.6.29.).

- 조세특례제한법 제120조 제3항에서 "해당 사업을 영위하기 위하여 취득하는 사업용 재산"이라 함은 제조업을 영위하는 경우 그 제품의 제조, 판매 및 그와 관련된 사업에 직접 사용되는 부동산 등을 말한다고 할 것이므로 당해 재산이 임대에 공여되거나 또는 투자 수익 등을 목적으로 취득한 재산은 창업벤처중소기업의 사업용 재산에 해당된다고 볼 수 없는 점, 제조시설의 부대시설로서 휴게실·식당 등

종업원 후생복리시설은 사업용 재산에 해당된다고 볼 수 있으나 제조시설의 구외에 소재하는 종업원의 후생복리시설까지 사업용 재산으로 보기 어려운 점 등을 종합하여 볼 때, 청구법인이 이 건 콘도회원권을 종업원의 후생복리를 위하여 취득하였다고 하더라도 이러한 사실만으로는 이 건 콘도회원권이 창업벤처중소기업이 "해당 사업을 영위하기 위하여 취득하는 사업용 재산"에 해당된다고 보기는 어려움(조세심판원 2011지0786, 2011.11.28.).

사례 합병·분할·현물출자 등을 통하여 기존사업을 승계 또는 인수에 해당되지 않아 창업으로 볼 수 있는 경우

- 사업의 양수가 아닌 종전 사업장의 토지와 건물만을 임차한 후 시설을 신규 투자하여 임대사업자와 동일한 제품을 생산한 사실 없이 이종의 제조업을 영위한 경우 취득세 감면대상인 창업에 해당됨(행정자치부 지방세특례제도과-722, 2014.6.23.).
- 창업 이후 최초의 사업장을 임차하여 해당사업을 영위하다가 사업의 연속선상에 있는 경우에는 중소기업이 사업장을 단순 이전하여 부동산을 취득한 경우라면 창업일로부터 4년 이내에 취득하는 부동산에 해당한다고 볼 수 있고, 창업 당시부터 사업장을 취득할 자금력이 충분한 중소기업에게는 감면혜택을 부여하게 된다는 형평성과 입법취지를 감안할 때, '사업을 확장하거나 다른 업종을 추가하는 경우'에 해당하지 않는 것으로 보아 취득세 감면대상으로 보는 것이 타당하다(행정안전부 지방세특례제도과-69, 2018.1.8.).
- 「조세특례제한법」 제6조 제4항은 외형상 창업의 형태를 갖추고 있더라도 실질적으로 창업하였다고 보기 어려운 경우 이를 창업으로 보지 않고 조세 감면 혜택에서 배제하겠다는 규정이지, 단지 형식상 창업 이후에 다른 회사를 흡수합병 하였다거나 목적사업이 추가되었다는 이유로 바로 조세감면을 배제하겠다는 취지의 규정이라고 보기는 어렵다고 할 것(서울고법 2007누26454. 선고 2008.5.22. 참조)임. 따라서 갑 법인이 「조세특례제한법」 제6조의 요건을 충족하여 창업한 후 벤처기업 확인을 받고 감면대상 업종을 계속해서 영위하면서 당해 사업(업종)에 직접 사용하기 위하여 사업용재산(흡수합병된 을 법인의 사업에 사용하기 위하여 취득·등기한 경우에는 제외)을 벤처기업으로 최초 확인받은 날부터 4년 이내에 취득·등기한 경우라면, 갑 법인이 을 법인을 흡수합병한 이후 사업용재산을 취득하였다고 하더라도 취득세 등 감면대상에 해당된다고 사료됨(행정안전부 지방세운영과-2084, 2009.5.25.).
- 청구인의 경우 창업당시부터 사실상 동일한 제조업에 영위하였으나 당초 사업자 등록시에 별도의 제조시설이 없는 관계로 제조업으로 등록할 수 없어서 가장 유사한 업종인 소프트개발업 등으로 등록을 한 것으로 보이는 점 등에 비추어 청구인은 「조세특례제한법」 제6조 제1항에서 규정한 창업중소기업으로서 쟁점부동산을 취득한 것으로 보는 것이 타당함(조세심판원 2015지0593, 2014.6.30.).

- 조세특례제한법 제6조에 의한 취득세 감면의 목적은 창업에 따른 원시적인 창출효과에 대해서 혜택을 주기 위함이므로 법인이 종전사업자의 기계설비가 압류되고 가동이 중단된 상태에서도 매출에 별다른 변화가 없는 등의 상황에 비추어 별개의 경영활동을 하고 있는 것으로 보여 감면 대상으로 판단된다. 그러나 창업목적에 부합하는 생산·연구시설 및 그러한 사업을 영위하고 있는지 등의 여부는 재조사하는 것이 타당함(조세심판원 2014지1277, 2015.3.30.).
- 법인은 의약품 중간체 제조업을 영위할 목적으로 설립된 창업중소기업으로 사업을 양수하거나 직접 자산을 인수한 사실이 나타나 있지 않음에도 기존법인과 사업장을 같이 사용한다는 이유로「조세특례제한법」제6조 제4항 제1호 등에 따라 창업으로 보지 않는 경우에 해당한다고는 할 수 없다. 따라서 부동산을 창업중소기업이 해당 사업에 직접 사용하는 사업용 재산이 아니라고 보아 재산세 등을 부과고지한 처분은 잘못이 있음(조세심판원 2014지1396, 2014.12.24.).
- 부도 또는 자의로 폐업한 사업자의 부동산 또는 기계장치 등을 인수하여 종전의 사업과 동일한 업종을 영위하는 경우에는 사업의 양수 등에 해당하지 않으므로 처분청이 청구법인의 설립을 창업으로 보지 않아 취득세를 부과한 처분은 잘못임(조세심판원 2014지0374, 2014.10.31.).
- 청구법인이 개인사업체의 종전 사업을 승계하거나, 자산을 인수(매입)한 사실이 확인되지 아니할 뿐만 아니라, 청구법인이 매도법인으로부터 사업용 재산을 취득하여 매도법인이 영위하는 업종과 다른 업종을 영위하고 있는 사실이 확인되는 이상 청구법인이 영위하는 사업은 취득세 등의 면제 대상이 되는 창업에 해당된다 할 것임(조세심판원 2012지0254, 2013.2.4.).
- 청구인이 임대인(○○○)으로부터 사업을 승계받거나 시설장비 등을 인수받지 아니하고, 단지 공실상태에 있던 공장을 임차하여 사업을 영위하였고, 청구인과 임대인(○○○)은 각각 별개의 사업주체로서 독립된 사업을 영위한 사실이 확인되므로 청구인이 창업의 요건을 충족하고 있는 것으로 보아야 함(조세심판원 2013지0476, 2013.10.22.).
- 청구법인이 이 건 부동산의 임대인과 동종의 업종을 영위하고 있다고 하더라도, 청구법인이 임대인으로부터 사업을 승계받거나 시설장비 등을 인수받지 아니하고, 단지 공실상태에 있던 공장을 임차하여 사업을 영위한 사실이 확인되고 있는 이상 창업의 요건을 충족하고 있다고 보여지고, 청구법인이 창업일부터 4년 이내에 사업용재산인 쟁점부동산을 취득하여 사업을 영위하고 있는 이상 취득세 등의 면제되는 창업중소기업에 해당함(조세심판원 2011지0351, 2012.3.30.).
- 청구법인이 영위하고자 하는 주된 사업이 사업의 양수를 통하여 승계한 사업과 다르다면 사업양수도 후에 새로운 업종을 추가하여 이를 영위하고자 하는 것이 아닌 이상은 사업양수도를 통하여 승계한 사업만을 놓고 창업에 해당하는지 여부를 판단할 것이 아니고, 동 기업의 설립목적인 주요사업을 바탕으로 이를 판단하여야 할

것으로 보여질 뿐만 아니라, 이러한 것이 사회 전체적으로 보았을 때 새로운 기업 활동으로 인하여 생산이 증가하는 실질적 창업에 해당한다고 볼 수 있는지를 함께 살펴보는 것이 타당한 것으로 판단되고, 해당 사업용재산의 경우도 새로 설립한 기업이 양수한 사업뿐만 아니라 당초부터 새로운 사업으로 목적한 사업에 공하기 위하여 취득한 것이라면 실질적 창업에 해당하는지의 여부에 따라 창업기업의 사업용재산인지 여부를 판단하는 것이 동 법령 규정 취지에 비추어 보다 합당하다 하겠으므로, 청구법인은 터보차져용 엑츄에이터(EWGA/EVGT)를 생산·납품하고자 하는 목적으로 설립되었고, 청구법인이 (주)○○○으로부터 인수한 사업은 청구법인의 주사업인 터보차져용 엑츄에이터(EWGA/EVGT)의 제조에 함께 공하기 위한 사업으로 보일 뿐 아니라, 청구법인이 (주)○○○으로부터 인수한 종업원 10명 외에도 주 목적사업을 위해 종업원 수를 36명으로 계상하여 사업승인을 신청한 사실에 비추어 볼 때, 청구법인이 (주)○○○의 사업을 양수한 것은 청구법인이 창업하고자 하는 사업의 일부에 해당하는 것이므로 동 내용만으로 청구법인이 창업기업임을 부인하는 것은 타당하지 않다고 보이고 실질적인 창업에 해당된다고 보는 것이 보다 합당한 것으로 판단됨(조세심판원 2011지0012, 2011.11.30.).

사례 거주자가 하던 사업을 법인으로 전환하여 새로운 법인을 설립하는 경우에 해당되어 창업으로 볼 수 있는 경우

- 한국표준산업분류코드 상 개인사업자의 폐기물중간처리업은 제조업에 해당하지 아니하고, 개인사업자와 청구법인의 설비 및 거래처가 상이한 점 등에 비추어 청구법인의 설립을 거주자가 하던 사업을 법인으로 전환한 것으로 보기 어려우므로 처분청이 청구법인을 창업중소기업에 해당하지 않는 것으로 보아 이 건 부동산에 대하여 취득세 등을 부과한 처분은 잘못임(조세심판원 2015지0684, 2015.10.28.).
- 외국인 투자자가 설립한 중소기업의 요건을 충족한 국내법인이 종전 사업자의 사업용 재산이 아닌 자연림 상태의 임야를 취득한 경우에는 창업중소기업의 감면요건을 충족하였다 할 것임(행정자치부 지방세특례제도과-2164, 2014.11.4.).
- 사업의 종류를 섬유제조·도매로 사업자등록을 한 자가 법인을 설립하여 섬유제조업을 영위하는 경우, 법인이 사업에 사용되던 자산을 인수 또는 매입하여 동종의 사업을 영위하는 경우에 해당하는 것으로 보기 어려울 뿐만 아니라 법인으로 전환하여 종전의 사업과 같은 종류의 사업을 계속하는 경우에 해당하는 것으로 보기 어렵기에 「조세특례제한법」 제6조 제1항의 창업중소기업을 설립한 것으로 보는 것이 타당함(조세심판원 2009지0857, 2010.6.30.).
- 개인사업체를 운영하는 자가 다른 장소에 법인을 설립하여 다른 업종을 영위하는 경우, 창업에 해당하는지 여부에 대하여 살펴보면, 청구일 현재도 계속하여 사업을 영위하고 있고, 개인기업이 법인으로 전환한 경우로 볼 수는 없는 점 등을 종합하여 볼 때, 청구법인이 사업의 양수를 통하여 종전의 사업을 승계한 것으로 볼

수 없으며 창업한 것으로 보는 것이 타당함(조세심판원 2009지0116, 2009.12.30.).

사례 폐업 후 사업을 다시 개시하여 폐업 전의 사업과 같은 종류의 사업을 하는 경우에 해당되지 않아 창업으로 볼 수 있는 경우

청구법인은 2013.5.24. 7년간 휴업상태에 있었던 토지 및 건축물을 취득한 후 2013.5.31. 쟁점부동산 중 생산동 건축물 등을 멸실하고, 2013.9.2. 시멘트사일로 4기, 레미콘믹서기 3기, 컨베이어벨트를 축조하여 레미콘제조업을 개시한 것으로 나타나므로 청구법인은 종전의 사업에 사용되던 자산을 매입하여 같은 종류의 사업을 하였다기 보다는 새로이 축조한 건축물에서 새로이 사업을 개시하였다고 보여 창업중소기업으로 보는 것이 타당함(조세심판원 2014지0495, 2014.11.17.).

사례 사업을 확장하거나 다른 업종을 추가하는 경우 등 새로운 사업을 최초로 개시하는 것으로 보아 창업으로 볼 수 있는 경우

- 거주자가 하던 사업을 폐업하고 제3자와 법인을 설립하고 인적·물적 설비, 거래처 등을 승계하여 동종사업을 영위한다고 하더라도 거주자와 법인은 별개의 독립된 법 인격체이므로 거주자가 법인의 최대주주 또는 최대출자자이거나 대표자로서 그 법인을 실질적으로 지배하는 경우가 아니라면 창업 배제요건으로 보는 것은 타당하지 않다고 보여짐(행정안전부 지방세특례제도과-664, 2018.3.5.).
- 창업중소기업이 기존사업을 계속하여 영위하면서 감면기간 내에 창업 업종에 속하는 업종을 추가한 다음, 수도권과밀억제권역외의 지역에서 추가한 업종에 사용하고자 사업용 재산을 취득하는 경우는 최초로 영위하는 사업과 다른 사업을 영위하는 경우에 해당하므로 「지방세특례제한법」 제58조의3 제1항의 창업한 중소기업이 창업 당시의 사업을 하기 위하여 취득하는 경우에 해당하지 아니한다 할 것이므로 취득세 경감대상이 되지 않는다고 판단됨(행정자치부 지방세특례제도과-1352, 2015.5.18.).
- 도매업 등을 영위하는 청구인이 판매하는 물품과 제조하는 제품은 매출거래처가 달라 사용분야가 서로 다른 것으로 보이는 점 등에 비추어 청구인이 도·소매업을 영위하였다 하더라도 다른 장소에서 업종을 달리하여 제조업을 영위한 것이므로 창업으로 보는 것이 타당하다 하겠음. 다만, 도·소매업을 영위하는 청구인이 쟁점토지 및 쟁점건물 일부를 사업장으로 사용하고 있는 면적은 감면대상에서 제외함(조세심판원 2018지0098, 2018.5.16.).
- 청구법인은 2010.6.24. 법인설립등기시 자동차부품제조업과 도매무역업 등을 목적사업으로 등재하고 있었고, 2011년도에 도매무역업 매출이 발생하였으며, 2012.2.27. 쟁점부동산을 취득하여 제조업을 준비한 점 등에 비추어 청구법인은 설립 이후 2가지 사업을 병행하여 준비하였던 것으로 보이고, 이 중 도매무역업 매출이 먼저 발생하였다 하여 업종을 추가하는 경우에 해당된다고 보기는 어려움(조세심판원

2013지0156, 2014.9.19.).

- 제조업이 아닌 연회용품 판매업 등을 영위하면서 드라이아이스제조업을 병행하여 사업을 추진하고자 사업준비과정을 거쳐 제조업에 사용하고자 쟁점부동산을 취득한 것으로 볼 수 있다 할 것이고, 이와 같이 법인설립시점부터 2개의 사업을 병행하여 추진하는 것이 새로운 업종의 추가에 해당된다고 보기는 어렵다고 할 것이므로 처분청이 청구법인에 대하여 업종추가를 한 경우로서 「조세특례제한법」상 새로이 중소기업을 창업한 경우에 해당되지 아니한다고 보아 청구법인의 경정청구를 거부한 처분은 잘못이 있음(조심 15지739, 2016.2.24.).

사례 원고가 사업을 확장하거나 다른 업종을 추가하는 경우 등 새로운 사업을 최초로 개시하는 것으로 보아 창업중소기업감면대상에 해당되는지 여부

① ○○○은 교사였던 사람으로 원고 설립 전 레미콘과 아스콘 생산 및 판매 등에 관한 경험이 전혀 없었던 점, ② 원고는 아버지 △△△로부터 증여받은 30억 원으로 원고를 설립한 점(그 무렵 원고 동생 ×××은 △△△로부터 □□산업 주식을 증여받아 그 최대주주가 되었다), ③ 원고 설립에 필요한 업무는 삼보산업 직원들이 담당한 것으로 보이고 ○○○이 그에 실질적으로 관여하였다고 볼 증거도 없는 점, ④ 원고와 □□산업의 임원 구성이 겹치고, 두 회사가 하는 사업이 유사한 점, ⑤ 원고 설립 후에도 회사 운영에 관한 최종적인 의사결정은 △△△가 한 점, ⑥ 원고는 회사 운영에 필요한 최소한의 회계조직조차 갖추지 못한 채 그 업무를 □□산업과 그 임원에게 일임하였고, 그 밖에 원고의 다른 업무도 □□산업 직원이 처리하였으며, ○○○이 그에 실질적으로 관여하였다고 볼 별다른 증거도 없는 점 등에 비추어 과연 원고가 회사 운영에 필요한 독자적인 조직을 갖추었는지도 의문인 점, ⑥ 원고가 특수관계 회사로부터 매입한 비용은 매출원가의 30%를 넘으며 2017년에는 56%에 달하는 점, ⑦ 이처럼 원고의 1인 주주이자 대표이사인 ○○○이 별다른 사업 경험이 없고 원고 운영에 실질적으로 관여한 것으로 보이지도 않음에도, 원고는 공장을 신축한 다음 해인 2015년에는 매출원가만 약 118억 원에 달하였고, 2015년에는 매출원가만 약 231억 원에 달할 정도로 급성장한 점 등의 사정에 비추어 보면, 원고의 사업은 □□산업이 하던 사업의 확장 또는 업종 추가에 불과할 뿐이고, 원고가 새로운 사업을 최초로 개시하여 원시적인 사업 창출 효과가 있었다고 보기는 어려움(대법원 2020.10.15. 선고 2020두41948 판결).

➡ '온천'을 운영하던 원고가 다른 '호텔'을 새롭게 운영하는 것이 '다른 업종을 추가하여 새로운 사업을 최초로 개시하는 것으로 보기 곤란한 경우'에 해당하는지 여부

사례 온천사업자가 호텔업을 추가로 하는 경우 창업으로 볼 수 있는지 여부

'온천'의 사업자는 원고와 이지연이고 '호텔'의 사업자는 원고로 사업자가 다르다. 공동사업자 중 1인이 혼자 다른 업종의 새로운 사업을 등록하는 경우에 이를 '창업을

한 기업이 다른 업종을 추가하는 경우'에 해당한다고 보기는 어려운 점, '온천'은 주된 업태가 '서비스업'이고, 주된 업종이 '대중탕'이며, 실제 운영형태 역시 대중목욕탕과 숯가마찜질방이므로, 한국표준산업분류 중 「분류코드: 96121 / 분류명: 욕탕업」에 해당되는 반면, '호텔'은 업태가 '관광숙박업', 업종이 '관광호텔업'이며, 실제 운영형태 역시 관광호텔이므로, 한국표준산업분류 중 「분류코드: 55101 / 분류명: 호텔업」에 해당되어 '온천'과 '호텔'은 한국표준산업분류 상 다른 업종에 해당하는 점, 앞서 본 바와 같이 구 지방세특례제한법 제58조의3 제6항 각 호에서 창업의 예외 사유들을 규정하고 있는 것은 새로운 사업을 최초로 개시함으로써 원시적인 사업창출의 효과가 있는 경우에만 소득세 또는 법인세의 감면혜택을 주려는 데 있으므로, 새로운 사업을 최초로 개시하는 것으로 보기 곤란한 경우에 해당하는지 여부를 판단함에 있어서는 '원시적인 사업창출의 효과가 있는지 여부'를 고려하여야 할 것이다. 구 지방세특례제한법 제58조의3 제6항 제4호는 '다른 업종을 추가하는 경우'는 '새로운 사업을 최초로 개시하는 것으로 보기 곤란한 경우'의 예시로 규정하고 있는데, 기업이 다른 업종의 사업을 개시하는 경우에 원시적인 사업창출의 효과가 있다면 이는 다른 업종의 '추가'라기보다 '새로운 사업을 최초로 개시하는 것'으로 볼 여지가 있는 점, '온천'과 '호텔'은 인접하여 있기는 하지만, 원고는 '호텔' 운영을 위하여 별도로 이 사건 건물을 건축하여 서로 다른 물적 시설을 이용하여 운영되고 있는 점, 또한 '온천'의 2016년부터 2018년까지의 근로소득지급명세서 상 소득자 인적사항과 '호텔'의 2017년과 2018년의 근로소득지급명세서 상 소득자 인적사항을 살펴보면, 동일한 근로자가 없어서 '온천'과 '호텔'은 그 인적 구성 또한 상이한 점, 등위와 같은 사정에 비추어 보면 '온천'과는 업종과 물적, 인적 구성이 전혀 다른 '호텔' 사업이 개시됨에 따라 원시적인 사업창출의 효과가 있다고 봄이 타당함(대법원 2020.9.24. 선고 2020두41078 판결).

> **사 례** 원고 회사와 소외 회사는 독립된 별개의 회사임에도, 원고가 소외 회사의 사업확장으로 보아서 창업중소기업에 해당하지 않는다는 전제에서 이루어진 이 사건 처분은 위법하다는 주장의 당부

과세처분취소소송의 소송물은 정당한 세액의 객관적 존부이므로 과세관청으로서는 소송도중이라도 사실심 변론종결시까지는 당해 처분에서 인정한 과세표준 또는 세액의 정당성을 뒷받침할 수 있는 새로운 자료를 제출하거나 처분의 동일성이 유지되는 범위 내에서 그 사유를 교환·변경할 수 있는 것이고, 반드시 처분 당시의 자료만에 의하여 처분의 적법 여부를 판단하여야 하거나 처분사유만을 주장할 수 있는 것은 아니다(대법원 1997.10.24. 선고 97누2429 판결 참조).

그런데 이 사건 소가 계속 중, 소외 회사와 인접한 곳에 ○○○, □□□의 부친이자 원고 대표이사의 남편 △△△이 대표이사로 있었던 □□산업 주식회사(2002년 설립되었고, 그 사업체 부지 및 건물이 2015.9.경 매각되었다)의 존재가 확인되었다. 그리

고 위 □□산업의 제조물품도 합성수지, 플라스틱물질, 합성수지패드 제조 등으로 생산품목이 소외 회사나 원고 회사와 동일하다. 그리고 □□산업이 폐업할 무렵 원고 회사가 설립되었음을 알 수 있는바, 창업으로 보지 않는 감면배제 사유인 지방세특례제한법 제58조의3 제6항 제3호(폐업 후 사업재개) 내지 제4호(사업확장 내지 업종 추가)의 적용대상으로 보아야 함(대법원 2020.10.15. 선고 2020두42910 판결).

사례 ▶ 원고가 □□산업에 이 사건 건물 1동 1층을 임대함으로써 이 사건 부동산의 취득일로부터 2년 이내에 이 사건 건물 1동 1층을 정당한 사유 없이 원고의 사업에 직접 사용하지 않거나 다른 목적으로 사용·처분하였다고 볼 수 있는지 여부

원고는 이 사건 부동산에 철구조물 제조를 위한 각종 기계 및 장치를 설치하는 등 제조시설을 갖추었고, 건설업체로부터 철구조물(갱폼)을 발주 받아 이를 원고의 책임과 계산에 따라 납품하여 왔던 점, 원고는 이와 같이 철구조물을 제작함에 있어 □□산업과 사이에 '갱폼 임가공 협력업체 계약'을 체결하였는데, 그 계약내용에 의하면 작업장과 작업에 필요한 원자재, 설비, 전력 등은 원고가, 작업에 필요한 소모자재 및 소모성 공구류와 인력은 □□산업이 각 제공하고, □□산업은 원고가 제공한 도면 및 원고의 납품 일정에 따라 철구조물(갱폼)을 제작하여야 하며, □□산업은 작업량에 따라 원고로부터 그 대금을 정산받는다. 이와 같이 □□산업은 원고로부터 오로지 철구조물의 작업량에 따라 대금을 지급받았을 뿐, 철구조물의 매출, 제작 등과 관련한 위험을 전혀 부담하지 아니한 점, 원고 소속의 공장장이 이 사건 건물 1동에 상주하면서 □□산업의 작업자들에게 작업지시를 하고, 매월 협력업체 생산 제품의 품질 등을 평가하는 등 현장을 관리·감독한 점 등에 비추어 볼 때 원고가 □□산업에 대한 관리·감독권을 행사하여 자신의 책임과 계산 하에 제조업을 운영함으로써 이 사건 건물 1동 1층 1,030.4㎡ 부분을 그 사업 수행에 직접 사용한 것으로 보는 것이 타당하므로 원고가 이 사건 부동산을 진영산업에 임대함으로써 이 사건 건물 1동 1층 및 그 부속 토지를 그 취득일로부터 2년 이내에 정당한 사유 없이 원고의 사업에 직접 사용하지 아니한 것을 전제로 한 이 사건 처분은 위법함(대법원 2020.10.29. 선고 2020두44169 판결).

사례 ▶ 합병·분할·현물출자 등을 통하여 기존사업을 승계 또는 인수로 창업으로 볼 수 없는 경우

• 「조세특례제한법」 제6조 제4항 제1호 단서에서 창업으로 인정한 것은, 종전의 사업에 사용하던 자산을 인수 또는 매입하여 동종의 사업을 영위하는 경우만을 의미한다고 할 것이므로, 사업의 양수를 통하여 종전의 사업을 승계한 경우에는 동 단서의 규정을 적용할 수 없다 할 것(대법원 2008.10.2. 선고 2008두14838 판결 참조)임. 따라서 화물자동차의 신규공급을 허용하고 있지 아니하여 기존 사업자에게 그 사업을 양수 받았다면, 「화물자동차운수사업법」 제16조 제1항 및 제3항에 따라 종전의 사업을 승계한 것으로서 「조세특례제한법」 제6조 제4항 제1호 단서의 적용

대상에 해당되지 않으므로, 비록 사업개시 당시 인수한 사업용 자산의 비율이 100분의 30이하라 하더라도 「지방세법」 제119조 제3항 및 제120조 제3항 규정에 의한 취득세 및 등록세 면제대상이 아니라고 판단됨(행정안전부 지방세운영과-4271, 2009.10.9.).

- 청구법인은 2009.9.4. 가구제조업을 목적사업으로 하여 설립되었으나, 청구법인의 장부에는 제조업을 영위하기 위한 기계기구, 원자재의 매입내용이 나타나지 않고, 일부 구입을 주장하는 장비도 구매사실을 입증하지 못하고 있는 점, 법인 설립 이후 제품매출이 미미한 것으로 나타나는 점 등에 비추어 청구법인은 설립된 후 창업중소기업의 업종에 해당하지 아니하는 가구 도·소매업을 영위하여 창업중소기업에 해당하는 것으로 보기 어려우므로 처분청이 이 건 취득세 등을 과세한 처분은 달리 잘못이 없다고 판단됨(조세심판원 2018지66, 2018.03.29.).

- 청구인은 2014.4.24. 건설업(토공사업)을 영위하기 위하여 사업자등록을 하고 이 건 건설기계를 취득하였으나, 2016. 4.14.에 기존부터 사업을 영위하던 이 건 회사와 공동으로 일반건설기계대여업으로 등록한 후 사업을 개시함에 따라 단독으로 일반건설기계대여업을 원시적으로 창업하였다고 보기는 어려운 점 등에 비추어 청구인이 「지방세특례제한법」 제58조의3 및 제100조에 따른 창업중소기업에 해당하는 것으로 보기는 어려우므로 처분청이 이 건 취득세 등을 과세한 처분은 달리 잘못이 없다고 판단됨(조세심판원 2017지1023, 2017.12.28.).

- 청구법인의 대표이사가 개인 명의로 자동차부분정비업 등을 영위하다 청구법인을 설립하면서 자동차종합수리업을 추가한 것은 거주자가 하던 사업을 법인으로 전환한 것에 불과한 점 등에 비추어 청구법인의 설립은 「조세특례제한법」 제6조 제6항에 규정된 창업으로 보지 아니한 경우에 해당한다 할 것이므로 처분청이 이 건 취득세 등을 부과한 처분은 잘못이 없음(조세심판원 2015지0975, 2016.2.17.).

- 청구법인은 청구법인의 대표이사가 종전에 운영하던 개인사업체와 동종업종을 영위하고 있고, 청구법인의 주요 매출처가 종전 개인사업체의 매출처와 동일한 것으로 나타나는 등 청구법인은 개인사업체를 법인으로 전환한 것으로 보는 것이 타당하므로 처분청이 청구법인을 창업중소기업에 해당하지 아니한 것으로 보아 기 면제한 취득세 등을 부과한 처분은 잘못이 없음(조세심판원 2014지114, 2014.9.5.).

- 청구법인은 개인사업자가 사용하던 자산을 인수하여 동종의 사업○○○을 개시하였을 뿐만 아니라, 개인사업자로부터 인수한 자산의 가액○○○이 청구법인이 사업개시 당시의 총자산 가액 ○○○의 100분의 30을 초과한 이상 기존에 사업에 사용되던 자산을 인수하여 동종의 사업을 영위한 것으로 보이므로 새로운 창업으로 보기는 어려움(조세심판원 2013지0580, 2013.9.4.).

- 부동산의 전소유자와 청구법인의 부가가치세 신고서상 업태와 종목이 서로 유사하며, 청구법인의 정관, 법인등기부등본, 사업자등록증에서 부동산임대업이 목적사업으로 등재되어 있고, 실제로 청구법인은 주식회사 ○○○과 임대차 관계에 있

는 주식회사 ○○○의 임대차 관계를 승계한 후 새로운 계약을 체결하여 현재에도 계속해서 임대를 유지하고 있으며, 더 나아가 청구법인은 주식회사 ○○○과 새로운 임대차계약을 체결하여 심판청구일 현재에도 임대차 관계를 유지하고 있는 사실 등에서 청구법인의 설립은 "종전의 사업에 사용되던 자산을 인수 또는 매입하여 같은 종류의 사업을 하는 경우"에 해당한다고 보여지므로 "창업"으로 보기는 어려움(조세심판원 2010지0841, 2011.9.1.).

- 창업 당시 창업중소기업의 요건을 갖추었다 하더라도 종전의 사업에 사용하던 자산을 매입하여 동종의 사업을 영위하는 경우당해 사업 개시 당시 사업을 영위하기 위하여 취득하는 자산의 가액의 합이 토지와 「법인세법 시행령」 제24조의 규정에 의한 감가상각자산의 총 가액에서 차지하는 비율이 100분의 30을 초과한다면 당해 기업은 창업중소기업에 해당한다고 볼 수 없다고 할 것으로, 종전의 사업에 사용하던 자산을 매입하여 동종의 사업을 영위하는 경우라 함은 창업당시뿐만 아니라 창업 후에도 종전 사업자가 사업용으로 사용하고 있던 자산을 매입하여 동종의 사업을 영위하는 경우를 포함한다 할 것임(조세심판원 2010지0543, 2011.6.14.).

- 조세특례제한법 제6조 제4항 제1호에서 창업으로 보지 아니하는 사업의 양수라 함은 양수인이 양도인의 인적·물적 설비를 인수하여 종전의 사업을 사실상 승계하는 것이면 충분하다고 할 것인 바, 양수인이 양도인의 인적·물적 설비를 전부 양수하여야 한다거나 종전 사업을 그대로 영위하는 것에 한정된다고 할 수는 없다고 할 것이므로 청구법인은 종전회사로 부터 화물자동차운송사업허가를 양수하면서 종전 회사 명의의 ○○○(22톤 초장축 카고트럭)를 청구법인 명의로 이전 등록한 이상, 이는 종전회사의 물적 설비와 그 종업원(○○○)을 동시에 인수한 것이라 할 것이고 청구법인 또한 종전회사와 동일한 화물운송업을 영위하고 있으므로 청구법인의 화물자동차운송사업허가 양수는 조세특례제한법 제6조 제4항 제1호에서 규정한 사업의 양수에 해당됨(조세심판원 2010지0432, 2011.3.22.).

- 개인사업자가 법인을 설립하여 그 법인을 통하여 종전 개인사업과 동일한 사업을 영위하거나 사업을 확장하는 등 새로운 사업을 최초로 개시하는 것으로 보기 곤란한 경우에는 창업으로 보지 아니함(대법원 08두14838, 2008.10.23.).

사례 거주자가 하던 사업을 법인으로 전환하여 새로운 법인을 설립하는 경우로 창업으로 볼 수 없는 경우

- 「조세특례제한법」 제120조 제3항의 창업중소기업이 해당사업을 하기 위하여 취득하는 사업용 재산인 경우 취득세가 면제되는 것이나 부동산 인수 후 동종업종인 팬션 및 호텔업을 영위하였다면 개인사업을 법인으로 전환하여 새로운 법인을 설립한 경우라 할 것이라 창업으로 볼 수 없다. 따라서 취득세 경정청구를 거부한 과세청은 정당함(조세심판원 2014지1252, 2015.4.28.).

- 청구법인이 청구법인의 대표이사 개인이 운영중인 개인사업체를 청구법인과 동일

한 장소에서 동일한 업종을 영위한다 하더라도, 청구법인이 개인사업체의 사업을 승계하거나, 자산을 인수(매입)한 사실이 확인되지 아니할 뿐만 아니라, 법인으로 전환한 사실이 없이 각각의 종업원 등을 두고 상호 독립적으로 사업을 영위하는 사실이 확인되는 이상 기 창업중소기업으로 감면한 취득세 등 전액 추징대상으로 볼 수는 없으며 청구법인이 직접사용하지 않고 창업일로부터 2년 이내에 개인사업체(청구법인 대표이사)에 임대한 면적에 대하여 추징함이 타당함(조세심판원 2011지0845, 2012.7.27.).

- 개인사업자가 임차기간 만료로 사실상 폐업한 후, 개인사업자의 주요 거래처의 약 71%와 종업원 12명 중 6명이 청구법인으로 고용이 승계된 사실이 확인되는 이상, 실질적으로는 법인전환 내지는 사업의 양수를 통하여 개인사업체의 사업을 승계하여 사업을 확장하거나 업종을 추가한 것에 불과하므로 「조세특례제한법」에 의한 취득세 등의 면제대상 창업중소기업대상에 해당하지 않음(조세심판원 2011지0335, 2012.3.5.).

- 청구법인의 대표이사 배우자(妻)가 운영 중인 개인사업체와 동일한 장소에서 동일한 업종을 영위한 사실이 확인되므로 사실상 개인사업자가 법인으로 전환한 경우에 해당된다고 판단되므로 처분청이 청구법인의 쟁점토지에 대하여 취득세 등을 부과고지한 처분은 적법함(조세심판원 2011지0584, 2012.9.20.).

- 청구법인은 개인사업자가 하던 사업을 법인으로 전환하여 설립되었으므로 창업중소기업에 해당하지 아니하며 창업중소기업인 개인사업자가 법인으로 전환하였다 하더라도 개인사업자와 법인은 별개의 권리주체인 바, 당초 개인사업자의 취득세 등의 감면 기간 내에 사업용재산을 취득하였다 하더라도 이에 대하여 감면한다고 조세특례제한법에서 별도로 규정하고 있지 아니한 이상 취득세 감면대상이 아님(조세심판원 2010지0213, 2010.12.24.).

- 개인사업체를 운영하는 자가 별도로 법인을 설립하여 같은 건물 같은 층에 호수만 달리하여 개인사업체의 사업자등록이 되어있고, 법인등기부와 임대차계약서상에는 건물만 등재되어 있는 점 등을 감안하면 실질적으로 동일한 장소로 볼 수 있으며, 청구인 설립당시 청구인의 대표자가 운영하는 동업종개인사업체 소유의 선박을 모두 인수한 점, 개인사업체에 종사하는 직원 대부분을 퇴사시킨 후 청구인에 재취업시킨 점, 개인사업체가 내항화물운송사업 폐업신고를 한 점, 2008년 4월~6월까지 개인사업체의 매출이 전혀 없으며 급여대장에서 2008년 4월, 5월에 종사직원이 없었던 것으로 확인되는 점, 청구인의 법인설립은 법인전환 또는 사업의 양수를 통하여 개인사업체의 사업을 승계한 다음, 그 사업을 확장하는 등 새로운 사업을 최초로 개시한 것으로 보기 곤란한 경우로서 조세특례제한법 제6조 제4항 제2호 및 제4호의 규정에 의해 창업에 해당하지 않는 것으로, 동종의 업종을 운영하고 개인사업체는 사업자등록만 존재하는 경우 창업으로 볼 수 없음(조세심판원 2008지0536, 2009.5.29.).

- 개인사업자의 폐업일이 속하는 과세기간의 총매출액이 전액 청구법인에게 발생된 점 등으로 보아 창업 아님(조심 09지703, 2010.3.22.).

사례 폐업 후 사업을 다시 개시하여 폐업 전의 사업과 같은 종류의 사업을 하는 경우로 창업으로 볼 수 없는 경우

- 청구법인은 형식적으로 새로운 법인을 설립하였다 하더라도, 개인사업자와 대표자, 소재지 및 목적사업 등이 동일한 점으로 볼 때, 조세특례제한법 제6조 제4항 제3호에서 폐업 후 사업을 다시 개시하여 폐업전의 사업과 동종의 사업을 영위하는 경우에는 창업으로 볼 수 없음(조세심판원 2011지0797, 2012.5.16.).
- 청구법인은 종전의 사업을 승계하거나 종전의 사업에 사용되던 자산을 인수 또는 매입하여 동종의 사업을 영위하는 경우에 해당하지 아니하는 등 법인설립등기 당시 창업중소기업의 요건을 충족하여 2009.5.27. 취득한 외 1필지에 관하여 「조세특례제한법」 제119조 제3항 제1호 및 제120조 제3항에 따라 취득세 및 등록세를 면제받은 사실이 있고, 법인설립등기 및 사업자등록이 이루어진 상태에서 청구법인이 폐업신고 후 다시 사업자등록증을 재교부받아 사업을 개시한 사실은 있지만, 실제로는 폐업신고 시점까지 사업을 영위한 사실이 전혀 없으므로 같은 법 제6조 제4항 제3호의 "폐업 후 사업을 다시 개시하여 폐업전의 사업과 동종의 사업을 영위하는 경우"에 해당하는 것으로 보기 어려우며, 이 건 부동산은 청구법인이 창업일부터 4년 이내에 취득·등기한 부동산에 해당하므로, 이 건 부동산은 같은 법 제119조 제3항 제1호 및 제120조 제3항에 따라 취득세 및 등록세 면제대상에 해당한다 할 것임(조세심판원 2010지0514, 2011.7.22.).
- 「조세특례제한법」 제6조 제4항 제2호, 제3호, 제4호에 의하면 "거주자가 영위하던 사업을 법인으로 전환하여 새로운 법인을 설립하는 경우", "폐업 후 사업을 개시하여 폐업전의 사업과 같은 종류의 사업을 계속하는 경우", "사업을 확장하거나 다른 업종을 추가하는 경우 등 새로운 사업을 최초로 개시하는 것으로 보기 곤란한 경우"에는 창업으로 보지 아니하도록 규정하고 있는 바, 법인설립 후 폐업한 사업장을 포괄 임차하여 기존 사업장과 같은 종류의 사업을 영위하다가 청구인이 기존 업체의 사업장을 경락받을 때의 기계의 감정평가액과 대차대조표상 기계장치 가액이 거의 동일하여 추가적인 기계장치 구입이 없었다는 것을 반증하고 있다는 점 사업장 현지실사 기록에서도 같은 업종의 사업을 영위하고 있는 것으로 나타나고 있는 점 등을 보아 부과고지한 처분은 적법함(조세심판원 2010지0244, 2010.12.29.).
- 청구법인은 ○○○의 사업을 승계하여 승계전의 사업과 동종의 사업을 계속하거나 폐업 후 사업을 다시 개시하여 폐업전의 사업과 동종의 사업을 영위하는 경우로써 목적사업 중 발포플라스틱 생산 및 판매업 등이 같으며 공장등록을 위해 제출한 공장등록변경신청서 및 그 승인통보서에 기재된 위 양 업체의 생산품(스치로폼) 및 업종이 일치하는 점 공장업종을 변경한 것은 설립일로부터 약 2년 가까

이 경과한 이후인 점 등을 종합하여 볼 때 창업중소기업에 해당하지 아니하는 것으로 보이며 부과고지 처분은 적법함(조세심판원 2010지0067, 2010.10.19.).

- 조세특례제한법 제6조에서 규정하고 있는 폐업 후 사업을 다시 개시하여 폐업전의 사업과 동종의 사업을 영위하는 경우에는 청구법인의 대표이사 개인이 운영하던 개인사업장을 법인으로 전환하였는지 여부와 관계없이 창업에 해당되지 않는다고 본 것은 타당함(조세심판원 2009지0623, 2010.5.31.).

- 종전의 사업에 사용되던 자산을 인수 또는 매입하여 동종의 사업을 영위한 경우에는 그것이 설령 종전 사업체의 유휴설비를 이용하거나 사실상 폐업한 업체의 자산을 이용하여 사업을 개시하는 경우에 해당하더라도 원시적인 사업창출의 효과가 없으므로, 조특법 제6조 창업의 범위에서 제외(대법원 11두11549, 2014.3.27.)

사례 〉〉 사업을 확장하거나 다른 업종을 추가하는 경우 등 새로운 사업을 최초로 개시하는 것으로 보기 곤란하여 창업으로 볼 수 없는 경우

- 청구법인은 창업중소기업에 해당한다고 주장하나, 청구법인의 대표자가 운영하였던 사업체의 목적사업이 청구법인의 것과 동종으로 보이는 점, 청구법인 설립 후에 종전 사업체의 사업장을 사실상 폐쇄한 것으로 보이는 점 등에 비추어 청구법인은 이 건 사업체를 청구법인으로 전환했거나 사업을 확장한 것에 해당하므로 청구주장을 받아들이기 어려움(조세심판원 2018지2002, 2018.12.20.).

- 청구인은 그 배우자의 사업장과 동일한 장소에서 유사한 업종 및 업태로 개업하였고, 그 주요 매출처도 배우자의 사업장과 동일한 점 등에 비추어 청구인은 배우자의 사업장을 확장한 것에 불과하고 새로운 사업을 최초로 개시하였다고 보기 어려우므로 이 건 경정청구를 거부한 처분은 잘못이 없음(조세심판원 2016지0505, 2016.10.31.).

- 「청구법인과 이 건 원청업체의 임직원이 사실상 동일하고 청구법인의 상호와 이 건 협력업체의 영문명이 유사한 것으로 보아 설립한지 4년이 경과하여 더 이상 창업중소기업에 따른 취득세 면제 혜택을 받을 수 없게 된 이 건 원청업체가 청구법인을 설립한 후 청구법인으로 하여금 이 건 부동산을 취득하게 한 것으로 보이는 바, 청구법인의 설립은 원청업체의 사업확장에 불과하다고 보이는 점 등에 비추어 청구법인이 실질적으로 자기 책임하에 이 건 부품을 제조·판매하는 것으로 보기 어려우므로 청구법인이 창업중소기업에 해당하지 아니하다고 보아 이 건 취득세 등을 부과한 처분은 잘못이 없다고 판단됨(조세심판원 2015지0033, 2016.3.15.).

- 「조세특례제한법」 제120조 제3항의 창업중소기업 및 창업벤처중소기업에 해당하여 취득세를 면제받기 위해서는 새로운 사업을 최초로 개시하는 요건이 중요한 것인데 조선기자재 생산업을 특수관계인과 지분을 소유하여 설립한 종전의 사업을 확장하여 같은 종류의 사업을 하는 경우로 판단되므로 창업중소기업에 해당하지 않음(조세심판원 2014지1108, 2015.6.10.).

- 청구법인의 경우 이 건 부동산을 취득하기 전부터 구 「조세특례제한법」 제6조 제

3항에서 규정한 업종이 아닌 건설업만을 영위한 사실이 손익계산서 및 매출처별 세금계산서 합계표, 시공실적 현황 등에서 확인되고 있고, 청구법인 스스로도 창업에 해당하는 벽지제조업은 등기부상 형식적으로 기록한 것이고 벽지제조와 관련한 품목을 제조한 사실이 없다고 인정하고 있으며, 기자재 제조 설치업 등 창업에 해당하는 종목들을 창업일 이후인 2008.8.1., 2010.3.2., 2010.3.30. 목적사업에 추가한 이상, 이는 구 「조세특례제한법」 제6조 제4항 제4호에서 규정한 창업으로 보지 아니하는 "사업을 확장하거나 다른 업종을 추가하는 경우"에 해당된다고 할 것이므로 이 사건 부동산은 취득세 등의 면제대상에 해당되는 창업벤처중소기업이 취득하는 사업용 재산에 해당되지 아니함(조세심판원 2010지0781, 2011.9.21.).

- 창업중소기업 업종에 해당되지 아니하는 업종(도매업)으로 사업자등록을 하고 사업을 영위하다가 다른 장소에서 제조업을 추가로 개시하였다면, 업종추가의 경우로서 창업에 해당하지 아니함(조심 10지377, 2010.12.28.).

사례 창업중소기업 감면 후 의무사용 등 여부

- 창업벤처중소기업에 대한 취득·등록세의 감면에 있어 벤처기업 확인에 관한 사항은 면제요건에 관한 사항으로서 납세의무성립 당시 면제요건을 모두 구비한 경우라면 일단 면제를 하여야할 것이고, 동 면제요건에 대하여 사후관리 측면에서 별도의 추징규정(예: 사용일부터 2년 이내에 벤처확인이 취소되거나 기간이 연장되지 아니한 경우 면제된 세액을 추징)을 두고 있지 아니한 이상 이를 이유로 기면제한 취득·등록세를 추징하기는 어렵다고 할 것이므로, 귀 문의 경우 창업벤처중소기업이 사업용재산을 취득·등기하면서 「조세특례제한법」 제119조 제3항 및 제120조 제3항 규정에 의하여 정당하게 취득·등록세를 면제 받은 후 당해 사업용재산을 당초 사업의 목적대로 계속 직접 사용하고 있는 경우라면, 비록 추징 사후관리 기간(2년) 내에 벤처기업인증 연장이 이루어지지 아니하였다고 하더라도 면제받은 취득·등록세를 추징하기는 어렵다고 판단됨(행정안전부 지방세운영과-4202, 2009.10.5.).

- 개인사업자인 청구인이 법인을 설립하여 부동산을 양도하였다 하더라도 개인과 법인은 별개의 권리주체이며, 「조세특례제한법」 조문에서 개인이 창업중소기업을 만들어 취득한 사업용 재산을 법인으로 전환하여 그 재산을 양도한 경우에 이를 처분으로 보지 않거나, 정당한 사유에 해당하는 것으로 달리 규정하고 있지 아니한 이상, 청구인이 부동산을 양도한 것은 그 취득일부터 2년 이내에 정당한 사유 없이 처분한 것으로 보는 것이 타당함(조세심판원 2014지0810, 2014.12.1.).

- 취득세 감면대상에 해당하는 창업중소기업의 '사업용 재산'이란 당해 목적사업에 직접 공여되는 재산이라고 할 것인 점, 취득하기 이전에 조금만 주의를 기울였더라면 당해 공장 건축물이 창업중소기업의 목적사업용에 부합하지 아니한다는 사실을 인지할 수 있었던 점, 당해 목적사업의 생산공정에 불부합하다는 이유로 사용하지

못함은 법령에 의한 금지·제한 등 기업이 마음대로 할 수 없는 오로지 외부적 사유에 해당된다고 보기는 어려운 점(대법원 2010.7.8. 선고 2010두6007 판결 참조) 등을 종합적으로 고려해 볼 때, 철거 공장의 경우 추징이 제외되는 사용하지 못한 '정당한 사유'에 해당된다고 보기 어려움(안전행정부 지방세운영과-108, 2013.4.6.).

- 건축물의 부속토지란 당해 건축물과 경제적 일체를 이루는 토지로써 그 용도는 건축물의 이용현황에 따라 결정되는 것으로 건축물과 그 부속토지의 사용을 별개로 구분할 수 없는 것이며, 당초 청구법인이 이 건 토지에 대하여 취득세 등을 감면받은 것은 이 건 건물을 해당 사업의 용도에 사용할 것을 전제로 하여 된 것이라 하겠는바, 처분청이 임대한 쟁점건물에 대하여 취득세 등을 추징하면서 그 부속토지에도 추징대상이 된 것으로 보아 이 건 취득세 등을 부과한 처분은 달리 잘못이 없다고 판단됨(조세심판원 2017지0878, 2017.10.27.).

- 1토지(1,817㎡)는 청구법인이 영위하는 금속구조재 제조업이라는 업종 특성상 실제 원자재 적치 등의 야적공간으로 공여되고 있고, 공장입지 기준 면적 내 토지로서 처분청이 재산세를 분리과세하고 있는 점 등을 고려하면 공장용 건축물의 부속토지로 직접 사용하는 것으로 볼 수 있음(조세심판원 2013지0545, 2014.1.27.).

- 쟁점토지를 취득하여 중소기업 창업사업계획 승인을 받은 사업인 제조시설을 신축하고자 노력하였으나, 건축허가에 필수적인 국유지를 취득하는 과정에 상당한 시일이 소요되었을 뿐만 아니라, 쟁점토지 취득 이후 이루어진 ○○○의 관광도로 확장계획에 따른 불가피한 설계변경 등으로 인하여 유예기간을 넘긴 것이므로 유예기간(2년) 내에 당해 사업에 직접 사용하지 못한 정당한 사유가 있는 것으로 봄이 타당함(조세심판원 2013지0146, 2013.5.29.).

- 청구법인의 2009년 및 2010년 대차대조표(재무상태표)에 제조업에 필요한 기계장치 등의 자산이 기재되어 있지 아니한 점, 계정별원장에서 제조업에 필요한 경비 등이 나타나지 아니하는 점, 청구법인의 매출이 제조업에서 생산한 제품이 아닌 파이프가공대 및 부품가공대 등의 가공업에서 발생한 것으로 나타나는 점을 종합하여 보면, 쟁점부동산을 창업업종(제조업 등)에 직접 사용하지 아니하고 이를 가공업 용도로 사용하거나 제3자에게 임대한 사실이 확인되므로 창업중소기업용으로 취득한 부동산을 당해 직접 사용한 것으로 볼 수 없음(조세심판원 2012지0451, 2012.9.18.).

- 청구법인이 창업일부터 4년 이내에 조세특례제한법 제6조 제3항 제2호에서 규정한 제조업에 속하는 전기이륜차 개발 및 제작업을 목적사업에 추가하고, 쟁점1부동산을 오토바이의 전시장 등이 아닌 전기오토바이 시제품 제작 등에 직접 사용하고 있는 사실이 확인되고 있는 이상 이는 청구법인이 쟁점1부동산을 당해 사업에 직접 사용하는 것이라 할 것이므로 처분청이 쟁점1부동산에 대하여 면제한 취득세 등을 추징한 것은 잘못임(조세심판원 2010지0282, 2011.5.27.).

- 청구법인이 종전부터 종합무역업 등에 사용하던 이 건 부동산을 풍력발전 기자재

생산업 등에 사용하고자 취득하였다고 하더라도 이는 취득세 등의 면제대상에 해당되는 창업중소기업이 취득하는 사업용 재산에 해당되지 아니한다고 할 것인 바, 청구법인이 이 건 부동산에 대한 취득세 등을 신고납부한 것은 적법함(조세심판원 2010지0653, 2011.3.24.).

- 자동차를 신규취득한 후 엔진오일 누수와 관련한 문제는 자동차제작회사와 쌍방간에 해결하여야 할 문제이고, 이 건 자동차를 취득한 후 경제사정이 좋지 않아 화물운송 일거리가 없었고, 청구인 개인의 피의사건에 대한 소송 진행 및 이 건 자동차 취득시 자동차 영업사원에게 취득과 관련한 사항을 위임하여 취득세 등의 면제와 관련한 법규를 알지 못한 문제 등은 청구인 개인의 문제로서 처분청에 귀책사유가 있는 것으로 보기는 어렵다 할 것이므로 구「조세특례제한법」(법률 제7577호 2005.7.13. 개정되기 전의 것) 제119조 제3항 제1호 및 제120조 제3항에서 규정하고 있는 "정당한 사유"에 해당되지 않음(조세심판원 2009지0929, 2010.7.6.).

- 청구법인은 쟁점토지의 경사도가 24.3도에 이르러 쟁점토지 상에 부지를 조성하여 유예기간(2년) 내에 당해 목적사업에 사용하는데 대한 제약이 있다는 사정을 알았거나 알 수 있었던 상태에서 이를 취득하였으므로, 이러한 사유는 당해 목적사업에 직접 사용하지 못한 정당한 사유로 보기는 어렵다 할 것임(조세심판원 2012지0818, 2013.1.14.).

- 청구법인은 이 건 토지를 취득한 후, 2011년도 에너지관리공단의 태양광발전 공급인증서 판매자 선정에 참가 신청하여 탈락한 것을 제외하고는 별다른 노력이 없이 유예기간을 경과하였을 뿐만 아니라, 청구법인이 고유업무에 직접 사용하는데 대한 법령상 금지나 제한 등 청구법인이 마음대로 할 수 없는 외부적인 사유가 있는 것으로 볼 만한 사정을 발견 할 수 없으므로 기 감면한 취득세 등을 추징한 처분은 적법함(조세심판원 2012지0679, 2012.12.21.).

- 건축면적의 변경, 공장설비 설치 및 판매계획 차질로 인한 사업계획 변경 등의 사유는 청구법인의 필요에 의한 내부적인 사정에 불과하다 할 것이므로 이 건 부동산을 유예기간내에 고유업무에 직접 사용하지 못한 정당한 사유가 있다고 보기는 어려움(조세심판원 2012지0483, 2012.11.7.).

- 청구법인이 쟁점부동산을 직접 사용하지 아니하고 창고업자와 창고사용계약을 체결하여 매월 사용료를 지급 받고 있는 이상 쟁점부동산을 임대한 것으로 보는 것이 타당하다 할 것이므로 기 감면한 취득세 등을 추징한 처분은 적법함(조세심판원 2012지0585, 2012.10.24.).

- 「산지관리법」 등 관계법령에 의하여 공장신축이 제한되거나 불가능하다는 것을 알 수 있었거나 알고 있는 상태에서 이를 취득하였을 뿐만 아니라, 이러한 사유 때문에 처분청의 보완·보정요구를 충족하지 못함에 따라 창업사업계획승인 신청이 불승인되어 공장을 신축하지 못하고 있는 이상 유예기간내 고유업무에 직접 사용하지 못한 정당한 사유로 보기는 어려움(조세심판원 2011지0808, 2012.6.19.).

- 쟁점건축물은 유예기간이 경과하도록 기계설비를 갖추지 아니한채 공실상태로 방치되고 있었으므로 해당사업에 직접 사용되었다고 보기는 어렵다 할 것이고, 청구법인이 쟁점부동산을 해당사업에 직접 사용하지 못한데에 법령상의 제한과 같은 외부적 장애 사유는 없었던 것으로 보이고 선박제조업체의 대외 수주부진은 청구법인의 경영상의 문제에 해당하는 것으로 보이므로 이를 유예기간 내에 사용하지 못한 정당한 사유에 해당한다고 보기 어려움.
  또한 건축물의 부속토지는 토지의 이용현황으로 사용여부를 판단할 것이 아니라 당해 건축물의 이용현황에 따라 사용여부를 판단하는 것이 타당하므로 이 건 토지 중 건축물이 정착되지 아니한 부분도 건축물의 이용비율에 따라 해당 부분의 사용여부를 판단함이 타당하다 할 것임(조세심판원 2011지0631, 2012.6.15.).
- 「조세특례제한법」 제120조 제3항 규정에 의하여 면제된 취득세의 추징을 위한 과세요건에는 해당 부동산의 취득 외에 유예기간 2년의 경과도 포함되므로, 창업중소기업이 부동산을 취득한 날로부터 2년 이내에 고유업무에 직접 사용하지 아니한 데 정당한 사유가 있는 경우라고 하더라도, 추징을 위한 과세기준일은 부동산 취득일로부터 2년이 경과한 날이 되고, 정당한 사유가 소멸된 날로부터 2년이 경과한 날이 되는 것은 아니라 할 것임(대법원 2009.3.12. 선고 2006두11781 판결).
- 개인사업자와 법인은 별개의 권리주체이고, 창업중소기업에 대한 취득세 감면에 법인 전환 후라도 개인사업자의 잔여 감면기간에 대하여 감면할 수 있다는 규정이 없는 바 이 건 취득세 등을 부과한 처분은 잘못이 없음(조심 16지507, 2016.9.1).
- 창업중소기업이 창업을 하고 최초 기업설립 이후 창업중소기업으로 감면받은 사실이 없는 경우에 벤처기업 확인받은 날부터 4년의 기간 내에 취득하는 부동산에 대하여 감면대상으로 보아야 할 것이고, 창업중소기업이 벤처기업 확인을 여러 번 받은 경우라면 그 감면기산일은 최초로 벤처기업 확인 받은 날로부터 4년의 기간 내에 취득하는 부동산을 감면대상으로 보는 것이 타당하다(행정안전부 지방세특례제도과-571, 2018.2.22.).
- 개인사업자와 법인은 별개의 권리주체이므로 개인사업자에게 적용하여야 할 감면 규정을 법인에게 그대로 적용하기 어렵고, 창업중소기업에 대한 취득세 감면을 규정한 「조세특례제한법」 제120조 제3항에는 법인 전환 후라도 개인사업자의 잔여 감면기간에 대하여 감면할 수 있다는 규정이 없는 점 등에 비추어 이 건 취득세 등을 부과한 처분은 잘못이 없음(조세심판원 2016지0507, 2016.9.1.).
- 피합병법인의 목적사업 및 이 건 부동산의 인허가 현황 등에 비추어 피합병법인은 「관광진흥법」에 따른 관광객이용시설업을 영위할 목적으로 설립된 법인에 해당하고, 실제로도 이 건 부동산을 해당 사업에 사용하였으므로 피합병법인은 이 건 부동산을 창업 업종에 사용하기 위하여 취득하였다 할 것이며, 이 건 부동산에 대한 「관광진흥법」에 따른 등록이 합병 후 청구법인의 명의로 이루어졌다하여 달리 볼 것은 아니므로 처분청에서 이 건 경정청구를 거부한 처분은 잘못이 있음(조

세심판원 2015지0681, 2016.3.24.).

<blockquote>**사례**</blockquote> 창업중소기업 등 감면기간 중 창업벤처기업 학인을 받은 경우 감면 종료기한

- 이 건의 경우, 청구법인은 2015.9.14. 설립된 후 2015.9.17. "의약품 연구 및 개발 등"의 종목으로 사업자등록을 마쳤고, 설립일부터 3년 이내인 2016.6.16. 「벤처기업육성에 관한 특별조치법」 제25조에 따라 OOO으로부터 "연구개발기업" 유형으로 창업벤처중소기업 확인을 받았는바, 이러한 "연구개발업"은 「지방세특례제한법」 제58조의3 제4항 제5호 가목에서 규정한 창업벤처중소기업의 범위에 포함되는 창업 업종에 해당한다 할 것이다. 또한, 청구법인은 정관과 법인등기부등본에서 "제조업"을 목적사업으로 명시하고 있고, 실제로 쟁점부동산을 취득하기 전인 2018사업연도와 2019사업연도에 배양 배지 시제품OOO의 매출내역(총 6건, 공급가액: OOO원)이 발생한 사실로 보아 청구법인은 설립 당시부터 "연구개발업"과 "제조업"을 영위하기 위한 사업활동을 하였다고 봄이 상당하다 하겠으며, 이러한 제조업 등은 준비과정에 장기간이 소요되는 것이 일반적이므로 도매업과 관련된 매출실적이 먼저 발생하였다는 이유로 이를 업종추가로 보아 취득세 면제 대상에서 제외하는 것은 창업중소기업에 대하여 조세감면혜택을 부여하는 입법취지에 반한다 할 것(조심 2020지762, 2020.8.21. 외 다수, 같은 뜻임)이다. 그렇다면, 청구법인은 설립 이후 「지방세특례제한법」상 창업 업종에 해당하는 "연구개발업"과 "제조업"을 영위하다가 「벤처기업육성에 관한 특별조치법」 제25조에 따라 벤처기업으로 최초로 확인받은 날(2016.6.16.)부터 4년 내인 2020.3.31. "연구개발업" 및 "제조업"에 사용하기 위하여 쟁점부동산을 취득한 것이므로, 쟁점부동산은 「지방세특례제한법」 제58조의3 제1항의 규정에 따라 "창업일 당시 업종의 사업을 계속 영위하기 위하여 취득하는 부동산"에 해당하는 것으로 보는 것이 타당하다 할 것임(조심 2020지554, 2021.5.4.).

- 청구법인은 개인사업자가 법인으로 전환하는 방법인 현물출자나 포괄적 사업양수도의 형태로 설립된 사실이 확인되지 않은 점, 청구법인이 설립(2018.10.17.)되기 3년전 부터 개인사업자(□□□)의 매출실적이 없었던 점 등에 비추어 사실상 폐업상태로 볼 수 있는 점, 청구법인의 2018년도 및 2019년도 거래처 중 1개업체가 □□□과 동일하지만, 그 거래처가 청구법인의 전체 거래처 중에서 차지하는 비중이 극히 일부에 불과하고, 청구법인과 □□□의 매출실적에도 현저히 차이가 있는 점, 청구법인과 □□□의 주요사업내용을 비교할 때 여러 업종이 추가되었고, 사업장 소재지가 다르며 ○○○이 개인사업자(□□□)로서 부동산을 취득하거나, 창업벤처기업확인을 받아 지방세 감면을 받은 사실이 없는 점 등에 비추어 개인사업자인 □□□이 청구법인으로 전환한 것으로 보기는 어려우므로 처분청이 청구법인의 경정청구를 거부한 처분은 잘못이 있다고 판단됨(조심 2021지1696, 2022.5.26.).

사례 창업중소기업 등이 해당 사업을 하기 위하여 취득한 부동산 등을 감면유예기간내에 그 사업에 사용하지 못한 정당한 사유가 있는지 여부

① 원고는 이 사건 부동산과 관련하여 건축을 위한 부지조성 및 일부 토지에 골조만 설치한 후 장기간 공사를 중단한 채로 방치하고 있는 점, ② 특히 원고는 이 사건 부동산에서 수산물 건조장 등으로 사용할 예정이었으므로, 건축에 장기간의 시간과 노력이 필요한 건축물을 건축하고자 계획한 것으로도 보이지 않는 점, ③ 원고는 이 사건 부동산을 사업목적에 사용하기 위하여 정상적인 진지한 노력을 하였음을 인정할 자료가 부족한 점, ④ 원고는 이 사건 부동산을 개발함에 있어 불법형질변경하였다는 이유로 형사입건 됨으로써 공사가 지연되는 사유가 있었다고 보이지만, 이는 원고가 법을 위반함으로써 스스로 초래한 공사지연에 해당한다고 할 것이므로, 정당한 사유가 있었다고 보기 어려운 점 등을 종합하면, 원고는 이 사건 부동산을 해당 사업에 직접 사용하지 않았고, 이 사건 부동산을 사용하지 못한 데에 정당한 사유가 있다고도 볼 수 없음(대법원 2020.4.9. 선고 2019두62239 판결).

사례 창업중소기업 감면대상으로 볼 수 있는지 여부

• 매매계약 해제나 실질적 사용에도 불구하고 2년 이내 소유권이전은 면제세액 추징 사유인 처분에 해당함(대법원 16두38730, 2016.7.7.).

• 사업자등록증상 사업개시일 이전에 취득한 토지는 창업하기 전에 취득한 사업용 재산이므로 감면 대상이 아님(조심 16지520, 2016.12.20.).

• 창업중소기업이 사업장을 다른 지역으로 이전하면서 업종을 추가하고 창업당시 업종과 추가된 업종에 사용하기 위한 사업용 재산을 취득하는 경우 감면 여부 및 그 감면 범위 관련하여 「지방세특례제한법」 제58조의3 제1항의 '해당 사업'은 창업 당시의 사업을 의미하는 것으로 보아야 하고, 같은 법 제100조 제6항 제4호에서 '사업을 확장하거나 다른 업종을 추가하는 경우'에 대하여 구체적으로 규정하고 있지 아니하나, '사업의 확장'이란 중소기업을 설립하여 최초로 사업장을 두고 사업을 영위하다가 동일한 업종의 사업장을 추가하는 경우를 의미한다 할 것이고, '업종의 추가'란 최초로 영위하는 사업과 다른 사업을 영위하는 모든 경우를 의미하는 것으로 보는 것이 타당하다 할 것(조심 13지156, 2014.9.19.)이므로, 이건의 경우와 같이 2012.10.4. 창업하여 업종을 기계조립, 가공, 음식물처리기제작, 임대 등으로 하였으나, 2014.12.3. 기계부품 가공 제조업, 통신기기 부품 제조업 등 업종을 추가하고, 2015.2.27. 당초 창업 소재지에서 다른 지역으로 이전하여 창업 당시 업종과 추가된 업종에 사용하기 위하여 부동산을 취득한 경우라면, 창업중소기업이 신고하는 면적에 따라 해당 사업용 부동산과 추가한 사업용 부동산으로 구분하여 감면대상 또는 과세대상 부동산으로 구분하는 것이 타당하고, 창업 중소기업이 감면대상으로 신고한 부동산을 신고한 내용에 따라 직접 사용하지 아니하는 경우 감면한

세액을 추징하는 것이 타당함(지방세특례제도과-2444, 2016.9.8.).

- 창업중소기업이 기존사업을 영위하면서 감면기간 내에 창업 업종에 속하는 업종을 추가한 다음, 수도권과밀억제권역외의 지역에서 추가한 업종에 사용하고자 취득하는 사업용 재산이 취득세 감면대상인지 여부 관련하여 「지방세특례제한법」 제58조의3 제1항의 '해당 사업'은 창업 이후의 모든 사업을 의미하는 것이 아니라 창업 당시의 사업을 의미하는 것으로 보는 것이 타당하다 할 것이고, 「지방세특례제한법」 제100조 제6항 제4호에서 '사업을 확장하거나 다른 업종을 추가하는 경우'의 의미에 대하여 구체적으로 규정하고 있지 아니하나, '사업의 확장'이란 중소기업을 설립하여 최초로 사업장을 두고 사업을 영위하다가 동일한 업종의 사업장을 추가하는 경우를 의미한다 할 것이고, '업종의 추가'란 최초로 영위하는 사업과 다른 사업을 영위하는 모든 경우를 의미하는 것으로 보는 것이 타당하다 할 것이므로, 이건의 경우와 같이 2012.10.4. 창업하여 업종을 기계조립, 가공, 음식물처리기제작, 임대 등으로 하였으나, 창업 당시의 사업을 영위 하면서 2014.12.3. ○○군에 지점을 설치하고 창업 당시 업종에 '알루미늄(동/비철금속가압) 주물주조/기타, 기타 제1차비철금속산업'을 추가하고, 추가된 업종에 사용하기 위하여 2015.2.27. ○○군 소재 부동산을 취득한 경우라면, 이는 최초로 영위하는 사업과 다른 사업을 영위하는 경우로서 「지방세특례제한법」 제58조의3 제1항의 창업한 중소기업이 창업 당시의 사업을 하기 위하여 취득하는 경우에 해당하지 아니한다 할 것이므로 취득세 경감대상이 되지 아니함(지방세특례제도과-1352, 2015.5.18.).
- 창업중소기업 동종업종 여부는 사업자등록증 등 형식적 기재에도 불구하고 실제 영위하는 업종에 따라 판단하여야 함(대법원 16두30576, 2016.4.15.).
- 원고가 이 사건 토지취득일인 2007.4.17. 토지를 취득하여 2007.6월경부터 가건물에서 선박구성부품업을 제조하다가 2011.11.25. 임대하였으므로 토지에 대한 추징은 위법함(대법원 14두46560, 2015.4.9.).
  다만, 원고가 이 사건 토지위에 건축한 건물은 최초사용일인 2010.6.1.부터 2년이 지나기 전인 2011.11.25. 이 사건 건물을 ○○산업에 임대한 이상, 추징요건에 해당하므로 추징처분은 적법함.
- 건설기계를 취득하기 전에 ○○건기와 건설기계대여업계약을 체결하였고 ○○건기로부터 사실상 사무실 및 주기장을 임차하여 이 건 건설기계의대여업을 운영한 것으로 보아야 하고 이는 창업이 아닌 기존 기업의 사업을 승계하는 경우에 해당하는 점, 취득세 납세의무성립 후에 동 건설기계를 자가용으로 변경등록하였더라도 당초 납세의무성립에 당연 무효의 사유가 없는 이상 이미 성립한 납세의무에 영향을 줄 수 없는 점 등에 비추어 청구주장을 받아들이기는 어렵다고 판단됨(조심 17지701, 2017.12.19.).
- ※ '17년부터는 감면대상이 사업용재산에서 부동산으로 축소되었음.

⑤ 최근 쟁점

사례 창업 중소기업을 설립하여 취득세 감면을 받은 후 최초의 사업장을 두고 동일 업종 사업장을 추가하는 경우 감면에 해당하는지 여부

- 창업 중소기업을 설립하여 취득세 감면을 받은 후 최초의 사업장을 두고 동일 장소에서 동일 업종의 사업 확대한 경우에는 사업의 연속선상에 있기 때문에 감면대상으로 보아야 할 것이지만, 조세감면요건 규정 가운데 명백히 특혜규정이라고 볼 수 있는 것은 엄격하게 해석하는 것이 조세공평의 원칙에 부합해야 한다는 대법원 판례(대법원 2009.8.20. 선고 2008두11372 판결 등 참조) 등에 비추어 보면, 동종 사업을 영위하는 새로운 사업장을 추가하는 경우에도 감면요건인 '사업을 확장하거나 다른 업종을 추가하는 경우' 해당된다 할 것이므로 취득세 감면대상으로 보기는 어렵다 할 것입니다. 다만, 이에 해당하는지 여부는 과세권자가 구체적인 사실조사 등을 통하여 최종 판단할 사안이라 할 것입니다(행정안전부 지방세특례제도과 -1084, 2017.5.22.).

- 「지방세특례제한법」 제58조의3 제1항에서 창업벤처중소기업 등이 해당 사업을 하기 위하여 창업일부터 4년 이내에 취득하는 사업용 재산에 대해서는 취득세의 100분의 75에 상당하는 세액을 감면한다고 규정하고 있고, 같은 법 제100조 제6항 제4호에서 사업을 확장하는 경우 등 새로운 사업을 최초로 개시하는 것으로 보기 곤란한 경우에 해당하는 경우는 창업으로 보지 아니한다고 규정하고 있다.

  위 조항에서 규정하고 있는 "사업의 확장"이란 기업 등이 사업을 개시하여 영위하다가 동종 업종의 사업을 추가적으로 확장하는 것을 의미하는 것으로서 사업의 확장 행위는 기업을 원시적으로 창설하는 것이 아니므로 기업을 창업한 것으로 볼 수는 없으나, 「지방세특례제한법」 제58조의3 제1항의 규정에 비추어 일단 적법하게 창업한 중소기업이 창업일부터 4년 이내에 사업의 확장을 위하여 취득한 사업용 부동산을 취득세 등의 감면대상이 아닌 것으로 보기는 어려우므로 사업의 확장을 창업으로 보지 않는 것과, 창업중소기업이 취득하는 사업용 재산에 대한 취득세 감면 범위는 구별하여 판단하여야 할 것이다.

  청구법인은 2011.6.22. 설립된 후 2013.7.29. 벤처기업으로 확인받았고, 그로부터 4년 이내인 2013.10.30. 부산광역시 해운대구 ○○○ 15층 부동산을 취득한 후 처분청으로부터 창업벤처중소기업으로 인정받아 위 부동산의 취득세 등을 환급받은 점, 청구법인은 2015.4.28. 등에 쟁점부동산을 사업용으로 취득하였는 바, 사업의 확장을 위한 쟁점부동산의 취득행위를 창업으로 볼 수는 없다 하더라도 쟁점부동산은 창업일부터 4년 이내에 취득하는 사업용 재산으로서 취득세 등의 감면대상이 되는 것으로 보는 것이 타당한 점 등에 비추어, 처분청이 쟁점부동산의 취득세 등이 감면대상이 아닌 것으로 보아 이 건 경정청구를 거부한 처분은 창업 행위와

창업중소기업의 취득세 감면 범위를 구별하지 못하고 오인한 처분으로 잘못이 있다고 판단됨(조심 2018지2007, 2019.6.28.).

사례 유예기간내 직접 사용하지 못한 정당한 사유 여부

쟁점토지를 취득한 후 그로부터 2년이 경과한 2017.11.30. 공장용 건축물 등의 용도로 직접 사용하였다 하더라도 취득일부터 2년 이내에 부지조성공사, 공장용 건축물의 건축공사를 착공하는 등 해당 사업에 직접 사용하기 위한 진지한 노력을 다하여 정당한 사유가 있다고 보는 것이 타당함(조심 2019지561, 2019.10.31.).

사례 법령상 장애사유가 있는 경우 정당한 사유 여부

취득 전에 존재한 법령상의 장애사유가 있는 경우 특별한 사정이 없는 한, 그 법령상의 장애사유는 취득한 재산을 해당 사업에 직접 사용하지 못한 것에 대한 정당한 사유가 될 수 없음(대법원 2019두43917, 2019.9.26.).

제 **16** 장

기업부설연구소 감면

「지방세특례제한법」 제46조(연구개발 지원을 위한 감면) ① 기업이 대통령령으로 정하는 기업부설연구소(이하 이 조에서 "기업부설연구소"라 한다)에 직접 사용하기 위하여 취득하는 부동산(부속토지는 건축물 바닥면적의 7배 이내인 것으로 한정한다. 이하 이 조에서 같다)에 대해서는 취득세의 100분의 35[대통령령으로 정하는 신성장동력 또는 원천기술 분야를 연구하기 위한 기업부설연구소(이하 이 조에서 "신성장동력·원천기술 관련 기업부설연구소"라 한다)의 경우에는 <u>100분의 50</u>]를, 과세기준일 현재 기업부설연구소에 직접 사용하는 부동산에 대해서는 재산세의 100분의 35(신성장동력·원천기술 관련 기업부설연구소의 경우에는 <u>100분의 50</u>)를 각각 <u>2025년 12월 31일</u>까지 경감한다.

② 제1항에도 불구하고 「독점규제 및 공정거래에 관한 법률」 제14조 제1항에 따른 상호출자제한기업집단등이 「수도권정비계획법」 제6조 제1항 제1호에 따른 과밀억제권역 외에 설치하는 기업부설연구소에 직접 사용하기 위하여 취득하는 부동산에 대해서는 취득세의 100분의 35(신성장동력·원천기술 관련 기업부설연구소의 경우에는 <u>100분의 50</u>)를, 과세기준일 현재 기업부설연구소에 직접 사용하는 부동산에 대해서는 재산세의 100분의 35(신성장동력·원천기술 관련 기업부설연구소의 경우에는 <u>100분의 50</u>)를 각각 <u>2025년 12월 31일</u>까지 경감한다.

③ 제1항에도 불구하고 「조세특례제한법」 제10조 제1항 제1호 가목 2)에 따른 중견기업이 기업부설연구소에 직접 사용하기 위하여 취득하는 부동산에 대해서는 취득세의 100분의 50(신성장동력·원천기술 관련 기업부설연구소의 경우에는 <u>100분의 65</u>)을, 과세기준일 현재 기업부설연구소에 직접 사용하는 부동산에 대해서는 재산세의 100분의 50(신성장동력·원천기술 관련 기업부설연구소의 경우에는 <u>100분의 65</u>)을 각각 <u>2025년 12월 31일</u>까지 경감한다.

④ 제1항에도 불구하고 「중소기업기본법」 제2조 제1항에 따른 중소기업(이하 이 장에서 "중소기업"이라 한다)이 기업부설연구소에 직접 사용하기 위하여 취득하는 부동산에 대해서는 취득세의 100분의 60(신성장동력·원천기술 관련 기업부설연구소의 경우에는 <u>100분의 75</u>)을, 과세기준일 현재 기업부설연구소에 직접 사용하는 부동산에 대해서는 재산세의 100분의 50(신성장동력·원천기술 관련 기업부설연구소의 경우에는 <u>100분의 65</u>)을 각각 <u>2025년 12월 31일</u>까지 경감한다.

⑤ 제1항부터 제4항까지의 규정을 적용할 때 다음 각 호의 어느 하나에 해당하는 경우 그 해당 부분에 대해서는 경감된 취득세 및 재산세를 추징한다.

1. 토지 또는 건축물을 취득한 후 1년(「건축법」에 따른 신축·증축 또는 대수선을 하는 경우에는 2년) 이내에 「기초연구진흥 및 기술개발지원에 관한 법률」 제14조의2에 따른 기업부설연구소로 인정받지 못한 경우

2. 기업부설연구소로 인정받은 날부터 3년 이내에 「조세특례제한법 시행령」 제9조 제11항에 따른 신성장동력·원천기술심의위원회로부터 해당 기업이 지출한 신성장동력·

원천기술연구개발비의 연구개발 대상 기술이 같은 영 별표 7에 해당된다는 심의 결과를 받지 못한 경우(신성장동력·원천기술 분야 기업부설연구소로 추가 감면된 부분에 한정한다)

3. 기업부설연구소 설치 후 4년 이내에 정당한 사유 없이 연구소를 폐쇄하거나 다른 용도로 사용하는 경우

「지방세특례제한법 시행령」 제23조(기업부설연구소) ① 법 제46조 제1항에서 "대통령령으로 정하는 기업부설연구소"란 「기초연구진흥 및 기술개발지원에 관한 법률」 제14조의 2 제1항에 따라 인정받은 기업부설연구소를 말한다. 다만, 「독점규제 및 공정거래에 관한 법률」 제14조 제1항에 따른 상호출자제한기업집단등이 「수도권정비계획법」 제6조 제1항 제1호에 따른 과밀억제권역 내에 설치하는 기업부설연구소는 제외한다.

② 법 제46조 제1항에서 "대통령령으로 정하는 신성장동력 또는 원천기술 분야를 연구하기 위한 기업부설연구소"란 제1항에 따른 기업부설연구소로서 다음 각 호의 요건을 모두 갖춘 기업의 부설 연구소를 말한다.

1. 「국가과학기술 경쟁력 강화를 위한 이공계지원 특별법」 제2조 제4호에 따른 연구개발서비스업을 영위하는 국내 소재 기업으로서 「조세특례제한법 시행령」 제9조 제1항 제1호 가목에 따른 신성장동력·원천기술연구개발업무(이하 이 조에서 "신성장동력·원천기술연구개발업무"라 한다)를 수행(신성장동력·원천기술연구개발업무와 그 밖의 연구개발을 모두 수행하는 경우를 포함한다)하는 기업일 것

2. 「기초연구진흥 및 기술개발지원에 관한 법률」 제14조의2 제1항에 따라 기업부설연구소로 인정받은 날부터 3년 이내에 「조세특례제한법 시행령」 제9조 제12항에 따른 신성장동력·원천기술심의위원회로부터 해당 기업이 지출한 신성장동력·원천기술연구개발비의 연구개발 대상 기술이 같은 영 별표 7에 해당된다는 심의 결과를 통지받은 기업일 것

「지방세특례제한법」 기본통칙 46-1(연구개발 지원을 위한 감면) 「지방세특례제한법」 제46조 제4항 제2호에서 규정한 「기업부설연구소를 설치한 날」은 「기초연구진흥 및 기술개발지원에 관한 법률」 제14조의2에 따라 과학기술정보통신부장관으로부터 인정을 받은 날을 말한다.

② 감면 요건

- 기업부설연구소용에 직접사용하기 위하여 취득하는 부동산으로 하되, 부속 토지는 건축물 바닥면적의 7배 이내일 것

  ※ 중소기업, 중견·대기업, 과밀억제권역 내 대기업에 따라 감면율 차등적용

- 토지 또는 건축물을 취득한 후 1년(건축법에 따른 신축·증축·대수선을 하는 경우는 2년) 이내 미래창조과학부 장관에게 신고하여 기업부설연구소로 인정 받을 것
- 연구소 설치 후 4년 이내에 정당한 사유 없이 연구소를 폐쇄하거나 다른 용도로 사용하지 아니할 것
- 2014년 12월 31일 이전에 부동산을 취득한 경우는 부칙 규정에 따라 처리

> **【법률 제12955호 2014.12.31., 부칙 제24조】** 제24조(기업부설연구소 감면에 관한 감경세율 특례) 이 법 시행 전에 기업부설연구소로 직접 사용하기 위하여 부동산을 취득한 자가 2016년 12월 31일까지 「기초연구진흥 및 기술개발지원에 관한 법률」 제14조 제1항 제2호에 따라 미래창조과학부장관에게 기업부설연구소로 신고하여 인정을 받는 경우에는 제46조의 개정규정에도 불구하고 2016년 12월 31일까지 취득세 및 재산세의 100분의 75를 각각 경감한다.

사례 감면대상 기업부설연구소에 해당 여부

- 지방세법상 기한내 감면신청 규정은 납세자로 하여금 과세표준 및 세액의 결정에 필요한 서류를 과세기관에 제출하도록 하는 협력의무에 불과한 것이지 기한내 감면신청이 없다고 하여 감면요건이 충족되어 당연히 감면대상인 것을 감면대상에서 배제한다는 것은 아니므로(대판 2003두773, 2004.11.12.) 해당 토지 취득이후 30일 이내 기업부설연구소로 사용하겠다는 감면신청이 없었다고 하더라도 이건 해당 토지 취득 후 4년 이내 기업부설연구소를 설립한 경우라면 감면대상이라고 사료됨(행정안전부 지방세운영과-2335, 2010.6.30.).
- 청구법인이 이 건 부동산의 일부만을 기업부설연구소로 인정받았을 뿐만 아니라, 3차례에 걸친 처분청의 현지확인 결과, 청구법인이 쟁점부동산을 기업부설연구소가 아닌 대표이사실, 영업, 관리팀 등의 사무실로 사용하고 있는 사실이 확인되고 있으므로 이를 기업부설연구소용에 직접 사용하는 부동산으로 보기는 어렵다 할 것임(조세심판원 2011지0948, 2012.6.15.).

③ 인정범위

- (행정안전부, 조세심판원) 취득세 등의 면제 대상이 되는 기업부설연구소의 범위는 미래창조과학부장관에게 인정받은 면적을 한도로 하되, 인정받은 면적 중 회의실·지하주차장 등과 같이 타용도로 겸용하는 공용면적의 경우는 안분하여 적용

- (대법원) 기업부설연구소로 인정받지 못한 면적이라 하여도, 기업부설연구소를 정상적으로 사용하기 위해 필요한 공용면적이라면 안분하여 감면하는 것이 타당함.

사례 감면대상 기업부설연구소에 감면대상 면적

- 청구법인이 이 건 부동산을 취득한 후 4년 이내에 이 건 부동산의 건축물 1,174.59㎡ 중 143㎡만을 기업부설연구소로 인정받은 사실이 확인되는 이상 143㎡를 초과한 부동산에 대하여는 취득세 등의 감면대상이 되는 기업부설연구소로 보기는 어려움(조세심판원 2012지0428, 2012.9.18.).

- 쟁점토지 중 운동장 부지는 계열사의 공동 연구소 단지내에 위치하면서 연구원의 복리후생 증진 등을 위한 체육시설로 이용하고 있고, 도시계획상 도로예정부지의 경우도 공동 연구단지와 연접한 토지로서 도로시설이 아닌 옹벽(법면) 및 조경시설로 이용하고 있는 사실이 확인되는 이상 쟁점토지는 연구소의 부속토지로 보아야 할 것이므로 쟁점토지를 기업부설연구소용에 직접 사용하지 아니하고 다른 용도로 사용하는 것으로 보아 기 감면한 취득세 등을 추징한 것은 잘못임(조세심판원 2011지0337, 2012.2.9.).

- 법인이 취득세 등을 면제받은 면적은 기업부설연구소의 전용 부분에 해당되고 부동산의 전용 부분의 정상적인 이용을 위해서는 주차장 등 공용부분의 이용은 필수적이라고 보이므로 처분청이 부동산을 기업부설연구소용 부동산이 아니라고 보아 취득세 등을 부과한 처분은 잘못임(조세심판원 2015지0206, 2015.12.29.).

- 취득세 등의 면제 대상이 되는 기업부설 연구소의 범위는 미래창조과학부 장관에게 인정을 받은 것을 한도로 하며(행정안전부 지방세운영과-5828, 2011.12.26. 참조), 한도 내의 경우라고 하더라도 위 규정 본문 단서의 추징규정에 따라 연구소 설치 후 4년 이내에 정당한 사유 없이 연구소로 사용하지 아니한 부분에 대하여는 이미 면제된 취득세가 추징대상이 된다고 할 것인 바, 기업부설 연구소로 인정받았다고 하더라도 회의실, 주차장, 구내식당 등 공용사용 면적의 구분이 불분명한 경우에는 기업부설 연구소로 직접 사용하는 전용면적의 비율로 각각 안분하여 취득세를 면제함이 타당하다고 할 것(행정안전부 지방세정팀-3768, 2007.9.14. 참조)으로 판단됨(지방세운영과-4080, 2012.12.18.).

- 「지방세특례제한법 시행령」 제23조의 규정에 의하면 법 제46조 제1항에서 "대통령령이 정하는 기업부설연구소"라 함은 토지 또는 건축물을 취득한 후 4년 이내에 「기초연구진흥 및 기술개발지원에 관한 법률」 제14조 제1항 제2호에 따른 기준을 갖춘 연구소로서 같은 법 시행령 제16조에 따라 미래창조과학부장관에게 신고하여 인정을 받은 것을 말하는 것으로 규정하고 있으므로 취득세 등의 감면대상이 되는 기업부설연구소용 부동산은 부동산을 취득한 후 4년 이내에 기업부설연구소용 부동산으로 교육과학기술부장관으로부터 인정받은 면적에 한한다고 해석되어지므로 감면대상 기업부설연구소 면적은 교육과학기술부장관에게 인정을

받은 것을 한도로 봄이 타당하다고 할 것인 바, 인정받은 범위를 초과하는 공용면적은 실제로 기업부설연구소의 공용면적으로 사용된다 하더라도 취득세 등의 면제대상에 해당된다고 보기는 어렵다 할 것임(조심 13지499, 2013.10.17.).

- 기업부설연구소용 부동산에 대한 사후적 면세요건으로서 일정기간을 부여한 필요성은 취득세, 등록세의 경우와 재산세의 경우가 서로 다르다고 할 수 없어 '토지 또는 건축물을 취득한 후 4년 이내에 미래창조과학부장관의 인정을 받을 것'이라는 부분은 취득세, 등록세에 한하여 적용되는 것이라 할 수 없으므로 토지 또는 건축물을 취득한 후 4년 이내에 기업부설연구소 인정을 받았다면 이 사건 건축물을 취득한 때부터 재산세에 대하여 면제를 받아야 한다고 해석함이 타당하고, 이 사건 건축물 중 기업부설연구소로 인정받은 부분은 16,236㎡로서 모두 전용부분에 해당하고, 공용부분은 그 면적 합계는 14,137㎡(2007년~2009년) 및 14,214㎡(2010년~2011년; 원고는 2010.4.20. 이 사건 건축물의 1층에 연결통로 77㎡를 증축하여 공용부분 면적이 그만큼 증가하였다)인 바, 원고가 기업부설연구소로 인정받은 전용부분의 정상적인 이용을 위해서는 공용부분의 이용이 필수적이라고 보이므로, 위 공용부분 중 '이 사건 건축물의 전체 전용면적에서 기업부설연구소용으로 인정받은 전용면적이 차지하는 비율'에 해당하는 면적 역시 기업부설연구소용에 직접 사용되고 있다고 보는 것이 타당하다(대법원 15두39477, 2015.6.23.).

사례 ▶ 감면대상 기업부설연구소에 감면대상 면적

- 이 건 토지상에 신축한 건축물 중 77.35%는 기업부설연구소용에 해당하고, 잔여 22.65%는 기업부설용이 아닌 사실이 확인되므로 22.65%에 해당하는 부속토지에 대하여는 재산세 감면대상으로 보기는 어려움(조세심판원 2012지0382, 2012.7.26.).
- 본점 건축물 신축용 토지를 취득한 후 일부를 계획 변경하여 기업부설연구소로 사용하더라도 취득세 감면대상임(지방세운영과-2335, 2010.6.3.).
- 기업부설연구소로 인정받아 지점과 공동으로 사용하는 강당, 식당 등의 경우 기업부설연구소의 연구공간면적과 지점의 전용면적의 비율로 안분하여 취득세 및 재산세 등을 감면(조심 16지407, 2016.12.19.)
- 연구원의 복리후생 증진 등을 위한 체육시설로 이용하는 운동장부지는 연구소의 부속토지로 보아야 할 것임(조심 11지337, 2012.2.9.).
- 한국산업기술진흥협회장이 원고의 2009.3.30.자 변경신고에 대하여 2009.5.12.경 현지확인을 거쳐 연구공간 전용면적을 축소하여 신고하도록 보완요청을 하였다는 사정만으로는 협회장이 그 무렵 이 사건 건물 중 보완요청에서 제외된 800.76㎡ 부분을 기업부설연구소로 확정적으로 인정하였다고 보기 어려움(대법원 2014두7275, 2014.9.4.).

④ 추징요건 등

■ 기한 내 기업부설 연구소로 인정받지 못한 경우

　※ 정당한 사유를 별도로 규정하지 않았으므로, 인정 유예기한이 경과할 경우 추징대상

■ 연구소 설치 후 4년 이내에 정당한 사유 없이 연구소를 폐쇄하거나 다른 용도로 사용하는 경우

　- 매각, 증여, 임대여부 확인

　- 인증서 상의 면적과 실제 사용면적 비교

　- 연구원 배치 현황 및 일반 사무실 용도 사용(겸용)여부 확인

　⇨ 연구소를 가장하여 일반 사무실로 사용하는 경우가 있으므로 필요시 연구 성과 자료 등 검토

사례▷ 감면대상 기업부설연구소에 추징

- 기업부설연구소를 설립하지 않은 상태에서 토지에 대한 소유권이 이전된 사실이 확인됨에 따라 매매계약 해제에 따른 대금 정산이 완료된 시점에 토지의 일부가 기업부설연구소 미사용 등을 이유로 과세대상으로 전환되었다고 봄이 타당(조세심판원 2009지1070, 2010.10.12.)

- 유예기간 내 연구소 인정이 취소된 경우 취득세 추징(조심 12지60, 2012.5.15.)

- 유예기간 중 연구소 인정이 취소된 경우라도 연구소로 사용하고 기한 내 재인정을 받았다면 감면 대상에 해당함(조심 16지75, 2016.10.6.).

- 청구법인이 쟁점연구소를 연구업무가 아닌 일반업무에 함께 사용하고 있는 것을 처분청에서 확인한 날은 쟁점연구소가 설치되고 4년이 경과된 시점인 점 등에 비추어 청구법인이 기업부설연구소 설치 후 4년 이내에 쟁점연구소를 기업부설연구소 용도가 아닌 다른 용도로 사용한 것으로 보아 취득세 등을 과세한 처분은 잘못이 있다고 판단됨(조세심판원 2015지1881, 2016.1.26.).

- 기업부설연구소용에 직접 사용하기 위하여 취득한 이 건 부동산이 유예기간(4년) 내에 기업부설연구소 인정이 취소된 사실이 확인되는 이상 기 감면한 취득세 등 추징은 적법함(조세심판원 2012지0060, 2012.5.15.).

- 청구법인은 회생채권인가 결정일 이후에 이 건 부동산을 매각함으로써 추징사유가 발생하여 취득세 납세의무가 성립한 이상 이는 회생채권에 해당한다고 볼 수 없을 뿐만 아니라, 법인의 파산을 면하기 위하여 부동산을 매각한 것을 유예기간 내에 매각할 수 밖에 없는 외부적인 사유(정당한 사유)로 보기는 어렵다 할 것이므로 이 건 부동산에 대하여 기 면제한 취득세 등을 추징한 것은 적법(조세심판원 2012지0630, 2013.2.26.).

- 취득세 등의 감면대상이 되는 기업부설연구소용 부동산은 부동산을 취득한 후 4년 이내에 기업부설연구소용 부동산으로 교육과학기술부장관으로부터 인정 받은 면적에 한한다고 해석되어지므로 감면대상 기업부설연구소 면적은 교육과학기술부장관에게 인정을 받은 것을 한도로 봄이 타당하다고 할 것인 바, 인정받은 범위를 초과하는 공용면적은 실제로 기업부설연구소의 공용면적으로 사용된다 하더라도 취득세 등의 면제대상에 해당된다고 보기는 어렵다 할 것임(조세심판원 2013지0499, 2013.10.17.).

- 재산세 면제대상이 되는 기업부설연구소라 함은 ○○○으로부터 기업부설연구소로 인정받을 당시 인증받은 면적에 한정된다고 보아야 할 것으로서(조세심판원2012지751, 2012.12.18. 같은 뜻), 재산세 과세기준일 현재 본관연구소와 ○○○물 중 일부는 기업부설연구소로 인정받지 못한 사실이 관련 증빙자료에서 입증되고 있다. 따라서, 재산세 감면대상에 해당되지 않는 인정받지 못한 면적에 대하여 재산세 등을 부과한 처분은 잘못이 없음(조세심판원 2013지0877, 2014.5.29.).

- 「지방세특례제한법」 제46조에 의하면 기업부설연구소용에 직접 사용하기 위해 취득하는 부동산에 대하여만 취득세를 면제하는 것이므로 취득일로부터 2년이 경과한 시점에서 처분청이 현지조사를 한 결과 연구소의 일부를 대표이사실 등 연구목적과는 직접 관련 없이 사용되는 면적이 확인되었다면 이에 대한 부분은 감면대상에 해당하지 않으므로 추징하는 것이 타당함(조세심판원 2013지1051, 2014.12.31.).

- 「지방세특례제한법」 제46조 제1항 규정의 유예기간 4년은 '감면적용 범위'와 '직접사용'에 대한 감면세액 추징규정으로 '감면적용 범위'에 대한 유예기간은 위 시행령 제23조에서 취득일부터 4년 이내에 기업부설연구소의 요건을 갖추어 교육과학기술부장관으로부터 인정을 받은 것을 한도로 규정하고 있는 바(2013년도 지방세관계법 기본통칙 46-2 참조), 기업부설연구소로 인정을 받기까지 4년 이내는 추징대상에서 배제됨이 타당하다고 할 것인 점, '직접사용'에 대한 유예기간은 위 제46조 제1항 본문 단서에서 '연구소 설치 후 4년'으로 규정하고 있는 바, 여기서 '설치'란 '인정받은 날'을 의미하므로(2013 지방세관계법 기본통칙 46-1 참조) 유예기간 4년의 기산점은 '인정받은 날'의 다음 날이라고 할 것인 점 등을 종합적으로 고려해 볼 때, 기업부설연구소 설치 후와 달리 설치 이전에 사무실 등 다른 용도로 일시적 사용은 취득세 감면세액 추징대상에 해당되지 않는다고 판단됨(안전행정부 지방세운영과-2426, 2013.9.29.).

- 청구법인은 쟁점건축물을 취득한 후 임대 등 다른 용도에 사용하지 아니한 상태에서 그 취득일부터 4년 이내에 기업부설연구소로 인정받았고, 이 건 건축물의 일부를 기업부설연구소로 사용한 것으로 보임. 다만, 디자인 품평실 등이 쟁점건축물에 소재하는지 아니면 이미 기업부설연구소로 인정받은 부분에 소재하는지 여부가 명확하지 아니하므로 처분청이 이를 재조사하여 그 결과에 따라 쟁점건축물의 취득세 면제 여부를 결정하는 것이 타당함(조세심판원 2016지0072, 2016.11.11.).

- 취득세 등의 면제대상이 되는 기업부설연구소의 범위는 교육과학기술부장관에게 인정을 받은 것을 한도로 하되(행정안전부 지방세운영과-5828, 2011.12.26. 참조), 한도 내의 경우라고 하더라도 위 규정 본문 단서의 추징규정에 따라 연구소 설치 후 4년 이내에 정당한 사유 없이 연구소로 사용하지 아니한 부분에 대하여는 기 면제된 취득세가 추징대상이 된다고 할 것인 바, 기업부설연구소로 인정받았다고 하더라도 회의실, 주차장, 구내식당 등 공용사용 면적의 구분이 불분명한 경우에는 기업부설연구소로 직접 사용하는 전용면적의 비율로 각각 안분하여 취득세를 면제함이 타당함(행정안전부 지방세운영과-4080, 2012.12.18.).
- 당해 부동산을 부동산 소유자와 특수 관계에 있는 회사가(주식의 49% 보유) 장기간(임대기간 10년) 임대보증금이나 임차료 없이 사용한다고 하더라도, 별개의 법인이 각자의 사업목적에 따라 기업부설연구소용으로 사용하고 있는 이상 "기업부설연구소용에 직접 사용하는 부동산"으로 볼 수 없어 재산세 감면대상이 아니라고 사료되나, 이에 해당하는지 여부는 과세권자가 구체적인 사실관계를 확인한 후 결정할 사안임(행정안전부 지방세운영과-357, 2011.1.20.).
- 기업부설연구소가 설치된 시기는 기업부설연구소 변경신고 수리를 받은 2011.1.21. 로 보아야 하고, 청구법인은 2014.11.22.에 405호, 406호, 407호를 사무실로 용도변경하였으므로 기업부설연구소 설치 후 4년 이내에 정당한 사유 없이 다른 용도로 사용된 것으로 보아 청구법인에게 이 건 취득세 등을 부과한 처분은 잘못이 없음(조세심판원 2015지1563, 2016.4.14.).
- 기업부설연구소로 인정받은 부동산의 일부를 대회의실, 제품전시실로 사용하는 경우 추징(조심 13지484, 2013.12.16.)
- 취득세 감면대상 기업부설연구소를 신축하기 위해 취득한 토지의 매매대금의 지급을 완료하여 납세의무가 성립한 이상, 자금사정 등으로 매도자와 합의하에 매매계약을 해지한 하였더라고 사후 감면요건을 갖추지 못한 것으로 보아 감면에 배제됨(대법원 11두27551, 2013.11.28.).

　사 례　 기업부설연구소 부속토지를 취득한 후 환매한 경우 감면대상 해당 여부

기업부설연구소를 설치하기 위하여 설치 전 환매한 경우에는 정당한 사유를 고려할 필요없이 추징대상에 해당된다고 볼 수 있음(인천지법 2019구합52519, 2020.1.10.: 대법확정).

⑤ 참고 사항

(1) 연도별 감면율 적용 요령

구 분	2014년 이전	2015년~2016년			2017년		
		중소기업	중견·대기업	과밀억제권역 내 대기업	중소기업	중견·대기업	과밀억제권역 내 대기업
취득세	100%	75%	50%	25%	60%	35%	0%
재산세	100%	75%	50%	25%	50%	35%	0%
예외	–	2014년 이전 부동산 취득자가 2016년 12월 31일까지 기업부설연구소로 인정받는 경우는 취득세, 재산세 75% 감면					

❏ **2023년 감면율 적용요령**

대기업(§46 ②)	중견기업(§46 ①)	초기 중견기업(§46 ③)	중소기업(§46 ④)
취·재 35% ※ 대기업은 과밀억제권역외 限 감면 적용		취·재 50%	취 60%, 재 50%

※ 신성장동력·원천기술 분야 추가 감면: +10%p ⇒ +15%p

- 기업부설연구소에 대한 취득세, 재산세 감면은 2014년 이전까지는 일괄하여 적용하였으나, 2015년부터는 중소기업, 중견기업 및 대기업을 구분하여 차등감면. 과밀억제권역 내 대기업의 경우 2017년 이후부터 감면 배제한다.
- 다만, 2014년까지 기업부설연구소 설치를 위해 취득한 부동산에 대해서 이 법 개정에도 불구하고 2016년 12월 31일까지 기업부설연구소로 인증 받는 경우에는 취득세 및 재산세 75% 감면한다.

(2) 대기업, 중견기업, 중소기업 구분

구 분	대기업	중견기업	중소기업
관련법령	독점규제 및 공정거래에 관한 법률	산업발전법	중소기업기본법
소관부처	공정거래위원회	중소기업청	중소기업청
대 상	상호출자 제한 기업집단	• 중소기업이 아니고, • 상호출자 제한 기업이 아닐 것	상호출자 제한 기업집단에 속하지 않는 기업

구 분	대기업	중견기업	중소기업		
기업수	60개('18. 5월 기준)	3,558개('15년 기준)	3,542,350개('14년 기준)		
	2,083개 계열사	• 제조업: 1,481개 • 비제조업: 2,070개	–		
자산총액 등	5조 원 이상[9]	–	• 상시근로자수 1천명 미만 • 자산총액 5천억 미만 • 자기자본 1천억 미만 • 업종에 따른 매출액 기준 〈개정 2015.6.30.〉		
			해당 기업의 주된 업종		규모 기준
			의복, 전기장비 제조업, 가구 제조업 등		평균매출액 1,500억 원 이하
			농업, 임업 및 어업, 광업, 건설업, 도매 및 소매업 등		평균매출액 1,000억 원 이하
			음료 제조업, 운수업 등		평균매출액 800억 원 이하
			전문, 과학 및 기술 서비스업 등		평균매출액 600억 원 이하
			숙박 및 음식점업, 금융 및 보험업 등		평균매출액 400억 원 이하
기 업	삼성, 현대, SK, LG 등	농심, 동서식품, 대상, 사조 등	–		

※ 중소기업이 규모의 확대 등의 사유로 중소기업에 해당하지 않을 경우 사유발생 연도의 다음 연도부터 3년간은 중소기업으로 봄(「중소기업기본법」 제2조 제3항).

신성장동력 · 원천기술 분야

① 자율주행·전기차 ② 인공지능·사물인터넷 등 IT ③ 통신 ④ 바이오
⑤ 원자력 ⑥ 항공·우주 ⑦ 반도체 ⑧ 탄소중립 등
※ 「조세특례제한법 시행령」 별표7 참조

---

9) 「독점규제 및 공정거래에 관한 법률 시행령」 개정으로 2016.9.29. 이후 자산총액 10조 원 이상으로 변경

(3) 대기업 상호출자제한기업 집단('18년 5월 기준)

(단위: 개, 십억 원)

순 위	기업집단명	동일인	계열회사수	자산총액	비 고
1	삼성	이재용	62	399,479	
2	현대자동차	정몽구	56	222,654	
3	에스케이	최태원	101	189,531	
4	엘지	구광모	70	123,135	
5	롯데	신동빈	107	116,239	
6	포스코	(주)포스코	40	79,709	
7	지에스	허창수	71	65,036	
8	한화	김승연	76	61,319	
9	농협	농업협동조합 중앙회	49	58,089	
10	현대중공업	정몽준	28	56,055	
11	신세계	이명희	39	34,090	
12	케이티	(주)케이티	36	30,736	
13	두산	박용곤	26	30,518	
14	한진	조원태	28	30,307	
15	씨제이	이재현	80	28,310	
16	부영	이중근	24	22,440	
17	엘에스	구자홍	48	21,048	
18	대림	이준용	27	18,644	
19	에쓰-오일	에쓰-오일(주)	3	15,240	
20	미래에셋	박현주	38	14,996	
21	현대백화점	정지선	28	14,315	
22	영풍	장형진	24	12,259	
23	대우조선해양	대우조선해양(주)	5	12,194	
24	한국투자금융	김남구	30	11,963	
25	금호아시아나	박삼구	26	11,885	
26	효성	조석래	52	11,656	
27	오씨아이	이우현	21	11,323	
28	케이티앤지	(주)케이티앤지	9	11,045	
29	케이씨씨	정몽진	17	10,969	
30	교보생명보험	신창재	14	10,901	

순 위	기업집단명	동일인	계열회사수	자산총액	비 고
31	코오롱	이웅열	39	10,841	
32	하림	김홍국	58	10,515	
33	대우건설	(주)대우건설	15	9,671	
34	중흥건설	정창선	61	9,598	
35	한국타이어	조양래	17	9,139	
36	태광	이호진	25	8,691	
37	SM	우오현	65	8,616	
38	셀트리온	서정진	9	8,572	
39	카카오	김범수	72	8,540	
40	세아	이순형	21	8,469	
41	한라	정몽원	19	8,293	
42	이랜드	박성수	30	8,250	
43	DB	김준기	20	8,010	
44	호반건설	김상열	42	7,988	
45	동원	김재철	22	7,982	
46	현대산업개발	정몽규	23	7,981	
47	태영	윤세영	48	7,869	
48	아모레퍼시픽	서경배	12	7,725	
49	네이버	이해진	45	7,144	
50	동국제강	장세주	10	6,963	
51	메리츠금융	조정호	8	6,932	
52	넥슨	김정주	22	6,721	
53	삼천리	이만득	17	6,471	
54	한국지엠	한국지엠(주)	2	6,455	
55	금호석유화학	박찬구	11	5,756	
56	한진중공업	조남호	7	5,705	
57	넷마블	방준혁	26	5,662	
58	하이트진로	박문덕	12	5,639	
59	유진	유경선	71	5,328	
60	한솔	이인희	19	5,099	
계			2,083	1,966,710	

※ ( ) 소속회사 수

▶ 기업집단정보포털(OPNI, http://groupopni.ftc.go.kr/index.jsp)에서 매년 4월 공시

(4) 기업부설연구소·인정기한

구 분	2014년 이전	2015년 이후
기업부설연구소 인정기한	취득 후 4년 이내	• 토지 또는 건축물을 취득한 후 1년 • 건축법에 따른 신·증축 또는 대수선의 경우 2년 　※ 2017년 이후 과밀억제권역 내에 설치하는 대기업의 경우 감면 제외
예외	–	2014년 이전 부동산 취득자의 연구소 인정시한은 취득 후 4년 이내

- 기업부설연구소로 사용하기 위해 2015년 1월 1일부터 취득하는 부동산에 대해서는 다음 기준에 따라 감면 적용한다.
  - (토지 취득) : 조성공사를 거쳐 기업부설연구소를 신축하고 2년 이내에 기업부설연구소로 인정받지 못하는 경우는 감면 제외(추징)한다.
  - (① 건축물 취득) : 추가로 기업부설연구소 사용을 위해 증축·대수선을 하는 경우 그 증축·대수선에 대해 2년 이내에 기업부설연구소로 인정받지 못하는 경우는 감면 제외(추징)한다.
  - (② 건축물 취득) : 승계취득의 방법으로 건축물을 취득하는 경우에는 1년 이내에 기업부설연구소로 인정받지 못하는 경우는 감면 제외(추징)한다.
- 2014년 12월 31일 이전에 부동산을 취득하는 경우에는 대통령령 제25958호, 2014.12.31. 부칙 제2조 규정에 따라 종전규정(4년)을 적용한다.

> **【대통령령 제25958호, 2014.12.31.】**　부칙 제2조(기업부설연구소의 인정 기한 단축에 관한 경과조치) 이 영 시행이전에 토지 또는 건축물을 취득한 기업부설연구소의 경우에는 제23조 제1항의 개정규정에도 불구하고 종전의 규정에 따른다.

❻ 최근 쟁점

사례 ▶ 기업부설연구소용으로 인정받지 않았으나 직접 사용하는 부분과 연구활동중단 사유로 기업부설연구소 인정을 자진취소하였으나 이후 계속하여 연구소로 사용한 부분에 대한 과세 여부

구 지방세법 제282조 본문과 구 지방세특례제한법 제46조 본문은 재산세 면제의 요건

으로 기업부설연구소용에 '직접 사용할 것'만 규정할 뿐, '기업부설연구소로 인정을 받았을 것'을 규정하지 않고 있어 재산세 면제 대상이 인정받은 면적에 한정된다고 보기 어려우므로, 공용부분을 포함하여 과세기준일 현재 '기업부설연구소용'에 '직접 사용'하는 부동산이라면 재산세 면제 대상에 해당된다.

또한, 기업부설연구소용으로 인정된 해당 기업의 ○○캠퍼스 18, 19층('Data &Storage 연구소)에 대해 연구활동 중단을 이유로 자진 취소신청을 하였더라도 단기간에 걸쳐 사용되지 않았고 1년이 지나지 않은 시점에서 연구소(Convergence연구소)로 인정받아 계속 사용되고 있으므로, 취득세 등 부과처분은 구 지방세법 제282조 단서의 추징 요건을 갖추지 못하여 위법하다 할 것이므로 기업부설연구소인 ○○캠퍼스의 설치 목적, 공부상의 기재와 외부의 인식, 연구소용으로 인정하는 경우에는 한국산업기술 진흥협회에서 인정요건을 심사·확인함에 반하여, 인정취소시에는 별도의 확인을 하지 않는 점, 기업부설연구소로 인정되지 않은 기간이 길지 않은 점 등을 고려하면, ○○캠퍼스 중 일부 인정받지 않은 부분을 연구소가 아닌 다른 용도나 목적으로 사용하였다고 보기보다는, 조직 변경 과정에서 일부 변경신고를 누락한 것으로 보는 것이 보다 합리적이라 할 것이다(대법 2019두32283, 2019.5.10.).

> **사례** 기업부설연구소용으로 인정받지 않았으나 추후 기업부설연구소로 인정받은 경우 재산세 감면 여부

- 교육과학기술부장관의 인정을 받은 기업부설연구소가 재산세 과세기준일(6.1.) 현재 다른 지역으로 이전하기 위하여 건축중인 경우는 「기술개발촉진법」 제7조 제1항 제2호의 규정에 의한 교육과학기술부장관의 인정을 받은 경우에 해당되지 않으므로, 재산세 과세기준일(6.1.) 현재 교육과학기술부장관의 인정을 받고 기업부설연구소용에 직접 사용하는 부동산으로 볼 수 없어 재산세 면제대상에 해당되지 않는 것으로 사료됨(행정안전부 지방세운영과-910, 2008.9.1.).
- 기업부설연구소에 직접 사용할 건축물을 건축 중이라 함은 재산세 과세기준일 (6.1.) 현재 터파기 공사 등 본격적인 공사에 착수한 경우를 말하고, 착공에 필요한 준비작업을 하고 있는 것까지 포함된다고 볼 수는 없으므로 재산세 과세기준일을 하루 앞두고 건축공사에 착공한 것까지 건축물이 건축 중인 것으로 보기 어려움(조세심판원 2016지0564, 2016.10.31.).

▶ 토지 또는 건축물을 취득한 후 4년 이내에 기업부설연구소 인정을 받은 경우, 기업부설연구소용으로 이 사건 건축물을 취득한 이후부터 재산세에 대하여도 면제를 받아야 한다고 해석함이 타당함(대법원 15두39477, 2015.6.23.).

> **사례** 청구법인이 기업부설연구소를 사실상 폐쇄한 사실 등이 나타나지 아니한 상황에서 청구법인 기업부설연구소의 인정이 취소된 경우 감면세액 추징 여부

- 모(母) 기업의 자산규모 초과로 2008.12.27. 이후부터 중소기업에서 제외됨으로써 관련법령에서 정하고 있는 연구전담요원 부족으로 인하여 기업부설연구소의 승인이 취소되는 경우 중소기업 제외사유가 법령에 의한 금지·제한 등 그 법인이 마음대로 할 수 없는 외부적인 사유나 행정관청의 귀책사유에 있는 것이 아니고 모(母)기업의 자산규모 초과라는 기업 내부적인 사유에 기인하고 있다 할 것이므로 이를 "정당한 사유"로 보기는 어렵다 할 것이며 또한, 중소기업에서 제외된 후에도 취득세 등의 감면대상이 되는 기업부설연구소용 부동산이 되기 위해서는 기술개발촉진법에서 규정하고 있는 기업부설연구소의 요건을 충족하여야 하는 바, 그 규정상 연구전담요원 부족으로 기업부설연구소의 승인이 취소되는 경우까지 감면대상 기업부설연구소용 부동산으로 보기에는 무리가 있다고 사료됨(행정안전부 지방세운영과-2504, 2008.12.15.).

- 청구법인이 기업부설연구소를 사실상 폐쇄한 사실 등이 나타나지 아니한 상황에서 청구법인 기업부설연구소의 인정이 취소된 사실만으로 추징요건인 연구소를 폐쇄하거나 연구소 외의 용도로 사용하였다고 보기 어려운 점 등에 비추어 청구법인이 기업부설연구소를 설치한 후 4년 이내에 폐쇄하거나 쟁점부동산을 연구소 외의 용도로 사용한 것으로 보기 어려우므로 처분청이 이 건 취득세 등을 추징한 처분은 잘못이 있음(조세심판원 2016지0075, 2016.10.6.).

> **사례** 기업부설연구소 감면에 대하여 일반적경과규정을 적용할 수 있는지 여부

청구법인이 기업부설연구소를 신축하여 취득함에 있어 그 취득세 납세의무가 성립하기 전의 원인행위인 건축공사에 착공할 당시 시행 중이던 종전규정의 경우, 대통령령으로 정하는 기업부설연구소에 직접 사용하기 위하여 취득하는 부동산에 대해서는 취득세의 50%를 감면한다고 규정하면서 그 적용 기간을 2016.12.31.까지 취득하는 경우로 한정하여 규정하고 있었던 점, 이러한 기업부설연구소에 대한 취득세 등의 감면규정은 2010.12.31. 이전에는 취득세 등을 면제한다는 내용이었으나, 청구법인이 쟁점기업부설연구소 건축공사를 착공할 당시에는 2016.12.31.까지 취득세 등을 50% 감면하는 것으로 축소되었다가, 청구법인이 쟁점기업부설연구소 건축공사를 완료하고 사용승인을 받은 당시에는 2019.12.31.까지 취득세 등을 35% 감면하는 것으로 계속하여 그 감면범위를 축소하는 것으로 개정되어 온 점 등에 비추어 청구법인의 종전규정에 대한 신뢰가 보호할 정도에 이르렀다고 보기 어려우므로 이러한 경우에까지 이 건 일반적 경과조치에 따라 종전규정의 감면을 적용하기는 어렵다 할 것임(조심 2020지3391, 2021.6.15.).

제 **17** 장

임대주택 감면

1 관계법령

「**지방세특례제한법**」　제31조(임대주택 등에 대한 감면) ① 「공공주택 특별법」에 따른 공공주택사업자 및 「민간임대주택에 관한 특별법」에 따른 임대사업자[임대용 부동산 취득일부터 60일 이내에 해당 임대용 부동산을 임대목적물(2020년 7월 11일 이후 「민간임대주택에 관한 특별법」(법률 제17482호로 개정되기 전의 것을 말한다) 제5조에 따른 임대사업자등록 신청(임대할 주택을 추가하기 위하여 등록사항의 변경 신고를 한 경우를 포함한다)을 한 같은 법 제2조 제5호에 따른 장기일반민간임대주택(이하 이 조에서 "장기일반민간임대주택"이라 한다) 중 아파트를 임대하는 민간매입임대주택이거나 같은 조 제6호에 따른 단기민간임대주택(이하 이 조에서 "단기민간임대주택"이라 한다)인 경우 또는 같은 법 제5조에 따라 등록한 단기민간임대주택을 같은 조 제3항에 따라 2020년 7월 11일 이후 같은 법 제2조 제4호에 따른 공공지원민간임대주택이나 장기일반민간임대주택으로 변경 신고한 주택은 제외한다)로 하여 임대사업자로 등록한 경우를 말하되, 토지에 대해서는 「주택법」 제15조에 따른 사업계획승인을 받은 날 또는 「건축법」 제11조에 따른 건축허가를 받은 날부터 60일 이내로서 토지 취득일부터 1년 6개월 이내에 해당 임대용 부동산을 임대목적물로 하여 임대사업자로 등록한 경우를 포함한다. 이하 이 조에서 "임대사업자"라 한다]가 임대할 목적으로 공동주택(해당 공동주택의 부대시설 및 임대수익금 전액을 임대주택관리비로 충당하는 임대용 복리시설을 포함한다. 이하 이 조에서 같다)을 건축하는 경우 그 공동주택에 대해서는 다음 각 호에서 정하는 바에 따라 지방세를 2024년 12월 31일까지 감면한다. 다만, 토지를 취득한 날부터 정당한 사유 없이 2년 이내에 공동주택을 착공하지 아니한 경우는 제외한다.

1. 전용면적 60제곱미터 이하인 공동주택을 취득하는 경우에는 취득세를 면제한다.

2. 「민간임대주택에 관한 특별법」 또는 「공공주택 특별법」에 따라 10년 이상의 장기임대 목적으로 전용면적 60제곱미터 초과 85제곱미터 이하인 임대주택(이하 이 조에서 "장기임대주택"이라 한다)을 20호(戶) 이상 취득하거나, 20호 이상의 장기임대주택을 보유한 임대사업자가 추가로 장기임대주택을 취득하는 경우(추가로 취득한 결과로 20호 이상을 보유하게 되었을 때에는 그 20호부터 초과분까지를 포함한다)에는 취득세의 100분의 50을 경감한다.

② 임대사업자가 임대할 목적으로 건축주로부터 공동주택 또는 「민간임대주택에 관한 특별법」 제2조 제1호에 따른 준주택 중 오피스텔(그 부속토지를 포함한다. 이하 이 조에서 "오피스텔"이라 한다)을 최초로 분양받은 경우 그 공동주택 또는 오피스텔에 대해서는 다음 각 호에서 정하는 바에 따라 지방세를 2024년 12월 31일까지 감면한다. 다만, 「지방세법」 제10조에 따른 취득 당시의 가액이 3억 원(「수도권정비계획법」 제2조 제1호에

따른 수도권은 6억 원으로 한다)을 초과하는 경우에는 감면 대상에서 제외한다.

1. 전용면적 60제곱미터 이하인 공동주택 또는 오피스텔을 취득하는 경우에는 취득세를 면제한다.

2. 장기임대주택을 20호(戶) 이상 취득하거나, 20호 이상의 장기임대주택을 보유한 임대사업자가 추가로 장기임대주택을 취득하는 경우(추가로 취득한 결과로 20호 이상을 보유하게 되었을 때에는 그 20호부터 초과분까지를 포함한다)에는 취득세의 100분의 50을 경감한다.

③ 제1항 및 제2항을 적용할 때 「민간임대주택에 관한 특별법」 제43조 제1항 또는 「공공주택 특별법」 제50조의2 제1항에 따른 임대의무기간에 대통령령으로 정한 경우가 아닌 사유로 다음 각 호의 어느 하나에 해당하는 경우에는 감면된 취득세를 추징한다.

1. 임대 외의 용도로 사용하거나 매각·증여하는 경우

2. 「민간임대주택에 관한 특별법」 제6조에 따라 임대사업자 등록이 말소된 경우

④ 대통령령으로 정하는 임대사업자 등이 대통령령으로 정하는 바에 따라 국내에서 임대용 공동주택 또는 오피스텔[2020년 7월 11일 이후 「민간임대주택에 관한 특별법」(법률 제17482호로 개정되기 전의 것을 말한다) 제5조에 따른 임대사업자등록 신청(임대할 주택을 추가하기 위하여 등록사항의 변경 신고를 한 경우를 포함한다)을 한 장기일반민간임대주택 중 아파트를 임대하는 민간매입임대주택이거나 단기민간임대주택인 경우 또는 같은 법 제5조에 따라 등록한 단기민간임대주택을 같은 조 제3항에 따라 2020년 7월 11일 이후 공공지원민간임대주택이나 장기일반민간임대주택으로 변경 신고한 주택은 제외한다]을 과세기준일 현재 2세대 이상 임대 목적으로 직접 사용하는 경우에는 다음 각 호에서 정하는 바에 따라 재산세를 2024년 12월 31일까지 감면한다. 다만, 「지방세법」 제4조 제1항에 따라 공시된 가액 또는 시장·군수가 산정한 가액이 3억 원[「수도권정비계획법」 제2조 제1호에 따른 수도권은 6억 원(「민간임대주택에 관한 특별법」 제2조 제2호에 따른 민간건설임대주택 또는 「공공주택 특별법」 제2조 제1호의2에 따른 공공건설임대주택인 경우에는 9억 원)으로 한다]을 초과하는 공동주택과 「지방세법」 제4조에 따른 시가표준액이 2억 원(「수도권정비계획법」 제2조 제1호에 따른 수도권은 4억 원으로 한다)을 초과하는 오피스텔은 감면 대상에서 제외한다.

1. 전용면적 40제곱미터 이하인 「공공주택 특별법」 제50조의2 제1항에 따라 30년 이상 임대 목적의 공동주택에 대해서는 재산세(「지방세법」 제112조에 따른 부과액을 포함한다)를 면제한다.

2. 전용면적 60제곱미터 이하인 임대 목적의 공동주택(제1호에 따른 공동주택은 제외한다) 또는 오피스텔에 대해서는 재산세(「지방세법」 제112조에 따른 부과액을 포함한다)의 100분의 50을 경감한다.

3. 전용면적 60제곱미터 초과 85제곱미터 이하인 임대 목적의 공동주택 또는 오피스텔에 대해서는 재산세의 100분의 25를 경감한다.

⑤ 제4항을 적용할 때 「민간임대주택에 관한 특별법」 제6조에 따라 임대사업자 등록이 말소되거나 같은 법 제43조 제1항 또는 「공공주택 특별법」 제50조의2 제1항에 따른 임대

의무기간에 임대용 공동주택 또는 오피스텔을 매각·증여하는 경우에는 그 감면 사유 소멸일부터 소급하여 5년 이내에 감면된 재산세를 추징한다. 다만, 다음 각 호의 어느 하나에 해당하는 경우에는 추징에서 제외한다.

1. 「민간임대주택에 관한 특별법」 제43조 제1항에 따른 임대의무기간이 경과한 후 등록이 말소된 경우
2. 그 밖에 대통령령으로 정하는 경우

⑥ 「한국토지주택공사법」에 따라 설립된 한국토지주택공사(이하 "한국토지주택공사"라 한다)가 「공공주택 특별법」 제43조 제1항에 따라 매입하여 공급하는 것으로서 대통령령으로 정하는 주택 및 건축물에 대해서는 취득세의 100분의 25와 재산세의 100분의 50을 각각 2024년 12월 31일까지 경감한다. 다만, 다음 각 호의 어느 하나에 해당하는 경우 그 해당 부분에 대해서는 경감된 취득세 및 재산세를 추징한다.

1. 정당한 사유 없이 그 매입일부터 1년이 경과할 때까지 해당 용도로 직접 사용하지 아니하는 경우
2. 해당 용도로 직접 사용한 기간이 2년 미만인 상태에서 매각·증여하거나 다른 용도로 사용하는 경우

⑦ 제6항에 따른 재산세 경감 대상에는 한국토지주택공사가 「공공주택 특별법」 제43조 제1항에 따라 매입하여 세대수·구조 등을 변경하거나 철거 후 신축하여 공급하는 주택 및 건축물을 포함한다.

「지방세특례제한법 시행령」 제13조(추징이 제외되는 임대의무기간 내 분양 등) ① 법 제31조 제3항 각 호 외의 부분에서 "대통령령으로 정한 경우"란 「민간임대주택에 관한 특별법」 제43조 제4항 또는 「공공주택 특별법 시행령」 제54조 제2항 제1호 및 제2호에서 정하는 경우를 말한다.

② 법 제31조 제4항 각 호 외의 부분 본문에서 "대통령령으로 정하는 임대사업자 등"이란 다음 각 호의 어느 하나에 해당하는 자를 말한다.

1. 주택건설사업자(해당 건축물의 사용승인서를 내주는 날 또는 매입일 이전에 「부가가치세법」 제8조에 따라 건설업 또는 부동산매매업의 사업자등록증을 교부받거나 같은 법 시행령 제8조에 따라 고유번호를 부여받은 자를 말한다)
2. 「주택법」 제4조 제1항 제6호에 따른 고용자
3. 「민간임대주택에 관한 특별법」 제2조 제7호의 임대사업자 또는 「공공주택 특별법」 제4조에 따른 공공주택사업자

③ 법 제31조 제4항 각 호에서 정하는 바에 따라 재산세를 감면받으려는 자는 「민간임대주택에 관한 특별법」 제5조에 따라 해당 부동산을 임대목적물로 하여 임대사업자로 등록해야 한다. 다만, 「공공주택 특별법」 제4조에 따른 공공주택사업자는 임대사업자로 등록하지 않아도 재산세를 감면받을 수 있다.

④ 법 제31조 제5항 제2호에서 "대통령령으로 정하는 경우"란 「민간임대주택에 관한 특별법」 제43조 제4항의 사유로 임대사업자 등록이 말소된 경우를 말한다.

⑤ 법 제31조 제6항 각 호 외의 부분 본문에서 "대통령령으로 정하는 주택 및 건축물"이

란 다음 각 호의 것을 말한다.

1. 「공공주택 특별법 시행령」 제4조의 공공준주택과 그 부속토지
2. 「공공주택 특별법 시행령」 제37조 제1항의 주택 및 건축물과 그 부속토지(제1호에 따른 공공준주택과 그 부속토지는 제외한다)

제13조의2(다가구주택의 범위 등) ① 법 제31조의3 제1항 각 호에서 정하는 바에 따라 지방세를 감면받으려는 자는 「민간임대주택에 관한 특별법」 제5조에 따라 해당 부동산을 임대목적물로 하여 임대사업자로 등록하여야 한다.

② 법 제31조의3 제1항 각 호 외의 부분에서 "대통령령으로 정하는 다가구주택"이란 다가구주택(「민간임대주택에 관한 특별법 시행령」 제2조의2에 따른 일부만을 임대하는 다가구주택은 임대 목적으로 제공하는 부분만 해당한다)으로서 「건축법」 제38조에 따른 건축물대장에 호수별로 전용면적이 구분되어 기재되어 있는 다가구주택을 말한다.

③ 법 제31조의3 제2항 제2호에서 "대통령령으로 정하는 경우"란 「민간임대주택에 관한 특별법」 제43조 제4항의 사유로 임대사업자 등록이 말소된 경우를 말한다.

② 임대주택의 구분

2018년 현재 임대주택은 등록기준으로 약 298.5만호이며, 공공과 민간부분임대로 구분된다. 공공부문임대는 정부(LH), 지방자치단체(지방공사)가 공급하는 임대주택을, 민간부분임대는 국민주택기금 등을 지원받아 건설하는 임대주택과 순수 민간자금으로 건설 또는 매입하여 임대하는 단기임대주택, 준공공임대주택, 기업형임대주택, 장기일반주택, 공공지원주택 등이 있다. 각 유형별 세부 임대주택 현황 등은 아래와 같다.

| 임대주택 현황(단위: 만호, 2020년 주택업무편람) |

계	공공부문임대			민간부분임대							
	소계	국가 (LH)	지자체 (지방공사)	공공임대주택			민간임대주택					
				소계	5년	10년	소계	단기	준공공	기업형	장기일반	공공지원
298.5	138.8	111.8	27	18.2	8.2	10	141.5	102.3	14.8	9.8	13.3	1.3

■ 공공주택사업자

「공공주택 특별법」 제4조 제1항[10]에 따른 공공주택사업자로서 국가 또는 지방자치단체

---

10) 「공공주택특별법」 제4조(공공주택사업자) ① 국토교통부장관은 다음 각 호의 자 중에서 공공주택사업자를 지정한다.(2015.8.28. 개정) 1. 국가 또는 지방자치단체 2. 「한국토지주택공사법」에 따른 한국토지주택공사 3. 「지방공기업법」 제49조에 따라 주택사업을 목적으로 설립된 지방공사 4. 「공공기관의 운영에 관한 법률」

(1호), 한국토지주택공사(2호), 지방공사(3호), 자산규모가 2조 원 이상이고, 총수입액 중 자체수입액이 100분의 85 이상인 시장형 공기업(4호), 위의 이들 국가 또는 지방자치단체 등이 100분의 50 이상을 출자하여 설립한 법인(5호), 위의 이들 국가·지방자치단체 등이 총 지분의 전부를 출자하여 설립한 부동산투자회사(6호)를 말한다.

■ 민간임대사업자

「민간임대주택에 관한 특별법」 제2조 제7호에 따른 임대사업자로서 위의 「공공주택 특별법」 제4조 제1항에 따른 공공주택사업자가 아닌 자로서 1호 이상의 민간임대주택을 취득하여 임대하는 사업을 할 목적으로 제5조에 따라 임대주택으로 등록한 자를 말한다.

■ 임대사업자의 등록

임대사업자가 감면을 받기 위해서는 임대사업자 등록[임대목적물(주택, 2013년부터는 오피스텔도 등록 가능) 취득 후 60일, 2011년까지는 30일]을 하여야 한다. 2018년까지는 취득세는 위의 임대사업자 등록 규정이 있었으나 재산세는 임대사업자 등록 규정이 별도로 없어 기존 임대사업자가 신규로 취득한 부동산을 임대목적물로 추가 등록하지 않고 재산세 과세기준일 현재 임대목적으로만 직접 사용을 하여도 감면대상에 해당될 수 있었으나, 2019년부터는 재산세도 취득세와 같이 임대목적물로 등록한 임대사업자만 감면이 적용될 수 있도록 감면요건이 강화되었다. 따라서 임대사업자란 임대주택법 제2조 제4호 및 같은법 제6조에 따라 신고·등록하는 경우를 말하므로 부가가치세법에 따라 세무서에 신고하는 임대주택사업자 등록은 원칙적으로 임대사업자를 판단하는 기준[11]이 될 수 없다.

한편, 건설임대사업자가 임대주택용을 취득하는 토지분의 경우에는 2022년부터 토지 취득일로부터 60일 이내'에서 사업계획승인일부터 60일 이내 임대 등록하는 경우로 완화되었다. 다만, 과도한 착공 지연 등을 방지하기 위해 임대 등록 시한은 토지를 취득한 날부터 1년 6개월을 초과하지 않도록 단서 규정이 신설되었다.

■ 임대사업자의 범위

임대주택법 제2조 제4호에 따른 국가, 지방자치단체, 한국토지주택공사, 지방공사, 임대

제5조에 따른 공공기관 중 대통령령으로 정하는 기관 5. 제1호부터 제4호까지의 규정 중 어느 하나에 해당하는 자가 총지분의 100분의 50을 초과하여 출자·설립한 법인 6. 주택도시기금 또는 제1호부터 제4호까지의 규정 중 어느 하나에 해당하는 자가 총지분의 전부를 출자(공동으로 출자한 경우를 포함한다)하여 「부동산투자회사법」에 따라 설립한 부동산투자회사

11) 참고로 2014년에 감면이 종료된 「지방세특례제한법」 제33조의 주택공급확대를 위한 감면에서는 주택건설사업자의 범위를 부가가치세법에 의한 건설업 또는 부동산매매업의 사업자등록증으로 하고 있었다.

사업자[12](주택법 제6조에 따라 시장·군수·구청장에게 등록한 자), 임대주택조합이 이에 해당된다. 임대사업자의 범위에 국가·지방자치단체의 경우 대부분 한국토지주택공사(국가) 또는 지방공사(지방자치단체)에 위탁하여 사업시행을 하고 있다. 다만, 재산세는 법 제31조 제3항 및 시행령 제13조 제2항에 따라 위의 임대사업자 외에도 주택건설사업자, 근로자를 고용하는 자(주택법 §9 ① 6호)까지도 임대사업자에 해당된다.

| 임대주택 지방세 감면 현황(2023.1.1. 현재) |

조　문	세　목	감면 내용
§31 ①	취득세	임대사업자 등이 임대할 목적으로 건축하는 공동주택에 대해 60㎡ 이하 면제(최초분양시), 60~85㎡ 이하(20호 이상 임대) 50%(15년까지는 25%)
§31 ②	취득세	임대사업자 등이 임대할 목적으로 건축주로부터 최초분양받은 공동주택, 오피스텔 중 60㎡ 이하 면제, 20호 이상·기존 20호에서 추가로 취득하는 경우 취득세의 50%
§31 ④	재산세	40㎡ 이하 면제, (30~50년 이상 공공임대주택) 60㎡ 이하 50%, 60~85㎡ 25%. 단, 공시주택 가액이 3억 원(수도권은 6억 원[공공건설임대주택은 9억 원])을 초과하는 공동주택과　시가표준액이 2억 원(수도권은 4억 원)을 초과하는 오피스텔은 감면 제외
§31 ⑥	취득세 재산세	공공주택 특별법에 따라 LH가 매입하여 취득하는 주택에 대해 취득세 25%, 재산세 50% 감면
농특 §4 ⑥ 5호	농특세	제31조 제1항 및 제2항에 따른 취득세 감면분의 20% 농특세 비과세

❸ 취득세 감면

■ 건설임대사업자에 대한 취득세 감면
- 「지방세특례제한법」 제31조 제1항에서 「공공주택 특별법」에 따른 공공주택사업자 및 「민간임대주택에 관한 특별법」에 따른 임대사업자가 임대할 목적으로 공동주택을 건축하는 경우 그 공동주택에 대해서는 아래 각 호에서 정하는 바에 따라 지방세를 2024년 12월 31일까지 감면한다. 다만, 토지를 취득한 날부터 정당한 사유 없이 2년 이내에 공동주택을 착공하지 아니한 경우는 제외한다.
  1. 전용면적 60제곱미터 이하인 공동주택을 취득하는 경우에는 취득세를 면제한다.

---

12) 임대주택법 제6조 제1항 및 시행령 제7조 제1항에서 대통령령으로 정하는 호수·세대 이상 임대사업자를 말함(건설임대주택의 경우 단독주택은 2호, 공동주택은 2세대, 매입임대주택은 단독주택은 1호, 공동주택은 1세대 이상).

2. 「민간임대주택에 관한 특별법」 또는 「공공주택 특별법」에 따라 10년 이상의 장기임대 목적으로 전용면적 60제곱미터 초과 85제곱미터 이하인 장기임대주택을 20호(戶) 이상 취득하거나, 20호 이상의 장기임대주택을 보유한 임대사업자가 추가로 장기임대주택을 취득하는 경우(추가로 취득한 결과로 20호 이상을 보유하게 되었을 때에는 그 20호부터 초과분까지를 포함한다)에는 취득세의 100분의 50을 경감한다.

- ■ 매입임대사업자에 대한 취득세 감면
  - – 「지방세특례제한법」 제31조 제2항에서 임대사업자가 임대할 목적으로 건축주로부터 공동주택 또는 「민간임대주택에 관한 특별법」 제2조 제1호에 따른 준주택 중 오피스텔을 최초로 분양받은 경우 그 공동주택 또는 오피스텔에 대해서는 아래 각 호에서 정하는 바에 따라 지방세를 2024년 12월 31일까지 감면한다. 다만, 「지방세법」 제10조에 따른 취득 당시의 가액이 3억 원(「수도권정비계획법」 제2조 제1호에 따른 수도권은 6억 원으로 한다)을 초과하는 경우에는 감면 대상에서 제외한다.
    1. 전용면적 60제곱미터 이하인 공동주택 또는 오피스텔을 취득하는 경우에는 취득세를 면제한다.
    2. 장기임대주택을 20호(戶) 이상 취득하거나, 20호 이상의 장기임대주택을 보유한 임대사업자가 추가로 장기임대주택을 취득하는 경우(추가로 취득한 결과로 20호 이상을 보유하게 되었을 때에는 그 20호부터 초과분까지를 포함한다)에는 취득세의 100분의 50을 경감한다.

- ■ 기 감면 받은 취득세 추징
  - – 위 건설임대사업자 및 매입임대사업자로 감면 받은 후 「민간임대주택에 관한 특별법」 제43조 제1항 또는 「공공주택 특별법」 제50조의2 제1항에 따른 임대의무기간에 대통령령으로 정한 경우가 아닌 사유로 다음 각 호의 어느 하나에 해당하는 경우에는 감면된 취득세를 추징한다.
    1. 임대 외의 용도로 사용하거나 매각·증여하는 경우
    2. 「민간임대주택에 관한 특별법」 제6조에 따라 임대사업자 등록이 말소된 경우

※ 건설임대용 토지 감면 요건 합리화(2022년부터 적용)

<table>
<tr><td colspan="2">① 개정개요</td></tr>
<tr><td>개정 전</td><td>개정 후</td></tr>
<tr><td>□ 감면요건
○ 취득일부터 60일 이내 임대 등록</td><td>□ 감면요건 합리화
○ 사업계획 승인일부터 60일 이내 임대 등록
  ※ 단, 토지 취득일부터 최대 1년6개월 이내
    에는 임대 등록 필요</td></tr>
<tr><td colspan="2">② 개정내용
  ○ 건설임대주택과 관련하여, **건설임대용 토지 취득세 감면 요건**을
    – '취득일로부터 60일 이내'에서 → '**사업계획승인일부터 60일 이내**' 임대 등록하
    는 경우로 완화
  ○ 다만, 과도한 착공 지연 등을 방지하기 위해 임대 등록 시한은 **토지를 취득한 날
    부터 1년 6개월을 초과하지 않도록 단서** 마련</td></tr>
</table>

※ 폐지유형 임대등록사업자 지방세 감면 배제(2022년부터 적용)
  →「지방세특례제한법」제31조 및 제31조의3 적용

<table>
<tr><td colspan="2">① 개정개요</td></tr>
<tr><td>개정 전</td><td>개정 후</td></tr>
<tr><td>□ 신설</td><td>□ 폐지유형* 임대등록사업자 지방세 감면 배제
  * 단기(4년) 임대, '아파트' 장기(8년)일반 매입임대
○ 7.11. 이후에 '폐지 유형'으로 신규 등록하거나 단기임대에서 장기임대
로 유형을 변경한 경우는 지방세 감면* 배제
  * (취득세) 기간·면적에 따라 50~100% 감면, (재산세) 25~100% 감면</td></tr>
<tr><td colspan="2">② 개정내용
○ '20년도에「주택시장 안정 보완대책」('20.7.10.)을 통해 **단기 임대 및 '아파트' 장기
임대 유형이 폐지***됨에 따라,
  * 대책 발표 이후「민간임대주택에 관한 특별법」개정('20.8.18. 시행)
○ **대책발표 다음날('20.7.11.)부터 개정 법률 시행 전일('20.8.17.) 사이에, 폐지된 유형
으로 등록·변경한 경우 지방세 감면을 배제**하도록 개정</td></tr>
</table>

사례 건축주로부터 최초로 분양받은 경우의 의미

- 재건축조합이 조합원으로부터 각자 부담할 건축자금을 제공받아 건축하는 공동주택이 건축허가와 사용승인을 받았다 하더라도 소유권은 건축자금 제공자인 조합원들이 원시 취득한 것으로 보아야 하므로 신축으로 보아야 하고, 취득은 분양의 개념과는 다른 것으로 임대할 목적으로 아파트를 취득하였다고 하더라도 취득세 등이 면제되는 「조세특례제한법」 제31조 제1항 제1호의 매입임대주택에 해당되지 않음(조세심판원 2015지0677, 2015.6.9.).

- 기존건축물의 내부를 일부 증축 및 용도변경하여 공동주택으로 사용승인을 받은 경우로서 「지방세법」 제6조 제5호 및 「건축법」 제2조 제1항 제8호에 따르면 취득세에서 '건축'이란 건축물을 신축·증축·개축·재축(再築)하거나 건축물을 이전하는 것을 말하는 것으로 규정하고 있는 바, 용도변경한 부분은 '건축'에 해당하지 아니하고 증축한 부분만 '건축'에 해당하므로 사용승인을 받은 자(건축주)로부터 증축한 부분에 해당하는 공동주택을 최초로 분양받은 경우에만 취득세를 감면하는 것이 타당하다고 판단됨(행정안전부 지방세운영과-762, 2014.3.4.).

- 건축주가 신탁회사에게 소유권을 이전한 것을 분양으로 해석할 경우 실제 분양받은 임대사업자가 감면에서 배제되는 결과를 초래하고 건축주가 건물을 신축하여 신탁회사에 신탁한 것을 분양이라고 보기는 어려우므로 신탁 반환된 분양 임대주택은 감면대상으로 보는 것이 타당함(행정자치부 지방세특례제도과-435, 2017.2.21.).

- '건축주로부터 최초로 분양받은 경우'란 건축행위를 통한 건축물의 분양을 그 전제로 하는 것이므로, 임대사업자가 이 사건 조항 후단에 의하여 취득세 감면의 혜택을 누리기 위해서는 건축물을 건축한 자로부터 분양계약에 따라 임대주택을 최초로 매입하여 취득하여야 함(대법 2017두32401, 2017.6.15.).

- 주식회사 △△원디앤씨는 이미 신축된 건물을 매수한 다음 그 용도를 근린생활시설에서 공동주택으로 변경하였을 뿐 이를 건축하지 아니하였으므로, 원고가 위 회사로부터 그 중 일부를 매입하였다고 하더라도 이 사건 조항 후단에서 정한 '건축주로부터 최초로 분양받은 경우'에 해당한다고 할 수 없음(대법 2017두32401, 2017.6.15.).

- 이 사건 조항은 다소 불분명하지만, "미분양 등의 사유로 제31조에 따른 임대용으로 전환하는 경우"라고 규정되어 법 제31조 제1항을 준용하도록 하면서도 그 준용에 아무런 제한을 가하지 않았으므로, 이 사건 조항에 기하여 취득세 감면을 받으려면, 법 제31조 제1항 전단 규정과 같이 "임대주택법 제2조 제4호에 따른 임대사업자로 등록하여야 하고, 그 등록기간도 부동산 취득일로부터 60일 이내에 하여야 한다"는 요건을 갖추어야 한다고 해석함이 상당함(대법 2017두42224, 2017.8.23.).

- 「지방세특례제한법」 제32조 제1항에서 국가 또는 지방자치단체의 계획에 따른 것은 감면대상에서 제외한다거나 택지개발지역 외의 부동산만을 감면대상으로 규정하고 있지 아니하는 점, 동 조항의 "취득하여 소유하는"은 취득세 및 재산세의 감면요건을 각 규정한 것으로 임대기간이 경과한 후 분양전환되는 임대주택용 부동산을 배제하기 위한 의미로 해석되지는 아니하는 점 등에 비추어 쟁점부동산은 청구법인이 임대를 목적으로 취득하는 전용면적 60㎡ 이하의 소규모 공동주택이므로 동 조항에 따른 취득세 등의 감면대상에 해당함(조세심판원 2017지0480, 2017.9.13.).

- 청구법인은 당초 기업형임대사업자로 등록신청을 하였고, 장기임대목적에 사용하기 위하여 쟁점임대주택을 취득한 것이므로 쟁점임대주택에 대한 취득세 등을 감면해야한다고 주장하나, 기업형임대사업자로 등록신청을 하였다는 것만으로 쟁점임대주택을 8년 이상 장기임대목적으로 취득했다고 볼 수는 없는 점, 「지방세특례제한법」 제31조 제1항에서 임대사업자가 최초로 분양받은 경우 등에 대해서 지방세를 감면한다고 규정하고 있는데 청구법인은 여기에도 해당하지 않는 점 등에 비추어 청구주장을 받아들이기 어려움(조세심판원 2018지0966, 2018.11.16.).

- 기존의 사업장에서 단독명의 임대사업자라고 하더라도 신규사업장에서 2인 이상이 공동으로 임대목적 주택을 건설하는 경우는 2인 이상이 공동명의로 신규등록하여야 할 것이고, 2인이 임대주택 건설용 부지(토지)를 취득한 후 공동명의의 임대사업자 등록신고 없이 종전 사업장의 단독명의 임대사업자 등록증을 첨부한 경우라면 취득세 감면대상인 '임대사업자'로 볼 수 없음(행정안전부 지방세운영과-2895, 2012.9.12.).

- 2013.3.6. 다세대주택(총 20세대, 각각 전용 23.76㎡)을 신축 준공하기 전에 총 20세대 중 9세대에 대하여 전세권을 설정하여 임대하였고, 그 후, 나머지 11세대에 대하여 전세권 설정하였거나 임대목적으로 전환하려고 하는 바, 이 건 다세대주택 취득시기인 2013.3.6. 이전에 전세권을 설정하여 임대한 9세대는 이미 임대하였으므로 분양을 목적으로 취득하는 공동주택에 해당하는 것으로 보기 어렵다할 것이고, 나머지 11세대는 이 건 다세대주택 취득시기인 2013.3.6부터 60일 이내에 임대사업자로 등록을 하지 않은 경우라면 이 건 다세대주택을 건축한 자는 임대사업자에 해당하지 아니하므로 취득세 감면대상에 해당하지 않는다 할 것이므로 다세대주택의 경우는 같은 법 제31조 제1항 또는 제33조 제1항에서 정한 감면대상에 해당하지 아니하는 것으로 판단됨(행정자치부 지방세특례제도과-180, 2015.1.22.).

- 민간건설임대주택 건설사업계획 변경승인에 의해 사업주체가 됨에 따라 사업주체 변경일 이전에 납부한 취득세가 감면되기 위해서는, 임대사업자가 임대주택 건설용 토지 취득일로부터 60일 이내에 임대사업자 변경등록을 통하여 임대물건으로 추가 등록한 경우에만 감면대상에 해당됨(행정자치부 지방세특례제도과-2470, 2016.9.9.).

- 근린생활시설 건축물 및 그 부속토지를 취득한 날부터 60일 이내에 주택임대사업자 등록을 하고 그 건축물을 멸실한 후 임대용 공동주택을 착공하는 경우라면, 「지방세특례제한법」 제31조 제1항에서 임대할 목적으로 건축하는 공동주택 및 그 부속토지를 취득세 면제대상으로 규정하고 있으므로, 멸실한 근린생활시설 건축물은 신축한 공동주택의 범위에 포함되지 아니하므로 취득세 감면대상에서 제외하고, 그 부속토지는 신축 공동주택의 부속토지로 보아 취득세를 감면하는 것이 타당하다고 판단됨(행정자치부 지방세특례제도과-2577, 2015.9.23.).
- 임대사업자가 임대목적으로 공동주택을 신축하여 자기관리형 주택임대관리업자와 계약을 체결하고 그 공동주택을 주거용으로 임대하는 경우라면, 임대사업자는 여전히 임대사업자의 지위를 유지하면서 공동주택을 임대용으로 사용하고 있는 경우로서 「지방세특례제한법」 제31조에서 정한 지방세 감면대상에 해당하는 것으로 판단됨(행정자치부 지방세특례제도과-2442, 2015.9.8.).
- 2015년 재산세 과세기준일(6.1.) 현재 「임대주택법」에 의한 임대사업자로 등록하지 않은 것으로 확인된 이상, 청구인은 임대주택에 대한 재산세 감면요건을 충족하지 못하였기 때문에 이 건 주택은 재산세 등 감면대상에 해당되지 아니하므로 처분청이 이 건 주택에 대하여 부과한 재산세 부과처분은 잘못이 없음(조세심판원 2015지1042, 2015.9.18.).
- 「지방세법 시행령」 제26조 제1항 제31호에서 「임대주택법」 제6조에 따라 등록을 한 임대사업자가 경영하는 주택임대사업을 중과세의 예외로 규정하고 있으나, 청구법인은 이 건 부동산을 취득한 후에 임대사업자로 등록하였으므로 청구법인은 이 건 부동산을 취득할 당시 「임대주택법」 제6조에 따라 등록을 한 임대사업자에 해당한다고 보기 어려움(조세심판원 2015지0594, 2015.6.26.).
- 청구인이 임대를 목적으로 쟁점주택을 취득하였다고 하더라도 쟁점주택은 공동주택이 아닌 다가구주택에 해당하는 사실이 확인되는 이상 감면대상 주택으로는 보기 어려움(조세심판원 2012지0331, 2012.6.28.).
- 지방세특례제한법 기본통칙 법31-1【임대 공동주택 판단】임대용 공동주택을 단기숙박시설 기준인 임차사용 기간(국제표준산업분류표상 30일) 이내로 계약하고, 숙박시설과 비품 등을 갖춘 형태로 사용하는 경우에는 임대용 공동주택이 아닌 숙박용 숙박시설에 해당한다.

사례 재건축조합 조합원분 주택을 「민간임대주택에 관한 특별법」에 따른 임대사업자가 임대할 목적으로 건축한 공동주택으로 볼 수 있는지 여부

지방세법 제7조 제8항은 '「도시 및 주거환경정비법」 제35조 제3항에 따른 재건축조합이 해당 조합원용으로 취득하는 조합주택용 부동산은 그 조합원이 취득한 것으로 본다'고 규정하는 바, 조합원이 임대사업자로서 임대를 목적으로 원시취득한 공동주택은 이를 임대목적 신축공동주택으로 볼 것(대법원 2010.8.19. 선고 2010두6427 판결 취지

참조)인 점, 재건축조합의 조합원이 분양받아 소유권보존등기를 경료한 공동주택은, 조합원들이 기존의 건물을 제공하고 건축에 소요되는 비용을 분담하는 등의 방법으로 신축되는 공동주택의 건설에 참여한 대가로 배정받은 것이므로, 조합원이 매매등으로 소유권을 취득한 주택이라기보다는 조합원이 건축한 주택으로 평가함이 상당한 점, 임대사업을 위하여 건축(원시취득)되었거나 최초로 분양(승계취득)된 공동주택에 대하여 취득세를 면제하고자 하는 이 사건 규정의 입법취지에 비추어 볼 때에도, 재건축조합의 조합원들이 배정받은 공동주택을 임대하는 경우를 일반분양분을 매입하여 임대하는 경우보다 불리하게 취급할 이유가 없는 점 등에 비추어 재건축조합의 조합원이 임대할 목적으로 배정받은 공동주택은 임대목적 신축공동주택에 해당함(대법원 2020.9.9. 선고 2020두39389 판결).

> **사례** 임대사업자 감면 추징대상에 해당되는지 여부

- 「임대주택법 시행령」 제13조 제2항 제2호에서 임대사업자가 부도, 파산 등으로 임대를 계속할 수 없는 경우로서 분양전환허가 또는 분양전환승인을 받은 경우에는 매각이 가능한 것으로 규정하였으나, 청구인의 경우 위 규정에 따른 분양전환허가 등을 받지 아니하고 쟁점오피스텔을 임의경매로 매각하였으므로 면제한 취득세의 추징 제외대상에 해당된다고 볼 수 없음(조세심판원 2016지0141, 2016.6.30.).
- 청구인의 경우 「임대주택법 시행령」 제13조 제2항에 규정된 매각 등이 허용되는 사유에 해당하지 아니할 뿐만 아니라 교환은 유상거래의 일종으로 매각에 해당한다 할 것이므로 처분청이 청구인의 경정청구를 거부한 처분은 잘못이 없음(조세심판원 2015지1143, 2015.12.15.).
- 임대의무기간에 임대주택을 매각하더라도 취득세 추징에서 제외되는 경우는 「임대주택법 시행령」 제13조 제2항 제2호 및 제3호에 해당되는 경우에 한하는 것으로 해석하는 것이 합리적이므로 처분청이 청구인에게 이 건 취득세 등을 부과한 처분은 잘못이 없음(조세심판원 2015지0939, 2015.11.10.).
- 임대주택을 타인에게 임대하지 않고 본인이 직접 거주한 기간에 대하여 임대 외의 용도로 사용한 것으로 보는 것이 타당한 점 등에 비추어 처분청이 쟁점부동산이 주택임대에 사용되지 아니한 것으로 보아 이 건 취득세 등을 부과한 처분은 잘못이 없음(조세심판원 2015지0925, 2015.10.14.).
- 「지방세특례제한법」 제31조에 의한 주택임대사업자로 보아 취득세를 면제 받았으나 임대의무기간 내에 이혼을 원인으로 재산분할에 따라 주택을 전 배우자에게 매각하였다면 종전 임차 현황이 달라지지 않았다 하더라도 전 배우자가 임대주택사업자도 아니고 의무기간 내 매각이 가능한 정당한 사유에도 해당하지 않는다. 따라서 기 면제된 취득세는 추징되는 것이 타당함(조세심판원 2014지1322, 2014.11.27.).
- 청구인은 2013.8.13. 쟁점주택을 임대할 목적으로 취득하고, 임대주택 임대의무기간 내인 2013.9.11. 쟁점주택을 매각한 사실이 나타나므로, 처분청이 기 면제한 취

득세 등을 추징한 처분은 잘못이 없음(조세심판원 2014지1239, 2014.11.5.).

- 정부정책에 의해 종전 국민임대주택 건설사업 승인이 취소되고 보금자리주택사업으로 변경은 추징이 제외되는 '정당한 사유'로 볼 수 있음(대법원 2016.9.8. 선고 2016두37867 판결).

- 청구인이 쟁점신탁회사와 부동산담보신탁계약을 체결하면서 쟁점임대주택의 소유권을 쟁점신탁회사에게 이전한 것이 「지방세특례제한법」 제31조 제2항 제1호의 추징사유에 해당한다고 보기는 어려우므로 처분청이 이와 다른 전제에서 청구인의 경정청구를 거부한 처분은 잘못이 있다고 판단됨(조심 2021지2072, 2022.2.16.).

사례 ▶ 공동주택과 구분하여 등기된 주차장이 임대주택 감면 해당 여부

집합건축물대장상 공동주택의 공유부분이 아닌 별도로 구분등기 되어 있는 주차장에 대해서는 공동주택의 부대시설로 볼 수 없어 감면대상에서 제외함이 타당(수원고법 2020누1358, 2021.4.7.: 대법확정)

사례 ▶ 분양을 거치지 않은 임대주택을 취득하는 경우 감면 해당 여부

건축주로부터 다른 사람을 거치지 않고 최초로 매입하여 취득하기만 하였더라도 분양을 목적으로 건축되어 분양계약을 체결한 경우가 아니므로 취득세 감면 대상에 포함된다고 보기는 어려움(서울고법 2020누43151, 2020.11.27.: 대법확정).

사례 ▶ 임대주택 부속토지일부를 교환한 경우 감면 추징 해당 여부

소유권보존등기 및 대지권등기를 마치기 위해 임대주택의 부지 일부를 교환한 경우라도 "교환"은 "매각"에 해당하므로 교환부분에 대해 추징함이 타당(대법 2016두61914, 2021.4.15.)

사례 ▶ 임대주택을 임대의무기간내 포괄양도한 경우 감면 추징 해당 여부

임대의무기간 내 다른 임대사업자에게 포괄양도한 경우가 별도 추징 배제사유에 해당하지 아니하므로 추징대상에 해당함(대구고법 2020누3794, 2021.4.23.: 대법확정).

사례 ▶ 기업형임대사업자가 해당주택을 재산세 과세기준일(6.1.) 현재 신탁한 경우 재산세 감면대상 해당 여부

위탁관리부동산투자회사가 법률상 신탁이 강제되어 있다고 하더라도 위탁관리부동산투자회사에 대하여는 「지방세특례제한법」 제31조 4에 별도 감면규정이 있고, 직접사용의 의미가 해당부동산 소유자가 해당 사업에 직접사용하는 경우를 의미하므로 재산세 과세기준일(6.1) 현재 신탁으로 소유권을 이전한 경우라면 기업형임대사업자(제31조의3) 감면대상으로 보기는 어려움(대법 2021두34558, 2021.9.9.).

사례 미분양 임대주택을 일괄 취득시 최초분양 임대주택 감면 여부

임대주택을 분양하기 위해 공개입찰 한 후 분양되지 않은 미분양 주택에 대해 매입임대사업자가 포괄양수도 방식으로 일괄취득하는 경우 지방세특례제한법 제31조 제2항에서 규정하는 최초 분양에 해당한다고 할 것임(지방세특례제도과-2458, 2021.11.4.).

사례 포괄양수도 방식으로 취득한 임대주택 감면 여부

주택재개발조합이 건축한 후 조합명의로 소유권 보존등기를 경료한 임대주택을 포괄양수도 방식으로 승계취득한 건설회사는 임대할 목적으로 공동주택을 '건축하는 경우(§31 ①)'에 해당하지 아니하며, '최초로 분양받은 경우(§31 ②)'에도 해당되지 아니함(지방세특례제도과-1161, 2021.5.21.).

사례 공공주택사업자의 임대주택 재산세 감면시 임대목적물 등록 여부

「공공주택특별법」에 따라 지정된 공공주택사업자는 해당 부동산을 임대목적물로 하여 임대사업자로 등록하지 아니하더라도 재산세 감면대상에 해당한다고 할 것임(지방세특례제도과-704, 2021.3.24.).

사례 단기민간임대주택 폐지 이후 취득한 오피스텔 감면 여부

오피스텔을 단기임대주택 임대사업자로 등록하여 부동산 취득일 현재 임대사업자의 지위가 유지되고 있고, 건축주로부터 최초로 분양받아 임대목적물로 등록하고 임대주택으로 사용하는 경우라면, 「민간임대주택에 관한 특별법」 개정으로 단기임대주택 유형이 폐지된 후 취득한 경우라도 취득세 감면대상에 해당됨(지방세특례제도과-1474, 2021.6.23.).

④ 재산세 감면

■ 임대주택에 대한 재산세 감면

「지방세특례제한법」 제31조 제4항에서 대통령령으로 정하는 임대사업자 등이 대통령령으로 정하는 바에 따라 국내에서 임대용 공동주택 또는 오피스텔을 과세기준일 현재 2세대 이상 임대 목적으로 직접 사용하는 경우에는 아래 각 호에서 정하는 바에 따라 재산세를 2024년 12월 31일까지 감면한다. 다만, 「지방세법」 제4조 제1항에 따라 공시된 가액 또는 시장·군수가 산정한 가액이 3억 원[「수도권정비계획법」 제2조 제1호에 따른 수도권은 6억 원(「민간임대주택에 관한 특별법」 제2조 제2호에 따른 민간건설임대주택 또는 「공공주택 특별법」 제2조 제1호의2에 따른 공공건설임대주택인 경우에는 9억 원)으로 한다]을 초과하는 공동

주택과 「지방세법」 제4조에 따른 시가표준액이 2억 원(「수도권정비계획법」 제2조 제1호에 따른 수도권은 4억 원으로 한다)을 초과하는 오피스텔은 감면 대상에서 제외한다.

1. 전용면적 40제곱미터 이하인 「공공주택 특별법」 제50조의2 제1항에 따라 30년 이상 임대 목적의 공동주택에 대해서는 재산세(「지방세법」 제112조에 따른 부과액을 포함한다)를 면제한다.

2. 전용면적 40제곱미터 초과 60제곱미터 이하인 임대 목적의 공동주택 또는 오피스텔에 대해서는 재산세(「지방세법」 제112조에 따른 부과액을 포함한다)의 100분의 50을 경감한다.

3. 전용면적 60제곱미터 초과 85제곱미터 이하인 임대 목적의 공동주택 또는 오피스텔에 대해서는 재산세의 100분의 25를 경감한다.

■ 기 감면 받은 재산세 추징

「지방세특례제한법」 제31조 제5항에서 제4항을 적용할 때 「민간임대주택에 관한 특별법」 제6조에 따라 임대사업자 등록이 말소되거나 같은 법 제43조 제1항 또는 「공공주택 특별법」 제50조의2 제1항에 따른 임대의무기간에 임대용 공동주택 또는 오피스텔을 매각·증여하는 경우에는 그 감면 사유 소멸일부터 소급하여 5년 이내에 감면된 재산세를 추징한다. 다만, 아래 각 호의 어느 하나에 해당하는 경우에는 추징에서 제외한다.

1. 「민간임대주택에 관한 특별법」 제43조 제1항에 따른 임대의무기간이 경과한 후 등록이 말소된 경우

2. 그 밖에 대통령령으로 정하는 경우

※ 건설임대주택 재산세 감면 가액기준 완화 및 임대주택 재산세 감면 추징 규정 강화 및 가액기준 합리화(2022년부터 적용)

---

① 개정개요

개정 전	개정 후
□ 건설임대주택 재산세 감면가액기준	□ 가액기준 완화
○ (수도권) 6억 원 이하	○ (수도권) 6억 원 이하*
	* 건설임대주택인 경우 9억 원 이하
○ (비수도권) 3억 원 이하	○ (비수도권) 3억 원 이하
□ 재산세 추징요건	□ 추징요건 강화
○ 임대사업자 등록 말소	○ 임대사업자 등록 말소 또는 임대의무 기간 내 매각·증여

개정 전	개정 후
□ 재산세 오피스텔 감면적용 가액기준 ○ 건축물* 시가표준액 *「지방세법」§4 ① – 4억 원 이하(수도권) – 2억 원 이하(비수도권)	□ 가액기준 합리화 ○ 토지 및 건축물* 시가표준액 *「지방세법」§4(① · ②) – 4억 원 이하(수도권) – 2억 원 이하(비수도권)

② 개정내용

○ 「수도권 정비계획법」상 수도권(서울 · 인천 · 경기) 건설임대주택에 한하여 재산세 감면 가액기준을 6억 원→9억 원으로 완화

○ (추징요건 강화) 임대 기간 내 매각 · 증여하는 경우도 추징대상으로 규정

○ (가액기준 합리화) 오피스텔에 대하여 '토지 및 건축물'의 시가표준액을 산정*하여 재산세 감면 적용 여부를 판단하도록 개선

    * 1) 건축물에 대하여는 「지방세법」 제4조 제2항, 2) 부속 토지 등에 대하여는 같은 법 제4조 제1항에 의한 시가표준액을 토대로 가액 기준 설정

구 분	시가표준액 판단	
	기존	개정
토 지	× (지방세법 §4 ①)	○ (지방세법 §4)
건축물	○ (지방세법 §4 ②)	

사례 임대사업자 재산세감면 대상에 해당되는지 여부

• 임대사업자 등이 과세기준일 현재 건축 중인 공동주택의 토지도 임대목적에 직접 사용하는 것으로 보아 감면할 수 있는지 여부에 대하여 지방세특례제한법 제31조 제3항 규정은 "토지"나 "건축물"이 아닌 주택 중에서 임대용 공동주택에 한하여 재산세를 감면하는 규정이고, 지방세특례제한법 시행령 제45조 규정은 토지에 대한 재산세의 감면 규정이므로 법규해석상 적용대상이 서로 다른 것임. 따라서 임대용 공동주택을 건축 중인 경우에는 지방세특례제한법 시행령 제45조 규정을 적용하기보다는 지특법 제31조 제3항에서 규정하고 있는 과세기준일 현재 임대 목적에 직접 사용하는 경우에 한해서 감면대상으로 판단하는 것이 합리적이라고 사료됨(안전행정부 지방세운영과-123, 2013.4.2.).

• 「지방세특례제한법」 제31조 제3항에서의 임대주택 감면은 국민의 장기적인 주거 안정 지원을 위해 「임대주택법」에 따른 임대주택의 재산세를 감면하는 것으로 재산세 과세기준일(매년 6.1.)현재 「임대주택법」 제2조 4호 및 제6조에 따라 임대주택으로 등록하지 않은 주택은 「임대주택법」에 따른 임대주택으로 볼 수 없으므로

(국토해양부 주거복지기획과-2024호, 2011.7.29.) 재산세 감면대상에서 제외함이 타당함(행정안전부 지방세운영과-3924, 2011.8.19.).

- 건축물대장상 용도가 오피스텔로 등재되어 있고 일반건축물의 세율이 적용되었으며 이 건 재산세 과세기준일 당시 이용현황이 공실인 것으로 나타난 반면에 주거용으로 사용되었다고 인정할 만한 자료는 확인되지 아니하므로 일반건축물로 보아 재산세를 부과한 처분은 잘못이 없음(조세심판원 2015지1971, 2016.12.14.).

- 재산세 전액감면 대상인 임대주택은 전용면적 40㎡ 이하의 공동주택으로서 「임대주택법」 제16조 제1항 제1호 및 제2호에 따른 50년 영구임대주택 및 30년 장기임대주택이어야 하는 바, 비록 재산세 과세기준일 현재 청구인 소유 쟁점 공동주택이 전용면적 40㎡ 이하의 공동주택(다세대주택)에 해당된다 할지라도 「임대주택법」 제16조 제1항 제4호에 의한 5년 임대주택으로 확인되는 이상, 「지방세특례제한법」 제31조 제3항 제1호에 의한 재산세 전액 감면요건을 충족하지 아니한다 할 것임(조세심판원 2013지0664, 2013.10.17.).

- 매입임대사업자에 해당되고 임대주택이 전용면적 40㎡ 이하인 주택이라 하더라도 「임대주택법」 제16조 제1항 제1호 및 제2호의 규정에 의한 임대주택에 해당되지 아니하므로 부과고지한 처분은 적법함(조세심판원 2010지0594, 2010.12.22.).

⑤ 최근 쟁점

 임대사업자가 건축주로부터 공동주택을 임대할 목적으로 전체를 최초 취득하는 경우 감면대상 해당 여부

- 「건축물의 분양에 관한 법률」의 적용대상으로 하는 건축물은 같은 법 제3조 제1항에서 열거하는 건축물(분양하는 부분의 바닥면적의 합계가 3천 제곱미터 이상인 건축물 등)로서 「주택법」에 의한 주택이 제외되는 등 그 입법목적이나 건축물의 범위 등이 「지방세특례제한법」상의 그 것과 서로 다른점, 「지방세특례제한법」 제31조 제1항에서 임대주택에 대한 지방세 감면을 규정하면서 건축주가 임대용 공동주택을 신축하여 취득하는 경우뿐만 아니라 임대사업자가 건축주로부터 그 공동주택 등을 최초로 분양받은 경우까지 포함하는 등 임대용 공동주택의 공급촉진을 통하여 일반 서민의 주거안정을 도모하는데 임대주택에 대한 지방세 감면의 주된 목적이 있는 점 등을 종합할 때 임대사업자가 건축주로부터 공동주택을 임대할 목적으로 취득하여 임대용으로 사용하는 경우라면 일부만을 취득하는 경우뿐만 아니라 전체를 최초 취득하는 경우까지 포함된다고 보아야 할 것임(행정안전부 지방세특례제도과-2564, 2018.7.24.).

- 「지방세특례제한법」에서 말하는 분양의 범위는 반드시 「건축물 분양에 관한 법률」 등에 따를 것은 아니고 세법상 각 규정의 입법취지 및 목적에 따라 달리 해석하여

야 할 것(대법원 2013.10.17. 선고 2013두10403 판결, 같은 뜻임)인데, 임대사업자가 건축주로부터 소형의 공동주택 등을 최초로 분양받아 임대사업을 하는 경우에 취득세 등을 감면하여 매입임대사업을 장려함으로써 국민에 대한 주거생활의 안정을 도모하려는 「지방세특례제한법」 제31조 제1항의 입법취지에 비추어 건축주로부터 공동주택을 최초로 일괄취득하여 매입임대사업을 하는 경우와 그 공동주택의 일부만을 취득하여 매입임대사업을 하는 경우는 그 실질이 동일하므로 둘 모두가 '건축주로부터 공동주택 등을 최초로 분양받아 임대사업을 하는 경우'에 해당하는 것으로 보는 것이 합리적인 점, 「지방세특례제한법」 제31조의 입법취지가 임대주택의 공급확대이고 같은 법 제33조는 일반주택의 공급 확대로서 처분청이 제시한 판결(대법원 2016.11.10. 선고 2016두46212 판결)은 이 건과는 그 사실관계 및 근거 법령이 달라 이 건에 그대로 적용하기 어려운 점, 특히, 청구법인은 「공공주택특별법」 제4조에 따른 공공주택사업자로서 같은 법 제43조에 따른 매입임대주택의 공급을 원활히 하기 위하여 쟁점부동산을 일괄취득한 것으로서 이를 감면대상으로 보는 것이 주택임대사업의 장려라는 입법취지에 더욱 부합하는 것으로 보이는 점을 종합할 때, 쟁점부동산은 「지방세특례제한법」 제31조 제1항에 따른 취득세 등의 감면대상에 해당한다 할 것(조심 2017지240, 2017.11.23., 같은 뜻임)이므로 처분청이 청구법인의 경정청구를 거부한 처분은 잘못이 있다고 판단된다(조세심판원 2018지1282, 2018.11.16.).

• 「지방세특례제한법」 제31조에 의거 40㎡ 이하의 오피스텔을 취득하여 60일 이내에 「임대주택법」 제6조에 따라 임대사업자로 등록하였다면 취득세를 면제 대상임에도 단독 취득이라 하며 분양 목적이 아닌 것이라 면제에 대한 경정청구를 거절한 처분은 잘못이 있어 취소되어야 함(조세심판원 2014지0673, 2014.12.31.).

• 이 사건 건물을 신축하여 ○○공사에게 일괄매도하기로 약정하였고, 원고는 이를 알면서 ○○·그룹의 매도예정자 지위를 그대로 승계한 사실, 이후 원고는 ○○공사에게 실제로 이 사건 건물을 매매대금 2,657,565,300원에 일괄매각한 사실은 앞서 본 바와 같은데, 그렇다면 원고는 처음부터 이 사건 건물을 직접 분양할 목적으로 건축한 것이 아니라, 이 사건 매매확약 약정에 따라 ○○공사에게 전부 매도할 목적으로 건축한 것으로 보아야 할 것이고, 「지방세특례제한법」에서는 '분양'의 개념에 관하여 용어의 정의나 포섭의 구체적인 범위가 명확히 규정되어 있지 않지만 건축물 분양에 관한 법률 제2조 제2호에서는 '분양'이란 건축물 분양사업자가 건축하는 건축물의 전부 또는 일부를 2인 이상에게 판매하는 것을 말한다고 규정하고 있다. 비록 위 법률에서는 제3조에서 위 법률의 적용범위를 주택 등을 제외한 일정규모 이상의 건축물 등에 적용된다고 규정하고 있지만, 이는 위 법률 자체의 적용범위의 제한을 규정하고 있는 것이지 다른 법률에서 '분양'이란 개념을 사용하는 데 있어서 위와 같은 정의 규정을 차용하지 말라는 것은 아니라고 해석된다. 위와 같이 건축물 분양에 관한 법률 제2조 제2호의 '분양'에는 건축물의

전부를 1인에게 판매하는 것은 포함되지 않으므로 원고가 매매확약약정에 따라 이 사건 건물을 신축하여 ○○공사에 일괄매각한 것을 '분양'이라고 보기는 어렵다고 할 수 있으며, ○○공사가 2013.6.14.경 이 사건 건물에 관한 소유권이전등기를 경료한 뒤, 구「지방세특례제한법」제32조에 따라 취득세를 면제신청을 한 사실은 앞서 본 바와 같은데, 구「지방세특례제한법」제32조과 제33조 제1항은 소규모 공동주택의 공급을 장려하기 위하여 제한적으로 신설된 취득세 감면규정으로 그 입법취지가 동일하다고 볼 수 있는 바, 원고의 주장처럼 주택건설사업자가 처음부터 전용면적 60㎡ 이하인 5세대 이상의 공동주택을 건축하여 ○○공사에게 일괄매각하기로 약정한 경우까지 구「지방세특례제한법」제33조 제1항이 적용된다고 확대해석 한다면, 하나의 신축 소규모 공동주택에 대하여 동일한 입법취지의 취득세 감면 특혜규정을 중복적으로 적용하게 되는 불합리한 결과가 발생하므로 감면대상으로 볼 수 없음(대법원 2016두46212, 2016.11.10.).

사례 임대의무기간 내에 신탁을 원인으로 수탁자에게 쟁점토지의 소유권을 이전한 것이 매각·증여한 것인지 여부

- 신탁법상의 신탁은 위탁자가 수탁자에게 특정의 재산권을 이전하거나 기타의 처분을 하여 수탁자로 하여금 신탁 목적을 위하여 그 재산권을 관리·처분하게 하는 것이므로, 부동산 신탁에 있어 수탁자 앞으로 소유권이전등기를 마치게 되면 대내외적으로 소유권이 수탁자에게 완전히 이전되고 위탁자와의 내부관계에서 소유권이 위탁자에게 유보되는 것이 아니며, 이와 같이 신탁의 효력으로서 신탁재산의 소유권이 수탁자에게 이전되는 결과 수탁자는 대내외적으로 신탁재산에 대한 관리권을 갖게 되는 것이고(대법원 2011.2.10. 선고 2010다84246 판결 참조), 이건의 경우 주식회사○○건설(위탁자)은 2013.6.7 토지 및 미준공건물을 경락받아 취득한 다음, 2014.5.2. 임대사업자 등록을 하고, 2014.5.9. 그 미준공건물의 사용승인을 받고, 2014.11.27. ○○부동산신탁주식회사(수탁자)와 부동산담보신탁계약을 체결하고 그 부동산의 소유권이전등기를 하였는 바, 수탁자는 위 부동산 소유권을 완전히 취득하고, 대내외적으로 신탁재산에 대한 관리권을 갖게 되었다 할 것이므로 소유권 행사에 따른 임대할 수 있는 권리는 수탁자에게 있다할 것이고, 임대사업자인 위탁자가 신탁계약에 따라 임대차계약, 임대차보증금수납·관리 등을 하는 것은 수탁자가 위탁자로 하여금 그 업무를 하게 한 것에 불과하므로 위탁자가 위 부동산을 임대용으로 사용하는 것으로 볼 수 없다 할 것으로 임대사업자가 임대용 부동산을 취득하여 임대의무기간 내에 신탁계약을 체결하고 그 신탁계약에 따라 소유권이전등기를 한 경우라면 임대 외의 용도로 사용하는 경우로서 취득세 추징대상에 해당되는 것으로 판단됨(행정안전부 지방세특례제도과-1353, 2015.5.18.).
- 「지방세특례제한법」제31조 제2항은 취득세를 감면받은 부동산을 임대의무기간 내에 임대 외의 용도로 사용하거나 매각·증여하는 경우에 한하여 추징하도록 규

정하고 있는 점, 「신탁법」상의 신탁행위는 재산의 사용·수익·처분의 권리를 배타적으로 양도하는 일반적인 소유권 이전과는 다른 점, 약정된 신탁기간이 만료되거나 그 기간 중 위탁자가 우선수익자에 대한 채무를 변제하는 등의 사유로 신탁계약을 해지하는 때에는 신탁이 종료되어 '신탁재산의 귀속'을 원인으로 위탁자인 청구인에게 소유권이 이전(환원)되는 점, 위탁자인 청구법인이 대가를 받고 쟁점토지의 소유권을 이전하였다거나 ○○○이 대가를 지급하고 취득하였다고 보기는 어려운 점, 청구법인이 현재까지도 쟁점토지의 지상 건물을 임대하고 있어 그 목적사업에 사용하고 있는 점등에 비추어 청구법인이 임대의무기간에 쟁점토지를 매각·증여한 것으로 보아 취득세 등을 추징한 이 건 처분은 잘못이 있다고 판단됨(조심 2016지432, 2017.1.5. 외 다수 같은 뜻임).

① 관계법령

「지방세특례제한법」 제31조의3(장기일반민간임대주택 등에 대한 감면) ① 「민간임대주택에 관한 특별법」 제2조 제4호에 따른 공공지원민간임대주택[「민간임대주택에 관한 특별법」(법률 제17482호로 개정되기 전의 것을 말한다) 제5조에 따라 등록한 같은 법 제2조 제6호에 따른 단기민간임대주택(이하 이 조에서 "단기민간임대주택"이라 한다)을 같은 법 제5조 제3항에 따라 2020년 7월 11일 이후 공공지원민간임대주택으로 변경 신고한 주택은 제외한다] 및 같은 조 제5호에 따른 장기일반민간임대주택[2020년 7월 11일 이후 「민간임대주택에 관한 특별법」(법률 제17482호로 개정되기 전의 것을 말한다) 제5조에 따른 임대사업자등록 신청(임대할 주택을 추가하기 위하여 등록사항의 변경 신고를 한 경우를 포함한다)을 한 장기일반민간임대주택 중 아파트를 임대하는 민간매입임대주택이거나 단기민간임대주택을 같은 조 제3항에 따라 2020년 7월 11일 이후 장기일반민간임대주택으로 변경 신고한 주택은 제외한다]을 임대하려는 자가 대통령령으로 정하는 바에 따라 국내에서 임대 목적의 공동주택 2세대 이상 또는 대통령령으로 정하는 다가구주택(모든 호수의 전용면적이 40제곱미터 이하인 경우를 말하며, 이하 이 조에서 "다가구주택"이라 한다)을 과세기준일 현재 임대 목적에 직접 사용하는 경우 또는 같은 법 제2조 제1호에 따른 준주택 중 오피스텔(이하 이 조에서 "오피스텔"이라 한다)을 2세대 이상 과세기준일 현재 임대 목적에 직접 사용하는 경우에는 다음 각 호에서 정하는 바에 따라 2024년 12월 31일까지 지방세를 감면한다. 다만, 「지방세법」 제4조 제1항에 따라 공시된 가액 또는 시장·군수가 산정한 가액이 3억 원[「수도권정비계획법」 제2조 제1호에 따른 수도권은 6억 원(「민간임대주택에 관한 특별법」 제2조 제2호에 따른 민간건설임대주택인 경우는 9억 원)으로 한다]을 초과하는 공동주택과 「지방세법」 제4조에 따른 시가표준액이 2억 원(「수도권정비계획법」 제2조 제1호에 따른 수도권은 4억 원으로 한다)을 초과하는 오피스텔은 감면 대상에서 제외한다.
1. 전용면적 40제곱미터 이하인 임대 목적의 공동주택, 다가구주택 또는 오피스텔에 대해서는 재산세(「지방세법」 제112조에 따른 부과액을 포함한다)를 면제한다.
2. 전용면적 40제곱미터 초과 60제곱미터 이하인 임대 목적의 공동주택 또는 오피스텔에 대하여는 재산세(「지방세법」 제112조에 따른 부과액을 포함한다)의 100분의 75를 경감한다.
3. 전용면적 60제곱미터 초과 85제곱미터 이하인 임대 목적의 공동주택 또는 오피스텔에 대하여는 재산세의 100분의 50을 경감한다.
② 제1항을 적용할 때 「민간임대주택에 관한 특별법」 제6조에 따라 임대사업자 등록이 말소되거나 같은 법 제43조 제1항에 따른 임대의무기간 내에 매각·증여하는 경우에는

그 감면 사유 소멸일부터 소급하여 5년 이내에 감면된 재산세를 추징한다. 다만, 다음 각 호의 어느 하나에 해당하는 경우에는 추징에서 제외한다.

1. 「민간임대주택에 관한 특별법」 제43조 제1항에 따른 임대의무기간이 경과한 후 등록이 말소된 경우
2. 그 밖에 대통령령으로 정하는 경우

「지방세특례제한법 시행령」 ① 법 제31조의3 제1항 각 호에서 정하는 바에 따라 지방세를 감면받으려는 자는 「민간임대주택에 관한 특별법」 제5조에 따라 해당 부동산을 임대목적물로 하여 임대사업자로 등록하여야 한다.

② 법 제31조의3 제1항 각 호 외의 부분에서 "대통령령으로 정하는 다가구주택"이란 다가구주택(「민간임대주택에 관한 특별법 시행령」 제2조의2에 따른 일부만을 임대하는 다가구주택은 임대 목적으로 제공하는 부분만 해당한다)으로서 「건축법」 제38조에 따른 건축물대장에 호수별로 전용면적이 구분되어 기재되어 있는 다가구주택을 말한다.

③ 법 제31조의3 제2항 제2호에서 "대통령령으로 정하는 경우"란 「민간임대주택에 관한 특별법」 제43조 제4항의 사유로 임대사업자 등록이 말소된 경우를 말한다.

② 재산세 감면

■ 장기일반민간임대주택 등에 대한 재산세 감면

「지방세특례제한법」 제31조의3 제1항에서 「민간임대주택에 관한 특별법」 제2조 제4호에 따른 공공지원민간임대주택 및 같은 조 제5호에 따른 장기일반민간임대주택을 임대하려는 자가 대통령령으로 정하는 바에 따라 국내에서 임대 목적의 공동주택 2세대 이상 또는 대통령령으로 정하는 다가구주택(모든 호수의 전용면적이 40제곱미터 이하인 경우를 말함)을 과세기준일 현재 임대 목적에 직접 사용하는 경우 또는 같은 법 제2조 제1호에 따른 준주택 중 오피스텔을 2세대 이상 과세기준일 현재 임대 목적에 직접 사용하는 경우에는 아래 각 호에서 정하는 바에 따라 2024년 12월 31일까지 지방세를 감면한다. 다만, 「지방세법」 제4조 제1항에 따라 공시된 가액 또는 시장·군수가 산정한 가액이 3억 원[「수도권정비계획법」 제2조 제1호에 따른 수도권은 6억 원(「민간임대주택에 관한 특별법」 제2조 제2호에 따른 민간건설임대주택인 경우는 9억 원)으로 한다]을 초과하는 공동주택과 「지방세법」 제4조에 따른 시가표준액이 2억 원(「수도권정비계획법」 제2조 제1호에 따른 수도권은 4억 원으로 한다)을 초과하는 오피스텔은 감면 대상에서 제외한다.

1. 전용면적 40제곱미터 이하인 임대 목적의 공동주택, 다가구주택 또는 오피스텔에 대

해서는 재산세(「지방세법」 제112조에 따른 부과액을 포함한다)를 면제한다.

2. 전용면적 40제곱미터 초과 60제곱미터 이하인 임대 목적의 공동주택 또는 오피스텔에 대하여는 재산세(「지방세법」 제112조에 따른 부과액을 포함한다)의 100분의 75를 경감한다.

3. 전용면적 60제곱미터 초과 85제곱미터 이하인 임대 목적의 공동주택 또는 오피스텔에 대하여는 재산세의 100분의 50을 경감한다.

■ 장기일반민간임대주택 등에 대한 재산세 추징규정

「지방세특례제한법」 제31조의3 제2항에서 법 제31조의3 제1항 각 호 외의 부분에서 "대통령령으로 정하는 다가구주택"이란 다가구주택(「민간임대주택에 관한 특별법 시행령」 제2조의2에 따른 일부만을 임대하는 다가구주택은 임대 목적으로 제공하는 부분만 해당한다)으로서 「건축법」 제38조에 따른 건축물대장에 호수별로 전용면적이 구분되어 기재되어 있는 다가구주택을 말한다.

같은 조 제3항에서 법 제31조의3 제2항 제2호에서 "대통령령으로 정하는 경우"란 「민간임대주택에 관한 특별법」 제43조 제4항의 사유로 임대사업자 등록이 말소된 경우를 말한다.

사례 장기일반민간임대주택 감면요건 충족 여부

건축물의 소유·이용 및 유지·관리 상태를 확인하는 공적인 공부가 「건축법」 제38조에 따른 건축물 대장인 점, 「지방세법 시행령」 제13조의2 제2항에서 감면대상 다가구주택의 범위를 「건축법」 제38조에 따른 건축물대장에 호수별로 전용면적이 구분되어 기재되어 있는 다가구주택만을 규정하고 있고 쟁점주택이 재산세 과세기준일(6.1.) 현재 「건축법」 제38조에 따른 건축물대장에 호수별로 전용면적이 구분되어 기재되어 있지 않았던 점 등에 비추어 쟁점주택에 대한 재산세 등의 감면요건을 충족하지 못한 것으로 보임(조심 2019지2266, 2019.12.5.).

③ 최근 쟁점

사례 건축중인 임대주택 감면해당 여부

• 「지방세특례제한법」 제31조 제3항 본문에서 규정하고 있는 국내에서 임대용 공동주택을 건축·매입하거나라고 규정한 사항은 공동주택으로 사용할 수 있도록 건축 또는 매입을 완료한 상태라고 보여지는 점, 같은 조 본문에서 규정하고 있는 과세기준일 현재 2세대 이상을 임대목적으로 직접 사용하는 경우 감면한다는 것

은 임대사업자가 건축 또는 매입을 완료한 공동주택을 다른 자에게 2세대 이상을 임대하는 경우 감면한다는 의미로 보여지는 점, 「지방세특례제한법」 제31조 제3항의 규정은 토지나 건축물에 대한 감면규정이 아니라 「건축법」 제2조 제3호에 따른 공동주택을 감면요건으로 규정하고 있으며, 임대사업자가 공동주택을 건축 중에 있다 함은 감면요건에 해당하는 공동주택을 건축 또는 매입을 완료한 상태에서 임대사업자가 공동주택을 다른 자에게 2세대 이상을 임대하는 경우에 해당한다고 볼 수 없기 때문에 감면대상으로 보기 어려움(행정안전부 지방세특례제도과-1813, 2018.5.28.).

- 처분청은 2017·2018년 재산세 과세기준일(6.1.) 현재 임대사업자가 쟁점토지에 공동주택을 건축 중인 경우 감면요건을 충족한 것으로 볼 수 없다는 의견이나, 청구법인은 「공공주택특별법」 제4조 제1항 제2호에 따른 공공주택사업자에 해당하고, 국토교통부장관은 2015.12.17. 청구법인의 쟁점토지에 16㎡ 174세대, 26㎡ 147세대, 36㎡ 139세대 합계 460세대 등 행복주택에 대한 주택건설사업계획을 승인하였으며, 처분청은 2016.12.1. 주택건설사업 착공신고필증을 청구법인에게 교부한 사실이 확인되는 바, 쟁점토지는 2017·2018년도 재산세 과세기준일(6.1.) 현재 임대용 공동주택을 건축 중인 토지로서 「지방세특례제한법」 제31조의3 제3항 및 같은 법 시행령 제123조에 따른 재산세 등의 감면대상으로 보는 것이 타당하다 할 것(조심 2019지583, 2019.7.11., 같은 뜻임)이므로 처분청이 이 건 재산세 등을 부과한 처분은 잘못이 있다고 판단됨(조심 2019지2065, 2019.12.5.).

> **사례** 청구법인이 이 건 토지를 취득한 후 임대의무기간내 신탁계약을 체결한 것이 「지방세특례제한법」 제31조 제3항 제1호에 따른 '임대 외의 용도로 사용하거나 매각·증여하는 경우'라고 보아 쟁점토지에 대한 감면을 배제한 처분의 당부

처분청은 청구법인이 이 건 토지를 취득하면서 쟁점수탁자와 이 건 신탁계약을 체결한 것이 임대의무기간 내에 임대 외의 용도로 사용하는 경우 등에 해당하므로 쟁점토지에 대하여 「지방세특례제한법」 제31조 제1항 제2호에 따른 감면을 적용할 수 없다는 의견이다.

그러나, 이 건 신탁계약서 제10조 등을 보면 청구법인은 이 건 토지의 위탁자로서 그 신탁계약에도 불구하고 이 건 토지를 사실상 계속 점유·사용하고 있고, 임대주택 건축공사와 관련된 인·허가의 취득 및 제세공과금의 신고·납부의무 등을 부담하며, 청구법인은 이 건 신탁계약이 종료될 경우 쟁점수탁자로부터 그 임대주택사업 일체를 포괄적으로 승계할 것이 예정되어 있는 등 청구법인이 이 건 임대주택 사업의 주체로서 실질적인 임대사업자의 지위에 있다고 보이는 점,

부동산담보신탁은 우선수익자에 대한 채무이행을 담보하기 위하여 위탁자가 신탁재산의 소유권을 수탁자에게 이전하고 수탁자는 신탁재산의 소유권을 보전 및 관리하며, 신탁계약에서 정해진 사유 발생시 신탁재산을 처분하여 그 처분대가 등 신탁재

산을 우선수익자에게 지급하는 것을 그 목적으로 하는 것일 뿐이라서, 이 건 신탁계약으로 인하여 청구법인의 임대사업자의 지위가 변동되었다고 보기는 어려운 점, 한편, 「지방세특례제한법」 제31조 제3항 제1호에서 추징사유로 규정하고 있는 '매각'이란 소유자가 부동산을 이전할 것과 상대방이 대금을 지급할 것을 약정하여 특정승계하는 것을, '증여'란 소유자가 부동산을 타인에게 무상으로 수여하는 것을 의미한다 할 것인데, 부동산담보신탁은 금융기관 등 채권자를 보호하고 수분양자 또는 임차인들이 안정적으로 부동산을 분양받거나 사용·수익할 수 있도록 보장해주기 위한 것일 뿐이라서 소유권이전의 대가관계가 성립한다거나 부동산이 무상으로 수여되는 것이라고 보기는 어려운바, 그 신탁은 '매각·증여'와는 법률적 성격을 달리하는 것으로 보이는 점 등에 비추어,

청구법인이 이 건 토지를 담보신탁계약을 체결하였다고 하여 「지방세특례제한법」 제31조 제3항 제1호에 따른 임대 외의 용도로 사용하거나 매각·증여한 것으로 보기는 어려우므로 처분청이 이와 다른 전제에서 청구법인의 경정청구를 거부한 처분은 잘못이 있다고 판단됨(조심 2022지639, 2022.8.25. 결정).

제 **18** 장

대체취득에 대한 감면

① 관계법령

「지방세특례제한법」 제73조(토지수용 등으로 인한 대체취득에 대한 감면) ① 「공익사업을 위한 토지 등의 취득 및 보상에 관한 법률」, 「국토의 계획 및 이용에 관한 법률」, 「도시개발법」 등 관계 법령에 따라 토지 등을 수용할 수 있는 사업인정을 받은 자(「관광진흥법」 제55조 제1항에 따른 조성계획의 승인을 받은 자 및 「농어촌정비법」 제56조에 따른 농어촌정비사업 시행자를 포함한다)에게 부동산(선박·어업권 및 광업권을 포함한다. 이하 이 조에서 "부동산등"이라 한다)이 매수, 수용 또는 철거된 자(「공익사업을 위한 토지 등의 취득 및 보상에 관한 법률」이 적용되는 공공사업에 필요한 부동산등을 해당 공공사업의 시행자에게 매도한 자 및 같은 법 제78조 제1항부터 제4항까지 및 제81조에 따른 이주대책의 대상이 되는 자를 포함한다)가 계약일 또는 해당 사업인정 고시일(「관광진흥법」에 따른 조성계획 고시일 및 「농어촌정비법」에 따른 개발계획 고시일을 포함한다) 이후에 대체취득할 부동산등에 관한 계약을 체결하거나 건축허가를 받고, 그 보상금을 마지막으로 받은 날(사업인정을 받은 자의 사정으로 대체취득이 불가능한 경우에는 취득이 가능한 날을 말하고, 「공익사업을 위한 토지 등의 취득 및 보상에 관한 법률」 제63조 제1항에 따라 토지로 보상을 받는 경우에는 해당 토지에 대한 취득이 가능한 날을 말하며, 같은 법 제63조 제6항 및 제7항에 따라 보상금을 채권으로 받는 경우에는 채권상환기간 만료일을 말한다)부터 1년 이내(제6조 제1항에 따른 농지의 경우는 2년 이내)에 다음 각 호의 구분에 따른 지역에서 종전의 부동산등을 대체할 부동산등을 취득하였을 때(건축 중인 주택을 분양받는 경우에는 분양계약을 체결한 때를 말한다)에는 그 취득에 대한 취득세를 면제한다. 다만, 새로 취득한 부동산등의 가액 합계액이 종전의 부동산등의 가액 합계액을 초과하는 경우에 그 초과액에 대해서는 취득세를 부과하며, 초과액의 산정 기준과 방법 등은 대통령령으로 정한다.

1. 농지 외의 부동산등
   가. 매수·수용·철거된 부동산등이 있는 특별시·광역시·특별자치시·도·특별자치도 내의 지역
   나. 가목 외의 지역으로서 매수·수용·철거된 부동산등이 있는 특별자치시·시·군·구와 잇닿아 있는 특별자치시·시·군·구 내의 지역
   다. 매수·수용·철거된 부동산등이 있는 특별시·광역시·특별자치시·도와 잇닿아 있는 특별시·광역시·특별자치시·도 내의 지역. 다만, 「소득세법」 제104조의2 제1항에 따른 지정지역은 제외한다.
2. 농지(제6조 제1항에 따른 자경농민이 농지 경작을 위하여 총 보상금액의 100분의 50 미만의 가액으로 취득하는 주택을 포함한다)
   가. 제1호에 따른 지역
   나. 가목 외의 지역으로서 「소득세법」 제104조의2 제1항에 따른 지정지역을 제외한 지역

② 제1항에도 불구하고 「지방세법」 제13조 제5항에 따른 과세대상을 취득하는 경우와 대통령령으로 정하는 부재부동산 소유자가 부동산을 대체 취득하는 경우에는 취득세를 부과한다.

③ 「공익사업을 위한 토지 등의 취득 및 보상에 관한 법률」에 따른 환매권을 행사하여 매수하는 부동산에 대해서는 취득세를 면제한다.

「지방세특례제한법 시행령」 제34조(수용 시의 초과액 산정기준) ① 법 제73조 제1항 각 호 외의 부분 단서에 따른 초과액의 산정 기준과 산정 방법은 다음 각 호와 같다.

1. 법 제73조 제1항 각 호 외의 부분 본문에 따른 부동산등(이하 이 조에서 "부동산등"이라 한다)의 대체취득이 「지방세법」 제10조 제5항 각 호에 따른 취득에 해당하는 경우의 초과액: 대체취득한 부동산등의 사실상의 취득가격에서 매수·수용·철거된 부동산등의 보상금액을 뺀 금액

2. 부동산등의 대체취득이 「지방세법」 제10조 제5항 각 호에 따른 취득 외의 취득에 해당하는 경우의 초과액: 대체취득한 부동산등의 취득세 과세표준(「지방세법」 제10조에 따른 과세표준을 말한다)에서 매수·수용·철거된 부동산등의 매수·수용·철거 당시의 보상금액을 뺀 금액

② 법 제73조 제2항에서 "대통령령으로 정하는 부재부동산 소유자"란 「공익사업을 위한 토지 등의 취득 및 보상에 관한 법률」 등 관계 법령에 따른 사업고시지구 내에 매수·수용 또는 철거되는 부동산을 소유하는 자로서 다음 각 호에 따른 지역에 계약일(사업인정고시일 전에 체결된 경우로 한정한다) 또는 사업인정고시일 현재 1년 전부터 계속하여 주민등록 또는 사업자등록을 하지 아니하거나 1년 전부터 계속하여 주민등록 또는 사업자등록을 한 경우라도 사실상 거주 또는 사업을 하고 있지 아니한 거주자 또는 사업자(법인을 포함한다)를 말한다. 이 경우 상속으로 부동산을 취득하였을 때에는 상속인과 피상속인의 거주기간을 합한 것을 상속인의 거주기간으로 본다.

1. 매수 또는 수용된 부동산이 농지인 경우: 그 소재지 시·군·구 및 그와 잇닿아 있는 시·군·구 또는 농지의 소재지로부터 30킬로미터 이내의 지역

2. 매수·수용 또는 철거된 부동산이 농지가 아닌 경우: 그 소재지 구[자치구가 아닌 구를 포함하며, 도농복합형태의 시의 경우에는 동(洞) 지역만 해당한다. 이하 이 호에서 같다]·시(자치구가 아닌 구를 두지 아니한 시를 말하며, 도농복합형태의 시의 경우에는 동 지역만 해당한다. 이하 이 호에서 같다)·읍·면 및 그와 잇닿아 있는 구·시·읍·면 지역

■ 「공익사업을 위한 토지 등의 취득 및 보상에 관한 법률」, 「국토의 계획 및 이용에 관한 법률」, 「도시개발법」 등 관계 법령에 따라 토지 등을 수용할 수 있는 사업인정을 받은 자(「관광진흥법」 제55조 제1항에 따른 조성계획의 승인을 받은 자 및 「농어촌정비법」 제56조에 따른 농어촌정비사업 시행자를 포함한다)에게 부동산(선박·어업권 및 광업

권을 포함한다. 이하 이 조에서 "부동산 등"이라 한다)이 매수, 수용 또는 철거된 자(「공익사업을 위한 토지 등의 취득 및 보상에 관한 법률」이 적용되는 공공사업에 필요한 부동산 등을 해당 공공사업의 시행자에게 매도한 자 및 같은 법 제78조 제1항부터 제4항까지 및 제81조에 따른 이주대책의 대상이 되는 자를 포함한다)가 계약일 또는 해당 사업인정 고시일(「관광진흥법」에 따른 조성계획 고시일 및 「농어촌정비법」에 따른 개발계획 고시일을 포함한다) 이후에 대체취득할 부동산 등에 관한 계약을 체결하거나 건축허가를 받고, 그 보상금을 마지막으로 받은 날(사업인정을 받은 자의 사정으로 대체취득이 불가능한 경우에는 취득이 가능한 날을 말하고, 「공익사업을 위한 토지 등의 취득 및 보상에 관한 법률」 제63조 제1항에 따라 토지로 보상을 받는 경우에는 해당 토지에 대한 취득이 가능한 날을 말하며, 같은 법 제63조 제6항 및 제7항에 따라 보상금을 채권으로 받는 경우에는 채권상환기간 만료일을 말한다)부터 1년 이내(제6조 제1항에 따른 농지의 경우는 2년 이내)에 다음 각 호의 구분에 따른 지역에서 종전의 부동산 등을 대체할 부동산 등을 취득하였을 때(건축 중인 주택을 분양받는 경우에는 분양계약을 체결한 때를 말한다)에는 그 취득에 대한 취득세를 면제한다. 다만, 새로 취득한 부동산 등의 가액 합계액이 종전의 부동산 등의 가액 합계액을 초과하는 경우에 그 초과액에 대해서는 취득세를 부과하며, 초과액의 산정 기준과 방법 등은 대통령령으로 정한다(법 §73 ① Ⅰ·Ⅱ).

1. 농지 외의 부동산 등

　가. 매수·수용·철거된 부동산등이 있는 특별시·광역시·특별자치시·도·특별자치도 내의 지역

　나. 가목 외의 지역으로서 매수·수용·철거된 부동산등이 있는 특별자치시·시·군·구와 잇닿아 있는 특별자치시·시·군·구 내의 지역

　다. 매수·수용·철거된 부동산등이 있는 특별시·광역시·특별자치시·도와 잇닿아 있는 특별시·광역시·특별자치시·도 내의 지역. 다만, 「소득세법」 제104조의2 제1항에 따른 지정지역은 제외한다.

2. 농지(제6조 제1항에 따른 자경농민이 농지 경작을 위하여 총 보상금액의 100분의 50 미만의 가액으로 취득하는 주택을 포함한다)

　가. 제1호에 따른 지역

　나. 가목 외의 지역으로서 「소득세법」 제104조의2 제1항에 따른 지정지역을 제외한 지역

　이 경우 초과액의 산정 기준과 방법은 다음 각 호와 같다(영 §34 ① Ⅰ·Ⅱ).

1. 법 제73조 제1항 각 호 외의 부분 본문에 따른 부동산 등의 대체취득이 「지방

세법」제10조 제5항 각 호에 따른 취득에 해당하는 경우의 초과액: 대체취득한 부동산 등의 사실상의 취득가격에서 매수·수용·철거된 부동산 등의 보상금액을 뺀 금액

2. 부동산 등의 대체취득이「지방세법」제10조 제5항 각 호에 따른 취득 외의 취득에 해당하는 경우의 초과액: 대체취득한 부동산 등의 취득세 과세표준(「지방세법」제10조에 따른 과세표준을 말한다)에서 매수·수용·철거당시의 보상금액을 뺀 금액

- 이 규정에서 상가 건물은 실거래신고 검증대상 등 사실 상의 취득금액 적용 대상이 아니므로 상가 건물을 수용 등에 따라 대체취득하는 경우 초과액은 대체취득한 상가 건물의 시가표준액에서 매수·수용된 부동산 시가표준액을 뺀 금액으로 산정하고 있으나,

- 상가 건물의 시가표준액은 시가방식이 아닌 원가방식에 따라 산정되므로 실제 거래가격보다 훨씬 낮게 산정되어 초과액(초과액 = 대체취득 부동산 시가표준액 − 수용 등 당시 시가표준액)이 상대적으로 적어 상가 건물을 수용 등에 따라 대체취득하는 경우 초과액(초과액 = 취득세 과세표준(취득가액과 시가표준액 중 큰 금액) − 보상금액) 적용방식을 개선한 것이다.

- 그리고 이 규정에 따른 부동산 등이 매수·수용 또는 철거된 자가 종전의 부동산 등을 대체할 부동산 등을 취득함에 따라 취득세를 면제 받으려는 경우에는 부동산 등 매수·수용 또는 철거 확인서를 관할 시장·군수에게 제출하여야 한다(규칙 §5).

■ 제1항에도 불구하고「지방세법」제13조 제5항에 따른 과세대상을 취득하는 경우와 대통령령으로 정하는 부재부동산 소유자가 부동산을 대체 취득하는 경우에는 취득세를 부과한다(법 §73 ②).

- 이 규정에서 "대통령령으로 정하는 부재부동산 소유자"란「공익사업을 위한 토지 등의 취득 및 보상에 관한 법률」등 관계 법령에 따른 사업고시지구 내에 매수·수용 또는 철거되는 부동산을 소유하는 자로서 다음 각 호에 따른 지역에 계약일(사업인정고시일 전에 체결된 경우로 한정한다) 또는 사업인정고시일 현재 1년 전부터 계속하여 주민등록 또는 사업자등록을 하지 아니하거나 1년 전부터 계속하여 주민등록 또는 사업자등록을 한 경우라도 사실상 거주 또는 사업을 하고 있지 아니한 거주자 또는 사업자(법인을 포함한다)를 말한다. 이 경우 상속으로 부동산을 취득하는 때에는 상속인과 피상속인의 거주기간을 합한 것을 상속인의 거주기간으로 본다(영 §34 ② Ⅰ·Ⅱ).

1. 매수 또는 수용된 부동산이 농지인 경우에는 그 소재지 시·군·구 및 그와 잇닿아 있는 시·군·구 또는 농지의 소재지로부터 30킬로미터 이내의 지역
2. 매수·수용 또는 철거된 부동산이 농지가 아닌 경우에는 그 소재지 구(자치구가 아닌 구를 포함하며, 도농복합형태의 시의 경우에는 동(洞) 지역만 해당한다. 이하 이 호에서 같다)·시(자치구 아닌 구를 두지 아니한 시를 말하며, 도농복합형태의 시의 경우에는 동 지역만 해당한다. 이하 이호에서 같다)·읍·면 및 그와 잇닿아 있는 구·시·읍·면 지역

■ 「공익사업을 위한 토지 등의 취득 및 보상에 관한 법률」에 따른 환매권을 행사하여 매수하는 부동산에 대해서는 취득세를 면제한다(법 §73 ③).

② 토지수용 등으로 인한 대체취득에 대한 감면

(1) 면제대상 등

공익사업을 위한 토지 등의 취득 및 보상에 관한 법률 등 관계 법령에 따라 토지 등을 수용할 수 있는 사업인정을 받은 자에게 부동산 등을 매수·수용 또는 철거된 자(당해 공공사업의 시행자에게 매도한 자 및 이주대책의 대상이 되는 자를 포함한다)가 이에 대체할 부동산 등을 취득하는 경우에는 대체취득의 기간, 면제의 범위 등에 대한 조건이 충족되면 면제대상으로 하고 있다.

가. 면제대상 물건

대체취득으로 인하여 면제대상이 되는 물건은 부동산, 건축물, 선박, 광업권 및 어업권을 말한다. 면제대상물건은 1990년도까지는 토지와 건축물에 한정했으나 1991년부터는 이를 부동산 등으로 표현하였기 때문에 그 당시 「지방세법」상 취득세의 부동산 개념이 었던 토지, 선박, 광업권, 어업권까지를 포함하였으나 1995년부터는 취득세의 부동산 개념을 토지와 건축물로 한정함에 따라 별도로 선박, 광업권, 어업권도 면제대상물건에 포함하였는데, 이는 공유수면을 매립하여 대단위 산업단지를 조성할 경우 어장을 소유하고 있던 어민들이 대체취득하기 위하여는 어업권과 어선이 포함되어야 하는 등 현실에 알맞도록 규정한 것이다.

나. 면제대상자

대체취득으로 인하여 면제대상이 될 수 있는 자는 관계법령에 따라 토지 등을 수용할

수 있는 사업인정을 받은 자에게 부동산 등이 매수·수용 또는 철거된 자를 말하는데 그 대상자는 다음과 같다. 이 경우 "부동산 등"에는 선박·어업권 및 광업권을 포함한다.

■ 공익사업을 위한 토지 등의 취득 및 보상에 관한 법률, 국토의 계획 및 이용에 관한 법률, 도시개발법 등 관계 법령에 따라 토지 등을 수용할 수 있는 사업인정을 받은 자에게 부동산 등이 매수·수용되거나 철거된 자

■ 관광진흥법 제55조 제1항에 따른 조성계획의 승인을 받은 자 및 농어촌정비법 제56조에 따른 농어촌정비사업 시행자에게 부동산 등이 매수·수용되거나 철거된 자
  – 이 경우 농어촌정비법에 의한 농어촌정비사업이란 농업생산기반을 조성·확충하기 위한 농업생산기반 정비사업과 생활환경을 개선하기 위한 농어촌 생활환경 정비사업 및 농어촌산업육성사업 그리고 농어촌 관광휴양자원 개발사업 및 한계농지 등의 정비사업을 말한다(농어촌정비법 §2 Ⅳ).

■ 공익사업을 위한 토지 등의 취득 및 보상에 관한 법률 제78조 제1항부터 제4항까지 및 제81조에 따른 이주대책의 대상이 되는 자

■ 공익사업을 위한 토지 등의 취득 및 보상에 관한 법률이 적용되는 공공사업에 필요한 부동산 등을 당해 공공사업의 시행자에게 매도한 자
  – 공익사업을 위한 토지 등의 취득 및 보상에 관한 법률은 종전의 토지수용법 및 공공용지의 취득 및 손실보상에 관한 특례법을 통폐합하여 2003.1.1.부터 시행되는데, 여기에서 "공익사업"이란 ㉮ 국방·군사에 관한 사업, ㉯ 관계법률에 의하여 허가·인가·승인·지정 등을 받아 공익을 목적으로 시행하는 철도, 도로, 공항, 항만, 주차장, 공영차고지, 화물터미널, 삭도, 궤도, 하천, 제방, 댐, 운하, 수도, 하수도, 하수종말처리, 폐수처리, 사방, 방풍, 방화, 방조(防潮), 방수, 저수지, 용·배수로, 석유비축 및 송유, 폐기물처리, 전기, 전기통신, 방송, 가스 및 기상관측에 관한 사업, ㉰ 국가 또는 지방자치단체가 설치하는 청사, 공장, 연구소, 시험소, 보건 또는 문화시설, 공원, 수목원, 광장, 운동장, 시장, 묘지, 화장장, 도축장 그 밖의 공공용 시설에 관한 사업, ㉱ 관계 법률에 의하여 허가·인가·승인·지정 등을 받아 공익을 목적으로 시행하는 학교, 도서관, 박물관 및 미술관의 건립에 관한 사업, ㉲ 국가, 지방자치단체, 정부투자기관, 지방공기업 또는 국가나 지방자치단체가 지정한 자가 임대나 양도의 목적으로 시행하는 주택의 건설 또는 택지의 조성에 관한 사업, ㉳ ㉮ 내지 ㉲의 사업을 시행하기 위하여 필요한 통로, 교량, 전선로, 재료 적치장 그 밖의 부속시설에 관한 사업, ㉴ ㉮부터 ㉲까지의 사업을 시행하기 위하여 필요한 주택, 공장 등의 이주단지

조성에 관한 사업, ㉮ 그 밖에 다른 법률에 따라 토지 등을 수용 또는 사용할 수 있는 사업을 말하며, 이러한 사업을 시행하는 자에게 사업인정고시일 이전이라도 협의매수당한 자도 대체취득시에 면제하도록 규정한 것이다.

■ 이상과 같이 대체취득에 따른 비과세 혜택을 받을 수 있는 자는 부동산 등이 매수 또는 수용되거나 철거된 당해 물건의 소유자이지만 이를 상속받은 자도 부재부동산 소유자가 아니면 면제혜택을 받을 수 있다.

다. 면제 대상지역

■ 대체 취득의 경우 종전에는 지역의 제한이 없었으나 2007년부터는 지역을 한정하도록 지방세관계법이 개정되었다.

   – 이를 농지 외의 부동산 등과 농지를 구분하여 살펴보면 먼저 농지 외의 부동산 등은 ① 매수·수용·철거된 부동산 등이 있는 특별시·광역시·특별자치시·도·특별자치도 내의 지역에서 대체 취득하는 경우에 면제되는 것이 원칙이다. 그런데 ② 해당 특별시·광역시·특별자치시·도·특별자치도 내로 한정할 경우 특별시·광역시·특별자치시·도·특별자치도와 경계지점에 있는 경우에도 면제 혜택을 받지 못하는 불합리를 제거하기 위하여 "①"의 지역 외의 지역으로서 매수·수용·철거된 부동산 등이 있는 특별자치시·시·군·구와 잇닿아 있는 특별자치시·시·군·구 내의 지역에서 대체취득 하는 것도 면제 대상지역으로 하였다. 그리고 ③ 소득세법에 따른 지정지역을 제외한 지역에서는 매수·수용·철거된 부동산 등이 소재하는 특별시·광역시·특별자치시·도와 잇닿아 있는 특별시·광역시·특별자치시·도 내의 지역에서는 농지 외의 부동산 등을 대체 취득하는 경우에 면제혜택을 받을 수 있다.

   – 다음에 농지(법 제6조 제1항의 규정에 의한 자경농민이 농지경작을 위하여 총 보상금액의 100분의 50 미만의 가격으로 취득하는 주택을 포함한다)의 경우는 위의 농지 외의 부동산 등에 적용되는 지역과 이외의 지역으로서 소득세법 제104조의2 제1항에 따른 지정지역을 제외한 지역에서 농지를 대체 취득하는 경우에는 면제된다는 것이다. 그러므로 농지의 경우는 지정지역 외의 전국의 농지가 대체 취득으로 면제대상이 된다는 것이다.[13]

---

13) 소득세법 104조의2(지정지역의 운영) ① 기획재정부장관은 해당 지역의 부동산 가격 상승률이 전국 소비자 물가 상승률보다 높은 지역으로서 전국 부동산 가격 상승률 등을 고려하여 그 지역의 부동산 가격이 급등하였거나 급등할 우려가 있는 경우에 대통령령으로 정하는 기준 및 방법에 따라 그 지역을 지정지역으로 지정할 수 있다.

■ 지방세 면제제도는 담세력 있는 자에게 더 많은 혜택이 부여되는 역진성을 초래하기 때문에 불가피한 경우 최소한의 범위 내에서 인정되는 것이 바람직하므로 국가 등의 공익사업 시행으로 소유부동산이 수용되는 경우 수령한 보상금이 투기성 유동자금으로 합류되어 부동산 가격상승 요인으로 작용하는 것을 방지하기 위하여 토지수용 등으로 인하여 대체부동산 등을 취득하는 경우 취득세가 면제되는 대체취득 지역의 범위를 일정지역으로 한정함으로써 보상금의 투기자금화를 방지하고, 면제제도를 합리적으로 운영하기 위하여 개선된 것이다.

> **사례** ▶ 토지수용 등으로 인한 대체취득에 대한 감면 대상 해당되는 경우

- 「지방세특례제한법」 제73조 제1항에서 "그 보상금을 마지막으로 받은 날"을 "「공익사업을 위한 토지 등의 취득 및 보상에 관한 법률」 제63조 제1항에 따라 토지로 보상을 받는 경우에는 해당 토지에 대한 취득이 가능한 날"로 규정하고 있고, 「지방세특례제한법」 제73조의 "그 보상금을 마지막으로 받은 날"은 대체취득 유예기간 1년의 기산일을 의미하므로 토지로 보상을 받는 경우에는 해당토지에 대한 취득이 가능한 날 부터 대체취득 유예기간 1년을 기산하여야 할 것이고, 따라서 그 보상금의 범위에는 현금은 물론 토지보상도 포함되는 것으로 보는 것이 타당하다고 판단됨(행정자치부 지방세특례제도과-506, 2015.2.27.).
- 「공익사업을 위한 토지 등의 취득 및 보상에 관한 법률」에서는 취득하는 토지의 손실보상은 사전보상, 현금보상, 개인별보상, 일괄보상을 원칙으로 하고 있으며, 같은 법 제65조에서 사업시행자는 동일한 사업지역 안에서 보상시기를 달리하는 동일인 소유의 토지 등이 수개 있는 경우 토지소유자 또는 관계인의 요구가 있는 때에는 일괄하여 보상금을 지급하도록 규정하고 있음. 국가가 토지보상관계법이 정하는 절차에 따라 수용 목적물이 결정되는 판정 기준일인 사업인정고시일 당시 한 필지였던 토지가 사업시행자의 예산부족으로 인하여 토지분할을 요청함에 따라, 토지 등을 수용당하는 당사자의 입장에서 보상금을 가능한 빨리 지급받고자 한 필지의 토지를 수필지로 분할하여 보상금을 수령하였다하여 각각의 토지매수계약을 별 건으로 간주하여 취득세 감면기준을 적용하는 것은 행정행위의 신뢰성 및 입법취지에도 어긋난다 할 것이며, 사업인정고시일 당시 동일한 사업지역 내에서 한 필지의 토지를 사업인정고시일 이후 보상금 수령 등 사유로 편의상 분할하여 사업시행자와 개별적으로 매수계약을 체결하여 보상금 지급시기를 달리하여 수령하였다 하더라도, 일단의 토지로 보아 마지막 보상을 받은 토지에 대한 보상금을 받은 날을 기준으로 1년 이내에 대체취득하는 부동산에 대하여 취득세 감면규정을 적용하는 것이 타당하다 할 것임(행정안전부 지방세운영과-1308, 2011.3.21.).
- 수용토지의 보상금 수령 후 그 보상금에 대한 이의재결 및 소송을 제기하여 추가적인 보상금을 수령한 사실이 확인 될 경우 추가 보상금 수령일을 기산일로 하여

1년 이내 토지를 취득한 것으로 보아야 함(세심판원 2010지0506, 2010.12.9.).

- 구 소득세법 시행령(2008.2.29. 대통령령 제20720호로 개정되기 전의 것) 제168조 의3은 지정지역의 지정기준을 주택매매가격상승률과 지가상승률로 이원화하고 있고, 그에 따라 재정경제부장관도 지정지역을 주택에 관한 지정지역과 주택 외의 부동산에 관한 지정지역으로 구분하여 지정하고 있는 점, 주택에 관한 지정지역은 그 지역에 있는 주택의 매매가격상승률이 일정수준 이상으로 높아 주택에 대한 투기적 수요가 우려되어 그에 대한 세제상의 불이익을 가할 목적으로 지정된 지역이므로 그와 같은 투기적 수요의 우려가 없는 주택 외의 부동산에 대해서까지 지정지역에 있다는 이유만으로 주택의 경우와 동일하게 세제상의 불이익을 가하는 것은 지정지역의 취지에 반하는 점 등을 고려하면, 주택에 관한 지정지역은 그 지역에 소재하는 주택에 관해서만 지정지역으로서 법적 효력을 지니고 그 외의 부동산에 관하여는 그와 같은 법적 효력이 없다고 보아야 하며, 이러한 법리는 구 지방세법(2010.3.31. 법률 제10221호로 전부 개정되기 전의 것, 이하 '구 지방세법' 이라 한다)에서 인용하고 있는 지정지역에 관하여도 그대로 적용된다고 할 것이므로, 주택에 관한 지정지역에서 주택 외의 부동산을 대체취득하는 경우는 구 지방세법 제109조 제1항 제1호(다)목 단서 조항에 해당하지 않는다고 해석하는 것이 타당함(대법원 2011.8.25. 선고 2009두23082 판결).

- 지방세법 기본통칙 법73－1【대체취득 감면 기간】대체취득 감면 적용기간은 사업인정고시일(사업인정고시일 이전에 사업인정을 받은 자에게 협의매수된 경우에는 그 협의매수 계약일)이 시기(始期)이고, 마지막 보상금을 받은 날로부터 1년 이내가 종기(終期)이다.

사례 토지수용 등으로 인한 대체취득에 대한 감면 대상 해당되지 않는 경우

- 토지수용 등에 의한 대체취득이란 토지·건물이 공익사업지구 내로 편입되어 보상을 받은 자가 보상금으로 다른 지역에서 토지나 건물을 취득하는 경우 생활기반 회복을 보충적으로 지원하기 위하여 취득세 등의 감면을 규정하고 있으므로, 본문 감면조건에서 "대체취득할 부동산등에 관한 계약을 체결하거나 건축허가를 받고 1년 이내에 종전 부동산을 대체할 부동산"이라 규정하고 있으면서, 사전적 의미에서 "계약"이란 '복수당사자의 반대방향의 의사표시의 합치에 의하여 성립하는 법률행위이며 법률의 효과가 대립적·교환적'이라 명시하고 있고, 행정안전부에서도 "유상양도가 아닌 지분비율을 분할하여 집중·존속시키는 공유물분할의 경우 취득세 면제대상인 대체취득에 해당되지 않는다(행안부 12.8.9, 지방세운영과 －2570)."고 유권해석 하고 있음. 또한, 대체취득의 감면요건은 소유 부동산 등이 수용된 자가 그 보상금으로 대체취득 하는 것이라 할 것이나, 증여, 유증 등 일방의 의사표시에 대한 승낙으로 무상으로 취득하는 부동산은 비과세의 충족요건을 충족하였다 보기 어려우며, 감면대상인 대체취득 부동산은 보상금으로 취득하는

유상승계취득 또는 원시취득에 한하여 감면대상으로 봄이 타당함(안전행정부 지방세특례제도과-977, 2014.7.9.).

- 사업시행자에게 수용 예정된 토지를 사업시행자와 공유한 후, 공유물이었던 1필지 토지를 2필지로 분할하여 각 공유자 지분비율로 단독 등기하는 경우로서 등기절차상 필지분할등기를 한 후 공유물 분할등기 과정에서 지분교환 형식으로 이루어진 상대방 지분의 취득은 유상양도가 아닌 공유물의 지분비율에 따라 제한적으로 행사되던 권리를 분할을 통해 특정부분에만 집중 존속시키는 공유물 분할의 한 유형(대법원 1995.9.5. 선고 95누5653 판결 참조)이라고 할 것이어서 「지방세특례제한법」 제73조 제1항의 취득세 면제대상인 대체취득에 해당되지 아니한다고 할 것임(안전행정부 지방세운영과-2570, 2012.8.9.).

- 대체취득 비과세 요건은 "소유 부동산등이 수용된 자가 그 보상금으로 대체취득하는 것"을 충족요건으로 규정하고 있으므로 대체취득 비과세 대상이 되려면 반드시 소유 부동산등의 수용이 전제되어야 할 것이므로, A법인의 경우 B법인에게 흡수합병 될 당시 이미 보상금을 수령한 상태로서 수용된 부동산은 이미 사업시행자의 소유가 된 것이라 할 것인 바, B법인의 경우 A법인 소유의 부동산을 승계한 것이 아니라 A법인이 이미 수령한 보상금을 승계한 것이라고 할 것이므로 수용된 부동산 소유자와 대체취득자가 같은 것을 요구하고 있는 위 규정 대체취득 비과세 요건을 충족하였다고 볼 수 없다고 판단됨(행정안전부 지방세운영과-2339, 2010.6.3.).

- 소유 부동산 등이 수용되어 그 보상금으로 다른 부동산 등을 대체취득하는 경우, 수용되기 전 부동산 소유자 명의로 대체취득하는 경우에 한하여 비과세대상이 되는 것이므로, 부동산이 수용되어 수용된 자 명의로 보상금을 수령한 후, 각 수용된 자가 조합을 결성하여 조합명의로 부동산을 대체취득하는 경우라면, 수용된 자와 대체취득한 자 간의 명의를 달리하였다고 할 것이므로 위 규정에 따른 대체취득 취득·등록세 비과세 대상으로 보기는 어렵다고 판단됨(행정안전부 지방세운영과-1505, 2010.4.13.).

- 토지수용 등으로 인한 대체취득의 감면요건으로 공익사업을 위하여 부동산이 매수 또는 수용된 자가 계약일 또는 사업인정고시일 이후에 대체취득할 부동산 등에 대한 계약을 체결하여야 하는 것으로 명확하게 규정하고 있는 바, 청구인은 수용토지의 도시계획시설사업상 사업인정 고시일 전에 이 건 토지를 취득하기 위한 매매계약을 체결하였으므로 청구인이 「지방세특례제한법」 제73조 제1항의 토지수용 등으로 인한 대체취득에 대한 감면요건을 충족하지 못함(조세심판원 2018지41, 2018.2.28.).

- 처분청은 2010.9.16. 주택재개발정비사업 인가를 하였고, 청구인은 2012.9.4. 주택재개발정비사업 지구내에 수용될 부동산을 소유하고 있지 아니하므로 부동산 수용에 따른 대체취득 감면 대상자에 해당하지 아니함(조세심판원 2017지1181, 2018.5.23.).

- 수용부동산의 수용보상금을 지급받은 날부터 1년이 경과하여 쟁점부동산을 취득하였고, 「지방세특례제한법」 제73조 제1항에서 감면기간이 지난 대체토지 등 취

득에 대해 감면을 적용할 수 있는 정당한 사유에 대한 별도의 규정을 두고 있지 아니한 점 등에 비추어 감면기한 내에 대체 부동산을 취득하지 않은 청구인의 쟁점부동산 취득은 토지수용 등으로 인한 대체취득에 대한 감면대상에 해당한다고 보기 어려움(조세심판원 2015지1258, 2015.11.10.).

- 사업인정고시일 이전에 분양매매계약을 체결하고 보상금 수령일 이후 대체부동산을 취득한 경우 대체취득에 따른 취득세 면제대상에 해당한다고 보기는 어려움(조세심판원 2015지1219, 2015.11.30.).

- 피상속인이 보상금을 수령하고, 이주 및 생활대책으로 공공분양주택 특별공급 대상자로 선정된 상태에서 사망하여 상속인이 그 특별공급 대상자를 변경받아 쟁점부동산을 취득한 경우에는 취득세 등 감면대상이 아님(조세심판원 2012지0794, 2013.4.9.).

- 「신탁법」상 신탁은 위탁자가 수탁자에게 특정의 재산권의 소유권 내지 권리를 이전하는 것으로서 신탁재산의 소유권이 수탁자에게 이전된 이후에는 위탁자를 당해 부동산의 소유자로 볼 수는 없는 것이므로, 수용된 부동산이 청구인으로부터 수탁자에게 이전된 이상 청구인이 보상금을 직접 수령하고 대체 부동산을 취득하였다 하더라도 취득세 감면 대상으로 보기는 어려움(조세심판원 2012지0527, 2012.11.28.).

- 수용부동산에 대한 마지막 보상금을 받은 날(사업인정을 받은 자의 사정으로 대체취득이 불가능한 경우에는 취득이 가능한 날)부터 1년 이내에 부동산을 대체취득하는 경우에는 취득세를 비과세하는 것인 바, 국토해양부의 이축 제한으로 이 건 토지의 대체취득이 지연되었다고 하더라도 국토해양부는 이 건 수용토지를 매수하거나 수용한 사업시행자에 해당하지 아니하는 이상 사업인정을 받은 자의 사정으로 대체취득이 불가능한 경우로는 볼 수는 없음(조세심판원 2011지0556, 2012.3.29.).

- 관계법령에 의하여 부동산을 수용할 수 있는 사업인정을 받은 자가 해당되지 아니하는 경우 처분청에 부동산을 협의 매도 후 취득하는 부동산에 대해서는 토지수용 등으로 인한 대체취득에 해당되지 아니하므로 취득세 비과세 대상에 해당되지 않음(조세심판원 2010지0309, 2011.2.17.).

- 피상속인이 보상금을 수령하고 사망한 경우에는 상속인이 부동산을 상속받은 것이 아니기 때문에 동 보상금으로 대체부동산을 취득하더라도 비과세 대상에 해당되지 아니함(조세심판원 2009지0689, 2010.3.12.).

- 원고가 이 사건 사업의 사업인정고시일 이후에 대체취득할 부동산에 관한 건축허가를 받았는지가 쟁점인 이 사건에서, 증거에 의하여 ① 건설교통부 2007.6.28. 고시 제2007-245호로 인천검단 택지개발예정지구가 지정·고시된 사실, ② 원고는 2008.4.17. 피고로부터 이 사건 대체부동산에 관한 공장신설 승인을 받은 사실(관계법령에 따라 공장신설 승인을 받으면 건축허가를 받은 것으로 간주된다), ③ 국토해양부 2009.2.6. 고시 제2009-51호로 ○○○○지구 택지개발사업의 개발계획 승인·고시가 이루어진 사실을 인정한 다음, 이 사건 사업의 택지개발예정지구가

지정·고시된 2007.6.28. 당시는 신법(2007.4.20. 법률 제8384호로 개정된 택지개발촉진법)이 시행되기 전이므로 구 택지개발촉진법(2007.4.20. 법률 제8384호로 개정되기 전의 것)이 적용되어야 한다고 전제한 후, 구법 제12조 제2항에 따라 이 사건 사업에 관하여 택지개발계획의 승인·고시가 있은 때인 2009.2.6. 공익사업법에 따른 사업인정의 고시가 있는 것으로 보아야 하므로, 원고는 이 사건 사업의 사업인정고시일인 2009.2.6. 이전에 건축허가를 받은 경우에 해당되므로 구 택지개발촉진법 하에서는 택지개발계획 승인·고시일을 사업인정고시일로 보아야하기 때문에 택지개발예정지구 지정·고시일로 볼 수 없음(대법원 2014.4.24. 선고 2013두15590 판결).

(2) 면제 요건

대체취득으로 인한 면제의 혜택을 받기 위해서는 다음의 요건에 맞아야 한다.

■ 대체취득으로 인하여 취득세를 면제받을 수 있는 자는 관광진흥법에 따라 조성계획의 승인을 얻은 자 및 농어촌정비법에 따른 사업시행자를 포함한 공익사업을 위한 토지 등의 취득 및 보상에 관한 법률, 국토의 계획 및 이용에 관한 법률, 도시개발법 등 관계 법령에 따라 토지 등을 수용할 수 있는 사업인정을 받은 자에게 부동산 등이 매수 또는 수용되거나 철거된 자라야 한다. 이 경우 공익사업을 위한 토지 등의 취득 및 보상에 관한 법률이 적용되는 공공사업에 필요한 부동산 등을 해당 공공사업의 시행자에게 매도한 자와 같은 법 제78조 제1항 내지 제4항 및 제81조에 따른 이주대책의 대상이 되는 자도 부동산 등이 매수 또는 수용되거나 철거된 자로 본다.

- 여기에서 사업인정이라 함은 토지를 수용 또는 사용하여야 할 사업이 국방·군사에 관한 사업, 관계 법률에 의하여 허가·인가 등을 받아 공익목적으로 시행하는 철도, 도로, 공항, 상·하수도 등에 관한 사업, 국가 또는 공공단체가 설치하는 청사, 운동장, 화장장 등 공익시설을 토지 등을 수용 또는 사용할 사업으로 결정하는 것을 말한다.

- 대체취득에 의한 부동산 등을 면제받을 수 있는 기간은 토지 등을 수용할 수 있는 사업인정을 받은 자에게 매도할 것을 계약한 경우는 그 계약일부터, 수용 등이 된 경우에는 당해 사업의 사업인정고시일부터 마지막 보상금을 받고 1년 이내(자경농민의 농지인 경우는 2년 이내)에 대체할 부동산 등을 취득한 경우에 한하여 면제대상이 된다.

- 이 규정에서 사업인정 고시일이라 함은 공익사업을 위한 토지 등의 취득 및 보상에 관한 법률, 국토의 계획 및 이용에 관한 법률, 도시개발법에 의한 사업인정 고시일 뿐 아니라 관광진흥법에 의한 관광단지 등의 조성계획 고시일과 농어촌정비법에 따른 개발계획의 고시일을 말한다.

그런데 이 규정을 이해하기 위해서는 대체취득의 시기(始期)와 종기(終期)를 잘 판단해야 하므로 마지막 보상금의 종류에 따라 구분하여 설명하면 다음과 같다.

| 보상금을 현금으로 받은 경우 |

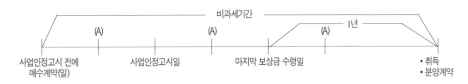

- 이 경우 대체취득으로 면제하는 처리시기(始期)는, ① 토지 등을 수용할 수 있는 사업인정을 받은 자에게 부동산 등을 해당 사업인정 고시일 전에 매수계약을 한 때에는 계약일이, ② 해당 사업인정 고시일 후에 매수 또는 수용되거나 철거된 자는 당해 사업인정고시일이 되므로 이 날 이후에 대체 취득할 부동산 등의 계약을 체결하거나 건축허가를 받아 대체취득의 종기까지는 취득이 되어야 비과세할 수 있는 것이며 또한 대체취득으로 면제하는 처리종기(終期)는, ① 보상금을 마지막으로 받은 날부터 1년 이내(자경농민의 농지인 경우는 2년 이내), ② 사업인정을 받은 자의 사정으로 대체취득이 불가능한 경우에는 취득이 가능할 날부터 1년 이내에 이에 대체할 부동산을 취득한 때에 면제대상이 된다. 이 경우의 취득은 추상적인 납세의무가 성립하는 취득을 말하나 대체취득의 종기(終期) 이전에 건축 중인 주거용 부동산을 분양받는 경우에는 분양계약을 체결만하면 대체취득이 된 것으로 보아 면제하여야 한다.
- 2018년부터는 '계약일'의 의미를 '사업인정 고시일 이전의 계약일'로 명확히 규정하였다. 이는 영 제34조에서 계약일 또는 사업인정고시일 기준으로 1년 이전부터 거주하지 않은 자를 제외하도록 하여 현재 대체취득 감면 대상에서 '부재부동산 소유자'를 제외하고자 기간을 규정하고 있는데, 이와 같은 규정은 '사업인정고시일'과 '계약일' 이전 거주를 모두 요건으로 규정한 것은 원주민이 사업인정고시일전 수용계약 체결 후 타 지역 전출한 경우 사업인정고시일 만을 기준으로 하면 원주민이 감면에서 제외되므로 장기간 거주하고도 감면에서 제외되는 문제를 해소하고자 하는 취지로서 현행은 '계약일'에 대해 사업인정고시 이전·이후인지 규정되어 있지 않아 사업인정고시일 이후 수용 계약한 경우도 감면대상으로 오해될 소지가 있어 '계약일'의 의미를 '사업인정 고시일 이전의 계약일'로 명확히 규정한 것이다.
  ① 이 경우 대체취득으로 면제받을 수 있는 기간은 매수계약일 이후나 사업인정 고시일 이후 또는 마지막 보상금수령일부터 1년 이내에 취득할 부동산 등의 계약을 체결하거나 건축허가를 받고, 마지막 보상금지급일부터 1년 이내(자경농민의 농

지인 경우는 2년 이내)에 취득을 하면 면제되므로 계약일이나 사업인정고시일부터 실제 부동산 등의 취득일까지는 상당히 오랜기간이 경과될 수도 있다.

② 사업인정고시일 전에 매수계약을 하는 경우라 함은 토지 등을 수용할 수 있는 사업인정을 받은 자에게 사업인정고시가 되기에 앞서 업무의 신속한 처리를 위하여 협의매수하는 경우를 말하므로 이 경우에도 사업인정고시는 되지 않았다 하더라도 부동산 등의 매수주체는 토지 등을 수용할 수 있는 사업인정을 받은 자이므로 이들과 협의매수에 응하여야만 면제대상이 될 수 있는 점에 유의하여야 한다.

③ 사업인정고시일이라 함은 공익사업을 위한 토지 등의 취득 및 보상에 관한 법률, 국토의 계획 및 이용에 관한 법률, 도시개발법에 의한 사업인정 고시일 뿐 아니라 관광진흥법에 의한 관광단지 등의 조성계획 고시일과 농어촌정비법에 의한 고시일을 말한다.

대체취득할 물건은 매수계약일 또는 사업인정 고시일 이후부터 취득의 종기(終期)까지 계약을 체결하거나 건축허가를 받아(예시의 A시점) 대체취득의 종기(終期) 내에 취득을 하면 면제대상이 된다. 그러므로 매수계약을 하는 경우는 매수계약일 이전, 그리고 매수계약 없이 사업인정 고시일 이후부터 보상을 받는 경우는 사업인정 고시일 이전에 대체할 부동산 등의 계약을 체결하거나 건축허가를 받은 것은 대체취득을 위한 취득으로 볼 수 없기 때문에 면제대상이 되지 아니한다.

④ 취득의 종기(終期)는 마지막 보상금 수령일부터 1년 이내이므로 이때의 취득이라 함은 잔금을 지급하였거나 건축공사의 사용승인을 받은 시점을 말하나 건축중인 주거용 부동산(아파트, 연립주택 등)을 분양받는 경우에는 마지막 보상금을 받은 날부터 1년 이내에 분양계약을 체결하게 되면 잔금은 지급하지 않았다 하더라도 취득한 것으로 보아 면제대상이 되는 것이다.

| 보상을 현물로 받는 경우 |

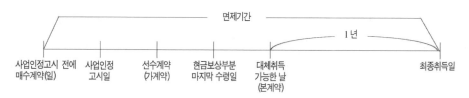

- 이 경우에도 토지 등을 수용할 수 있는 사업인정을 받은 자에게 부동산 등이 매수 또는 수용되거나 철거된 자가 계약일 또는 해당 사업인정 고시일 이후에 대체취득할 부동산 등의 계약을 체결하거나 건축허가를 받고 그 보상금을 마지막으로 받은 날부터 1년 이내(자경농민의 농지인 경우는 2년 이내)에 이에 대체할 부동산 등을 취득

하여야 면제하는 것이 원칙이나 사업인정을 받은 자의 사정으로 대체취득이 불가능한 경우에는 취득이 가능한 날부터 1년 이내에 이에 대체할 부동산 등을 취득하여도 면제대상이 되는 것이다.

- 이 내용 중 "사업인정을 받은 자의 사정으로 대체취득이 불가능한 경우"란 현금으로 완전보상이 이루어질 때에는 발생할 수 없는 사항이나 보상을 일부는 현금으로 하고 나머지는 현물로 한다든지, 아니면 전부를 현물로 보상할 경우에 발생하는 것으로써 사업인정을 받은 자가 부동산 등이 매수 또는 수용되거나 철거된 자들을 집단적으로 이주시키기 위하여 단지를 조성하거나, 농민인 경우에 매수 또는 수용된 농지에 상응하도록 대체시키기 위해 농지를 조성하는 경우에 마지막 보상금의 지급일을 언제로 볼 것인가 하는 문제를 해결하기 위한 기준점을 정하기 위한 조치로서 부동산 등이 매수 또는 수용되거나 철거된 자로서는 자력으로 대체취득을 할 수 없는 경우가 여기에 해당한다고 보겠다.

- 그리고 "사업인정을 받은 자의 사정으로 대체취득이 불가능한 경우에는 취득이 가능한 날부터 1년 이내(자경농민의 농지인 경우는 2년 이내)에 이에 대체할 부동산 등을 취득"하면 면제대상이 되는데, 이 경우 "취득이 가능한 날"이라 함은 사업의 인정을 받은 자의 입장에서 보아 다른 사람이 그 부동산을 취득할 수 있게 된 상태, 즉 도시개발사업의 준공시점, 아파트단지인 경우 입주가 가능하거나 사용승인이 된 상태로 선수계약(先手契約) 또는 가계약에 의한 본계약을 체결할 수 있는 날을 말한다고 하겠다.

- 그러므로 현금으로 완전히 보상금을 받은 자가 토지 등을 수용할 수 있는 사업인정을 받은 자의 조성 중인 토지를 취득하기 위하여 보상금을 마지막 받은 날부터 1년이 경과하도록 대체취득을 하지 못하였다면 이는 보상금을 받은 자가 토지의 지가상승 기대 등 자신의 필요에 의한 것이지 매수 또는 수용을 당하여 그에 대신하여 매수하는 데 대한 대체취득의 면제조치의 근본 취지에는 맞지 않으므로 면제할 수 없다 하겠다.

| 보상금을 채권으로 받은 경우 |

■ 토지 등을 수용할 수 있는 사업인정을 받은 자에게 부동산 등이 매수 또는 수용되거나 철거된 자가 계약일 또는 해당 사업인정 고시일 이후에 대체취득할 부동산 등의 계약을 체결하거나 건축허가를 받은 경우에 그 보상금을 공익사업을 위한 토지 등의 취득 및 보상에 관한 법률 제63조 제1항에 따라 토지로 보상을 받는 경우에는 해당 토지에 대한 취득이 가능한 날을, 같은 법 제63조 제6항 및 제7항에 따라 채권으로 지급받은 경우라면 그 채권상환기간 만료일부터 1년 이내(자경농민의 농지인 경우는 2년 이내)에 이에 대체할 부동산 등을 취득하면 면제된다.

  - 이 경우는 보상금을 채권으로 지급받는 때의 마지막 보상금 지급일을 언제로 볼 것인가 하는 문제가 대두되기 때문에 이를 명확히 하기 위한 조치로서 보상금을 채권으로 지급받는 때에는 마지막 보상금 지급일을 채권상환기간 만료일로 보고 이 날로부터 1년 이내에 이에 대체할 부동산 등을 취득하면 면제대상으로 하겠다는 것이다.

  - 그리고 공익사업을 위한 토지 등의 취득 및 보상에 관한 법률 제63조 제6항 및 제7항에 따라 보상금을 채권으로 지급받는 경우라 함은, 손실보상은 원칙적으로 현금으로 지급하여야 하나 사업의 시행자가 국가, 지방자치단체, 한국토지주택공사, 그밖에 정부투자기관 및 공공단체인 경우로서 이들 사업의 시행자가 발행하는 채권으로 지급하는 경우를 말하며, 채권으로 보상금을 지급할 수 있는 경우는 토지소유자 및 관계인이 원하는 경우와 부재부동산 소유자의 토지에 대한 보상금이 일정규모를 초과하는 경우로서 그 초과하는 금액에 대하여 보상하는 경우를 말한다.

| 보상금액과 취득금액 비교시 |

- 보상금액　　10
- 취득금액　　1차: 2 ⎤ 장부가액(「지방세법」§10 ⑤)
　　　　　　　2차: 3 ⎦
　　　　　　　3차: 4는 개인의 건축으로 시가표준액인 경우

　　10 - (2+3+4) = 1이 남는 논리 적용이 맞다.

■ 대체취득하는 부동산 등의 가액이 보상금액을 초과하지 아니하여야만 면제대상이 된다. 그러므로 새로 취득한 부동산 등의 가액의 합계액이 종전의 부동산 등의 가액의 합계액을 초과하는 경우에 그 초과액에 대하여는 과세대상이 된다.

  - 그런데 초과액의 산정기준과 그 방법은 먼저 부동산 등의 대체취득이 「지방세법」 제10조 제5항 각 호에 따른 취득(대체 취득시에 사실상 취득가액이 입증되는 취득)에 해당하는 경우에는 대체취득한 부동산 등의 사실상의 취득가액에서 매수, 수용, 철거된 부동산 등의 보상금액을 공제한 후 나머지 금액을 그 초과액으로 한다.

- 이 경우 사실상의 취득가액이 입증되는 취득 즉 국가·지방자치단체 및 지방자치단체조합으로부터의 취득, 외국으로부터의 수입에 의한 취득, 판결문·법인장부에 의하여 취득가액이 입증되는 취득, 공매방법에 의한 취득 등의 경우는 취득가액과 보상금액을 비교하여 초과여부를 판단하여야 한다.

■ 둘째, 부동산 등의 대체취득이 「지방세법」 제10조 제5항 각 호에 따른 취득 외의 취득(대체취득 시에 사실상의 취득가액을 입증할 수 없는 취득)에 해당하는 경우에는 대체취득한 부동산 등의 취득세과세표준(「지방세법」 제10조에 따른 과세표준을 말한다)에서 매수·수용·철거된 부동산 등의 매수·수용·철거 당시의 보상금액을 뺀 금액을 그 초과액으로 한다.

이 규정에서 유의해야 할 점은

① 대체취득으로 인한 취득가액과 보상금액으로 초과액을 비교하는 것이므로 면적·용도 등을 감안할 필요가 없다. 그리고 보상받은 물건 중에 무허가건물이 있었다 하더라도 초과액 산정시에는 취득세 과세표준액을 산정하여 보상금액과 비교하여야 한다고 본다.

② 대체취득하는 부동산 등의 소재지는 농지와 농지 외의 부동산 등에 따라 취득 가능한 지역이 구분된다.

③ 대체취득에 대한 감면 조치는 매수·수용되기 이전의 상태와 자산의 가격면에서 비슷한 수준으로 유지해 주기 위하여 취하여진 조치이므로 매수·수용 당시에 보상금을 지급하는 대상이 토지, 건축물, 선박, 광업권, 어업권 이외에 해당 토지상에 생육하고 있던 입목이나 농작물에 대하여도 그 가액을 평가하여 보상금액에 포함되었다 하더라도 부동산 등을 대체취득할 때에 투자된 금액과 이들 보상금액 전체로서 초과여부를 비교하는 것이 대체취득에 대한 면제의 근본 취지에 맞는 것으로 판단된다.

④ 대체취득으로 면제되는 기간 내이거나 보상금액 범위 내의 대체취득이라면 취득의 횟수에는 관계없다.

(3) 면제 제외 대상

토지 등을 수용할 수 있는 사업인정을 받은 자에게 부동산 등이 매수 또는 수용되거나 철거된 자가 계약일 또는 해당 사업인정 고시일 이후에 대체취득할 부동산 등을 취득할 경우에는 면제대상이 되나, 이러한 대체취득하는 부동산 등이 「지방세법」 제13조 제3항에 따른 과세대상을 취득하는 경우와 대통령령이 정하는 부재부동산 소유자가 부동산을 대체취득하는 경우에는 과세대상이 된다.

가. 중과세대상 재산 등의 취득

「지방세법」제13조 제3항에 따른 과세대상을 대체취득한 경우에는 면제대상에서 제외된다.

이 규정은 토지 소유자의 귀책사유 없이 부동산 등이 매수 또는 수용되거나 철거되었다 하더라도 그 보상금으로 국가 정책상 국민 상호간에 위화감을 조성하거나 국민정서에 반한다고 생각하여 취득세 등을 중과세하고 있는 재산 등을 대체취득하는 것은 면제할 수 없다는 취지에서 면제대상에서 제외한 것이며, 제외대상은 별장, 골프장, 고급주택, 고급오락장, 고급선박을 말한다.

나. 부재부동산 소유자의 대체취득

토지 등을 수용할 수 있는 사업인정을 받은 자에게 부동산 등을 매수 또는 수용되거나 철거되어 그 보상금으로 대체할 물건을 취득하는 자라 하더라도 부재부동산 소유자인 경우에는 대체취득에 따른 면제 혜택을 받지 못한다.

■ 이 경우 부재부동산 소유자라 함은 공익사업을 위한 토지 등의 취득 및 보상에 관한 법률 등 관계 법령에 따른 사업고시지구 내에 매수·수용 또는 철거되는 부동산 등을 소유하고 있는 자로서, ① 매수 또는 수용된 부동산 등이 전·답·과수원 및 목장용지(농지라 한다)인 경우에는 그 소재지 시·군·구 및 그와 잇닿아 있는 시·군·구 또는 농지의 소재지로부터 20㎞ 이내의 지역, ② 매수·수용 또는 철거된 부동산 등이 농지가 아닌 경우에는 그 소재지 구(자치구 아닌 구를 포함하며, 도농복합형태의 시의 경우에는 동 지역만 해당한다)·시(자치구 아닌 구를 두지 아니한 시를 말하며, 도농복합형태의 시에 있어서는 동 지역만 해당한다)·읍·면 및 그와 잇닿아 있는 구·시·읍·면 지역에 계약일 또는 사업인정 고시일 현재 1년 전부터 계속하여 주민등록 또는 사업자등록을 하지 아니하거나, 1년 전부터 계속하여 주민등록 또는 사업자등록을 한 경우에도 사실상 거주 또는 사업을 하고 있지 아니한 거주자 또는 사업자(법인을 포함한다)를 말한다. 이 경우 상속으로 부동산을 취득하는 때에는 상속인과 피상속인의 거주기간을 합한 것을 상속인의 거주기간으로 본다.

■ 부재부동산 소유자에 관한 규정은 매수 또는 수용된 부동산이 농지(전·답·과수원 및 목장용지)인 경우와 농지가 아닌 다른 부동산인 경우를 구분하여 그 부동산의 소재지에 따라 적용되고 있다. 그리고 보유기간을 명확히 하기 위하여 계약일 또는 사업인정고시일 현재 1년 전부터 계속하여 주민등록이 되어 있고 사실상 거주하는 경우로 한정하여 적용되는 점에 유의해야 한다.

■ 먼저 매수 또는 수용된 부동산이 농지인 경우에는 그 소재지 시·군·구 및 그와 잇닿아 있는 시·군·구 또는 농지의 소재지로부터 20㎞ 이내의 지역(소득세법 제104조의2 제1항에 따른 지정지역을 제외한 지역)에 계약일 또는 사업인정고시일 현재 1년 전부터 계속하여 주민등록 또는 사업자등록을 한 경우에도 사실상 거주 또는 사업을 하고 있지 아니한 거주자 또는 사업자(법인을 포함한다)는 부재부동산 소유자로 보도록 했는데, 이 규정 중 종전과 달라진 점은 그 적용범위가 종전에는 농지 소재지 시·구·읍·면 및 그와 연접한 시·구·읍·면이었으나 개정 후에는 시·군·구로 확대함으로써 농업을 경영하기 위해 소유하는 농지소유가 수월해졌다는 점이며, 농지소재지로부터 20km 이내의 지역으로 규정한 것은 종전의 농지임대차관리법 시행령 제23조 제2항 제2호에서 규정한 거리(20㎞ 이내) 이내의 지역과 동일한 거리이나 농지임대차관리법이 폐지되어 농지법에 흡수됨에 따라 이 거리 개념이 없어졌기 때문에 종전에 혜택을 받던 부분까지는 계속 혜택을 주기 위하여 지방세관계법에 거리기준을 명확히 한 것이다.

  − 다음으로 매수·수용 또는 철거된 부동산이 농지가 아닌 경우에는 계약일 또는 사업인정 고시일 현재 1년 전부터 계속하여 주민등록 또는 사업자등록을 하지 아니하거나 1년 전부터 계속하여 주민등록 또는 사업자등록을 한 경우에도 사실상 거주 또는 사업을 하고 있지 아니한 거주자 또는 사업자(법인을 포함한다)는 부재부동산 소유자가 되는 것이다.

  − 그러므로 매수·수용 또는 철거되는 부동산이 농지인지 또는 농지 이외의 부동산인지에 따라 그 적용 범위가 크게 다르다는 점에 유의하여야 한다. 그 적용 범위를 살펴보면 먼저, 행정구역 단위로는 농지는 농지소재지 시·군·구 또는 그와 잇닿아 있는 시·군·구에 소유하는 농지는 부재부동산에 해당되지 아니하나 특별시·광역시·도 내의 지역 또는 그와 잇닿아 있는 특별시·광역시·도 내의 지역과 농지 이외의 부동산인 경우는 부동산 소재지 시·군·구와 잇닿아 있는 시·군·구 지역에 소유하는 부동산만이 부재부동산에서 제외된다는 점이다.

■ 둘째는 농지의 경우는 농지소재지로부터 20km 이내에 소재하는 경우는 행정구역에 관계없이 부재부동산으로 보지 아니하나, 농지 외의 부동산인 경우는 거리 규정이 별도로 없고 행정구역(부동산 소재지 특별시·광역시·도 내의 지역, 부동산 소재지 시·군·구와 잇닿아 있는 시·군·구 내의 지역과 특별시·광역시·도와 잇닿아 있는 특별시·광역시·도 내의 지역)만이 적용기준이 된다는 점이다.

  − 또한 사업자(법인을 포함한다)의 경우는 당해 지역에 주민등록은 되어 있지 않다 하더라도 사업자등록을 하고 실제 사업을 하고 있으면서 공익사업을 위한 토지 등의

취득 및 보상에 관한 법률 등 관계법령의 규정에 의한 사업인정 고시일 현재 고시지구 내에 매수·수용 또는 철거되는 부동산을 소유한 자로서, ① 매수 또는 수용된 부동산이 농지인 경우에는 그 소재지 시·군·구 및 그와 잇닿아 있는 시·군·구 또는 농지의 소재지로부터 20km 이내의 지역, ② 매수·수용 또는 철거된 부동산이 농지가 아닌 경우에는 당해 부동산 등의 소재지 구(자치구가 아닌 구를 포함하며, 도농복합형태의 시의 경우에는 동 지역만 해당한다), 시(자치구가 아닌 구를 두지 아니한 시를 말하며 도농복합형태의 시의 경우에는 동 지역만 해당한다)·읍·면 또는 그와 잇닿아 있는 구·시·읍·면 지역에 계약일 또는 사업인정 고시일 현재 1년 전부터 계속하여 사업자등록을 하고 사실상 사업을 하고 있는 사업자(법인을 포함한다)도 부재부동산의 소유자로 보지 아니한다.

- 그리고 거주기간이 종전에는 매수 또는 수용된 부동산 등의 소재지나 연접지역에 1년 이상 주민등록이나 사업자등록이 되어 있는 자는 부재부동산 소유자로 보지 아니한다고 표현되어 있어 해석상 언제부터 언제까지의 기간이 1년 이상에 해당되느냐 하는 논란이 있어 이를 공익사업을 위한 토지 등의 취득 및 보상에 관한 법률의 규정과 동일하게 계약일 또는 사업인정 고시일 현재 1년 전부터 계속하여 주민등록 등이 되어 있는 자로 한정한 것이므로 이 규정의 적용상 이 점에 유의해야 할 것이다.

[사례] 토지수용 등으로 인한 대체취득에 대한 부재지주 해당하여 감면 대상

- 택지개발사업으로 수용되는 부동산을 소유하고 있는 종교법인의 소속성당이 당해 부동산 내에 종교시설(성당)을 설치하고 사업인정고시일 현재 1년전부터 계속하여 사업자등록대상이 아닌 종교사업만을 영위하여 온 경우라면, 이를 부재 부동산 소유자로 보아 취득세 등 비과세를 배제하기는 어렵다고 판단됨(행정안전부 지방세운영과-2497, 2009.6.19.).

- 지방세법 제109조 제1항 본문 및 위 규정에서 「계약일」과 「사업인정고시일」을 병기한 것은 공익사업을위한토지등의취득및보상에관한법률 등 관련 법령에 의하여 토지 등을 수용할 수 있는 사업인정을 받은 자에게 부동산이 협의매수(수용)된 경우 비록 사업인정고시일전에 당해 매매계약을 체결하였다 하더라고 「계약일」 이후에 취득한 대체취득 부동산에 대해서도 사업인정고시일 이후에 대체취득한 부동산에 대한 세제혜택과 동일하게 취득세 등을 감면하겠다는 취지(행심 2007-32, 2007.1.29.)라 할 것이므로 사업인정고시일 이후에 부동산을 협의매수(수용)한 경우의 부재부동산 소유자 판단기준일은 사업인정고시일이라 할 것 이지만 예외적으로 사업인정고시일 전에 부동산을 협의매수한 경우의 부재부동산 소유자 판단기준일은 그 협의매수 「계약일」을 기준으로 부재부동산 소유자 해당 여부를 판단함(행정안전부 지방세운영과-2195, 2008.11.17.).

- 부재부동산 소유자에 해당하지 아니하기 위해서는 종전 부동산 소재지 등의 지역에 사업인정고시일 현재 1년 전부터 계속하여 주민등록 또는 사업자등록을 하여야 하고, 주민등록 또는 사업자등록을 한 경우라도 사실상 거주 또는 사업을 하여야 하는 2가지 법률요건을 모두 충족하여야 하는 것으로, 청구인이 종전토지 소재지역에 사실상 거주하였다 하더라도 사업인정고시일 현재 종전토지 소재지 등의 지역에 1년 전부터 계속하여 주민등록 또는 사업자등록을 하지 아니한 이상 부재부동산 소유자에 해당한다고 할 것임(조세심판원 2013지0384, 2013.6.13.).
- 공부상 지목은 염전이나 사실상 농지인 토지를 수용 당한 경우 토지소유자가 당해 토지의 소재지로부터 20㎞ 이내에 거주하면서 토지를 자경하여 온 사실이 확인되는 이상 "부재부동산 소유자"로 보기는 어렵다 할 것임(조세심판원 2012지0598, 2012.11.28.).
- 「지방세법」 제1조 제1항 제1호에서 "구"를 지방자치단체인 "구"(자치구)를 말한다고 정의하고 있으나, 같은 법 시행령 제79조의3 제2항 제2호에서는 이와는 달리 "구"의 의미를 제한(도농복합형태의 시에 있어서는 동지역에 한함)하여 규정하고 있어 여기에서 말하는 "구"라 함은 지방자치단체인 구(자치구) 외에 일반구도 포함하는 것으로 봄이 타당하다 하겠으므로, 사업인정고시일 현재 이 건 수용토지 소재지인 ○○○와 청구인의 주소인 ○○○는 서로 연접되어 있다고 인정하기는 어렵다 할 것이나, 2001.12.24. 처분청의 행정구역변경으로 인해 청구인의 주소가 ○○○으로 변경됨으로써 이 건 수용토지 소재지인 ○○○와 연접하게 되었다가 2005.10.31. 다시 처분청의 행정구역변경으로 인해 일반구인 ○○○가 설치됨으로써 이 건 수용토지 소재지와 청구인의 주소가 연접되지 아니하게 되면서 사업인정고시일 현재 청구인이 이 건 수용 토지의 소재지 또는 연접된 지역에서 1년 이상 거주라는 비과세요건을 충족하지 못하게 되었는 바, 청구인의 자유의사에 의한 주소(거주지) 이전이 아닌 단순히 행정구역변경으로 인해 연접지역에서 벗어나게 됨으로써 부재부동산 소유자가 된 경우까지 취득세 등의 비과세대상에서 배제하는 것은 수용 등으로 인한 대체부동산 취득에 대하여 취득세 등을 비과세하는 입법취지를 오인한 잘못이 있다 하겠으므로, 행정구역변경을 이유로 청구인을 부재부동산 소유자에 해당된다고 보기보다는 청구인이 위 사업인정고시일 현재 1년 이상 이 건 수용토지 소재지의 연접지역에서 거주하였다고 봄이 관련 규정의 취지에 보다 부합됨(조세심판원 2009지1135, 2010.10.8.).
- 구 지방세법 시행령 제79조의3 제2항에서 계약일 또는 사업인정고시일 현재 1년 전부터 계속 사업자등록을 하고 사실상 사업을 한 경우에 부재 부동산 소유자에 해당되지 않는다고 규정하고 있는데, 동 규정에서 "계약일"과 "사업인정고시일"을 병기한 것은 공익사업을위한토지등의취득및보상에관한법률 등 관련법령에 의하여 토지 등을 수용할 수 있는 사업인정을 받은 자에게 부동산이 매수 된 경우 비록 사업인정고시 전에 당해 매매계약을 체결하였다 하더라도 "계약일" 이후에

취득한 대체취득 부동산에 대해서도 사업인정고시일 이후에 대체취득한 부동산에 대한 세제혜택과 동일하게 취득세 등을 비과세하겠다는 취지이고, 사업인정고시일 현재 사업기간이 1년 미만이었으나 사업인정고시 후 "사업인정을 받은 자"의 협의매수에 응하지 않고 있던 중 사업기간이 1년을 경과하여 비로소 매매계약을 체결한 경우까지 부재부동산소유자가 아니라고 한 것은 아니므로 부재부동산소유자의 판단시기는 사업인정고시일 현재라고 보아야 할 것이며, 청구인의 경우는 부가가치세법 제5조 제1항에서 신규로 사업을 개시하는 자는 사업장마다 대통령령이 정하는 바에 의하여 사업개시일부터 20일 이내에 사업장 관할세무서장에게 등록하여야 한다고 규정하고 있음에도 2003.2.20. 이 사건 수용부동산에 부동산 임대업으로 사업자등록신청을 하면서 개업일을 신고일로부터 6개월 이상 소급한 2002.7.31.로 신고하였음이 ○○세무서 사업자기본사항조회 자료에서 확인되고 있고, ○○○지구 택지개발사업 인가(건설교통부 고시 제2003-168호, 한국토지공사) 시점이 2003.6.30.이므로 부재 부동산 소유자 판단시점인 사업인정고시일(2003.6.30.) 현재는 1년 이상 사업을 계속하였다고 볼 수 없어 청구인은 부재 부동산 소유자에 해당된다고 할 것임(구 행정자치부 심사 2007-0032, 2007.1.1.).

- 종중인 원고는 비법인사단으로서 이 사건 시행령 조항의 '사업자'이지만 수용된 토지에 사업자등록을 하지도 아니하고 실제 위 토지에서 사업을 수행하지도 아니한 이상 부재부동산 소유자에 해당한다고 판단한 후, 원고 자신은 법인이 아니어서 이 사건 시행령조항의 '사업자'가 아니므로 부재부동산 소유자가 될 수 없다는 원고의 주장에 대하여는 원고가 '법인 아닌 사단·재단 및 외국인의 부동산등기용 등록번호 부여절차에 관한 규정'에 따라 등록번호를 부여받았으므로 국세기본법 제13조 제1항 제1호 소정의 주무관청에 등록한 '법인으로 보는 단체'에 해당한다는 이유로 배척하였다. 앞서 본 법리와 관계 규정 및 기록에 비추어 살펴보면, 부동산등기용 등록번호를 부여받은 것만으로 주무관청에 등록한 것으로 볼 수 없으므로 원심이 비법인사단인 원고가 국세기본법 제13조 제1항 제1호 소정의 '법인으로 보는 단체'라고 판단한 부분은 잘못이다. 그러나 결국 원고가 이 사건 시행령 조항의 사업자인 부재부동산 소유자에 해당한다고 본 결론은 정당하고, 거기에 상고이유에서 주장하는 부재부동산 소유자의 범위에 관한 법리오해 등의 위법이 없음(대법원 2010.12.23. 선고 2008두19864 판결).

- 「지방세특례제한법」 기본통칙 법 73-2【대체취득 부재부동산 소유자의 범위】 농지의 소재지로부터 20킬로미터 이내의 지역이라 함은 해당 농지 소재지로부터 농지소유자가 거주하는 시·군·구의 경계선까지의 거리가 아닌 농지소유자의 거주지까지의 거리가 20킬로미터 이내의 지역을 의미한다.

사례 감면대상 대체부동산의 취득기간 기산일 여부

토지 등 수용을 당한 자가 토지수용위원회의 재결에 대하여 이의신청이나 행정소송을 제기하지 않고, 공탁금의 수령에도 제약이 없는 상태에서 단순히 공탁금 수령만 늦게 한 경우라면, 보상금 공탁일(공탁통지를 받은 날)이 사업시행자에게는 취득시기가 되고, 상대방인 토지 등 수용을 당한 자에게는 양도시기(그 보상금을 마지막으로 받은 날)가 된다고 할 것임(지방세특례제도과-1373, 2022.6.27.).

사례 토지수용 등으로 인한 대체취득에 대한 부재지주 해당하여 감면 제외

• 지방세법 시행령 제79조의3 제2항에서 규정한 사업자등록은 부가가치세법 제5조의 규정에 의한 사업자등록을 의미한다 할 것이고, 당해 규정에 대한 해석은 법문 그대로 엄격히 해석되어야 할 것인 바, 수용당한 부동산이 위치한 지역에 사업자등록이 되어 있지 않고 공장등록만 되어 있는 경우에 비록 공장등록을 하고 사업을 영위하고 있다고 하더라도 수용당한 부동산이 소재한 지역에 계약일 또는 사업인정고시일 현재 1년전부터 계속 사업자 등록을 하지 아니한 이상 부재부동산 소유자에 해당되므로 취득세 등의 감면대상에 해당되지 않음(행정안전부 도세-275, 2008.4.1.).

• 남편명의로 되어 있던 부동산이 수용되어 그 보상금으로 부인 명의로 부동산을 대체취득하는 경우 취득세 등이 비과세 되지 않는 바, 그 이유는 부부라 하더라도 우리나라 민법상 부부별산제를 채택하고 있어 남편이나 부인명의로 등기되어 있는 부동산은 각자가 관리·처분·수익할 수 있는 권리자이므로 남편 명의로 된 부동산이 수용되어 부인 명의로 부동산을 대체취득하는 경우 취득세 등의 비과세 대상이 아님(행자부 세정-68, 2005.12.14.).

• 부동산이 수용되어 수용된 자 명의로 보상금을 수령한 후 각 수용된 자가 조합을 결성하여 조합명의로 부동산을 대체취득하는 경우라면, 수용된 자와 대체취득한 자 간의 명의를 달리하였다 할 것이므로 대체취득 취·등록세 비과세 대상으로 보기는 어려움(행안부 지방세운영과-1483, 2010.4.12.).

• 입체화사업에 따라 제1차 사업인정고시(2015.6.4.)에 의거 수용토지(189㎡) 중 56㎡가 수용토지에 편입되었다가 제2차 사업인정고시(2015.8.24.)에 의거 단지 지번 분할 등을 이유로 그 편입면적이 56㎡에서 65㎡로 조정되었으며, 이에 청구인은 잔여토지만으로는 재건축 등이 어려워 사업시행자에게 잔여지 매수청구(2016.8.5.)를 하여 잔여지 124㎡를 매각하였는 바, 이와 같이 수용부동산의 사업인정고시일은 제1차로 고시한 2015.6.4.이라 할 것이므로 청구인은 해당일을 기준으로 1년전부터 계속하여 수용부동산 소재지에 사업자등록을 하지 아니한 부재부동산 소유자에 해당되어 대체취득으로 인한 취득세 감면요건을 충족하지 못한 것으로 보임. 따라서 처분청이 청구인의 경정청구를 거부한 처분은 달리 잘못이 없다고 판단됨

(조세심판원 2017지0124, 2017.4.26.).

- 사업인정고시일 현재 수용 부동산소재지에 1년 이상 계속하여 주민등록을 두고 있지 아니하였을 뿐만 아니라 사실상 거주하였다고 보기도 어려운 바, 대체취득으로 인한 취득세 면제 요건을 충족하지 못한 것으로 보이고, 비록 청구인이 배우자의 질병치료를 위하여 주소지를 변경하였다 하더라도 달리 볼 것은 아니므로 이건 경정청구를 거부한 처분은 잘못이 없음(조세심판원 2016지0386, 2016.7.6.).

- 청구인이 보금자리주택 건설사업 사업인정고시일인 2010.7.14. 현재 1년 전부터 계속하여 수용된 부동산이 소재한 구, 시, 읍, 면이나 그와 잇닿아 있는 구, 시, 읍, 면 지역에 주민등록 또는 사업자등록을 하지 않는 사실이 확인되어 청구인은 부재부동산 소유자에 해당하므로 처분청이 청구인의 경정청구를 거부한 처분은 적법함(조세심판원 2014지0570, 2014.4.3.).

- 관련법령에 따라 토지를 수용당한 청구인이 사업인정고시일 현재 수용토지의 소재지 시·군·구 또는 구·시·읍·면 지역에 거주하지 아니하고, 그와 연접한 시·군·구 또는 구·시·읍·면 지역에 거주하고 있지도 아니할 뿐만 아니라, 농지인 수용토지와 청구인 주소지 사이의 직선거리를 측정(인터넷 지도 이용)한 결과 30㎞를 상회하는 것으로 확인되고 있는 이상 부재부동산 소유자에 해당되므로 취득세 등의 감면대상에 해당되지 않음(조세심판원 2013지0549, 2013.8.22.).

- 종전토지를 수용당한 청구인이 사업인정을 받은 자로부터 특별공급받기로 한 배정(당첨)된 택지를 포기하고, 제3자가 분양받은 특별공급택지에 대한 권리·의무를 승계하여 이 건 토지를 취득한 이상 수용으로 인한 대체취득 부동산의 취득으로 볼 수 없음(조세심판원 2012지0469, 2012.9.18.).

- 사업인정고시일 전에 피상속인이 수용되는 당해 부동산이 소재하거나 그에 연접한 구·시·읍·면 지역에서 사실상 거주하였으나 주민등록을 마치지 아니하였거나 그와 반대로 위의 지역에 주민등록을 하였더라도 사실상 거주하지 아니한 경우에는 설령 사업인정고시일 현재 피상속인이 사망하지 아니하였다고 하더라도 그 피상속인은 '부재 부동산 소유자'에 해당하여 대체부동산의 취득에 따른 취득세와 등록세에 대하여 비과세될 여지가 없게 되므로, 피상속인의 거주기간을 상속인의 거주기간에 합산함으로써 대체부동산의 취득에 따른 취득세 및 등록세가 비과세되기 위하여는 피상속인이 수용되는 당해 부동산이 소재하거나 그에 연접한 구·시·읍·면 지역에 주민등록을 마치고 사실상 거주를 하고 있어야 하고, 피상속인이 위의 지역에 사실상 거주하였으나 주민등록을 하지 아니한 경우에는 피상속인의 거주기간을 상속인의 거주기간과 합산할 수 없음(대법 2000두1836, 2002.8.23.).

- 법인은 독립된 법인격을 가지고 권리의무의 주체가 되는 것이므로 그 대표자인 개인과 동일시할 수 없음. 이러한 법리에 따라 원심이 확정한 사실을 살펴보면, 원고와 이 사건 회사는 별개의 독립된 법인격체이므로 이 사건 회사가 토지들에서 사업자등록을 하고 폐지 등을 수집, 가공하는 사업을 한 것을 원고 개인이 사업

한 것으로 볼 수는 없다고 할 것이고, 원고는 이 사건 토지들에서 개인사업자로서 사업자등록을 하고 사업을 영위하다가 이 사건 회사가 2008.7.15.경 법인 등기 및 사업자등록을 마치고 사업을 개시한 이후인 2008.12.31. 폐업하였고, 그 이후 2009.8.14. 이 사건 근린공원 조성사업인정고시가 있었으므로 원고는 위 사업인정 고시일 현재 1년 전부터 사실상 사업을 하고 있지 않은 것임(대법원 2008두19864, 2010.12.23. 판결).

- 「지방세법」 제109조 제1항 및 「지방세법 시행령」 제79조의3 제2항에 추가로 '계약일'을 정하게 된 경위에다가 다음과 같은 점 등을 함께 고려하면, 「지방세법 시행령」 제79조의3 제2항에 규정된 '계약일'은 '당해 사업인정고시일 전의 계약일'만을 뜻하고 '당해 사업인정고시일 이후의 계약일'은 여기에 포함되지 아니한다고 해석함이 상당하다. 따라서 당해 사업인정고시일 이후에 부동산 등이 협의취득에 의하여 매수된 자가 1년 전부터 계속하여 사업자등록 등을 하지 아니함으로써 부재부동산 소유자에 해당하는지를 판단하는 기준일은 계약일이 아니라 사업인정고시일로 보아야 함(대법 2012두27596, 2013.4.11.).

- 원고의 주장과 같이 원고의 처와 자녀들이 이 사건 수용부동산에 주민등록을 그대로 유지하면서 거주하였다고 하더라도, 조세법률주의의 원칙상 과세요건이거나 비과세요건 또는 조세감면요건을 막론하고 조세법규의 해석은 특별한 사정이 없는 한 법문대로 해석할 것이고 합리적 이유 없이 확장해석하거나 유추 해석하는 것은 허용되지 아니하며, 특히 감면요건 규정 가운데에 명백히 특혜규정이라고 볼 수 있는 것은 엄격하게 해석하는 것이 조세공평의 원칙에도 부합하는 바, 앞에서 본 바와 같이 원고의 처와 자녀들은 이 사건 수용부동산의 소유자가 아니므로, 지방세특례제한법 제73조 제1, 2항, 같은 법 시행령 제34조 제2항 소정의 취득세 감면 요건에 해당되지 아니하고, 원고의 처와 자녀들의 주민등록을 원고의 주민등록으로 해석하는 것은 법문에 반하므로, 위와 같은 사정만으로 원고가 "부재부동산 소유자"에 해당되지 않는다고 볼 수 없음(대법 2013두14528, 2013.11.15.).

③ 환매권의 행사로 인한 부동산 취득

공익사업을 위한 토지 등의 취득 및 보상에 관한 법률에 따른 환매권을 행사하여 매수하는 부동산에 대하여는 취득세를 면제한다.

- 환매라 함은 매도자가 매매계약과 동시에 다시 사들일 권리를 보유한 것으로 부동산에 관한 환매기간은 5년 이내로 하고 있으며 등기시에는 기간을 정하여 환매할 수 있다는 특약을 하게 된다.
  - 그러므로 그 기간 내에 매도자가 환매하는 경우는 원소유자에게 소유권이 환원되는

것이고 일반적으로 채권담보의 목적으로 환매등기제도를 활용하고 있으므로 이를 과세면제토록 한 것이다. 따라서 환매기간 내에 환매가 이루어지지 않을 경우는 매수자에게 취득세를 과세하여야 하며 환매기간이 경과된 후에 원소유자 명의로 소유권이전등기가 된 경우는 매도자와 매수자에게 각각 취득세를 과세하여야 한다.

- 그리고 환매는 원래 특정한 매매계약에 있어서 매도자의 일방적인 권리로 인식되는 해당 물건에 존재하는 매도 목적을 관철시키기 위한 권리적 보장책으로 보며, 환매라는 말 자체가 매도자를 위한 용어이므로 매수자 입장에서는 해제청구권이라고 보는 것이 타당할 것이다.

- 그러므로 매수자가 환매권을 행사한다는 표현은 있을 수 없는 것이므로 환매권을 매도자가 행사하는 것으로 볼 때 매수자의 요청에 의하여 환매되는 경우에는 합의해제청구에 해당되어 과세면제대상이 되지 아니하므로 매도자와 매수자는 각각 취득세를 납부해야 하는 것이다.

■ 공익사업을 위한 토지 등의 취득 및 보상에 관한 법률(§91 ① · ②)에 의하여 협의 또는 수용된 토지가 사업인정 후 협의 취득일 또는 수용의 개시일(이하 취득일이라 한다)부터 10년 이내에 사업의 폐지 · 변경 그 밖의 사유로 인하여 취득한 토지의 전부 또는 일부가 필요없게 된 경우 취득일 당시의 토지 소유자 또는 그 포괄승계인(이하 환매권자라 한다)은 당해 토지의 전부 또는 일부가 필요없게 된 때부터 1년 또는 그 취득일부터 10년 이내에 당해 토지에 대하여 지급받은 보상금에 상당한 금액을 사업시행자에게 지급하고 그 토지를 환매할 수 있으며, 이 경우 취득일부터 5년 이내에 취득한 토지의 전부를 사업에 이용하지 아니한 때에 이를 준용하되, 이 경우 환매권은 취득일부터 6년 이내에 이를 행사하여야 한다.

④ 최근 쟁점

사례 ▶ 기부채납 목적으로 취득한 토지를 신탁회사가 취득하는 경우에도 국가 등에 기부채납용 부동산으로써 취득세 등의 비과세 대상에 해당되는지 여부

• 청구법인과 처분청간에 쟁점토지와 관련한 기부채납 의사의 합치가 있었는지 여부에 대해 살펴보면, 청구법인이 2005.1.27. 용인도시관리계획결정(변경) 및 지구단위계획입안 제안서를 처분청에 제출하여 경기도지사가 동 제안서내용이 반영된 도시관리계획을 결정 · 고시였다 하더라도, 이는 사업시행자인 청구법인이 죽전디지털밸리 조성사업의 시행자로서 단지조성 및 기반시설을 설치한다는 내용의 제안에 대해 용도지역별로 정비기반시설을 포괄적으로 구분하여 결정 · 고시한 것

일 뿐(도시계획시설인 상태로만 되어 있음), 청구법인이 쟁점토지의 지번 및 면적을 구체적으로 특정하여 기부채납의사를 표시하고 이에 대해 처분청이 이를 승낙하는 채납 의사표시를 하는 등의 승인조건을 부과한 것이라고 보기는 어렵다 할 것임(조심 2009지995, 2010.10.14.).

- 처분청은 쟁점토지가 「지방세법」 제9조 제2항에 따른 비과세대상으로 볼 수 없다는 의견이나, 경기도 용인시장은 2014.9.24. 주식회사 사람과공간을 사업시행자로 승인하면서 쟁점토지 등을 포함한 토지에 도로 등을 조성하여 기부채납하도록 하였고, 청구법인은 주식회사 사람과공간으로부터 사업과 관련한 권리·의무를 포괄승계 받았으며, 경기도 용인시장은 2014.6.25. 청구법인을 사업의 주체로 변경승인 하였으므로 청구법인과 경기도 용인시장 사이에는 2014.6.25. 쟁점토지의 기부채납 약정이 성립한 것으로 보이는 점, 청구법인은 2017.2.13. 등에 도로 등을 개설하기 위하여 쟁점토지를 취득한 것으로 보이고, 쟁점토지는 2017.7.26. 신탁을 원인으로 하여 아시아신탁 주식회사 명의로 이전등기된 후 2017.12.20. 경기도 용인시장에게 기부채납된 점, 청구법인이 2017.2.13. 등에 도로 등으로 용도가 지정되어 있는 쟁점토지를 취득한 것은 경기도 용인시장에게 기부채납하기 위한 것일 뿐 다른 목적이 있었다고 보기 어려우므로 취득세 비과세요건을 충족한 것으로 보이고, 청구법인은 「지방세법」 제9조 제2항 각 호의 비과세 배제사유에도 해당되지 아니하는 점, 쟁점토지를 취득하거나 기부채납할 당시에 사업의 시행자가 신탁사인 아시아신탁 주식회사이었고, 쟁점토지가 아시아신탁 주식회사 명의로 신탁등기된 후 기부채납되었다는 사실만으로 실제로 기부채납이 이루어진 쟁점토지의 취득세를 비과세하지 아니한 것은 불합리한 것으로 보이는 점 등에 비추어, 청구법인은 쟁점토지를 지방자치단체 등에 기부채납할 것을 조건으로 취득한 것으로 보는 것이 타당함(조심 2019지1929, 2019.11.28.).

사례 청구법인이 처분청에 기부채납하기 위한 부동산 취득에 대하여 반대급부가 있는 것으로 보아 최소납부세제 적용대상에 해당되는지 여부

- 도시철도시설(경전철)이 준공과 동시에 소유권이 지자체로 귀속되는 경우, 취득세 비과세 대상에 해당하는지 여부에 대하여 살펴보면 다음과 같음.
  ○ 「지방세법」 제9조 제2항에서 국가등에 귀속 또는 기부채납을 조건으로 취득하는 부동산 및 사회기반시설에 대해서는 취득세를 부과하지 아니하고
    - 다만, 국가등에 귀속등의 반대급부로 국가등이 소유하고 있는 부동산 및 사회기반시설을 무상으로 양여받거나 기부채납 대상물의 무상사용권을 제공받는 경우에 대하여 취득세를 부과한다고 규정하고 있음.
  ○ 기부채납 부동산 등에 대한 비과세는 국가 등에 귀속을 조건으로 부동산을 취득하고 그에 관한 등기를 하는 것은 그 부동산을 국가 등에 귀속시키기 위한 잠정적이고 일시적인 조치에 불과하며 조건 없이 무상으로 소유권을 국가 등에

이전하는 경우 세 부담을 완화해 주기 위한 취지라 할 것임.

○ 한편, 2016.1.1. 국가 등에 귀속등의 반대급부로 국가 등이 소유하고 있는 부동산 및 사회기반시설을 무상으로 양여받거나 기부채납 대상물의 무상사용권을 제공받는 경우까지 비과세하는 것은 입법 취지에 부합하지 않아 비과세 대상에서 제외하는 것으로 지방세법이 개정되었으며,

  - 동시에 국가 등이 정책적으로 기부채납을 통한 민간투자를 장려하 있는 점을 고려하여 「지방세특례제한법」 제73조의2에 따른 기부채납용 부동산 등에 대한 감면 규정을 신설하였음.

○ 해당 사안의 경우, 도시철도시설(경전철)을 준공과 동시에 해당 시설의 소유권이 지자체(서울특별시)로 귀속되며, 해당 시설의 무상의 관리·운영권을 제공받는 경우로서 「지방세법」 제9조 제2항 단서에 따른 취득세 과세 대상에 해당한다고 판단됨(행정안전부 부동산세제과-1231, 2022.4.28.).

• 「지방세법」 제9조 제2항에서 국가 등에 기부채납을 조건으로 취득하는 부동산에 대해서는 취득세를 부과하지 아니한다고 규정하고 있고, 「지방세특례제한법」 제73조의2 제1항 제1호에서 「지방세법」 제9조 제2항에 따른 부동산 중 국가 등에 귀속되거나 기부채납한 것의 반대급부로 국가 등이 소유하고 있는 부동산 등을 무상으로 양여받는 조건으로 취득하는 부동산에 대해서는 2020.12.31.까지 취득세를 면제한다고 규정하고 있으며, 같은 법 제177조의2 제1항에서 이 법에 따라 취득세가 면제되는 경우에는 이 법에 따른 취득세의 면제규정에도 불구하고 100분의 85에 해당하는 감면율을 적용한다고 규정하고 있음.

  - 「지방세법」 제9조 제2항의 입법취지는 국가 등에 귀속 또는 기부채납을 조건으로 부동산을 취득하는 것은 그 부동산을 국가 등에 귀속시키기 위한 잠정적이고 일시적인 조치에 불과하므로 국가 등이 직접 부동산을 취득하는 경우와 동일하게 평가할 수 있다고 보아 그 경우 취득세를 비과세하겠다는 데에 있다고 할 것(대법원 2011.7.28. 선고 2010두6977 판결, 같은 뜻임)임.

  - 처분청은 쟁점①토지의 취득이 비과세 대상이 아닌 면제대상이므로 최소납부세제 적용대상에 해당한다는 의견이나, 쟁점①토지가 국토교통부장관이 2019.12.31. 고시한 "이 건 사업에 대한 지구계획 변경(6차) 승인"의 사업시행자 귀속분 조서에 포함되어 있고, 그 고시의 국가(지방자치단체) 귀속토지 조서에도 포함되어 있는 것으로 확인되어 있는 점, 청구법인은 이 건 사업이 종료된 후 국가 등에 기부채납한 것으로 보아 청구법인은 쟁점①토지를 국가 등에 기부채납하기 위하여 취득한 후 이 건 사업이 종료되어 기부채납한 것으로 확인되는 점, 처분청이 쟁점①토지에 대하여 쟁점①취득세 등을 부과처분한 것으로 보아 국가 등에 기부채납하기 위하여 취득하여 국가 등에 기부채납한 것에 대하여는 이견이 없는 것으로 확인되는 점 등에 비추어 청구법인의 쟁점①토지에 대한 취득은 국가 등에 기부채납하기 위하여 국가 등으로부터 무상

양여 받아 취득한 후, 국가 등에 기부채납한 토지로 반대급부가 있다고 보기 어려우므로(조심 2021지3310, 2022.6.3. 결정 등) 처분청이 쟁점①토지의 취득이 「지방세특례제한법」 제73조의2 제1항 제1호 및 「지방세특례제한법」 제177조의2 제1항의 최소납부세제 적용대상에 해당된다고 보아 쟁점②취득세 등을 부과한 처분은 잘못이 있다고 판단됨(조심 2021지3308, 2023.3.13. 결정).

제 **19** 장

물류 · 법인의 지방이전
등에 대한 감면

1 관계법령

「지방세특례제한법」 제71조(물류단지 등에 대한 감면) ① 「물류시설의 개발 및 운영에 관한 법률」 제27조에 따른 물류단지개발사업의 시행자가 같은 법 제22조 제1항에 따라 지정된 물류단지(이하 이 조에서 "물류단지"라 한다)를 개발하기 위하여 취득하는 부동산에 대해서는 취득세의 100분의 35를, 과세기준일 현재 해당 사업에 직접 사용하는 부동산에 대해서는 재산세의 <u>100분의 25를 각각 2025년 12월 31일까지 경감한다. 이 경우 지방자치단체의 장은 재산세에 대해서는 해당 지역의 재정 여건 등을 고려하여 100분의 10의 범위에서 조례로 정하는 율을 추가로 경감할 수 있다.</u>

② 물류단지에서 대통령령으로 정하는 물류사업(이하 이 항에서 "물류사업"이라 한다)을 직접 하려는 자가 물류사업에 직접 사용하기 위해 취득하는 대통령령으로 정하는 물류시설용 부동산(이하 이 항에서 "물류시설용 부동산"이라 한다)에 대해서는 <u>2025년 12월 31일까지 취득세의 100분의 50을 경감하고, 2025년 12월 31일까지 취득하여 과세기준일 현재 물류사업에 직접 사용하는 물류시설용 부동산에 대해서는 그 물류시설용 부동산을 취득한 날부터 5년간 재산세의 100분의 35를 경감한다.</u>

③ 「물류시설의 개발 및 운영에 관한 법률」 제7조에 따라 복합물류터미널사업(「사회기반시설에 대한 민간투자법」 제2조 제5호에 따른 민간투자사업 방식의 사업으로 한정한다. 이하 이 항에서 같다)의 등록을 한 자(이하 이 항에서 "복합물류터미널사업자"라 한다)가 사용하는 부동산에 대해서는 다음 각 호에서 정하는 바에 따라 지방세를 경감한다.

1. 복합물류터미널사업자가 「물류시설의 개발 및 운영에 관한 법률」 제9조 제1항에 따라 인가받은 공사계획을 시행하기 위하여 취득하는 부동산에 대해서는 <u>2025년 12월 31일</u>까지 취득세의 100분의 25를 경감한다. 다만, 그 취득일부터 3년이 경과할 때까지 정당한 사유 없이 그 사업에 직접 사용하지 아니하는 경우에는 경감된 취득세를 추징한다.

2. 복합물류터미널사업자가 과세기준일 현재 복합물류터미널사업에 직접 사용하는 부동산에 대해서는 2022년 12월 31일까지 재산세의 100분의 25를 경감한다.

④ 삭제〈2016.12.27.〉

⑤ 삭제〈2016.12.27.〉

「지방세특례제한법 시행령」 ① 법 제71조 제2항에서 "대통령령으로 정하는 물류사업"이란 「물류정책기본법」 제2조 제1항 제2호에 따른 물류사업을 말한다.

② 법 제71조 제2항에서 "대통령령으로 정하는 물류시설용 부동산"이란 「물류시설의 개발 및 운영에 관한 법률」 제2조 제7호에 따른 일반물류단지시설(「유통산업발전법」 제2조 제3호에 따른 대규모점포는 제외한다)을 설치하기 위해 「물류시설의 개발 및 운영에 관한 법률」 제27조에 따른 물류단지개발사업의 시행자로부터 취득하는 토지와 그 토지

취득일부터 5년 이내에 해당 토지에 신축하거나 증축하여 취득하는 건축물(토지 취득일 전에 신축하거나 증축한 건축물을 포함한다)을 말한다.

② 물류단지 내의 물류사업용 부동산

■ 「물류시설의 개발 및 운영에 관한 법률」 제27조에 따른 물류단지개발사업의 시행자가 같은 법 제22조 제1항에 따라 지정된 물류단지(이하 이 조에서 "물류단지"라 한다)를 개발하기 위하여 취득하는 부동산에 대해서는 취득세의 100분의 35를, 과세기준일 현재 해당 사업에 직접 사용하는 부동산에 대해서는 재산세의 100분의 25를 각각 <u>2025년 12월 31일</u>까지 경감하고 물류단지에서 대통령령으로 정하는 물류사업(이하 이 항에서 "물류사업"이라 한다)을 직접 하려는 자가 물류사업에 직접 사용하기 위해 취득하는 대통령령으로 정하는 물류시설용 부동산에 대해서는 <u>2025년 12월 31일</u>까지 취득세의 100분의 50을 경감하고, <u>2025년 12월 31일</u>까지 취득하여 과세기준일 현재 물류사업에 직접 사용하는 물류시설용 부동산에 대해서는 그 물류시설용 부동산을 취득한 날부터 5년간 재산세의 100분의 35를 경감한다.

- 다만, 「지방세법」 제13조 제3항에 따른 중과세대상 부동산 등은 감면대상에서 제외하며, 부동산에 대한 면제를 적용할 때에는 취득일부터 1년 이내에 정당한 사유 없이 해당 용도로 사용하지 아니하는 경우 또는 그 사용일부터 2년 이상 해당 용도로 직접 사용하지 아니하고 매각·증여하거나 다른 용도로 사용하는 경우에 해당 부분에 대하여는 면제된 취득세를 추징한다

- 이 경우 물류단지개발사업의 시행자로 지정받을 수 있는 자 국가 또는 지방자치단체, 대통령령으로 정하는 공공기관, 「지방공기업법」에 따른 지방공사, 특별법에 따라 설립된 법인, 「민법」또는 「상법」에 따라 설립된 법인이다(물류시설의 개발 및 운영에 관한 법률 §27).

※ 물류단지 감면 조례 자율성 확대(2023.1.1. 납세의무성립분부터 적용)

┌───┐
│ ① 개정개요 │
│   │

개정 전	개정 후
□ 물류단지 시행자·입주기업 감면	□ 시행자 감면 조례 자율성 확대
○ (감면내용)	○ (감면내용)
‐ 시 행 자: 취 35%, 재 35%	‐ <u>시 행 자: 취 35%, 재 25%*</u>
	* <u>조례로 10%p까지 추가하여 최대 35% 可</u>
‐ 입주기업: 취 50%, 재 35%(5년)	‐ 입주기업: 개정 전과 동일
○ (일몰기한) '22.12.31.	○ (일몰기한) '25.12.31.

│ ② 개정내용 │
│ ○ 물류단지개발사업 시행자에 대한 재산세 감면율을 35%에서 25%로 축소하여 조 │
│   정(△10%p)하되, │
│ ○ **지방자치단체**가 재정 여건 등을 고려하여 **10%p 범위**에서 해당 **재산세의 감면** │
│   **율을 가산**할 수 있도록 **조례 자율성 강화** │
└───┘

① 물류단지개발을 위해 취득하는 부동산

■ 「물류시설의 개발 및 운영에 관한 법률」 제27조에 따른 물류단지개발사업의 시행자가 같은 법 제22조 제1항에 따라 지정된 물류단지(이하 이 조에서 "물류단지"라 한다)를 개발하기 위하여 취득하는 부동산에 대해서는 취득세의 100분의 35를, 과세기준일 현재 해당 사업에 직접 사용하는 부동산에 대해서는 재산세의 100분의 25를 각각 <u>2025년 12월 31일</u>까지 경감한다.

‐ 이 경우 물류단지를 개발하기 위하여 취득하는 부동산이라 함은 물류시설의 개발 및 운영에 관한 법률에 따라 물류단지를 조성하기 위하여 취득하는 부동산을 말하는데 물류단지를 개발하기 위하여는 물류시설의 개발 및 운영에 관한 법률 제22조에 따라 국토교통부장관 또는 시·도지사의 지정을 받아야 한다.

사례 물류단지개발을 위해 취득하는 부동산 해당 여부

• 물류사업용 부동산 해당 여부 기준은 물류단지개발 사업시행자가 최초 토지 취득 후 5년 이내 취득한 토지 및 신축건축물을 의미하므로 기존 건축물을 취득하는 경우에는 취득·등록세 면제대상인 물류사업용 부동산이 아님(행정안전부 지방세운영과‐1358, 2009.4.3.).

• 물류사업용 건축물을 신축하기 위하여 취득하는 토지는 그 지상에 물류사업용 건축물이 준공된 시점에 비로소 물류사업에 제공되어 직접 사용되는 것으로 보는 것이

타당하고, 이 건 건축물을 신축하고 2년 이내에 쟁점토지 등을 매각하였으므로 처분청이 이 건 취득세 등을 부과한 처분은 잘못이 없음(조세심판원 2015지1255, 2015.11.12.).

- "물류단지에서 물류사업을 직접 하려는 자가 취득하는 물류사업용 부동산"이란 물류단지시설을 설치하기 위하여 물류단지 안에서 최초로 취득하는 토지와 그 토지취득일부터 5년 이내에 취득하는 사업용 토지 및 건축물(토지 취득일 전에 그 사용승인을 받아 신축한 건축물을 포함하며, 기존 건축물을 취득한 경우는 제외한다)을 말하는 것으로 규정하고 있으므로, 청구 법인은 이미 설치한 물류단지시설(토지 및 건축물)을 취득한 것이므로 물류단지시설을 설치하기 위하여 이 건 토지를 취득한 것으로 보기는 어려움(조세심판원 2013지0021, 2013.2.14.).

- 원고가 물류단지개발사업 시행자인 00공사로부터 분양받은 이 사건 전유건물 및 이 사건 대지지분은 00공사가 물류단지시설로 설치한 대규모점포이고, 그 분양 이후 원고가 이 사건 전유건물에서 대형마트를 운영하기 위한 대수선을 하였다고 하더라도 그 전후에 걸쳐 이 사건 전유건물이 물류단지시설에 해당함에는 변함이 없으므로 원고가 물류단지시설을 새로 설치하기 위하여 이 사건 전유건물 및 이 사건 대지지분을 취득하였다고 볼 수 없어 이는 위 규정에 의한 취득세와 등록세 면제대상에 해당하지 않음(대법 2012두17391, 2012.11.29.).

② 물류사업용 부동산의 취득

■ 물류단지에서 대통령령으로 정하는 물류사업(이하 이 항에서 "물류사업"이라 한다)을 직접 하려는 자가 물류사업에 직접 사용하기 위해 취득하는 대통령령으로 정하는 물류시설용 부동산(이하 이 항에서 "물류시설용 부동산"이라 한다)에 대해서는 2025년 12월 31일까지 취득세의 100분의 50을 경감하고, 2025년 12월 31일까지 취득하여 과세기준일 현재 물류사업에 직접 사용하는 물류시설용 부동산에 대해서는 그 물류시설용 부동산을 취득한 날부터 5년간 재산세의 100분의 35를 경감한다.

- 이 경우 물류사업을 영위하고자 하는 자가 취득하는 물류사업용 부동산이란 물류시설의 개발 및 운영에 관한 법률 제2조 제6호의4에 따른 물류단지시설을 설치하기 위하여 물류단지 안에서 최초로 취득하는 토지와 그 토지취득일부터 5년 이내에 취득하는 사업용 토지 및 건축물(토지 취득일 전에 그 사용승인을 얻어 신축한 건축물을 포함하며, 기존 건축물을 취득한 경우를 제외한다)을 말한다.

- 이 경우 물류시설이란 ① 화물의 운송·보관·하역을 위한 시설, ② 화물의 운송·보관·하역과 관련된 가공, 조립, 분류, 수리, 포장, 상표부착, 판매, 정보통신 등의 활동을 위한 시설, ③ 물류의 공동화, 자동화 및 정보화를 위한 시설 ④ ①부터 ③까지의 시설이 모여 있는 물류터미널 및 물류단지를 말한다(물류시설의 개발 및 운영에

관한 법률 제2조 제1호). 그리고 물류단지라 함은 동 법률 제22조에 따른 물류단지를 말한다.

물류사업용 부동산의 취득 해당 여부

- 운송사업자가 물류단지내 물류단지시설(물류창고)을 설치한 후 5년 이내 같은 구역에 주유소를 신축하는 경우 「지방세특례제한법」 제71조 제2항에 따른 취득세 등 면제대상인 "물류사업을 직접 하려는 자가 취득하는 물류사업용 부동산"에 해당되지 아니함(행정안전부 지방세운영과-4021, 2011.8.26.).

- 청구법인은 2014.7.11. 등에 이 건 건축물을 신축하여 취득한 점, 청구법인과 이 건 임차회사가 2014.6.18. 체결한 '화물 보관 및 작업계약'의 내용을 보면 그 계약의 명칭 등에 관계 없이 청구법인은 이 건 부동산을 이 건 임차회사에게 사실상 임대한 것으로 보이는 점, 부동산을 임대한 경우 그 임차인이 해당 용도로 사용한다 하더라도 「지방세특례제한법」 제2조 제1항 제8호에서 규정한 '직접 사용'에 해당하지 않는 점, 물류사업용 부동산에 대한 취득세 등의 감면은 지방세특례제한법령에 따라야 하므로 다른 법령의 내용을 그대로 적용할 수는 없는 점 등에 비추어 청구법인은 이 건 부동산을 물류 사업용으로 직접사용한 기간이 2년 미만인 상태에서 다른 용도(임대)로 사용한 것으로 보이므로 처분청이 청구법인에게 이 건 취득세 등을 부과한 처분은 달리 잘못이 없다고 판단됨(조심 2016지1248, 2018.3.2.).

- 청구법인이 물류사업에 직접 사용하였다고 볼만한 사정이 나타나지 아니한 상태에서 이를 제3자에게 임대한 이상, 청구법인이 이를 조성하였다는 사실만으로 물류사업을 하려는 자에 해당된다고 볼 수 없으므로 처분청이 이 건 취득세 등을 추징한 처분은 잘못이 없다고 판단됨(조세심판원 2017지0255, 2017.6.15.).

- 청구법인이 2013.6.27. 이 건 토지상에 증축한 쟁점건축물은 기존에 신축한 건축물과 동일한 형태로 운영되고 있어 쟁점건축물과 기존 건축물을 달리 볼 만한 사정이 없으므로 쟁점건축물을 물류사업용으로 공여되고 있는 부동산으로 보는 것이 타당함(조세심판원 2015지1255, 2015.11.12.).

- 쟁점토지의 「토지분양계약서」에 의하면 청구법인이 분양대금의 100분의 50 이상을 납부하는 등 일정요건이 충족된 경우 청구법인의 쟁점토지 사용이 가능하였던 점, 청구법인은 건축허가를 받고 착공신고필증을 교부받았음에도 착공하지 아니하였던 점 등에 비추어 쟁점토지를 취득한 후 1년 이내에 물류사업용으로 사용하지 못한 정당한 사유가 있다고 보기 어려움(조세심판원 2015지0632, 2015.6.24.).

- 물류단지에서 물류사업을 직접 하려는 자가 취득하는 물류사업용 부동산에 대해서 취득세 등을 경감한다고 규정하고 있을 뿐 임대의 경우도 포함한다는 별도의 규정이 없어 임대를 직접 사용에 해당한다고 보기 어려운 점 등에 비추어 청구법인이 쟁점면적을 물류사업에 직접 사용하였다고 보기는 어려움(조세심판원 2014지1438, 2015.6.15.).

- 건축물이 준공된 후 2년 이내 물류사업에 직접 사용하지 아니하고 이를 매각한 사실이 확인된 부동산이나, 매각하지는 않았으나 주 부동산의 매각으로 물류사업과 관련이 없는 토지가 된 경우 기 감면한 취득세(가산세 포함)를 추징한 처분은 달리 잘못이 없음(조세심판원 2013지0009, 2013.2.22.).
- 물류사업용 토지를 취득한 후 시공사와 도급계약해지로 착공이 늦어지는 경우는 납세자의 내부적인 사정으로 1년 이내에 물류사업용으로 직접 사용하지 못한 정당한 사유에 해당되지 않으므로 감면 받은 취득세 추징은 정당함(조세심판원 2012지0046, 2012.6.26.).
- 물류사업용으로 취득한 부동산을 법원의 화해조서에 의하여 채무를 승계하는 조건으로 청구인이 임원으로 참여한 당해 법인에게 취득일로부터 2년 이내에 소유권을 이전한 경우 취득세 추징대상 여부를 판단해 보면, 물류사업을 영위하고자 하는 자가 취득하는 물류사업용 부동산이란 물류사업의 운영주체로서 자기 책임 하에 물류사업을 경영하는 자가 물류사업에 직접 사용하는 부동산을 의미하는 것이므로 임원으로 참여한다는 것은 직접 사용하는 것으로 볼 수 없음(조세심판원 2009지0941, 2010.9.7.).
- 이 사건 창고시설에서, 원고는 매입처로부터 완제품 상태로 매입한 철근, 철에이치빔, 철판, 고철 등을 적치하여 두었다가 이를 기보철강 주식회사 등 매출처에 판매한 후 매출처로 운송하기 위해 상차하는 작업 등 운송작업을 하고, 운송·보관에 필요하거나 매출처의 요구가 있는 일부 경우에 산소절단공구와 같은 절단기계로 철재 등의 길이를 조정하는 작업을 한다. 지방세특례제한법에는 '물류사업'의 정의규정이 존재하지 아니하고 있고 이에 관한 준용규정도 마련되어 있지 아니한바, 앞서 든 증거에 변론 전체의 취지를 종합하여 알 수 있는 아래와 같은 사정에 비추어 '물류사업'이란 자기가 보유하거나 관리하는 재화에 대하여 자기의 시설·장비·인력 등을 사용하여 물류활동을 하는 이른바 '자가물류'를 포함하는 개념으로서 원고가 이 사건 부동산에서 영위하고 있는 자가물류사업 역시 이 사건 조항에서 규정하고 있는 물류사업에 해당한다고 봄이 타당함(대법원 2017두45414, 2017.9.14. 판결).
- 이 사건 규정은 '매각·증여하거나 다른 용도로 사용하는 경우'에 추징하도록 하고 있어, 비록 다른 용도로 사용하지 아니하더라도 매각·증여를 한 이상 추징 대상으로 삼고 있고, '직접 사용한 기간이 2년 미만인 상태에서 매각·증여'한 이상 위 매각·증여가 직접 사용에 해당하는지 여부 또한 묻지 않고 추징 대상으로 삼겠다는 취지로 해석함이 법 문언에 충실한 해석이다. 이 사건 규정에서 말하는 직접 사용이란 부동산 취득자가 해당 용도로 사용하는 것을 의미한다 할 것이므로, 원고가 제3자에게 이 사건 각 토지를 매도한 이상 직접 사용에 해당하지 아니하는 것으로 보아야 한다. 그리고 이 사건 규정의 해석상, 직접 사용한 기간이 2년 미만인 상태에서 매각한 경우에는 취득세 등을 추징하여야 하고 매각의 상대방이 조

합원인 경우에 관하여 특별히 취급하고 있지 아니한바, 이 사건 원고와 같은 조합이 직접 사용한 기간이 2년 미만인 상태에서 조합원에게 매각한 경우에도 이 사건 규정에 해당한다고 판단됨(대법원 2016두57366, 2017.2.23. 판결).

③ 복합물류터미널 사업용 부동산

■ 「물류시설의 개발 및 운영에 관한 법률」 제7조에 따라 복합물류터미널사업(「사회기반시설에 대한 민간투자법」 제2조 제5호에 따른 민간투자사업 방식의 사업으로 한정한다. 이하 이 항에서 같다)의 등록을 한 자 복합물류터미널사업자가 「물류시설의 개발 및 운영에 관한 법률」 제9조 제1항에 따라 인가받은 공사계획을 시행하기 위하여 취득하는 부동산에 대해서는 2025년 12월 31일까지 취득세의 100분의 25를 경감한다. 다만, 그 취득일부터 3년이 경과할 때까지 정당한 사유 없이 그 사업에 직접 사용하지 아니하는 경우에는 경감된 취득세를 추징한다.

- 또한 복합물류터미널사업자가 과세기준일 현재 복합물류터미널사업에 직접 사용하는 부동산에 대해서는 2022년 12월 31일까지 재산세의 100분의 25를 경감한다. 「사회기반설에 대한 민간 투자법」에 따라 복합물류터미널사업시행자로 지정된 자가 「물류시설의 개발 및 운영에 관한 법률」 제9조 제1항에 따라 인가받은 공사계획을 시행하기 위하여 취득하는 부동산에 대해서는 취득세의 100분의 25를, 과세기준일 현재 그 사업에 직접 사용하는 부동산에 대해서는 재산세의 100분의 25를 각각 2022년 12월 31일까지 각각 경감한다. 다만 그 취득일부터 3년이 경과할 때까지 정당한 사유 없이 그 사업에 직접 사용하지 아니하는 경우에는 경감된 취득세를 추징한다.

- 이 경우 "물류터미널"이란 화물의 집화・하역 및 이와 관련된 분류・포장・보관・가공・조립 또는 통관 등에 필요한 기능을 갖춘 시설물을 말하며, "물류터미널 사업"이란 물류터미널을 경영하는 사업으로서 복합물류터미널사업과 일반물류터미널사업을 말하는데, 이 중 "복합물류터미널사업"이란 두 종류 이상의 운송 수단 간의 연계운송을 할 수 있는 규모 및 시설을 갖춘 물류터미널사업을 말하고, 이 외의 물류터미널사업을 일반 물류터미널사업이라 한다.

- 그러나 물류터미널사업 중 다음의 시설물을 경영하는 사업은 물류터미널사업에서 제외한다(물류시설의 개발 및 운영에 관한 법률 §2 Ⅲ).
   ① 「항만시설법」 제2조 제7호의 항만시설 중 항만구역 안에 있는 화물하역시설 및 화물보관・처리시설

② 「공항시설법」 제2조 제7호의 공항시설 중 공항구역 안에 있는 화물운송을 위한 시설과 그 부대시설 및 지원시설

③ 「철도사업법」 제2조 제8호에 따른 철도사업자가 그 사업에 사용하는 화물운송·하역 및 보관 시설

④ 「유통산업발전법」 제2조 제15호 및 제16호의 집배송시설 및 공동집배송센터

※ 복합물류터미널사업자 감면세목 축소(2023.1.1. 납세의무성립분부터 적용)

1 개정개요

개정 전	개정 후
□ 복합물류터미널사업자 감면 ○ (감면내용) 취득세·<u>재산세</u> 25% ○ (일몰기한) '22.12.31.	□ 감면세목 정비 ○ (감면내용) 취득세 25% ※ <u>재산세 감면 종료</u> ○ (일몰기한) '25.12.31.

2 개정내용

○ 복합물류터미널사업자에 대한 취득세 감면은 3년간 연장하여 지속 지원하되, **재산세 감면에 대해서는 일몰 종료**

사례▶ 복합물류터미널 사업용 부동산 해당 여부

• 복합물류터미널사업 등록 조건으로 「물류시설의 개발 및 운영에 관한 법률」에서 정한 등록기준 및 물류터미널의 구조 및 설비를 유지하도록 하고 있고, 변경등록을 하지 아니하고 등록사항을 변경하거나, 등록기준에 맞지 아니하게 된 때에 등록을 취소하거나 사업의 정지를 명할 수 있도록 규정하고 있으므로 공실부분이 등록조건에 적합하고 사업의 휴업·폐업 등을 한 경우가 아니라면 그 사업 또는 업무의 목적이나 용도에 맞게 직접 사용하는 것으로 보는 것이 타당함(행정안전부 지방세특례제도과-1568, 2015.6.12.).

• 물류단지시설이라 함은 화물의 운송·집하·하역·분류·포장·가공·조립·통관·보관·판매·정보처리 등을 위하여 설치되는 시설로서 물류터미널, 창고 및 이에 딸린 시설을 말하는 것인 바, 불특정 다수인이 이용하는 쟁점주유소는 물류단지시설 내지는 화물터미널에 딸린 시설로 보기는 어려워 보이므로 쟁점주유소에 대하여 기 과세면제한 취득세 등을 추징한 것은 달리 잘못이 없음(조세심판원 2013지0409, 2013.9.16.).

• 주유소는 물류단지시설과 관련성이 있기는 하지만, 그 자체로서는 물류기능을 가지고 있지 아니하므로, 주유소가 물류단지 내에 위치한다는 사정만으로 바로 물류단지시설에 딸려 있는 시설 내지 유통시설에 부대되는 시설이라고 보기는 부족하

고 물류단지시설과 그 구조, 물류터미널 내에서의 위치 및 접근가능성, 일반 도로에서의 접근가능성 및 독자적인 영업가능성 등 구조적·지리적으로 결합 또는 접속되어 기능적으로 밀접한 관계에 있다는 사정이 인정되어야 비로소 물류단지시설에 딸린 시설로서 물류단지시설에 해당하게 된다고 할 것이므로 이 사건 물류터미널과 구조적·지리적으로 결합 또는 접속되어 있어 밀접한 관계에 있다거나, 기능적 보조관계에 있다고 보기는 어려워 물류터미널의 부대시설로 볼 수 없음(대법원 2015두40514, 2015.7.9. 판결).

 ## 최근 쟁점

> **사례** 물류사업용 부동산을 제3자에게 임차하여 물류사업용으로 사용할 경우 추징 여부

- 임대차는 당사자 일방이 상대방에게 목적물을 사용, 수익하게 할 것을 약정하고 상대방이 이에 대하여 차임을 지급할 것을 약정함으로써 그 효력이 생기고, 보통 그 대항력을 확보하기 위하여 일정한 요건에 따라 임차권등기나 사업자등록절차를 거치도록 하고 있는데, 이 사건 계약의 경우 원고가 ○○을 위하여 ○○의 물품을 보관하고 그에 대하여 필요한 관리업무를 하여 주는 것을 주된 내용으로 삼고 있고, 월간 화물보관 및 작업료가 일정한 금액으로 정하여져 있지 않고 매월 정산될 것으로 예정되어 있으며, 필요할 경우 원고가 일방적으로 ○○에게 공적기관의 지시사항을 이행하도록 명령할 수 있는 권한을 부여하고 있고, 원고가 ○○에게 임차권등기나 사업자등록을 할 수 있도록 협력하는 대신에 화물보관 및 작업료의 6개월분에 해당하는 계약이행보증금 7억 5,500만 원을 채권최고액으로 하는 근저당권을 설정하여 주는 등과 같이 이 사건 계약에는 통상적인 임대차계약 관계와는 구별되는 요소가 상당수 포함되어 있는 점, 통상의 임대차관계에 이어서 임대인의 임차인에 대한 의무는 특별한 사정이 없는 한 단순히 임차인에게 임대목적물을 제공하여 임차인으로 하여금 이를 사용·수익하게 함에 그치는 것이고 더 나아가 임차인의 안전을 배려하여 주거나 도난을 방지하는 등의 보호의무까지 부담한다고 볼 수 없는 데도 원고가 이 사건 토지 및 건물의 유지·보수를 넘어서 ○○측의 안전을 배려하여 주기위한 소방안전, 전기안전, 경비용역 등과 같은 업무도 약정에 따라 수행하여 온 점 등에 비추어 봤을 때 물류시설운영업(창고업) 자체에 직접 사용한 것으로 봄이 상당함(대법원 2018두46643, 2018.10.4. 판결).
- 청구법인은 2014.7.11. 등에 이 건 건축물을 신축하여 취득한 점, 청구법인과 이 건 임차회사가 2014.6.18. 체결한 '화물 보관 및 작업계약'의 내용을 보면 그 계약의 명칭 등에 관계 없이 청구법인은 이 건 부동산을 이 건 임차회사에게 사실상 임대한 것으로 보이는 점, 부동산을 임대한 경우 그 임차인이 해당 용도로 사용한다 하더라도 「지방세특례제한법」 제2조 제1항 제8호에서 규정한 '직접 사용'에 해당하지

않는 점, 물류사업용 부동산에 대한 취득세 등의 감면은 지방세특례제한법령에 따라야 하므로 다른 법령의 내용을 그대로 적용할 수는 없는 점 등에 비추어 청구법인은 이 건 부동산을 물류 사업용으로 직접사용한 기간이 2년 미만인 상태에서 다른 용도(임대)로 사용한 것으로 보이므로 처분청이 청구법인에게 이 건 취득세 등을 부과한 처분은 달리 잘못이 없다고 판단됨(조심 2016지1248, 2018.3.2.).

• 청구법인이 물류사업에 직접 사용하였다고 볼만한 사정이 나타나지 아니한 상태에서 이를 제3자에게 임대한 이상, 청구법인이 이를 조성하였다는 사실만으로 물류사업을 하려는 자에 해당된다고 볼 수 없으므로 처분청이 이 건 취득세 등을 추징한 처분은 잘못이 없다고 판단됨(조세심판원 2017지0255, 2017.6.15.).

사례 감면율 축소후 일반적경과초지 규정적용

「지방세특례제한법」이 개정되지 이전에 일련의 취득 원인행위를 지체없이 시행하였으므로 감면시한 내에 건축을 완료하면 취득세를 면제받을 수 있다고 기대할 만한 사정이 있었다고 보이므로, 이러한 신뢰를 보호하기 위하여 「지방세특례제한법」 부칙 제14조의 규정에 따라 종전의 감면규정을 적용하는 것이 타당함(조심 2018지3500, 2019.5.9.).

① 관계법령

「**지방세특례제한법**」 제79조(법인의 지방 이전에 대한 감면) ① 대통령령으로 정하는 대도시(이하 이 절에서 "대도시"라 한다)에 본점 또는 주사무소를 설치하여 사업을 직접 하는 법인이 해당 본점 또는 주사무소를 매각하거나 임차를 종료하고 과밀억제권역 외의 지역으로 본점 또는 주사무소를 이전하는 경우에 해당 사업을 직접 하기 위하여 취득하는 부동산에 대해서는 취득세를 2024년 12월 31일까지 면제하고, 재산세의 경우 그 부동산에 대한 재산세의 납세의무가 최초로 성립하는 날부터 5년간 면제하며 그 다음 3년간 재산세의 100분의 50을 경감한다. 다만, 다음 각 호의 어느 하나에 해당하는 경우에는 감면한 취득세 및 재산세를 추징한다.
1. 법인을 이전하여 5년 이내에 법인이 해산된 경우(합병·분할 또는 분할합병으로 인한 경우는 제외한다)와 법인을 이전하여 과세감면을 받고 있는 기간에 과밀억제권역에서 이전 전에 생산하던 제품을 생산하는 법인을 다시 설치한 경우
2. 해당 사업에 직접 사용한 기간이 2년 미만인 상태에서 매각·증여하거나 다른 용도로 사용하는 경우
② 대도시에 등기되어 있는 법인이 과밀억제권역 외의 지역으로 본점 또는 주사무소를 이전하는 경우에 그 이전에 따른 법인등기 및 부동산등기에 대해서는 2024년 12월 31일까지 등록면허세를 면제한다.
③ 제1항 및 제2항에 따른 과밀억제권역 외의 지역으로 이전하는 본점 또는 주사무소의 범위와 감면 등의 적용기준은 행정안전부령으로 정한다.

「**지방세특례제한법 시행규칙**」 제7조(과밀억제권역 외의 지역으로 이전하는 본점 또는 주사무소에 대한 감면 등의 적용기준) ① 법 제79조 제1항 각 호 외의 부분 본문에 따라 과밀억제권역 외의 지역으로 본점 또는 주사무소를 이전(移轉)하여 해당 사업을 직접 하기 위하여 취득하는 부동산의 범위는 법인의 본점 또는 주사무소로 사용하는 부동산과 그 부대시설용 부동산으로서 다음 각 호의 요건을 모두 갖춘 것으로 한다.
1. 과밀억제권역 외의 지역으로 이전하기 위하여 취득한 본점 또는 주사무소용 부동산으로서 사업을 시작하기 이전에 취득한 것일 것
2. 대도시(영 제39조에 따른 대도시를 말한다. 이하 같다) 내의 본점 또는 주사무소를 과밀억제권역 외의 지역으로 이전하기 위하여 사업을 중단한 날까지 6개월(임차한 경우에는 2년을 말한다) 이상 사업을 한 실적이 있을 것
3. 과밀억제권역 외의 지역에서 그 사업을 시작한 날부터 6개월 이내에 대도시 내에 있는 종전의 본점 또는 주사무소를 폐쇄할 것

4. 과밀억제권역 외의 지역에서 본점 또는 주사무소용 부동산을 취득한 날부터 6개월 이 내에 건축공사를 시작하거나 직접 그 용도에 사용할 것. 다만, 정당한 사유가 있는 경 우에는 6개월 이내에 건축공사를 시작하지 않거나 직접 그 용도에 사용하지 않을 수 있다.

② 제1항에 따른 감면대상이 되는 본점 또는 주사무소용 부동산 가액의 합계액이 이전하 기 전의 본점 또는 주사무소용 부동산 가액의 합계액을 초과하는 경우 그 초과액에 대해 서는 취득세를 과세한다. 이 경우 그 초과액의 산정방법과 적용기준은 다음 각 호와 같다.

1. 이전한 본점 또는 주사무소용 부동산의 가액과 이전하기 전의 본점 또는 주사무소용 부동산의 가액이 각각 「지방세법」 제10조 제5항에 따른 사실상의 취득가격 및 연부금 액으로 증명되는 경우에는 그 차액

2. 제1호 외의 경우에는 이전한 본점 또는 주사무소용 부동산의 시가표준액(「지방세법」 제4조에 따른 시가표준액을 말한다. 이하 같다)과 이전하기 전의 본점 또는 주사무 소용 부동산의 시가표준액의 차액

■ 과밀억제권역에 본점 또는 주사무소를 설치하여 사업을 직접 하는 법인이 해당 본점 또 는 주사무소를 매각하거나 임차를 종료하고 대통령령으로 정하는 대도시(이하 이 절에 서 "대도시"라 한다) 외의 지역으로 본점 또는 주사무소를 이전하는 경우에 해당 사업을 직접 하기 위하여 취득하는 부동산에 대해서는 취득세를 2024년 12월 31일까지 면제하 고, 재산세의 경우 그 부동산에 대한 재산세의 납세의무가 최초로 성립하는 날부터 5년 간 면제하며 그 다음 3년간 재산세의 100분의 50을 경감한다(법 §79 ① Ⅰ·Ⅱ).

다만, 다음 각 호의 어느 하나에 해당하는 경우에는 감면한 취득세 및 재산세를 추징한다.

1. 법인을 이전하여 5년 이내에 법인이 해산된 경우(합병·분할 또는 분할합병으로 인 한 경우는 제외한다)와 법인을 이전하여 과세감면을 받고 있는 기간에 과밀억제권역 에서 이전 전에 생산하던 제품을 생산하는 법인을 다시 설치한 경우

2. 해당 사업에 직접 사용한 기간이 2년 미만인 상태에서 매각·증여하거나 다른 용도로 사용하는 경우

이 규정에서 "대통령령으로 정하는 대도시"란 「수도권정비계획법」 제6조의 규정에 의 한 과밀억제권역(「산업집적활성화 및 공장설립에 관한 법률」의 적용을 받는 산업단지를 제외한다)을 말한다(영 §39).

■ 대도시에 등기되어 있는 법인이 대도시 외의 지역으로 본점 또는 주사무소를 이전하는 경우에 그 이전에 따른 법인등기 및 부동산등기에 대해서는 2024년 12월 31일까지 등록 면허세를 면제한다(법 §79 ②).

■ 제1항 및 제2항에 따른 대도시 외의 지역으로 이전하는 본점 또는 주사무소의 범위와 감면 등의 적용기준은 행정안전부령으로 정한다(법 §79 ③, 규칙 §7 ①·②).

② 세목별 감면대상

가. 과밀억제권역 외로 본점 등의 이전에 따른 면제

■ 수도권정비계획법 제6조에 따른 과밀억제권역에 본점 또는 주사무소를 설치하여 사업을 직접 하는 법인이 해당 본점 또는 주사무소를 매각하거나 임차를 종료하고 대도시 외의 지역으로 본점 또는 주사무소를 이전하는 경우에 해당 사업을 직접 하기 위하여 취득하는 부동산에 대하여는 2024년 12월 31일까지 취득세를 면제하고, 재산세의 경우 그 부동산에 대한 재산세의 납세의무가 최초로 성립하는 날부터 5년간 면제하며 그 다음 3년간 재산세의 100분의 50을 경감한다. 다만, 법인을 이전하여 5년 이내에 법인이 해산된 경우(합병·분할 또는 분할합병으로 인한 경우는 제외한다)와 법인을 이전하여 과세감면을 받고 있는 기간에 과밀억제권역에서 이전 전에 생산하던 제품을 생산하는 법인을 다시 설치한 경우와 해당 사업에 직접사용한 기간이 2년 미만이 상태에서 매각·증여하거나 다른 용도로 사용하는 경우에는 감면된 취득세 및 재산세를 추징한다.

■ 수도권정비계획법에서는 인구와 산업의 수도권 집중의 효율적인 억제와 수도권 안의 지역간 불균형의 해소를 위하여 수도권의 권역을 정비하고 과도한 인구 등의 집중을 억제하기 위하여 과밀억제권역, 성장관리권역, 자연보전권역의 3개의 권역으로 구분하고 이 권역 중 과밀억제권역에 위치한 법인의 본점 또는 주사무소를 과밀억제권역 외의 지역으로 이전할 경우에 취득하는 부동산에 대하여는 취득세를 면제하고, 재산세는 그 취득한 부동산에 대한 재산세의 납세의무가 성립하는 날부터 5년간 면제하며, 그 다음 3년간은 50%를 경감하다는 것이다.

- 여기에서 법인의 주소지는 민법상은 "그 주된 사무소의 소재지"가 되는 것이나 법인세법 제1조 제1항에서는 '내국법인'이라 함은 본점 또는 주사무소를 국내에 둔 법인을 말한다고 규정하고 "본점"이라 함은 영리법인의 사업장의 본거지를 말하고 '주사무소'라 함은 비영리법인의 사업장의 본거지를 말한다고 해석하고 있다.

- 그리고 이 규정에서 대도시 외의 지역으로 이전할 경우 면제되는 대도시라 함은 수도권정비계획법 제6조의 규정에 의한 과밀억제권역을 말한다. 다만, 이러한 대도시지역 내에 있는 산업집적활성화 및 공장설립에 관한 법률의 적용을 받는 산업단지는 대도시에서 제외한다.

- 이 단서 규정에서는 대도시의 범위에서 제외하는 지역이 산업단지에 국한하고 있고, 「지방세법」 제13조 제1항의 중과세대상지역으로서의 대도시의 범위에는 산업단지뿐 아니라 유치지역과 국토의 계획 및 이용에 관한 법률의 적용을 받는 공업지역도 제외 토록 하는 등 그 범위에 차이가 있는 이유는 제1장의 면제규정에서는 법인의 본점이 나 공장 등을 수도권 밖으로 이전하는 때에 지방세를 경감하기 위한 것이므로 이 면 제규정에서 대도시의 범위를 유치지역과 공업지역까지 확대하여 제외하게 되면 결국 대도시 내에 있는 본점 등을 수도권 내에 있는 유치지역이나 공업지역으로 이전하는 본점 또는 공장에 대해서도 면제혜택을 주어야 하는 모순이 발생하기 때문에 중과세 할 때와 면제할 때의 대도시 범위가 다르게 규정된 점에 유의하여야 한다.

나. 대도시 외로 이전시의 법인 등기 및 부동산 등기

■ 대도시에 등기되어 있는 법인이 대도시 외의 지역으로 본점 또는 주사무소를 이전하는 경우에 그 이전에 따른 법인등기 및 부동산등기에 대해서는 2024년 12월 31일까지 등록 면허세를 면제한다.
  - 대도시 안의 법인이 대도시 외로 본점 또는 주사무소를 이전하는 경우의 법인등기에 대한 등록면허세는 물론 법인의 이전에 따른 부등산등기에 대하여도 등록면허세가 면제되는데, 이 경우 "이전에 따른 부동산등기"는 법인주소지가 이전함에 따라 불가 피하게 소요되는 사무실·점포 등의 건축물과 그 부속토지 및 이에 따른 부대시설 등에 국한하고 자동차 등은 면제되지 않는다.

③ 면제대상 본점 등의 범위와 적용기준

(1) 면제범위 등(규칙 §7 ①)

■ 법 제79조 제1항 본문에 따라 대도시(산업단지를 제외한 과밀억제권역) 외의 지역으로 본점 또는 주사무소를 이전하여 해당 사업을 직접 하기 위하여 취득하는 부동산의 범위 는 본점 또는 주사무소로 사용하는 부동산과 그 부대시설용 부동산으로서 다음의 요건 을 모두 갖춘 것으로 한다.

① 대도시 외의 지역으로 이전하기 위하여 취득한 본점 또는 주사무소용 부동산으로서 사업을 시작하기 이전에 취득한 것이어야 하고,
② 과밀억제권역 내의 본점 또는 주사무소를 대도시 외의 지역으로 이전하기 위하여 사업 을 중단한 날까지 6개월(임차한 경우에는 2년) 이상 사업을 한 실적이 있어야 하며,

③ 대도시 외의 지역에서 그 사업을 시작한 날부터 6개월 이내에 과밀억제권역 내에 있는 종전의 본점 또는 주사무소를 폐쇄하여야 하고,

④ 대도시 외의 지역에서 본점 또는 주사무소용 부동산을 취득한 날부터 6개월 이내에 건축공사를 시작하거나 직접 그 용도에 사용하여야 한다. 다만, 정당한 사유가 있는 경우에는 6개월 이내에 건축공사를 시작하지 아니하거나 직접 그 용도에 사용하지 아니할 수 있다.

- 이 규정에서 유의해야 할 점은 본점 또는 주사무소의 이전에 한하여 적용하여야 하므로 지점이나 분사무소의 이전은 면제대상이 되지 않는다는 점이다.

(2) 적용기준 등(규칙 §7 ②)

■ 대도시 외의 지역으로 본점 또는 주사무소를 이전함에 따른 감면대상 중 감면대상이 되는 본점 또는 주사무소용 부동산의 가액의 합계액이 이전하기 전의 본점 또는 주사무소용 부동산 가액의 합계액을 초과하는 경우 그 초과액에 대해서는 취득세를 과세한다. 이 경우 초과액의 산정방법과 적용기준은 다음과 같다.

① 이전한 본점 또는 주사무소용 부동산의 가액과 이전하기 전의 본점 또는 주사무소용 부동산의 가액이 각각 「지방세법」 제10조 제5항에 따른 사실상의 취득가격 및 연부금액으로 증명되는 경우에는 그 차액이 과세대상이 되고,

② '①' 외의 경우에는 이전한 본점 또는 주사무소용 부동산의 시가표준액과 이전하기 전의 본점 또는 주사무소용 부동산의 시가표준액의 차액이 과세대상이 된다.

사례 법인의 지방이전 감면대상 해당 여부

- 청구법인은 종전사업장을 이미 지방으로 이전한 상태에서 추가로 쟁점건물을 취득한 것으로 보이므로 쟁점건물은 취득세 감면대상인 대도시 외의 지역으로 이전하는 공장에 해당한다고 보기 어려움(조세심판원 2017지0458, 2017.9.8.).
- 이전 전 공장은 대도시에 소재한 공장이 아니라 「산업집적활성화 및 공장설립에 관한 법률」의 적용을 받는 산업단지내 소재하고 있던 공장으로서 대도시외 지역으로 이전을 하기 위하여 이전 후 공장을 취득하였다 하더라도 지방이전에 따른 감면대상에 해당되지 않는 것임(조세심판원 2010지0421, 2010.11.17.).
- 청구법인의 경우 이 사건 심판청구일 현재 과밀억제권역내 기존 임차물을 대표인 사실·기획관리본부·영업지원본부 등으로 계속하여 사용하고 있는 점, 청구법인 또한 이 사건 건축물은 창고용도로 허가를 받음에 따라 많은 직원을 수용할 수 있는 사무실을 설치할 수 없기 때문에 과밀억제권역에 영업장 및 사무소가 존재

할 수밖에 없다고 인정하고 있는 점으로 볼 때 기존 본점의 임차를 종료하지 아니하였을 뿐 아니라 이 사건 건축물에서 사업을 개시한 2008.12.26.부터 6월 이내에 기존 본점을 폐쇄한 경우에 해당되지 아니하고, 법인등기부상 본점 소재지를 대도시 외 지역으로 이전하였으나 실제로는 물류본부만 이전한 형식적인 이전이므로 지방세 감면대상에 해당되지 않음(조세심판원 2009지0789, 2010.5.6.).

- 법인이 대도시 외 지역으로 이전 감면요건을 충족한 경우, 종전 본점용 부동산에 부속되어 실질적으로 본점의 일부 시설로 사용되었던 "물품보관 창고"는 본점의 부대시설로서 이전(移轉) 전 본점용 부동산의 가액에 포함하는 것이 입법 취지 및 현황 등에 비추어 타당하며, 기존 건축물 취득 후 6개월 이내에 본점용 부동산으로 사용하기 위하여 사업을 개시하기 전 "대수선" 공사를 시행한 해당 법인은 감면요건을 충족함(지방세특례제도과-638, 2022.3.25.).

사례 본점을 지방이전하는 경우 본점의 부대시설용 부동산이 포함되는지 여부

본점 이전(移轉)하여 취득하는 부동산에는 사무실 용도 외에 본점을 지원하기 위해 동일한 구내에 설치되는 복리후생시설도 부대시설로서 본점 등에 포함된다고 할 것이나, 공장 또는 제조시설을 지원하기 위해 공장 경계구역 안에 설치되는 종업원의 후생복지시설 등 별도의 감면규정(법 제80조)을 두고 있는 각종 부대시설은 법인의 지방 이전에 대한 감면(법 제79조)의 적용대상에서 제외(시행규칙 제8조)됨(지방세특례제도과-2270, 2022.10.7.).

3 **공장의 지방이전에 따른 감면**

① 관계법령

「**지방세특례제한법**」 제80조(공장의 지방 이전에 따른 감면) ① 대도시에서 공장시설을 갖추고 사업을 직접 하는 자가 그 공장을 폐쇄하고 과밀억제권역 외의 지역으로서 공장 설치가 금지되거나 제한되지 아니한 지역으로 이전한 후 해당 사업을 계속하기 위하여 취득하는 부동산에 대해서는 취득세를 2024년 12월 31일까지 면제하고, 재산세의 경우 그 부동산에 대한 납세의무가 최초로 성립하는 날부터 5년간 면제하고 그 다음 3년간 재산세의 100분의 50을 경감한다. 다만, 다음 각 호의 어느 하나에 해당하는 경우에는 감면한 취득세 및 재산세를 추징한다.

1. 공장을 이전하여 지방세를 감면받고 있는 기간에 대도시에서 이전 전에 생산하던 제품을 생산하는 공장을 다시 설치한 경우
2. 해당 사업에 직접 사용한 기간이 2년 미만인 상태에서 매각·증여하거나 다른 용도로 사용하는 경우

② 제1항에 따른 공장의 업종 및 그 규모, 감면 등의 적용기준은 행정안전부령으로 정한다.

「**지방세특례제한법 시행규칙**」 제8조(과밀억제권역 외의 지역으로 이전하는 공장의 범위와 적용기준) ① 법 제80조 제1항에 따른 공장의 범위는 「지방세법 시행규칙」 별표 2에서 규정하는 업종의 공장으로서 생산설비를 갖춘 건축물의 연면적(옥외에 기계장치 또는 저장시설이 있는 경우에는 그 시설물의 수평투영면적을 포함한다)이 200제곱미터 이상인 것을 말한다. 이 경우 건축물의 연면적에는 그 제조시설을 지원하기 위하여 공장 경계구역 안에 설치되는 종업원의 후생복지시설 등 각종 부대시설(수익사업용으로 사용되는 부분은 제외한다)을 포함한다.

② 법 제80조 제1항에 따라 감면 대상이 되는 공장용 부동산은 다음 각 호의 요건을 모두 갖춘 것이어야 한다.

1. 이전한 공장의 사업을 시작하기 이전에 취득한 부동산일 것
2. 공장시설(제조장 단위별로 독립된 시설을 말한다. 이하 같다)을 이전하기 위하여 대도시 내에 있는 공장의 조업을 중단한 날까지 6개월(임차한 공장의 경우에는 2년을 말한다) 이상 계속하여 조업한 실적이 있을 것. 이 경우 「물환경보전법」 또는 「대기환경보전법」에 따라 폐수배출시설 또는 대기오염물질배출시설 등의 개선명령·이전명령·조업정지나 그 밖의 처분을 받아 조업을 중단하였을 때의 그 조업 중지기간은 조업한 기간으로 본다.
3. 과밀억제권역 외에서 그 사업을 시작한 날부터 6개월(시운전 기간은 제외한다) 이내에 대도시 내에 있는 해당 공장시설을 완전히 철거하거나 폐쇄할 것

4. 토지를 취득하였을 때에는 그 취득일부터 6개월 이내에 공장용 건축물 공사를 시작하여야 하며, 건축물을 취득하거나 토지와 건축물을 동시에 취득하였을 때에는 그 취득일부터 6개월 이내에 사업을 시작할 것. 다만, 정당한 사유가 있을 때에는 6개월 이내에 공장용 건축물 공사를 시작하지 아니하거나 사업을 시작하지 아니할 수 있다.

③ 제2항에 따른 감면대상이 되는 공장용 부동산 가액의 합계액이 이전하기 전의 공장용 부동산 가액의 합계액을 초과하는 경우 그 초과액에 대해서는 취득세를 과세한다. 이 경우 초과액의 산정기준은 다음 각 호와 같다.

1. 이전한 공장용 부동산의 가액과 이전하기 전의 공장용 부동산의 가액이 각각 「지방세법」 제10조 제5항에 따른 사실상의 취득가격 및 연부금액으로 증명되는 경우에는 그 차액

2. 제1호 외의 경우에는 이전한 공장용 부동산의 시가표준액과 이전하기 전의 공장용 부동산의 시가표준액의 차액

④ 제3항에 따른 부동산의 초과액에 대하여 과세하는 경우에는 이전한 공장용 토지와 건축물 가액의 비율로 나누어 계산한 후 각각 과세한다.

⑤ 법 제80조 제1항에 따라 공장의 지방 이전에 따른 지방세 감면을 신청하려는 자는 제2조 제1항에도 불구하고 별지 제6호 서식에 다음 각 호의 서류를 첨부하여 시장·군수·구청장에게 제출해야 한다.

1. 이전하기 전의 공장 규모와 조업실적을 증명할 수 있는 서류

2. 이전하기 전의 공장용 토지의 지목이 둘 이상이거나 그 토지가 두 필지 이상인 경우 또는 건물이 여러 동일 경우에는 그 명세서

3. 이전한 공장용 토지의 지목이 둘 이상이거나 그 토지가 두 필지 이상인 경우 또는 건물이 여러 동일 경우에는 그 명세서

- 대도시에서 공장시설을 갖추고 사업을 직접 하는 자가 그 공장을 폐쇄하고 대도시 외의 지역으로서 공장 설치가 금지되거나 제한되지 아니한 지역으로 이전한 후 해당 사업을 계속하기 위하여 취득하는 부동산에 대해서는 취득세를 2024년 12월 31일까지 면제하고, 재산세의 경우 그 부동산에 대한 납세의무가 최초로 성립하는 날부터 5년간 면제하고 그 다음 3년간 재산세의 100분의 50을 경감한다(법 §80 ① Ⅰ·Ⅱ).

  - 다만, 다음 각 호의 어느 하나에 해당하는 경우에는 감면한 취득세 및 재산세를 추징한다.

    1. 공장을 이전하여 지방세를 감면받고 있는 기간에 대도시에서 이전 전에 생산하던 제품을 생산하는 공장을 다시 설치한 경우

    2. 해당 사업에 직접 사용한 기간이 2년 미만인 상태에서 매각·증여하거나 다른 용도로 사용하는 경우

- 제1항에 따른 공장의 업종 및 그 규모, 감면 등의 적용기준은 행정안전부령으로 정한다 (법 §80 ②, 규칙 §8 ①~④).

- 대도시(수도권정비계획법 제6조의 규정에 의한 과밀억제권역)에서 공장시설을 갖추고 사업을 직접 하는 자가 그 공장을 폐쇄하고 대도시 외의 지역으로 공장 설치가 금지되거나 제한되지 아니한 지역으로 이전한 후 해당 사업을 계속하기 위하여 취득하는 부동산에 대하여는 2024년 12월 31일까지 취득세를 면제하고, 재산세의 경우 그 부동산에 대한 납세의무가 최초로 성립하는 날부터 5년간 면제하고 그 다음 3년간 재산세의 100분의 50을 경감한다. 다만, 공장을 이전하여 지방세를 과세감면을 받고 있는 기간에 대도시에서 이전 전에 생산하던 제품을 생산하는 공장을 다시 설치한 경우와 해당 사업에 직접 사용한 기간이 2년 미만인 상태에서 매각·증여하거나 다른 용도로 사용하는 경우에는 감면한 취득세 및 재산세를 추징한다.
- 이 경우 공장의 범위는 「지방세법 시행규칙」 별표 2에서 규정하는 업종의 공장으로서 생산설비를 갖춘 건축물의 연면적(옥외에 기계장치 또는 저장시설이 있는 경우에는 그 시설물의 수평투영면적을 포함한다)이 200제곱미터 이상인 것을 말한다. 이 경우 건축물의 연면적에는 그 제조시설을 지원하기 위하여 공장 경계구역 안에 설치되는 종업원의 후생복지시설 등 각종 부대시설(수익사업용으로 사용되는 부분은 제외한다)을 포함한다.

② 대도시 외로 이전하는 공장의 면제요건

공장용 건축물의 부속토지로서 취득세·재산세가 감면되는 공장의 범위는 「지방세법 시행규칙」 별표 2에서 규정하는 업종의 공장으로서 생산설비를 갖춘 건축물의 연면적(옥외에 기계장치 또는 저장시설이 있는 경우에는 그 시설물의 수평투영면적을 포함한다)이 200㎡ 이상인 것을 말하는데 이 경우 건축물의 연면적에는 그 제조시설을 지원하기 위하여 공장 경계구역 안에 설치되는 종업원의 후생복지시설 등 각종 부대시설(수익사업용으로 사용되는 부분은 제외한다)을 포함한다(규칙 §8 ①).

- 그런데 이 규정에 의하여 감면 대상이 되는 공장용 부동산에 해당되기 위하여는 다음의 요건을 모두 갖춘 것이어야 한다(규칙 §8 ②).
  ① 이전할 공장의 사업을 시작하기 이전에 취득한 부동산이어야 하고,
  ② 대도시 내의 이전의 대상이 되는 공장시설(제조장 단위별로 독립된 시설을 말한다)을 이전하기 위하여 대도시 내에 있는 공장의 조업을 중단한 날까지 6개월(임차한 공장의 경우는 2년) 이상 계속하여 조업한 실적이 있어야 한다. 이 경우 수질 및 수생태계 보전에 관한 법률 또는 대기환경보전법에 따라 폐수 배

출시설 또는 대기오염물질배출시설 등의 개선명령, 이전명령·조업정지나 그 밖의 처분을 받아 조업을 중단하였을 때의 그 조업 중지기간은 이를 조업한 기간으로 본다.

③ 대도시 외에서 그 사업을 개시한 날부터 6개월(시운전 기간을 제외한다) 이내에 대도시 내에 있는 해당 공장시설을 완전히 철거하거나 폐쇄하여야 한다.

④ 토지를 취득하였을 때에는 그 취득일부터 6개월 이내에 공장용 건축물 공사를 시작하여야 하며, 건축물을 취득하거나 토지와 건축물을 동시에 취득하였을 때에는 그 취득일부터 6개월 이내에 사업을 시작하여야 한다. 다만, 정당한 사유가 있을 때에는 6개월 이내에 공장용 건축물 공사를 시작하지 아니하거나 사업을 시작하지 아니할 수 있다.

❸ 면제대상 물건가액의 비교(규칙 §8 ③·④)

위와 같은 감면대상이 되는 공장용 부동산 가액의 합계액이 이전하기 전의 공장용 부동산 가액의 합계액을 초과하는 경우 그 초과액에 대해서는 취득세를 과세하는데 이 경우 초과액의 산정기준은 다음 각 호와 같다. 그리고 이 규정에 의한 부동산의 초과액에 대하여 과세하는 경우에는 이전 전 공장용 토지와 건축물 가액의 비율로 나누어 계산한 후 각각 과세한다.

① 이전한 공장용 부동산의 가액과 이전하기 전의 공장용 부동산 가액이 각각 「지방세법」 제10조 제5항에 따른 사실상의 취득가격 및 연부금액으로 증명되는 경우에는 그 차액

② 「지방세법」 제10조 제5항에 따른 사실상의 가액이 증명되지 아니할 경우에는 이전한 공장용 부동산의 시가표준액과 이전하기 전의 공장용 부동산의 시가표준액의 차액

❹ 감면신청

이 규정에 따라 공장의 지방 이전에 따른 지방세 감면을 신청하려는 자는 다음 각 호의 서류를 첨부하여 시장·군수에게 제출하여야 한다(규칙 §9 ② Ⅰ~Ⅲ).

① 이전하기 전의 공장 규모와 조업실적을 증명할 수 있는 서류

② 이전하기 전의 공장용 토지의 지목이 둘 이상이거나 그 토지가 두 필지 이상인 경

우 또는 건물이 여러 동일 경우에는 그 명세서
③ 이전한 공장용 토지의 지목이 둘 이상이거나 그 토지가 두 필지 이상인 경우 또는 건물이 여러 동일 경우에는 그 명세서

⑤ 이전공장에 대한 지방세 감면 처리시 유의사항

① 공장이전이라 함은 제조장 단위별로 독립된 시설을 이전하는 경우를 말하며 대도시 내의 공장용 토지 및 건물을 임차하여 생산설비를 갖추고 공장을 경영하던 자가 그 생산설비를 대도시 외로 이전하는 경우까지를 포함하나 이 경우는 반드시 2년 이상 공장을 임차하여 운영한 실적이 있어야 한다.
② 면제대상이 되는 것은 부동산에 한하는 것이므로 공장이전을 위하여 취득한 차량이나 기계장비는 면제대상이 되지 아니한다.
③ 공장이전을 위해 취득한 부동산의 가액이 대도시 내에서 경영하던 공장용 부동산의 가액을 초과하는 경우는 그 초과부분에 대하여는 취득세를 과세한다.
④ 공장을 이전하여 지방세를 과세감면을 받고 있는 기간에 대도시에서 이전 전에 생산하던 제품을 생산하는 공장을 다시 설치한 경우와 해당 사업에 직접 사용한 기간이 2년 미만인 상태에서 매각·증여하거나 다른 용도로 사용하는 경우에는 감면한 취득세 및 재산세를 추징한다.

> **사례** 공장의 지방이전에 따른 감면대상 해당 여부

- 2010.3.31. 법률 제10220호로 제정된 지방세특례제한법은 같은 법률 부칙 제1조에서 그 시행시기를 2011.1.1.부터 시행한다고 규정하고 있으므로 2011.1.1. 이후 대도시 지역에서 대도시외 지역으로 공장을 이전하여 해당 사업을 계속하기 위하여 취득한 부동산으로서 취득세를 감면받은 경우에 재산세를 면제 또는 50% 경감할 수 있다고 할 것인 바, 2006.6.20. 및 2007.7.5. 취득한 쟁점부동산은 상기 규정에 따라 취득세를 면제받지 않았으므로 같은 규정에 따른 재산세 50% 경감대상에 해당하지 아니함(안전행정부 지방세운영과 - 3917, 2012.12.5.).
- 공장의 지방 이전에 따른 감면 적용시 감면대상 부동산의 범위는 공장의 설치가 금지되거나 제한되지 아니한 지역으로 감면대상을 한정하고 있으므로, 건설협약서(MOU)를 체결하여 지방자치단체의 지방이전기업유치에 대한 재정자금 지원금 등 국가보조금을 지원하였다 하더라도 별도 세제감면 규정이 없는 한 대도시안에서 공장을 영위하는 자가 대도시외의 지역으로 공장을 이전하면서 토지의 취득일로부터 6월이 경과한 후, 공장용 건축물을 착공한 경우 인·허가권자의 보완요구

등은 정당한 사유에 해당되지 않음(행정안전부 지방세운영과-5118, 2010.10.27.).

- 지방세법시행규칙 제115조 제2항 본문에서 법 제275조 제1항의 규정에 의하여 감면대상이 되는 공장용 부동산은 다음 각 호의 요건을 갖춘 것이어야 한다고 하면서, 그 제1호 내지 제4호에서 이전한 공장의 사업을 개시하기 이전에 취득한 부동산이어야 하고, 공장시설(제조장 단위별로 독립된 시설)을 이전하기 위하여 대도시 내에 있는 공장의 조업을 중단한날까지 6월(임차공장의 경우에는 2년)이상 계속하여 조업한 실적이 있어야 하며, 대도시외에서 그 사업을 개시한 날부터 6월(시운전기간을 제외)내에 대도시 내에 있는 당해 공장 시설을 완전히 철거하거나 폐쇄하여야 하고, 토지를 취득한 때에는 그 취득일로부터 6월 이내에 공장용 건축물을 착공하여야 하며, 건축물을 취득하거나 토지와 건축물을 동시에 취득한 때에는 그 취득일로부터 6월 내에 사업을 개시하여야 한다고 규정하고 있으므로 위 규정에 의하여 취득세와 등록세가 면제되는 부동산의 범위에 대항해 사업을 계속하기 위하여 공장시설을 이전하기 전에 취득한 부동산도 포함함(행정자치부 지방세정팀-1441, 2007.4.27.).

- 「지방세특례제한법」 제80조 제1항의 문언과 공장의 지방이전을 지원하겠다는 감면취지 등에 비추어 청구법인이 실제 공장으로 사용하다가 현재 공장으로 이전한 후에 폐쇄한 부분을 종전 공장으로 보아 감면의 범위를 산정해야 할 것임. 청구법인과 처분청 모두 청구법인이 종전 공장으로 실제 사용했던 부분의 시가표준액과 현재 공장의 시가표준액을 기준으로 경정청구를 했다는 데에 이견이 없으므로 경정청구를 거부한 처분은 잘못임(조심 2018지0380, 2018.10.30.).

- 토지의 경우 취득일로부터 6개월 이후에 착공하였으므로 감면대상에 해당하지 아니하고, 건물의 경우 취득일로부터 6개월 이내에 사업을 시작한 것으로 보이므로 감면대상에 해당하는 것으로 보이나, 이 건 부동산 가액이 기존공장의 가액을 초과하는지에 대한 재조사가 필요함(조세심판원 2017지0964, 2017.12.29.).

- 개인사업자인 청구인이 사업양수도를 통해 쟁점법인을 설립하여 이 건 부동산을 양도하였다 하더라도 개인과 법인은 별개의 권리주체인 점, 일반적으로 개인사업자가 사업양수도를 하여 법인을 설립하면 주식을 교부하게 됨에 따라 양자 간에는 대가 관계에 있는 점, 「지방세특례제한법」 제80조 제1항 제2호의 추징규정에서 개인사업자가 사업양수도를 통해 법인으로 전환하여 그 재산을 양도한 경우를 제외하거나 또는 추징하지 아니할 정당한 사유가 있다고 하지 아니한 점 등에 비추어 이 건 부동산을 쟁점법인에게 양도한 것은 해당 용도로 직접 사용한 기간이 2년 미만인 상태에서 매각한 것으로 보는 것이 타당함(조세심판원 2017지0687, 2017.8.28.).

- 대도시내 기존공장을 폐쇄하고 대도시외의 건축물을 임차하여 공장을 이전한 후 사업을 개시하여 공장을 신축하였을 경우 취득세 등이 면제되지 않음(조세심판원 2008지0568, 2009.4.17.).

- 이 사건을 살피건대, 김○○은 2007.1.17. 대도시 내에서 개인사업자로서 사업자등

록을 하고 사업을 영위하다가 2012.8.17. 대도시 외에 있는 이 사건 토지로 사업자 등록을 이전함으로써 구 지방세특례제한법 제80조 제1항에 의하여 그 이전에 따라 취득한 이 사건 토지 및 건물에 대한 취득세는 면제받았으나 2012.9.27. 원고를 설립한 후 2012.10.11. 위 개인사업을 폐업하였으니, 같은 날 원고가 김○○로부터 그의 영업 일체를 포괄양수하고 이 사건 토지 및 건물을 취득하였다고 하더라도, 개인 김○○과 법인인 원고는 별개의 독립된 법인격체이므로 김○○이 대도시에서 공장시설을 갖추고 광고물 제작, 가방 및 잡화 제조업 등의 사업을 한 것을 원고가 그 사업을 한 것으로 볼 수는 없다고 할 것임(대법 2015두51798, 2016.1.14.).

1 관계법령

> 「지방세특례제한법」 제81조(이전공공기관 등 지방이전에 대한 감면) ① 「혁신도시 조성 및 발전에 관한 특별법」에 따른 이전공공기관(이하 이 조에서 "이전공공기관"이라 한다)이 같은 법 제4조에 따라 국토교통부장관의 지방이전계획 승인을 받아 이전할 목적으로 취득하는 부동산에 대해서는 취득세의 100분의 50을 2025년 12월 31일까지 경감하고, 재산세의 경우 그 부동산에 대한 납세의무가 최초로 성립하는 날부터 5년간 재산세의 100분의 50을 경감한다
> ② 이전공공기관의 법인등기에 대해서는 2025년 12월 31일까지 등록면허세를 면제한다.
> ③ 제1호 각 목의 자가 해당 지역에 거주할 목적으로 주택을 취득함으로써 대통령령으로 정하는 1가구 1주택이 되는 경우에는 제2호 각 목에서 정하는 바에 따라 취득세를 2025년 12월 31일까지 감면한다.
> 1. 감면 대상자
>   가. 이전공공기관을 따라 이주하는 소속 임직원
>   나. 「신행정수도 후속대책을 위한 연기·공주지역 행정중심복합도시 건설을 위한 특별법」 제16조에 따른 이전계획에 따라 행정중심복합도시로 이전하는 중앙행정기관 및 그 소속기관(이전계획에 포함되어 있지 않은 중앙행정기관의 소속기관으로서 행정중심복합도시로 이전하는 소속기관을 포함하며, 이하 이 조에서 "중앙행정기관등"이라 한다)을 따라 이주하는 공무원(1년 이상 근무한 기간제근로자로서 해당 소속기관이 이전하는 날까지 계약이 유지되는 종사자 및 「국가공무원법」 제26조의4에 따라 수습으로 근무하는 자를 포함한다. 이하 이 조에서 같다)
>   다. 행정중심복합도시건설청 소속 공무원(2019년 12월 31일 이전에 소속된 경우로 한정한다)
> 2. 감면 내용
>   가. 전용면적 85제곱미터 이하의 주택: 면제
>   나. 전용면적 85제곱미터 초과 102제곱미터 이하의 주택: 1천분의 750을 경감
>   다. 전용면적 102제곱미터 초과 135제곱미터 이하의 주택: 1천분의 625를 경감
> ④ 제3항에 따라 취득세를 감면받은 사람이 사망, 혼인, 정년퇴직 또는 파견근무로 인한 근무지역의 변동 등의 정당한 사유 없이 다음 각 호의 어느 하나에 해당하는 경우에는 감면된 취득세를 추징한다. 다만, 파견근무의 경우에는 제1호와 제3호(해당 주택을 매각·증여하는 경우로 한정한다)의 경우에만 감면된 취득세를 추징한다.
> 1. 이전공공기관 또는 중앙행정기관등의 이전일(이전공공기관의 경우에는 이전에 따른 등기일 또는 업무개시일 중 빠른 날을 말하며, 중앙행정기관등의 경우에는 업무개시일

을 말한다. 이하 이 조에서 같다) 전에 주택을 매각·증여한 경우

2. 주택을 취득한 날(이전일이 취득일보다 늦은 경우에는 해당 이전일을 말한다)부터 3 개월 이내에 상시거주(「주민등록법」에 따른 전입신고를 하고 계속하여 거주하는 것을 말한다. 이하 이 조에서 같다)를 시작하지 아니한 경우

3. 상시거주한 기간이 3년 미만인 상태에서 해당 주택을 매각·증여하거나 다른 용도(임대를 포함한다)로 사용하는 경우

⑤ 제3항 제1호에 따른 이전공공기관, 중앙행정기관등, 행정중심복합도시건설청 및 세종 청사관리소(이하 이 항에서 "감면대상기관"이라 한다)의 소속 임직원 또는 공무원(소속 기관의 장이 인정하여 주택특별공급을 받은 사람을 포함한다)으로서 해당 지역에 거주 할 목적으로 주택을 취득하기 위한 계약을 체결하였으나 취득 시에 인사발령으로 감면대 상기관 외의 기관에서 근무하게 되어 제3항에 따른 취득세 감면을 받지 못한 사람이 3년 이내의 근무기간을 종료하고 감면대상기관으로 복귀하였을 때에는 이미 납부한 세액에 서 제3항 제2호에 따른 감면을 적용하였을 경우의 납부세액을 뺀 금액을 환급한다.

⑥ 제5항에 따라 환급받은 사람이 제4항 각 호의 어느 하나에 해당하는 경우 환급받은 세액을 추징한다. 이 경우 제4항 제2호의 "주택을 취득한 날"은 "감면대상기관으로 복귀 한 날"로 본다.

「지방세특례제한법 시행령」 제40조(1가구 1주택의 범위) 법 제81조 제3항 각 호 외의 부분 에서 "대통령령으로 정하는 1가구 1주택"이란 취득일 현재 취득자와 같은 세대별 주민등 록표에 기재되어 있는 가족(동거인은 제외한다)으로 구성된 1가구(취득자의 배우자와 취득자의 미혼인 30세 미만의 직계비속은 각각 취득자와 같은 세대별 주민등록표에 기재 되어 있지 아니하더라도 같은 가구에 속한 것으로 본다)가 다음 각 호의 구분에 따른 지 역에서 해당 기관에 대한 「신행정수도 후속대책을 위한 연기·공주지역 행정중심복합도 시 건설을 위한 특별법」 제16조 제5항에 따른 이전계획의 고시일이나 「혁신도시 조성 및 발전에 관한 특별법」 제4조 제4항에 따른 지방이전계획의 승인일 또는 업무개시일(법 제 81조 제3항 제1호 다목의 경우에만 해당한다) 이후 1개의 주택을 최초로 취득하는 것을 말한다. 이 경우 주택의 부속토지만을 소유하는 경우에도 주택을 소유한 것으로 본다.

1. 법 제81조 제3항 제1호 가목의 감면대상자의 경우: 다음 각 목의 지역

가. 법 제81조 제1항에 따른 이전공공기관(이하 이 조에서 "이전공공기관"이라 한다) 이 「혁신도시 조성 및 발전에 관한 특별법」 제31조에 따른 공동혁신도시로 이전하 는 경우: 그 혁신도시를 공동으로 건설한 광역시·도 또는 특별자치도 내

나. 가목 외의 경우: 다음의 구분에 따른 지역

1) 2012년 6월 30일까지: 이전공공기관의 소재지 특별시·광역시·도·특별자치 도 또는 「신행정수도 후속대책을 위한 연기·공주지역 행정중심복합도시 건설 을 위한 특별법」 제2조 제1호에 따른 예정지역(이하 이 조에서 "예정지역"이 라 한다) 내

2) 2012년 7월 1일 이후: 이전공공기관의 소재지 특별시·광역시·특별자치시·

도 또는 특별자치도 내
　2. 법 제81조 제3항 제1호 나목 및 다목의 감면대상자의 경우: 다음 각 목의 구분에 따른
　　　지역
　　　가. 2012년 6월 30일까지: 법 제81조 제3항에 따른 중앙행정기관등(이하 이 조에서
　　　　　"중앙행정기관등"이라 한다)의 소재지 특별시·광역시·도·특별자치도 또는 예
　　　　　정지역 내
　　　나. 2012년 7월 1일 이후: 중앙행정기관등의 소재지 특별시·광역시·특별자치시 또
　　　　　는 특별자치도 내

■ 「공공기관 지방이전에 따른 혁신도시 건설 및 지원에 관한 특별법」 제2조 제2호에 따른
　이전공공기관(이하 이 조에서 "이전공공기관"이라 한다)이 같은 법 제4조에 따라 국토교
　통부장관의 지방이전계획 승인을 받아 이전할 목적으로 취득하는 부동산에 대해서는 취
　득세의 100분의 50을 2025년 12월 31일까지 경감하고, 재산세의 경우 그 부동산에 대한
　납세의무가 최초로 성립하는 날부터 5년간 재산세의 100분의 50을 경감한다(법 §81 ①).

■ 이전공공기관의 법인등기에 대해서는 2025년 12월 31일까지 등록면허세를 면제한다(법
　§81 ②).

■ 제1호 각 목의 자가 해당 지역에 거주할 목적으로 주택을 취득함으로써 대통령령으로
　정하는 1가구 1주택이 되는 경우에는 제2호 각 목에서 정하는 바에 따라 취득세를 2025
　년 12월 31일까지 감면한다(법 §81 ③ Ⅰ·Ⅱ).

　1. 감면 대상자
　　　가. 이전공공기관을 따라 이주하는 소속 임직원
　　　나. 「신행정수도 후속대책을 위한 연기·공주지역 행정중심복합도시 건설을 위한
　　　　　특별법」 제16조에 따른 이전계획에 따라 행정중심복합도시로 이전하는 중앙행
　　　　　정기관 및 그 소속기관(이전계획에 포함되어 있지 않은 중앙행정기관의 소속기
　　　　　관으로서 행정중심복합도시로 이전하는 소속기관을 포함하며, 이하 이 조에서
　　　　　"중앙행정기관등"이라 한다)을 따라 이주하는 공무원(1년 이상 근무한 기간제
　　　　　근로자로서 해당 소속기관이 이전하는 날까지 계약이 유지되는 종사자 및 「국가
　　　　　공무원법」 제26조의4에 따라 수습으로 근무하는 자를 포함한다. 이하 이 조에서
　　　　　같다)
　　　다. 행정중심복합도시건설청 소속 공무원(2019년 12월 31일 이전에 소속된 경우로
　　　　　한정한다)

2. 감면 내용

가. 전용면적 85제곱미터 이하의 주택: 면제

나. 전용면적 85제곱미터 초과 102제곱미터 이하의 주택: 1천분의 750을 경감

다. 전용면적 102제곱미터 초과 135제곱미터 이하의 주택: 1천분의 625를 경감

- 이 규정에서 "대통령령으로 정하는 1가구 1주택"이란 취득일 현재 취득자와 같은 세대별 주민등록표에 기재되어 있는 가족(동거인은 제외한다)으로 구성된 1가구(취득자의 배우자와 취득자의 미혼인 30세 미만의 직계비속은 각각 취득자와 같은 세대별 주민등록표에 기재되어 있지 아니하더라도 같은 가구에 속한 것으로 본다)가 다음 각 호의 구분에 따른 지역에서 해당 기관에 대한 「신행정수도 후속대책을 위한 연기·공주지역 행정중심복합도시 건설을 위한 특별법」 제16조 제5항에 따른 이전계획의 고시일이나 「혁신도시 조성 및 발전 관한 특별법」 제4조 제4항에 따른 지방이전계획의 승인일 또는 업무개시일(법 제81조 제3항 제1호 다목의 경우에만 해당한다) 이후 1개의 주택을 최초로 취득하는 것을 말한다. 이 경우 주택의 부속토지만을 소유하는 경우에도 주택을 소유한 것으로 본다(영 §40 Ⅰ·Ⅱ).

1. 법 제81조 제3항 제1호 가목의 감면대상자의 경우: 다음 각 목의 지역

   가. 법 제81조 제1항에 따른 이전공공기관(이하 이 조에서 "이전공공기관"이라 한다)이 「혁신도시 조성 및 발전 관한 특별법」 제31조에 따른 공동혁신도시로 이전하는 경우: 그 혁신도시를 공동으로 건설한 광역시·도 또는 특별자치도 내

   나. 가목 외의 경우: 다음의 구분에 따른 지역

      1) 2012년 6월 30일까지: 이전공공기관의 소재지 특별시·광역시·도·특별자치도 또는 「신행정수도 후속대책을 위한 연기·공주지역 행정중심복합도시 건설을 위한 특별법」 제2조 제1호에 따른 예정지역(이하 이조에서 "예정지역"이라 한다) 내

      2) 2012년 7월 1일 이후: 이전공공기관의 소재지 특별시·광역시·특별자치도·도 또는 특별자치도 내

2. 법 제81조 제3항 제1호 나목 및 다목의 감면대상자의 경우: 다음 각 목의 구분에 따른 지역

   가. 2012년 6월 30일까지: 법 제81조 제3항에 따른 중앙행정기관 등(이하 이 조에서 "중앙행정기관 등"이라 한다)의 소재지 특별시·광역시·도·특별자치도 또는 예정지역 내

   나. 2012년 7월 1일 이후: 중앙행정기관 등의 소재지 특별시·광역시·특별자치시 또는 특별자치도 내

- 제3항에 따라 취득세를 감면받은 사람이 사망, 혼인, 해외이주, 정년퇴직, 파견근무 또는 부처교류로 인한 근무지역의 변동 등의 정당한 사유 없이 다음 각 호의 어느 하나에 해당하는 경우에는 감면된 취득세를 추징한다

   1. 이전공공기관 또는 중앙행정기관 등의 이전일(이전공공기관의 경우에는 이전에 따른 등기일 또는 업무개시일 중 빠른 날을 말하며, 중앙행정기관 등의 경우에는 업무개시일을 말한다. 이하 이 조에서 같다) 전에 주택을 매각·증여한 경우

   2. 다음 각 목의 어느 하나에 해당하는 날부터 2년 이내에 주택을 매각·증여한 경우
      가. 해당 기관의 이전일(이전공공기관 또는 중앙행정기관등에 소속된 임직원 또는 공무원의 경우만 해당한다)
      나. 주택의 취득일

- 제3항 제1호에 따른 이전공공기관, 중앙행정기관 등, 행정중심복합도시건설청 및 세종청사관리소(이하 이 항에서 "감면대상기관"이라 한다)의 소속 임직원 또는 공무원(소속기관의 장이 인정하여 주택특별공급을 받은 사람을 포함한다)으로서 해당 지역에 거주할 목적으로 주택을 취득하기 위한 계약을 체결하였으나 취득 시에 인사발령으로 감면대상기관 외의 기관에서 근무하게 되어 제3항에 따른 취득세 감면을 받지 못한 사람이 3년 이내의 근무기간을 종료하고 감면대상기관으로 복귀하였을 때에는 이미 납부한 세액에서 제3항 제2호에 따른 감면을 적용하였을 경우의 납부세액을 뺀 금액을 환급한다(법 §81 ⑤).

② 공공기관의 지방이전에 따른 취득부동산 등

- 「혁신도시 조성 및 발전 관한 특별법」 제2조 제2호에 따른 이전공공기관이 같은 법 제4조에 따라 국토교통부장관의 지방이전계획 승인을 받아 이전할 목적으로 취득하는 부동산에 대해서는 취득세의 100분의 50을 2025년 12월 31일까지 경감한다.

   - 다만, 「지방세법」 제13조 제3항에 따른 중과세대상 부동산 등은 감면대상에서 제외하며, 부동산에 대한 면제를 적용할 때에는 취득일부터 1년 이내에 정당한 사유 없이 해당 용도로 사용하지 아니하는 경우 또는 그 사용일부터 2년 이상 해당 용도로 직접 사용하지 아니하고 매각·증여하거나 다른 용도로 사용하는 경우에는 해당 부분에 대하여는 면제된 취득세를 추징한다.

- 재산세의 경우 그 부동산에 대한 납세의무가 최초로 성립하는 날부터 5년간 재산세의 100분의 50을 경감한다.

   - 이 경우 "이전공공기관"이라 함은 수도권에서 수도권이 아닌 지역으로 이전하는 공

공기관을 말하고, 이전공공기관은 수도권에 있는 이전공공기관의 본사 또는 주사무소 및 그 기능의 수행을 위한 조직을 지방으로 이전하는 계획을 수립하여 소관 행정기관의 장에게 제출하여야 하고, 이때 소관행정기관의 장은 지방이전계획을 검토 조정하여, 국토교통부장관에게 승인을 신청하면 국토교통부장관은 국가균형발전위원회의 심의를 거쳐 승인하게 된다.

사례 ▶ 공공기관의 지방이전에 따른 취득부동산 등으로 보아 감면대상 해당 여부

- 「공공기관 지방이전에 따른 혁신도시 건설 및 지원에 관한 특별법」 제4조에서는 공공기관 이전에 따른 이전의 규모, 범위, 시기, 비용 등을 포함한 지방이전 계획을 수립하여 승인받도록 규정하고 있고, 같은 법 시행령 제3조에서는 이전공공 기관에 대한 사무소 부지매입비·신축비·임차비·이사비용 및 이주수당의 지급 등 이주직원에 대한 지원대책 등을 수립하여 승인받도록 규정하고 있어, 이전공공기관이 취득하는 부동산 중에서 감면이 되는 부동산은 국토교통부장관의 지방이전 계획 승인을 받은 부동산으로 한정해야 할 것으로, 이전공공기관이 이전대상 소속 임직원의 주거용으로 사용하기 위해 기관명의로 매입하는 주택이 감면대상인지 여부는 당해 기관이 공공기관 이전 계획을 수립하여 승인을 받은 경우라면 취득세 감면대상으로 볼 수 있다 할 것임(행정자치부 지방세특례제도과-1802, 2016.7.27.).
- 「지방세특례제한법」 제81조 제2항에서 이전공공기관의 법인등기에 대해서는 등록면허세를 면제하도록 규정하고 있으며, 세금의 부과는 납세의무 성립시에 유효한 법령의 규정에 의하여야 하고, '등기'라 함은 부동산의 특정, 권리내용의 명시, 물권변동의 사실과 내용을 등기부에 기재함으로써 거래관계에 대해서는 제3자에 대해 그 권리의 내용을 명백히 알도록 하여 거래의 안전을 보호하기 위한 제도이며, 이중 '법인등기'라 함은 설립등기, 변경등기, 분사무소 설치 등기, 사무소이전 및 해산등기 등을 지칭하는 것이라 할 것으로, '법인등기'에 관하여 지방세 관계법에서 위와 같은 일반적인 법리와는 다른 별도의 정의 규정을 두고 있지 아니한 이상, 회사의 자본을 늘리는 '자본증가 또는 출자증가'는 자본의 증자인 '변경등기' 사항으로서 이전공공기관의 '법인등기'에 해당한다 할 것이므로 등록면허세를 감면하는 것이 타당하다 할 것임(행정자치부 지방세특례제도과-2472, 2016.9.9.).
- 「공공기관 지방이전에 따른 혁신도시 건설 및 지원에 관한 특별법」 제4조 제1항 및 제4항에서는 이전공공기관의 장은 이전의 규모 및 범위에 관한 사항을 포함하는 지방이전계획을 수립하여야 하고, 그 계획 및 변경계획을 소관 행정기관의 장에게 제출하여야 하고, 소관 행정기관의 장은 제3항의 규정에 따라 제출된 지방이전계획을 검토·조정하여 국토교통부장관에게 제출하여야 하며, 국토교통부장관은 「국가균형발전 특별법」 제22조에 따른 지역발전위원회의 심의를 거쳐 승인하도록 규정하고 있으며, 세금의 부과는 납세의무의 성립시에 유효한 법령의 규정에

의하여야 하고, 취득세의 경우 과세물건을 취득하는 때 납세의무가 성립하므로 취득세는 과세물건을 취득하는 때의 법령을 적용하여야 할 것(원심 서울행정법원 2014 구합61699 2014.10.24. 판결, 대법원 2015두45694 2015.9.24. 판결)으로, 이전공공기관이 국토교통부장관의 승인을 받은 지방이전계획의 범위를 벗어나 부동산을 취득한 경우라면, 취득세 납세의무가 성립되는 취득일 현재에는 "지방이전계획 승인을 받아 이전할 목적으로 취득하는 부동산"에 해당되지 아니하므로 감면대상으로 볼 수 없다 할 것임(행정자치부 지방세특례제도과-308, 2016.2.15.).

- 취득세 납세의무는 취득세 과세물건을 취득하는 때에 성립하므로 취득 당시의 관련 법령에 따라 취득세 납세의무 성립여부 및 감면대상 해당 여부를 판단하는 것이 타당할 것으로, 이 건의 경우와 같이 취득 당시에는 중앙행정기관 이전 계획상 이전하는 중앙행정기관에 해당하였으나, 그 후 이전계획 변경으로 이전대상 기관에서 제외된 경우라면, 취득일 당시에 중앙행정기관 등의 이전계획에 따라 행정중심복합도시로 이전하는 공무원이 거주하고자 주거용 건축물과 그 부속토지를 취득한 경우에 해당하므로 면제 또는 경감대상에 해당한다 할 것이고, 취득일 이후에 중앙행정기관 등의 이전계획의 변경으로 행정중심복합도시로 이전하는 공무원에 해당하지 않게 된 경우라도 별도의 추징규정을 두고 있지 않은 이상 적법하게 감면된 취득세를 추징하는 것은 타당하지 않다고 판단됨(행정자치부 지방세특례제도과-1089, 2015.4.17.).

- 도세감면조례 제30조의3에서 공공기관 지방이전에 따른 「혁신도시건설 및 지원에 관한 특별법」 제2조 제2호의 규정에 따른 이전공공기관을 따라 이주하는 소속 직원이 공공기관 이전일(이전에 따른 법인등기일 또는 업무개시일)로부터 2년 이내 주택을 취득하여 1가구1주택이 되는 경우에는 취·등록세 63~100%를 감면한다고 규정하고 있음. 위 규정 공공기관 이전을 이전에 따른 법인등기일과 더불어 업무개시일로 별도로 규정하고 있음은 이전에 따른 법인등기일 보다 업무개시가 빠른 경우, 이를 사실상 이전일로 보겠다는 입법을 대상으로 수행하고 있으므로 (구)청사에서 수행하던 업무를 (신)청사에서 새로이 이전하여 개시한다는 사실을 전 국민이 쉽게 알 수 있도록 이전 공공기관은 개청식 행사를 통하여 전 국민에게 업무개시를 알리고 업무를 개시하고 있는 점에 비추어 볼때 이전 공공기관의 「개청식 행사일」 등을 고려하여 이전 공공기관의 업무가 본격적으로 개시하는 날을 위 감면규정상 「업무개시일」로 봄이 타당함(행정안전부 지방세운영과-3912, 2010.8.27.).

- 청구법인은 이 사건 토지가 국토교통부장관의 지방이전계획 승인을 받아 이전할 목적으로 취득한 것으로 취득세 면제대상이라고 주장하나, 청구법인은 이 사건 토지를 취득하기 전에 이미 본사를 이전함으로써 지방이전을 완료했다고 보이는 점, 청구법인의 규모 확장에 따라 이 사건 토지를 추가로 취득했다고 보이는 점 등에 비추어 청구주장을 받아들이기 어려움(조심 2018지0425, 2018.4.30.).

- 「지방세특례제한법」 제81조 제5항에서 규정한 "감면대상기관"이란 「공공기관 지방이전에 따른 혁신도시 건설 및 지원에 관한 특별법」 제2조 제2호에 따른 "이전공공기관"을 말하는 것으로 「공공기관 지방이전에 따른 혁신도시 건설 및 지원에 관한 특별법」 제2조 제2호에서 "이전공공기관"이라 함은 수도권에서 수도권이 아닌 지역으로 이전하는 공공기관이라고 규정하면서 같은 법 제4조 제1항 및 제2항에서 이전공공기관의 장은 이전기관의 본사 또는 주사무소 및 그 기능의 수행을 위한 조직을 지방으로 이전하는 것을 목적으로 수립하여야 한다고 규정하고 있으므로 「지방세특례제한법」 제81조 제5항에 따른 "감면대상기관"인 "이전공공기관"은 수도권에 소재하는 본사만을 의미하는 것이고, 그 외 지사 등은 "감면대상기관 외의 기관"에 해당하는 것으로 해석하는 것이 타당한바, 처분청이 이전공공기관의 지사를 '감면대상기관 외의 기관'으로 볼 수 없다는 이유로 이 건 경정청구를 거부한 처분은 잘못이 있다고 판단됨(조세심판원 2016지0530, 2016.10.19.).

- 세종특별자치시로 이전하는 행정기관 등을 따라 이주하는 공무원들인 원고들이 세종특별자치시에 있는 나대지 상태의 이 사건 토지를 취득한 후 그 지상에 이 사건 주택을 신축한 사안에서, 원고들이 주택을 신축하기 위한 용도로 이 사건 토지를 취득하였다고 하더라도, 그 취득 당시 위 토지는 나대지 상태로, 주거용으로 사용될 수 있는 상태에 있는 건축물의 부속토지를 취득한 경우라고 볼 수 없으므로, 그 취득에 관하여 이 사건 조항이 적용된다고 볼 수는 없고, 또한 원고들이 이후에 이 사건 주택을 신축하였다는 사정이 이미 성립한 원고들의 이 사건 토지에 관한 취득세 납세의무에 어떠한 영향을 미친다고 볼 수 없음(대법원 2018.6.15. 선고 2018두34428 판결).

- 분법 이전 등록세 면제규정의 '이전에 따른 법인등기'라는 수식어가 삭제되어 이전 후의 등기도 등록면허세 면제대상에 해당됨. 이전공공기관의 법인등기에 해당하는 이상 이 사건 조항에 의하여 그 사유를 불문하고 그 정한 기한까지 등록면허세가 면제된다고 해석함이 타당하다. 원심이 같은 취지에서, 2014.12.31. 서울에서 부산으로의 주사무소 이전등기를 마친 혁신도시법 제2조 제2호에 따른 이전공공기관인 원고가 2015.6.3. 2천억 원의 출자와 관련하여 법인등기를 마쳤으므로, 그에 관한 등록면허세는 이 사건 조항에 의하여 면제된다고 보아, 이 사건 처분이 위법하다고 판단한 것은 정당함(대법원 2017.12.22. 선고 2017두45063 판결).

③ 이전공공기관 등을 따라 이주하는 직원의 주택 취득

■ 다음 제1호 각 목의 자가 해당 지역에 거주할 목적으로 주택을 취득함으로써 대통령령으로 정하는 1가구 1주택이 되는 경우에는 제2호 각 목에서 정하는 바에 따라 2025년 12월 31일까지 취득세를 감면한다.

① 감면 대상자

㉮ 이전공공기관을 따라 이주하는 소속 임직원

㉯ 「신행정수도 후속대책을 위한 연기·공주지역 행정중심복합도시 건설을 위한 특별법」 제16조에 따른 이전계획에 따라 행정중심복합도시로 이전하는 중앙행정기관 및 그 소속기관(이전계획에 포함되어 있지 않은 중앙행정기관의 소속기관으로서 행정중심복합도시로 이전하는 소속기관을 포함하며, 이하 이 조에서 "중앙행정기관등"이라 한다)을 따라 이주하는 공무원(1년 이상 근무한 기간제근로자로서 해당 소속기관이 이전하는 날까지 계약이 유지되는 종사자 및 「국가공무원법」 제26조의4에 따라 수습으로 근무하는 자를 포함한다. 이하 이 조에서 같다)

㉰ 행정중심복합도시건설청 소속 공무원(2019년 12월 31일 이전에 소속된 경우로 한정한다)

■ 이 규정에 따른 이전공공기관, 중앙행정기관 등, 행정중심복합도시건설청 및 세종청사관리소(이하 이 항에서 "감면대상기관"이라 한다)의 소속 임직원 또는 공무원(소속기관의 장이 인정하여 주택특별공급을 받은 사람을 포함한다)으로서 해당 지역에 거주할 목적으로 주택을 취득하기 위한 계약을 체결하였으나 취득 시에 인사발령으로 감면대상기관 외의 기관에서 근무하게 되어 제3항에 따른 취득세 감면을 받지 못한 사람이 3년 이내의 근무기간을 종료하고 감면대상기관으로 복귀하였을 때에는 이미 납부한 세액에서 제3항 제2호에 따른 감면을 적용하였을 경우의 납부세액을 뺀 금액을 환급한다.

② 감면 내용

㉮ 전용면적 85제곱미터 이하의 주택: 면제

㉯ 전용면적 85제곱미터 초과 102제곱미터 이하의 주택: 1천분의 750을 경감

㉰ 전용면적 102제곱미터 초과 135제곱미터 이하의 주택: 1천분의 625를 경감

개정 前		개정 後	
추징 요건	추징 제외	추징 요건	추징 제외
매각·증여 • 이전일·업무개시일 전 매각·증여 • 이전일부터 2년 이내 매각·증여 • 취득일부터 2년 이내 매각·증여	사망 혼인 정년퇴직 파견근무 해외이주 부처교류	**매각·증여** • 이전일·업무개시일 전 매각·증여 • **상시거주 3년미만** 매각·증여	사망 혼인 정년퇴직
		他용도 사용 • **상시거주 3년미만 다른용도(임대) 사용**	사망 혼인 정년퇴직 **파견근무**
		상시거주 • **취득일* 3개월 이내 상시거주 미이행** * 이전일이 늦은 경우 이전일	

① 이전공공기관 또는 중앙행정기관 등의 이전일(이전공공기관의 경우에는 이전에 따른 등기일 또는 업무개시일 중 빠른 날을 말하며, 중앙행정기관 등의 경우에는 업무개시일을 말한다. 이하 이 조에서 같다) 전에 주택을 매각하거나 증여한 경우

– 상기거주 기간 3년 이내에 주택을 매각하거나 증여한 경우

② 다음 각 목의 어느 하나에 해당하는 날부터 3년 이내에 주택을 매각하거나 증여한 경우

㉮ 해당 기관의 이전일(이전공공기관 또는 중앙행정기관 등에 소속된 임직원 또는 공무원의 경우만 해당한다)

㉯ 주택의 취득일

– 이 경우 1가구 1주택이란 취득일 현재 세대별 주민등록표에 기재되어 있는 세대주와 그 가족(동거인은 제외한다)으로 구성된 1가구(세대주의 배우자와 미혼인 30세 미만의 직계비속은 같은 세대별 주민등록표에 기재되어 있지 아니하더라도 동일한 가구에 속한 것으로 본다)가 이전공공기관의 소재지 특별시·광역시·도 또는 특별자치도 내(혁신도시 조성 및 발전 관한 특별법 제31조에 따른 공동혁신도시의 경우에는 그 혁신도시를 공동으로 건설한 광역시·도·특별자치도 내를 말한다)에 1개의 주택을 소유하는 것을 말한다(1가구 1주택의 정의는 본문을 참고하기 바란다).

③ 주택 취득일(이전일이 늦은 경우에는 이전일)이후 3개월 이내 상시거주를 미이행하는 경우

※ 이전공공기관 임직원 등 감면 사후관리 강화(2023.1.1. 납세의무성립분부터 적용)

① 개정개요

개정 전	개정 후
□ 이전공공기관 임직원 등 사후관리 　○ (추징요건) 매각·증여 　　－ 이전일(업무개시일) 前 매각·증여 　　－ 이전일(취득일) 2년 이내 매각·증여 　○ 추징제외하는 정당한 사유 　　－ 사망, 혼인, 정년퇴직, 파견근무, <u>해외이주, 부처교류</u>	□ 감면 사후관리 강화 　○ (추징요건 확대) <u>+ 상시거주, 他용도</u> 　　－ 개정전과 동일 　　－ 취득일(이전일)부터 3개월 이내 　　　상시거주 未개시 　　－ 상시거주 3년미만 상태에서 매각·증여·他용도사용 　○ <u>정당한 사유 축소</u> 　　－ 사망, 혼인, 정년퇴직, 파견근무* 　　※ 해외이주, 부처교류 삭제 　　* <u>파견근무는 상시거주, 他용도 사용에 한해 정당한 사유 인정</u>

② 개정내용

○ 이전공공기관 임직원 등 취득세 감면에 대한 **사후관리 규정 강화**

－ 매각·증여 外에도 일정 기간 내 상시거주하지 않거나, 임대 등 다른 용도로 사용하는 경우에는 **추징**하도록 그 **요건을 확대**하고,

－ 추징요건에 해당하더라도 **추징을 배제**하는 **정당한 사유를 축소***

*（개정 前）사망, 혼인, 정년퇴직, 파견근무, <u>해외이주, 부처교류</u> → （개정 後）사망, 혼인, 정년퇴직, 파견근무

※ 파견근무는 상시거주를 개시하지 못한 경우, 임대 등 다른 용도로 사용한 경우에 한해 정당한 사유 인정, 제1호와 제3호의 매각·증여의 경우 추징

〈개정 前, 後 사후관리 규정 비교 (§81 ④)〉

개정 前		개정 前	개정 後		개정 後
추징 요건		추징 제외	추징 요건		추징 제외
매각 증여	• 이전일·업무개시일 전 매각·증여	사망 혼인 정년퇴직 파견근무 해외이주 부처교류	매각 증여	• 이전일·업무개시일 전 매각·증여	사망 혼인 정년퇴직
	• 이전일부터 2년 이내 매각·증여			• **상시거주 3년미만 매각·증여**	
	• 취득일부터 2년 이내 매각·증여		他용도 사용	• **상시거주 3년미만 다른용도(임대) 사용**	사망 혼인 정년퇴직 **파견근무**
			상시 거주	• <u>취득일* 3개월 이내 상시거주 미이행</u> * 이전일이 늦은 경우 이전일	

○ 제5항에 따라 사후적으로 감면을 적용받는 납세자에 대해서도 제4항의 동일 추징
규정을 적용토록 규정 신설*

  * 제4항 제2호의 '주택을 취득한 날'을 '감면대상기관으로 복귀한 날'로 보아 동일 적용

사례 이전공공기관 등을 따라 이주하는 직원의 주택 취득 감면대상 해당 여부

- 중앙행정기관 및 그 소속기관을 따라 이주하는 공무원의 범위는 중앙행정기관 이전 당시에 소속기관에 근무하였다 하더라도 소속기관은 중앙행정기관에 소속되어 있는 재직자에 해당되고, 순환보직 등 인사운영 방침에 따라 소속기관에서 중앙행정기관에 인사발령을 받아 근무하면서 해당 지역에 거주할 목적으로 1가구 1주택을 취득하는 경우라면 감면대상으로 보는 것이 타당함(행정안전부 특례제도과-2267, 2017.12.18.).

- 이전공공기관 재직자가 감면대상기관 외의 기관에서 근무하다 3년 이내에 감면대상기관으로 복귀하는 임직원에 대해서는 「공공기관 지방이전에 따른 혁신도시 건설 및 지원에 관한 특별법」 제4조에서 규정한 지방이전계획의 승인받은 자로 보아 감면대상이라 할 것이지만, 공공기관 이전 후에 신규로 임용된 임직원의 경우에는 이에 해당한다고 볼 수 없어 감면대상 범위에는 포함되지 않음(행정안전부 지방세특례제도과-177, 2017.1.18.).

- 「지방세특례제한법」 제81조 제4항에서 사망, 혼인, 정년퇴직 등을 열거하고 있는 사항은 예시적 규정이 아닌 한정적 규정이며, '정년퇴직'과 달리 '파면'은 정당한 사유로 열거하고 있지 않을 뿐만 아니라, 파면은 조직구성원이 명령의 위반, 직무의 태만 등 자발적인 과오에 대한 제재이므로 파면은 법령에 의한 금지·제한 등 당사자가 마음대로 할 수 없는 외부적인 정당한 사유로 보기는 어렵다 할 것이며, 따라서, 위 조항의 문언과 규정 취지 등을 종합적으로 고려할 때, 파면 후 감면받은 부동산을 유예기간 이내에 매각 하는 것까지 감면 대상에 포함하는 것으로 해석할 수 없으며, 인사발령의 경우 파견근무 또는 부처교류로 인한 근무지역 변동, 감면대상기관 외의 기관으로 근무하여 3년 이내에 복귀하는 인사발령에 한정하여 정당한 사유로 보는 것이 타당하다고 할 것임(행정자치부 지방세특례제도과-2199, 2016.8.23.).

- 집합건축물대장의 용도가 숙박시설(레지던스호텔)인 건축물은 「주택법」 및 「건축법」에서 정하는 주택에 해당하지 않으므로 「지방세특례제한법」 제81조 제3항의 1가구 1주택 산정에서 제외하는 것이 타당하고, 이전공공기관을 따라 이주하는 소속 임직원이 1가구 1주택 산정에서 제외되는 부동산을 거주할 목적으로 구입하였다 하더라도 그 부동산은 「지방세특례제한법」 제81조 제3항의 주거용 건축물 및 그 부속토지에 해당하지 않는다 할 것임(행정자치부 지방세특례제도과-2478, 2015.9.15.).

- 지방세특례제한법 제81조 제4항에서는 제3항에 따라 취득세를 감면받은 사람이

사망, 혼인, 해외이주, 정년퇴직, 파견근무 또는 부처교류로 인한 근무지역의 변동 등의 정당한 사유 없이 해당공공기관 이전일 이전에 매각하거나 증여하는 경우 등에 해당하면 감면된 취득세를 추징하는 것으로 규정되어 있고, 위 규정에서 '정당한 사유'란 법령에 의한 금지·제한 등 그 개인이 마음대로 할 수 없는 외부적인 사유로 보아야 하므로, '정년퇴직'을 정당한 사유로 규정 하고 있고, 명예퇴직은 정당한 사유로 열거하고 있지 않으며, 또한 본인의 자발적 의사에 의해 명예퇴직 하는 점을 고려할 때, 명예퇴직을 법령에 의한 금지나 외부적 사유로 보기는 어렵다 할 것이므로 명예퇴직 후 주거용 부동산을 매각하는 경우는 정당한 사유로 보는 것은 타당하지 않다 할 것임(행정자치부 지방세특례제도과-2729, 2015.10.7.).

- 청구인이 층간 소음으로 인한 거주의 불편함을 해소하거나 가족의 질병 치료 등을 목적으로 쟁점주택을 매각한 것을 정당한 사유로 보기에는 곤란하다할 것이고, 취득세는 신고·납부 세목으로서 취득신고를 하지 아니한 책임은 원칙적으로 그 취득자에게 있으며, 처분청의 사전안내는 납세서비스 차원으로 이를 이행하지 아니하였다 하여 가산세를 면제할 만한 정당한 사유에 해당하지 아니함(조세심판원 2017지0045, 2017.8.25.).

- 행정중심복합도시로 이전한 중앙행정기관 소속 공무원이 나대지인 쟁점토지를 취득하여 그 지상에 쟁점주택을 신축한 후, 쟁점주택에 대하여 취득세를 경감(1천분의 625)받았으므로 쟁점토지의 취득에 대하여도 쟁점주택과 마찬가지로 「지방세특례제한법」 제81조 제2항 제2호 다목을 적용하여 취득세를 소급하여 경감하여 달라는 청구주장에 대하여 살펴보면, 청구인이 쟁점토지를 취득할 당시 해당 토지는 나대지 상태로 주택의 부속토지가 아니었고, 관련 법령에서 감면대상을 주택으로만 규정하고 있을 뿐 주택 신축을 위해 취득하는 토지를 별도로 감면대상으로 규정하고 있지 아니한 점 등에 비추어 처분청에서 이 건 경정청구를 거부한 처분은 잘못이 없음(조세심판원 2017지0008, 2017.1.17.).

- 「지방세특례제한법」 제81조 제4항은 정당한 사유를 '사망, 혼인, 해외이주, 정년퇴직, 파견근무 또는 부처교류로 인한 근무지역의 변동 등'이라고 규정하고 있어 열거된 경우 외에 이에 준하는 사유도 포함하는 예시적 규정으로 해석되고 정년퇴직과 파면 모두 공무원의 신분상의 변화로 인한 것인 점 등에 비추어 파면에 의한 퇴직으로 거주지를 변경하게 된 것은 정당한 사유에 해당한다 할 것이므로 청구인이 정당한 사유 없이 쟁점부동산을 취득한 후 2년 내에 매각한 것으로 보아 기 감면한 취득세 등을 추징한 처분은 잘못이 있음(조세심판원 2016지0964, 2016.9.30.).

- '취득세 감면을 받지 못한 사람이 3년 이내의 근무기간을 종료하고 감면대상기관으로 복귀하였을 때'의 '3년 이내 복귀'의 의미는 부동산을 취득한 시점으로부터 3년 이내에 감면대상기관으로 복귀한 것을 의미함(대법원 2017.4.13. 선고 2017두30450 판결).

- '주택을 취득한 경우'란 주택법 제2조 제1호에 따라 세대의 구성원이 장기간 독립

한 주거생활을 할 수 있는 구조로서 주거용으로 사용될 수 있는 상태의 건축물과 그 부속토지를 취득한 경우에 해당되어야 한다고 봄이 타당하다. 따라서 행정중심복합도시로 이전하는 행정기관 등을 따라 이주하는 공무원이 해당 지역에 거주하기 위한 주택을 신축할 목적으로 나대지 상태의 토지를 취득하였다 하더라도, 위 토지를 취득할 당시는 주거용으로 사용될 수 있는 건축물의 부속토지를 취득한 것이 아니므로, 위 토지의 취득에 관하여 '주택'의 취득에 관한 이 사건 조항이 적용된다고 볼 수는 없음(대법 2018두34428, 2018.8.25.).

④ 최근 쟁점

사례 이전공공기관을 따라 이주하는 소속 임직원이 거주할 목적으로 주거용 건축물과 그 부속토지를 취득한 다음, 명예퇴직을 하고 그 부동산을 매각한 경우를 정당한 사유로 볼 수 있는지 여부

- "정당한 사유"란 법령에 의한 금지·제한 등 그 개인이 마음대로 할 수 없는 외부적인 사유로 보아야 하고, 「지방세특례제한법」 제81조 제4항에서는 '정년퇴직'을 정당한 사유로 규정 하고 있으나, 명예퇴직은 정당한 사유로 열거하고 있지 않으며, 또한 본인의 자발적 의사에 의해 명예퇴직하는 점을 고려할 때, 명예퇴직을 법령에 의한 금지나 외부적 사유로 보기는 어렵다할 것이므로 명예퇴직 후 주거용 부동산을 매각하는 경우는 정당한 사유로 보는 것은 타당하지 않다 할 것임(행정안전부 지방세특례제도과-2729, 2015.10.7.).

- 「지방세특례제한법」 제81조 제4항은 정당한 사유를 '사망, 혼인, 해외이주, 정년퇴직, 파견근무 또는 부처교류로 인한 근무지역의 변동 등'이라고 규정하고 있어 열거된 경우 외에 이에 준하는 사유도 포함하는 예시적 규정으로 해석되는 점, 예시된 혼인, 해외이주, 파견근무 등은 공무원 본인의 선택에 의한 것이 일반적이라 청구인이 다른 직종에 재취업하기 위해 하는 명예퇴직도 다르지 않은 것으로 보이는 점, 청구인이 이직한 ○○○으로 이직할 상황을 예정한 때문으로 보기는 어려운 점등에 비추어 청구인이 정당한 사유 없이 쟁점부동산을 취득한 후 2년 내에 매각한 것으로 보아 기 감면한 취득세 등을 추징한 처분은 잘못이 있다고 판단됨(조심 2016지427, 2016.9.26.).

제 **20** 장

농업·의료·학교 법인감면 등에 대한 감면

1   농업법인 감면

❶ 관계법령

「**지방세특례제한법**」 제11조(농업법인에 대한 감면) ① 다음 각 호의 어느 하나에 해당하는 농업법인 중 경영상황을 고려하여 대통령령으로 정하는 법인(이하 이 조에서 "농업법인"이라 한다)이 대통령령으로 정하는 기준에 따라 영농에 사용하기 위하여 법인설립등기일부터 2년 이내(대통령령으로 정하는 청년농업법인의 경우에는 4년 이내)에 취득하는 농지, 관계 법령에 따라 농지를 조성하기 위하여 취득하는 임야 및 제6조 제2항 각 호의 어느 하나에 해당하는 시설에 대해서는 취득세의 100분의 75를 2023년 12월 31일까지 경감한다.
1. 「농어업경영체 육성 및 지원에 관한 법률」 제16조에 따른 영농조합법인
2. 「농어업경영체 육성 및 지원에 관한 법률」 제19조에 따른 농업회사법인
② 농업법인이 영농·유통·가공에 직접 사용하기 위하여 취득하는 부동산에 대해서는 취득세의 100분의 50을, 과세기준일 현재 해당 용도에 직접 사용하는 부동산에 대해서는 재산세의 100분의 50을 각각 2023년 12월 31일까지 경감한다.
③ 제1항 및 제2항에 대한 감면을 적용할 때 다음 각 호의 어느 하나에 해당하는 경우 그 해당 부분에 대해서는 감면된 취득세를 추징한다.
1. 정당한 사유 없이 그 취득일부터 1년이 경과할 때까지 해당 용도로 직접 사용하지 아니하는 경우
2. 해당 용도로 직접 사용한 기간이 3년 미만인 상태에서 매각·증여하거나 다른 용도로 사용하는 경우
3. 해당 용도로 직접 사용한 기간이 5년 미만인 상태에서 「농어업경영체 육성 및 지원에 관한 법률」 제20조의3에 따라 해산명령을 받은 경우
④ 농업법인의 설립등기에 대해서는 등록면허세를 2020년 12월 31일까지 면제한다.

「**지방세특례제한법 시행령**」 제5조의2 ① 법 제11조 제1항 각 호 외의 부분에서 "대통령령으로 정하는 법인"이란 「농어업경영체 육성 및 지원에 관한 법률」 제4조 제1항에 따라 농업경영정보를 등록(이하 이 조에서 "농업경영정보 등록"이라 한다)한 농업법인(설립등기일부터 90일 이내에 농업경영정보 등록을 한 농업법인을 포함한다)을 말한다.
② 법 제11조 제1항 각 호 외의 부분에서 "대통령령으로 정하는 기준"이란 농지, 임야 및 농업용 시설의 소재지가 「국토의 계획 및 이용에 관한 법률」에 따른 도시지역(개발제한구역과 녹지지역은 제외한다) 외의 지역인 것을 말한다.
③ 법 제11조 제1항 각 호 외의 부분에서 "대통령령으로 정하는 청년농업법인"이란 대표자가 다음 각 호의 요건을 모두 갖춘 농업법인을 말한다.

1. 법인 설립 당시 15세 이상 34세 이하인 사람. 다만, 「조세특례제한법 시행령」 제27조 제1항 제1호 각 목의 어느 하나에 해당하는 병역을 이행한 경우에는 그 기간(6년을 한도로 한다)을 법인 설립 당시 연령에서 빼고 계산한 연령이 34세 이하인 사람을 포함한다.

2. 「법인세법 시행령」 제43조 제7항에 따른 지배주주등으로서 해당 법인의 최대주주 또는 최대출자자일 것

※ 농업법인에 대한 감면제도 보완(2020.1.1. 납세의무성립분부터 적용)

구 분	개정 전	개정 후	
		이 법 시행 후 설립 농업법인	이 법 시행 전 설립 농업법인
감면율	100%	75%	100%
적용 대상자	모든 농업법인	농업경영정보 등록* 농업법인	
적용 대상	영농목적 부동산	도시지역(개발제한구역, 녹지지역 제외) 外 영농목적 농지, 임야(농지조성용), 농업용 시설물	
적용 기간	설립 후 2년 내	설립 후 2년 내 (청년** 농업법인은 설립 후 4년 내)	

* 설립 직후는 농업경영정보 등록이 안 되어 있으므로, 설립 후 90일 이내 농업경영정보 등록 확인서 제출을 전제로 감면 가능(영 제5조의2 제1항)

** 법인의 대표자가 법인 설립 당시 15~34세이면서, 「법인세법 시행령」 제43조 제7항에 따른 지배주주 등으로서 해당 법인의 최대주주일 것(영 제5조의2 제3항)

사례 감면대상 농업법인에 해당되는지 여부

• 「지방세특례제한법」 제11조 제1항의 '농업법인이 영농에 사용하기 위하여 취득하는 부동산'은 농업 경영을 기업적으로 하기 위하여 취득하는 부동산을 말한다고 보는 것이 「농어업경영체 육성 및 지원에 관한 법률」 제19조 제1항의 입법 취지에 부합한다고 보이는 점, 청구법인은 이 건토지에서 나온 수확물을 자가 소비하였다고 밝히고 있는 바 이 건 토지는 기업적 농업경영을 위하여 취득하는 부동산에 해당되지 않는다고 보이는 점, 청구법인이 제시한 사진을 보면 이 건 토지의 대부분에 잡초가 무성한 것으로 보아 그 일부에 고추·파 등을 재배하고 있다하더라도 이를 정상적인 경작이라 하기는 어려운 점, 나아가 농산물 가공시설의 신축을 위하여 현황이 잡종지인 이 건 토지를 취득한 후 일시적으로 영농에 사용하였다 하여 이를 해당 용도에 직접 사용한 것으로 볼 수는 없는 점 등에 비추어 청구법인은 이 건 토지를 취득한 후 해당 용도로 직접 사용한 기간이 2년 미만인 상태에서 매각하였다 할 것인 바, 처분청이 이 건 취득세 등을 부과한 처분은 달리 잘못이 없다고 판단됨(조세심판원 2017지827, 2017.9.19.).

- 당초 주식회사로 설립된 법인이 농업회사법인으로 변경등기를 한 경우, 그 법인이 영농·유통·가공에 직접 사용하기 위하여 취득하는 부동산을 취득세 감면대상으로 볼 수 있음(지방세특례제도과-3530, 2015.12.24.).
- 당초 주식회사로 설립된 법인을 농업회사법인으로 변경등기를 한 경우에도 그 법인은 같은 법 제19조에 따른 농업회사법인으로 보는 것이 타당하고, 그 법인이 영농·유통·가공에 직접 사용하기 위하여 취득하는 부동산은 「지방세특례제한법」 제11조 제2항에 따른 취득세 감면대상에 해당하는 것으로 보는 것이 타당함(행정자치부 지방세특례제도과-3530, 2015.12.24.).
- 농어업경영체법 제19조는 농업회사법인 설립에 대한 사항을 규정하고 있어서 해당 규정에 따라 적법하게 설립된 농업회사법인은 이 건 감면규정에서 정한 인적 감면요건을 충족한다 할 것임. 설령 적법하게 설립된 농업회사법인이 그 후에 일부 요건을 충족하지 못하게 되었다 하더라도 그 설립을 무효로 돌릴 수는 없고, 관련 법령에서 이를 설립의 취소사유로 규정하고 있지도 않아서 요건을 충족하지 못한 시점에 그 설립이 당연취소되었다고 볼 수도 없음. 따라서 이 건 감면규정에서 정한 농어업경영체법 제19조에 따른 농업회사법인이란 해당 법률에 따라 설립된 것이면 충분하지 농업회사법인의 요건을 계속해서 충족해야 한다는 의미까지 담고 있다고 보기는 어려움(조세심판원 2018지0959, 2018.11.16.).
- 「농어업·농어촌 및 식품산업 기본법」 제3조 제1호에서 '농업'이란 농작물재배업, 축산업(수생동물 제외), 임업 및 이들과 관련된 산업으로 정의하고 있는 바, 영농조합법인이 농지를 취득하여 농지전용허가를 득한 후 양어장으로 사용하는 경우, 농업법인이 운영하는 양어장은 농업법인이 영농·유통·가공에 직접 사용하기 위하여 취득하는 부동산의 범위에 포함되지 않으므로, 재산세 경감대상으로 보기 어렵다 판단됨(행정자치부 지방세특례제도과-368, 2014.12.31.).

❷ 추징요건

- **취득한 부동산을 해당 용도로 직접 사용하는지 여부**
  - 영농(營農)이란 농작물재배업, 축산업(수생동물 제외), 임업(육림업, 임산물 생산·채취업 및 임업용 종자·묘목 재배업) 및 이들과 관련된 산업을 경영하는 것
  - 영농조합법인 등이 감면 받은 당해 부동산을 농가 소득향상 등을 목적으로 한 농촌체험시설, 숙박시설 등으로 사용하는 경우, 영농·유통·가공에 직접 사용하는 부동산으로 볼 수 없음.

- **실제 영농 등이 이루어졌는지 여부**
  - 사실상 방치된 형상의 임야 등의 직접 사용여부를 판단할 경우 당초 임야영농사업계획서상 목적사업, 산지전용 신청·입목벌채신고 여부, 당초부터 사용이 불가능한 개발제한구

역 내인지 여부, 유예기한 내 묘목·비료 등 구입내역, 원장 상 임대수입 발생여부, 판매실적, 인건비 지출내역, 항공사진 등을 종합하여 검토
– 농업법인을 가장한 투기목적 법인이 다수 있으므로 주의

사례 〉〉 농업법인이 영농·유통·가공에 직접 사용한 것으로 볼 수 있는지 여부

- 처분청의 조사결과 쟁점임야가 자연림 상태를 유지하고 있고 작물이 파종된 흔적이 나타나지 아니하였다면 취득세 등을 부과한 처분은 잘못이 없음(조심 16지1269, 2016.12.27.).
- 농업법인이 운영하는 양어장은 농업법인이 영농·유통·가공에 직접 사용하기 위하여 취득하는 부동산의 범위에 포함되지 않음(지방세특례제도과-368, 2014.12.31.).
- 농업협동조합이 운영하는 하나로마트의 생필품매장용 및 주유소용 건축물은 농협의 고유업무에 사용하는 부동산에 해당되지 아니함(조심 13지162, 2014.8.21.).
- 감면추징 기간까지 그 목적사업에 일부만 사용 할 경우 감면추징 대상에 해당되는지 여부 관련하여 농업법인이 감면추징 기간까지 그 목적사업에 일부만 사용 할 경우에는 그 사용하는 부분의 일부를 영농에 직접 사용하고 있는 것으로 보아 취득세와 재산세를 경감하는 것이 타당함(대법원 18두42153, 2018.8.30.).
- 농업회사법인이 감면추징 유예기간 내에 토목, 주택, 건축업 등을 수행하기 위하여 일반회사법인 형태로 변경된 경우라면 감면대상법인이 감면추징 유예기간 내에 감면대상 용도에 직접 사용하였다고 볼 수 없는 것이므로, 감면추징 유예기간 내에 영농조합법인에서 일반회사법인의 형태로 변경된 경우 해당 법인이 감면대상 물건을 취득한 후 감면대상 용도인 영농, 유통, 가공에 사용하고 있다고 하더라도 농업회사법인이 감면추징 유예기간 내에 감면대상 용도에 직접 사용하지 않았으므로 추징대상에 해당됨(행정안전부 지방세운영과-1483, 2010.4.12.).
- 영농조합법인에 대한 감면은 비록 시·도지사가 도시민 유치를 통한 농가의 소득향상 등을 위해 필요한 농촌체험기반 등을 갖추는 "녹색체험마을 조성사업"자로 선정하고 국가가 보조금 등을 지원하고 있다고 하더라도 해당 영농조합법인이 관광객들에게 약초찜질방, 숙박시설 등의 용도로 이용료를 받고 운영중인 약초체험관으로 사용되는 부동산은 영농·유통·가공에 직접 사용한다고 보기 어려움(행정안전부 지방세운영과-1002, 2010.3.11.).
- 해당 농업회사법인이 해당 임야에 나무식재, 관리자재 구입 및 임야관리원을 지속적으로 고용하는 등 임업에 직접 사용하고 있는 경우라면 나무식재 후 가지치기 등 체계적인 관리가 이루어지지 않았다는 이유로 그 감면세액을 추징 할 수 없을 것으로 사료됨(행정안전부 지방세운영과-555, 2010.2.5.).
- 영농조합법인이 창업(현행 법인설립) 후 2년 이내에 부대시설로 삼베 수가공을 위한 공동작업장, 전시·판매를 위한 농수산물판매장, 농가소득 증대 일환인 민박시설, 어린이놀이시설을 취득한 경우라면, 공동작업장 및 농산물 판매장은 농작물

재배 등 영농을 목적으로 하는 부동산으로 보기에 무리가 있다 할 것이므로 농업 활동으로 생산되는 농산물을 가공·유통하기 위한 부동산으로 보아 취득·등록세의 100분의 50을 경감하고, 이와 무관한 민박시설 및 어린이시설은 취·등록세 경감대상에서 제외함이 타당함(행정안전부 지방세운영과-1937, 2008.10.24.).

- 농업·농어촌기본법 제15조 제1항과 제16조 제2항 규정에 의한 기준에 맞게 농업인이나 농산물생산자단체가 농지를 현물출자하여 농업법인(영농조합법인, 농업회사법인)을 설립하는 경우 당해 농업법인의 설립등기에 대한 등록세와 법인설립후 2년 이내에 영농 등에 직접 사용하기 위하여 제3자 등으로부터 현물출자 받아 취득하는 부동산(농지 등)은 취득세와 등록세의 면제대상임(구 행정자치부 세정-748, 2007.3.22.).

- 농지를 취득한 이후 전체 토지의 일부에만 채소를 심어 재배하고 있고 대부분 개간되지 않고 방치되어 있는 경우 유예기간내 영농에 직접 사용한 것으로 보기 어려워 추징대상에 해당함(대법원 2014두4771, 2014.5.2. 판결).

- 청구법인은 이 건 토지에 과수묘목을 식재하였다고 하나, 청구법인이 이 건 토지를 취득한 후에도 이 건 토지와 관련하여 ○○○에게 논농사직불금이 지급되었고, 「쌀소득 등의 보전에 관한 법률」 제6조 제1항에서 논농사직불금은 논농업에 종사하는 전업농업인 등에게 지급한다고 규정하고 있는 점, 청구법인이 제출한 '논농사직불금 수입계정'의 기장 내역은 이를 그대로 신뢰하기 어려운 점 등에 비추어 청구법인은 정당한 사유 없이 이 건 토지를 취득한 후 1년이 경과할 때까지 영농에 사용하지 아니하였다 할 것이므로 처분청이 이 건 취득세 등을 부과한 처분은 달리 잘못이 없다고 판단됨(조세심판원 2018지1103, 2018.09.20.).

- 현물출자자의 계약취소로 소유권이전등기가 말소되어 영농에 직접사용하지 못한 경우에는 추징을 배제할 수 있는 정당한 사유가 있음(대법원 2013두27036, 2014.4.10. 판결).

사례 농업법인이 과수원 취득 후 의무사용기간내 방치하는 경우 직접사용하는 것으로 볼 수 있는지 여부

농업법인이 농지 취득 후 감귤나무가 그대로 방치된 경우 감귤재배를 위한 별다른 영농활동을 하지 않은 것으로 영농에 직접사용하였다고 보기 어려움(제주지법 2019구합5315, 2020.6.16.: 대법확정).

③ 최근 쟁점

사례 ▷ 농업법인이 영농·유통·가공에 직접 사용한 것으로 볼 수 있는지 여부

영농조합법인을 설립하여 부동산 취득시 감면을 받고 영농 목적으로 사용하면서 추징 유예기간 내에 조합원의 수가 5인에서 3인으로 변경되어 영농조합법인의 설립요건을 미충족하게 되었다고 하더라도, 부동산 취득 당시 감면요건을 충족하였고 감면요건을 충족한 이후 사후관리측면에서 영농조합법인의 설립요건 미충족 사유를 별도의 추징규정을 두고 있지 않는 한 감면된 취득세를 추징할 수 없다고 할 것임(행정안전부 지방세특례제도과-1497, 2017.11.2.).

사례 ▷ 농업법인이 유예기간내 해당사업에 직접사용하지 못한 정당한 사유가 있다고 볼 수 있는지 여부

토지를 취득한 후, 설계용역(2013.6.7.), 농지전용허가 신청(2013.10.11.), 농지전용허가 불허(2013.10.14.), 사업계획 변경(2013.10.29.), 사업계획 승인(2013.12.22.), 건축허가(2014.4.4.), 공사입찰(2014.4.8.), 공사재입찰(2014.5.27.), 공사착공(2014.7.29.), 공사업체 부도(2014.10.), 공장신축(2016.7.21.)에 이르기까지의 전반적인 과정을 종합하여 살펴볼 때, 청구법인은 이 건 토지를 취득한 후 1년이라는 비교적 짧은 기간 내에 공장신축을 위해 진지한 노력을 다한 것으로 보이는 점 등으로 볼 때 정당한 사유가 있음(조심 2019지197, 2019.10.31.).

2 의료법인 감면

① 관계법령

「지방세특례제한법」 제38조(의료법인 등에 대한 과세특례) ① 「의료법」 제48조에 따라 설립된 의료법인이 의료업에 직접 사용하기 위하여 취득하는 부동산에 대해서는 취득세를, 과세기준일 현재 의료업에 직접 사용하는 부동산에 대해서는 재산세를 다음 각 호에서 정하는 바에 따라 각각 경감한다.

1. 2024년 12월 31일까지 취득세의 100분의 30(감염병전문병원의 경우에는 100분의 40)을, 재산세의 100분의 50(감염병전문병원의 경우에는 100분의 60)을 각각 경감한다.
2. 삭제〈2021.12.28.〉

② 「고등교육법」 제4조에 따라 설립된 의과대학(한의과대학, 치과대학 및 수의과대학을 포함한다)의 부속병원에 대하여는 주민세 사업소분(「지방세법」 제81조 제1항 제2호에 따라 부과되는 세액으로 한정한다) 및 종업원분을 2014년 12월 31일까지 면제한다.

③ 삭제〈2018.12.24〉

④ 종교단체(「민법」에 따라 설립된 재단법인으로 한정한다)가 「의료법」에 따른 의료기관 개설을 통하여 의료업에 직접 사용할 목적으로 취득하는 부동산에 대해서는 취득세를, 과세기준일 현재 의료업에 직접 사용하는 부동산에 대해서는 재산세를 다음 각 호에서 정하는 바에 따라 각각 경감한다.

1. 2024년 12월 31일까지 취득세의 100분의 30(감염병전문병원의 경우에는 100분의 40)을, 재산세의 100분의 50(감염병전문병원의 경우에는 100분의 60)을 각각 경감한다.
2. 삭제〈2021.12.28.〉

⑤ 「지방자치법」 제5조 제1항에 따라 둘 이상의 시·군이 통합되어 도청 소재지인 시가 된 경우 종전의 시(도청 소재지인 시는 제외한다)·군 지역에 대해서는 제1항 및 제4항에도 불구하고 통합 지방자치단체의 조례로 정하는 바에 따라 통합 지방자치단체가 설치된 때부터 5년의 범위에서 통합되기 전의 감면율을 적용할 수 있다.

제38조의2(지방의료원에 대한 감면) 「지방의료원의 설립 및 운영에 관한 법률」에 따라 설립된 지방의료원이 의료업에 직접 사용하기 위하여 취득하는 부동산에 대해서는 취득세를, 과세기준일 현재 의료업에 직접 사용하는 부동산에 대해서는 재산세를 다음 각 호에서 정하는 바에 따라 각각 경감한다.

1. 2024년 12월 31일까지 취득세 및 재산세의 100분의 75(감염병전문병원의 경우에는 100분의 85)를 각각 경감한다.
2. 삭제〈2021.12.28.〉

- 의료법인이 부동산을 취득하여 감면 받은 후 임상시험에 사용하는 경우 의료업에 직접 사용하는 것으로 볼 수 있는지 여부 관련하여 임상시험의 경우 「의료법」 제49조 제1항 제2호에서 규정한 '의료나 의학에 관한 조사 연구'에 포함된다고 할 것이므로 의료기관의 의료업무 외의 '부대사업'의 하나에 해당되므로, 첨단임상시험센터용 부동산은 취득세 면제대상인 의료법인이 의료업에 직접 사용하기 위한 부동산에 해당되지 않음. 다만, 부대사업이라도 의료업무의 연장선상에서 수행되며 의료행위와 밀접한 연관을 가진 연구활동 등은 직접사용에 해당 될 수 있음(지방세운영과-1455, 2012.5.10.).

- 의료법인이 정신질환자를 위한 운동시설(배드민턴, 족구장) 및 산책로를 조성하기 위하여 토지를 취득하고자 하는 바, 「의료법」, 「정신보건법」 등 관련법령에서는 운동시설(배드민턴, 족구장) 및 산책로를 정신병원의 시설기준 등으로 정하고 있지 아니하므로, 그 토지는 의료법인이 의료업에 직접 사용하기 위하여 취득하는 부동산으로서 취득세 등의 경감대상에 해당하지 아니함(행정자치부 지방세특례제도과-159,2014.1.5.).

- "임상시험"의 경우 「의료법」 별표 3 제1항 제2호에서 규정한 '의료나 의학에 관한 조사 연구'에 포함된다고 할 것이므로 의료기관의 의료업무 외의 '부대사업'의 하나에 해당되므로, 첨단임상시험센터용 부동산은 취득세 면제대상인 의료법인이 의료업에 직접 사용하기 위한 부동산에 해당되지 않음. 다만, 부대사업이라도 의료업무의 연장선상에서 수행되며 의료행위와 밀접한 연관을 가진 연구활동 등은 직접사용에 해당 될 수 있음(행정안전부 지방세운영과-1455, 2012.5.10.).

- 의료법인이 의료업에 직접사용 여부는 유예기간 이내에 사용현황을 통하여 추징대상 여부를 판단하는 기준에 불과하며, 취득 당시 부동산의 구조와 기능 등이 주택으로서의 요건을 갖추고 「지방세법」 제104조에서 정의하고 있는 주택에 부합된다면 의료법인이 취득하는 주택일지라도 주택세율을 적용한 후 면제 또는 세율경감 규정을 적용함이 타당함(행정자치부 지방세특례제도과-2230, 2014.11.11.).

- 의료법인이 정신질환자를 위하여 정신병원 시설기준 등에 정해지지 않은 운동시설 및 산책로 조성을 목적으로 토지를 취득한 것은 직접사용을 위한 취득이라 볼 수 없음(지방세특례제도과-159, 2015.1.20.).

- 의료법인이 부동산을 취득하여 감면 받은 후 장례식장으로 사용하는 경우 의료업에 직접 사용하는 것으로 볼 수 없음(조심 11지108, 2013.12.16.).

- 「지방세특례제한법」 제38조 제1항에 따른 취득세 감면요건인 '의료업에 직접 사용하기 위하여 취득하는 부동산'이라 함은 의료인이 공중 또는 특정 다수인을 위하여 의료・조산의 업 자체에 직접 사용하는 부동산으로 이 건 요양병원 운영과 관련하여 의사・간호사 등 의료인이 환자에게 의료행위를 하기 위한 진료시설, 입

원실, 요양을 위한 휴게시설 등의 제한적인 부대시설만이 의료업에 직접 사용되는 부동산에 해당된다고 보아야 할 것이고, 쟁점토지는 수목이 식재된 숲 또는 유실수원, 조경시설이 갖추어져 있는 공원, 잔디가 식재되어 있는 운동장 등 노인성 질환자들이 대부분인 입원환자들이 상시적으로 이용하는 시설로 보기 어려운 점 등에 비추어 처분청이 쟁점 토지가 의료업에 직접 사용되는 부동산에 해당하지 아니한다고 보아 이 건 취득세 등을 부과한 처분은 달리 잘못이 없다고 판단됨(조심 2017지0862, 2017.10.13.).

- 구 노인복지법에 따른 노인요양시설이 의료업에 직접사용하는 것으로 볼 수 있는지 여부 관련하여 구 노인복지법에 따른 노인요양시설을 설치·운영하는 데에 제공되는 부동산은 의료법인이 의료업에 직접 사용하는 것이라고 할 수 없어 취득세를 면제할 수 없음(대법원 13두18582, 2014.2.13.).

② 추징요건

■ 취득한 부동산을 해당 용도로 직접 사용하는지 여부

- 「의료법」 제49조에 따른 부대사업은 원칙적으로 의료업에 직접 사용하는 것으로 볼 수 없으나 의료업무의 연장선상에서 의료업과 밀접한 연관을 갖는 경우는 감면대상이 될 수 있음.

※ 감면 제외 의료 부대사업

의료인과 의료관계자 양성이나 보수교육, 의료나 의학에 관한 조사 연구, 「노인복지법」 제31조 제2호에 따른 노인의료복지시설의 설치·운영, 「장사 등에 관한 법률」 제29조 제1항에 따른 장례식장의 설치·운영, 「주차장법」 제19조 제1항에 따른 부설주차장의 설치·운영, 의료업 수행에 수반되는 의료정보시스템 개발·운영사업, 휴게음식점영업, 일반음식점영업, 이용업, 미용업 등 환자 또는 의료법인이 개설한 의료기관 종사자 등의 편의를 위하여 보건복지부령으로 정하는 사업

사례 의료법인이 의료업에 직접사용 한 것으로 볼 수 있는지 여부

- 기존병원에 연점하여 신축된 건물이 기존병원과 내부통로로 연결되어 있는 경우, 사실상 하나의 건물로 보아 기존병원 건물 중 수익사업에 사용되는 면적비율을 신축건물 및 그 부속토지의 취득가액에 적용하여 취득세를 추징한 처분은 정당함(조심 13지1010, 2014.9.4.).
- 장례식장을 설치·운영하는 것은 부대사업에 불과하여 의료업을 영위하는 것은 아니라 할 것인 점, 청구법인의 대표자가 2003.6.17. 기존의 의료시설(장례식장 포함)을 취득하고 납부한 취득세 등은 쟁점시설과는 별개의 것인 점 등에 비추어 청구법인이 정당한 사유 없이 취득일부터 1년이 경과할 때까지 쟁점시설을 의료

업으로 직접 사용하지 아니한 것으로 보아 처분청이 이 건 취득세 등을 부과한 처분은 달리 잘못이 없다고 판단됨(조심 2017지721, 2017.9.20.).

- 이 건 기숙사의 운영규정 등에 비추어 해당 시설은 당직의사 또는 간호사가 사용하는 응급시설의 필수적인 부수시설로 보기 어렵고 단지 의료진의 편의시설로 보이는 점 등에 비추어 이 건 부동산을 의료업에 직접 사용하고 있다는 청구주장은 받아들이기 어렵다고 판단됨(조심 2017지0305, 2017.5.19.).

- 쟁점건물이 병원구내에 위치하고 있지는 아니하나 근거리에 위치하여 야간응급환자의 치료 등에 직접 대응할 수 있는 등 의료사업에 직접 사용하는 부동산에 해당하는 것으로 보이는 점 등에 비추어 청구법인이 쟁점건물을 간호사 등 필요불가결한 존재의 기숙사 등으로 사용하여 의료사업에 직접 사용한 것으로 보이므로 처분청이 청구법인의 경정청구를 거부한 처분은 잘못이 있는 것으로 판단됨(감심 2018-231, 2018.4.23.).

- 청구법인은 「의료법」에 따라 설립된 의료법인이 아니라 「고등교육법」에 의한 학교법인에 해당하고, 학교법인인 청구법인이 수익사업을 위해 설치한 병원의 부속토지로서 이를 학교 용도에 직접 사용하는 부동산으로 보기도 어려우며, 영리를 목적으로 설립한 병원에서 학교법인의 간호학과 학생들이 간헐적으로 실습장으로 사용한다 하더라도 쟁점토지의 주된 용도가 수익사업을 위해 설치한 병원의 부속토지에 해당하므로 재산세 면제대상으로 보기는 어려움(조세심판원 2015지9020, 2015.8.28.).

사례 ▶ 의료법인이 의료업에 직접사용 하지 못한 정당한 사유가 있는지 여부

- 구 지방세법 제287조 본문의 "정당한 사유"라 함은 부동산의 취득목적에 비추어 고유업무에 사용하는데 걸리는 준비기간의 장단, 고유업무에 사용할 수 없는 법령상 또는 사실상의 장애사유와 장애정도, 고유업무에 사용하기 위한 진지한 노력을 다하였는지 여부, 행정관청의 귀책사유가 가미되었는지 여부 등을 참작하여 구체적인 사안에 따라 개별적으로 판단하여야 할 것으로(대법원 2009.1.25. 선고 2006두 14296), 의료법인은 이 건 부동산을 취득하기 전에 이 건 부동산에 유치권 설정여부, 기존 입주업체의 퇴거의 어려움, 20년된 건물의 리모델링을 현행 건축관련 법규 등에 맞추어 진행하기 위한 건축설계의 어려움 등을 알 수 있던 상황에서 이 건 부동산을 취득한 것으로 이러한 장애사유는 취득시점에 이미 인지하여 사전에 충분히 해소할 가능성이 있었다고 할 것이고, 건축허가시 교통영향평가 관련 심의 과정에서 주차장 등 교통개선대책 요구가 법령에 위반된 요구라 할 수 없으므로, 행정절차상 지연 사유가 행정관청의 귀책사유 이거나 예측하지 못한 특별한 사정에 해당된다고 보기는 어렵다 할 것이며, 이 건 부동산에 대하여 기존 점유자 퇴거, 건축허가 심의서 제출, 병원설립을 위한 정관변경 및 보건복지부 허가, 인력충원, 석면 해체 공사 등은 목적사업에 직접 사용하기 위한 준비과정에 불과할 뿐이고, 유

치권 점유자와의 협의지연, 건축설계의 어려움, 행정관청의 교통개선 대책요구 등 이러한 사유만으로는 유예기간 이내에 고유업무에 직접 사용하지 못한 "정당한 사유"가 있다고 볼 수 없다 할 것임(행정안전부 지방세운영과-89, 2011.1.7.).

- 기존의 건축물을 취득하여 의료업에 사용하기 위해 리모델링(대수선, 증축, 용도 변경) 공사를 진행하고 있다면, 과세기준일 현재 의료업에 사용하기 위한 준비행위이지 해당 용도로 직접 사용하는 것으로는 볼 수 없으므로 해당 건축물은 감면 대상이 아니라 할 것임(행정안전부 지방세운영과-3715, 2011.8.3.).

- 감면된 취득세 등의 추징규정 중 '목적사업에 직접 사용하지 아니하는 경우'에서 목적사업에 직접 사용한다는 것은 취득한 부동산을 그 사업에 직접 사용하고 있는 것을 의미하는 것이므로 청구법인과 같이 이 건 토지를 취득하여 건축허가와 폐기물 처리 등을 진행하였다 하더라도 이는 청구법인이 이 건 토지를 고유업무인 의료업에 직접 사용한 행위라기 보다는 이를 위한 준비행위에 불과한 것으로 보이고, 그것만으로는 청구법인이 이 건 토지를 취득하여 유예기간 내에 목적사업인 의료업에 직접 사용한 것으로 보기는 어렵다고 판단되며, 이 건 토지 취득 후 8개월이 경과한 2013.1.29. 비로소 건축허가를 신청한 점, 유예기간이 경과한 2013.7.31. 건축착공계에 착공신고를 한 점, 청구법인과 매도인의 매매계약서 특약사항에서 매도인과 이미 부동산 명도와 관련하여 제소전 화해 신청을 하기로 약정한 점 등으로 볼 때 청구법인은 이 건 토지 취득 전부터 이 건 토지를 유예기간 내 직접 사용함에 있어 장애사유가 있으리라는 것을 예견할 수 있었음을 알 수 있는 점 등에 비추어 이 건 토지를 유예기간 내에 의료업에 직접 사용하지 못한 정당한 사유가 있었다고 보기도 어려움(조세심판원 2014지5067, 2014.9.24.).

- 부동산을 취득한 후 건축공사에 착공하기 위하여 정상적인 노력을 다하여 왔으나, 취득 당시에는 예상하지 못했던 처분청의 대형건축물 굴토심의규정 신설(2011.1.18.)로 인한 건축규제와 유예기간 경과 시점의 계속적인 장마로 인하여 건축공사에 착공하지 못한 경우 유예기간(1년) 내 고유업무에 직접 사용하지 못한 정당한 사유에 해당됨(조세심판원 2011지0936, 2012.6.18.).

- 부동산을 고유업무인 의료업에 직접 사용하기 위하여 진지한 노력을 다하였음에도 근저당권자들과의 등기말소협상에 실패하고 이 사건 부동산에 관한 경매절차가 진행되는 등의 사정으로 인하여 부득이 의료용에 사용할 수 없었던 것이라고 보기 어려워, 원고가 이 사건 부동산을 의료업에 직접 사용하지 못한 데에는 정당한 사유가 없음(대법원 2009.9.15. 선고 2009두12655 판결).

① 관계법령

「지방세특례제한법」 제41조(학교 및 외국교육기관에 대한 면제) ① 「초·중등교육법」 및 「고등교육법」에 따른 학교, 「경제자유구역 및 제주국제자유도시의 외국교육기관 설립·운영에 관한 특별법」 또는 「기업도시개발 특별법」에 따른 외국교육기관을 경영하는 자 (이하 이 조에서 "학교등"이라 한다)가 해당 사업에 직접 사용하기 위하여 취득하는 부동산(대통령령으로 정하는 기숙사는 제외한다)에 대해서는 취득세를 2024년 12월 31일까지 면제한다. 다만, 다음 각 호의 어느 하나에 해당하는 경우 그 해당 부분에 대해서는 면제된 취득세를 추징한다.

1. 해당 부동산을 취득한 날부터 5년 이내에 수익사업에 사용하는 경우
2. 정당한 사유 없이 그 취득일부터 3년이 경과할 때까지 해당 용도로 직접 사용하지 아니하는 경우
3. 해당 용도로 직접 사용한 기간이 2년 미만인 상태에서 매각·증여하거나 다른 용도로 사용하는 경우

② 학교등이 과세기준일 현재 해당 사업에 직접 사용하는 부동산(대통령령으로 정하는 건축물의 부속토지를 포함한다)에 대해서는 재산세(「지방세법」 제112조에 따른 부과액을 포함한다) 및 「지방세법」 제146조 제2항에 따른 지역자원시설세를 각각 2024년 12월 31일까지 면제한다. 다만, 수익사업에 사용하는 경우와 해당 재산이 유료로 사용되는 경우의 그 재산 및 해당 재산의 일부가 그 목적에 직접 사용되지 아니하는 경우의 그 일부 재산에 대해서는 면제하지 아니한다.

③ 학교등이 그 사업에 직접 사용하기 위한 면허에 대한 등록면허세와 학교등에 대한 주민세 사업소분(「지방세법」 제81조 제1항 제2호에 따라 부과되는 세액으로 한정한다. 이하 이 항에서 같다) 및 종업원분을 각각 2024년 12월 31일까지 면제한다. 다만, 수익사업에 관계되는 대통령령으로 정하는 주민세 사업소분 및 종업원분은 면제하지 아니한다.

④ 학교등에 생산된 전력 등을 무료로 제공하는 경우 그 부분에 대해서는 「지방세법」 제146조 제1항에 따른 지역자원시설세를 20241년 12월 31일까지 면제한다.

⑤ 「사립학교법」에 따른 학교법인과 국가가 국립대학법인으로 설립하는 국립학교의 설립 등기, 합병등기 및 국립대학법인에 대한 국유재산이나 공유재산의 양도에 따른 변경등기에 대해서는 등록면허세를, 그 학교에 대해서는 주민세 사업소분(「지방세법」 제81조 제1항 제1호에 따라 부과되는 세액으로 한정한다)을 각각 2024년 12월 31일까지 면제한다.

⑥ 국립대학법인 전환 이전에 기부채납받은 부동산으로서 국립대학법인 전환 이전에 체결한 계약에 따라 기부자에게 무상사용을 허가한 부동산에 대해서는 그 무상사용기간 동안 재산세(「지방세법」 제112조에 따른 부과액을 포함한다) 및 「지방세법」 제146조 제2

항에 따른 지역자원시설세를 각각 2024년 12월 31일까지 면제한다.

⑦ 제1항부터 제6항까지의 규정에도 불구하고 「고등교육법」 제4조에 따라 설립된 의과대학(한의과대학, 치과대학 및 수의과대학을 포함한다)의 부속병원이 의료업에 직접 사용하기 위하여 취득하는 부동산에 대해서는 취득세를, 과세기준일 현재 의료업에 직접 사용하는 부동산에 대해서는 재산세를 다음 각 호에서 정하는 바에 따라 각각 경감한다.

1. 2024년 12월 31일까지 취득세의 100분의 30(감염병전문병원의 경우에는 100분의 40)을, 재산세의 100분의 50(감염병전문병원의 경우에는 100분의 60)을 각각 경감한다.

2. 삭제 〈2021.12.28.〉

제42조(기숙사 등에 대한 감면) ① 「초·중등교육법」 및 「고등교육법」에 따른 학교, 「경제자유구역 및 제주국제자유도시의 외국교육기관 설립·운영에 관한 특별법」 또는 「기업도시개발 특별법」에 따른 외국교육기관을 경영하는 자(이하 이 조에서 "학교등"이라 한다)가 대통령령으로 정하는 기숙사(「한국사학진흥재단법」 제19조 제4호 및 제4호의2에 따른 기숙사로 한정한다)로 사용하기 위하여 취득하는 부동산에 대해서는 취득세를, 과세기준일 현재 해당 용도로 사용하는 부동산에 대해서는 재산세 및 주민세 사업소분(「지방세법」 제81조 제1항 제2호에 따라 부과되는 세액으로 한정한다. 이하 이 항에서 같다)을 각각 2024년 12월 31일까지 면제한다. 다만, 다음 각 호의 어느 하나에 해당하는 경우 그 해당 부분에 대해서는 면제된 취득세를 추징한다.

1. 정당한 사유 없이 그 취득일부터 3년이 경과할 때까지 해당 용도로 직접 사용하지 아니하는 경우

2. 해당 용도로 직접 사용한 기간이 2년 미만인 상태에서 매각·증여하거나 다른 용도로 사용하는 경우

② 「교육기본법」 제11조에 따른 학교를 설치·경영하는 자가 학생들의 실험·실습용으로 사용하기 위하여 취득하는 차량·기계장비·항공기·입목(立木) 및 선박에 대해서는 취득세를, 과세기준일 현재 학생들의 실험·실습용으로 사용하는 항공기와 선박에 대해서는 재산세를 각각 2024년 12월 31일까지 면제한다. 다만, 다음 각 호의 어느 하나에 해당하는 경우 면제된 취득세를 추징한다.

1. 정당한 사유 없이 그 취득일부터 1년이 경과할 때까지 해당 용도로 직접 사용하지 아니하는 경우

2. 해당 용도로 직접 사용한 기간이 2년 미만인 상태에서 매각·증여하거나 다른 용도로 사용하는 경우

③ 「산업교육진흥 및 산학연협력촉진에 관한 법률」 제25조에 따라 설립·운영하는 산학협력단이 그 고유업무에 직접 사용하기 위하여 취득하는 부동산에 대해서는 취득세의 100분의 75를, 과세기준일 현재 그 고유업무에 직접 사용하는 부동산에 대해서는 재산세의 100분의 75를 2023년 12월 31일까지 각각 경감한다.

④ 제3항에 따른 산학협력단에 대하여는 2014년 12월 31일까지 주민세 재산분 및 종업원분을 면제한다. 다만, 수익사업에 관계되는 대통령령으로 정하는 주민세 재산분 및 종업

원분은 면제하지 아니한다.

⑤ 삭제 〈2011.12.31.〉

「지방세특례제한법 시행령」 제18조(학교등 면제대상 사업의 범위 등) ① 법 제41조 제1항 각 호 외의 부분 본문에서 "대통령령으로 정하는 기숙사"란 제18조의2에 따른 기숙사를 말한다.

② 법 제41조 제2항 본문에서 "대통령령으로 정하는 건축물의 부속토지"란 해당 사업에 직접 사용할 건축물을 건축 중인 경우와 건축허가 후 행정기관의 건축규제조치로 건축에 착공하지 못한 경우의 건축 예정 건축물의 부속토지를 말한다.

③ 법 제41조 제3항 본문에서 "학교등이 그 사업에 직접 사용하기 위한 면허"란 법 제41조 제1항에 따른 학교등이 그 비영리사업의 경영을 위하여 필요한 면허 또는 그 면허로 인한 영업 설비나 행위에서 발생한 수익금의 전액을 그 비영리사업에 사용하는 경우의 면허를 말한다.

④ 법 제41조 제3항 단서에서 "수익사업에 관계되는 대통령령으로 정하는 주민세 사업소분 및 종업원분"이란 수익사업에 제공되고 있는 사업소와 종업원을 기준으로 부과하는 주민세 사업소분과 종업원분을 말한다. 이 경우 면제대상 사업과 수익사업에 건축물이 겸용되거나 종업원이 겸직하는 경우에는 주된 용도 또는 직무에 따른다.

사례 ▶ 학교 등이 해당 사업에 직접사용하는 것으로 볼 수 있는지 여부

- 지방세법령의 각 규정 및 관련 법리에 비추어 보면, 학교가 교육부로부터 학교 폐쇄명령 처분 및 학교법인 해산 명령의 행정처분을 받은 이후에도 당해 학교가 학사가 정상적으로 운영되고, 당해 행정처분이 소송결과에 따라 행정처분이 달라질 수 있는 상태에서 부동산을 취득하여 감면받고 현실적으로 당해 부동산의 사용용도가 학교사업 자체에 직접 사용하는 부동산에 해당되는 경우라면, 그 부동산은 학교가 해당 사업에 사용하기 위하여 취득하는 부동산으로 보는 것이 타당하다 할 것임(행정자치부 지방세특례제도과-3395, 2016.11.14.).

- 이 건 토지가 교육용 기본재산으로 등재되어 있다 하더라도 ○○대학교 구내토지와 철조망으로 경계가 구획되어 있고 전체적인 현황이 일반인의 출입이 제한되지 아니한 자연상태의 임야이므로 그 중 일부에 실습장 표시 및 측량기구 등을 설치하여 간헐적으로 토목학과 학생들의 야외측량 수업공간으로 제공되고 학생들이 산책로로 이용된다는 사정만으로는 학교 등의 사업에 직접 사용하는 부동산으로 인정하기는 곤란하므로 청구주장을 받아들이기는 어렵다고 판단됨(조심 2017지1038, 2018.1.30.).

- 「초·중등교육법」 및 「고등교육법」에 의한 학교를 경영하기 위하여 부동산을 취득한 후 학교운영을 위한 실험실습실 등에 직접 사용하는 경우에는 상기규정에

의한 취득세 등의 비과세 대상이 된다고 할 수 있으나, 귀문의 경우와 같이 부동산을 취득한 후 뷰티건강관리학과, 무용학과, 체육학부 등의 학과운영을 위한 실험실습실 등으로 사용하기 위하여 그 부동산에 비만관리센터, 뷰티센터, 운동처방센터 등을 설치한 후 학과운영을 위한 실습이외에 일반회원을 모집하여 회비를 받고 있다면 학교사업에 직접사용 하는 것으로 볼 수 없다 할 것이므로 취득세 등의 비과세 대상이 되지 아니함(행정자치부 세정 – 337, 2005.1.20.).

- 청구법인이 취득한 쟁점부동산을 산학협력단이 창업보육센터로 사용하는 경우 학교용으로 직접 사용하는 것으로 볼 수 없음(조심 13지823, 2014.11.10.).
- 학교가 일반인 대상으로 창업보육센터을 운영하면서 해당시설에 제공된 부동산은 직접사용으로 볼 수 없음(대법원 14두45680, 2015.5.14.).
- 고등교육법에 따른 학교가 창업보육센터 사업자로서 학생 등 그 구성원이 아닌 일반인을 대상으로 창업의 성공 가능성을 높일 수 있도록 경영, 기술분야에 대한 지원활동을 하면서 창업자를 위한 시설과 장소로 그 소유 부동산을 제공하는 경우에는 특별한 사정이 없는 한 교육사업에 직접 사용하는 것으로 볼 수 없음(대법원 14두45680, 2015.5.14.).
- 초중등교육법상 학교를 경영하는 자는 설립인가를 받은 자만을 의미하므로 설립인가를 받은 예정자는 학교를 경영하는 자로 볼 수 없다(대법원 2017.7.27. 선고 2017두42378 판결).
- 학교가 부동산을 그 사업에 직접 사용한다고 함은 현실적으로 해당 부동산을 학교의 교육사업 자체에 사용하는 것을 뜻하는데, 원고가 운영하는 단과대학 및 대학원에서 개설한 일부 교과목에서 학기 중에 간헐적으로 쟁점토지를 방문하여 실습하는 일정이 있다고 하더라도, 쟁점 토지의 전체 면적, 수업장소로 이용된 면적, 그 횟수 및 수강인원 등을 고려하면, 그와 같은 사용은 쟁점토지를 일시적이거나 부수적으로 수업장소로 활용한 것에 불과할 뿐 이를 계속적·반복적으로 학교교육을 위해 사용하였다고 보기는 어렵다(대법원 2018.6.15. 선고 ; 대법원 2018두37519 판결).

사례 의대 부속병원내 전공의 숙소 등의 감면 여부

병원 운영과 관련, '교수연구실, 전공의 숙소, 연구실험실, 의국 등'은 환자 치료와 진료를 위한 의료업의 부수시설로 보아야 하므로 학교 등이 해당 사업에 직접 사용하는 부동산에 해당하지 않음(지방세특례제도과 – 756, 2022.4.6.).

② 추징요건

■ 학교 등이 취득한 부동산을 수익사업에 사용하거나, 기간요건을 충족하지 못하고 직접 사용하지 아니한 경우 감면받은 취득세 등을 추징

– 학교법인의 수익사업에 사용하는 것인지 여부는 사용관계(이용주체, 이용현황 등) 및 일반인의 접근 가능성 여부, 그 운영과 학교법인의 교육사업과의 연관성, 시설 운영으로 인한 수익의 귀속 주체 및 규모 등을 종합하여 판단
　　⇨ 구내 학생들을 위해 운영되는 식당 및 매점으로 임대하여도 수익사업으로 보지 않음

– 현장확인, 항공사진 및 인터넷 로드뷰, 홈페이지상 당해 학교 시설소개 등을 종합하여 현지 출장을 통해 사실상 이용현황 파악

사례 ▷ 학교 등이 수익사업에 사용하는 것으로 볼 수 있는지 여부

• '수익사업에 사용하는 경우'를 독립된 부과사유로 규정한 것처럼 보일지라도, 감면된 부동산을 그 사용일부터 2년 이상 해당사업의 용도에 직접 사용한 다음 매각·증여하는 경우와의 과세형평, 부동산의 보유기간 동안 매년 부과되는 재산세와 달리 취득세는 그 부동산을 일정기간 동안 당해 사업의 용도에 사용하면 감면의 목적을 달성할 수 있다고 보는 것이 합리적이라 할 것이며, 학교 등이 감면된 부동산을 당해 사업 용도로 직접 사용하기 시작할 유예기간을 부여하되 유예기간 동안에 수익사업에 사용하는 경우와 그 유예기간 이후에도 정당한 사유 없이 당해 사업에 사용을 시작하지 않는 경우 또는 그 사용일부터 일정한 기간 동안 당해 사업에 사용하지 않은 경우 등에는 취득세를 추징하고, 일정한 기간 동안 당해 사업의 용도로 사용하면 그 후부터는 취득세를 부과하지 않겠다는 내용을 규정한 것으로 보는 것이 입법취지나 목적에 부합하는 해석이라고 할 것이므로(대법원 2012두26678, 2013.3.18. 선고 참조), 위 조항의 문언과 규정 취지 등에 비추어 볼 때, 학교법인이 체육관을 증축하여 해당 부동산을 2년 이상 당해 사업의 용도에 직접 사용하였다면 그 이후에 수익사업으로 사용하더라도 「지방세특례제한법」 제41조 제1항 각 호에서 규정한 추징 사유에는 해당하지 않음(행정자치부 지방세특례제도과 −1531, 2016.7.5.).

• 스포츠센터를 건립하여 일부의 시설은 강의실, 교수 연구실 등 교육시설로 이용하고, 그 나머지 시설 수영장, 스쿼시장, 헬스장 등은 교육시설로 이용하는 것 외에 학생·교직원·지역주민 등 외부이용자로 부터 월 단위로 수강료·이용료를 징수하면서 회원제로 운영하고 있는 바, 위와 같은 활동은 한국표준산업분류에서 체력단련시설 운영업, 수영장 운영업 또는 그외 기타 운동시설 운영업으로 분류되고, 회원제로 운영하면서 회원들로부터 매월 수강료 또는 이용료를 받고 있으므로 수익이 발생되는 사업이라 할 것이고, 「지방세특례제한법」 제2조 제2호 단서 및 「법인세법 시행령」 제3조 제3항 단서에서 규정한 수익사업에서 제외되는 사업에도 해당되지 않는 것으로 보임(행정자치부 지방세특례제도과−523, 2015.3.2.).

• 원고가 이 사건 건물(지하 1층 지상 7층)을 신축한 목적 및 이 사건 건물의 관리를 그 시공사인 ○○건설 주식회사에게 위탁하게 된 경위, 이 사건 건물 중 학생

및 교수식당, 은행, 서점, 문구점, 편의점, 안경점, 사진관, 레스토랑, 호프집, 당구장, 만화방 및 노래방 등으로 사용되고 있는 지하 1층과 지상 1층 시설부분(이하 '쟁점부분'이라 한다)의 설치장소, 대상고객, 취급업종, 이용요금 및 그 운영실태, 위 위탁관리로 인한 수익금의 지출용도 등 제반 사정을 참작할 때, 원심이 쟁점부분은 원고가 운영하는 ○○대학교 ○○캠퍼스의 기숙사 거주학생과 일반학생 및 교직원들의 후생복지를 위한 시설로서 원고가 수행하는 교육사업에 사용되는 것이라 할 것이고, 비록 원고가 ○○건설로 하여금 쟁점부분을 위탁관리 하도록 하고 ○○건설로부터 학교발전기금 등의 상당한 금원을 지급받기로 하였다고 하더라도, 쟁점부분이 위와 같이 학생 및 교직원들의 후생복지시설로 운용되고 있고 그 위탁관리계약에 의하여 그로부터의 이탈이 엄격히 통제되고 있으며, 달리 임대사업으로서의 수익성이 있다거나 임대수익을 목적으로 한 것이라고 볼 증거가 없는 이상, 위와 같은 금원의 취득으로 인해 쟁점부분의 사용이 수익사업으로 되는 것은 아님(대법원 04두9265, 2006.1.13.).

- 학교법인의 교육사업에 직접 사용하는 것인지 아니면 수익사업에 사용하는 것인지 여부를 판단하기 위해서는 사용관계(이용주체, 이용현황 등) 및 일반인의 접근가능성 여부, 이 사건 쟁점부분의 운영과 학교법인의 교육사업과의 연관성, 시설운영으로 인한 수익의 귀속 주체 및 그 규모 등의 제반사정을 종합적으로 고찰해야 함(대법원 2010.2.25. 선고 2009두19533 판결).

- 비영리 학교법인이 건물신축 부분 중 일정 부분에 대해 월차임 성격의 기부금을 받아 운영하였다면 수익사업인 부동산 임대업에 해당함(대법원 14두40333, 2014.11.27).

- 주차장은 부속병원 필수시설이므로 임대라도 수익사업에 해당되지 않아 취득세 면제대상이나 유료 사용 부분은 재산세 과세대상이다(대법원 2017.9.21. 선고 2017두47502 판결).

사례 **학교에 대한 감면 적용범위**

- 종교단체가 종교용에 사용할 목적으로 취득한 부동산을 대안학교로 사용하는 경우 건축물을 유치원 과정과 초등학교 과정을 교육하는 대안학교로 활용하고 있는 사실이 확인된 점 등에 비추어 쟁점건축물은 종교 목적과는 구분되는 비인가학교로 사용되고 있는 것으로 보이므로 이 건 취득세 등을 부과한 처분은 잘못이 없음(조세심판원 2015지1225, 2016.8.25.).

- 청구법인은 인사, 조직 및 재정 등의 측면에서 국가로부터 독립되어 국가 또는 지방자치단체라 볼 수 없고, 다른 법률에서 국가 또는 지방자치단체로 의제된 법인도 아닌 점 등에 비추어 청구법인의 이 건 부동산 취득이 비과세 대상으로 보기 어렵고, 쟁점토지 지상 위에 임시 천막시설만이 설치되어 있는 것 외에는 사실상 방치되어 있는 것으로 나타나는 반면 청구법인이 연구장비 보관·사전장비 시험 및 실험분석공간으로 활용하였다고 인정할 만한 객관적인 자료가 없는 점 등에 비추어

청구법인이 쟁점토지 및 쟁점아파트를 정당한 사유없이 취득일부터 3년이 경과할 때까지 해당 용도로 직접 사용하지 아니한 것으로 보아 처분청이 이 건 취득세 등을 과세한 처분은 달리 잘못이 없다고 판단됨(조심 2018-0214, 2018.8.6.).

- 청구법인이 운영하는 국제학교는 「지방세특례제한법」 제41조 제1항에서 규정하고 있는 "학교등"에 해당하고 「초·중등교육법」 제2조 제5호에서 규정하고 있는 각종학교에 해당하는 것이므로 처분청이 이 건 주민세(재산분, 종업원분)를 부과한 처분은 잘못이 있다고 판단됨(조심 2018-0223, 2018.6.12.).

- 학교법인이 대학 구외에 소재한 이 건 부동산을 초빙전임교원인 외국인 교환교수들을 위한 기숙사로 제공한다 하더라도 외국인 교수들은 당해 학교 목적사업을 수행하기 위한 중추적인 역할을 하는 자로 보기는 어렵다 할 것이므로 이 건 부동산을 교육용에 직접 사용하는 부동산으로 보기 어려움(조세심판원 2012지0536, 2012.11.7.).

- 비영리사업자가 구성원에게 사택이나 숙소를 제공한 경우 그 구성원이 비영리사업자의 사업 활동에 필요불가결한 중추적인 지위에 있어 사택이나 체류하는 것이 직무 수행의 성격도 겸비한다면 당해 사택이나 숙소는 목적사업에 직접 사용되는 것으로 볼 수 있지만, 사택이나 숙소의 제공이 단지 구성원에 대한 편의를 도모하기 위한 것이거나 그곳에 체류하는 것이 직무 수행과 크게 관련되지 않는다면 그 사택이나 숙소는 비영리사업자의 목적사업에 직접 사용되는 것으로 볼 수 없으며 ○○대학교에 근무하는 외국인 교원의 지위와 근무현황, 그리고 이 사건 각 오피스텔의 위치와 취득 목적 등에 비추어 보면, ○○대학교에 근무하는 외국인 교원들이 원고의 목적사업인 대학교육에 필요불가결한 중추적인 지위에 있다거나 그들이 이 사건 각 오피스텔에 체류하는 것이 직무 수행의 성격을 겸비하는 것으로는 볼 수 없으므로 이 사건 각 오피스텔은 원고의 목적사업에 직접 사용되는 것으로 보기 어려움(대법원 2014.3.13. 선고 2013두21953 판결).

- 학교가 교육사업에 직접사용하는 것으로 볼 수 있는지 여부 관련하여 비영리사업자(학교)가 구성원에게 사택이나 숙소를 제공한 경우 그 구성원이 비영리사업자의 사업 활동에 필요불가결한 중추적인 지위에 있어 사택이나 숙소에 체류하는 것이 직무 수행의 성격도 겸비한다면 당해 사택이나 숙소는 목적사업에 직접 사용되는 것으로 볼 수 있지만, 사택이나 숙소의 제공이 단지 구성원에 대한 편의를 도모하기 위한 것이거나 그곳에 체류하는 것이 직무 수행과 크게 관련되지 않는다면 목적사업에 직접 사용되는 것으로 볼 수 없으므로, 외국인 교원들의 주거 편의를 제공하기 위해 취득한 학교 구외 오피스텔은 취득세 등 감면대상으로 볼 수 없음 학교가 부동산을 취득후 교직원 또는 원어민교사 숙소 및 게스트하우스로 사용한 경우 취득세 등을 비과세할 수 없음(대법원 14두40296, 2014.11.27.).

- 청구인이 이 사건 사업을 독자적으로 추진하였다기보다 계획 수립, 보조금 지급, 연기 협의 등 ○○시가 지속적으로 관여하였던 점, 주무 부처의 승인 지연이라는 요인이 감사결과가 통보된 이후 그에 따른 재조사 용역이 완료되고 사업의 향방이 결정되기까지 감사원의 감사가 이 사건 사업을 진행할 수 없는 외부적인 사유가 인정되는 등이 사건 토지를 취득일로부터 3년 이내에 해당사업에 사용하지 못한 정당한 사유가 있음(감심 2016-548, 2018.5.10.).

- 사립학교에서 2000년도에 건축물을 신축하여 취득하고 취득당시 유효하였던 규정을 신뢰하여 해당 건축물을 감면규정에서 정한 일정기간 동안 해당사업의 용도로 직접 사용한 경우라면 이는 감면요건을 충족한 것으로 보아야 할 것이고 '15년 용도를 변경하여 수익사업에 사용할 예정인 경우라 하여도 「지방세특례제한법」 제41조 제1항 단서에 따른 취득세 추징대상이 아닌 것으로 보는 것이 타당할 것임 (대법원 2013.3.28. 선고 2012두26678 판결, 2015.9.24. 선고 2015두42152 판결 참고 ; 행정자치부 지방세특례제도과-3354, 2015.12.7.).

사례 ▷ 학교에 직접 사용하지 못한 정당한 사유 여부

- 이 건 토지는 이 건 재산세 과세기준일 현재 동 토지상의 건축공사가 중단되어 그 목적에 직접 사용되지 아니하는 경우에 해당하여 재산세 등의 면제대상에 해당하지 아니하고 건축공사가 중단된 사유가 청구법인과 시공사간의 공사시기 및 자금문제 등의 내부사정에 의한 것으로 나타나므로 이를 같은 법 시행령 제103조 제1항 제3호에서 규정하고 있는 정당한 사유로 인정하기 어려움(조심 2017지1083, 2017.12.28.).

- 외국인학교 설립에 자발적으로 참여한 사실, 외국인학교 설립 타당성 재조사 연구용역을 실시하고 그 결과를 근거로 외국인학교 설립 추진이 부적절함을 포항시에 통보한 사실, 건축허가일로부터 1년 이내 공사 미착공을 사유로 건축허가를 취소한 사실 등을 고려하면 외국인학교 설립추진을 위하여 정상적인 노력을 다하였음에도 외부적인 제한이 있었다기 보다는 자체 내부적인 사유로 해당 부동산을 취득일로부터 3년이 경과할 때까지 정당한 사유 없이 학교용도에 해당 부동산을 직접 사용하지 않은 것으로 보이나, 이에 해당하는지 여부는 과세관청이 구체적인 사실관계를 면밀히 검토하여 판단하여야 할 것임(행정자치부 지방세특례제도과-1775, 2015.7.3.).

- 학교부지로 사용하기 위하여 계획을 수립하고 일관되게 추진한 점 등을 고려시 3년내 고유업무에 사용하지 못한 정당한 사유가 있으나(58,270㎡ 부분), 도시관리계획시설(학교)에 편입되지 않은 토지 면적 47,250㎡ 부분은 정당한 사유가 없다(대법원 2017.1.25. 선고 2016두54855 판결).

사례 국립대의 법인화로 무상 양여받은 부동산에 대한 직접사용 여부

「지방세법」 제9조 제1항 및 제109조 제1항에 의하면, 비과세 대상을 "국가, 지방자치단체, 지방자치단체조합, 외국정부 및 주한 국제기구"로 명확히 한정하고 있고, 또한 구「지방세특례제한법」 제3조 제1항에서도 이 법, 「지방세법」 및 「조세특례제한법」에 따르지 아니하고는 「지방세법」에서 정한 일반과세에 대한 지방세 특례를 정할 수 없도록 규정되어 있으므로 지방세 감면 등 특례 적용 요건인 '해당 사업에 사용' 여부는 관련 근거 조문인 구「지방세특례제한법」 제41조 제1항 또는 제2항의 규정 및 위 법리에 따라 현실적으로 당해 부동산이 학교의 연구 · 교육사업 자체에 직접 사용되는지를 기준으로 판단하여야 한다. 또한 조세법률관계에 있어서 과세관청의 행위에 대하여 신뢰보호의 원칙 또는 신의성실의 원칙을 적용하기 위해서는, 과세관청이 공적인 견해표명 등을 통하여 부여한 신뢰가 평균적인 납세자로 하여금 합리적이고 정당한 기대를 가지게 할 만한 것이어야 하며(대법원 2013. 12. 26. 선고 2011두5940 판결 참조), ○○대법 부칙 제8조 제1항의 규정만으로 취득세 등 지방세 부과처분을 하지 아니할 것이라는 공적인 견해표명이 있었다거나 보호가치 있는 신뢰를 형성하였다고 보기 어려우므로 과세처분이 신뢰보호의 원칙을 위반한 것이라고 볼 수 없다(대법 2018두57803, 2019.1.17.).

사례 학교법인의 산학협력사업 감면대상 해당 여부

학교법인이 교육사업이 아닌 산학협력사업에 대하여는 그 입법취지와 감면대상이 상이하므로 산학협력사업부분으로 사용되는 부동산을 학교법인이 교육사업에 직접 사용하는 것으로 보아 감면을 적용할 수는 없음(서울고법 2020누56379, 2021.6.3.: 대법확정).

사례 학교가 운영하는 유료 전시관의 재산세 감면 여부

고등교육법에 따른 교육과정이 아닌 불특정 다수의 이용자들로부터 관람료를 받고 운영하는 전시관은 비록 그 전시관이 학교 내 교지에 설치되어 있다고 하더라도 학교 등이 교육 목적사업에 직접 사용하는 부동산이라 보기 어려우므로 재산세 면제대상에 해당되지 않음(지방세특례제도과-1204, 2021.5.27.).

③ 최근 쟁점

학교용에 직접 사용하는 토지로 보아 재산세 감면해당 여부

• 「지방세특례제한법」 제41조 제2항은 학교가 과세기준일 현재 "해당 사업"에 직접 사용하는 부동산에 대하여는 재산세를 면제하도록 규정하고 있고 여기에서 학교의 '해당 사업'이라 함은 당연히 학교의 교육사업 자체를 의미하는 것이고, 해당 사업에 직접 사용된다 함은 강의실, 교수연구실, 대학본부, 학생기숙사, 강당 등과 같이 해당 부동산의 사용용도가 대학의 구성원으로서 필요불가결한 존재인 학생 및 교직원의 교육 및 연구 활동에 직접 사용되는 것에 한하는 것으로 보아야 할 것(대법원 92누 7315, 1992.9.22., 감사원 제2001-115호, 2001.10.9.)으로 해당 토지가 대학의 교육·연구에 직접 사용되는 재산에 포함되기 위해서는 최소한 「대학설립·운영규정」에 따른 교사(校舍)와 교지(校地)에 해당되어야 할 것임.
그러나 「대학설립·운영규정」 제4조 제1항에서 대학부설 연구소 및 그 부대시설은 연구시설로서 교사(校舍)로 규정하고 있는 반면, 대학부설 연구소의 실습지인 토지에 대해서는 교사(校舍)로 구분하는 규정이 없으므로 해당 토지는 교사(校舍)에 해당되지 않고, 「대학설립·운영규정」 제5조 제2항에서 교지(校地)를 농장·학술림·사육장·목장·양식장·어장 및 약초원 등 실습지를 제외한 학교구내의 모든 용지로 규정하고 있는데 해당 토지는 자연림 상태의 임야로서 대학구내에 존재한다고 보기 어려울 뿐만 아니라 대학부설 연구소의 산양삼 연구 실습지로서 교지(校地)에 해당되지 않는다고 할 것임.
또한, 해당 토지는 소수의 대학부설 연구소 관계자가 산양삼을 식재하여 재배지로 사용하는 자연림상태의 임야로서 학과계열별 부속시설인 농장·학술림·사육장·목장·양식장·어장 및 약초원 등실습지와 같이 다수의 학생 또는 교직원이 항시 이용할 수 있는 토지가 아니라 할 것이므로 대학의 구성원으로서 필요불가결한 존재인 학생 및 교직원의 교육 및 연구 활동에 직접 사용되는 부동산으로 볼 수 없다고 판단됨(행안부 지방세운영과-2305, 2012.7.18.).

• 자연림 상태의 임야로 이용되고 있는 토지에서 간헐적으로 학생들의 야외수업공간으로 제공하여 왔다는 사정만으로는 이를 교육사업에 직접 사용하는 것으로는 볼 수는 없다 할 것이지만, 쟁점토지 중 내리 12-8 토지 58,805㎡의 경우는 다른 토지와는 달리 공부상 지목이 "학교용지"에 해당할 뿐만 아니라, 청구법인 산하의 "인삼·산양삼연구센터"가 산양삼 식생 및 재배실험 사업에 사용하고 있는 사실이 확인되고 있는 이상 이를 학교용에 직접 사용하는 토지로 보아 재산세를 감면하는 것이 타당(조세심판원 2012지0793, 2013.2.7.)

「지방세특례제한법」 제41조 제2항은 학교가 교육사업에 직접 사용하는 토지에 대해서는 재산세를 면제하되 그 토지의 일부가 교육목적에 직접 사용되지 아니하는 경우의 그 일부 토지에 대해서는 재산세를 면제하지 아니한다고 규정하고 있으므로 교지라 하더라도 교육목적에 직접 사용되는 부분만 재산세가 면제되고 나머지 토지에 대해서는 재산세가 면제되지 아니한다고 봄이 타당하고, 과세대상이 된 부동산이 비과세 혹은 면제대상이라는 점은 이를 주장하는 납세의무자에게 입증책임이 있으며(대법원 1996.4.26. 선고 94누12708 판결 등 참조) 해당 토지가 1년 동안 약 12시간가량 대학 ○○학과 약 ○○명의 학생들을 대상으로 하는 GPS 측량실습장으로 사용된 사실은 인정되나 GPS 측량은 임의의 지점을 선정하여 그 지점에 측량 기구를 놓고 인공위성으로부터 위치정보를 수신하여 그 지점의 위치(위도 및 경도 등)를 확인하는 측량으로, 인공위성으로부터 정보가 수신될 수 있게 개방된 지점이면 어느 곳에서나 할 수 있으며 GPS측량 실습의 특성과 해당 토지의 전체 면적, GPS측량에 이용된 면적이나 횟수, 시간 및 수강인원 등을 고려할 때 ○○대학이 해당 토지를 GPS측량 실습장으로 사용하였다고 하더라도, 이는 단지 일시적·부수적으로 수업장소로 활용한 것에 불과하였다고 볼 수 있을 뿐이고, 계속적·반복적으로 교육목적을 위해 사용하였다고 보기는 어려움(대법 2018두58820, 2019.1.17.).

사례 대학병원 감면규정 일반적 경과조치규정 적용(「지방세특례제한법」 제41조 제7항)

청구법인이 이 건 건축물의 건축허가를 받아 그 공사를 착공할 당시에는 개정 전 「지방세특례제한법」에서 의과대학의 부속병원용 부동산에 대한 취득세를 면제하는 것으로 규정하고 있다가, 청구법인이 해당 공사를 완공할 당시에 취득세 감면범위가 75%로 축소되었으나, 부칙에서 일반적 경과조치 규정을 두어 '종전 규정에 따라 감면될 취득세'에 대하여는 종전규정에 따르도록 함으로써 종전 규정에 따른 감면을 신뢰한 납세자를 보호하도록 하고 있는 점, 청구법인이 이 건 건축물에 대한 건축허가를 받아 그 공사를 착공할 당시에는 의과대학 부속병원용 부동산에 대한 취득세는 종전 규정에 따라 면제되고 있었으므로 청구법인으로서는 향후 해당 건축물이 완공되더라도 종전 규정에 따라 취득세가 면제될 것으로 신뢰하였을 것으로 보이고, 이러한 의과대학 부속병원에 대한 취득세 면제규정은 1954년 「지방세법」 제정시 규정된 이후 2014.12.31.까지 「지방세법」 또는 「지방세특례제한법」에서 계속하여 그 형식만 바꾸어 비과세 또는 면제대상으로 유지되어 왔으므로 그와 같이 신뢰할 만한 사정이 있었던 것으로 보이는 점, 실제로 청구법인은 종전 규정 시행당시 이 건 건축물에 대한 건축허가, 착공 등 취득과 밀접하게 관련된 원인행위를 한 것으로 보이는 점 등에 비추어 청구법인이 「지방세특례제한법」이 개정되어 의과대학 부속병원용 부동산에 대한 취득세 감면율이 75%로 축소된 이후인 2015.8.7. 이 건 건축물을 취득하였다 하더라도 종전 규정의 시행기간 내에 취득을 위한 원인행위를 하였는바, 일반적 경과규정에 따라 종전 규정을 적용하여 취득세를 면제하는 것이 타당하다 할 것이므로 처분청이 이 건 경정청구를 거부한 처분은 잘못이라고 판단됨(조심 2020지 405, 2021.10.8., 같은 뜻임)(조심 2021지659, 2021.11.29.).

제 **21** 장

학술연구단체·평생교육시설 등에 대한 감면

❶ 관계법령

「**지방세특례제한법**」 제45조(학술단체 및 장학법인에 대한 감면) ① 대통령령으로 정하는 학술단체가 학술연구사업에 직접 사용하기 위하여 취득하는 부동산에 대해서는 취득세를, 과세기준일 현재 학술연구사업에 직접 사용하는 부동산에 대해서는 재산세를 각각 2024년 12월 31일까지 면제한다. 다만, 제45조의2에 따른 단체는 제외한다.

② 「공익법인의 설립·운영에 관한 법률」에 따라 설립된 장학법인(이하 이 조에서 "장학법인"이라 한다)에 대해서는 다음 각 호에서 정하는 바에 따라 지방세를 2024년 12월 31일까지 감면한다.

1. 장학법인이 장학사업에 직접 사용하기 위하여 취득하는 부동산에 대해서는 취득세를, 과세기준일 현재 장학사업에 직접 사용하는 부동산에 대해서는 재산세를 각각 면제한다.

2. 장학법인이 장학금을 지급할 목적으로 취득하는 임대용 부동산에 대해서는 취득세의 100분의 80을, 과세기준일 현재 해당 임대용으로 사용하는 부동산에 대해서는 재산세의 100분의 80을 각각 경감한다.

③ 제1항 및 제2항에 따라 취득세를 면제 또는 경감받은 후 다음 각 호의 어느 하나에 해당하는 경우 그 해당 부분에 대해서는 면제 또는 경감된 취득세를 추징한다.

1. 정당한 사유 없이 그 취득일부터 1년이 경과할 때까지 해당 용도로 직접 사용하지 아니하는 경우

2. 해당 용도로 직접 사용한 기간이 2년 미만인 상태에서 매각·증여하거나 다른 용도로 사용하는 경우

3. 취득일부터 3년 이내에 관계 법령에 따라 설립허가가 취소되는 등 대통령령으로 정하는 사유에 해당하는 경우

「**지방세특례제한법 시행령**」 제22조(학술단체의 정의 등) ① 법 제45조 제1항 본문에서 "대통령령으로 정하는 학술단체"란 「학술진흥법」 제2조 제1호에 따른 학술의 연구·발표활동 등을 목적으로 하는 법인 또는 단체로서 다음 각 호의 어느 하나에 해당하는 법인 또는 단체를 말한다. 다만, 해당 법인 또는 단체가 「공공기관의 운영에 관한 법률」 제4조에 따른 공공기관인 경우에는 행정안전부장관이 정하여 고시하는 법인 또는 단체로 한정한다.

1. 「공익법인의 설립·운영에 관한 법률」 제4조에 따라 설립된 공익법인

2. 「민법」 제32조에 따라 설립된 비영리법인

3. 「민법」 및 「상법」 외의 법령에 따라 설립된 법인

4. 「비영리민간단체 지원법」 제4조에 따라 등록된 비영리민간단체

② 법 제45조 제3항 제3호에서 "관계 법령에 따라 설립허가가 취소되는 등 대통령령으로

정하는 사유"란 다음 각 호의 어느 하나에 해당하는 경우를 말한다.

1. 「공익법인의 설립·운영에 관한 법률」 제16조에 따라 공익법인의 설립허가가 취소된 경우
2. 「민법」 제38조에 따라 비영리법인의 설립허가가 취소된 경우
3. 「비영리민간단체 지원법」 제4조의2에 따라 비영리민간단체의 등록이 말소된 경우

※ 학술단체 등 감면대상 및 추징규정 재설계(2020.1.1. 납세의무성립분부터 적용)

❑ **개정주요 내용**

개정 전	개정 후
❑ 학술연구단체 등의 고유업무	❑ 학술단체의 학술연구사업
○ 면제 대상자, 사업 및 세목	○ 대상자, 사업 및 세목 조정

<table>
<tr><td colspan="6">개정 전</td></tr>
<tr><td>구분</td><td>대상</td><td>취</td><td>재</td><td>도</td><td>지</td></tr>
<tr><td>학술연구단체</td><td rowspan="3">고유
업무</td><td>○</td><td>○</td><td>○</td><td>○</td></tr>
<tr><td>장학단체</td><td>○</td><td>○</td><td>○</td><td>○</td></tr>
<tr><td>과학기술진흥단체</td><td>○</td><td>○</td><td>○</td><td>−</td></tr>
</table>

<table>
<tr><td colspan="6">개정 후</td></tr>
<tr><td>구분</td><td>대상</td><td>취</td><td>재</td><td>도</td><td>지</td></tr>
<tr><td>학술단체</td><td>학술연구
사업</td><td>○</td><td>○</td><td>−</td><td>−</td></tr>
<tr><td>공익장학법인</td><td>장학사업</td><td>△</td><td>△</td><td>−</td><td>−</td></tr>
<tr><td>과학기술진흥단체</td><td>−</td><td>−</td><td>−</td><td>−</td><td></td></tr>
</table>

개정 전	개정 후
– 학술단체 외에도 장학단체 및 과학·기술진흥단체는 감면대상	– 비영리 학술단체의 학술사업 부동산으로 감면대상을 재편 ※ 학술은 과학기술을 포함하는 개념 – 장학단체는 대상 축소(2항 이동) – 대상 또는 법적성격 자체가 모호한 과기진흥단체는 제외

★ 학술연구단체 등의 판단 기준(대통령령)
 ▷ 정부로부터 허가 또는 인가
 ▷ 민법 외의 법률에 따른 설립·적용
 ▷ 공공기관은 고시*된 기관에 한정
  * 현재 행안부장관이 고시한 기관 없음
	★ 대통령령으로 정하는 학술단체
	– 학술진흥법에 따른 학술의 연구·발표 등을 목적으로 하는 법인 또는 단체
	 ▷ 공익법인, 민법상 비영리법인
	 ▷ 민법 및 상법 외의 법령에 따른 법인
	 ▷ 비영리단체법상 등록 비영리민간단체
	  ※ 공공기관 적용대상은 이전과 동일함

❑ 공익장학법인 임대용 부동산 〈 신 설 〉 ※ 제1항에서 이관 ○ 장학금 재원용 임대 부동산 – 취, 재(도시지역분 포함), 지자 80% ※ 취득 후 3년 이내 미사용 또는 사용 후 2년 내 매각·증여·타용도사용 시 추징	❑ 공익장학법인 감면대상 재설계 ○ 장학사업 직접사용 부동산 – 취, 재(도시지역분 제외) 100% ○ (개정 전과 같음) – 취, 재(도시지역분 제외) 80% ※ 제3항 공통 추징규정 신설에 따라 미사용 유예기간 1년(3년→1년)으로 축소

개정 전	개정 후
□ 일반적 추징 또는 개별 규정 ○ 제1항은 일반적 추징규정*, 제2항은 개별 추징규정 적용 　* 제178조 (1년 이내 미사용, 2년 내 매각·증여 등)	□ 공통적용 개별 추징(제3항) 신설 ○ 1년 이내 미사용 또는 2년 내 매각·증여 등 발생 시 추징 ○ 3년 이내 관계법령에 따라 설립허가 취소 등* 사유 추징 　* 대통령령(유형에 따라 설립허가 취소, 등록말소 등)

❏ 면제대상인 '학술단체'의 판단 기준

1. 다음의 어느 하나에 해당하는 법인 또는 단체일 것

> ▷「공익법인의 설립·운영에 관한 법률」 제4조에 따라 설립된 **공익법인**
> ▷「민법」 제32조에 따라 설립된 **비영리법인**
> ▷「민법」 및「상법」 외의 법령에 따라 설립된 **법인**
> ▷「비영리민간단체 지원법」 제4조에 따라 **등록된 비영리민간단체**

2.「학술진흥법」 제2조 제1호에 따른 '학술'의 연구·발표를 주된 목적으로 할 것

> 학술진흥법 제2조(정의)
> 　1. "학술"이란 학문의 이론과 방법을 탐구하여 지식을 생산·발전시키고, 그 생산·발전된 지식을 발표하며 전달하는 학문의 모든 분야 및 과정을 말한다.
>
> ▷ 법령·법인등기·정관·설립허가사항 등에 따른 사업의 목적이 학술과 관련이 높을 것
> ▷ 예산집행, 회계결산서, 사업실적 등을 통해 확인되는 실질적 수행 활동이 학문의 조사·연구·발표·발간 등일 것
> 　※ 수행하는 학술의 연구·발표 등이 다른 사업의 부대사업인 경우 학술단체로 보지 아니함.

❏ '학술연구사업'의 판단 기준

1. 학문의 연구·교류·발표, 학술지 발간, 학술정보 및 자료의 축적·관리, 연구인력 양성, 교육 등 학술연구와 직접 관련된 사업일 것
2. 비영리적 성격의 사업일 것. 다만, 1)에 해당하는 사업에서 수익금이 발생하는 경우로서 해당 수익금이 연구·개발 등의 직접대가이거나 실비 성격인 경우 영리성이 없는 것으로 간주함.

◆ 면제대상인 '장학법인'의 판단 기준(종전의 규정에 따른 장학단체 중 공익법인에 해당하지 않는 장학단체는 개정규정에 따라 면제대상에서 배제됨)

1. 「공익법인의 설립·운영에 관한 법률」 제4조에 따라 설립된 공익법인일 것
2. 학생 등의 장학을 목적으로 금전 등을 제공하는 사업을 주된 목적으로 할 것
   ※ 장학사업이 주된 사업이 아닌 다른 사업의 부대사업인 경우 장학법인으로 보지 아니함.

사례 학술연구단체 감면대상에 해당하는지 여부

- 최근 5년간의 지출총액 가운데 마케팅·홍보에 44% 정도를 지출하는 반면, 기술연구비가 차지하는 비율이 평균 25% 내외에 불과하므로 학술의 연구와 발표를 주된 목적으로 하는 단체로는 보기 어려움(지방세특례제도과−1192, 2015.4.30.).
- 청구법인은 연구 지원사업 및 공익사업 등을 목적사업으로 하고 있고, 이는 연구 활동 등을 간접적으로 지원하는 활동으로 감면대상 고유 업무인 학술 연구 및 발표로 보기 어려움(조심 15지1982, 2016.6.30.).
- 학술연구단체 등에 해당하는지 여부는 정관 목적사업, 예산 및 사업실적등을 고려하여 판단함(대법원 08두1115, 2008.6.12.).
- (사)○○○○사업단의 정관에 의하면 목적사업을 무주천마사업의 생산·가공·기술연구, 천마 관련 사업으로 마케팅·소비촉진을 위한 홍보활동, 판로수출 확대 및 신규시장개척을 위한 국내외 시장조사, 고품질 생산기술 개발·보급·유통개선 등을 위한 교육 및 국내외 선진지 연수, 회원이 생산한 천마제품의 출하조절·생산·포장 등을 위한 공동작업장 및 공동 이용시설의 설치운영, 생산·판매를 위한 자재 등의 공동구입, 천마관련 시설 및 제품개발·품질관리 등 지원·운영, 공동브랜드 포장디자인 용기개발 및 마케팅에 관한 사항 등으로 하고, 지리적 표시 및 지리적 표시 단체 표창 관련 사업으로 무주천마의 지리적 표시, 지리적 표시단체 표창·등록 및 사후관리, 무주천마의 품질조사 및 품질관리, 개인회사 및 단체회원의 구성원에 대한 지리적 표시제 관련 교육으로 하고, 기타사업으로 위 사업과 관련되는 부대사업으로 하고 있으며, (사)○○○○사업단의 '10년 ~ '14년 예산 현황에 의하면 최근 5년간의 지출총액 가운데 마케팅·홍보에 44% 정도를 지출하는 반면, 기술연구비가 차지하는 비율이 평균 25% 내외에 불과하므로 학술의 연구와 발표를 주된 목적으로 하는 단체로는 보기 어려운 것으로 보이나, (사)○○○○사업단이 학술연구단체에 해당하는지 여부는 법인의 실질적인 사업 등 상세내역에 대한 사실관계를 확인하여 과세권자가 판단 할 사항임(행정자치부 지방세특례제도과−1192, 2015.4.30.).
- ○○대불산학융합본부의 정관상 목적사업을 ○○국가산업단지를 중심으로 전라남도 서남권 조선산업 관련 기업체의 인적자원개발(교육), R&D, 고용이 융합된 산학일체형 산학협력을 수행함을 목적으로 규정하고 있어, 학술의 연구나 발표를

주된 사업으로 하는 학술연구단체로 보기 어렵다 할 것이고, (사)○○○○융합본부는 현재 설립허가만을 득하고 사실상 사업을 영위하고 있지 않은 상태로서 사업실적, 예산의 사용용도 등에 있어 주된 사업과 지원 및 수익 사업 등을 알 수 없음에도 이 단체를 학술연구단체 또는 과학기술단체로 보아 취득세 등을 감면대상으로 볼 수 없다 사료되나, 이에 해당 여부는 과세권자가 정관상 목적사업과 사업실적 등 사실조사하여 판단할 사안임(행정자치부 지방세특례제도과-316, 2014.12.24.).

- ○○공단의 정관상 목적사업은 도로에서의 교통안전에 관한 교육·홍보·연구·기술개발과 운전면허시험의 관리 등으로 ○○방송 자체만으로는 학술의 연구나 발표를 주된 사업으로 하는 학술연구단체로 보기는 어렵다고 할 것이며, 공단에서 교통과학연구, 교통안전교육 등의 학술의 연구와 발표를 하는 경우라도 공단의 사업실적, 예산의 사용용도 등에 있어 그 비율이 주된 사업이 아닌 부대사업이나 지원사업에 불과하다면 학술연구단체에 해당되지 아니한다고 할 것임(안전행정부 지방세운영과-1605, 2013.7.24.).

- ○○기계부품연구원이 학술연구단체에 해당하는지의 여부에 대하여 「민법」 제32조와 「지식경제부장관 및 그 소속청장의 주관에 속하는 비영리법인의 설립 및 감독에 관한 규칙」 제4조에 의해 설립된 법인으로서 지역소재 기계금속 산업체의 시험평가, 기술개발에 대한 체계적인 지원 등을 목적으로 이를 달성하기 위해 기술혁신사업, 기계소재시험평가사업, 기술정보화 관련 지원 사업, 교육훈련사업, 수탁가공사업, 장비·시설 임대 수입사업 등을 추진할 수 있으며, 해당 법인의 홈페이지와 홍보자료 등을 통해 해당 법인이 최근 기계부품 소재시험 평가센터 운영, 메카트로닉스 부품 산업화 센터 구축, 차세대 금형 혁신기반 구축 사업 등을 주요 사업으로 추진하고 있는 점 등을 종합적으로 감안했을 때 해당 법인이 학술 및 연구논문을 연평균 30편 이상 발표한다고 하더라도 학술연구단체보다는 과학기술진흥단체에 해당된다고 보는 것이 합리적일 것으로 판단됨(행정안전부 지방세운영과-2543, 2012.8.8.).

- 남북한민족의학연구 등 학술연구를 목적으로 설립된 단체(A법인)가 일반음식점 및 재활용품 판매업을 운영하는 경우, 법인 정관 및 등기부등본상에 목적사업으로 기재되어 있지 아니한 점, 또한 법인은 남북한 민족의학 연구 등의 사회적 실천방안의 일환으로 저소득층 건강을 위한 영양사업 및 생태환경 보호를 위한 재활용품 사업을 목적사업으로 정관에 추가하였으나 주무관청(보건복지부장관)의 허가를 받지 못하여 삭제되었던 점, 점심은 저소득층을 위해 자율적으로 식사대금을 내도록 하고 있다고 하더라도 저녁은 사업자등록을 하고 불특정다수인을 상대로 영업하는 일반적인 음식점과 동일하게 운영하고 있는 점 등을 종합적으로 고려할 때, A법인이 운영하고 있는 일반음식점 및 재활용품 판매점은 남북한 민족의학 연구 등을 목적사업으로 하는 학술연구단체의 고유업무로 보기는 어렵다고 할 것임(행정안전부 지방세운영과-478, 2012.2.14.).

- 지방세법 제288조 제2항에서 감면대상으로 규정하고 있는 학술연구단체 등의 범위에 대하여는 지방세법령에 구체적으로 명시하고 있지 아니하므로 개별적으로 그 법인이나 단체의 정관상 목적사업, 예산 및 사업실적 등을 고려하여 해당 여부를 판단하되, 학술연구 등이 사업의 부수업무가 되거나 지원업무가 아닌 "주된 사업"이어야 하고 주된 사업의 판단은 당해 법인이나 단체의 정관상 목적사업과 관련하여 사업실적, 예산의 사용용도 등에 있어 그 비율이 높은 사업을 주된 사업으로 판단하여야 할 것이며, "학술연구단체" 또는 "기술진흥단체"에 해당하는지 여부는 단체의 명칭 여하를 불문하고 실질적인 활동내역, 예산집행상황 등을 종합적으로 고려하여 판단하여야 함(행정안전부 지방세운영과-2580, 2010.6.18.).
- 청구법인(국제정세 등의 연구를 통하여 외교에 관한 국민의 인식을 높이고, 민간외교 활동을 전개함으로써 우리나라의 외교 수행을 지원하기 위하여 1973. 2.1. 외교부장관으로부터 허가를 받아 설립된 비영리 사단법인)의 정관 등에 목적사업, 사업실적으로 볼 때 청구법인은 학술연구단체나 장학단체에 해당된다고 보기 어렵고, 처분청이 관련 법령 등을 착오하여 재산세 등을 부과하지 않은 점 등에 비추어 이 건 재산세 등의 부과처분이 신의성실의 원칙 또는 비과세 관행에 위배된다는 청구주장은 받아들이기 어렵다고 판단됨(조세심판원 2018지0207, 2018.4.10.).
- 청구법인은 연구 지원사업 및 공익사업 등을 목적사업으로 하고 있고, 이러한 사업은 연구활동 등을 간접적으로 지원하는 활동으로 감면대상 고유 업무인 학술연구 및 발표로 보기 어려운 점 등에 비추어 처분청에서 이 건 취득세 등을 부과한 처분은 잘못이 없음(조세심판원 2015지1982, 2016.6.30.).
- 청구법인은 입주기업에게 경영, 기술분야에 대한 지원활동을 하는 것으로 보아야 할 것이고 이를 학교법인이 쟁점부동산을 학교용도에 직접 사용하는 것으로 보기는 어려우며, 청구법인은 쟁점부동산을 학술연구단체의 고유목적사업에 사용한 것으로 볼 수 있다고 주장하나, 쟁점부동산에서 청구법인의 학술연구와 발표 등 학술연구단체의 고유목적사업을 수행하는 것으로 보기 어려운 점 등에 비추어 처분청의 이 건 재산세 등의 과세처분은 적법한 것으로 판단됨(조세심판원 2015지0161, 2015.6.22.).
- 청구법인은 「학술진흥법」상 학술연구단체로 등록한 사실이 없고 문화재 발굴조사기관으로 등록한 점, 청구법인의 경비 지출내역에서 연구와 직접 관련된 비용이 인건비 등에 비하여 상대적으로 적은 점 등에 비추어 청구법인은 학술연구단체에 해당하지 않는다고 보는 것이 타당함(조세심판원 2014지1245, 2014.10.31.).
- 청구법인의 정관목적사업은 학술연구, 장학금지급 사업 등이 기재되어 있으나, 청구법인의 2013년도 예산서 등에 의하면 장학금 지급예산은 전체예산 중 14.1%에 해당하고, 장학금도 청구법인이 학생들에게 직접 지급하는 것이 아니라 성안나장학회에 지급하는 것으로 확인되며, 청구법인은 부동산을 취득하여 학술연구단체로 하여 취득세 등을 감면받은 사실 등을 종합하여 볼 때 청구법인의 주된 목적사

업이 장학사업이라고 보기는 어렵다고 판단됨(조세심판원 2014지0500, 2014.6.30.).
- 기독교 선교와 관련된 역사를 연구하고, 기독교 문화의 창달과 선교에 기여하기 위한 것으로 나타나며, 연구실적이 있는 점 등을 종합하여 볼 때 청구법인은 기독교 역사관련 학술의 연구와 발표를 주된 업무로 하는 단체로서 종교단체가 아닌 학술연구단체로 보는 것이 타당함(조세심판원 2013지0374, 2013.12.24.).

※ 학술연구단체 등 인정 사례

지방세	국세
• 한국음주문화연구센터는 학술연구단체 (세정13407-671, 2000.6.25.) • 다도문화연구회는 문화예술단체 (세정13407-1127, 2000.9.20.) • 한국교육방송공사는 학술연구단체가 아님 (세정13407-694, 2001.6.22.) • 한국소프트웨어진흥원은 기술진흥단체에 해당함 (세정13430-700, 2001.6.22.) • 한국전력기술인협회는 기술진흥단체임 (심사2000-178, 2000.3.29.)	• 한국증권연구원은 학술연구단체임 (국세청 법인46012-128, 1998.1.16.) • 한국건설기술연구원은 기술진흥단체임 (국세청 법인46012-2456, 1996.9.4.) • 고등기술연구조합은 학술연구단체임 (국세청 제삼46014-256, 1994.9.30.) • 한국환경기술개발원은 학술연구단체임 (재무부 법인46012-2, 1993.1.8.) • 도로교통안전협회는 학술연구단체임 (국세청 법인22601-596, 1990.3.7.)

* 문화예술단체감면 규정 지방세특례제한법 제52조

사례 〉 감면대상 장학단체에 해당하는지 여부

- 장학법인이 부동산 임대수익 금액과 다른 이자수입이 있는 경우 이자수입을 제외한 당해 부동산 임대수익금 중 100분의 70 이상을 장학금으로 지출하는 경우에는 장학금 지급을 목적으로 취득한 임대용 부동산은 취득세와 등록세의 경감대상임(구 행정자치부 지방세정팀-4139, 2006.9.4.).
- 법인이 취약계층 아동에 대한 생활비 지원 사업이 주된 사업으로 하면서 일부 비용을 취약계층 아동에 대한 학자금 지원사업을 하였다 하더라도, 장학단체 여부에 대한 판단은 장학 사업이 부수업무가 되거나 지원업무가 아닌 '주된 사업'인 경우 한하여 취득세 등이 감면되므로 당해 단체를 장학단체로 보는 것은 타당하지 않음(행정안전부 지방세특례제도과-1167, 2018.4.9.).
- 장학단체에 해당하는지 여부는 단체의 명칭 여하에 불문하고 설립근거인 법령, 정관의 목적사업, 주된 수행업무 등 실질적인 활동내역, 예산집행상황 등을 종합적으로 고려하여 판단하여야 할 것으로 청구법인의 정관이나 등기부상의 목적사업에 장학사업이 포함되어 있으나, 청구법인의 장학금 지급실적을 보면, 수입금 대비 장학금 지급규모가 미미하고, 특정인에게만 지급한 것일 뿐만 아니라 지급사유도 객관적인 장학금 지급규정 보다는 청구법인의 대표자의 사적인 이유에 따라 지급된 것으로 나타나고, 또한, 청구법인의 연도별 사업실적을 보면, 외국과의 문

화교류, 복지지원 및 교육기관에 대한 시설지원 등 직접적인 장학사업으로 보기는 어려운 해외지원 사업이 주된 업무를 이루고 있고, 동 업무를 추진하기 위하여 여비교통비 및 접대비 등의 항목으로 지출된 비용이 장학금으로 지급한 비용보다 많은 점 등을 고려하면, 장학사업은 청구법인의 주된 사업이라기보다는 부수업무에 해당하는 것으로 보이므로 청구법인을 장학단체 또는 장학법인으로 보기에는 어려움이 있다 할 것임(조세심판원 2012지0628, 2013.9.16.).

- "과세기준일 현재 임대용으로 사용하는 부동산"이라 함은 재산세 등의 과세기준일 현재 장학법인이 소유중인 부동산을 장학금을 지급할 목적으로 임대하고 있는 부동산을 의미하는 것이고, 청구법인과 같이 2008년도부터 2010년도까지의 기간 중에 장학금을 지급한 사실이 없는 경우에는 2008년도부터 2010년까지의 재산세 과세기준일 현재 이 건 부동산을 장학금을 지급할 목적으로 임대하였다고 보기는 어렵다고 판단됨(조세심판원 2012지0731, 2012.11.19.).
- 감면대상 장학재단에 해당되는지 판단기준 관련하여 어느 단체가 '장학단체'에 해당하는지 여부는 단체의 명칭 여하에 불문하고 설립근거인 법령, 정관의 목적사업, 주된 수행업무 등 실질적인 활동내역, 예산집행상황 등을 종합적으로 고려하여 판단하여야 함(대법원 16두50037, 2018.11.29.).

② 추징요건

- 학술연구단체 등의 고유업무 범위에 대한 「지방세법」에 구체적으로 명시하지 않으므로 당해 법인이나 단체의 정관 목적사업, 예산 및 사업실적 등을 고려하여 해당 여부를 판단한다.
- 학술연구사업 등과 부대사업을 동시에 영위하는 경우 학술연구·기술진흥사업이 부수업무가 되거나 지원업무인 경우에는 감면대상에 해당되지 않으므로 주된사업에 따라 판단한다.

※ 주된사업의 판단은 당해 법인 등의 정관, 사업실적, 예산의 사용용도 등을 고려하여 비율이 높은 사업을 주된 사업으로 판단하되, 그 예산지출 등도 직접 학술연구 등을 하는 사업이 아닌 사업지원 등 간접적으로 사용되는 경우에는 주된 사업으로 볼 수가 없음(대법원 94누7515, 1995.5.23.).

> **사례** 학술연구단체가 추징사유에 해당하는지 여부

법인의 고유업무에 직접 사용하는 부동산이라 함은 당해 부동산이 현실적으로 그 고유의 사무에 직접 사용되고 있는 경우만을 가리키는 것이고, 고유업무에 직접 사용하기 위한 준비를 위하여 사용되었음에 불과하거나 장차 고유업무에 사용될 경우를

대비하여 비워 둔 채로 보유하고 있는 경우는 여기에 포함될 수 없음(대법원 2010.1.28. 선고 2009두18820 판결).

사례 장학단체가 추징사유에 해당하는지 여부

- 감면받은 취득·등록세에 대하여는 사후관리를 통해 추징하도록 규정하고 있는 바, 추징요건인 '그 용도에 사용하지 아니하는 경우'라 함은 임대용부동산에서 발생한 임대소득을 장학사업에 사용하지 아니한 경우라고 보는 것(행정안전부 2009.3.24. 행정안전부 지방세운영과-1187호 유권해석 참조)이므로 장학사업에 사용한 금액 이외의 금액은 감면을 배제하는 것이 타당하다고 할 것임(행정안전부 지방세운영과-2994, 2011.6.24.).
- 법인의 고유업무에 직접 사용하는 부동산이라 함은 당해 부동산이 현실적으로 그 고유의 사무에 직접 사용되고 있는 경우만을 가리키는 것이고, 고유업무에 직접 사용하기 위한 준비를 위하여 사용되었음에 불과하거나 장차 고유업무에 사용될 경우를 대비하여 비워 둔 채로 보유하고 있는 경우는 여기에 포함될 수 없음(대법원 2010.1.28. 선고 2009두18820 판결).

❸ 최근 쟁점

사례 학술단체의 주된 목적사업이 아니라 부대사업에 해당하는 것으로 여겨지더라도 그간 상급기관의 회신 등의 사유로 지속 감면한 경우 과세관청의 공적 견해표명으로 볼 수 있는지 여부

과세관청은 이 사건 부동산을 취득하기 전부터 내무부장관으로부터 원고에 대한 지방세 면제에 관한 공문을 송달받아 원고가 당시 소유하고 있던 부동산에 대하여 별달리 과세하지 않았으며, 이 사건 부동산을 취득할 당시에는 원고에 대하여 취득세 등 과세예고통지를 하기도 하였으나, 한국○○협회와 외무부장관의 구체적인 질의 및 협조 요청에 따른 내무부장관의 회신이 있은 후 19년 동안 해당 부동산에 대한 재산세·취득세 등과 관련하여 어떠한 과세처분도 한 적이 없고 내무부장관의 회신이 취득세 등 지방세 면제대상에 해당한다는 점에 관하여 판단을 유보한 것이라고 보더라도, 과세관청이 과세예고통지까지 하였음에도 내무부장관의 회신 이후 약 19년 동안 이 사건 부동산에 대한 재산세·취득세 등을 과세하지 않았으므로, 적어도 위와 같은 취지의 공적 견해를 묵시적으로 표명하였다고 보는 것이 타당하므로 한국○○협회의 그 고유업무에 사용하는 부동산에 대하여는 재산세 등이 면제된다는 과세청과 내무부장관의 공적인 견해표명을 신뢰하여 1997년 무렵부터 해당 부동산을 취득하여 사용해 왔고, 위 견해표명을 신뢰한 데에 어떠한 귀책사유가 있다고 볼 수도 없음(대법 2018두42559, 2019.1.17.).

평생교육시설 감면

평생교육진흥을 위한 평생교육시설과 박물관과 미술관을 설립·운영하려는 자가 등록한 박물관 및 미술관, 국민의 정보 접근권과 알권리를 보장하기 위해 등록된 사립공공도서관과 전문도서관, 과학기술문화를 창달하고, 청소년의 과학에 대한 탐구심을 함양하기 위하여 세제지원을 규정함.

❶ 관계법령

「**지방세특례제한법**」 ① 대통령령으로 정하는 평생교육시설에 사용하기 위하여 취득하는 부동산에 대해서는 취득세를, 과세기준일 현재 평생교육시설에 직접 사용하는 부동산(해당 시설을 다른 용도로 함께 사용하는 경우 그 부분은 제외한다)에 대해서는 재산세를 다음 각 호에서 정하는 바에 따라 각각 감면한다.

1. 2019년 12월 31일까지는 취득세 및 재산세를 각각 면제한다.
2. 2020년 1월 1일부터 2024년 12월 31일까지 취득하는 부동산에 대해서는 다음 각 목의 구분에 따라 취득세 및 재산세를 각각 경감한다.
   가. 해당 부동산에 대해서는 취득세의 100분의 50을 경감한다.
   나. 해당 부동산 취득일 이후 해당 부동산에 대한 재산세 납세의무가 최초로 성립한 날부터 5년간 재산세의 100분의 50을 경감한다.

② 제1항에 따른 평생교육시설로서 「평생교육법」 제31조 제4항에 따라 전공대학 명칭을 사용할 수 있는 평생교육시설(이하 이 조에서 "전공대학"이라 한다)에 대해서는 다음 각 호에서 정하는 바에 따라 지방세를 2024년 12월 31일까지 면제한다.

1. 전공대학이 해당 사업에 직접 사용하기 위하여 취득하는 부동산에 대한 취득세. 다만, 다음 각 목의 어느 하나에 해당하는 경우 그 해당 부분에 대해서는 면제된 취득세를 추징한다.
   가. 해당 부동산을 취득한 날부터 5년 이내에 수익사업에 사용하는 경우
   나. 정당한 사유 없이 그 취득일부터 3년이 경과할 때까지 해당 용도로 직접 사용하지 아니하는 경우
   다. 해당 용도로 직접 사용한 기간이 2년 미만인 상태에서 매각·증여하거나 다른 용도로 사용하는 경우
2. 전공대학이 과세기준일 현재 해당 사업에 직접 사용하는 부동산(제41조 제2항 본문에 따른 건축물의 부속토지를 포함한다)에 대한 재산세(「지방세법」 제112조에 따른 부과액을 포함한다) 및 「지방세법」 제146조 제3항에 따른 지역자원시설세. 다만, 수익사업

에 사용하는 경우와 해당 재산이 유료로 사용되는 경우의 그 재산 및 해당 재산의 일부가 그 목적에 직접 사용되지 아니하는 경우의 그 일부 재산에 대해서는 면제하지 아니한다.

3. 전공대학이 그 사업에 직접 사용하기 위한 면허에 대한 등록면허세와 전공대학에 대한 주민세 사업소분(「지방세법」 제81조 제1항 제2호에 따라 부과되는 세액으로 한정한다. 이하 이 호에서 같다) 및 종업원분. 다만, 수익사업에 관계되는 주민세 사업소분 및 종업원분(수익사업 관계 여부는 제41조 제3항 단서에 따른다)은 면제하지 아니한다.

③ 전공대학의 운영과 관련하여 「산업교육진흥 및 산학연협력촉진에 관한 법률」 제25조에 따라 설립·운영하는 산학협력단이 그 고유업무에 직접 사용하기 위하여 취득하는 부동산에 대해서는 취득세의 100분의 75를, 과세기준일 현재 그 고유업무에 직접 사용하는 부동산에 대해서는 재산세의 100분의 75를 2023년 12월 31일까지 각각 경감한다.

④ 「국민 평생 직업능력 개발법」 제2조 제3호 가목에 따른 공공직업훈련시설에 직접 사용하기 위하여 취득하는 부동산에 대해서는 2024년 12월 31일까지 취득세의 100분의 50을 경감하고, 과세기준일 현재 공공직업훈련시설에 직접 사용하는 부동산(해당 시설을 다른 용도로 함께 사용하는 경우 그 부분은 제외한다)에 대해서는 2024년 12월 31일까지 재산세의 100분의 50을 경감한다.

⑤ 제1항 및 제4항을 적용할 때 다음 각 호의 어느 하나에 해당하는 경우 그 해당 부분에 대해서는 감면된 취득세 및 재산세를 추징한다.

1. 해당 부동산을 취득한 날부터 5년 이내에 수익사업에 사용하는 경우
2. 정당한 사유 없이 그 취득일부터 3년이 지날 때까지 해당 용도로 직접 사용하지 아니하는 경우
3. 해당 용도로 직접 사용한 기간이 2년 미만인 상태에서 매각·증여하거나 다른 용도로 사용하는 경우

제44조의2(박물관 등에 대한 감면) ① 대통령령으로 정하는 박물관 또는 미술관에 사용하기 위하여 취득하는 부동산에 대해서는 취득세를, 과세기준일 현재 해당 박물관 또는 미술관에 직접 사용하는 부동산(해당 시설을 다른 용도로 함께 사용하는 경우에는 그 부분은 제외한다)에 대해서는 해당 부동산 취득일 이후 해당 부동산에 대한 재산세를 2024년 12월 31일까지 각각 면제한다.

② 대통령령으로 정하는 도서관 또는 과학관에 사용하기 위하여 취득하는 부동산에 대해서는 취득세를, 과세기준일 현재 해당 도서관 또는 과학관에 직접 사용하는 부동산(해당 시설을 다른 용도로 함께 사용하는 경우에는 그 부분은 제외한다)에 대해서는 재산세를 각각 2024년 12월 31일까지 면제한다.

「지방세특례제한법 시행령」 제21조(평생교육시설의 범위) 법 제44조 제1항 각 호 외의 부분에서 "대통령령으로 정하는 평생교육시설"이란 「평생교육법」에 따라 보고·인가·등록·신고된 평생교육시설로서 다음 각 호에서 정하는 것을 말한다.

1. 「평생교육법」 제30조에 따른 학교 부설 평생교육시설
2. 「평생교육법」 제31조에 따른 학교형태의 평생교육시설
3. 「평생교육법」 제32조에 따른 사내대학형태의 평생교육시설
4. 「평생교육법」 제33조에 따른 원격대학형태의 평생교육시설
5. 「평생교육법」 제35조에 따른 사업장 부설 평생교육시설
6. 「평생교육법」 제36조에 따른 시민사회단체 부설 평생교육시설
7. 「평생교육법」 제37조에 따른 언론기관 부설 평생교육시설
8. 「평생교육법」 제38조에 따른 지식·인력개발사업 관련 평생교육시설

제21조의2(박물관 등의 범위) ① 법 제44조의2 제1항에서 "대통령령으로 정하는 박물관 또는 미술관"이란 「박물관 및 미술관 진흥법」 제16조에 따라 등록된 박물관 또는 미술관을 말한다.

② 법 제44조의2 제2항에서 "대통령령으로 정하는 도서관 또는 과학관"이란 다음 각 호에 따른 도서관 또는 과학관을 말한다.

1. 「도서관법」 제31조 또는 제40조에 따라 등록된 도서관
2. 「과학관의 설립·운영 및 육성에 관한 법률」 제6조에 따라 등록된 과학관

사례 평생교육시설 감면대상에 해당되는지 여부

- 부동산을 공동명의로 취득한 후 박물관 등록 시 취득자가 설립자와 대표자로 달리 등록하여 설립하였다 하더라도, 당해 부동산을 취득한 후 유예기간 내에 박물관의 용도로 사용하는 경우라면 취득세를 면제하는 것이 타당하다고 보여지나, 이에 해당하는지 여부는 과세기관이 사실관계 등을 면밀히 검토하여 판단해야 할 사안임(행정자치부 지방세특례제도과-1468, 2016.6.27.).

- 평생교육시설에 "직접 사용"이라 함은 부동산의 소유자가 평생교육시설의 운영자로서 그 소유한 부동산을 과세기준일 현재 평생교육시설에 직접 사용하는 경우만을 의미하고, 소유자가 아닌 다른 사람이 평생교육시설을 운영하는 것까지를 재산세 등의 면제대상 부동산이라고 볼 수 없음(감사원 감심 제189호, 2011.11.10.).

- 평생교육법에 의하여 인가·등록·신고하는 평생교육시설용에 사용하기 위하여 취득하는 부동산에 대하여는 취득세와 등록세를 면제하도록 규정하고 있는 바, 청구법인은 이 건 토지를 2006.6.2. 취득한 후 2006.6.5. 곧바로 관할 교육관청에 평생교육시설(실습지)로 신고하여 그 신고필증을 교부받아 당해 용도에 사용한 것이므로 위 감면조례의 구성요건에 적합한 것임(조세심판원 2010지0935, 2011.8.4.).

- 조세법률주의 원칙상 지방세특례제한법 시행령 제21조 제1호에서의 평생교육법에 따라 인가 등록 신고 보고된 평생교육시설이라함은 평생교육법에서 평생교육시설로 별도로 규정하고 있는 시설만을 의미한다고 보아야 할 것으로서, 평생교육

법 제29조 내지 제38조에서 학교, 학교부설 평생교육시설, 학교형태의 평생교육시설, 사내대학형태의 평생교육시설, 원격대학형태의 평생교육시설, 사업장부설 평생교육시설, 시민사회단체부설 평생교육시설 등에 대하여 규정하고 있으므로 이러한 교육시설만이 취득세 면제대상에 해당된다고 보아야 할 것이며, 평생교육법 제2조 제2호 나목과 다목에서 '평생교육 기관'으로 평생교육법에 따라 인가 등록 신고된 시설 법인 또는 단체 이외에 평생직업교육을 실시하는 학원과 다른 법령에 따라 평생교육을 주된 목적으로 하는 시설 법인 또는 단체를 평생교육기관으로 규정하고 있지만 이러한 시설이 직접적으로 평생교육법에 따라 인가 등록 신고 보고된 평생교육시설로 간주할 수 있는 특별한 규정 등이 없는 이상 취득세 면제대상이 되는 평생교육법에 따라 인가 등록 신고 보고된 평생교육시설에 해당된다고 할 수는 없음(조심 14지1133, 2015.4.28.).

- 청구인은 쟁점토지를 청구외법인에게 현물출자하였고, 청구외법인이 쟁점토지를 동물원 등으로 사용하고 있는 것이므로 처분청에서 청구인이 쟁점토지를 동물원 등에 사용할 목적으로 취득한 것으로 보기 어렵다 하여 경정청구를 거부한 처분은 잘못이 없음(조세심판원 2015지1947, 2016.10.19.).

- 쟁점토지상의 건축물에 입주한 "○○○○○○○○○"은 「평생교육법」에 따른 교육시설을 운영하는 평생교육단체에 해당되지 아니하고 시민사회단체에 해당하는 점, 청구인이 제출한 사업관련 자료만으로 쟁점토지상의 건축물을 평생교육을 위한 시설로 사용하였다고 보기 어려운 점 등에 비추어 처분청이 쟁점토지를 평생교육시설 건축물의 부속토지에 해당하지 아니한 것으로 보아 이 건 재산세를 부과한 처분은 잘못이 없음(조세심판원 2015지0319, 2015.3.31.).

- 임차인이 이 건 부동산을 평생교육시설로 사용한다 하더라도 소유자인 청구인의 입장에서는 이를 임대 목적으로 사용한 것이므로 평생교육시설로 직접 사용하고 있다고 보기 어려움(조세심판원 2017지1089, 2017.12.12.).

사례 ▷ **개인소유의 부동산을 평생교육시설에 임대한 경우 평생교육시설에 직접 사용하는 부동산으로 보아 재산세 등이 감면되는지 여부**

지방세특례제한법에서 자주 사용하는 용어인 '직접 사용'에 대하여 그 정의규정이 따로 존재하지 않아 그동안 소유자가 해당 부동산 등을 그 해당 목적에 사용하는 것으로 한정하여야 하는지(인적 감면), 아니면 제3자가 해당 부동산 등을 해당 목적에 사용하는 경우에도 그 소유자에게 감면을 적용할 것인지(물적 감면)에 대하여 법령 해석상 다툼의 소지가 있었다. 이에 2014.1.1. 법률 제12175호로 개정된 지방세특례제한법에서 정의규정을 신설하여 '직접 사용'의 주체를 부동산 등의 소유자로 명확히 함으로써 해당 부동산의 소유자가 아닌 제3자가 사용하는 경우는 감면이 배제되는 것을 원칙으로 하였다. 이는 지방세 감면의 수혜자는 해당 부동산 등의 소유자이고, 만일 해당 부동산 등을 사용하는 자가 소유자가 아닐 경우 그 부동산 등의 소유자는 부동산 등을 사용하는 자로부터 임대료 등을 지급받을 뿐 그 자신이 어떠한 공익적 목적을 가지고 해당 부동산 등을 소유하는 것이 아니며, 설령 그 부동산 등이 지방세특례제한법이 정한 사회적·공익적 목적에 따라 사용된다고 하더라도 이는 부동산 소유자의 의사와는 무관한 사용자의 의사에 따른 것이므로 그와 같은 경우까지 조세를 감면하지는 않겠다는 정책적인 고려에서 비롯된 것임(대법원 2020.7.29. 선고 2020두37505 판결).

※ 전공대학에 대한 감면 확대(2021년 이후)

☐ 개정개요

개정 전	개정 후
☐ 전공대학에 대한 감면	☐ 전공대학(학력인정 평생교육시설)에 대한 감면 확대
○ (감면대상) 평생교육시설에 직접 사용하는(다른 용도로 함께 사용하는 경우는 제외) 부동산	○ (감면대상) 전공대학*이 해당 사업에 직접 사용(다른 용도로 함께 사용하는 경우는 제외)하는 부동산 *「평생교육법」 제31조 제4항 限
○ (감면내용) 취득세·재산세 50%	○ (감면내용) 취득세·재산세 100% ※ 최소납부세제 적용
○ (일몰기한) ~2021.12.31.	○ (일몰기한) ~2021.12.31.

☐ 개정내용

○ 전공대학*에 직접 사용하기 위해 취득하는 부동산에 대해 취득세·재산세 100% 감면 확대
  * 「평생교육법」 제31조 제4항에 따라 전공대학 명칭을 사용할 수 있는 평생교육시설
  – 평생교육시설로 지방세 감면 혜택을 받고있는 전공대학에 대하여 전공대학의 도입배경, 전문대학교와의 유사성 고려하여 세제지원
○ 다만, 최소납부세제(§177조의2)는 적용하며, 성격이 유사한 평생교육시설 감면과 일몰기한 일치(2021년)

☐ 적용요령

○ 이 법 시행(2021.1.1.) 후 납세의무가 성립하는 경우부터 적용
  – 종전에 평생교육시설로 재산세를 감면받고 있던 경우에는 개정 규정 또는 종전의 규정을 적용받을 수 있도록 규정(부칙 제8조)

※ 공공직업훈련시설 감면 신설(2021년 이후)

❑ 개정개요

개정 전	개정 후
☐ (신설)	☐ 공공직업훈련시설 감면 신설 ○ (대상) '공공직업훈련시설*'에 직접 사용하기 위해 취득하는 부동산 　＊「근로자직업능력 개발법」 제2조 제3호 가목 ○ (감면내용) 취득세·재산세 50% ○ (일몰기한) ～ 2021.12.31.

❑ 개정내용

○ 공공직업훈련시설*에 직접 사용하기 위해 취득하는 부동산에 대해 취득세·재산세 50% 감면 신설

　＊ 국가·지방자치단체 및 대통령령으로 정하는 공공단체가 직업능력개발훈련을 위하여 설치한 시설로서 제27조에 따라 고용노동부장관과 협의하거나 고용노동부장관의 승인을 받아 설치한 시설(「근로자직업능력 개발법」 제2조 제3호 가목)

　－ 공공직업훈련시설이 수행하고 있는 기술인력양성 기능을 지원하여, 고용 시장에 우수한 인력이 공급될 수 있도록 하려는 취지임

○ 유사한 성격의 평생교육시설 감면과 일몰기한 일치(2021년)

❑ 적용요령

○ 이 법 시행('21.1.1.) 후 납세의무가 성립하는 경우부터 적용
○ 감면대상이「근로자직업능력 개발법」 제2조 제3호 가목에 따른 '공공직업훈련시설'에 해당하는지 여부 확인 필요

※ 전공대학에 대한 지방세 특례 확대(2023년부터)

① 개정개요

개정 전	개정 후
☐ 전공대학에 대한 지방세 감면 ○ (감면내용) 　－ 교육용: 취·재 100%(최소납부 적용) ○ (일몰기한) 2024.12.31.	☐ 지방세 감면 확대 ○ (감면내용) 　－ 교육용: 취·재 100%(최소납부 배제) 　　도·지·주·등 100% 　－ 산학협력단: 취·재 75% ○ (일몰기한) 2024.12.31.

② 개정내용

○ **전공대학**이 해당 사업에 직접 사용하기 위해 취득하는 부동산에 대한 **취득세 등 지방세 특례를 확대**하고,

  ※ (취·재) 최소납부세제 적용 배제, (그 外) 면제세목 확대(도·지·주·등)

○ **산학협력단***이 **전공대학의 운영과 관련하여 취득하는 부동산에 대해서도 취득세·재산세 75% 감면 신설**

  * 「산업교육진흥 및 산학연협력촉진에 관한 법률」(이하 "「산학협력법」"이라 함) 제25조에 따라 설립·운영하는 산학협력단限

구 분	개정 前	개정 後
교 육 용	취득세·재산세 100% (최소납부 적용)	취득세·재산세 100% (최소납부 배제)
	×	도시지역분·지역자원시설세· 주민세·면허분등록면허세 100%
산학협력단	×	취득세·재산세 75%

③ 적용요령

○ '23. 1. 1. **이후 납세의무가 성립하는 경우부터** 적용(부칙 §2)

○ 다만, 산학협력단 특례 신설에 대해서는 **전공대학에서 산학협력단 설립·운영을 가능**하도록 하는 **「산학협력법」 개정 선행 필요***하므로

  * 현행 「산학협력법」상 전공대학에서는 산학협력단 설립·운영 不

  – **관련법 개정 이후 납세의무가 성립하는 경우부터 감면 적용** 可

❷ 추징요건

■ 취득시점에 평생교육시설로 등록되어 있지 않다 하여도 부동산 취득 후 1년 이내에 박물관 및 미술관 등으로 등록하여 그 용도로 직접 사용한다면 감면 대상이다.

■ 평생교육시설은 평생교육 대상이 될 수 있는 자격을 특정인이나 특정집단에 한정하여서는 안 되고, 지역사회 주민 등 불특정 다수를 교육 가능 대상으로 하여야 한다.

  ※ 기업이 운영하는 임직원을 위한 인재개발원은 평생교육시설 감면 대상에서 제외되나, 「지방세특례제한법」 제28조에서 규정하는 직업능력개발훈련시설에 해당할 경우 2014년 12월 31일까지 취득세의 100분의 50을 경감하고 재산세를 면제함.

사례 감면대상 평생교육시설이 추징대상에 해당되는지 여부

- 취득세 등이 면제되는 미술관에 해당하기 위해서는 「박물관 및 미술관 진흥법」 제16조에 따라 등록하여야 함에도 쟁점미술관은 이러한 등록절차를 이행하지 아니하였으므로 취득세 감면대상에 해당한다고 보기 어렵고, 해당 절차를 이행하지 못한 데에 정당한 사유가 있다고 보기도 어려우므로 처분청이 이 건 취득세 등을 부과한 처분은 잘못이 없다고 판단됨(조세심판원 2015지0416, 2016.1.7.).
- 건물을 리모델링하여 평생교육시설로 사용하고자 계획하고 있었으나 기존 임차인의 퇴거 지연 및 지역주민 민원 등으로 1년이 경과한 경우라도 부동산 취득일부터 1년이 경과하였다면 취득세 추징대상 및 재산세 과세대상에 해당(대법원 2017두31118, 2017.4.13.).
- 협회의 보완사항에 적극적으로 대처하지 않으므로 인해 2009.5.12. 협회의 2차 현지 출장시에도 박물관 현황이 개선되지 않아 협회는 전시시설의 보완 및 개선을 약속받고 우선 등록허가를 처리하는 것이 타당하다는 의견을 개진한 것을 볼 때, 청구인이 이 사건 박물관을 취득일부터 1년 이내에 직접사용(등록)하지 못한 데에 대한 정당한 사유가 있다고 보기는 어려움(조세심판원 2010지0669, 2011.4.14.).

사례 불특정다수를 교육하지 않는 평생교육시설을 감면대상으로 볼 수 있는지

법인의 인재개발원이 지방세 감면대상 평생교육시설에 해당 여부 관련하여 평생교육 대상이 될 수 있는 자격을 특정인이나 특정집단에 한정하여서는 안 되고, 지역사회 주민 등 불특정 다수를 교육 가능 대상으로 하여야 한다. (중략) 이 사건 교육시설은 건축물대장에 그 용도가 '연구시설, 기숙사'로 명시되어 있고, 이 사건 교육시설의 운영규칙(연수원 운영 업무표준)에 교육과정, 정원, 입학, 퇴학 및 수료와 상벌, 교육기간, 휴강, 학습비 등에 관한 내용이 전혀 규정되어 있지 않는 점을 고려하면, 이 사건 교육시설은 교육대상자를 오로지 원고의 임·직원과 이 사건 시설의 임차인으로 한정하고 있다고 보이므로, 이 사건 교육시설은 불특정 다수를 대상으로 한 인력개발 평생교육시설에 해당하지 아니함(대법원 16두41842, 2016.9.30.).

③ 최근 쟁점

- 박물관 및 미술관에 사용하기 위하여 취득한 부동산에 대하여 취득세를 면제받기 위해서 취득세 감면신청시에 반드시 「박물관 및 미술관 진흥법」 제16조에 따른 등록된 박물관 및 미술관이어야 하는 것은 아니고, 부동산 취득 후 1년 이내에 박물관 및 미술관으로 등록하여 그 용도로 직접 사용하면 됨(법제처 15-0291, 2015.6.17.).

※ 박물관 등에 대한 감면 규정 지방세특례제한법 제44조의2

■ 취득세 감면의 경우 취득세 과세물건을 취득하는 시점에서 감면요건의 충족 여부로 판단하여야 할 것인 바, 귀문과 같이 부동산을 취득하여 박물관이 아닌 수족관으로 사용승인을 받아 개관하여 운영한 경우라면, 취득시점에 관계법령에 따라 '등록된 박물관이나 박물관으로 설치·운영하기 위한 취득'이라는 위 감면요건을 충족하지 못하였다고 할 것이므로 취득시점 이후에 감면요건을 충족하였다고 하더라도 이를 소급하여 적용할 수 없다고 할 것임(행정안전부 지방세운영과-3170, 2011.7.4.).

제 **22** 장

종교단체 · 어린이집 등에
대한 감면

① 관계법령

「지방세특례제한법」 제50조(종교단체 또는 향교에 대한 면제) ① 종교단체 또는 향교가 종교행위 또는 제사를 목적으로 하는 사업에 직접 사용하기 위하여 취득하는 부동산에 대해서는 취득세를 면제한다. 다만, 다음 각 호의 어느 하나에 해당하는 경우 그 해당 부분에 대해서는 면제된 취득세를 추징한다.

1. 해당 부동산을 취득한 날부터 5년 이내에 수익사업에 사용하는 경우
2. 정당한 사유 없이 그 취득일부터 3년이 경과할 때까지 해당 용도로 직접 사용하지 아니하는 경우
3. 해당 용도로 직접 사용한 기간이 2년 미만인 상태에서 매각·증여하거나 다른 용도로 사용하는 경우

② 제1항의 종교단체 또는 향교가 과세기준일 현재 해당 사업에 직접 사용(종교단체 또는 향교가 제3자의 부동산을 무상으로 해당 사업에 사용하는 경우를 포함한다)하는 부동산(대통령령으로 정하는 건축물의 부속토지를 포함한다)에 대해서는 재산세(「지방세법」 제112조에 따른 부과액을 포함한다) 및 「지방세법」 제146조 제2항에 따른 지역자원시설세를 각각 면제한다. 다만, 수익사업에 사용하는 경우와 해당 재산이 유료로 사용되는 경우의 그 재산 및 해당 재산의 일부가 그 목적에 직접 사용되지 아니하는 경우의 그 일부 재산에 대해서는 면제하지 아니한다.

③ 제1항의 종교단체 또는 향교가 그 사업에 직접 사용하기 위한 면허에 대해서는 등록면허세를 면제하고, 해당 단체에 대해서는 주민세 사업소분(「지방세법」 제81조 제1항 제2호에 따라 부과되는 세액으로 한정한다. 이하 이 항에서 같다) 및 종업원분을 각각 면제한다. 다만, 수익사업에 관계되는 대통령령으로 정하는 주민세 사업소분 및 종업원분은 면제하지 아니한다.

④ 종교단체 또는 향교에 생산된 전력 등을 무료로 제공하는 경우 그 부분에 대해서는 「지방세법」 제146조 제1항에 따른 지역자원시설세를 면제한다.

⑤ 사찰림(寺刹林)과 「전통사찰의 보존 및 지원에 관한 법률」 제2조 제1호에 따른 전통사찰이 소유하고 있는 경우로서 같은 조 제3호에 따른 전통사찰보존지에 대해서는 재산세(「지방세법」 제112조에 따른 부과액을 포함한다)를 면제한다. 다만, 수익사업에 사용하는 경우와 해당 재산이 유료로 사용되는 경우의 그 재산 및 해당 재산의 일부가 그 목적에 직접 사용되지 아니하는 경우의 그 일부 재산에 대해서는 면제하지 아니한다.

⑥ 법인의 사업장 중 종교의식을 행하는 교회·성당·사찰·불당·향교 등에 대해서는 주민세 사업소분(「지방세법」 제81조 제1항 제1호에 따라 부과되는 세액으로 한정한다)을 면제한다.

「지방세특례제한법 시행령」 제25조(종교 및 제사를 목적으로 하는 단체에 대한 면제대상 사업의 범위 등) ① 법 제50조 제2항 본문에서 "대통령령으로 정하는 건축물의 부속토지"란 해당 사업에 직접 사용할 건축물을 건축 중인 경우와 건축허가 후 행정기관의 건축규제조치로 건축에 착공하지 못한 경우의 건축 예정 건축물의 부속토지를 말한다.
② 법 제50조 제3항 본문에서 "제1항의 단체가 그 사업에 직접 사용하기 위한 면허"란 법 제50조 제1항에 따른 종교 및 제사를 목적으로 하는 단체가 그 비영리사업의 경영을 위하여 필요한 면허 또는 그 면허로 인한 영업 설비나 행위에서 발생한 수익금의 전액을 그 비영리사업에 사용하는 경우의 면허를 말한다.
③ 법 제50조 제3항 단서에서 "수익사업에 관계되는 대통령령으로 정하는 주민세 사업소분 및 종업원분"이란 수익사업에 직접 제공되고 있는 사업소와 종업원을 기준으로 부과하는 주민세 사업소분(「지방세법」 제81조 제1항 제2호에 따라 부과되는 세액으로 한정한다)과 종업원분을 말한다. 이 경우 면제대상 사업과 수익사업에 건축물이 겸용되거나 종업원이 겸직하는 경우에는 주된 용도 또는 직무에 따른다.

사례 감면대상 종교단체 등에 해당되는지 여부

- "종중"이라 함은 선조분묘에 대한 관장, 친목과 상부상조, 종중후생 및 장학사업 등을 목적으로 하는 단체이므로 종중소유의 제실 등이 제사목적에 일부 사용된다 하더라도 특정인 또는 특정 집단의 이익만을 위한 종중명의의 제실 및 그 부속토지는 취득세 감면대상에 해당하지 않음(행정안전부 지방세운영과-2606, 2011.6.6.).
- 종교 및 제사를 목적으로 하는 단체가 해당 사업에 사용하기 위하여 취득하는 부동산에 대하여는 취득세를 면제하는 것이므로 청구인이 종중 등록을 받았을 뿐 「민법」등의 규정에 따라 주무관청의 허가를 받아 설립된 종교단체가 아니므로 취득세 면제 대상에 해당하지 않음(조세심판원 2014지1431, 2014.12.16.).
- 다가구주택 중 쟁점 부동산인 ○○○호에 교회를 설립하고 예배 등에 사용하였다고 주장하고 있으나, 3인이 주민등록을 두고 있으며 부엌과 거실 등에 침대, 가구, 이불장 등 살림살이를 갖추어 놓은 것을 보면 이는 종교시설이 아니라 주택으로 보아야 할 것이므로 비록 청구인이 저녁시간에 쟁점 부동산을 예배장소로 사용하고 있다고 하더라도 쟁점 부동산의 용도는 종교시설이 아니라 주거 시설이라 할 것이고 주거 시설 이외의 시설을 예배장소 등으로 갖추지 못한 청구인을 종교의식·예배·종교교육·선교 등을 목적으로 하는 종교단체에 해당된다고 보기는 어려움(조세심판원 2010지0664, 2010.12.29.).
- 쟁점부동산의 규모, 대실 횟수 등에 비추어 쟁점부동산의 임대는 사회통념 상 사업활동으로 볼 수 있는 정도의 계속성과 반복성이 있는 것으로 보이는 점 등에 비추어 처분청이 쟁점부동산에 대해 기 감면하였던 취득세 등을 부과한 처분은 잘못이 없다고 판단됨(조심 15지1035, 2016.3.7.).

- 종중은 공동선조의 제사뿐만 아니라 공동선조의 분묘수호와 종중 재산의 보존·관리, 종원 상호간의 친목 등 다양한 목적을 위하여 구성되는 자연발생적인 종족집단이므로 제사만을 목적으로 한다고 보기도 어려운 점 등을 종합하여 보면, 종중은 그 목적과 본질에 비추어 볼 때 일부 제사 시설을 보유하고 선조의 제사를 봉행하더라도 '제사를 목적으로 하는 단체'에 포함되지 아니함(대법원 2014두40958, 2016.2.18. 판결).
- 종중은 그 목적과 본질에 비추어 볼 때 일부 제사 시설을 보유하고 선조의 제사를 봉행하더라도 '제사를 목적으로 하는 단체'에 포함되지 아니함(대법원 15두40958, 2016.2.18.).

사례 종교 목적으로 직접사용하는 것으로 볼 수 있는지 여부

- 교회 내 부목사 주거용으로 사용 중인 면적은 종교용에 직접 사용하는 것으로 볼 수 없음(조심 13지688, 2014.1.6.).
- 원고의 입장에서는 특수사목 사제들 또한 본당사목과 마찬가지로 종교활동에 필요불가결한 중추적인 역할을 수행하고 있다고 보지 않을 수 없다. 따라서 본당사목 사제의 사택뿐만 아니라, 특수사목 사제의 사택 역시 종교단체가 '그 사업에 사용'하는 부동산으로 취득세, 등록세, 재산세의 비과세대상에 해당한다고 판단됨(대법원 14두48495, 2015.11.26.).
- 종교용 건물의 일부를 어린이선교원으로 사용한 경우 종교단체가 목적사업에 직접 사용하는 것으로 보기 어려움(조세심판원 2011지0771, 2011.12.27.).
- 종교단체가 학교를 운영하는 것은 종교사업으로 보기 어렵고, 학교·유치원 인가를 받지 아니하고 운영하는 대안학교 및 유치원을 학교용으로 사용하고 있는 것으로 보아 감면을 적용할 수 없음(대법원 13두7247, 2013.7.25.).
- 재단은 일반인들을 대상으로 마음수련활동이 종교와 직접 관련이 없음을 홍보하고 마음수련활동 참가자들로부터 참가비를 지급받은 0000수련회 유지재단이 취득세 감면대상 종교단체에 해당되는지 여부와 관련하여 홍보과정의 오해 표현을 종교활동 본질의 부정요소로 보기 어렵고, 실비수준 참가비를 영리활동으로 보기 어려워 종교단체로 봄이 타당함(대법원 2017두31101, 2017.4.28.).
- 종교단체가 주택을 증여로 취득한 후 알콜·마약중독자, 출소자, 청소년 문제상담 등의 장소로 사용하고 있는 경우 종교용으로 직접 사용한 것으로 볼 수 없어 취득세를 과세한 처분은 정당함(조세심판원 2009지0155, 2009.8.18.).
- 종교단체가 증여 취득한 부동산 중 사용료 및 연간 관리비를 받고 불특정 다수인의 유골을 안치하는 납골당으로 사용하는 경우 취득세 등의 과세대상에 해당함(조세심판원 2009지0086, 2009.7.31.).
- 제1토지상에는 법당 및 요사채 등 이 건 사찰이 소재하고 있고 종교단체인 청구법인이 이를 종교용으로 직접 사용하고 있으므로 취득세 등을 비과세하는 것이 타

당하다 할 것이지만, 제2, 3토지는 사찰이 소재하고 있는 제1토지와는 달리 자연림 상태의 임야로 방치되고 있으므로 종교목적에 직접 사용하는 부동산으로 보기는 어려움(조세심판원 2012지0045, 2012.10.12.).

- 임야 일부를 형질변경하여 그 지상에 대웅전을 신축하였으나 이 건 쟁점임야와 연접하여 위치한 ○○○이 「전통사찰보존법」에 의한 전통사찰의 경내지에 해당하지 아니하는 이상, 이 건 쟁점임야를 같은 법에서 규정하고 있는 전통사찰의 경내지에 해당한다고 보기는 어렵다 할 것이고, 이 건 쟁점임야가 취득당시와 같이 임야상태로 존치하고 있는 점, 이 건 임야 중 대웅전 부속토지는 별도지번으로 등록 전환되고 석축으로 경계되어 이 건 쟁점임야와 명확히 구분되는 점을 종합하여 보면, 이 건 임야의 면적 33,058㎡의 일부분에 불과한 766㎡에 대웅전을 준공하였다하여 이 건 쟁점임야를 종교목적에 직접 사용되는 토지라고 보기는 어려움(조세심판원 2009지0772, 2010.5.6.).

- 비영리사업자가 그 사업에 사용하기 위하여 취득한 부동산을 "직접 사용"한다는 의미는 적어도 당해 토지내에 종교목적의 시설물이 설치되고 종교목적에 상시 공여되는 상태를 의미한다 할 것이나, 청구법인의 경우 2004.5.28. 이 건 쟁점임야 내에 석탑 1기를 설치하고 참선수행을 위한 명상로 및 등산로 주변에 운동시설과 쉼터 일부를 설치하여 시민들이 사용하고 있다고 하여 이를 종교목적에 직접 사용하는 것으로 보기는 어렵다 할 것임(조세심판원 2009지0499, 2009.11.4.).

- 특수사목들을 통해 부산교구 전체를 대상으로 선교활동을 펼치고 있다고 볼 수 있다는 점 등에 비추어 보면, 원고의 입장에서는 특수사목 사제들 또한 본당사목과 마찬가지로 종교활동에 필요불가결한 중추적인 역할을 수행하고 있다고 보지 않을 수 없음(대법원 2014두48495, 2015.11.26. 판결).

- 원고가 건축물의 신축을 위해 설계를 의뢰하여 그 설계가 진행 중이었다고 하더라도 이를 건축공사에 착수한 것으로 볼 수는 없으므로, 과세기준일 당시에는 원고가 수도원 신축을 위한 건축공사에 착수하였다고 볼 수 없음(대법원 16두37676, 2016.6.23.).

- 원고는 이 사건 토지 및 건물을 사실상 매수 당시의 상태 그대로 방치하면서 이 사건 토지 위에 새 건물이 건축되기 전까지 차량의 주차나 체육활동 등의 용도로 임시로 사용하고 있는 것에 불과하다고 보이는 점 등에 비추어 원고가 이 사건 토지 및 건물을 목적사업인 종교사업에 직접 사용하였다고 보기는 어려움(대법원 16두37430, 2016.7.7.).

- 종교단체가 소유한 부동산 중 재산세 면제대상이 되는 종교목적에 직접 사용되는 부동산이란 종교의식, 예배축전, 선교 등에 사용하는 것을 의미하므로 기숙사로 사용되고 있는 부동산은 종교용으로 직접 사용한다고 보기 어려워 재산세 감면대상에 해당되지 않음(조세심판원 2014지0355, 2014.3.27.).

- 부목사는 교회의 필요에 따라 당회장인 위임목사를 보좌하기 위하여 수시로 노회

의 승낙을 받아 임명되어 임의로 시무하는 목사라는 점에서 종교활동에 필수불가결한 중추적인 지위에 있다고 할 수 없으므로 부목사가 사용하는 주택을 종교사업에 직접 사용하는 것으로 볼 수 없음(조세심판원 2013지0688, 2014.1.6.).

- 취득한 주택은 유예기간(3년) 이내에 종교용으로 직접 사용하지 않고 종교 활동에 중추적 역할을 한다고 볼 수 없는 원로목사들의 사택으로 사용되고 있는 것으로 나타나므로 취득세 등의 추징은 타당하며 또한 처분청 직원의 잘못된 안내에 따라 가산세를 부과하게 되더라도 이는 가산세를 면제할 정당한 사유에 해당하지 않음(조세심판원 2014지1368, 2014.12.17.).

- 종교단체가 토지를 취득한 후 담임목사 명의로 교회를 신축하여 소유권보존등기를 한 경우 종교단체가 종교용으로 사용할 목적으로 취득한 것으로 보기는 어렵다 할 것임(조세심판원 2013지0414, 2013.6.19.).

- 종교를 목적으로 하는 단체가 사업주로서 유치원으로 사용하는 사업소인 경우에는 주민세 재산분 면제 대상으로 보는 것이 타당할 것임(행정자치부 지방세특례제도과-2015.11.17.).

- 원고는 기독교한국침례회에 속하여 종교를 목적으로 설립된 단체로서, 부동산을 취득하여 종교의식, 예배축전, 종교교육, 선교 등 종교목적에 직접 사용하는 부동산에 한하여 취득세, 재산세 등을 면제받을 수 있다고 할 것인 점, 원고는 B 부분을 농작물을 재배하기 위하여 사용하였고, 설령 원고가 그 농작물 중 일부를 교인들의 식사에 사용하였다고 하더라도, 교인들의 식사는 원고의 종교 목적 사업에 부수되는 것으로 볼 수는 있을지언정 종교 목적 사업 자체이거나 이와 직접적인 관련성이 있는 것이라고는 할 수 없는 점, 원고는 C 부분에 컨테이너를 설치하고, 그 안에 물건을 보관하였다. 원고는 위 컨테이너를 성경 교육과 전도 교육을 위한 공간으로 사용하였다고 주장하나, 이 사건 최초 취득세등 부과처분 당시 위 컨테이너는 사용목적을 알 수 없는 창고 형태로 놓여 있었고 주변에 각종 물건이 쌓여 있어, 원고가 이를 성경 교육과 전도 교육을 위한 공간으로 사용하였다고 보기 어려운 점 등에 비추어 볼 때 이 사건 부동산은 원고의 종교 목적 사업의 본질적 내용인 예배 및 선교와 밀접한 관련성이 있다고 할 수 없을 뿐만 아니라, 이를 위한 필요불가결한 시설로 볼 수도 없음(대법원 2020.9.24. 선고 2020두41467 판결).

② 추징요건

■ 종교단체가 종교행위 또는 제사 목적 등 종교목적으로 직접 사용하기 위하여 취득사용하는 경우만 감면대상에 해당된다.

－종교단체가 학교·유치원 인가를 받지 아니하고 운영하는 대안학교 및 유치원을 학교용으로 사용하고 있는 경우라면 종교목적으로 직접 사용한 것으로 볼 수 없음.

■ 종교단체가 그 부동산을 수익사업에 사용되는 경우와 유료로 사용되는 경우라면 그 부분에 대하여는 감면대상에서 제외되어야 한다.

　－교회의 부설주차장이 법정규모 이하인지, 교회와의 거리, 신도수 및 신도들 보유차량의 현황, 기존 주차장 이용현황 등을 종합적으로 고려하여 부설주차장의 추가설치가 필수불가결한 경우에는 해당 주차장용 부동산을 감면대상

사례 ▶ 청구인이 쟁점부동산을 매매계약서상 잔금지급일에 취득한 후 그로부터 3년 이내에 종교목적으로 직접 사용하지 아니한 것으로 보아 취득세 등을 부과한 처분의 당부

청구인은 쟁점부동산을 매매계약서상 잔금지급일이 아닌 쟁점부동산의 매매계약 특약사항에서 정한 방법으로 잔금을 지급하여 쟁점부동산을 취득한 것으로 보는 것이 타당하므로, 향후 처분청은 청구인이 쟁점부동산을 잔금지급일부터 3년이 경과할 때까지 정당한 사유 없이 종교용으로 사용하지 않는 경우 기 감면한 취득세 등을 다시 추징할 수 있음을 별론으로 하더라도, 이 건 취득세 등의 부과처분은 감면 유예기간이 경과하지 아니하여 추징요건이 완성되지 아니한 때에 한 처분으로서 잘못이 있다고 판단됨(조심 2019지2005, 2020.1.7.).

사례 ▶ 종교단체가 종교목적에 사용하지 않아 추징대상인지 여부

• 종교단체가 수련원을 건축하여 다른 종교단체 등에게 이용하게 하고 이용 요금을 수령한 것은 추징사유에 해당됨(조심 13지780, 2014.4.16.).

• 원고가 이 사건 부동산을 그 사용일부터 2년 이내에 증여한 이상 이 사건 추징조항에서 정한 추징사유가 발생하였다고 봄이 타당하고, 소외 재단이 이 사건 면제조항에서 정한 취득세 면제대상 법인에 해당한다거나 이 사건 부동산이 소외 재단에 증여된 이후에도 종교집회장인 00교 00교당의 용도로 사용되고 있다고 하여 달리 보기는 어려움(대법원 16두34707, 2016.6.10.).

• 유치원 운영을 종교단체의 고유업무로 보아 종교단체에 대한 유예기간 3년을 적용할 수 없음(대법원 13두0529, 2013.4.11.).

• 지하주차장을 일반인에게 조건부·유료로 운영한다는 사정만으로 수익사업에 사용되고 있다고 볼 수는 없으나, 유료로 사용되는 경우에는 해당함(서울고법 2020누35518, 2021.1.21.: 대법확정).

사례 ▶ 종교단체가 종교목적에 사용하지 못한 정당한 사유 해당 여부

• 토지를 취득할 당시에 이 사건 토지의 출입을 위한 진입로 개설을 하지 못하면 건물을 신축하지 못하여 종교사업에 사용할 수 없다는 등의 장애사유를 알았거나 알 수 있었고 결국 그와 같은 장애사유를 해소하지 못하여 종교사업에 토지를 사

용하지 못한 것으로 보아, 그 사용하지 못한 데에 정당한 사유가 있는 것으로 볼 수 없음(대법원 2012.2.23. 선고 2011두27223 판결).

- 종교법인이 개발제한구역으로 지정되어 건축·형질변경 행위가 금지된다는 사실을 알고도 취득한 부동산을 종교용에 직접 사용하지 못한 경우 개발제한구역으로 지정이라는 법령상 제한은 목적사업에 직접 사용하지 못한 데에 정당한 사유가 될 수 없어 비과세대상이 아니라고 보아 과세한 처분은 적법함(대법원 2009.3.12. 선고 2009두553 판결).

- 종교단체의 취득이 사해행위 등으로 원인무효임이 법원의 확정판결문에 의하여 입증되는 경우에는 적법한 취득행위가 아니라 하여 취득으로 보지 아니하므로(구 행정자치부 지방세정팀-1902, 2005.7.26. 참조), 당초 종교단체 취득행위의 경우 취득세 과세대상에 해당되지 아니한다고 할 것이고, 과세대상이 아닌 이상 추징대상에도 해당되지 아니한다(구 행정자치부 지방세정팀-5196, 2007.12.4. 참조)고 할 것임(행정안전부 지방세운영과-2674, 2012.8.23.).

- 교회신축을 위해 부동산을 취득할 당시부터 인근 주민들의 집단적 반대는 사전에 어느 정도 예상이 가능하였을 것이고, 이러한 장애에 따라 교회신축사업 추진이 쉽지 아니하였을 것을 예측할 수 있었던 상황에서도 부동산을 계속하여 취득한 것이므로 이러한 경우를 정상적인 노력을 다하여도 해결할 수 없는 특별한 사정이 있었던 것으로 보기는 어렵다 할 것으로, 부동산을 취득하고 유예기간(3년) 내에 종교 목적에 직접 사용하지 아니한 것으로 보아 취득세 등을 추징한 처분은 타당함(조세심판원 2012지0411, 2012.8.20., 조심 2018지0236 2018.7.10.).

- 이 건 토지는 청구인이 취득하기 전부터 노숙자 등을 수용하여 버섯재배 농장 등을 하던 곳으로서 지역주민과의 갈등이 있었으므로 청구인이 주의를 기울였다면 종교용 건축물을 신축하는데 집단민원 등 사실상의 장애사유가 발생할 수 있음을 예측할 수 있었던 상황에서 이 건 토지를 취득한 것으로 보이는 점, 지역주민의 반대 등은 법령에 의한 금지·제한 등 청구인이 마음대로 할 수 없는 외부적 사유이거나 행정관청에 귀책사유가 있는 것으로 보기도 어려운 점 등을 종합하여 볼 때 청구인이 이 건 토지를 유예기간 내에 종교사업에 사용하지 못한 "정당한 사유"가 있는 것으로 보기는 어렵다 할 것임(조세심판원 2009지0470, 2009.12.1.).

- 종교용토지에 대한 매매계약 체결 이후 고속도로 건설공사 도로구역 결정고시에 따라 쟁점토지가 강제 수용되어 종교용지로 사용할 수 없게 된 경우 쟁점토지에 대한 취득세 등의 부과처분은 부당함(조세심판원 2010지0214, 2011.2.8.).

- 종교단체가 운동시설을 종교시설로 사용하면서 건물의 용도변경 신청을 하였으나 허가가 반려(3회)된 경우 용도변경 불허가처분에도 종교시설로 사용함은 임시적·불법적인 사용이므로 재산세 등 감면대상 종교목적 사용으로 볼 수 없음(대법원 2015두58928, 2016.3.10. 판결).

- 청구법인이 쟁점토지를 취득하기 전부터 해당 토지는 군사시설로 사용되는 등 그

개발행위가 금지되어 있다는 사실을 청구법인도 알고 있었다고 보이는 점 등에 비추어 청구법인이 쟁점토지를 유예기간 내에 종교용으로 직접 사용하지 못한 정당한 사유가 있다고 보기 어려움(조세심판원 2016지0949, 2016.11.29.).

- 종교단체가 임대되어 있는 부동산을 취득하여 스스로 계속 반복하여 임대할 의사가 없이 기존의 임대차 관계가 종료되는 대로 자신이 사용할 의사(부동산을 명도 받기 위하여 명도소송을 제기하는 점, 심판청구일 현재까지 이 건 부동산의 유예기간이 경과하지 아니한 점, 부동산을 명도 받은 후 현재까지 교회 교육관으로 사용하고 있는 점)로 임대인의 지위를 승계하였을 뿐인 경우에는 부동산 임대 자체를 계속적 반복적으로 하는 경우로 보기는 어려움으로 취득세 등 추징은 부당함(조세심판원 2011지0344, 2011.11.3.).

- 청구법인은 2016년 6월 ○○○성당 신축부지를 취득하였으나, 성당신설을 위한 내부 심의절차를 거치는 데에 많은 시간이 소요되었고, 향후 예상되는 신자수가 당초 설계상의 신자수보다 많아 설계변경이 불가피하였던 점, 이 건 토지의 잔금이 지급된 2016.6.7.까지 해당 토지가 속한 일대의 지구단위계획이 완료되지 아니하여 그날부터 약 1년 4개월 경과한 2017.10.13.에서야 해당 토지의 소유권이전등기를 완료하는 등 불가피하게 건축물의 착공시기가 지연된 것으로 보이는 점 등에 비추어 청구법인이 이 건 토지의 취득일부터 유예기간(3년) 내에 해당 용도로 직접 사용하지 못한 정당한 사유가 있다는 청구주장은 타당하다고 판단됨(조심 2020지797, 2020.12.1.).

사례 ▶ 종교단체 주차장 감면 적용범위

- 종교단체 주차시설을 종교목적으로 사용하는 것으로 볼 수 있는지 여부관련하여 기존 교회의 부설주차장이 법정규모 이하인지, 교회와의 거리, 신도수 및 신도들 보유차량의 현황, 기존 주차장 이용현황 등을 종합적으로 고려하여 부설주차장의 추가설치가 필수불가결한 경우에는 해당 주차장용 부동산을 감면대상으로 볼 수 있으나(대법원 08두1368, 2008.6.12.), 추가설치의 필요성이 부족한 경우에는 감면에서 제외됨(대법원 12두12716, 2012.1.11. ; 대법원 14두557, 2015.9.15.).

- 종교시설로부터 직선거리로 약 437m 떨어진 부동산을 취득하여 주차공간으로 사용할 경우 취득세 감면대상에 해당하는 종교시설의 부설 주차장으로 볼 수 있는지 여부에 있어서 직선거리 200m 초과한 경우 부설주차장 설치기준에 불부합하여 종교시설의 부설주차장으로 볼 수 없음(대법원 2016두37340, 2016.7.7. 판결).

사례 ▶ 종교단체가 소속재단에 증여시 취득세 추징 여부

종교단체가 종교용도로 취득세 감면을 받은 후, 유예기간(2년) 내 소속 유지재단에 명의신탁약정에 기반한 증여로 소유권을 이전한 후 계속 종교용도로 사용하는 경우

'직접 사용한 기간이 2년 미만인 상태에서 증여'한 경우로써 취득세 감면세액 추징대상에 해당됨(지방세특례제도과-642, 2021.3.15.).

③ 최근 쟁점

사례 부동산계약 매매 해제 후 등기말소시 추징대상 여부

- 종교단체가 부동산을 증여취득한 후 3개월 이내 증여에 대한 합의해제를 원인으로 소유권말소등기를 필한 경우에도 비과세한 취득세 등을 추징한 처분은 정당함 (조세심판원 2008지1032, 2009.6.30.).
- 종교단체가 매매계약상 특약에 따라 감면 유예기간 내에 부동산 계약을 합의해제하고 취득한 부동산의 등기까지 말소하였다면, 해당 목적에 직접 사용하여야 할 세법상의 의무가 소멸하므로 직접 사용하지 못한 정당한 사유가 있다 할 것임(대법원 2019두46808, 2019.10.31.).

사례 종교단체내 상급기관에 증여

- 종교단체가 유예기간 내 소속재단에 증여시 추징대상임(행정자치부 지방세운영과-2655, 2013.10.18.).
- 「부동산 실권리자명의 등기에 관한 법률」제8조에서 종교단체의 명의로 그 산하 조직이 보유한 부동산에 관한 물권을 등기한 경우 명의신탁을 인정하고 있는 점, 청구인이 소속된 기독교대한감리회의 교리와 장정(제28조 제1항)에서 감리회 소속 개체교회·기관·단체가 소유하고 있는 부동산은 재단법인 기독교대한감리회 유지재단 명의로 등기하여 관리하도록 규정하고 있는 점 등에 비추어 볼 때 소유권을 유지재단 명의로 이전등기하였다 하더라도 사실상 증여하였다고 보기 어려움 (조심 2019지1800, 2019.7.8.).

사례 성당구외에 있는 수녀 숙소 감면 여부

- 청구법인이 성당 구외에 소재한 주택을 수녀들의 숙소로 제공한다 하더라도 수녀를 당해 종교단체의 목적사업을 수행하기 위한 중추적인 역할을 하는 자로 보기는 어렵고, 수녀들의 구외 숙소로 사용하면서 일시적으로 종교용도로 사용하였다 하더라도 종교용에 상시적으로 사용되는 종교시설에 해당한다고 보기는 어려움 (조세심판원 2012지0805, 2012.12.26.).
- 성당에 파견되어 종교활동을 직접 담당하는 수녀들은 원활한 사업수행에 필요불가결한 존재인 점, 파견된 수녀들의 숙소로 제공된 이 사건 아파트는 그곳에서 지역 교우들을 위한 기도모임이나 교리교육, 미사 등의 종교의식이 이루어지는 등

수녀들의 공동 수도생활 및 전도생활의 공간으로 사용되는 점 등을 종합하면, 이 사건 아파트는 종교 목적사업에 직접 사용되는 부동산에 해당함(대법원 14두557, 2015.9.15.).

[사례] 교회가 어린이집 취득하였으나 종전 어린이집 대표자 명의로 평일은 어린이집으로, 주말은 교회 유아실로 각각 사용하는 경우, 종교단체 또는 어린이집으로서 감면대상에 해당하는지 여부

어린이집은 미취학 어린이들을 대상으로 보육하는 기관으로 위 어린이집에 종사하는 보육자나 원생들이 원고의 종교행위 사업에 필요불가결한 중추적인 지위에 있다고 할 수도 없고, 이용 대상이 소속 교인에 한정되는 것으로 보기 어려운 부설시설인 어린이집의 운영은 종교 목적 사업에 부수되는 것으로 볼 수 있을지는 몰라도 종교 목적 사업 자체이거나 직접적인 관련성이 있는 것이라고는 할 수 없으며, 어린이집의 시설 일부가 토요일 또는 일요일에 임시로 예배와 교육장소로 이용되고 있다고 하여 이를 종교행위 목적사업에 직접 사용하는 것으로 보기 어렵다.

또한, 교회가 부동산을 취득한 이후에도 기존 어린이집 대표가 그 지위를 유지하고 있어 부동산 소유자인 교회가 직접 사용하고 있다고 볼 수 없다 하겠으며 '영유아보육법에 따른 영유아어린이집을 설치·운영하기 위하여 부동산을 취득하는 자'란 영유아보육법이 정한 바에 따라 적법한 설립인가 또는 변경인가를 받아 그 어린이집을 설치·운영하기 위하여 부동산을 취득하는 자를 의미하는 것이고, 적법한 어린이집 설립인가 또는 변경인가를 받지 아니한 자가 어린이집 설치·운영 목적으로 취득한 부동산은 구 지방세특례제한법 제19조 제1항의 취득세 면제대상에 해당하지 않는다고 보아야 함(대법원 2006.1.26. 선고 2005두2070 판결 등 참조 : 대법 2019두41522, 2019.8.29.).

[사례] 종교단체가 신학, 종교교육 등의 교과목으로 학원등록을 한 경우 비수익사업으로 보아 주민세 재산분 감면을 적용할 수 있는지 여부

부가가치세법 제26조 제1항 제18호에 따라 주무관청에 등록된 종교단체가 공급하는 용역 중 부가가치세가 면제되는 용역을 공급하는 사업을 수익사업에서 제외하면서 관련법령 중에서 상속세 및 증여세법 시행령 제12조에서는 '종교의 보급 기타 교화에 현저히 기여하는 사업'을 규정하고 있고 기획재정부령에서는 '종교, 자선, 학술, 구호, 사회복지, 교육, 문화, 예술 등 공익을 목적으로 하는 사업'의 그 고유의 사업목적을 위하여 일시적으로 공급하거나 실비 또는 무상으로 공급하는 재화 또는 용역으로 규정하고 있는데, 해당 건물은 대강당실, 강의실, 도서실, 열람실, 원장실, 교무실, 원생실, 상담실, 등으로 구성되어 있어 학원의 용도로 사용되기에 적합하고, 규모가 작은 성가대실(15.14㎡)을 제외하고는 예배당 등 종교행위를 위한 시설은 없으며 ○○신학교 평생교육원에서는 일반인을 수강대상으로 하여 유상으로 개설하고 있는데, 이를 '종교의 보급 기타 교화에 현저히 기여하는 사업' 또는 고유의 사업목적을

위한 실비 수준의 용역이 제공되었다는 점을 인정하기 어렵다 할 것이다.

또한, 주무관청에 종교단체로 등록한 사실이 없고, 비수익사업 주체에 해당하는 고등교육법상 학교 또는 평생교육법상 평생교육시설로 주무관청으로부터 설립인가를 받았다고 인정할 증거도 없으며, 오히려 해당 지역 교육지원청 교육장에게 학원으로 등록하여 ○○○신학교 평생교육원, ○○○신학교, ○○신학대학원, ○○원 등의 명칭으로 학원을 운영 중인데, 통계청장이 고시한 한국표준산업분류에 따르면 학원은 교육서비스업의 일종으로 수익사업이라 할 것임(대법 2019두32405, 2019.5.10.).

2 어린이집 및 유치원에 대한 감면

1 관계법령

「지방세특례제한법」 제19조(어린이집 및 유치원에 대한 감면) ① 「영유아보육법」에 따른 어린이집 및 「유아교육법」에 따른 유치원(이하 이 조에서 "유치원등"이라 한다)으로 직접 사용하기 위하여 취득하는 부동산에 대해서는 취득세를 2024년 12월 31일까지 면제하고, 「영유아보육법」 제14조에 따라 직장어린이집을 설치하여야 하는 사업주가 같은 법 제24조 제3항에 따라 법인·단체 또는 개인에게 위탁하여 운영하기 위하여 취득하는 부동산에 대해서는 취득세의 100분의 50을 2024년 12월 31일까지 경감한다.
② 다음 각 호의 부동산에 대해서는 재산세(「지방세법」 제112조에 따른 부과액을 포함한다)를 2024년 12월 31일까지 면제한다.
1. 해당 부동산 소유자가 과세기준일 현재 유치원등에 직접 사용하는 부동산
2. 과세기준일 현재 유치원등에 사용하는 부동산으로서 해당 부동산 소유자와 사용자의 관계 등을 고려하여 대통령령으로 정하는 부동산

「지방세특례제한법 시행령」 제8조의3(영유아어린이집 등에 사용하는 부동산의 범위) 법 제19조 제2항 제2호에서 "대통령령으로 정하는 부동산"이란 다음 각 호의 어느 하나에 해당하는 부동산을 말한다.
1. 해당 부동산의 소유자가 해당 부동산을 영유아어린이집 또는 유치원으로 사용하는 자(이하 "사용자"라 한다)의 배우자 또는 직계혈족으로서 그 운영에 직접 종사하는 경우의 해당 부동산
2. 해당 부동산의 사용자가 그 배우자 또는 직계혈족과 공동으로 해당 부동산을 소유하는 경우의 해당 부동산
3. 해당 부동산의 소유자가 종교단체이면서 사용자가 해당 종교단체의 대표자이거나 종교법인인 경우의 해당 부동산
4. 「영유아보육법」 제14조 제1항에 따라 사업주가 공동으로 설치·운영하는 직장어린이집 또는 같은 법 제24조 제3항에 따라 법인·단체 또는 개인에게 위탁하여 운영하는 직장어린이집의 경우 해당 부동산

■ 「영유아보육법」에 따른 어린이집 및 「유아교육법」에 따른 유치원(이하 이 조에서 "유치원등"이라 한다)을 설치·운영하기 위하여 취득하는 부동산에 대해서는 취득세를 2024년 12월 31일까지 면제한다(법 §19 ①).

■ 다음 각 호의 부동산에 대해서는 재산세(「지방세법」제112조에 따른 부과액을 포함한다)를 2024년 12월 31일까지 면제한다(법 §19 ②).

1. 해당 부동산 소유자가 과세기준일 현재 유치원 등에 직접 사용하는 부동산
2. 과세기준일 현재 유치원 등에 사용하는 부동산으로서 해당 부동산 소유자와 사용자의 관계 등을 고려하여 대통령령으로 정하는 부동산

이 규정에서 "대통령령으로 정하는 부동산"이란 다음 각 호의 어느 하나에 해당하는 경우를 말한다(영 §8의3 Ⅰ~Ⅳ).

1. 해당 부동산의 소유자가 해당 부동산을 영유아어린이집 또는 유치원으로 사용하는 자(이하 "사용자"라 한다)의 배우자 또는 직계혈족으로서 그 운영에 직접 종사하는 경우의 해당 부동산
2. 해당 부동산의 사용자가 그 배우자 또는 직계혈족과 공동으로 해당 부동산을 소유하는 경우의 해당 부동산
3. 해당 부동산의 소유자가 종교단체이면서 사용자가 해당 종교단체의 대표자이거나 종교법인인 경우의 해당 부동산
4. 「영유아보육법」제14조 제1항에 따라 사업주가 공동으로 설치·운영하는 직장어린이집 또는 같은 법 제24조 제3항에 따라 법인·단체 또는 개인에게 위탁하여 운영하는 직장어린이집의 경우 해당 부동산

이 경우 "영유아"란 6세 미만의 취학 전 아동을 말하며, "어린이집"이란 보호자의 위탁을 받아 영유아를 보육하는 기관을 말한다(영유아보육법 §2). 그리고 "유아"란 3세부터 초등학교 취학 전까지의 어린이를 말하고, "유치원"이란 유아의 교육을 위하여 유아교육법에 따라 설립·운영하는 학교를 말한다(유아교육법 §2).

■ 2017년까지는 한편 「영유아보육법」상 직장어린이집의 경우 사업주 공동 설치·운영 또는, 지역의 어린이집에 위탁운영을 할 수 있도록 규정되어 있음에도 '직접 사용'의 예외 범위에 포함되지 않아 위탁운영 등의 경우 재산세 감면 대상에서 제외되는 문제가 발생하여 2018년부터는 「영유아보육법」에 따라 사업주 공동 또는 위탁운영 하는 부동산이 감면대상에 포함되도록 근거규정을 신설하였으며, 동 4호 개정 조문은 이 영 시행일('18.1.1.) 이후 납세의무가 성립하는 분부터 적용하면 된다.

그리고 어린이집의 종류는 다음과 같다(영유아보육법 §10).
① 국공립어린이집: 국가나 지방자치단체가 설치·운영하는 어린이집
② 사회복지법인어린이집: 「사회복지사업법」에 따른 사회복지법인(이하 "사회복지사업법"이라 한다)이 설치·운영하는 어린이집

③ 법인·단체 등 어린이집: 각종 법인(사회복지법인을 제외한 비영리법인)이나 단체 등이 설치·운영하는 어린이집으로서 대통령령으로 정하는 어린이집

④ 직장어린이집: 사업주가 사업장의 근로자를 위하여 설치·운영하는 어린이집(국가나 지방자치단체의 장이 소속공무원을 위하여 설치·운영하는 어린이집을 포함한다)

⑤ 가정어린이집: 개인이 가정이나 그에 준하는 곳에 설치·운영하는 어린이집

⑥ 부모협동어린이집: 보호자들이 조합을 결성하여 설치·운영하는 어린이집

⑦ 민간어린이집: 제1호부터 제6호까지의 규정에 해당하지 아니하는 어린이집

또한 유치원은 다음과 같이 구분한다(유아교육법 §7).

① 국립유치원: 국가가 설립·경영하는 유치원

② 공립유치원: 지방자치단체가 설립·경영하는 유치원(설립주체에 따라 시립유치원과 도립유치원으로 구분할 수 있다)

③ 사립유치원: 법인 또는 사인(私人)이 설립·경영하는 유치원

사례 종교단체 주차장 감면 적용범위

• 직장보육시설로 사용하기 위하여 취득한 기존건물이 노후 주택으로 설계되어 영유아보육시설로의 적정한 공간확보, 계단 및 발코니 등의 기준에 맞지 않아 양질의 보육환경을 제공하기 어렵고, 기존건물을 증·개축 변경하는 것이 신축비용에 90% 이상 소요될 것으로 추정되며, 기존건물의 내구성이 약화되어 변경 후에도 안전에 문제가 발생할 수 있다는 전문업체의 의견 등을 종합할 때, 기존건물을 철거하고 직장보육시설용 건물을 신축하는 것은 고유목적 사업에 직접 사용한다 할 것이며, 신축건물의 용도가 취득목적인 영유아보육시설로 전체를 사용한다면 당초 취득한 기존건물과 신축건물 모두 감면대상에 해당된다 할 것임(행정안전부 지방세운영과-5342, 2010.11.10.).

• 귀문의 경우 ○○교회가 당해 영유아 보육시설 부동산을 소유하고 있고, 영유아보육법 관련규정에 따라 영유아보육시설 위탁운영 신청을 통해 수탁자로 지정 받아 실제 어린이집을 운영하고 있다면, 비록 구청으로부터 당해 부동산에 대해 영유아보육시설 사용대가를 받더라도, 지방세법상 수익분에 대한 별도의 규정이 없고, 운영주체(○○교회)가 당해 부동산을 어린이집으로 직접 사용하고 있는 한 감면대상이라 판단됨(행정안전부 지방세운영과-5459, 2009.12.24.).

• 「지방세특례제한법」제2조 제1항 제8호 및 제19조 제2항 제1호에서 부동산 소유자가 과세기준일 현재 어린이집의 목적이나 용도에 맞게 사용하는 부동산에 대하여는 재산세를 면제한다고 규정하고 있는 점, 이 건 건물은 어린이집으로서 일시적으로 원아가 없는 상태에 있을 뿐 휴원신고가 되어 있는 등 미개원한 상태가 아닌 점 등에 비추어 처분청이 이 건 재산세 등을 부과한 처분은 잘못이 있다고

판단됨(조세심판원 2017지0856, 2017.9.28.).

- 「지방세특례제한법」 제94조에서 규정하고 있는 "직접 사용"이라 함은 부동산의 취득자가 영유아보육시설의 운영자로서 취득한 부동산을 그 시설로 직접 사용하는 경우만을 의미한다 할 것이므로 청구인이 이 건 어린이집 인가증 상에서 대표자 또는 원장으로 되어 있지 아니한 경우에는 청구인이 이 건 부동산을 어린이집에 직접 사용하였다고 보기 어려움(조세심판원 2016지0127, 2016.11.18.).

- 일정한 자격요건을 필요로 하는 유치원업 등의 특성상 반드시 그 부동산의 소유자가 대표자로 신고하여 운영하는 것만을 감면대상으로 한정하는 것은 아니라 할 것인 바, 청구인이 이 건 부동산을 취득하기 이전부터 심판청구일 현재까지 쟁점유치원의 교직원 채용과 인사관리 등을 담당하고 있다고 쟁점유치원의 교직원들이 확인하고 있는 점 등에 비추어 청구인은 쟁점유치원의 운영에 종사하면서 배우자와 공동으로 쟁점유치원을 실제 경영하고 있는 것으로 보이므로 이 건 취득세 등을 부과한 처분은 잘못이 있음(조세심판원 2016지0160, 2016.8.25.).

- 청구인이 쟁점어린이집의 대표자에서 물러난 후부터 쟁점어린이집이 매각된 이후까지도 청구인과 ○○○가 쟁점어린이집에서 함께 근무한 점 등에 비추어 청구인은 △△△와 공동으로 보육시설을 경영하였던 것으로 보이므로 청구인이 이 건 부동산을 2년 이상 직접 사용하지 아니하였다고 보아 이 건 취득세 등을 부과한 처분은 잘못임(조세심판원 2015지0863, 2016.5.19.).

- 청구인은 2011년도 재산세 과세기준일(6.1.) 이후인 2011.7.25. 쟁점부동산을 소재지로 하여 보육시설인가를 받은 이상 재산세 감면 대상으로 보기는 어렵다 할 것임(조세심판원 2012지0345, 2013.2.12.).

- 청구법인은 쟁점부동산의 소유자로서 어린이집을 직접 운영하고 있는 사실이 제출된 자료에 의하여 확인되고 있고, 어린이집의 대표자는 청구법인이 고용한 근로소득자에 해당하는 사실이 소득금액증명서 등에 의하여 확인되고 있음에도 법인의 대표자와 어린이집의 대표자가 상이하다는 사유로 쟁점부동산을 어린이집에 직접 사용하지 아니하는 것으로 보는 것은 잘못임(조세심판원 2013지0541, 2013.10.22.).

- 청구인은 법인격 없는 단체로서 청구인 명의로 이 건 유치원 및 어린이집을 설립할 수 없는 법률상의 제약으로 청구인의 대표자 및 신도를 선임하여 설립한 것으로 볼 수 있는 점, 청구인의 종무회의에서 이 건 유치원 및 어린이집의 대표자(시설장)를 선임하여 매년 예산·결산보고를 받고 있는 점, 청구인이 쌀 등의 식재료 및 차량 등의 시설을 지원한 점, 이 건 유치원 및 어린이집의 종합보험 및 화재손해보험의 계약자 및 수익자가 청구인의 대표자인 점, 통원차량에 청구인 마크가 부착되어 있고 동 차량의 자동차등록원부상 명의가 청구인의 대표자로 등록된 점, 가정통신문상의 발송명의가 '청구인 부설 ○○○'으로 기재되어 있는 점 등을 종합하여 살펴볼 때, 이 건 유치원 및 어린이집은 청구인이 사실상 설립자의 지위에서 직접 운영하고 있는 것으로 볼 수 있으며, 2011년말에 개정되어 2012년부터 시

행되는 지방세특례제한법령에서 과세기준일 현재 유치원 등에 사용하는 부동산의 소유자가 종교단체이면서 사용자가 해당 종교단체의 대표자이거나 종교법인인 경우에는 취득세와 달리 재산세를 면제하도록 한 점을 고려하여 볼 때, 종교단체 소유인 이 건 유치원 및 어린이집의 부속토지에 대한 재산세는 면제하는 것이 타당하다고 하겠음(조세심판원 2011지947, 2012.11.13.).

- 구 지방세법 제272조 제5항에서 취득세 및 등록세 면제대상으로 정한 '유아교육법에 의한 유치원을 설치·운영하기 위하여 취득하는 부동산'이란 유아교육법이 정한 바에 따라 적법한 유치원 설립인가를 받았거나 받을 수 있는 '법인 또는 사인'이 그 유치원을 설치·운영하기 위하여 취득하는 부동산을 의미한다 할 것이다. 따라서, 유아교육법에 따라 적법한 유치원 설립인가를 받을 수 없는 '법인 아닌 사단'이 유치원의 설치·운영 목적으로 취득한 부동산은 설령 그 법인 아닌 사단의 대표자 이름으로 유아교육법에 따른 유치원 설립인가를 받았다고 하더라도 구 지방세법 제272조 제5항의 취득세 및 등록세 면제대상에 해당하지 않는다고 보아야 함(대법원 2012.10.25. 선고 2012두14804.).

■ 그러나, 2022년도부터 해당규정에 직접 사용의 개념이 도입됨에 따라 해당 부동산 소유자와 사업주가 일치하는 경우에만 취득세를 감면받도록 개정되었다.

※ 어린이집·유치원 직접사용 규정 명확화(2022년부터 적용)

1 개정개요

개정 전	개정 후
□ 유치원등 취득세 감면대상 ○ 유치원등을 설치·운영하기 위해 취득하는 자 ※ 임차인을 통해 사용하는 경우도 감면대상에 포함 우려	□ 감면대상 명확화 ○ 유치원등에 직접 사용하기 위해 취득하는 자 ※ 취득자 본인이 직접 사용하는 경우에만 감면토록 명확화

2 개정내용

- 어린이집, 유치원(이하 "유치원등") 부동산 취득세 감면요건 명확화
  - 유치원등의 취득자가 해당 용도로 사용하는 경우의 감면지원 규정임에도, **"직접 사용*"이라는 용어가 명시되지 않음**에 따른 **혼란**** 방지

  * (법 §2 ① 8) "직접 사용"이란 부동산·차량·건설기계·선박·항공기 등의 <u>소유자가</u> 해당 부동산·차량·건설기계·선박·항공기 등을 사업 또는 업무의 <u>목적이나 용도에 맞게 사용</u>하는 것

  ** 부동산을 취득한 사업주가 설치한 직장어린이집을 위탁하여 운영하는 경우 취득세 면제대상이 아님(법제처 21-0469).

- 유치원등을 취득한 자가 해당 유치원등의 용도로 직접 사용하는 경우에 한해 감면을 적용토록 명확화

② **취득세, 재산세 면제**

이 규정의 적용에 있어 취득세는 어린이집과 유치원을 설치·운영하기 위한 목적으로 취득하는 경우는 모두 면제대상이 되나, 재산세는 과세기준일 현재 어린이집과 유치원으로 직접 사용하는 부동산에 한하여 면제대상이 되는 것이다. 그리고 재산세 중 「지방세법」제112조(재산세 과세특례)에 따라 부과되는 종전의 도시계획세 해당 부분도 면제대상이다.

③ **추징요건**

- 취득세는 유치원 등을 설치·운영하기 위하여 취득하는 부동산에 대하여만 감면한다.
- 재산세는 과세기준일(6.1.1.) 현재 해당 부동산 소유자가 유치원등에 직접 사용하는 부동산에 대하여만 감면한다.

| 사례 | 유치원 등에 설치·운영 또는 직접사용하지 않아 추징대상인지 여부

- 설령 원고가 그 주장과 같이 이 사건 토지의 취득일부터 1년이 되기 이전에 이 사건 토지 위에서 유치원을 신축하기 위한 착공 신고를 피고 측에 하였다고 하더라도, 그러한 사정은 원고가 이 사건 토지 위에서 유치원을 신축·개원하기 위한 준비단계에 불과하고, 위 토지를 현실적으로 유치원으로 사용하기 위한 용도에 직접 사용한 것이라고 보기는 어렵다고 판단된다(서울고법 2013누27960, 2014.4.24. 판결 : 대법 2014두7749, 2014.8.11.).
- 청구인은 어린이집 대표자의 배우자이고 함께 어린이집을 운영하고 있음에도 청구인이 해당 용도에 직접 사용하지 아니한 것으로 본 것은 부당하다고 주장하나, 보육교사인 청구인이 사용자의 지위에서 어린이집을 운영한 주체라고 보기는 어려운 점 등에 비추어 청구주장을 받아들이기 어려움(조세심판원 2018지266, 2018.7.18.).
- 취득자가 아닌 다른 사람이 이 건 부동산의 운영자로 등록한 것은 다른 용도로 사용한 것에 해당하므로 처분청에서 이 건 취득세 등을 추징한 처분은 잘못이 없다고 판단됨(조세심판원 2017지0151, 2017.3.20.).
- 「유아교육법」제8조 제2항에서 사립유치원을 설립하려는 자는 교육감의 인가를 받아야한다고 규정하고 있으나, 이 건 토지는 2019년까지 사립유치원 설립이 불가능한 지역에 소재하고 있으며, 혁신도시법에 유치원 설립에 관한 특례가 규정되어 있지 아니하여 청구인들이 취득일부터 1년 이내에 유치원의 용도로 직접 사용할 수 없는 것으로 나타나는 이상, 처분청이 청구인들의 경정청구를 거부한 것은 달리 잘못이 없는 것으로 판단됨(조세심판원 2017지0531, 2017.8.2.).

- 부동산을 취득한 후 어린이집으로 직접 사용하였으나, 그 사용일부터 1년 9개월만에 법원판결에 따라 어린이집 인가증상의 대표자가 처분청에 의해 직원으로 변경되자 부동산을 어린이집으로 사용할 수 없게 되어 청구인이 어린이집 용도로 직접 사용한 기간이 2년 미만인 상태에서 공실상태에 있게 되었는 바, 이는 감면된 취득세의 추징 조항인 「지방세특례제한법」 제94조 제2호에 규정된 추징요건을 충족한 것으로 보기 어려움(조세심판원 2015지1155, 2015.12.30.).
- 이 사건 부동산에 대한 명의신탁약정 사실이 인정된다 하더라도, 취득세는 본래 재화의 이전이라는 사실 자체를 포착하여 거기에 담세력을 인정하고 부과하는 유통세의 일종으로, 취득자가 재화를 사용·수익·처분함으로써 얻을 수 있는 이익을 포착하여 부과하는 것이 아니어서, 취득자가 실질적으로 완전한 내용의 소유권을 취득하는가의 여부에 관계없이 사실상의 취득행위 자체를 과세객체로 하는 것이고(대법원 2004.11.25. 선고 2003두13342 판결 등 참조), 2자간 명의신탁의 경우 법률상 처분권은 여전히 소유권자에게 있지만 명의수탁자가 제3자에게 부동산을 처분하는 경우 제3자는 유효하게 소유권을 취득하므로 명의수탁자 또한 사실상 부동산은 유효하게 처분할 수 있는 지위에 있어, 명의수탁자의 경우에도 취득세의 납부의무가 성립된다 할 것이므로, 이 사건 부동산이 영유아보육법에 의한 영유아보육시설을 운영하기 위하여 취득하는 부동산에 해당한다며 감면을 신청하여 취득세 및 등록세를 면제받았으나, 사용일로부터 2년 이상 당해 용도에 직접 사용하지 아니하고 매각하였다."는 이유로 지방세법 제272조 제5항 단서에 따른 부과 처분은 적법함(대법원 2009.11.24. 선고 2009구합697 판결).

사례 유치원 등에 설치·운영 또는 직접사용하지 못한 정당한 사유에 해당 여부

- 추징 유예기간(1년) 내에 유치원 건물 신축을 위한 착공신고를 한 경우 고유업무에 직접 사용한 것으로 보아 추징을 배제할 수 있는지에 대하여 착공신고는 준비단계에 불과하므로 직접 사용한 것으로 볼 수 없어 추징을 배제할 수 없음(대법원 2014두7749, 2014.8.11. 판결).
- 쟁점토지의 전 소유자가 불법산지훼손한 것을 청구인이 원상복구하는 과정에서 유예기간이 경과한 것을 정당한 사유로 보기는 어려운 점 등에 비추어 처분청이 기 감면한 취득세 등을 추징한 처분은 잘못이 없다고 판단됨(조세심판원 2016지1178, 2017.3.7.).

④ 최근 쟁점

사례 **부부간 어린이집 대표명의 변경시 추징 여부**

구 지방세특례제한법 제2조 제1항 제8호는 '직접 사용'이란 부동산의 소유자가 해당 부동산을 사업 또는 업무의 목적이나 용도에 맞게 사용하는 것을 말한다고 규정하고 있고 지방세특례제한법 제178조 제2호의 '해당 용도로 직접 사용'이란 그 부동산을 취득한 소유자가 그 부동산을 영유아어린이집의 설치·운영의 용도로 사용하는 것을 의미한다고 봄이 타당하므로 취득세 추징사유에 해당된다 할 것이다. 다만, 재산세의 경우에는 구 지방세특례제한법 제19조 제2항에서 어린이집으로 사용되는 부동산에 대해 부동산 소유자가 직접 사용하는 경우와 부동산 소유자와 사용자가 서로 다른 경우를 구분하여 규정하고 있다. 설령 건물을 신축하여 어린이집을 운영하다가 배우자에게 임대차기간을 정하여 임대하고, 어린이집의 대표자를 배우자로 변경하였더라도, 어린이집의 설치·운영의 용도로 사용하기 시작한 때부터 2년이 되기 전에 자신이 설치·운영하는 어린이집의 용도가 아닌 다른 용도로 사용한 것에 해당하는 것이며, 배우자에게 건물만을 임대하였을 뿐 그 부속 토지를 임대하지는 않았다 하더라도 건물과 함께 당초 소유자가 설치·운영하는 어린이집의 용도가 아닌 다른 용도로 사용된 것으로 볼 수 있음(대법원 2019두34968, 2019.5.30.).

사례 **공동으로 상속을 받은 부동산을 다른 상속자에게 무상으로 제공하여 유치원용으로 사용하도록 하는 경우 직접 사용하는 부동산으로 보아 재산세를 감면할 수 있는지 여부**

2011.12.31. 법률 제11138호로 개정되기 전 지방세특례제한법 제42조 제5항이 부동산 소유자가 과세기준일 현재 유치원에 직접 사용하는 부동산에 한하여 재산세를 면제하도록 규정하였던 것과는 달리 개정된 현행 지방세특례제한법 제19조 제2항은 제2호에서 부동산 소유자와 유치원 사용자가 다른 경우라도 재산세 면제에 따른 혜택이 유치원 운영자에게 직접 돌아갈 여지가 있는 경우를 예외적으로 상정하여 '과세기준일 현재 유치원에 사용하는 부동산으로서 해당 부동산 소유자와 사용자의 관계 등을 고려하여 대통령령으로 정하는 부동산의 경우' 재산세를 면제하도록 규정하고 있는 점 등을 종합하면, 지방세특례제한법 제19조 제2항 제1호에서 정한 '부동산의 소유자가 유치원에 직접 사용하는 부동산'이라 함은 부동산의 소유자가 유치원의 실질적인 운영자로서 과세기준일 현재 유치원 용도로 사용하는 부동산을 말한다고 봄이 타당하다(인천지법 2012구합6081, 2014.1.16. 판결 : 대법 2014두10844, 2014.10.30.).

제**23**장

노인복지 · 사회복지법인 등에 대한 감면

① 관계법령

「지방세특례제한법」 제20조(노인복지시설에 대한 감면) 「노인복지법」 제31조에 따른 노인복지시설을 설치·운영하기 위하여 취득하는 부동산에 대해서는 다음 각 호에서 정하는 바에 따라 지방세를 2023년 12월 31일까지 감면한다.

1. 대통령령으로 정하는 무료 노인복지시설에 사용하기 위하여 취득하는 부동산에 대해서는 취득세를 면제하고, 과세기준일 현재 노인복지시설에 직접 사용(종교단체의 경우 해당 부동산의 소유자가 아닌 그 대표자 또는 종교법인이 해당 부동산을 노인복지시설로 사용하는 경우를 포함한다. 이하 이 조에서 같다)하는 부동산에 대해서는 재산세의 100분의 50을 경감한다. 다만, 노인의 여가선용을 위하여 과세기준일 현재 경로당으로 사용하는 부동산(부대시설을 포함한다)에 대해서는 재산세(「지방세법」 제112조에 따른 부과액을 포함한다) 및 같은 법 제146조 제2항에 따른 지역자원시설세를 각각 면제한다.

2. 제1호 외의 노인복지시설에 사용하기 위하여 취득하는 부동산에 대해서는 취득세의 100분의 25를 경감하고, 과세기준일 현재 제1호 외의 노인복지시설에 직접 사용하는 부동산에 대해서는 재산세의 100분의 25를 경감한다.

「지방세특례제한법 시행령」 제8조의4(무료 노인복지시설의 범위) 법 제20조 제1호에서 "대통령령으로 정하는 무료 노인복지시설"이란 「노인복지법」 제31조에 따른 노인여가복지시설·노인보호전문기관·노인일자리지원기관·노인주거복지시설·노인의료복지시설 또는 재가노인복지시설로서 다음 각 호의 어느 하나에 해당하는 시설을 말한다.

1. 입소자의 입소비용(이용비용을 포함한다)을 국가 또는 지방자치단체가 전액 부담하는 시설

2. 노인복지시설 이용자 중 「노인장기요양보험법」에 따른 재가급여 또는 시설급여를 지급받는 사람과 「국민기초생활 보장법」 제7조 제1항 제1호부터 제3호까지의 규정에 따른 급여를 지급받는 사람이 연평균 입소 인원의 100분의 80 이상인 시설로서 행정안전부령으로 정하는 기준에 적합한 시설

「지방세특례제한법 시행규칙」 제2조의3(연평균 입소 인원의 계산) 영 제8조의4 제2호에서 "행정안전부령으로 정하는 기준"이란 다음의 계산식에 따라 계산한 연평균 입소 인원 비율이 100분의 80 이상인 경우를 말한다.

$$（연평균\ 입소\ 인원\ 비율）= \frac{(A+B+C)}{(A+B+C+D)}$$

A: 「국민기초생활 보장법」 제7조 제 1호부터 제3호에 따른 급여를 지급받는 사람의 입소일
 수의 합

B: 「노인장기요양보험법」에 따른 급여를 지급받는 사람의 입소일수의 합

C: 무료로 입소한 사람의 입소일수의 합

D: 「국민기초생활 보장법」 제7조 제1호부터 제3호에 따른 급여를 지급받는 사람과 「노인장기요
 양보험법」에 따른 급여를 지급받는 사람 및 무료로 입소한 사람을 제외한 사람의 입소일수
 의 합

❷ 취득세 면제 또는 감면, 재산세 면제 또는 경감, 특정부동산에 대한 지역자원시설세 면제

■ 노인복지법 제31조에 따른 노인복지시설을 설치·운영하기 위하여 취득하는 부동산에 대해서는 다음 각 호에서 정하는 바에 따라 지방세를 2023년 12월 31일까지 감면한다.

1. 대통령령으로 정하는 무료 노인복지시설에 사용하기 위하여 취득하는 부동산에 대해서는 취득세를 면제하고, 과세기준일 현재 노인복지시설에 직접 사용(종교단체의 경우 해당 부동산의 소유자가 아닌 그 대표자 또는 종교법인이 해당 부동산을 노인복지시설로 사용하는 경우를 포함한다. 이하 이 조에서 같다)하는 부동산에 대해서는 재산세의 100분의 50을 경감한다. 다만, 노인의 여가선용을 위하여 과세기준일 현재 경로당으로 사용하는 부동산(부대시설을 포함한다)에 대해서는 재산세(지방세법 제112조에 따른 부과액을 포함한다) 및 같은 법 제146조 제2항에 따른 지역자원시설세를 각각 면제한다(법 §20 Ⅰ·Ⅱ).

 • 이 경우 "대통령령으로 정하는 무료 노인복지시설"이란 「노인복지법」 제31조에 따른 노인여가복지시설·노인보호전문기관·노인일자리지원기관·노인주거복지시설·노인의료복지시설 또는 재가노인복지시설로서 다음 각 호의 어느 하나에 해당하는 시설을 말한다(영 §8의4 Ⅰ·Ⅱ).

 ① 입소자의 입소비용(이용비용을 포함한다)을 국가 또는 지방자치단체가 전액 부담하는 시설

 ② 노인복지시설 이용자 중 「노인장기요양보험법」에 따른 재가급여 또는 시설급여를 지급받는 사람과 「국민기초생활 보장법」 제7조 제1항 제1호부터 제3호까지

의 규정에 따른 급여를 지급받는 사람이 연평균 입소 인원의 100분의 80 이상인 시설로서 행정안전부령으로 정하는 기준에 적합한 시설

이 경우 "행정안전부령으로 정하는 기준"이란 다음의 계산식에 따라 계산한 연평균 입소 인원 비율이 100분의 80 이상인 경우를 말한다(규칙 §2의3).

$$\text{연평균 입소 인원 비율} = \frac{(A+B+C)}{(A+B+C+D)}$$

- A: 국민기초생활 보장법 제7조 제1항 제1호부터 제3호에 따른 급여를 지급받는 사람의 입소일수의 합
- B: 노인장기요양보험법에 따른 급여를 지급받는 사람의 입소일수의 합
- C: 무료로 입소한 사람의 입소일수의 합
- D: 국민기초생활 보장법 제7조 제1호부터 제3호에 따른 급여를 지급받는 사람과 노인장기요양보험법에 따른 급여를 지급받은 사람 및 무료로 입소한 사람을 제외한 사람의 입소일수의 합

2. 제1호 외의 노인복지시설에 사용하기 위하여 취득하는 부동산에 대해서는 취득세의 100분의 25를 경감하고, 과세기준일 현재 위의 1. 외의 노인복지시설에 직접 사용하는 부동산에 대하여는 재산세의 100분의 25를 경감한다.

- 이 경우 "노인복지시설"이란 ① 노인주거복지시설(양로시설, 노인 공동생활 가정, 노인복지주택) ② 노인의료복지시설(노인요양시설, 노인요양공동생활가정) ③ 노인여가복지시설(노인복지관, 경로당, 노인교실) ④ 재가노인복지시설(방문요양서비스, 주ㆍ야간보호서비스, 단기보호서비스, 방문목욕서비스, 그 밖에 보건복지가족부령이 정하는 서비스) ⑤ 노인보호전문기관(노인학대예방 등)을 말한다.
- 이러한 노인복지시설을 설치하기 위한 목적으로 취득하는 부동산에 대하여는 취득세를 감면하는데, 해당 시설을 무료로 이용하는 부동산은 취득세를 면제하고, 유료노인복지시설을 설치하기 위한 부동산의 취득에 대해서는 취득세의 100분의 25를 경감한다.
- 그리고 재산세는 과세기준일 현재 위의 무료노인복지시설로 사용되고 있는 부동산에 대해서만 무료노인복지시설 모두 재산세의 100분의 25를 경감한다. 그러므로 재산세 과세기준일(매년 6월 1일) 현재 노인복지시설에 해당하는 부동산이라 하더라도 노인복지시설에 직접 사용되지 아니하는 경우에는 재산세가 경감되지 않는 점에 유의해야 한다.
- 또한 노인의 여가선용을 위하여 과세기준일 현재 경로당으로 사용하는 부동산(부대시설을 포함한다)에 대하여는 재산세(도시지역분재산세 해당 부분도 포함한다)와 「지방세법」 제146조 제2항에 따른 지역자원시설세(소방시설에 충당하는 특정부동산에 대해 과세하는 지역자원시설세)를 각각 면제한다.

노인복지시설에 직접 사용하는 부동산에 해당 여부

- 청구인이 「노인복지법」 제31조에 따른 재가노인복지시설인 노인주간보호센터를 설치·운영하기 위해서 쟁점토지를 취득했다고 주장하고 있는 이상, 해당 센터를 「노인장기요양보험법」에 따라 설치할 수도 있다는 개연성만으로 청구인의 취득목적을 부인하기는 어렵다 할 것임(조세심판원 2018지379, 2018.9.19.).

- 청구인들이 설치한 "사랑의 요양원 주야간보호센터"를 설치하였으나 이는 「노인복지법」 제31조에 따라 설치된 시설이 아니라 「노인장기요양보험법」 제33조에 따라 설치된 시설인 점 등에 비추어 처분청이 기 면제한 취득세 등을 추징한 것은 잘못이 없다고 판단됨(조세심판원 2016지0960, 2017.3.2.).

- 「지방세특례제한법」 제20조에서는 노인복지법 제31조에 따른 노인복지시설을 설치·운영하기 위하여 취득하는 부동산 중 무료노인복지시설에 대하여는 취득세를 면제하고, 유료노인복지시설에 대하여는 취득세의 100분의 50을 감면하도록 규정하고 있으며, 「노인복지법」 제31조에서는 노인복지시설을 노인주거복지시설, 노인의료복지시설, 노인여가복지시설, 재가노인복지시설, 노인보호전문기관으로 분류하고 있음(안전행정부 지방세특례제도과-1570, 2014.9.4.).

- 구 노인복지법 제34조는 노인의료복지시설의 명칭에서 유료의 경우 "입소시켜 급식·요양 등 편의 제공에 따른 소요비용 일체를 입소자로부터 수납하여 운영하는 시설"로 유료와 무료를 명확하게 구분하였으나, 2007.8.3. 법률 제8608호로 노인복지법이 개정(2008.4.4. 시행)되면서 시설 명칭상으로는 노인의료복지시설이 노인요양시설과 노인요양공동생활가정으로 구분될 뿐 유·무료의 명칭 구분이 없어졌으나, 그 시행규칙 제18조 제1항 및 제19조의2에서 "입소자로부터 입소비용의 전부를 수납하여 운영하는 노인요양시설 또는 노인요양공동생활가정의 경우로서 60세 이상의 자의 경우 입소자 본인이 전액 부담한다"라고 유료의 개념을 규정하고 있는 바, 귀문과 같이 노인장기요양보험법에 따라 입소자가 장기요양급여수급자로 구성되어서 장기요양급여를 수령(당해 장기요양급여비용의 20%만 본인이 부담)하여 운영하는 시설인 경우라면 무료 노인복지시설이라고 봄이 타당함(행정안전부 지방세운영과-4133, 2010.9.7.).

- 직접 사용은 소유자가 사용하는 것을 전제로 하는 것인 바, 소유자가 아닌 청구인의 어머니가 이 건 토지를 노인복지시설용으로 사용하더라도 해당 용도로 직접 사용한 것으로 보기 어려움(조세심판원 2017지0832, 2017.11.15.).

- 쟁점부동산의 경우, 쟁점노인복지시설 이용자중 1명이 입소 후 장기요양등급 판정을 받았는바, 무료 노인복지시설에 해당하는지 여부는 전체적인 이용실태를 고려하여 판단하여야 할 것이므로 쟁점부동산은 「지방세특례제한법」 제20조 제1호에 따른 무료 노인복지시설에 해당하는 것으로 보는 것이 타당함(조세심판원 2014지0953, 2015.5.19.).

- 쟁점부동산에 설치된 노인복지시설은 대부분의 입소자가 장기요양급여등급을 받아 쟁점노인요양시설 이용료의 일부만을 부담하는 장기요양급여 수급대상자이므로 쟁점노인요양시설은 무료 노인복지시설로 보는 것이 타당함(조세심판원 2014지1434, 2015.4.15.).
- 건축 중인 건축물이라 함은 과세기준일 현재 터파기공사 등 본격적인 공사를 착수한 경우를 말하고, 그 착공에 필요한 준비작업을 하고 있는 경우를 포함한다고 할 수는 없는 것임은 물론, "건축허가를 받아 착공신고서를 제출하고 실제로 건축공사를 진행하고 있는 경우"가 아니라면 쟁점토지에 노인복지시설을 건축 중인 경우라고는 볼 수 없으므로 노인복지시설의 착공이 늦어진 사유가 청구법인의 귀책사유에 기인한 경우가 아니라 하더라도, 건축 착공을 하여 실제로 건축공사를 진행하고 있는 경우가 아니라면 쟁점토지를 해당 용도에 직접 사용하는 부동산이라고 볼 수 없다. 그러므로 과세기준일 현재 건축공사 준비과정에 있는 쟁점 토지에 재산세를 부과 고지한 것은 적법함(조세심판원 2013지0051, 2013.3.14.).
- 취득세 등 면제요건인 '무료 노인복지시설'이라고 함은, 해당 노인복지시설의 입소비용(이용비용 포함)을 국가 또는 지방자치단체가 전액 부담하는 노인복지시설이거나 해당 노인복지시설의 입소자 전부가 장기요양급여수급자이거나 위와 같이 비용을 부담하지 않는 노인들로서 그 중 장기요양 급여수급자는 통상적인 실비 범위 내의 비급여대상 비용과 본인부담금만을 지급하면 되는 노인복지시설을 의미한다고 보아야 하는데, 원고는 이들로부터 급식·요양 기타 일상생활에 필요한 편의를 제공한 데에 따른 일체의 비용을 지급받은 것으로 보이므로 이 사건 요양원은 무료 노인복지시설에 해당한다고 보기 어려움(대법원 2017두73945, 2018.3.15.).

❸ 추징요건

취득한 부동산을 취득일부터 1년 이내에 정당한 사유 없이 해당 용도로 직접 사용하지 아니하는 경우 또는 그 사용일부터 2년 이상 해당 용도로 직접 사용하지 아니하고 매각·증여하거나 다른 용도로 사용하는 경우에 해당 부분에 대하여는 감면된 취득세를 추징한다(법 §178).

> **사례** 노인복지시설에 설치·운영 또는 직접사용하지 않아 추징대상인지 여부

- 청구인이 이 건 부동산을 2년 이내에 신탁회사에게 신탁하여 그 소유권이 이전되었지만 이를 유상으로 매각하였다거나 무상으로 증여하였다고 볼 수 없다 할 것이며, 동 부동산을 노인복지시설 외의 다른 용도로 사용하지 아니한 것으로 나타남에도 처분청이 「지방세특례제한법」 제178조 제2호를 적용하여 취득세 등을 부과·고지한 이 건 처분은 잘못이 있는 것으로 판단됨(조세심판원 2017지293, 2017.9.4.).

- 종교 및 근린생활시설로 사용되었던 기존 건축물을 서울시세감면조례상 감면대상인 노인복지시설로 사용하기 위해서는 건축공사가 아닌 건축법상 용도변경공사는 불가피한 공정이라는 점, 기존 건축물 취득일로부터 1년 이내에 용도변경공사에 착수한 점, 용도변경공사(바닥면적 100㎡ 이상)도 건축공사와 같이 시장·군수·구청장으로부터 허가 및 사용검사를 받아야 하는 점, 특히 이 민원 건축물의 경우 그 규모가 대형(연면적 8,116㎡)이여서 공사기간이 1년간(2009.11.2.~2010.11.2.)이나 지속되었던 점 등을 종합하여 볼 때, 취득일부터 1년 이내에 착수한 위 용도변경공사가 장기간 소요되어 당해 용도로 사용하기 위해 정상적인 노력을 다하였음에도 시간적 여유가 없어 유예기간 1년을 넘긴 경우라면 당해 노인복지시설에 직접 사용하지 못한 정당한 사유에 해당한다고 봄(대법원 1998.11.27. 선고 97누 5121 판결 참조 : 행정안전부 지방세운영과-3079, 2010.7.19.).

- 청구법인은 쟁점부동산을 취득하면서 유치권을 해소하는 데 상당한 기간이 필요하다는 점을 충분히 예측할 수 있었고, 그 유치권을 해소하기 위해서 진지한 노력을 다하였다고 볼만한 객관적인 자료를 제시하지 못하고 있어서 유예기가 내에 사용하지 못한 데에 정당한 사유가 있다고 보기 어려움(조세심판원 2017지0895, 2017.12.18.).

- 청구인은 쟁점부동산을 취득하고 건축허가, 도급계약 체결 등을 마치고 유예기간 내에 착공에 이르게 된 일련의 과정으로 볼 때 청구인은 노인복지시설을 운영하기 위한 정상적인 노력을 다하였다고 보는 것이 타당하므로 유예기간 내에 직접 사용하지 못한 데에 정당한 사유가 있다고 보임(조세심판원 2017지0188, 017.3.13.).

- 청구인은 이 건 부동산의 취득으로부터 임차인들의 퇴거, 건축허가 등을 마치고 유예기간 내에 착공에 이르게 된 일련의 과정으로 볼 때 청구인은 노인복지시설을 운영하기 위한 정상적인 노력을 다하였다고 보는 것이 타당하므로 유예기간 내에 직접 사용하지 못한 데에 정당한 사유가 있음(조세심판원 2016지0882, 2016.11.11.).

- 쟁점부동산의 경우 취득 이후에도 임대에 제공된 사실은 있으나 이는 종전소유자의 임대차계약을 승계함에 따른 일시적인 사용에 불과할 뿐 청구인이 적극적으로 새로운 임대차계약을 체결한 사실이 없고, 취득일로부터 1년이 경과하기 전에 임대를 종료하고 쟁점부동산을 노인복지시설(요양시설)로 용도변경한 후 노인복지시설 설치 신고를 한 점 등에 비추어 청구인의 경정청구를 거부한 처분은 잘못이 있다고 판단됨(조세심판원 2017지0843, 2017.10.12.).

- 이 건의 경우, 청구법인이 노인복지시설 건축허가(2006.6.28.)를 받아 노인복지주택 입주자모집공고 승인(2007.5.10.)을 받을 당시에는 「노인복지법」상 유료노인복지주택에 대한 양도(매매·증여나 그 밖에 소유권변동을 수반하는 일체의 행위를 포함), 임대 및 입소자격 등에 대한 제한이 없었으나, 2007.8.3. 「노인복지법」

제33조의2의 신설로 인하여 노인복지주택에 대한 입소자격 등이 제한됨에 따라 수분양자들의 입소지연 및 분양·임대 저조 등으로 청구법인이 이 건 부동산을 유예기간내 노인복지시설에 직접 사용하지 못한 사정이 인정된다 할 것임(조세심판원 2011지0721, 2012.4.16.).

사 례〉〉 부부 공동명의로 취득한 후 그 중 1인을 대표자로 하여 노인복지시설을 설치운영한 경우 취득세 감면 여부

부부가 공동으로 취득한 부동산에 부부 중 1인을 대표자로 하여 노인복지시설을 설치·운영하였을 경우, 대표자 이외 그 배우자는 노인복지시설을 설치·운영하는 대표자의 지위에 있지 않아 취득세 감면대상에 해당되지 아니함(지방세특례제도과-1005, 2021.4.30.).

④ 최근 쟁점

사 례〉〉 건축물대장상 용도나 설치신고가 노인복지시설 감면요건인지 여부

- 노인복지시설은 「노인복지법」 제35조 및 제40조에서는 국가 또는 지방자치단체 외의 자가 노인의료복지시설을 설치하고자 하는 경우 및 설치신고사항 중 변경사항이 있는 경우에는 시장·군수·구청장에게 신고하여야 하도록 그 설치신고와 변경신고에 대한 의무규정을 두고 있고, 「지방세특례제한법」 제20조에 따른 감면대상은 「노인복지법」에서 정한 절차에 따라 적법하게 설치된 노인복지시설인 경우에 한하여 해당되는 것으로 보아야 할 것이므로 「노인복지법」에 따라 설치신고되지 않고 노인복지시설로 사용하는 부동산은 감면 대상이 아님(행정자치부 지세특례제도과-159, 2016.1.21.).
- 구 「지방세특례제한법」 제20조 제1호의 적용대상인 '노인복지법 제31조에 따른 노인의료복지시설'인지 여부는 건물의 건축물대장상 용도나 그에 대하여 노인의료복지시설 설치신고가 되어 있는지 여부와는 아무런 관련이 없고, 앞서 본 바와 같이 실제로 이 사건 건물 1, 2층이 처음부터 노인의료복지시설로 사용되어 왔고 이후 피고에 의하여 매 과세기준일 무렵 그 사실이 확인되어 온 이상, 이 사건 건물 1, 2층은 구 「지방세특례제한법」 제20조 제1호의 적용 대상인 '노인복지법 제31조에 따른 노인복지시설'이라고 보아야 한다(대법 2017두42361, 2017.7.11.).
- 노인복지시설에서 입원환자나 응급환자의 야간 진료를 위하여 대기할 수 있는 사택제공시 감면 여부
  병원에서 근무하는 의사 또는 직원으로서 필요불가결한 존재이고, 병원은 35개의 입원실을 갖추고 있고, 대도시와 멀리 떨어진 곳에 위치하고 있어 입원환자나 응급환자의 야간 등 진료를 위하여 의사들이 대기할 수 있도록 병원 인근에 그러한

목적에 상응하는 시설, 면적을 갖춘 사택을 제공하는 것이 위 병원 운영과 의료진 확보를 위하여 반드시 필요하다고 보이므로, 각 부동산은 의료업에 직접 사용되는 부동산이라고 할 것이다(대법 2017두42361, 2017.7.11.).

사례 노인복지시설 이외의 용도로 사용할 경우 감면 추징 여부

보험업을 영위하는 법인이 노인복시시설에 사용하기 위하여 취득한 부동산을 법인의 업무 제한 때문에 공익재단법인에 임대형식으로 노인복지시설에 사용토록 하는 경우 추징 여부에 대하여, 조례 제9조 단서가 추징사유의 하나로 들고 있는 '노인복지시설에 직접 사용하지 아니하고 다른 용도로 사용하는 경우'에서 말하는 '직접 사용'의 의미는 당해 재산의 용도가 직접 그 본래의 업무에 사용하는 것이면 충분하고, 그 사용의 방법이 원고 스스로 그와 같은 용도에 제공하거나 혹은 제3자에게 임대 또는 위탁하여 그와 같은 용도에 제공하는지 여부는 가리지 않는다고 할 것이므로(대법원 1984.7.24. 84누297 판결 등), 원고가 이 사건 건물 등을 취득한 후 ○○공익재단에 임대한 것만으로는 위 추징사유에 해당하지 아니한다(대법원 08두15039 2011.1.27.).

사례 「노인복지법」에 따라 설치된 노인복지시설(노인요양시설) 신고필증의 설치자와 시설장이 다른 경우 취득세 감면 여부

• 舊「지방세특례제한법」(법률 제16041호, 2018.12.28. 일부 개정) 제20조 제1항에서는 '「노인복지법」 제31조에 따른 노인복지시설을 설치·운영하기 위하여 취득하는 부동산에 대해서는 다음 각 호에서 정하는 바에 따라 지방세를 2020년 12월 31일까지 감면한다'고, 같은 법 제178조 제1호에서 '정당한 사유없이 그 취득일로부터 1년이 경과할 때까지 해당 용도로 직접 사용하지 아니한 경우 감면된 취득세를 추징한다'고 규정하면서 제2조 제8호에서 "직접사용"이란 부동산 등의 소유자가 해당 부동산등을 사업 또는 업무의 목적이나 용도에 맞게 사용하는 것을 말한다고 정의하고 있음.

  – 「지방세특례제한법」은 감면요건의 이행 또는 충족되지 않는 경우 개별조문에서 감면된 지방세를 추징하도록 규정하고 있으나 별도의 추징 규정을 두지 않는 경우 제178조 "포괄적 추징 규정"을 적용하도록 운영하고 있으며, 종전 "직접 사용"에 대한 기준점이 되는 직접 사용의 주체가 부동산 '소유자'인지 '운영자'인지 여부에 대한 다툼이 발생함에 따라, 2014년 「지방세특례제한법」(법률 제12175호, 2014.1.1.개정)은 제2조 제1항 제8호를 신설하여 "직접 사용"이란 부동산의 소유자가 해당 부동산을 그 사업 또는 업무의 목적이나 용도에 맞게 사용하는 것으로 감면 주체인 부동산 소유자와 운영자가 일치하는 경우에 한하여 취득세 감면대상임을 명확히 규정하고 있음.

  – 「노인복지법」은 '노인복지시설을 설치하려는 자(대표자)'는 시장·군수·구청장에게 노인복지시설 설치신고서와 평면도, 사업계획서 및 시설을 설치할 토지

와 건물의 소유권 증명 서류를 제출하도록 규정하고 있어 노인복지시설의 대표자는 부동산 소유자로서의 요건을 충족하여야 하며, '노인복지시설의 시설의 장(운영자)'은 사회복지사 자격증 소지자 또는 의료인으로서 해당 시설의 조직·인사·급여·회계·물품 기타 운영에 관하여 필요한 규정을 작성하여 당해 시설을 운영하는 자라고 규정하고 있어 시설장은 노인복지시설 등을 사실상 경영하는 운영자로서 대표자와 그 역할과 요건을 달리 구분하고 있는바, 부동산 소유자인 대표자가 노인복지시설을 설치하고 노인복지시설을 운영하기 위해 일정한 자격조건을 갖추고 있는 운영자를 시설의 장으로 고용하여 복지시설을 위탁 또는 전문 고용인을 통해 경영하도록 하는 것은 「지방세특례제한법」에서 규정하고 있는 취득세 감면요건인 노인복지시설을 설치·운영하기 위하여 부동산을 취득한 후 직접 사용하는 부동산에 해당하지 않음.

- 살피건대, 「지방세특례제한법」 제20조에서 노인복지시설을 설치·운영하기 위하여 취득하는 부동산이란 부동산 소유자인 취득자가 노인복지시설을 설치한 대표자이면서 동시에 노인복지시설의 사용 주체인 운영자로서 시설의 장의 지위를 가지고 해당 부동산을 노인복지시설로 직접 사용하는 것을 의미한다 할 것이므로, "노인복지시설 설치신고확인증"에서 부동산 소유자인 복지시설 설치자(대표자)와 시설을 직접 경영하는 시설의 장인 운영자가 다른 것으로 확인되는 이 건 노인복지시설은 취득세 감면요건을 충족하고 있다고 보기 어려움(행정안전부 지방세특례제도과-518, 2022.3.2.).

- 처분청은 쟁점노인복지시설의 설치자와 그 시설의 장이 다르므로 이 건 토지가 노인복지시설 감면대상에 해당되지 않는다는 의견이나, 「지방세특례제한법」 제20조 제1호에서 감면대상을 '노인복지시설을 설치·운영하기 위하여 취득하는 부동산'으로 정하고 있으면서 설치·운영에 대한 별도의 정의 규정을 두고 있지 아니한 이상 쟁점노인복지시설과 관련된 「노인복지법」, 「노인장기요양보험법」, 「사회복지사업법」의 각 규정에서 정하는 의미로 해석하는 것이 타당하다 할 것(대법원 2009.4.23. 선고 2008두4534 판결)인바, 「노인복지법」, 「노인장기요양보험법」, 「사회복지사업법」에서는 노인복지시설의 '설치자, 설치·운영자, 운영하려는 자'와 시설장을 구분하고 있는 점, 청구인은 2021.4.23. 쟁점건축물을 신축하여 취득한 후 노인복지시설을 설치하고자 2021.5.26. 처분청에 노인복지시설 설치·신고를 하였고, 처분청은 쟁점노인복지시설의 대표자 및 설치자를 청구인으로 하여 그 설치를 허가한 점, 「노인복지법」 제35조, 「노인복지법 시행규칙」 제22조 제1항 및 [별표 4]에서 시설의 장을 직원으로 분류하고 모든 종사자는 시설의 설치·운영자와 근로계약을 체결하도록 규정하고 있으며 청구인은 설치·운영자의 지위에서 쟁점노인복지시설의 시설장인 ○○○와 근로계약을 체결한 것으로 보이는 점, 「노인장기요양보험법」 제31조에서 장기요양기관을 운영하려는 자는 장기요양에 필요한 시설 및 인력을 갖추어 시장·군수·구청장 등으로부터 지정을 받아야 하는데 처

분청은 청구인을 장기요양기관의 장으로 하여 쟁점노인복지시설을 장기요양기관으로 지정한 점, 나아가 노인복지시설에 대한 각종 행정처분은 시설장이 아닌 설치·운영하는 자인 대표자에게 하고 있는 점(서울행정법원 2021.4.30. 선고, 2020구합71994 판결) 등에 비추어 볼 때 청구인이 이 건 토지를 2022년도 재산세 과세기준일(6.1.) 현재 무료 노인복지시설로 직접 사용하였다고 볼 수 있으므로 처분청이 이 건 재산세 등을 청구인에게 부과한 처분은 잘못이 있다고 판단됨(조심 2022지1216, 2023.1.18. 결정).

1 관계법령

「지방세특례제한법」 제22조(사회복지법인등에 대한 감면) ① 「사회복지사업법」에 따른 사회복지사업(이하 이 조에서 "사회복지사업"이라 한다)을 목적으로 하는 법인 또는 단체가 해당 사회복지사업에 직접 사용하기 위하여 취득하는 부동산에 대해서는 다음 각 호에서 정하는 바에 따라 취득세를 2025년 12월 31일까지 감면한다.

1. 「사회복지사업법」에 따른 사회복지법인(이하 이 조에서 "사회복지법인"이라 한다) 또는 한센인 권익·복지의 증진·개선 등을 목적으로 설립된 법인·단체로서 대통령령으로 정하는 법인·단체에 대해서는 취득세를 면제한다.

2. 「사회복지사업법」에 따른 사회복지시설(이하 이 조에서 "사회복지시설"이라 한다)을 설치·운영하는 법인 또는 단체 중 대통령령으로 정하는 법인 또는 단체에 대해서는 취득세의 100분의 25를 경감한다. 다만, 사회복지시설의 입소자 및 이용자가 입소 및 이용에 대한 비용을 부담하지 아니하는 사회복지시설의 경우에는 취득세를 면제한다.

② 제1항에 따라 취득세를 감면받은 법인 또는 단체가 다음 각 호의 어느 하나에 해당하는 경우 그 해당 부분에 대해서는 감면된 취득세를 추징한다.

1. 부동산을 취득한 날부터 5년 이내에 수익사업에 사용하는 경우

2. 정당한 사유 없이 부동산의 취득일부터 3년이 경과할 때까지 해당 용도로 직접 사용하지 아니하는 경우

3. 해당 용도로 직접 사용한 기간이 2년 미만인 상태에서 부동산을 매각·증여하거나 다른 용도로 사용하는 경우

③ 제1항 각 호에 해당하는 법인 또는 단체(이하 이 조에서 "사회복지법인등"이라 한다)가 과세기준일 현재 해당 사회복지사업에 직접 사용(종교단체의 경우 해당부동산의 소유자가 아닌 그 대표자 또는 종교법인이 해당 부동산을 사회복지사업의 용도로 사용하는 경우를 포함한다. 이하 이 조에서 같다)하는 부동산(대통령령으로 정하는 건축물의 부속토지를 포함한다)에 대해서는 다음 각 호에서 정하는 바에 따라 지방세를 2025년 12월 31일까지 각각 감면한다. 다만, 수익사업에 사용하는 경우와 해당 재산이 유료로 사용되는 경우의 그 재산 및 해당 재산의 일부가 그 목적에 직접 사용되지 아니하는 경우의 그 일부 재산에 대해서는 감면하지 아니한다.

1. 제1항 제1호에 해당하는 법인 또는 단체에 대해서는 재산세(「지방세법」 제112조에 따른 부과액을 포함한다) 및 「지방세법」 제146조 제3항에 따른 지역자원시설세를 각각 면제한다.

2. 제1항 제2호에 해당하는 법인 또는 단체에 대해서는 재산세의 100분의 25를 경감한다. 다만, 사회복지시설의 입소자 및 이용자가 입소 및 이용에 대한 비용을 부담하지 아니

하는 사회복지시설의 경우에는 재산세의 100분의 50을 경감한다.

④ 지방자치단체의 장은 제1항 또는 제3항에 따라 취득세 또는 재산세를 감면하는 경우 해당 지역의 재정 여건 등을 고려하여 100분의 50의 범위에서 조례로 정하는 율을 추가로 경감할 수 있다.

⑤ 사회복지법인등이 그 사회복지사업에 직접 사용하기 위한 면허에 대해서는 등록면허세를, 사회복지법인등(「장애인활동 지원에 관한 법률」에 따른 활동지원기관을 설치·운영하는 법인·단체 중 대통령령으로 정하는 법인·단체를 포함한다)에 대해서는 주민세 사업소분(「지방세법」 제81조 제1항 제2호에 따라 부과되는 세액으로 한정한다. 이하 이 항에서 같다) 및 종업원분을 각각 2025년 12월 31일까지 면제한다. 다만, 수익사업에 관계되는 대통령령으로 정하는 주민세 사업소분 및 종업원분은 면제하지 아니한다.

⑥ 사회복지법인등에 생산된 전력 등을 무료로 제공하는 경우 그 부분에 대해서는 「지방세법」 제146조 제1항 및 제2항에 따른 지역자원시설세를 2019년 12월 31일까지 면제한다.

⑦ 사회복지법인의 설립등기 및 합병등기에 대한 등록면허세와 사회복지시설을 경영하는 자에 대하여 해당 사회복지시설 사업장에 과세되는 주민세 사업소분(「지방세법」 제81조 제1항 제1호에 따라 부과되는 세액으로 한정한다)을 각각 2025년 12월 31일까지 면제한다.

⑧ 제1항부터 제7항까지의 규정에도 불구하고 사회복지법인이 의료기관을 경영하기 위하여 취득하거나 사용하는 부동산에 대해서는 다음 각 호에 따라 취득세와 재산세를 각각 경감한다.

1. 의료업에 직접 사용하기 위하여 취득하는 부동산에 대해서는 2024년 12월 31일까지 취득세의 100분의 30[「감염병의 예방 및 관리에 관한 법률」 제8조의2에 따라 지정된 감염병전문병원(이하 "감염병전문병원"이라 한다)의 경우에는 100분의 40]을 경감한다.

2. 과세기준일 현재 의료업에 직접 사용하는 부동산에 대해서는 2024년 12월 31일까지 재산세의 100분의 50(감염병전문병원의 경우에는 100분의 60)을 경감한다.

3. 삭제 〈2021.12.28.〉

「지방세특례제한법 시행령」 제10조(사회복지법인등의 면제대상 사업의 범위 등) ① 법 제22조 제1항 제1호에서 "대통령령으로 정하는 법인·단체"란 「민법」 제32조에 따라 설립된 사단법인 한국한센복지협회를 말한다.

② 법 제22조 제1항 제2호에서 "대통령령으로 정하는 법인 또는 단체"란 다음 각 호의 법인 또는 단체를 말한다.

1. 「민법」 제32조에 따라 설립된 비영리법인

2. 다음 각 목의 요건을 모두 갖춘 단체

　가. 단체의 조직과 운영에 관한 일반 규정(規程)이 있을 것

　나. 단체의 대표자나 관리인이 있을 것

다. 단체 자신의 명의와 계산으로 수익과 재산을 독립적으로 소유·관리하고 있을 것

라. 단체의 수익을 구성원에게 분배하지 않을 것

③ 법 제22조 제3항 본문에서 "대통령령으로 정하는 건축물의 부속토지"란 해당 사업에 직접 사용할 건축물을 건축 중인 경우와 건축허가 후 행정기관의 건축규제조치로 건축에 착공하지 못한 경우의 건축 예정 건축물의 부속토지를 말한다.

④ 법 제22조 제5항 본문에서 "사회복지법인등이 그 사업에 직접 사용하기 위한 면허"란 법 제22조 제3항 각 호 외의 부분 본문에 따른 사회복지법인등이 그 비영리사업의 경영을 위하여 필요한 면허 또는 그 면허로 인한 영업 설비나 행위에서 발생한 수익금의 전액을 그 비영리사업에 사용하는 경우의 면허를 말한다.

⑤ 법 제22조 제5항 본문에서 "대통령령으로 정하는 법인·단체"란 제2항 각 호의 법인·단체를 말한다.

⑥ 법 제22조 제5항 단서에서 "수익사업에 관계되는 대통령령으로 정하는 주민세 사업소분 및 종업원분"이란 수익사업에 제공되고 있는 사업소와 종업원을 기준으로 부과하는 주민세 사업소분(「지방세법」 제81조 제1항 제2호에 따라 부과되는 세액으로 한정한다)과 종업원분을 말한다. 이 경우 면제대상 사업과 수익사업에 건축물이 겸용되거나 종업원이 겸직하는 경우에는 주된 용도 또는 직무에 따른다.

■ 사회복지사업법에 따라 설립된 사회복지법인 및 「사회복지사업법」에 따른 사회복지시설(이하 "사회복지시설"이라 한다)을 설치·운영하는 법인 또는 단체와 한국한센복지협회(이하 "사회복지법인 등)이 해당 사회복지사업에 직접 사용하기 위하여 취득하는 부동산에 대하여 2025년 12월 31일까지 사회복지법인, 한국한센복지협회 및 무료로 운영되는 사회복지단체에 대하여는 취득세를 면제하고, 유료로 운영되는 사회복지단체에 대하여는 취득세를 25% 감면한다. 다만, 해당 부동산을 취득한 날부터 5년 이내에 수익사업에 사용하는 경우와 정당한 사유 없이 그 취득일부터 3년이 경과할 때까지 해당 용도로 직접 사용하지 아니하는 경우 또는 해당 용도로 직접 사용한 기간이 2년 미만인 상태에서 매각·증여하거나 다른 용도로 사용하는 경우 그 해당 부분에 대하여는 면제된 취득세를 추징한다.

　－ 이 규정에서 사회복지시설을 설치·운영하는 법인 또는 「민법」 제32조에 따라 설립된 비영리법인과 다음 각 목의 요건을 모두 갖춘 단체를 말한다.

　　가. 단체의 조직과 운영에 관한 일반 규정(規程)이 있을 것

　　나. 단체의 대표자나 관리인이 있을 것

　　다. 단체 자신의 명의와 계산으로 수익과 재산을 독립적으로 소유·관리하고 있을 것

라. 단체의 수익을 구성원에게 분배하지 않을 것

> ※ 지방자치단체의 장은 해당 지역의 재정 여건 등을 고려하여 100분의 50의 범위에서 조례로 경감율을 추가로 정할 수 있다.

■ 사회복지법인 등이 재산세 과세기준일 현재 해당 사업에 직접 사용(종교단체의 경우 해당 부동산의 소유자가 아닌 그 대표자 또는 종교법인이 해당 부동산을 사회복지사업의 용도로 사용하는 경우를 포함한다. 이하 같다)하는 부동산(대통령령으로 정하는 건축물의 부속토지를 포함한다)에 대해서는 재산세(「지방세법」 제112조에 따른 부과액을 포함한다) 및 「지방세법」 제146조 제2항에 따른 지역자원시설세를 각각 2025년 12월 31일까지 아래 각목과 같이 면제한다. 다만, 수익사업에 사용하는 경우와 해당 재산이 유료로 사용되는 경우의 그 재산 및 해당 재산의 일부가 그 목적에 직접 사용되지 아니하는 경우의 그 일부 재산에 대해서는 감면하지 아니한다.

가. 사회복지사업법에 따라 설립된 사회복지법인 및 한국한센복지협회에 대하여는 면제
나. 사회복지사업법에 따라 사회복지시설을 설치·운영하는 법인 또는 단체에 대하여는 25% 감면

- 여기에서 "대통령령으로 정하는 건축물의 부속토지"란 해당 사업에 직접 사용할 건축물을 건축 중인 경우와 건축허가 후 행정기관의 건축규제조치로 건축에 착공하지 못한 경우의 그 건축 예정 건축물의 부속토지를 말한다.

> ※ 지방자치단체의 장은 해당 지역의 재정 여건 등을 고려하여 100분의 50의 범위에서 조례로 경감율을 추가로 정할 수 있다.

■ 사회복지법인 등(주민세 종업원분 감면적용에는 "장애인활동지원기관"을 포함한다) 이 그 사업에 직접 사용하기 위한 면허에 대해서는 등록면허세를, 사회복지법인등에 대해서는 주민세 사업소분 및 종업원분을 각각 2025년 12월 31일까지 면제한다. 다만, 수익사업에 관계되는 대통령령으로 정하는 주민세 사업소분 및 종업원분은 면제하지 아니한다

- 이 경우 "사회복지법인 등이 그 사업에 직접 사용하기 위한 면허"란 법 제22조 제1항에 따른 사회복지법인 등이 그 비영리사업의 경영을 위하여 필요한 면허 또는 그 면허로 인한 영업 설비나 행위에서 발생한 수익금의 전액을 그 비영리사업에 사용하는 경우의 면허를 말한다.
- 그리고 단서 규정에서 "수익사업에 관계되는 대통령령으로 정하는 주민세 사업소분 및 종업원분"이란 수익사업에 제공되고 있는 사업소와 종업원을 기준으로 부과하는 주민세 사업소분 및 종업원분을 말한다. 이 경우 감면대상 사업과 수익사업에 건축

물이 겸용되거나 종업원이 겸직하는 경우에는 주된 용도 또는 직무에 따른다.

■ 사회복지사업법에 따른 사회복지법인의 설립등기 및 합병등기에 대한 등록면허세와 같은 법에 따른 사회복지시설을 경영하는 자에 대하여 해당 사회복지시설 사업장에 과세되는 주민세 균등분을 각각 2025년 12월 31일까지 면제한다.

이 규정을 적용함에 있어서는 「지방세법」 제13조 제3항에 따른 중과세대상 부동산등은 감면대상에서 제외한다.

⑧ 제1항부터 제7항까지의 규정에도 불구하고 사회복지법인이 의료기관을 경영하기 위하여 취득하거나 사용하는 부동산에 대해서는 다음 각 호에 따라 취득세와 재산세를 각각 경감한다.

1. 의료업에 직접 사용하기 위하여 취득하는 부동산에 대해서는 2024년 12월 31일까지 취득세의 100분의 30[「감염병의 예방 및 관리에 관한 법률」 제8조의2에 따라 지정된 감염병전문병원(이하 "감염병전문병원"이라 한다)의 경우에는 100분의 40]을 경감한다.

2. 과세기준일 현재 의료업에 직접 사용하는 부동산에 대해서는 2024년 12월 31일까지 재산세의 100분의 50(감염병전문병원의 경우에는 100분의 60)을 경감한다.

3. 삭제 〈2021. 12. 28.〉

■ 위의 불구하고 「사회복지사업법」에 따라 설립된 사회복지법인이 의료기관을 경영하기 위하여 취득하거나 사용하는 부동산에 대해서는 다음 각 호에 따라 취득세와 재산세를 각각 경감한다

1. 의료업에 직접 사용하기 위하여 취득하는 부동산에 대해서는 2024년 12월 31일까지 취득세의 100분의 30[「감염병의 예방 및 관리에 관한 법률」 제8조의2에 따라 지정된 감염병전문병원(이하 "감염병전문병원"이라 한다)의 경우에는 100분의 40]을 경감한다.

2. 과세기준일 현재 의료업에 직접 사용하는 부동산에 대해서는 2024년 12월 31일까지 재산세의 100분의 50(감염병전문병원의 경우에는 100분의 60)을 경감한다.

※ 사회복지법인등 감면대상 확대 등 재설계(2023.1.1. 납세의무성립분부터 적용)

① 개정개요

개정 전	개정 후

□ 사회복지법인등에 대한 감면
 	
○ (사회복지법인, 한국한센복지협회)
  – 취득세·재산세(도시지역분포함)·지역자원시설세 100%
  – 주민세(사업소분·종업원분) 100%
  – 등록면허세* 100% * 사회복지법인限
 	
○ (일부 사회복지시설)
  – 취득세 100%
 	
  – 재산세(도시지역분포함)·지역자원시설세 100%
 	
  – 주민세(사업소분·종업원분) 100%
	□ 감면대상 확대 등 재설계
	
	○ (사회복지법인, 한국한센복지협회)
	
	  – 개정 전과 동일
	
	○ (全 사회복지시설)
	  – 취득세
	  유료시설 25%*, 무료시설 100%
	  – 재산세
	  유료시설 25%*, 무료시설 50%*
	  * 조례로 50%p 추가감면 可
	  ※ 개정 전부터 감면된 시설은 '24년까지 종전 감면 적용
	  – 주민세(사업소분·종업원분) 100%

□ (신설) □ (일몰기한) '22.12.31.	□ (장애인활동지원기관) – 주민세(사업소분·종업원분) 100% □ (일몰기한) '25.12.31.

② 개정내용

❶ 지방세특례제한법

  ○ 사회적 약자 보호 등을 위해 감면대상을 사회복지시설 전체로 확대하는 등 **감면을 재설계**하고 **3년간 감면 연장**

  ○ 현재 **시행령**에서 **일괄 규정**하고 있는 **감면대상**을 **법률**로 **상향**하며 **차등**적인 **감면율(취득세·재산세)**을 **적용**

    – (사회복지시설) 4개 사회복지시설[1]에서 **全사회복지시설**[2]로 **확대** 지원하되, **감면세목 및 감면율 재설계**[3]

    1) 무료 양로시설, 아동양육시설, 모자·부자·미혼모자 가족복지시설, 한센병요양시설
    2) 사회복지사업법에 따른 사회복지시설을 설치·운영하는 등 일정요건을 갖춘 법인·단체
    3)

구 분	개정 전	개정 후
감면 대상	4개 시설 限	全 사회복지시설

구 분		개정 전	개정 후
감면세목	• 취득세 · 재산세	100%	• 법정감면율: 유 · 무료 차등 　- (무료) 취 100%, 재 50% 　　(유료) 취 25%, 재 25% • 조례감면율: 법정 + 50%p 可
	• 재산세(도시지역분) · • 지역자원시설세	100%	–
	• 주민세 　(사업소분 · 종업원분)	100%	100%

※ 기존에 감면받은 4개 시설을 운영하는 법인 · 단체의 부동산은 '24년까지 종전대로
　적용

- (장애인활동지원기관) 일정요건을 갖추고 **장애인활동지원기관**을 설치 ·
　운영하는 **법인 · 단체**에 대해 **주민세**(사업소분 · 종업원분) **감면 신설**
- (사회복지법인 · 한국한센복지협회) 종전과 동일한 **감면 적용** 및 **연장***
　* 등록면허세 감면은 사회복지법인 限

❷ 지방세특례제한법 시행령
　○ **감면대상을 비영리법인 · 단체로 제한**하는 등 **세부요건*** 규정(영 §10 ① ② ⑤)
　　* ① (사단법인 한국한센복지협회) 특정단체 명칭이므로 영에서 구체화
　　　②⑤ (② 사회복지시설, ⑤ 장애인활동지원기관) 법인 또는 단체의 요건

〈감면대상 관련 조문 재구성 체계도〉

유형	감면대상	현행	개정
1	사회복지법인	영 §10 ① 1	법 §22 ① 1
2	사회복지시설	영 §10 ① 2전단	법 §22 ① 2
	장애인활동지원기관	× (신설)	법 §22 ⑤
	┕ 시설 · 기관 요건	영 §10 ① 2후단 및 가~다목	영 §10 ②⑤
3	한국한센복지협회	영 §10 ① 1	법 §22 ① 1*, 영 §10 ①

* (법) 한센인의 권익 · 복지 증진 · 개선 등 목적으로 설립된 단체로 대통령령으로 정하는 단체

　○ 조문체계를 **근거법**[1] **및 영**[2] **개정 사항**에 **부합토록 재정비**

> 1) 시행령의 근거 법조항 변경사항* 반영　*現법 §22 ②, ③ → 改법 §22 ③, ⑤
> 　※ (영 §10 ③ 등 4건) 법 제22조 제2항 본문에서 → 법 제22조 제3항 본문에서
> 2) 신설 개정(現영 §10 ① → 改영 §10 ① ② ⑤)되는 시행령의 영향을 반영,
> 　이하 항번호 순차적 수정(現영 §10 ②~③, ④ → 改영 §10 ③~④, ⑥)

감면 대상	• [㉮] 사회복지사업법에 따른 사회복지시설을 운영하는 법인 또는 단체 • 다만, 사회복지시설의 [㉯] 입소자 및 이용자가 [㉰] 입소 및 이용에 대한 비용을 부담하는지(유·무료)를 기준으로 [㉱] 차등 감면 지원 　㉮: 비영리 등 일정 요건을 충족하는 법인·단체 (지특법 시행령 §10②⑤) 　㉯: 일부 소수 인원에게만 비용을 받는 경우도 해당 　㉰: 실비수준의 비용인지와 상관없이 대가성이 있다면 '유료사용' 　㉱: 유료시설은 취·재 25%, 무료시설은 취 100%·재 50% 　* 대법원 92누15505 1993.9.14. 판결 등 다수 　　유료로 사용한다 함은 당해 토지 사용에 대하여 대가가 지급되는 것을 말하고, 그 사용이 대가적 의미를 갖는다면 사용기간의 장단이나, 대가의 지급이 1회적인지 또는 정기적이거나 반복적인 것인지, 대가의 다과 혹은 대가의 산출방식 여하를 묻지 아니함

분류	유·무료 판단 방법	사후관리(추징 또는 부과)
취 득 세	• 지방세 감면신청서, 사업계획서 등 **증빙서류** 검토	• 사회복지시설 **설치·운영 신고서** 등 확인 • 차년도 또는 차차년도 **결산서** 검토 • 필요시 현지조사 등 추가 검토 병행
재 산 세	• **사회복지시설정보시스템** 조회 • 사회복지시설의 당해연도 세입 **예산서** 및 직전년도 **결산서** 확인 • 필요시 현지조사 등 추가 검토 병행	• 당해연도 **결산서** 등 확인
	• 사회복지시설을 설치·운영하는 법인·단체가 과세기준일 현재 감면 대상인 경우, 감면신청이 없더라도 **직권 감면** 시행	

※ 예산서는 매 회계연도 개시 5일전까지, 결산서는 다음연도 3월말까지 시·군·구에 제출(「사회복지법인 및 사회복지시설 재무·회계 규칙」 제10조 제2항, 제19조 제1항)

조례 감면	• 감면대상 복지시설에 대해서는 **법정 감면율(취득세·재산세 한정)**에 **최대 50%p의 조례감면율**을 더해 지원 가능 ※ 최소납부세제 대상(15%) 및 농어촌 특별세 비과세 적용(지특령 부칙 §2 참조)
경과 규정	• 종전 재산세(도시지역분포함)·지역자원시설세 감면대상 부동산*에 대해서는 '24년까지 동일 감면지원(부칙 §9 ②) 　* 종전 감면대상 4개 사회복지시설을 설치·운영하는 법인·단체로서, 종전 감면규정에 따라 '22년분 재산세(도시지역분 포함)·지역자원시설세를 면제받았거나 '22.6.2. ~ 12.31. 중 취득하여 취득세를 면제받은 부동산 限

❷ 취득세 면제

사례 ▷ 사회복지법인등이 해당 사업에 직접 사용하기 위하여 취득하는 부동산 여부

- 사단법인 설립 시 출연한 토지가 건물 소유자와 다른 경우 사회복지법인 이 그 토지를 해당용도로 "직접 사용"하는 부동산으로 볼 수 있는지는, 사회복지법인이 어느 부동산을 '해당 용도로 직접사용'한다고 함은 사회복지법인이 그 부동산의 소유자 또는 사실상 취득자의 지위에서 현실적으로 이를 사회복지법인의 업무자체에 직접 사용하는 것을 의미하므로 당해 부동산 중 건물을 사회복지사업의 목적에 사용되고 있다 하더라도 당해 부동산을 취득 등기한 자가 대표자 개인이라면 그 부동산의 소유자 또는 사실상 취득자의 지위에서 사회복지법인의 해당 업무 자체에 직접 사용하는 것으로 보기 어렵다(행정자치부 지방세특례제도과-1804, 2016.7.27.).

- 지방세특례제한법상 취득세 등이 감면되는 '사회복지사업을 목적으로 하는 단체'에 해당하는지는 여부는 그 단체가 수행하는 업무의 성격, 설립목적, 감면규정의 취지 등을 종합적으로 판단하여야 할 것인 바, 건강가정지원센터와 아이돌봄서비스 제공기관이 설사 사회복지적 성격을 갖는다고 해도, 「지방세특례제한법」 제22조 제1항의 사회복지사업을 목적으로 하는 단체'인지의 여부는 「사회복지사업법」에 따라 설립된 사회복지법인과 양로원, 보육원, 모자원, 한센병자 치료보호시설 등 사회복지사업을 목적으로 하는 단체 및 한국한센복지협회(이하 이 조에서 "사회복지법인등"이라 한다)가 해당 사업에 사용하기 위하여 취득하는 부동산 및 같은 조 제3항은 "사회복지법인등이 그 사업에 직접 사용하기 위한 면허에 대한 등록면허세와 사회복지법인등에 대한 주민세 재산분 및 종업원분을 각각 면제한다. 다만, 수익사업에 관계되는 대통령령으로 정하는 주민세 재산분 및 종업원분은 면제하지 아니한다"라고 규정에 해당되어야 하므로 이에 해당되는 단체가 아닌 이상 경감대상으로 볼 수 없음(안전행정부 지방세특례제도과-708, 2014.6.20.).

- 사회복지법인이 사회복지사업에 사용할 목적으로 농지(보육아동 등의 실습지 및 체험학습장 등)를 취득하는 경우로서 「사회복지사업법」에 따른 사회복지사업의 경우 사회복지시설 설치뿐만 아니라 사회복지사업의 지원 등 그 범위가 광범위하므로 위 규정 취득세 면제대상 여부를 오로지 사회복지시설 설치 여부로만 판단할 것은 아니라 할 것이고, 당해 사회복지법인의 사업목적과 취득목적을 고려하여 그 실제의 사용관계를 기준으로 객관적으로 판단되어야 할 것(대법원 2002.10.11. 선고 2001두878 판결 참조)이므로 취득 농지와 당해 사회복지시설과의 접근성, 사회복지시설 수용자들의 이용 빈도나 이용자 비율 등을 종합적으로 고려하여 판단함이 타당하다고 할 것임(행정안전부 지방세운영과-3439, 2012.10.29.).

- 청구인이 이 건 부동산을 취득하여 지적장애인을 위한 장애인복지시설로 이용하

고 있다 하더라도, 청구인은 「사회복지사업법」에 따라 설립된 사회복지법인 내지는 사회복지사업을 목적으로 하는 단체가 아니라 자연인에 불과할 뿐만 아니라 이 건 부동산을 단체의 명의로 독립적으로 소유하거나 관리하고 있다고 보기도 어려우므로 청구인이 감면요건을 충족하지 못한 것으로 보아 경정청구를 거부한 처분은 잘못이 없음(조세심판원 2016지1287, 2017.1.17.).

- 청구인이 관할 세무서장으로부터 '고유번호증'을 발급받았다 하더라도 이것만으로 쟁점아동센터가 「민법」 및 기타 특별법에 의한 법인격이 부여되었다고 볼 수는 없는 점 등에 비추어 쟁점아동센터는 「지방세특례제한법」 제22조에 따른 단체가 아닌 개인이 운영하는 아동복지시설이므로 청구주장을 받아들이기 어렵다고 판단됨(조세심판원 2017지0106, 2017.3.2.).

- 청구법인은 기아와 재난으로 고통당하는 사람들의 생존과 지역발전을 지원하기 위하여 구호, 개발, 선교, 의료, 교육사업 등을 목적으로 하는 단체라고는 하나, 「사회복지사업법」의 규정에 의하여 설립된 사회복지법인에 해당되지 아니할뿐더러 「사회복지사업법」 제2조 제3호에서 정한 사회복지시설을 직접 운영하는 단체에도 해당되지 아니하고, 더구나 청구법인은 이 건 부동산을 증여 취득한 후 청구법인 직원(선교사)의 임시 숙소로 사용하고 있으므로 사회복지사업에 직접 사용하고 있다고 인정할 수도 없다 할 것이어서 청구법인이 취득한 이 건 부동산이 공익사업을 목적으로 하는 비영리사업자가 그 사업에 사용하기 위하여 취득하는 부동산에 해당된다고 볼 수는 없다 할 것임(조세심판원 2010지0795, 2010.11.25.).

사례 ▶ 민법상 비영리사단법인이 지방세가 면제되는 사회복지법인인지 여부

- 이 사건 각 처분의 과세근거인 취득세, 재산세, 사업소세, 주민세(재산분, 종업원분), 모두 공통적으로 주체에 관한 요건으로 '사회복지사업에 따라 설립된 사회복지법인 내지 양로원·보육원·모자원·한센병자 치료보호시설 등 사회복지사업을 목적으로 하는 단체'에 해당할 것을 요구하고 있고, 나아가 사용 목적에 관한 요건으로 취득세의 경우 '해당사업에 직접 사용하기 위하여 취득한 부동산일 것'을, 재산세의 경우 '해당 사업에 직접 사용하는 부동산일 것'을 요구하고 있다. 먼저 위 주체에 관한 요건과 관련하여 원고는 민법상 비영리사단법인이므로 사회복지사업법에 의한 사회복지법인에 해당할 여지는 없다.

  그리고 취득세 등의 비과세대상에 해당하기 위하여는 공익을 목적으로 하는 비영리사업자로서 구 「지방세법 시행령」 제79조 제1항 각 호의 1에 해당하는 사업자라야 하고, 그 조항은 비과세대상인 사업자를 제한적으로 열거한 규정으로 보아야 할 것이어서 그 조항에 해당하지 아니하는 사업자라면 비록 공익을 목적으로 하는 비영리사업자라 하더라도 이를 취득세 등의 비과세대상에 해당한다고 할 수 없다(대법 94누7515, 1995.5.23. 판결 참조).

- 따라서 구 「지방세법 시행령」 제79조 제1항 제4호 등에서 말하는 '양로원·보육

원·모자원·한센병자 치료보호시설 등 사회복지사업을 목적으로 하는 단체'는 위에서 열거된 사회복지시설을 직접 운영하는 단체로 한정된다고 해석함이 상당하고, 원고가 위에서 열거된 사회복지시설을 직접 운영하는 단체가 아닌 이상 지방세 비과세요건 중 위 주체에 관한 요건을 충족하였다고 보기 어렵다. 결국 원고의 이 부분 주장은 나머지 점에 관하여 더 나아가 살필 필요 없이 이유 없다(대법 2012두 24276, 2013.2.14.).

③ 등록면허세, 주민세 재산분 및 종업원분 면제

사례 민법상 비영리사단법인이 지방세소득세 등이 감면되는 사회복지법인인지 여부

- 「지방세특례제한법」 제22조 제3항에 따라 지방소득세가 감면되는 사회복지법인은 양로원·보육원·모자원·한센병자 치료보호시설 등을 직접 운영하는 단체로 한정되는 바, 다문화가족의 안정적 정착 등을 목적으로 설립된 청구법인은 여기에 해당되지 아니한다 할 것이므로 처분청에서 이 건 주민세 등을 부과한 처분은 잘못이 없다고 판단됨(조세심판원 2017지0321, 2017.5.10.).
- 청구법인이 신고납부한 주민세와 관련하여 처분청에서 별도의 처분을 한 사실이 없으므로 이에 대한 심판청구는 처분이 존재하지 아니한 상태에서 제기된 부적법한 청구로 판단되고, 나머지 청구의 경우, 청구법인은 사회복지법인에 준하는 단체로 보이나 「사회복지사업법」이 아닌 「민법」에 따라 설립되었다는 점 등에 비추어 청구법인은 「지방세특례제한법」 제22조 제1항에서 규정한 사회복지법인 등에 해당한다고 보기 어려우므로 청구주장을 받아들일 수 없다고 판단됨(조세심판원 2016지1297, 2017.3.2.).

사례 장기요양기관이 장기요양서비스사업이 수익사업에 해당되는지 여부

장기요양기관의 장기요양서비스(급여)는 노인의료복지 및 재가노인복지에 해당한다 할 것으로서 이러한 장기요양사업은 수익사업의 범위에서 제외되는 사업에 해당하므로 부과고지 한 처분은 부당함(조세심판원 2010지0695, 2010.12.28.).

④ 등록면허세, 주민세 균등분 면제

사례 민법상 비영리사단법인이 주민세 등 감면되는 사회복지법인인지 여부

- 이 건 주민세 중 처분청에서 부과고지 한 것에 대한 심판청구는 그 처분을 안 날부터 90일을 경과하여 제기된 것으로 부적법한 청구에 해당하고 청구인이 신고납부한

주민세의 경우 청구인은 개인사업자로 주민세 감면요건인 사회복지법인 및 사회복지사업을 목적으로 하는 단체에 해당하지 아니하므로 「지방세특례제한법」 제22조 제3항에 따른 주민세 감면대상에 해당하지 아니함(조세심판원 2017지0070, 2017.2.7.)

- 청구법인이 사회복지사업을 목적으로 하는 단체에 해당되기 위해서는 당해 단체의 주된 목적사업이 사회복지사업을 목적으로 하여야 할 것이나, 청구법인의 경우 「의료법」에 의하여 설립된 의료재단이고, 법인등기부상 의료기관의 설치·운영 등이 목적사업으로 등재되어 있으며, 설사 청구법인의 정관에 노인전문요양시설 등 설치 및 운영 등이 목적사업으로 등재되어 있다고 할지라도, 청구법인은 사회복지사업을 주된 형태로 운영하는 것이 아니라 다른 목적사업을 수행함에 있어서 부수적인 형태로 이를 운영하고 있는 것으로 보여지므로, 처분청에서 청구법인을 사회복지사업을 주된 목적으로 하는 단체에 해당하지 아니하는 것으로 보아 주민세(재산분)를 부과한 처분은 잘못이 없는 것으로 판단됨(조세심판원 2014지0582, 2014.12.31.).

⑤ 취득세, 재산세 경감(사회복지법인의 의료기관)

사례 사회복지법인이 운영하는 의료기관이 감면대상에 해당되는지 여부

- 의료재단과 사회복지법인이 운영하는 의료기관에 대해서 구분하지 아니하고 같은 감면율을 적용하고자 「지방세특례제한법」 제22조 제6항을 신설한 점 등에 비추어 사회복지법인이 의료기관을 경영하기 위하여 취득한 부동산에 대해서 위 규정을 적용하는 것이 타당하다 하겠음(조세심판원 2017지0976, 2017.12.4.).

- 쟁점사업장은 「노인장기요양보험법」 제32조에 의하여 설치·신고한 재가장기요양기관으로 「사회복지사업법」에 의한 사회복지사업 및 사회복지시설의 범위에 속하지 아니하므로 위 「지방세특례제한법」 제22조 제3항에 의한 "사회복지법인등"에 해당한다고 보기는 어렵다고 판단됨(조세심판원 2015지1966, 2016.11.22.).

- 사회복지법인이 설치한 어린이집은 「사회복지사업법」 제2조 제1호에 열거된 「영유아보육법」에 따라 운영하는 사업장으로 사회복지시설 사업장에 해당된다고 보아 주민세 균등분 감면대상에 해당되나, 사회복지법인의 고유 업무 사업장은 사회복지사업을 목적으로 설치된 사회복지시설이 아닌 법인의 고유 업무를 처리하기 위한 사업장에 해당되므로 주민세 균등분 감면 대상이 아님(행정자치부 지방세특례제도과-1412, 2016.6.20.).

6 추징요건

■ 취득세는 다음 각 호의 어느 하나에 해당하는 경우 그 해당 부분에 대해서는 추징한다.
1. 해당 부동산을 취득한 날부터 5년 이내에 수익사업에 사용하는 경우
2. 정당한 사유 없이 그 취득일부터 3년이 경과할 때까지 해당 용도로 직접 사용하지 아니하는 경우
3. 해당 용도로 직접 사용한 기간이 2년 미만인 상태에서 매각·증여하거나 다른 용도로 사용하는 경우

■ 재산세는 수익사업에 사용하는 경우와 해당 재산이 유료로 사용되는 경우의 그 재산 및 해당 재산의 일부가 그 목적에 직접 사용되지 아니하는 경우의 그 일부 재산에 대해서는 면제하지 아니한다.

사례 사회복지법인등이 수익사업에 사용 등에 의한 추징 여부

- 쟁점부동산은 청구법인이 고유 업무에 직접 사용하지 아니하고 이를 임대하고 있는 사실이 제출된 자료에 의하여 확인되고 있는 이상 기 면제한 취득세를 추징한 처분은 달리 잘못이 없음(조세심판원 2013지0071, 2013.5.27.).
- 건물을 취득한 날부터 2년 이내에 사회복지법인에게 건물을 출연(증여)한 것이 확인되므로 사회복지사업에 직접 사용한 기간이 2년 미만인 상태에서 증여한 것으로 보아 기 면제한 취득세 등을 추징한 처분은 잘못이 없음(조세심판원 2015지1894, 2015.12.29.).
- 「지방세특례제한법」 제22조에 의하면 사회복지법인이 과세기준일 현재 해당 사업에 직접 사용하는 부동산에 대하여 재산세 등을 면제하는 것이나 실제 사용하는 현황에 따라 부과하는 재산세의 성격상 2014년 재산세 과세기준일(6월 1일) 현재 사업에 사용하지도 않으면서 공사도 진행 중이지 않는다면 사회복지사업용에 직접 사용 중인 것이라 볼 수 없어 재산세는 과세되는 것임(조세심판원 2014지2069, 2015.4.15.).
- 청구법인을 「사회복지사업법」의 규정에 의하여 설립된 사회복지법인에 해당되는 것으로 본다 하더라도 2009년도 재산세 과세기준일인 6월 1일 현재 청구법인이 취득한 이 건 토지에 노인요양시설 건축허가를 받아 건축공사에 착공한 사실 없이 도시계획시설 변경결정(자연녹지지역→사회복지시설) 등 노인요양시설을 건축하기 위한 준비과정에 있었던 것으로 확인되고 있으므로 건축물을 건축 중에 있었거나 행정기관의 건축규제조치로 인하여 건축에 착공하지 못한 것으로 확인되지도 않는 이상, 청구법인에게 이 건 재산세를 부과고지한 것은 적법한 것으로 판단됨(조세심판원 2010지0037, 2010.10.13.).

- 비영리사업자가 부동산을 그 공익사업에 직접 사용한 것인지 아니면 수익사업에 사용한 것인지는 당해 비영리사업자의 사업목적과 취득목적을 고려하여 그 실제의 사용관계를 기준으로 객관적으로 판단하여야 하며, 그 사업이 수익성을 가진 것이거나 수익을 목적으로 하면서 그 규모, 횟수, 태양 등에 비추어 사업 활동으로 볼 수 있는 정도의 계속성과 반복성이 있는지의 여부 등을 고려하여 사회통념에 따라 합리적으로 판단하여야 할 것인 바, 청구법인의 경우, 쟁점 휴게음식점 ○○○의 설치·운영이 청구법인의 목적사업인 장애인복지시설 설치운영과 사회적 기업(○○○) 설치운영에 따라 ○○○과의 "시각장애인 카페 및 문화예술단 일자리 창출사업"의 사회적일자리 창출사업 지원약정에 따라 설치한 점, 쟁점 휴게음식점에 근무하는 종사자 8명 중 1급 내지 3급 시각장애인 5명, 사회복지사 1명 등으로서 취업이 어려운 시각장애인을 고용하여 근로의 기회를 제공하고 있는 점, 쟁점 휴게음식점에서 판매하는 커피 및 음료의 판매가격이 2,000원 내지 3,000원으로서 인근의 4,000원 내지 5,500원에 비하여 저렴하여 실비수준으로 판매하여 운영하고 있는 점, 쟁점 휴게음식점 "○○○의 2009년도 총 수입금액이 102,292,100원, 총 지출금액이 98,190,093원으로서 판매 이익금이 4,102,007원인 점 등을 고려할 때, 청구법인이 쟁점 휴게음식점을 수익사업에 사용하였다기 보다는 이를 시각장애인을 위한 일자리창출과 직업재활서비스 등을 위한 사회복지사업을 수행하는 근로사업장으로 이용하고 있다고 보는 것이 합리적이라 할 것이므로 쟁점 휴게음식점을 「사회복지사업법」의 규정에 의하여 설립된 사회복지법인이 사업에 직접 사용하는 부동산으로 보아 재산세 등을 비과세 하여야 함(조세심판원 2009지1022, 2010.4.6.).

사례 ▶ 사회복지법인등이 해당 사업에 직접 사용하지 못한 정당한 사유여부

사회복지법인이 토지를 취득한 후 당해 용도에 직접 사용하지 아니하고 매각한데 대한 정당한 사유가 있는지 여부에 대하여 청구인이 이 건 토지를 취득할 당시에는 그 일대가 이미 택지개발지구로 지정되어 있어 청구인이 조금만 주의를 기울였더라면 목적사업에 사용할 수 없는 사실을 알 수 있었다 할 것이므로, 청구인이 이 건 토지를 취득하여 당해 사업에 직접 사용하지 못하고 매각한 데 대한 정당한 사유가 있다고 볼 수는 없음(조세심판원 2011지0618, 2010.10.25.).

제 **24** 장

가산세

① **관계법령**

「**지방세기본법**」 제52조(가산세의 부과) ① 지방자치단체의 장은 이 법 또는 지방세관계법에 따른 의무를 위반한 자에게 이 법 또는 지방세관계법에서 정하는 바에 따라 가산세를 부과할 수 있다.

② 가산세는 해당 의무가 규정된 지방세관계법의 해당 지방세의 세목으로 한다.

③ 제2항에도 불구하고 지방세를 감면하는 경우에 가산세는 감면대상에 포함시키지 아니한다.

제53조(무신고가산세) ① 납세의무자가 법정신고기한까지 과세표준 신고를 하지 아니한 경우에는 그 신고로 납부하여야 할 세액(이 법과 지방세관계법에 따른 가산세와 가산하여 납부하여야 할 이자상당액이 있는 경우 그 금액은 제외하며, 이하 "무신고납부세액"이라 한다)의 100분의 20에 상당하는 금액을 가산세로 부과한다.

② 제1항에도 불구하고 사기나 그 밖의 부정한 행위로 법정신고기한까지 과세표준 신고를 하지 아니한 경우에는 무신고납부세액의 100분의 40에 상당하는 금액을 가산세로 부과한다.

③ 제1항 및 제2항에 따른 가산세의 계산 및 그 밖에 가산세 부과 등에 필요한 사항은 대통령령으로 정한다.

제54조(과소신고가산세·초과환급신고가산세) ① 납세의무자가 법정신고기한까지 과세표준 신고를 한 경우로서 신고하여야 할 납부세액보다 납부세액을 적게 신고(이하 "과소신고"라 한다)하거나 지방소득세 과세표준 신고를 하면서 환급받을 세액을 신고하여야 할 금액보다 많이 신고(이하 "초과환급신고"라 한다)한 경우에는 과소신고한 납부세액과 초과환급신고한 환급세액을 합한 금액(이 법과 지방세관계법에 따른 가산세와 가산하여 납부하여야 할 이자상당액이 있는 경우 그 금액은 제외하며, 이하 "과소신고납부세액등"이라 한다)의 100분의 10에 상당하는 금액을 가산세로 부과한다.

② 제1항에도 불구하고 사기나 그 밖의 부정한 행위로 과소신고하거나 초과환급신고한 경우에는 다음 각 호의 금액을 합한 금액을 가산세로 부과한다.

1. 사기나 그 밖의 부정한 행위로 인한 과소신고납부세액등(이하 "부정과소신고납부세액등"이라 한다)의 100분의 40에 상당하는 금액

2. 과소신고납부세액등에서 부정과소신고납부세액등을 뺀 금액의 100분의 10에 상당하는 금액

③ 제1항 및 제2항에도 불구하고 다음 각 호의 어느 하나에 해당하는 사유로 과소신고한

경우에는 가산세를 부과하지 아니한다.

1. 신고 당시 소유권에 대한 소송으로 상속재산으로 확정되지 아니하여 과소신고한 경우
2. 「법인세법」 제66조에 따라 법인세 과세표준 및 세액의 결정·경정으로 「상속세 및 증여세법」 제45조의3부터 제45조의5까지의 규정에 따른 증여의제이익이 변경되는 경우(부정행위로 인하여 법인세의 과세표준 및 세액을 결정·경정하는 경우는 제외한다)에 해당하여 「소득세법」 제88조 제2호에 따른 주식등의 취득가액이 감소됨에 따라 양도소득에 대한 지방소득세 과세표준을 과소신고한 경우

④ 부정과소신고납부세액등의 계산 및 그 밖에 가산세 부과에 필요한 사항은 대통령령으로 정한다.

제55조(납부불성실·환급불성실가산세) ① 납세의무자(연대납세의무자, 제2차 납세의무자 및 보증인을 포함한다. 이하 이 조에서 같다)가 납부기한까지 지방세를 납부하지 아니하거나 납부하여야 할 세액보다 적게 납부(이하 "과소납부"라 한다)하거나 환급받아야 할 세액보다 많이 환급(이하 "초과환급"이라 한다)받은 경우에는 다음 각 호의 계산식에 따라 산출한 금액을 합한 금액을 가산세로 부과한다. 이 경우 제1호 및 제2호의 가산세는 납부하지 아니한 세액, 과소납부분(납부하여야 할 금액에 미달하는 금액을 말한다. 이하 같다) 세액 또는 초과환급분(환급받아야 할 세액을 초과하는 금액을 말한다. 이하 같다) 세액의 100분의 75에 해당하는 금액을 한도로 하고, 제4호의 가산세를 부과하는 기간은 60개월(1개월 미만은 없는 것으로 본다)을 초과할 수 없다.

1. 과세표준과 세액을 지방자치단체에 신고납부하는 지방세의 법정납부기한까지 납부하지 아니한 세액 또는 과소납부분 세액(지방세관계법에 따라 가산하여 납부하여야 할 이자상당액이 있는 경우 그 금액을 더한다) × 법정납부기한의 다음 날부터 자진납부일 또는 납세고지일까지의 일수 × 금융회사 등이 연체대출금에 대하여 적용하는 이자율 등을 고려하여 대통령령으로 정하는 이자율
2. 초과환급분 세액(지방세관계법에 따라 가산하여 납부하여야 할 이자상당액이 있는 경우 그 금액을 더한다) × 환급받은 날의 다음 날부터 자진납부일 또는 납세고지일까지의 일수 × 금융회사 등이 연체대출금에 대하여 적용하는 이자율 등을 고려하여 대통령령으로 정하는 이자율
3. 납세고지서에 따른 납부기한까지 납부하지 아니한 세액 또는 과소납부분 세액(지방세관계법에 따라 가산하여 납부하여야 할 이자상당액이 있는 경우 그 금액을 더하고, 가산세는 제외한다) × 100분의 3
4. 다음 계산식에 따라 납세고지서에 따른 납부기한이 지난 날부터 1개월이 지날 때마다 계산한 금액

> 납부하지 아니한 세액 또는 과소납부분 세액(지방세관계법에 따라 가산하여 납부하여야 할 이자상당액이 있는 경우 그 금액을 더하고, 가산세는 제외한다) × 금융회사 등이 연체대출금에 대하여 적용하는 이자율 등을 고려하여 대통령령으로 정하는 이자율

② 제1항에도 불구하고 「법인세법」 제66조에 따라 법인세 과세표준 및 세액의 결정·경

정으로 「상속세 및 증여세법」 제45조의3부터 제45조의5까지의 규정에 따른 증여의제이익이 변경되는 경우(부정행위로 인하여 법인세의 과세표준 및 세액을 결정·경정하는 경우는 제외한다)에 해당하여 「소득세법」 제88조 제2호에 따른 주식등의 취득가액이 감소됨에 따라 양도소득에 대한 지방소득세를 과소납부하거나 초과환급받은 경우에는 제1항 제1호 및 제2호의 가산세를 적용하지 아니한다.

③ 지방소득세를 과세기간을 잘못 적용하여 신고납부한 경우에는 제1항을 적용할 때 실제 신고납부한 날에 실제 신고납부한 금액의 범위에서 당초 신고납부하였어야 할 과세기간에 대한 지방소득세를 신고납부한 것으로 본다. 다만, 해당 지방소득세의 신고가 제53조에 따른 신고 중 부정행위로 무신고한 경우 또는 제54조에 따른 신고 중 부정행위로 과소신고·초과환급신고한 경우에는 그러하지 아니하다.

④ 제1항을 적용할 때 납세고지서별·세목별 세액이 30만 원 미만인 경우에는 같은 항 제4호의 가산세를 적용하지 아니한다.

⑤ 제1항을 적용할 때 납세의무자가 지방자치단체 또는 지방자치단체조합인 경우에는 같은 항 제3호 및 제4호의 가산세를 적용하지 아니한다.

제56조(특별징수납부 등 불성실가산세) 특별징수의무자가 징수하여야 할 세액을 지방세관계법에 따른 납부기한까지 납부하지 아니하거나 과소납부한 경우에는 납부하지 아니한 세액 또는 과소납부분 세액의 100분의 10을 한도로 하여 다음 각 호의 금액을 합한 금액을 가산세로 부과한다.

1. 납부하지 아니한 세액 또는 과소납부분 세액의 100분의 3에 상당하는 금액
2. 다음의 계산식에 따라 산출한 금액

> 납부하지 아니한 세액 또는 과소납부분 세액 × 납부기한의 다음 날부터 자진납부일 또는 부과결정일까지의 기간 × 금융회사 등이 연체대출금에 대하여 적용하는 이자율 등을 고려하여 대통령령으로 정하는 이자율

「지방세기본법 시행령」 제33조(과소신고가산세·초과환급신고가산세) 법 제54조 제2항을 적용할 때 같은 항 제1호의 부정과소신고납부세액등(이하 "부정과소신고납부세액등"이라 한다)과 같은 항 제2호의 과소신고납부세액등에서 부정과소신고납부세액등을 뺀 금액(이하 이 조에서 "일반과소신고납부세액등"이라 한다)이 있는 경우로서 부정과소신고납부세액등과 일반과소신고납부세액등을 구분하기 곤란한 경우 부정과소신고납부세액등은 다음의 계산식에 따라 계산한 금액으로 한다.

$$과소신고납부세액등 \times \frac{부정과소신고납부세액등\ 과세표준}{과소신고납부세액등\ 과세표준}$$

제34조(납부불성실가산세·환급불성실가산세 등에 대한 이자율) 법 제55조 제1항 제1호·제2호 및 제56조 제2호의 계산식에서 "대통령령으로 정하는 이자율"이란 각각 1일 1십만분의 25를 말한다.

② 가산세의 의미

가산세는 납세자가 지방세법에서 규정하는 신고의무, 보고의무, 납부의무, 징수의무 등의 협조의무를 이행하지 아니하거나 위반하는 경우에 이에 대한 일종의 과태료와 같은 행정벌적인 성격을 가진 것으로서 본세의 산출세액에 가산하여 본세와 같은 세목으로 부과징수하는 금액을 말한다. 이를 다시 가산금과 구분하여 살펴보면,

① 가산세는 지방세의 개별세목에 정하여진 납세의무자의 신고기한, 납부기한 또는 특별징수의무자의 납부기한 등 법정신고 및 납부기한이 지나도록 지방세를 납부하지 아니하는 경우에 적용된다.
② 가산세는 지방세법에서 규정하고 있는 각종 협력의무의 위반에 대한 과태료와 같은 행정규제로서의 성격이 강하며, 납부불성실가산세는 지연이자적 성격도 띠고 있다 하겠다.
③ 가산금은 과세관청의 확정 절차없이 지정납부기한의 경과에 따라 자동적으로 발생하여 확정되나, 가산세는 과세관청의 결정 또는 경정에 의하여 확정되는 것이다.
④ 가산금은 본세인 지방세와의 관계에서 독립된 별개의 부대세로서 가산금의 명목으로 징수하여 해당 세목의 세입으로 하는 것이나, 가산세는 본세인 지방세의 각 세목에 포함되어 부과, 징수되는 것이다.

③ 가산세의 종류

지방세관계법에서의 가산세는 신고와 납부로 구분하여 신고하고 납부하는 지방세와 특별징수하여 납부하는 지방세에 있어서 신고의무와 납부의무를 별도로 규정하여 무신고가산세, 과소신고가산세, 납부불성실가산세와 특별징수납부 등 불성실가산세로 구분하고 있다.
 - 그런데 지방소득세의 개편으로 가산세의 종류가 너무 복잡하여 여기서는 지방세기본법상의 가산세만 열거하면 다음과 같다.

구 분	종 류		가산세율
지방세 기본법	무신고 (§53)	일반	20%
		부정	40%
	과소신고 · 초과환급신고 (§54) ※ 과소신고분－부정과소신고	일반	10%
		부정	40%(+10%)
	납부불성실 · 환급불성실 (§55) ※ 환급불성실 가산세의 경우 세액의 75% 한도	일반	1일 0.03%
	특별징수 납부불성실 (§56) ※ 합계 10% 한도	일반	3%+[세액×기간× 이자율(1일 0.03%)]

사례 〉 **지방세 과세 처분에 따른 사전 통보사항**

한편 과세관청이 과세처분에 앞서 납세의무자에게 보낸 과세예고통지서 등에 의하여 납세의무자가 그 처분에 대한 불복 여부의 결정 및 불복신청에 전혀 지장을 받지 않았음이 명백하다면, 이로써 납세고지서의 흠이 보완되거나 치유되었다고 볼 수 있지만, 이와 같이 납세고지서의 흠을 사전에 보완할 수 있는 서면은 법령 등에 의하여 납세고지에 앞서 납세의무자에게 교부하도록 되어 있어 납세고지서와 일체를 이룰 수 있는 것에 한정되어야 하고, 거기에는 납세고지서의 필요적 기재사항이 제대로 기재되어 있어야 한다(대법 2014두44434, 2015.3.20.).

사례 〉 **지방세 납세고지서의 가산세 기재**

지방세의 납세고지는 납부할 지방세의 과세연도와 세목, 그 부과의 근거가 되는 법률 및 해당 지방자치단체의 조례의 규정, 납세자의 주소·성명, 과세표준액, 세율, 세액, 납부기한, 납부장소, 납부기한까지 납부하지 아니한 경우에 취하여지는 조치 및 부과의 위법 또는 착오에 대한 구제방법 등을 기재한 납세고지서에 의하도록 되어 있는 바, 위 규정들은 조세법률주의 원칙에 따라 과세관청으로 하여금 신중하고 합리적인 처분을 하게 함으로써 조세행정의 공정을 기함과 동시에 납세의무자에게 과세처분의 내용을 상세하게 알려 불복 여부의 결정 및 불복신청에 편의를 주려는 데 그 입법 취지가 있는 만큼, 납세고지서에는 원칙적으로 납세의무자가 과세처분의 내용을 상세하게 알 수 있도록 과세대상 재산을 특정하고 그에 대한 세액 및 과세표준액, 적용할 세율 등 세액의 산출근거를 구체적으로 기재하여야 한다. 위 규정들은 강행규정으로서 위 규정들에서 요구하는 사항 중 일부를 누락한 흠이 있는 경우 그 과세처분은 위법하다(대법 2008두5773, 2010.11.11.).

① 무신고가산세

① 납세의무자가 법정신고기한까지 과세표준 신고를 하지 아니한 경우에는 그 신고로 납부하여야 할 세액(이 법과 지방세관계법에 따른 가산세와 가산하여 납부하여야 할 이자 상당 가산액이 있는 경우 그 금액을 제외하며, 이하 "무신고 납부세액"이라 한다)의 100분의 20에 상당하는 금액을 가산세로 부과한다(법 §53 ①).

② 제1항에도 불구하고 사기나 그 밖의 부정한 행위로 법정신고기한까지 과세표준신고를 하지 아니한 경우에는 무신고 납부세액의 100분의 40에 상당하는 금액을 가산세로 부과한다(법 §53 ②).

③ 제1항 및 제2항에 따른 가산세의 계산 및 그 밖에 가산세 부과 등에 필요한 사항은 대통령령으로 정한다(법 §53 ③).

※ 신고불성실 가산세 개정연혁

2013.1.1. ~ 현재까지 (가산세통합 및 일반/부당 분리)	2014.1.1. ~ 2015.12.31. (감면분 무신고가산세 도입)	2016.1.1.~ 현재까지 (감면분 무신고가산세 폐지)
각 세목별로 규정되어 있던 신고불성실가산세를 지방세기본법에 통일하고, 단순 착오 등에 대한 가산세율은 인하(10%)하며, 부당한 의무해태로 인한 가산세율은 인상(40%)하여 가산세율을 차등화함	납세자의 성실 신고를 유도하기 위해 무신고가산세의 산출 기준을 지방세관계법에 따른 감면적용 후의 세액에서 감면이나 면제가 이루어지기 전인 지방세법에 따라 산출한 세액으로 변경함	무신고 가산세의 산출근거를 종전 지방세법에 따라 산출한 세액에서 과세표준 신고로 납부하여야 할 세액으로 변경하여, 신고의무를 불이행하더라도 납부할 세액이 없다면 가산세가 부과되지 아니하도록 하였음
〈부칙〉 동 개정규정은 2013년 1월 1일 이후 가산세를 가산할 지방세의 납세의무가 성립하는 분부터 적용함	〈부칙〉 동 개정규정은 2014년 1월 1일 이후 가산세를 가산할 지방세의 납세의무가 성립하는 경우부터 적용함	〈부칙〉 동 개정규정은 2016년 1월 1일 이후 가산세를 가산할 지방세의 납세의무가 성립하는 경우부터 적용함

사례 ▷ 무신고가산세 산정

100분의 75가 감면된다는 사실은 다툼이 없는 점 등에 비추어 청구법인이 이 건 토지의 지목변경에 따른 취득세 등을 법정신고기한까지 신고하지 아니하였다 하더라도 그 무신고가산세는「지방세법」과 「지방세특례제한법」을 함께 적용하여 산출한 취득세 ○○○원의 20%에 상당하는 세액을 말함(조심 2019지1576, 2019.4.25.).

❷ 과소신고가산세 · 초과환급신고가산세

- 납세의무자가 법정신고기한까지 과세표준 신고를 한 경우로서 신고하여야 할 납부세액보다 납부세액을 적게 신고(이하 "과소신고"라 한다)하거나 지방소득세 과세표준 신고를 하면서 환급받을 세액을 신고하여야 할 금액보다 많이 신고(이하 "초과환급신고"라 한다)한 경우에는 과소신고한 납부세액과 초과환급신고한 환급세액을 합한 금액(이 법과 지방세관계법에 따른 가산세와 가산하여 납부하여야 할 이자 상당 가산액이 있는 경우 그 금액은 제외하며, 이하 "과소신고납부세액등"이라 한다)의 100분의 10에 상당하는 금액을 가산세로 부과한다(법 §54 ①).

- 제1항에도 불구하고 사기나 그 밖의 부정한 행위로 과소신고하거나 초과환급신고한 경우에는 다음 각 호의 금액을 합한 금액을 가산세로 부과한다(법 §54 ② Ⅰ·Ⅱ).
  1. 사기나 그 밖의 부정한 행위로 인한 과소신고납부세액등(이하 "부정과소신고납부세액등"이라 한다)의 100분의 40에 상당하는 금액
  2. 과소신고납부세액등에서 부정과소신고납부세액등을 뺀 금액의 100분의 10에 상당하는 금액
  - 이 규정을 적용할 때 같은 조 같은 항 제1호의 부정과소신고 납부세액 등(이하 '부정과소신고 납부세액 등'이라한다) 세액과 제2호의 부정과소신고 등 납부세액 등에서 부정과소신고분 납부세액 등을 뺀 금액(이하 이 조에서 "일반과소신고분 납부세액 등"이라 한다)이 있는 경우로서 부정과소신고분 납부세액 등과 일반과소신고분 납부세액 등을 구분하기 곤란한 경우 부정과소신고분 납부세액 등은 다음 계산식에 따라 계산한 금액으로 한다(영 §33).

$$\text{과소신고 납부세액 등 세액} \times \frac{\text{부정과소신고 납부세액 등 과세표준}}{\text{과소신고 납부세액 등 과세표준}}$$

- 제1항 및 제2항에도 불구하고 다음 각 호의 어느 하나에 해당하는 사유로 과소신고한 경우에는 가산세를 부과하지 아니한다(법 §54 ③ Ⅰ·Ⅱ).
  1. 신고 당시 소유권에 대한 소송으로 상속재산으로 확정되지 아니하여 과소신고한 경우
  2. 「법인세법」제66조에 따라 법인세 과세표준 및 세액의 결정·경정으로 「상속세 및

증여세법」제45조의3부터 제45조의5까지의 규정에 따른 증여의제이익이 변경되는 경우(부정행위로 인하여 법인세의 과세표준 및 세액을 결정·경정하는 경우는 제외한다)에 해당하여 「소득세법」제88조 제2호에 따른 주식등의 취득가액이 감소됨에 따라 양도소득에 대한 지방소득세 과세표준을 과소신고한 경우

- 부정과소신고납부세액 등의 계산 및 그 밖에 가산세의 부과에 필요한 사항은 대통령령으로 정한다(법 §54 ④).
  - 그러므로 과소신고과산세와 초과환급신고가산세는 정상적인 신고기간내에 신고를 하였으나 착오, 오류 등으로 과소신고한 경우와, 지방소득세과세표준신고를 하면서 환급받을 세액을 신고하여야 할 금액보다 많이 신고한 경우 및 신고는 하였으나 사기 기타 부정한 방법으로 신고한 경우를 분리하여 가산세를 차등하여 적용하는 점에 유의하여야 한다.
- 2018년부터는 법인세 결정·경정으로 매출액 중에서 지배주주와 특수관계법인과의 정상거래비율(30%~50%)을 초과하는 수혜법인의 세후영업이익이 감소함에 따라 증여의제 이익이 감소하여 양도 주식 등의 취득가액이 감소될 경우에는 양도소득에 대한 지방소득세 과소신고로 인한 가산세 적용을 배제하게 되었다.

> **사례** 취득세 납세의무자가 과세표준에 세율을 곱한 '산출세액'을 정당하게 신고한 이상 「지방세특례제한법」에 근거한 감면세액에 관한 판단을 그르쳐 최종적으로 납부할 세액을 잘못 신고하였다고 하더라도 과소신고가산세를 부과할 수 없음(대법원 2022두 49311, 2022.10.27.).

③ 납부불성실·환급불성실가산세

- 납세의무자가 지방세관계법에 따른 납부기한까지 지방세를 납부하지 아니하거나 납부하여야 할 세액보다 적게 납부(이하 "과소납부"라 한다)한 경우 또는 환급받아야 할 세액보다 많이 환급(이하 "초과환급"이라 한다)받은 경우에는 다음 각 호의 계산식에 따라 산출한 금액을 합한 금액을 가산세로 부과한다.
  - 이 경우 가산세는 납부하지 아니한 세액, 과소납부분(납부하여야 할 금액에 미달하는 금액을 말한다. 이하 같다) 세액 또는 초과환급분(환급받아야 할 세액을 초과하는 금액을 말한다. 이하 같다) 세액의 100분의 75에 해당하는 금액을 한도로 한다(법 §55 ① Ⅰ·Ⅱ).
  1. 납부하지 아니한 세액 또는 과소납부분 세액(지방세관계법에 따라 가산하여 납부

하여야 할 이자 상당 가산액이 있는 경우 그 금액을 더한다) × 납부기한의 다음 날부터 자진납부일 또는 부과결정일까지의 기간 × 금융회사 등이 연체대출금에 대하여 적용하는 이자율 등을 고려하여 대통령령으로 정하는 이자율

2. 초과환급분 세액(지방세관계법에 따라 가산하여 납부하여야 할 이자 상당 가산액이 있는 경우 그 금액을 더한다) × 환급받은 날의 다음 날부터 자진납부일 또는 부과결정일까지의 기간 × 금융회사 등이 연체대출금에 대하여 적용하는 이자율 등을 고려하여 대통령령으로 정하는 이자율

■ 제1항에도 불구하고 「법인세법」 제66조에 따라 법인세 과세표준 및 세액의 결정·경정으로 「상속세 및 증여세법」 제45조의3부터 제45조의5까지의 규정에 따른 증여의제이익이 변경되는 경우(부정행위로 인하여 법인세의 과세표준 및 세액을 결정·경정하는 경우는 제외한다)에 해당하여 「소득세법」 제88조 제2호에 따른 주식등의 취득가액이 감소됨에 따라 양도소득에 대한 지방소득세를 과소납부하거나 초과환급받은 경우에는 제1항의 가산세를 적용하지 아니한다(법 §55 ②).

■ 지방소득세를 과세기간을 잘못 적용하여 신고납부한 경우에는 제1항을 적용할 때 실제 신고납부한 날에 실제 신고납부한 금액의 범위에서 당초 신고납부하였어야 할 과세기간에 대한 지방소득세를 신고납부한 것으로 본다. 다만, 해당 지방소득세의 신고가 제53조에 따른 신고 중 부정행위로 무신고한 경우 또는 제54조에 따른 신고 중 부정행위로 과소신고·초과환급신고한 경우에는 그러하지 아니하다(법 §55 ③).

■ 납부불성실 가산세는 원래는 납세협력의무의 위반에 대한 과태료와 같은 행정규제로서의 성격이 있음과 동시에 법정납부기한까지 납세의무의 불이행에 대한 지연이자적 성격을 띠고 있는 것이다.

이러한 납부불성실에 대한 가산세는 납부하지 않았거나 적게 납부한 세액에 금융회사의 연체이자율을 고려하여 대통령령으로 정하는 이자율과 납부지연일자를 곱하여 가산세를 산출한다.

– 이 경우 "대통령령으로 정하는 이자율"이란 1일 100,000분의 25(연 9.125%)을 말하는데 납부불성실 가산세는 기간 내에 산출세액을 납부하지 아니하였거나 산출세액에 미달하게 납부한 때에는 그 납부하지 아니하였거나 부족한 세액에 이자율(1일 100,000분의 25)과 납부지연일자를 곱하여 산출한 금액을 세액으로 하여 보통징수의 방법에 의하여 징수한다(영 §34). 다만 '19.1.1. 이전에 해당 가산세를 부과해야 하는 사유가 발생한 경우에는 이 법 시행 전까지('18.12.31.)만 종전 가산세율(1일당 0.03%) 적용하여야 한다.

④ 특별징수납부 등 불성실가산세

■ 특별징수의무자가 징수하여야 할 세액을 지방세관계법에 따른 납부기한까지 납부하지 아니하거나 과소납부한 경우에는 납부하지 아니한 세액 또는 과소납부분 세액의 100분의 10을 한도로 하여 다음 각 호의 금액을 합한 금액을 가산세로 부과한다(법 §56 Ⅰ · Ⅱ).

1. 납부하지 아니한 세액 또는 과소납부분 세액의 100분의 3에 상당하는 금액
2. 다음의 계산식에 따라 산출한 금액

> 납부하지 아니한 세액 또는 과소납부분 세액 × 납부기한의 다음 날부터 자진납부일 또는 부과결정일까지의 기간 × 금융회사 등이 연체대출금에 대하여 적용하는 이자율 등을 고려하여 대통령령으로 정하는 이자율

이 경우의 이자율은 1일 1십만분의 25(연 9.125%)을 말한다.

사례 ▶ 취득세의 신고납부를 하지 않은 채 취득일로부터 2년 이내에 미등기 전매하는 경우 80%의 중가산세를 부과하도록 규정한 것이 적법한지 여부

취득세 과세대상 물건을 취득한 후 관련규정에 따라 성실하게 신고납부한 경우와 관련 규정에 따른 신고납부는 못하였지만 뒤늦게라도 이전등기하고 신고납부를 한 경우, 그리고 취득세의 신고납부를 하지 않음은 물론이고 아예 그 취득신고나 이전등기도 하지 않은 채 취득일로부터 2년 이내에 제3자에게 매각하는 경우는 달리 취급하여야 할 필요가 있고, 특히 미등기 전매의 경우는 취득세 면탈의 의사가 확정적으로 표출된 악의적인 취득자라 할 것이므로 그러한 경우 통상의 가산세율과 다르게 취급한 것이 평등의 원칙에 반한다고 할 수 없다.

이 사건 법률조항의 입법목적은 미등기 전매행위로 인한 부동산의 투기적 거래와 조세포탈을 방지함으로써 건전한 부동산 거래질서를 확립하고자 하는 것으로 그 정당성이 인정된다 할 것이며, 통상의 가산세의 세율보다 높은 세율의 가산세율로 미등기 전매행위와 조세포탈을 억제하는 것으로 그 방법 또한 적정하다 할 것이다. 또한 가산세율이 80%라 하더라도 가산세를 포함한 취득세의 세율은 취득가액의 3.6%에 불과하여 기본권침해의 정도가 크다고 할 수 없고, 또 위 입법목적의 중대성에 비추어 볼 때 통상의 가산세율의 4배의 중가산세를 부과하였다 하여 이 사건 법률조항에 의하여 보호되는 공익과 제한되는 기본권 사이에 현저한 불균형이 있다고 볼 수도 없다(헌재 2000헌바86, 2001.7.19.).

⑤ 가산세 요약

구 분		～ 2012년		2013년～현재			비 고
		종류	가산세율	종류		가산세율	
납세의무자	공통	신고불성실	10% 또는 20%	과소신고	일반 과소신고	10%	지방세기본법 규정
					부정* 과소신고	40%	
				무신고	일반 무신고	20%	
					부정 무신고	40%	
		납부불성실	1일 0.03%	납부불성실		1일 0.025% ('18년까지 0.03%)	
	취득세	–	–	장부기록·비치 의무 위반 가산세(신설)		10%	지방세법 규정
		미등기전매	80%	미등기전매		80%	
	레저세	의무위반	10%	의무위반		10%	
	담배소비세	의무위반Ⅰ (기장의무 불이행 등)	10%	의무위반Ⅰ (기장의무 불이행 등)		10%	
		의무위반Ⅱ (면제담배 타용도 사용 등)	30%	의무위반Ⅱ (면제담배 타용도 사용 등)		30%	
	지방교육세	신고불성실	10%	폐지			
		납부불성실	1일 0.03%	납부불성실		1일 0.025% ('18년까지 0.03%)	
특별징수의무자		신고납부 또는 납부불성실	10%	납부불성실 (기본)		3% ('15년까지는 5%)	지방세기본법 규정
				납부불성실 (추가)		1일 0.025% ('18년까지 0.03%)	

* 「부정」의 의미: 사기나 그 밖의 부정한 행위(이중장부 작성, 장부 및 기록 파기 등)

1 관계법령

「**지방세기본법**」 제57조(가산세의 감면 등) ① 지방자치단체의 장은 이 법 또는 지방세관계법에 따라 가산세를 부과하는 경우 그 부과의 원인이 되는 사유가 제26조 제1항에 따른 기한연장 사유에 해당하거나 납세자가 해당 의무를 이행하지 아니한 정당한 사유가 있을 때에는 가산세를 부과하지 아니한다.

② 지방자치단체의 장은 다음 각 호의 어느 하나에 해당하는 경우에는 이 법 또는 지방세관계법에 따른 해당 가산세액에서 다음 각 호의 구분에 따른 금액을 감면한다.

1. 과세표준 신고서를 법정신고기한까지 제출한 자가 법정신고기한이 지난 후 2년 이내에 제49조에 따라 수정신고한 경우(제54조에 따른 가산세만 해당하며, 지방자치단체의 장이 과세표준과 세액을 경정할 것을 미리 알고 과세표준 수정신고서를 제출한 경우는 제외한다)에는 다음 각 목의 구분에 따른 금액

    가. 법정신고기한이 지난 후 1개월 이내에 수정신고한 경우: 해당 가산세액의 100분의 90에 상당하는 금액

    나. 법정신고기한이 지난 후 1개월 초과 3개월 이내에 수정신고한 경우: 해당 가산세액의 100분의 75에 상당하는 금액

    다. 법정신고기한이 지난 후 3개월 초과 6개월 이내에 수정신고한 경우: 해당 가산세액의 100분의 50에 상당하는 금액

    라. 법정신고기한이 지난 후 6개월 초과 1년 이내에 수정신고한 경우: 해당 가산세액의 100분의 30에 상당하는 금액

    마. 법정신고기한이 지난 후 1년 초과 1년 6개월 이내에 수정신고한 경우: 해당 가산세액의 100분의 20에 상당하는 금액

    바. 법정신고기한이 지난 후 1년 6개월 초과 2년 이내에 수정신고한 경우: 해당 가산세액의 100분의 10에 상당하는 금액

2. 과세표준 신고서를 법정신고기한까지 제출하지 아니한 자가 법정신고기한이 지난 후 6개월 이내에 제51조에 따라 기한 후 신고를 한 경우(제53조에 따른 가산세만 해당하며, 지방자치단체의 장이 과세표준과 세액을 결정할 것을 미리 알고 기한후신고서를 제출한 경우는 제외한다)에는 다음 각 목의 구분에 따른 금액

    가. 법정신고기한이 지난 후 1개월 이내에 기한 후 신고를 한 경우: 해당 가산세액의 100분의 50에 상당하는 금액

    나. 법정신고기한이 지난 후 1개월 초과 3개월 이내에 기한 후 신고를 한 경우: 해당 가산세액의 100분의 30에 상당하는 금액

    다. 법정신고기한이 지난 후 3개월 초과 6개월 이내에 기한 후 신고를 한 경우: 해당

가산세액의 100분의 20에 상당하는 금액

3. 제88조에 따른 과세전적부심사 결정·통지기간 이내에 그 결과를 통지하지 아니한 경우(결정·통지가 지연되어 해당 기간에 부과되는 제55조에 따른 가산세만 해당한다)에는 해당 기간에 부과되는 가산세액의 100분의 50에 상당하는 금액

4. 「지방세법」 제103조의5에 따른 양도소득에 대한 개인지방소득세 예정신고기한 이후 확정신고기한까지 과세표준 신고 및 수정신고를 한 경우로서 다음 각 목의 어느 하나에 해당하는 경우에는 해당 가산세액의 100분의 50에 상당하는 금액

　　가. 예정신고를 하지 아니하였으나 확정신고기한까지 과세표준 신고를 한 경우(제53조에 따른 무신고가산세만 해당하며, 지방자치단체의 장이 과세표준과 세액을 경정할 것을 미리 알고 과세표준 신고를 하는 경우는 제외한다)

　　나. 예정신고를 하였으나 납부하여야 할 세액보다 적게 신고하거나 환급받을 세액을 신고하여야 할 금액보다 많이 신고한 경우로서 확정신고기한까지 과세표준을 수정신고한 경우(제54조에 따른 과소신고가산세 또는 초과환급신고가산세만 해당하며, 지방자치단체의 장이 과세표준과 세액을 경정할 것을 미리 알고 과세표준 신고를 하는 경우는 제외한다)

③ 제1항 또는 제2항에 따른 가산세 감면 등을 받으려는 자는 대통령령으로 정하는 바에 따라 감면 등을 신청할 수 있다.

「지방세기본법 시행령」 제35조(가산세의 감면 신청 등) ① 법 제57조 제1항 또는 제2항에 따라 가산세의 감면 등을 받으려는 자는 다음 각 호의 사항을 적은 신청서를 지방자치단체의 장에게 제출하여야 한다.

1. 감면 등을 받으려는 가산세와 관계되는 세목, 과세연도
2. 감면 등을 받으려는 가산세의 종류 및 금액
3. 해당 의무를 이행할 수 없었던 사유(법 제57조 제1항의 경우만 해당한다)

② 제1항의 경우에 같은 항 제3호의 사유를 증명할 수 있는 서류가 있을 때에는 이를 첨부하여야 한다.

③ 지방자치단체의 장은 법 제57조에 따라 가산세의 감면 등을 하였을 때에는 지체 없이 그 사실을 문서로 해당 납세자에게 통지하여야 한다. 이 경우 제1항에 따른 가산세의 감면 등의 신청을 받은 경우에는 그 승인 여부를 신청일부터 5일 이내에 통지하여야 한다.

❷ 가산세의 면제

　지방자치단체의 장은 이 법 또는 지방세관계법에 따라 가산세를 부과하는 경우 그 부과의 원인이 되는 사유가 천재지변, 사변, 화재 등 제26조 제1항에 따른 기한연장사유에 해당하거나 납세자가 해당 의무를 이행하지 아니한 정당한 사유가 있을 때에는 그 가산

세를 부과하지 아니한다.

- 이 경우 "정당한 사유"라 함은 납세자의 고의 또는 과실이 아닌 타당성 있는 객관적인 사정으로 의무를 이행하지 못하였다고 인정될 수 있는 사유를 말하는 것이므로 납세자 스스로가 영향을 미칠 수 없는 외부적이고 타율적인 사정으로 의무를 다하지 못한 경우 에만 정당한 사유가 있다고 할 것이다.

❸ 가산세의 경감

(1) 법정신고기한이 지난 후 2년 이내에 수정신고를 한 경우

① 그 수정신고가 법정신고기한이 지난 후 1개월 이내에 수정신고한 때에는 그 가산 세액의 100분의 90을 경감하고,

② 그 수정신고가 법정신고기한이 지난 후 1개월 초과 3개월 이내에 수정신고하는 때 에는 그 가산세액의 100분의 75를 경감하며,

③ 그 수정신고가 법정신고기한이 지난 후 3개월 초과 6개월 이내에 수정신고하는 때 에는 그 가산세액의 100분의 50을 경감하며,

④ 그 수정신고가 법정신고기한이 지난 후 6개월 초과 1년월 이내에 수정신고하는 때 에는 그 가산세액의 100분의 30을 경감하며,

⑤ 그 수정신고가 법정신고기한이 지난 후 1년 초과 1년 6개월 이내에 수정신고하는 때에는 그 가산세액의 100분의 20을 경감하며,

⑥ 그 수정신고가 법정신고기한이 지난 후 1년 6개월 초과 2년 이내에 수정신고하는 때에는 그 가산세액의 100분의 100을 경감한다.

그리고 이 수정신고에 대한 가산세의 경감은 과소신고에 따른 제53조에 따른 가산세 만 해당하며, 과세표준수정신고서를 제출한 과세표준과 세액에 관하여 경정이 있을 것 을 미리 알고 제출한 경우는 제외한다.

- 여기에서 "경정이 있을 것을 미리 알고 제출한 경우"란 해당 지방세에 관하여 세무 공무원이 조사를 시작한 것을 알고 과세표준 수정신고서를 제출한 경우를 말한다.
- 그리고 납세자의 서면질의에 대하여 과세권자가 회신을 늦게 하거나 명확하지 않 은 회신을 하는 등의 사유는 가산세 감면의 사유에 해당하지 아니하는 것으로 해 석한다(징세 46101 – 787, 2000.5.29.).

(2) 법정신고기한 후 신고를 한 경우

① 법정신고기한까지 과세표준신고서를 제출하지 아니한 자가 법정신고기한이 지난 후 1개월 이내에 기한 후 신고를 하는 경우에는 그 가산세액의 100분의 50을 경감 하며,

② 법정신고기한이 지난 후 1개월 초과 3개월 이내에 기한 후 신고를 한 경우에는 해 당 가산세액의 100분의 30에 상당하는 금액을 경감하며,

③ 법정신고기한이 지난 후 3개월 초과 6개월 이내에 기한 후 신고를 한 경우에는 해 당 가산세액의 100분의 20에 상당하는 금액을 경감한다.

- 이 경우 기한 후 신고는 지방자치단체의 장이 그 지방세의 과세표준과 세액을 결 정하여 통지하기 전에 이루어져야 하고, 이때에도 무신고에 따른 제53조에 따른 가 산세만 경감대상이다.

※ 가산세 감면 관련 감면율 조정 및 세분화

❏ **개정 개요**

개정 전	개정 후
☐ 수정신고시 과소신고 가산세 감면 　○ 법정신고기한 경과 후 　　– 6개월 이내: 50% 감면 　　– 6개월~1년 이내: 20% 감면 　　– 1년~2년 이내: 10% 감면	☐ 수정신고시 과소신고 가산세 감면율 조정 등 　○ 〈좌 동〉 　　– 1개월 이내: 90% 감면 　　– 2개월~3개월 이내: 75% 감면 　　– 3개월~6개월 이내: 50% 감면 　　– 6개월~1년 이내: 30% 감면 　　– 1년~1년 6개월 이내: 20% 감면 　　– 1년 6개월~2년 이내: 10% 감면
☐ 기한후 신고시 무신고 가산세 감면 　○ 법정신고기한 경과 후 　　– 1개월 이내: 50% 감면 　　– 1~6개월 이내: 20% 감면	☐ 기한후 신고시 무신고 가산세 감면율 조정 등 　○ 〈좌 동〉 　　– 〈좌 동〉 　　– 2개월~3개월 이내: 30% 감면 　　– 4개월~6개월 이내: 20% 감면

❏ **개정내용**

　○ 납세의무자의 자발적 조기 시정을 유도하기 위하여 수정신고시 과소신고 가산세 감면 및 기한 후 신고 시 무신고 가산세 감면 제도의 감면율을 인상하고 감면구간 을 세분화

　　※ 국세와 동시 개정

(3) 과세전적부심사 결정, 통지기간 이내에 그 결과 통지하지 아니한 경우

세무조사결과에 대한 서면통지, 과세예고통지 등을 받은 자가 과세통지의 적법성에 대한 심사를 청구할 수 있는 데 과세전적부심사 기한 내에 청구를 한 자에게 그 과세전적부심사 결정, 통지기간 이내에 그 결과를 통지하지 못하였을 경우(결정·통지가 지연되어 해당기간에 제55조에 따른 가산세만 해당된다)는 해당기간에 부과되는 가산세액 50%를 감면한다.

정당사유 부정	정당사유 인정
① 처분청 담당자의 설명만 믿고 신고납부하지 않은 경우에는 가산세면제대상에 해당하지 않음 (대법원 03두7620, 2006.4.27.).	① 등록세 납부대상임에도 법원착오로 직권으로 촉탁등기를 한 경우 (대법원 09두17179, 2010.4.29.).
② 중과대상임에도 세무공무원이 일반세율로 자납고지서를 발급한 경우 (대법원 05두6393, 2005.10.13.)	② 별장에 대한 재산세를 장기간 중과하지 않아 취득세 중과납부 하지 않은 경우 (대법원 12두11676, 2012.9.13.)
③ 세무공무원의 잘못된 설명을 믿었더라도 관계법령상 명백히 어긋나는 경우 (대법원 03두 10350, 2004.9.24.)	③ 법인세할 주민세 납세지를 잘못 알고 다른 자치단체에 신고 납부한 경우 (대법원 03두 13861, 2004.2.27.)
④ 퇴근시간 임박으로 등록세를 납부하지 않은 상태에서 등기서류가 접수되고 다음날 납부 이행 (대법원 06두4929, 2006.4.18.)	④ 법령해석상 다툼으로 인해 신고납부 하지 않은 경우(1심과, 2심 의견 상이) (대법원 08두4893, 2008.5.15., 06두17840, 2008.12.11.)
	⑤ 채권자들이 가처분을 위해 소유권보전등기를 한 경우 등록세를 납부하지 않은 경우 (서울 고법06누24758, 2007.6.14.)
	⑥ 처분청의 과세예고 취소통지를 믿고 미납부한 경우(대법원 12두24276, 2013.2.14.)
	⑦ 발전소 진입·모선터널은 취득세 납세의무가 없다는 질의회신을 믿고 비과세로 신고한 경우(대법원 14두3976, 2014.5.29.)

④ 가산세 감면 정당한 사유 부정사례

> **사례** 처분청 담당자의 설명만 믿고 신고납부하지 않은 경우에는 가산세면제대상에 해당 여부

일반적으로 조세법률관계에서 과세관청의 행위에 대하여 신뢰보호의 원칙이 적용되기 위해서는, 과세관청이 납세자에게 신뢰의 대상이 되는 공적인 견해표명을 하여야 하고, 납세자가 과세관청의 견해표명이 정당하다고 신뢰한 데 대하여 납세자에게 귀책사유가 없어야 하며, 납세자가 그 견해표명을 신뢰하고 이에 따라 무엇인가 행위를 하여야 하고, 과세관청이 견해표명에 반하는 처분을 함으로써 납세자의 이익이 침해되는 결과가 초래되어야 할 것인 바(대법원 2002. 3. 29. 선고 99두1861 판결, 2002. 11. 26. 선고 2001두9103 판결 등 참조), 위 법리와 원심이 인용한 제1심판결 이유를 기록에 비추어 살펴보면, 제출된 증거만으로는 피고 소속 세무공무원인 이정수가 원고에게 이 사건 토지의 등기가 등록세 중과대상에 해당하지 아니한다는 내용의 공적인 견해를 표명하였다고 보기 어려울 뿐만 아니라 이를 정당하다고 신뢰한 데 대하여 원고에게 귀책사유가 없다고 볼 수 없어 이 사건 처분이 신뢰보호의 원칙에 반하지 않는다고 본 원심의 판단은 정당하고, 거기에 상고이유에서 주장하는 바와 같은 신뢰보호원칙에 관한 법리를 오해한 위법이 없다.

세법상 가산세는 과세권의 행사 및 조세채권의 실현을 용이하게 하기 위하여 납세자가 정당한 이유 없이 법에 규정된 신고·납세의무 등을 위반한 경우에 개별세법이 정하는 바에 따라 부과되는 행정상의 제재로서, 납세의무자에게 그 의무의 해태를 탓할 수 없는 정당한 사유가 있는 경우에는 이를 부과할 수 없다고 할 것인 바(대법원 1999. 3. 9. 선고 98두2379 판결, 2003. 9. 5. 선고 2001두403 판결 등 참조), 위 법리 및 기록과 원심판결에 나타난 원고가 위 이정수로부터 이 사건 이전등기가 등록세 중과대상에 해당하지 않는다는 취지의 설명을 듣게 된 경위 및 그 이후의 정황 등에 비추어 볼 때, 비록 원고가 위 이정수의 설명이 정당하다고 믿고 그 신고·납부의무를 이행하지 않았다고 하더라도 원고에게 그 의무의 해태를 탓할 수 없는 정당한 사유가 있다고 할 수는 없음(대법원 2003두7620, 2006.4.27.).

> **사례** 과세관청의 세무공무원의 행위에 대하여 신의성실의 원칙이 적용되는지 여부

취득세 등의 신고업무를 대행한 법무사의 사무원이 부동산이 유흥주점으로 사용되고 있다는 사실은 알았지만 이에 적용될 세율 기타 관계법령을 알지 못하였다거나 세무공무원으로부터 일반세율에 의한 세액을 기재한 납부서를 교부받았다 하더라도, 세액을 부족하게 신고납부한 이상 가산세 부과 부분은 정당함(대법원 2005두6393, 2005.10.13.).

> **사례** 가산세의 부과요건 및 납세의무자가 법령을 부지 또는 오인하거나 세무공무원의 잘못된 설명을 믿고 신고·납부의무를 불이행한 것이 가산세를 부과할 수 없는 정당한 사유에 해당하는지 여부

납세의무자가 세무공무원의 잘못된 설명을 믿고 그 신고납부의무를 이행하지 아니하였다 하더라도 그것이 관계 법령에 어긋나는 것임이 명백한 때에는 그러한 사유만으로는 정당한 사유가 있는 경우에 해당한다고 할 수 없으므로, 처분은 적법함(대법원 2003두10350, 2004.9.24.).

> **사례** 공무원의 잘못된 설명을 믿고 신고납부 의무를 이행하지 않은 것은 정당한 사유가 아님

가산세는 그 의무의 이행을 당사자에게 기대하는 것이 무리라는 사정이 있는 등 그 의무해태를 탓할 수 없는 정당한 사유가 있는 경우에는 부과될 수 없으나, 납세의무자가 세무공무원의 잘못된 설명을 믿고 그 신고납부의무 등을 이행하지 아니하였다 하더라도 그것이 관계법령에 어긋나는 것이 명백한 때에는 그러한 사유만으로는 가산세를 면제할 정당한 사유가 있는 경우에 해당한다고 볼 수 없음(대법원 93누15939, 1993.11.23.).

> **사례** 고의, 과실, 법령의 무지는 정당한 사유가 아님

가산세는 과세권의 행사 및 조세채권의 실현을 용이하게 하기 위하여 정당한 이유없이 법에 규정된 신고, 납세의무 등을 위반한 경우에 법이 정하는 바에 의하여 부과하는 행정상의 제재로서 납세자의 고의나 과실은 고려되지 않는 것이며, 법령의 무지는 그 정당한 사유에 해당한다고 볼 수 없음(대법원 00두3788, 2001.11.13.).

⑤ 가산세 감면 정당한 사유 인정사례

> **사례** 납세의무자가 포합주식의 취득가액을 피합병법인의 청산소득에 포함시켜 법인세를 신고·납부하고, 그 청산소득은 구 조세감면규제법상 비과세대상이라는 판결이 확정된 후, 과세관청이 청산소득을 법인세 과세대상으로 보았던 종전의 입장을 변경하여 그 감면세액을 과세표준으로 한 농어촌특별세와 그 미납부가산세까지 부과한 경우, 납세의무자에게 농어촌특별세 납부의무의 해태를 탓할 수 없는 정당한 사유가 있는지 여부

세법상 가산세는 과세권의 행사 및 조세채권의 실현을 용이하게 하기 위하여 납세의무자가 정당한 이유 없이 법의 규정된 신고, 납세 등 각종 의무를 위반한 경우에 법이 정하는 바에 따라 부과하는 행정상의 제재로서 그 의무의 이행을 납세의무자에게

기대하는 것이 무리인 사정이 있을 때 등 그 의무해태를 탓할 수 없는 정당한 사유가 있는 경우에는 이를 부과할 수 없다고 할 것이다(대법원 1997.5.16. 선고 95누14602 판결 : 대법원 2005.11.25. 선고 2004두930 판결 등 참조).

원심이 인용한 제1심판결 이유에 의하면, 제1심은 그 채용 증거를 종합하여 그 판시와 같은 사실을 인정한 다음, 원고가 이 사건 포합주식의 취득가액을 피합병법인의 청산소득에 포함시켜 법인세를 신고·납부한 후 행정소송으로써 이 사건 포합주식의 취득가액을 포함하는 청산소득이 구 조세감면규제법(1998. 12. 28. 법률 제5584호로 전문 개정되기 전의 것, 이하 '구 조감법'이라 한다)상 비과세대상에 해당하는지에 대하여 다투었는데, 이에 대하여 제1심과 항소심 법원도 견해가 나뉘었던 점, 이는 단순히 사실관계의 오인이나 법률상의 부지·오해에서 비롯된 것이 아니라 세법 해석의 어려움에 기인하는 점, 이러한 상황에서 이 사건 포합주식의 취득가액이 청산소득에는 해당하나 그 청산소득이 구 조감법상 비과세대상이라는 내용의 판결이 확정되었다는 이유로 피고가 곧바로 위 청산소득을 법인세 과세대상으로 보았던 종전의 입장을 변경하여 그 감면세액을 과세표준으로 한 농어촌특별세를 부과하면서 이에 대한 미납부가산세까지 부과하는 것은 지나치게 가혹하다는 점 등을 종합하여 볼 때, 원고에게 농어촌특별세 납부의무의 해태를 탓할 수 없는 정당한 사유가 있다고 판단하였는 바, 앞서 본 법리와 기록에 비추어 살펴보면, 원심의 위와 같은 판단은 정당하고, 거기에 가산세 부과에 있어서 정당한 사유에 관한 법리오해의 위법이 없음(대법원 2006두17840, 2008.12.11.).

사례 ▶ **가산세 면제의 정당한 사유 인정**

금융감독원의 유권해석에 기인한 과세실무와 달리 지방소득세를 신고·납부하는 것을 기대하기 어려웠을 것인 점 등에 비추어 청구법인이 해당 의무를 이행하지 아니한 데에는 이를 탓하기 어려운 정당한 사유가 있는 것으로 보임(조심 2018지1432, 2019.1.16.).

취득세 납세의무 성립여부에 처분청과 다툼이 있는 상태에서 처분청이 청구법인에게 당초 취득세 등의 신고·납부행위가 정당하다고 통보하였다가 2018.9.5. 조세심판원 결정(조심 2016지533)에 따라 취득시기가 도래하지 아니한 것이라 하여 취소되었는 바 등 이러한 사유는 단순한 법률의 부지나 오해의 범위를 넘어 세법 해석상 견해가 대립하는 등으로 인한 사유로 신고하지 아니한 것에 그 책임을 귀속시킬 수 없는 합리적인 이유가 있거나, 그 의무의 이행을 기대하기 어려운 사정이 있는 것으로서 그 의무를 게을리한 점을 비난할 수 없는 정당한 사유임(대법원 2014두3976(2014.5.29), 조심 2019지573, 2019.7.5).

가산세의 세액, 산출근거 등을 기재하지 않는 가산세의 납세고지는 위법한 부과처분에 해당하는지, 취득세 과세대상이 아니라는 질의회신 등을 기초로 비과세로 신고한 경우 가산세를 배제할 수 있는 정당한 사유로 볼 수 있는지 여부

갑 제1호 증, 을 제4호 증의 각 기재에 의하면, 피고가 원고에게 본세와 함께 신고불성실가산세와 납부불성실가산세를 부과한 이 사건 납세고지서(갑 제1호 증)에는 각 가산세의 금액조차 기재되지 않은 채 본세와 가산세의 합계금액만이 기재되어 있을 뿐이고, 위 각 가산세의 산출근거도 기재되어 있지 않은 사실, 또한 피고가 2009. 6. 9. 원고에 대하여 보낸 지방세 과세예고서(을 제4호 증)에도 가산세의 총액이 기재되어 있을 뿐 가산세의 종류와 종류별 금액, 산출근거가 기재되어 있지 않은 사실이 인정된다. 위 인정사실에 의하면, 위 가산세의 납세고지는 관계 법령에서 요구하는 기재사항을 누락하는 등의 하자가 있고 달리 그 하자가 보완되거나 치유되었다고 볼 사정도 없으므로, 그 부과처분은 위법함.

원고가 세무법령의 해석에 대한 질의회신 사례, 건축허가 실무 등을 통하여 지하발전소 내 터널(교통로)인 이 사건 각 터널이 취득세 과세대상이 아니라고 이해할 여지가 충분히 있었고, 그 부과경위에 비추어 가산세를 부과하는 것이 가혹하다고 보이므로, 원고가 이 사건 각 터널 공사비를 비과세 대상으로 신고·납부함으로써 결과적으로 그 의무이행을 해태하였다 하더라도 원고에게 그 의무를 게을리한 점을 탓할 수 없는 정당한 사유가 있다고 봄이 타당함(대법원 2014두3976, 2014.5.29.).

가산세 추징 시 구체적인 산출근거 없이 납세고지를 할 경우 위법한 처분

하나의 납세고지서에 의하여 본세와 가산세를 함께 부과할 때에는 납세고지서에 본세와 가산세 각각의 세액과 산출근거 등을 구분하여 기재해야 한다(대법원 10두12347, 2012.10.18.). 그런데 갑 제1호증, 을 제4호증의 각 기재에 의하면, 피고가 원고에게 본세와 함께 신고불성실가산세와 납부불성실가산세를 부과한 이 사건 납세고지서에는 각 가산세의 금액조차 기재되지 않은 채 본세와 가산세의 합계금액만이 기재되어 있을 뿐이고, 위 각 가산세의 산출근거도 기재되어 있지 않은 사실, 또한 피고가 2009.6.9. 원고에 대하여 보낸 지방세 과세예고서에도 가산세의 총액이 기재되어 있을 뿐 가산세의 종류와 종류별 금액, 산출근거가 기재되어 있지 않은 사실이 인정된다. 위 인정사실에 의하면, 위 가산세의 납세고지는 관계 법령에서 요구하는 기재사항을 누락하는 등의 하자가 있고 달리 그 하자가 보완되거나 치유되었다고 볼 사정도 없으므로, 그 부과처분은 위법함(대법원 14두3976, 2014.5.29.).

가산세 적용이 배제되는 경우

세법상 가산세는 과세권의 행사 및 조세채권의 실현을 용이하게 하기 위하여 납세자가 정당한 이유 없이 법에 규정된 신고, 납세 등 각종 의무를 위반한 경우에 개별세

법이 정하는 바에 따라 부과되는 행정상의 제재로서 납세자의 고의, 과실은 고려되지 않는 반면, 이와 같은 제재는 납세의무자가 그 의무를 알지 못한 것이 무리가 아니었다고 할 수 있어서 그를 정당시할 수 있는 사정이 있거나 그 의무의 이행을 당사자에게 기대하는 것이 무리라고 하는 사정이 있을 때 등 그 의무해태를 탓할 수 없는 정당 한 사유가 있는 경우에는 이를 과할 수 없음(대법원 95누14602, 1997.5.16., 대법원 04두930, 2005.11.25.).

⑥ 최근 쟁점

사례▶ 가산세 면제의 정당한 사유 해당 여부

- 금융감독원의 유권해석에 기인한 과세실무와 달리 지방소득세를 신고·납부하는 것을 기대하기 어려웠을 것인 점 등에 비추어 청구법인이 해당 의무를 이행하지 아니한 데에는 이를 탓하기 어려운 정당한 사유가 있는 것으로 보임(조심 2018지1432, 2019.1.16.).
- 취득세 납세의무 성립여부에 처분청과 다툼이 있는 상태에서 처분청이 청구법인에게 당초 취득세 등의 신고·납부행위가 정당하다고 통보하였다가 2018.9.5. 조세심판원 결정(조심 2016지533)에 따라 취득시기가 도래하지 아니한 것이라 하여 취소되었는 바 등 이러한 사유는 단순한 법률의 부지나 오해의 범위를 넘어 세법 해석상 견해가 대립하는 등으로 인한 사유로 신고하지 아니한 것에 그 책임을 귀속시킬 수 없는 합리적인 이유가 있거나, 그 의무의 이행을 기대하기 어려운 사정이 있는 것으로서 그 의무를 게을리한 점을 비난할 수 없는 정당한 사유임(조심 2019지573, 2019.7.5).

사례▶ 위탁자의 취득세 신고로 수탁자가 취득세 신고를 하지 못한 경우 정당한 사유 해당 여부

- 이 건 토지의 취득자로 보아 이 건 위탁자들에게 취득세의 일부를 면제하여 산출한취득세 납부서를 교부하여 이 건 위탁자들이 취득세를 납부하였는 바, 이 건 토지에 대한 신탁계약의 수탁자인 청구법인으로서는 이 건 토지에 대한 취득세를 납부하지 않아도 된다고 기대하는 것이 무리가 아니라고 보이는 점, 이와 같은 사유로 청구법인이 법정기한 내에 이 건 토지에 대한 취득세를 신고·납부하지 않은 것으로 보이므로 그 귀책은 청구법인 뿐만 아니라 처분청에도 있다고 보는 것이 합리적인 점, 나아가 가산세의 정책적 목적이 납세의무자로 하여금 법정기한 내에 해당 세금을 납부하도록 하는 것이고 이 건의 경우 위탁자가 법정기한 내에 납부하여야 할 취득세를 납부하였으므로 그 정책 목적을 달성하였다고 볼 수 있는 점 등에 비추어 청구법인이 이 건 토지를 취득한 후 납부기한 내에 취득세를

신고하지 않은 데에는 이를 이행할 수 없는 정당한 사유가 있음(조심 2015지482, 2016.5.16. 등).

- 가산세는 과세권의 행사 및 조세채권의 실현을 용이하게 하기 위하여 납세자가 정당한 이유 없이 법에 규정된 신고·납세의무 등을 위반한 경우에 법이 정하는 바에 의하여 부과하는 행정상의 제재로서 납세자의 고의·과실은 고려되지 아니하는 것이고, 법령의 부지 또는 오인은 그 정당한 사유에 해당한다고 볼 수 없으며, 또한 납세의무자가 세무공무원의 잘못된 설명을 믿고 그 신고·납부의무를 이행하지 아니하였다하더라도 그것이 관계 법령에 어긋나는 것임이 명백한 때에는 그러한 사유만으로는 정당한 사유가 있는 경우에 해당하지 아니한다(대법원 2004.9.24. 선고 2003두10350).

사례 사업시행자인 수탁자의 취득세 등을 위탁자가 신고·납부한 것에 따라 발생한 납부불성실가산세에 대하여 정당한 사유가 있다고 감면대상에 해당되는지 여부

- 대법원의 2012.6.14. '신탁법에 의한 신탁으로 수탁자에게 소유권이 이전된 토지에 있어 지목의 변경으로 인한 취득세의 납세의무자는 수탁자로 봄이 타당하다'는 판결(대법원 2012.6.14. 선고 2010두2395 판결, 이하 '이 사건 대법원판결'이라 한다)이 선고되기 전까지는 토지에 관한 신탁관계에 있어 토지의 지목 변경으로 인한 취득세의 납세의무자는 물론 대체토지의 취득으로 인한 취득세의 납세의무자가 위탁자인지, 수탁자인지에 관하여 세법 해석상 견해의 대립이 있었다고 볼 수 있었던 점, 과세관청인 피고도 이 사건 토지의 취득으로 인한 납세의무자가 이 사건 위탁자들임을 전제로 이 사건 위탁자들에게 취득세 등 신고·납부서를 교부한 바 있는 점, 나아가 이 사건 위탁자들의 취득세 등 신고·납부가 이미 이루어진 상황에서 원고가 스스로 세법 규정을 자신에게 불리하게 해석하여 취득세 등을 납부할 것을 기대하기도 어려웠던 점 등에도 불구하고 원심은 이와 달리 그 판시와 같은 이유만으로 원고에게 납부의무의 해태를 탓할 수 없는 정당한 사유가 없다는 취지에서 각 납부불성실가산세 부과처분이 적법하다고 판단하였다. 이러한 원심의 판단에는 가산세를 면할 정당한 사유에 관한 법리를 오해하여 판결에 영향을 미친 잘못이 있음(대법원 2020.6.11. 선고 2017두61508 판결).
- 위 규정에 따른 가산세는 과세권의 행사 및 조세채권의 실현을 용이하게 하기 위하여 납세자가 정당한 이유 없이 법에 규정된 신고·납부의무 등을 위반한 경우에 법이 정하는 바에 의하여 부과하는 행정상의 제재로서, 납세의무자가 그 의무를 알지 못한 것이 무리가 아니었다고 할 수 있어서 그를 정당시 할 수 있는 사정이 있거나 그 의무의 이행을 당사자에게 기대하는 것이 무리라고 하는 사정이 있는 등 그 의무해태를 탓할 수 없는 정당한 사유가 있는 경우에는 부과할 수 없다 할 것(대법원 2003.1.10. 선고 2001두7886 판결, 같은 뜻임)이다. 처분청은 이 건 취득세 등을 과세하면서 가산세를 포함한 처분이 정당하다는 의견이나, 이 건 토지의 위

탁자인 ○○○은 이 건 사업이 2017.9.29. 준공인가 됨에 따라 이 건 토지의 지목변경 취득세 납세의무자가 본인인 것으로 보아 2017.11.28. 처분청에 이 건 지목변경 취득세 등의 감면신청을 하였고, 처분청은 2017.11.28. 취득세 등의 감면결정 통지를 한 점, 위탁자인 ○○○이 이 건 토지의 지목변경 취득세 등을 감면받은 상황에서 수탁자인 청구법인이 이 건 지목변경 취득세 등을 다시 신고·납부할 것을 기대하는 것은 무리라고 보이는 점 등에 비추어, 청구법인이 기한 내에 이 건 토지의 지목변경 취득세 등을 신고·납부하지 아니한 정당한 사유가 있다고 보이므로 처분청이 이 건 취득세 등을 부과하면서 과소신고가산세를 포함한 처분은 잘못이 있다고 판단됨(조심 2019지1549, 2019.12.12.).

❶ 2019년 시행 법령 적용요령

(1) 가산세 개정규정 적용요령

■ 과소신고·초과환급신고가산세에 대한 「지방세법」상 가산세 및 이자 상당 가산액은 제외, 납부·환급불성실가산세에 대한 이자 상당 가산액은 포함

가산세 구분	국세		지방세			
			현행		개정	
	가산세	이자 상당 가산액	가산세*	이자 상당 가산액	가산세	이자 상당 가산액
무신고	제외	제외	제외	제외	제외	제외
과소신고·초과환급 신고	제외	제외	규정없음	규정없음	제외	제외
납부·환급불성실	–	포함	–	규정없음	–	포함

* 소득과 무관한 가산세(⑩ 지급명세서제출불성실가산세: 지급금액×1%)

■ 과세기간을 단순 착오하여 신고·납부한 경우 정당한 과세기간에 납부한 것으로 간주하여 납세자 가산세 부담 완화

〈사례1〉 '17년 납부할 세액 1억 원 '16년에 미리 납부 → '19년에 부과·환급결정	
(현 행)	• (과다납부 1억) 환급가산금 540만 원(3년, 환급이자율 연 1.8%) • (과소납부 1억) 납부불성실 가산세 2,190만 원(2년, 가산세율 연 10.95%)
(개 정)	• (과다납부 1억) 환급가산금 **적용 제외** • (과소납부 1억) 납부불성실 가산세 **적용 제외**

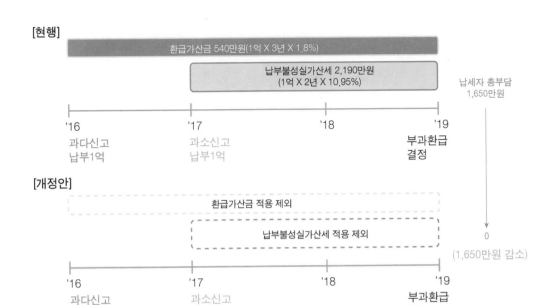

[현행]

환급가산금 540만원(1억 X 3년 X 1.8%)

납부불성실가산세 2,190만원
(1억 X 2년 X 10.95%)

납세자 총부담
1,650만원

'16   '17   '18   '19

과다신고
납부1억   과소신고
납부1억   부과환급
결정

[개정안]

환급가산금 적용 제외

납부불성실가산세 적용 제외

0
(1,650만원 감소)

'16   '17   '18   '19

과다신고
납부1억   과소신고
납부1억   부과환급
결정

〈사례2〉 '16년 납부할 세액 1억 원을 '17년에 늦게 납부 → '19년에 부과·환급결정	
(현행)	◆ (과다납부 1억) 환급가산금 360만 원(2년, 환급이자율 연 1.8%) ◆ (과소납부 1억) 납부불성실 가산세 3,285만 원(3년, 가산세율 연 10.95%)
(개정)	◆ (과다납부 1억) 환급가산금 적용제외 ◆ (과소납부 1억) 납부불성실 가산세 1,095만 원(1년, 가산세율 연 10.95%)

- 가산세 기준 금액 명확화는 현행 규정 내용을 보완하는 것으로 기존과 동일하게 운영
- 과세기간 단순 착오신고·납부에 가산세 면제 규정 법 시행(2019.1.1.) 이후 개시하는 과세기간분 또는 사업연도분부터 적용

(2) 연도별 가산세 부과기준

구 분	취득세				지방교육세		농특세	
	신고불성실			납부 불성실	신고 불성실	납부 불성실	신고 불성실	납부 불성실
	부정신고	무신고	과소신고					
2019	40%	20%	10%	0.025%/일		0.025%/일		0.025%/일
2016	40%	20%	10%	0.03%/일		0.03%/일		0.03%/일
2015	40%	20%	10%	0.03%/일		0.03%/일		0.03%/일
2014	40%	20%	10%	0.03%/일		0.03%/일		0.03%/일
2013	40%	20%	10%	0.03%/일		0.03%/일		0.03%/일
2012		20%		0.03%/일	10%	0.03%/일		0.03%/일

(3) 가산세의 종류 및 세율현황(지기법 제53조~제56조)

구 분			2012년 이전		2013년~2018년			2019년		
			종 류	가산세율	종 류		가산세율	종 류		가산세율
납세의무자		일반 공통 (기법 53조~55조)	신고불성실[14]	10% 또는 20%	과소 신고	일반	10%	종전과 같음	일반	10%
						부정	40%		부정	40%
					무신고	일반	20%		일반	20%
						부정	40%		부정	40%
			납부불성실[15]	1일 0.03%	종전과 같음		1일 0.03% 한도 75%	'19.1.1. 시행		1일 0.025% 한도 75%
	세목 ∧ 지방세법 ∨	취득세 (21조, 22조의3)	–	–	장부 기록·비치의무 위반 가산세 (신설)[16]		10%	종전과 같음		10%
			미등기전매	80%	종전과 같음		80%	종전과 같음		80%
		레저세 (45조)	장부비치의무 불이행	10%			10%			10%
		담배 소비세 (61조)	기장의무 불이행 등	10%			10%			10%
			면제담배 타용도 사용 등	30%			30%			30%
		지방 교육세 (153조)	신고불성실	10%	폐지[17]			–		
			납부불성실	1일 0.03%	종전과 같음			'19.1.1. 시행		1일 0.025%
		지방 소득세 (99조, 103조의8·30·39)	소법 81조·115조, 76조에 따라 가산세를 더하거나 징수하는 경우	–	10%			10%		

---

14) 2012년 이전 신고불성실가산세율(10%, 20%)의 적용대상 세목 간에는 이를 달리 취급할 차별성이 모호하여 구별실익이 없음.

15) 시중 연체금리(연 6~8%) 등을 감안하여 납부불성실 가산세 인하(1일 0.03% → 0.025%), 2019.1.1. 이후 발생분부터 적용

16) 부가세(Sur-tax)에 대한 가산세의 이중과세문제를 해소하기 위해 지방교육세 가산세를 폐지(2012.1.1.)한 국세와 균형을 맞추어 가산세를 정비

17) 납부불성실가산세 3%(2015.5.18. 당초 5%에서 변경)를 기본으로 납부지연일수에 비례하는 납부불성실가산세를 부과하되 합계가 10%를 넘지 않게 하고 특별징수의무자가 국가, 지방자치단체 등인 경우에는 가산세 부과대상에서 제외(국세기본법 제47조의5): 기본(3%)에 1일 1만분의 3을 합하여 부가하되 한도 10%

구 분	2012년 이전		2013년~2018년		2019년	
	종 류	가산세율	종 류	가산세율	종 류	가산세율
특별징수의무자 〈기법 56조〉	납부불성실	10%	납부불성실 (기본)	3%	종전과 같음	3%
			납부불성실 (추가)	1일 0.03%	'19.1.1. 시행	1일 0.025%
			한 도	10%	종전과 같음	10%

② 2016년 시행 가산세 개정규정 적용요령

가. 무신고 및 과소신고가산세는 기한 후 신고(제51조) 및 수정신고(제49조)와 각각 연계
되고, 과세표준신고서만 제출하고 납부세액을 기재하지 않을 경우 등이 있으므로 과세
표준 신고 여부를 반영

나. 납세 편의 및 국세와의 형평 등을 감안하여 무신고가산세 산출 근거를 "「지방세법」에
따른 산출세액"에서 "납부해야 할 세액"으로 변경하되, 과세표준 신고 여부를 반영하고
가산세(「지방세기본법」, 「지방세법」)와 이자상당 가산액 등은 제외

《 개정 전후 비교 》

◆ 「지방세법」에 따른 산출세액이 500만 원이나 「지방세특례제한법」에 따른 전액 감면대상이 법
정신고기한까지 신고하지 않은 경우
 – (개정전) 무신고가산세 100만 원 발생(500만 원 × 20%)
 – (개정후) 무신고가산세 미발생[(500만 원 − 500만 원) × 20%]

다. 과소신고가산세 산출근거는 무신고가산세 산출근거를 준용토록하여 납부해야 할 금액
을 기준으로 실제 과소신고한 금액에 대해서만 가산세 부과

《 개정 전후 비교 》

◆ 「지방세법」에 따른 산출세액이 500만 원이고 「지방세특례제한법」에 따른 50% 감면대상이 법
정신고기한내에 산출세액(납부세액)을 200만 원만 신고한 경우
 – (개정전) 과소신고가산세 30만 원 발생[300만 원(500 − 200) × 10%]
 – (개정후) 과소신고가산세 5만 원 발생[50만 원(250 − 200) × 10%]

라. 이 법 시행('16.1.1.) 후 가산세를 가산할 지방세의 납세의무가 성립하는 분부터 적용

③ 가산세 징수 시 유의사항

(1) 가산세의 부과처분

본세의 부과처분과 가산세의 부과처분은 각 별개의 과세처분 같은 세목에 관하여 여러 종류의 가산세가 부과되면 그 각 가산세 부과처분도 종류별로 각각 별개의 과세처분이다.

■ 하나의 납세고지서에 의하여 본세와 가산세를 함께 부과할 때에는 납세고지서에 본세와 가산세 각각의 세액과 산출근거 등을 구분하여 기재하는 것이 원칙이다.

■ 여러 종류의 가산세를 함께 부과하는 경우에는 그 가산세 상호 간에도 종류별로 세액과 산출근거 등을 구분하여 기재함으로써 납세의무자가 납세고지서 자체로 각 과세처분의 내용을 알 수 있도록 하여야 한다.

  ※ 단, 납세고지에 관계 법령에서 요구하는 기재사항을 누락한 하자가 있더라도 과세관청이 과세처분에 앞서 납세의무자에게 보낸 과세예고통지서 등에 납세고지서의 필요적 기재사항이 이미 모두 기재되어 있다면 보완·치유될 수 있는 하자이다.

제 **25** 장

지방세 구제제도의 이해

1 지방세 구제제도

① 구제제도의 분류

```
┌─ 사전적 구제제도 ─ 과세전적부심사청구제도
│                  (납세고지 전 구제제도)
│                                      ┌─ 행정적 구제제도 ─ 이의신청, 심판청구 및
│                                      │                    감사원 심사청구
└─ 사후적 구제제도 ─ 납세고지 교부 후 구제제도 ─┤
                                       └─ 사법적 구제제도 ─ 행정소송과 민사소송
```

② 구제제도의 체계도

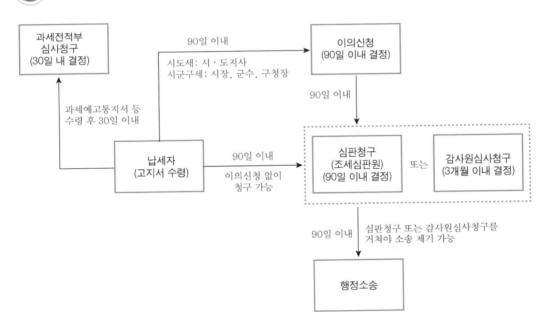

관계법령

「**지방세기본법**」 **제88조(과세전적부심사)** ① 지방자치단체의 장은 다음 각 호의 어느 하나에 해당하는 경우에는 미리 납세자에게 그 내용을 서면으로 통지(이하 이 조에서 "과세예고통지"라 한다)하여야 한다.

1. 지방세 업무에 대한 감사나 지도·점검 결과 등에 따라 과세하는 경우. 다만, 제150조, 「감사원법」 제33조, 「지방자치법」 제169조 및 제171조에 따른 시정요구에 따라 과세처분하는 경우로서 시정요구 전에 과세처분 대상자가 지적사항에 대한 소명안내를 받은 경우는 제외한다.

2. 세무조사에서 확인된 해당 납세자 외의 자에 대한 과세자료 및 현지 확인조사에 따라 과세하는 경우

3. 비과세 또는 감면 신청을 반려하여 과세하는 경우(「지방세법」에서 정한 납기에 따라 납세고지하는 경우는 제외한다)

4. 비과세 또는 감면한 세액을 추징하는 경우

5. 납세고지하려는 세액이 30만 원 이상인 경우(「지방세법」에서 정한 납기에 따라 납세고지하는 경우 등 대통령령으로 정하는 사유에 따라 과세하는 경우는 제외한다)

② 다음 각 호의 어느 하나에 해당하는 통지를 받은 자는 통지받은 날부터 30일 이내에 지방자치단체의 장에게 통지내용의 적법성에 관한 심사(이하 "과세전적부심사"라 한다)를 청구할 수 있다.

1. 세무조사결과에 대한 서면 통지

2. 제1항 각 호에 따른 과세예고통지

3. 삭제 〈2020. 12. 29.〉

③ 다음 각 호의 어느 하나에 해당하는 경우에는 제2항을 적용하지 아니한다.

1. 삭제 〈2020. 12. 29.〉

2. 범칙사건조사를 하는 경우

3. 세무조사결과 통지 및 과세예고통지를 하는 날부터 지방세 부과 제척기간의 만료일까지의 기간이 3개월 이하인 경우

4. 그 밖에 법령과 관련하여 유권해석을 변경하여야 하거나 새로운 해석이 필요한 경우 등 대통령령으로 정하는 경우

④ 과세전적부심사청구를 받은 지방자치단체의 장은 제147조 제1항에 따른 지방세심의위원회의 심사를 거쳐 제5항에 따른 결정을 하고 그 결과를 청구받은 날부터 30일 이내에 청구인에게 알려야 한다. 이 경우 대통령령으로 정하는 사유가 있으면 30일의 범위에서 1회에 한정하여 심사기간을 연장할 수 있다.

⑤ 과세전적부심사청구에 대한 결정은 다음 각 호의 구분에 따른다.

1. 청구가 이유 없다고 인정되는 경우: 채택하지 아니한다는 결정

2. 청구가 이유 있다고 인정되는 경우: 채택하거나 일부 채택한다는 결정. 다만, 구체적인 채택의 범위를 정하기 위하여 사실관계 확인 등 추가적으로 조사가 필요한 경우에는 제2항 각 호의 통지를 한 지방자치단체의 장으로 하여금 이를 재조사하여 그 결과에 따라 당초 통지 내용을 수정하여 통지하도록 하는 재조사 결정을 할 수 있다.

3. 청구기간이 지났거나 보정기간에 보정하지 아니하는 경우: 심사하지 아니한다는 결정

⑥ 과세전적부심사에 관하여는 「행정심판법」 제15조, 제16조, 제20조부터 제22조까지, 제29조, 제36조 제1항 및 제39조부터 제42조까지의 규정을 준용한다. 이 경우 "위원회"는 "지방세심의위원회"로 본다.

⑦ 제2항 각 호의 어느 하나에 해당하는 통지를 받은 자는 과세전적부심사를 청구하지 아니하고 그 통지를 한 지방자치단체의 장에게 통지받은 내용의 전부 또는 일부에 대하여 과세표준 및 세액을 조기에 결정 또는 경정결정을 해 줄 것을 신청할 수 있다. 이 경우 해당 지방자치단체의 장은 신청받은 내용대로 즉시 결정 또는 경정결정을 하여야 한다.

⑧ 과세전적부심사에 관하여는 제92조, 제93조, 제94조 제2항, 제95조, 제96조 제1항 각 호 외의 부분 단서 및 같은 조 제4항·제5항을 준용한다.

⑨ 과세전적부심사의 청구절차 및 심사방법, 그 밖에 필요한 사항은 대통령령으로 정한다.

「지방세기본법 시행령」 제58조(과세전적부심사) ① 법 제88조 제2항에 따라 과세전적부심사를 청구하려는 자는 다음 각 호의 사항을 적은 과세전적부심사청구서에 증거서류나 증거물을 첨부(증거서류나 증거물이 있는 경우에 한정한다)하여 지방자치단체의 장(법 제90조에 따른 이의신청의 결정기관을 말한다)에게 제출해야 한다.

1. 청구인의 성명과 주소 또는 영업소

2. 법 제88조 제2항 각 호의 통지를 받은 연월일

3. 청구세액

4. 청구 내용 및 이유

② 제1항에 따라 과세전적부심사청구서를 제출받은 지방자치단체의 장은 그 청구부분에 대하여 법 제88조 제4항에 따른 결정이 있을 때까지 과세표준 및 세액의 결정이나 경정결정을 유보해야 한다. 다만, 법 제88조 제3항 각 호의 어느 하나에 해당하는 경우에는 그렇지 않다.

③ 법 제88조 제1항 제5호에서 "「지방세법」에서 정한 납기에 따라 납세고지하는 경우 등 대통령령으로 정하는 사유에 따라 과세하는 경우"란 다음 각 호의 경우를 말한다.

1. 「지방세법」에서 정한 납기에 따라 납세고지하는 경우

2. 납세의무자가 신고한 후 납부하지 않은 세액에 대하여 납세고지하는 경우

3. 세무서장 또는 지방국세청장이 결정 또는 경정한 자료에 따라 지방소득세를 납세고지하는 경우

4. 「지방세징수법」 제22조 제2항 전단에 따라 납기 전에 징수하기 위하여 고지하는 경우

5. 「지방세법」 제62조·제98조·제103조의9·제103조의26 및 제128조 제2항 단서에 따

라 수시로 그 세액을 결정하여 부과·징수하는 경우

6. 법 제88조 제5항 제2호 단서, 제96조 제1항 제3호 단서 또는 제96조 제6항 및「국세기본법」제81조에 따라 준용되는 같은 법 제65조 제1항 제3호 단서에 따른 재조사 결정을 하여 그 재조사한 결과에 따라 과세하는 경우

④ 삭제 〈2020.12.31.〉

⑤ 법 제88조 제3항 제4호에서 "법령과 관련하여 유권해석을 변경하여야 하거나 새로운 해석이 필요한 경우 등 대통령령으로 정하는 경우"란 다음 각 호의 어느 하나에 해당하는 경우를 말한다

1. 법령과 관련하여 유권해석을 변경하여야 하거나 새로운 해석이 필요한 경우

2. 「국제조세조정에 관한 법률」에 따라 조세조약을 체결한 상대국이 상호합의절차의 개시를 요청한 경우

3. 삭제 〈2020.12.31.〉

4. 삭제 〈2020.12.31.〉

⑥ 법 제88조 제4항 후단에서 "대통령령으로 정하는 사유"란 다음 각 호의 어느 하나에 해당하는 경우를 말한다.

1. 다른 기관에 법령해석을 요청하는 경우

2. 풍수해, 화재, 천재지변 등으로 법 제147조에 따른 지방세심의위원회를 소집할 수 없는 경우

3. 청구인의 요청이 있거나 관련 자료의 조사 등을 위하여 필요한 경우로서 법 제147조에 따른 지방세심의위원회에서 심사기간의 연장을 결정하는 경우

4. 법 제93조의2 제2항에 따른 대리인의 선정 등을 위해 필요한 경우

② 과세전적부심사 청구

① 관련법령: 「지방세기본법」 제88조 제1항

② 개요: 납세자에게 과세하기 전에 과세의 적정 여부를 심사해 줄 것을 청구하는 제도로 고지서가 발부되기 전에 시정할 수 있는 기회를 부여함으로써 실질적 권리를 보호받을 수 있는 사전적 구제제도

③ 청구대상: 세무조사 결과에 대한 서면 통지, 과세예고 통지를 받은 경우

※ 과세전적부심사 청구가 불가한 경우

1. 범칙사건조사를 하는 경우
2. 세무조사결과 통지 및 과세예고 통지를 하는 날부터 지방세 부과 제척기간의 만료일 까지의 기간이 3개월 이하인 경우
3. 그 밖에 법령과 관련하여 유권해석을 변경하여야 하거나 새로운 해석이 필요한 경우 또는 국제조세조정에 관한 법률에 따라 조세조약을 체결한 상대국이 상호합의절차의 개시를 요청한 경우

④ 청구기한: 청구사유 통지를 받은 날부터 30일 이내
⑤ 청구기관
　　－ 시·군·구세: 시장·군수·구청장
　　－ 특별(광역)시세·도세: 시·도지사
⑥ 결정: 지방세심의위원회의 심의를 거쳐 다음과 같이 결정하고 그 결과를 청구 받은 날부터 30일 이내에 청구인에게 통지, 다만, 다른 기관에 법령해석을 요청한 경우, 풍수해·화재·천재지변 등 으로 지방세심의위원회를 소집할수 없는 경우, 법 제93조의2 제2항에 따른 대리인의 선정 등을 위해 필요한 경우 및 청구인의 요청이 있거나 관련 자료의 조사 등을 위하여 필요한 경우로서 법 제147조에 따른 지방세 심의위원회에서 심사기간의 연장을 결정한 경우 30일의 범위에서 1회에 한정하여 심사기간을 연장할 수 있다.

※ 과세전적부심사 관련 지방세심의회 운영

지방세심의회는 위원장 1인을 포함하여 25명 이내의 위원으로 구성되며, 과세전적부심 사회의 시 시·도는 11명(위원장, 부위원장 외 시장 또는 도지사가 회의시마다 지정하는 9명), 시·군·구는 9명(위원장, 부위원장외 시장·군수·구청장이 지정하는 7명)의 위 원회를 구성하여 과반수의 위원 참석과 과반수 찬성으로 결정한다.

　　－ 채택: 청구에 이유가 있다고 인정되는 때
　　－ 불채택: 청구에 이유가 없다고 인정되는 때
　　－ 심사제외: 청구기간이 지났거나 보정기간 내에 보정을 하지 아니하는 경우 심 사하지 아니한다는 결정

▶ 과세전 적부심사의 결정에 불복하는 경우 이의신청 등은 할 수 없으며, 과세전 적 부심사의 불채택 결정에 의하여 부과 처분될 때 그 부과처분에 대한 불복청구로서 사후적 구제방법 적용

신청인		심사 및 결정		신청인에게 통지

• 30일이내 심사청구
  – 시·도지사 및 시장·군수·구청장 접수
	→	• 청구서 접수일부터 30일 이내 결정 통지
		  – 30일 이내 1회 연장 가능
			→	• 통지를 받은 후 그 내용의 전부 또는 일부에 대하여 과세표준 및 세액을 조기에 결정 또는 경정결정 신청 가능

※ 과세전적부심사 관련 지방세심의회 운영

　지방세심의회는 위원장 1인을 포함하여 25명 이내의 위원으로 구성되며, 과세전적부심사회의 시 시·도는 11명(위원장, 부위원장 외 시장 또는 도지사가 회의시마다 지정하는 9명), 시·군·구는 9명(위원장, 부위원장외 시장·군수·구청장이 지정하는 7명)의 위원회를 구성하여 과반수의 위원 참석과 과반수 찬성으로 결정한다.

사례 　과세전적부심사 청구 예외대상 유권해석이란

　과세전적부심사 청구 예외대상으로서의 유권해석은 법제처와 중앙행정기관이 하는 것만 해당됨(대법원 2022두47032, 2022.10.14.).

3 사후적 구제제도

1 관계법령

「지방세기본법」 **제89조(청구대상)** ① 이 법 또는 지방세관계법에 따른 처분으로서 위법·부당한 처분을 받았거나 필요한 처분을 받지 못하여 권리 또는 이익을 침해당한 자는 이 장에 따른 이의신청 또는 심판청구를 할 수 있다.

② 다음 각 호의 처분은 제1항의 처분에 포함되지 아니한다.

1. 이 장에 따른 이의신청 또는 심판청구에 대한 처분. 다만, 이의신청에 대한 처분에 대하여 심판청구를 하는 경우는 제외한다.
2. 제121조 제1항에 따른 통고처분
3. 「감사원법」에 따라 심사청구를 한 처분이나 그 심사청구에 대한 처분
4. 과세전적부심사의 청구에 대한 처분
5. 이 법에 따른 과태료의 부과

제90조(이의신청) 이의신청을 하려면 그 처분이 있은 것을 안 날(처분의 통지를 받았을 때에는 그 통지를 받은 날)부터 90일 이내에 대통령령으로 정하는 바에 따라 불복의 사유를 적어 특별시세·광역시세·도세[도세 중 소방분 지역자원시설세 및 시·군세에 부가하여 징수하는 지방교육세와 특별시세·광역시세 중 특별시분 재산세, 소방분 지역자원시설세 및 구세(군세 및 특별시분 재산세를 포함한다)에 부가하여 징수하는 지방교육세는 제외한다]의 경우에는 시·도지사에게, 특별자치시세·특별자치도세의 경우에는 특별자치시장·특별자치도지사에게, 시·군·구세[도세 중 소방분 지역자원시설세 및 시·군세에 부가하여 징수하는 지방교육세와 특별시세·광역시세 중 특별시분 재산세, 소방분 지역자원시설세 및 구세(군세 및 특별시분 재산세를 포함한다)에 부가하여 징수하는 지방교육세를 포함한다]의 경우에는 시장·군수·구청장에게 이의신청을 하여야 한다.

제91조(심판청구) ① 이의신청을 거친 후에 심판청구를 할 때에는 이의신청에 대한 결정 통지를 받은 날부터 90일 이내에 조세심판원장에게 심판청구를 하여야 한다.

② 제96조에 따른 결정기간에 이의신청에 대한 결정 통지를 받지 못한 경우에는 제1항에도 불구하고 결정 통지를 받기 전이라도 그 결정기간이 지난 날부터 심판청구를 할 수 있다.

③ 이의신청을 거치지 아니하고 바로 심판청구를 할 때에는 그 처분이 있은 것을 안 날(처분의 통지를 받았을 때에는 통지받은 날)부터 90일 이내에 조세심판원장에게 심판청구를 하여야 한다.

제92조(관계 서류의 열람 및 의견진술권) 이의신청인, 심판청구인 또는 처분청(처분청의 경우 심판청구로 한정한다)은 그 신청 또는 청구에 관계되는 서류를 열람할 수 있으며,

대통령령으로 정하는 바에 따라 지방자치단체의 장 또는 조세심판원장에게 의견을 진술할 수 있다.

제93조(이의신청 등의 대리인) ① 이의신청인과 처분청은 변호사, 세무사 또는 「세무사법」 제20조의2 제1항에 따라 등록한 공인회계사를 대리인으로 선임할 수 있다.

② 이의신청인은 신청 또는 청구 금액이 1천만 원 미만인 경우에는 그의 배우자, 4촌 이내의 혈족 또는 그의 배우자의 4촌 이내 혈족을 대리인으로 선임할 수 있다.

③ 대리인의 권한은 서면으로 증명하여야 하며, 대리인을 해임하였을 때에는 그 사실을 서면으로 신고하여야 한다.

④ 대리인은 본인을 위하여 그 신청 또는 청구에 관한 모든 행위를 할 수 있다. 다만, 그 신청 또는 청구의 취하는 특별한 위임을 받은 경우에만 할 수 있다.

제94조(청구기한의 연장 등) ① 이의신청인 또는 심판청구인이 제26조 제1항에서 규정하는 사유(신고·신청·청구 및 그 밖의 서류의 제출·통지에 관한 기한연장사유로 한정한다)로 인하여 이의신청 또는 심판청구기간에 이의신청 또는 심판청구를 할 수 없을 때에는 그 사유가 소멸한 날부터 14일 이내에 이의신청 또는 심판청구를 할 수 있다. 이 경우 신청인 또는 청구인은 그 기간 내에 이의신청 또는 심판청구를 할 수 없었던 사유, 그 사유가 발생한 날 및 소멸한 날, 그 밖에 필요한 사항을 기재한 문서를 함께 제출하여야 한다.

② 제90조 및 제91조에 따른 기한까지 우편으로 제출(우편법령에 따른 통신날짜도장이 찍힌 날을 기준으로 한다)한 이의신청서 또는 심판청구서가 신청기간 또는 청구기간이 지나서 도달한 경우에는 그 기간만료일에 적법한 신청 또는 청구를 한 것으로 본다.

③ 제90조 및 제91조의 기간은 불변기간으로 한다.

제95조(보정요구) ① 이의신청을 받은 지방자치단체의 장은 그 신청의 서식 또는 절차에 결함이 있는 경우와 불복사유를 증명할 자료의 미비로 심의할 수 없다고 인정될 경우에는 20일간의 보정기간을 정하여 문서로 그 결함의 보정을 요구할 수 있다. 다만, 보정할 사항이 경미한 경우에는 직권으로 보정할 수 있다.

② 제1항에 따른 보정을 요구받은 이의신청인은 문서로 결함을 보정하거나, 지방자치단체에 출석하여 보정할 사항을 말하고, 말한 내용을 지방자치단체 소속 공무원이 기록한 서면에 서명하거나 날인함으로써 보정할 수 있다.

③ 제1항에 따른 보정기간은 제96조에 따른 결정기간에 포함하지 아니한다.

제96조(결정 등) ① 이의신청을 받은 지방자치단체의 장은 신청을 받은 날부터 90일 이내에 제147조 제1항에 따른 지방세심의위원회의 의결에 따라 다음 각 호의 구분에 따른 결정을 하고 신청인에게 이유를 함께 기재한 결정서를 송달하여야 한다. 다만, 이의신청 기간이 지난 후에 제기된 이의신청 등 대통령령으로 정하는 사유에 해당하는 경우에는 제147조 제1항에 따른 지방세심의위원회의 의결을 거치지 아니하고 결정할 수 있다.

1. 이의신청이 적법하지 아니한 때(행정소송, 심판청구 또는 「감사원법」에 따른 심사청

구를 제기하고 이의신청을 제기한 경우를 포함한다) 또는 이의신청 기간이 지났거나 보정기간에 필요한 보정을 하지 아니할 때: 신청을 각하하는 결정

2. 이의신청이 이유 없다고 인정될 때: 신청을 기각하는 결정
3. 이의신청이 이유 있다고 인정될 때: 신청의 대상이 된 처분의 취소, 경정 또는 필요한 처분의 결정. 다만, 처분의 취소·경정 또는 필요한 처분의 결정을 하기 위하여 사실관계 확인 등 추가적으로 조사가 필요한 경우에는 처분청으로 하여금 이를 재조사하여 그 결과에 따라 취소·경정하거나 필요한 처분을 하도록 하는 재조사 결정을 할 수 있다.

② 제1항에 따른 결정은 해당 처분청을 기속(羈束)한다.

③ 제1항에 따른 결정을 하였을 때에는 해당 처분청은 결정의 취지에 따라 즉시 필요한 처분을 하여야 한다.

④ 제1항 제3호 단서에 따른 재조사 결정이 있는 경우 처분청은 재조사 결정일부터 60일 이내에 결정서 주문에 기재된 범위에 한정하여 조사하고, 그 결과에 따라 취소·경정하거나 필요한 처분을 하여야 한다. 이 경우 처분청은 제83조 또는 제84조에 따라 조사를 연기하거나 조사기간을 연장하거나 조사를 중지할 수 있다.

⑤ 제1항 제3호 단서 및 제4항에서 규정한 사항 외에 재조사 결정에 필요한 사항은 대통령령으로 정한다.

⑥ 심판청구에 관하여는 이 법 또는 지방세관계법에서 규정한 것을 제외하고는 「국세기본법」 제7장 제3절을 준용한다.

⑦ 지방자치단체의 장은 이의신청의 대상이 되는 처분이 「지방세법」 제91조, 제103조, 103조의19, 103조의34, 103조의41 및 제103조의47에 따른 지방소득세의 과세표준 산정에 관한 사항인 경우에는 「소득세법」 제6조 또는 「법인세법」 제9조에 따른 납세지를 관할하는 국세청장 또는 세무서장에게 의견을 조회할 수 있다.

제97조(결정의 경정) ① 이의신청에 대한 결정에 오기, 계산착오, 그 밖에 이와 비슷한 잘못이 있는 것이 명백할 때에는 지방자치단체의 장은 직권으로 또는 이의신청인의 신청을 받아 결정을 경정할 수 있다.

② 제1항에 따른 경정의 세부적인 절차는 대통령령으로 정한다.

제98조(다른 법률과의 관계) ① 이 법 또는 지방세관계법에 따른 이의신청의 대상이 되는 처분에 관한 사항에 관하여는 「행정심판법」을 적용하지 아니한다. 다만, 이의신청에 대해서는 같은 법 제15조, 제16조, 제20조부터 제22조까지, 제29조, 제36조 제1항 및 제39조부터 제42조까지의 규정을 준용하며, 이 경우 "위원회"는 "지방세심의위원회"로 본다.

② 심판청구의 대상이 되는 처분에 관한 사항에 관하여는 「국세기본법」 제56조 제1항을 준용한다.

③ 제89조에 규정된 위법한 처분에 대한 행정소송은 「행정소송법」 제18조 제1항 본문, 같은 조 제2항 및 제3항에도 불구하고 이 법에 따른 심판청구와 그에 대한 결정을 거치지 아니하면 제기할 수 없다. 다만, 심판청구에 대한 재조사 결정(제100조에 따라 심판청구

에 관하여 준용하는 「국세기본법」 제65조 제1항 제3호 단서에 따른 재조사 결정을 말한다)에 따른 처분청의 처분에 대한 행정소송은 그러하지 아니하다.

④ 제3항 본문에 따른 행정소송은 「행정소송법」 제20조에도 불구하고 심판청구에 대한 결정의 통지를 받은 날부터 90일 이내에 제기하여야 한다. 다만, 제100조에 따라 심판청구에 관하여 준용하는 「국세기본법」 제65조 제2항에 따른 결정기간(이하 이 조에서 "결정기간"이라 한다) 내에 결정의 통지를 받지 못한 경우에는 결정의 통지를 받기 전이라도 그 결정기간이 지난 날부터 행정소송을 제기할 수 있다.

⑤ 제3항 단서에 따른 행정소송은 「행정소송법」 제20조에도 불구하고 다음 각 호의 기간 내에 제기하여야 한다.

1. 이 법에 따른 심판청구를 거치지 아니하고 제기하는 경우: 재조사 후 행한 처분청의 처분의 결과 통지를 받은 날부터 90일 이내. 다만, 제100조에 따라 심판청구에 관하여 준용하는 「국세기본법」 제65조 제5항에 따른 처분기간(제100조에 따라 심판청구에 관하여 준용하는 「국세기본법」 제65조 제5항 후단에 따라 조사를 연기하거나 조사기간을 연장하거나 조사를 중지한 경우에는 해당 기간을 포함한다. 이하 이 호에서 같다) 내에 처분청의 처분 결과 통지를 받지 못하는 경우에는 그 처분기간이 지난 날부터 행정소송을 제기할 수 있다.

2. 이 법에 따른 심판청구를 거쳐 제기하는 경우: 재조사 후 행한 처분청의 처분에 대하여 제기한 심판청구에 대한 결정의 통지를 받은 날부터 90일 이내. 다만, 결정기간 내에 결정의 통지를 받지 못하는 경우에는 그 결정기간이 지난 날부터 행정소송을 제기할 수 있다.

⑥ 「감사원법」에 따른 심사청구를 거친 경우에는 이 법에 따른 심판청구를 거친 것으로 보고 제3항을 준용한다.

⑦ 제4항의 기간은 불변기간(不變期間)으로 한다.

제99조(청구의 효력 등) ① 이의신청 또는 심판청구는 그 처분의 집행에 효력이 미치지 아니한다. 다만, 압류한 재산에 대해서는 대통령령으로 정하는 바에 따라 그 공매처분을 보류할 수 있다.

② 이의신청 또는 심판청구에 관한 심의절차 및 그 밖에 필요한 사항은 대통령령으로 정한다.

제100조(이의신청 및 심판청구에 관한 「국세기본법」의 준용) 이 장에서 규정한 사항을 제외한 이의신청 등의 사항에 관하여는 「국세기본법」 제7장을 준용한다.

「지방세기본법 시행령」 제59조(이의신청) ① 법 제90조에 따라 이의신청을 하려는 자는 다음 각 호의 사항 등을 적은 이의신청서 2부에 증명서류를 각각 첨부하여 소관 지방자치단체의 장(이하 "이의신청기관"이라 한다)에게 제출하여야 한다.

1. 신청인의 성명과 주소 또는 영업소
2. 통지를 받은 연월일 또는 처분이 있은 것을 안 연월일
3. 통지된 사항 또는 처분의 내용

4. 불복의 사유

② 처분청이 이의신청기관을 잘못 통지하여 이의신청서가 다른 기관에 접수된 경우 또는 이의신청을 하려는 자가 이의신청서를 처분청에 제출하여 접수된 경우에는 정당한 권한이 있는 이의신청기관에 해당 이의신청서가 접수된 것으로 본다.

③ 제2항에 따라 정당한 권한이 있는 이의신청기관이 아닌 다른 기관이 이의신청서를 접수하였을 때에는 이를 정당한 권한이 있는 이의신청기관에 지체 없이 이송하고 그 사실을 신청인에게 통지하여야 한다. 이 경우 처분청이 이의신청서를 접수하였을 때에는 이의신청서 중 1부만을 이송한다.

④ 법 제96조 제1항에 따른 결정기간을 계산하는 경우 제3항에 따라 정당한 권한이 있는 이의신청기관이 이의신청서를 이송받은 날을 기산일로 한다.

⑤ 이의신청기관이 시·도지사인 경우 시·도지사는 제1항에 따라 이의신청서를 제출받았을 때에는 지체 없이 그 중 1부를 처분청에 송부하고, 처분청은 그 이의신청서를 송부받은 날(제3항 후단에 따라 처분청이 이의신청서를 접수한 경우에는 이의신청서를 접수한 날을 말한다)부터 10일 이내에 의견을 시·도지사에게 제출하여야 한다.

⑥ 제5항에 따른 의견서에는 법 제88조 제4항에 따른 과세전적부심사에 대한 결정서(결정이 있은 경우만 해당한다), 처분의 근거·이유 및 그 사실을 증명할 서류, 청구인이 제출한 증거서류 및 증거물, 그 밖의 심리자료 모두를 첨부해야 한다.

제60조(심판청구) ① 법 제91조에 따라 심판청구를 하려는 자는 다음 각 호의 사항을 적은 심판청구서 2부에 증명서류를 각각 첨부하여 조세심판원장에게 제출해야 한다.

1. 청구인의 성명과 주소 또는 영업소
2. 이의신청에 대한 결정의 통지를 받은 연월일 또는 이의신청을 한 연월일
3. 이의신청에 대한 결정사항
4. 불복의 취지와 그 사유
5. 그 밖에 필요한 사항

② 제1항에 따른 심판청구서의 제출·접수 및 이송, 청구기간의 계산, 의견서의 제출 등에 대해서는 제59조 제2항부터 제6항까지의 규정을 준용한다. 이 경우 "처분청"은 "이의신청기관"으로, "이의신청기관"은 "심판청구기관"으로, "이의신청서"는 "심판청구서"로, "이의신청"은 "심판청구"로, "시·도지사"는 "조세심판원장"으로, "과세전적부심사"는 "과세전적부심사 또는 이의신청"으로 본다.

③ 제2항에도 불구하고 조세심판원장은 법 제91조 제3항에 따라 심판청구서를 접수했을 때에는 지체 없이 그 중 1부를 처분청에 송부해야 하며, 처분청은 그 심판청구서를 송부받은 날부터 10일 이내에 의견서(특별시세·광역시세·특별자치시세·도세 및 특별자치도세에 관한 심판청구서를 제출받은 경우에는 특별시장·광역시장·특별자치시장·도지사 및 특별자치도지사의 의견서를 말한다) 및 제59조 제6항에 따른 자료 일체를 조세심판원장에게 제출해야 한다.

제61조(관계 서류의 열람신청) ① 법 제92조에 따라 이의신청 또는 심판청구에 관계되는

서류를 열람하려는 자는 구술로 해당 지방자치단체의 장 또는 조세심판원장에게 그 열람을 요구할 수 있다.

② 제1항에 따른 요구를 받은 해당 지방자치단체의 장 또는 조세심판원장은 그 서류를 열람 또는 복사하게 하거나 그 사본이 원본과 다름이 없음을 확인하여야 한다.

③ 제1항에 따른 요구를 받은 해당 지방자치단체의 장 또는 조세심판원장은 필요하다고 인정하는 경우에는 열람하거나 복사하는 자의 서명을 요구할 수 있다.

제62조(의견진술) ① 법 제92조에 따라 의견을 진술하려는 자는 진술자의 성명과 주소 또는 영업소(진술자가 처분청인 경우 처분청의 명칭과 소재지를 말한다), 진술하려는 내용의 개요를 적은 문서로 해당 지방자치단체의 장 또는 조세심판원장에게 신청하여야 한다.

② 제1항에 따른 신청을 받은 지방자치단체의 장 또는 조세심판원장은 출석 일시 및 장소와 필요하다고 인정되는 진술시간을 정하여 법 제147조에 따른 지방세의위원회, 법 제96조 제6항에 따라 준용하는 「국세기본법」 제7장 제3절에 따른 조세심판관회의 또는 조세심판관합동회의 회의개최일 3일 전까지 신청인에게 통지하여 의견진술의 기회를 주어야 한다.

1. 삭제 〈2020.12.31.〉

2. 삭제 〈2020.12.31.〉

③ 삭제 〈2020.12.31.〉

④ 법 제92조에 따라 의견진술을 하는 자는 간단하고 명료하게 하여야 하며, 필요한 경우에는 이에 관한 증거와 그 밖의 자료를 제시할 수 있다.

⑤ 제4항에 따른 의견진술은 진술하려는 의견을 기록한 문서의 제출로 갈음할 수 있다.

⑥ 제2항의 통지는 서면으로 하거나 청구서에 적힌 전화, 휴대전화를 이용한 문자전송, 팩시밀리 또는 전자우편 등의 방법으로 할 수 있다.

제63조(보정요구) ① 이의신청기관 또는 심판청구의 결정기관(법 제96조 제1항 및 제6항에 따라 결정을 하는 기관을 말한다. 이하 같다)의 장은 법 제95조 제1항 본문, 법 제100조에서 준용하는 「국세기본법」 제63조 및 제81조에 따른 보정요구를 할 때에는 다음 각 호의 사항을 포함해야 한다.

1. 보정할 사항

2. 보정을 요구하는 이유

3. 보정할 기간

4. 그 밖에 필요한 사항

② 이의신청기관 또는 심판청구의 결정기관은 법 제95조 제1항 본문, 법 제100조에서 준용하는 「국세기본법」 제63조 및 제81조에 따라 직권으로 보정했을 때에는 그 결과를 해당 신청인 또는 청구인에게 문서로 통지해야 한다.

제64조(결정 등) ① 이의신청기관 또는 심판청구의 결정기관은 법 제96조에 따른 결정을 한 때에는 주문(主文)과 이유를 붙인 결정서를 정본(正本)과 부본(副本)으로 작성하여 정본은 신청인 또는 청구인에게 송달하고, 부본은 처분청에 송달해야 한다. 다만, 심판청

구에 관한 사항은 「국세기본법」 제78조 제5항을 준용한다.

② 제1항에 따라 이의신청에 관한 결정서를 송달할 때에는 그 결정서를 받은 날부터 90일 이내에 이의신청인이 심판청구를 제기할 수 있다는 뜻과 제기해야 하는 기관을 함께 적어야 하며, 심판청구에 관한 결정서를 송달할 때에는 그 결정서를 받은 날부터 90일 이내에 심판청구인이 행정소송을 제기할 수 있다는 뜻을 적어야 한다.

③ 법 제96조 제1항 각 호 외의 부분 단서에서 "대통령령으로 정하는 사유에 해당하는 경우"란 다음 각 호의 어느 하나에 해당하는 경우를 말한다.

1. 이의신청의 내용이 다음 각 목의 어느 하나에 해당하는 경우

   가. 법 제96조 제1항 제1호에 따른 각하결정사유에 해당하는 경우

   나. 이의신청 금액이 100만 원 이하로서 유사한 이의신청에 대하여 법 제147조에 따른 지방세심의위원회(이하 "지방세심의위원회"라 한다) 의결을 거쳐 법 제96조 제1항 제3호 본문에 따른 결정이 있었던 경우

2. 신청기간이 지난 후에 이의신청이 제기된 경우

④ 이의신청의 내용이 다음 각 호의 어느 하나에 해당하는 경우에는 제3항 제1호 나목에도 불구하고 지방세심의위원회 의결을 거쳐 결정한다.

1. 지방세심의위원회의 의결사항과 배치되는 새로운 조세심판, 법원 판결 또는 행정안전부장관의 해석 등이 있는 경우

2. 지방세심의위원회의 위원장이 지방세심의위원회 의결을 거쳐 결정할 필요가 있다고 인정하는 경우

⑤ 이의신청기관 또는 심판청구의 결정기관은 법 제96조 제1항 또는 제6항에 따른 신청 또는 청구에 대한 결정기간(이하 이 조에서 "결정기간"이라 한다)이 지나도 결정을 하지 못했을 때에는 지체 없이 이의신청인에게는 결정기간이 경과한 날부터 심판청구 또는 행정소송을 제기할 수 있다는 뜻과 제기해야 하는 기관을, 심판청구인에게는 결정기간이 경과한 날부터 행정소송을 제기할 수 있다는 뜻을 통지해야 한다.

⑥ 처분청은 법 제96조 제4항(법 제88조 제8항에서 준용하는 경우를 포함한다)에 따라 신청 또는 청구의 대상이 된 처분의 취소·경정을 하거나 필요한 처분을 하였을 때에는 그 처분결과를 지체 없이 서면으로 이의신청인(법 제88조 제8항에서 준용하는 경우에는 과세전적부심사 청구인을 말한다)에게 통지해야 한다.

제65조(결정의 경정) 지방자치단체의 장은 법 제97조 제1항에 따른 경정 결과를 지체 없이 이의신청인에게 통지해야 한다.

제66조(이의신청 등에 따른 공매처분의 보류기한) 법 제99조 제1항 단서에 따라 공매처분을 보류할 수 있는 기한은 이의신청 또는 심판청구의 결정이 있는 날부터 30일까지로 한다.

② 이의신청

① 관련법령: 「지방세기본법」 제90조

② 개요: 지방세의 부과징수에 관한 위법 또는 부당한 처분을 받거나 필요한 처분을 받지 못함으로써 권리 또는 이익의 침해를 당한 자가 재조사하여 줄 것을 신청하는 것으로서 정식문서로 처분청에 대하여 신청하는 제1심적 성질의 구제방법

③ 신청권자: 「지방세법기본법」 또는 「지방세관계법」에 따른 처분으로 위법·부당한 처분을 받았거나 처분을 받지 못하여 권리 또는 이익을 침해당한 자

④ 이의신청 제외대상

- 이의신청 또는 심판청구에 대한 처분. 다만, 이의신청에 대한 처분에 대하여 심판청구를 하는 경우는 제외
- 조세범처벌절차법에 따른 통고처분
- 감사원에 심사청구를 한 경우와 감사원 심사결정
- 과세전적부심사청구에 대한 결정처분
- 과태료의 부과

⑤ 신청기간: 그 처분이 있는 것을 안 날부터 또는 처분의 통지를 받은 날부터 90일 이내

⑥ 신청기관

- 시·군·구세: 시장·군수·구청장
- 특별(광역)시·도세: 시·도지사

⑦ 결정: 접수된 날로부터 90일 이내에 지방세심의위원회의 의결에 따라 결정하고 신청인에게 통지

- 각하: 신청기간이 경과하였거나 보정기간 내에 필요한 보정을 하지 아니한 경우
- 기각: 신청의 내용이 이유 없다고 인정될 때
- 취소 또는 경정: 신청의 내용이 이유 있다고 인정될 때

신청인		심사 및 결정		신청인에게 통지
• 통지를 받은 날로부터 90일 이내 이의신청서 제출	→	• 90일 이내 결정 통지 - 특별(광역)시·도세: 시·도지사 - 시·군·구세: 시장·군수·구청장	→	• 결정에 불복할 경우: 그 과세처분결정통지를 받은날로부터 90일 이내 심판·감사원 심사

◇ 지기법 기본통칙운영예규 89-2(필요한 처분을 받지 못한 경우)

「지방세기본법」 제89조 제1항에 따른 "필요한 처분을 받지 못함"이란 처분청이 다음 각 호의 사항을 명시적 또는 묵시적으로 거부하거나(거부처분) 아무런 의사 표시를 하지 아니하는 것(부작위)을 말한다.

1. 비과세·감면신청에 대한 결정
2. 지방세의 환급
3. 압류해제
4. 기타 전 각 호에 준하는 것*

  * 기한후 신고의 처분성(조심 2014지1408, 2015.5.18.)

   기한후 신고납부에 대하여 그 신고일부터 3개월 이내에 과세표준과 세액을 결정하였어야 함에도 신고일부터 3개월이 경과한 이후에도 청구인에게 결정통지 아니한 점 등에 비추어 청구인은 처분청의 부작위로 인하여 권리 또는 이익의 침해를 당하고 있다고 볼 수 있으므로 심판청구는 적법한 청구에 해당함

◇ 지기법 기본통칙운영예규 89-3(권리 또는 이익의 침해를 당한자)

1. "권리 또는 이익을 침해당한 자"라 함은 위법·부당한 처분을 받거나 필요한 처분을 받지 못한 직접적인 당사자를 말한다.
2. 제3자적 지위에 있는 자도 당해 위법·부당한 처분으로 인하여 자신의 권리 또는 이익의 침해를 당한 경우는 불복청구할 수 있다. 다만, 간접적 반사적인 이익의 침해를 받은 자*는 불복청구를 할 수 없다.

  * 과세관청이 부동산을 압류한 이후에 소유권이전등기를 마친 사람은 그 압류처분에 대하여 사실상이고 간접적인 이해관계를 가질 뿐 법률상 직접적이고 구체적인 이익을 가지는 것은 아니어서 그 압류처분의 취소를 구할 당사자적이 없음(대법원 2004두6051, '04.9.24.)

◇ 지기법 기본통칙운영예규 89-5(제2차납세의무자의 불복)

1. 제2차납세의무자로 지정되어 납부통지서를 받은 납세의무자는 그 납부통지에 대하여 불복청구 할 수 있다.
2. 제2차납세의무자 또는 납세보증인은 납부통지된 처분에 대하여 불복한 경우에 그 납부통지의 원천이 된 본래 납세의무자에 대한 처분의 확정 여부에 관계없이 독립하여 납부통지된 세액의 내용에 관하여 다툴 수 있다.

◇ 지기법 기본통칙운영예규 89-7(불이익 변경금지 원칙)

1. 이의신청 또는 심판청구에 있어서는 청구인이 주장하지 아니한 내용에 대하여도 불이익한 변경이 아닌 한도 안에서 심리하여 결정할 수 있다.

◇ 지기법 기본통칙운영예규 89-8(법정대리인의 불복청구)

친권자, 후견인, 재산관리인, 상속재산 관리인등의 법정대리인은 본인을 대리하여 불복청구를 할 수 있다. 이 경우 법정대리인임을 입증하는 서면을 제출하여야 한다.

◇ 지기법 기본통칙운영예규 90-1(이의신청의 관할청)

  1. 지방자치단체의 관할구역 변경으로 처분의 통지를 한 자치단체와 불복청구할 때의 지방자치단체가 다른 경우에는 불복청구를 할 당시의 납세지를 관할하는 지방자치단체의 장이 이의신청의 관할청이 된다.

  2. 납세자가 부과처분의 통지를 받은 후 주소 또는 사업장을 변경한 경우에는 처분의 통지를 한 지방자치단체의 장(납세지 변경 전 지방자치단체의 장)이 이의신청의 관할청이 된다.

◇ 지기법 기본통칙운영예규 91-1(이의신청 또는 심판청구의 기산일)

이의신청 또는 심판청구 기간의 기산일은 다음 각 호와 같다.

  1. 「지방세기본법」 제33조 제1항 각 호의 사유에 해당하여 공시송달한 처분에 대하여 이의가 있을 때에는 공시송달의 공지일부터 14일 경과한 날

  2. 부과의 결정을 철회하였다가 재결하여 통지한 처분에 대하여 이의가 있을 때에는 재결정의 통지를 받은 날의 다음날

  3. 처분의 통지서를 사용인, 기타 종업원 또는 동거인이 받은 경우는 사용인, 기타 종업원 또는 동거인이 처분의 통지를 받은 날은 다음날

  4. 피상속인의 사망전에 피상속인에게 행하여진 처분에 대하여 상속인이 불복청구를 하는 경우에는 피상속인이 당해 처분의 통지를 받은 날의 다음날

◇ 지기법 기본통칙운영예규 91-2(취하한 사건에 대한 불복)

청구인이 이의신청 또는 심판청구를 취하한 경우에도 청구기간 내에는 다시 이의신청 또는 심판청구를 할 수 있다.

③ 조세심판원에 대한 심판청구

① 관련법령: 「지방세기본법」 제91조

② 청구권자: 「지방세법기본법」 또는 「지방세관계법」에 따른 처분으로 위법·부당한 처분을 받았거나 처분을 받지 못하여 권리 또는 이익을 침해당한 자

③ 청구기간

  - 이의신청(경유): 이의신청에 대한 결정통지를 받은 날부터 90일 이내

  - 이의신청(미경유): 그 처분을 있는 것을 안 날 또는 그 처분의 통지를 받은 때에는 그 통지를 받은 날부터 90일 이내

▶ 조세심판원장의 심판결정에 불복하는 때에는 행정소송을 제기할 수 있음.

신청인	심사 및 결정	신청인에게 통지
• 통지를 받은 날로부터 90일이내 심판청구서 제출	• 90일 이내 결정 통지 (심판청구) - 특별(광역)시·도세: 조세심판원장 - 시·군·구세: 조세심판원장	• 결정에 불복: 결정통지일로부터 90일 이내 관할법원에 행정소송 제기

④ 감사원에 대한 심사청구

① 관련법령: 「감사원법」 제3장 심사청구
② 청구권자: 납세자 또는 납세자의 대리인
③ 청구대상: 감사원 감사에 의한 처분이나 기타의 모든 행정처분
④ 청구기간: 지방세에 관한 행정처분의 통지를 받은 날로부터 90일 이내
⑤ 결정: '특별한 사유가 없는 한' 그 청구를 수리한 날부터 3월 이내
 - 각하: 절차와 서식이 어긋나거나 청구권 없는 자의 청구, 청구기간이 경과한 때
 - 기각: 심사청구의 이유가 없다고 인정한 때
 - 시정조치: 심사청구의 이유가 있다고 인정할 때에는 관계기관의 장에 대하여 시정 기타의 필요한 조치 요구

▶ 감사원 심사청구에 불복하는 때에는 행정소송을 제기할 수 있음.

신청인	심사 및 결정	신청인에게 통지
• 90일이내 신청 - 시·군·구청장에 접수(4부)	• 시·도지사 의견첨부 - 행정안전부장관에게 진달	• 행정안전부 의견첨부 - 감사원장에게 진달

행정소송	신청인에게 통지	감사원결정 및 통지
	• 심사청구 결정에 불복 - 90일 이내 관할법원 소송제기	• 3월 이내 결정 및 통지

⑤ 행정소송

① 관련법령:「행정소송법」 제3절 소의 제기
② 지방세 행정심판 필요적 전치주의 규정 명확화(지방세기본법 제98조)
  – 지방세에 관한 쟁송에서 심판청구와 그에 대한 결정을 거쳐야 하는 필요적 전치주의를 명확화, 다만, 그 심판청구 결정기한(90일) 내 결정이 없을 경우 그 결정전 행정소송 제기 가능함
③ 제소기간
  – 조세심판원의 심판청구(감사원 심사청구 포함)의 결정서를 받은 날부터 90일 이내
  – 조세심판원의 심판청구(감사원 심사청구 포함) 기간이 경과하여도 그 결정을 하지 못한 때에는 바로 행정소송을 제기 가능

※ 재조사결정의 경우 제소기간 기산일
재조사결정은 처분청의 후속 처분에 의하여 그 내용이 보완됨으로써 이의신청 등에 대한 결정으로서의 효력이 발생한다고 할 것이므로 재조사결정에 따른 심사청구기간이나 심판청구기간 또는 행정소송의 제조사기간은 이의신청인 등이 후속 처분의 통지를 받은 날부터 기산된다고 봄이 타당함(대법원 2007두12514, 2010.6.25.).

---

⑥ 주요사례

사례 › **과세예고통지 없이 과세한 처분의 당부**

처분청이 지방세 업무에 대한 감사나 지도·점검에 따라 부과처분을 함에 있어, 청구법인에게 과세전적부심사의 기회를 주지 아니한 채 이 건 등록면허세 등을 부과·고지하여 납세고지 전 권리구제제도인 위 규정을 위반한 만큼 과세예고통지를 하지 아니하고 이 건 등록면허세 등을 부과한 처분은 잘못이 있는 것으로 판단됨(조심 2018지1259, 2020.1.23.).

사례 › **위탁자가 심판청구한 경우 청구인 등이 적법한 청구인지 여부**

청구법인은 비록 이 건 토지의 위탁자라 하더라도 해당 토지와 관련한 재산세 등은 수탁자인 주식회사 ○부동산신탁에게 부과된 것이므로 이에 대한 불복권한은 수탁자인 주식회사 ○○부동산신탁에게 있다 할 것이어서 청구법인은 이 건 재산세 등에

대한 불복청구의 당사가 아님에도 이 건 심판청구를 제기하여 그 당사자가 부적격한 점, 청구법인은 2019.9.11. 이 건 재산세 등의 납세고지서를 송달받았고, 2019.12.16. 이의신청 없이 심판청구를 제기하여 그 처분이 있은 것을 안날로부터 90일이 지난 후에 이 건 심판청구를 제기한 점 등에 비추어 부적법하다고 판단됨(조심 2020지214, 2020.4.1.).

사례 처분이 있은 후 90일이 경과한 후 심판청구한 경우 적법한 청구인지 여부

처분청은 이 건 취득세 등의 납부고지서를 2018.9.4. 청구인에게 등기우편으로 발송 (등기번호: 1537401453974)하여 2018.9.6. 청구인 본인이 수령한 것으로 확인되고, 청구인은 이 건 취득세 등의 부과처분이 있은 것을 안날로부터 90일이 경과한 2019.7.2. 처분청에 이의신청을 제기하여 동 이의신청은 신청기간을 경과하여 청구되어 부적법하다 할 것이므로 적법한 전심절차를 거치지 아니한 이 건 취득세 등에 대한 심판청구도 부적법하다고 판단됨(조심 2020지73, 2020.7.6.).

사례 청구인이 경정청구 등 없이 처분청의 미납부고지를 처분으로 심판청구한 경우 적법한 청구인지 여부

청구법인은 2017.11.23. 쟁점부동산을 취득한 후 농업법인이 영농에 사용하기 위하여 취득하는 부동산으로 하여 취득세 등을 면제받았고, 유예기간 내에 영농에 직접 사용하지 않은 것으로 보아 2018.11.27. 처분청에 쟁점부동산의 취득세 등을 신고하였으며, 처분청은 2019.1.2. 청구법인이 이 건 취득세 등을 납부하지 아니하자 이 건 취득세 등을 징수·고지를 하였는바, 처분청이 2019.1.2. 청구법인에게 한 징수·고지는 청구법인이 신고한 취득세 등을 징수하기 위한 절차로서 심판청구의 대상이 되는 부과처분으로 볼 수 없는 점, 청구법인의 취득신고 행위를 부과처분으로 볼 수 없고 처분청이 청구법인에게 위법·부당한 처분을 한 사실은 나타나지 아니하는 점 등에 비추어 향후 청구법인이 처분청에 이 건 취득세 등의 경정청구를 할 수 있고, 처분청이 경정청구에 따른 거부처분을 하는 경우 청구법인이 다시 심판청구를 할 수 있음은 별론으로 하더라도 이 건 심판청구는 처분이 존재하지 아니한 상태에서 제기되어 부적법하다고 판단됨(조심 2019지2209, 2019.12.19.).

사례 심사청구와 중복하여 심판청구한 경우 적법한 청구인지 여부

청구인은 2018.7.15. 이 건 재산세 등의 부과처분을 받고, 2018.8.6. 처분청에 이의신청을, 2019.3.6. 서울특별시장에게 심사청구(제 2019 - 10호)를 제기하여 기각 결정 (등기번호: 1091863499369)을 받은 후에 2019.6.12. 이 건 심판청구를 제기하였는바, 이 건 심판청구는 이 건 재산세 등의 부과처분에 대하여 심사청구와 중복하여 제기되어 부적법하다고 판단된다(조심 2019지2160, 2019.12.2.).

청구인은 쟁점주택을 2015.6.23. 취득하고, 2015.7.2. 취득세 등을 납부한 후, 같은 날 소유권이전등기를 완료하였으므로 쟁점주택의 취득에 대한 법정신고기한은 소유권 이전등기를 한 2015.7.2.로서 청구법인은 이날로부터 경정청구기간(5년)을 도과한 2020.8.24. 이 건 경정청구를 제기하였는바, 이 건 경정청구는 그 청구기간을 경과하여 부적법한 것이므로 처분청이 2020.9.18. 한 이 건 경정청구 거부통지는 심판청구의 대상이 되는 위법 또는 부당한 처분으로 보기는 어렵다 할 것(대법원 2015.3.12. 선고 2014두44830 판결, 같은 뜻임)인 만큼, 이 건 심판청구는 결국 부적법한 청구에 해당한다고 판단됨(조심 2021지368 2021.2.23.).

사례 ▶ **청구인의 민원에 대하여 회신한 것에 대한 처분청의 통지가 심판청구의 처분에 해당되는지 여부**

청구인은 쟁점주택(건물분)에 대한 재산세 납세의무자를 청구인 명의로 변경하여 달라는 주장이나, 「지방세기본법」 제117조(청구대상) 제1항에서 이 법 또는 지방세관계법에 따른 처분으로서 위법 또는 부당한 처분을 받았거나 필요한 처분을 받지 못함으로써 권리 또는 이익을 침해당한 자는 이 장에 따른 심판청구를 할 수 있다고 규정하고 있고, 여기서의 처분이라 함은 행정청의 공권력의 행사로서 구체적 사실에 관하여 국민에게 권리를 설정하거나 의무를 명하는 행위 및 법적효과를 발생케 하는 행위를 말하고, 부과고지 전 결정행위, 행정청의 권고, 견해표명 등 법적효과를 발생시키지 않는 행위나 단순한 민원회신의 경우는 여기에 해당하지 않아 불복청구의 대상이 되는 처분으로 보기 어렵다 할 것○○○인바, 이 건의 경우 청구인은 처분청으로부터 위법 또는 부당한 처분을 받았거나 필요한 처분을 받지 못함으로써 권리 또는 이익을 침해당한 당사자가 아니라 하겠으므로 불복청구를 제기할 수 있는 적법한 청구자에 해당하지 아니하고, 또한, 처분청이 청구인에게 진정서 등 일반민원 제기에 대한 회신만을 하였을 뿐, 불복의 대상이 되는 어떠한 처분이 있었던 것으로 보기도 어려우므로 청구인의 이 건 심판청구는 적법한 청구로 볼 수 없다고 판단됨(조심 2012지137, 2012.3.27.).

사례 ▶ **심판청구후 처분청이 그 처분을 취소한 경우 적법한 청구인지 여부**

청구인의 경우를 보면, 처분청에서 ○○○○○ ○○○ ○○○ 183 건물 3층 주택 및 그 부속토지 62.75㎡의 공동소유자인 청구인 외 1인에게 2009년 건물 및 토지에 대한 정기분 재산세 316,840원, 도시계획세 233,440원, 공동시설세 12,370원, 지방교육세 63,340원, 합계 625,990원을 2009.12.9.과 2009.12.24. 각 부과하였으나, 2009.1.6. 이 부과처분에 대하여 고지서 미송달을 이유로 이 건 재산세 등에 대하여 부과취소한 사실이 처분청의 부과취소(경정)결정서와 2009.9.1. 처분청에서 조세심판원으로 제출한 지방세 심판청구에 대한 조서 및 의견서 의하여 확인되고 있다. 그렇다면, 청구인의 이 건 심판청구는 불복청구의 대상이 되는 처분이 더 이상 존재하지 아니하여 본안 심리의 필요성이 없다 하겠음(조심 2010지97, 2010.9.7.).

사례 **처분청이 상급기간의 질의회신에 따라 과세하는 경우 과세예고대상 해당 여부**

기존의 과세처분의 당부에 관해 사후에 내부적 검토를 하여 상급기관에 대한 질의를 하고, 그 회신 결과에 따라 해당 과세처분을 시정하는 경우는 「지방세기본법」 제88조 제1항 제1호 본문에 해당하므로 과세예고 대상임(대법원 2022두47032, 2022.10.14.).

■ 박 천 수

[약력]

- (현) 국무총리실 조세심판원 근무(사무관)
- (현) 한국지방세협회 전문위원
- 서울시립대학교 세무전문대학원 석사 및 박사(조세법 전공)
- 충청남도 태안군·예산군 세무과 근무
- 행정자치부 지방세정책과·지방세운영과 근무
- 한국지방세연구원 대외협력실 등 근무
- 행정안전부 지방세특례제도과 세무조사·감면 운영팀장 근무(사무관)

■ 이 윤 기

[약력]

- 공인회계사, 세무사
- 서울대학교 경제학부
- 고려대학교 일반대학원 법학과(조세법 전공)
- 삼일회계법인 근무
- 한영회계법인 근무(파트너)
- 국세청장 표창(2020)
- (전) 한국공인회계사회 세무조정감리위원

■ 채 종 성

[약력]

- (현) 법무법인 율촌 조세그룹 파트너, 조세진단팀장
- 세무사
- 고려대학교 일반대학원 법학과 석사(상법, 회사법)
- 국립세무대학 내국세학과 학사(18회, 국세청)
- 국세청 근무
- 주식회사 네오위즈 세무팀장 근무
- 한국지방세학회 이사: 한국지방세연구원 구제위원
- 한국게임산업협회, 한국벤처캐피탈협회 자문

개정증보판 **지방세 쟁점별 실무해설**

2020년 3월 13일 초판 발행
2023년 9월 4일 4판 발행

저   자 박 천 수
         이 윤 기
         채 종 성
발 행 인 이 희 태
발 행 처 **삼일인포마인**

저자협의
인지생략

서울특별시 용산구 한강대로 273 용산빌딩 4층
등록번호 : 1995. 6. 26 제3-633호
전   화 : (02) 3489-3100
F A X : (02) 3489-3141
I S B N : 979-11-6784-188-9 93320

♣ 파본은 교환하여 드립니다.   정가 65,000원